십송율 중

十誦律 中

십송율 중

十誦律 中

弗若多羅·鳩摩羅什 漢譯 | 釋 普雲 國譯

혜안

추천의 글

대한불교조계종 중앙종회 의장 범해

삼세의 모든 부처님들과 육도를 윤회하는 중생들을 구별되는 차별이 생겨나는 것은 수많은 세월에 욕망을 벗어나서 고행하셨고 인욕의 공덕을 쌓은 인연이 현재에 인과로서 나타난 것입니다. 현실의 세계에서 보여주는 우리들의 모습은 업보를 인연하였던 인행(因行)의 결과로서 나타난 것으로서, 우리들의 생각이 머무르는 자리를 쫓아서 현실에서 말을 통하여 표현되고 말은 행동으로 이어지며 행동은 습관으로 정형화되고 습관은 자기의 인격을 형성하고 결국은 지금의 나의 모습을 드러내는 것입니다.

스스로가 쌓아왔던 인격은 신구의 삼업(三業)의 청정함을 따라서 생각이 일으키는 것으로 인욕을 근간으로 불심을 세우자고 노력하는 과정은 우리 몸의 4대요소인 지수화풍의 조화와 균형을 통한 수행을 구체화하는 방편입니다. 수행자는 적정한 상태에서 바라밀을 실천하여 고해(苦海)에서 안락으로 나아가는 것이고 바라밀의 실천을 통하여 정진을 통하여 불도에 이르는 길입니다. 계율은 이러한 바라밀의 지렛대이고 걸림이 없는 청정한 보살도의 모습을 보여주는 표본이며, 중생에 대한 애민과 자비의 마음이 생겨나게 하는 첫걸음입니다.

일상에서 일컬어지는 '초심으로 돌아가자.'라는 말이 많이 강조되고 있으나, 초심을 잃지 않고서 목숨을 마치도록 나아가는 수행은 어려운 문제이며, 항상 자신을 돌아보고 점검하는 때에 비로소 초심을 지켜갈 수 있습니다. 오랫동안 큰 나무가 서 있는 것은 심지의 뿌리가 올곧게 자리잡고 있고 주변에 다른 뿌리들이 유기석으로 도와수는 역할의 분담이 존재하는 까닭입니다. 부처님의 가르침을 실천하는 사부대중에게 신심은 여러 뿌리와 같은 것이고 계율은 심지인 뿌리와 같은 것이며, 곧 발보리심과 서로 상통하고 있습니다.

신심을 통한 계율이 뒷받침되는 초심을 유지하는 것은 출가자에게도 많은 인욕을 요구합니다. 이러한 초심은 우리가 처음으로 사유로 진솔하게 실행하는 것과 본래 가지고 있는 불성을 충실하게 행하는 것이므로, 따라서 초심이라는 것은 가장 순수한 때 품은 마음이라고 생각합니다. 고려의 지눌선사는 「계초심학인문」에서 "부처님의 가르침에 귀의하고자 처음으로 발심한 자는 계율을 지키지 않고 세속적 욕망을 즐기는 자를 멀리해야 하고, 계행이 청정하고 지혜가 밝은이를 가까이해야 하며, 계율을 생명처럼 지키고 잘 따르며, 무엇이 계율을 어기고 범하게 되는지를 잘 알아야 한다."라고 말씀하셨습니다.

요즘은 한국불교를 비롯한 세계의 불교는 여러 문제를 마주하고 있습니다. 과학과 문명의 발달에 따른 새로운 포교의 방편이 제시되어야 하고, 정법을 수호하고 다른 종교와의 화합도 이루어야 합니다. 한국불교의 1700년에 걸친 역사를 수호하고 전해졌던 수행의 전통을 계승하면서 한국불교의 위상을 드높이는 데 필요한 것은 출가수행자로서의 초심과 계율이라고 생각됩니다.

『십송율』은 중국에서 빠른 시기에 번역된 율장으로 역경에 여러 난관이 있었던 율장으로 문장이 난해한 것으로 알려져 있습니다. 몇 년을 걸쳐서 율장을 번역하였던 보운 스님이 금년에 다시 이러한 번역을 마친 것에 찬사를 전하며 추천의 글을 맺습니다.

불기 2564년(2020) 10월

추천의 글

불교신문사 사장 정호

수행자들은 부처님의 가르침을 배우고 이해하고 수행하는 순수한 신심과 정진력에 축복을 받으면서 살아가고 있습니다. 현대의 세상은 급격하게 변화하고 특히 활자나 문자 정보가 영상 정보로 대체되고 있으며 매우 빠르고 쉽게 정보가 공유되고 있습니다. 스마트폰과 유튜브를 통하여 각자 지식과 경험을 전달하고 불교와 관련된 여러 콘텐츠들도 많이 쏟아지고 있으나, 진실성과 신빙성의 문제는 세심하게 관찰되어야 하고 개인의 의견이나 경험, 또는 기존의 관습들을 정확히 구별하여 진실을 판단할 수 있는 지혜를 구족해야 합니다.

현재는 손의 안에서 모든 정보와 강연을 마주하고, 여러 지식을 공유할 수 있는 시대에 부처님의 계율에 의지하면서 수행의 과정에서 일어나는 번민들을 심리학에서 '힘들고 괴로울 때 잠시 도피하고 위안을 삼는 공간이 있다.'라고 말하는 것과 같이 사문들은 율장의 인연사를 통하여 사신을 뒤돌아보아야 합니다. 수행자들에게 위급한 문제를 마주하고 괴롭고 힘들면서 방황하는 때 해답을 찾을 수 있고 위안을 삼을 수 있는 안식처는 삼보의 가운데에서 부처님께 맹목적으로 매달리는 것보다는 곧 부처님의 가르침을 찾아가고 가르침의 가운데에서 계율을 먼저 살펴보아야 합니다.

부처님께서 먼저 도달하셨던 우리들의 궁극적인 목표는 깨달음의 문제이고, 이러한 궁극의 목적지를 향해가는 중도에서 계율은 바르고 빠른 길이며, 올바른 이정표와 같습니다. 계율을 수학하고 실천하는 과정으로도 많은 정진을 통한 계위에 도달할 수 있고 이것이 수행자에게 보살도의 시작이고, 부처님의 가르침을 후세에 이어주는 다리이며, 삼보에 대한 굳건한 신심이 확실하게 업으로 정립된다면 어느 곳에서도 두렵지 않게 되고 어떠한 고통도 당당하게 받아들일 수 있으며 일상의 도반으로서 좋은 의지처가 되며 물러남이 없는 정진을 이루어 갈 것입니다.

『사념처경』에서는 "불자들이여. 이것은 존재의 정화, 슬픔과 비탄의 극복, 고통과 불만의 소멸, 참다운 깨달음의 방법 획득, 열반의 실현으로 가는 직접적인 길이니 이름하여 사념처이니, 그 네 가지가 무엇인가? 한 비구가 몸에 대해 관찰하면서, 느낌에 대해 관찰하면서, 마음에 대해 관찰하면서, 법에 대해 관찰하면서, 부지런히 관찰하고 관찰하면 분명히 알고 바르게 인식하고 이 세상 욕망과 근심에 벗어나서 머무르게 된다."라고 설하셨습니다. 이와 같은 스스로가 관찰하는 과정에서도 계율은 필수적인 요소입니다.

일반적으로 삼학(三學)의 수행을 강조하면서 '계·정·혜'라고 말하고 있는데, 곧 계율이 수행의 첫걸음인 것을 강조하는 말씀입니다. 스스로가 고통에서 벗어나고 괴로움에서 해방되는 방편에 계율이 매우 필요한 이유일 것입니다. 한국에서는 『사분율』이 많이 연구되고 실천되므로 설일체유부의 율장은 매우 미미하게 보급되고 연구되고 있습니다. 이러한 여러 어려움에도 묵묵히 율장의 번역과 연구에 노력하고 있는 보운스님에게 찬사와 격려를 전하며 추천의 글을 맺습니다.

불기 2564년(2020) 10월

역자의 말

보운

번역하는 과정은 시대의 정신과 문화를 화합한 그 당시의 사유와 수행의 과정을 다시 기억하는 노력이고, 성자들의 고뇌와 일상생활에서 부딪히는 수행의 경계를 잠시나마 되짚어보려는 열정이 원력으로 승화되는 때라면 잠시라도 세존의 법과 계율을 망녕된 말로서 어지럽혔다는 번민을 멈추게 할 수 있다. 율장의 번역을 시작하고 흐른 시간도 어느덧 7년이 지났으나 여전히 율장을 마주하는 때에는 세존의 가르침을 나 자신이 소유한 망상이나 작은 지식으로서 어지럽히는 것이 아닌가라는 두려움이 항상 따른다.

계율은 당의 삼장법사인 의정께서 번역하였듯이 학처(學處)라는 의미가 강하다는 사유가 항상 그림자처럼 사유를 맴도는 이유는 무엇인가? 일상적으로 부딪히는 현실의 경계에서 수행자의 행에 따른 허물을 하나하나의 율장의 계목의 잣대로 측정하고 이것을 분류하며 율장의 기준에 따른 참회와 갈마를 통한 청정성의 회복이 우선이라면 시대의 변화와 문화의 차이에 의한 계목의 변화는 어떠한 방편으로 재해석하고 새성립하여야 하는가? 본문에서 언급하고 있듯이 계율에서의 범함의 판결과 현실에서의 적용은 매우 난해하고 일괄적으로 적용하는 것에는 상당한 부담을 내포하고 있다.

그렇지만 세존께서 설하셨듯이 계율은 수행을 돕는 기준점이고, 승가에게 열 가지의 이익을 제공하는 보편적이고 공통적인 규범이다. 작은 계율을 범하고 정당화하는 사유가 증대된다면 승가가 지닌 청정성의 회복을 통한 정진의 힘을 저축하는 과정에서 도태될 것이다. 수행은 몇 겁의 신심과 원력을 통한 정진의 힘이 현실에 나타나서 깨달음의 과위를 성취하는 것이라고 마땅히 받아들이는 까닭으로 수행의 첫걸음인 계율에 관한 연구와 번역의 길을 걷는다. 작년 가을에 낙엽이 뒹구는 것을 보면서 시작한 처음의 문장이 올해의 낙엽이 나부끼는 때에 탈고를 마쳤으므로 지나쳐왔던 그 과정을 뒤돌아보는 시간이다. 세월은 스치듯이 일 년이 지났고, 나를 둘러싼 환경도 여러 가지로 변하였음을 느낀다. 고뇌와 번민의 시간이었고, 불보살님들과 아라한의 존자들께도 죄송할 따름이다.

이번의 번역은 인간들이 마주하는 삼재(三災)의 고통이 소멸될 수 있도록 불보살님들께 발원하며 번역을 시작하여 현재에 이르렀다. 여러 문제가 발생하였고 번역을 마칠 수 없다는 두려움이 여러 날을 괴롭혔으나, 번역의 마지막 과정까지 쓰러지지 않고 나아갈 수 있도록 응원해 주시고 출판에 도움을 주신 여러분들께 깊이 감사를 드리고 부처님의 가피가 충만하시기를 발원드린다.

번역을 마치고 주위를 돌아보니 여러 고마운 분들이 연상처럼 다가오고 있다. 항상 상좌의 수행과 정진을 염려하시는 은사 스님인 세영 큰스님과 학문적으로 많은 도움을 주신 불교학자인 신대현 교수님, 지난 7년의 과정에서 아픈 몸을 이끌고 여기까지 이르도록 항상 치료하여 주신 천병태 원장님과 항상 염려해주시는 토굴인 죽림선원의 신도님들이다. 너무도 감사하지만 다른 방법으로는 전달이 적당하지 않아 글로서 대신하여 깊은 감사를 전한다.

불기 2564년 10월에 화성 서봉산 자락의 토굴에서
사문 보운이 삼가하며 적는다.

출판에 도움을 주신 분들

정 호丘	성 무丘	설 안尼	지 은尼	지 정尼	지 명尼	이의철
김양임	이철희	이성희	조순애	강 운	강태웅	강다윤
고연서	고장환	고재형	곽창순	이성경	박부자	이명희靈駕
권태임	허 민	허 승	김가현	유신길	김문수	김보민
김영조	김성도	김도연	김유나	김재욱	문영숙	박경림
박소현	김민욱	박창립	박솔비	박충한	노영심	박재형
공정숙	손성무	손영덕	손영상	엄해식	오치훈	오치효
왕용호	임한기	홍태의	홍한솔	윤기섭	홍정봉	윤여원
윤민기	윤영기	윤서진	권령아	황미옥	이민태靈駕	이영자
이명기	이연준	이윤승	이정희	권혁준	권지연	이재일
이중호	이효정	전금란	정해관	최선화	정하연	정혜윤
정호윤	정희정	조수민	조종화	채두석	채수학	우하영
함용새	심미경	함빈수	허완봉	이명자	허윤정	허남욱
장은지	홍지혜	강동구	박혜경	안윤성	안은정	안종성

차 례

일러두기

1. 이 책의 저본(底本)은 고려대장경(高麗大藏經) 21권 『십송율』이다.
2. 번역의 정밀함을 위하여 여러 시대와 왕조에서 각각 결집되었던 북전대장경과 남전대장경을 대조 비교하며 번역하였다.
3. 원문 속의 주석은 [ ]으로 표시하였다. 또 원문에는 없으나 독자의 이해를 위해 번역자의 주석이 필요한 경우 본문에서 ( ) 안에 삽입하여 번역하였다.
4. 원문의 한자 음(音)과 현재 불교용어로 사용되는 음이 다른 경우 현재 용어의 발음으로 번역하였다.
   예) 파일제(波逸提) → 바일제, 파라제제사니(波羅提提舍尼) → 바라제제사니
5. 원문에서 사용한 용어 중에 현재는 뜻이 통하지 않는 용어가 상당수 있다. 원문의 뜻을 최대한 살려 번역하였으나 현저하게 의미가 달라진 용어의 경우 현재 사용하는 단어 및 용어로 바꾸어 번역하였고, 원문은 괄호 안에 표시하여 두었다.

십송율 제24권

후진 북인도 삼장 불야다라 한역

석보운 번역

4. 사송 ④

8) 칠법 ④

(4) 안거법(安居法)

세존께서는 왕사성에 머무르셨다.

여러 비구들이 여름의 가운데에도 여러 나라를 유행하였으므로 살아있는 풀을 밟거나, 여러 벌레의 목숨을 빼앗았다. 이때. 여러 외도의 출가인들이 이것을 비난하였고 싫어하면서 자주 말하였다.

"여러 외도의 사문이나 바라문은 하안거의 때에는 한적한 처소에 은거하는데, 비유한다면 새들이 한낮의 더운 때에 둥지에서 더위를 피하는 것과 같다. 여러 외도의 사문이나 바라문은 하안거의 때에는 한적한 처소에 은거하는데, 사문 석자들은 항상 이러한 마음을 지어서 스스로가 덕이 있다고 말하면서도 여름에 유행하면서 살아있는 풀을 짓밟고 생물이 목숨을 해치는구나."

여러 비구들이 있어 욕망이 적고 만족함을 알며 두타를 행하였는데, 이러한 일을 듣고 마음이 즐겁지 않아서 이 일로써 세존께 갖추어 말하였다. 세존께서는 이 인연으로서 대중 승가를 모으셨고, 승가는 모였다.

지금 세존께서는 아시면서도 일부러 여러 비구들에게 물으셨다.

"그대들이 진실로 이러한 일을 지었는가?"

대답하여 말하였다.

"진실로 지었습니다. 세존이시여."

세존께서는 여러 종류의 인연으로 여러 비구들을 꾸짖으셨다.

"어찌 비구라고 이름하면서 여름 가운데에 유행하면서 살아있는 풀을 밟고 여러 벌레의 목숨을 빼앗았는가?"

세존께서 여러 종류의 인연으로 꾸짖고서 여러 비구들에게 말씀하셨다.

"지금부터는 마땅히 하안거(夏安居)를 하도록 하라."

장로 우바리(優波離)가 세존께 물었다.

"누가 마땅히 안거합니까?"

세존께서 말씀하셨다.

"5중(五衆)은 마땅히 안거하라. 무엇이 5중인가? 첫째는 비구이고, 둘째는 비구니이며, 셋째는 식차마니이고, 넷째는 사미이며, 다섯째는 사미니이니라."

"어떻게 마땅히 안거법(安居法)을 받아들여야 합니까?"

세존께시 말씀하셨다.

"만약 상좌가 안거하고자 한다면 마땅히 자리에서 일어나서 오른쪽 어깨를 드러내고 장궤 합장하고서 이와 같이 말하라.

'장로께서는 억념하십시오. 나 누구 비구는 이 주처에서 하안거를 하고자 합니다. 앞의 3개월을 어느 도로와 취락을 의지하는데, 어느 승방이 구멍나고 부서지면 이것을 수리하려는 까닭입니다.'

두 번째에도 말하라.

'장로께서는 억념하십시오. 나 누구 비구는 이 주처에서 하안거를 하고자 합니다. 앞의 3개월을 어느 도로와 취락을 의지하는데, 어느 승방이 구멍나고 부서지면 이것을 수리하려는 까닭입니다.'

세 번째에도 말하라

'장로께서는 억념하십시오. 나 누구 비구는 이 주처에서 하안거를 하고자 합니다. 앞의 3개월을 어느 도로와 취락을 의지하는데, 어느 승방이 구멍나고 부서지면 이것을 수리하려는 까닭입니다.'

하좌 비구는 대답하여 말하라.

'방일(放逸)하지 마십시오.'

상좌 비구는 말하라.

'수지하겠습니다.'

만약 하좌 비구가 상좌 비구를 따라서 안거법을 받고자 한다면, 마땅히 자리에서 일어나 옷을 한쪽으로 드러내고 장궤 합장하고 양손으로 상좌의 발을 잡고서 이와 같이 말하라.

'장로께서는 억념하십시오. 나 누구 비구는 이 주처에서 하안거를 하고자 합니다. 앞의 3개월을 어느 도로와 취락을 의지하는데, 어느 승방이 구멍나고 부서지면 이것을 수리하려는 까닭입니다.'

두 번째에도 말하라.

'장로께서는 억념하십시오. 나 누구 비구는 이 주처에서 하안거를 하고자 합니다. 앞의 3개월을 어느 도로와 취락을 의지하는데, 어느 승방이 구멍나고 부서지면 이것을 수리하려는 까닭입니다.'

세 번째에도 말하라.

'장로께서는 억념하십시오. 나 누구 비구는 이 주처에서 하안거를 하고자 합니다. 앞의 3개월을 어느 도로와 취락을 의지하는데, 어느 승방이 구멍나고 부서지면 이것을 수리하려는 까닭입니다.'

상좌 비구는 대답하여 말하라.

'방일하지 마십시오.'

하좌 비구는 말하라.

'수지하겠습니다.'

뒤의 3개월도[1] 역시 이와 같다. 만약 안거하지 않는다면 돌길라죄를 얻느니라."

---

1) 여름 4개월 가운데에서 뒤의 3개월의 안거인 8월까지 안거하는 것이다.

세존께서는 사위국에 머무르셨다.

이때 가이국토(迦夷國土)에 취락이 있어 상력(象力)이라고 이름하였다. 그 가운데에 거사가 있어 우전(憂田)이라고 이름하였는데, 크게 부유하여 밭이 많았고 보물도 풍족하였다. 세존께 귀의하였고, 법에 귀의하였으며, 승가께 귀의하여 견제(諦)를 보았고 도과(道果)를 얻었으며, 승가를 위해 승방을 넓게 세우고 사자를 보내어 말하였다.

"이 가운데에는 많은 좋은 음식과 여러 베푸는 옷이 많습니다. 장로들께서는 와서 나의 음식과 공양을 받으십시오. 승방과 와구를 사방승가(四方僧伽)께 보시하겠습니다."

이때 여러 비구는 그 하인을 돌려보내면서 거사에게 알려 말하였다.

"세존께서 비구들을 위하여 계율을 제정하시어 여름철에는 마땅히 여러 나라를 유행하지 못하게 하셨습니다. 그대는 이것으로서 슬퍼하고 고통스러워하며 괴로워하지 마십시오."

거사는 스스로가 생각하였다.

'원을 따르지 않으니, 마음이 슬프고 고통스러우며 괴롭구나. 내가 승가를 위하였던 까닭으로 이러한 승방을 지었는데 승가께서 기꺼이 오지 않으니 마땅히 무엇을 해야 하는가? 마땅히 근처에 작고 많은 여러 상주 비구들이라도 오게 청하여 모으고서 공양하며, 승방과 와구를 사방승가에게 보시해야겠다.'

제불의 상법에는 두 번의 대회(大會)가 있었으니, 봄의 마지막 달과 여름의 마지막 달이었다. 봄의 마지막 달은 안거하려는 때였으므로 여러 나라에서 비구들이 왔고 세존의 설법을 들으면서 마음속으로 생각하는 것이다.

'이러한 법은 하안거에 즐거운 것이다'

이것이 첫째의 대회이다. 여름의 마지막 달에 자자를 마치고 옷을 짓고서 옷과 발우를 지니고서 세존의 처소에 나아가서 이와 같이 사유하는 것이다.

'내가 오랫동안 바가바를 보지 못하였다. 오랫동안 수가타를 보지 못하

였다.'

이것이 둘째의 대회이고, 여러 비구들은 세존의 처소로 나아가는 것이다. 나머지의 비구들이 있어 왕사성에서 마치고서 3개월이 지났으므로 옷을 지어서 마치고서 옷과 발우를 갖추고 점차 유행하였으며, 와서 세존의 처소에 이르러서 세존의 발에 머리숙여 예경하고 한쪽에 앉았다.

모든 제불의 상법은 객비구가 찾아왔다면 이와 같은 말로서 문신하는 것이다.

"견딜 수 있었는가? 만족하였는가? 안락하게 머물렀는가? 도로에 피로하지는 않았는가? 걸식은 부족하지 않았는가?"

세존께서는 이와 같은 말로서 객비구에게 물으셨다.

"견딜 수 있었는가? 만족하였는가? 안락하게 머물렀는가? 걸식은 부족하지 않았는가? 도로에 피로하지는 않았는가?"

여러 비구들이 말하였다.

"세존이시여. 견딜 수 있었고, 만족하였으며, 안락하게 머물렀고, 걸식에 어려움도 없었으며, 도로에 피곤하지 않았습니다."

여러 비구들은 이 일로써 세존을 향하여 말하였다. 세존께서는 이 인연으로서 승가를 모으셨고, 승가는 모였다. 세존께서는 여러 종류의 인연으로 계율을 찬탄하시고 지계(持戒)를 찬탄하셨다. 계율을 찬탄하시고 지계를 찬탄하시고서 여러 비구들에게 말씀하셨다.

"지금부터 일이 있다면 칠야법(七夜法)을 받는 것을 허락하겠노라."

장로 우바리가 세존께 물었다.

"일이 있다면 7일의 외출을 허락하셨는데 누구를 위한 까닭으로 마땅히 외출합니까?"

세존께서 말씀하셨다.

"7중(衆)을 위한 까닭으로 외출하라. 무엇이 7중인가? 첫째가 비구이고, 둘째가 비구니이며, 셋째가 식차마니이고, 넷째가 사미이며, 다섯째가 사미니이고, 여섯째가 우바새이며, 일곱째가 우바이이니라.

무엇이 우바이를 위한 까닭으로 외출하는 것인가? 우바이가 방사를 짓고서 비구의 처소로 사람을 보내어 '제가 새로 방사를 지었습니다. 대덕께서는 오시어 지어진 방사로 들어가서 공양하십시오.'라고 알려 말하는 것과 같았고, 이와 같은 일이 있다면 7일의 외출을 허락한다. 우바이가 코끼리 축사·마구간·대문·식당을 새로 짓고서 비구의 처소로 사람을 보내어 '제가 코끼리 축사·마구간·대문·식당을 새로 지었습니다. 대덕께서는 오시어 지어진 방사로 들어가서 공양하십시오.'라고 알려 말하는 것과 같았고, 이와 같은 일이 있다면 7일의 외출을 허락하겠노라.

우바이가 승가를 위하였던 까닭으로 방사인 만약 따뜻한 집(溫堂)·서늘한 집(凉堂)·합류당(合霤堂)[2]·중각(重閣)·일중사(一重舍)·평부사(平覆舍)를 짓고서, 비구의 처소로 사람을 보내어 '대덕이시여, 제가 승가를 위해 따뜻한 집·서늘한 집·합류당·2층 누각·단층집·평부사 따위의 방사를 지었습니다. 대덕께서는 오시어 지어진 방사로 들어가서 공양하십시오.' 라고 알려 말하는 것과 같았고, 이와 같은 일이 있다면 7일의 외출을 허락하겠노라.

우바이가 여러 비구 또는 한두 명의 비구를 위하여 여러 비구니 또는 한두 명의 비구니를 위하여, 여러 식차마니 또는 한두 명의 식차마니를 위하여, 여러 사미 또는 한두 명의 사미를 위하여, 여러 사미니 또는 한두 명의 사미니를 위해, 여러 출가인 또는 한두 명의 출가인을 위하여, 여러 출가니(出家尼) 또는 한두 명의 출가니를 위하였거나, 한 사람의 출가니를 위하여 짓고서, 비구의 처소로 사람을 보내어 '대덕이시여, 제가 승가를 위해 따뜻한 집·서늘한 집·합류당·2층 누각·단층집·평부사 따위의 방사를 지었습니다. 대덕께서는 오시어 지어진 방사로 들어가서 공양하십시오.'라고 알려 말하는 것과 같았고, 이와 같은 일이 있다면 7일의 외출을 허락하겠노라.

우바이가 왕에게 붙잡혔거나, 만약 도둑에게 붙잡혔거나, 만약 원수에게 붙잡혔거나, 만약 원수의 무리에게 붙잡혔거나, 만약 원수의 무리인

2) 두 개의 지붕이 연결된 집을 가리킨다.

동료들에게 붙잡혔으므로, 비구의 처소로 사람을 보내어 '대덕이여. 제가 왕에게 붙잡혔거나, 만약 도둑에게 붙잡혔거나, 만약 원수에게 붙잡혔거나, 만약 원수의 무리에게 붙잡혔거나, 만약 원수의 무리인 동료들에게 붙잡혔습니다. 대덕께서 와주신다면 비구를 보고자 합니다.'라고 알려 말하는 것과 같았고, 이와 같은 일이 있다면 7일의 외출을 허락하겠노라. 법을 듣고자 하여도 7일의 외출을 허락하고, 보시하고자 하여도 7일의 외출을 허락하며, 비구를 보고 설법을 듣고자 하거나, 비구를 보고 보시하고자 하거나, 설법을 듣고 보시하고자 하거나, 비구를 보고 설법을 듣고 보시하고자 하는 이와 같은 일이 있다면 7일의 외출을 허락하겠노라.

우바이가 병고가 극심하였으므로 비구의 처소로 사람을 보내어 '제가 병고가 극심하므로 대덕께서는 와주십시오. 제가 비구를 보고자 합니다.'라고 알려 말하는 것과 같았고, 이와 같은 일이 있다면 7일의 외출을 허락한다. 법을 듣고자 하여도 7일의 외출을 허락하고, 보시하고자 하여도 7일의 외출을 허락하며, 비구를 보고 설법을 듣고자 하거나, 비구를 보고 보시하고자 하거나, 설법을 듣고 보시하고자 하거나, 비구를 보고 설법을 듣고 보시하고자 하는 이와 같은 일이 있다면 7일의 외출을 허락하겠노라.

우바이가 병고가 극심하였으므로 비구의 처소로 사람을 보내어 '제가 병고가 극심하므로 대덕께서는 오시어 저에게 병에 따른 음식을 가르쳐 주십시오.'라고 알려 말하는 것과 같았고, 이와 같은 일이 있다면 7일의 외출을 허락한다. '저에게 병에 따른 약을 가르쳐 주십시오.'라고 말하여도 7일의 외출을 허락하고, '저에게 음식을 챙겨주고 온전한 간병인을 가르쳐 주십시오.'라고 말하여도 7일의 외출을 허락하며, 병에 따른 음식과 병에 따른 약을 가르쳐달라고 하였거나, 병에 음식을 챙겨주고 온전한 간병인을 가르쳐달라고 하였거나, 병에 따른 약과 온전한 간병인을 가르쳐달라고 하였거나, 병에 따른 약을 가르쳐달라고 하는 것과 같았고, 이와 같은 일이 있다면 7일의 외출을 허락하겠노라.

우바이가 많이 이해하고 많이 알기 위한 여러 대경(大經)이 있었는데, 바라사제가(波羅娑提伽)[진나라 말로 청정경(淸淨經)이다.], 바라사대니(波

羅裟大尼)[진나라 말로 일정경(一淨經)이다.], 반사제리검(般闍提利劍)[진나라 말로 삼매경(三昧經)이다.], 마나사람(摩那闍藍)[진나라 말로 화경(化經)이다.], 바라소사람(波羅小闍藍)[진나라 말로 범경(梵經)이다.], 아타나검(阿吒那劍)[진나라 말로 귀신성경(鬼神成經)이다.], 마하사마기검(摩訶裟摩耆劍)[진나라 말로 대회경(大會經)이다.], 아라가도파마(阿羅伽度波摩)[진나라 말로 사비경(蛇譬經)이다.], 실려포나도차야시월제(室唳咆那都叉耶時月提)[진나라 말로 삭멸해탈경(索滅解脫經)이다.], 석가라바라념나(釋伽羅波羅念奈)[진나라 말로 석문경(釋問經)이다.], 마가니타나바리야야(摩呵尼陀那波梨耶夜)[진나라 말로 대인연경(大因緣經)이다.], 빈바사라바라시가마남(頻波裟羅波羅時伽摩南)[진나라 말로 병사영경(洴沙迎經)이다.], 반사우바타나간제가(般闍優波陀那肝提伽)[진나라 말로 오수음각경(五受陰却經)이다.], 사타야다니(沙陀耶多尼)[진나라 말로 육정부경(六情部經)이다.], 니타나산유걸다(尼陀那散猶乞多)[진나라 말로 동계부경(同界部經)이다.], 파라연(波羅延)[진나라 말로 과도경(過道經)이다.], 아타파기야수투로(阿陀波耆耶修妬路)[진나라 말로 중덕경(衆德經)이다.], 살기타사수투로(薩耆陀舍修妬路)[진나라 말로 제견경(諦見經)이다.] 등에서, 만약 배우지 못한 것을 배우고자 하거나, 만약은 이전에 배운 것을 잊어버려 독송하고자 하였는데, 비구의 처소로 사람을 보내어 '대덕이여. 저는 많이 이해하고 많이 알기 위하여 바라사제가 나아가 살기타사수투로 등 여러 대경의 만약 배우지 못한 것을 배우고자 하거나, 만약은 이전에 배운 것을 잊어버려 독송하고 싶습니다. 대덕께서 오시어 저에게 가르쳐 주신다면 받아서 배우고 독송하며 뜻을 물어보겠습니다.'라고 알려 말하는 것과 같았고, 이와 같은 일이 있다면 7일의 외출을 허락하겠노라. 이와 같다면 우바이를 위해 마땅히 가야 하고 우바새도 역시 이와 같다.

무엇이 사미니를 위한 까닭으로 마땅히 외출하는 것인가? 만약 사미니가 승가를 위하였던 까닭으로 방사인 만약 따뜻한 집·서늘한 집·합류당·중각·일중사·평부사를 짓고서, 비구의 처소로 사람을 보내어 '대덕이시여, 제가 승가를 위해 따뜻한 집·서늘한 집·합류당·2층 누각·단층집·평부사 따위의 방사를 지었습니다. 대덕께서는 오시어 지어진 방사로 들어가서 공양하십시오.'라고 알려 말하는 것과 같았고, 이와 같은 일이 있다면 7일의 외출을 허락하겠노라.

만약 여러 비구 또는 한두 명의 비구를 위하여 여러 비구니 또는 한두 명의 비구니를 위하여, 여러 식차마니 또는 한두 명의 식차마니를 위하여, 여러 사미 또는 한두 명의 사미를 위하여, 여러 사미니 또는 한두 명의 사미니를 위해, 여러 출가인 또는 한두 명의 출가인을 위하여, 여러 출가니, 또는 한두 명의 출가니를 위하였거나, 한 사람의 출가니를 위하여 짓고서, 비구의 처소로 사람을 보내어 '대덕이시여, 제가 승가를 위해 따뜻한 집·서늘한 집·합류당·2층 누각·단층집·평부사 따위의 방사를 지었습니다. 대덕께서는 오시어 지어진 방사로 들어가서 공양하십시오.'라고 알려 말하는 것과 같았고, 이와 같은 일이 있다면 7일의 외출을 허락하겠노라.

한 사미니가 왕에게 붙잡혔거나, 만약 도둑에게 붙잡혔거나, 만약 원수에게 붙잡혔거나, 만약 원수의 무리에게 붙잡혔거나, 만약 원수의 무리인 동료들에게 붙잡혔으므로, 비구의 처소로 사람을 보내어 '대덕이여. 제가 왕에게 붙잡혔거나, 만약 도둑에게 붙잡혔거나, 만약 원수에게 붙잡혔거나, 만약 원수의 무리에게 붙잡혔거나, 만약 원수의 무리인 동료들에게 붙잡혔습니다. 대덕께서 와주신다면 비구를 보고자 합니다.'라고 알려 말하는 것과 같았고, 이와 같은 일이 있다면 7일의 외출을 허락한다. 법을 듣고자 하여도 7일의 외출을 허락하고, 보시하고사 하여도 7일의 외출을 허락하며, 비구를 보고 설법을 듣고자 히거나, 비구를 보고 보시하고자 하거나, 설법을 듣고 보시하고자 하거나, 비구를 보고 설법을 듣고 보시하고자 하는 이와 같은 일이 있다면 7일의 외출을 허락하겠노라.

만약 사미니가 병고가 극심한 병고가 극심하였으므로 비구이 처소로 시람을 보내어 '제가 병고가 극심하므로 대덕께서는 와주십시오. 제가 비구를 보고자 합니다.'라고 알려 말하는 것과 같았고, 이와 같은 일이 있다면 7일의 외출을 허락한다. 법을 듣고자 하여도 7일의 외출을 허락하고, 보시하고자 하여도 7일의 외출을 허락하며, 비구를 보고 설법을 듣고자 하거나, 비구를 보고 보시하고자 하거나, 설법을 듣고 보시하고자 하거나, 비구를 보고 설법을 듣고 보시하고자 하는 이와 같은 일이 있다면 7일의 외출을 허락하겠노라.

사미니가 병고가 극심하였으므로 비구의 처소로 사람을 보내어 '제가 병고가 극심하므로 대덕께서는 오시어 저에게 병에 따른 음식을 가르쳐 주십시오.'라고 알려 말하는 것과 같았고, 이와 같은 일이 있다면 7일의 외출을 허락한다. '저에게 병에 따른 약을 가르쳐 주십시오.'라고 말하여도 7일의 외출을 허락하고, '저에게 음식을 챙겨주고 온전한 간병인을 가르쳐 주십시오.'라고 말하여도 7일의 외출을 허락하며, 병에 따른 음식과 병에 따른 약을 가르쳐달라고 하였거나, 병에 음식을 챙겨주고 온전한 간병인을 가르쳐달라고 하였거나, 병에 따른 약과 온전한 간병인을 가르쳐달라고 하였거나, 병에 따른 약을 가르쳐달라고 하는 것과 같았고, 이와 같은 일이 있다면 7일의 외출을 허락하겠노라.

사미니가 근심하여 계를 버리고자 생각하였으므로 비구의 처소로 사람을 보내어 '대덕이시여. 근심하여 계를 버리고자 생각하였습니다. 대덕께서 오시어 저를 위하여 설법하십시오.'라고 알려서 말하는 것과 같았고, 이와 같은 일이 있다면 7일의 외출을 허락하겠노라.

만약 사미니가 악한 사견(邪見)이 일어났으므로 비구의 처소로 사람을 보내어 '저에게 악한 사견이 일어나고 있습니다. 대덕께서 오시어 저의 악한 사견을 없애주십시오.'라고 알려서 말하는 것과 같았고, 이와 같은 일이 있다면 7일의 외출을 허락하겠노라.

사미니가 마음에서 의심하였으므로 비구의 처소로 사람을 보내어 '저의 마음에 의심이 있습니다. 대덕께서 오시어 저를 위하여 여법하게 없애주십시오.'라고 알려서 말하는 것과 같았고, 이와 같은 일이 있다면 7일의 외출을 허락하겠노라.

만약 사미니에게 재가의 남편이 10년을 넘겼거나, 만약 18세의 동녀였으므로 비구의 처소로 사람을 보내어 '저는 재가의 남편이 10년을 넘겼거나, 만약 18세의 동녀입니다. 대덕께서 오시어 저를 위하여 학법(學法)을 주십시오.'라고 알려 말하는 것과 같았고, 이와 같은 일이 있다면 7일의 외출을 허락하겠노라.

사미니가 많이 이해하고 많이 알기 위한 여러 대경이 있었는데, 바라사제가, 나아가 살기타사수투로 등에서 만약 배우지 못한 것을 배우고자 하거나, 만약은 이전에 배운 것을 잊어버려 독송하고자 하였는데, 비구의 처소로 사람을 보내어 '대덕이여. 저는 많이 이해하고 많이 알기 위하여 바라사제가 나아가 살기타사수투로 등 여러 대경의 만약 배우지 못한 것을 배우고자 하거나, 만약은 이전에 배운 것을 잊어버려 독송하고 싶습니다. 대덕께서 오시어 저에게 가르쳐 주신다면 받아서 배우고 독송하며 뜻을 물어보겠습니다.'라고 알려 말하는 것과 같았고, 이와 같은 일이 있다면 7일의 외출을 허락하겠노라. 이와 같다면 사미니를 위해 마땅히 떠나가야 하고 사미도 역시 이와 같다.

무엇이 식차마니를 위한 까닭으로 마땅히 외출하는 것인가? 만약 식차마니가 승가를 위하였던 까닭으로 방사인 만약 따뜻한 집·서늘한 집·합류당·중각·일중사·평부사를 짓고서, 비구의 처소로 사람을 보내어 '대덕이시여, 제가 승가를 위해 따뜻한 집·서늘한 집·합류당·2층 누각·단층집·평부사 따위의 방사를 지었습니다. 대덕께서는 오시어 지어진 방사로 들어가서 공양하십시오.'라고 알려 말하는 것과 같았고, 이와 같은 일이 있다면 7일의 외출을 허락하겠노라.

만약 여러 비구 또는 한두 명의 비구를 위하여 여러 비구니 또는 한두 명의 비구니를 위하여, 여러 식차마니 또는 한두 명의 식차마니를 위하여, 여러 사미 또는 한두 명의 사미를 위하여, 여러 사미니 또는 한두 명의 사미니를 위해, 여러 출가인 또는 한두 명의 출가인을 위하여, 여러 출가니, 또는 한두 명의 출가니를 위하였거나, 한 사람의 출가니를 위하여 짓고서, 비구의 처소로 사람을 보내어 '대덕이시여, 제가 승가를 위해 따뜻한 집·서늘한 집·합류당·2층 누각·단층집·평부사 따위의 방사를 지었습니다. 대덕께서는 오시어 지어진 방사로 들어가서 공양하십시오.'라고 알려 말하는 것과 같았고, 이와 같은 일이 있다면 7일의 외출을 허락하겠노라.

한 식차마니가 왕에게 붙잡혔거나, 만약 도둑에게 붙잡혔거나, 만약 원수에게 붙잡혔거나, 만약 원수의 무리에게 붙잡혔거나, 만약 원수의 무리인 동료들에게 붙잡혔으므로, 비구의 처소로 사람을 보내어 '대덕이여. 제가 왕에게 붙잡혔거나, 만약 도둑에게 붙잡혔거나, 만약 원수에게 붙잡혔거나, 만약 원수의 무리에게 붙잡혔거나, 만약 원수의 무리인 동료들에게 붙잡혔습니다. 대덕께서 와주신다면 비구를 보고자 합니다.'라고 알려 말하는 것과 같았고, 이와 같은 일이 있다면 7일의 외출을 허락하겠노라.

법을 듣고자 하여도 7일의 외출을 허락하고, 보시하고자 하여도 7일의 외출을 허락하며, 비구를 보고 설법을 듣고자 하거나, 비구를 보고 보시하고자 하거나, 설법을 듣고 보시하고자 하거나, 비구를 보고 설법을 듣고 보시하고자 하는 이와 같은 일이 있다면 7일의 외출을 허락하겠노라.

만약 식차마니가 병고가 극심하였으므로 비구의 처소로 사람을 보내어 '제가 병고가 극심하므로 대덕께서는 와주십시오. 제가 비구를 보고자 합니다.'라고 알려 말하는 것과 같았고, 이와 같은 일이 있다면 7일의 외출을 허락하겠노라. 법을 듣고자 하여도 7일의 외출을 허락하고, 보시하고자 하여도 7일의 외출을 허락하며, 비구를 보고 설법을 듣고자 하거나, 비구를 보고 보시하고자 하거나, 설법을 듣고 보시하고자 하거나, 비구를 보고 설법을 듣고 보시하고자 하는 이와 같은 일이 있다면 7일의 외출을 허락하겠노라.

식차마니가 병고가 극심하였으므로 비구의 처소로 사람을 보내어 '제가 병고가 극심하므로 대덕께서는 오시어 저에게 병에 따른 음식을 가르쳐 주십시오.'라고 알려 말하는 것과 같았고, 이와 같은 일이 있다면 7일의 외출을 허락한다. '저에게 병에 따른 약을 가르쳐 주십시오.'라고 말하여도 7일의 외출을 허락하고, '저에게 음식을 챙겨주고 온전한 간병인을 가르쳐 주십시오.'라고 말하여도 7일의 외출을 허락하며, 병에 따른 음식과 병에 따른 약을 가르쳐달라고 하였거나, 병에 음식을 챙겨주고 온전한 간병인을 가르쳐달라고 하였거나, 병에 따른 약과 온전한 간병인을 가르쳐달라고 하였거나, 병에 따른 약을 가르쳐달라고 하는 것과 같았고, 이와 같은 일이 있다면 7일의 외출을 허락하겠노라.

식차마니가 병고가 극심하였으므로 비구의 처소로 사람을 보내어 '대덕이시여. 제가 병고가 극심합니다. 대덕께서 오시어 만약 여법하게 저를 이 세간에서 저 세간으로 데려가거나, 만약 여법하게 저를 저 세간에서 이 세간으로 데려와 주십시오.'라고 알려 말하는 것과 같았고, 이와 같은 일이 있다면 7일의 외출을 허락하겠노라.

식차마니가 근심하여 계를 버리고자 생각하였으므로 비구의 처소로 사람을 보내어 '대덕이시여. 근심하여 계를 버리고자 생각하였습니다. 대덕께서 오시어 저를 위하여 설법하십시오.'라고 알려 말하는 것과 같았고, 이와 같은 일이 있다면 7일의 외출을 허락하겠노라.

만약 식차마니가 악한 사견이 일어났으므로 비구의 처소로 사람을 보내어 '저에게 악한 사견이 일어나고 있습니다. 대덕께서 오시어 저의 악한 사견을 없애주십시오.'라고 알려서 말하는 것과 같았고, 이와 같은 일이 있다면 7일의 외출을 허락하겠노라.

식차마니가 마음에서 의심하였으므로 비구의 처소로 사람을 보내어 '저의 마음에 의심이 있습니다. 대덕께서 오시어 저를 위하여 여법하게 없애주십시오.'라고 알려서 말하는 것과 같았고, 이와 같은 일이 있다면 7일의 외출을 허락하겠노라.

식차마니가 후이계(後二戒)를 범하였으므로 비구의 처소로 사람을 보내어 '대덕이시여. 제가 후이계를 범하였습니다. 대덕께서 오시어 저에게 다시 계를 주십시오.'라고 알려서 말하는 것과 같았고, 이와 같은 일이 있다면 7일의 외출을 허락하겠노라.

재가의 남편이 12년을 넘겼거나, 만약 20세의 동녀였으므로 비구의 처소로 사람을 보내어 '저는 재가의 남편이 12년을 넘겼거나, 만약 20세의 동녀입니다. 대덕께서 오시어 저를 위하여 구족계를 주십시오.'라고 알려 말하는 것과 같았고, 이와 같은 일이 있다면 7일의 외출을 허락하겠노라.

식차마니가 많이 이해하고 많이 알기 위한 여러 대경이 있었는데,

바라사제가와, 나아가 살기타사수투로 등에서 만약 배우지 못한 것을 배우고자 하거나, 만약은 이전에 배운 것을 잊어버려 독송하고자 하였는데, 비구의 처소로 사람을 보내어 '대덕이여. 저는 많이 이해하고 많이 알기 위하여 바라사제가 나아가 살기타사수투로 등 여러 대경의 만약 배우지 못한 것을 배우고자 하거나, 이전에 배운 것을 잊어버려 독송하고 싶습니다. 대덕께서 오시어 저에게 가르쳐 주신다면 받아서 배우고 독송하며 뜻을 물어보겠습니다.'라고 알려 말하는 것과 같았고, 이와 같은 일이 있다면 7일의 외출을 허락하겠노라. 이와 같다면 사미니를 위해 마땅히 떠나가야 하고 사미도 역시 이와 같다.

무엇이 여학(與學) 사미니를 위한 까닭으로 마땅히 외출하는 것인가? 만약 여학 사미니가 승가를 위하였던 까닭으로 방사인 만약 따뜻한 집·서늘한 집·합류당·중각·일중사·평부사를 짓고서, 비구의 처소로 사람을 보내어 '대덕이시여, 제가 승가를 위해 따뜻한 집·서늘한 집·합류당·2층 누각·단층집·평부사 따위의 방사를 지었습니다. 대덕께서는 오시어 지어진 방사로 들어가서 공양하십시오.'라고 알려 말하는 것과 같았고, 이와 같은 일이 있다면 7일의 외출을 허락하겠노라.

만약 여러 비구 또는 한두 명의 비구를 위하여 여러 비구니 또는 한두 명의 비구니를 위하여, 여러 식차마니 또는 한두 명의 식차마니를 위하여, 여러 사미 또는 한두 명의 사미를 위하여, 여러 사미니 또는 한·두 명의 사미니를 위해, 여러 출가인 또는 한두 명의 출가인을 위하여, 여러 출가니, 또는 한두 명의 출가니를 위하였거나, 한 사람의 출가니를 위하여 짓고서, 비구의 처소로 사람을 보내어 '대덕이시여, 제가 승가를 위해 따뜻한 집·서늘한 집·합류당·2층 누각·단층집·평부사 따위의 방사를 지었습니다. 대덕께서는 오시어 지어진 방사로 들어가서 공양하십시오.'라고 알려 말하는 것과 같았고, 이와 같은 일이 있다면 7일의 외출을 허락하겠노라.

여학 사미니가 왕에게 붙잡혔거나, 만약 도둑에게 붙잡혔거나, 만약 원수에게 붙잡혔거나, 만약 원수의 무리에게 붙잡혔거나, 만약 원수의 무리인 동료들에게 붙잡혔으므로, 비구의 처소로 사람을 보내어 '대덕이여. 제가 왕에게 붙잡혔거나, 만약 도둑에게 붙잡혔거나, 만약 원수에게 붙잡혔거나, 만약 원수의 무리에게 붙잡혔거나, 만약 원수의 무리인 동료들에게 붙잡혔습니다. 대덕께서 와주신다면 비구를 보고자 합니다.'라고 알려 말하는 것과 같았고, 이와 같은 일이 있다면 7일의 외출을 허락하겠노라.

법을 듣고자 하여도 7일의 외출을 허락하고, 보시하고자 하여도 7일의 외출을 허락하며, 비구를 보고 설법을 듣고자 하거나, 비구를 보고 보시하고자 하거나, 설법을 듣고 보시하고자 하거나, 비구를 보고 설법을 듣고 보시하고자 하는 이와 같은 일이 있다면 7일의 외출을 허락하겠노라.

만약 여학 사미니가 병고가 극심하였으므로 비구의 처소로 사람을 보내어 '제가 병고가 극심하므로 대덕께서는 와주십시오. 제가 비구를 보고자 합니다.'라고 알려 말하는 것과 같았고, 이와 같은 일이 있다면 7일의 외출을 허락하겠노라. 법을 듣고자 하여도 7일의 외출을 허락하고, 보시하고자 하여도 7일의 외출을 허락하며, 비구를 보고 설법을 듣고자 하거나, 비구를 보고 보시하고자 하거나, 설법을 듣고 보시하고자 하거나, 비구를 보고 설법을 듣고 보시하고자 하는 이와 같은 일이 있다면 7일의 외출을 허락하겠노라.

여학 사미니가 병고가 극심하였으므로 비구의 처소로 사람을 보내어 '제가 병고가 극심하므로 대덕께서는 오시어 저에게 병에 따른 음식을 가르쳐 주십시오.'라고 알려 말하는 것과 같았고, 이와 같은 일이 있다면 7일의 외출을 허락하겠노라. '저에게 병에 따른 약을 가르쳐 주십시오.'라고 말하여도 7일의 외출을 허락하고, '저에게 음식을 챙겨주고 온전한 간병인을 가르쳐 주십시오.'라고 말하여도 7일의 외출을 허락하며, 병에 따른 음식과 병에 따른 약을 가르쳐달라고 하였거나, 병에 음식을 챙겨주고 온전한 간병인을 가르쳐달라고 하였거나, 병에 따른 약과 온전한 간병인을 가르쳐달라고 하였거나, 병에 따른 약을 가르쳐달라고 하는 것과 같았고, 이와 같은 일이 있다면 7일의 외출을 허락하겠노라.

여학 사미니가 병고가 극심하였으므로 비구의 처소로 사람을 보내어

'대덕이시여. 제가 병고가 극심합니다. 대덕께서 오시어 만약 여법하게 저를 이 세간에서 저 세간으로 데려가거나, 만약 여법하게 저를 저 세간에서 이 세간으로 데려와 주십시오.'라고 알려서 말하는 것과 같았고, 이와 같은 일이 있다면 7일의 외출을 허락하겠노라.

여학 사미니가 근심하여 계를 버리고자 생각하였으므로 비구의 처소로 사람을 보내어 '대덕이시여. 근심하여 계를 버리고자 생각하였습니다. 대덕께서 오시어 저를 위하여 설법하십시오.'라고 알려서 말하는 것과 같았고, 이와 같은 일이 있다면 7일의 외출을 허락하겠노라.

만약 여학 사미니가 악한 사견이 일어났으므로 비구의 처소로 사람을 보내어 '저에게 악한 사견이 일어나고 있습니다. 대덕께서 오시어 저의 악한 사견을 없애주십시오.'라고 알려서 말하는 것과 같았고, 이와 같은 일이 있다면 7일의 외출을 허락하겠노라.

여학 사미니가 마음에서 의심하였으므로 비구의 처소로 사람을 보내어 '저의 마음에 의심이 있습니다. 대덕께서 오시어 저를 위하여 여법하게 없애주십시오.'라고 알려 말하는 것과 같았고, 이와 같은 일이 있다면 7일의 외출을 허락하겠노라.

여학 사미니에게 승가가 만약 고절갈마이거나, 만약 의지갈마이거나, 만약 구출갈마이거나, 만약 하의갈마 등의 갈마를 지어서 다스리고자 하였으므로 비구의 처소로 사람을 보내어 '대덕이시여. 승가께서 저에게 만약 고절갈마이거나, 만약 의지갈마이거나, 만약 구출갈마이거나, 만약 하의갈마 등의 갈마를 지어서 다스리고자 합니다. 대덕께서 오시어 여법하게 저를 도와주십시오.'라고 알려서 말하는 것과 같았고, 이와 같은 일이 있다면 7일의 외출을 허락하겠노라.

여학 사미니에게 승가가 만약 고절갈마이거나, 만약 의지갈마이거나, 만약 구출갈마이거나, 만약 하의갈마 등의 갈마를 지어서 다스리고자 하였으므로 비구의 처소로 사람을 보내어 '대덕이시여. 승가께서 저에게 만약 고절갈마이거나, 만약 의지갈마이거나, 만약 구출갈마이거나, 만약 하의갈마 등의 갈마를 지어서 다스렸습니다. 대덕께서 오시어 가벼운 갈마로 짓게 하고 무거운 갈마로 짓지 못하게 하십시오.'라고 알려서 말하는 것과 같았고, 이와 같은 일이 있다면 7일의 외출을 허락하겠노라.

여학 사미니에게 승가가 만약 억념비니와 불치비니를 지어서 주고자 하였으므로 비구의 처소로 사람을 보내어 '대덕이시여. 승가께서 저를 위하여 억념비니와 불치비니를 지어서 주고자 합니다. 대덕께서 오시어 저에게 억념비니와 불치비니를 지어서 주십시오.'라고 알려서 말하는 것과 같았고, 이와 같은 일이 있다면 7일의 외출을 허락하겠노라.

여학 사미니에게 승가가 만약 실멱갈마를 지어서 주고자 하였으므로 비구의 처소로 사람을 보내어 '대덕이시여. 승가께서 저를 위하여 실멱갈마를 지어서 주고자 합니다. 대덕께서 오시어 저를 여법하게 도와주십시오.'라고 알려서 말하는 것과 같았고, 이와 같은 일이 있다면 7일의 외출을 허락하겠노라.

여학 사미니에게 승가가 만약 실멱갈마를 지어서 주었고 비구의 처소로 사람을 보내어 '대덕이시여. 승가께서 저에게 실멱갈마를 지어서 주었습니다. 대덕께서 오시어 가벼운 갈마로 짓게 하고 무거운 갈마로 짓지 못하게 하십시오.'라고 알려서 말하는 것과 같았고, 이와 같은 일이 있다면 7일의 외출을 허락하겠노라.

여학 사미니에게 승가가 만약 불견빈·부작빈·악사부제빈의 갈마를 주고자 하였으므로 비구의 처소로 사람을 보내어 '대덕이시여. 승가께서 저를 위하여 불견빈·부작빈·악사부제빈의 갈마를 지어서 주고자 합니다. 대덕께서 오시어 저에게 불견빈을 가르쳐서 보게 하시고, 부작빈을 가르쳐서 짓게 하시며, 악사부제빈을 가르쳐서 없애게 하십시오.'라고 알려서 말하는 것과 같았고, 이와 같은 일이 있다면 7일의 외출을 허락하겠노라.

여학 사미니가 승가바시사죄를 범하여 만약 마땅히 마나타갈마를 주었거나, 만약 마땅히 본일치갈마를 주었거나, 만약 마땅히 출죄갈마를 주었으므로 비구의 처소로 사람을 보내어 '대덕이시여. 제가 승가바시사죄를 범하여 승가께서 저에게 만약 마나타이거나, 만약 본일치이거나, 만약 출죄갈마를 주고자 합니다. 대덕께서 오시어 저에게 마땅히 만약 마나타이거나, 만약 본일치이거나, 만약 출죄갈마를 주게 하십시오.'라고 알려서 말하는 것과 같았고, 이와 같은 일이 있다면 7일의 외출을 허락하겠노라.

여학 사미니가 2부(部)의 바라제목차의 분별을 만약 배우지 못하여 배우고자 하였거나, 만약 배운 것을 잊어버려서 독송하고자 하였으므로 비구의 처소로 사람을 보내어 '대덕이시여. 제가 2부(部)의 바라제목차의 분별을 만약 배우지 못한 것을 배우고자 하며, 만약 배운 것을 잊어버렸다면 독송하고자 합니다. 대덕께서 오시어 저에게 가르쳐 받아서 배우고 독송하며 뜻을 물어보겠습니다.'라고 알려서 말하는 것과 같았고, 이와 같은 일이 있다면 7일의 외출을 허락하겠노라.

여학 사미니가 많이 이해하고 많이 알기 위한 여러 대경이 있었는데, 바라사제가와, 나아가 살기타사수투로 등에서 만약 배우지 못한 것을 배우고자 하였거나, 만약은 이전에 배운 것을 잊어버려 독송하고자 하였는데, 비구의 처소로 사람을 보내어 '대덕이여. 저는 많이 이해하고 많이 알기 위하여 바라사제가 나아가 살기타사수투로 등 여러 대경의 만약 배우지 못한 것을 배우고자 하거나, 만약은 이전에 배운 것을 잊어버려 독송하고 싶습니다. 대덕께서 오시어 저에게 가르쳐 주신다면 받아서 배우고 독송하며 뜻을 물어보겠습니다.'라고 알려 말하는 것과 같았고, 이와 같은 일이 있다면 7일의 외출을 허락하겠노라. 이와 같다면 여학 사미니를 위해 마땅히 떠나가야 하고 여학 사미도 역시 이와 같다.

그 마땅한 것을 따라서 제외하나니, 비구를 위해서 외출하는 것과 같이 비구니를 위한 것도 역시 이와 같다. 다른 사람의 일로 마땅히 외출하는 것과 자기의 일로 외출하는 것도 역시 이와 같다. 사람을 보내오면 외출하는 것과 같이 사람을 보내오지 않더라도 외출하는 것도 역시 이와 같다. 비구와 비구니가 만약 자기를 위한 것이거나, 만약 다른 사람을 위한 것이거나, 사람을 보내왔거나, 만약 사람을 보내오지 않았더라도 외출하도록 하라. 그러나 첫 번째의 7주야(晝夜)는 허락하겠으나, 두 번째의 7주야는 허락하지 않겠노라.

병든 비구가 하안거에 있으면서, 만약 병에 따른 음식을 얻지 못하였고,

이러한 곤란한 일이 있었던 까닭으로 떠나갔다면 무죄이다. 병든 비구가 하안거에 있으면서, 만약 병에 따른 약을 얻지 못하였고, 이러한 곤란한 일이 있었던 까닭으로 떠나갔다면 무죄이다. 병든 비구가 하안거에 있으면서, 온전한 간병인을 구하지 못하였고, 이러한 곤란한 일이 있었던 까닭으로 떠나갔다면 무죄이다. 병든 비구가 하안거에 있으면서, 병에 따른 음식과 병에 따른 약을 구하지 못하였거나, 만약 병에 따른 음식과 온전한 간병인을 구하지 못하였거나, 만약 병에 따른 약과 온전한 간병인을 구하지 못하였거나 병에 따른 음식과 병에 따른 약과 온전한 간병인을 구하지 못하였고, 이러한 곤란한 일이 있었던 까닭으로 떠나간다면 무죄이다.

비구의 하안거에 있어서 이 가운데에 여인이 '대덕이시여. 제가 그대의 딸이나 만약 자매가 되겠습니다. 그대는 저를 위하여 딸의 남편이나 자매의 남편이 되어 주십시오.'라고 여법하지 않게 말하였고, 비구는 이 가운데의 여인이 <대덕이시여. 제가 그대의 딸이나 만약 자매가 되겠습니다. 그대는 저를 위하여 딸의 남편이나 자매의 남편이 되어 주십시오.>라고 말하였으므로, <만약 내가 이곳에 머문다면 만약 목숨을 잃거나, 만약 범행을 잃을 것이다.>라고 이와 같이 사유하면서 이러한 곤란한 일이 있었던 까닭으로 떠나간다면 무죄이다.

비구의 하안거에 있어서 이 가운데에 남자가 '대덕이시여. 제가 그대의 딸이나 만약 자매가 되겠습니다. 그대는 저를 위하여 딸의 남편이나 자매의 남편이 되어 주십시오.'라고 여법하지 않게 말하였고, 비구는 이 가운데의 남자가 <대덕이시여. 제가 그대의 딸이나 만약 자매가 되겠습니다. 그대는 저를 위하여 딸의 남편이나 자매의 남편이 되어 주십시오.>라고 말하였으므로, <만약 내가 이곳에 머문다면 만약 목숨을 잃거나, 만약 범행을 잃을 것이다.>라고 이와 같이 사유하면서 이러한 곤란한 일이 있었던 까닭으로 떠나간다면 무죄이다.

비구의 하안거에 있어서 바르게 사유하지 못하여 상(相)을 취하여서 '여인이 만약 왔거나, 만약 갔거나, 만약 서 있거나, 만약 앉았거나, 만약 웃었거나, 만약 말하였거나, 만약 눈물을 흘렸거나, 만약 노래하였거나, 만약 재주를 부렸거나, 만약 춤을 추었거나, 만약 발가벗었거나, 많고 작은 옷을 입었거나, 만약 엄숙하게 꾸몄거나, 만약 엄숙하게 꾸미지 않았다.'라고 이와 같이 사유하였으며, 나는 이곳에 머물면서 바르게 사유하지 못하여 '여인이 만약 왔거나, 만약 갔거나, 만약 서 있거나, 만약 앉았거나, 만약 웃었거나, 만약 말하였거나, 만약 눈물을 흘렸거나, 만약 노래하였거나, 만약 재주를 부렸거나, 만약 춤을 추었거나, 만약 발가벗었거나, 많고 작은 옷을 입었거나, 만약 엄숙하게 꾸몄거나, 만약 엄숙하게 꾸미지 않았다.'라고 상을 취하였고, '만약 내가 이곳에 머문다면 만약 목숨을 잃거나, 만약 범행을 잃을 것이다.'라고 이와 같이 사유하면서 이러한 곤란한 일이 있었던 까닭으로 떠나간다면 무죄이다.

비구의 하안거에 있어서 숨겨진 큰 가치의 진귀한 보배를 보았으므로, 비구가 '나는 이곳에서 숨겨진 큰 가치의 진귀한 보물을 보았다. 만약 내가 이곳에 머문다면 만약 목숨을 잃거나, 만약 범행을 잃을 것이다.' 이와 같이 사유하면서 이러한 곤란한 일이 있었던 까닭으로 떠나간다면 무죄이다. 비구의 하안거에 있어서 만약 부모가 왔거나, 형제·자매·자식·본래의 아내가 왔으므로, 비구가 '내가 있는 이곳에 만약 부모가 왔고, 형제·자매·자식·본래의 아내가 왔으므로, 만약 내가 이곳에 머문다면 만약 목숨을 잃거나, 만약 범행을 잃을 것이다.'라고 이와 같이 사유하면서 이러한 곤란한 일이 있었던 까닭으로 떠나간다면 무죄이다.

비구의 하안거에 있어서 파승가를 2부(部)에 짓는 것을 보았으므로, 비구가 '이 가운데에서 파승가를 2부에 지었다. 내가 만약 이 가운데에 머무른다면, 혹은 악한 마음이 생겨나거나, 혹은 악한 말을 지을 것이고, 이것은 내가 장야(長夜)에 꺾어지고 감소하는 것이 있어서 악도에 떨어질 것이다.'라고 이와 같이 사유하면서 이러한 곤란한 일이 있었던 까닭으로 떠나갔다면 무죄이다. 비구의 하안거에 있어서 승가가 승가를 파괴하고자 노력하는 것을 보았으므로, 비구가 '이 주처에서 승가가 승가를 파괴하고자 노력하고 있다. 내가 만약 이 가운데에 머무른다면, 혹은 악한 마음이 생겨나거나, 혹은 악한 말을 지을 것이고, 이것은 내가 장야에 꺾어지고 감소하는 것이 있어서 악도에 떨어질 것이다.'라고 이와 같이 사유하면서 이러한 곤란한 일이 있었던 까닭으로 떠나간다면 무죄이다.

여러 비구 또는 한두 명의 비구를 보았거나, 여러 비구니 또는 한두 명의 비구니, 여러 식차마니 또는 한두 명의 식차마니, 여러 사미 또는 한두 명의 사미, 여러 사미니 또는 한두 명의 사미니, 여러 출가인 또는 한두 명의 출가인, 여러 출가니, 또는 한두 명의 출가니, 한 사람의 출가니가 승가를 파괴하고자 노력하는 것을 보았으므로, '내가 만약 이 가운데에 머무른다면, 혹은 악한 마음이 생겨났거나, 혹은 악한 말을 지을 것이고, 이것은 내가 장야에 꺾어지고 감소하는 것이 있어서 악도에 떨어질 것이다.'라고 이와 같이 사유하면서 이러한 곤란한 일이 있었던 까닭으로 떠나간다면 무죄이다.

비구의 하안거에 있어서 만약 그 주처에서 승가를 파괴하고자 노력하면서 방편으로 함께 모였다는 것을 들었으므로, 비구가 '그쪽의 주처에서 승가를 파괴하고자 노력하는 것이 있어 방편으로 함께 모였다. 나는 능히 이와 같은 부드러운 말로 충고하여 그들의 마음을 쉬게 하고 되돌려서 일심으로 화합시키겠다.'라고 이와 같이 사유하였고, 이러한 일을 까닭으로 떠나갔다면 무죄이다. 비구의 하안거에 있어서 만약 그 주처에서 승가를 파괴하고자 노력하면서 방편으로 함께 모였다는 것을 들었으므로, 비구가 '그쪽의 주처에서 승가를 파괴하고자 노력하는 것이 있어 방편으로 함께 모였다. 나는 능히 이와 같은 부드러운 말로 충고하여 그들의 마음을 쉬게 하고 능히 승가를 파괴하지 못하도록 하겠으며 되돌려서 일심으로 화합시키겠다.'라고 이와 같이 사유하였고, 이러한 일을 까닭으로 떠나간다면 무죄이다.

만약 여러 비구 또는 한두 명의 비구이거나, 여러 비구니 또는 한두 명의 비구니, 여러 식차마니 또는 한두 명의 식차마니, 여러 사미 또는 한두 명의 사미, 여러 사미니 또는 한두 명의 사미니, 여러 출가인 또는 한두 명의 출가인, 여러 출가니, 또는 한두 명의 출가니, 만약 한 사람의 출가니가 승가를 파괴하고자 노력하였으므로, 비구가 '그쪽의 주처에서 한 출가니가 승가를 파괴하고자 노력하고 있다. 나는 능히 이와 같은 부드러운 말로 충고하여 화합시키고 승가를 파괴하지 못하도록 하겠으며 되돌려서 일심으로 화합시키겠다.'라고 이와 같이 사유하였고, 이러한 일을 까닭으로 떠나간다면 무죄이다.

비구의 하안거에 있어서 만약 그 주처에서 승가를 파괴하고자 노력하면서 방편으로 함께 모였다는 것을 들었으므로, 비구가 '그쪽의 주처에서 승가를 파괴하고자 노력하는 것이 있어 방편으로 함께 모였다. 나는 능히 이와 같은 부드러운 말로 충고하여 그들의 마음을 쉬게 하고 되돌려서 일심으로 화합시킬 수는 없다. 나는 그 가운데에 친한 사람이 있다. 이 친한 사람의 힘이라면 부드러운 말로 충고하여 그들의 방편으로 함께 모이는 일을 깨뜨리게 하고 마음을 쉬게 하며 되돌려서 일심으로 화합시킬 수는 있다.'라고 이와 같이 사유하였고, 이러한 일을 까닭으로 떠나간다면 무죄이다.

비구의 하안거에 있어서 만약 그 주처에서 승가를 파괴하고자 노력하면서 방편으로 함께 모였다는 것을 들었으므로, 비구가 '그쪽의 주처에서 승가를 파괴하고자 노력하는 것이 있어 방편으로 함께 모였다. 나의 힘으로는 능히 부드러운 말로 충고하여 그들의 마음을 쉬게 하고 되돌려서 일심으로 화합시킬 수는 없다. 나는 그 가운데에 친한 사람이 있다. 이 친한 사람의 힘이라면 부드러운 말로 충고하여 그들의 방편으로 함께 모이는 일을 깨뜨리게 하고 마음을 쉬게 하며 되돌려서 일심으로 화합시킬 수는 있다.'라고 이와 같이 사유하였고, 이러한 일을 까닭으로 떠나간다면 무죄이다.

여러 비구 또는 한두 명의 비구를 보았거나, 여러 비구니 또는 한두 명의 비구니, 여러 식차마니 또는 한두 명의 식차마니, 여러 사미 또는 한두 명의 사미, 여러 사미니 또는 한두 명의 사미니, 여러 출가인 또는 한두 명의 출가인, 여러 출가니, 또는 한두 명의 출가니, 한 사람의 출가니가 승가를 파괴하고자 노력하면서 방편으로 함께 모였다는 것을 들었으므로,

비구가 '그쪽의 출가니가 승가를 파괴하고자 노력하는 것이 있어 방편으로 함께 모였다. 나의 힘으로는 능히 부드러운 말로 충고하여 그들의 마음을 쉬게 하고 되돌려서 일심으로 화합시킬 수는 없다. 나는 그 가운데에 친한 사람이 있다. 이 친한 사람의 힘이라면 부드러운 말로 충고하여 그들의 방편으로 함께 모이는 일을 깨뜨리게 하고 마음을 쉬게 하며 되돌려서 일심으로 화합시킬 수는 있다.'라고 이와 같이 사유하였고, 이러한 일을 까닭으로 떠나간다면 무죄이다. 비구의 하안거에 있어서 이때 팔난이 하나하나가 일어났고, 이와 같은 일의 곤란이 있었던 까닭으로 떠나갔다면 무죄이다. 자세한 설명은 자자의 가운데에서와 같다.

비구가 발심하여 그 주처에서 전 3개월을 안거하고자 하였으나 이곳에서 급한 일이 일어났고, 만약 그곳에 이르렀으나 마땅히 돌아오지 못하였으므로, 이 비구는 '나는 이곳의 일을 아직 마치지 못하였다. 그리고 저곳에 이르더라도 반드시 마땅하게 이곳으로 돌아와야 한다.'라고 이렇게 생각을 짓고서 일을 마치고서 뒤에 그 주처로 갔다면 이 비구는 마땅히 그곳의 주처에서 전 3개월을 안거할 수 없고, 스스로가 말을 어겼으므로 죄를 얻는다. 비구가 발심하여 그 주처에서 전 3개월을 안거하고자 하였으나 이 두 주처가 하나의 보시이었고 포살은 별도이었다. 이 비구가 '만약 내가 이 가운데에서 포살한다면 이 주처에서 옷의 몫을 받을 수 있다. 만약 저 주처에서 포살하더라도 역시 이 주처에서 옷의 몫을 받을 수 있다.'라고 이와 같이 사유하고서 이 비구가 안거하지 않는 주처에서 포살하고서 뒤에 안거하는 주처로 돌아왔다면, 이 비구는 마땅히 그곳의 주처에서 전 3개월을 안거할 수 없고, 스스로가 말을 어겼으므로 죄를 얻는다.

비구가 그 주처로 가고자 하였고 주처로 가서 머물렀으며 포살을 짓지 않고 그 경계를 벗어났다면, 이 비구는 마땅히 그곳의 주처에서 전 3개월을 안거할 수 없고, 스스로가 말을 어겼으므로 죄를 얻는다. 비구가 그 주처로 가고자 하였고 주처로 가서 머물렀으며 포살을 지어서 마쳤으나 그 평상과 와구를 받지 않고서 그 경계를 벗어났다면, 이 비구는 그곳의 주처에서 전 3개월을 안거할 수 없고, 스스로가 말을 어겼으므로 죄를 얻는다. 비구가 그 주처로 가고자 하였고 주처로 가서 머물렀으며 포살을 작지하고 그 평상과 와구를 받았다 하더라도 인연이 없이 그 경계를 벗어났다면, 이 비구는 마땅히 그곳의 주처에서 전 3개월을 안거할 수 없고, 스스로가 말을 어겼으므로 죄를 얻는다.

비구가 저 주처로 가고자 하여 저 주처에 도착해서는 포살을 지었고 그 평상과 와구를 받았더라도 칠야법(七夜法)을 받지 않고서 그 경계를 벗어났다면, 이 비구는 마땅히 그곳의 주처에서 전 3개월을 안거할 수 없고, 스스로가 말을 어겼으므로 죄를 얻는다. 비구가 저 주처로 가고자 하여 저 주처에 도착해서는 포살을 지었고 그 평상과 와구를 받았으며 칠야법을 받고서 그 경계를 벗어났더라도 그 경계의 바깥에서 7일밤이 지나서 돌아왔다면, 이 비구는 마땅히 그곳의 주처에서 전 3개월을 안거할 수 없고, 스스로가 말을 어겼으므로 죄를 얻는다.

비구가 저 주처로 가고자 하여 저 주처에 도착해서는 포살을 지었고 그 평상과 와구를 받았으며 칠야법을 받고서 그 경계를 벗어났더라도 그 경계의 바깥에서 7일밤이 지나지 않고 돌아왔다면, 이 비구는 마땅히 그 주처에서 전 3개월을 안거하도록 하라. 스스로가 말을 어기지 않았으므로 무죄이다. 뒤 3개월의 안거도 역시 이와 같다.

제7일에 마땅히 스스로가 자자를 받고 하룻밤을 머물고는 경계를 벗어났다면, 범한 것은 없다. 만약 6일이거나, 만약 5일이거나, 만약 4일이거나, 만약 3일이거나, 만약 2일이거나, 만약 1일에 마땅히 스스로가 자자를 받고 하룻밤을 머물고는 경계를 벗어간다면, 범한 것은 없느니라." [칠법의 가운데에서 네 번째인 '안거법'을 마친다.]

십송율 제25권

후진 북인도 삼장 불야다라 한역

석보운 번역

4. 사송 ⑤

8) 칠법 ⑤

(5) 피혁법(皮革法)

세존께서 사위성에 머무르셨다.

이때 아습마가아반제국(阿濕摩伽阿槃提國)에 취락이 있어 왕살바(王薩婆)라고 이름하였다. 그곳에 크게 부유한 거사가 있었고 재물과 보배가 풍족하며 여러 종류를 갖추었으나 오직 하나의 일이 부족하였으니 자식이 없는 것이었다. 기지신(祇池神)·가신(家神)·교도대신(交道大神)·만현내신(滿賢大神)·고현내신(高賢大神)·대자재천신(大自在天神)·나라연신(那羅延神)·위뉴천신(韋紐天神)부터 아래로 발바라신(鉢婆羅神)까지 자식을 위한 까닭으로 구하면서 애원하고 청하였으나 능히 얻을 수 없었다. 자식이 있을 때에 이르렀고 거사의 아내는 임신한 것을 알게 되었다.

근기가 예리한 여인에게는 네 가지의 불공지(不共智)가 있나니, 무엇이 네 가지인가? 첫째는 남편의 애정을 아는 것이고, 둘째는 남편의 애정이 없는 것을 아는 것이며, 셋째는 임신의 때를 아는 것이고, 넷째는 따라서 자식을 얻는 것을 아는 것이다. 아내는 스스로 임신한 것을 알고는 거사에게 말하였다.

"제가 임신하였습니다."

거사는 그것을 듣고서 마음으로 환희하고 용약(踊躍)하면서 혹은 마땅히 아들을 낳을 것이므로 더욱 좋게 공급하였고, 목욕하여 청결하게 하고서 향으로써 몸을 바르고 때를 따라서 쉬게 하였으며, 몸을 안은하게 하였다. 만약 이를 곳이 있다면 여러 사람들이 보호하여 걱정이 없도록 하였다. 9개월이 지나서 몸을 풀고서 사내아이를 낳았는데, 귀에 금귀걸이가 있었고 이 아이의 용모가 단정하였으므로 보는 사람들이 환희하였다. 거사는 듣고서 마음으로 환희하였고 용약하면서 관상을 아는 여러 바라문을 모으고서 물어 말하였다.

"이 아이의 덕과 힘은 무엇과 같습니까?"

여러 바라문이 말하였다.

"거사여. 이 아이는 진실로 복덕과 위력이 있습니다."

거사가 말하였다.

"마땅히 이름을 지어서 주십시오."

이때 이 나라의 법에는 두 종류로 이름을 지었는데, 만약 별자리를 따르거나, 만약 길(吉)한 것을 따르는 것이었다. 여러 사람들이 말하였다.

"거사여. 이 아이는 언제 태어났습니까?"

대답하여 말하였다.

"무슨 날에 태어났습니다."

여러 바라문이 계산하여 알고서 말하였다.

"이 아이는 사문(沙門)의 별자리의 날에 태어났으므로 곧 사문이라고 이름하십시오."

거사는 다시 보석을 잘 아는 바라문과 여러 거사들을 모으고서 아이의 귀의 그것을 보여주었다.

"이 아이 귀걸이의 값이 얼마입니까?"

여러 사람들이 말하였다.

"거사여. 이 아이의 귀걸이는 이 세상에서 만들 수 없으므로 값을 평가하기가 어렵습니다. 뜻으로 생각한다면 순금(純金) 1억의 값입니다."

아이의 자(字)가 '사문'이고, 귀걸이의 값이 1억 냥이었으므로 여러 사람들은 곧 '사문억이(沙門億耳)'라고 이름짓고서, 여러 사람들에게 마땅히 알게 하였다. 이 거사는 다섯 종류의 양모(養母)를 시켜서 기르고 돌보게 하였는데, 무엇이 다섯인가? 첫째는 치신모(治身母)이고, 둘째는 제구모(除垢母)이며, 셋째는 유모(乳母)이고, 넷째는 길모(吉母)이며, 다섯째는 희소모(戲笑母)였다.

무엇이 치신모인가? 아이의 머리·손·발·귀·코·여러 손가락과 발가락을 돌보는 사람을 치신모라고 이름한다. 무엇이 제구모인가? 때때로 아이의 몸을 씻겨주고 세탁하는 사람을 제구모라고 이름한다. 무엇이 유모인가? 때때로 음식이나 젖으로 기르는 사람을 유모라고 이름한다. 무엇이 길모인가? 이 아이가 돌아다니는 때에 공작의 털로 만든 털이개를 지니거나, 삼고차(三股叉)를 가지고 옹호하고 보살피는 사람을 길모라고 이름한다. 무엇이 희소모인가? 아이를 위하여 움직이는 나무 인형·코끼리·말·수레·활·화살 등의 여러 놀이 기구를 준비하여 때를 따라서 그와 오락하는 사람을 희소모라고 이름한다.

이 아이는 복덕과 위력이 있어서 빠르게 장대하였고, 곧 서수(書數)와 산인(算印)을 가르쳤는데, 여러 물건의 값과 모습과 귀천(貴賤)을 잘 알았다. 이 왕살바 취락의 이곳은 사방의 상인(商客)들이 모여드는 곳이었다. 이때 사방의 상인들이 왔으며, 취락에 나아가서 물어 말하였다.

"이곳에서 누가 선량하고 덕이 있어 의지할 수 있고 신용이 있으므로 우리의 이해를 위임할 수 있겠습니까?"

여러 사람들은 사문억이를 보여주었다.

"선량하고 덕이 있어 의지할 수 있고 신용이 있으므로 우리의 이해를 위임할 수 있습니다."

이 여러 상인들은 곧 사문억이에게 나아가서 객주(客主)로 삼아서 위탁하였다. 사문억이는 여러 상객에게 물었다.

"어느 곳에서 오셨습니까?"

대답하여 말하였다.

"무슨 지방의 무슨 나라에서 왔습니다."

곧 물었다.

"그 지방과 나라에는 무슨 좋고 나쁜 것이 있습니까?"

상인들이 좋고 나쁜 일을 갖추어 대답하였다. 이때 다시 여러 상인들이 바다에서 왔으며 왕살바 취락에 이르렀고 물어 말하였다.

"이곳에서 누가 선량하고 덕이 있어 의지할 수 있고 신용이 있으므로 우리의 이해를 위임할 수 있겠습니까?"

여러 사람들이 사문억이를 보여주었다.

"선량하고 덕이 있어 의지할 수 있고 신용이 있으므로 우리의 이해를 가려줄 수 있습니다."

이 여러 상인들은 곧 사문억이에게 나아가서 객주(客主)로 삼아서 위탁하였다. 사문억이는 여러 상인들에게 물었다.

"어느 곳에서 오셨습니까?"

대답하여 말하였다.

"큰 바다의 가운데에서 왔습니다."

곧 물었다.

"큰 바다의 가운데에는 무슨 좋고 나쁜 것이 있습니까?"

상인들은 바다의 가운데의 여러 일을 갖추어 대답하였다.

"바다의 가운데에는 파도의 공포·큰 거북의 공포·제미어(提迷魚)의 공포·제미기라어(提迷耆羅魚)[1]의 공포·실수마라어(失收摩羅魚)의 공포·소용돌이의 공포·파도가 산처럼 몰려오는 공포·흑풍(黑風)의 공포·사악한 용이 있는 곳에서의 공포·악한 나찰(羅刹)[2]의 공포가 있습니다. 억이여.

---

1) 산스크리트어 timiṅgila의 음사로서 제미기라(帝彌祇羅)·제미(提迷)·抵彌(抵彌)로 음역된다. 다른 고기를 삼키는 큰 고기라는 뜻이다.

2) 산스크리트어 raksasa의 음사로서 가외(可畏), 속질귀(涑疾鬼), 호자(護者)라고 번역된다. 소머리에 사람손을 가진 나찰(牛頭羅刹)과 말머리 형상을 가진 나찰(馬頭羅刹) 등이 있으며 공중을 날아다니며 언제나 사람의 피와 살을 먹는다고 한다.

백천의 사람들이 떠나가는 때에도 한 사람이 돌아올 수 있으나, 만약 돌아올 수 있다면 여러 진귀한 보배로 7세(世)를 보시하며 복을 짓더라도 마칠 수 없을 것인데, 하물며 자기의 몸이겠습니까?"

이 여러 상인들은 이 사문억이가 큰 위력을 있는 것을 보고 이와 같이 사유하였다.

'만약 살박(薩薄)[3]으로 지어서 많은 사람과 함께 바다로 들어간다면 안은하게 오고 떠나갈 것이다.'

여러 사람들이 말하였다.

"사문억이여. 그대는 무슨 까닭으로 큰 바다로 들어가지 않습니까?"

대답하여 말하였다.

"내가 바다에 들어가서 무엇을 짓겠습니까? 이 가운데에는 여러 공포들이 많고, 백천의 사람들이 들어가는 때에도 한 사람만이 돌아오지 않습니까?"

이 여러 상인들은 크게 부추기며 말하였다.

"무슨 사람이라도 다른 사람의 목숨을 살리고자 합니다. 더욱이 음녀(婬女)도 다른 사람의 목숨을 살리고자 합니다. 만약 사람을 구하고 보시의 복덕을 짓는다면 이러한 일이 알맞고 좋습니다."

여러 상인들이 이와 같이 부추겼고, 사문억이는 믿음을 받아들여서 따라가고자 하였다. 곧 부모의 처소로 이르러 하직하고 바다에 들어가고자 하였다. 이때 부모는 여러 두려운 일을 말하면서 마음을 변화시켜 후회하게 하고자 하였고, 그것을 제지하고 만류시키고자 하였다.

"사람들은 재물을 위한 까닭으로 큰 바다에 들어가지만, 우리의 집안에는 여러 보물이 많아서 네가 이용하여 보시하고 복을 짓더라도 7세를 마칠 수 없을 것이다. 어찌 바다에 들어가려고 하는가?"

이때 부모의 말에 따르지 않았으므로 부모는 여러 귀인(貴人)에게 말하였다.

---

3) 큰 상인을 가리킨다.

"나를 도와서 억이를 만류시키십시오."

이때 여러 대관(大官)·장자·거사·억재주(億財主)·크게 부유한 살박(薩薄) 등의 이와 같은 귀인들이 억이를 만류하였으나 따르지 않았다. 부모는 억이의 분명한 뜻을 알고서 떠나가는 것을 허락하였고, 코끼리를 타고 방울을 흔들면서 두루 취락에 알려 말하였다.

"사문억이가 큰 바다에 들어가고자 합니다. 내가 살박을 지을 것이니, 누가 함께 떠나가겠습니까?"

"이 사람은 복덕이 있다."

500의 상인들이 모두 기꺼이 따랐다. 그 나라의 법에는 살박을 짓는 자는 20만의 금전의 지출이 요구되었는데, 10만 금전은 배를 준비하고 10만 금전은 자량(資糧)을 준비하였다. 배를 장엄하고 마쳐서 배를 물의 가운데에 띄웠으며, 일곱 가닥의 밧줄로 묶어두고서 날마다 이렇게 외쳤다.

"누가 능히 부모·형제·자매·처자·염부제(閻浮提)의 여러 쾌락을 버리고 아울러 기꺼이 목숨까지 버리겠는가? 누가 금·은·마니·유리 등의 여러 보물을 얻고 7세를 따라서 이용하여 보시하며 복을 짓고자 하는 자는 함께 큰 바다로 들어갑시다."

이와 같이 날마다 외치며 매일 한 가닥씩을 끊었다. 이와 같이 여섯 가닥을 끊었고 남아있는 일곱 번째는 이륵풍(伊勒風)을 [진(晉)나라의 말로는 호순풍(好順風)이다.] 기다렸다. 이륵풍이 불어왔으므로 일곱 번째의 줄을 끊었고 배는 화살보다 빠르게 나아갔는데, 이것은 살박의 복덕과 위력이었다. 그 배는 빠르게 보물이 있는 해안에 이르렀고, 억이가 여러 상인들에게 칙명하였다.

"여러 보물을 가져다가 배에 가득 실으면서 너무 무겁게 않게 실으십시오."

보물을 실어 마쳤는데 다시 이륵풍이 불어왔고, 이때도 배는 화살보다 빠르게 염부제로 돌아왔다. 왕살박(王薩薄) 취락으로 향하면서 수로(水道)와 육로(陸路)의 두 길이 있었으므로 사문억이는 여러 상인들에게 말하였다.

“어느 길로 가겠습니까?”

여러 상인들이 말하였다.

“육로로 갑시다.”

이때 빈 연못이 있었고 이 가운데에서 그 밤을 머물렀는데 여러 상인에게 말하였다.

“나는 일찍이 도둑들이 몰려와서 겁탈한다는 것을 들었습니다. 여러 상인이여. 만약 살박을 먼저 죽인다면 곧 여러 상인들은 이룰 수 있는 것이 없습니다. 만약 살박을 죽이지 못한다면 재물의 힘으로서, 만약 자신의 힘이거나, 다른 사람의 힘으로서 반드시 도둑을 잡을 것입니다. 나는 다른 곳으로 자러 가겠으니, 떠나는 때에 마땅히 나를 부르십시오.”

여러 사람들이 말하였다.

“그러겠습니다.”

억이는 나귀를 몰고서 다른 곳에서 잠을 잤다. 이 여러 상인은 한밤중에 떠나가면서 사람마다 서로를 깨웠으나 결국 억이는 부르지 않았다. 후야(後夜)가 되어 큰 바람과 비가 내렸으므로, 억이가 깨어나서 여러 상인을 불렀으나 상인들이 대답하는 사람들이 없었으므로 억이는 이와 같이 사유하였다.

‘어찌 여러 사람들이 나를 버리고 떠나갔는가?’

곧 쫓아서 떠났으나 이 길에는 모래가 많았으므로 바람과 비가 흘러서 넘쳤으므로 도루에는 자취도 남아있지 않았다. 나귀가 사취의 냄새를 맡는 것을 바라면서 앞으로 나아갔고, 억이는 굶주림이 심하였으나 앞으로 나아갔다. 한 성이 좋고 정결하게 장엄된 것을 보였으므로 음식을 얻을 수 있다고 이와 같이 사유하면서 성문에 서 있으며 생각에 따라서 헛소리로 외쳐서 말하였다.

“음식. 음식.”

이때 무수한 백천만억의 아귀(餓鬼)들이 몰려나와서 모두가 말하였다.

“무슨 음식을 누구에게 주는 것이오?”

억이가 말하였다.

“음식은 없습니다. 내가 길을 가면서 굶주림이 극심하여 음식을 얻을 수 있다고 생각하였고 인연하여 이러한 말이 나왔습니다. 나에게는 음식이 없었고 이와 같이 사유하였습니다. ‘나는 마땅히 성의 주변에서 음식을 얻을 것이다.’ 이러한 까닭으로 음식을 외치며 말하였습니다.”

여러 아귀들이 말하였다.

“이곳은 아귀들의 성입니다. 우리는 백천만의 세월에서 오늘에 비로소 음식이라고 외치는 소리를 들었습니다. 우리는 보시하지 않고 인색한 마음이 많았던 까닭으로써 아귀의 가운데에 떨어졌습니다. 그대는 어디로 가고자 합니까?”

억이가 말하였다.

“왕살박 취락으로 가고자 합니다.”

아귀가 말하였다.

“이 길을 따라가십시오.”

이곳에서 앞으로 나아갔는데, 다시 한 성이 보였고 이와 같이 생각하였다.

‘이전의 성에서는 음식을 얻지 못하였다. 지금은 혹은 물은 얻을 수 있을 것이다.’

곧 성문에 이르렀고 서서 큰소리로 외쳐 말하였다.

“물. 물.”

이때 무수한 백천의 아귀들이 몰려나와서 모두가 말하였다.

“무슨 물을 누구에게 주는 것이오?”

억이가 말하였다.

“물은 없습니다. 내가 길을 가면서 갈증이 극심하여 물을 얻을 수 있다고 생각하였고 인연하여 이러한 말이 나왔습니다. 나에게는 물은 없었고 이와 같이 사유하였습니다. ‘나는 마땅히 성의 주변에서 물을 얻을 것이다.’ 이러한 까닭으로 물을 외쳐 말하였습니다.”

여러 아귀들이 말하였다.

“이곳은 아귀들의 성입니다. 우리는 백천만의 세월에서 오늘에 비로소 물이라고 외치는 소리를 들었습니다. 우리는 보시하지 않고 인색한 마음이 많았던 까닭으로써 아귀의 가운데에 떨어졌습니다. 그대는 어디로 가고자 합니까?"

억이가 말하였다.

"왕살박 취락으로 가고자 합니다."

아귀가 말하였다.

"이 길을 따라가십시오."

이곳에서 앞으로 나아갔고 오래지 않아 다시 나무를 보았는데 바라(婆羅)라고 이름하였다. 밤에 나무 아래에서 자게 되었으므로, 나무를 흔들어 나뭇잎을 떨어뜨려서 연한 잎은 자기가 먹었고 거친 잎은 나귀에게 주었다. 이와 같이 날이 저물었고 밤에 이르자 이 나무의 가운데에서 곧 평상이 나타났으며, 남자가 나타났고 여인도 나타났는데, 얼굴과 모습이 단정하였고 천보관(天寶冠)을 쓰고 있었으며, 서로가 함께 오락하였다. 사문억이는 이와 같이 사유하였다.

'나는 마땅히 다른 사람의 개인적인 일을 쳐다보지 않아야겠다.'

이때 밤이 지나갔고 낮이 왔으므로 곧 때에 평상이 사라지고 여인도 사라졌으며, 한 무리의 개가 왔고 이 남자의 살은 뜯어 먹고서 뼈를 남겨두었다. 억이는 생각하면서 말하였다.

'나는 이 사람에게 이전에 무슨 행을 지었기에 지금은 이러한 과보를 받아서 밤에는 좋고 낮에는 악한가를 물어보지 못한 것이 후회스럽구나. 나는 마땅히 머물면서 기다렸다가 그에게 물어야겠다.'

밤에 이르자 다시 좋은 평상이 있었고 남자가 나타났으며 여자가 나타났는데 얼굴과 모습이 단정하였고 주보천관(珠寶天冠)을 쓰고 있었으며, 함께 서로가 오락하였다. 억이가 곧 가서 남자에게 물었다.

"그대는 무슨 행을 지었으므로 밤에는 좋고 낮에는 악한 지금의 이러한 과보를 받았습니까?"

남자가 말하였다.

"그대는 무엇을 하고자 묻습니까?"

억이가 말하였다.

"마음에서 그것을 알고자 합니다."

남자가 말하였다.

"그대는 아습마가아반지국(阿濕摩伽阿槃地國)의 왕살박 취락을 아십니까?"

억이가 말하였다.

"알고 있습니다."

남자가 말하였다.

"나는 백정(屠兒)인 누구이었습니다. 장로 가전연(迦旃延)께서 있었고 항상 우리 집을 출입하셨으므로 나는 항상 음식·의복·탕약을 공급하였습니다. 억이여. 그는 항상 나에게 말하였습니다. '악행을 짓지 마시오. 뒤에 큰 고통을 받을 것이오.' 나는 때에 대답하여 말하였습니다. '이전의 조상부터 이것을 업으로 삼았는데 지금 만약 짓지 않는다면 어떻게 스스로가 생활하겠습니까?' 이때 가전연께서는 다시 나에게 말하였습니다. '그대는 이러한 악이 밤에 많은가? 낮에 많은가?' 나는 말하였습니다. '낮에 많습니다.' 곧 나에게 말하였습니다. '그대가 낮이라도 5계(戒)를 받는다면 작은 선이라도 얻을 것이오.' 나는 곧 따라서 받았으므로 지금 이러한 과보를 얻은 것입니다. 낮에는 좋고 밤에는 악한 것은 이전에 지은 행인데, 후회하고 한탄하여도 무슨 이익이 있겠습니까?"

남자가 억이에게 물었다.

"그대는 어디로 가고자 합니까?"

대답하여 말하였다.

"왕살박 취락으로 가고자 합니다."

남자가 말하였다.

"이 길을 따라가십시오."

억이는 곧 떠나갔고 오래지 않아 다시 나무를 보았는데 바라라고 이름하였다. 나무 아래에 머물러서 자게 되었으므로, 나무를 흔들어서 나뭇잎을 떨어뜨려서 연한 잎은 자기가 먹었고 거친 잎은 나귀에게 주었다. 이때 밤이 지나갔고 낮에 이르자 이곳에 다시 평상이 나타났으며, 남자가 나타났고 여인도 나타났는데, 얼굴과 모습이 단정하였고 주보천관을 쓰고 있었으며, 서로가 함께 서로가 오락하였다. 사문억이는 이와 같이 사유하였다.

'나는 마땅히 다른 사람의 개인적인 일을 쳐다보지 않아야겠다.'

이와 같이 날이 저물었으므로 곧 때에 평상이 사라지고 여인도 사라졌으며, 100개 다리의 벌레가 나타나서 이 남자의 살을 모두 갉아먹고서 뼈를 남겨두었다.

억이는 생각하면서 말하였다.

'나는 이 사람에게 이전에 무슨 행을 지었기에 지금은 이러한 과보를 받아서 밤에는 좋고 낮에는 악한 것인가를 물어보지 못한 것이 후회스럽구나. 나는 마땅히 머물면서 기다렸다가 그에게 물어야겠다.'

밤에 이르자 다시 좋은 평상이 있었고 남자가 나타났으며 여자가 나타났는데 얼굴과 모습이 단정하였고 주보천관을 쓰고 있었으며, 함께 서로가 오락하였다. 억이가 곧 가서 남자에게 물었다.

"그대는 무슨 행을 지었으므로 밤에는 좋고 낮에는 악한 지금의 이러한 과보를 받았습니까?"

남자가 말하였다.

"그대는 무엇을 하고자 묻습니까?"

억이가 말하였다.

"마음에서 그것을 알고자 합니다."

남자가 말하였다.

"그대는 아습마가아반지국의 왕살박 취락을 아십니까?"

억이가 말하였다.

"알고 있습니다."

남자가 말하였다.

"이 취락 가운데의 누구라는 남자이고 다른 사람의 아내와 음행을 범하였습니다. 장로 가전연께서 있었고 우리집을 출입하셨으므로 나는 항상 음식·의복·탕약을 공급하였습니다. 억이여. 그는 항상 나에게 말하였습니다. '악행을 짓지 마시오. 뒤에 큰 고통을 받을 것이오.' 나는 때에 대답하여 말하였습니다. '능히 스스로를 억제할 수 없는데 마땅히 어떻게 해야 합니까?' 다시 나에게 말하였습니다. '그대는 이러한 일이 어떤 때에 많은가?' 나는 말하였습니다. '밤에 많습니다.' 이때 가전연께서는 곧 나에게 말하였습니다. '그대가 낮이라도 5계를 받는다면 작은 선이라도 얻을 것이오.' 나는 그의 말을 수용하여 낮에 오계를 받았던 까닭으로 이러한 과보를 얻은 것입니다. 낮에는 좋고 밤에는 악한 것이 이전에 지은 행인데, 후회하고 한탄하여도 무슨 이익이 있겠습니까?"

남자가 억이에게 물었다.

"그대는 어디로 가고자 합니까?"

대답하여 말하였다.

"왕살박 취락으로 가고자 합니다."

남자가 말하였다.

"이 길을 따라가십시오."

앞으로 나아갔고 다시 숲을 보았는데, 숲의 연못은 물이 청정하였으므로 억이는 그곳에서 목욕하고 나귀에게 물을 먹였다. 이 연못가에 있었는데 여러 보배로 장엄되었으므로 억이는 이 집을 올려다보며 곧 이렇게 생각을 지었다.

'나는 굶주림과 목마름으로 죽으려고 한다. (음식은) 마땅히 어디에 있는가?'

곧 집으로 올라가면서 불경(佛經)의 게송을 외웠다.

굶주림은 제일의 병이 되고
행은 제일의 고통이 되는데
이와 같은 법보(法寶)를 알았으므로
열반은 제일의 즐거움이라네.

집으로 올라가서 여인이 상아(象牙)의 평상에 앉아있는 것이 보았는데,

평상의 다리에는 두 명의 아귀가 묶여 있었다. 이 여인은 억이의 이름을 알고서 문신하였다.

"사문억이여. 도로는 험하지는 않았고, 목마르지 않았으며, 굶주리지 않았습니까?"

억이는 스스로 생각하였다.

'이 여인을 나는 태어나서 보지 않았는데 도리어 내 이름을 알고 있구나. 어떻게 이럴 수 있는가?'

여인은 곧 억이를 불러서 앉혔고 함께 서로가 문신하였으며, 여인에게 말하였다.

"귀부인이여. 나는 음식을 애원합니다."

여인이 말하였다.

"드리겠습니다. 그대는 다만 이 두 아귀에게는 주지 마십시오."

억이가 말하였다.

"귀부인이여. 지금 나도 굶주려서 급한데 어찌 능히 아귀에게 주겠습니까?"

여인은 곧 물을 주어서 손을 씻게 하였고 음식을 주었다. 이 여인은 억이에게 인연을 알게 하고자 잠시 집의 바깥으로 나갔다. 그때 두 아귀가 손을 벌리고 사문억이에게 말하였다.

"나는 한 입을 애원합니다. 나는 반 입을 애원합니다. 우리는 뱃속의 굶주림이 불에 타는 것과 같습니다."

사문억이는 이전에 보시를 좋아하였고 중생을 연민하였으므로 이렇게 생각을 지었다.

'나도 굶주림이 급하여 매우 고통스러운데 이 아귀라고 어찌 고통스럽지 않겠는가? 각각 한 입이라도 주어야겠다.'

이 두 아귀는 음식을 입속에 닿자 이 음식은 피고름으로 변하였고 조금 삼켰던 것도 다시 토하여서 집안에 악취가 가득하였다. 여인은 돌아왔고 들어와서 집안에 악취가 가득한 것을 보았다. 여인은 말하였다.

"나는 그대에게 주지 말라고 말하였습니다. 무슨 까닭으로 그들에게 주었습니까?”

억이가 말하였다.

“자매여. 나는 이러한 일을 알지 못하는 까닭으로 주었습니다.”

여인은 곧 토한 것을 물을 뿌려서 쓸고 향을 피웠으며 다시 본래 자리에 앉았다. 억이가 말하였다.

“자매여. 나에게 다시 음식을 주시겠습니까?”

여인은 말하였다.

“나는 음식을 아끼지 않습니다. 그대에게 베풀어 준다면 다시 아귀에게 주는 것이 두렵습니다. 이러한 일을 옳지 않습니다.”

억이가 말하였다.

“자매여. 나는 이전에 알지 못하였던 까닭으로 주었습니다. 지금은 다시 그러하지 않겠습니다.”

여인은 곧 물로써 손을 씻게 하였고 억이에게 음식을 주었다. 이때 다시 한 여인이 있었고 와서 말하였다.

“귀부인이여. 나에게 음식을 주십시오.”

여인이 말하였다.

“그대가 항상 먹던 것을 먹어라.”

이렇게 말을 지어서 마쳤는데, 곧 세 발이 있는 가마솥에 불을 지펴서 물을 끓였다. 이 여인은 옷을 벗어서 한쪽에 놓고 가마솥 안으로 들어갔고, 피부와 살이 온통 문드러지고 오직 뼈가 남았다. 시원한 바람이 불어왔고 곧 가마솥에서 나왔으므로 다시 살아났다. 옷을 입고서 그 익힌 살을 뜯어먹고서 떠나갔다. 억이가 겨우 먹었는데, 다시 어느 여인이 와서 말하였다.

“귀부인이여. 저에게 음식을 주십시오.”

여인이 말하였다.

“그대가 항상 먹던 것을 먹어라.”

이렇게 말을 지어서 마쳤고, 여인은 암양으로 변하여 풀을 뜯어먹었다. 사문억이는 스스로를 의심하면서 이와 같이 사유하였다.

'내가 혹시 인간에서 죽고서 이 아귀의 나라에 태어나는 것인가?'

곧 귀부인에게 하였다.

"이것은 무슨 일입니까?"

여인이 말하였다.

"어떻게 수용하고자 물으세요?"

억이가 말하였다.

"뜻으로 알고자 합니다."

여인이 말하였다.

"그대는 아습마가아반지국의 왕살박 취락을 아십니까?"

억이가 말하였다.

"알고 있습니다."

여인은 말하였다.

"이 한 아귀로 나의 머리 주변의 평상다리에 묶여 있는 자는 나의 남편이었던 누구 거사이고, 나의 다리 주변의 평상다리에 묶여 있는 아귀는 나의 아들이었습니다. 장로 가전연이 있었고 우리 집을 출입하시면서 나의 의복과 탕약의 공양을 받으셨는데, 이 두 사람은 나에게 성내면서 말했습니다.

'우리가 재물을 짓고자 매우 고생하였는데 가지고서 다른 사람에게 주는구나. 그대가 헛되고 스스로가 피로(疲勞)하였으므로 뒤의 세상에서는 마땅히 피고름의 과보를 얻을 것이오.'

이러한 까닭으로 간탐(慳貪)하였고 보시를 즐거워하지 않았으므로 아귀에 떨어졌고, 이러한 악한 구업의 과보를 까닭으로 음식을 주어도 피고름으로 변합니다."

억이가 말하였다.

"이 여인은 무슨 까닭으로 스스로가 살을 뜯어 먹었습니까?"

여인이 말하였다.

"이 여인은 나의 며느리였습니다. 보시하였던 물건을 가져나가 혹은 스스로가 먹었거나, 다른 사람에게 주었는데, 내가 묻는 때에는 이와 같이 말하였습니다. '저는 이것을 먹지도 않았고 다른 사람을 주지도 않았습니다. 만약 스스로가 먹었거나, 만약 다른 사람에게 주었다면 제가 마땅히 스스로 살을 뜯어 먹겠습니다.' 이것을 까닭으로 지금 스스로가 살을 뜯어 먹습니다."

"이 두 번째의 여인은 다시 무엇을 지어서 암양으로 변하여 풀을 뜯어 먹습니까?"

귀부인이 말하였다.

"이 여인은 나의 노비였는데, 내가 방아를 찧으라고 시키면 혹은 자기가 먹었거나, 다른 사람에게 주었습니다. 만약 묻는 때에는 말하였습니다. '저는 스스로가 먹지도 않았고 다른 사람에게 주지도 않았습니다. 만약 제가 먹었거나, 다른 사람에게 주었다면 저는 뒤의 세상에서 마땅히 양이 되어 풀을 뜯어 먹겠습니다.' 이러한 인연으로 지금 양이 되어 풀을 뜯어 먹습니다."

억이가 말하였다.

"그대는 무슨 행을 지었습니까?"

여인은 말하였다.

"나도 작은 죄가 있으나, 나는 이 가운데에 오래 머물지 않습니다. 나는 이곳에서 죽으면 마땅히 4천왕천(四天王天)에 태어날 것입니다. 그대는 나를 위하여 작은 것을 할 수 있습니까?"

억이가 말하였다.

"무슨 일입니까?"

여인이 말하였다.

"왕살박 취락의 가운데에 나의 딸이 있습니다. 아직 선을 닦는 것을 알지 못하니, 그대가 돌아가서 그곳에 이른다면 나를 위해 딸 누구에게 이렇게 말하여 주십시오. '내가 그대의 부모·오빠·올케·노비를 만났는데, 오직 그대의 어머니 혼자서 복을 받았고 나머지의 사람들은 죄를 받았습니다. 그대의 어머니는 나를 인연하여 그대에게 말하였습니다. <악한 일을 짓지 말라. 뒤의 세상에서 많은 고통의 과보를 받느니라.> 그대가 만약 그대 어머니의 말을 믿지 못한다면 그대의 어머니가 말하였습니다. <이러한 곳에 숨겨놓은 큰 금전과 재물이 있으니, 취하고 나를 위하여 복을 짓고 승가께 공양하며, 역시 장로 가전연께 공양하고, 남은 것으로서 스스로가 생활하라.>'"

이렇게 말을 짓고서 억이에게 물어 말하였다.

"그대는 떠나고자 합니까?"

대답하여 말하였다.

"떠나고자 합니다."

여인이 말하였다.

"그대는 눈을 감으십시오."

그녀의 말에 곧 눈을 감았는데 잠깐 사이에 곧 왕살박 취락에서 멀지 않은 곳에 내려주었다. 이 여러 상인들은 먼저 취락에 당도하였고 여러 사람들이 그들에게 물었다.

"무슨 까닭으로 사문억이는 보이지 않는가?"

여러 상인들은 말하였다.

"큰 바다에서 실종되었습니다."

이때 취락의 여러 사람들은 억이가 실종되었다는 것을 듣고서 온 동네가 부모의 잃은 것과 같이 울부짖었다. 억이가 그들에게 물었다.

"무슨 까닭으로 우는 것입니까?"

여러 사람이 말하였다.

"사문억이가 큰 바다에서 실종되었습니다. 그를 잃은 까닭으로 슬프게 울면서 조문(弔問)하는 것입니다."

억이는 곧 이렇게 생각을 지었다.

'내가 죽었다는 소식을 듣고 이 취락에서 이와 같이 슬퍼하는구나. 만약 지금 나를 본다면 반드시 다시 요동칠 것이다. 반드시 다시 돌아가야 하는가? 그 귀부인이 나에게 그녀의 딸에게 전해라고 부탁한 것이 있으니 마땅히 그곳으로 가야겠다.'

억이는 천천히 그녀의 집에 이르러 함께 서로가 문신하고서 그 딸에게 말하였다.

“누구를 아십니까? 내가 그대의 부모·오빠·올케·노비를 만났는데 모두 아귀의 가운데에 있었고, 오직 그대의 어머니만 혼자 복을 받았으며, 나머지의 사람들은 고통을 받고 있었습니다. 그대의 어머니가 그대에게 말하였습니다. ‘악한 일을 짓지 말라. 뒤에 고통스러운 과보를 받느니라.’”

여인이 말하였다.

“쯧쯧. 남자여, 그대는 어리석은 사람이고 그대는 미친 사람이네요. 나의 부모는 보시하며 복덕을 지었으므로 죽어서 반드시 천상에 태어났을 것이오. 무슨 까닭으로 아귀의 가운데에 있겠는가?”

억이가 곧 여인에게 말하였다.

“그대의 어머니가 말하였소. ‘이러한 곳에 숨겨놓은 큰 금전과 재물이 있으니, 취하고 나를 위하여 복을 짓고 승가께 공양하며, 역시 장로 가전연께 공양하고, 남은 것으로서 스스로가 생활하라.’”

이 여인은 듣고서 곧 숨겨놓은 곳에서 큰 재물을 취하여 얻었고, 얻은 까닭으로 믿음이 생겨났으며, 그 어머니의 칙명과 같이 곧 대중 승가에게 공양하였다. 이 사문억이는 이전의 세상에서 세존께 공양하여 선근을 심었으므로 예리한 근기는 견제(見諦)에 가까웠고, 이러한 인연에 힘으로서 능히 지금의 세상에서 무루지(無漏智)를 얻을 수 있었다. 이 사람은 그 선근의 힘에 이끌려서 곧 스스로가 생각하였다.

‘근심스러운 내가 집으로 돌아가도 무슨 소용이 있겠는가? 마땅히 대가전연의 처소로 가야겠다.’

곧 갔고 이르러 머리숙여 예경하고서 한쪽에 앉았다. 사문억이는 마음에서 본사(本事)를 싫어하였고 세간을 두려워하였다. 장로 가전연은 그의 뜻에 수순하여 설법하였고, 곧 앉은 자리에서 여러 법의 청정함과 무구(無垢)의 법안(法眼)을 얻었다. 이 사람은 법을 보았고, 법을 얻었으며, 법을 알았고, 법으로 청정하였으므로 의심을 뛰어넘고, 다른 것을 믿지 않았으며, 다른 것을 따르지도 않았고, 도과(道果)를 세운 가운데에서 무소외(無所畏)를 얻었다. 곧 자리에서 일어나서 장로 가전연의 발에 머리숙여 예경하고 아뢰어 말하였다.

"대덕이시여. 저는 세존께 귀의하고, 법에 귀의하며, 승가께 귀의하면서 저는 우바새가 되겠으니 억념하십시오. 저는 지금부터 목숨을 마치도록 살생을 하지 않고 깨끗한 신심을 일으키겠습니다. 대덕이시여. 저는 선하고 수승한 법의 가운데에 출가하여 구족계를 받고 비구가 되겠습니다."

가전연이 말하였다.

"사문억이여. 부모가 그대의 출가를 허락하였는가?"

대답하여 말하였다.

"대덕이시여. 저의 부모가 허락하지 않았습니다."

가전연이 말하였다.

"우리들의 법도는 부모가 허락하지 않으면 출가하여 구족계를 받을 수 없네."

억이가 말하였다.

"대덕이시여. 제가 스스로 이러한 일을 구하겠습니다. 만약 부모님이 허락하신다면 마땅히 와서 출가하고 구족계를 받겠습니다."

가전연이 말하였다.

"그대가 마땅히 이러한 때를 알게."

억이는 장로 가전연의 발에 머리숙여 예경하고 곧바로 집으로 돌아갔고, 부모님을 보고서 예배하며 문신하였다. 억이의 부모는 이전에 근심과 고통으로 실명(失明)하였으나, 억이가 큰 바다에서 안은하게 돌아왔다는 것을 듣고서 슬픔과 기쁨의 눈물을 흘렸고 시력을 다시 회복되었다. 억이는 머물면서 5·6일이 지나자 부모에게 아뢰었다.

"제가 선하고 수승한 법의 가운데에 출가하는 것을 허락하십시오."

부모가 말하였다.

"억이여. 우리에게는 오직 그대가 있느니라. 본래 지극한 마음으로 발원하고 구하여 그대를 얻었는데, 그대는 우리의 말을 수용하지 않고 큰 바다로 들어갔고, 그대가 죽있다는 소식을 듣고 슬픔을 까닭으로 눈까지 멀었었다. 그대가 지금 큰 바다에서 안은하게 돌아왔으므로 우리는 크게 환희하여 눈으로 다시 보게 되었느니라. 그대는 지금 곧 새롭게 살아야 한다. 그대가 우리의 말을 받아들인다면 우리를 공양해야 한다. 우리의 남은 수명은 불과 몇 년이니라. 만약 우리들이 목숨을 마칠 때까지 출가하지 않는다면 우리는 죽어도 한이 없을 것이다."

억이는 대답하여 말하였다.

"알겠습니다."

공양하면서 12년에 이르러서 부모님은 목숨을 마쳤으니 게송에서 설하신 것과 같다.

태어나면 죽음이 있고
높으면 역시 떨어지며
일체가 모두 사라지나니
항상(恒常)한 것은 없다네.

억이는 목욕하고서 장로 가전연의 처소에 이르러 머리숙여 발에 예경하고 한쪽으로 물러나서 앉았다.

"대덕이시여. 지는 지금 정법에 신심을 얻었습니다. 불법의 가운데에 출가하여 범행을 닦고자 합니다."

장로 가전연은 곧 억이를 출가시켰다. 이때 아습마가아반지국에는 비구가 적어서 10중(衆)[4]을 얻기가 어려웠다. 이 사미가 하안거를 지내고 자자를 마쳤는데, 장로 가전연의 공주(共住) 제자와 근주(近住) 제자들이 여러 지방에서 왔고 스승을 보고서 문신하였다. 이때 비구가 10중이 채워졌으므로 이때에 억이에게 구족계를 주었다. 이때 여러 비구들은 동방(東方)으로 유행하여 세존의 처소에 이르러 세존을 보고서 공양하고자 하였다. 억이가 여러 비구들에게 물었다.

---

4) 수계(受戒)할 때에 변국(邊國)이 아니면 계화상(戒和尙)·갈마사(羯磨師)·교수사(教授師)와 덕이 높은 비구 일곱 사람을 뽑아 증인(證人)으로 하고 계(戒)를 주는 것을 가리킨다.

"장로들이여. 어디로 가십니까?"

여러 비구들이 말하였다.

"사위국에 이르러 불·세존을 보고 친근하게 예경하고자 하네."

억이가 말하였다.

"나도 역시 떠나가고자 합니다."

여러 비구들이 말하였다.

"뜻을 따르게."

억이가 말하였다.

"조금만 기다리십시오. 나는 화상께 하직하겠습니다."

억이는 장로 가전연의 처소로 향하였고 머리숙여 발에 예경하고 한쪽에 앉아서 이와 같이 말하였다.

"대덕이신 화상이시여. 제가 지금 안거를 마쳤으므로 동방으로 유행하여 세존의 처소에 이르러 세존을 보고 친근하게 예배하고자 합니다. 원하건대 저의 유행을 허락하십시오."

가전연이 말하였다.

"뜻을 따라서 가게. 그대는 마땅히 나를 대신하여 세존의 발에 머리숙여 예경하고 '병은 적으시고, 번민도 적으시며, 기거(起居)는 가볍고 편리하시며, 안락하게 머무십니까?'라고 문신하게. 또한 다른 비구들에게도 이와 같이 문신하게. '장로 마하가전연이 저의 화상이시고, 아습마가아반지국의 구주 비구인 마마제(摩摩帝[5])와 제제타라(帝帝陀羅)께서 저를 제도하셨습니다. 이 장로께서는 세존의 발에 머리숙여 예경하고 '병은 적으시고, 번민도 적으시며, 기거(起居) 가볍고 편리하시며, 안락하게 머무십니까?' 라고 문신하셨습니다. 또한 다른 비구들에게도 이와 같이 문신하였습니다.'

바가바(婆伽婆)를 좇아서 5사(事)를 애원하여 청하도록 하게. '첫째는 아습마가아반지국의 국토는 비구가 적어서 구족계를 받는다면 10중을

---

5) 사찰을 관리하는 일을 맡은 사문으로 지금의 사주(寺主)에 해당된다.

얻는 것이 어렵습니다. 원하건대 세존께서는 이 나라에서 비구들이 적더라도 구족계를 주는 것을 허락하십시오. 둘째는 아습마가아반지국의 국토는 단단하고 돌조각과 흙덩이가 많습니다. 원하건대 세존께서는 이 나라의 비구들에게 한 겹의 가죽신을 신는 것을 허락하십시오. 셋째는 아습마가아반지국 사람들은 물로 깨끗이 씻는 것을 즐거워합니다. 원하건대 이 나라의 여러 비구들이 항상 목욕하는 것을 허락하십시오. 넷째는 동쪽 지방의 국토에서 삼베 요를 덮거나, 털의 요를 덮거나, 꽃잎의 요를 덮는 것과 같이, 원하건대 세존께서는 아습마가아반지국의 비구들이 양 가죽·사슴 가죽·암양 가죽 등의 가죽 요를 덮는 것을 허락하십시오. 다섯째는 비구가 있어 비구를 보내어 다른 비구에게 옷을 주게 시켰는데, 다른 비구가 그 옷을 받지 못하고 중간에서 잃어버렸다면, 저희들이 마땅히 어떻게 해야 합니까?' 억이여. 그대가 만약 동쪽 지방의 국토로 가서 불·세존을 보고 친근하게 예배하였다면, 나를 대신하여 이와 같이 문신하고 이러한 다섯 가지의 일로써 세존께 갖추어 아뢰도록 하게."

이때 억이가 장로 가전연의 말을 받아들여서 확실히 암송하고 앉은 자리에서 일어나서 장로 마하 가전연에게 예배하였다. 곧 자기 방으로 향하여 와구를 부촉하고 옷과 발우를 지니고 여러 나라를 유행하였다. 점차 사위국에 이르러 세존을 보고 세존의 발에 머리숙여 예배하고서 한쪽에 앉았다.

제불의 상법은 객비구가 찾아왔다면 이와 같은 말로서 문신하는 것이다.

"견딜 수 있었는가? 만족하였는가? 안락하게 머물렀는가? 도로에 피로하지는 않았는가? 걸식은 부족하지 않았는가?"

이때 세존께서는 이와 같은 말로서 억이에게 물으셨다.

"견딜 수 있었는가? 만족하였는가? 안락하게 머물렀는가? 걸식은 부족하지 않았는가? 도로에 피로하지는 않았는가?"

이 비구가 대답하여 말하였다.

"견딜 수 있었고, 만족하였으며, 안락하게 머물렀고, 걸식에 어려움도 없었으며, 도로에 피곤하지 않았습니다."

제불의 상법은 객비구와 함께 한곳에서 묵는 때에는 시자에게 칙명하여 객비구를 위하여 방사 안에 평상과 와구를 펴는 것이다. 이때 세존께서는 아난에게 칙명하여 객비구를 위하여 방사 안에 평상과 와구를 펴도록 하셨고, 아난은 이와 같이 사유하였다.

'객비구를 위하여 평상과 와구를 펼쳐놓으라고 세존께서 칙명하시는 것과 같으므로, 불·세존께서는 오늘은 객비구와 함께 같은 한 방에서 묵으시는 것이 분명하구나.'

곧 세존의 방사로 향하였고 객비구의 평상과 와구를 펼쳐놓고 돌아와서 세존께 아뢰어 말하였다.

"대덕이시여. 객비구의 평상과 와구를 펼쳐놓았습니다."

세존께서는 스스로가 때를 아셨다. 세존께서는 자리에서 일어나 스스로가 방사로 향하셨고 처소에 이르러 니사단을 펼치시고 가부좌를 맺으셨다. 억이도 세존의 방사로 향하였고 이르러 세존의 발에 머리숙여 예경하고 앉는 자리에 니사단을 펴고서 가부좌를 맺었다. 이 두 사람은 밤이 깊도록 좌선하면서 묵연하였고, 중야가 지나서 후야에 이르자 세존께서 억이에게 말씀하셨다.

"그대 비구여. 범패(梵唄)하라."

억이는 낮은 목소리로 바라연살차타사수투로(婆羅延薩遮陀舍修妬路)를 암송하여 마쳤고 세존께서 찬탄하여 말씀하셨다.

"옳도다. 비구여. 그대는 옳게 법을 찬탄하였다. 그대는 능히 아반지국의 말로 찬송하였으나, 분명(了了)하고 청정하여 모두 이해하기 쉽구나. 비구여. 그대는 배우기를 좋아하고 암송을 좋아하는구나."

세존께서는 아시면서도 일부러 물으셨다.

"그대는 무슨 까닭으로 늦게 출가하였는가?"

억이가 말하였다.

"대덕이시여. 저는 오래전에 욕망이 재앙인 것을 알았으나 인연의 일이 있어 출가할 수 없었습니다."

곧 게송으로 설하여 말하였다.

이미 세간의 허물 보았고
법을 보아서 번뇌를 즐기지 않으며
성인은 악을 즐기지 않으나
악인은 선을 즐거워하지 않는다네.

결정적으로 법미(法味) 보았고
법미는 번뇌를 쉬게 하므로
열기를 없애고 온갖 악을 벗어나서
법희(法喜)와 법미를 복용한다네.

억이는 이와 같이 사유하였다.

'나는 때에 이르렀으니, 마땅히 5사(事)로서 세존께 자세히 물어보아야겠다.'

이 억이는 자리에서 일어나서 오른쪽 어깨를 드러내고 합장하고서 세존께 아뢰어 말하였다.

"세존이시여. 장로 대가전연이 저의 화상이시고, 아습마가아반지국의 구주 비구인 미마제와 제제타라가 저를 제도하였습니다. (저의 장로께서) 세존의 발에 머리숙여 예경하고 '병은 적으시고, 번민도 적으시며, 기거는 가볍고 편리하시며, 안락하게 머무십니까?'라고 문신하셨습니다. 또한 다른 비구들에게도 이와 같이 문신하였습니다.' 이 5사로서 세존께 자세히 물었습니다."

세존께서 억이에게 말씀하셨다.

"그대는 잠시 멈추게. 반드시 내가 묻는 때에 마땅히 말하게."

세존께서 이 인연으로서 승가를 모으셨다. 승가는 모였고, 억이에게 알리셨다.

"그대는 묻고자 하는 것을 곧 물을지니라."

이때 억이가 세존께 아뢰어 말하였다.

"대덕이시여. 장로 대가전연이 저의 화상이시고, 아습마가아반지국의 구주 비구인 마마제와 제제타라가 저를 제도하였습니다. (저의 장로께서) 세존의 발에 머리숙여 예경하고 '병은 적으시고, 번민도 적으시며, 기거는 가볍고 편리하시며, 안락하게 머무십니까?'라고 문신하셨습니다. 또한 다른 비구들에게도 이와 같이 문신하였고, 이 5사로서 세존께 자세히 물었습니다. 무엇이 다섯 가지인가? '첫째는 아습마가아반지국의 국토는 비구가 적어서 구족계를 받는다면 10중을 얻기가 어렵습니다. 원하건대 세존께서는 이 나라에서 비구들이 적더라도 구족계를 주는 것을 허락하십시오. 둘째는 아습마가아반지국의 국토는 단단하고 돌조각과 흙덩이가 많습니다. 원하건대 세존께서는 이 나라의 비구들에게 한 겹의 가죽신을 신는 것을 허락하십시오. 셋째는 아습마가아반지국 사람들은 물로 깨끗이 씻는 것을 즐거워합니다. 원하건대 이 나라의 여러 비구들이 항상 목욕하는 것을 허락하십시오. 넷째는 동쪽 지방의 국토에서 삼베 요를 덮거나, 털요를 덮거나, 꽃잎의 요를 덮는 것과 같이, 원하건대 세존께서는 아습마가아반지국의 비구들이 양 가죽·사슴 가죽·암양 가죽 등의 가죽 요를 덮는 것을 허락하십시오. 다섯째는 비구가 있어 비구를 보내어 다른 비구에게 옷을 주게 시켰는데, 다른 비구가 그 옷을 받지 못하고 중간에서 잃어버렸다면, 저희들이 마땅히 어떻게 해야 합니까?'"

세존께서는 여러 종류의 인연으로 계율을 찬탄하고 지계를 찬탄하셨다. 계율을 찬탄하고 지계를 찬탄하시고서 세존께서는 여러 비구들에게 말씀하셨다.

"오늘부터 변방국의 가운데에서는 지율(持律)의 다섯 비구가 구족계 주는 것을 허락하겠노라. 이 가운데에서 남쪽으로 백목(白木)의 취락이 있는데 백목 취락의 바깥 경계가 변방국이 되고, 서쪽으로 바라문 취락이 있는데 이 바라문 취락의 바깥 경계가 변방국이 되며, 북쪽으로 우시라산(優尸羅山)이 있고 이 산에서 멀지 않은 곳에 포천살라수(蒲泉薩羅樹)가 있는데 이 살라수의 경계 바깥은 변방국이 되고, 동쪽으로 가랑(伽郎)이라는 바라문 취락이 있는데 이 가랑 취락의 바깥 경계가 변방국이 되며, 동북쪽으로 죽하(竹河)가 있는데 이 죽하의 바깥 경계가 변방국이 되느니라.

오늘부터 아습마가아반지국의 비구는 한 겹의 가죽신을 짓는 것을 허락하겠노라. 만약 구멍났고 찢어졌다면 다시 그 양쪽 가장자리를 가운데로 덧대어 수선하되 두꺼운 가죽신을 마땅히 신을 수 없고, 털 가죽신도 마땅히 신을 수 없으며, 소리있는 가죽신을 마땅히 신을 수 없고, 얽은 가죽신을 마땅히 신을 수 없다. 일체 푸른색의 가죽신이거나, 일체 노란색의 가죽신이거나, 일체 빨간색의 가죽신이거나, 일체 하얀색의 가죽신이거나, 일체 검은색의 가죽신도 마땅히 신을 수 없다. 파란색 가죽으로 덧대거나, 노란색 가죽으로 덧대거나, 빨간색 가죽으로 덧대었거나, 하얀색 가죽으로 덧대었거나, 검은색 가죽으로 덧댄 가죽신도 마땅히 신을 수 없다.

파란색 가죽으로 수를 놓거나, 노란색 가죽으로 수를 놓았거나, 빨간색 가죽으로 수를 놓았거나, 하얀색 가죽으로 수를 놓았거나, 검은색 가죽으로 수를 놓았거나, 사자 가죽으로 수를 놓았거나, 호랑이 가죽으로 수를 놓았거나, 표범 가죽으로 수를 놓거나, 수달 가죽으로 수를 놓았거나, 고양이 가죽으로 수를 놓은 가죽신도 마땅히 신을 수 없다. 도라면을 깔은 신발이거나, 모피를 깔은 신발이나, 겁패(劫貝)를 깔은 신발이거나, 양털을 깔은 신발도 마땅히 신을 수 없다. 양모실로 꿰맨 신이거나, 양뿔 모양의 가죽신이거나, 코가 넓은 가죽신이거나, 공작새의 힘줄로 꿰맨 신이거나, 공작새의 깃털을 섞은 가죽신이거나, 일체 종류의 색깔로 장엄하였거나, 수를 놓은 가죽신은 마땅히 신을 수 없다. 만약 신는다면 돌길라죄를 얻느니라.

오늘부터 아습마가아반지국의 비구들이 항상 목욕하는 것을 허락하겠노라. 동방에서 삼베 요를 덮거나, 털요를 덮거나, 꽃잎을 누벼 넣은 요를 덮는 것과 같이, 나는 지금 아습마가아반지국의 비구들이 양 가죽·사슴 가죽·암양 가죽과 같은 이러한 가죽으로 요를 지어서 덮도록 허락하겠노라. 비구가 있어 비구를 보내어 다른 비구에게 옷을 주도록 시켰는데, 그 다른 비구가 이 옷을 취하지 못하고 이 옷을 중간에서 잃어버렸다면, 세존께서는 '만약 이런 옷을 얻었다면 그 비구는 10일을 마땅히 저축할 수 있다.'고 말하노라. 만약 열흘이 지난다면 사타죄(捨墮罪)를 범하느니라."

불·바가바께서 사바제국(舍婆提國)에 머무르셨다.

육군비구들이 이때에 사자 가죽·호랑이 가죽·표범 가죽·수달 가죽·너구리 가죽과 같은 대피(大皮)[6]를 저축하였다. 세존께서 말씀하셨다.

"다섯 가지의 대피를 만약 저축하지 말라. 만약 저축한다면 돌길라죄를 범하느니라. 마땅히 다섯 가죽은 저축할 수 없나니, 코끼리 가죽·말 가죽·개 가죽·여우 가죽·검은 사슴 가죽이다. 만약 저축한다면 돌길라죄를 범하느니라."

세존께서는 구섬미국(俱睒彌國)에 머무르셨다.

이때 장로 천나(闡那)는 높고 좋은 평상이 있었다. 세존께서 아난과 함께 천나의 방으로 나아갔고, 천나는 멀리서 세존께서 오시는 것을 보고서 세존께 합장하고 이와 같이 말하였다.

"대덕께서 오셨습니까? 방에 들어가시어 보십시오."

세존께서는 천나가 높고 좋은 평상을 펴놓은 것을 보시고서 아난에게 말씀하셨다.

"이 어리석은 사람이 높고 좋은 평상을 놓았으나, 속이 썩어서 바깥으로 흐르는구나."

세존께서 여러 종류의 인연으로 꾸짖으셨으며, 여러 비구들에게 말씀하셨다.

"오늘부터 높고 좋은 평상을 마땅히 저축하지 말라. 만약 저축한다면 바일제죄를 범하느니라."

세존께서는 비야리국(毘耶離國)에 머무르셨다.

---

6) 큰 짐승의 몸통 가죽을 말한다.

이때 악한 우바새가 있었는데, 발난타 석자의 제자가 되었고 함께 말하였고 공경하며, 다시 서로를 아끼고 생각하였다. 발난타 석자가 이른 아침에 옷과 발우를 지니고 그의 집에 이르렀고, 악한 우바새는 자리를 펼쳐놓고 발난타를 앉게 하고서 함께 서로가 문신하였다. 그 집에 얼룩무늬의 송아지가 있었으므로 발난타가 보고서 곧 탐하는 마음이 생겨났다.

'이것을 사용하여 니사단을 짓는다면 좋겠구나.'

발난타가 말하였다.

"그대의 송아지는 여러 색으로 얼룩무늬입니다. 이것을 이용하면 니사단을 지을 수 있습니다."

우바새가 말하였다.

"그대가 필요하십니까?"

말하였다.

"필요합니다."

곧 송아지를 잡았고 가죽을 벗겨서 가지고 주었다. 곧 지니고서 떠나갔는데, 송아지의 어미가 울면서 그의 뒤를 따라갔다. 이때 여러 비구들은 유야리(維耶離)의 승방 문간에 있는 빈터에서 경행하면서 멀리서 발난타가 오는 것을 보았고 여러 비구들이 서로에게 말하였다.

"이 발난타 석자는 부끄러움이 없고, 목격되고 들리며 의심받은 악행이 많이 있다. 욕심꾸러기를 암소가 울부짖으며 뒤따라서 오는 것은 반드시 악한 일을 지었거나, 만약 짓고자 하였거나, 만약 이미 지었을 것이다."

점차 여러 비구들이 있는 곳에 이르렀으므로 물어 말하였다.

"장로여. 이 소가 무슨 까닭으로 울면서 따라왔습니까?"

발난타가 여러 비구들을 향하여 자세히 말하였다. 여러 비구들이 여러 종류의 인연으로 발난타를 꾸짖었다.

"어찌 비구라고 이름하면서 고의로 축생의 목숨을 빼앗는가? 그대는 자비심이 없는가?"

이와 같이 여러 종류의 인연으로 꾸짖고서, 이 일을 세존께 아뢰었다. 세존께서는 이 인연으로서 대중 승가를 모으셨고, 승가는 모였다. 세존께서는 아시면서도 일부러 발난타에게 물으셨다.

"그대가 진실로 그러하였는가?"

대답하여 말하였다.

"진실로 그러하였습니다. 세존이시여."

세존께서는 여러 종류의 인연으로 발난타를 꾸짖으셨다.

"어찌 비구라고 이름하면서 고의로 축생의 목숨을 빼앗았는가? 그대는 자비심이 없었는가?"

세존께서는 여러 종류의 인연으로 꾸짖으셨으며, 여러 비구들에게 말씀하셨다.

"오늘부터 백의의 집에서 소의 가죽은 마땅히 받아서는 아니되고, 마땅히 앉거나 누워서도 아니된다. 앞으로 비구는 재가에서 말린 소가죽을 마땅히 받았더라도 마땅히 앉거나 눕지 말라."

세존께서는 사위국에 머무르셨다.

육군비구들이 여인의 수레를 타고서 여러 종류로 청정하지 못하였으므로, 세존께서 말씀하셨다.

"여인의 수레를 마땅히 타지 말라. 만약 탔다면 돌길라죄를 얻느니라."

육군비구들이 여인과 함께 수레를 타면서 여러 종류로 청정하지 못하였으므로, 세존께서 말씀하셨다.

"여인과 함께 수레를 마땅히 타지 말라. 만약 탔다면 돌길라죄를 얻느니라."

육군비구들이 여인과 함께 간격을 두고 앉았지만 여러 종류로 청정하지 못하였으므로, 세존께서 말씀하셨다.

"간격을 두고 앉더라도 여인과 함께 수레를 마땅히 타지 말라. 만약 탔다면 돌길라죄를 얻느니라."

장로 필릉가바차(畢陵伽婆蹉)는 눈병을 앓았으므로, 친족이 사자를 보내어 두 마리 소가 끄는 수레로 모셔오면서 말하였다.

"장로여. 수레를 타고 이곳에 오셔서 눈을 치료하십시오."

대답하여 말하였다.

"세존께서는 두 마리 소가 끄는 수레를 타는 것을 허락하시지 않으셨습니다."

이 일로써 세존께 아뢰었고, 세존께서는 말씀하셨다.

"소가 끄는 수레를 타는 것을 허락하겠노라. 마땅히 다른 사람이 그 수레를 부리게 하고 스스로가 부려서는 아니된다."

이때 육군비구들이 암소의 꼬리를 잡고 강을 건넜는데 여러 종류로 청정하지 못하였으므로, 세존께서 말씀하셨다.

"마땅히 암소의 꼬리를 잡고 물을 건너서는 아니된다. 만약 그 꼬리를 잡는다면 돌길라죄를 얻느니라. 만약 사자·호랑이·코끼리·말·소가 수컷이라면, 그 꼬리를 잡고 강을 건넜더라도 죄가 없느니라."

육군비구들이 나이가 어린 여인의 손을 잡고 물을 건넜는데 여러 종류로 청정하지 못하였으므로, 세존께서 말씀하셨다.

"마땅히 나이가 어린 여인의 손을 잡고 물을 건너서는 아니된다. 만약 나이가 어린 여인의 손을 잡고 강을 건넌다면 돌길라죄를 얻느니라."

여러 거사의 아내들이 아지라(阿脂羅) 강가로 향하여 목욕하였다. 옷을 언덕 위에 벗어놓고 강물에 들어가서 목욕하였는데 강물이 갑자기 불어나서 떠내려가게 되었다. 이때 여러 비구들이 강 언덕의 빈터에서 경행하고 있었고, 이때 그 여인들이 여러 비구들에게 말하였다.

"대덕이시여. 우리들을 붙잡아서 구해주십시오."

여러 비구들이 말하였다.

"자매들이여. 세존께서 계율을 제정하시어 마땅히 일부러 여인의 몸을 접촉하지 말라고 하셨습니다."

여러 여인들이 말하였다.

"대덕이시여. 자비롭고 연민스러운 사람들인데, 어느 처소의 사문 석자 중에서는 우리들이 지금 물에 떠내려가도 보고 붙잡아주지 않으시네요."

여러 비구들은 어떻게 해야 하는가를 알지 못하였으므로, 이 일로써 세존께 아뢰어 말하였다. 세존께서 말씀하셨다.

"마땅히 구해주어라."

여러 비구들이 이와 같이 붙잡은 때에 음욕이 생겨나서 다시 놓아버렸다. 여러 여인이 말하였다.

"대덕이시여. 그 언덕에 이를 때까지 잠시만 놓지 마십시오."

여러 비구들이 어떻게 해야 하는가를 알지 못하였으므로, 이 일로써 세존께 아뢰어 말하였다. 세존께서 말씀하셨다.

"비록 음심이 일어나더라도 다만 신체의 한 곳을 잡고서 놓지 않을 것이고, 언덕에 이른다면 마땅히 고의로 접촉하여서는 아니된다. 만약 다시 접촉한다면 죄를 얻느니라. 만약 수를 놓아 그린 여인이거나, 나무의 여인이라도 마땅히 고의로 만져서는 아니된다. 접촉한다면 돌길라죄를 얻느니라."

불·바가바께서 아라비국(阿羅毘國)에 머무르셨다.

아라비국의 여러 비구들이 나막신을 신고서 때때로 화상과 아사리의 처소에 이르러 경전을 받거나, 경전을 배우거나, 경전을 물었다. 이때에 정사 안에 신발을 끌었고 시끄러운 소리를 지었다. 한 마하로(摩呵盧)의 비구는 신발을 길게 끌면서 벌레를 밟아서 끊었다. 세존께서 아시면서도 일부러 아난에게 물으셨다.

"무슨 까닭으로 정사 안에 신발의 끌리는 소리가 있는가?"

아난이 말하였다.

"세존이시여. 이 아라비국의 여러 비구들이 나막신을 신고서 때때로 화상과 아사리의 처소에 이르러 경전을 받거나, 경전을 배우거나, 경전을 물었고, 이러한 까닭으로 신발을 끄는 소리를 지었습니다."

세존께서는 이 일로써 대중 승가를 모으셨고, 승가는 모였다. 세존께서는 아시면서도 일부러 여러 비구들에게 물으셨다.

"그대들이 진실로 그러하였는가?"

대답하여 말하였다.

"진실로 그러하였습니다. 세존이시여."

세존께서는 여러 종류의 인연으로 여러 비구를 꾸짖으셨다.

"어찌 비구라고 이름하면서 나막신을 신었는가?"

세존께서는 여러 종류의 인연으로 꾸짖으셨으며, 여러 비구들에게 말씀하셨다.

"지금부터 나무 신·다라사(多羅奢) 신·대나무 신·대나무 잎의 신·문약 신·파비초 신 등을 신지 말라. 만약 저축한다면 돌길라죄가 되느니라."

장로 발제(跋提)는 고귀한 집안에서 출가하였다.

이 사람은 본래 백의이었을 때에 흠바라(欽婆羅)의 신을 신었으므로 본래의 법과 같이 흠바라신을 신었으므로, 여러 거사들이 비난하고 싫어하며 꾸짖었다.

"사문 석자는 선량하고 덕망이 있다고 스스로가 말하면서, 왕과 같고, 대신과 같이 흠바라신을 신는구나."

여러 비구들이 있어 욕망이 적고 만족함을 알며 두타를 행하였는데, 이러한 일을 듣고 마음이 즐겁지 않아서 이 일로써 세존께 갖추어 말하였다. 세존께서는 이 인연으로서 대중 승가를 모으셨고, 승가는 모였다. 지금 세존께서는 아시면서도 일부러 물으셨다.

"그대가 진실로 그러하였는가?"

대답하여 말하였다.

"진실로 그러하였습니다. 세존이시여."

세존께서는 여러 종류의 인연으로 꾸짖으셨다.

"어찌 비구라고 이름하면서 흠바라신을 신었는가?"

여러 종류의 인연으로 꾸짖으셨으며, 여러 비구들에게 말씀하셨다.

"오늘부터 마땅히 흠바라신을 신어서는 아니된다. 만약 신는다면 돌길라죄를 범하느니라."

세존께서는 왕사성 첨복국(瞻蔔國)에 머무르셨다.

이곳에 장자의 아들이 있었고, 사문이십억(沙門二十億)이라고 이름하였다. 이 사람은 20억 금(金)을 버렸고, 첨복성(瞻蔔城)의 500취락의 아니목가(阿尼目佉)를 버리고서 출가하였다. 맨발로 걸으면서 공터를 경행하였는데, 그 발바닥을 경행하면서 땅에 피가 흘렀다. 이쪽에서 경행하면 저쪽에서는 까마귀들이 흘린 피를 쪼아대었다. 세존께서는 아난과 함께 이곳에 이르셨고, 이러한 일을 보았다. 세존께서는 아시면서도 일부러 아난에게 물으셨다.

"누가 이곳에서 경행하면서 바닥에 피를 흘렸는가?"

아난이 대답하여 말하였다.

"세존이시여. 이 첨복국에는 사문이십억이라고 이름하는 장자의 아들이 있습니다. 그는 20억 금을 버렸고, 첨복의 500취락의 아니목가를 버리고서 출가하였습니다. 맨발로 걸으면서 공터를 경행하였는데, 그 발바닥을 경행하면서 땅에 피가 흘렀습니다. 이쪽에서 경행하면 저쪽에서는 까마귀들이 흘린 피를 쪼아대고 있습니다."

세존께서는 이 일로써 대중 승가를 모으셨고, 승가는 모였다. 지금 세존께서는 아시면서도 일부러 물으셨다.

"그대가 진실로 그러하였는가?"

대답하여 말하였다.

"진실로 그러하였습니다. 세존이시여."

세존께서 말씀하셨다.

"사문이여. 그대는 능히 경행하는 때에 한 겹의 가죽신을 신어야 하지 않겠는가?"

대답하여 말하였다.

"능히 신을 수 없습니다."

세존께서 말씀하셨다.

"무슨 까닭으로 신을 수 없는가?"

대답하여 말하였다.

“저의 도반들이 함께 계율을 지키고 있습니다. 여러 비구들은 마땅히 ‘첨복국의 장자의 아들은 사문이십억이라고 이름하는데, 20억 금과 첨복성 500취락의 아니목가를 버리고 출가하였으나, 염착하여 한 겹의 가죽신을 신는구나.’라고 말할 것입니다. 만약 세존께서 일체의 비구에게 가죽신을 신도록 허락하신다면 저도 마땅히 신겠습니다.”

세존께서는 여러 종류의 인연으로 계율을 찬탄하셨고 지계를 찬탄하셨다. 계율을 찬탄하고 지계를 찬탄하시고서 여러 비구들에게 말씀하셨다.

“지금부터 한 겹인 경행(經行)의 가죽신을 신는 것을 허락하겠노라. 만약 찢어지면 그 양쪽을 가운데로 덧대어 수선할 것이고, 두꺼운 가죽신은 마땅히 신지 않을 것이며, 털 가죽신을 마땅히 신어서도 아니되고, 시끄러운 가죽신을 마땅히 신어서도 아니되며, 얽은 가죽신을 마땅히 신어서도 아니된다. 일체가 푸른색이거나, 일체가 노란색이거나, 일체가 빨간색이거나, 일체가 흰색이거나, 일체가 검은색인 가죽신을 마땅히 신어서도 아니된다. 파란색 가죽으로 덧대었거나, 노란색 가죽으로 덧대었거나, 빨간색 가죽으로 덧대었거나, 흰색 가죽으로 덧대었거나, 검은색 가죽으로 덧댄 신발도 마땅히 신어서도 아니된다.

파란색 가죽으로 수놓았거나, 노란색 가죽으로 수놓았거나, 빨간색 가죽으로 수놓았거나, 흰색 가죽으로 수놓았거나, 검은색 가죽으로 수놓았거나, 사자 가죽으로 수놓았거나, 호랑이 가죽으로 수놓았거나, 표범 가죽으로 수놓았거나, 수달 가죽으로 수놓았거나, 고양이 가죽으로 수놓은 신발도 마땅히 신어서도 아니된다. 도라면을 깔았거나, 모피를 깔았거나, 겁패(劫貝)을 깔았거나, 양털을 깔은 신을 마땅히 신어서도 아니된다. 양모실로 꿰맨 신이거나, 양 뿔 모양의 가죽신이거나, 코가 넓은 가죽신이거나, 공작새의 힘줄로 꿰맨 신이거나, 공작새의 깃털을 섞은 가죽신이거나, 일체의 여러 색으로 치장하였거나, 수놓은 일체의 가죽신도 마땅히 신어서는 아니된다. 만약 신는다면 돌길라죄를 범하느니라.”

세존께서는 사위국 동원(東園)의 마가라모당(摩伽羅母堂)에 머무르셨다.

포시(晡時)에 선정에서 일어나서 당의 아래로 내려오시어 노지(露地)에서 경행하셨다. 이때 여러 비구들이 가죽신을 신고서 세존을 따라서 경행하였다. 세존께서는 뒤돌아보셨고 여러 비구들이 가죽신을 신고서 세존을 따라서 경행하는 것을 보시고서 여러 비구들에게 말씀하셨다.

"외도로 스승으로 출가하였어도 제자들이 스승을 존중하고 공경하는 까닭으로 가죽신을 신지 않고서 스승을 따라서 경행하느니라. 하물며 다타아가도아라하삼먁삼불타(多陀阿伽度阿羅訶三藐三佛陀)인 세존을 따라서 경행하면서 그대들은 가죽신을 신었는가?"

세존께서는 여러 종류의 인연으로 꾸짖으셨으며, 여러 비구들에게 말씀하셨다.

"지금부터 세존의 앞에서 가죽신을 신어서는 아니된다. 화상과 아사리 등 일체 상좌의 앞이거나, 불탑 안이거나, 아라한의 탑 안이거나, 온실·강당·식당·문간·선굴·대소변을 보는 곳·대소변을 씻는 곳·욕실 등 여러 사람이 모이는 처소에서는 마땅히 가죽신을 신어서는 아니된다. 만약 신는다면 돌길라죄를 범하느니라."

세존께서는 사위국에 머무르셨다.

장로 필릉가바차는 눈병이 있어 고통스러웠고, 맨발로 취락을 다니면서 돌부리에 부딪쳐 다리에 상처가 났고 눈의 고통이 더욱 심해졌다. 이 일로써 여러 비구들에게 말하였고, 여러 비구들은 이 일로써 세존께 아뢰었다. 세존께서는 이 일로써 대중 승가를 모으셨고, 승가는 모였다. 지금 세존께서는 아시면서도 일부러 물으셨다.

"그대가 진실로 그러하였는가?"

대답하여 말하였다.

"진실로 그러하였습니다. 세존이시여."

세존께서는 여러 종류의 인연으로 계율을 찬탄하셨고 지계를 찬탄하셨다. 계율을 찬탄하고 지계를 찬탄하시고서 여러 비구들에게 말씀하셨다.

"지금부터 취락에 들어가는 때에 한 겹의 가죽신을 신을 것을 허락하겠노라. 두꺼운 가죽신을 마땅히 신지 않을 것이고, 털 가죽신을 마땅히 신어서도 아니되며, 나아가 여러 종류의 색실로 꿰맨 가죽신도 신어서는 아니된다. 만약 신는다면 돌길라죄를 범하느니라."

세존께서는 사위국에 머무르셨다.

여러 비구들이 공터에서 발을 씻고서 발가락으로 걷거나, 발뒤꿈치로 걷거나, 혹은 나뭇잎을 밟고 걷거나, 돌 위로 뛰어올라 방으로 들어가서 평상에 앉았다. 혹은 때에 풀을 사용하거나, 옷이거나, 낡은 헝겊으로 발을 닦았으므로 그 주처에는 풀이거나, 옷이거나, 낡은 헝겊들이 바닥에 널려있었고, 와구에 때가 있어서 냄새가 났다.

이때 한 거사가 있어 세존과 승가에게 다음날 음식을 청하였고 세존께서는 묵연히 받아들이셨다. 거사는 세존께서 청을 받아들이신 것을 알고서 자리에서 일어나서 세존의 발에 머리숙여 예경하고 세존을 오른쪽으로 돌면서 떠나갔다. 자기 집에 이르러 여러 종류의 좋은 음식을 갖추면서 맛과 향기를 정갈하게 하여 준비하였고, 자리를 펼쳐놓고서 사람을 보내 세존께 때에 이르렀음을 아뢰었다.

"음식이 이미 준비되었습니다. 세존께서는 스스로가 때인 것을 아십시오."

여러 비구는 거사의 집으로 갔고, 세존께서는 방에 머무시면서 음식의 몫을 받으셨다. 제불의 상법은 이와 같이 여러 비구의 방을 다니면서 보시는 것이다. 열쇠를 가지고 여러 곳의 대방(大房)과 별방(別房) 등의 여러 방을 두루 살피셨다. 한 방문을 열었는데 풀·옷·헝겊 등이 어지럽게 바닥에 널려있었고 와구에 때가 있어서 냄새나는 것을 보셨다. 세존께서는 방으로 들어가시어 요를 거두시고 평상과 의자를 내어놓으셨으며 풀·옷·헝겊 등을 버리고 방을 쓸고서 바닥을 닦으셨다. 다시 요·평상·의자를 방안으로 들여놓으시고 문을 닫고서 잠그셨다. 스스로가 방으로 향하여 이르셨고 앉을 처소에 니사단을 펴고서 결가부좌를 맺으셨다.

거사는 승가가 앉으신 것을 보고 스스로가 손을 씻을 물을 돌렸고 스스로가 손으로 여러 종류의 많은 음식을 주었는데 맛과 향기가 정갈하였다. 승가는 마음대로 배부르게 먹었으며, 독좌상을 가지고 이 가운데에서 법을 듣고자 하였다. 상좌는 설법을 마치고 차례로 떠나가서 돌아왔고 정사에 이르러 세존의 발에 머리숙여 예경하고 한쪽에 앉았다.

제불의 상법은 비구가 공양에서 돌아오면 환희하며 부드러운 말로 이와 같이 묻는 것이다.

"여러 비구여. 맛있는 음식을 배부르게 먹었는가?"

이때 여러 비구들이 돌아왔으므로 세존께서도 이와 같은 말로서 물으셨다.

"여러 비구여. 맛있는 음식을 배부르게 먹었는가?"

대답하여 말하였다.

"배부르게 먹었습니다."

세존께서 말씀하셨다.

"나는 오늘 열쇠를 가지고 여러 곳의 대방과 별방 등의 여러 방을 두루 살펴보았느니라. 한 방문을 열었는데, 풀·옷·헝겊 등이 어지럽게 바닥에 널려있었고 와구에 때가 있어서 냄새나는 것을 보았느니라. 이러한 일은 옳지 못하다. 그대들은 방에서 어찌 승가의 와구를 사랑하고 보호하지 않는가? 여러 거사와 바라문들이 피와 땀을 흘려가며 복을 짓고자 보시한 것이다. 여러 비구는 이 가운데에서 마땅히 적게 받으며 사랑하고 잘 보호해야 하느니라."

세존께서는 여러 종류의 인연으로 꾸짖고서 여러 비구들에게 말씀하셨다. "만약 찢어지면 그 양쪽을 가운데로 덧대어 수선할 것이고, 두꺼운 가죽신은 마땅히 신지 않을 것이며, 나아가 여러 종류의 색깔의 끈으로 꿰맨 가죽신을 신어서는 아니된다. 만약 신는다면 돌길라죄를 범하느니라."

세존께서 사위국에 머무르셨다.

한 비구가 있었고 발을 씻으면서 신는 한 겹의 가죽신을 잃어버렸으므로 이 비구는 거사의 처소에 이르러 구걸하여 말하였다.

"내가 씻으면서 신는 한 겹의 가죽신을 잃어버렸습니다. 그대가 나에게 지어서 주겠습니까?"

거사가 가죽장인에게 약속하여 말하였다.

"그대는 이 비구에게 한 겹의 가죽신을 지어서 주십시오. 내가 그대에게 값을 주겠습니다."

이 가죽장인은 두꺼운 가죽신의 값이 두·세 배의 금전이었으므로 기꺼이 한 겹의 가죽신을 지으려고 하지 않았다. 비구가 가죽장인이 있는 곳에 이르러 구하였으나 가죽장인은 지어서 주지 않았고, 비구는 얻을 수 없었으므로 돌아가서 다시 거사에게 구하면서 말하였다.

"거사여. 이 가죽장인이 결국 나에게 한 겹의 가죽신을 지어서 주지 않습니다."

거사가 말하였다.

"대덕이여. 내가 이미 약속하였어도 기꺼이 주지 않는데, 내가 마땅히 어떻게 하겠습니까? 그대가 능히 두꺼운 가죽신을 신지 않겠습니까?"

비구는 이와 같이 사유하였다.

'내가 마땅히 두꺼운 가죽신을 뜯어내고서 한 겹의 가죽신을 지어야겠다.'

이 비구는 실과 송곳을 들고 기원정사의 문으로 가서 두꺼운 가죽신을 뜯어내어 한 겹으로 짓고자 하였다. 세존께서 공양을 마치고 여기저기 경행하시면서 이곳에 이르셨다. 이 비구가 문의 아래 앉아있는 것을 보시고 세존께서 아시면서도 일부러 물으셨다.

"그대는 무엇을 짓고 있는가?"

대답하여 말하였다.

"세존이시여. 제가 발을 씻으면서 신는 한 겹의 가죽신을 잃어버렸습니다. 제가 거사에게 구걸하였고 거사는 가죽장인에게 약속하며 '이 비구에게 한 겹의 가죽신을 지어서 주시오. 내가 그대에게 값을 드리겠소.'라고 이렇게 말하였습니다. 이 가죽장인은 두·세 배의 금전이었으므로 기꺼이 한 겹의 가죽신을 지으려고 하지 않았습니다. 제가 가죽장인이 있는 곳에 이르러 구했으나 가죽장인은 지어서 주지 않았고, 저는 얻을 수 없었으므로 돌아가서 다시 거사에게 구하면서 말하였습니다.

"거사여. 이 가죽장인이 결국 나에게 한 겹의 가죽신을 지어서 주지 않습니다."

거사가 말하였습니다.

"대덕이여. 내가 이미 약속하였어도 기꺼이 주지 않는데, 내가 마땅히 어떻게 하겠습니까? 그대가 능히 두꺼운 가죽신을 신지 않겠습니까?"

저는 이와 같이 사유하였다.

'내가 마땅히 두꺼운 가죽신을 뜯어내어 한 겹의 가죽신을 지어야겠다.'

세존께서 비구에게 말씀하셨다.

"두꺼운 신을 뜯지 말라. 왜 그러한가? 튼튼하지 못한 까닭이니라. 지금부터 손상되고 물들여서 지었다면 신는 것이 청정하다고 허락하겠노라. 만약 사람이 있어 두꺼운 가죽신을 보시한다면 다시 주인에게 돌려주어 신고서 다니게 하라. 적어도 두세 걸음이라도 걷게 하였고 이와 같다면 얻어서 저축하라."

세존께서는 왕사성에 머무르셨다.

육군비구는 세존께서 손상되고 물들여서 신는다면 청정한 가죽신인 까닭으로 신도록 허락하셨으므로, 여러 색의 가죽신을 구하여 저축하였다. 이때 육군비구들은 여러 석자의 주변에 이르러 가죽신을 구걸하였다. 만약 주인이 주지 않는다면 한 비구가 사람을 높이 들어서 올리고 다른 한 비구가 벗겨서 취하였다. 이러한 일을 까닭으로 석자들은 항상 감히 외출하지 않았는데, 육군비구들이 자신이 가죽신을 빼앗는 것을 두려워한 까닭이었다. 여러 거사가 비난하고 싫어하면서 꾸짖었다.

"사문 석자는 선량하고 덕이 있다고 말하면서 스스로가 왕과 같이, 대신과 같이, 여러 색으로 장엄한 가죽신을 신는구나."

비구가 있어 욕망이 적고 만족함을 알며 두타를 행하였는데, 이러한 일을 듣고 마음이 즐겁지 않아서 이 일로써 세존께 갖추어 말하였다. 세존께서는 이 인연으로서 대중 승가를 모으셨고, 승가는 모였다. 지금 세존께서는 아시면서도 일부러 물으셨다.

"그대들이 진실로 그러하였는가?"

대답하여 말하였다.

"진실로 그러하였습니다. 세존이시여."

세존께서는 여러 종류의 인연으로 꾸짖으셨다.

"어찌 비구라고 이름하면서 여러 색으로 장엄한 가죽신을 신었는가?"

여러 종류의 인연으로 꾸짖으셨으며, 여러 비구들에게 말씀하셨다.

"만약 한 겹의 가죽신이거나, 만약 두꺼운 가죽신이라도 손상되고 물들였다면 청정하므로 저축하도록 허락한다. 일체의 여러 색으로 장엄한 가죽신은 마땅히 신어서는 아니된다. 만약 신는다면 돌길라죄를 범하느니라."

세존께서는 사위국에 머무르셨다.

자자를 마치시고 여름의 마지막 달에 대비구들과 함께 여러 나라로 유행하셨다. 한 비구가 있어 손에 가죽신을 들고 절뚝거리면서 걸었다. 세존께서 이 비구를 보시고 아시면서도 일부러 물으셨다.

"무슨 까닭으로 가죽신을 손에 들고 절뚝거리면서 걷는가?"

대답하여 말하였다.

"세존이시여 제 가죽신의 신코가 딱딱하였고 발가락 사이가 상하여서 아픈 까닭으로 절뚝거리면서 걷는 것입니다."

세존께서 말씀하셨다.

"부드러운 가죽을 사용하여 지어야 하느니라." [칠법의 가운데에서 다섯 번째인 '피혁법(皮革法)'을 마친다.]

십송율 제26권

후진 북인도 삼장 불야다라 한역

석보운 번역

4. 사송 ⑥

8) 칠법 ⑥

(6) 의약법(醫藥法)

세존께서는 왕사성에 머무르셨다.

가을의 때에 여러 비구들은 추위와 더위로 벽병(癖病)[1]이 생겨 음식을 충분히 먹을 수 없었다. 그래서 몸이 수척해지고 기력(色力)도 없었다. 세존께서 여러 비구들이 여위고 수척하며 기력이 없는 것을 보시고서 아시면서도 일부러 아난에게 물으셨다.

"여러 비구들이 무슨 까닭으로 여위고 수척하고 기력도 없는가?"

아난이 세존께 아뢰어 말하였다.

"세존이시여. 여러 비구들이 가을의 때에 추위와 더위로 벽병이 생겨나서 음식을 능히 충분히 먹지를 못하였습니다. 이러한 까닭으로 여위고 수척하며 기력이 없습니다."

---

1) 양 옆구리 아래에 덩이가 생겨나서 아팠다가 멈추며 평상시에는 나타나지 않다가 통증이 있을 때 만져지는 것을 말하는데, 음식 조절을 잘못하거나 한담(寒痰), 기혈(氣血)이 몰려서 생겨나는 병이다.

이때 세존께서는 이렇게 생각하셨다.

'마땅히 무슨 약을 복용해야 병이 낫고 기력을 다시 회복할 것인가? 만약 거친 밥과 보릿가루를 먹는다면 능히 몸을 증장할 수 없다. 마땅히 소(酥)·기름(油)·꿀(蜜)·석밀(石蜜) 등의 네 종류의 함소약(含消藥)[2]을 복용하도록 허락해야겠다.'

세존께서는 이 인연으로서 대중 승가를 모으셨고, 승가는 모였다.

"오늘부터 여러 병든 비구에게 소·기름·꿀·석밀 등의 네 종류의 함소약을 복용하는 것을 허락하겠노라."

이때 여러 비구는 오전에 복용하였고 정오를 지나가면 복용하지 않았으므로 오히려 이전처럼 여위고 수척하며 기력이 없었다. 세존께서 보시고 다시 아난에게 물으셨다.

"여러 비구들이 무슨 까닭으로 여위고 수척한가?"

대답하여 말하였다.

"세존이시여. 세존께서 비록 병든 비구에게 네 종류의 함소약을 복용하도록 허락하셨으나, 여러 비구들이 이것을 오전에는 복용하였고 정오가 지나서는 복용하질 않았습니다. 이러한 까닭으로 오히려 이전처럼 여위고 수척한 것입니다."

세존께서는 이 일로써 대중 승가를 모으셨고, 승가는 모였다. 세존께서는 여러 종류의 인연으로 계율을 찬탄하셨고 지계를 찬탄하셨다. 계율을 찬탄하고 지계를 찬탄하시고서 여러 비구들에게 말씀하셨다.

"오늘부터 네 종류의 함소약을 오전과 오후에 스스로가 마음대로 복용하는 것을 허락하겠노라."

세존께서는 사위국에 머무르셨다.

이때 장로 필릉가바차가 눈에 병을 앓았으므로 약사(藥師)가 말하였다.

"나산선(羅散禪)으로써 눈에 바르십시오."

---

2) 약처럼 생각하고 먹는 소화가 잘되는 음식을 말한다.

대답하여 말하였다.

"세존께서는 우리들이 나산선을 눈에 바르는 것을 아직 허락하시지 않았습니다."

여러 비구들이 이 일로써 세존께 아뢰었고, 세존께서는 말씀하셨다.

"나산선으로써 눈에 바르는 것을 허락하겠노라."

이 장로는 나산선을 발우 속에 담아두거나, 반발우(半鉢盂)·건자(鍵鎡)·소건자(小鍵鎡)에 담아서 끈으로 상아의 옷걸이 위에 묶어두었다. 약을 취하는 때에 흘러내려서 벽과 와구를 더럽혔고 방사 안에 냄새가 났으며 더럽혔다. 세존께서 말씀하셨다.

"마땅히 단지를 사용하라."

비록 담았으나 덮지 않아서 흙먼지가 그 속에 떨어졌고 사용하는 때에 눈이 더욱 아팠다. 세존께서 말씀하셨다.

"마땅히 뚜껑을 지을지니라."

덮었으나 곧 움직이면 벗겨졌으므로 세존께서 말씀하셨다.

"주둥이에 맞게 지을지니라."

이때 여러 비구들이 새의 털이거나, 닭의 털이거나, 공작 꼬리의 털을 사용하여 약을 떠서 눈에 발랐는데 눈의 통증이 더욱 심해졌다. 세존께서 말씀하셨다.

"숟가락을 사용하라."

장로 우바리가 세존께 물었다.

"마땅히 무슨 물건을 사용하여 숟가락을 짓습니까?"

세존께서 말씀하셨다.

"만약 철이거나, 만약 구리이거나, 만약 조개껍질이거나, 만약 상아이거나, 만약 쇠뿔이거나, 만약 나무이거나, 만약 기와(瓦) 등으로 지을지니라."

세존께서는 비야리국(毘耶離國)에 머무르셨다.

이 땅은 소금기가 있었고 습하여 여러 비구들에게 개창병[3]이 있었으므로, 고름과 피가 흘러나와 안타회(安陀會)를 더럽혔으므로 물에 적신 것과 같았다. 세존께서 아시면서도 일부러 여러 비구들에게 물으셨다.

"무슨 까닭으로 안타회가 물에 젖은 것처럼 더러운가?"

여러 비구들이 말하였다.

"세존이시여. 저희들은 개창병으로 고름과 피가 흘러나와서 안타회가 더러워졌습니다."

세존께서 말씀하셨다.

"오늘부터 여러 개창병을 앓는 비구에게 고약(苦藥)을 바르는 것을 허락하겠노라."

장로 우바리가 세존께 물었다.

"무엇 등이 고약입니까?"

세존께서 말씀하셨다.

"구뢰사수(拘賴闍樹)·구파라수(拘波羅樹)·구진리타수(拘眞利他樹)·사라수(師羅樹)·파가라수(波伽羅樹)·파니무기륜타수(波尼無祇倫陀樹)를 등이니라."

여러 비구들이 찧고 가는 것을 알지 못하였으므로 세존께서 말씀하셨다.

"돌에 가는 것을 허락하겠노라."

돌에 갈았는데 땅에 떨어졌으므로 세존께서 말씀하셨다.

"돌절구와 절굿공이로 찧는 것을 허락하겠노라."

여러 비구들이 손을 다쳤으므로 세존께서 말씀하셨다.

"나무로 절굿공이를 짓는 것을 허락하겠노라."

나무로 절굿공이를 지었으나 알지 못하였으므로 손으로 잡는 위·아래가 벗어났으므로 세존께서 말씀하셨다.

"가운데는 가늘게 만들고 찧는 부분은 굵게 만들어라."

세존께서 말씀하셨다.

"마땅히 체(簁)로 쳐서 곱게 하고 기름으로 버무려 상처에 바르고 약으로

3) 진드기가 기생하여 일으키는 전염 피부병을 말하는데, 넓은 의미에서는 가려움증을 주요 증상으로 하는 피부병을 통틀어 말한다.

서 위를 문질러라."

세존께서는 사위국에 머무르셨다.

장로 시월(施越)이 광병(狂病)이었는데 다른 사람의 말을 받아들여서 날고기와 생피를 먹고 광병이 마땅히 나았다. 시월이 여러 비구들에게 말하였다.

"내가 광병으로 다른 사람의 말을 받아들여서 날고기와 생피를 먹었습니다. 나는 지금 마땅히 어떻게 해야 합니까?"

여러 비구들이 이 일로써 세존께 아뢰었다. 세존께서는 이 인연으로서 대중 승가를 모으셨고, 승가는 모였다. 지금 세존께서는 아시면서도 일부러 시월에게 물으셨다.

"그대가 진실로 광병으로 다른 사람의 말을 받아들여서 날고기와 생피를 먹었으며, 여러 비구들에게 '나는 지금 마땅히 어떻게 해야 합니까?'라고 말하였는가? 그대가 진실로 이러한 일을 지었는가?"

대답하여 말하였다.

"진실로 지었습니다. 세존이시여."

세존께서는 여러 종류의 인연으로 계율을 찬탄하셨고 지계를 찬탄하셨다. 계율을 찬탄하고 지계를 찬탄하시고서 여러 비구들에게 말씀하셨다.

"오늘부터 만약 이와 같은 병이 있다면 날고기와 생피를 먹는 것을 허락하겠노라. 마땅히 가려진 곳에서 먹어서 다른 사람이 보지 않도록 할지니라."

세존께서는 사위국에 머무르셨다.

대중과 함께 하안거를 하셨고, 이때 장로 필릉가바차는 왕사성에서 하안거를 하였다. 이 장로는 지식(知識) 많았고 소·기름·꿀·석밀 등을 많이 얻었으므로 크고 작은 발우와 크고 작은 건자에 담아서 끈으로 상아의 옷걸이 위에 묶어두었다. 취하는 때에 흘러내려서 벽과 외구를 더럽혔고 방사 안에 냄새가 났으며 더럽혔다. 여러 비구들이 있었는데 공행(共行) 제자이거나, 근주(近住) 제자 등이 소·기름·꿀·석밀 등을 취하였고, 남은 것을 들고서 악하게 집었으며 받지 않을 내숙(內宿)[4]을 한 그릇에 합쳐서 먹었다.

제불의 상법에는 두 번의 대회가 있었으니, 봄의 마지막 달과 여름의 마지막 달이었다. 봄의 마지막 달에는 여러 지방과 나라의 비구들이 와서 세존의 처소에 나아가며 세존의 설법을 듣고서 하안거를 안락하게 보냈는데, 이것이 첫째의 대회이다. 여름의 마지막 달에 3개월이 지난 옷을 짓고서 옷과 발우를 지니고 점차 유행하여 와서 세존의 처소에 나아가서 '내가 오랫동안 세존을 보지 못하였다. 오랫동안 수가타를 보지 못하였다.'라고 하였으니, 이것이 둘째의 대회이다

여러 비구들이 왕사성에서 안거를 마치고 3개월이 지난 옷을 지어서 마치고 옷과 발우를 지니고 점차 유행하여 왔으며, 세존의 처소에 나아가서 세존의 발에 머리숙여 예경하고 한쪽에 앉았다. 제불의 상법은 객비구가 찾아왔다면 이와 같은 말로서 문신하는 것이다.

"견딜 수 있었는가? 만족하였는가? 안락하게 머물렀는가? 도로에 피로하지는 않았는가? 걸식은 부족하지 않았는가?"

세존께서는 이와 같은 말로서 객비구에게 물으셨다.

"견딜 수 있었는가? 만족하였는가? 안락하게 머물렀는가? 걸식은 부족하지 않았는가? 도로에 피로하지는 않았는가?"

여러 비구들이 말하였다.

"견딜 수 있었고, 만족하였으며, 안락하게 머물렀고, 걸식에 어려움도 없었으며, 도로에 피곤하지 않았습니다."

여러 비구는 이 일로써 세존을 향하여 자세히 말하였다. 세존께서는 이 인연으로서 승가를 모으셨고, 승가는 모였다. 세존께서는 여러 종류의 인연으로 여러 비구들을 꾸짖으셨다.

"내가 여러 병든 비구를 연민하게 생각하여 소·기름·꿀·석밀 등의

---

4) 음식물을 승가 안에 저장하는 것을 가리킨다.

네 종류의 함소약을 복용하도록 허락하였으나, 남은 것을 들고서 악하게 집어먹었으며, 정인(淨人)을 따르지 않고서 내숙을 받았는가?"

여러 종류의 인연으로 꾸짖으셨으며, 여러 비구들에게 말씀하셨다.

"지금부터 병든 비구에게 네 종류의 함소약을 복용하도록 허락하겠나니, 한 번을 받았다면 7일을 스스로가 뜻대로 복용하라. 만약 7일이 지났다면 니살기바일제죄(尼薩耆波逸罪)를 범하느니라."

세존께서는 사위국에 머무르셨다.

장로 의리월(疑離越)이 만약 밀가루이거나, 만약 누룩 가루이거나, 만약 태운 흙이거나, 만약 목탄 가루를 섞어서 끓이면서 석밀을 짓는 것을 보았다. 보고서 여러 비구들에게 말하였다.

"여러 장로여. 이러한 석밀인 만약 밀가루이거나, 만약 누룩 가루이거나, 만약 태운 흙이거나, 만약 목탄 가루를 섞어서 끓인 것을 마땅히 정오가 지나서 먹지 마십시오."

여러 비구는 이 일로써 세존께 아뢰었다. 세존께서는 이 인연으로서 승가를 모으셨고, 승가는 모였다. 세존께서는 아시면서 일부러 의리월에게 물으셨다.

"그대가 진실로 만약 밀가루이거나, 만약 누룩 가루이거나, 만약 태운 흙이거나, 만약 목탄 가루를 섞어서 끓여서 석밀을 짓는 것을 보았고, 여러 비구들에게 '마땅히 정오가 지나서 먹지 마십시오.'라고 말하였는가?"

대답하여 말하였다.

"진실로 그렇습니다. 세존이시여." 세존께서는 여러 종류의 인연으로 계율을 찬탄하셨고 지계를 찬탄하셨다. 계율을 찬탄하고 지계를 찬탄하시고서 여러 비구들에게 말씀하셨다.

"지금부터 만약 밀가루이거나, 만약 누룩 가루이거나, 만약 태운 흙이거나, 만약 목탄 가루를 섞어서 끓이면서 석밀을 짓는 것을 허락하겠노라. 만약 오전에 먹을 것이고, 정오를 지났다면 먹지 말라."

세존께서는 사위국에 머무르셨다.

이때 장로 사리불은 풍병(風病)으로 몸이 차가웠다. 약사(藥師)가 말하였다.

"마땅히 소제라장(蘇提羅漿)을 복용하십시오."

사리불이 말하였다.

"세존께서는 우리들이 소제라장을 먹는 것을 허락하시지 않았습니다."

여러 비구들은 이 일로써 세존께 아뢰었고, 세존께서는 말씀하셨다.

"지금부터 소제라장을 먹는 것을 허락하겠노라."

장로 우바리가 물었다.

"세존이시여. 무슨 물건 등으로 소제라장을 짓습니까?"

세존께서 말씀하셨다.

"보리의 껍질을 벗겨내고 알갱이가 깨지지 않도록 살짝 볶아서 그릇 하나에 담아두고 뜨거운 물을 부어서 발효시켜라. 낮에 받았으면 낮에 먹을 것이고, 밤에 받았으면 밤에 복용하라. 마땅히 때를 넘겨서 복용하지 말라."

세존께서는 사위국에 머무르셨다.

이때 장로 사리불이 열혈병(熱血病)이었으므로 약사가 말하였다.

"마땅히 수로장(首盧漿)을 복용하십시오."

사리불이 말하였다.

"세존께서는 우리들이 수로장을 먹는 것을 허락하시지 않았습니다."

여러 비구는 이 일로써 세존께 아뢰었고, 세존께서는 말씀하셨다.

"지금부터 수로장을 먹는 것을 허락하겠노라."

장로 우바리가 물었다.

"세존이시여. 무슨 물건 등으로 수로장을 짓습니까?"

세존께서 말씀하셨다.

"만약 누룩을 만약 갈거나, 만약 찧어서 기름에 합쳐서 같은 분량의 물로써 섞어서 발효시켜라. 때에 마땅히 복용하고 때가 아닌 때에 마땅히 복용하지 말라."

세존께서는 바라내국(波羅奈國)에 머무르셨다.

대중과 함께 하안거를 하셨는데, 이 가운데에 우바이가 있어 마하사나(摩訶斯那)라고 이름하였다. 크게 부유하여 돈·곡식·농토·저택·보물 등이 풍족하고 여러 종류의 복덕을 성취하였으며, 불·법·승의 삼보를 믿어서 견제(見諦)의 도를 얻었다. 세존과 승가를 하안거 4개월에 병자에게 음식과 탕약을 스스로가 필요한 뜻대로 공급하는 것을 청하였다. 한 비구가 병이 있어 약을 복용하면서 고기가 필요하였으므로 여러 간병인에게 말하였다.

"그대가 우바이 마하사나의 처소에 가서 이와 같이 말해 주십시오. '한 비구가 병이 있어 약을 복용하는데, 고기가 필요합니다.'"

간병인은 곧 우바이 마하사나의 처소로 가서 말하였다.

"한 비구가 병이 있어서 약을 복용하는데, 고기가 필요합니다."

우바이는 곧 노비에게 돈을 주었고 고기를 사서 간병인에게 주도록 하였다. 노비가 돈을 가지고 바라내성의 가운데에서 고기를 구하였으나 능히 구하지 못하였다. 국왕 파마달(波摩達)이 살생을 금지한 까닭으로 돌아와서 대가(大家)에게 말하였다.

"왕이 살생을 금지하였습니다. 제가 두루 구하였으나 능히 얻지 못하였습니다."

우바이는 사유하였다.

'무슨 까닭으로 이와 같이 어려운가? 나는 세존과 승가께 하안거 4개월의 스스로가 필요한 것을 공급하겠다고 청하였으나, 한 비구가 병이 있어 약을 복용하고자 고기가 필요한데 능히 얻을 수 없구나. 만약 고기를 얻을 수 없다면 혹은 마땅히 더욱 심해질 것이다.'

이와 같이 사유하고서 곧 날카로운 칼을 잡고 방으로 들어가서 자신이 허벅지살을 베어서 노비에게 주었다.

"그대가 잘 익혀서 비구에게 주어라."

노비는 익혀서 간병인에게 건네주었다. 간병인은 가지고 떠나가서 물로 병든 비구의 손을 씻고서 가지고 왔던 고기를 병든 비구에게 주었다.

병든 비구는 그것이 무슨 고기인지도 알지 못하고 곧 먹었는데 병이 이때부터 차도가 있었다. 우바이 마하사나는 그 상처가 몹시 아팠으므로 능히 출입하지 못하였고 앉고 서지도 못하였다. 그 남편이 작은 일이 있어 부재(不在)하였고, 여행에서 돌아왔으나 그 아내가 보이지 않았으므로 곧 물었다.

"마하사나 우바이는 떠났는가?"

가족들이 말하였다.

"병의 고통으로 방 안에 누워있는데, 능히 앉거나 일어서지도 못합니다."

그 남편이 옆에 이르러서 물었다.

"그대는 무슨 고통이 있는 것이오? 풍병(風病)이오? 열병(熱病)이오? 냉병(冷病)이오?"

우바이는 앞의 일을 자세히 말하였다. 그 남편은 듣고 크게 성내었다.

"참을 수도 없고 믿을 수도 없으니 무슨 일이 이러한가? 사문 석자는 때도 알지 못하고 양도 헤아리지 못하는구나. 만약 베푸는 자가 양을 알지 못하면 받는 자라도 마땅히 그 양을 알아야 한다. 어찌 나의 아내를 이와 같이 고통받아서 능히 앉지도 일어서지도 못하게 하였는가?"

분노를 품고서 세존께 나아갔다. 세존께서는 이때 대중에게 위요되어 설법하시면서 멀리서 우바새가 오는 것을 보셨다. 점차 세존께 가까워지면서 대자비한 힘에 감응하여 그의 분노와 성냄은 점차 가라앉았고 청정한 마음이 생겨나서 세존의 발에 머리숙여 예경하고 한쪽에 앉았다. 세존께서는 설법하시어 보여주시고 가르치셨으며 이익되고 기쁘게 하셨고, 보여주셨고 가르치셨으며 이익되고 기쁘게 하시고서 묵연하셨다. 그는 곧 자리에서 일어나서 한쪽으로 옷을 드러내고 합장하고서 세존께 아뢰어 말하였다.

"세존이시여. 내일 비구 승가와 함께 공양을 청하오니 받아주십시오."

세존께서 묵연히 받아들이셨다. 우바새는 세존께서 묵연히 받아들이신 것을 알고 머리숙여 예경하고 세존을 오른쪽으로 돌면서 떠나갔다. 밤새워 많은 맛있는 음식을 준비하였고 이른 아침에 자리를 펼쳐놓고 사자를 보내어 세존께 아뢰었다.

"음식이 이미 준비되었습니다. 오직 성자께서는 때인 것을 아십시오."

세존께서는 옷과 발우를 지니고 대중에게 위요되어 가셨고, 그 집에 이르러서 대중의 가운데에 앉으셨다. 그 우바새는 대중이 자리에 앉은 것을 보고 스스로가 씻을 물을 돌렸다. 씻을 물을 돌리고서 스스로가 손으로 뜻에 따라서 필요한 음식을 주었고, 대중은 음식을 먹고서 손을 씻고 발우를 거두었으므로 하나의 작은 평상을 가지고 세존의 앞에 앉아서 세존의 설법을 들었다. 세존께서는 아시면서도 일부러 우바새에게 물으셨다.

"마하사나 우바이는 어디에 있는가?"

대답하여 말하였다.

"대덕이시여. 마하사나 우바이는 병으로 고통받고 있습니다. 한 방에 누워있는데 능히 걷지도 못합니다."

세존께서는 우바새에게 말씀하셨다.

"그대가 가서 마하사나 우바이에게 말하시오. '세존께서 그대를 부르시오.'"

우바새는 우바이 곁으로 가서 말하였다.

"세존께서 그대를 부르시오."

이때 우바이는 부르는 것을 듣고 환희하였고, 그 상처도 곧 아물어 평소처럼 회복되었다. 우바이가 말하였다.

"그대는 보십시오. 우리들의 스승께서는 이와 같은 대신력(大神力)이 있습니다. 그대가 나에게 '세존께서 그대를 부른다.'고 말하였고, 이때에 내 몸의 상처는 곧 아물어 평소처럼 회복되었습니다."

남편은 이와 같이 아내가 세존의 신력을 받은 것을 보고서 환희심이 생겨났고, 함께 세존께서 계신 자리로 나아가서 세존의 발에 머리숙여 예경하고 한쪽에 앉았다. 세존께서 두 사람이 신심으로 환희하는 것을 아시고 뜻을 따라서 설법하셨으므로 우바이는 사다함도(斯陀含道)를 얻었고 우바새는 수다원도(須陀洹道)를 얻었다. 세존께서는 두 사람에게 다시 요법(要法)을 설하였고 두 사람은 곧 선심(善心)이 생겨났으므로 보여주셨고 가르치셨으며 이익되고 기쁘게 하시고 자리에서 일어나 떠나가셨다. 돌아와서 정사에 이르셨으며, 이 인연으로서 승가를 모으셨다. 승가가 모였으므로 세존께서는 아시면서도 일부러 병든 비구에게 물으셨다.

"그대가 진실로 그러하였는가?"

대답하여 말하였다.

"진실로 지었습니다. 세존이시여."

세존께서는 여러 종류의 인연으로 꾸짖으셨다.

"어찌 비구라고 이름하면서 인육(人肉)을 먹었는가?"

세존께서는 여러 종류의 인연으로 꾸짖으셨으며, 여러 비구들에게 말씀하셨다.

"오늘부터 마땅히 사람의 고기·사람의 지방·사람의 피·사람의 근육을 먹어서는 아니된다. 만약 먹는다면 투란차죄를 범한다. 사람의 뼈를 먹었다면 무죄이다. 지금부터 작은 인연으로 마땅히 고기를 구하지 않을 것이고, 만약 먹을 때에 고기를 얻었다면 이것이 무슨 고기인가를 마땅히 묻도록 하라. 만약 묻지 않는다면 돌길라죄를 얻는다."

세존께서는 비라내국에 머무르셨다.

이때 기근(飢饉)이었으므로 걸식하여 구하여도 얻는 것이 어려웠다. 코끼리들이 많이 병으로 죽었으므로 코끼리를 기르는 사람·말을 기르는 사람·소를 기르는 사람·화장터의 사람·분뇨를 치우는 사람 등의 여러 가난한 사람들이 모두 코끼리 고기를 먹었다. 여러 비구들이 이때 그 집에 이르러 걸식하였으므로 여러 사람들이 말하였다.

"대덕이시여. 우리에게는 밥도 없고 보리나 미숫가루도 없습니다. 오직 코끼리 고기가 있는데 그대들이 능히 먹을 수 있겠습니까?"

대답하여 말하였다.

"그대들도 오히려 먹는데, 우리들이 무슨 까닭으로 먹지 않겠습니까?"

곧 코끼리 고기를 주었고 여러 비구들이 가지고 떠나갔다. 나머지의 비구들이 물었다.

"이것은 무슨 고기입니까?"

대답하여 말하였다.

"코끼리 고기입니다."

여러 비구들이 여러 종류의 인연으로 꾸짖었다.

"어찌 비구라고 이름하면서 세존께서 코끼리 고기를 먹는 것을 허락하시지 않았는데 먹는가?"

꾸짖고서 이 일로써 갖추어 세존께 아뢰었다. 세존께서는 이 일로써 승가를 모으셨고, 승가는 모였다. 세존께서는 아시면서 일부러 여러 비구들에게 물으셨다.

"그대들이 진실로 이러한 일을 지었는가?"

대답하여 말하였다.

"진실로 지었습니다. 세존이시여."

세존께서는 여러 종류의 인연으로 꾸짖으셨다.

"어찌 비구라고 이름하면서 코끼리 고기를 먹었는가? 만약 범마달왕이 사문 석자가 코끼리 고기를 먹었다는 것을 전해 들으면 마음속으로 불쾌하게 생각할 것이다. 왜 그러한가? 코끼리는 관청의 소유물인 까닭이다."

세존께서는 여러 종류의 인연으로 꾸짖으셨으며, 여러 비구들에게 말씀하셨다.

"지금부터 코끼리의 고기·코끼리의 지방·코끼리의 피·코끼리의 근육을 먹어서는 아니된다. 만약 먹는다면 돌길라죄를 얻느니라. 만약 코끼리의 뼈를 먹었다면 무죄이다."

세존께서는 바라내국에 머무르셨다.

이때 기근이었으므로 걸식하여 구하여도 얻는 것이 어려웠다 말들이 많이 병으로 죽었으므로 코끼리를 기르는 사람·말을 기르는 사람·소를 기르는 사람·화장터의 사람·분뇨를 치우는 사람 등의 여러 가난한 사람들이 모두 말고기를 먹었다. 여러 비구들이 이때 그 집에 이르러 걸식하였으므로 여러 사람이 말하였다.

"대덕이시여. 우리에게는 밥도 없고 보리나 미숫가루도 없습니다. 오직 말고기가 있는데 그대들이 능히 먹을 수 있겠습니까?"

대답하여 말하였다.

"그대들도 오히려 먹는데, 우리들이 무슨 까닭으로 먹지 않겠습니까?"

곧 말고기를 주었고 여러 비구들이 가지고 떠나갔다. 나머지의 비구들이 물었다.

"이것은 무슨 고기입니까?"

대답하여 말하였다.

"말고기입니다."

여러 비구들이 여러 종류의 인연으로 꾸짖었다.

"어찌 비구라고 이름하면서 세존께서 말고기를 먹는 것을 허락하시지 않았는데 먹는가?"

꾸짖고서 이 일로써 갖추어 세존께 아뢰었다. 세존께서는 이 일로써 승가를 모으셨고, 승가는 모였다. 세존께서는 아시면서 일부러 여러 비구들에게 물으셨다.

"그대들이 진실로 이러한 일을 지었는가?"

대답하여 말하였다.

"진실로 지었습니다. 세존이시여."

세존께서는 여러 종류의 인연으로 꾸짖으셨다.

"어찌 비구라고 이름하면서 말고기를 먹었는가? 만약 빔마달왕이 사문 석자가 말고기를 먹었다는 것을 전해 들으면 마음속으로 불쾌하게 생각할 것이다. 왜 그러한가? 말은 관청의 소유물인 까닭이다."

세존께서는 여러 종류의 인연으로 꾸짖으셨으며, 여러 비구들에게 말씀하셨다.

"지금부터 말의 고기·말의 지방·말의 피·말의 근육·말의 뼈를 먹어서는 아니된다. 만약 먹는다면 돌길라죄를 얻느니라."

세존께서는 바라내국에 머무르셨다.

이때 기근이었으므로 걸식하여 구하여도 얻는 것이 어려웠다. 코끼리를 기르는 사람·말을 기르는 사람·소를 기르는 사람·화장터의 사람·분뇨를 치우는 사람 등의 여러 가난한 사람들이 모두 개를 잡아서 먹었다. 여러 비구들이 이때 그 집에 이르러 걸식하였으므로 여러 사람이 말하였다.

"대덕이시여. 우리에게는 밥도 없고 보리나 미숫가루도 없습니다. 오직 개고기가 있는데 그대들이 능히 먹을 수 있겠습니까?"

대답하여 말하였다.

"그대들도 오히려 먹는데, 우리들이 무슨 까닭으로 먹지 않겠습니까?"

곧 개고기를 주었고 여러 비구들이 가지고 떠나갔다. 나머지의 비구들이 물었다.

"이것은 무슨 고기입니까?"

대답하여 말하였다.

"개고기입니다."

여러 비구들이 여러 종류의 인연으로 꾸짖었다.

"어찌 비구라고 이름하면서 세존께서 개고기를 먹는 것을 허락하시지 않았는데 개고기를 먹는가?"

꾸짖고서 이 일로써 갖추어 세존께 아뢰었다. 세존께서는 이 일로써 승가를 모으셨고, 승가는 모였다. 세존께서는 아시면서 일부러 여러 비구들에게 물으셨다.

"그대들이 진실로 이러한 일을 지었는가?"

대답하여 말하였다.

"진실로 지었습니다. 세존이시여."

세존께서는 여러 종류의 인연으로 꾸짖으셨다.

"어찌 비구라고 이름하면서 개고기를 먹었는가? 그대들이 만약 귀인(貴人)들 곁에 이르거나, 만약 귀인이 그대들을 보고자 왔는데, 만약 사문석자가 개고기를 먹었다는 것을 들었다면 곧 그대들을 전다라(旃陀羅)와 같다고 그대들을 버리고 떠나갈 것이다."

세존께서는 여러 종류의 인연으로 꾸짖으셨으며, 여러 비구들에게

말씀하셨다.

“지금부터 개의 고기·개의 지방·개의 피·개의 근육·개의 뼈를 먹어서는 아니된다. 만약 먹는다면 돌길라죄를 얻느니라.”

세존께서는 바라내국에 머무르셨다.

이때 기아였으므로 걸식하여 구하여도 얻는 것이 어려웠다. 코끼리를 기르는 사람·말을 기르는 사람·소를 기르는 사람·화장터의 사람·분뇨를 치우는 사람 등의 여러 가난한 사람들이 모두 뱀을 잡아서 먹었다. 여러 비구들이 이때 그 집에 이르러 걸식하였으므로 여러 사람이 말하였다.

“대덕이시여. 우리에게는 밥도 없고 보리나 미숫가루도 없습니다. 오직 뱀고기가 있는데 그대들이 능히 먹을 수 있겠습니까?”

대답하여 말하였다.

“그대들도 오히려 먹는데, 우리들이 무슨 까닭으로 먹지 않겠습니까?”

곧 뱀고기를 주었고 여러 비구들이 가지고 떠나갔다. 나머지의 비구들이 물었다.

“이것은 무슨 고기입니까?”

대답하여 말하였다.

“뱀고기입니다.”

여러 비구들이 여러 종류의 인연으로 꾸짖었다.

“어찌 비구라고 이름하면서 세존께서 뱀고기를 먹는 것을 허락하시지 않았는데 먹는가?”

꾸짖고서 이 일로써 갖추어 세존께 아뢰었다. 세존께서는 이 일로써 승가를 모으셨고, 승가는 모였다. 세존께서는 아시면서 일부러 여러 비구들에게 물으셨다.

“그대들이 진실로 이러한 일을 지었는가?”

대답하여 말하였다.

“진실로 지었습니다. 세존이시여.”

세존께서는 여러 종류의 인연으로 꾸짖으셨다.

"어찌 비구라고 이름하면서 뱀고기를 먹었는가? 만약 여러 용이 사문 석자가 뱀 고기를 먹는다는 것을 듣는다면 마음속으로 즐거워하지 않을 것이다. 왜 그러한가? 뱀은 용의 부류인 까닭이다."

세존께서는 여러 종류의 인연으로 꾸짖으셨으며, 여러 비구들에게 말씀하셨다.

"지금부터 뱀의 고기·뱀의 지방·뱀의 피·뱀의 근육을 먹어서는 아니된다. 만약 먹는다면 돌길라죄를 얻느니라. 만약 뱀의 뼈를 먹었다면 무죄이다."

세존께서는 사위국에 머무르셨다.

불신(佛身)의 가운데에서 냉기가 일어났으므로 약사가 말하였다.

"마땅히 삼신죽(三辛粥)을 복용하십시오."

세존께서 아난에게 알리셨다.

"삼신죽을 준비하게."

아난이 칙명을 받들어 곧 사위성에 들어가서 참깨·찹쌀·팥·콩을 구걸하여 세 가지의 신채(辛菜)를 합쳐서 끓였으며 죽으로서 세존께 받들었다. 세존께서는 아시면서도 일부러 아난에게 물으셨다.

"누가 이 죽을 끓였는가?"

대답하여 말하였다.

"제가 끓였습니다."

세존께서는 아난에게 알리셨다.

"그대는 이 죽을 가지고 풀이 없는 땅이거나, 벌레가 없는 물에 버리게. 왜 그러한가? 만약 외도(外道)인 범지가 이와 같은 일을 본다면 반드시 이렇게 말을 지을 것이네. '여러 사문 석자들은 스승이 계시는 때에도 치소에서 법을 벗어나는구나.'"

아난은 칙명을 받들어 곧 죽을 가지고 풀이 없는 땅과 벌레 없는 물에 버렸다. 세존께서는 이 일로써 승가를 모으셨다. 승가는 모였으므로 여러 비구들에게 알리셨다.

"지금부터 대비구(大比丘)가 끓인 음식은 마땅히 먹어서는 아니된다. 만약 먹는다면 돌길라죄를 얻는다. 사찰 안에 묵으면서 사찰 내에서 음식을 끓였거나, 안에 기거하면서 사찰 바깥에서 음식을 끓였거나, 밖에 기거하면서 사찰 내에서 음식을 끓였더라도 스스로가 끓였다면 먹어서는 아니된다. 만약 먹는다면 돌길라죄를 얻는다."

세존께서는 사위국에 머무르셨다.

한 거사가 있어 세존과 승가께 다음날 공양을 청하였고 세존께서는 묵연히 받아들이셨다. 거사는 세존께서 받아들이신 것을 알고 자리에서 일어나서 세존의 발에 머리숙여 예경하고 세존을 오른쪽으로 돌면서 떠나갔다. 집으로 돌아와서 여러 종류의 맛있는 음식을 많이 준비하였고, 평상을 펼쳐놓고 요를 깔았으며, 사자를 보내어 세존께 아뢰었다.

"음식이 이미 준비되었습니다. 오직 성자께서는 때인 것을 아십시오."

승가는 그 집으로 이르렀고, 세존께서는 스스로 방에 머무시면서 음식의 몫을 맞이하셨다. 거사는 승가가 앉은 것을 보고 스스로가 씻을 물을 돌렸고 스스로의 손으로 음식을 나누어 주었다. 아난은 먼저 먹고서 세존의 음식을 맞이하였다. 세존께서는 병환에서 회복되시고 오래되지 않으셨는데 밥이 많이 익지 않았으므로, 아난은 사유하였다.

'세존께서 만약 드신다면 혹시 냉병이 일어날 것이다.'

곧 장작을 가져다가 기원정사 문간에서 다시 익혔다. 이때 세존께서 두루 경행하시면서 보셨고 아시면서도 일부러 물으셨다.

"아난이여. 그대는 무엇을 짓고 있는가?"

대답하여 말하였다.

"밥이 너무 익지 않았습니다. 세존께서 드신다면 혹시 이전의 병이 일어나는 것이 두려워서 제가 지금 다시 끓이고 있습니다."

세존께서 말씀하셨다.

"옳도다. 옳도다. 아난이여. 이러한 음식을 이와 같이 다시 끓이는 것은 마땅한 법이니라. 지금부터 익지 않은 음식은 다시 끓이도록 허락하겠노라. 만약 익지 않은 음식이라면 화정(火淨)한 후에 끓이는 것을 허락하겠노라. 무엇을 화정이라고 이름하는가? 나아가 불로 한 번을 접촉하는 것이다."

세존께서는 사위국에 머무르셨다.

한 비구가 치질을 앓았고 약사는 아제리구투로(阿帝利瞿妬路)라고 이름하였는데, 칼로써 대행처(大行處)[5]를 수술하였다. 이때 기원정사 문간의 공터의 드러난 곳에서 수술하였는데 고통이 몸에 심하였다. 이때 세존께서는 기원으로 들어오시고자 하였는데, 약사는 멀리 세존께서 오시는 것을 보고는 합장하고 세존께 이 수술한 곳을 보라고 청하였다. 세존께서 말씀하셨다.

"악구(惡口)하는 사람의 가운데에서 아제리구투로가 이것으로 제일이다. 어찌 여래에게 이러한 곳을 보라고 청하는가? 지금부터 마땅히 대행처를 보라고 말하지 말라. 만약 보라고 말한다면 죄를 범하느니라. 지금부터 마땅히 대행처를 칼로 수술하는 것도 허락하지 않는다. 만약 수술한다면 투란차죄를 범하느니라."

세존께서는 사위국에 머무르셨다.

비라연국(毘羅然國)에 한 바라문왕이 있었고 아기달(阿耆達)이라고 이름하였다. 이 왕이 작은 인연의 일이 있어 사위국에 와서 이르렀고 한 거사의 집에 머물면서 거사에게 물어 말하였다.

"이 가운데에 매우 덕망이 높은 사문이나 바라문이 있어 대중의 스승이 되고 사람들에게 존중받는 자가 있습니까? 만약 있다면 내가 마땅히 때때로 문신한다면 나의 마음이 혹은 청정을 얻을 것입니다."

거사가 말하였다.

"사문 구담이 있습니다. 석가족으로 출가하였고, 청정한 신심으로 수염

---

5) 항문을 가리키는 말이다.

과 머리카락을 자르고 가사를 입었는데 아뇩다라삼먁삼불타(阿耨多羅三藐三佛陀)를 얻었습니다. 그대가 만약 때때로 능히 가서 문신한다면 그대의 마음도 혹은 청정해질 것입니다."

바라문이 말했다.

"사문 구담은 지금 어느 곳에 있습니까? 내가 가서 보고자 합니다."

대답하여 말하였다.

"지금 기수급고독원(祇樹給孤獨園)에 있습니다. 보고자 한다면 가서 보십시오."

곧 그의 말과 같이 가서 세존을 보았는데, 숲속에서 대중에게 위요되어 상묘(上妙)한 법을 설하셨는데, 6근(根)이 정밀하고 고요하였으며 용모가 단정하여 자금산(紫金山)과 같았다. 이르러서 문신하고 물러나서 한쪽에 앉았다. 세존께서는 왕을 위하여 설법하시어 보여주셨고 가르치셨으며 이익되고 기쁘게 하셨고, 보여주시고 가르치셨으며 이익되고 기쁘게 하시고서 묵연하셨다. 왕은 곧 자리에서 일어나서 한쪽으로 옷을 드러내고 합장하고서 세존께 아뢰었다.

"원하건대 하안거의 한 때를 비구 승가와 함께 머무시는 것에서 나의 청을 받아주십시오."

세존께서는 '반드시 이러한 일을 까닭으로 과보를 받아야 한다.'고 본행(本行)의 인연을 생각하셨고 묵연히 받아들이셨다. 이미 허락을 받았으므로 자리에서 일어나서 세존을 세 번을 돌고서 떠나갔다. 본래의 나라에 돌아가서 세존과 승가를 위하여 여러 공양물과 여러 종류의 음식을 준비하였고 3개월의 하안거를 기다렸으며, 수문인(守門人)에게 칙명하였다.

"내가 지금 여름의 한 때를 안락하게 스스로 즐기겠으니, 외부의 일이 좋거나, 나쁘더라도 하나도 알리지 말라."

수문인은 칙명을 받고서 그 가르침과 하나와 같았다. 세존께서는 그 안거할 때에 이르자 승가를 모으셨다. 승가가 모였으므로 여러 비구들에게 말씀하셨다.

“지금 비라연국으로 나아갈 것이네.”

여러 비구들이 말하였다.

“세존의 가르침과 같게 따르겠습니다.”

“세존께서는 500의 대중과 함께 그 나라로 들어갔으나 그 나라는 이전부터 사도를 믿었으므로 정사(精舍)도 없었다. 성의 북쪽에 숲이 있어 승엽파(勝葉波)라고 이름하였는데, 그 숲이 울창하고 그 땅이 평평하였으므로 세존과 대중은 임시로 그곳에 머물렀다. 그 읍(邑)은 주변이 매우 작았고 가장 누추하고 궁색한 백성이었으며, 신심이 적었으므로 걸식하기가 매우 어려웠다. 세존께서는 곧 승가를 모으셨고 승가는 모였다. 여러 비구들에게 칙명하셨다.

“그대들은 마땅히 알라. 이 읍은 궁색하고 작으며, 또한 신심도 없으므로 걸식을 얻는 것이 어려우니라. 만약 이곳에서 안거하고자 한다면 머무르고, 그렇지 않다면 뜻을 따르도록 하라.”

대중 가운데에서 이때 사리불은 혼자 아모가미가산(阿牟迦末迦山)으로 가서 안거하면서 천왕석(天王釋)과 그 천후(天后)인 아수라녀(阿修羅女)의 청을 받아들여서 여름 4개월을 천식(天食)으로 공양받았다. 이때 세존과 500명에서 한 명이 부족한 비구들은 비라연국에서 안거하였다. 그 나라의 여러 거사와 바라문은 신심이 적었던 까닭으로 세존과 승가께 공양하면서 5·6일이 지나자 곧 그만두었다. 여러 비구들이 걸식하였으나 매우 고통스러웠고 얻는 것이 어려웠다. 이때 장로 내목선련이 세존께 아뢰었다.

“나무가 있어 염부제라고 이름하는데, 염부제는 바로 이 나무로 인연하여 그 이름으로 삼습니다. 저는 그 나무의 열매를 취하여 대중을 공양하고자 합니다. 하리륵나무의 숲과 아마륵나무의 숲이 있고, 울단왈(鬱單曰)에는 자생하는 찰벼가 있으며, 도리천에는 먹을 수타미(修陀味)가 있으므로 널리 모두를 취하여 대중에게 공양하고자 합니다. 달콤한 지미(地味)가 있으니 제가 한 손으로 여러 중생을 받쳐들고 한 손으로 대지를 뒤집어서 여러 비구들이 스스로가 취하여 먹게 하겠습니다. 원하옵건대 허락하여 주십시오.”

세존께서 말씀하셨다.

"그대가 비록 대신력이 있으나 여러 비구의 악행이 이숙(異熟)된 과보는 전이(轉移)할 수 없느니라. 하나부터 모두를 허락하지 않겠노라."

이 나라는 청량하고 물과 풀이 풍족한 곳이었다. 바라내국의 사람들이 있었고 말을 방목하여 살찌울 물과 풀을 쫓아서 마침내 이곳까지 오게 되었다. 목동들은 세존을 믿고 마음이 청정하였으므로 여러 비구들이 걸식하였으나 매우 고통스러웠고 얻기가 어려운 것을 보고는 여러 장로에게 말하였다.

"그대들은 매우 고통스럽습니까?"

여러 비구들이 말하였다.

"매우 고통스럽습니다."

그들이 말하였다.

"우리들은 그대들이 굶주리고 있는 것을 알지만 우리들도 양식이 없습니다. 지금 말들의 보리가 있습니다. 그대들은 능히 먹을 수 있습니까?"

여러 비구들이 말했다.

"세존께서 우리에게 말의 보리를 먹는 것을 허락하시지 않았습니다."

여러 비구들이 어떻게 해야 하는지를 알지 못하였으므로, 이 일로써 세존께 아뢰었다. 세존께서는 말씀하셨다.

"말은 목동들의 소유물이다. 만약 이 여러 목동들이 능히 좋은 풀과 소금과 물로써 말을 먹일 수 있다면, 이 보리는 자재(自在)하게 마땅히 받을지니라."

이때 말이 500필(匹)이었고 비구는 500명에서 한 명이 모자랐다. 말 한 마리가 보리 두 말(斗)을 먹었으므로 비구 한 명에게 보리 한 말을 주었고, 한 말은 말에게 주었다. 그 가운데 보리 네 말을 먹이는 좋은 말이 있었으므로 두 말은 세존께 드렸고, 두 말은 그 좋은 말에게 주었다. 아난은 세존의 몫을 취하였고 아울러 자신의 몫을 취하였으며 가지고 취락으로 들어갔으며 한 여인의 앞에서 세존을 찬탄하여 말하였다.

"자매여. 세존께서는 이와 같은 염(念)·정(定)·해탈(解脫)·지견(知見)·대자(大慈)·대비(大悲)가 있으시고, 일체지(一切智)와 인신(人身)에 32상(相)과 80종호(種好)가 있으시며, 자마금색(紫磨金色)의 목에는 원광(圓光)이 있으시고, 범천의 음성이므로 보아도 싫증이 없습니다. 만약 출가하지 않으셨다면 오히려 해가 뜨는 것과 같이 전륜성왕이 되어 마땅히 칠보와 천 명의 자식이 있었을 것이므로, 나와 그대 등이 귀속되지 않은 자는 없었을 것입니다. 지금은 출가하여 아뇩다라삼먁삼불타를 얻으셨고, 건너지 못한 자를 건네주시며, 해탈하지 못한 자를 해탈시켜 주시며, 멸도하지 못한 자들을 멸도시켜서 태어남·늙음·질병·죽음·근심·슬픔·괴로움·번민을 없애주십니다. 작은 인연이 있어 이곳에서 안거하시는데, 그대가 능히 이 보리로 가지고 세존을 위하여 마른 밥을 지어주겠습니까?"

여인이 말하였다.

"대덕이신 아난이여. 우리 집에도 일이 많아서 지어드릴 수 없습니다."

곁에 있던 한 여인이 세존의 공덕을 듣고서 곧 공경심이 일어났다.

'이와 같은 분은 세상에서 희유하다.'

아난에게 아뢰어 말하였다.

"보리를 가져오면 내가 밥을 지어서 드리겠습니다. 오늘부터 그대의 몫도 역시 제가 지어서 드리고, 다시 유연하고 착하며 지혜가 있고 지계인 비구가 있다면 역시 마땅히 지어서 드리겠습니다."

여인은 곧 밥을 지었고 가지고 아난에게 주었다. 아난은 세존을 마음에서 깊이 존경하였으므로 이와 같이 사유하였다.

'세존께서는 왕족이셨으므로 항상 여러 좋은 음식을 드셨다. 이러한 거칠고 악한 밥이 어찌 능히 몸에 도움이 되겠는가?'

이렇게 생각하고서 물을 드렸고 공양을 올렸다. 세존께서 그것을 드시는 것을 보고서 목에 슬픔이 북받쳤다. 세존께서는 그 마음을 아시고는 그것을 풀어주시고자 하셨다.

"그대는 능히 밥을 먹겠는가?"

아난이 말하였다.

"능히 맛보겠습니다."

이 음식으로서 먹어보았는데, 부드러운 맛이 보통의 음식은 아니었다. 진실로 이것은 여러 천인들이 그 맛을 더하였던 것이었다. 기쁨이 무량하여 비통함이 곧 없어졌다. 세존께서 공양을 마치셨고 아난은 물을 드려서 손을 씻게 하였으며, 발우를 거두셨으므로 세존께 아뢰어 말하였다.

"오늘 한 여인이 있었고 제가 밥을 지어달라고 청하였는데 받아들이지 않았습니다. 곁에 한 여인이 있었고 청하지 않았으나 스스로가 지어주었습니다."

세존께서 아난에게 말씀하셨다.

"이 여인은 기꺼이 밥을 지어주지 않았으므로 마땅히 얻을 것을 얻지 못하게 되었구나. 만약 지어주었다면 그 공덕의 과보로 마땅히 전륜왕의 첫째 부인이 되었을 것이다. 청하지 않았는데도 지어준 여인은 이 복이 무량하여 다른 복을 짓지 않더라도 이 복으로서 큰 것이다."

이때 세존의 숙업이 아직 끝나지 않았으므로 한때의 가운데에서 세존과 승가가 비라연국에서 말의 보리를 먹고 있다는 것을 아는 자가 없었다. 마왕(魔王)은 여러 비구들의 음식을 지었고 가득히 채우고서 여러 나라를 다녔으며, 길에서 만나는 자가 "어디서 오십니까?"라고 물으면 "비라연국에서 왔습니다."라고 대답하였다. 여러 거사들이 "세존께서 그곳에 머무르시는데 네 가지의 공양이 있습니까?"라고 묻는다면 "그곳에서는 항상 대회가 있어 좋은 음식이 넘치고 있으며, 내가 가지고 있는 것이 곧 그곳에서 남은 것들입니다."라고 대답하였다.

이때 세존의 숙업이 이미 끝나서 세존과 500의 비구가 비라연국에서 3개월에 말의 보리를 먹었다고 16대국(大國)이 함께 들었다. 이때 여러 나라의 귀인·장자·거사·대부살박(大富薩薄) 등이 여러 공양 도구와 여러 종류의 좋은 음식들을 준비하여 수레와 낙타에 가득하게 싣고서 길을 채우면서 왔고 세존을 받들어 공양하였다. 자자가 7일이 남았으므로 세존께서 아시면서도 일부러 아난에게 물으셨다.

"자자가 며칠 남았는가?"

아난이 말하였다.

"7일이 남았습니다."

세존께서 아난에게 알리셨다.

"그대는 성으로 들어가서 아기달에게 알리게. '세존께서 말씀하셨습니다. <나는 그대의 나라에서 하안거를 마쳤으므로 여러 나라를 여행하고자 합니다.>'"

여러 비구들이 말하였다.

"세존이시여. 이 사람이 세존과 대중 승가에게 무슨 은덕(恩德)이 있었습니까? 이곳에서 안거하면서 궁핍하고 몹시도 괴로웠는데 기별을 주십니까?"

세존께서 말씀하셨다.

"이 바라문에게 비록 은덕이 없었어도 손님과 주인의 마땅한 이치는 기별을 주어야 하느니라."

아난이 칙명을 받들어 한 비구와 함께 그 성문에 이르렀고 수문자에게 알렸다.

"그대의 아기달 바라문에게 아난이 밖에서 있다고 아뢰어 주시오."

수문자가 사유하였다.

'아난의 이름은 길(吉)하다. 이른 아침에 그것을 들었는데 어찌 아뢰지 않겠는가?'

이때 아기달은 일찍 일어나 목욕하고 하얗고 깨끗한 옷을 입고서 중당(中堂)[6]에 혼자 앉아 있었다. 수문자가 들어가서 왕에게 아뢰어 말하였다.

"아난이 밖에 있습니다."

바라문의 상법(相法)에서는 이름이 길하면 곧 길한 것이므로 이름을 믿고서 청정함을 구하는 것이었다. 곧 데려오라고 말하였고, 아난이 앞에 이르자 곧 부르며 앉게 하였다. 이때 잠시 묵연하였으나 아난에게 물었다.

"아난이여. 무슨 일로 오셨습니까?"

대답하여 말하였다.

---

6) 중요한 손님을 맞거나 의식을 거행하는 집안 가운데의 마루를 가리킨다.

“세존께서 저를 보내어 그대에게 말씀하셨습니다. ‘여름 3개월을 그대의 나라에서 안거하며 머물렀고 안거를 마쳤으므로, 다른 나라로 유행하려고 하오.’”

바라문이 놀라면서 아난에게 물었다.

“구담 사문께서 비라연국에서 여름을 머무셨습니까?”

아난이 말하였다.

“그렇습니다.”

바라문이 말하였다.

“어떻게 머무셨습니까? 누가 공급하였습니까?”

아난이 말하였다.

“궁핍하고 매우 힘들었습니다. 세존과 대중 승가는 3개월을 말의 보리를 먹었습니다.”

이때 아기달왕은 처음으로 깨달았고, 이전에 세존과 승가께 여름 4개월을 청하였고 공양구를 충분히 준비하였던 것을 기억하였다.

‘어찌하여 세존과 승가께 3개월을 말의 보리를 먹게 하였는가? 악한 소문과 추한 이름이 여러 나라에 유포된다면 마땅히 아기달은 장야에 익하고 삿되므로 미워하고 질투하여서 세존과 승가를 고뇌시켰고 나아가 극심하게 고통을 주었다고 말할 것이다.’

곧 아난에게 말하였다.

“사문 구담께 참회하고 머무시도록 할 수 있겠습니까?”

아난이 말하였다.

“그럴 수 없습니다.”

이 바라문은 부끄러움과 근심으로 심하게 번민하다 그만 바닥에 쓰러졌다. 이때 여러 종친들이 물을 얼굴에 뿌리고 부축하여 일으켰으므로 비로소 깨어났다. 친족들이 깨우치며 말하였다.

“그대는 너무 근심하지 마십시오. 우리들이 그대와 함께 구담께 참회하고 마땅히 머물도록 청하겠습니다. 만약 머물고자 하지 않는다면 마땅히 음식을 가지고 뒤를 따르면서 음식이 부족할 때에 공양합시다.”

바라문과 여러 종친들은 함께 세존께 나아가서 참회하고 머무를 것을 청하였다. 세존께서는 곧 사유하셨다.

'만약 내가 받아들이지 않는다면 그는 마땅히 뜨거운 피를 토하고 죽을 것이다.'

세존께서 애민하게 생각하신 까닭으로 7일의 청을 받아들이셨다. 바라문은 사유하였다.

'이 공양물은 여름 4개월의 몫인데 어떻게 7일에 능히 소비할 수 있겠는가?'

세존께서는 자자를 마치시고 월지국(越祇國)으로 2개월을 유행하고자 하셨다. 월지국 사람들은 세존께서 마땅히 오신다는 것을 듣고서 각자 공양구를 준비하였고 하루나 이틀이거나, 한 번이나 두 번의 보시를 2개월에 차례로 지어서 마쳤다. 세존께서는 자자를 마치시고 월지국으로 2개월을 유행하고자 하셨으므로, 아기달은 여러 공양구를 가지고 세존의 뒤를 따르면서 만약 부족한 때라면 마땅히 공양을 베풀고자 하였다. 월지국 사람들이 듣고서 서로 모여 집회하면서 약속을 지었다.

'만약 세존을 청한 자가 있다면 모두가 마땅히 날마다 전식·후식·달발나를 부족하지 않게 갖추어 다른 사람이 그 가운데에 끼어들지 못하게 합시다.'

아기달은 세존께서 묵는 곳을 알고서 빠르게 음식과 기물을 갖추고 먼저 가서 공양구를 설치하고서 말하였다.

"내가 오늘 공양하거나, 만약 내일이나 모레 하겠습니다."

여러 월지국 사람들은 허락하지 않고서 말하였다.

"그대는 장야에 악하고 삿되어서 세존을 원수였던 까닭으로 세존과 승가를 번민시켰습니다. 지금은 다른 사람을 즐겁게 하려는 까닭으로 이와 같이 말을 짓는 것이오. '내가 오늘 공양하거나, 만약 내일이나 모레 하겠습니다.' 그대에게 무슨 일이 있었기에 그 허락된 때에 세존과 승가께 비라연국에서 3개월에 발의 보리를 먹게 하고서 지금 이렇게 급히 베푸는 날을 구하는 것입니까?"

바라문은 이 말을 듣고 부끄러움과 후회를 품고서 한쪽에 서서 바라보면서 이렇게 말하였다.

'대중 승가께 부족한 것이 있다면 내가 마땅히 그것을 주겠다.'

그때 죽이 없었으므로 여러 죽을 준비하였는데 소죽(酥粥)·기름죽(油粥)·깨죽(胡麻粥)·우유죽(乳粥)·콩죽(小豆粥)·팥죽(摩沙豆粥)·들깨죽(麻子粥)·청죽(淸粥) 등이었다. 준비하고서 세존께 받들었으므로 세존께서는 바라문에게 말씀하셨다.

"대중에게도 나누어 주십시오."

곧 여러 비구들에게 주었으나 비구들이 받지 않고서 말하였다.

"세존께서는 우리들이 여덟 종류의 죽을 먹는 것을 허락하시지 않았습니다."

이 일로써 세존께 아뢰었고, 세존께서는 말씀하셨다.

"오늘부터 여덟 종류의 죽을 먹는 것을 허락하겠노라. 죽에는 다섯 가지의 일이 몸을 이롭게 하느니라. 첫째는 배고픔을 없애주는 것이고, 둘째는 갈증을 없애주는 것이며, 셋째는 기운을 내리는 것이고, 넷째는 아랫배가 냉해지는 것을 막아주고, 다섯째는 묵은 음식을 소비할 수 있느니라."

바라문이 사유하였다.

'내가 4개월을 안락하게 혼자서 즐겼는데 2개월을 사문 구담을 따라다닌다면 나 한 사람으로서 여러 국사를 그만두게 될 것이다. 지금 이 공양물이 많아서 소비할 수가 없으므로 또한 마땅히 땅에다 쏟아 부어서 세존과 승가께서 발로서 위를 밟게 해야겠다. 곧 이것은 받아서 수용하신 것이다.'

생각한 것을 갖추어 세존께 아뢰었다.

"원하건대 세존께서는 수용(受容)하십시오."

세존께서 바라문에게 알리셨다.

"그대의 말을 수용할 수 없습니다. 이것은 음식물입니다. 음식은 입으로서 수용해야 합니다."

세존께서 이 바라문을 보내시고자 곧 그를 위하여 게송을 설하셨다.

만약 천사(天祠) 속에 있다면
불을 공양함이 최고이고
바라문의 책의 가운데서는
살비제(薩毘帝)[7]가 최고이며

일체 여러 사람 가운데에서는
전륜성왕이 으뜸이고
일체의 강과 호수는
큰 바다의 깊이가 최고이라네.

여러 별들의 가운데에서
달빛이 최고로 제일이고
일체의 밝음 가운데에서
태양빛이 가장 밝으며
시방의 하늘과 사람 가운데에서
세존의 복전이 최고이라네.

세존께서는 게송을 마치고서 자리에서 일어나서 떠나가셨다.

세존께서는 월지국의 가운데에서 유행하셨으며 아나가빈두국(阿那迦頻頭國)으로 향하셨다.

외도의 제자가 있었고 옛날에 코끼리 조련사였으며 비라타(毘羅吒)라고 이름하였다. 크게 부유하여 재물이 많아서 곡식과 옷감이 넘쳐났고 농토와 저택과 보물이 모두 풍족하였으므로, 무량한 복덕을 성취한 자였다. 이

7) 리그베다 중에 있으며 '가야트라'라고 한다. 태양신에 대한 기원의 노래이다.

한 나라 사람들은 모두가 삿된 견해였으므로 세존께서 마땅히 오신다는 것을 듣고 서로가 모여서 집회하였다. 코끼리 조련사의 집으로 향하면서 성안의 사람들은 여러 종류로 세존과 승가를 비방하였다.

"사문 구담은 만족시키기 어렵고 공양하기도 어려운데, 욕심이 많고 염치가 없습니다. 1,250명의 비구와 1,000명의 우바새와 500명의 잔식(殘食)을 구걸하는 사람들을 데리고 취락에서 취락으로, 성에서 성으로 다니는데, 서리·우박·메뚜기·사람의 양식을 훔치는 도둑과 같아서 그 지나가는 곳마다 가업을 파괴하고 있습니다. 다음 차례로 다시 우리들을 이익되지 않게 하고자 할 것입니다."

이 코끼리 조련사와 성안의 사람들은 악한 마음이 계속 생겨나서 함께 약속을 지었다.

"사문 구담이 와서 이른다면 듣지도 말고 가서 보지도 맙시다."

세존께서 그 나라에 이르렀는데 그 나라에는 정사가 없었고, 성의 북쪽에 숲이 있었는데, 승엽파(勝葉婆)라고 이름하였다. 그곳은 나무가 울창하고 땅이 평탄하고 넓었으므로 세존과 대중은 그곳에서 잠시 머물렀다. 코끼리 조련사도 세존께서 이미 이르렀다는 것을 들었는데, 이 사람은 이전의 세상에서 세존께 공양하였고 선근을 심었으므로 정견에 가깝고 예리한 근기이었다. 숙업의 인연인 힘을 까닭으로 금생에는 능히 무루지(無漏智)를 얻을 수 있었으므로, 그 선근의 힘에 이끌려 곧 스스로가 사유하였다.

'나는 이 나라의 사람들에게 존경받고 있고, 존귀함이 제일이다. 만약 내가 세존을 보지 않는다면 사람들이 마땅히 나를 인색하다고 말할 것이다.'

곧 여러 사람들에게 알렸다.

"여러 사람들이 이전에 지은 약속을 내가 스스로가 사유하건대, 이것은 타당하지 않습니다."

여러 사람이 알려 말하였다.

"무슨 일의 까닭입니까?"

대답하여 말하였다.

"나는 이 나라의 사람들에게 존경받고 있고, 존귀함이 제일입니다. 만약 내가 세존을 보지 않는다면 사람들이 마땅히 나를 인색하다고 말할 것입니다."

여러 사람들이 말했다.

"지금 구담을 만난다면 무엇으로 공양하겠습니까?"

대답하여 말하였다.

"석밀입니다."

여러 사람들이 말하였다.

"사문 구담은 만족시키기 어렵고 공양하기도 어려운데, 욕심이 많고 염치가 없습니다. 만약 1,250개의 병의 속에 석밀을 가득 채우더라도 사양하지 않고 모두를 받을 것입니다."

코끼리 조련사는 크게 부유하였으므로 거듭 비용을 계산하지 않았고, 곧 1,250명에게 1,250개의 병을 짊어지게 하였으며 석밀을 세존께 받들었다. 세존께서는 취락의 주인에게 알리셨다.

"대중 승가에게 나누어 주시오."

이 사람은 사유하였다.

'사람들이 말하는 결과와 같이 많이 주어도 사양하지 않는구나.'

곧 한 병으로서 한 비구에게 나누어 주었는데, 여러 비구들이 받지 않고서 말하였다.

"이 석밀은 너무 많습니다. 나는 미땅히 받을 수 없습니다."

그 사람이 세존께 아뢰어 말하였다.

"비구들이 받지 않으니, 원하건대 세존께서 칙명을 주십시오."

세존께서는 발우와 칼을 주시면서 그것을 나누도록 하셨다. 1,250의 비구가 모두 발우에 가득하게 얻었으나, 한 병의 석밀도 오히려 이전처럼 없어지지 않았다. 세존께 아뢰었고 세존께서 말씀하셨다.

"다시 주시오."

오히려 이전처럼 없어지지 않았다. 세존께서 말씀하셨다.

"1,000명의 우바새와 500명의 잔식을 구걸하는 사람들에게도 나누어 주시오."

오히려 이전처럼 없어지지 않았다. 세존께서 말씀하셨다.

"다시 주시오."

오히려 이전처럼 없어지지 않았고 일체가 구족되었으나 병의 석밀은 이번과 같았다. 코끼리 조련사가 세존께 아뢰어 말하였다.

"대중에게 이미 충분히 드렸습니다. 이 여러 병의 석밀들을 무엇을 짓는 것에 사용하겠습니까?"

세존께서 말씀하셨다.

"취락의 주인이여. 나는 세존과 승가를 제외하고서 만약 천인이거나, 만약 마왕이거나, 만약 범천이거나, 만약 세간의 중생 및 사문 바라문 등이 이 석밀을 먹고 소화시켜서 그 몸을 이롭게 할 수 있는 어떤 자도 나는 보지 못하였소. 그대는 이 석밀을 가져다가 풀이 없는 땅이거나, 벌레 없는 물에 버리도록 하시오."

코끼리 조련사는 대답하였다.

"그러겠습니다."

곧 세존의 가르침과 같이 모든 병의 석밀을 가져다가 벌레 없는 물속에 버렸다. 이 석밀에서 불꽃과 연기가 솟으면서 물이 끓는 소리가 진동하였는데, 비유하자면 하루가 지나도록 불에 달구었던 뜨거운 철판을 물속에 던지면 불꽃과 연기가 솟으면서 물이 끓는 소리가 진동하는 것과 같았다. 코끼리 조련사는 이 두 종류의 신력을 보고서 세존을 향하여 뜻으로 환희하였고 마음의 믿음이 청정하여졌으며, 세존의 공덕이 중한 것을 알고서 그 마음이 부드럽게 굴복되었다.

세존께서 그 마음을 아시고서 그의 마음을 따라서 설법하셨으므로 그는 마음의 티끌과 번민을 멀리 벗어나고 여러 법안(法眼)이 생겨나서 법을 보았고, 법을 얻었으며, 법을 알았고, 법에 믿음이 청정해졌다. 의심을 넘어서 다른 삿됨을 믿지 않았고 다른 삿됨을 따르지 않았으며, 의심을 없애서 초과(初果)의 가운데에 머물면서 무외(無畏)를 얻었다. 자리에서 일어나서 세존의 발에 머리숙여 예경하고 세존께 아뢰어 말하였다.

"세존이시여. 저는 지금 세존께 귀의하고 법에 귀의하며 승가께 귀의합니다. 저는 우바새이고 오늘부터 목숨이 마치도록 살생하지 않는 것을 기억하여 지니겠습니다. 원하건대 저는 공양과 뒤의 주처를 청하옵니다."

세존께서 묵연히 받아들이셨고, 세존께서 받아들이신 것을 알고서 세존의 발에 머리숙여 예경하고 세존을 세 번을 돌면서 떠나갔다. 집에 돌아와서는 대당(大堂)·중각(重閣)·사합사(四合舍)·청사(廳舍)·소방사(小房舍) 등의 여러 종류의 소유물을 치웠고, 물을 뿌려서 깨끗하게 쓸었으며, 여러 색깔의 비단의 번을 매달았다. 여러 종류의 좋은 향을 피웠고 여러 종류의 꽃을 펼쳐놓았으며 금·은·파리(頗梨)·감유리(紺琉璃)로 만든 평상을 각각 1,250개를 펼치면서 이와 같이 사유하였다.

'이 네 가지의 보배 평상을 만약 받지 않더라도, 한 사람이 마땅히 하나는 받을 것이다.'

1,250개의 금병에 뜨거운 물을 채워서 준비하였고, 1,250명의 하인을 한 비구에게 주었다. 일체 방사의 바닥에는 흠바라와 여러 색깔의 능라(綾羅)[8]를 엮어서 만든 부드러운 담요를 깔았고, 여러 곳에 보배 병에 물을 채웠으며, 여러 향과 소(酥)와 등잔 등의 일체를 준비하였다. 사자를 보내어 세존께 아뢰었다.

"여러 집기가 준비되었습니다. 오직 성자께서는 때인 것을 아십시오."

세존께서는 옷을 입고 비구 승가와 함께 그의 집에 이르셨다. 한 비구에게 한 사람을 공급하여 문 바깥에서 씻겨주었고, 그 코끼리 조련사는 스스로가 세존의 몸을 씻겨드렸다. 한 비구가 목욕을 끝낸 것과 같이 1,250명이 일시에 모두 목욕을 끝내고서 세존과 승가는 함께 그 집으로 들어가셨다. 코끼리 조련사는 1,250개의 금 평상을 세존께 받들었으나 세존께서는 받지 않으셨고, 다음으로 은 평상·파리 평상·감유리 평상을 받들었으나 모두 받지 않으셨다. 곧 네 가지 보배 평상을 치우고 다시

8) 무늬가 있는 두꺼운 비단(緋緞)과 얇은 비단(緋緞)을 가리킨다.

깨끗한 나무 평상을 펼치고 흠바라와 여러 색깔의 비단을 엮어서 만든 부드러운 담요를 그 평상 위에 깔았으므로, 세존과 대중 승가는 앉으셨다. 스스로가 씻을 물을 돌렸고 비시장(非時漿)과 함소약을 받들었다. 곧 밤에 여러 종류의 음식을 준비하였고 또한 금 발우·은 발우·파리 발우·감유리 발우를 각자 1,250개를 갖추고서 이와 같이 사유하였다.

'만약 받지 않더라도 한 사람이 마땅히 하나는 받을 것이다.'

공양구를 모두 준비하고서 세존께 아뢰었다.

"성자께서는 때인 것을 아십시오."

세존과 대중 승가는 앉으셨고, 스스로가 씻을 물을 돌렸으며, 1,250개의 금 쟁반을 세존께 받들었으나 세존께서는 받지 않으셨고, 다음으로 은 쟁반·파리 쟁반·감유리 쟁반을 받들었으나 모두 받지 않으셨다. 곧 네 가지 보배 쟁반을 물리고 다시 나무 쟁반과 구리 쟁반을 받들었으므로 세존께서는 그것을 받으셨다. 다음으로 1,250개의 금 발우를 세존께 받들었으나 세존께서는 받지 않으셨고, 다음으로 은 발우·파리 발우·감유리 발우를 받들었으나 모두 받지 않으셨다. 세존께서는 여러 비구들에게 말씀하셨다.

"나는 이전에 두 가지의 발우로 만약 철이거나, 만약 질그릇 발우를 허락하였노라. 여덟 종류의 발우를 마땅히 저축하지 말라."

코끼리 조련사는 세존과 승가가 음식을 먹는 것을 보고 스스로가 씻을 물을 돌렸고 발우를 거두어들였다. 작은 평상을 가지고 세존 앞에 앉아서 설법을 듣고자 하면서 다시 세존께 아뢰어 말하였다.

"원하옵건대 세존이시여. 저희 아나가빈두국에서 수명을 마치도록 머물러 주십시오. 제가 세존을 위하여 1,250개의 방사와 1,250개의 평상과 의자·이부자리·얽은 와구를 지어서 드리고, 이와 같은 찹쌀밥과 밥에 따른 국을 왕의 처소의 음식처럼 세존과 승가께 공양하겠습니다."

세존께서 말씀하셨다.

"취락의 주인이여. 그대의 청정한 신심에서 나는 이미 만족하였소. 그대 등과 같은 여러 선남자를 마땅히 제도해야 하므로 그대의 청을 혼자서 받아줄 수 없구려."
이때 세존께서 게송으로 설하셨다.

만약 천사 속에 있다면
불을 공양함이 최고이고
바라문의 책의 가운데서는
살비제가 최고이며

일체 여러 사람 가운데에서는
전륜성왕이 으뜸이고
일체의 강과 호수는
큰 바다의 깊이가 최고이라네.

여러 별들의 가운데에서
달빛이 최고로 제일이고
일체의 밝음 가운데에서
태양빛이 가장 밝으며
시방의 하늘과 사람 가운데에서
세존의 복전이 최고이라네.

세존께서는 게송을 마치고서 자리에서 일어나서 떠나가셨다.

세존께서 아가나빈두국에서 여름을 머무르셨다.
옷과 발우를 지니고 비야리성으로 향하셨다. 이때 여러 이창(梨昌)[9] 사람들은 세존께서 월지국을 유행하시고 비야리성으로 오신다는 것을

---

9) 산스크리트어 licchavī의 음사로 종족의 이름이다. 이차(利車)·이사(離奢)·율창(栗唱)·여창(藜昌)·이차비(梨車毘)·율첩비(栗呫毘)라고도 한다. 찰제리 종족으로서 선족왕종(仙族王種)이라고도 말한다.

듣고서 여러 사람이 세존과 승가를 위하였던 까닭으로 여러 종류의 음식을 준비하였다. 세존께서 이르셨는데 오래지 않아서 때가 아닌 구름이 일어났고 여러 음식들이 노지에서 비를 맞게 되었다. 여러 이창들이 아난에게 말하였다.

"우리 여러 이창이 세존과 승가를 위하였던 까닭으로 여러 종류의 음식을 준비하였는데 벌판에서 비를 맞게 되었습니다. 우리들은 마땅히 어찌해야 합니까?"

이때 아난과 여러 이창들은 함께 세존의 처소로 나아가서 세존의 발에 머리숙여 예경하고 한쪽에 서 있었다. 아난이 세존께 아뢰었다.

"이 여러 이창이 세존과 승가를 위하였던 까닭으로 여러 종류의 음식을 준비하였는데 벌판에서 비를 맞게 되었습니다. 여러 이창들은 마땅히 어떻게 해야 하는가를 알지 못합니다."

세존께서 아난에게 알리셨다.

"한 방사에서 정지갈마(淨地羯磨)를 지어야 하느니라. 어떻게 마땅히 짓는가? 승가가 일심으로 화합하였다면 한 비구가 창언하라.

'대덕 승가께서는 허락하십시오. 무슨 방사를 정지(淨地)로 지어주십시오. 만약 승가께시 때에 이르렀다면 승가께서는 허락하십시오. 승가께서는 무슨 방사를 정지로 지어주십시오. 이와 같이 아룁니다.'

아뢰고서 백이갈마를 짓는다.

'승가시여. 무슨 방사를 정지로 짓는 것을 지어서 마쳤습니다. 승가께서 허락하신 것은 묵연하였던 까닭입니다. 이 일은 이와 같이 지니겠습니다.'

방사 안을 정지로 짓고서 조리하는 도구를 방사 안에 설치하고 밥을 짓고 국을 끓이고 전병을 만들고 고기를 삶아라."

여러 외도들이 질투하고 비난하며 싫어하면서 말하였다.

"이 대머리 거사들은 집안에서 음식을 짓는데, 여러 거사들의 집안에 창고가 있고 밥그릇과 부엌이 있는 것과 같구나. 여러 사문 석자들은 선량하고 덕이 있다고 스스로가 말하면서, 집 안에 역시 창고와 주방이 있으니 백의와 무엇이 다른가?"

비구가 있어 욕망이 적고 만족함을 알며 두타를 행하였는데, 이러한 일을 듣고 마음이 즐겁지 않아서 이 일로써 세존께 갖추어 말하였다. 세존께서는 이 인연으로서 대중 승가를 모으셨고, 승가는 모였다. 여러 비구들에게 알리셨다.

"오늘부터 승방(僧坊)의 경계 바깥에서 음식을 짓도록 하라."

승방의 경계 바깥에서 음식을 지으면서 연기와 불꽃이 피어오르자 벌판에 있던 여러 사람들이 보고 와서 음식을 구하였다. 이에 비구들이 각자 나누어 주었으므로 승가의 음식이 부족하였다. 이 일로써 세존께 아뢰었고, 세존께서는 말씀하셨다.

"오늘부터 정지갈마의 작지를 허락하지 않겠노라. 만약 짓는다면 돌길라죄를 범하느니라. 먼저 지었던 것은 마땅히 버리도록 하라."

세존께서는 비야리성에 머무르셨다.

한 대장(大將)이 있었고 사자(師子)라고 이름하였다. 크게 부유하여 금전·곡식·비단·농토·저택·보물 등이 풍족하여 여러 종류의 복덕을 성취하였다. 그 사람은 본래 외도의 제자였으나, 불법의 가운데에서 처음으로 신심을 얻었으므로 좋고 기름진 고기로서 때때로 승가께 보시하였다. 외도들이 질투하고 비난하면서 꾸짖었다.

"사문 석자가 어찌 마땅히 이러한가? 사람을 위하여 일부러 죽인 고기를 먹는구나 무슨 까닭으로써 사자는 살찐 중생을 죽여서 고기로서 때때로 승가에게 보시하는가?"

비구가 있어 욕망이 적고 만족함을 알며 두타를 행하였는데, 이러한 일을 듣고 마음이 즐겁지 않아서 이 일로써 세존께 갖추어 말하였다. 세존께서는 이 인연으로서 대중 승가를 모으셨고, 승가는 모였다. 여러 비구들에게 알리셨다.

"세 종류의 부정한 고기는 마땅히 먹지 말라. 무엇이 세 가지인가? 만약 보았거나, 만약 들었거나, 만약 의심스러운 것이다. 무엇이 본 것인가? 스스로가 이 중생을 나를 위하여 고의로 죽이는 것을 본 것이고, 이와 같이 본 것이다. 무엇이 들은 것인가? 믿을 수 있는 사람에게 '이 중생은 일부러 그대를 위해 죽인 것이다.'라고 들은 것이니, 이와 같이 들은 것이다. 무엇이 의심스러운 것인가? 인연이 있는 까닭으로 의심이 생겨나는 것이니, '이곳에는 도살하는 사람도 없고 스스로 죽은 중생도 없다.', '이 주인은 악하므로 능히 나를 위해 목숨을 빼앗았을 것이다.'라고 이와 같이 의심하는 것이다. 이러한 세 종류의 부정한 고기는 마땅히 먹지 말아야 한다.

세 종류의 깨끗한 고기는 먹는 것을 허락하느니라. 무엇이 세 종류인가? 만약 보지 않았거나, 만약 듣지 않았거나, 만약 의심스럽지 않은 것이다. 무엇이 보지 않은 것인가? 스스로가 이 중생을 나를 위하여 고의로 죽이는 것을 보지 않은 것이니, 이와 같이 보지 않은 것이다. 무엇이 듣지 않은 것인가? 믿을 수 있는 우바새에게 '이 중생은 일부러 그대를 위해 죽인 것이 아닙니다.'라고 들은 것이니, 이와 같이 들은 것이다. 무엇이 의심스럽지 않은 것인가? 마음에서 인연이 없으나 의심이 생겨나는 것이니, '이 가운데에는 도살하는 사람도 있고 스스로 죽은 중생도 있다.', '이 주인은 선하므로 능히 나를 위해 고의로 목숨을 빼앗지 않았을 것이다.'라고 이와 같이 의심하지 않는 것이다. 이러한 세 종류의 청정한 고기는 먹는 것을 허락한다.

다시 다음으로 여러 천사(天祠)에 코끼리의 경주에 전념하였거나, 말의 경주에 전념하였거나, 새의 경주에 전념하는 섬마파라살(閃摩婆羅薩)의 제사이거나, 니라가라(尼羅伽羅)의 제사가 있다. 천사의 가운데이거나, 천사의 가운데가 아닌 곳에 분다리화(分陀利華)로 그 천사의 가운데에서 제사를 지냈거나, 천사의 고기는 부정육(不淨肉)이니 사문 석자는 마땅히 먹어서는 아니된다. 왜 그러한가? 이러한 여러 천사에서는 손님을 위해 준비한 까닭이다."

세존께서는 비야리국에 머무르셨다.

이때는 기근이었으므로 걸식을 얻는 것이 어려웠다. 한 거사가 있었고 세존과 승가께 내일 공양을 청하였으므로 세존께서는 묵연히 받아들이셨다. 세존께서 받아들이신 것을 알고서 자리에서 일어나서 세존의 발에 머리숙여 예경하고 돌아가서 여러 종류의 많은 음식을 준비하였다. 이때는 나라의 길일이었으므로 이른 아침부터 대중 승가는 돼지고기와 마른 밥을 많이 얻었으므로 여러 비구는 받은 것을 먹겠다고 사유하였다. 거사는 공양을 준비하였고 평상과 자리를 펼쳐놓고 사람을 보내어 세존께 때에 이르렀음을 아뢰었다.

이때 승가는 거사의 집으로 갔고 세존께서는 스스로 방에 머무시면서 공양을 맞이하셨다. 승가가 자리에 앉았으므로 스스로가 씻을 물을 돌렸고 음식을 나누어주었다. 음식을 먹고서 손을 씻고 양치하였으며 발우를 거두었으므로 하나의 작은 평상을 가지고 승가 앞에 앉아 설법을 듣고자 하였다. 상좌는 설법을 마치고 차례로 떠나갔다. 여러 비구는 음식을 먹었다면 잔식법(殘食法)을 받지 않았으므로, 이전에 받았고 정사 안에 있었던 적은 음식을 어떻게 해야 하는가를 알지 못하였으므로, 이 일로써 세존께 아뢰었다. 세존께서는 말씀하셨다.

"오늘부터 이와 같이 기근의 때에는 비구가 만약 음식을 먹고서 이전에 받았던 음식이 있다면, 잔식법을 받지 않았더라도 먹는 것을 허락하겠노라. 무엇이 받아두었던 적은 음식인가? 여러 비구들이 이른 아침에 일어나서 받았으나 먹지 않은 것들이다."

세존께서는 비야리국에 머무르셨다.

이때는 기근이었으므로 걸식을 얻는 것이 어려웠다. 한 거사가 있었고 세존과 승가께 내일에 공양을 청하였으므로 세존께서는 묵연히 받아들이셨다. 세존께서 받아들이신 것을 알고서 자리에서 일어나서 세주의 발에 머리숙여 예경하고 돌아가서 여러 종류의 많은 음식을 준비하였다. 평상과 요를 펼쳐놓고서 사람을 보내어 세존께 때에 이르렀음을 아뢰었다. 이때 승가는 거사의 집으로 갔고 세존께서는 스스로 방에 머무시면서 공양을 맞이하셨다. 거사가 대중 승가에게 아뢰었다.

"대덕이시여. 이 음식은 아침에 준비한 것입니다. 승가께서는 배부르게 드시고 남은 것은 가지고 가셔서 잠시 후에 다시 드십시오."

여러 비구는 배부르게 먹고서 거사가 말한 것과 같이 남은 음식을 가지고 왔다. 여러 비구는 음식을 먹었다면 잔식법을 받지 않았으므로, 가지고 왔던 음식을 마땅히 어떻게 해야 하는가를 알지 못하였으므로, 이 일로써 세존께 아뢰었다. 세존께서는 말씀하셨다.

"오늘부터 기근의 때에는 비구가 만약 음식을 먹고서 남은 음식을 가지고 왔다면, 잔식법을 받지 않더라도 먹는 것을 허락하겠노라. 무엇 등이 가지고 왔던 음식인가? 여러 비구들이 음식을 먹고서 남은 음식을 가지고 온 것이니, 이것을 가지고 왔던 음식을 먹는 것이라고 이름한다."

선인이 있었고 계니야(雞泥耶)라고 이름하였는데, 나무 열매를 취하여 세존께 받들었으므로 세존께서 말씀하셨다.

"계니야여. 승가에게 몫을 나누어 주시오."

그가 곧 여러 비구들에게 나누어 주었는데 여러 비구들이 말하였다.

"우리들은 음식을 먹었다면 잔식법을 받지 않습니다."

여러 비구들이 어떻게 해야 하는가를 알지 못하였으므로 이 일로써 세존께 아뢰었다. 세존께서는 말씀하셨다.

"오늘부터 기근의 때에는 여러 비구들이 음식을 먹고서 잔식법을 받지 않더라도 만약 호두(胡桃)·밤·비파 등의 나무 열매라면 먹는 것을 허락하겠노라. 다시 이와 같은 여러 종류의 나무 열매가 있다면 이러한 일체를 먹도록 허락하겠노라."

장로 사리불이 열혈병(熱血病)이었으므로 약사가 말했다.

"마땅히 연못의 식물을 드십시오."

사리불이 말하였다.

"세존께서 아직 나에게 연못의 식물을 먹는 것을 허락하시지 않았습니다."

세존께 아뢰었고, 세존께서는 말씀하셨다.
"오늘부터 연못의 식물을 먹는 것을 허락하겠노라."

장로 대목건련이 만다기니(漫陀耆尼) 연못의 가운데에 이르러 연뿌리를 얻었는데 크기가 사람 허벅지만 하였고, 맛있어 순수하고 깨끗한 하얀 꿀과 같았으며 그 즙은 우유와 같았다. 이것으로서 사리불에게 주었는데 사리불이 물었다.
"어디에서 구하여 왔는가?"
목련이 말하였다.
"만다기니 연못의 가운데에 이르러 얻어서 왔네."
사리불이 물었다.
"이 연못은 비인(非人)들이 사는 곳이네. 누가 그대에게 주었는가?"
목련이 말하였다.
"비인이 나에게 주었네."
사리불이 말하였다.
"세존께서는 우리들이 비인에게 음식을 받는 것을 허락하시지 않으셨네."
세존께 아뢰었고, 세존께서는 말씀하셨다.
"여러 비구들에게 오늘부터 비인이 주는 음식을 받는 것을 허락하겠노라."

이 연못의 식물을 많이 얻어 왔고 남은 것을 여러 비구들에게 주었는데, 여러 비구들이 받지 않았다. 여러 비구들이 말하였다.
"우리들은 음식을 먹었다면 잔식법을 받지 않습니다."
여러 비구들이 어떻게 해야 하는가를 알지 못하였으므로, 세존께 아뢰었다. 세존께서는 말씀하셨다.
"오늘부터 기근의 때에는 비구가 만약 음식을 먹고서 잔식법을 받지 않더라도 연못의 식물을 먹는 것을 허락하겠노라. 무엇 등이 연못의 식물인가? 만약 연뿌리·연자(蓮子)[10]·능검(菱芡)[11]·계두자(雞頭子)[12]이니라. 이와 같은 여러 종류의 연못의 식물을 먹는 것을 허락하겠노라."

세존께서는 비야리국에 머무르셨다.

이전의 기근의 때에 여러 비구를 애민하게 생각하셨으므로 적은 음식을 받고서 뒤에 먹는 것을 허락하셨고, 음식을 먹고서 가지고 왔던 음식이거나, 나무 열매이거나, 연못의 식물 등을 먹는 것을 허락하셨다. 여러 비구들은 풍족하였던 때에 음식을 얻기가 쉬웠으나, 본래의 기근의 때와 같이 정식계(淨食戒)를 비구들이 위반하였다. 이때 여러 비구들이 있어 욕망이 적고 만족함을 알며 두타를 행하였으므로 꾸짖었다.

"어찌 비구라고 이름하면서 세존께서 기근의 때에 여러 비구를 애민하게 생각하셨으므로 적은 음식을 받고서 뒤에 먹는 것을 허락하셨고, 음식을 먹고서 가지고 왔던 음식이거나, 나무 열매이거나, 연못의 식물 등을 먹는 것을 허락하셨더라도, 여러 비구들은 풍족하였던 때에 음식을 얻기가 쉬운데, 본래의 기근의 때와 같이 정식계를 비구들이 위반하는가?"

이때 여러 비구들은 여러 종류로 꾸짖고서 이 일로써 갖추어 세존께 아뢰었다. 세존께서는 이 일로써 승가를 모으셨고, 승가는 모였다. 세존께서는 아시면서도 일부러 여러 비구들에게 물으셨다.

"그대들이 진실로 이러한 일을 지었는가?"

대답하여 말하였다.

"진실로 지었습니다. 세존이시여."

세존께서는 여러 종류의 인연으로 여러 비구들을 꾸짖으셨다.

"어찌 비구라고 이름하면서 세존께서 기근의 때에 여러 비구를 애민하게 생각하였으므로 적은 음식을 받고서 뒤에 먹는 것을 허락하였고,

---

10) 수지단(水芝丹)·연실(蓮實)·우실(藕實)의 다른 이름으로 불리기도 한다. 연꽃의 익은 열매를 말린 것이다.

11) 릉(菱)은 마름의 열매를 가리키고, 검(芡)은 가시연을 가리킨다.

12) 가시연을 가리키는 말이다.

음식을 먹고서 가지고 왔던 음식이거나, 나무 열매이거나, 연못의 식물 등을 먹는 것을 허락하였더라도, 여러 비구들은 풍족하였던 때에 음식을 얻기가 쉬운데, 본래의 기근의 때와 같이 정식계를 비구들이 위반하였는가?"

이때 세존께서는 여러 종류의 인연으로 꾸짖으셨으며, 여러 비구들에게 알리셨다.

"오늘부터는 본래 기근의 때에 여러 비구를 애민하게 생각하였으므로 적은 음식을 받고서 뒤에 먹는 것을 허락하였고, 음식을 먹고서 가지고 왔던 음식이거나, 나무 열매이거나, 연못의 식물 등을 먹는 것을 허락하였느니라. 기근의 때와 같은 청정한 음식을 (음식을 얻기가 쉬운 때에는) 마땅히 먹을 수 없느니라. 만약 먹었다면 바일제죄를 범하느니라."

세존께서는 비야리국에 머무르셨다.

따라서 머무셨던 것을 마치시고 옷과 발우를 지니고 수마국(修摩國)으로 유행하셨다. 이 나라에는 두 개의 성이 있었는데, 첫째는 바제성(婆提城)이라고 이름하였고, 둘째는 밀성(蜜城)이라고 이름하였다. 바제성 안에는 6명의 대복덕인(大福德人)이 있었으니, 누가 여섯 명인가? 첫째는 거사로 민대(民大)이었고, 둘째는 민대 거사의 부인이었으며, 셋째는 민대 거사의 아들이었고, 넷째는 민대 거사의 며느리였으며, 다섯째는 민대 거사의 노비이었고, 여섯째는 민대 거사의 여노비이었다.

무엇이 민대 거사는 대복덕인가? 민대 거사는 금·은·유리·진주 등의 보물 등을 조금 지니고 시장의 가운데에 앉아있으면 만약 종족이거나, 오친(五親)이거나, 지식이거나, 붕우(朋友)이거나, 일체의 염부제 사람들이 금·은·유리·진주 등의 보물을 위하여 찾아왔다. 이 거사가 앉은 자리에서 일어나지도 않았고 능히 구하는 자에게 스스로가 뜻대로 필요한 보물을 주었어도 이전과 같았고 없어지지 않았다. 이것이 민대 거사의 대복덕이었다.

무엇이 민대 거사의 부인의 대복덕인가? 만약 민대 거사의 부인은 식사의 때에 일체의 염부제 사람들이 음식을 위한 까닭으로 찾아오면 일체의 여러 사람들에게 자기의 마음대로 배부르게 먹게 하였다. 음식은 이전과 같았고 없어지지 않았다. 이것이 민대 거사 부인의 대복덕이었다.

무엇이 민대 거사의 아들의 대복덕인가? 만약 그 아들이 창고에 들어갔고 보물창고의 가운데에서 그 위쪽을 바라보았다면 비유하건대 수레의 굴대 같은 구멍만 보였으므로 돈과 보물이 위에서 아래로 쏟아질 것과 같았다. 이것이 민대 거사 아들의 대복덕이었다.

무엇이 민대 거사 며느리의 대복덕인가? 이 며느리가 꽃다발·향·영락·여러 바르는 향·좋은 옷·윗옷을 가지고 중정(中庭)의 평상 위에 이르러 시부모와 남편에게 받들고자 한다면 자리에서 일어나지도 않았으나, 일체의 염부제 사람들이 꽃다발·향·영락·여러 바르는 향·좋은 옷·윗옷을 위하여 찾아왔다. 일체를 스스로가 마음대로 주었어도 이전과 같았고 없어지지 않았다. 이것이 민대 거사 며느리의 대복덕이었다.

무엇이 민대 거사 노비의 대복덕인가? 이 하인이 쟁기를 가지고 한 번에 밭을 가는 때이라도 7개의 고랑이 성취되었으니, 이것이 민대 거사 노비의 대복덕이었다. 무엇이 민대 거사 여노비의 대복덕인가? 이 하녀가 일체의 곡식을 찧어가지고 다시 창고로 들여놓는다면 일체의 염부제 사람이 쌀가루와 밀가루를 위한 까닭으로 찾아왔다. 일체의 사람에게 쌀가루와 밀가루를 스스로가 마음대로 주었어도 이전과 같았고 없어지지 않았다. 이것이 민대 거사 여노비의 대복덕이었다.

이때 민대 거사는 일체의 염부제 사람도 복덕으로는 나보다 수승한 사람이 없다는 교만한 마음이 생겨났다. 이 민대 거사와 바제성 안의 사람들은 모두가 외도의 제자이었고, 이 여러 외도들은 사문 구담이 소마국을 유행하면서 바제성으로 향하여 온다는 것을 들었다. 이 외도의 무리는 서로가 모여서 집회하였고 성에 들어갔으며 민대 거사에게 이르러 앞에서 세존과 승가를 비방하였다.

"사문 구담은 만족시키기 어렵고 공양하기도 어려운데, 욕심이 많고 염치가 없습니다. 1,250명의 비구와 1,000명의 우바새와 500명의 잔식을 구걸하는 사람들을 데리고 취락에서 취락으로, 성에서 성으로 다니는데, 서리·우박·메뚜기·사람의 양식을 훔치는 도둑과 같아서 그 이르는 곳마다 사람들의 가업(家業)을 파괴하고 있습니다. 지금 오고 있는데 다시 우리들을 훼손하고자 할 것입니다."

이때 민대 거사는 곧 악한 마음이 생겨나서 함께 약속을 지었다.

"한 사람이라도 구담을 가서 보는 것을 허락하지 않겠습니다. 만약 가서 보았다면 성 안의 사람들에게 500금전을 배상합시다.'

이때 민대 거사가 여러 사람에게 물었다.

"이 사문 구담은 사람들이 주고자 하지 않는데도 강제로 요구합니까?"

여러 사람들이 말하였다.

"강제로 요구하지는 않습니다."

또한 물었다.

"국왕이 주라고 칙명합니까?"

대답하여 말하였다.

"아닙니다."

또한 물었다.

"주지 않는데 이 사람이 상해(傷害)를 짓습니까?"

여러 사람들이 말하였다.

"아닙니다."

거사가 말하였다.

"어찌하여 줍니까?"

대답하여 말하였다.

"스스로가 믿고, 스스로가 하고자 하며, 스스로가 사랑하고, 스스로 마음에서 청정하고자 주는 것입니다."

거사가 말하였다.

"만약 사문 구담이 사람들이 주고자 하지 않는데 강제로 빼앗지도 않았고, 왕이 칙명으로 주라는 것도 아니며, 만약 주지 않더라도 다른 사람을 해치지도 않는데도 이 사람에게 마땅히 주는 것은 복덕의 힘이 있는 까닭이고, 다른 많은 사람들에게 즐거움을 얻게 하는 것입니다. 이와 같은 사람의 복덕은 반드시 나보다 수승합니다."

이때 민대 거사는 세존을 보지도 않았으나 교만한 마음이 없어졌다. 세존께서 이 여러 나라를 따라서 유행하셨고 바제성에 이르렀는데 정사가 없었고, 성의 북쪽에 숲이 있었으며 승엽(勝葉)이라고 이름하였다. 그곳은 나무가 울창하고 땅이 평탄하고 넓었으므로 세존과 대중은 그곳에서 잠시 머물렀다. 민대 거사도 세존께서 이미 이르렀다는 것을 들었는데, 그 사람은 이전의 세상에서 세존과 승가에게 공양하였고 선근을 심었으므로 정견에 가까웠으며, 숙업의 인연인 힘을 까닭으로 금생에는 능히 무루지를 얻을 수 있었다. 선근의 힘에 이끌렸으므로 곧 스스로가 사유하였다.

'나는 이 나라의 사람들에게 존경받고 있고, 부유함이 제일이다. 만약 내가 세존을 보지 않는다면 사람들이 마땅히 나를 인색하다고 말할 것이다.'

곧 여러 사람들에게 알렸다.

"여러 사람들이 이전에 지은 약속을 내가 스스로가 사유하건대, 이것은 완전히지 않습니다. 나는 오히려 500금전을 내겠습니다."

여러 사람이 알려 말하였다.

"무슨 일의 까닭입니까?"

대답하여 말하였다.

"나는 이 나라의 사람들에게 존경받고 있고, 부유함이 제일입니다. 만약 내가 세존을 보지 않는다면 사람들이 마땅히 나를 인색하다고 말할 것입니다."

여러 사람들은 민대 거사를 존중하였고, 그에게 부채가 있었으며, 공급을 받았으므로 비록 금전을 배상하고자 하였으나 감히 받는 자는 없었다. 여러 사람들이 말하였다.

"어찌 반드시 약속을 깨뜨리겠습니까? 모두가 함께 마땅히 떠납시다."

일체가 함께 떠났고 이르러 세존의 발에 머리숙여 예경하고 한쪽에 앉았다. 세존께서 거사를 위하여 마음을 따라서 설법하셨으므로 그는 마음의 티끌과 번민을 멀리 벗어나고 여러 법안이 생겨나서 법을 보았고, 법을 얻었으며, 법을 알았고, 법에 믿음이 청정해졌다. 의심을 넘어서 다른 삿됨을 믿지 않았고 다른 삿됨을 따르지 않았으며, 의심을 없애서 초과의 가운데에 머물면서 무외를 얻었다. 자리에서 일어나서 세존의 발에 머리숙여 예경하고 세존께 아뢰어 말하였다.

"대덕이시여. 저는 지금 세존께 귀의하고 법에 귀의하며 승가께 귀의합니다. 제가 불제자임을 증명하여 아십시오. 오늘부터 목숨이 마치도록 삼보에 귀의하겠습니다."

거사는 곧 사자를 보내어 다섯 복덕인을 불러오면서 말하였다.

"세존이신 큰 스승께서 이곳에 계시오. 마땅히 빠른 시간에 오시오."

사자가 이르러 뜻과 일을 갖추어 알렸다. 이 다섯 사람도 역시 이전의 세상에서 세존과 승가에게 공양하였고, 선근을 심었으므로 정견에 가까웠으며, 근기가 예리하였고, 숙업의 인연인 힘을 까닭으로 금생에는 능히 무루지를 얻을 수 있었으며, 선근의 힘에 이끌렸으므로 곧 세존의 처소에 이르러 머리숙여 예경하고 한쪽에 앉았다. 세존께서 이 다섯 사람을 위하여 마음을 따라서 설법하셨으므로 그는 마음의 티끌과 번민을 멀리 벗어나고 여러 법안이 생겨나서 법을 보았고, 법을 얻었으며, 법을 알았고, 법에 믿음이 청정해졌다. 의심을 넘어서 다른 삿됨을 믿지 않았고 다른 삿됨을 따르지 않았으며, 의심을 없애서 초과의 가운데에 머물면서 무외를 얻었다. 자리에서 일어나서 세존의 발에 머리숙여 예경하고 세존께 아뢰어 말하였다.

"저희들은 지금 세존께 귀의하고 법에 귀의하며 승가께 귀의합니다. 제가 불제자임을 증명하여 아십시오. 오늘부터 목숨이 마치도록 삼보에 귀의하겠습니다."

민대 거사는 자리에서 일어나 차수(叉手)하여 합장하고서 세존께 아뢰어 말하였다.

"세존이시여. 원하옵건대 세존과 승가께서는 저의 집에서 묵으십시오."

세존께서 묵연히 받아들이셨고, 세존께서 받아들이신 것을 알고서 세존의 발에 머리숙여 예경하고 떠나갔다. 집에 돌아와서는 방사의 여러 종류의 소유물을 치웠고 물을 뿌려서 깨끗하게 쓸었으며 여러 색깔의 비단의 번을 매달았다. 여러 종류의 좋은 향을 피웠고 여러 종류의 꽃을 펼쳐놓았으며 금·은·파리·감유리로 만든 평상을 각각 1,250개를 펼치면서 이와 같이 사유하였다.

'이 네 가지의 보배 평상을 만약 받지 않더라도 한 사람이 마땅히 하나는 받을 것이다.'

1,250개의 금병에 뜨거운 물을 채워서 준비하였고, 1,250명의 하인을 한 비구에게 주었다. 일체를 준비하고서 사자를 보내어 세존께 아뢰었다.

"오직 성자께서는 때인 것을 아십시오."

세존께서는 포시에 옷을 입고 발우를 지니고서 대중 승가와 함께 거사의 집으로 향하셨다. 1,250명의 사문에게 거사는 1,250명의 하인을 주었으며 한 사람이 비구 한 분을 문의 바깥에서 목욕시켜 드렸고, 거사는 스스로가 세존의 몸을 씻겨드렸다. 한 비구가 목욕을 끝낸 것과 같이 1,250명이 일시에 모두 목욕을 끝내고 세존과 승가는 함께 그 집으로 들어가셨다. 거사는 1,250개의 금 평상을 세존께 받들었으나 세존께서는 받지 않으셨고, 다음으로 은 평상·파리 평상·감유리 평상을 받들었으나 모두 받지 않으셨다.

거사는 다시 깨끗한 평상을 펼치고 흠바라와 여러 색깔의 비단을 엮어서 만든 부드러운 담요를 그 평상 위에 깔았으므로, 세존과 대중 승가는 앉으셨다. 스스로가 씻을 물을 돌렸고 비시장과 함소약을 받들었다. 곧 일어나서 여러 종류의 음식을 함께 준비하였고 또한 금 발우·은 발우·파리 발우·감유리 발우를 각자 1,250개를 갖추고서 이와 같이 사유하였다.

'만약 받지 않더라도 한 사람이 마땅히 하나는 받을 것이다.'

또 금 쟁반·은 쟁반·파리 쟁반·감유리 쟁반을 각각 1,250개 갖추고서 이와 같이 사유하였다.

'만약 받지 않더라도 한 사람이 마땅히 하나는 받을 것이다.'

준비가 끝났으므로 세존께 아뢰었다.

"때에 이르렀습니다."

세존과 대중 승가는 앉으셨고, 스스로가 씻을 물을 돌렸으며, 1,250개의 금 쟁반을 세존께 받들었으나 세존께서는 받지 않으셨고, 다음으로 은 쟁반·파리 쟁반·감유리 쟁반을 각자 1,250개를 받들었으나 모두 받지 않으셨다. 다시 나무 쟁반과 구리 쟁반을 받들었으므로 세존께서는 그것을 받으셨다. 다음으로 1,250개의 금 발우를 세존께 받들었으나 세존께서는 받지 않으셨고, 다음으로 은 발우·파리 발우·감유리 발우를 각자 1,250개를 받들었으나 모두 받지 않으셨다. 세존께서는 여러 비구들에게 말씀하셨다.

"나는 이전에 두 가지의 발우로 만약 철이거나, 만약 질그릇 발우를 허락하였노라. 여덟 종류의 발우를 마땅히 저축하지 말라."

거사는 공양의 보시를 마쳤으므로 스스로가 씻을 물을 돌렸다. 음식을 먹고서 발우를 거두었으므로 작은 평상을 가지고 세존 앞에 앉아서 설법을 듣고자 하면서 다시 세존께 아뢰어 말하였다.

"원하옵건대 세존이시여. 저희 수마국에서 수명을 마치도록 머물러 주십시오. 제가 세존을 위하여 1,250개의 방사와 1,250개의 평상과 의자·이부자리·얽은 와구를 지어서 드리고, 이와 같은 찹쌀밥과 밥에 따른 국을 왕의 처소의 음식처럼 세존과 승가께 공양하겠습니다."

세존께서 말씀하셨다.

"취락의 주인이여. 그대의 청정한 신심에서 나는 이미 만족하였소. 그대 등과 같은 여러 선남자를 마땅히 제도해야 하므로 그대의 청을 오래 받아줄 수 없구려."

세존께서는 거사를 위하여 게송으로 축원하셨다.

만약 천사 속에 있다면
불을 공양함이 최고이고
바라문의 책의 가운데서는

살비제가 최고이며

일체 여러 사람 가운데에서는
전륜성왕이 으뜸이고
일체의 강과 호수는
큰 바다의 깊이가 최고이라네.

여러 별들의 가운데에서
달빛이 최고로 제일이고
일체의 밝음 가운데에서
태양빛이 가장 밝으며
시방의 하늘과 사람 가운데에서
세존의 복전이 최고이라네.

세존께서는 게송을 마치고서 자리에서 일어나서 떠나가셨고, 여러 제자들에게 차례대로 떠나라고 칙명하셨다.

세존께서는 바제성에서 옷과 발우를 지니고 빈사산(頻闍山)으로 유행하셨고, 민대 거사는 세존을 위하였던 까닭으로 500명의 사람과 500마리의 젖소와 500대의 수레에 찹쌀과 왕의 처소의 음식인 밥과 국을 싣고서 하인들에게 말하였다.

"만약 세존께서 취락이 없는 공터에서 묵는 때에 그대들이 500마리에서 소의 우유로 찹쌀 소유죽(蘇乳糜)을 짓고 흑석밀(黑石蜜)과 백석밀을 합하여 세존께 받들도록 하게."

500명은 민대 거사의 말을 받고서 세존께서 취락이 없는 곳에서 묵으셨으므로 500명은 곧 곡식과 우유로 죽을 지어서 세존께 올렸다. 세존께서 말씀하셨다.

"승가에게 그 몫을 나누어 주시오."

승가에게 나누어 주었는데 승가는 받지 않고서 이와 같이 사유하였다.

'이 음식들은 우리에게 일부러 보낸 것이다. 이미 하룻밤이 지났으므로 부정(不淨)하다.'

이 일로써 세존께 아뢰었고, 세존께서는 말씀하셨다.

"비구에게는 두 종류의 청(請)이 있나니, 첫째는 즉일식(卽日食)이고, 둘째는 냉식(冷食)이니라. 만약 하루에 두 종류의 청을 받았다면 마땅히 스스로 하나의 청을 받고 나머지 하나의 청은 다른 사람에게 주도록 하라. 만약 냉청(冷請)을 받았다면 보시하는 것을 따라서 받는데, 받는 것이 청정한 것이 있고 받는 것이 부정한 것이 있다.

'받는 것이 청정하다.'는 다섯 종류의 가다니(佉陀尼)와 다섯 종류의 포사니(蒲闍尼)와 다섯 종류의 사식(似食)을 말한다.

'받는 것이 부정하다.'는 다섯 종류의 보배와 다섯 가지 보배와 비슷한 것을 말한다.

청정한 것을 받는다면 받고서 청정하게 짓고, 부정한 것을 받는다면 '이것은 부정하므로 청정하다면 마땅히 받겠습니다.'라고 말하라."

세존께서는 점차 유행하시어 빈사산(頻闍山)에 이르셨다.

그 빈사산에 한 야차 귀신이 있었고 우탐마(優耽摩)라고 이름하였는데, 이전부터 그 산속에 머물고 있었다. 이 귀신은 세존의 말씀을 믿었으므로 마음이 청정하였는데 사유하였다.

'내가 마땅히 무슨 물건을 세존께 받들어야 하는가? 이 산속에는 포도가 있구나.'

곧 포도를 취하여 세존께 받들었고 세존께서는 말씀하셨다.

"승가에게 그 몫을 나누어 주시오."

야차가 비구들에게 나누어주었는데 비구들이 받지 않으면서 말하였다.

"세존께서는 우리들이 포도를 먹는 것을 허락하시지 않았습니다."

이 일로써 세존께 아뢰었고, 세존께서는 말씀하셨다.

"오늘부터 포도를 먹는 것을 허락하겠노라."

이때 포도가 많아서 배부르게 먹었으나 많이 남았다. 여러 비구들이 어떻게 해야 하는가를 알지 못하였으므로, 세존께 아뢰었다. 세존께서는 말씀하셨다.

"즙으로 마실지니라. 만약 포도를 작정하지 않았거나, 만약 즙을 물로 작정하지 않았다면 마땅히 마시지 말라. 만약 포도를 작정하였더라도 즙을 물로써 작정하지 않았거나, 만약 즙은 작정하였더라도 포도를 작정하지 않았다면 마땅히 마시지 말라. 포도를 작정하였고 즙도 역시 작정하였다면 마시도록 하라."

이때 세존께서 유행하시는데 그 모여드는 사람이 점차 많아졌다. 1,250명의 비구가 있었고, 1,000명의 우바새·500명의 걸식인·500명의 일꾼·500마리의 젖소·500대의 수레가 있었다. 세존께서는 이 대중을 해산시키고자 곧 선정에 들어가셨고 비유하면 장사(士夫)가 팔을 굽혔다 펴는 순간과 같이 빈사산에서 사라져서 만다기니 연못의 언덕 위에 나타나셨다.

언덕 위에는 결발선인(結髮仙人)이 있어 계니야(鷄尼耶)라고 이름하였는데, 이전부터 먼저 그곳에서 머물고 있었다. 세존을 보았으나 일어나지 않았고 또한 문신하지도 않았으며 역시 자리를 양보하지도 않았다. 세존께서도 역시 그 선인에게 말하거나 문신하지도 않으셨다. 세존께서는 곧 만다기니 연못 속에서 발을 씻으셨으며, 곧 언덕 위의 한 나무 아래에 니사단을 펴고 가부좌를 맺으셨다. 그때 이슬비가 내려 땅을 적시고 산들바람이 불어 여러 종류의 꽃을 날려서 땅에 가득히 뿌려놓았으므로 계니야는 사유하였다.

'이슬비가 땅을 적시고 산들바람이 불어서 여러 종류의 꽃을 뿌리는 것은 모두 나의 힘이고 사문 구담의 힘은 아니다.'

이때 밤은 많이 깊어졌고, 이때 4천왕이 무수한 백천의 권속들과 함께 와서 세존을 향하였다. 이때 푸른 옷을 입은 네 귀신이 선인을 향하여 왔고 사방에 서 있었다. 선인이 눈을 떠서 그들을 보고서 물었다.

"그대들은 누구시오?"

여러 귀신들이 말하였다.

"우리는 푸른 옷을 입은 귀신이오."

말하였다.

"무슨 까닭으로 왔소?"

말하였다.

"서로를 수호하고자 하오."

물어 말하였다.

"무슨 까닭으로 수호하는 것이오?"

귀신들이 말하였다.

"오늘 밤이 깊어지면 4대천왕이 마땅히 무수한 백천만의 권속들과 함께 세존의 처소로 찾아올 것이오. 이곳에 혹 귀신이 찾아와서 접촉하여 훼방할 수 있소."

선인이 말하였다.

"사문 구담은 수호하지 않는가?"

대답하여 말하였다.

"그렇소."

선인이 사유하였다.

'이렇게 이슬비가 내리고 산들바람이 불어 꽃을 땅에 뿌렸던 이것은 사문 구담의 힘이고 나의 힘은 아니구나.'

곧 이때에 4대천왕이 무수한 백천의 권속과 함께 후야(後夜)에 와서 세존을 보고서 세존의 발에 머리숙여 예경하고 한쪽에 서 있었다. 세존께서 성스러운 말씀으로 고집멸도의 4제법(諦法)을 말씀하셨고, 두 천왕은 이해하여 도를 얻었으나 다른 두 천왕은 이해하지 못하였다. 세존께서는 나시 두 천왕을 위하여 다미리(馱婆羅)의 언어로 설법하셨다.

"고제[苦諦, 의녕(咿寗)]·습제[習諦, 미녕(彌寗)]·진제[盡諦, 다타타비(多咃陀譬)]·도제[道諦, 타라피지(陀羅辟支)]를 알겠는가?[知耶, 불사타(佛闍陀)] 모든 것이[一切, 살바휴(薩婆休)] 소멸하기를 구하여[滅求, 상사마차(蠰舍摩遮)] 모든 것에서 벗어나라[一切離, 살바타라(薩婆多羅)]. 멀리 벗어나서

[遠離, 비루리다타욕(毘樓利多咃欲)] 어떤[一切, 살바휴(薩婆休)] 악도 짓지 않으면[不作惡也, 비라지파발(鞞羅地波跋)] 고통이 멸하리라.[苦邊盡也, 두걸상투(頭吃想妬)] 이와 같이 설하노라.[如是說也, 열루차제(涅樓遮諦)]"

이 두 천왕 중에서 한 사람은 이해하였고 한 사람은 이해하지 못하였으므로 세존께서 다시 미리차(彌梨車)의 말로 말씀하셨다.

"마사도사나사바살바다라비비제이수안도두각바아지바지(摩舍兜舍那舍婆薩婆多羅毗比諦伊數安兜却婆阿地婆地)."

4천왕이 모두 이해하였다. 가르치셨고 보여주었으며 이익되고 기쁘게 하시었으므로 세존의 발에 예경하고 떠나갔다.

세존께서는 만다기니 연못의 언덕 위에서 옷과 발우를 지니고 아마나국(阿摩那國)으로 향하셨다. 이곳은 결발선인들이 이전부터 머물던 곳이었다. 그 나라에서는 세존을 깊이 존경하고 믿었으므로 이렇게 생각을 지었다.

'마땅히 무슨 물건으로서 세존께 받들어야 하는가?'

다시 이렇게 생각을 지었다.

'옛날의 선인들의 처소에서 받으셨던 것과 같은 물로 청정한 여덟 종류의 상(漿)으로서 마땅히 세존께 받들어야겠다.'

곧 이렇게 여러 많은 장을 준비하였고 가지고 와서 세존께 받들었다. 세존께서는 계니야에게 알리셨다.

"승가에게 그 몫을 나누어 주시오."

곧 여러 비구들에게 주었는데 비구들이 말하였다.

"세존께서 우리들이 여덟 종류의 장을 먹는 것을 허락하시지 않았습니다."

이 일로써 세존께 아뢰었고, 세존께서는 말씀하셨다.

"오늘부터 여덟 종류의 장을 먹는 것을 허락하겠노라. 무엇이 여덟 종류인가? 첫째는 주리장(周梨漿)이고, 둘째는 무리장(茂梨漿)이며, 셋째는 구루장(拘樓漿)이고, 넷째는 사루장(捨樓漿)이며, 다섯째는 설파다장(說波多漿)이고, 여섯째는 파류사장(頗留沙漿)이며, 일곱째는 이장(梨漿)이고,

여덟째는 포도장(葡萄漿)이니, 물로 작정하고 마땅히 마실지니라.”

세존께서 아마나국에서 머무르셨으며 옷과 발우를 지니고 아두구국(阿頭佉國)을 향하여 유행하셨다.

이 나라에는 두 부자(父子)의 비구가 있었는데, 본래는 이발사이었다. 그 아버지인 마하라(摩呵羅)는 세존께서 아마나국에서 유행하시어 아두구국에 이르렀다는 것을 들었다.

‘이 나라의 가운데에는 승가께 공급할 단월도 없고 역시 공양도 없다. 누가 마땅히 세존을 공양할 것인가?’

곧 아들에게 말하였다.

“나는 세존께서 아마나국에서 유행하시고 이곳에 와서 이르고자 하신다고 들었네. 이 나라의 가운데에는 승가께 공급할 단월도 없고 역시 공양도 없네. 그대가 발우를 지니고 성안으로 들어가 참깨·찹쌀·콩·팥 등을 구하여 세존을 공양하게.”

그 아들은 그러한 일에 재주가 능하였으므로 곧 발우를 지니고 성에 들어가 참깨·찹쌀·콩·팥 등을 많이 얻었다. 세존께서 이미 이르셨으므로 이들 부자는 방사를 선택하여 좋은 좌구를 깔고서 여러 종류의 참깨죽·찹쌀죽·콩죽·팥죽 등을 준비하였다. 준비하고서 세존과 승가께 받들었으나, 여러 종류의 죽이 너무 많았으므로 남은 음식을 한 방사 안의 바닥에 버렸다. 세존께서 식후에 경행하셨고 마하라(摩訶羅) 비구도 세존을 따라서 경행하였다. 이곳에 이르러 바닥에 죽이 어지럽게 흩어져 있는 것을 보셨다. 세존께서는 아시면서도 일부러 마하라에게 물으셨다.

“이 많은 죽을 어떻게 얻었는가? 보시한 단월이 있는가?”

대답하여 말하였다.

“없습니다.”

세존께서 말씀하셨다.

“이것은 대중 승가의 물건인가?”

대답하여 말하였다.

"아닙니다."

세존께서 말씀하셨다.

"어디서 얻었는가?"

마하라가 이러한 일로써 갖추어 세존께 아뢰었다. 세존께서는 이러한 인연으로서 승가를 모으셨고, 승가는 모였다. 세존께서 여러 종류의 인연으로 마하라를 꾸짖으셨다.

"어찌 비구라고 이름하면서 자식을 가르쳐 부정한 일을 지었는가?"

세존께서 여러 종류의 인연으로 꾸짖으셨으며, 여러 비구들에게 말씀하셨다.

"오늘부터 5부대중(部大衆)은 서로를 가르쳐서 부정한 일을 짓지 말라. 만약 가르친다면 돌길라죄를 얻느니라. 오늘부터 출가 이전의 기술자였던 때의 여러 도구들을 저축하면 아니된다. 만약 저축한다면 죄를 얻느니라. 만약 이전에 재단사이었던 비구가 침통(針筒)을 저축하였다면 죄가 범하지 않는다. 이전에 학자(書人)이었던 비구가 필통(筆筒)을 저축하여도 죄가 되지 않고, 이전에 유기장이었던 비구가 송곳을 저축하여도 죄가 되지 않느니라."

세존께서는 아두구국에서 옷과 발우를 지니고 파바국(波婆國)을 향하여 유행하셨다.

이 나라의 가운데에서 여러 호족(豪族)들은 세존께서 나라에 들어오시면 일체가 마땅히 1유연(由延)에서 맞이하기로 약속하였다. 만약 맞이하지 않는다면 500금전으로 벌하기로 약속하였으므로 세존께서 오신다는 것을 듣고 맞이하고자 나왔다. 한 귀족이 있었고 노지(盧芝)라고 이름하였는데, 제일의 장사(力士)였고, 이 자는 아난의 오랜 지식이었다. 그 사람은 세존께 믿음이 없었으나 아난은 멀리서 노지가 오는 것을 보고 그에게 말하였다.

"그대가 와서 세존을 환영하니 매우 옳네."

노지가 말하였다.

"나는 세존을 믿어서 맞이한 것이 아니라네. 나는 친족의 법을 따른 까닭이네."

아난이 말하였다.

"무슨 법이 있는가?"

대답하여 말하였다.

"우리 친족들이 이전에 약속을 지었네. '세존께서 나라에 들어오시면 일체가 마땅히 1유연에서 맞이합시다. 만약 맞이하지 않는다면 500금전으로 벌합시다.' 아난이여. 나는 500금전이 아까운 것이 아니고, 친족 간에 화목하지 않는 것이 염려되었으며, 이러한 까닭으로써 온 것이라네."

아난은 손을 잡아끌고서 세존의 처소에 이르러 세존의 발에 머리숙여 예경하고 한쪽에 섰다. 아난은 세존께 아뢰어 말하였다.

"이 노지는 저의 오랜 지식으로 특별히 서로가 친하였으나 세존을 믿지 않습니다. 원하옵건대 세존께서 설법하시어 그를 깨우치고 이해시켜 주십시오."

이때 세존께서는 자비심으로 그를 감복(感覆)시켰으므로 곧 (세존을) 믿었고 (법을) 깨달았다. 거듭하여 그를 위하여 설법하시어 가르치셨고 보여주셨으며 이익되고 기쁘게 하셨고, 보여주시고 가르치셨으며 이익되고 기쁘게 하시고서 묵연하셨다. 세존께 예경하고 밖으로 나와 본래의 자리에 앉았다. 여러 사람들이 떠나고 오래지 않아서 이때 세존께서는 자리에서 일어나 스스로의 방으로 향하셨고 노지는 송아지가 그 어미를 따라가는 것과 세존을 따라갔다. 세존께서는 방에 들어가 앉으셨고 노지는 세존의 발에 예경하고 한쪽에 앉았다. 세존께서는 노지를 위하여 다시 설법하시어 가르치셨고 보여주셨으며 이익되고 기쁘게 하셨다. 곧 자리에서 일어나서 세존께 예경하고 떠나가면서 사유하였다.

"내가 무슨 물건을 가지고 세존을 받들어야 하는가?"

곧 여러 전병을 받들었고, 세존께서는 말씀하셨다.

"승가에게 그 몫을 나누어 주시오."

노지가 곧 비구들에게 주었는데 여러 비구들은 받지 않으면서 말하였다.

"세존께서는 우리들이 전병을 먹는 것을 허락하시지 않았습니다."

이 일로써 세존께 아뢰었고, 세존께서는 말씀하셨다.

"오늘부터 전병을 먹는 것을 허락하겠노라. 무엇이 전병인가? 만약 밀전병이거나, 만약 보리전병이거나, 만약 콩전병·각루병(刻鏤餠)·중화병(重華餠) 등이다. 이와 같은 종류의 청정한 전병이 있다면 일체를 먹는 것을 허락하겠노라."

세존께서 파바국을 따라서 머무셨으며 옷과 발우를 지니고 유행하여 사위국에 이르셨다.

여러 비구들이 걸식하면서 달고 맛있는 반찬·우유·낙(酪)·소(酥)·기름·생선·육포 등을 얻었으나, 여러 비구들은 받지 않고서 사유하였다.

'걸식하면서 좋은 음식을 먹는다면 혹은 죄에 떨어질 것이다.'

이 일로써 세존께 아뢰었고, 세존께서는 말씀하셨다.

"만약 스스로가 구걸하지 않았는데 단월이 스스로 보시했다면 마땅히 받을지니라. 오늘부터 승가가 네 종류의 약을 복용하는 것을 허락하겠노라. 무엇이 네 종류의 약인가? 첫째는 시약(時藥)이고, 둘째는 시분약(時分藥)이며, 셋째는 칠일약(七日藥)이고, 넷째는 진형약(盡形藥)이니라.

'시약'은 다섯 종류의 가다니(佉陀尼)·다섯 종류의 포사니(蒲闍尼)·다섯 종류의 사식(似食)이다. 무엇이 다섯 종류의 가다니인가? 첫째는 뿌리의 음식이고, 둘째는 줄기의 음식이며, 셋째는 잎의 음식이고, 넷째는 갈은 음식(磨食)이며, 다섯째는 과일 음식이다.

무엇이 뿌리 음식인가? 토란 뿌리·하국 뿌리·연 뿌리·무우 뿌리·무청 뿌리 등이니, 이와 같은 여러 종류의 뿌리는 먹을 수 있다. 무엇이 줄기 음식인가? 무우 줄기·곡리(穀梨) 줄기·라륵(羅勒)[13] 줄기·가람(柯藍) 줄기 등이니, 이러한 여러 종류가 줄기의 가다니이다. 무엇이 잎의 음식인가? 무우 청·곡리 잎·라륵 잎·가람 잎 등이고, 이와 같은 여러 가지 잎사귀는 먹을 수 있나니, 이것이 잎의 가다니이다. 무엇이 갈은(磨) 음식인가?

---

13) 난향(蘭香)이라고 불리며, 꿀풀과 식물인 나륵의 전초를 말린 것이다. 혈액순환을 촉진시키고 해독(解毒)하는 효능이 있다.

쌀·보리·밀 등이니, 이와 같은 여러 가지가 같은 가다니이다. 무엇이 과일 음식인가? 암라(菴羅)[14] 열매·염부(閻浮)[15] 열매·파라살(波羅薩) 열매·진두가(鎭頭佉) 열매·나리기라(那梨耆羅) 열매 등이니, 이와 같은 여러 가지가 과일 가다니이다.

무엇이 다섯 종류의 포사니의 음식인가? 첫째는 밥(飯)이고, 둘째는 미숫가루(糗)이며, 셋째는 말린 밥(糒)이고, 넷째가 생선(魚)이며, 다섯째가 고기(肉)이니, 이와 같은 다섯 조류가 포사니의 음식이다.

무엇이 다섯 종류의 사식(似食)인가? 싸라기(糜)·조(粟)·광맥(穬麥)[16]·유자(莠子)·가사(迦師)[17] 등이니, 이와 같은 여러 종류를 사식이라고 이름한다. 아직 음료수와 즙으로 짜내지 않은 것을 시약(時藥)이라고 이름한다.

'시분약(時分藥)'은 만약 깨끗하게 거른 음료수와 즙이라면 시분약이라고 이름한다.

'칠일약(七日藥)'은 만약 소이거나, 기름·꿀·석밀 등이니, 이것을 칠일약이라고 이름한다.

'진형약'은 다섯 종류의 뿌리약이니, 무엇이 그 다섯 종류인가? 첫째는 사리(舍利)이고, 둘째가 생강(薑)이며, 셋째가 부자(附子)[18]이고, 넷째가 파제비사(波提毘沙)이고, 다섯째가 창포의 뿌리(菖蒲根) 등이니, 이러한 약들은 비구가 수명을 마칠 때까지 방에 놓아두어도 무죄이다.

'다섯 종류의 과약(果藥)'은 하리륵(呵利勒)[19]·비혜륵(毘醯勒)[20]·아마륵(阿摩勒)[21]·호추(胡椒)[22]·필요라(蓽芺羅)이니, 이러한 약들은 비구가 수명

---

14) 산스크리트어 āmra의 음사로서 망고(Mango) 나무를 가리킨다.

15) 산스크리트어 jambu의 음사로서 인도에 널리 분포되어 있는 낙엽 교목을 가리킨다.

16) 볏과의 한해살이풀 또는 두해살이풀로서 보리를 가리킨다.

17) 소맥(小麥) 또는 부소맥(浮小麥)이라고도 부르며 밀을 가리킨다.

18) 오두는 미나리아재비과에 속하는 다년생 초본식물로, 봄에 채취한 것은 오두, 자근(子根)이 형성된 9월에 채취하는 것은 부자라고 이름한다.

19) 산스크리트어 harītakī의 음사로서 인도의 고원지역에서 자라는 낙엽 교목을 가리킨다.

20) 산스크리트어 vibhītaka의 음사로서 모양이 복숭아와 비슷한 검은색의 과일이다.

을 마칠 때까지 방에 보관할 수 있다.

'다섯 종류의 소금'은 검은 소금·보라색 소금·빨간 소금·땅에서 캔 소금·흰 소금이니, 수명을 마칠 때까지 방에 보관할 수 있다.

다섯 종류의 수교약(樹膠藥)[23]이 있다. 흥거살사(興渠薩闍)·나차제야(羅茶帝夜)·제야(帝夜)·파라제야(波羅帝夜)·반나(槃那)이니, 수명을 마칠 때까지 방에 보관할 수 있다.

'다섯 종류의 탕약'은 뿌리 탕(根湯)·줄기 탕(莖湯)·잎 탕(葉湯)·꽃 탕(華湯)·열매 탕(果湯)이니, 수명을 마칠 때까지 방에 보관할 수 있다.

이 네 가지 약인 시약·시분약·칠일약·진형약 등을 만약 그날에 시약·시분약·칠일약·진형약 등과 받았고, 만약 한곳에 섞어두었다면 이러한 약은 때에 복용할 것이고, 때가 아닌 때에 복용해서는 아니되는데, 시약의 힘(力)의 까닭이다. 만약 그날에 시약·시분약·칠일약·진형약을 받았고, 이러한 약들을 한곳에 섞어두었다면 이러한 약들은 마땅히 정해진 시간까지 복용하고 정해진 시간이 지나면 마땅히 복용해서는 아니되는데, 시분약의 힘의 까닭이다. 만약 그날에 칠일약·진형약을 받았고, 이러한 약들을 한곳에 섞어두었다면 7일 안에 복용해야 하고 7일이 지나면 복용해서는 아니되는데, 칠일약의 힘의 까닭이다. 진형약이라면 뜻에 따라서 복용할 수 있다.

만약 그날에 부정(不淨)한 시약을 받았고, 시약·시분약·칠일약·진형약을 받은 때에 한곳에 섞어두었다면 마땅히 복용해서는 아니된다. 그날에 부정한 시분약을 받았고, 칠일약과 진형약을 받아서 한곳에 섞어두었다면 마땅히 복용해서는 아니된다. 그날에 부정한 칠일약을 받았고 진형약을 받아서 한 곳에 섞어두었다면 마땅히 복용해서는 아니된다."

---

21) 산스크리트어 amala의 음사로서 아말라(阿末羅)·아마라(阿摩羅)라 번역된다. 높고 큰 낙엽수로 껍질은 벗기기 쉬우며 예전에는 약으로 썼고 근래에는 염료(染料) 또는 유피(柔皮)를 만드는 데 사용한다.

22) 조미료인 후추를 가리킨다.

23) 수교는 나무의 끊은 자리나 껍질에서 나오는 아교(阿膠) 같은 진액을 가리키므로 수교약은 이와 같은 나무의 진액으로 만든 약이다.

장로 우바리가 세존께 물었다.

"이러한 세 종류의 약인 시분약·칠일약·진형약 등의 약을 몸에 지니고 밤을 지났어도 입에 넣을 수 있습니까?"

세존께서 말씀하셨다.

"넣을 수 없느니라."

"이러한 세 종류의 약을 악하게 집어서 입으로 넣을 수 있습니까?"

세존께서 말씀하셨다.

"넣을 수 없느니라. 이러한 세 종류의 약은 손으로 집어서 입에 넣어야 하느니라."

"병이 없어도 복용할 수 있습니까?"

세존께서 말씀하셨다.

"복용할 수 없느니라. 이러한 세 종류의 약은 손으로 집어서 입에 넣어야 하느니라."

"병이 있으면 복용할 수 있습니까?"

세존께서 말씀하셨다.

"복용할 수 있느니라." [칠법의 가운데에서 여섯 번째인 '의약법(醫藥法)'을 마친다.]

십송율 제27권

후진 북인도 삼장 불야다라 한역

석보운 번역

4. 사송 ⑦

8) 칠법 ⑦

(7) 의법(衣法) ①

세존께서는 왕사성에 머무르셨다.
다섯 비구가 세존께 아뢰었다.
"마땅히 무슨 옷 등을 입어야 합니까?"
세존께서 말씀하셨다.
"마땅히 반수의(槃藪衣)[1]를 입어야 하느니라."

세존께서는 왕사성에 머무르셨다.
불신(佛身)이 차갑고 습하여 설사약(下藥)의 복용이 필요하였으므로 세존께서 아난에게 알리셨다.
"나의 몸이 차갑고 습하니 이러한 일을 그대가 스스로 알게."
아난이 가르침을 받고서 기바(耆婆) 약사의 처소로 갔으며 기바에게

1) 반수(槃藪)는 산스크리트어 pāṃsu의 음사로서 진토(塵土)·분소(糞掃)라고 번역된다. 버린 헌 옷이나 베 조각들을 꿰매서 지은 옷을 말한다.

말하였다.

"불신이 차갑고 습하여 설사약의 복용이 필요합니다. 이러한 일을 그대가 스스로 아십시오."

기바가 말하였다.

"장로께서는 돌아가십시오. 제가 뒤를 따라서 가겠습니다."

기바는 사유하였다.

'세존의 덕을 존중하여 다른 사람의 치료법과 같이 나무약이거나, 쓴 약은 마땅하지 않다. 마땅히 청련화(靑蓮花)를 취하고 설사약의 풀로서 그것을 가지고 달여서 세존께 받들어야겠다.'

곧 청련화를 취하여 설사약을 지었고, 가지고 세존의 처소로 나아가서 세존의 발에 머리숙여 예경하고 세존께 아뢰어 말하였다.

"이것은 우발라화(優鉢羅華)로서 달인 설사약입니다. 이 약으로서 불신을 다스릴 수 있으니, 원하옵건대 세존께서는 이것을 받아주십시오. 이 약은 냄새를 한 번을 맡으신다면 열 번을 설사할 것이고, 두 번을 맡으신다면 스무 번을 설사할 것이며, 세 번을 맡으신다면 서른 번을 설사하실 것입니다."

세존께서는 받으시고 묵연하셨고, 기바는 돌아가고자 하였으므로 아난에게 간병하는 절도(節度)를 갖추어 가르치고서 떠나갔다. 세존께서는 그 약으로 한 번을 맡으시자 열 번을 설사하셨고, 두 번을 맡으시자 스무 번을 설사하셨으며, 세 번을 맡으시자 스물아홉 번을 설사하셨다. 기바는 그 숫자를 분명히 알 수 있는 때에 다시 왔고 세존을 올려다보며 문신하였다.

"세존이시여. 몇 번을 설사하셨습니까?"

세존께서 말씀하셨다

"그대가 주었던 약을 냄새 맡고서 스물아홉 번을 설사하였네."

기바가 세존의 병이 완전히 낫지 않은 것을 알고서 세존께 아뢰어 말하였다.

"따뜻한 물을 약간 드셔야 합니다."

더운물을 마시고서 다시 한 번을 설사하셨고 이와 같이 순조롭게 서른 번의 설사를 채우셨다. 기바는 집에 돌아가 병에 따르는 약·음식·밥·국·죽과 상가라약(嘗伽羅藥)을 준비하여 필요한 것을 세존께 받들었고, 기거는 가볍고 편리하시며 다시 병의 고통이 없게 하였다. 세존께서 기력을 회복하여 다시 본래의 안색이 회복되었으므로 기바는 백천 가치(價値)의 심마근의(深摩根衣)를 가지고 세존께 받들고자 하였으므로 세존의 발에 머리숙여 예경하고 한쪽에 서서 세존께 아뢰어 말하였다.

"제가 치료한 국왕이나 대신들은 모두 저의 소원을 들어주었습니다. 오늘 세존을 치료하였으니 원하옵건대 세존께서도 저의 소원을 하나 들어주십시오."

세존께서 기바에게 말씀하셨다.

"아무리 다타아가도아라하삼먁삼불타라도 지나친 여러 발원은 들어줄 수 없소."

세존께 아뢰어 말하였다.

"저에게 들어줄 수 있는 발원입니다."

세존께서 기바에게 알리셨다.

"그대는 무슨 소원을 구하시오?"

기바가 말하였다.

"대덕이시여. 이 심마근의는 백천의 가치입니다. 애민하게 생각하는 까닭으로 원하옵건대 세존께서는 받아서 입으십시오."

세존께서는 묵연히 받아들이셨다. 세존께서 묵연히 받아들이신 것을 알고서 곧 백천 가치의 심마근의를 세존께 받들었으며 세존의 발에 머리숙여 예경하고 떠나갔다. 세존께서는 이 일로써 승가를 모으셨고, 승가는 모였다. 세존께서 여러 비구들에게 말씀하셨다.

"오늘 기바는 나에게 백천 가치의 심마근의를 주었느니라. 오늘부터 만약 비구에게 이와 같은 옷을 보시하였고 얻었다면 뜻을 따라서 취하여 입는 것을 허락하겠노라. 오늘부터 비구가 반수의를 입고자 한다면 입는 것을 허락하겠으며, 거사가 보시한 옷을 입고자 하더라도 이것을 허락하겠노라."

세존께서는 왕사성에 머무르셨다.

이때 병사왕(洴沙王)이 코끼리 수레를 타고 이른 아침에 왕사성을 나와 세존을 보고자 하였고, 왕은 세존을 믿고 공경하였다. 이때 외도인 범지(梵志)가 길을 왔는데 왕이 멀리서 보고서 이 자는 사문이라고 생각하였고, 곧 마부에게 칙명하여 코끼리를 세웠으며 수레에서 내려서 예배하고자 하였다. 대신이 왕에게 물었다.

"무엇을 하시고자 하십니까?"

왕이 말하였다.

"오는 비구에게 예배하고자 하오."

대신이 대왕에게 말하였다.

"이 자는 세존의 제자가 아니고 외도인 범지입니다."

왕은 부끄러웠으므로 왕은 마부에게 물었다.

"지금 세존을 보고자 가는데 어디까지 수레를 타고 갈 수가 있고, 어디에 이르면 수레에서 내려야 하는가?"

마부가 갖추어 대답하였다. 이르렀으며 세존의 발에 머리숙여 예경하고 한쪽에 앉아서 세존께 아뢰어 말하였다.

"세존이시여. 원하옵건대 승가의 옷과 외도와 달라서 구별하게 해 주십시오."

세존께서 대왕에게 알리셨다.

"무슨 까닭으로 옷을 다르게 짓고자 합니까?"

왕이 이 일로써 갖추어 세존께 아뢰었다. 세존께서는 왕을 위하여 설법하고 보여주셨고 가르치셨으며 이익되고 기쁘게 하셨고, 세존께 예경하고 떠나갔다. 이때 아난은 세존을 모시면서 뒤쪽에 서서 부채를 들고 세존을 부쳐드리고 있었다. 세존께서는 아난을 돌아보시고 말씀하셨다.

"나는 남산(南山)의 국토를 유행하고자 하네."

아난은 칙명을 받들어 세존을 따랐다. 이미 남산의 국토에 이르렀고 때에 이르렀으므로 걸식하였고 걸식을 먹고서 한 나무의 아래로 가시어 니사단을 펴고 가부좌를 맺으셨다. 이때 근처의 산에 좋은 벼의 논이 있었는데 그 두렁이 가지런하였다. 세존께서 아난에게 말씀하셨다.

"그대는 저 논두렁이 가지런한 것이 보이는가?"

대답하여 말하였다.

"보입니다."

세존께서 아난에게 알리셨다.

"그대가 이 심마근의로 능히 이 논의 모양을 본떠서 옷을 지을 수 있겠는가?"

아난이 말하였다.

"할 수 있습니다."

곧 옷으로써 아난에게 주셨고, 아난이 받고 잠시 물러가서 곧 할절(割截)하여 바늘로 꿰매는 가운데에서 등쪽에 의엽(衣葉)을 양쪽으로 향하게 하였고, 거두어 접었으며, 늘어뜨리고서 돌아와서 세존께 받들었다. 세존께서 찬탄하셨다.

"옳도다. 옳도다. 이 옷을 할절하여 이와 같이 지어야 마땅한 법이니라."

세존께서는 남산의 국토에서 옷과 발우를 지니고 왕사성으로 향하셨다. 이미 이르셨으므로 이 인연으로서 승가를 모으셨고, 승가는 모였다. 세존께서 여러 비구들에게 말씀하셨다.

"오늘부터 할절의(割截衣)를 입는 것을 허락하겠노라. 할절의를 입지 않고 취락에 들어가서는 아니된다. 만약 들어간다면 돌길라죄를 얻느니라."

세존께서 여러 거사가 보시하는 옷을 입는 것을 허락하셨으므로, 믿음이 있는 여러 거사와 바라문들이 흠바라(欽婆羅)·구집(拘執)·여러 색깔의 모직물 등을 승가에게 많이 보시하였고, 여러 비구들이 많은 옷을 저축하였다. 세존께서 여러 비구들이 많은 옷을 저축한 것을 아셨고, 옷이 많으면 수행에 방해가 되었으므로 제한을 지으시고자 아난에게 알려 말씀하셨다.

"나는 유야리국(維耶離國)으로 향하여 유행하고자 하네."

아난이 칙명을 받들어 따랐고 이미 이르렀는데, 때마침 겨울철을 만났다. 8일 밤에 차가운 바람이 대나무를 부러뜨렸는데, 세존께서는 이때 할절의 한 벌을 입고서 초야(初夜)에 공터에서 경행하셨다. 초야가 지나고 중야(中夜)가 다가오자 불신이 차가웠으므로 아난에게 말씀하셨다.

"제2의 할절의를 가져오게."

아난이 곧 법의를 취하여 세존께 드렸다. 세존께서는 취하여 입으셨고 중야에 공터에서 경행하셨다. 중야가 지나서 후야(後夜)가 다가오자 불신이 차가웠으므로 아난에게 말씀하셨다.

"제3의 할절의를 가져오게."

아난은 곧 옷을 드렸다. 세존께서는 옷을 취하여 입으시고 공터에서 경행하셨으며, 세존께서는 사유하셨다.

'여러 비구들도 이러한 옷이라면 만족할 것이다.'

이 밤이 지나고서 세존께서 이 인연으로서 승가를 모으셨다. 승가가 모였으므로 여러 비구들에게 알리셨다.

"지금부터 삼의(三衣)를 허락하겠노라. 마땅히 적어서도 아니되고, 마땅히 많아서도 아니된다. 만약 적게 저축한다면 돌길라죄를 얻고, 만약 많이 저축한다면 니살기바일제죄를 얻느니라."

한 비구에게 분소의(糞掃衣)가 있었다.

그 비구는 '할절의가 아닌 옷을 입고 취락에 들어가서는 아니된다.'고 세존께서 계율을 제정하셨다는 것을 듣고서 사유하였다.

'내가 입고 있는 분소의는 찢어졌다. 나는 마땅히 천 조각을 덧대어 구엽난(鉤葉欄)을 지어서 가장자리를 수선해야겠다.'

곧 바늘과 실을 가지고 기원정사의 문의 근처에서 그 분소의에 옷감으로 수선하여 마땅히 할절의로 사용하고자 하였다. 세존께서는 시자(侍者)인 아난과 공양을 마치고 경행하면서 그곳에 이르러서 그것을 보셨다. 세존께서는 아시면서도 일부러 물으셨다.

"그대는 무엇을 짓고자 하는가?"

대답하여 말하였다.

"세존께서는 할절의를 입지 않았다면 취락에 들어가지 말라고 저희들에게 계율을 제정하셨습니다. 저는 분소의가 있으나 찢어졌으므로 옷감을 덧대고 수선하여 마땅히 할절의로 삼고자 합니다."

세존께서 말씀하셨다.

"비구여. 옳도다. 분소의를 옷감으로 수선하였다면 마땅히 할절의로 사용할 수 있느니라. 지금부터 네 종류의 분소의를 저축하는 것을 허락하겠노라. 무엇이 네 종류인가? 첫째가 총간의(塚間衣)이고, 둘째가 출래의(出來衣)이며, 셋째가 무주의(無主衣)이고, 넷째가 토의(土衣)이니라.

무엇이 총간의인가? 시체를 쌌던 옷이 있었고 무덤가에 버렸다면 이것이 총간의이다. 무엇이 출래의인가? 시체를 쌌던 옷이 있었는데, 가져와서 비구에게 보시하면 이것이 출래의이다. 무엇이 무주의인가? 만약 취락이거나, 만약 공터의 옷이 만약 남자이거나, 만약 여자이거나, 만약 황문(黃門)이거나, 만약 이근인(二根人) 등에 귀속되지 않았다면 이것이 무주의이다. 무엇이 토의인가? 골목 안에 있거나, 만약 무덤에 있거나, 만약 쓰레기 속에 버려진 낡은 옷이 있다면 이것이 토의이다.

만약 비구가 무덤가에서 새 옷을 얻었다면 승가리는 마땅히 두 겹으로 지을 것이고, 울다라승은 한 겹으로 지을 것이며, 안타회는 한 겹으로 지을 것이고, 니사단은 두 겹으로 지으라. 다시 다음으로 승가리를 세 겹으로 짓고 니사단을 세 겹으로 짓고자 하였는데, 만약 비구가 무덤가에서 낡은 옷을 얻었다면, 마땅히 네 겹으로 승가리를 지을 것이고, 울다라승은 두 겹으로 지을 것이며, 안타회는 두 겹으로 지을 것이고, 니사단은 네 겹으로 지으라. 출래의와 무주의도 역시 이와 같이 같다. 토의는 뜻을 따라서 겹 수를 짓는 것을 허락하겠노라."

세존께서 사위국에 머무르셨다.

마가라모(摩伽羅母)가 있었고 비사거(毘舍佉)라고 이름하였다. 세존의 처소에 나아가서 세존의 발에 머리숙여 예경하고 물러나서 한쪽에 앉았다. 세존께서는 여러 종류의 인연으로서 보여주셨고 가르치셨으며 이익되고 기쁘게 하시고서 묵연하셨다. 비사거는 세존께서 설법하시어 보여주셨고 가르치셨으며 이익되고 기쁘게 하시고 묵연하신 것을 알고서 자리에서 일어나 옷깃을 한쪽으로 드러내고 합장하고 세존께 아뢰어 말하였다.

"세존이시여. 원하옵건대 세존과 승가께서는 내일 저의 청을 받아주십시오."

세존께서는 묵연히 받아들이셨다. 세존께서 묵연히 받아들이신 것을 알고서 세존의 발에 머리숙여 예경하고 오른쪽으로 돌면서 떠나갔다. 집으로 돌아와서 밤새워 여러 종류의 맛있는 음식을 많이 준비하였다. 세존께서는 이날의 밤에 아난과 함께 노지(露地)를 유행하셨는데, 세존께서 성수(星宿)의 모습을 보시고 아난에게 말씀하셨다.

"만약 지금 사람이 있어 성수의 모습을 아는 자에게 '어느 때에 비가 오는가?'라고 묻는다면 그는 반드시 7년 뒤에 마땅히 비가 온다고 말할 것이다."

세존께서 아난에게 말씀하셨다.

"초야(初夜)가 지나고 중야(中夜)에 이르면 이 성수의 모습은 없어지고 다시 다른 모습이 나타나 있을 것이다. 만약 그때에 사람이 있어 성수의 모습을 아는 자에게 '어느 때에 비가 오는가?'라고 묻는다면 그는 반드시 7개월 뒤에 마땅히 비가 온다고 말할 것이다."

또한 아난에게 말씀하셨다.

"중야가 지나고 후야(後夜)에 이르면 이 성수의 모습은 없어지고 다시 다른 모습이 나타나 있을 것이다. 만약 그때에 사람이 있어 성수의 모습을 아는 자에게 '어느 때에 비가 오는가?'라고 묻는다면 그는 반드시 7일 뒤에 마땅히 비가 온다고 말할 것이다."

이 밤이 지나고 땅이 명료한 때에 동쪽에 구름이 있어서 나타났는데, 모습이 둥근 그릇과 같이 공중에 가득하였다. 이 구름은 능히 큰 비를 지어서 여러 도랑과 구덩이를 채울 수 있었다. 이때 세존께서 아난에게 말씀하셨다.

“여러 비구들에게 말하게. ‘이 그릇과 같은 구름의 비는 공덕이 있어 능히 병을 없앨 수 있습니다. 만약 여러 비구께서 목욕하고자 한다면 마땅히 노지에 서서 씻도록 하십시오.’”

아난은 세존의 가르침을 받들어 여러 비구들에게 말하였다.

“이 그릇과 같은 구름의 비는 공덕이 있어 병을 없앨 수 있습니다. 만약 여러 비구께서 목욕하고자 한다면 마땅히 노지에 서서 씻는 것을 허락하셨습니다.”

이때 여러 비구들은 뜻을 따라서 노지에서 서서 목욕하였다. 이때 녹자모비사거는 음식을 준비하였고 일찍 일어나서 자리를 펼쳤으며 여노비를 보내 세존께 아뢰었다.

“때에 이르렀고, 음식이 이미 준비되었습니다. 세존께서는 스스로가 때인 것을 아십시오.”

여노비가 가르침을 받고 기원에 나아가서 여러 비구들을 찾았지만 보지 못하였고 문의 구멍과 틈새로 보았는데 벌거벗은 모습으로 노지에서 목욕하는 것을 보았다. 보고서 마음이 즐겁지 않아서 이렇게 생각을 시었다.

‘이 가운데에 비구들은 전혀 없고, 모두 나형외도(裸形外道)이며, 부끄러움을 모르는 사람들이구나.’

이렇게 생각을 짓고 곧 돌아가서 대가(大家)에게 말하였다.

“기타림(祇陀林)의 가운데에 비구는 한 사람도 없고 모두 나형외도입니다.”

이 비사거모(毘舍佉母)는 지혜와 근기가 예리하였으므로 ‘오늘 비가 내리자 여러 비구들이 반드시 노지에서 나형으로 목욕한 것이 분명하다. 이 여노비는 어리석고 아는 것이 없는 까닭으로 기원에 비구는 한 사람도 없고 모두 나형외도라고 이렇게 말하는 것이다.’라고 알았다. 곧 다시 다른 여노비를 불렀고 기원으로 나아가서 문을 두드리고 소리를 지어서 말을 아뢰게 하였다.

“때에 이르렀고, 음식이 이미 준비되었습니다.”

곧 가르침을 받고 기림(祈林)으로 나아가서 문을 두드리고 소리를 지어서 아뢰어 말하게 하였다.

“때에 이르렀고, 음식이 이미 준비되었습니다.”

곧 가르침을 받고서 떠나갔고 기림에 나아가서 문을 두드리고 소리를 지었다.

“때에 이르렀고, 음식이 이미 준비되었습니다. 세존께서는 스스로가 때인 것을 아십시오.”

그때 세존께서는 대중들과 함께 옷을 입고 발우를 지니고서, 대중 승가가 세존을 위요(圍繞)하여 함께 그녀의 집으로 나아갔다. 세존께서 승가의 가운데 앉으셨고 비사거모는 스스로가 물을 돌렸고 스스로가 손으로 맛있는 음식을 많이 주었다. 음식을 먹었으므로 스스로가 손으로 물을 돌렸고, 발우를 거둔 것을 알고서 작은 평상을 가지고 세존의 앞에 앉아서 설법을 들었으며 세존께 아뢰어 말하였다.

“세존이시여. 저는 발원을 청하옵니다.”

세존께서 말씀하셨다.

“모든 다타아가도아라하삼먁삼불타라도 그대의 지나친 발원은 받아줄 수 없습니다.”

비사거모가 말하였다.

“제가 얻을 수 있는 발원입니다.”

세존께서 말씀하셨다.

“그대가 얻을 수 있는 원이라면 그대는 무슨 원을 얻고자 합니까?”

비사거모가 말하였다.

“(첫째는) 제가 비구 승가께 우욕의(雨浴衣)를 주는 것이고, (둘째는) 비구니 승가께 수욕의(水浴衣)를 주는 것이며, (셋째는) 객비구가 오시면 제가 음식을 주는 것이고, (넷째는) 먼 길을 떠나는 비구께 제가 음식을 주는 것이며, (다섯째는) 병든 비구께 제가 음식을 주는 것이고, (여섯째는) 간병하는 비구께 제가 음식을 주는 것이며, (일곱째는) 제가 항상 비구 승가께 죽을 주는 것이고, (여덟째는) 지식이 많거나, 지식이 적거나, 비구들께 제가 병에 인연하여 탕약 및 필요한 물건을 주는 것입니다."

세존께서 말씀하셨다.

"그대는 무슨 인연을 보았던 까닭으로 비구 승가에게 우욕의를 주고자 하는가?"

대답하여 말하였다.

"대덕이시여. 제가 오늘 일찍 일어나서 자리를 펴고 여노비를 보냈고 기림에 나아가서 세존께 때에 이르렀음을 아뢰게 하였습니다. 여노비가 이르러 문틈으로 여러 비구들이 노지에서 빗속에 나형으로 목욕하는 것을 보았고 여노비가 돌아와서 말하였습니다. '기림의 가운데에 비구는 한 사람도 없고 다만 부끄러움을 모르는 여러 외도들이 있습니다.' 대덕이시여. 비구들이 나형으로 세존의 앞에, 화상과 아사리와 일체의 상좌들 앞에 있게 된다면 곧 부끄러움이 없을 것입니다. 이러한 까닭으로 비구 승가에게 우욕의를 준다면 입고서 스스로 노지에 있으면서 빗속에 목욕하게 하고자 합니다."

"비사거여. 그대는 무슨 인연을 보았던 까닭으로 비구니 승가에게 수욕의를 주고지 하는가?"

대답하여 말하였다.

"대덕이시여. 제가 한때에 여러 거사의 부인들과 함께 아기라강에 이르러 목욕하였습니다. 이때 여러 비구니들도 역시 강에 들어가 나형으로 목욕하였습니다. 여러 거사 부인들이 보고 마음이 기쁘지 않아서 꾸짖어 말하였습니다. '이 무리들은 복덕이 적고 불길하다. 거친 피부에 배는 튀어나오고 유방도 늘어졌는데, 범행(梵行)을 배워도 무슨 소용이 있겠는가?' 대덕이시여. 여인의 나형은 추악합니다. 이러한 까닭으로 제가 욕의를 주고자 합니다."

"비사거여. 그대는 무슨 인연을 보았던 까닭으로 객비구가 왔다면 음식을 주고자 하는가?"

대답하여 말하였다.

"대덕이시여. 객비구가 왔다면 무슨 곳인가를 알지 못하고, 어디를 떠나가야 하며, 어디를 떠나가지 않아야 하는가를 알지 못하고, 도로에 매우 피곤하여도 쉴 수 없습니다. 이러한 까닭으로 제가 음식을 주고자 합니다."

"비사거여. 그대는 무슨 인연을 보았던 까닭으로 먼 길을 떠나는 비구에게 음식을 주고자 하는가?"

대답하여 말하였다.

"대덕이시여. 먼 길을 떠나는 비구는 만약 음식을 기다리는 때이거나, 만약 걸식을 행한다면 곧 동반자들을 버리고 떠나면서 혹 밤중에 험한 길로 들어가기도 하고, 혹은 광야를 혼자 다닙니다. 제가 음식을 준다면 도반도 잃지 않고 험한 길로 들어가지도 않을 것입니다. 이러한 까닭으로 제가 음식을 주고자 합니다."

"비사거여. 그대는 무슨 인연을 보았던 까닭으로 병든 비구에게 음식을 주고자 하는가?"

대답하여 말하였다.

"대덕이시여. 병든 비구는 병을 따라서 음식을 얻지 못하면 곧 병이 낫기 어렵습니다. 이러한 까닭으로 제가 병을 따라서 음식을 준다면 곧 병이 쉽게 나을 것입니다."

"비사거여. 그대는 무슨 인연을 보았던 까닭으로 간병하는 비구에게 음식을 주고자 하는가?"

대답하여 말하였다.

"대덕이시여. 간병하는 비구는 만약 승가의 중식·후식을 기다리거나, 만약 걸식하러 떠나간다면, 만약 밥을 짓거나, 죽을 끓이거나, 국을 끓이거나, 고기와 생선을 굽거나, 탕약을 끓이거나, 대소변 등 부정한 것들을 담은 그릇을 방안에서 꺼내거나, 만약 가래침을 뱉은 그릇을 비우는 등의 이러한 병든 비구를 돌보고 봉양하는 일을 소홀하게 됩니다. 이러한 까닭으로 제가 간병하는 비구들께 음식을 주어서 돌보는 일들을 소홀히 하지 않아서 곧 밥을 짓거나, 죽을 끓이거나, 국을 끓이거나, 고기와 생선을 굽거나, 탕약을 끓이거나, 대소변 등 부정한 것 등을 담은 그릇을 방안에서 꺼내오고, 가래침을 뱉은 그릇을 비우게 하고자 합니다.”

“비사거여. 그대는 무슨 인연을 보았던 까닭으로 항상 비구에게 죽을 주고자 하는가?”

대답하여 말하였다.

“대덕이시여. 만약 비구가 죽을 먹지 않으면 기갈이 있어 괴롭고, 혹은 때에 배에서 풍기가 일어납니다. 제가 항상 죽을 주는 까닭으로 곧 여러 가지의 괴로움이 없어질 것입니다.”

“비사거여. 그대는 무슨 인연을 보았던 까닭으로 지식이 많거나, 지식이 적거나, 비구들에게 병을 인연하여 탕약과 필요한 물건들을 주려는 것인가?”

대답하여 말하였다.

“병든 비구는 분명 탕약과 필요한 물건들을 얻고자 할 것입니다. 이러한 까닭으로 제가 주고자 합니다. 또한 다시 대덕이시여. 제가 만약 ‘누구 비구가 그 주처에서 죽었다.’는 것을 들었고, 세존께서 ‘그 비구는 3결(結)을 끊었고 수다원을 얻어 악도에 떨어지지 않을 것이고, 반드시 열반을 얻을 것이며, 7생을 천상과 인간의 가운데를 왕래하며 온갖 고통을 모두 없앨 것이다.’라고 수기하셨다는 것을 들었다면, 대덕이시여. 저는 마땅히 물을 것입니다.

‘이 장로께서 일찍이 사위국에 오셨습니까?’

만약 제가 ‘이 비구께서 일찍이 사위국에 오셨습니다.’라고 들었다면 저는 생각할 것입니다.

<이 장로께서 혹은 나의 우욕의를 받으셨는가? 혹은 객비구의 음식을 받으셨는가? 혹은 먼 길을 떠나면서 음식을 받으셨는가? 혹은 병을 따라서 음식을 받으셨는가? 혹은 간병하면서 음식을 받으셨는가? 혹시 항상 죽을 받으셨는가? 혹은 병든 비구에게 주었던 탕약과 여러 물품들을 받으셨는가?>

대덕이시여. 저는 이러한 인연을 까닭으로 깨달음의 마음이 원만해질

것입니다.

대덕이시여. 제가 만약 '누구 비구가 그 주처에서 죽었다.'는 것을 들었고, 세존께서 '그 비구는 3결을 끊었고 3독이 엷어져서 사다함을 얻었으며, 이 세간에 한 번만 온다면 고제를 모두 없앨 것이다.'라고 수기하셨다는 것을 들었다면, 저는 마땅히 물을 것입니다.

'이 장로께서 일찍이 사위국에 오셨습니까?'

만약 제가 '이 비구께서 일찍이 사위국에 오셨습니다.'라고 들었다면 저는 생각할 것입니다.

<이 장로께서 혹은 나의 우욕의를 받으셨는가? 혹은 객비구의 음식을 받으셨는가? 혹은 먼 길을 떠나면서 음식을 받으셨는가? 혹은 병을 따라서 음식을 받으셨는가? 혹은 간병하면서 음식을 받으셨는가? 혹시 항상 죽을 받으셨는가? 혹은 병든 비구에게 주었던 탕약과 여러 물품들을 받으셨는가?>

대덕이시여. 저는 이러한 인연을 까닭으로 깨달음의 마음이 원만해질 것입니다.

대덕이시여. 제가 만약 '누구 비구가 그 주처에서 죽었다.'는 것을 들었고, 세존께서 '그 비구는 아나함을 얻어 5하분결을 마쳤으니, 곧 천상에서 반열반하고 이 세간으로 돌아오지 않을 것이다.'라고 수기하셨다는 것을 들었다면, 저는 마땅히 물을 것입니다.

'이 장로께서 일찍이 사위국에 오셨습니까?'

만약 제가 '이 비구께서 일찍이 사위국에 오셨습니다.'라고 들었다면 저는 생각할 것입니다.

<이 장로께서 혹은 나의 우욕의를 받으셨는가? 혹은 객비구의 음식을 받으셨는가? 혹은 먼 길을 떠나면서 음식을 받으셨는가? 혹은 병을 따라서 음식을 받으셨는가? 혹은 간병하면서 음식을 받으셨는가? 혹시 항상 죽을 받으셨는가? 혹은 병든 비구에게 주었던 탕약과 여러 물품들을 받으셨는가?>

대덕이시여. 저는 이러한 인연을 까닭으로 깨달음의 마음이 원만해질

것입니다.

대덕이시여. 제가 만약 '누구 비구가 그 주처에서 죽었다.'는 것을 들었고, 세존께서 '그 비구는 아라한을 얻어서 나의 생을 이미 끝냈고 범행은 이미 섰으며 지을 일을 모두 마쳤으며 스스로 알았고 스스로 증득하였다.'라고 수기하셨다는 것을 들었다면, 저는 마땅히 물을 것입니다.

'이 장로께서 일찍이 사위국에 오셨습니까?'

만약 제가 '이 비구께서 일찍이 사위국에 오셨습니다.'라고 들었다면 저는 생각할 것입니다.

<이 장로께서 혹은 나의 우욕의를 받으셨는가? 혹은 객비구의 음식을 받으셨는가? 혹은 먼 길을 떠나면서 음식을 받으셨는가? 혹은 병을 따라서 음식을 받으셨는가? 혹은 간병하면서 음식을 받으셨는가? 혹시 항상 죽을 받으셨는가? 혹은 병든 비구에게 주었던 탕약과 여러 물품들을 받으셨는가?>

대덕이시여. 저는 이러한 인연을 까닭으로 깨달음의 마음이 원만해질 것입니다. 대덕이시여, 이와 같이 제가 재물의 복덕을 성취하여 이러한 인연으로서 법의 복덕을 섭수하게 하십시오."

세존께서 말씀하셨다.

"옳습니다, 옳습니다. 비사거여. 나는 그대의 이러한 여러 원을 허락하겠습니다. 그대는 비구 승가에게 우욕의를 줄 것이고, 비구니 승가에게 욕의를 줄 것이며, 객비구들에게 음식을 줄 것이고, 먼 길을 떠나는 비구들에게 음식을 줄 것이며, 병든 비구를 따라서 음식을 줄 것이고, 간병하는 비구들에게 음식을 줄 것이며, 비구 승가에게 항상 죽을 줄 것이고, 지식이 많거나, 지식이 적거나 비구들에게 병을 인연하여 탕약과 여러 물품들을 주십시오. 비사거여. 이 재물의 복덕을 성취할 것이고, 이러한 인연으로서 법의 복덕을 섭수할 것입니다."

세존께서 말씀하셨다.

"옳습니다. 옳습니다. 비사거여. 나는 그대의 이러한 여러 발원을 허락하겠습니다. 그대가 비구 승가에게 우욕의를 주거나, 비구니 승가에게 수욕의를 주거나, 객비구에게 음식을 주거나, 멀리 떠나는 비구에게 음식을 주거나, 병든 비구를 따라서 음식을 주거나, 간병하는 비구에게 음식을 주거나, 비구 승가에게 항상 죽을 보시하거나, 지식이 많은 비구와 적은 비구에게 병을 인연하여 탕약과 여러 물건을 보시하는 것을 허락하겠습니다."

세존께서는 비사거모를 위하여 여러 종류의 인연으로서 설법하시어 보여주셨고 가르치셨으며 이익되고 기쁘게 하셨으며 자리에서 일어나서 떠나가셨다. 세존께서 이 일로써 비구 승가를 모으셨으며, 여러 비구들에게 말씀하셨다.

"지금부터 여러 비구들이 우욕의를 저축하고서 뜻을 따라서 노지에서 목욕하는 것을 허락하겠노라."

이 여러 비구들은 세존께서 우욕의를 저축하도록 허락하셨다는 것을 알고서 넓고 길고 크게 지었다. 이 가운데에 비구가 있어 욕망이 적고 만족함을 알며 두타를 행하였는데, 이러한 일을 듣고 마음이 즐겁지 않아서 여러 종류의 인연으로 꾸짖었다.

"어찌 비구라고 이름하면서 세존께서 우욕의를 저축하도록 허락하신 것을 알고서 곧 넓고 길며 크게 짓는가?"

여러 종류의 인연으로 꾸짖고서 세존을 향하여 자세히 말하였다. 세존께서 이 일로써 비구 승가를 모으셨으며 승가는 모였다. [세존께서는] 아시면서도 일부러 여러 비구들에게 물으셨다.

"그대들이 진실로 이러한 일을 지었는가?"

대답하여 말하였다

"진실로 지었습니다. 세존이시여."

세존께서 여러 종류의 인연으로 꾸짖으셨다.

"어찌 비구라고 이름하면서 내가 우욕의를 저축하도록 허락한 것을 알고서 곧 넓고 길고 크게 지었는가?"

[세존께서는] 꾸짖으셨으며, 여러 비구들에게 알리셨다.

"오늘부터 우욕의를 짓고자 한다면 반드시 그 양에 알맞게 지을지니라. 이러한 양은 길이가 세존의 손으로 여섯 뼘이고 너비가 두 뼘 반이다. 만약 이 양을 넘겨서 짓는다면 바일제죄를 범한다."

세존께서 비야리국에 머무르셨다.

이때 땅에 소금기가 있었고 습하여 여러 비구들이 옹창(癰瘡)을 앓았다. 한 비구가 있었고 종기 가운데에서 고름과 피가 흘러나와 안타위(安陀衛)가 물에 젖은 것과 같이 더러워졌다. 세존께서는 멀리서 보시고 아시면서도 일부러 이 비구에게 물으셨다.

"그대는 어찌하여 고름과 피로서 안타위를 더럽혔는가?"

비구가 대답하여 말하였다.

"대덕이시여. 제가 옹창을 앓아서 고름과 피가 흘러나와 안타위를 더럽혔습니다."

세존께서 이 일로써 비구 승가를 모으셨으며, 승가는 모였다. 여러 비구들에게 알리셨다.

"지금부터 여러 옹창이 있는 비구에게 부창의(覆瘡衣)를 입는 것을 허락하겠노라. 나아가 종기가 낫더라도 열흘까지 저축하도록 허락하겠노라. 만약 이것을 넘겨서 저축한다면 바일제이니라."

여러 비구들은 세존께서 부창의를 저축하도록 허락하셨다는 것을 알고서 넓고 길고 크게 지었다. 여러 비구들이 있어 욕망이 적고 만족함을 알며 두타를 행하였는데, 이러한 일을 듣고 마음이 즐겁지 않아서 여러 종류의 인연으로 꾸짖었다.

"어찌 비구라고 이름하면서 세존께서 부창의를 저축하도록 허락하신 것을 알고서 곧 넓고 길며 크게 짓는가?"

여러 종류의 인연으로 꾸짖고서 세존께 갖추어 아뢰었다. 세존께서 이 일로써 비구 승가를 모으셨으며 승가는 모였다. 세존께서는 아시면서도 일부러 여러 비구들에게 물으셨다.

"그대들이 진실로 이러한 일을 지었는가?"

대답하여 말하였다.

"진실로 지었습니다. 세존이시여."

세존께서 여러 종류의 인연으로 꾸짖으셨다.

"어찌 비구라고 이름하면서 내가 부창의를 저축하도록 허락했다는 것을 알고서 곧 넓고 길고 크게 지었는가?"

여러 종류의 인연으로서 꾸짖으셨으며, 여러 비구들에게 말씀하셨다.

"오늘부터 부창의를 짓고자 한다면 반드시 그 양에 알맞게 지을지니라. 이러한 양은 길이가 세존의 손으로 네 뼘이고 너비가 두 뼘이다. 만약 이 양을 넘겨서 짓는다면 바일제죄를 범한다."

세존께서 비야리국에 머무르셨다.

이때 여러 비구들이 실정(失精)하여 와구를 더럽혔으므로, 일찍 일어나 정액을 씻어내고 정사(精舍)의 문 사이에 걸어서 말렸다. 오전에 세존께서 옷을 입고 발우를 지니고 성에 들어가 걸식하시면서 이 부정으로 오염된 와구를 씻어서 문간에 걸어 말리는 것을 보셨다. 세존께서 식후에 이 일로써 비구 승가를 모으셨으며, 여러 비구들에게 말씀하셨다.

"내가 오늘 오전에 옷을 입고 발우를 지니고 성에 들어가 걸식하면서 여러 비구들이 일찍 일어나 정액으로 더러워진 와구에서 정액을 씻어내고 정사의 방문 사이에 걸어서 말리는 것을 보았느니라. 그대들 여러 비구들이여. 이것은 마땅하지 않고, 대중 승가가 와구를 많이 사용하며 그 양(量)을 알지 못하는 것이다. 이것은 거사들이 피를 말리고 살을 깎아가면서 복을 짓고자 보시를 짓는 것이다. 이러한 가운데에서 마땅히 주량(籌量)하여 아껴서 쓰는 것이 옳은 것이다. 생각이 어지러운 비구가 일심으로 잠자지 못하면 다섯 가지의 허물이 있느니라. 무엇 등이 다섯 가지인가? 첫째는 잠자기 어려운 고통이고, 둘째는 깨어나기 어려운 고통이며, 셋째는 악몽을 보게 되고, 넷째는 잠잘 때 선신(善神)이 옹호하지 않으며,

다섯째는 깨어나는 때에 마음이 좋은 각(覺)·관(觀)의 법에 들어가기 어려운 것이다.

생각이 어지럽지 않은 비구가 일심으로 잠잔다면 다섯 가지 좋은 일이 있느니라. 무엇 등이 다섯 가지인가? 첫째는 잠자기 어려움이 없고, 둘째는 쉽게 깨어나며, 셋째는 악몽이 없고, 넷째는 잠잘 때 선신이 옹호하며, 다섯째는 잠에서 깨어난 마음이 좋은 각관법에 들어가기 쉬운 것이다. 만약 비구가 음욕과 분노와 어리석음이 있어 그 욕심을 벗어나지 못하였어도 산란한 마음이 아닌 일심으로 잠잔다면 오히려 실정이 없는 것인데 하물며 그 욕심을 벗어나겠는가!"

세존께서는 여러 종류의 인연으로 꾸짖으셨으며, 여러 비구들에게 알리셨다.

"지금부터 여러 비구들이 니사단을 저축하도록 허락하겠나니, 승가의 와구를 보호하려는 까닭이니라. 마땅히 니사단을 깔지 않고서 승가의 와구에 앉거나 누워서는 아니된다."

이 여러 비구들은 세존께서 니사단을 저축하도록 허락하셨다는 것을 알고서 넓고 길고 크게 지었다. 여러 비구들이 있어 욕망이 적고 만족함을 알며 두타를 행하였는데, 이러한 일을 듣고 마음이 즐겁지 않아서 여러 종류의 인연으로 꾸짖었다.

"어찌 비구라고 이름하면서 세존께서 니사단을 저축하도록 허락하신 것을 알고서 곧 넓고 길며 크게 지어서 저축하는가?"

여러 종류의 인연으로 꾸짖고서 세존께 자세히 말하였다. 세존께서 이 일로써 비구 승가를 모으셨으며 아시면서도 일부러 여러 비구들에게 물으셨다.

"그대들이 진실로 이러한 일을 지었는가?"

대답하여 말하였다.

"진실로 지었습니다. 세존이시여."

세존께서 여러 종류의 인연으로 꾸짖으셨다.

"어찌 비구라고 이름하면서 세존이 니사단을 저축하도록 허락한 것을 알고서 곧 넓고 길며 크게 지어서 저축하였는가?"

꾸짖으셨으며, 여러 비구들에게 알리셨다.

"오늘부터 니사단을 짓고자 한다면 반드시 그 양에 맞게 지을지니라. 이러한 양은 길이가 세존의 손으로 두 뼘이고 너비가 한 뼘이다. 만약 이 양을 넘어서 짓는다면 바일제죄를 범한다."

세존께서 사위국에 머무르셨다.

공양 때에 옷을 입고 발우를 지니고 사위성에 들어가 걸식하셨고, 걸식을 마치고서 안타(安陀) 숲의 가운데에 들어가셨으며, 한 나무의 아래에 니사단을 펴고 앉으셨다. 장로 가류타이도 역시 안타 숲에 들어왔고 세존과 멀지 않은 한 나무 아래에 있으면서 니사단을 펴고 앉았다. 이 장로는 몸이 장대하여 양 무릎이 땅에 닿았으므로 양손으로 옷을 붙잡았으며, 이러한 원의 말을 지었다.

"세존께서 어느 때에 우리에게 세존의 손으로 한 뼘을 늘려 니사단을 짓도록 허락하실까? 이와 같다면 만족할 것이다."

세존께서는 포시에 선정에서 일어나셨고 이 일로써 비구 승가를 모으셨으며, 승가는 모였다. 여러 비구들에게 알리셨다.

"나는 오늘 식시(食時)에 옷을 입고 발우를 지니고서 성에 들어가 걸식하였고, 공양하고서 안타 숲에 들어가서 한 나무 아래에 니사단을 펴고 앉았느니라. 가류타이도 걸식에서 돌아와서 역시 한 나무 아래에 앉았고 이렇게 사유를 지었느니라.

'세존께서 지금 어느 곳을 거니신다면 나도 역시 그 사이에서 거닐어야겠다.'

나는 때에 안타 숲으로 들어가서 한 나무의 아래에 니사단을 펴고 앉았고, 가류타이 역시 그렇게 하였는데, 이 선남자는 몸이 장대하여 양 무릎이 땅에 닿았으므로 이러한 원의 말을 지었느니라.

'세존께서 어느 때에 우리에게 세존의 손으로 한 뼘을 늘려 니사단을 짓도록 허락하실까? 이와 같다면 만족할 것이다.'"

세존께서 여러 비구들에게 알리셨다.

"지금부터 니사단에 세존의 손으로 한 뼘의 테두리를 덧붙이는 것을 허락하겠노라. 이 계는 마땅히 이와 같이 말하라. 만약 비구가 니사단을 짓고자 한다면 반드시 그 양에 맞게 지을지니라. 이러한 양은 길이가 세존의 손으로 두 뼘이고 너비가 한 뼘이거나, 가장자리에 한 뼘을 덧붙이는 것이다. 만약 이 양을 넘어서 짓는다면 바일제죄를 범한다."

세존께서 가비라바국(迦毘羅婆國)에 머무르셨다.

이때 장로 난타(難陀)는 세존의 아우였고, 이모의 소생으로서 세존과 신상(身相)이 비슷하여 30상(相)이 있었고, 세존보다 네 손가락이 짧았다. 이때 난타가 그 옷을 지었는데 그 양(量)이 세존과 같았다. 여러 비구들이 만약 음식을 먹는 시간의 모임의 중간과 모임의 뒤에 멀리서 난타가 오는 것을 보고 세존이라고 말하면서 모두 일어나서 맞이하였다.

"우리들의 대사께서 오신다. 세존께서 오신다."

가까이 왔고 이내 아닌 것을 알았고 여러 상좌들은 모두 부끄러워서 이렇게 사유를 지었다.

"이 사람은 우리보다 하좌인데 어찌 일어나 맞이하였는가?"

난타도 역시 부끄러워서 말하였다.

"이렇게 여러 상좌들께서 일어나서 저를 맞이하셨습니다."

여러 비구들은 이 일로써 세존께 자세히 말하였다. 세존께서 이 일로써 비구 승가를 모으셨으며, 승가는 모였다. 세존께서는 아시면서도 일부러 난타에게 물으셨다.

"그대가 진실로 이러한 일을 지었는가?"

대답하여 말하였다.

"진실로 지었습니다. 세존이시여."

세존께서 여러 종류의 인연으로 꾸짖으셨다.

"어찌 비구라고 이름하면서 세존의 옷과 같은 양으로 옷을 지었는가?

지금부터 그대는 옷을 마땅히 줄여서 짓고 이러한 가사는 펼쳐서 말리도록 하라. 여러 비구들이여. 그대들은 난타의 옷을 펼쳐서 말리도록 하라. 다시 이와 같은 자가 있다면 승가는 역시 같은 마음으로 펼쳐서 말려야 하느니라."

여러 비구들에게 말씀하셨다.

"그대들도 난타의 옷과 같이 지어서 햇볕에 펼쳐서 말리도록 하라. 만약 다시 이와 같은 사람이 있다면 승가는 역시 마땅하게 이와 같은 마음으로 지어서 햇볕에 펼쳐서 말리도록 하라. 지금부터 만약 비구가 세존의 옷과 같은 양으로 옷을 짓거나 지나쳐서 짓는다면 바일제를 얻느니라. 세존의 옷의 양은 길이가 세존의 손으로 아홉 뼘이고 너비가 여섯 뼘이니라."

세존께서 사위국에 머무르셨다.

한 비구가 있었는데 세존의 처소에 이르러 세존의 발에 예경하고 한쪽에 서서 세존께 아뢰었다.

"제가 추마의(芻摩衣)[2]를 입는 것을 허락하십시오."

세존께서 말씀하셨다.

"그대에게 추마의를 입는 것을 허락하겠노라. 왜 그러한가? 추마의가 도를 얻는 것을 방해하지 않느니라. 만족함을 알고 욕심을 줄이며 때를 알고 양을 알아서 부지런히 수학하며, 적게 취하고 절제하여 수용하라. 두타를 행하며 고요한 곳에서 열반을 따르라."

한 비구가 있어 세존께 아뢰었다.

"제가 교시야의(憍施耶衣)[3]를 입는 것을 허락하십시오."

세존께서 말씀하셨다.

"그대에게 교시야의를 입는 것을 허락하겠노라. 왜 그러한가? 교시야의

2) 삼베로 만든 옷을 가리킨다.

3) 교시야(憍施耶)는 산스크리트어 kauśeya의 음사로서 비단을 가리키고, 교시야의는 비단으로 만든 옷을 가리킨다.

가 도를 얻는 것을 방해하지 않느니라. 만족함을 알고 욕심을 줄이며 때를 알고, 나아가 열반을 따르라."

한 비구가 있어 세존께 아뢰었다.

"제가 사니의(沙尼衣)[4]를 입는 것을 허락하십시오."

세존께서 말씀하셨다.

"그대에게 사니의를 입는 것을 허락하겠노라. 왜 그러한가? 사니의가 도를 얻는 것을 방해하지 않느니라. 만족함을 알고 욕심을 줄이며 때를 알고, 나아가 열반을 따르라."

한 비구가 있어 세존께 아뢰었다.

"제가 야생의 삼베옷(野麻衣)을 입는 것을 허락하십시오."

세존께서 말씀하셨다.

"그대에게 야생의 삼베옷을 입는 것을 허락하겠노라. 왜 그러한가? 야생의 삼베옷은 도를 얻는 것을 방해하지 않느니라. 만족함을 알고 욕심을 줄여라. 기유라의(輢由羅衣)와 흠바라의(欽婆羅衣)[5]도 역시 이와 같다."

한 비구가 있어 세존께 아뢰었다.

"제가 나형법(裸形法)을 받아 지니는 것을 허락하십시오."

세존께서 말씀하셨다.

"나형법을 마땅히 받아 지녀서는 아니된다. 만약 나형법을 받는다면 투란차죄를 범하느니라. 왜 그러한가? 나형법을 받는다면 바로 외도의 형상인 까닭이니라."

한 비구가 있어 세존께 아뢰었다.

"제가 발흠바라(髮欽婆羅)를 입는 것을 허락하십시오."

세존께서 말씀하셨다.

"발흠바라를 입는 것을 허락하지 않겠노라. 만약 입는다면 투란차죄를

---

4) 사니(沙尼)는 사나(奢那) 또는 사나(舍那)라고 한역되는데 산스크리트어 śāṇa의 음사이다. 삼베(麻)와 비슷한 풀로, 줄기의 껍질은 옷감의 재료로 쓰인다.

5) 산스크리트어 kambala의 음사로서 털실로 짠 옷감인 모직(毛織)을 가리킨다.

범하느니라. 왜 그러한가? 이것은 외도의 형상인 까닭이니라."

한 비구가 있어 세존께 아뢰었다.

"제가 각치시의(角鵄翅衣)[6]를 입는 것을 허락하십시오."

세존께서 말씀하셨다.

"각치시의를 입는 것을 허락하지 않겠노라. 만약 입는다면 투란차죄를 범하느니라. 왜 그러한가? 이것은 외도의 형상인 까닭이니라."

한 비구가 있어 세존께 아뢰었다.

"제가 추루의(麤氀衣)[7]를 입는 것을 허락하십시오."

세존께서 말씀하셨다.

"추루의를 입는 것을 허락하지 않겠노라. 만약 입는다면 돌길죄를 범하느니라."

한 비구가 있어 세존께 아뢰었다.

"제가 가죽옷을 입는 것을 허락하십시오."

세존께서 말씀하셨다.

"가죽옷을 입는 것을 허락하지 않겠노라. 만약 입는다면 돌길죄를 범하느니라."

한 비구가 있어 세존께 아뢰었다.

"제가 한 벌의 옷을 입는 것을 허락하십시오."

세존께서 말씀하셨다.

"한 벌의 옷을 입는 것을 허락하지 않겠노라. 만약 입는다면 돌길죄를 범하느니라."

한 비구가 있어 세존께 아뢰었다.

"제가 상·하의 옷을 입는 것을 허락하십시오."

세존께서 말씀하셨다.

"나는 이미 삼의(三衣)를 허락하였노라. 마땅히 적어서도 아니되고 마땅히 많아서도 아니된다. 만약 비구가 이보다 적게 저축한다면 돌길라죄를

6) 올빼미 날개의 털로 만든 옷을 가리킨다.

7) 거친 털실로 만든 옷을 가리킨다.

얻고, 만약 많이 저축한다면 니살기바일제죄이니라. 만약 상·하의 옷을 지닌다면 돌길라죄를 얻느니라."

한 비구가 있어 세존께 아뢰었다.

"제가 타목의(打木衣)를 입는 것을 허락하십시오."

세존께서 말씀하셨다.

"타목의를 입는 것을 허락하지 않겠노라. 만약 입는다면 돌길죄를 범하느니라."

한 비구가 있어 세존께 아뢰었다.

"제가 아구초의(阿拘草衣)·발구초의(跋拘草衣)·구사초의(拘賒草衣)·문야초의(文若草衣)·파파초의(婆婆草衣)·고초의(藁草衣)를 입는 것을 허락하십시오."

"일체를 허락하지 않겠노라. 만약 입는다면 돌길죄를 범하느니라."

한 비구가 있어 세존께 아뢰었다.

육군비구들이 세존께 아뢰었다.

"저희들이 몸의 털을 깎는 것을 허락하십시오."

세존께서 말씀하셨다.

"바땅히 몸의 털을 깎는 것을 허락하지 않겠노라. 만약 깎는다면 돌길죄를 범하느니라."

육군비구들이 세존께 아뢰었다.

"저희들이 진청(眞靑)색의 옷을 입는 것을 허락하십시오."

세존께서 말씀하셨다.

"육군비구들은 두 가지를 구하는가? 이전에는 몸의 털을 깎는 것을 구하더니 지금은 진청색 옷을 입는 것을 구하는가?"

세존께서 말씀하셨다.

"진청색의 옷이나, 진황색·진홍색·순백색의 옷·일체의 모피 옷·편수의(偏袖衣)·복의(複衣)[8]·일체의 전의(氈衣)[9]·일체의 관두의(貫頭衣)[10]·양수

---

8) 솜옷으로 따뜻하게 덮는 옷이다.

9) 짐승의 털로 아무 무늬 없이 톡톡하게 짠 천으로 만든 옷이다.

의(兩袖衣)[11]·일체의 수놓은 옷·일체의 적삼·일체의 반소매 저고리·일체의 반바지·일체의 잠방이[12]·일체의 파라미리의(波羅彌利衣)·일체의 사륵의(舍勒衣)[13]·일체의 백의의 옷은 비구가 마땅히 입지 말라. 만약 입는다면 돌길라죄를 얻느니라."

한 비구가 있어 세존께 아뢰었다.

"제가 수생의(樹生衣)를 입는 것을 허락하십시오."

세존께서 말씀하셨다.

"수생의를 입는 것을 허락하지 않겠노라. 만약 입는다면 돌길죄를 범하느니라."

한 비구가 있어 세존께 아뢰었다.

"제가 거친 털의 흠발의(欽跋衣)를 입는 것을 허락하십시오."

세존께서 말씀하셨다.

"거친 털의 흠발의를 입는 것을 허락하지 않겠노라. 만약 입는다면 돌길죄를 범하느니라. 거친 털의 흠발의는 다섯 종류의 옳지 않은 일이 있다. 무엇이 다섯 종류인가? 추울 때는 너무 춥고, 더울 때는 너무 더우며, 거칠고, 단단하며, 사람의 피부를 거칠게 하느니라."

세존께서 사위국에 머무르셨다.

장로 비구 희타(喜陀)가 안타림(安陀林)의 가운데에 승가리를 벗어놓고서 상·하의를 입고 사위성에 들어가서 걸식하면서 승가리를 잃어버렸다. 걸식을 마치고서 찾았으나 찾지 못하였으므로 여러 비구들에게 말하였다.

"여러 장로시여. 안타림의 가운데에 승가리를 벗어놓고서 상·하의를 입고 사위성에 들어가 걸식하면서 승가리를 잃어버렸습니다. 나는 마땅히

---

10) 한 장의 천을 반으로 접은 후 머리가 들어가는 부분에 구멍을 뚫고 그곳으로 머리를 내어 입는 옷으로 고대 복식이나, 판초 따위가 해당된다.

11) 양쪽 소매가 있는 옷을 가리킨다.

12) 가랑이가 무릎까지 내려오도록 짧게 만든 홑바지를 가리킨다.

13) 사륵(舍勒)은 산스크리트어 śāṭa의 음사로서 내의(內衣)를 가리킨다.

어떻게 해야 합니까?"

여러 비구들이 이 일로써 세존께 아뢰었다. 세존께서는 이 인연으로서 승가를 모으셨으며, 승가는 모였다. 세존께서는 아시면서도 일부러 비구 희타에게 물으셨다.

"그대가 진실로 이러한 일을 지었는가?"

대답하여 말하였다.

"진실로 지었습니다. 세존이시여."

세존께서는 여러 종류의 인연으로 일체의 물건을 지니는 것을 찬탄하셨다.

"비구라면 욕심을 줄이고 머무르면서 옷으로 형체를 덮고 음식으로 몸을 충당하도록 하라. 이러한 비구는 다니는 곳에 옷과 발우를 모두 지니고 다녀도 돌아보거나 사랑함이 없나니, 비유한다면 새가 날면서 깃털과 함께 공중을 나는 것과 같으니라. 비구도 역시 이와 같이 욕심을 줄이고 만족을 알며 옷으로 형체를 덮고 음식으로 몸을 충당하도록 하라. 이러한 비구는 다니는 곳에 옷과 발우를 모두 지니고 다녀도 돌아보거나 사랑함이 없나니, 역시 새가 나는 것과 같으니라."

세존께서는 여러 종류의 인연으로 일체의 물건을 지니는 것을 찬탄하시고서 여러 비구들에게 알리셨다.

"오늘부터 3의(衣)를 지니지 않고 마땅히 재가인의 집에 들어가지 말라. 만약 들어간다면 돌길라죄를 얻느니라."

세존께서 사위국에 머무르셨다.

장로 아난은 비가 내리는 때에 기림(祇林)의 가운데에 승가리를 벗어놓고서 상·하의를 입고 사위성에 들어가 걸식하면서 승가리를 잃어버렸다. 여러 비구들이 이 일로써 세존께 아뢰었다. 세존께서는 이 인연으로서 승가를 모으셨으며, 승가는 모였다. 세존께서는 아시면서도 일부러 아난에게 물으셨다.

"그대가 진실로 비가 오는 때에 기림의 가운데에 승가리를 벗어놓고서 상·하의를 입고 사위성에 들어가 걸식하였는가?”

아난이 말하였다.

“진실로 지었습니다. 세존이시여.”

세존께서 말씀하셨다.

“무슨 까닭인가?”

아난이 말하였다.

“비가 내렸던 까닭입니다.”

세존께서는 여러 종류의 인연으로 계율을 찬탄하고 지계를 찬탄하셨다. 계율을 찬탄하고 지계를 찬탄하시고서 여러 비구들에게 말씀하셨다.

“다섯 종류의 인연이 있다면 승가리를 벗어놓는 것을 허락하겠노라. 무엇이 다섯 종류인가? 첫째는 주처에 비구가 있는 것이고, 둘째는 만약 가치나의(迦絺那衣)를 받은 것이며, 셋째는 만약 비가 내리는 것이고, 넷째는 비가 오려는 것이며, 다섯째는 만약 취락의 밖에서 시회(施會)가 있는 것이다. 이것이 다섯 인연이니라.

다시 다섯 종류의 인연이 있다면 승가리를 벗어놓는 것을 허락하겠노라. 무엇이 다섯 종류인가? 첫째는 주처에 비구가 있는 것이고, 둘째는 만약 가치나의를 받은 것이며, 셋째는 가게에서 시회가 있는 것이고, 넷째는 시장에서 시회가 있는 것이며, 다섯째는 네거리에서 열리는 것이다. 이것이 다섯 종류의 인연이다.”

세존께서 왕사성에 머무르셨다.

그때 여러 외도의 출가인들이 하안거를 마치고 자자하는 때에는 여러 외도들의 재가(居家)의 제자들이 옷과 물건을 보시하였다. 여러 우바새는 세존의 법 가운데에서 신심이 청정하였으므로 사유하면서 말하였다.

‘이런 삿된 법의 악한 스승들도 하안거를 마치고 자자하는 때에도 오히려 보시하는 것을 아는데 우리들은 성스러운 승가가 하안거를 마치고 자자하는 때 어찌하여 여러 옷을 보시하지 않겠는가?’

곧 옷의 꾸러미를 가지고 죽원정사를 나아가서 승가께 보시하였으나 여러 비구들이 받지 않고서 말하였다.

"세존께서는 우리들이 하안거를 마치고 자자하는 때에 보시하는 안거의(安居衣)를 받는 것을 허락하시지 않았습니다."

이 일로써 세존께 아뢰었고, 세존께서는 말씀하셨다.

"안거를 마치고 자자하는 때에 안거의를 보시하였다면 받는 것을 허락하겠노라."

여러 사미들이 와서 옷의 몫을 요구하였으나 여러 비구들이 말하였다.

"세존께서는 우리들에게 안거의의 몫을 사미에게 나눠주는 것을 허락하시지 않으셨네."

이 일로써 세존께 아뢰었고, 세존께서는 말씀하셨다.

"나누어주는 것을 허락하겠노라."

여러 비구들이 이와 같이 사유하였다.

'세존께서 나눠주는 것을 허락하셨으나 얼마를 나눠주어야 하는가를 알지 못하겠구나.'

세존께 아뢰었고, 세존께서는 말씀하셨다.

"사미가 만약 서 있거나, 만약 앉아 있었고, 차례로 여러 단월이 손으로 보시하여 주었다면 많고 적더라도 마땅히 사미에게 귀속된다. 만약 여러 단월이 분별하지 않았다면 네 몫으로 나누고 네 번째의 몫을 사미에게 주도록 하라."

세존께서 왕사성에 머무르셨다.

그때 여러 외도의 출가인들이 하안거를 마치고 자자하는 때에는 여러 외도들의 재가의 제자들이 옷과 물건을 보시하였으니, 대야·노끈·루차가(樓遮迦)·화로·우산·부채·가죽신·지팡이 등이었다. 여러 우바새는 세존의 법 가운데에서 신심이 청정하였으므로 사유하면서 말하였다.

'이런 삿된 법의 악한 스승들도 하안거를 마치고 자자하는 때에도 오히려 보시하는 것을 아는데 우리들은 성스러운 승가가 하안거를 마치고 자자하는 때 어찌하여 여러 옷을 보시하지 않겠는가?'

곧 비구법을 따라서 물건들을 보시하였으니, 만약 발우이거나, 만약 구발다라(拘鉢多羅)·반구발다라(半拘鉢多羅)·건자(鍵鎡)·반건자·허리띠·선진(禪鎭)·의현(衣鉉)·발우 받침·대야·발랑·우산·부채·가죽신 등 이와 같은 여러 종류의 비구가 필요한 물건을 가지고 죽원정사에 나아가서 승가께 보시하였으나 여러 비구들이 받지 않고서 말하였다.

"세존께서는 우리들이 하안거를 마치고 자자하는 때에 비구들이 필요한 물건을 따라서 받는 것을 허락하시지 않았습니다."

이 일로써 세존께 아뢰었고, 세존께서는 말씀하셨다.

"하안거를 마치고 자자하는 때에 비구들이 필요한 물건을 따라서 받는 것을 허락하겠노라."

이때 여러 사미들이 와서 비구들이 필요한 물건을 따라서 몫을 요구하였으나 여러 비구들이 주지 않고서 사미에게 말하였다.

"세존께서는 하안거를 마치고 자자하는 때 보시받은 옷은 사미에게 몫은 나눠주라고 허락하셨으나, 비구들이 필요한 물건을 따라서 사미들의 몫을 나눠주는 것을 허락하시지 않으셨네."

이 일로써 세존께 아뢰었고, 세존께서는 말씀하셨다.

"마땅히 나누어주어야 하느니라."

여러 비구들이 이와 같이 사유하였다.

'세존께서 나눠주는 것을 허락하셨으나 얼마를 나누어주어야 하는가를 알지 못하겠구나.'

세존께 아뢰었고, 세존께서는 말씀하셨다.

"사미가 만약 서 있거나, 만약 앉아 있었고, 차례로 여러 단월이 손으로 보시하여 주었다면 많고 적더라도 마땅히 사미에게 귀속된다. 만약 여러 단월이 분별하지 않았다면 네 몫으로 나누고 네 번째의 몫을 사미에게 주도록 하라."

세존께서 사위국에 머무르셨다.

발난타 석자가 두 처소에서 안거하였는데 보시를 위한 까닭이었다.

여러 비구는 어느 처소에서 옷의 몫을 주어야 하는가를 알지 못하였으므로, 세존께 아뢰었다. 세존께서 말씀하셨다.

"안거한 처소에서 주어야 하느니라."

여러 비구들이 말하였다.

"두 처소에서 안거하였습니다."

세존께서 말씀하셨다.

"어느 처소에 머무른 날짜가 많은가?"

대답하여 말하였다.

"두 처소에서 안거한 날짜가 같습니다."

세존께서 말씀하셨다.

"어느 처소에서 자자하였는가?"

대답하여 말하였다.

"두 처소에서 자자하였습니다."

세존께서 말씀하셨다.

"어느 처소에서 먼저 자자하였는가? 이 처소에서 옷의 몫을 주어야 하느니라."

세존께서 사위국에 머무르셨다.

발난타 석자는 여름의 마지막 달에 여러 정사를 돌아다니며 어느 처소에서 안거한 비구들이 옷과 물건을 많이 얻었는가를 알고자 하였으며 보시가 많은 처소로 곧 찾아갔다. 여러 비구들은 멀리서 보고는 일어나서 맞이하여 앉을 곳을 베풀어 앉게 하였고 함께 서로가 즐겁고 즐겁지 않은 것을 문신하였다. 잠시 묵연하고서 여러 비구들에게 말하였다.

"장로시여. 이 가운데에 머무시는 승가도 옷의 보시를 얻었습니까?"

여러 비구들이 말하였다.

"얻었습니다."

"그 몫을 나누었습니까?"

대답하여 말하였다

"나누지 않았습니다."

"가져오십시오. 나눌 시간입니다."

여러 비구들이 이것을 가지고 와서 그 몫을 내려놓고 발난타 앞에서 나누었다. 모두 나누고서 상좌가 자기 몫을 취하여 떠나고자 하였는데 발난타가 말하였다.

"대덕이여. 잠깐 기다리십시오."

물어 말하였다.

"무슨 일이 있습니까?"

대답하여 말하였다

"잠시 기다리십시오."

발난타는 능히 잡스러운 말·듣기 좋은 말·끝이 없는 말로 설법하였다. 이와 같은 듣기 좋은 말로 설법하였고 상좌가 듣고서 크게 기뻐하면서 법을 아끼는 까닭으로 발난타에게 말하였다.

"내 몫의 옷을 그대에게 주겠습니다."

이와 같이 두 번째·세 번째 상좌도 역시 이와 같았고, 일체 승가의 옷을 모두 발난타에게 주었다. 이와 같이 첫째의 주처·둘째의 주처·셋째의 주처에서 많은 옷을 얻었고 크게 짊어지고 기림(祇林)으로 들어왔다. 여러 비구들이 기림의 문간에 있는 공터에서 경행하면서 멀리서 오는 것을 보고 함께 서로에게 말하였다.

"발난타 석자가 오고 있는데, 부끄러운 사람으로 보고 듣는 것에서 많은 이심과 익을 시었으며, 많은 여러 옷을 취하여 짊어지고 오고 있습니다."

점차 가까웠으므로 여러 비구들이 물었다.

"이러한 여러 옷을 어디서 얻었습니까?"

대답하여 말하였다.

"여러 비구들에게 널리 설법하였던 까닭으로 얻었습니다."

여러 비구들이 있어 욕망이 적고 만족함을 알며 두타를 행하였으므로 꾸짖었다.

"어찌 비구라고 이름하면서 다른 처소에서 안거하고 다른 처소의 옷의 몫을 받는가?"

여러 비구들은 여러 종류의 인연으로 꾸짖고서 세존께 갖추어 아뢰었다. 세존께서 이 일로써 비구 승가를 모으셨으며, 승가는 모였다. 세존께서는 아시면서도 일부러 발난타에게 물으셨다.

"그대가 진실로 이러하였는가?"

대답하여 말하였다.

"진실로 그러하였습니다. 세존이시여."

세존께서 여러 종류의 인연으로 꾸짖으셨다.

"어찌 비구라고 이름하면서 다른 처소에서 안거하고 다른 처소의 옷의 몫을 받았는가?"

이때 세존께서는 다만 꾸짖으셨고 비구들에게 계율을 제정하시지는 않으셨다.

세존께서 교살라국에 머무르셨다.

한 주처에서 대비구 승가와 함께 안거하셨고, 이 나라의 여러 거사들이 승가가 많은 것을 보고서 집집마다 비구 승가에게 옷을 주었는데, 만약 별방의(別房衣)[14]이거나, 역시 하안거의(夏安居衣)이었다. 세존께서 다음의 해에는 기림 안에서 하안거를 하셨고 이 주처에는 노비구 두 명이 안거하였으나, 여러 거사들은 사유하였다.

'우리들의 승가께 보시는 이전과 같아야 하고 이 일을 그만둘 수는 없다. 여러 비구들은 보시를 얻는 것이고 우리들은 복을 얻는 까닭이다.'

여러 거사는 많은 옷과 물건을 본래의 법과 같이 그 주처의 승가에게 보내서 보시하였다. 그 두 노비구는 사유하였다.

'이곳에 옷은 많고 사람은 적다. 만약 나눈다면 무슨 죄를 얻는가를 알아보아야겠다.'

14) 각 방사를 지정하여 보시하는 옷이다.

마음으로 의심하여 옷을 나누지 않았다. 이때 발난타는 여름의 마지막 달에 여러 정사를 돌아다니며 어느 처소에서 안거한 비구들이 옷과 물건을 많이 얻었는가를 알아보았다. 발난타는 사유하였다.

'세존께서 지나간 해에 안거하신 곳인 이 가운데에는 반드시 많은 옷의 보시가 있을 것이다.'

곧 그 주처로 갔다. 두 노비구는 멀리서 보고는 일어나서 맞이하여 앉을 곳을 베풀어서 앉게 하였고 함께 서로가 즐겁고 즐겁지 않은 것을 문신하였다. 잠시 묵연하고서 물었다.

"이 가운데 주처의 승가도 옷과 물건의 보시를 얻었습니까?"

대답하여 말하였다.

"얻었습니다."

물었다.

"나누었습니까?"

대답하였다.

"아직 나누지 않았습니다."

물어 말하였다.

"무슨 까닭으로 나누지 않았습니까?"

대답하여 말하였다.

"이곳에 옷은 많고 우리들은 적습니다. 만약 나눈다면 마땅히 무슨 죄를 얻는가를 알아야 하였고 마음으로 의심하여 나누지 않았습니다."

발난타가 말하였다.

"그대들이 나누지 않는 것이 옳습니다. 만약 나누었다면 그대들은 무슨 죄를 얻는가를 알 것입니다."

두 노비구가 물었다.

"그대가 능히 나눌 수 있겠습니까?"

대답하여 말하였다.

"나눌 수 있습니다. 이 가운데에서 마땅히 갈마를 지어야 합니다."

곧 여러 옷과 물건을 가지고 와서 앞에 쌓아놓고 발난타는 세 꾸러미로 나누었으며 두 비구 사이에 한 꾸러미를 놓아두고 자기는 두 꾸러미를 취하였으며 사이에 서서 말했다.

"그대들은 갈마를 짓는 것을 허락하십시오."

그대들 두 사람과 한 꾸러미로
이와 같이 그대들은 셋이라네.
두 꾸러미와 나의 한 사람은
이와 같이 우리도 셋이라네.

물었다.

"이 갈마가 옳습니까?"

대답하여 말하였다.

"옳습니다."

발난타가 많은 옷을 짊어지고 떠나가는데 그들이 말하였다.

"대덕이신 상좌여. 우리들은 여러 옷과 물건을 나누지 못하였습니다."

발난타가 말하였다.

"내가 그대들에게 나누어 주겠습니다. 법을 아는 사람에게 좋은 옷을 한 벌 먼저 주어야 합니다."

그들이 말하였다.

"마땅히 주겠습니다."

발난타는 이 꾸러미의 가운데에서 크게 값비싼 옷을 한쪽에 놓아두고 나머지를 두 몫으로 나누어주었다. 스스로는 큰 옷의 꾸러미를 짊어지고 기림으로 들어왔다. 여러 비구들이 기림의 문간에 있는 공터에서 경행하면서 멀리서 오는 것을 멀리서 보고 함께 서로에게 말하였다.

"이 발난타는 부끄러움이 없는 사람이고, 보고 듣는 것에서 많은 의심과 악을 지었습니다. 많은 여러 옷을 취하여 짊어지고 마침내 와서 이르렀습니다."

여러 비구들이 말하였다.

"발난타여. 이러한 여러 옷을 어디에서 얻었습니까?"

발난타가 여러 비구를 향하여 갖추어 말하였다. 비구가 있어 욕망이 적고 만족함을 알며 두타를 행하였는데, 이러한 일을 듣고 마음이 즐겁지 않아서 꾸짖었다.

"어찌 비구라고 이름하면서 일부러 노비구의 물건을 빼앗는가?"

여러 비구들은 여러 종류의 인연으로 꾸짖고서 세존께 갖추어 아뢰었다. 세존께서 이 일로써 비구 승가를 모으셨으며, 승가는 모였다. 세존께서는 아시면서도 일부러 발난타에게 물으셨다.

"그대가 진실로 그러하였는가?"

대답하여 말하였다.

"진실로 그러하였습니다. 세존이시여."

세존께서 여러 종류의 인연으로 꾸짖으셨다.

"어찌 비구라고 이름하면서 일부러 노비구의 물건을 빼앗았는가?"

세존께서 여러 종류의 인연으로 꾸짖고서 여러 비구들에게 알리셨다.

"이 발난타는 디만 지금의 세상에서 빼앗은 것이 아니고, 전생에서도 역시 빼앗았느니라. 이 일을 들을지니라.

나아가 과거의 세상에서 한 강가에 두 마리의 수달이 있었는데 물속에서 커다란 잉어를 잡고서 능히 나누지 못하였다. 이 두 수달은 한쪽에 서서 잉어를 지켰는데, 야간(野干)이 있었고 와서 물을 마시고자 하면서 보고 말하였다.

"외생(外甥)이여. 이 가운데에서 무엇을 짓고 있는가?"

수달이 말하였다.

"아구(阿舅)여. 이 강가에서 이러한 잉어를 얻었으나 능히 나누지 못하였습니다. 그대는 나눌 수 있습니까?"

야간이 말하였다.

"나눌 수 있네. 이 가운데에서 마땅히 게송을 설해야 하네."

야간은 세 몫으로 나누고서 수달에게 물었다.

"그대들 가운데에서 누가 얕게 들어가는 것을 즐거워하는가?"

대답하여 말하였다.
"이 수달입니다."
"누가 능히 깊게 들어갈 수 있는가?"
대답하여 말하였다.
"이 수달입니다."
야간이 말하였다.
"내가 설하는 게송을 듣게."

얕게 들어간다면 마땅히 꼬리를 주는 것이고
깊게 들어간다면 마땅히 머리를 주는 것이고
가운데 토막인 고기 부분은
마땅히 법을 아는 자에게 주어야 하네.

야간이 고기를 물고 있으므로 암컷이 와서 게송으로 물어 말하였다.

그대는 어디에서 물어 오는가?
입에 가득히 강가에서 얻었는데
이건 머리와 꼬리도 없는
잉어의 맛있는 살덩이로다.

수컷 야간이 게송으로 대답하였다.

사람들이 말로 서로 다투며
나누는 법을 알지 못하면
능히 나누는 법을 아는 자가
관장(官藏)하여 얻는 것과 같이
머리와 꼬리가 없는 잉어를
이러한 까닭으로 내가 얻어먹게 되었네.

세존께서 여러 비구들에게 말씀하셨다.

그때의 두 마리의 수달은 두 노비구이고 이 야간은 발난타이니라. 이 발난타가 이전의 세상에서도 일찍이 빼앗았는데, 지금의 세상에도 다시 빼앗았구나."

세존께서는 여러 종류의 인연으로 발난타를 꾸짖고서 여러 비구들에게 알리셨다.

"오늘부터 이 처소에서 안거하였다면 마땅히 다른 주처에서 옷을 나누어 받아서는 아니된다. 만약 받는다면 돌길라죄를 얻느니라."

한 주처가 있었는데 한 비구가 하안거를 하였고 이 가운데에서 여러 사람들이 하안거의 승가를 위하였던 까닭으로 보시하였다면 여러 옷과 물건을 마땅히 나누도록 하라. 비록 여러 사람들이 하안거의 승가를 위하였던 까닭으로 여러 옷과 물건을 보시했더라도 한 비구가 혼자서 하안거를 하였다면 마땅히 받아서 얻을지니라. 두 비구·세 비구·네 비구 등도 역시 이와 같고, 유주처와 무주처에서도 역시 이와 같다. 취락이 없거나, 아란야 처소에서도 역시 이와 같다.

한 주처가 있었는데 한 비구가 하안거를 하였고 이 가운데에서 여러 사람들이 객비구를 위하였던 까닭으로 승가에 여러 옷을 많이 보시하였다면 마땅히 나누도록 하라. 비록 여러 사람들이 객비구를 위하였던 까닭으로 승가에게 여러 옷과 물건을 보시하였더라도 현선승가는 마땅히 옷과 물건을 나누어야 하는데, 이 한 비구가 하안거를 하였다면 마땅히 이 옷을 혼자서 받아야 한다. 두 비구·세 비구·네 비구 등도 역시 이와 같고 유주처와 무주처에서도 역시 이와 같다. 취락이 없거나, 아란야 처소에서도 역시 이와 같다.

"만약 자자를 마치고 승가가 흩어졌더라도 마땅히 하안거의 옷을 나누어주어야 합니까?"

세존께서 말씀하셨다.

"마땅히 주어야 하느니라."

"자자를 마치고 쫓겨난 비구도 마땅히 옷을 주어야 합니까?"

세존께서 말씀하셨다.

"주지 않아야 하느니라."

"자자를 마쳤는데 비구가 있어 다른 무리로 갔다면 마땅히 하안거의 옷을 나누어주어야 합니까?"

세존께서 말씀하셨다.

"만약 여법한 대중에게 갔다면 마땅히 주도록 하라."

"자자를 마쳤는데 비구가 있어 스스로가 '나는 백의입니다.'라고 말하였다면 마땅히 하안거의 옷을 나누어주어야 합니까?"

세존께서 말씀하셨다.

"주지 않아야 하느니라."

"자자를 마쳤는데 비구가 있어 스스로가 '나는 사미입니다.'라고 말하였다면 마땅히 하안거의 옷을 나누어주어야 합니까?"

세존께서 말씀하셨다.

"마땅히 사미의 몫을 나누어주도록 하라."

"자자를 마쳤는데 비구가 있어 스스로가 '나는 비구가 아닙니다.'라고 말하였다면 마땅히 하안거의 옷을 나누어주어야 합니까?"

세존께서 말씀하셨다.

"마땅히 주지 않아야 하느니라."

"만약 스스로가 외도라고 말하거나, 불견빈·부작빈·악사부제빈을 받았다고 말하거나, 함께 머물지 않는다고 말하거나, 자주 함께 머물지 않는다고 말하거나, 백의이면서 중죄를 범하였다고 말하거나, 불능남이라고 말하거나, 비구니를 욕보였다고 말하거나, 월제인이라고 말하거나, 부모를 죽였다고 말하거나, 아라한을 죽였다고 말하거나, 화합승을 파괴하였다고 말하거나, 만약 '나는 악한 마음으로 세존의 몸에 피를 내었다.'고 말하였다면 이러한 사람들에게도 하안거의 옷을 나누어주어야 합니까?"

세존께서 말씀하셨다.

"마땅히 주지 않아야 하느니라."

"자자를 마쳤는데, 비구가 있어 유행하여 다른 나라로 떠났다면 마땅히 하안거의 옷을 나누어주어야 합니까?"

세존께서 말씀하셨다.

"마땅히 주는 것도 있고, 주지 않는 것도 있느니라. 마땅히 돌아오는 것을 안다면 주어야 하고, 돌아오지 않을 것을 안다면 주지 않아야 한다. 만약 사람에게 부촉하여 취한다면 일체 옷을 나누어 마땅히 주도록 하라. 부촉하여 취하지 않았다면 주지 않아야 한다. 일체의 승가는 마땅히 대리인을 시켜서 지어야 하느니라."

십송율 제28권

후진 북인도 삼장 불야다라 한역

석보운 번역

4. 사송 ⑧

8) 칠법 ⑧

(7) 의법 ②

세존께서 여러 비구들에게 말씀하셨다.

"보시에는 여덟 종류가 있느니라. 무엇이 여덟 종류인가? 첫째는 계보시(界布施)이고, 둘째는 의지보시(依止布施)이며, 셋째는 제한보시(制限布施)이고, 넷째는 급득보시(給得布施)이며, 다섯째는 승득보시(僧得布施)이고, 여섯째는 현전득보시(現前得布施)이며, 일곱째는 하안거득보시(夏安居得布施), 여덟째는 지시득보시(指示得布施)이니라."

"무엇을 계보시라고 이름합니까?"

"한 사람이 있어 '이 옷을 이 주처의 승가에 보시합니다.'라고 말하였고, 여름철 마지막 달이며, 가치나의(迦絺那衣)[1]를 받는 것이다."

"그 옷은 누가 마땅히 받습니까?"

---

1) 산스크리트어 kaṭhina의 음사로서 공덕(功德) 또는 견고(堅固)라고 번역된다. 안거(安居)를 마치고 공양받은 베 조각으로 지어서 5개월 동안 입는 간편한 옷을 가리킨다.

세존께서 말씀하셨다.

"비록 여름철의 마지막 달이고 가치나의를 받는데, 만약 비구가 경계 안에 들어온다면 마땅히 받을 수 있다. 이것을 계득보시(界得布施)라고 이름한다."

"무엇을 의지보시라고 이름합니까?"

"여러 비구들이 여러 주처의 안에서 경계를 짓고 하안거와 자자를 마치고서 본래 경계를 버렸는데 승방의 담장과 벽을 그 경계의 안쪽으로 결계하였다. 이 가운데에서 여러 사람이 하안거의 승가를 위하였던 까닭으로 여러 옷을 보시하였다면 마땅히 물건을 나누어야 하느니라."

"이 옷을 누가 받습니까?"

세존께서 말씀하셨다.

"비록 본래의 경계를 버렸더라도 이 여러 비구들이 본래의 여러 주처에서 경계를 짓고 하안거를 하였다면 마땅히 나눠야 할 물품인 승가의 여러 옷을 주는 것이다. 이것이 의지득보시(依止得布施)이다."

"무엇이 제한보시입니까?"

"한 주처에 있어 2부(部)의 승가가 있었고 하안거에 수법 대중(受法衆)과 불수법 대중(不受法衆)이 있었는데, 이 대중들이 하안거를 마치고서 이와 같은 제한을 지었다.

'이 종족(宗族)의 보시는 우리들이 받고, 저 종족의 보시는 그대들이 받으며, 이 집의 보시는 우리들이 받고, 저 집의 보시는 그대들이 받으며, 이 유행처의 보시는 우리들이 받고, 저 유행처의 보시는 그대들이 받으며, 이 취락의 보시는 우리들이 받고, 저 취락의 보시는 그대들이 받으며, 이 멀리 떨어진 취락의 보시는 우리들이 받고, 저 멀리 떨어진 취락의 보시는 그대들이 받으며, 이쪽 골목의 사람이 많은 곳의 보시는 우리들이 받고, 저쪽 골목의 사람이 많은 곳의 보시는 그대들이 받읍시다.'

이 가운데에서 여러 사람들이 하안거의 승가를 위한 까닭으로 상좌의 손을 잡고 마땅히 나눠야 할 물품인 승가의 여러 옷을 주는 것이니다."

세존께 아뢰어 말하였다.

"이러한 옷과 물건은 누가 마땅히 받습니까?"

세존께서 말씀하셨다.

"무슨 부(部)가 상좌를 지었는가에 따라서 그 물건은 마땅히 한 부에 귀속된다."

"만약 단월이 제1 상좌의 손과 제2 상좌의 손을 잡고 '이 물건들을 승가께 보시합니다.'라고 말하였다면 그 물건은 마땅히 무슨 부에 귀속됩니까?"

세존께서 말씀하셨다.

"그 두 상좌가 같은 부의 상좌라면 마땅히 한 부에 귀속되고, 만약 두 상좌가 각각 그 부가 다르다면 마땅히 두 부에게 귀속된다."

"어떻게 마땅히 나눕니까?"

세존께서 말씀하셨다.

"순서대로 균등하게 나누면서 네 몫으로 나누고, 네 번째 몫은 마땅히 사미에게 주도록 하라. 이것을 제한득보시(制限得布施)라고 이름한다."

"무엇이 급득보시입니까?"

"만약 사람을 위하여 보시를 짓거나, 인연을 위하여 보시를 지으면서 매월 8일·23일·14일·29일·15일·30일·16일·1일, 나아가 포살하는 때에 한 금전을 어느 곳에 주면서 '이러한 여러 물건을 그곳에서 주십시오.'라고 하였다면 이것이 급득보시이다."

"무엇이 승득보시입니까?"

"이 주처에 단월이 있어 '이 옷을 주처의 승가께 주겠습니다.'라고 말하였고, 이때가 여름철 마지막 달이며, 이 주처에서 가치나의를 받지 않은 것이다."

세존께 아뢰었다.

"이 옷은 누가 마땅히 받습니까?"

세존께서 말씀하셨다.

"여름의 마지막 달에 이 주처에서 비록 가치나의를 받지 않더라도 여러 비구들이 이의 주처 안에 머무르고 있다면, 이 옷은 마땅히 여러 비구들에게 귀속된다. 이것이 승득보시이다."

"무엇이 현전득보시입니까?"

"단월이 있어 '이 주처의 현전승가께 주겠습니다.'라고 말하였고, 이때가 여름철 마지막 달이며, 이 주처에서 가치나의를 받는 것이다."

세존께 아뢰었다.

"이 옷은 누가 마땅히 받습니까?"

세존께서 말씀하셨다.

"비록 여름의 마지막 달에 이 주처에서 가치나의를 받고서, 여러 비구들이 이 주처에 현재 머무르고 있다면, 이 옷은 그들에게 마땅히 귀속된다. 이것이 현전득보시이다."

"무엇이 하안거득보시입니까?"

"단월이 있어 '이 옷을 이 주처에서 하안거를 하였던 승가에게 주겠습니다.'라고 말하였으나, 이때가 여름철의 마지막 달이 아니었으므로 이 주처에서 가치나의를 받지 못한 것이다."

세존께 아뢰었다.

"이 옷은 누가 마땅히 받습니까?"

세존께서 말씀하셨다.

"만약 여름의 마지막 달이 아니었고, 이 주처에서 가치나의를 받지 않았더라도, 여러 비구들이 이 주처 안에서 하안거를 마쳤다면 이 옷을 이들이 마땅히 받아야 한다. 이것이 하안거득보시이다."

"무엇이 지시득보시입니까?"

"단월이 있어 '이 옷을 기사굴산(耆闍崛山)의 가운데에 주겠습니다.'라고 말하거나, 만약 비파라발수산(毘婆羅跋首山)의 가운데라고 말하거나, 만약 살파소지가파바리산(薩波燒持迦波婆利山)의 가운데라고 말하거나, 만약 살다반나구하산(薩多般那舊河山)의 가운데에 주겠다고 말한 것이다."

세존께 아뢰었다.

"이 옷은 누가 마땅히 받습니까?"

세존께서 말씀하셨다.

"이 옷이 어느 주처를 지시하였다면 그 지정된 주처에서 마땅히 받아야 한다. 이것이 시득보시이니라."

세존께서는 사위국에 머무르셨다.

이때 장로 의사(意師)가 여름철 마지막 달에 대비구 승가 500명과 함께 여러 나라를 유행하였는데, 장로 의사를 까닭으로 승가는 많은 공양을 얻었다. 공양 때에 달발나와 여러 종류의 죽과 많은 옷도 보시를 받았다. 이때 여러 비구는 이와 같이 사유하였다.

'이 장로 의사의 까닭으로써 승가는 많은 공양을 얻었는데, 공양 때에 달발나와 여러 옷의 보시를 많이 얻는구나.'

여러 비구들이 장로 의사의 처소에 나아가서 물어 말하였다.

"대덕으로 인하여 많은 공양을 얻었고 공양 때에 달발나와 여러 옷과 물건을 보시를 받았습니다. 장로여. 이 옷과 물건은 누가 받아야 합니까?"

장로 의사가 말하였다.

"여러 장로시여. 세존의 비니 가운데에서 말씀하셨습니다.

'한 주처에 한 비구가 있어 하안거를 하였고, 여러 사람이 비록 객비구를 위하였던 까닭으로 마땅히 나눌 승가의 여러 옷을 보시하였으나, 이곳에서 한 사람의 비구가 혼자 있으면서 이곳에서 하안거를 하였다면 이 옷은 마땅히 혼자 받도록 하라. 두 비구·세 비구·네 비구의 역시 이와 같고, 유주처와 무주처, 취락이 없는 아란야 처소에서도 역시 이와 같다.'

여러 장로시여. 그대들도 이와 같으므로 이 옷을 마땅히 받아야 합니다."

장로 의사다(意師多)도 역시 이와 같았고, 장로 야사(耶舍)와 장로 야수타(耶首陀)도 역시 이와 같았다.

또한 한 때에 대중에 많은 대상좌 비구들이 대가섭을 상수(上首)로 삼고 파라리불성(波羅利弗城)의 옹원(雍園)에 머물렀다. 이때 마갈국(摩竭國)의 한 주처에서 한 비구가 혼자 머물렀는데, 이 가운데에서 여러 사람들이 하안거의 승가를 위하였던 까닭으로 마땅히 나누는 물건인 여러 옷을 보시하였다. 이 비구는 이렇게 사유하였다.

'이 주처의 여러 사람들이 승가를 위하는 까닭으로 마땅히 나누는 여러 옷을 보시하였다. 나 한 사람은 승가가 아니다. 내가 마땅히 장로 가섭 등의 여러 상좌 비구에게 가서 이 옷과 물건을 마땅히 누가 받아야 하는지 물어보아야겠다.'

곧 이 일로써 갖추어 여러 장로에게 물었고, 여러 장로가 말하였다.

"세존의 비니법(毘尼法)의 가운데에서 말씀하셨습니다.

'한 비구가 있어 한 주처에서 하안거를 하였고 이곳의 여러 사람들이 하안거의 승가를 위한 까닭으로 마땅히 나눌 물건인 여러 옷을 보시하였는데, 이 한 비구가 혼자서 하안거를 하였다면 이 옷을 마땅히 받도록 하라. 두 비구·세 비구·네 비구의 역시 이와 같고, 유주처와 무주처, 취락이 없는 아란야 처소에서도 역시 이와 같다.'

이와 같으니 이 옷을 마땅히 받으십시오."

세존께서는 사위국에 머무르셨다.

이때 급고독장자의 아들이 있어 승가라차(僧迦羅叉)라고 이름하였는데, 정수리에 결발(結髮[2])을 까닭으로 기림의 가운데에 나아가서 많은 음식을 베풀어 승가를 공양하였다. 여러 비구들이 많이 모였는데 1,250명이었다. 여러 거사들이 대중이 모인 것을 보고 이 가운데에서 승가를 위한 까닭으로 여러 옷을 보시하였는데, 마땅히 현전승가가 나누는 물건이었다. 구주 비구들이 말하였다.

"여름철의 마지막 달이고, 이곳에서는 가치나의를 받아야 합니다. 이 옷의 보시는 하안거의 승가가 마땅히 나누어야 합니다."

여러 비구들이 어떻게 해야 하는가를 알지 못하였으므로, 이 일로써 세존께 아뢰었다. 세존께서 말씀하셨다.

"비록 여름의 마지막 달이므로 주처에서 가치나의를 받아야 할지라도 인연이 있는 옷이므로 현전승가가 마땅히 나눌지니라."

---

2) 머리를 묶고 갓을 쓰는 것을 가리키므로 곧 어른이 되는 것을 말한다.

세존께서는 사위국에 머무르셨다.

아라한 비구가 있어 반열반을 하였고 이 비구를 위한 까닭으로 기림의 가운데에 나아가서 음식을 베풀어 승가를 공양하였다. 여러 비구들이 많이 모였는데 1,250명이었다. 여러 거사들이 대중이 모인 것을 보고 이 가운데에서 승가를 위한 까닭으로 여러 옷을 보시하였는데, 마땅히 현전승가가 나누는 물건이었다. 구주 비구들이 말하였다.

"여름철의 마지막 달이고, 이곳에서는 가치나의를 받아야 합니다. 이 옷의 보시는 하안거의 승가가 마땅히 나누어야 합니다."

여러 비구들이 어떻게 해야 하는가를 알지 못하였으므로, 이 일로써 세존께 아뢰었다. 세존께서 말씀하셨다.

"비록 여름의 마지막 달이고, 주처에서 가치나의를 받아야 할지라도 인연이 있는 옷이므로 현전승가가 마땅히 나눌지니라."

사미들이 와서 옷을 요구하였으나 여러 비구들은 주지 않고서 말하였다.

"세존께서는 '하안거의 옷은 사미에게도 마땅히 나누어주어야 하고, 비구의 법도인 물건도 따라서 마땅히 사미에게 나누어 주어야 한다.'고 말씀하셨으나, 세존께서 인연의 옷도 마땅히 나누어주라고 말씀하시지는 않으셨네."

이 일로써 세존께 아뢰었고, 세존께서 말씀하셨다.

"나누어주도록 허락하겠노라."

여러 비구들이 얼마나 나누어주어야 하는가를 알지 못하였으므로, 이 일로써 세존께 아뢰었다. 세존께서 말씀하셨다.

"여러 단월이 사미가 만약 서 있거나, 만약 앉아 있거나, 만약 차례로 스스로가 손으로 보시하였다면 마땅히 사미에게 귀속된다. 만약 단월이 분별하지 않았다면 주었던 물건을 차례로 나누고서 네 몫에서 한 몫을 사미에게 줄지니라."

세존께서는 사위국에 머무르셨다.

이때 급고독(給孤獨) 거사가 목숨을 마쳤던 까닭으로 기림도 무너졌다.

여러 비구들이 어떻게 해야 하는가를 알지 못하였으므로, 이 일로써 세존께 아뢰었다. 세존께서 말씀하셨다.

"비구들이 만약 수리할 수 있다면 곧 여법하게 수리하라."

여러 비구들이 수리하였으나 능히 완전히 고칠 수 없었고, 파괴(破壞)되었으므로 세존께 아뢰었다. 세존께서 말씀하셨다.

"급고독 거사에게 아들이 있어 승가라차라고 이름하느니라. 마땅히 말하라. '이 기림은 그대 아버지가 지은 것인데 지금은 잠시 쇠락하였네. 그대가 능히 수리하겠는가?'"

여러 비구들이 이르러 말하였다.

"승가라차여. 이 기림은 그대의 아버지가 지은 것인데 지금은 잠시 쇠락해졌습니다. 그대는 무슨 까닭으로 수리하지 않습니까?"

대답하여 말하였다.

"여러 대덕이시여. 저도 이전에 저의 부친이 18억 금으로 빈 땅을 사서 세존과 승가께 주었던 것을 알고 있습니다. 오늘날에 파괴된 것은 저의 일이 아닙니다. 승가께서 만약 기림을 저에게 주신다면 제가 마땅히 수리하겠습니다."

여러 비구들이 어떻게 해야 하는가를 알지 못하였으므로, 이 일로써 세존께 아뢰었다. 세존께서 말씀하셨다.

"마땅히 주어야 하느니라. 복덕을 크게 얻는 두 사람이 있다. 한 사람은 새롭게 일으키는 것이고, 한 사람은 보수하는 까닭으로 두 사람은 모두 무량한 복덕을 얻느니라. 어떻게 마땅히 주어야 하는가? 승가라차를 경계 안에 놓아두고서 한 비구가 마땅히 승가 가운데서 이와 같이 창언하라.

'대덕 승가께서는 허락하십시오. 이 기림에는 지금 주인이 없으므로 승가라차가 수리하고자 합니다. 만약 승가께서 때에 이르렀다면 승가께서는 허락하십시오. 승가시여. 기림은 주인이 없으니 수리하기 위한 까닭으로 마땅히 승가라차에게 주십시오. 이와 같이 아룁니다.'

'대덕 승가께서는 허락하십시오. 이 기림은 주인이 없으나 승가라차는 능히 수리할 수 있습니다. 이 기림은 주인이 없으므로 수리하기 위한 까닭이니 마땅히 승가라차에게 주십시오. 누구 여러 장로께서 기림을 승가라차에게 주어서 수리하는 것을 허락하신다면 묵연하시고, 누구라도 허락하시지 않는다면 곧 말씀하십시오. 승가시여. 기림은 주인이 없으므로 승가라차에게 주어서 수리하게 하는 것을 지어서 마쳤습니다. 승가께서 허락하신 것은 묵연하였던 까닭입니다. 이 일은 이와 같이 지니겠습니다.'

교살라국(憍薩羅國)의 한 주처에 한 비구가 머물고 있었다.

봄에 가치나의를 지었으나, 이 승가의 가운데에서 보시를 얻었다. 현전승가가 나누는 물건이었으므로 이 비구는 이와 같이 사유하였다.

'이 가운데의 주처에서 승가가 얻은 옷과 물건은 현전승가가 마땅히 나누는 물건이다. 나 한 사람은 승가가 아니다. 내가 무슨 까닭으로 세존의 처소에 이르러 묻지 않겠는가?'

이 비구는 곧 세존의 처소에 이르러 세존의 발에 머리숙여 예경하고 한쪽에 앉았다. 잠시 뒤에 이 일로써 갖추어 세존께 아뢰었고, 세존께서는 말씀하셨다.

"봄의 마지막 달에 가치나의는 끝났느니라."

교살라국의 한 주처에 한 비구가 머물고 있었다.

이 가운데의 승가에서 보시를 얻었고 현전승가가 나누는 물건이었다.

'나 한 사람은 승가가 아닙니다. 이 물건은 마땅히 어떻게 받아야 합니까?'

세존께서 말씀하셨다.

"한 비구가 한 주처에 머물렀는데, 여러 사람들이 승가를 위하였던 까닭으로 여러 옷을 보시하였고 현전승가가 마땅히 나눌 물품인 물건이라면, 이 비구는 이 얻은 옷을 가지고 마땅히 마음으로 생각하고 입으로 소리내어 말하도록 하라.

'이 옷은 승가가 얻은 물건이고 마땅히 나누는 물품이지만 마땅히

나에게 귀속되었습니다. 내가 보호하고, 내가 받으며, 내가 사용하겠습니다.'

이와 같이 짓도록 하라. 이것을 득갈마(得羯磨)라고 이름한다. 만약 다른 비구가 왔더라도 강제로 요구하여 얻을 수 없다. 만약 이와 같이 짓지 않았다면 이 비구는 이 옷을 마땅히 받을 수 없다. 만약 [짓지 않고서] 받았다면 돌길라죄를 얻고, 역시 마땅히 다른 비구와 함께 나누어야 한다. 만약 이와 같이 짓지 않고 옷을 가지고 그 경계를 벗어난다면 돌길라죄를 얻고, 역시 마땅히 다른 비구와 함께 나누도록 하라."

"만약 두 비구가 한 주처에 머물렀다면 마땅히 어떻게 나눠야 합니까?"

"마땅히 서로 돌아가면서 나누거나, 스스로가 나누어서 받아야 한다."

"무엇이 서로 돌아가면서 나누는 것(展轉分)입니까?"

"한 비구가 마땅히 이와 같이 말하도록 하라. '이 옷은 여러 사람이 승가를 위한 까닭으로 보시한 것이고, 여러 옷은 현전승가가 마땅히 나누는 물건입니다. 이것은 나의 몫으로 허락되었으니, 곧 몫을 그대인 장로께 드리겠습니다. 이 몫은 장로에게 귀속되었으므로 그대는 수호하고, 그대는 받으며, 그대는 사용하십시오.' 두 번째 비구 역시 이와 같은데, 이것을 서로 돌아가면서 나누는 것이라고 이름한다."

"무엇을 스스로가 받아서 나누는 것(自受分)이라고 합니까?"

"한 비구가 마땅히 이와 같이 말하도록 하라. '이 옷은 여러 사람이 승가를 위한 까닭으로 보시한 것이고, 여러 옷은 현전승가가 마땅히 나누는 물건입니다. 이 옷과 물건의 가운데에서 그와 같이 허락되었으니 그대는 마땅히 얻을 것이고 마땅히 그대에게 귀속되었습니다. 그대는 수호하고, 그대는 받으며, 그대는 사용하십시오.' 두 번째 비구 역시 이와 같은데, 이것을 스스로가 받아서 나누는 것이라고 이름한다."

이와 같이 짓도록 하라. 이것을 득갈마라고 이름한다. 만약 다른 비구가 왔더라도 강제로 요구하여 얻을 수 없다. 만약 이와 같이 짓지 않았다면 이 비구는 이 옷을 마땅히 받을 수 없다. 만약 [짓지 않고서] 받았다면 돌길라죄를 얻고, 역시 마땅히 다른 비구와 함께 나누도록 하라. 만약 이와 같이 짓지 않고 옷을 가지고 그 경계를 벗어난다면 돌길라죄를 얻고, 역시 마땅히 다른 비구와 함께 나누도록 하라."

"만약 세 비구가 있었고 한 주처에 머물렀다면 마땅히 어떻게 나눠야 합니까?"

"마땅히 세 비구는 서로 돌아가면서 나누거나, 스스로가 나누어 받거나, 만약 산가지(籌)를 내려놓으며 나누어야 한다. 무엇이 서로 돌아가면서 나누는 것인가? 앞에서 말한 것과 같고, 스스로가 받아서 나누는 것도 역시 이와 같다. 무엇이 주를 내려놓으며 나누는 것(墮籌分)인가? 이 옷을 두 몫으로 나누고서 이와 같이 말하도록 하라. '이 몫은 상좌들께 귀속되는 것이고 이 몫은 하좌들께 귀속되는 것입니다.' 다음 다시 차례대로 '이 몫은 하좌들께 귀속되고 이 몫은 상좌들께 귀속되는 것입니다.'라고 말한다. 이와 같이 지어서 마치고서 하나의 주를 내려놓도록 하라. 다른 비구가 보았다면 다시 주를 내려놓을 수 없다. 만약 주를 내려놓는다면 여러 비구들은 돌길라죄를 얻고, 역시 다른 비구들과 나누도록 하라. 만약 이와 같이 짓지 않고 그 경계를 벗어난다면 돌길라죄를 얻고, 마땅히 다른 비구와 함께 나누도록 하라."

"만약 네 비구가 있었고 한 주처에 머물렀다면 마땅히 어떻게 나눠야 합니까?"

"마땅히 네 비구는 서로 돌아가면서 나누거나, 만약 스스로가 나누어 받거나, 만약 주(籌)를 내려놓으며 나누거나, 만약 승가의 갈마로 나누어야 한다. 서로 돌아가면서 나누거나, 스스로가 받아서 나누거나, 주를 내려놓으며 나누는 것은 역시 앞에서와 같다. 무엇이 승가의 갈마로 나누는 것인가? 이 옷을 승가가 마땅히 갈마로 한 비구에게 주는 것이다. 일심으로 승가가 모였다면 승가의 가운데에서 한 비구가 마땅히 창언하라.

'대덕 승가께서는 허락하십시오. 이 옷은 이 주처의 승가가 얻은 것이고, 현전승가가 마땅히 나누는 물건입니다. 만약 승가께서 때에 이르렀다면 승가께서는 허락하십시오. 승가시여. 이 옷을 승가는 갈마를 지어서 누구 비구에게 주겠습니다. 이와 같이 아룁니다.'

아뢰고서 백이갈마를 짓는다.

'승가시여. 이 옷을 승가는 갈마를 지어서 누구 비구에게 주는 것을 마쳤습니다. 승가께서 허락하신 것은 묵연하였던 까닭입니다. 이 일은 이와 같이 지니겠습니다.'

만약 이 비구가 승가의 갈마로 주는 옷을 얻고 취하였으나, 기꺼이 돌려주지 않으면서 이와 같이 말하였다.

"진실한 보시는 옳게 주는 것이고, 옳게 취하는 것이며, 옳게 일을 판단하는 것입니다. 모두 승가에서 나왔는데 무슨 까닭으로 돌려주라고 요구합니까?"

세존께서 말씀하셨다.

"이 비구에게는 마땅히 이와 같이 가르쳐라. '이 보시는 청정함을 위한 까닭이니, 보시하십시오.' 돌려준다면 좋으나, 만약 돌려주지 않는다면 마땅히 강제로 빼앗고 돌길라의 죄로서 가르쳐서 참회시켜라."

이때 여러 사미들이 와서 옷을 구하였으나, 여러 비구들이 주지 않았으며 이와 같이 말하였다.

"세존께서 안거 때 받는 옷은 사미에게 몫을 주셨고, 비구의 필수품도 사미에게 몫을 주셨으며, 인연이 있는 옷도 사미에게 몫을 나누어주셨으나, 비시의(非時衣)도 사미에게 몫을 나누어주라고 말씀하시지 않으셨네."

이 일로써 세존께 아뢰었고, 세존께서는 말씀하셨다.

"마땅히 나누어주도록 하라."

여러 비구들이 얼마나 나누어주어야 하는가를 알지 못하였으므로, 이 일로써 세존께 아뢰었다. 세존께서 말씀하셨다.

"여러 단월이 사미가 만약 서 있거나, 만약 앉아 있거나, 만약 차례로 스스로가 손으로 보시하였다면 마땅히 사미에게 귀속된다. 만약 이와 같지 않게 주었다면 네 번째의 몫을 사미에게 줄지니라."

세존께서는 사위국에 머무르셨다.

교살라국의 한 주처에서 한 비구가 있었고 목숨을 마쳤다. 여러 비구들이 옷과 발우를 어떻게 해야 하는가를 알지 못하였으므로, 이 일로써 세존께 아뢰었다. 세존께서 말씀하셨다.

"마땅히 갈마로 한 비구에게 주어라. 갈마는 화합한 승가의 가운데에서 한 비구가 창언하라.

'대덕 승가께서는 허락하십시오. 누구 비구가 목숨을 마쳤고, 이 비구가 소유하였던 생활용품으로 가벼운 물건으로 만약 옷이거나, 만약 옷이 아니더라도 현전승가가 마땅히 나누는 물건입니다. 승가께서는 갈마로 누구 비구에게 주십시오. 만약 승가께서 때에 이르렀다면 승가께서는 허락하십시오. 누구 비구가 목숨을 어디에서 마쳤고, 이 비구가 소유하였던 생활용품으로 가벼운 물건으로 만약 옷이거나, 만약 옷이 아니더라도 현전승가가 마땅히 나누는 물건입니다. 승가시여. 갈마로 누구 비구에게 주겠습니다. 이와 같이 아룁니다.'

'대덕 승가께서는 허락하십시오. 누구 비구가 목숨을 마쳤고, 이 비구가 소유하였던 생활용품으로 가벼운 물건으로 만약 옷이거나, 만약 옷이 아니더라도 현전승가가 마땅히 나누는 물건입니다. 승가시여. 누구 비구가 목숨을 마쳤고, 이 비구가 소유하였던 생활용품으로 가벼운 물건으로 만약 옷이거나, 만약 옷이 아니더라도 현전승가가 마땅히 나눌 물건입니다. 여러 장로시여. 누구 비구가 목숨을 마쳤고, 이 비구가 소유하였던 생활용품으로 가벼운 물건으로 만약 옷이거나, 만약 옷이 아니더라도 현전승가가 마땅히 나누는 물건을 갈마로 누구 비구에게 주겠습니다.

이것을 장로들께서 허락하신다면 묵연하시고 만약 허락하시지 않는다면 곧 말씀하십시오. 승가시여. 누구 비구가 목숨을 마쳤고, 이 비구가 소유하였던 생활용품으로 가벼운 물건으로 만약 옷이거나, 만약 옷이 아니더라도 현전승가가 마땅히 나눌 물건입니다. 승가께서는 갈마로 누구 비구에게 주는 것을 마쳤습니다. 승가께서 허락하신 것은 묵연하였던 까닭입니다. 이 일은 이와 같이 지니겠습니다.'"

교살라국의 한 주처에서 한 비구가 목숨을 마쳤다.

이 비구의 옷과 발우를 나누었고 여러 비구들에게 물었다.

"누가 이 병든 비구를 보살폈습니까?"

비구가 있어 말하였다.

"나입니다."

승가가 말하였다.

"이 죽은 사람을 메고 가십시오."

비구가 말하였다.

"대덕이여. 나는 전타라도 아니고 나병 환자도 아닙니다. 옷과 발우 등의 물건은 승가가 나누었는데 내가 무슨 까닭으로 죽은 사람을 메고 떠나가야 합니까? 이 사람이 살아있을 때에 나는 공경하고 애념(愛念)하였으므로 나는 이미 보답하였습니다. 이 죽은 사람의 물건을 누구라도 얻고자 한다면 메고 가십시오."

여러 비구들이 어떻게 해야 하는가를 알지 못하였으므로, 이 일로써 세존께 아뢰었다. 세존께서는 말씀하셨다.

"마땅히 먼저 간병한 비구에게 여섯 종류의 물건을 줄 것이고, 나머지의 사소한 물건은 대중이 나누도록 하라. 중요한 물건은 마땅히 나누지 말라."

"간병인에게 여섯 종류의 물건을 어떻게 주어야 합니까?"

"일심으로 승가가 화합하였다면 승가의 가운데에서 한 비구가 마땅히 창언하라

'대덕 승가께서는 허락하십시오. 누구 비구는 목숨을 마쳤고, 이 비구가 소유하였던 여섯 종류의 물건은 현전승가가 마땅히 나누는 물건입니다. 승가께서는 갈마로 간병인에게 주십시오. 만약 승가께서 때에 이르렀다면 승가께서는 허락하십시오. 누구 비구는 목숨을 마쳤고, 이 비구가 소유하였던 여섯 종류의 물건은 현전승가가 마땅히 나누는 물건입니다. 승가께서는 갈마로 간병인에게 주십시오. 이와 같이 아뢥니다.'

'대덕 승가께서는 허락하십시오. 누구 비구는 목숨을 마쳤고, 이 비구가 소유하였던 여섯 종류의 물건은 현전승가가 마땅히 나누는 물건입니다.

승가께서는 갈마로 간병인에게 주십시오. 만약 승가께서 때에 이르렀다면 승가께서는 허락하십시오. 누구 비구는 목숨을 마쳤고, 이 비구가 소유하였던 여섯 종류의 물건은 현전승가가 마땅히 나누는 물건입니다. 승가께서는 갈마로 간병인에게 주십시오. 여러 장로들께서 누구 비구는 목숨을 마쳤고, 이 비구가 소유하였던 여섯 종류의 물건은 현전승가가 마땅히 나누는 물건이나, 승가께서 갈마로 간병인에게 주는 것을 허락하신다면 묵연하시고 만약 허락하시지 않는다면 곧 말씀하십시오.

승가시여. 누구 비구가 목숨을 마쳤고, 이 비구가 소유하였던 여섯 종류의 물건은 현전승가가 마땅히 나눌 물건이나, 승가께서 갈마로 간병인에게 주는 것을 인정하셨으므로 주어서 마쳤습니다. 승가께서 허락하신 것은 묵연하였던 까닭입니다. 이 일은 이와 같이 지니겠습니다.'"

교살라국의 한 주처에서 한 비구가 목숨을 마쳤다.

이 비구의 옷과 발우를 여러 곳에 맡겨두었는데, 이 비구의 옷과 물건들을 현전승가가 나누었다. 승가가 물었다.

"간병 비구는 누구입니까? 누가 공양하고 보살폈습니까?"

대답하여 말하였다.

"우리들입니다."

승가가 말하였다.

"그대들이 그 여러 곳에 맡겨둔 옷을 찾아서 취하십시오."

여러 간병인들은 맡겨두었던 여러 곳에서 옷을 취하고자 요구하였다. 간병인들은 가서 요구하였으나 얻지 못하였고 곧 투쟁하며 서로를 비난하였다. 이 일로써 세존께 아뢰었고, 세존께서는 말씀하셨다.

"현전하는 여섯의 물건은 먼저 간병인에게 줄 것이고, 나머지의 사소한 물건은 대중이 나누도록 하라. 중요한 물건은 마땅히 나누지 말라."

교살라국의 한 주처에서 한 비구가 목숨을 마쳤다.

이 비구에게는 옷이 많았고 발우와 재물도 많았다. 이 비구가 무슨 승가리와, 무슨 울다라승, 무슨 안타회, 무슨 발우, 무슨 녹수낭, 무슨 니사단을 사용하였는가를 알지 못하였다. 이 일로써 세존께 아뢰었고, 세존께서는 말씀하셨다.

"누가 근본의 간병인인가를 확인하여 그 간병인에게 먼저 병자가 '무슨 승가리, 무슨 울다라승, 무슨 안타회, 무슨 발우, 무슨 녹수낭, 무슨 니사단 등을 수용하였는가?'라고 마땅히 물도록 하라. 만약 이와 같이 물었다면 여섯의 물건은 간병인에게 줄 것이고, 나머지의 사소한 물건은 대중이 나누도록 하라. 중요한 물건은 마땅히 나누지 말라. 만약 이와 같이 묻지도 않았거나, 만약 알 수 없거나, 믿을 수 없다면 간병인에게 너무 좋지도 않고 너무 나쁘지도 않은 여섯의 물건을 줄 것이고, 나머지의 사소한 물건은 대중이 나누도록 하라. 중요한 물건은 마땅히 나누지 말라."

교살라국의 한 주처에서 한 비구가 목숨을 마쳤다.

승가는 죽은 비구의 시신 앞에서 옷과 발우를 나누었다. 이때 죽은 비구가 움직이면서 다시 일어났고 여러 비구들에게 말하였다.

"여러 대덕이신 상좌여. 나의 옷과 발우 등의 물건을 나누지 마십시오."

여러 비구들이 어떻게 해야 하는가를 알지 못하였으므로, 이 일로써 세존께 아뢰었다. 세존께서 말씀하셨다.

"죽은 시체의 앞에서 나누지 말라. 만약 시체를 가지고 떠났거나, 만약 승가가 다른 곳에 있었다면 마땅히 나눌지니라."

교살라국에서 여학사미(與學沙彌)가 목숨을 마쳤다.

이 옷과 발우를 여러 비구들이 어떻게 해야 하는가를 알지 못하였으므로, 이 일로써 세존께 아뢰었다. 세존께서 말씀하셨다.

"죽었던 당시의 현전승가가 옷과 발우 등의 물건을 나누어야 하느니라."

교살라국의 한 주처에 사미가 있었고 목숨을 마쳤다.

여러 비구들이 어떻게 해야 하는가를 알지 못하였으므로, 이 일로써 세존께 아뢰었다. 세존께서 말씀하셨다.

"입었던 내의와 겉옷은 간병인에게 주어야 줄 것이고, 나머지의 사소한 물건은 대중이 나누도록 하라. 중요한 물건은 마땅히 나누지 말라."

"어떻게 마땅히 주어야 합니까?"

"일심으로 승가가 화합하였다면 승가의 가운데에서 한 비구가 마땅히 창언하라.

'대덕 승가께서는 허락하십시오. 누구 사미가 목숨을 마쳤고, 이 사미는 내의와 겉옷을 소유하고 있습니다. 만약 승가께서 때에 이르렀다면 승가께서는 허락하십시오. 승가시여. 누구 비구가 목숨을 마쳤고, 내의와 겉옷은 현전승가가 마땅히 나누는 물건입니다. 승가시여. 갈마로 간병인에게 주십시오. 이와 같이 아뢰니다.'

'대덕 승가께서는 허락하십시오. 누구 사미가 목숨을 마쳤고, 이 사미가 소유한 내의와 겉옷은 현전승가가 마땅히 나누는 물건입니다. 승가께서는 갈마로 간병인에게 주십시오. 여러 장로께서는 누구 사미가 목숨을 마쳤고, 이 사미가 소유한 내의와 겉옷은 현전승가가 마땅히 나누는 물건이고, 승가께서는 갈마로 간병인에게 주는 것을 허락하신다면 묵연하시고 만약 허락하시지 않는다면 곧 말씀하십시오. 승가시여. 누구 사미가 목숨을 마쳤고, 이 사미가 소유한 내의와 겉옷은 현전승가가 마땅히 나눌 물건이며, 승가께서는 갈마로 간병인에게 주는 것을 마쳤습니다. 승가께서 허락하신 것은 묵연하였던 까닭입니다. 이 일은 이와 같이 지니겠습니다.'"

세존께서는 사위국에 머무르셨다.

장로 우바리가 세존께 물어 말하였다.

"나눌 수 있는 물건이 있고, 나눌 수 없는 물건이 있습니다. 무엇이 나눌 수 있는 물건이고, 무엇이 나눌 수 없는 물건입니까?"

세존께서 말씀하셨다.

"일체의 밭과 논, 일체의 방사, 일체의 평상·의자·와구, 일체의 정교한 수레, 일체의 투박한 수레·반장거(半莊車)·가마는 마땅히 나눌 수 없느니

라. 일체의 철(鐵)인 물건은 마땅히 나눌 수 없으나, 두 되 이하만 담을 수 있는 솥과 병은 제외하므로 마땅히 나누도록 하라. 발우·작은 발우·반발우·건자·소건자·면도칼·족집게·손톱깎이·바늘·칼·열쇠·둥근 열쇠·면도칼 집·수세미·관비통(灌鼻筒)·다리미·향로·발우 말리는 걸이·옷걸이·벽걸이·숟가락·발우 받침·선진(禪鎭)[3]도 제외된다. 앞의 이러한 물건을 제외하고 나머지의 일체의 철물을 마땅히 나눌 수 없다.

일체의 구리(銅)인 물건은 마땅히 나눌 수 없으나, 두 되 이하만 담을 수 있는 솥과 병은 제외하므로 마땅히 나누도록 하라. 대야·옹기 덮개·칼집·수세미·관비통·다리미·향로·발우 말리는 걸이·옷걸이·벽걸이·선진·숟가락·발우 받침도 제외된다. 앞의 이러한 물건을 제외하고 나머지의 일체의 구리 물건을 마땅히 나눌 수 없다.

일체의 돌(石)인 물건은 마땅히 나눌 수 없으나, 두 되 이하만 담을 수 있는 솥과 병은 제외하므로 마땅히 나누도록 하라. 물병·대야·물 뚜껑·수세미·관비통·다리미·향로·발우 말리는 걸이·선진도 제외된다. 앞의 이러한 물건을 제외하고 나머지의 일체의 돌 물건을 마땅히 나눌 수 없다. 일체의 수정(晶)인 물건은 마땅히 나눌 수 없으나, 솥·발우 말리는 걸이·향로·다리미는 제외된다. 나머지는 앞에서 설명한 것과 같다.

일체의 질그릇(瓦)인 물건은 마땅히 나눌 수 없고, 두 되 이하만 담을 수 있는 솥과 병은 제외하므로 마땅히 나누도록 하라. 물병·대야·물 뚜껑·발우·작은 발우·반 발우·건자·소건자·칼집·수세미·관비통·다리미·향로·선진 등도 제외된다. 앞의 이러한 물건을 제외하고 나머지의 일체의 질그릇의 물건을 마땅히 나눌 수 없다.

일체의 조개(貝)인 물건은 마땅히 나눌 수 없으나, 칼집·수세미·관비통·다리미·선진·향로·발우 말리는 걸이·옷걸이·약상자·숟가락·발우 받침 등은 제외된다. 이러한 일체의 조개 물건들은 마땅히 나누어야 하고,

---

3) 좌선(坐禪)할 때 졸음을 깨우는 도구이다. 나뭇조각을 발전 홀(笏) 모양으로 만들어 가운데에 구멍을 뚫고 가는 끈으로 꿰어 귀에 걸고 머리에 이는데, 머리가 숙여지면 이것이 떨어져 잠을 깨게 된다.

나머지의 일체는 마땅히 나눌 수 없다. 일체의 상아 물건도 역시 이와 같다.

일체의 뿔(角)인 물건은 마땅히 나눌 수 없으나, 두 되 이하만 담을 수 있는 솥과 병은 제외하므로 마땅히 나누도록 하라. 칼집·옷걸이·벽걸이·수세미·관비통·선진·약상자·숟가락·발우 받침도 제외된다. 일체의 뿔인 물건들은 마땅히 나누어야 하고, 나머지의 일체는 마땅히 나눌 수 없다.

일체의 가죽(皮)인 물건도 마땅히 나눌 수 없으나, 반 되 이하의 소(酥)와 기름을 담는 주머니와 각반·가죽신·신발 끈·사슴 가죽·마름질한 가죽·발을 싸매는 가죽 등은 제외되므로 마땅히 나누도록 하라.

일체의 나무(木)인 물건도 마땅히 나눌 수 없으나, 반 되 이하를 담을 수 있는 물 잔·물병·대야·옹기 뚜껑·칼집·수세미·옷걸이·발우걸이·벽걸이·발우 받침·선진은 제외된다. 이와 같은 나무인 물건들은 나눌 수 있으나, 나머지의 일체는 마땅히 나눌 수 없다.

일체의 대나무(竹)인 물건도 마땅히 나눌 수 없으나, 우산·부채·상자·돗자리·지팡이 등은 제외되므로 마땅히 나누도록 하라.

일체의 지토(赭土)는 마땅히 나눌 수 없고, 일체의 염색약을 끓였거나, 끓이지 않았더라도 마땅히 나눌 수 없다."

세존께서는 사위국에 머무르셨다.

이때 여러 비구들에게 말씀하셨다.

"주처에 있어 계를 지키는 한 비구와 쫓겨난 한 비구가 함께 머물렀는데, 만약 계를 지키는 비구가 목숨을 마쳤다면, 옷과 물건은 쫓겨난 비구에게 귀속된다. 만약 쫓겨난 비구가 목숨을 마쳤다면, 옷과 물건은 계를 지키는 비구에게 귀속된다. 만약 다른 쫓겨난 다른 비구가 왔더라도 마땅히 나누어줄 수 없다. 주처에 있어 계를 지키는 한 비구와 쫓겨난 두 비구가 함께 머물렀는데, 만약 계를 지키는 비구가 목숨을 마쳤다면, 옷과 물건은 쫓겨난 비구에게 귀속된다. 만약 쫓겨난 비구가 목숨을 마쳤다면, 옷과 물건은 계를 지키는 한 비구에게 귀속된다. 만약 다른 쫓겨난 다른 비구가 왔더라도 마땅히 나누어줄 수 없다.

주처에 있어 계를 지키는 한 비구와 쫓겨난 세 비구가 함께 머물렀는데, 만약 계를 지키는 비구가 목숨을 마쳤다면, 옷과 물건은 쫓겨난 비구에게 귀속된다. 만약 쫓겨난 비구가 목숨을 마쳤다면, 옷과 물건은 계를 지키는 한 비구에게 귀속된다. 만약 다른 쫓겨난 다른 비구가 왔더라도 마땅히 나누어줄 수 없다. 주처에 있어 계를 지키는 한 비구와 쫓겨난 네 비구가 함께 머물렀는데, 만약 계를 지키는 비구가 목숨을 마쳤다면, 옷과 물건은 쫓겨난 비구에게 귀속된다. 만약 쫓겨난 비구가 목숨을 마쳤다면, 옷과 물건은 계를 지키는 한 비구에게 귀속된다. 만약 다른 쫓겨난 다른 비구가 왔더라도 마땅히 나누어줄 수 없다.

주처에 있어 계를 지키는 두 비구와 쫓겨난 한 비구가 함께 머물렀거나, 계를 지키는 두 비구와 쫓겨난 두 비구가 함께 머물렀거나, 계를 지키는 두 비구와 쫓겨난 세 비구가 함께 머물렀거나, 계를 지키는 두 비구와 쫓겨난 네 비구가 함께 머물렀어도 역시 이와 같다. 주처에 있어 계를 지키는 세 비구와 쫓겨난 한 비구가 함께 머물렀거나, 계를 지키는 세 비구와 쫓겨난 두 비구가 함께 머물렀거나, 계를 지키는 세 비구와 쫓겨난 세 비구가 함께 머물렀거나, 계를 지키는 세 비구와 쫓겨난 네 비구가 함께 머물렀어도 역시 이와 같다.

주처에 있어 계를 지키는 네 비구와 쫓겨난 한 비구가 함께 머물렀거나, 계를 지키는 네 비구와 쫓겨난 두 비구가 함께 머물렀거나, 계를 지키는 네 비구와 쫓겨난 세 비구가 함께 머물렀거나, 계를 지키는 네 비구와 쫓겨난 네 비구가 함께 머물렀어도 역시 이와 같다. 주처에 있어 쫓겨난 한 비구와 계를 지키는 한 비구가 함께 머물렀는데, 만약 쫓겨난 한 비구가 목숨을 마쳤다면, 옷과 물건은 계를 지키는 비구에게 귀속된다. 만약 계를 지키는 비구가 목숨을 마쳤다면, 옷과 물건은 쫓겨난 비구에게 귀속된다. 만약 계를 지키는 다른 비구가 왔다면 마땅히 주도록 하라.

주처에 있어 쫓겨난 한 비구와 계를 지키는 두 비구가 함께 머물렀거나,

쫓겨난 한 비구와 계를 지키는 세 비구가 함께 머물렀거나, 쫓겨난 한 비구와 계를 지키는 네 비구가 함께 머물렀어도 역시 이와 같다. 주처에 있어 쫓겨난 두 비구와 계를 지키는 한 비구가 함께 머물렀거나, 쫓겨난 두 비구와 계를 지키는 두 비구가 함께 머물렀거나, 쫓겨난 두 비구와 계를 지키는 세 비구가 함께 머물렀거나, 쫓겨난 두 비구와 계를 지키는 네 비구가 함께 머물렀어도 역시 이와 같다.

주처에 있어 쫓겨난 세 비구와 계를 지키는 한 비구가 함께 머물렀거나, 쫓겨난 세 비구와 계를 지키는 두 비구가 함께 머물렀거나, 쫓겨난 세 비구와 계를 지키는 세 비구가 함께 머물렀거나, 쫓겨난 세 비구와 계를 지키는 네 비구가 함께 머물렀어도 역시 이와 같다. 주처에 있어 쫓겨난 네 비구와 계를 지키는 한 비구가 함께 머물렀거나, 쫓겨난 네 비구와 계를 지키는 두 비구가 함께 머물렀거나, 쫓겨난 네 비구와 계를 지키는 세 비구가 함께 머물렀거나, 쫓겨난 네 비구와 계를 지키는 네 비구가 함께 머물렀어도 역시 이와 같다."

교살라국의 한 주처에서 두 비구가 머물렀다.

한 비구가 목숨을 바쳤으므로 이 한 비구가 이와 같이 사유하였다.

'세존의 비니의 가운데에서 <만약 비구가 목숨을 마쳤을 때에는 현전승가의 가운데에서 옷과 발우 등의 물건을 마땅히 나누어야 한다.>고 말씀하셨다. 나의 한 사람은 승가가 아니다. 내가 마땅히 세존의 처소로 가서 이 옷과 발우와 물건들이 누구에게 귀속되는가를 물어야겠다.'

곧 세존의 처소로 나아가서 발에 머리숙여 예경하고 한쪽에 앉았다. 잠시 뒤에 물러나서 앉았으며 세존께 아뢰어 말하였다.

"대덕이시여. 저희 두 비구가 교살라국에서 머물렀는데, 한 비구가 목숨을 마쳤으므로 저는 이와 같이 사유하였습니다.

'세존의 비니의 가운데에서 <만약 비구가 목숨을 마쳤을 때에는 현전승가의 가운데에서 옷과 발우 등의 물건을 마땅히 나누어야 한다.>고 말씀하셨다. 나의 한 사람은 승가가 아니다.'

제가 지금 세존께 묻습니다. 이 옷과 발우와 물건들은 누구에게 귀속되는 것입니까?"

세존께서 말씀하셨다.

"두 비구가 한 처소에 함께 머물렀는데 한 비구가 목숨을 마쳤다면, 곧 목숨을 마친 때에 다른 한 비구는 마땅히 마음속으로 생각하고 입으로 말하도록 하라.

'누구 비구가 목숨을 마쳤습니다. 이 비구가 소유하였던 생활용품의 사소한 물건이 지금 이곳에 있습니다. 만약 옷이거나, 옷이 아니더라도 현전승가가 나눌 물건이므로, 이러한 물건은 나에게 귀속됩니다. 나는 수호하고, 나는 받아 지니며, 나는 사용하겠습니다.'

이와 같이 갈마를 지어서 마치도록 하라. 만약 다른 비구가 와서 강제를 찾아서 얻을 수 없다. 만약 이와 같이 짓지 않았다면 이 비구의 옷과 발우 등의 물건을 마땅히 받을 수 없다. 만약 받는다면 돌길라죄를 범하며 역시 마땅히 다른 비구와 나누어야 한다. 만약 이와 같이 짓지 않고서 경계를 벗어난다면 돌길라죄를 범하며 역시 마땅히 다른 비구와 나누도록 하라.

만약 세 비구가 한 주처에 있었는데, 한 비구가 목숨을 마쳤다면, 남은 두 비구 두 사람은 이 옷과 발우 등의 물건을 만약 돌아가면서 나누거나, 스스로 받아서 나누도록 하라. 무엇이 서로 돌아가면서 나누는 것인가? 한 비구가 마땅히 이와 같이 생각하고 말하도록 하라.

'장로 누구 비구가 목숨을 마쳤습니다. 이 비구가 소유하였던 생활용품은 사소한 물건으로, 만약 옷이거나, 옷이 아니더라도 현전승가가 마땅히 나누어야 합니다. 이것의 이만큼 물건의 몫은 저에게 귀속되니, 이 몫을 그대 장로께 드리겠습니다. 이 몫은 그대가 스스로가 수호하고, 스스로가 받아 지니며, 스스로가 수용하십시오.'

제2의 비구도 역시 이와 같이 생각하면서 말하도록 하라.

'장로 누구 비구가 목숨을 마쳤습니다. 이 비구가 소유하였던 생활용품은 사소한 물건으로, 만약 옷이거나, 옷이 아니더라도 현전승가가 마땅히 나누어야 합니다. 이것의 이만큼 물건의 몫은 저에게 귀속되니, 이 몫을 그대 장로께 드리겠습니다. 이 몫은 그대가 스스로가 수호하고, 스스로가 받아 지니며, 스스로가 수용하십시오.'

이것이 서로 돌아가면서 나누는 것이다.

무엇이 스스로 받아서 나누는 것인가? 한 비구가 마땅히 이와 같이 생각하고 말하도록 하라.

'장로 누구 비구가 목숨을 마쳤습니다. 이 비구가 소유하였던 생활용품은 사소한 물건으로, 만약 옷이거나, 옷이 아니더라도 현전승가가 마땅히 나누어야 합니다. 이것의 이만큼 물건의 몫은 저에게 귀속되니, 이 몫을 그대 장로께 드리겠습니다. 이 몫은 그대가 스스로가 수호하고, 스스로가 받아 지니며, 스스로가 수용하십시오.'

제2의 비구도 역시 이와 같이 생각하면서 말하도록 하라.

'장로 누구 비구가 목숨을 마쳤습니다. 이 비구가 소유하였던 생활용품은 사소한 물건으로, 만약 옷이거나, 옷이 아니더라도 현전승가가 마땅히 나누어야 합니다. 이것의 이만큼 물건의 몫은 저에게 귀속되니, 이 몫을 그대 장로께 드리겠습니다. 이 몫은 그대가 스스로가 수호하고, 스스로가 받아 지니며, 스스로가 사용하십시오.'

이것이 스스로가 받아서 나누는 것이다.

이와 같이 갈마를 짓도록 하라. 만약 다른 비구가 와서 강제를 찾아서 얻을 수 없다. 만약 이와 같이 짓지 않았다면 이 비구의 옷과 발우 등의 물건을 마땅히 받을 수 없다. 만약 받는다면 돌길라죄를 범하며 역시 마땅히 다른 비구와 나누어야 한다. 만약 이와 같이 짓지 않고서 경계를 벗어난다면 돌길라죄를 범하며 역시 마땅히 다른 비구와 나누도록 하라.

만약 네 비구가 주처에 함께 머물렀는데 한 비구가 목숨을 마쳤다면, 남은 세 비구는 만약 돌아가면서 나누거나, 만약 스스로가 받아서 나누거나, 만약 주를 내려놓으며 나누어야 한다. 서로 돌아가면서 나누는 것과 스스로가 받아서 나누는 것은 앞에서 말한 것과 같다.

무엇이 주를 내려놓으며 나누는 것인가? 이 옷과 발우와 물건을 두 몫으로 나누고 마땅히 이와 같이 말하라.

'이 몫은 상좌들께 귀속되고 이 몫은 하좌들께 귀속됩니다. 만약 이 몫이 하좌들께 귀속된다면 이 몫은 상좌들께 귀속됩니다.'

이와 같이 짓고서 주를 하나 내려놓아야 한다. 다른 비구가 보았다면 다시 주를 내려놓을 수 없다. 만약 두 번째의 주를 내려놓는다면 여러 비구는 돌길라죄를 얻고, 역시 다른 비구들과 나누어야 한다. 만약 이와 같이 짓지 않고 그 경계를 벗어난다면 돌길라죄를 얻고, 마땅히 다른 비구와 함께 나누도록 하라.

만약 다섯 비구가 주처에 함께 머물렀는데 한 비구가 목숨을 마쳤다면, 남은 네 비구는 만약 돌아가면서 나누거나, 만약 스스로가 받아서 나누거나, 만약 주를 내려놓으며 나누거나, 만약 갈마로 나누도록 하라. 서로 돌아가면서 나누는 것과 스스로가 받아서 나누는 것과 주를 내려놓으며 나누는 것은 앞에서 말한 것과 같다.

무엇을 갈마로 나누는 것이라고 말하는가? 이 옷과 발우 등의 물건을 승가가 마땅히 갈마로 한 비구에게 주는 것이다.

"일심으로 승가가 화합하였다면 승가의 가운데에서 한 비구가 마땅히 창언하라.

'대덕 승가께서는 허락하십시오. 누구 비구는 목숨을 마쳤고, 소유하였던 생활용품은 사소한 물건으로, 만약 옷이거나, 옷이 아니더라도 현전승가가 마땅히 나누는 물건입니다. 만약 승가께서 때에 이르렀다면 승가께서는 허락하십시오. 승가시여. 누구 비구는 목숨을 마쳤고, 소유하였던 생활용품은 사소한 물건으로, 만약 옷이거나, 옷이 아니더라도 현전승가가 마땅히 나눌 물건입니다. 승가께서는 마땅히 갈마로 누구 비구에게 주십시오. 이와 같이 아룁니다.'

아뢰고서 백이갈마를 짓는다.

'승가시여. 누구 비구에게 갈마를 지어서 주었습니다. 누구 비구가 목숨을 마쳤고, 소유하였던 생활용품은 사소한 물건으로, 만약 옷이거나, 옷이 아니더라도 현전승가가 마땅히 나눌 물건입니다. 승가께서는 갈마로 누구 비구에게 주는 것을 마쳤습니다. 승가께서 허락하신 것은 묵연하였던 까닭입니다. 이 일은 이와 같이 지니겠습니다.'"

승가가 갈마를 지어서 비구에게 옷과 발우 등의 물건을 주었는데, 이 비구는 스스로가 수용하였고 기꺼이 돌려주지 않으면서 말하였다.

"일체의 승가가 여법하게 주었고, 여법하게 취하였으며, 여법하게 서약하였고, 여법하게 말하였는데 지금 무슨 까닭으로 돌려달라고 요구하는가?"

세존께서 말씀하셨다.

"마땅히 이와 같이 말하라. '비구는 청정하려는 까닭으로 그대에게 보시하였습니다. 마땅히 승가께 돌려주십시오.' 만약 돌려준다면 좋으나, 만약 돌려주지 않는다면 마땅히 강제로 빼앗고 돌길라죄로서 가르쳐서 참회시키도록 하라."

여러 사미가 와서 이러한 옷을 요구하였으나, 여러 비구들이 주지 않았다.

"세존께서 말씀하셨네. '자자한 옷의 몫은 마땅히 줄 것이고, 비구법에 따른 물건도 마땅히 줄 것이며, 인연의 옷의 몫도 마땅히 줄 것이고, 비시의 몫도 마땅히 줄 것이니라. 세존께서는 목숨을 바친 비구 옷의 몫을 마땅히 주라고는 말씀하시지 않으셨네.'"

이 일로써 세존께 아뢰었고, 세존께서는 말씀하셨다.

"나누어주는 것을 허락하겠노라."

여러 비구들이 얼마나 나누어주어야 하는가를 알지 못하였으므로, 이 일로써 세존께 아뢰었다. 세존께서 말씀하셨다.

"마땅히 네 몫으로 나누고서 네 번째 몫을 사미에게 주도록 하라."

세존께서 말씀하셨다.

"여러 비구인 수법비구(受法比丘)가 있었고, 불수법비구(不受法比丘)의 가운데 머물렀는데, 수법비구가 목숨을 마쳤다면, 여러 불수법비구는 수법비구들의 처소로 사자를 보내어 말하도록 하라.

'그대들의 한 비구가 여기에서 목숨을 마쳤으니, 옷과 발우 등의 물건을 가져가십시오.'

수법의 여러 비구들이 만약 취하여 간다면 좋으나, 만약 취하지 않는다면 마땅히 사방승방(四方僧房)의 와구로 충당하라.

만약 불수법비구가 수법비구의 가운데에 머물렀는데, 불수법비구가 목숨을 마쳤다면, 여러 수법비구는 불수법비구들의 처소로 사자를 보내어 말하도록 하라.

'그대들의 한 비구가 여기에서 목숨을 마쳤으니, 옷과 발우 등의 물건을 가져가십시오.'

수법의 여러 비구들이 만약 취하여 간다면 좋으나, 만약 취하지 않는다면 마땅히 사방승방의 와구로 충당하라.

여러 수법비구들이 있었고 한 비구를 내쫓았으므로 불수법비구의 처소로 가서 말하였다.

"여러 대덕이여. 저의 죄를 없애서 청정하게 하십시오. 제가 마땅히 불수법(不受法)을 짓겠습니다."

(세존께서 말씀하셨다.)

"만약 그 죄를 없애지 못하고 목숨을 마쳤다면 여러 수법비구에게 마땅히 옷과 발우 등의 물건을 돌려주어야 하고, 만약 죄를 없애고 목숨을 마쳤다면 옷과 발우 등의 물건은 여러 불수법비구에게 귀속된다."

여러 불수법비구들이 있었고 한 비구를 내쫓았으므로 수법비구의 처소로 가서 말하였다.

"여러 대덕이여. 저의 죄를 없애서 청정하게 하십시오. 제가 마땅히 수법을 짓겠습니다."

(세존께서 말씀하셨다.)

"만약 그 죄를 없애지 못하고 목숨을 마쳤다면 여러 불수법비구에게 마땅히 옷과 발우 등의 물건을 돌려주어야 하고, 만약 죄를 없애고 목숨을 마쳤다면 옷과 발우 등의 물건은 여러 수법비구에게 귀속된다."

한 비구가 있었고 마땅히 버려야 할 옷이 있었으므로, 이 비구는 육군비구에게 주었다. 육군비구는 취하여 스스로가 수용하였고 기꺼이 돌려주지 않았다. 이때 다른 여러 비구들이 고뇌하였는데, 능히 청정하게 믿을 수 있는 비구를 얻지 못하였던 것이다. 세존께서는 여름의 마지막 달에 여러 나라를 유행하셨고, 여러 비구들은 새로 물들인 옷을 입었으나 이 비구는 낡고 찢어진 옷을 입고 있었다. 세존께서는 이 비구를 보시고 아시면서 일부러 이 비구에게 물으셨다.

"그대는 무슨 까닭으로 낡고 찢어진 옷을 입고 있는가?"

대답하여 말하였다.

"저에게 마땅히 버려야 할 옷이 있어서 육군비구에게 주었습니다. 육군비구가 취하여 스스로가 수용하였고 기꺼이 돌려주지 않았습니다. 역시 다른 비구들도 고뇌하였으니, 능히 청정하게 믿을 수 있는 비구를 얻지 못하였던 것이었습니다."

세존께서 말씀하셨다.

"이것은 청정하려는 까닭으로 보시하는 것이다. 이때 비구는 곧 마땅히 돌려주어 취하게 하라. 만약 취하여 얻는다면 좋으나, 만약 돌려주지 않는다면 강제로 빼앗고 돌길라죄로서 가르쳐서 참회시키라."

세존께서는 사위국에 머무르셨다.

한 거사가 있어 세존과 승가를 다음 날에 음식을 청하였다. 세존께서는 묵연히 받아들이셨고 세존께서 받아들이신 것을 알고서 자리에서 일어나서 세존의 발에 머리숙여 예경하고 세존을 오른쪽으로 돌면서 떠나갔다. 그 밤에 정묘(淨妙)한 음식을 많이 준비하였고, 이른 아침에 자리를 펼쳐놓고서 사람을 보내어 세존께 아뢰었다.

"음식이 이미 준비되었습니다. 오직 성자께서는 때인 것을 아십시오."

세존께서는 스스로의 방에 머무시며 음식의 몫을 맞이하셨고, 일체의 승가는 거사의 집으로 들어갔다. 아난은 세존의 공양을 가져왔다. 세존께서는 다섯의 인연이 있으시면 세존께서는 정사에 머물면서 음식의 몫을 맞이하시는 것이다. 무엇이 다섯 가지인가? 첫째는 만약 선정에 들어가고자 하는 것이고, 둘째는 여러 천인들에게 설법하고자 하는 것이며, 셋째는 여러 방사를 다니면서 살펴보는 것이고, 넷째는 병든 비구를 돌보시는 것이며, 다섯째는 아직 계를 제정하지 않은 일에 계를 제정하시는 것이었다.

세존께서 여러 비구들이 거사의 집으로 들어간 것을 아셨고, 열쇠를 가지고 여러 방을 둘러보시면서 한 주처의 문이 열린 것을 보셨다. 한 병든 비구가 고통을 받으면서 반려도 없이 대·소변 가운데에 스스로가 누워있었다. 세존께서는 아시면서도 일부러 병든 비구에게 물으셨다.

"그대는 무슨 병의 고통으로 돌보는 사람도 없이 혼자 대·소변의 가운데 누워있는가?"

이 비구는 충직(忠直)하게 사실의 모습을 세존께 아뢰었다.

"대덕이시여. 저는 성품이 본래 게을러서 다른 사람에게 일이 있었어도 제가 도와주지 않았습니다. 제가 지금 병이 있어도 다른 사람들 역시 저를 돌보지 않습니다."

세존께서는 이와 같이 사유하셨다.

'이 자는 충실(忠實)한 선남자이다. 내가 마땅히 손으로 그의 몸을 어루만져 주겠다.'

이때 세존께서 곧 손으로 비구의 몸을 어루만지셨다. 마땅히 손으로 어루만지는 때에 비구의 고통은 곧 없어져서 나았고 몸과 마음이 안락해졌다. 세존께서는 조심스럽고 천천히 부축하여 일으켰으며 옷을 입혀서 밖으로 데리고 나오셨다. 조심스럽고 천천히 부축하여 그를 앉히고 몸을 씻어주셨다. 깨끗한 옷을 주어서 입혔고 더러운 옷을 세탁하여 널어 말리셨다. 다시 방으로 들어가시어 조심스럽게 천천히 더러운 오물·눈물·가래를 치우셨고 깔개를 걷어내고 물을 뿌려서 쓸었으며 바닥을 바르고 다시 깔개를 폈다. 조심스럽고 천천히 그를 부축하여 옷을 입히고 방으로 데리고 들어왔으며, 깔개 위에 부축하여 앉히고 병든 비구에게 알리셨다.

"그대가 만약 아직 얻지 못한 일을 얻으려는 까닭으로, 아직 이르지 못한 일에 이르려는 까닭으로, 아직 알지 못하는 일을 알려는 까닭으로, 그대가 부지런히 구하지 않는다면, 그대는 이러한 허락된 시간을 따라서 여러 고통을 갖출 것이고, 장차 마땅히 다시 이것보다 심해질 것이네."

비구도 역시 스스로가 사유하였다.

'지금 세존께서 위신력의 손으로서 나의 몸을 어루만지셨으므로 마땅히 손을 닿는 때에 내 몸의 고통이 없어지고 나아서 몸과 마음이 안락해졌구나.'

이 비구는 세존의 큰 은혜를 생각하고 선한 마음이 생겨나서 청정한 믿음을 얻었고 여러 종류의 원력을 세웠으며, 세존의 공덕을 존중하며 일심으로 마음을 거두어들였다. 세존께서 비구의 마음을 따라서 선하게 설법하셨고, 이 비구는 깔개 위에 있으면서 일체의 법을 받아들여 아라한도를 얻었다. 세존께서는 이 비구를 제일의 누진명(漏盡明) 가운데에 안치시켰고 이 방에서 나와서 문을 닫았으며 빗장을 걸고 본래의 방으로 돌아와서 니사단을 펴고 가부좌를 맺으셨다.

거사는 이때 대중 승가가 앉은 것을 보고서 자리에서 일어나 스스로가 물을 돌렸고 여러 종류의 음식을 스스로가 원하는 것을 나누어주었다. 음식을 먹고서 손을 씻었으며 발우를 거두었으므로 작은 평상을 가지고 승가의 앞에 앉아서 설법을 듣고자 하였으며, 이때 상좌 비구는 설법하였다. 돌아와서 세존의 처소에 이르러 세존 발에 머리숙여 예경하고 한쪽에 앉았다. 제불의 상법은 여러 비구들이 공양을 마치고 돌아오면 이와 같이 묻는 것이다.

"비구들이여. 음식은 풍족하고 맛있었는가? 승가는 배부르고 만족하였는가?"

여러 비구들이 말하는 것이다.

"대덕이시여. 음식은 맛있었고, 만족하게 먹었으며, 비구들은 공양을 마치고 돌아왔습니다."

이때 세존께서도 이와 같이 물으셨다.

"그대들의 음식은 맛있었는가? 승가는 배부르고 만족하였는가?"

여러 비구들은 말하였다.

“대덕이시여. 음식은 맛있었고 배부르고 만족하였습니다.”

세존께서 여러 비구들에게 알리셨다.

“내가 오늘 열쇠를 가지고 여러 방을 두루 살피면서 한 병든 비구를 보았느니라. 돌보는 사람이 없어 심한 병으로 고통을 받으며 대·소변의 가운데에 혼자 누워있었느니라. 그대들 비구들이여. 이러한 일은 옳지 않다. 무슨 까닭으로 서로가 돌보지 않고 서로가 공급하지 않는가? 나의 법 가운데에 들어온 그대들은 부모도 없고 형제도 없느니라. 만약 서로 돌보지 않는다면 누가 마땅히 그대들을 돌보겠는가?”

세존께서는 여러 종류의 인연으로 여러 비구를 꾸짖으셨으며, 여러 비구들에게 알리셨다.

“오늘부터는 병든 사람을 마땅히 보살피도록 하라.”

장로 우바리가 세존께 물었다.

“누가 병든 사람을 보살피고 공양하여야 합니까?”

세존께서 말씀하셨다.

“화상과 아사리이거나, 화상과 아사리와 같은 자들이다. 만약 네 종류의 사람이 없다면, 승가가 마땅히 공급하여야 한다. 만약 승가가 공급하지 않는다면 승가는 돌길라죄를 얻는다. 만약 승가가 사람을 뽑았는데 기꺼이 가지 않는다면 돌길라죄를 얻는다.

오늘부터 병든 비구를 보살피는 법을 제정하겠노라. 병자를 보살피는 법은 마땅히 병자를 따라서 필요한 것들을 지어주는 것이다. 때를 따라서 병자의 곁에 이르러 병의 인연을 물어야 하고, 병의 인연을 묻고서 약사에게 묻거나, 만약 병을 아는 비구이거나, 병을 보았던 비구에게 묻도록 하라.

“이와 같다면 어떤 약으로서 차도가 있습니까?”

만약 약사가 가르쳤다면 이러한 약을 복용시키도록 하라. 날이 밝으면 부엌 안에 이르러 승가가 무슨 음식을 짓는가를 살펴보고, 만약 병에 따른 마땅한 음식이 있다면 간병인이 곧 가도록 하라. 만약 병에 마땅한 음식이 없다면 마땅히 승가에게 공급된 것을 취하여 병자에게 공급하도록 하라. 만약 이러한 일이 이 주처에 없었고, 만약 선량하고 덕망이 있는 비구가 있다면 이 비구를 따르고 찾아서 병자에게 공급하도록 하라. 만약 이러한 일도 없다면 마땅히 지식이 많은 대덕 비구를 따라서 구하도록 하라.

만약 이러한 일도 없다면 마땅히 병든 비구의 여섯 물건을 남겨두고 다른 물건을 마땅히 팔아서 필요한 것을 병자에게 공급해야 하고, 만약 이러한 일도 없다면 소유한 중요한 물건을 팔아서 사소한 물건으로 수지하고 얻은 금전으로 필요한 것을 구하여 공급하도록 하라. 만약 이러한 일도 없다면 소유한 철 발우를 질그릇 발우로 바꾸어 수지하고 얻은 금전으로 필요한 것을 구하여 공급해야 하고, 만약 이러한 일도 없다면 그 간병인이 마땅히 스스로가 주도록 하라. 만약 간병인도 없다면 마땅히 다른 사람에게 구걸하여 병자에게 공급해야 하고, 만약 지식이 없어 걸식을 능히 얻을 수 없다면 걸식한 것에서 좋은 것으로 병자에게 공급하도록 하라.

간병하는 비구는 마땅히 때를 따라서 병자의 곁에 이르러 심오한 법을 실해야 하고, 이것은 도이고 이것은 도가 아니라고 설하여 지혜가 생겨나게 해야 한다. 이 병든 비구에게는 이와 같이 뜻을 따라서 설법하도록 하라. 만약 이 비구가 아련야에서 병이 났다면 마땅히 그 앞에서 아련야법을 찬탄하고, 만약 수투로경(修妬路經)을 배우면서 병이 났다면 그 앞에서 수투로경 배우는 것을 찬탄하라. 만약 비니(毘尼)를 배우다가 병이 났다면 그 앞에서 비니를 찬탄하고, 만약 법사였다면 그 앞에서 아비담(阿毘曇)을 찬탄하라.

만약 대중을 시봉하는 일을 맡았다면 마땅히 대중을 시봉하는 일을 찬탄하고, 만약 대덕으로 많은 사람들이 알고 있다면 마땅히 초지(初地)·2지(地)·3지(地)·4지(地)의 상(相)을 물어야 하고, 수다원과에서부터 아라한과까지도 묻도록 하라. 만약 목숨을 마쳤다면 그 공덕에 따라서 공급하고 공양하라. 여러 옷을 만약 세탁해야 한다면 세탁하여 널고 말리며 걷어서 접고 천천히 승가의 가운데에 들어가서 마땅히 이와 같이 창언하라.

'누구 비구가 목숨을 마쳤습니다. 이것은 비구의 승가리이고, 이것은 울다라승이며, 이것은 안타회이고, 이것은 발우이며, 이것은 녹수낭이고, 이것은 니사단이며, 이것이 나머지의 생활용품입니다. 스스로가 이와 같은 수승한 취(趣)를 얻었습니다.'"

세존께서 말씀하셨다.

"세 종류의 병자가 있느니라. 병자가 있는데 만약 병을 따라서 음식을 얻었거나, 만약 얻지 못하였거나, 만약 병을 따라서 약을 얻었거나, 만약 얻지 못하였거나, 만약 마음을 따라서 간병인을 얻었거나, 만약 얻지 못하였다면 능히 나을 수 없느니라. 병자가 있는데 만약 병을 따라서 음식을 얻었거나, 만약 얻지 못하였거나, 만약 병을 따라서 약을 얻었거나, 만약 얻지 못하였거나, 만약 마음을 따라서 간병인을 얻었거나, 만약 얻지 못하였더라도 능히 나을 수 있느니라. 병자가 있는데 만약 병을 따라서 음식을 얻었다면 낫고 얻지 못하면 죽으며, 만약 병을 따라서 약을 얻었다면 낫고 얻지 못하면 죽으며, 만약 마음을 따라서 간병인을 얻었다면 낫고 얻지 못하면 죽는다. 이러한 병을 까닭으로 간병인을 허락하겠노라. 앞의 두 종류의 병자에게 공양하고 공급하는 것도 역시 선한 일이다.

병자에게 다섯의 일이 있으면 간병하는 것이 어려우니라. 무엇이 다섯 가지인가? 첫째는 악한 성품으로 함께 말하지 못하는 것이고, 둘째는 간병인의 가르침을 믿지 않고 받아들이지 않는 것이며, 셋째는 병에 마땅한 음식과 병에 마땅하지 않은 음식을 스스로가 양을 조절하지 못하는 것이고, 넷째는 기꺼이 약을 먹지 않는 것이며, 다섯째는 스스로 양을 조절하고 절제하지 못하는 것이다. 이와 같은 5법이 있는 병자는 간병하기가 어렵다. 병자에게 다섯의 일이 있으면 간병하는 것이 쉽다. 무엇이 다섯 가지인가? 첫째는 악하지 않은 성품이고, 둘째는 간병인의 가르침을 능히 믿고 받아들이는 것이며, 셋째는 병에 마땅한 음식이 아니라면 마땅히 먹지 않는 것이고, 넷째는 능히 스스로가 약을 먹는 것이며, 다섯째는 스스로가 양을 조절하고 절제하는 것이다. 이와 같은 5법이 있는 병자는 간병하기가 쉽다.

간병인에게 5법이 있다면 간병인은 간병할 수 없다. 무엇이 다섯 가지인가? 첫째는 악한 성품으로 함께 말하지 못하는 것이고, 둘째는 병자의 가르침을 따르지 않는 것이며, 셋째는 병에 마땅한 음식과 병에 마땅하지 않은 음식을 구별하지 못하는 것이고, 넷째는 능히 병자를 위하여 다른 사람에게 약을 구하지 않는 것이며, 다섯째는 능히 참지 못하는 것이다. 이러한 5법이 있다면 능히 간병인이 될 수 없다. 간병인에게 5법이 있다면 간병인은 간병할 수 있다. 무엇이 다섯 가지인가? 첫째는 악하지 않은 성품으로 함께 말할 수 있고, 둘째는 병자의 가르침을 따르는 것이며, 셋째는 병에 마땅한 음식과 병에 마땅하지 않은 음식을 구별하는 것이고, 넷째는 능히 병자를 위하여 다른 사람에게 약을 구하는 것이며, 다섯째는 능히 참는 것이다. 이러한 5법이 있다면 능히 간병인이 될 수 있다.

병자에게 5법이 있다면 간병하는 것이 어렵다. 무엇이 그 다섯 가지인가? 첫째는 악한 성품으로 함께 말하지 못하는 것이고, 둘째는 여러 병이 생기고 사라지는 것이 무상(無常)한 것을 모르는 것이며, 셋째는 몸속에 일어난 병이 매우 고통스럽고 유쾌하지 못하며 생명을 빼앗는 것을 참지 못하는 것이고, 넷째는 일체의 즐거움을 다른 사람을 쫓아서 구하면서 작은 일도 스스로가 짓지 않는 것이며, 다섯째는 5수음(受陰)의 가운데에서 '이것은 색음(色陰)이고, 이것은 색음의 습(習)이며, 이것은 색음의 진(盡)이고, 이것은 통음(痛陰:受陰)이며, 이것은 상음(想陰)이고, 이것은 행음(行陰)이며, 이것은 식음(識陰)이고, 이것은 식음의 습이며, 이것이 식음의 진이다.'라고 일어나고 멸하는 것을 관찰하지 않는 것이다. 이와 같은 5법이 있는 병자는 간병하기 어렵다.

병자에게 5법이 있다면 간병하는 것이 쉽다. 무엇이 그 다섯 가지인가? 첫째는 악하지 않은 성품으로 함께 말하는 것이고, 둘째는 여러 병이 생기고 사라지는 것이 무상함을 관찰하는 것이며, 셋째는 몸속에 일어난 병이 매우 고통스럽고 유쾌하지 못하며 생명을 빼앗는 것을 능히 참는 것이고, 넷째는 일체의 즐거움을 다른 사람을 쫓아서 구하지 않고 작은 일도 스스로가 짓는 것이며, 다섯째는 5수음의 가운데에서 '이것은 색음이고, 이것은 색음의 습이며, 이것은 색음의 진이고, 이것은 통음이며, 이것은 상음이고, 이것은 행음이며, 이것은 식음이고, 이것은 식음의 습이며, 이것이 식음의 진이다.'라고 일어나고 멸하는 것을 관찰하는 것이다. 이와 같은 5법이 있는 병자는 간병하기 쉽다.

다시 5법이 있는 간병인은 능히 간병하지 못한다. 무엇이 다섯 가지인가? 첫째는 악한 성품으로 함께 말하지 못하는 것이고, 둘째는 만약 병자의 대소변을 많이 혐오하거나, 요강과 가래침 그릇을 들어내는 때이거나, 만약 가래침을 버리는 때에 싫어하는 것이며, 셋째는 재물을 물건과 음식을 위하고 법을 위하지 않는 까닭이고, 넷째는 5수음의 가운데에서 '이것은 색음이고, 이것은 색음의 습이며, 이것은 색음의 진이고, 이것은 통음이며, 이것은 상음이고, 이것은 행음이며, 이것은 식음이고, 이것은 식음의 습이며, 이것이 식음의 진이다.'라고 일어나고 멸하는 것을 관찰하는 것이고, 다섯째는 때를 따라서 병자의 곁에 이르러 심오한 법을 설하여 도와 도가 아닌 것을 능히 보여주지 못하고, 능히 지혜를 생겨나게 하지 못하는 것이다. 이와 같은 5법이 있으면 능히 간병하지 못하느니라."

세존께서 여러 비구들에게 알리셨다.

"비구가 있었고 비구를 보내어 다른 비구에게 옷을 건네주게 하였고, 옷을 건네받을 비구가 목숨을 마쳤는데, 그 죽은 비구의 옆에서 동의(同意)하고 취하였다면 이것은 악하게 취한 것이고, 죽은 비구의 옷을 받았다면 이것은 악하게 받은 것이다. 만약 본래의 주인이 살아 있으면서 그에게 주도록 동의하였다면 이것은 좋게 취한 것이고, 장의(長衣)를 받았다면 이것은 좋게 받은 것이다. 비구가 있었고 비구를 보내어 다른 비구에게 옷을 건네주게 하였고, 본래의 주인이 목숨을 마쳤는데, 그 죽은 비구와 함께 동의하고 취하였다면 이것은 악하게 취한 것이고, 죽은 비구의 옷을 받았다면 이것은 악하게 받은 것이다. 만약 본래의 주인이 살아 있으면서 그에게 주도록 동의하였다면 이것은 좋게 취한 것이고, 장의를

받았다면 이것은 좋게 받은 것이다." [칠법의 가운데에서 일곱 번째의 법인 '의법(衣法)'을 마친다.]

십송율 제29권

후진 북인도 삼장 불야다라 한역

석보운 번역

5. 오송(五誦) ①

9) 팔법(八法) ①

(1) 가치나의법(迦絺那衣法)

세존께서는 사위국에 머무르셨다.

이때 여러 비구들이 상기타국(桑祇陀國)에서 안거하였다. 3개월이 지나자 자자를 마치고 옷을 지어서 마쳤으며 옷과 발우를 지니고 사위국으로 향하였는데 비가 많아서 도로가 진흙탕이었다. 이 여러 비구들은 비가 많았고 도로가 진흙탕이었던 까닭으로 매우 크게 피곤하였고 극심한 열기(熱氣)와 풍기(風氣)로 고뇌하였다. 세존의 처소에 나아가 세존의 발에 머리숙여 예경하고 한쪽으로 물러나 앉았다.

모든 제불의 상법은 객비구가 찾아왔다면 이와 같은 말로서 문신하는 것이다.

"견딜 수 있었는가? 부족하지 않았는가? 안거는 안락하였는가? 걸식은 부족하지 않았는가? 도로에 피로하지는 않았는가?"

세존께서는 이와 같은 말로서 여러 비구들에게 물으셨다.

"견딜 수 있었는가? 부족하지 않았는가? 안거는 안락하였는가? 걸식은 부족하지 않았는가? 도로에 피로하지는 않았는가?"

여러 비구들이 대답하여 말하였다.

"세존이시여. 견딜 수 있었고, 만족하였으며, 안거에 안락하였고, 걸식도 부족하지 않았으나, 도로에 피곤하였습니다."

세존께서 여러 비구들에게 물으셨다.

"그대들은 어찌 '견딜 수 있었고, 만족하였으며, 안거에 안락하였고, 걸식도 부족하지 않았으나, 다만 도로에 피곤하였습니다.'라고 말하는가?"

여러 비구들이 대답하여 말하였다.

"저희들은 상기타국에서 안거하였습니다. 3개월이 지나자 자자를 마치고 옷을 지어서 마쳤으며 옷과 발우를 지니고 사위국으로 향하였는데 비가 많아서 도로가 진흙탕이었던 까닭으로 열기와 풍기로 고뇌하였고 매우 크게 피곤하였습니다."

세존께서 말씀하셨다.

"그대들 비구들은 진실로 견딜 수 있었고, 만족하였으며, 안거에 안락하였고, 걸식도 부족하지 않았으나, 도로에 몹시 피곤하였을 것이다. 오늘부터 여러 비구들에게 안거와 자자를 마쳤다면 한 처소에서 화합하여 가치나의를 받는 것을 허락하겠노라. 가치나의를 받더라도 먼저 입던 옷을 오히려 잃지 않았다면 어떻게 하물며 새 옷을 받겠는가? '가치나의를 수지하는 법'은 일심으로 화합하고 승가를 따라서 옷을 얻는 날에 얻을지니라. 언제를 옷의 날을 따라서 받는다고 말하는가? 만약 매월 1일에 옷을 얻었다면 곧 그날에 받아 지니고, 만약 2일이거나, 만약 3일이거나, 나아가 8월의 15일도 역시 이와 같다. 한 비구가 마땅히 승가의 가운데에서 창언하라.

'대덕 승가께서는 허락하십시오. 오늘 승가가 화합하여 가치나의를 받고자 합니다. 만약 승가께서 때에 이르렀다면 승가께서는 허락하십시오. 승가시여. 가치나의를 받겠습니다. 이와 같이 아룁니다.'

먼저 가치나의를 받을 사람을 세워야 한다. 마땅히 물어라.

'누구를 능히 승가께서는 가치나의를 받을 사람으로 지어서 주겠습니까?'

이 가운데에서 만약 한 비구가 '능히 할 수 있습니다.'라고 말하였다면, 세존께서 말씀하셨다.

"만약 5법이 있다면 마땅히 가치나의를 받을 사람으로 지어서 세워서는 아니된다. 무엇이 다섯 가지인가? 애욕을 따르고, 성냄을 따르며, 두려움을 따르고, 어리석음에 따르며, 받을 것과 받지 않을 것을 알지 못하는 것이다. 만약 5법을 성취하였다면 가치나의를 받을 사람으로 지어서 세워야 한다. 무엇이 다섯 가지인가? 애욕을 따르지 않고, 성냄을 따르지 않으며, 두려움을 따르지 않고, 어리석음에 따르지 않으며, 받을 것과 받지 않을 것을 아는 것이다. 이 가운데에서 한 비구가 마땅히 승가의 가운데에서 창언하라.

'대덕 승가께서는 허락하십시오. 누구 비구는 능히 승가를 위하여 가치나의를 받는 사람으로 지을 수 있습니다. 만약 승가께서 때에 이르렀다면 승가께서는 허락하십시오. 승가시여. 누구 비구를 능히 승가를 위하여 가치나의를 받는 사람으로 지어서 주십시오. 이와 같이 아룁니다.'

'대덕 승가께서는 허락하십시오. 누구 비구는 능히 승가를 위하여 가치나의를 받는 사람으로 지을 수 있습니다. 승가시여. 지금 누구를 능히 승가를 위하여 가치나의를 받는 사람으로 세우도록 지어서 주십시오. 누구 여러 장로들께서 누구 비구를 승가를 위하여 가치나의를 받는 사람으로 지어서 세우는 것을 허락하신다면 묵연하시고 만약 허락하시지 않는다면 곧 말씀하십시오. 승가시여. 누구 비구를 승가를 위하여 가치나의를 받는 사람으로 지어서 세우는 것을 지어서 마쳤습니다. 승가께서 허락하신 것은 묵연하였던 까닭입니다. 이 일은 이와 같이 지니겠습니다.'"

그때 만약 승가가 안거하는 승가가 마땅히 나누는 옷을, 처음으로 보시받아서 얻었다면, 마땅히 이 옷으로써 갈마하고 가치나의를 받을 사람에게 주도록 하라. '주는 법'은 일심으로 승가가 화합하였다면 한 비구가 마땅히 승가의 가운데에서 창언하라.

'대덕 승가께서는 허락하십시오. 이 주처의 승가는 안거한 승가가 마땅히 나누는 이러한 옷의 보시를 얻었습니다. 만약 승가께서 때에 이르렀다면 승가께서는 허락하십시오. 승가시여. 갈마로 누구 비구에게 이 옷으로써 이 주처를 떠나지 않고 수지하는 가치나의를 지어서 주십시오. 이와 같이 아룁니다.'

'대덕 승가께서는 허락하십시오. 이 주처의 승가는 안거한 승가가 마땅히 나누는 이러한 옷의 보시를 얻었습니다. 승가께서는 갈마로 누구 비구에게 이 옷으로써 이 주처를 떠나지 않고 수지하는 가치나의를 지어서 주십시오. 누구 여러 장로들께서 승가가 갈마로 누구 비구에게 이 옷으로써 이 주처를 떠나지 않고 수지하는 가치나의를 짓는 것을 허락하신다면 묵연하시고 만약 허락하시지 않는다면 곧 말씀하십시오. 승가시여. 누구 비구에게 이 옷으로써 이 주처를 떠나지 않고 수지하는 가치나의를 짓도록 주어서 마쳤습니다. 승가께서 허락하신 것은 묵연하였던 까닭입니다. 이 일은 이와 같이 지니겠습니다.'"

이때에 옷을 주었다면, 명료하게 네 가지를 짓게 하라. 비구는 세탁하고, 물들이며, 재단하여 할절하고, 바느질하며, 꿰매어 양을 안은하게 맞추어야 한다. 세탁하는 때에는 이러한 마음이 생겨나야 한다.

'이 옷으로써 내가 수지할 가치나의 옷을 짓겠습니다.'

물들이고, 재단하여 할절하며, 바느질하고 꿰매어 양을 안은하게 맞추는 때에도 이렇게 생각하라.

'이 옷으로써 내가 수지할 가치나의를 짓겠습니다.'

만약 이러한 여섯 가지의 마음이 생겨났다면 가치나의를 잘 지었다고 이름한다. 만약 이러한 여섯 가지의 마음이 생겨나지 않았다면 가치나의를 잘 지었다고 이름하지 않는다.

다시 세 가지의 마음이 있으니, 이렇게 생각해야 한다.

'내가 이 옷으로써 마땅히 수지할 가치나의를 짓겠습니다. 이 옷으로써 지금 수지할 가치나의를 짓고 있습니다. 이 옷으로써 수지할 가치나의를 지어서 마쳤습니다.'

만약 이러한 세 가지의 마음이 생겨났다면 가치나의를 잘 지었다고 이름한다. 만약 이러한 세 가지의 마음이 생겨나지 않았다면 가치나의를 잘 지었다고 이름하지 않는다.

다시 두 가지의 마음이 있으니, 이렇게 생각해야 한다.

'내가 이 옷으로써 수지할 가치나의를 짓겠습니다. 이 옷으로써 수지할 가치나의를 지어서 마쳤습니다.'

만약 이러한 두 가지의 마음이 생겨났다면 가치나의를 잘 지었다고 이름한다. 만약 이러한 가지의 마음이 생겨나지 않았다면 가치나의를 잘 지었다면 돌길라죄를 얻느니라."

이때 장로 우바리가 오른쪽 어깨를 드러내고 합장하며 세존께 물어 말하였다.

"세존이시여. 무엇을 가치나의를 수지하는 법이라고 이름합니까?"

세존께서 말씀하셨다.

"승가가 가치나의를 짓는 사람으로 지어서 주었다면, 마땅히 일심으로 세탁하고, 일심으로 물들이며, 일심으로 할절하고, 일심으로 바느질하며, 일심으로 꿰매고, 일심으로 알맞게 맞추어야 한다. 가치나의를 짓는 사람은 이 옷을 세탁하는 때에 마땅히 이렇게 생각을 짓도록 하라.

'이 옷으로써 내가 수지할 가치나의를 짓습니다.'

물들이는 때에, 재단하는 때에, 바느질하는 때에, 꿰매는 때에, 양을 안은하게 맞추는 때에도 모두 이렇게 생각을 짓도록 하라.

'이 옷으로써 내가 수지할 가치나의를 짓습니다.'

만약 이러한 여섯 가지의 마음이 생겨났다면 가치나의를 잘 지었다고 이름한다. 만약 이러한 여섯 가지의 마음이 생겨나지 않았다면 가치나의를 잘 지었다고 이름하지 않는다.

다시 세 가지의 마음이 있으니, 이렇게 생각해야 한다.

'내가 이 옷으로써 마땅히 수지할 가치나의를 짓겠습니다. 이 옷으로써 지금 받을 가치나의를 짓고 있습니다. 이 옷으로써 수지할 가치나의를

지어서 마쳤습니다.'

만약 이러한 세 가지의 마음이 생겨났다면 가치나의를 잘 지었다고 이름한다. 만약 이러한 세 가지의 마음이 생겨나지 않았다면 가치나의를 잘 지었다고 이름하지 않는다.

다시 두 가지 마음이 있으니, 이렇게 생각해야 한다.

'내가 이 옷으로써 수지할 가치나의를 짓겠습니다. 이 옷으로써 수지할 가치나의를 지어서 마쳤습니다.'

만약 이러한 두 가지의 마음이 생겨났다면 가치나의를 잘 지었다고 이름한다. 만약 이러한 가지의 마음이 생겨나지 않았는데, 가치나의를 잘 지었다면 돌길라죄를 얻느니라."

세존께서 우바리에게 말씀하셨다.

"다만 양을 맞춘 것으로 '가치나의를 수지하였다.'라고 이름하지 않느니라. 다만 물들인 것으로, 다만 인연으로, 다만 네 귀퉁이를 접은 것으로, 다만 옷섶을 드러낸 것으로, 다만 바느질한 것 등으로는 '가치나의를 수지하였다.'라고 이름하지 않는다. 만약 낡고 떨어진 옷으로 가치나의를 지었다면 '가치나의를 수지하였다.'라고 이름하지 않고, 이전에 가치나의를 지어서 받았는데 지금 다시 받았다면 '가치나의를 수지하였다.'라고 이름하지 않으며, 만약 비시의(非時衣)를 사용하여 가치나의를 지었다면 '가치나의를 수지하였다.'라고 이름하지 않는다.

만약 울금색(鬱金色)으로서 물들여서 가치나의를 지었다면 '가치나의를 수지하였다.'라고 이름하지 않고, 만약 지나간 묵혀두었던 옷으로써 가치나의를 지었다면 '가치나의를 수지하였다.'라고 이름하지 않으며, 만약 결정된 마음으로써 가치나의를 받지 않았다면 '가치나의를 수지하였다.'라고 이름하지 않는다. 만약 부정한 옷으로써 가치나의를 지었다면 '가치나의를 수지하였다.'라고 이름하지 않고, 만약 줄인 양으로서 가치나의를 지었다면 '가치나의를 수지하였다.'라고 이름하지 않으며, 만약 줄인 양으로서 승가리와 울다라승을 지었거나, 만약 안타회의 가치나의를 지었다면 '가치나의를 수지하였다.'라고 이름하지 않는다.

만약 할절하지 않은 옷으로써 가치나의를 지었다면 '가치나의를 수지하였다.'라고 이름하지 않고, 만약 할절하지 않은 승가리·울다라승·안타회로서 가치나의를 지었다면 '가치나의를 수지하였다.'라고 이름하지 않는다. 만약 가치나의를 지으면서 끝내지 못했다면 '가치나의를 수지하였다.'라고 이름하지 않고, 만약 다른 비구·비구니·식차마니·사미·사미니의 옷으로 가치나의를 지었다면 '가치나의를 수지하였다.'라고 이름하지 않는다."

세존께서 우바리에게 말씀하셨다.

"승가가 여법하게 가치나의를 받는 날에 안거한 한 비구가 있어 외출하였다가 돌아왔는데 '이미 가치나의를 수지하였다.'는 것을 듣고 따라서 기뻐하지 않았다면, 이러한 사람은 '가치나의를 수지하였다.'고 이름하지 않는다."

세존께서 우바리에게 말씀하셨다.

"이와 같다면 '가치나의를 수지하였다.'고 이름한다. 만약 급하게 보시한 옷을 얻었고, 이것을 사용하여 가치나의를 지었다면 '옳게 수지하였다.(善受)'고 이름하고, 시의(時衣)를 사용하여 가치나의를 지었다면 '옳게 수지하였다.'고 이름하며, 새로운 옷을 사용하여 가치나의를 지었다면 '옳게 수지하였다.'고 이름한다. 만약 반수의(般宿衣)를 사용하여 가치나의를 지었다면 '옳게 수지하였다.'고 이름하고, 청정한 옷을 사용하여 가치나의를 지었다면 '옳게 수지하였다.'고 이름하며, 작정(作淨)한 옷을 사용하여 가치나의를 지었다면 '옳게 수지하였다.'고 이름한다. 만약 할절한 승가리·울다라승·안타회를 사용하여 가치나의를 지었다면 '옳게 수지하였다.'고 이름하고, 만약 첩의(帖衣)로서 가치나의를 지었다면 '옳게 수지하였다.'고 이름하며, 만약 비구·비구니·식차마니·사미·사미니의 옷을 사용하여 가치나의를 지었다면 '옳게 수지하였다.'고 이름한다. 승가가 여법하게 가치나의를 받는 날에 안거한 한 비구가 있어 외출하였다가 돌아왔는데 '이미 가치나의를 수지하였다.'는 것을 듣고 따라서 기뻐하였다면, 이러한 사람은 '옳게 수지하였다.'고 이름한다."

장로 우바리가 세존께 물어 말하였다.

"세존이시여. 어찌 가치나의를 버렸다고 말합니까?"

세존께서 말씀하셨다.

"여덟 가지의 일이 있다면 가치나의를 버렸다고 이름한다. 무엇이 여덟 가지인가? 첫째는 옷이 완성되었을 때이고, 둘째는 옷이 거의 완성되었을 때이며, 셋째는 떠나갈 때이고, 넷째는 들었을 때이며, 다섯째는 잃어버린 때이고, 여섯째는 마음을 일으킨 때이며, 일곱째는 기한을 넘겼을 때이고, 여덟째는 버리는 때이다.

처음의 여섯 가지는 가치나의를 받은 사람이 있었고 소유한 옷을 지니고 그 경계를 벗어나면서 '나는 이렇게 지은 옷을 돌려주지 않겠다.'라고 이렇게 생각을 지었다면, 떠나가는 때에 곧 가치나의를 버렸다고 이름한다.

만약 가치나의를 받은 사람이 있었고 소유한 옷을 지니고 그 경계를 벗어나면서 '나는 이 처소에서 지은 옷을 돌려주지 않겠다.'라고 이렇게 생각을 지으면서 이 비구가 경계를 벗어났으며, 다시 '나는 그곳으로 돌아가지 않을 것이고 역시 옷도 짓지 않겠다.'라고 이렇게 생각을 지었다면, 떠나가는 때에 곧 가치나의를 버렸다고 이름한다.

만약 가치나의를 받은 사람이 있었고 소유한 옷을 지니고 그 경계를 벗어나면서 '나는 이곳으로 돌아오지 않을 것이고 옷을 짓겠다.'라고 이렇게 생각을 지었으며, 경계의 밖에서 옷을 지면서 '나는 그곳으로 돌아가지 않겠다.'라고 이렇게 생각을 지었다면, 옷이 완성되는 때에 곧 가치나의를 버렸다고 이름한다.

만약 가치나의를 받은 사람이 있었고 소유한 옷을 지니고 그 경계를 벗어나면서 '나는 이곳으로 돌아오지 않을 것이고 옷을 짓겠다.'라고 이렇게 생각을 지었으며, 경계의 밖에서 옷을 지었으나 짓고서 잘 수호하지 못한 까닭으로 잃어버렸고 다시 지을 옷감이 없더라도, 이 사람이 옷을 잃어버린 때에 곧 가치나의를 버렸다고 이름한다.

만약 가치나의를 받은 사람이 있었고 소유한 옷을 지니고 그 경계를 벗어나면서 '나는 이곳으로 돌아올 것이고 옷을 짓겠다.'라고 이렇게 생각을 지었으며, 이 사람이 곧 경계를 떠나갔고 경계의 밖에서 옷을 지으면서 만약 지었거나, 만약 짓지 못하였으며, '나는 본래의 처소로 돌아가 천천히 짓겠다.'라고 생각하였거나, 오래도록 옷을 완성하지 못하였더라도, 이 사람이 그 기한이 넘어간 때라면 곧 가치나의를 버렸다고 이름한다.

만약 가치나의를 받은 사람이 있었고 소유한 옷을 지니고 그 경계를 벗어나면서 '나는 이곳으로 돌아올 것이고 옷을 짓겠다.'라고 이렇게 생각을 지었으며, 이 사람이 곧 경계를 떠나갔고 그는 경계의 밖에서 '승가 가치나의를 버렸다.'는 것을 듣고서 곧 '가치나의를 버렸으므로 나는 다시 돌아가지 않겠다.'라고 이렇게 생각을 지었다면, 이것을 들었으므로 가치나의를 버렸다고 이름한다.

만약 가치나의를 받은 사람이 있었고 소유한 옷을 지니고 그 경계를 벗어나면서 '나는 이곳으로 돌아올 것이고 옷을 짓겠다.'라고 이렇게 생각을 지었으며, 이 사람이 곧 경계를 떠나갔고 경계의 밖에서 옷을 지으면서 만약 지었거나, 만약 짓지 못하였으며, '나는 본래의 처소로 돌아가지 않았다면 가치나의를 버리지 않겠다. 이르러 승가와 함께 가치나의를 버리겠다.'라고 이렇게 생각하였다면 곧 가치나의를 버렸다고 이름한다. 이것을 가치나의를 버리는 첫 번째의 여섯 가지라고 이름한다.

두 번째의 여섯 가지는 만약 비구가 가치나의를 받고서 그 처소에서 비바라의(毘波羅衣)를 지었으며 소유한 옷을 가지고 그 경계를 벗어나면서 '나는 이 주처로 돌아오지 않고 옷을 지을 것이다.'라고 이렇게 생각을 지었다면, 이 비구는 떠나가는 때에 곧 가치나의를 버렸다고 이름한다.

만약 비구가 가치나의를 받고서 그 처소에서 비바라의를 지었으며 소유한 옷을 가지고 그 경계를 벗어나면서 '나는 이 주처로 돌아오지 않고 옷을 지을 것이다.'라고 이렇게 생각을 지었는데, 다시 '나는 그곳으로 돌아가지 않을 것이고 역시 옷도 짓지 않겠다.'라고 이렇게 생각을 지었다면, 떠나가는 때에 곧 가치나의를 버렸다고 이름한다.

만약 비구가 가치나의를 받고서 그 처소에서 비바라의를 지었으며 소유한 옷을 가지고 그 경계를 벗어나면서 '나는 이 주처로 돌아오지 않고 옷을 지을 것이다.'라고 이렇게 생각을 지었는데, 경계 밖에서 옷을 지으면서 '나는 그곳으로 돌아가지 않겠다.'는 이렇게 생각을 지었다면, 옷이 완성되는 때에 곧 가치나의를 버렸다고 이름한다.

만약 비구가 가치나의를 받고서 그 처소에서 비바라의를 지었으며 소유한 옷을 가지고 그 경계를 벗어나면서 '나는 이 주처로 돌아오지 않고 옷을 지을 것이다.'라고 이렇게 생각을 지었는데, 경계 밖에서 옷을 짓고서 잘 수호하지 못한 까닭으로 잃어버렸고 다시 지을 옷감이 없더라도, 이 사람이 옷을 잃어버린 때에 곧 가치나의를 버렸다고 이름한다.

만약 비구가 가치나의를 받고서 그 처소에서 비바라의를 지었으며 소유한 옷을 가지고 그 경계를 벗어나면서 '나는 이 주처로 돌아오고 옷을 짓겠다.'라고 이렇게 생각을 지으면서 이 사람이 곧 경계를 떠나갔고 경계의 밖에서 옷을 지으면서 만약 지었거나, 만약 짓지 못하였으며, '나는 본래의 처소로 돌아가 천천히 짓겠다.'라고 생각하였거나, 오래도록 옷을 완성하지 못하였더라도, 이 사람이 그 기한이 넘어간 때라면 곧 가치나의를 버렸다고 이름한다.

만약 비구가 가치나의를 받고서 그 처소에서 비바라의를 지었으며 소유한 옷을 가지고 그 경계를 벗어나면서 '나는 이 주처로 돌아오고 옷을 짓겠다.'라고 이렇게 생각을 지으면서 이 사람이 곧 경계를 떠나갔고 그는 경계의 밖에서 '승가 가치나의를 버렸다.'는 것을 듣고서 곧 '가치나의를 버렸으므로 나는 다시 돌아가지 않겠다.'라고 이렇게 생각을 지었다면, 이것을 들었으므로 가치나의를 버렸다고 이름한다.

만약 비구가 가치나의를 받고서 그 처소에서 비바라의를 지었으며 소유한 옷을 가지고 그 경계를 벗어나면서 '나는 이 주처로 돌아오고 옷을 짓겠다.'라고 이렇게 생각을 지으면서 이 사람이 곧 경계를 떠나갔고 경계의 밖에서 옷을 지으면서 만약 지었거나, 만약 짓지 못하였으며, '나는 본래의 처소로 돌아가지 않았다면 가치나의를 버리지 않겠다. 이르러 승가와 함께 가치나의를 버리겠다.'라고 이렇게 생각하였다면 곧 가치나의를 버렸다고 이름한다. 이것을 가치나의를 버리는 두 번째의 여섯 가지라고 이름한다.

다시 가치나의를 버릴 스무 가지가 있다. 만약 비구가 가치나의를 받고서 소유한 옷을 가지고 그 경계를 벗어나면서 '나는 이 주처로 돌아오지 않겠으며 옷을 짓겠다.'라고 이렇게 생각을 지으면서 이 비구가 곧 경계를 떠나갔고 다시 '나는 이 주처로 돌아오지 않겠으며 역시 옷도 짓지 않겠다.'라고 이렇게 생각을 지었다면 이 비구가 떠나가는 때에 곧 가치나의를 버렸다고 이름한다.

둘째는 만약 비구가 가치나의를 받고서 소유한 옷을 가지고 그 경계를 벗어나면서 '나는 이 주처로 돌아오지 않겠으며 옷을 짓겠다.'라고 이렇게 생각을 지었고 이 비구가 곧 경계의 밖에서 옷을 짓는 때에 '나는 본래의 주처로 돌아가지 않겠다.'라고 이렇게 생각을 지었다면 이 옷이 완성되는 때에 곧 가치나의를 버렸다고 이름한다.

셋째는 만약 비구가 가치나의를 받고서 소유한 옷을 가지고 그 경계를 벗어나면서 '나는 이 주처로 돌아오지 않겠으며 옷을 짓겠다.'라고 이렇게 생각을 지었고 이 비구가 곧 경계의 밖에서 옷을 짓고서 잘 수호하지 못한 까닭으로 잃어버렸고 다시 지을 옷감이 없더라도, 이 사람이 옷을 잃어버린 때에 곧 가치나의를 버렸다고 이름한다.

넷째는 만약 비구가 가치나의를 받고서 소유한 옷을 가지고 그 경계를 벗어나면서 '나는 이 주처로 돌아오지 않겠으며 옷을 짓겠다.'라고 이렇게 생각을 지으면서 경계를 떠나갔고, 이 비구가 경계의 밖에서 옷을 지었는데 만약 지었거나, 만약 짓지 못하였으며, '나는 본래의 처소로 돌아가 천천히 짓겠다.'라고 생각하였거나, 오래도록 옷을 완성하지 못하였더라도, 이 비구가 기한이 넘어간 때라면 곧 가치나의를 버렸다고 이름한다. 이것을 가치나의를 버리는 첫 번째의 네 가지라고 이름한다.

두 번째의 네 가지는 만약 비구가 가치나의를 받고서 소유한 옷을 가지고 그 경계를 벗어나면서 길을 알리지 않거나(不經理), 역시 돌아오겠다고 말하지도 않거나, 역시 돌아오지 않겠다고 말하지도 않고서 경계를 벗어나는 때에 '나는 이 주처로 돌아오지 않겠으며 옷을 짓겠다.'라고 생각했다면, 이 비구는 떠나가는 때에 곧 가치나의를 버렸다고 이름한다.

둘째는 만약 비구가 가치나의를 받고서 소유한 옷을 가지고 그 경계를 벗어나면서 길을 알리지 않거나, 역시 돌아오겠다고 말하지도 않거나, 역시 돌아오지 않겠다고 말하지도 않고서 경계를 벗어나는 때에 경계의 밖에서 옷을 지으면서 '나는 본래의 주처로 돌아가지 않겠다.'라고 이렇게 생각을 지었다면 이 옷이 완성되는 때에 곧 가치나의를 버렸다고 이름한다.

셋째는 만약 비구가 가치나의를 받고서 소유한 옷을 가지고 그 경계를 벗어나면서 길을 알리지 않거나, 역시 돌아오겠다고 말하지도 않거나, 역시 돌아오지 않겠다고 말하지도 않고서 곧 경계의 밖에서 옷을 지었으나 잘 수호하지 못한 까닭으로 잃어버렸고 다시 지을 옷감이 없더라도, 옷을 잃어버린 때에 곧 가치나의를 버렸다고 이름한다.

넷째는 만약 비구가 가치나의를 받고서 소유한 옷을 가지고 그 경계를 벗어나면서 길을 알리지 않거나, 역시 돌아오겠다고 말하지도 않거나, 역시 돌아오지 않겠다고 말하지도 않고서 이 비구가 경계의 밖에서 옷을 지었는데 만약 지었거나, 만약 짓시 못하였으며, '나는 본래의 처소로 돌아가 천천히 짓겠다.'라고 생각하였거나, 오래도록 옷을 완성하지 못하였더라도, 이 비구가 기한이 넘어간 때라면 곧 가치나의를 버렸다고 이름한다. 이것을 가치나의를 버리는 두 번째의 네 가지라고 이름한다.

세 번째의 네 가지는 만약 비구가 가치나의를 받고서 소유한 옷을 가지고 그 경계를 벗어나면서 '나는 마땅히 이 주처로 돌아와서 옷을 짓겠다.'라고 이렇게 생각을 지으면서 이 비구가 곧 경계를 떠나갔고, 다시 '나는 본래의 주처로 돌아가지 않겠으며 역시 옷도 짓지 않겠다.'라고 이렇게 생각을 지었다면 이 비구가 떠나가는 때에 곧 가치나의를 버렸다고 이름한다.

둘째는 만약 비구가 가치나의를 받고서 소유한 옷을 가지고 그 경계를 벗어나면서 '나는 마땅히 이 주처로 돌아와서 옷을 짓겠다.'라고 이렇게 생각을 지으면서 이 비구가 곧 경계를 떠나갔고, 이 비구가 경계의 밖에서 옷을 지었으며 다시 '나는 본래의 주처로 돌아가지 않겠으며 옷도 짓겠다.' 라고 이렇게 생각을 지었다면 옷이 완성되는 때에 곧 가치나의를 버렸다고 이름한다.

셋째는 만약 비구가 가치나의를 받고서 소유한 옷을 가지고 그 경계를 벗어나면서 '나는 마땅히 이 주처로 돌아와서 옷을 짓겠다.'라고 이렇게 생각을 지으면서 이 비구가 경계에서 옷을 지었고 지어서 마쳤으나, 잘 수호하지 못한 까닭으로 잃어버렸고 다시 지을 옷감이 없더라도, 옷을 잃어버린 때에 곧 가치나의를 버렸다고 이름한다.

넷째는 만약 비구가 가치나의를 받고서 소유한 옷을 가지고 그 경계를 벗어나면서 '나는 마땅히 이 주처로 돌아와서 옷을 짓겠다.'라고 이렇게 생각을 지었고, 이 비구가 경계의 밖에서 옷을 지으면서 만약 지었는데 만약 짓지 못하였으며, '나는 본래의 처소로 돌아가 천천히 짓겠다.'라고 생각하였거나, 오래도록 옷을 완성하지 못하였더라도, 이 비구가 기한이 넘어간 때라면 곧 가치나의를 버렸다고 이름한다. 이것을 가치나의를 버리는 세 번째의 네 가지라고 이름한다.

네 번째의 네 가지는 만약 비구가 가치나의를 받고서 소유한 옷을 가지고 그 경계를 벗어나면서 '나는 마땅히 이 주처로 돌아와서 옷을 짓겠다.'라고 이렇게 생각을 지으면서 이 비구가 곧 경계를 떠나갔고, 그는 경계의 밖에서 '승가가 가치나의를 버렸다.'는 것을 듣고서 '나는 본래의 주처로 돌아가지 않겠으며 옷도 짓지 않겠다.'라고 이렇게 생각을 지었다면, 이 비구는 떠나가는 때에 곧 가치나의를 버렸다고 이름한다.

둘째는 만약 비구가 가치나의를 받고서 소유한 옷을 가지고 그 경계를 벗어나면서 '나는 마땅히 이 주처로 돌아와서 옷을 짓겠다.'라고 이렇게 생각을 지으면서 이 비구가 곧 경계를 떠나갔고, 그는 경계의 밖에서 '승가가 가치나의를 버렸다.'는 것을 듣고서 이 비구는 곧 경계의 밖에서 옷을 지었으며, 다시 '나는 본래 주처로 돌아가서 옷을 짓지 않겠다.'라고 생각했다면, 그 옷이 완성되는 때에 곧 가치나의를 버렸다고 이름한다.

셋째는 만약 비구가 가치나의를 받고서 소유한 옷을 가지고 그 경계를 벗어나면서 '나는 마땅히 이 주처로 돌아와서 옷을 짓겠다.'라고 이렇게 생각을 지으면서 이 비구가 곧 경계를 떠나갔고, 그는 경계의 밖에서 '승가가 가치나의를 버렸다.'는 것을 듣고서 이 비구는 곧 경계의 밖에서 옷을 지었고 지어서 마쳤으나, 잘 수호하지 못한 까닭으로 잃어버렸고 다시 지을 옷감이 없더라도, 옷을 잃어버린 때에 곧 가치나의를 버렸다고 이름한다.

넷째는 만약 비구가 가치나의를 받고서 소유한 옷을 가지고 그 경계를 벗어나면서 '나는 마땅히 이 주처로 돌아와서 옷을 짓겠다.'라고 이렇게 생각을 지으면서 이 비구가 곧 경계를 떠나갔고, 그는 경계의 밖에서 '승가가 가치나의를 버렸다.'는 것을 듣고서 이 비구가 경계의 밖에서 옷을 지었는데 만약 지었거나, 만약 짓지 못하였으며, '나는 본래의 처소로 돌아가 천천히 짓겠다.'라고 생각하였거나, 오래도록 옷을 완성하지 못하였더라도, 이 비구가 기한이 넘어간 때라면 곧 가치나의를 버렸다고 이름한다. 이것을 가치나의를 버리는 네 번째의 네 가지라고 이름한다.

다섯 번째의 네 가지는 만약 비구가 가치나의를 받고서 소유한 옷을 가지고 그 경계를 벗어나면서 '나는 마땅히 이 주처로 돌아와서 옷을 짓겠다.'라고 이렇게 생각을 지으면서 이 비구가 곧 경계를 떠나갔고, 이 비구가 경계의 밖에서 옷을 지었고 다시 '나는 본래의 주처로 돌아가지 않겠다.'라고 생각했다면, 이 비구는 짓는 옷이 완성되는 때에 곧 가치나의를 버렸다고 이름한다.

둘째는 만약 비구가 가치나의를 받고서 소유한 옷을 가지고 그 경계를 벗어나면서 '나는 마땅히 이 주처로 돌아와서 옷을 짓겠다.'라고 이렇게 생각을 지으면서 이 비구가 곧 경계를 떠나갔고, 이 비구가 경계의 밖에서 옷을 지었고 옷을 지어서 마쳤으며 비바라의가 거의 완성되었으므로 남겨두고서 이 사람이 '이 비바라의를 그곳에 돌려주지 않겠다.'라고 이렇게 생각을 지었다면, 옷이 거의 완성된 때에 곧 가치나의를 버렸다고 이름한다.

셋째는 만약 비구가 가치나의를 받고서 소유한 옷을 가지고 그 경계를 벗어나면서 '나는 마땅히 이 주처로 돌아와서 옷을 짓겠다.'라고 이렇게 생각을 지으면서 이 비구가 곧 경계를 떠나갔고, 이 비구가 경계의 밖에서 '승가가 가치나의를 버렸다.'는 것을 듣고서 이 비구가 '만약 이미 가치나의를 버렸다면 본래의 주처로 돌아가지 않고 역시 옷도 짓지 않겠다.'고 이렇게 생각을 지었다면, 들었던 까닭으로써 곧 가치나의를 버렸다고 이름한다.

넷째는 만약 비구가 가치나의를 받고서 소유한 옷을 가지고 그 경계를 벗어나면서 '나는 마땅히 이 주처로 돌아와서 옷을 짓겠다.'라고 이렇게 생각을 지으면서 이 비구가 곧 경계를 떠나갔고, 이 비구가 경계의 밖에서 옷을 지었는데 만약 지었거나, 만약 짓지 못하였으나, 이 주처로 돌아가서 승가와 함께 가치나의를 버렸다면 곧 가치나의를 버렸다고 이름한다. 이것을 가치나의를 버리는 다섯 번째의 네 가지라고 이름한다.

다시 가치나의를 버리는 스무 가지가 있다. 만약 비구가 가치나의를 받고서 소유한 옷을 가지고 그 경계를 벗어나면서 옷을 얻기를 바랐던 까닭으로 '나는 이 주처로 돌아오지 않고 옷을 짓겠다.'라고 이렇게 생각을 지었는데, 이 비구가 경계의 밖에서 '나는 본래 주처로 돌아가지 않겠으며, 역시 옷을 짓지 않겠다.'라고 이렇게 생각을 지었다면, 이 옷을 완성하는 때에 곧 가치나의를 버렸다고 이름한다.

둘째는 만약 비구가 가치나의를 받고서 소유한 옷을 가지고 그 경계를 벗어나면서 옷을 얻기를 바랐던 까닭으로 '나는 이 주처로 돌아오지 않고 옷을 짓겠다.'라고 이렇게 생각을 지었는데, 경계를 벗어나 밖에서 옷을 짓는 때에 '나는 본래 주처로 돌아가지 않겠다.'라고 이렇게 생각을 지었다면, 이 비구는 떠나가는 때에 곧 가치나의를 버렸다고 이름한다.

셋째는 만약 비구가 가치나의를 받고서 소유한 옷을 가지고 그 경계를 벗어나면서 옷을 얻기를 바랐던 까닭으로 '나는 이 주처로 돌아오지 않고 옷을 짓겠다.'라고 이렇게 생각을 지었는데, 경계를 벗어나 밖에서 옷을 짓는 때에 지어서 마쳤으나, 잘 수호하지 못한 까닭으로 잃어버렸고 다시 지을 옷감이 없더라도, 옷을 잃어버린 때에 곧 가치나의를 버렸다고 이름한다.

넷째는 만약 비구가 가치나의를 받고서 소유한 옷을 가지고 그 경계를 벗어나면서 옷을 얻기를 바랐던 까닭으로 '나는 이 주처로 돌아오지 않고 옷을 짓겠다.'라고 이렇게 생각을 지었는데, 경계의 밖에서 옷을 지었는데 만약 지었거나, 만약 짓지 못하였거나, 천천히 지었거나, 오래도록 옷을 완성하지 못하였거나, 또한 '나는 본래의 처소로 돌아가야겠다.'라고 이렇게 생각을 지었으며, 이 비구가 기한이 넘어간 때라면 곧 가치나의를 버렸다고 이름한다. 이것을 가치나의를 버리는 처음의 네 가지라고 이름한다.

둘째·셋째·넷째에서 길을 알리지 않았거나, 마땅히 주처로 돌아왔거나, 이미 버렸다는 것을 들었어도 역시 앞에서와 같다.

다섯째의 네 가지는 만약 비구가 가치나의를 받고서 소유한 옷을 가지고 그 경계를 벗어나면서 옷을 얻기를 바랐던 까닭으로 '나는 마땅히 이 주처로 돌아와서 옷을 짓겠다.'라고 이렇게 생각을 지었고, 이 비구가 경계의 밖에서 옷을 지었으나, 또한 '나는 본래 주처로 돌아가지 않겠다.'라고 이렇게 생각을 지었다면, 이 비구는 짓는 옷이 완성된 때에 곧 가치나의를 버렸다고 이름한다.

둘째는 만약 비구가 가치나의를 받고서 소유한 옷을 가지고 그 경계를 벗어나면서 옷을 얻기를 바랐던 까닭으로 '나는 마땅히 이 주처로 돌아와서 옷을 짓겠다.'라고 이렇게 생각을 지었고, 이 비구가 경계의 밖에서 옷을 지었으며 옷을 완성하였으며, 비바라의가 거의 완성되었으므로 보관하면서 '이 비바라의를 그곳에 돌려주지 않겠다.'라고 이렇게 생각을 지었다면, 이 옷을 완성하는 때에 곧 가치나의를 버렸다고 이름한다.

셋째는 만약 비구가 가치나의를 받고서 소유한 옷을 가지고 그 경계를 벗어나면서 옷을 얻기를 바랐던 까닭으로 '나는 마땅히 이 주처로 돌아와서 옷을 짓겠다.'라고 이렇게 생각을 지었고, 이 비구가 경계의 밖에서

'승가가 가치나의를 버렸다.'는 것을 듣고서 이 비구가 '만약 이미 가치나의를 버렸다면 본래의 주처로 돌아가지 않고 역시 옷도 짓지 않겠다.'고 이렇게 생각을 지었다면, 들었던 까닭으로써 곧 가치나의를 버렸다고 이름한다.

넷째는 만약 비구가 가치나의를 받고서 소유한 옷을 가지고 그 경계를 벗어나면서 옷을 얻기를 바랐던 까닭으로 '나는 마땅히 이 주처로 돌아와서 옷을 짓겠다.'라고 이렇게 생각을 지었고, 경계의 밖에서 옷을 지었는데 만약 지었거나, 만약 짓지 못하였거나, 천천히 지었거나, 가치나의를 버리지 않았으나 이 주처로 돌아가서 승가와 함께 가치나의를 버렸다면, 곧 가치나의를 버렸다고 이름한다. 이것을 가치나의를 버리는 다섯째의 네 가지라고 이름한다. 이것을 가치나의를 버리는 두 번째의 스무 가지라고 이름한다.

다시 가치나의를 버리는 스무 가지가 있다.

첫째는 만약 비구가 가치나의를 받고서 소유한 옷을 가지고 그 경계를 벗어나면서 옷을 얻기를 바랐던 까닭으로 '나는 이 주처로 돌아오지 않고 옷을 짓겠다.'라고 이렇게 생각을 지었고, 바랐던 것을 얻지 못하고 바라지 않던 것을 얻었는데, 이 비구가 경계의 밖에서 '나는 본래 주처로 돌아가지 않겠으며 역시 옷을 짓지도 않겠다.'라고 이렇게 생각을 지었다면, 이 비구가 떠나가는 때에 곧 가치나의를 버렸다고 이름한다.

둘째는 만약 비구가 가치나의를 받고서 소유한 옷을 가지고 그 경계를 벗어나면서 옷을 얻기를 바랐던 까닭으로 '나는 이 주처로 돌아오지 않고 옷을 짓겠다.'라고 이렇게 생각을 지었고, 바랐던 것을 얻지 못하고 바라지 않던 것을 얻었는데, 이 비구가 경계의 밖에서 옷을 짓는 때에 '나는 본래 주처로 돌아가지 않겠다.'라고 이렇게 생각을 지었다면, 이 옷이 완성되는 때에 곧 가치나의를 버렸다고 이름한다.

셋째는 만약 비구가 가치나의를 받고서 소유한 옷을 가지고 그 경계를 벗어나면서 옷을 얻기를 바랐던 까닭으로 '나는 이 주처로 돌아오지 않고 옷을 짓겠다.'라고 이렇게 생각을 지었고, 바랐던 것을 얻지 못하고 바라지 않던 것을 얻었는데, 이 비구가 경계의 밖에서 옷을 지었고 지어서 마쳤으나, 잘 수호하지 못한 까닭으로 잃었으며 다시 옷감이 없었다면 옷을 잃어버린 때에 곧 가치나의를 버렸다고 이름한다.

넷째는 만약 비구가 가치나의를 받고서 소유한 옷을 가지고 그 경계를 벗어나면서 옷을 얻기를 바랐던 까닭으로 '나는 이 주처로 돌아오지 않고 옷을 짓겠다.'라고 이렇게 생각을 지었고, 바랐던 것을 얻지 못하고 바라지 않던 것을 얻었는데, 이 비구가 경계의 밖에서 옷을 지었으며, 만약 지었거나, 만약 짓지 못하였거나, 천천히 지었거나, 오래도록 옷을 완성하지 못하였거나, 또한 '나는 본래의 처소로 돌아가야겠다.'라고 이렇게 생각을 지었으며, 이 비구가 기한이 넘어간 때라면 곧 가치나의를 버렸다고 이름한다.

둘째·셋째·넷째에서 길을 알리지 않았거나, 마땅히 주처로 돌아왔거나, 이미 버렸다는 것을 들었어도 역시 앞에서와 같다.

다섯째의 네 가지는 만약 비구가 가치나의를 받고서 소유한 옷을 가지고 그 경계를 벗어나면서 옷을 얻기를 바랐던 까닭으로 '나는 이 주처로 돌아와서 옷을 짓겠다.'라고 이렇게 생각을 지었고, 바랐던 것을 얻지 못하고 바라지 않던 것을 얻었는데, 이 비구가 경계의 밖에서 옷을 지으면서 또한 '나는 본래 주처로 돌아가지 않겠다.'라고 이렇게 생각을 지었다면, 이 옷이 완성되는 때에 곧 가치나의를 버렸다고 이름한다.

둘째는 만약 비구가 가치나의를 받고서 소유한 옷을 가지고 그 경계를 벗어나면서 옷을 얻기를 바랐던 까닭으로 '나는 이 주처로 돌아와서 옷을 짓겠다.'라고 이렇게 생각을 지었고, 바랐던 것을 얻지 못하고 바라지 않던 것을 얻었는데, 이 사람이 경계의 밖에서 옷을 지었고 완성하였으며, 비바라의가 거의 완성되었으므로 남겨두고서 '이 비바라의를 본래 주처에 돌려주지 않겠다.'라고 이렇게 생각을 지었다면, 이 옷을 완성하는 때에 곧 가치나의를 버렸다고 이름한다.

셋째는 만약 비구가 가치나의를 받고서 소유한 옷을 가지고 그 경계를 벗어나면서 옷을 얻기를 바랐던 까닭으로 '나는 이 주처로 돌아와서 옷을 짓겠다.'라고 이렇게 생각을 지었고, 바랐던 것을 얻지 못하고 바라지 않던 것을 얻었는데, 이 비구가 경계의 밖에서 '승가가 가치나의를 버렸다.'는 것을 듣고서 이 비구가 '만약 승가가 이미 가치나의를 버렸다면 본래의 주처로 돌아가지 않고 역시 옷도 짓지 않겠다.'고 이렇게 생각을 지었다면, 들었던 까닭으로써 곧 가치나의를 버렸다고 이름한다.

넷째는 만약 비구가 가치나의를 받고서 소유한 옷을 가지고 그 경계를 벗어나면서 옷을 얻기를 바랐던 까닭으로 '나는 이 주처로 돌아와서 옷을 짓겠다.'라고 이렇게 생각을 지었고, 바랐던 것을 얻지 못하고 바라지 않던 것을 얻었는데, 경계의 밖에서 옷을 지었는데 만약 지었거나, 만약 짓지 못하였거나, 천천히 지었거나, 가치나의를 버리지 않았으나 이 주처로 돌아가서 승가와 함께 가치나의를 버렸다면, 곧 가치나의를 버렸다고 이름한다. 이것이 가치나의를 버리는 다섯째의 네 가지라고 이름한다. 이것은 가치나의를 버리는 세 번째의 스무 가지이다.

다시 가치나의를 버리는 스무 가지가 있다. 첫째는 만약 비구가 가치나의를 받고서 소유한 옷을 가지고 그 경계를 벗어나면서 옷을 얻기를 바랐던 까닭으로 '나는 이 주처로 돌아오지 않겠으며 옷을 짓겠다.'라고 이렇게 생각을 지었고, 바랐던 것을 얻기를 포기하였으나 바라지 않았던 것을 얻었는데, 이 비구가 경계 밖에서 옷을 짓는 때에 '나는 본래의 주처로 돌아오지 않겠으며 역시 옷을 짓지 않겠다.'라고 이렇게 생각을 지었다면, 이 비구가 떠나가는 때에 곧 가치나의를 버렸다고 이름한다.

둘째는 만약 비구가 가치나의를 받고서 소유한 옷을 가지고 그 경계를 벗어나면서 옷을 얻기를 바랐던 까닭으로 '나는 이 주처로 돌아오지 않겠으며 옷을 짓겠다.'라고 이렇게 생각을 지었고, 바랐던 것을 얻기를 포기하였으나 바라지 않았던 것을 얻었는데, 이 비구가 경계 밖에서 옷을 짓는 때에 '나는 본래의 주처로 돌아오지 않겠다.'라고 이렇게 생각을 지었다면, 이 옷이 완성되는 때에 곧 가치나의를 버렸다고 이름한다.

셋째는 만약 비구가 가치나의를 받고서 소유한 옷을 가지고 그 경계를 벗어나면서 옷을 얻기를 바랐던 까닭으로 '나는 이 주처로 돌아오지 않겠으며 옷을 짓겠다.'라고 이렇게 생각을 지었고, 바랐던 것을 얻기를 포기하였으나 바라지 않았던 것을 얻었는데, 이 비구가 경계 밖에서 옷을 지었고 지어서 마쳤으나, 잘 수호하지 못한 까닭으로 잃었으며 다시 옷감이 없었다면 옷을 잃어버린 때에 곧 가치나의를 버렸다고 이름한다.

넷째는 만약 비구가 가치나의를 받고서 소유한 옷을 가지고 그 경계를 벗어나면서 옷을 얻기를 바랐던 까닭으로 '나는 이 주처로 돌아오지 않겠으며 옷을 짓겠다.'라고 이렇게 생각을 지었고, 바랐던 것을 얻기를 포기하였으나 바라지 않았던 것을 얻었는데, 이 비구가 경계의 밖에서 옷을 지었는데, 만약 지었거나, 만약 짓지 못하였거나, 천천히 지었거나, 오래도록 옷을 완성하지 못하였거나, 또한 '나는 본래의 처소로 돌아가야겠다.'라고 이렇게 생각을 지었으며, 이 비구가 기한이 넘어간 때라면 곧 가치나의를 버렸다고 이름한다.

둘째·셋째·넷째에서 길을 알리지 않았거나, 마땅히 주처로 돌아왔거나, 이미 버렸다는 것을 들었어도 역시 앞에서와 같다.

다섯째의 네 가지는 만약 비구가 가치나의를 받고서 소유한 옷을 가지고 그 경계를 벗어나면서 옷을 얻기를 바랐던 까닭으로 '나는 이 주처로 돌아와서 옷을 짓겠다.'라고 이렇게 생각을 지었고, 바랐던 것을 얻기를 포기하였으나 바라지 않았던 것을 얻었는데, 이 비구가 경계 밖에서 옷을 지으면서 또한 '나는 본래의 주처로 돌아가지 않겠다.'라고 이렇게 생각을 지었다면, 이 비구가 완성되는 때에 곧 가치나의를 버렸다고 이름한다.

둘째는 만약 비구가 가치나의를 받고서 소유한 옷을 가지고 그 경계를 벗어나면서 옷을 얻기를 바랐던 까닭으로 '나는 이 주처로 돌아와서 옷을 짓겠다.'라고 이렇게 생각을 지었고, 바랐던 것을 얻기를 포기하였으나 바라지 않았던 것을 얻었는데, 이 비구가 경계 밖에서 옷을 지었고 완성하였으며, 비바라의가 거의 완성되었으므로 남겨두고서 '이 비바라의를 본래 주처에 돌려주지 않겠다.'라고 이렇게 생각을 지었다면, 이 옷을 완성하는 때에 곧 가치나의를 버렸다고 이름한다.

셋째는 만약 비구가 가치나의를 받고서 소유한 옷을 가지고 그 경계를 벗어나면서 옷을 얻기를 바랐던 까닭으로 '나는 이 주처로 돌아와서 옷을 짓겠다.'라고 이렇게 생각을 지었고, 바랐던 것을 얻기를 포기하였으나 바라지 않았던 것을 얻었는데, 이 비구가 경계의 밖에서 '승가가 가치나의를 버렸다.'는 것을 듣고서 이 비구가 '만약 승가가 이미 가치나의를 버렸다면 본래의 주처로 돌아가지 않겠으며 역시 옷도 짓지 않겠다.'고 이렇게 생각을 지었다면, 들었던 까닭으로써 곧 가치나의를 버렸다고 이름한다.

넷째는 만약 비구가 가치나의를 받고서 소유한 옷을 가지고 그 경계를 벗어나면서 옷을 얻기를 바랐던 까닭으로 '나는 이 주처로 돌아와서 옷을 짓겠다.'라고 이렇게 생각을 지었고, 바랐던 것을 얻기를 포기하였으나 바라지 않았던 것을 얻었는데, 이 비구가 경계의 밖에서 옷을 지었으며, 만약 지었거나, 만약 짓지 못하였거나, 천천히 지었거나, 오래도록 옷을 완성하지 못하였거나, 또한 '나는 본래의 처소로 돌아가야겠다.'라고 이렇게 생각을 지었으며, 이 비구가 기한이 넘어간 때라면 곧 가치나의를 버렸다고 이름한다. 이것이 가치나의를 버리는 다섯째의 네 가지라고 이름한다. 이것은 가치나의를 버리는 네 번째의 스무 가지이다.

다시 가치나의를 버리는 스무 가지가 있다. 첫째는 만약 비구가 가치나의를 받고서 소유한 옷을 가지고 그 경계를 벗어나면서 옷을 얻기를 바랐던 까닭으로 '나는 이 주처로 돌아오지 않겠으며 옷을 짓겠다.'라고 이렇게 생각을 지었고, 바랐던 것을 얻지 못하였고 얻기를 포기하였으나 바라지 않았던 것을 얻었는데, 이 비구가 경계를 벗어나고서 또한 '나는 본래의 주처로 돌아가지 않겠으며 역시 옷을 짓지 않겠다.'라고 이렇게 생각을 지었다면, 이 비구가 떠나가는 때에 곧 가치나의를 버렸다고 이름한다.

둘째는 만약 비구가 가치나의를 받고서 소유한 옷을 가지고 그 경계를 벗어나면서 옷을 얻기를 바랐던 까닭으로 '나는 이 주처로 돌아오지 않겠으며 옷을 짓겠다.'라고 이렇게 생각을 지었고, 바랐던 것을 얻지 못하였고 얻기를 포기하였으나 바라지 않았던 것을 얻었는데, 이 비구가 경계의 밖에서 옷을 짓는 때에 '나는 본래의 주처로 돌아가지 않겠다.'라고 이렇게 생각을 지었다면, 이 옷이 완성되는 때에 곧 가치나의를 버렸다고 이름한다.

셋째는 만약 비구가 가치나의를 받고서 소유한 옷을 가지고 그 경계를 벗어나면서 옷을 얻기를 바랐던 까닭으로 '나는 이 주처로 돌아오지 않겠으며 옷을 짓겠다.'라고 이렇게 생각을 지었고, 바랐던 것을 얻지 못하였고 얻기를 포기하였으나 바라지 않았던 것을 얻었는데, 이 비구가 경계 밖에서 옷을 지었고 지어서 마쳤으나, 잘 수호하지 못한 까닭으로 잃었으며 다시 옷감이 없었다면 옷을 잃어버린 때에 곧 가치나의를 버렸다고 이름한다.

넷째는 만약 비구가 가치나의를 받고서 소유한 옷을 가지고 그 경계를 벗어나면서 옷을 얻기를 바랐던 까닭으로 '나는 이 주처로 돌아오지 않겠으며 옷을 짓겠다.'라고 이렇게 생각을 지었고, 바랐던 것을 얻지 못하였고 얻기를 포기하였으나 바라지 않았던 것을 얻었는데, 이 비구가 경계의 밖에서 옷을 지었으며, 만약 지었거나, 만약 짓지 못하였거나, 천천히 지었거나, 오래도록 옷을 완성하지 못하였거나, 또한 '나는 본래의 처소로 돌아가야겠다.'라고 이렇게 생각을 지었으며, 이 비구가 기한이 넘어간 때라면 곧 가치나의를 버렸다고 이름한다.

둘째·셋째·넷째에서 길을 알리지 않았거나, 마땅히 주처로 돌아왔거나, 이미 버렸다는 것을 들었어도 역시 앞에서와 같다.

다섯째의 네 가지는 만약 비구가 가치나의를 받고서 소유한 옷을 가지고 그 경계를 벗어나면서 옷을 얻기를 바랐던 까닭으로 '나는 마땅히 이 주처로 돌아와서 옷을 짓겠다.'라고 이렇게 생각을 지었고, 바랐던 것을 얻지 못하였고 얻기를 포기하였으나 바라지 않았던 것을 얻었는데, 이 비구가 경계를 벗어나서 옷을 지었고, 또한 '나는 본래의 주처로 돌아가지 않겠다.'라고 이렇게 생각을 지었다면, 이 비구가 옷을 완성하는 때에 곧 가치나의를 버렸다고 이름한다.

둘째는 만약 비구가 가치나의를 받고서 소유한 옷을 가지고 그 경계를 벗어나면서 옷을 얻기를 바랐던 까닭으로 '나는 마땅히 이 주처로 돌아와서 옷을 짓겠다.'라고 이렇게 생각을 지었고, 바랐던 것을 얻지 못하였고 얻기를 포기하였으나 바라지 않았던 것을 얻었는데, 이 비구가 경계를 벗어나서 옷을 지었고 지어서 마쳤으며, 비바라의를 거의 완성하여 남겨두고서 '이 비바라의를 그 주처에 돌려주지 않겠다.'라고 이렇게 생각을 지었다면, 이 옷이 완성되는 때에 곧 가치나의를 버렸다고 이름한다.

셋째는 만약 비구가 가치나의를 받고서 소유한 옷을 가지고 그 경계를 벗어나면서 옷을 얻기를 바랐던 까닭으로 '나는 마땅히 이 주처로 돌아와서 옷을 짓겠다.'라고 이렇게 생각을 지었고, 바랐던 것을 얻지 못하였고 얻기를 포기하였으나 바라지 않았던 것을 얻었는데, 이 비구가 경계의 밖에서 '가치나의를 버렸다.'는 것을 듣고서 이 비구가 '만약 승가가 이미 가치나의를 버렸다면 본래의 주처로 돌아가지 않겠으며 역시 옷도 짓지 않겠다.'고 이렇게 생각을 지었다면, 들었던 까닭으로써 곧 가치나의를 버렸다고 이름한다.

넷째는 만약 비구가 가치나의를 받고서 소유한 옷을 가지고 그 경계를 벗어나면서 옷을 얻기를 바랐던 까닭으로 '나는 마땅히 이 주처로 돌아와서 옷을 짓겠다.'라고 이렇게 생각을 지었고, 바랐던 것을 얻지 못하였고 얻기를 포기하였으나 바라지 않았던 것을 얻었는데, 경계의 밖에서 옷을 지었는데 만약 지었거나, 만약 짓지 못하였거나, 천천히 지었거나, 가치나의를 버리지 않았으나 이 주처로 돌아가서 승가와 함께 가치나의를 버렸다면, 곧 가치나의를 버렸다고 이름한다. 이것을 가치나의를 버리는 다섯째의 네 가지라고 이름한다. 이것은 가치나의를 버리는 다섯 번째의 스무 가지이다.

다시 가치나의를 버리는 스무 가지가 있다. 첫째는 만약 비구가 가치나의를 받고서 소유한 옷을 가지고 그 경계를 벗어나면서 많은 옷을 얻기를 바랐던 까닭으로 '나는 이 주처로 돌아오지 않겠으며 옷을 짓겠다.'라고 이렇게 생각을 지었고, 바랐던 것을 얻지 못하였고 얻기를 포기하였으나 바라지 않았던 것을 얻었으며, 다시 바라는 것을 부지런히 구했으나 이러한 것을 역시 포기하였고 바라지 않던 것을 얻었는데, 이 비구가 경계를 벗어나고서 또한 '나는 본래의 주처로 돌아가지 않겠으며 역시 옷을 짓지 않겠다.'라고 이렇게 생각을 지었다면, 이 비구는 떠나가는 때에 곧 가치나의를 버렸다고 이름한다.

둘째는 만약 비구가 가치나의를 받고서 소유한 옷을 가지고 그 경계를 벗어나면서 많은 옷을 얻기를 바랐던 까닭으로 '나는 이 주처로 돌아오지 않겠으며 옷을 짓겠다.'라고 이렇게 생각을 지었고, 바랐던 것을 얻지 못하였고 얻기를 포기하였으나 바라지 않았던 것을 얻었으며, 다시 바라는 것을 부지런히 구했으나 이러한 것을 역시 포기하였고 바라지 않던 것을 얻었는데, 이 비구가 경계를 벗어나서 옷을 짓는 때에 '나는 본래 주처로 돌아가지 않겠다.'라고 이렇게 생각을 지었다면, 이 비구가 옷을 완성하는 때에 곧 가시나의를 버렸다고 이름한다.

셋째는 만약 비구가 가치나의를 받고서 소유한 옷을 가지고 그 경계를 벗어나면서 많은 옷을 얻기를 바랐던 까닭으로 '나는 이 주처로 돌아오지 않겠으며 옷을 짓겠다.'라고 이렇게 생각을 지었고, 바랐던 것을 얻지 못하였고 얻기를 포기하였으나 바라지 않았던 것을 얻었으며, 다시 바라는 것을 부지런히 구했으나 이러한 것을 역시 포기하였고 바라지 않던 것을 얻었는데, 이 비구가 경계 밖에서 옷을 지었고 지어서 마쳤으나, 잘 수호하지 못한 까닭으로 잃었으며 다시 옷감이 없었다면 옷을 잃어버린 때에 곧 가치나의를 버렸다고 이름한다.

넷째는 만약 비구가 가치나의를 받고서 소유한 옷을 가지고 그 경계를 벗어나면서 많은 옷을 얻기를 바랐던 까닭으로 '나는 이 주처로 돌아오지 않겠으며 옷을 짓겠다.'라고 이렇게 생각을 지었고, 바랐던 것을 얻지 못하였고 얻기를 포기하였으나 바라지 않았던 것을 얻었으며, 다시 바라는 것을 부지런히 구했으나 이러한 것을 역시 포기하였고 바라지 않던 것을 얻었는데, 이 비구가 경계의 밖에서 옷을 지었으며, 만약 지었거나, 만약 짓지 못하였거나, 천천히 지었거나, 오래도록 옷을 완성하지 못하였거나, 또한 '나는 본래의 처소로 돌아가야겠다.'라고 이렇게 생각을 지었으며, 이 비구가 기한이 넘어간 때라면 곧 가치나의를 버렸다고 이름한다.

둘째·셋째·넷째에서 길을 알리지 않았거나, 마땅히 주처로 돌아왔거나, 이미 버렸다는 것을 들었어도 역시 앞에서와 같다.

다섯째의 네 가지는 만약 비구가 가치나의를 받고서 소유한 옷을 가지고 그 경계를 벗어나면서 많은 옷을 얻기를 바랐던 까닭으로 '나는 마땅히 이 주처로 돌아와서 옷을 짓겠다.'라고 이렇게 생각을 지었고, 바랐던 것을 얻지 못하였고 얻기를 포기하였으나 바라지 않았던 것을 얻었으며, 다시 바라는 것을 부지런히 구했으나 이러한 것을 역시 포기하였고 바라지 않던 것을 얻었는데, 이 비구가 경계의 밖에서 옷을 지으면서 또한 '나는 본래의 주처로 돌아가지 않겠다.'라고 이렇게 생각을 지었다면, 이 비구가 옷을 완성하는 때에 곧 가치나의를 버렸다고 이름한다.

둘째는 만약 비구가 가치나의를 받고서 소유한 옷을 가지고 그 경계를 벗어나면서 많은 옷을 얻기를 바랐던 까닭으로 '나는 마땅히 이 주처로 돌아와서 옷을 짓겠다.'라고 이렇게 생각을 지었고, 바랐던 것을 얻지 못하였고 얻기를 포기하였으나 바라지 않았던 것을 얻었으며, 다시 바라는 것을 부지런히 구했으나 이러한 것을 역시 포기하였고 바라지 않던 것을 얻었는데, 이 비구가 경계를 벗어나서 옷을 지었고 지어서 마쳤으며 비바라의를 거의 완성하여 남겨두고서 '이 비바라의를 그 주처에 돌려주지 않겠다.'라고 이렇게 생각을 지었다면, 이 옷이 완성되는 때에 곧 가치나의를 버렸다고 이름한다.

셋째는 만약 비구가 가치나의를 받고서 소유한 옷을 가지고 그 경계를 벗어나면서 많은 옷을 얻기를 바랐던 까닭으로 '나는 마땅히 이 주처로 돌아와서 옷을 짓겠다.'라고 이렇게 생각을 지었고, 바랐던 것을 얻지 못하였고 얻기를 포기하였으나 바라지 않았던 것을 얻었으며, 다시 바라는 것을 부지런히 구했으나 이러한 것을 역시 포기하였고 바라지 않던 것을 얻었는데, 이 비구가 경계의 밖에서 '가치나의를 버렸다.'는 것을 듣고서 이 비구가 '만약 승가가 이미 가치나의를 버렸다면 본래의 주처로 돌아가지 않겠으며 역시 옷도 짓지 않겠다.'고 이렇게 생각을 지었다면, 들었던 까닭으로써 곧 가치나의를 버렸다고 이름한다.

넷째는 만약 비구가 가치나의를 받고서 소유한 옷을 가지고 그 경계를 벗어나면서 많은 옷을 얻기를 바랐던 까닭으로 '나는 마땅히 이 주처로 돌아와서 옷을 짓겠다.'라고 이렇게 생각을 지었고, 바랐던 것을 얻지 못하였고 얻기를 포기하였으나 바라지 않았던 것을 얻었으며, 다시 바라는 것을 부지런히 구했으나 이러한 것을 역시 포기하였고 바라지 않던 것을 얻었는데, 경계의 밖에서 옷을 지었는데 만약 지었거나, 만약 짓지 못하였거나, 천천히 지었거나, 가치나의를 버리지 않았으나 이 주처로 돌아가서 승가와 함께 가치나의를 버렸다면, 곧 가치나의를 버렸다고 이름한다. 이것은 가치나의를 반환해야 버리는 다섯째의 네 가지라고 이름한다. 이것은 가치나의를 버리는 여섯 번째의 스무 가지이다.

다시 가치나의를 버리는 열두 가지가 있다. 첫째는 만약 비구가 가치나의를 받고서 소유한 옷을 가지고 그 경계를 벗어나면서 옷감이 부족하였던 까닭으로 '나는 마땅히 이 주처로 돌아와서 옷을 짓겠다.'라고 이렇게 생각을 지었는데, 이 비구에게 경계의 밖에서 다른 사람이 '옷감을 가져온다면 마땅히 그대를 위하여 지어서 주겠다.'라고 말하였고, 이 비구가 경계의 밖에서 '나는 본래의 주처로 돌아가지 않겠으며 옷을 짓지 않겠다.'라고 이렇게 생각을 지었다면, 그 비구가 떠나가는 때에 곧 가치나의를 버렸다고 이름한다.

둘째는 만약 비구가 가치나의를 받고서 소유한 옷을 가지고 그 경계를 벗어나면서 옷감이 부족하였던 까닭으로 '나는 마땅히 이 주처로 돌아와서 옷을 짓겠다.'라고 이렇게 생각을 지었는데, 이 비구에게 경계의 밖에서 다른 사람이 '옷감을 가져온다면 마땅히 그대를 위하여 지어서 주겠다.'라고 말하였고, 이 비구가 경계의 밖에서 다른 사람에게 옷을 짓게 하면서 '나는 본래의 주처로 돌아가지 않겠으며 옷을 짓지 않겠다.'라고 이렇게 생각을 지었다면, 옷이 완성되는 때에 곧 가치나의를 버렸다고 이름한다.

셋째는 만약 비구가 가치나의를 받고서 소유한 옷을 가지고 그 경계를 벗어나면서 옷감이 부족하였던 까닭으로 '나는 마땅히 이 주처로 돌아와서 옷을 짓겠다.'라고 이렇게 생각을 지었는데, 이 비구에게 경계의 밖에서 다른 사람이 '옷감을 가져온다면 마땅히 그대를 위하여 지어서 주겠다.'라고 말하였고, 이 비구가 경계의 밖에서 다른 사람에게 옷을 짓게 하였고 지어서 마쳤으나, 잘 수호하지 못한 까닭으로 잃었으며 다시 옷감이 없었다면 옷을 잃어버린 때에 곧 가치나의를 버렸다고 이름한다.

넷째는 만약 비구가 가치나의를 받고서 소유한 옷을 가지고 그 경계를 벗어나면서 옷감이 부족하였던 까닭으로 '나는 마땅히 이 주처로 돌아와서 옷을 짓겠다.'라고 이렇게 생각을 지었는데, 이 비구에게 경계의 밖에서 다른 사람이 '옷감을 가져온다면 마땅히 그대를 위하여 지어서 주겠다.'라고 말하였고, 이 비구가 경계의 밖에서 다른 사람에게 옷을 짓게 하였는데, 만약 지었거나, 만약 짓지 못하였거나, 천천히 지었거나, 오래도록 옷을 완성하지 못하였거나, 또한 '나는 본래의 처소로 돌아가야겠다.'라고 이렇게 생각을 지었으며, 이 비구가 기한이 넘어간 때라면 곧 가치나의를 버렸다고 이름한다.

다섯째는 만약 비구가 가치나의를 받고서 소유한 옷을 가지고 그 경계를 벗어나면서 옷감이 부족하였던 까닭으로 '나는 마땅히 이 주처로 돌아와서 옷을 짓겠다.'라고 이렇게 생각을 지었는데, 이 비구에게 경계의 밖에서 다른 사람이 '옷감을 가져온다면 마땅히 그대를 위하여 지어서 주겠다.'라고 말하였고, 이 비구가 경계의 밖에서 '이미 가치나의를 버렸다.'는 것을 듣고서 이 비구가 '만약 승가가 이미 가치나의를 버렸다면 본래의 주처로 돌아가지 않겠으며 역시 옷도 짓지 않겠다.'라고 이렇게 생각을 지었다면, 그 비구가 떠나가는 때에 곧 가치나의를 버렸다고 이름한다.

여섯째는 만약 비구가 가치나의를 받고서 소유한 옷을 가지고 그 경계를 벗어나면서 옷감이 부족하였던 까닭으로 '나는 마땅히 이 주처로 돌아와서 옷을 짓겠다.'라고 이렇게 생각을 지었는데, 이 비구에게 경계의 밖에서 다른 사람이 '옷감을 가져온다면 마땅히 그대를 위하여 지어서 주겠다.'라고 말하였고, 이 비구가 경계의 밖에서 '이미 가치나의를 버렸다.'는 것을 들었으며, 또한 '나는 본래의 주처로 돌아가지 않겠다.'고 이렇게 생각을 지었고, 이 비구가 경계 밖에서 옷을 지었다면, 옷이 완성되는 때에 곧 가치나의를 버렸다고 이름한다.

일곱째는 만약 비구가 가치나의를 받고서 소유한 옷을 가지고 그 경계를 벗어나면서 옷감이 부족하였던 까닭으로 '나는 마땅히 이 주처로 돌아와서 옷을 짓겠다.'라고 이렇게 생각을 지었는데, 이 비구에게 경계의 밖에서 다른 사람이 '옷감을 가져온다면 마땅히 그대를 위하여 지어서 주겠다.'라고 말하였고, 이 비구가 경계의 밖에서 옷을 지어서 마쳤으나, 잘 수호하지 못한 까닭으로 잃었으며 다시 옷감이 없었다면 옷을 잃어버린 때에 곧 가치나의를 버렸다고 이름한다.

여덟째는 만약 비구가 가치나의를 받고서 소유한 옷을 가지고 그 경계를 벗어나면서 옷감이 부족하였던 까닭으로 '나는 마땅히 이 주처로 돌아와서 옷을 짓겠다.'라고 이렇게 생각을 지었는데, 이 비구에게 경계의 밖에서 다른 사람이 '옷감을 가져온다면 마땅히 그대를 위하여 지어서 주겠다.'라고 말하였고, 이 비구가 경계의 밖에서 옷을 지었는데, 만약 지었거나, 만약 짓지 못하였거나, 천천히 지었거나, 오래도록 옷을 완성하지 못하였거나, 기한이 넘어간 때라면 곧 가치나의를 버렸다고 이름한다.

아홉째는 만약 비구가 가치나의를 받고서 소유한 옷을 가지고 그 경계를 벗어나면서 옷감이 부족하였던 까닭으로 '나는 마땅히 이 주처로 돌아와서 옷을 짓겠다.'라고 이렇게 생각을 지었는데, 이 비구에게 경계의 밖에서 다른 사람이 '옷감을 가져온다면 마땅히 그대를 위하여 지어서 주겠다.'라고 말하였고, 이 비구가 경계의 밖에서 '나는 본래의 주처로 돌아가지 않겠다.'라고 이렇게 생각을 짓고 이 비구가 경계의 밖에서 옷을 짓는다면,

옷이 완성되는 때에 곧 가치나의를 버렸다고 이름한다.

열째는 만약 비구가 가치나의를 받고서 소유한 옷을 가지고 그 경계를 벗어나면서 옷감이 부족하였던 까닭으로 '나는 마땅히 이 주처로 돌아와서 옷을 짓겠다.'라고 이렇게 생각을 지었는데, 이 비구에게 경계의 밖에서 다른 사람이 '옷감을 가져온다면 마땅히 그대를 위하여 지어서 주겠다.'라고 말하였고, 이 비구가 경계의 밖에서 다른 사람에게 옷을 짓게 하였고 지어서 마쳤으며 비바라의를 거의 완성하여 남겨두고서 '이 비바라의를 그 주처에 돌려주지 않겠다.'라고 이렇게 생각을 지었다면, 이 옷이 완성되는 때에 곧 가치나의를 버렸다고 이름한다.

열한째는 만약 비구가 가치나의를 받고서 소유한 옷을 가지고 그 경계를 벗어나면서 옷감이 부족하였던 까닭으로 '나는 마땅히 이 주처로 돌아와서 옷을 짓겠다.'라고 이렇게 생각을 지었는데, 이 비구에게 경계의 밖에서 다른 사람이 '옷감을 가져온다면 마땅히 그대를 위하여 지어서 주겠다.'라고 말하였고, 이 비구가 경계의 밖에서 '승가가 이미 가치나의를 버렸다.'는 것을 들었고 '만약 승가가 이미 가치나의를 버렸다면 나는 본래의 주처로 돌아가지 않겠으며 옷을 짓지도 않겠다.'라고 이렇게 생각을 지었다면, 이 비구가 들었던 때에 곧 가치나의를 버렸다고 이름한다.

열두째는 만약 비구가 가치나의를 받고서 소유한 옷을 가지고 그 경계를 벗어나면서 옷감이 부족하였던 까닭으로 '나는 마땅히 이 주처로 돌아와서 옷을 짓겠다.'라고 이렇게 생각을 지었는데, 이 비구에게 경계의 밖에서 다른 사람이 '옷감을 가져온다면 마땅히 그대를 위하여 지어서 주겠다.'라고 말하였고, 이 비구가 경계의 밖에서 옷을 지었는데 만약 지었거나, 만약 짓지 못하였거나, 천천히 지었거나, 가치나의를 버리지 않았으나 이 주처로 돌아가서 승가와 함께 가치나의를 버렸다면, 곧 가치나의를 버렸다고 이름한다.

다시 가치나의를 버리는 열두 가지가 있다. 첫째는 만약 비구가 가치나의와 비바라의를 받고서 소유한 옷을 가지고 그 경계를 벗어나면서 옷감이 부족하였던 까닭으로 '나는 마땅히 이 주처로 돌아와서 옷을 짓겠다.'라고 이렇게 생각을 지었는데, 이 비구에게 경계의 밖에서 다른 사람이 '옷감을 가져온다면 마땅히 그대를 위하여 지어서 주겠다.'라고 말하였고, 이 비구가 경계의 밖에서 '나는 본래의 주처로 돌아가지 않겠으며 옷을 짓지 않겠다.'라고 이렇게 생각을 지었다면, 그 비구가 떠나가는 때에 곧 가치나의를 버렸다고 이름한다.

둘째는 만약 비구가 가치나의와 비바라의를 받고서 소유한 옷을 가지고 그 경계를 벗어나면서 옷감이 부족하였던 까닭으로 '나는 마땅히 이 주처로 돌아와서 옷을 짓겠다.'라고 이렇게 생각을 지었는데, 이 비구에게 경계의 밖에서 다른 사람이 '옷감을 가져온다면 마땅히 그대를 위하여 지어서 주겠다.'라고 말하였고, 이 비구가 경계의 밖에서 다른 사람에게 옷을 짓게 하면서 '나는 본래의 주처로 돌아가지 않겠으며 옷을 짓지 않겠다.'라고 이렇게 생각을 지었다면, 옷이 완성되는 때에 곧 가치나의를 버렸다고 이름한다.

셋째는 만약 비구가 가치나의와 비바라의를 받고서 소유한 옷을 가지고 그 경계를 벗어나면서 옷감이 부족하였던 까닭으로 '나는 마땅히 이 주처로 돌아와서 옷을 짓겠다.'라고 이렇게 생각을 지었는데, 이 비구에게 경계의 밖에서 다른 사람이 '옷감을 가져온다면 마땅히 그대를 위하여 지어서 주겠다.'라고 말하였고, 이 비구가 경계의 밖에서 다른 사람에게 옷을 짓게 하였고 지어서 마쳤으나, 잘 수호하지 못한 까닭으로 잃었으며 다시 옷감이 없었다면 옷을 잃어버린 때에 곧 가치나의를 버렸다고 이름한다.

넷째는 만약 비구가 가치나의와 비바라의를 받고서 소유한 옷을 가지고 그 경계를 벗어나면서 옷감이 부족하였던 까닭으로 '나는 마땅히 이 주처로 돌아와서 옷을 짓겠다.'라고 이렇게 생각을 지었는데, 이 비구에게 경계의 밖에서 다른 사람이 '옷감을 가져온다면 마땅히 그대를 위하여 지어서 주겠다.'라고 말하였고, 이 비구가 경계의 밖에서 다른 사람에게 옷을 짓게 하였는데, 만약 지었거나, 만약 짓지 못하였거나, 천천히 지었거나, 오래도록 옷을 완성하지 못하였거나, 또한 '나는 본래의 처소로 돌아가야겠다.'라고 이렇게 생각을 지었으며, 이 비구가 기한이 넘어간 때라면 곧 가치나의를 버렸다고 이름한다.

다섯째는 만약 비구가 가치나의와 비바라의를 받고서 소유한 옷을 가지고 그 경계를 벗어나면서 옷감이 부족하였던 까닭으로 '나는 마땅히 이 주처로 돌아와서 옷을 짓겠다.'라고 이렇게 생각을 지었는데, 이 비구에게 경계의 밖에서 다른 사람이 '옷감을 가져온다면 마땅히 그대를 위하여 지어서 주겠다.'라고 말하였고, 이 비구가 경계의 밖에서 '이미 가치나의를 버렸다.'는 것을 듣고서 이 비구가 '만약 승가가 이미 가치나의를 버렸다면 본래의 주처로 돌아가지 않겠으며 역시 옷도 짓지 않겠다.'라고 이렇게 생각을 지었다면, 그 비구가 떠나가는 때에 곧 가치나의를 버렸다고 이름한다.

여섯째는 만약 비구가 가치나의와 비바라의를 받고서 소유한 옷을 가지고 그 경계를 벗어나면서 옷감이 부족하였던 까닭으로 '나는 마땅히 이 주처로 돌아와서 옷을 짓겠다.'라고 이렇게 생각을 지었는데, 이 비구에게 경계의 밖에서 다른 사람이 '옷감을 가져온다면 마땅히 그대를 위하여 지어서 주겠다.'라고 말하였고, 이 비구가 경계의 밖에서 '이미 가치나의를 버렸다.'는 것을 들었으며, 또한 '나는 본래의 주처로 돌아가지 않겠다.'고 이렇게 생각을 지었고, 이 비구가 경계 밖에서 옷을 지었다면, 옷이 완성되는 때에 곧 가치나의를 버렸다고 이름한다.

일곱째는 만약 비구가 가치나의와 비바라의를 받고서 소유한 옷을 가지고 그 경계를 벗어나면서 옷감이 부족하였던 까닭으로 '나는 마땅히 이 주처로 돌아와서 옷을 짓겠다.'라고 이렇게 생각을 지었는데, 이 비구에게 경계의 밖에서 다른 사람이 '옷감을 가져온다면 마땅히 그대를 위하여 지어서 주겠다.'라고 말하였고, 이 비구가 경계의 밖에서 옷을 지어서 마쳤으나, 잘 수호하지 못한 까닭으로 잃었으며 다시 옷감이 없었다면 옷을 잃어버린 때에 곧 가치나의를 버렸다고 이름한다.

여덟째는 만약 비구가 가치나의와 비바라의를 받고서 소유한 옷을 가지고 그 경계를 벗어나면서 옷감이 부족하였던 까닭으로 '나는 마땅히 이 주처로 돌아와서 옷을 짓겠다.'라고 이렇게 생각을 지었는데, 이 비구에게 경계의 밖에서 다른 사람이 '옷감을 가져온다면 마땅히 그대를 위하여 지어서 주겠다.'라고 말하였고, 이 비구가 경계의 밖에서 옷을 지었는데, 만약 지었거나, 만약 짓지 못하였거나, 천천히 지었거나, 오래도록 옷을 완성하지 못하였거나, 기한이 넘어간 때라면 곧 가치나의를 버렸다고 이름한다.

아홉째는 만약 비구가 가치나의와 비바라의를 받고서 소유한 옷을 가지고 그 경계를 벗어나면서 옷감이 부족하였던 까닭으로 '나는 마땅히 이 주처로 돌아와서 옷을 짓겠다.'라고 이렇게 생각을 지었는데, 이 비구에게 경계의 밖에서 다른 사람이 '옷감을 가져온다면 마땅히 그대를 위하여 지어서 주겠다.'라고 말하였고, 이 비구가 경계의 밖에서 '나는 본래의 주처로 돌아가지 않겠다.'라고 이렇게 생각을 짓고 이 비구가 경계의 밖에서 옷을 짓는다면, 옷이 완성되는 때에 곧 가치나의를 버렸다고 이름한다.

열째는 만약 비구가 가치나의와 비바라의를 받고서 소유한 옷을 가지고 그 경계를 벗어나면서 옷감이 부족하였던 까닭으로 '나는 마땅히 이 주처로 돌아와서 옷을 짓겠다.'라고 이렇게 생각을 지었는데, 이 비구에게 경계의 밖에서 다른 사람이 '옷감을 가져온다면 마땅히 그대를 위하여 지어서 주겠다.'라고 말하였고, 이 비구가 경계의 밖에서 다른 사람에게 옷을 짓게 하였고 지어서 마쳤으며 비바라의를 거의 완성하여 남겨두고서 '이 비바라의를 그 주처에 돌려주지 않겠다.'라고 이렇게 생각을 지었다면, 이 옷이 완성되는 때에 곧 가치나의를 버렸다고 이름한다.

열한째는 만약 비구가 가치나의와 비바라의를 받고서 소유한 옷을 가지고 그 경계를 벗어나면서 옷감이 부족하였던 까닭으로 '나는 마땅히 이 주처로 돌아와서 옷을 짓겠다.'라고 이렇게 생각을 지었는데, 이 비구에게 경계의 밖에서 다른 사람이 '옷감을 가져온다면 마땅히 그대를 위하여 지어서 주겠다.'라고 말하였고, 이 비구가 경계의 밖에서 '승가가 이미 가치나의를 버렸다.'는 것을 들었고 '만약 승가가 이미 가치나의를 버렸다면 나는 본래의 주처로 돌아가지 않겠으며 옷을 짓지도 않겠다.'라고 이렇게 생각을 지었다면, 이 비구가 들었던 때에 곧 가치나의를 버렸다고 이름한다.

열두째는 만약 비구가 가치나의와 비바라의를 받고서 소유한 옷을 가지고 그 경계를 벗어나면서 옷감이 부족하였던 까닭으로 '나는 마땅히 이 주처로 돌아와서 옷을 짓겠다.'라고 이렇게 생각을 지었는데, 이 비구에게 경계의 밖에서 다른 사람이 '옷감을 가져온다면 마땅히 그대를 위하여 지어서 주겠다.'라고 말하였고, 이 비구가 경계의 밖에서 옷을 지었는데 만약 지었거나, 만약 짓지 못하였거나, 천천히 지었거나, 가치나의를 버리지 않았으나 이 주처로 돌아가서 승가와 함께 가치나의를 버렸다면, 곧 가치나의를 버렸다고 이름한다. 이것이 열두 가지이다.

다시 가치나의를 버리는 두 종류의 다섯 가지가 있다. 앞의 다섯 가지는 만약 비구가 가치나의를 받았고 옷을 지어서 마쳤으며 옷을 가지고 경계를 벗어나면서 안은한 마음으로써 '나는 마땅히 어느 주처로 가겠으며 어느 주처가 길(吉)하다. 만약 그 주처가 안락하다면 마땅히 머무를 것이고 안락하지 않다면 곧 돌아오겠다.'라고 이렇게 생각하였는데, 이 비구가 그 경계를 벗어나고서 또한 '나는 본래의 주처로 돌아가지 않겠다.'라고 이렇게 생각하였다면, 이 비구가 떠나는 때에 곧 가치나의를 버렸다고 이름한다.

둘째는 만약 비구가 가치나의를 받았고 옷을 지어서 마쳤으며 옷을 가지고 경계를 벗어나면서 안은한 마음으로써 '나는 마땅히 어느 주처로 가겠으며 어느 주처가 길하다. 만약 그 주처가 안락하다면 마땅히 머무를 것이고 안락하지 않다면 곧 돌아오겠다.'라고 이렇게 생각하였는데, 이 비구가 그 경계를 벗어나고서 또한 '나는 어느 주처로 가지도 않겠으며 본래의 주처로 돌아가지도 않겠다.'라고 이렇게 생각하였다면, 이 비구가 떠나는 때에 곧 가치나의를 버렸다고 이름한다.

셋째는 만약 비구가 가치나의를 받았고 옷을 지어서 마쳤으며 옷을 가지고 경계를 벗어나면서 안은한 마음으로써 '나는 마땅히 어느 주처로 가겠으며 어느 주처가 길하다. 만약 그 주처가 안락하다면 마땅히 머무를 것이고 안락하지 않다면 곧 돌아오겠다.'라고 이렇게 생각하였는데, 이 비구가 그 경계를 벗어나서 그 주처로 이르지 않았고 역시 본래의 주처로 돌아가지도 않았으며 오랫동안 경계의 밖에 머물렀다면, 이 비구가 그 기한을 넘겼던 까닭으로 곧 가치나의를 버렸다고 이름한다.

넷째는 만약 비구가 가치나의를 받았고 옷을 지어서 마쳤으며 옷을 가지고 경계를 벗어나면서 안은한 마음으로써 '나는 마땅히 어느 주처로 가겠으며 어느 주처가 길하다. 만약 그 주처가 안락하다면 마땅히 머무를 것이고 안락하지 않다면 곧 돌아오겠다.'라고 이렇게 생각하였는데, 이 비구가 그 경계의 밖에서 '승가가 이미 가치나의를 버렸다.'는 것을 들었고, 이 비구가 '만약 승가가 이미 가치나의를 버렸다면 나는 본래 주처로 돌아가지도 않겠으며 역시 어느 주처도 가지 않겠다.'라고 이렇게 생각하였다면, 이 비구가 들었던 때에 곧 가치나의를 버렸다고 이름한다.

다섯째는 만약 비구가 가치나의를 받았고 옷을 지어서 마쳤으며 옷을 가지고 경계를 벗어나면서 안은한 마음으로써 '나는 마땅히 어느 주처로 가겠으며 어느 주처가 길하다. 만약 그 주처가 안락하다면 마땅히 머무를 것이고 안락하지 않다면 곧 돌아오겠다.'라고 이렇게 생각하였는데, 이 비구가 경계의 밖에서 만약 그 주처로 갔거나, 만약 가지 않았거나, 곧 이 주처로 돌아가서 승가와 함께 가치나의를 버렸다면, 곧 가치나의를 버렸다고 이름한다. 이것이 가치나의를 버리는 첫째의 다섯 가지이다.

뒤의 다섯 가지는 만약 비구가 가치나의를 받았고 옷을 지어서 마쳤으며 옷을 가지고 경계를 벗어나면서 '내가 도반을 얻는다면 마땅히 어느 지방과 어느 지방으로 가겠으나, 만약 얻지 못한다면 곧 돌아오겠다.'라고 이렇게 생각을 지었는데, 이 비구가 경계를 벗어나서 '나는 본래의 주처로 돌아가지 않겠다'라고 이렇게 생각을 지었다면, 이 비구가 떠나가는 때에 곧 가치나의를 버렸다고 이름한다.

둘째는 만약 비구가 가치나의를 받았고 옷을 지어서 마쳤으며 옷을 가지고 경계를 벗어나면서 '내가 도반을 얻는다면 마땅히 어느 지방과 어느 지방으로 가겠으나, 만약 얻지 못한다면 곧 돌아오겠다.'라고 이렇게 생각을 지었는데, 이 비구가 경계를 벗어나고서 또한 '나는 어느 지방과 어느 지방으로 가지 않겠으며 본래의 주처로 돌아가지도 않겠다.'라고 이렇게 생각을 지었다면, 이 비구가 떠나가는 때에 곧 가치나의를 버렸다고 이름한다.

셋째는 만약 비구가 가치나의를 받았고 옷을 지어서 마쳤으며 옷을 가지고 경계를 벗어나면서 '내가 도반을 얻는다면 마땅히 어느 지방과 어느 지방으로 가겠으나, 만약 얻지 못한다면 곧 돌아오겠다.'라고 이렇게 생각을 지었는데, 이 비구가 그 경계를 벗어나서 그 주처로 이르지 않았고 역시 본래의 주처로 돌아가지도 않았으며 오랫동안 경계의 밖에 머물렀다면, 이 비구가 그 기한을 넘겼던 까닭으로 곧 가치나의를 버렸다고 이름한다.

넷째는 만약 비구가 가치나의를 받았고 옷을 지어서 마쳤으며 옷을 가지고 경계를 벗어나면서 '내가 도반을 얻는다면 마땅히 어느 지방과 어느 지방으로 가겠으나, 만약 얻지 못한다면 곧 돌아오겠다.'라고 이렇게 생각을 지었는데, 이 비구가 그 경계의 밖에서 '승가가 이미 가치나의를 버렸다.'는 것을 들었고, 이 비구가 '만약 승가가 이미 가치나의를 버렸다면 나는 본래 주처로 돌아가지도 않겠으며 역시 어느 주처도 가지 않겠다.'라고 이렇게 생각하였다면, 이 비구가 들었던 때에 곧 가치나의를 버렸다고 이름한다.

다섯째는 만약 비구가 가치나의를 받았고 옷을 지어서 마쳤으며 옷을 가지고 경계를 벗어나면서 '내가 도반을 얻는다면 마땅히 어느 지방과 어느 지방으로 가겠으나, 만약 얻지 못한다면 곧 돌아오겠다.'라고 이렇게 생각을 지었는데, 이 비구가 경계의 밖에서 만약 그 주처로 갔거나, 만약 가지 않았거나, 곧 이 주처로 돌아가서 승가와 함께 가치나의를 버렸다면, 곧 가치나의를 버렸다고 이름한다. 이것이 가치나의를 버리는 둘째의

다섯 가지이다. [팔법 가운데 그 첫 번째인 '가치나의법'을 마친다.]

여섯 가지가 두 종류, 스무 가지가 여섯 종류, 열두 가지가 두 종류, 다섯 가지가 두 종류이므로 모두 합해 백예순여섯 가지이다.

십송율 제30권

후진 북인도 삼장 불야다라 한역

석보운 번역

5. 오송 ②

9) 팔법 ②

(2) 구사미법(俱舍彌法)

세존께서는 구사미국(俱舍彌國)에 머무르셨다.

이때 한 비구가 있었고 회과죄(悔過罪)를 범하였으므로 여러 비구들이 연민하여 이익되고 안락하게 하려는 까닭으로 그 허물과 죄를 말하고 가르쳐서 여법하게 참회시켰는데, 이 비구가 말하였다.

"나는 범한 것을 알지 못합니다. 이미 알지 못하는데 마땅히 무슨 죄를 인정하고, 무엇을 참회해야 합니까?"

여러 비구들은 이렇게 생각을 지었다.

'이 비구가 기꺼이 곧 그렇게 자백하지 않는다면 마땅히 불견빈(不見擯)을 짓도록 하라.'

이렇게 생각을 짓고서 바로 그 비구에게 불견빈을 지어서 주었다. 이 비구는 지계를 즐거워하였고 참괴(慚愧)가 있었으며, 지식(知識)이 많았고 옹호하는 세력도 많았으므로 머무는 주처의 사방에서 여러 비구들이 함께 서로 친근하였다. 이 비구가 사람을 보내어 말하였다.

"나는 죄가 없으나 여러 비구들이 여법하지 않은 갈마로 나를 내쫓았습니다. 이렇게 내쫓은 것을 깨뜨릴 수 있으므로 그대들은 와서 모이십시오."

사방에서 여러 비구들이 곧 때에 함께 모였는데, 이러한 일을 없애려는 까닭이었다. 이 비구가 여러 비구들을 향하여 갖추어 말하였다.

"나는 이와 같은 인연의 까닭으로써 죄가 없으나 여러 비구들이 여법하지 않게 억지로 나에게 불견빈을 지어서 주었습니다. 이러한 일을 깨뜨릴 수 있습니다."

여러 비구들은 듣고서 마음으로 참지 못하였고 전전하여 말하였다.

"이 비구는 실제로 죄가 없으나, 승가가 여법하지 않게 억지로 불견빈을 지어서 주었던 것이오. 이러한 일은 깨뜨려야 합니다."

이와 같이 결정하고 쫓겨난 사람을 수순하였으므로 여러 불견빈을 지었던 비구와 함께 서로가 거역(違逆)하게 되었다. 이러한 까닭으로 서로가 말로 다투는 일이 일어나서 승가(僧伽)는 깨어졌고, 승가는 투쟁하였으며, 승가는 별도로 나뉘게 되었다. 파승가의 인연들을 지었고 두 부류로 갈라졌으며 한 부류에서는 '이 비구는 죄가 있다.'라고 말하였고, 다른 부류에서는 '이 비구는 죄가 없다.'라고 말하였으며, 한 부류에서는 '여법하게 내쫓있다.'라고 말하였고, 다른 부류에서는 '여법하지 않게 내쫓았다.'라고 말했으며, 한 부류에서는 '여법하지 않게 내쫓았으므로 깨뜨릴 수 있다.'라고 말하였고, 다른 부류에서는 '여법하게 내쫓았으므로 깨뜨릴 수 없다.'라고 말하였다.

이와 같이 서로가 말로 다투면서 멈추지 않아서 승가는 마침내 깨어져서 2부(部)로 나뉘게 되었다. 여러 비구들이 이러한 일로써 세존을 향하여 자세히 말하였다. 세존께서는 곧 때에 쫓겨난 비구와 수순하는 비구들에게 잠시 멀리 떠날 것을 명하셨고, 불견빈을 지은 비구들에게 말씀하셨다.

"그대들은 만약 일에 근본적인 인연이 없고 그가 스스로 자백하지 않는다면, 마땅히 빈갈마를 짓지 말라. 왜 그러한가? 비구가 있었고 회과죄를 범하였다면, 여러 비구들이 애민하게 생각하므로 이익되고 안락하게 하려는 까닭이라면 그에게 허물과 죄를 말해 주고 가르쳐서 여법하게 참회시켜라. 이 비구가 지계를 즐거워하고 참괴가 있으며 지식이 많고 큰 세력이 있어 여러 사람들이 돕고 있으며, 이와 같은 사람이 있다면 승가는 먼저 마땅히 사유하라. 5법이 있다면 마땅히 빈갈마를 짓지 말라. 무엇이 다섯 가지인가?

'만약 우리가 이 비구에게 빈갈마를 짓고 함께 계율을 설하지 않고, 승갈마(僧羯磨)를 짓지 않으며, 함께 달발나(怛鉢那)를 공양받지 않고, 함께 중식(中食)을 하지 않으며, 일어나서 영접하고 전송하는 상좌로 따르지 않는다면, 이러한 인연의 까닭으로써 말로서 서로가 투쟁하고 승가는 깨어지며, 승가는 투쟁하고, 승가는 별도로 나누어질 것이다.'

여러 비구는 역시 사유해야 하며, 만약 5법이 있다면 빈갈마를 짓지 말라.

또한 비구가 회과죄를 범하였다면, 여러 비구들이 애민하게 생각하므로 이익되고 안락하게 하려는 까닭이라면 그에게 허물과 죄를 말해 주고 가르쳐서 여법하게 참회시켜라. 이 비구가 지계를 즐거워하고 참괴가 있으나, 지식이 적고 큰 세력을 없으며 여러 사람들이 돕지 않고 사방의 주처에 함께 말하고 함께 일할 지식이 적다면, (세존께서 말씀하셨다.) 승가는 먼저 사유해야 하며, 5법이 있다면 마땅히 내쫓아야 한다. 무엇이 그 다섯 가지인가?

'만약 우리가 이 비구에게 빈갈마를 짓고 함께 계율을 설하지 않고, 승갈마를 짓지 않으며, 함께 달발나를 공양받지 않고, 함께 중식을 하지 않으며, 일어나서 영접하고 전송하는 상좌로 따르지 않더라도, 이러한 인연의 까닭으로써 말로서 서로가 투쟁하는 것이 일어나지 않을 것이고 승가는 화합할 것이며, 투쟁이 없고, 승가는 별도로 나뉘지 않을 것이다.'

이 5법을 먼저 사유하고서 빈갈마를 지어야 하느니라."

세존께서는 이와 같이 말씀하셨다. 또한 빈갈마를 지은 비구들에게 잠시 멀리 떠날 것을 명하셨고, 쫓겨난 비구를 수순하는 여러 비구를 불리오게 하셨으며 말씀하셨다.

"그대들 비구는 죄를 범하고 스스로가 죄를 인정하지 않는 사람을 옹호하지 말라. 왜 그러한가? 만약 비구가 회과죄를 범했다면, 여러 비구들이 애민하게 생각하므로 이익되고 안락하게 하려는 까닭이고 그에게 허물과 죄를 말해 주고 가르쳐서 여법하게 참회시키는 것이다. 이러한 죄를 범한 비구는 능히 5법을 사유하여 여법하게 죄를 인정해야 한다. 무엇이 다섯 가지인가?

'만약 내가 이러한 죄를 여법하게 인정하지 않는다면, 승가는 혹은 나에게 빈갈마를 지어서 줄 것이다. 함께 계율을 설하지 못하고 승갈마를 짓지 못하며, 함께 달발나를 공양받지 못하고, 함께 중식을 하지 못하며, 다른 비구에게 일어나서 영접하고 전송하는 상좌로 따르지 않을 것이다. 왜 그러한가? 여러 비구는 지계를 즐거워하고 참괴가 있다. 능히 나를 위하여 애욕을 따르고, 성냄을 따르며, 두려움을 따르고, 어리석은 행을 따를 수 없는 까닭이다.'

이러한 죄를 범한 사람은 이러한 5법을 사유하는 까닭으로 능히 여법하게 죄를 인정하는 것이다."

세존께서는 구사미국에 머무르셨다.

이때 구사비에서 빈갈마를 지은 여러 비구들은 경계의 안에 있으면서 계율을 설하고 승갈마를 지었으며, 세존께서 허락하신 갈마법을 따랐고 모두 이와 같이 지었다. 여러 쫓겨난 비구와 여러 수순하는 비구도 역시 경계의 밖에서 계율을 설하고 승갈마를 지었는데, 세존께서 허락하신 갈마법을 따랐고 모두 이와 같이 지었다. 여러 비구들이 이러한 일로써 세존을 향하여 자세히 말하였다.

세존께서는 그때에 곧 쫓겨난 비구와 수순하는 비구들에게 잠시 멀리 떠날 것을 명하셨고, 불견빈을 지은 여러 비구들에게 물으셨다.

"그대들은 진실로 경계 안의 공주처(共住處)에서 계율을 설하고 승갈마를 지으면서 내가 허락한 갈마법을 따라서 모두 이와 같이 지었는가?"

대답하여 말하였다.

"진실로 지었습니다. 세존이시여."

또한 물으셨다.

"쫓겨난 비구와 그를 수순하는 여러 비구도 경계의 밖에서 계율을 설하고 승갈마를 지으면서 내가 허락한 갈마법을 따라서 모두 이와 같이 지었는가?"

대답하여 말하였다.

"진실로 지었습니다. 세존이시여."

세존께서는 말씀하셨다.

"옳도다. 옳도다. 비구들이여. 만약 그대들이 쫓겨난 비구와 그를 수순하는 비구들과 함께 경계 안에서 계율을 설하고 승갈마를 지었다면, 내가 허락한 갈마법을 따라서 함께 지었더라도 이러한 여러 갈마는 모두 비법이라고 이름하느니라. 왜 그러한가? 그대들은 그들과 별도로 다른 까닭이다. 그들은 그대들과 함께 머무르지 않고 그대들도 그들과 함께 머무르지 않으므로, 그대들은 그들과 함께 일하지 못하고 그들도 그대들과 함께 일하지 못하느니라.

그들이 만약 그대들과 함께 경계 안에서 계율을 설하고 승갈마를 짓는다면, 내가 허락한 갈마법을 따라서 짓더라도 모두 비법이라고 이름한다. 왜 그러한가? 그들은 그대들과 별도로 다른 까닭이다. 그들은 그대들과 함께 머무르지 않고 그대들도 그들과 함께 머무르지 않으며, 그대들이 그들과 함께 일하지 않고 그들도 역시 그대들과 함께 일하지 않는다면, 그들이 지은 갈마도 역시 모두 여법한 것이다. 왜 그러한가? 그들은 그대들과 별도로 다르므로 함께 머물거나, 함께 일할 수 없는 까닭이다.

함께 머물지 못하는 것(不共住)에 두 종류가 있느니라. 무엇이 두 종류인가? 첫째는 비구 자신이 스스로가 함께 머물지 않는 것이고, 둘째는 승가가 여법하게 화합하여 불공주갈마(不共住羯磨)를 지어서 주는 것이다 함께 머무는 것(共住)에 두 종류가 있느니라. 무엇이 두 종류인가? 첫째는 비구 자신이 스스로가 함께 머무는 것이고, 둘째는 승가가 여법하게 화합하여 공주갈마(共住羯磨)를 지어서 주는 것이다.

만약 고절갈마(苦切羯磨)[1]의 비구가 그 부중(部衆)을 버리고 이 부중으로 들어왔다면 마땅히 함께 머물러야 한다. 만약 의지갈마(依止羯磨)[2]이거나, 구출갈마(驅出羯磨)[3]이거나, 하의갈마(下意羯磨)[4]의 비구가 그 부중을 버리고 이 부중으로 들어왔다면 마땅히 함께 머물러야 한다. 만약 쫓겨난 사람이 절복하였고 하의하였으며 경계의 밖에서 쫓겨난 것을 풀어주었다면, 곧 풀어주었던 대중과 함께 머무를 수 있느니라."

세존께서는 이때 불견빈을 지은 비구들에게 잠시 멀리 떠날 것을 명하셨고, 쫓겨난 비구를 수순하는 여러 비구들에게 알려 말씀하셨다.

"그대들이 경계의 밖에서 계율을 설하고 승갈마를 지으면서 내가 허락한 갈마법을 따라서 모두 이와 같이 지었는가?"

대답하여 말하였다.

"진실로 지었습니다. 세존이시여."

또한 물으셨다.

"그대들 여러 비구들이여. 진실로 경계 안에서 계율을 설하고 승갈마를 지으면서 내가 허락한 갈마법을 따라서 모두 이와 같이 지었는가?"

대답하여 말하였다.

"진실로 지었습니다. 세존이시여."

세존께서는 말씀하셨다.

"옳도다. 옳도다. 비구들이여. 만약 그대들이 빈갈마를 지은 비구들과 함께 경계 밖에서 계율을 설하고 승갈마를 지었다면, 내가 허락한 갈마법을 따라서 함께 지었더라도 이러한 여러 갈마는 모두 비법이라고 이름하느니라. 왜 그러한가? 그대들은 그들과 별도로 다른 까닭이다. 그대들은 그들과 함께 머무르지 않고 그들도 그대들과 함께 머무르지 않으므로, 그대들은 그들과 함께 일하지 못하고 그들도 그대들과 함께 일하지 못하느니라.

---

1) 가책갈마(呵責羯磨) 또는 절복갈마(折伏羯磨)라고도 말한다. '고절(苦切)'은 '꾸짖어야 하는'이라는 의미이며 범한 자를 비난하는 갈마이다.

2) 다른 비구의 종속시키는 갈마이다.

3) 악행을 일으킨 자를 추방하는 갈마이다.

4) 비구가 재가인에게 허물을 범하였을 때에 승가에서 그 비구에게 사과하도록 명령하는 갈마이다.

그들이 만약 그대들과 함께 경계 밖에서 계율을 설하고 승갈마를 짓는다면, 내가 허락한 갈마법을 따라서 짓더라도 모두 비법이라고 이름한다. 왜 그러한가? 그들은 그대들과 별도로 다른 까닭이다. 그들은 그대들과 함께 머무르지 않고 그대들도 그들과 함께 머무르지 않으며, 그들이 그대들과 함께 일하지 않고 그대들도 역시 그들과 함께 일하지 않는다면, 그들이 지은 갈마도 역시 모두 여법한 것이다. 왜 그러한가? 그대들은 그들과 별도로 다르므로 함께 머물거나, 함께 일할 수 없는 까닭이다.

함께 머물지 못하는 것에 두 종류가 있느니라. 무엇이 두 종류인가? 첫째는 비구 자신이 스스로가 함께 머물지 않는 것이고, 둘째는 승가가 여법하게 화합하여 불공주갈마를 지어서 주는 것이다. 함께 머무는 것에 두 종류가 있느니라. 무엇이 두 종류인가? 첫째는 비구 자신이 스스로가 함께 머무는 것이고, 둘째는 승가가 여법하게 화합하여 공주갈마를 지어서 주는 것이다.

만약 고절갈마의 비구가 그 부중을 버리고 이 부중으로 들어왔다면 마땅히 함께 머물러야 한다. 만약 의지갈마이거나, 구출갈마이거나, 하의갈마의 비구가 그 부중을 버리고 이 부중으로 들어왔다면 마땅히 함께 머물러야 한다. 만약 쫓겨난 사람이 절복하였고 하의하였으며 경계의 밖에서 쫓겨난 것을 풀어주었다면, 곧 풀어주었던 대중과 함께 머무를 수 있느니라."

세존께서는 구사미국에 머무르셨다.

이때 한 거사가 있었고 세존과 승가께 내일에 공양을 청하였다. 세존께서는 묵연히 청을 받아들이셨고 거사는 세존께서 받아들이신 것을 알고 세존의 발에 머리숙여 예경하고 오른쪽으로 돌면서 떠나갔다. 집으로 돌아와서 밤새워 여러 종류의 맛있는 음식을 많이 준비하였고 아침에 일찍 일어나서 앉을 자리를 펼쳐놓고서 사자를 보내어 세존께 때에 이르렀음을 아뢰었다.

"세존께서는 스스로가 때인 것을 아십시오."

여러 비구는 거사의 집으로 갔고, 세존께서는 스스로 방에 머무시면서 음식의 몫을 맞이하셨다. 여러 비구들이 거사의 집에 들어갔는데, 다툴 일이 생겨서 서로가 말다툼하였고 서로가 욕하였으며 출가인의 처소에서 마땅히 짓지 않을 몸의 악업을 일으켰다. 이 거사가 여러 비구들에게 말하였다.

"대덕이시여. 잠깐만 참아주십시오."

모두 자리에 앉게 하였고 스스로가 손으로 물을 돌렸고 스스로가 많은 음식을 주어서 스스로의 뜻으로 배부르게 먹게 하였고, 손을 씻을 물을 돌렸으며 작은 평상을 취하여 설법을 듣고자 하였다. 상좌는 설법하고서 자리에서 일어나 떠나갔고 따라서 자리에서 일어나 떠나갔다. 여러 비구는 식후에 승방으로 돌아와서 옷과 발우를 들어서 놓아두었으며 세존의 처소로 나아가서 세존의 발에 머리숙여 예경하고 한쪽으로 물러나서 앉았다.

제불의 상법은 비구들이 음식을 먹고서 돌아오면 이와 같은 말로 문신하시는 것이다.

"음식은 많았고 맛이 있었으며 승가는 만족하였는가?"

세존께서는 곧 이러한 말로서 문신하셨다.

"여러 비구들이여. 음식은 많았고 맛이 있었으며 승가는 만족하였는가?"

여러 비구들이 대답하여 말하였다.

"세존이시여. 음식이 많았고 맛이 있었으며 대중 승가는 배부르게 먹어서 만족하였습니다."

앞의 일로써 세존을 향하여 자세히 말하였다. 세존께서는 이 일로써 비구 승가를 모으셨으며, 여러 종류의 인연으로서 꾸짖어 말씀하셨다.

"어찌 비구라고 이름하면서 백의의 집에 들어가서 다툼을 일으켜서 서로가 말다툼하였고 서로가 욕하였으며 출가인의 처소에서 마땅히 짓지 않을 몸의 악업을 일으켰는가?"

세존께서는 말씀하셨다.

"지금부터 별도의 부류이거나 다른 대중이라면 마땅히 서로 가까이 앉아서 몸으로 악업의 일을 일으키지 말라. 이와 같은 다른 대중이 모이는 때에는 법을 아는 비구가 두 부류를 서로 멀리 앉게 하고 가운데에 하나의 평상을 놓을 자리를 남겨두고서 계율을 설하고 여러 갈마를 지을 것이며 나아가 비구니를 교화하는 것을 허락하겠노라."

세존께서는 구사미국에 머무르셨다.

이때 구사미의 비구들은 다투며 서로가 언쟁하는 것을 즐겼다. 세존께서는 이때 이 여러 비구를 교화하시면서 말씀하셨다.

"그대들은 다투면서 서로 언쟁하지 말라. 왜 그러한가? 성냄과 원한을 이용하는 자는 성냄과 원한을 없애지 못하며, 오직 인욕(忍辱)의 힘이 도리어 능히 성냄과 원한을 없앨 수 있느니라."

이 가운데에 비구가 있어 세존께 말하였다.

"세존이신 법왕(法王)이시여. 잠시만 내버려 두십시오. 그들이 저를 괴롭혔는데 제가 어찌 갚지 않겠습니까?"

이때 세존께서는 잠시 멀지 않은 곳으로 떠나셨고 이렇게 생각을 지으셨다.

'나는 지금 항상 다툼을 일으켜서 서로가 말로 욕하는 것을 좋아하는 구사미의 비구들이 행하는 위의(威儀)와 법칙(法則)을 멀리하겠다.'

세존께서는 『장수왕경(長壽王經)』을 자세히 말씀하셨으며, 곧 자리에서 일어나 지제국(支提國)으로 가셨고, 점차 유행하여 사위국에 이르셨다. 이때 구사미국의 여러 현자들은 '세존께서는 구사미의 여러 비구들이 다투며 말로 행하는 위의와 법칙을 즐거워하지 않으셨던 까닭으로 버리고서 다른 나라로 나아가셨다.'는 것을 듣고서 이렇게 생각을 지었다.

'우리들은 마땅히 여러 비구들을 경멸할 것이며 공경하는 마음을 일으키지 않겠다.'

이렇게 생각을 짓고서 곧바로 서로가 말하여 함께 모두가 경멸하고 다시 존중하지 않았고, 공양하지 않았으며, 찬탄하지 않았고, 공경하는 마음도 점차 줄어들었다. 이때 여러 비구들이 이렇게 생각을 지었다.

'여러 거사들이 우리를 경멸하며 다시 존중하지 않고, 공양하지 않으며, 찬탄하지 않고, 공경하는 마음도 점차 줄어들고 있다. 우리들이 어찌 사위국의 세존의 처소로 나아가지 않겠는가?'

이렇게 생각을 짓고서 그 뜻에 따라 머물렀으며 옷과 발우를 지니고 사위국으로 떠나가서 세존의 처소에 나아갔다. 장로 사리불은 '구사미의 여러 비구들이 서로 말로 다투는 것을 즐겼으므로 그곳의 여러 현자들이 다시는 존중하고 공양하며 찬탄하지 않으면서 경멸하는 마음들을 일으킨 까닭으로 사위국으로 와서 세존의 처소에 나아갔다.'는 것을 들었다. 세존의 발에 머리숙여 예경하고 물러나서 한쪽에 앉았으며 세존께 아뢰어 말하였다.

"세존이시여. 구사미의 여러 비구들이 서로 말로 다투는 것을 즐겼으므로 그곳의 여러 현자들이 다시는 존중하고 공양하며 찬탄하지 않으면서 경멸하는 마음들을 일으킨 까닭으로 곧 이곳으로 오고 있습니다. 세존이시여. 우리들은 이 비구들에게 마땅히 무엇을 지어야 합니까?"

세존께서는 사리불에게 말씀하셨다.

"이 가운데에서 비법을 말하는 자가 있다면 마땅히 존중하고 공양하며 찬탄하지 말라. 법을 밀하는 자가 있디면 마땅히 존중하고 공양하며 찬탄해야 하느니라."

사리불이 세존께 아뢰었다.

"세존이시여. 우리들이 어찌 비법을 말하는 자와 법을 말하는 자를 알 수 있습니까?"

세존께서는 사리불에게 말씀하셨다.

"만약 비구가 비법을 법이라고 말하거나, 법을 비법이라고 말하거나, 계율이 아닌 것을 계율이라고 말하거나, 계율을 계율이 아니라고 말하거나, 범한 것을 범하지 않았다고 말하거나, 범하지 않은 것을 범했다고 말하거나, 가벼운 죄를 무거운 죄라고 말하거나, 무거운 죄를 가벼운 죄라고 말하거나, 무잔죄(無殘罪)를 유잔죄(有殘罪)라고 말하거나, 유잔죄를 무잔죄라고 말하거나, 항상 행해야 할 법을 항상 행해야 할 법이 아니라고 말하거나, 항상 행해야 할 법이 아닌 것을 항상 행해야 할 법이라고 말하거나, 설법(說法)을 설법이 아니라고 말하거나, 설법이 아닌 것을 설법이라고 말한다면 이것을 비법을 말하는 자라고 이름한다.

마땅히 존중하고 공양하며 찬탄하지 말고, 마땅히 경법(經法)의 독송을 가르치고 묻고 의심하는 것에 대답하지 말며, 마땅히 경법의 독송을 수학하고 의심하는 것을 묻지 말고, 역시 마땅히 옷·발우·자물쇠·시약·시분약·칠일약·진형약을 주지 말며, 역시 마땅히 옷·발우·자물쇠·시약·시분약·칠일약·진형약을 받지 말라.

사리불이여. 만약 비구가 비법을 비법이라고 말하거나, 법을 법이라고 말하거나, 계율이 아닌 것을 계율이 아니라고 말하거나, 계율을 계율이라고 말하거나, 범한 것을 범하였다고 말하거나, 범하지 않은 것을 범하지 않았다고 말하거나, 가벼운 죄를 가벼운 죄라고 말하거나, 무거운 죄를 무거운 죄라고 말하거나, 무잔죄를 무잔죄라고 말하거나, 유잔죄를 유잔죄라고 말하거나, 항상 행해야 할 법을 항상 행해야 할 법이라고 말하거나, 항상 행해야 할 법이 아닌 것을 항상 행하지 않아야 할 법이라고 말하거나, 설법을 설법이라고 말하거나, 설법이 아닌 것을 설법이 아니라고 말한다면 이것을 법을 말하는 자라고 이름한다.

마땅히 존중하고 공양하며 찬탄하여야 하고, 마땅히 경법의 독송을 가르치고 묻고 의심하는 것에 대답하여야 하며, 마땅히 경법의 독송을 수학하고 의심하는 것을 물어야 하고, 역시 마땅히 옷·발우·자물쇠(戶鉤)·시약·시분약·칠일약·진형약을 주어야 하며, 역시 마땅히 옷·발우·자물쇠·시약·시분약·칠일약·진형약을 받아야 하며, 일체의 평상과 와구를 모두 주어야 하느니라."

장로 목련(目連)·아나율(阿那律)·난제(難提)·금비라(金毘羅) 등도 역시 이와 같이 물었다.

이때 마하파사바제(摩訶波闍波提)[5] 비구니도 '구사미의 여러 비구들이

5) 산스크리트어 Mahāprajāpatī의 음사로서 교담미(憍曇彌)라고 번역되며 마야부인의 동생으로 세존을 길러주신 어머니이다.

서로 말로 다투는 것을 즐겼으므로 그곳의 여러 현자들이 다시는 존중하고 공양하며 찬탄하지 않으면서 경멸하는 마음들을 일으킨 까닭으로 사위국으로 와서 세존의 처소에 향하였다.'는 것을 들었다. 듣고서 세존의 처소로 나아가서 세존의 발에 머리숙여 예경하고 한쪽에 서서 세존께 아뢰어 말하였다.

"세존이시여. 구사미의 여러 비구들이 서로 말로 다투는 것을 즐겼으므로 그곳의 여러 현자들이 다시는 존중하고 공양하며 찬탄하지 않으면서 경멸하는 마음들을 일으킨 까닭으로 곧 이곳으로 오고 있습니다. 세존이시여. 우리들은 이 비구들에게 마땅히 무엇을 지어야 합니까?"

세존께서는 말씀하셨다.

"구담미여. 이 가운데에서 비법을 말하는 자가 있다면 마땅히 존중하고 공양하며 찬탄하지 마십시오. 법을 말하는 자가 있다면 마땅히 존중하고 공양하며 찬탄하십시오."

구담미가 세존께 아뢰었다.

"세존이시여. 우리들이 어찌 비법을 말하는 자와 법을 말하는 자를 알 수 있습니까?"

세존께서는 구담미에게 말씀하셨다.

"잘 들으십시오. 만약 비구가 비법을 법이라고 말하거나, 법을 비법이라고 말하거나, 계율이 아닌 것을 계율이라고 말하거나, 계율을 계율이 아니라고 말하거나, 범한 것을 범하지 않았다고 말하거나, 범하지 않은 것을 범했다고 말하거나, 가벼운 죄를 무거운 죄라고 말하거나, 무거운 죄를 가벼운 죄라고 말하거나, 무잔죄를 유잔죄라고 말하거나, 유잔죄를 무잔죄라고 말하거나, 항상 행해야 할 법을 항상 행해야 할 법이 아니라고 말하거나, 항상 행해야 할 법이 아닌 것을 항상 행해야 할 법이라고 말하거나, 설법을 설법이 아니라고 말하거나, 설법이 아닌 것을 설법이라고 말한다면 이것을 비법을 말하는 자라고 이름합니다.

마땅히 존중하고 공양하며 찬탄하지 말고, 마땅히 경법(經法)의 독송을 가르치고 묻고 의심하는 것에 대답하지 말며, 마땅히 경법의 독송을 수학하고 의심하는 것을 묻지 말고, 역시 마땅히 옷·발우·자물쇠·시약·시분약·칠일약·진형약을 주지 말며, 역시 마땅히 옷·발우·자물쇠·시약·시분약·칠일약·진형약을 받지 말고, 마땅히 이러한 사람이 보름마다 가르치는 계법(誡法)을 쫓지 마십시오.

구담미여. 만약 비구가 비법을 비법이라고 말하거나, 법을 법이라고 말하거나, 계율이 아닌 것을 계율이 아니라고 말하거나, 계율을 계율이라고 말하거나, 범한 것을 범하였다고 말하거나, 범하지 않은 것을 범하지 않았다고 말하거나, 가벼운 죄를 가벼운 죄라고 말하거나, 무거운 죄를 무거운 죄라고 말하거나, 무잔죄를 무잔죄라고 말하거나, 유잔죄를 유잔죄라고 말하거나, 항상 행해야 할 법을 항상 행해야 할 법이라고 말하거나, 항상 행해야 할 법이 아닌 것을 항상 행하지 않아야 할 법이라고 말하거나, 설법을 설법이라고 말하거나, 설법이 아닌 것을 설법이 아니라고 말한다면 이것을 법을 말하는 자라고 이름합니다.

마땅히 존중하고 공양하며 찬탄하시고, 마땅히 경법의 독송을 가르치고 묻고 의심하는 것에 대답하시며, 마땅히 경법의 독송을 수학하고 의심하는 것을 물어야 하고, 역시 마땅히 옷·발우·자물쇠·시약·시분약·칠일약·진형약을 주어야 하며, 역시 마땅히 옷·발우·자물쇠·시약·시분약·칠일약·진형약을 받아야 하며, 마땅히 이러한 사람이 보름마다 가르치는 계법(誡法)을 쫓아야 합니다."

시사구담미(翅舍瞿曇彌) 비구니·우발라화색(優鉢羅花色) 비구니·주나난타(周那難陀) 비구니·빈두(頻頭) 비구니·지리(脂梨) 사미니 등도 역시 이와 같이 물었다.

교살라국의 파사닉왕도 '구사미의 여러 비구들이 서로 말로 다투는 것을 즐겼으므로 그곳의 여러 현자들이 다시는 존중하고 공양하며 찬탄하지 않으면서 경멸하는 마음들을 일으킨 까닭으로 사위국으로 와서 세존의 처소에 향하였다.'는 것을 들었다. 듣고서 세존의 처소로 나아가서 세존의 발에 머리숙여 예경하고 물러나서 한쪽에 앉았으며 세존께 아뢰어 말하였다.

"세존이시여. 구사미의 여러 비구들이 서로 말로 다투는 것을 즐겼으므로 그곳의 여러 현자들이 다시는 존중하고 공양하며 찬탄하지 않으면서 경멸하는 마음들을 일으킨 까닭으로 곧 이곳으로 오고 있습니다. 세존이시여. 우리들은 이 비구들에게 마땅히 무엇을 지어야 합니까?"

세존께서는 말씀하셨다.

"대왕이여. 이 가운데에서 비법을 말하는 자가 있다면 마땅히 존중하고 공양하며 찬탄하지 마십시오. 법을 말하는 자가 있다면 마땅히 존중하고 공양하며 찬탄하십시오."

"세존이시여. 우리들이 어찌 비법을 말하는 자와 법을 말하는 자를 알 수 있습니까?"

세존께서는 말씀하셨다.

"대왕이여. 마땅히 두 사람의 말을 들어보십시오. 만약 비구가 비법을 법이라고 말하거나 법을 비법이라고 말한다면 이것을 비법을 말하는 자라고 이름합니다. 마땅히 존중하고 공양하며 찬탄하여서는 아니되고, 마땅히 경법(經法)의 독송을 가르치고 묻고 의심하는 것에 대답하여서도 아니되며, 마땅히 경법의 독송을 수학하고 의심하는 것을 물어서도 아니되고, 역시 마땅히 옷·발우·자물쇠·시약·시분약·칠일약·진형약을 주어서도 아니됩니다.

대왕이여. 만약 비구가 비법을 비법이라고 말하고 법을 법이라고 말한다면, 마땅히 존중하고 공양하며 찬탄하여야 하고, 마땅히 경법의 독송을 가르치고 묻고 의심하는 것에 대답하여야 하며, 마땅히 경법의 독송을 수학하고 의심하는 것을 물어야 하고, 역시 마땅히 옷·발우·자물쇠·시약·시분약·칠일약·진형약을 주어야 합니다. 대왕이여. 마땅히 일체의 2부승가에게 음식을 주어야 합니다."

대거사인 수달다(須達多)·아난빈지리사달다(阿難邠坻梨師達多)·부라나(富羅那)도 역시 이와 같이 물었다.

말리(末利) 부인도 '구사미의 여러 비구들이 서로 말로 다투는 것을 즐겼으므로 그곳의 여러 현자들이 다시는 존중하고 공양하며 찬탄하지 않으면서 경멸하는 마음들을 일으킨 까닭으로 사위국으로 와서 세존의 처소에 향하였다.'는 것을 들었다. 듣고서 세존의 처소로 나아가서 세존의 발에 머리숙여 예경하고 물러나서 한쪽에 앉았으며 세존께 아뢰어 말하였다.

"세존이시여. 우리들은 이 비구들에게 마땅히 무엇을 지어야 합니까?"

세존께서는 말씀하셨다.

"말리부인이여. 이 가운데에서 비법을 말하는 자가 있다면 마땅히 존중하고 공양하며 찬탄하지 마십시오. 법을 말하는 자가 있다면 마땅히 존중하고 공양하며 찬탄하십시오."

"세존이시여. 우리들이 어찌 비법을 말하는 자와 법을 말하는 자를 알 수 있습니까?"

세존께서는 말씀하셨다.

"말리부인이여. 마땅히 두 사람의 말을 들어보십시오. 만약 비구가 비법을 법이라고 말하거나 법을 비법이라고 말한다면 이것을 비법을 말하는 자라고 이름합니다. 마땅히 존중하고 공양하며 찬탄하여서는 아니되고, 마땅히 경법(經法)의 독송을 가르치고 묻고 의심하는 것에 대답하여서도 아니되며, 마땅히 경법의 독송을 수학하고 의심하는 것을 물어서도 아니되고, 역시 마땅히 옷·발우·자물쇠·시약·시분약·칠일약·진형약을 주어서도 아니됩니다.

말리부인이여. 만약 비구가 비법을 비법이라고 말하고 법을 법이라고 말한다면, 마땅히 존중하고 공양하며 찬탄하여야 하고, 마땅히 경법의 독송을 가르치고 묻고 의심하는 것에 대답하여야 하며, 마땅히 경법의 독송을 수학하고 의심하는 것을 물어야 하고, 역시 마땅히 옷·발우·자물쇠·시약·시분약·칠일약·진형약을 주어야 합니다. 말리부인이여. 마땅히 일제의 2부승가에세 음식을 주어야 합니다."

비사거녹자모(毘舍佉鹿子母)·포살다(布薩多) 거사의 부인·수사다(修闍多) 거사의 부인 등도 역시 이와 같이 물었다.

이때 장로 사리불이 '서로가 말로 다투는 것을 즐거워하는 구사미의 비구들이 이미 와서 경계로 들어왔다.'는 것을 들었다. 듣고서 세존의 처소로 나아가서 세존의 발에 머리숙여 예경하고 한쪽으로 물러나서 앉았으며 세존께 아뢰어 말하였다.

"세존이시여. 서로가 말로 다투는 것을 즐거워하는 구사미의 비구들이 이미 와서 경계로 들어왔습니다. 우리들은 어떻게 와구를 나누어 주어야 합니까?"

세존께서는 말씀하셨다.

"나는 이전에 와구를 주어야 한다고 말했었네. 그 부류의 상좌를 따라서 먼저 와구를 나누어 주도록 하게."

사리불은 세존의 가르침을 받들어 그 상좌를 따라서 먼저 와구를 나누어 주었다.

세존께서는 구사미국에 머무르셨다.

이때 쫓겨난 비구가 혼자 유행하고 혼자 머물면서 이와 같이 사유하였다.

'나를 위한 까닭으로 대중 승가가 말로 다투어 승가는 깨어졌고, 승가는 다투었으며, 승가는 나누어졌고, 승가는 달라졌다. 이 가운데에서 <이 사람은 죄가 있다.>고 말하는 비구가 있었고, <이 사람은 죄가 없다.>고 말하는 사가 있었으며, <여법하게 내쫓았다.>고 말하는 자가 있었고, <비법으로 내쫓았다.>고 말하는 자가 있었으며, <여법하게 내쫓았으므로 깨뜨릴 수 없다.>고 말하는 자가 있었고, <비법으로 내쫓았으므로 취소할 수 있다.>고 말하는 자가 있다고 말하는 것은 모두 나를 위한 까닭이다. 나는 진실로 죄를 범하였고 여법하게 내쫓았으므로 깨뜨릴 수 없다. 지금 마땅히 어떻게 해야 하는가?'

이렇게 사유를 짓고서 따라서 수순하였던 비구들의 처소에 이르러 말하였다.

"나는 혼자 유행하고 혼자 머물면서 이렇게 사유하였습니다. '나를 위한 까닭으로 대중 승가가 말로 다투어 승가는 깨어졌고, 승가는 다투었으며, 승가는 나누어졌고, 승가는 달라졌다. 이 가운데에서 <이 사람은 죄가 있다.>고 말하는 비구가 있었고, <이 사람은 죄가 없다.>고 말하는 자가 있었으며, <여법하게 내쫓았다.>고 말하는 자가 있었고, <비법으로 내쫓았다.>고 말하는 자가 있었으며, <여법하게 내쫓았으므로 깨뜨릴 수 없다.>고 말하는 자가 있었고, <비법으로 내쫓았으므로 취소할 수 있다.>고 말하는 자가 있다고 말하는 것은 모두 나를 위한 까닭이다. 나는 진실로 죄를 범하였고 여법하게 내쫓았으므로 깨뜨릴 수 없다. 지금 마땅히 어떻게 해야 하는가?'"

수순하였던 여러 비구들이 곧 쫓겨난 비구를 데리고 빈갈마를 지었던 비구들의 처소에 이르러 말하였다.

"쫓겨난 이 비구가 우리들의 처소에 이르러 말하였습니다. '나를 위한 까닭으로 대중 승가가 말로 다투어 승가는 깨어졌고, 승가는 다투었으며, 승가는 나누어졌고, 승가는 달라졌다. 이 가운데에서 <이 사람은 죄가 있다.>고 말하는 비구가 있었고, <이 사람은 죄가 없다.>고 말하는 자가 있었으며, <여법하게 내쫓았다.>고 말하는 자가 있었고, <비법으로 내쫓았다.>고 말하는 자가 있었으며, <여법하게 내쫓았으므로 깨뜨릴 수 없다.>고 말하는 자가 있었고, <비법으로 내쫓았으므로 취소할 수 있다.>고 말하는 자가 있다고 말하는 것은 모두 나를 위한 까닭이다. 나는 진실로 죄를 범하였고 여법하게 내쫓았으므로 깨뜨릴 수 없다. 지금 마땅히 어떻게 해야 하는가?'"

빈갈마를 지었던 비구들은 곧 쫓겨났던 비구와 수순하였던 여러 비구를 데리고 세존의 처소로 나아가서 세존의 발에 머리숙여 예경하고 한쪽으로 물러나서 앉았으며 세존께 아뢰어 말하였다.

"세존이시여. 이 수순하였던 여러 비구들이 쫓겨났던 비구를 데리고 저희들의 처소에 이르러 말하였습니다. '이 쫓겨났던 비구가 말하였습니다. <나는 혼자 유행하고 혼자 머물면서 이렇게 사유하였습니다. 나를 위한 까닭으로 대중 승가가 말로 다투어 승가는 깨어졌고, 승가는 다투었으며, 승가가 나누어졌고, 승가는 달라졌다. 이 가운데에서 <이 사람은 죄가 있다.>고 말하는 비구가 있었고, <이 사람은 죄가 없다.>고 말하는 자가 있으며, <여법하게 내쫓았다.>고 말하는 자가 있고, <비법으로

내쫓았다.>고 말하는 자가 있었으며, <여법하게 내쫓았으므로 깨뜨릴 수 없다.>고 말하는 자가 있었고, <비법으로 내쫓았으므로 취소할 수 있다.>고 말하는 자가 있다고 말하는 것은 모두 나를 위한 까닭이다. 나는 진실로 죄를 범하였고 여법하게 내쫓았으므로 깨뜨릴 수 없다. 지금 마땅히 어떻게 해야 하는가?'"

세존께서는 말씀하셨다.

"이 비구는 진실로 죄를 범하였고 여법하게 쫓아냈으므로 깨뜨릴 수 없느니라. 만약 이 비구가 마음에서 참회하고 절복하며 자수(自首)하였다면 마땅히 빈갈마를 풀어주어야 하느니라. 빈갈마를 풀어주는 법은 일심으로 승가가 화합하였다면 이 쫓겨난 비구는 마땅히 자리에서 일어나서 오른쪽 어깨를 드러내고 가죽신을 벗고 호궤 합장하고서 이와 같이 말하라.

'대덕 승가께서는 억념(憶念)하십시오. 나를 위한 까닭으로 승가가 말로 다투어 승가는 깨어졌고, 승가는 다투었으며, 승가가 나누어졌고, 승가는 달라졌습니다. 이 가운데에서 <이 사람은 죄가 있다.>고 말하는 비구가 있었고, <이 사람은 죄가 없다.>고 말하는 자가 있었으며, <여법하게 내쫓았다.>고 말하는 자가 있었고, <비법으로 내쫓았다.>고 말하는 자가 있었으며, <여법하게 내쫓았으므로 깨뜨릴 수 없다.>고 말하는 자가 있었고, <비법으로 내쫓았으므로 취소할 수 있다.>고 말하는 자가 있다고 말하는 것은 모두 나를 위한 까닭입니다. 나 누구 비구는 진실로 죄를 범하였고 여법하게 내쫓겼으므로 깨뜨릴 수 없는 것입니다. 저는 지금 마음에서 참회하고 절복(折伏)하며 자수(自首)하고 승가를 쫓아서 빈갈마를 풀어주시기를 애원합니다. 나 누구 비구는 마음에서 참회하고 절복하며 자수하오니, 연민스러운 까닭으로 승가께서는 마땅히 빈갈마를 풀어주십시오.'

두 번째·세 번째도 역시 이와 같이 애원하라. 곧 때에 한 비구가 승가의 가운데에서 창언하라.

'대덕 승가께서는 허락하십시오. 이 쫓겨났던 비구 누구가 말하였습니다. <나를 위한 까닭으로 승가가 말로 다투어 승가는 깨어졌고, 승가는

다투었으며, 승가가 나누어졌고, 승가는 달라졌습니다. 이 가운데에서 <이 사람은 죄가 있다.>고 말하는 비구가 있었고, <이 사람은 죄가 없다.>고 말하는 자가 있었으며, <여법하게 내쫓았다.>고 말하는 자가 있었고, <비법으로 내쫓았다.>고 말하는 자가 있었으며, <여법하게 내쫓았으므로 깨뜨릴 수 없다.>고 말하는 자가 있었고, <비법으로 내쫓았으므로 취소할 수 있다.>고 말하는 자가 있다고 말하는 것은 모두 나를 위한 까닭입니다. 나 누구 비구는 진실로 죄를 범하였고 여법하게 내쫓겼으므로 깨뜨릴 수 없습니다.> 이 쫓겨났던 비구 누구는 마음에서 참회하고 절복하며 자수하고 승가를 쫓아서 빈갈마를 풀어주시기를 애원하고 있습니다. 만약 승가께서 때에 이르렀다면 승가께서는 허락하십시오. 누구 비구에게 빈갈마를 풀어주십시오. 이와 같이 아룁니다.'

'대덕 승가께서는 허락하십시오. 이 쫓겨났던 비구 누구는 말하였습니다. <나를 위한 까닭으로 승가가 말로 다투어 승가는 깨졌고, 승가는 다투었으며, 승가가 나누어졌고, 승가는 달라졌습니다. 이 가운데에서 <이 사람은 죄가 있다.>고 말하는 비구가 있었고, <이 사람은 죄가 없다.>고 말하는 자가 있었으며, <여법하게 내쫓았다.>고 말하는 자가 있었고, <비법으로 내쫓았다.>고 말하는 자가 있었으며, <여법하게 내쫓았으므로 깨뜨릴 수 없다.>고 말하는 자가 있었고, <비법으로 내쫓았으므로 취소할 수 있다.>고 말하는 자가 있다고 말하는 것은 모두 나를 위한 까닭입니다. 나 누구 비구는 진실로 죄를 범하였고 여법하게 내쫓겼으므로 깨뜨릴 수 없습니다.>

이 쫓겨났던 비구 누구는 마음에서 참회하고 절복하며 자수하였으므로 승가께서는 지금 누구 비구에게 빈갈마를 풀어주십시오. 여러 장로께서 누구 비구에게 빈갈마를 풀어주는 것을 허락하신다면 묵연하시고, 허락하시지 않는다면 곧 말씀하십시오.'

이와 같이 백사갈마(白四羯磨)를 짓는다.

'승가시여. 누구 비구에게 빈갈마를 풀어주는 것을 마쳤습니다. 승가께서 허락하신 것은 묵연하였던 까닭입니다. 이 일은 이와 같이 지니겠습니다.”

세존께서는 구사미국에 머무르셨다.

이때 쫓겨난 비구가 혼자 유행하고 혼자 머물면서 이와 같이 사유하였다.

‘나를 위한 까닭으로 대중 승가가 말로 다투어 승가는 깨어졌고, 승가는 다투었으며, 승가는 나누어졌고, 승가는 달라졌다. 이 가운데에서 <이 사람은 죄가 있다.>고 말하는 비구가 있었고, <이 사람은 죄가 없다.>고 말하는 자가 있었으며, <여법하게 내쫓았다.>고 말하는 자가 있었고, <비법으로 내쫓았다.>고 말하는 자가 있었으며, <여법하게 내쫓았으므로 깨뜨릴 수 없다.>고 말하는 자가 있었고, <비법으로 내쫓았으므로 취소할 수 있다.>고 말하는 자가 있다고 말하는 것은 모두 나를 위한 까닭이다. 나는 진실로 죄를 범하였고 여법하게 내쫓았으므로 깨뜨릴 수 없다. 나는 마음에서 참회하였고 절복하였으며 자수하였으므로 승가는 나에게 빈갈마를 풀어주었다. 나는 지금 마땅히 승가의 가운데에 들어가서 함께 화합을 지어야겠다.’

이렇게 사유하고서 수순하였던 여러 비구들 처소로 가서 말하였다.

“나는 혼자 유행하고 혼자 머물면서 이와 같이 사유하였습니다. ‘나를 위한 까닭으로 대중 승가가 말로 다투어 승가는 깨어졌고, 승가는 다투었으며, 승가는 나누어졌고, 승가는 달라졌다. 이 가운데에서 <이 사람은 죄가 있다.>고 말하는 비구가 있었고, <이 사람은 죄가 없다.>고 말하는 자가 있었으며, <여법하게 내쫓았다.>고 말하는 자가 있었고, <비법으로 내쫓았다.>고 말하는 자가 있었으며, <여법하게 내쫓았으므로 깨뜨릴 수 없다.>고 말하는 자가 있었고, <비법으로 내쫓았으므로 취소할 수 있다.>고 말하는 자가 있다고 말하는 것은 모두 나를 위한 까닭이다. 나는 진실로 죄를 범하였고 여법하게 내쫓았으므로 깨뜨릴 수 없다. 나는 마음에서 참회하였고 절복하였으며 자수하였으므로 승가는 나에게 빈갈마를 풀어주었다. 나는 지금 마땅히 승가의 가운데에 들어가서 함께 화합을 지어야겠다.’”

수순하였던 여러 비구들은 곧 그 비구를 데리고 빈갈마를 지었던 여러 비구의 처소로 찾아가 말하였다.

"이 비구가 와서 말하였습니다. '나는 혼자 유행하고 혼자 머물면서 이와 같이 사유하였습니다. <나를 위한 까닭으로 대중 승가가 말로 다투어 승가는 깨어졌고, 승가는 다투었으며, 승가는 나누어졌고, 승가는 달라졌다. 이 가운데에서 <이 사람은 죄가 있다.>고 말하는 비구가 있었고, <이 사람은 죄가 없다.>고 말하는 자가 있었으며, <여법하게 내쫓았다.>고 말하는 자가 있고, <비법으로 내쫓았다.>고 말하는 자가 있었으며, <여법하게 내쫓았으므로 깨뜨릴 수 없다.>고 말하는 자가 있었고, <비법으로 내쫓았으므로 취소할 수 있다.>고 말하는 자가 있다고 말하는 것은 모두 나를 위한 까닭이다. 나는 진실로 죄를 범하였고 여법하게 내쫓았으므로 깨뜨릴 수 없다. 나는 마음에서 참회하였고 절복하였으며 자수하였으므로 승가는 나에게 빈갈마를 풀어주었다. 나는 지금 마땅히 승가의 가운데에 들어가서 함께 화합을 지어야겠다.>'"

빈갈마를 지었던 여러 비구들은 곧 이 비구와 수순하였던 여러 비구를 데리고 세존의 처소로 나아가서 세존의 발에 머리숙여 예경하고 한쪽에 물러나서 앉았으며 세존께 말하였다.

"세존이시여. 이 수순하였던 여러 비구들이 비구를 데리고 저희들의 처소에 이르러 말하였습니다. '이 비구가 와서 말하였습니다. 나는 혼자 유행하고 혼자 머물면서 이와 같이 사유하였습니다. <나를 위한 까닭으로 대중 승가가 말로 다투어 승가는 깨어졌고, 승가는 다투었으며, 승가는 나누어졌고, 승가는 달라졌다. 이 가운데에서 <이 사람은 죄가 있다.>고 말하는 비구가 있었고, <이 사람은 죄가 없다.>고 말하는 자가 있으며, <여법하게 내쫓았다.>고 말하는 자가 있고, <비법으로 내쫓았다.>고 말하는 자가 있었으며, <여법하게 내쫓았으므로 깨뜨릴 수 없다.>고 말하는 자가 있었고, <비법으로 내쫓았으므로 취소할 수 있다.>고 말하는 자가 있다고 말하는 것은 모두 나를 위한 까닭이다. 나는 진실로 죄를 범하였고 여법하게 내쫓았으므로 깨뜨릴 수 없다. 나는 마음에서 참회하였고 절복하였으며 자수하였으므로 승가는 나에게 빈갈마를 풀어주었다. 나는 지금 마땅히 승가의 가운데에 들어가서 함께 화합을 지어야겠다.>'"

세존께서는 말씀하셨다.

"옳도다. 옳도다. 여러 비구여. 그대들이 화합하는 인연을 위한 까닭이라면 이러한 일은 한 머리카락을 백 개로 나누듯이 세밀하게 구하여야 한다. 승가를 파괴하는 인연이라면 이러한 일을 세밀하게 구하여서는 아니된다."

세존께서는 말씀하셨다.

"마땅히 함께 화합을 짓거나, 만약 포살할 때가 이르지 않았다면 마땅히 승가의 가운데에서 창언하라.

'대덕 승가께서는 허락하십시오. 지금 승가가 화합하려는 까닭이니, 만약 승가께서 때에 이르셨다면 승가께서는 허락하십시오. 지금은 포살의 때가 아니더라도 포살을 지어서 바라제목차를 설하여주십시오. 대중 승가가 화합하려는 까닭입니다. 이와 같이 아룁니다.'

곧 포살을 짓고 바라제목차를 설하도록 한다." [팔법의 가운데에서 두 번째인 구사미법을 마친다.]

(3) 첨파법(瞻波法)

세존께서는 첨파국(瞻波國)에 머무르셨다.

이때 육군비구들은 여러 곳에서 비법의 갈마를 지어서 한 사람이 한 사람을 내쫓았거나, 한 사람이 두 사람·세 사람·네 사람을 내쫓았거나, 두 사람이 두 사람을 내쫓았거나, 두 사람이 세 사람·네 사람·한 사람을 내쫓았거나, 세 사람이 세 사람을 내쫓았거나, 세 사람이 네 사람·한 사람·두 사람을 내쫓았거나, 네 사람이 네 사람을 내쫓았다. 이 가운데에 비구가 있어 욕망이 적고 만족함을 알며 두타를 행하였는데, 이러한 일을 듣고 즐겁지 않아서 꾸짖어 말하였다.

"어찌 비구라고 이름하면서 여러 곳에서 비법의 갈마를 지어서 한 사람이 한 사람을 내쫓았거나, 한 사람이 두 사람·세 사람·네 사람을 내쫓았거나, 두 사람이 두 사람을 내쫓았거나, 두 사람이 세 사람·네 사람·한 사람을 내쫓았거나, 세 사람이 세 사람을 내쫓았거나, 세 사람이 네 사람·한 사람·두 사람을 내쫓았거나, 네 사람이 네 사람을 내쫓는가?"

이와 같이 꾸짖고서 세존을 향하여 자세히 말하였다. 세존께서는 이 일로써 비구 승가를 모으셨으며, 아시면서도 일부러 육군비구들에게 물으셨다.

"그대들이 진실로 이러한 일을 지었는가?"

대답하여 말하였다.

"진실로 지었습니다. 세존이시여."

세존께서는 꾸짖어 말씀하셨다.

"어찌 비구라고 이름하면서 여러 곳에서 비법의 갈마를 지어서 한 사람이 한 사람을 내쫓았거나, 한 사람이 두 사람·세 사람·네 사람을 내쫓았거나, 두 사람이 두 사람을 내쫓았거나, 두 사람이 세 사람·네 사람·한 사람을 내쫓았거나, 세 사람이 세 사람을 내쫓았거나, 세 사람이 네 사람·한 사람·두 사람을 내쫓았거나, 네 사람이 네 사람을 내쫓았는가?"

세존께서는 다만 꾸짖으셨고 계율을 제정하지는 않으셨다.

세존께서는 첨파국에 머무르셨다.

이때 아엽마가국(阿葉摩伽國)의 취락이 있어 왕살바(王薩婆)라고 이름하였다. 이 가운데에 구주비구가 있었고 공금(共金)이라고 이름하였는데 마마제제다라(摩摩帝帝陀羅)[6]를 지었다. 육군비구들이 가시국(迦尸國)을 유행하여 첨파국을 향하여 왕살바 취락에 이르렀다. 이 비구는 멀리서 그들이 오는 것을 보고 나와서 맞이하였고 옷과 발우를 받아주었으며 방사를 열어 보여주면서 말하였다.

"이 방사에는 평상과 와구와 이불과 베개가 있으니, 그대들은 상좌를

6) 현재 사찰의 주지의 소임과 같은 것이다.

따라서 편안하게 머무르십시오."

목욕할 도구를 준비하여 주었고 기름과 비누를 주었으며 안마를 원하면 안마도 해주었다. 이 마마제는 밤에 좌선하였고 이른 아침에 왕살바 취락에 들어갔고 여러 귀족의 집에 이르러 육군비구들을 찬탄하며 말하였다.

"이 육군비구들은 세존의 제자이고 들은 것이 많아서 설법에 매우 교묘하며 변재가 걸림이 없으십니다. 이러한 까닭으로 그대들은 마땅히 승가에게 달발나와 중식을 주십시오."

곧 때에 여러 바라문과 거사들에서 믿었던 자들이 달발나와 중식을 지어서 승가에게 주었다. 육군비구들은 음식을 먹고서 살찌고 화색이 돌았으며 기력을 얻고 몸이 우연하였으므로 함께 서로가 의논하여 말하였다.

"우리들을 존중하고 찬탄하며 이와 같은 좋은 업을 지었으므로, 이 비구는 좋은 선남자이네."

며칠 동안에 다시 이어지지 않았으므로, 육군비구들은 서로가 의논하여 말하였다.

"이 선남자는 다시 좋지 않게 되었구려. 다시 우리를 존중하고 공양하며 찬탄하지 않으므로, 마땅히 불러서 그를 오게 해야 하네."

곧 불렀고 와서 이르자 육군비구들이 물어 말하였다.

"그대는 무슨 까닭으로 우리들을 존중하고 공양하며 찬탄하지 않습니까?"

대답하여 말하였다.

"이 왕살바 취락의 바라문과 거사들 중에서 나의 말을 믿는 자는 모두 공양을 짓는다고 약속하였으나 나의 힘이 이 정도이므로 다시 능히 얻을 수 없습니다."

육군비구들이 말하였다.

"당신의 죄를 인정합니까?"

대답하여 말하였다.

"나에게 무슨 죄가 있습니까?"

육군비구들이 말하였다.

"그대가 본래와 같이 우리를 존중하고 공양하며 찬탄하지 않는 것입니다."

그가 말하였다.

"나는 죄를 인정하지 못합니다."

육군비구들은 말하였다.

"이 사람은 기꺼이 곧 자수하지 않습니다. 마땅히 불견빈(不見擯)을 지어서 주어야 합니다."

곧 불견빈을 지었고, 이 비구는 이렇게 생각을 지었다.

'육군비구들은 인연도 없는데 내가 자수하지 않는다고 억지로 불견빈을 지었다. 내가 어찌 첨파국으로 향하여 세존의 처소에 나아가지 않겠는가?'

이와 같이 사유하였고 왕살바의 취락에 뜻을 따라서 머물렀으며 옷과 발우를 지니고 첨파국으로 떠나가서 세존의 처소로 나아갔으며 세존의 발에 머리숙여 예경하고 한쪽에 서 있었다.

모든 제불의 상법은 객비구가 찾아왔다면 이와 같은 말로서 문신하는 것이다.

"견딜 수 있었는가? 만족하였는가? 안락하게 머물렀는가? 도로에 피로하지는 않았는가? 걸식은 부족하지 않았는가?"

세존께서는 이와 같은 말로서 공금 비구에게 문신하셨다.

"견딜 수 있었는가? 만족하였는가? 안락하게 머물렀는가? 걸식은 부족하지 않았는가? 도로에 피로하지는 않았는가?"

대답하여 말하였다.

"세존이시여. 견딜 수 있었고, 만족하였으며, 안락하게 머물렀고, 걸식에 어려움도 없었으며, 도로에 피곤하지 않았습니다."

이 일로써 세존을 향하여 자세히 말하였다. 세존께서는 아시면서 일부러 공금 비구에게 물으셨다.

"육군비구들이 무슨 인연을 까닭으로 그대를 내쫓았는가?"

대답하여 말하였다.

"세존이시여. 인연이 없습니다. 저에게 죄도 없으나 억지로 저에게 불견빈갈마를 지어서 주었습니다."

세존께서는 말씀하셨다.

"만약 육군비구들이 인연이 없고 그대에게 죄가 없으나 억지로 그대를 내쫓았다면, 그대는 걱정하지 말게. 내가 그대의 법의 반려를 지어주겠노라."

육군비구들은 빈갈마를 지어서 주었던 비구가 첨파국으로 향하였고 세존의 처소로 나아갔다는 것을 듣고서 '우리들도 역시 마땅히 세존의 처소로 나아가야겠다.'라고 이와 같이 사유하였고 뜻을 따라서 머물렀으며 옷과 발우를 지니고 첨파국으로 떠나가서 세존의 처소로 나아갔으며 세존의 발에 머리숙여 예경하고 한쪽에 서 있었다.

모든 제불의 상법은 객비구가 찾아왔다면 이와 같은 말로서 문신하는 것이다.

"견딜 수 있었는가? 만족하였는가? 안락하게 머물렀는가? 도로에 피로하지는 않았는가? 걸식은 부족하지 않았는가?"

세존께서는 곧 이와 같은 말로서 육군비구에게 문신하셨다.

"견딜 수 있었는가? 부족하지 않았는가? 안락하게 머물렀는가? 걸식은 부족하지 않았는가? 도로에 피로하지는 않았는가?"

육군비구가 대답하여 말하였다.

"세존이시여. 견딜 수 있었고, 만족하였으며, 안락하게 머물렀고, 걸식에 어려움도 없었으며, 도로에 피곤하지 않았습니다."

세존께서는 아시면서도 일부러 물으셨다.

"그대들이 왕살바 취락에서 비구에게 불견빈을 지어서 주었는가?"

대답하여 말하였다.

"진실로 있습니다. 세존이시여."

물으셨다.

"무슨 인연을 까닭으로 내쫓았는가?"

대답하여 말하였다.

"인연이 없습니다. 그는 죄가 없으나 저희들이 강제로 빈갈마를 지었습니다."

세존께서는 이 일과 앞서의 인연으로서 비구 승가를 모으셨으며, 여러 종류의 인연으로 육군비구들을 꾸짖으셨다.

"어찌 비구라고 이름하면서 인연도 없고 그에게 죄가 없으나 억지로 빈갈마를 지었는가? 어찌 비구라고 이름하면서 여러 곳에서 비법의 갈마를 지어서 한 사람이 한 사람을 내쫓았거나, 한 사람이 두 사람·세 사람·네 사람을 내쫓았거나, 두 사람이 두 사람을 내쫓았거나, 두 사람이 세 사람·네 사람·한 사람을 내쫓았거나, 세 사람이 세 사람을 내쫓았거나, 세 사람이 네 사람·한 사람·두 사람을 내쫓았거나, 네 사람이 네 사람을 내쫓았는가?

만약 비구 한 사람이 한 사람을 내쫓는다면 하나의 돌길라죄를 범하고, 한 사람이 두 사람을 내쫓는다면 둘의 돌길라죄를 범하며, 한 사람이 세 사람을 내쫓는다면 셋의 돌길라죄를 범하고, 한 사람이 네 사람을 내쫓는다면 넷의 돌길라죄를 범한다. 두 사람이 두 사람을 내쫓는다면 둘의 돌길라죄를 범하고, 두 사람이 세 사람을 내쫓는다면 셋의 돌길라죄를 범하며, 두 사람이 네 사람을 내쫓는다면 네 가지의 돌길라죄를 범하고, 두 사람이 한 사람을 내쫓는다면 하나의 돌길라죄를 범한다.

세 사람이 세 사람을 내쫓는다면 셋의 돌길라죄를 범하고, 세 사람이 네 사람을 내쫓는다면 네 가지의 돌길라죄를 범하며, 세 사람이 한 사람을 내쫓는다면 하나의 돌길라죄를 범하고, 세 사람이 두 사람을 내쫓는다면 둘의 돌길라죄를 범한다. 네 사람이 네 사람을 내쫓는다면 투란차죄니, 승가를 깨뜨리는 인연의 까닭이다. 한 사람이 한 사람을 내쫓는 것은 비법의 갈마이므로 지어서는 아니되고, 한 사람이 두 사람·세 사람·네 사람을 내쫓는 것도 비법의 갈마이므로 지어서는 아니된다. 두 사람이 두 사람·세 사람·네 사람·한 사람을 내쫓는 것도 비법의 갈마이므로 지어서는 아니되고, 세 사람이 세 사람·네 사람·한 사람·두 사람을 내쫓는 것도 비법의 갈마이므로 지어서는 아니되며, 네 사람이 네 사람을 내쫓는 것도 비법의 갈마이므로 지어서는 아니된다.

만약 한 사람이 한 사람을 내쫓았다면 그 갈마는 성립되지 않고, 한 사람이 두 사람·세 사람·네 사람을 내쫓았어도 그 갈마는 성립되지 않는다. 두 사람이 두 사람·세 사람·네 사람·한 사람을 내쫓았다면 그 갈마는 성립되지 않고, 세 사람이 세 사람·네 사람·한 사람·두 사람을 내쫓았어도 그 갈마는 성립되지 않는다. 네 사람이 네 사람을 내쫓았다면 그 갈마는 성립되지 않는다.

네 명의 대중이 지을 수 있는 갈마에서는 이 가운데에 네 명의 비구라면 성립하되, 다섯의 대중이 지을 수 있는 갈마에서는 이 가운데에 다섯의 비구라면 성립되며, 열의 대중이 지을 수 있는 갈마에서는 이 가운데에 열의 비구라면 성립되고, 스물의 대중이 지을 수 있는 갈마에서는 이 가운데에 스물의 비구라면 성립된다.

만약 네 명의 대중이 지을 수 있는 갈마라면 이 가운데에서 네 명의 비구를 채우지 않았다면, 이것은 비법의 갈마이므로 마땅히 지어서는 아니된다. 만약 백의를 넷째 사람으로 짓는다면 이것은 비법의 갈마이므로 마땅히 지어서는 아니된다. 만약 사미이거나, 만약 비구가 아니거나, 만약 외도이거나, 만약 불견빈인·부작빈인·익사부제빈인이거나, 힘께 머물지 않는 사람이거나, 여러 종류로 함께 머물지 않는 사람이거나, 스스로 중죄를 지었다고 말하는 사람이거나, 본래 백의이면서 비구니를 욕보였거나, 불능남이거나, 월제인이거나, 부모를 죽인 사람이거나, 아라한을 죽였거나, 승가를 깨뜨렸거나, 악한 마음으로 세존의 몸에 피를 흐르게 하였던 이와 같은 사람들을 넷째 사람으로 삼는다면, 이것은 비법의 갈마이므로 마땅히 지어서는 아니된다.

만약 다섯의 대중이 지을 수 있는 갈마라면 이 가운데에서 다섯 명의 비구를 채우지 않았다면, 이것은 비법의 갈마이므로 마땅히 지어서는 아니된다. 만약 백의를 다섯째 사람으로 짓는다면 이것은 비법의 갈마이므로 마땅히 지어서는 아니된다. 만약 사미이거나, 만약 비구가 아니거나, 만약 외도이거나, 만약 불견빈인·부작빈인·악사부제빈인이거나, 함께 머물지 않는 사람이거나, 여러 종류로 함께 머물지 않는 사람이거나, 스스로 중죄를 지었다고 말하는 사람이거나, 본래 백의이면서 비구니를 욕보였거나, 불능남이거나, 월제인이거나, 부모를 죽인 사람이거나, 아라한을 죽였거나, 승가를 깨뜨렸거나, 악한 마음으로 세존의 몸에 피를 흐르게 하였던 이와 같은 사람들을 다섯째 사람으로 삼는다면, 이것은 비법의 갈마이므로 마땅히 지어서는 아니된다.

만약 열의 대중이 지을 수 있는 갈마라면 이 가운데에서 열 명의 비구를 채우지 않았다면, 이것은 비법의 갈마이므로 마땅히 지어서는 아니된다. 만약 백의를 열째 사람으로 짓는다면 이것은 비법의 갈마이므로 마땅히 지어서는 아니된다. 만약 사미이거나, 만약 비구가 아니거나, 만약 외도이거나, 만약 불견빈인·부작빈인·악사부제빈인이거나, 함께 머물지 않는 사람이거나, 여러 종류로 함께 머물지 않는 사람이거나, 스스로 중죄를 지었다고 말하는 사람이거나, 본래 백의이면서 비구니를 욕보였거나, 불능남이거나, 월제인이거나, 부모를 죽인 사람이거나, 아라한을 죽였거나, 승가를 깨뜨렸거나, 악한 마음으로 세존의 몸에 피를 흐르게 하였던 이와 같은 사람들을 열째 사람으로 삼는다면, 이것은 비법의 갈마이므로 마땅히 지어서는 아니된다.

만약 스물의 대중이 지을 수 있는 갈마라면 이 가운데에서 스무 명의 비구를 채우지 않았다면, 이것은 비법의 갈마이므로 마땅히 지어서는 아니된다. 만약 백의를 스무째 사람으로 짓는다면 이것은 비법의 갈마이므로 마땅히 지어서는 아니된다. 만약 사미이거나, 만약 비구가 아니거나, 만약 외도이거나, 만약 불견빈인·부작빈인·악사부제빈인이거나, 함께 머물지 않는 사람이거나, 여러 종류로 함께 머물지 않는 사람이거나, 스스로 중죄를 지었다고 말하는 사람이거나, 본래 백의이면서 비구니를 욕보였거나, 불능남이거나, 월제인이거나, 부모를 죽인 사람이거나, 아라한을 죽였거나, 승가를 깨뜨렸거나, 악한 마음으로 세존의 몸에 피를 흐르게 하였던 이와 같은 사람들을 스무째 사람으로 삼는다면, 이것은 비법의 갈마이므로 마땅히 지어서는 아니된다.

만약 네 명의 대중이 지을 수 있는 갈마를 네 명의 비구를 채우지 않고 지었다면, 그 갈마는 성립되지 않는다. 만약 백의를 넷째 사람으로 짓는다면 이것은 비법의 갈마이므로 갈마는 성립되지 않으니, 마땅히 짓지 말라. 만약 사미이거나, 나아가 악한 마음으로 세존의 몸에 피를 흐르게 하였던 이와 같은 사람들을 넷째 사람으로 삼는다면, 이것은 비법의 갈마이므로 갈마는 성립되지 않으니, 마땅히 짓지 말라.

만약 다섯의 대중이 지을 수 있는 갈마를 네 명의 비구를 채우지 않고 지었다면, 그 갈마는 성립되지 않는다. 만약 백의를 다섯째 사람으로 짓는다면 이것은 비법의 갈마이므로 갈마는 성립되지 않으니, 마땅히 짓지 말라. 만약 사미이거나, 만약 비구가 아니거나, 만약 외도이거나, 만약 불견빈인·부작빈인·악사부제빈인이거나, 함께 머물지 않는 사람이거나, 여러 종류로 함께 머물지 않는 사람이거나, 스스로 중죄를 지었다고 말하는 사람이거나, 본래 백의이면서 비구니를 욕보였거나, 불능남이거나, 월제인이거나, 부모를 죽인 사람이거나, 아라한을 죽였거나, 승가를 깨뜨렸거나, 악한 마음으로 세존의 몸에 피를 흐르게 하였던 이와 같은 사람들을 다섯째 사람으로 삼는다면, 이것은 비법의 갈마이므로 갈마는 성립되지 않으니, 마땅히 짓지 말라.

만약 열의 대중이 지을 수 있는 갈마를 열 명의 비구를 채우지 않고 지었다면, 그 갈마는 성립되지 않는다. 만약 백의를 열째 사람으로 짓는다면 이것은 비법의 갈마이므로 갈마는 성립되지 않으니, 마땅히 짓지 말라. 만약 사미이거나, 만약 비구가 아니거나, 만약 외도이거나, 만약 불견빈인·부작빈인·악사부제빈인이거나, 함께 머물지 않는 사람이거나, 여러 종류로 함께 머물지 않는 사람이거나, 스스로 중죄를 지었다고 말하는 사람이거나, 본래 백의이면서 비구니를 욕보였거나, 불능남이거나, 월제인이거나, 부모를 죽인 사람이거나, 아라한을 죽였거나, 승가를 깨뜨렸거나, 악한 마음으로 세존의 몸에 피를 흐르게 하였던 이와 같은 사람들을 열째 사람으로 삼는다면, 이것은 비법의 갈마이므로 갈마는 성립되지 않으니, 마땅히 짓지 말라.

만약 스물의 대중이 지을 수 있는 갈마를 스무 명의 비구를 채우지 않고 지었다면, 그 갈마는 성립되지 않는다. 만약 백의를 스무째 사람으로 짓는다면 이것은 비법의 갈마이므로 갈마는 성립되지 않으니, 마땅히 짓지 말라. 만약 사미이거나, 만약 비구가 아니거나, 만약 외도이거나, 만약 불견빈인·부작빈인·악사부제빈인이거나, 함께 머물지 않는 사람이거나, 여러 종류로 함께 머물지 않는 사람이거나, 스스로 중죄를 지었다고 말하는 사람이거나, 본래 백의이면서 비구니를 욕보였거나, 불능남이거나, 월제인이거나, 부모를 죽인 사람이거나, 아라한을 죽였거나, 승가를 깨뜨렸거나, 악한 마음으로 세존의 몸에 피를 흐르게 하였던 이와 같은 사람들을 스무째 사람으로 삼는다면, 이것은 비법의 갈마이므로 갈마는 성립되지 않으니, 마땅히 짓지 말라."

세존께서는 말씀하셨다.

"지금부터 별도로 머무는 사람(別住人)을 넷째의 사람으로 지었다면, 마땅히 별주갈마(別住羯磨)를 지을 수 없고, 별주갈마를 지었던 사람을 넷째의 사람으로 지었다면, 마땅히 별주갈마를 지을 수 없다. 마나타(摩那埵)를 행하는 사람을 넷째의 사람으로 지었다면, 마땅히 별주갈마를 지을 수 없고, 마나타를 행하여 마쳤던 사람을 넷째의 사람으로 지었다면, 별주갈마를 지을 수 없다. 만약 함께 머물지 않는 사람을 넷째의 사람으로 지었다면, 별주갈마를 지을 수 없고, 청정한 같은 견해의 비구가 최소로 네 명이라면 별주갈마를 지을 수 있느니라.

지금부터 만약 별도로 머무는 사람을 넷째의 사람으로 지었다면, 마땅히 마나타갈마를 지을 수 없고, 만약 별주갈마를 마쳤던 사람을 넷째의 사람으로 짓고서 마나타갈마를 지을 수 없다. 마나타를 행하고 있는 사람이거나, 마나타를 마쳤던 사람을 넷째의 사람으로 지었다면, 마나타갈마를 지을 수 없다. 만약 함께 머물지 않는 사람을 넷째의 사람으로 지었다면, 마나타갈마를 지을 수 없고, 청정한 같은 견해의 비구가 최소로 네 명이라면 마나타갈마를 지을 수 있느니라.

지금부터 만약 별도로 머무는 사람을 넷째의 사람으로 지었다면, 마땅히 본일치갈마(本日治羯磨)를 지을 수 없고, 별주갈마를 마쳤던 사람을 넷째의 사람으로 짓고서 본일치갈마를 지을 수 없다. 마나타를 행하고 있는 사람을 넷째의 사람으로 지었다면, 본일치갈마를 지을 수 없고, 마나타를 마쳤던 사람을 넷째의 사람으로 짓고서 본일치갈마를 지을 수 없다. 만약 별도로 머무는 사람을 넷째의 사람으로 지었다면, 마땅히 본일치갈마를 지을 수 없고, 청정한 같은 견해의 비구가 최소로 네 명이라면 본일치갈마를 지을 수 있느니라.

지금부터 별도로 머무는 사람을 스무째의 사람으로 지었다면 마땅히 출죄갈마(出罪羯磨)를 지을 수 없고, 만약 별주갈마를 마쳤던 사람이거나, 마나타를 행하는 사람이거나, 마나타를 마쳤던 사람을 스무째 사람으로 지었다면 출죄갈마를 지을 수 없다. 만약 별도로 머무는 사람을 스무째 사람으로 지었다면, 마땅히 출죄갈마를 지을 수 없고, 청정한 같은 견해의 비구가 최소로 네 명이라면 출죄갈마를 지을 수 있느니라."

세존께서는 말씀하셨다.

"여러 비구들이여. 청정한 같은 견해의 네 명의 비구라면 대중 승가라고 이름하고, 만약 다섯 명의 비구가 청정한 같은 견해라면 대중 승가라고 이름하며, 열 명의 비구가 청정한 같은 견해라면 대중 승가라고 이름하고, 만약 스무 명의 비구가 청정한 같은 견해라면 대중 승가라고 이름하느니라.

이 가운데에서 네 명의 비구가 청정한 같은 견해라면 대중 승가의 가운데에서 여법하게 여러 갈마를 지을 수 있으나 자자갈마(自恣羯磨)·수대계갈마(受大戒羯磨)·출죄갈마는 제외하느니라. 이 가운데에서 다섯 명의 비구가 청정한 같은 견해라면 대중 승가의 가운데에서 여법하게 여러 갈마를 지을 수 있으나 중국수대계갈마(中國受大戒羯磨)와 출죄갈마는 제외하느니라.

이 가운데에서 열 명의 비구가 청정한 같은 견해라면 대중 승가의 가운데에서 여법하게 여러 갈마를 지을 수 있으나 출죄갈마는 제외하느니라. 이 가운데에서 네 명의 비구가 청정한 같은 견해라면 대중 승가의 가운데에서 여법하게 여러 갈마를 지을 수 있느니라."

이때 장로 우바리가 세존께 물어 말하였다.

"세존이시여. 무슨 승가가 있어 여법하지 않게 갈마를 짓습니까?"

세존께서는 우바리에게 말씀하셨다.

"다섯 종류의 승가가 있느니라. 첫째는 부끄러움이 없는 승가(無慚愧僧)이고, 둘째는 양과 같은 승가(羺羊僧)이며, 셋째는 별도의 대중인 승가(別衆僧)이고, 넷째는 청정한 승가(淸淨僧)이며, 다섯째는 진실한 승가(眞實僧)이니라.

'부끄러움이 없는 승가'는 파계하는 여러 비구들이므로 이 자들을 부끄러움이 없는 승가라고 이름한다.

'양과 같은 승가'는 만약 비구가 범부처럼 근기가 둔하고 지혜가 없어서 여러 양들이 한곳에 모여있으나, 아는 것이 없는 것과 같이 이러한 여러 비구들은 포살(布薩)도 알지 못하고, 포살갈마(布薩羯磨)도 알지 못하며, 계율을 설하는 것도 알지 못하고, 법회도 알지 못하므로 이 자들을 양과 같은 승가라고 이름한다.

'별도의 대중인 승가'는 만약 여러 비구들이 한 경계의 안에서 여러 곳에 별도로 여러 갈마를 짓는 것이다.

'청정한 승가'는 범부이더라도 계율을 잘 지키는 사람이거나 이미 범부의 수승한 자이므로 이들을 청정한 승가라고 이름한다.

'진실한 승가'는 유학인(有學人)과 무학인(無學人)이니, 이들을 진실한 승가라고 이름한다. 이 가운데에서 앞의 세 종류의 승가는 능히 비법의 갈마를 짓더라도, 뒤의 두 종류의 승가는 비법의 갈마를 짓지 않느니라."

세존께서는 우바리에게 알리셨다.

"또한 네 종류의 갈마가 있으니 비법갈마(非法羯磨)·여법갈마(如法羯磨)·별중갈마(別衆羯磨)·화합갈마(和合羯磨)이니라. '비법갈마'는 만약 백갈마(白羯磨)에서 아뢰는(白) 것을 빠뜨리고 짓는다면 이것을 비법갈마라고 이름한다. 만약 백이갈마(百二羯磨)에서 아뢰는 것을 빠뜨리고 짓는다면 이것도 역시 비법이고, 다시 아뢰어 지었으나, 창언(唱言)하지 않고 갈마를 말하였다면 역시 비법이며, 만약 창언하고 갈마를 말했어도 아뢰어 짓지 않았다면 이것도 역시 비법이다. 만약 백사갈마에서 아뢰는 것을 빠뜨리고 지었다면 이것도 역시 비법이고, 만약 아뢰고서 다시 세 번을 창언하여 갈마를 말하지 않는다면 이것도 역시 비법이며, 세 번 창언하여 갈마를 말했더라도 아뢰어 짓지 않았다면 이것도 역시 비법이다.

만약 마땅히 현전비니(現前比尼)를 주어야 하는데, 억념비니(憶念比尼)를 주었다면, 이것은 비법의 갈마이다. 마땅히 억념비니를 주어야 하는데, 현전비니를 주었다면, 이것은 비법의 갈마이고, 마땅히 억념비니를 주어야 하는데, 불치비니(不癡比尼)를 주었다면, 이것은 비법의 갈마이다. 마땅히 불치비니를 주어야 하는데, 현전비니를 주었다면, 이것은 비법의 갈마이고, 마땅히 불치비니를 주어야 하는데, 자언비니(自言比尼)를 주었다면 이것은 비법의 갈마이다. 마땅히 자언비니를 주어야 하는데, 불치비니를 주었다면 이것은 비법의 갈마이고, 마땅히 자언비니를 주어야 하는데 실멱비니(實覓比尼)를 주었다면, 이것은 비법의 갈마이다. 마땅히 실멱비니를 주어야 하는데, 자언비니를 주었다면 이것은 비법의 갈마이고, 마땅히 실멱비니를 주어야 하는데, 고절갈마(苦切羯磨)를 주었다면, 이것은 비법의 갈마이다.

마땅히 고절갈마를 주어야 하는데, 실멱비니를 주었다면 이것은 비법의 갈마이고, 마땅히 고절갈마를 주어야 하는데, 의지갈마(依止羯磨)를 주었다면 이것은 비법의 갈마이다. 마땅히 의지갈마를 주어야 하는데, 고절갈마를 주었다면, 이것은 비법의 갈마이고, 마땅히 의지갈마를 주어야 하는데, 구출갈마(驅出羯磨)를 주었다면, 이것은 비법의 갈마이다. 마땅히 구출갈마를 주어야 하는데, 의지갈마를 주었다면, 이것은 비법의 갈마이고, 마땅히 구출갈마를 주어야 하는데, 하의갈마(下意羯磨)를 주었다면, 이것은 비법의 갈마이다. 마땅히 하의갈마를 주어야 하는데 구출갈마를 주었다면 이것은 법답지 않은 갈마이고, 마땅히 하의갈마를 주어야 하는데 별주갈마(別住羯磨)를 주었다면 이것은 법답지 않은 갈마이다.

마땅히 별주갈마를 주어야 하는데 하의갈마를 주었다면 이것은 법답지 않은 갈마이고, 마땅히 별주갈마를 주어야 하는데 마나타갈마(摩那埵羯磨)

를 주었다면 이것은 법답지 않은 갈마이다. 마땅히 마나타갈마를 주어야 하는데 본일치갈마(本日治羯磨)를 주었다면 이것은 법답지 않은 갈마이다. 마땅히 출죄갈마(出罪羯磨)를 주어야 하는데, 본일치갈마를 주었다면, 이것은 비법의 갈마이고, 마땅히 출죄갈마를 주어야 하는데, 마나타갈마를 주었다면, 이것은 비법의 갈마이다. 만약 승가에서 여러 종류의 일이 일어났는데 여법하지 않고, 비니와 같지 않으며, 세존의 가르침에 같지 않게 판단한다면 이것의 모두를 비법이라고 이름하고, 이것을 비법의 갈마라고 이름한다.

'여법갈마'는 만약 백갈마라면 아뢰는 것을 지어서 사용하였다면 이것은 여법한 갈마이다. 만약 백이갈마를 아뢰고서 한 번을 창언하였다면 이것은 여법한 갈마이다. 백사갈마를 아뢰고서 세 번을 창언하였다면 이것은 여법한 갈마이다.

만약 마땅히 현전비니를 주어야 하는데 현전비니를 주었다면 이것은 여법한 갈마이다. 만약 마땅히 억념비니를 주어야 하는데, 억념비니를 주었고, 마땅히 불치비니를 주어야 하는데 불치비니를 주었으며, 마땅히 자언치비니(自言治比尼)를 주어야 하는데 자언치비니를 주었고, 마땅히 실멱비니를 주어야 하는데 실멱비니를 주었으며, 마땅히 고절갈마를 주어야 하는데 고절갈마를 주었고, 마땅히 의지갈마를 주어야 하는데 의지갈마를 주었으며, 마땅히 하의갈마를 주어야 하는데 하의갈마를 주었고, 마땅히 구출갈마를 주어야 하는데 구출갈마를 주었으며, 마땅히 별주갈마를 주어야 하는데 별주갈마를 주었고, 마땅히 마나타갈마를 주어야 하는데 마나타갈마를 주었으며, 마땅히 본일치갈마를 주어야 하는데 본일치갈마를 주었고, 마땅히 출죄갈마를 주어야 하는데 출죄갈마를 주었다면 이것은 여법한 갈마이다.

만약 승가에서 여러 종류의 일이 일어났는데 여법하고, 비니와 같으며, 세존의 가르침에 같게 판단한다면 이것의 모두를 여법하다고 이름하고, 이것을 여법의 갈마라고 이름한다.

'별중갈마'는 이 갈마의 가운데의 처소에 비구가 필요한데, 한 처소에 화합하지 않고, 욕(欲)을 주어야 하는 자가 욕을 주지 않으며, 현전비구(現前比丘)가 반대하였고 반대하는 것이 성립되었다면, 이것을 별중갈마라고 이름한다. 다시 별중갈마가 있나니, 이 갈마의 가운데의 처소에 비구가 필요하였고, 한 처소에 화합하였으나, 욕을 주어야 하는 자가 욕을 주지 않으며, 현전비구가 반대하였고 반대하는 것이 성립되었다면, 이것을 별중갈마라고 이름한다. 다시 별중갈마가 있나니, 이 갈마의 가운데의 처소에 비구가 필요하였고, 한 처소에 화합하였으며, 욕을 주어야 하는 자가 욕을 주었으나, 현전비구가 반대하였고 반대하는 것이 성립되었다면, 이것을 별중갈마라고 이름한다.

'화합갈마'는 이 갈마의 가운데의 처소에 비구가 필요하였고, 한 처소에 화합하였으며, 욕을 주어야 하는 자가 욕을 주었으나, 현전비구가 반대하였으나 반대하는 것이 성립되지 않았다면, 이것을 화합갈마라고 이름한다.

장로 우바리가 세존께 물었다.

"누구 비구가 반대하는 것을 받아들여야 하고, 누구 비구가 반대하는 것을 받아들이지 않아야 합니까?"

세존께서는 말씀하셨다.

"만약 승가가 여법하게 갈마를 지었다면 이 가운데에서 반대하는 비구가 있더라도 받아들일 수 없다. 만약 백의가 반대하였거나, 만약 사미이거나, 만약 비구가 아니거나, 만약 외도이이거나, 만약 불견빈인·부작빈인·악사부제빈인이거나, 함께 머물지 않는 사람이거나, 여러 종류로 함께 머물지 않는 사람이거나, 스스로 중죄를 지었다고 말하는 사람이거나, 본래 백의이면서 비구니를 욕보였거나, 불능남이거나, 월제인이거나, 부모를 죽인 사람이거나, 아라한을 죽였거나, 승가를 깨뜨렸거나, 악한 마음으로 세존의 몸에 피를 흐르게 하였던 이와 같은 사람들이 반대하는 것은 받아들일 수 없다.

만약 그 경계의 안에 머무르는 사람이 경계의 밖에서 지은 갈마를 반대한다면 마땅히 받아들일 수 없고, 만약 경계의 밖에서 머무르는 사람이 경계의 안에서 지은 갈마를 반대하여도 받아들일 수 없다. 만약 하좌 비구가 상좌 비구가 지은 갈마를 반대한다면 받아들일 수 없고, 상좌 비구가 하좌 비구가 지은 갈마를 반대하여도 받아들일 수 없다. 만약 그 반대하는 사람이 갈마를 짓는 승가의 처소에 이르지 않거나, 만약 이르렀어도 애원하며 청하지 않거나, 만약 파계한 사람이 반대한다면 모두 받아들일 수 없다. 파계한 사람이 마음속으로 반대하여도 역시 받아들일 수 없다. 이것을 마땅히 받아들이지 않는 것이라고 이름한다.

'마땅히 받아들인다.'는 승가가 비법으로 갈마를 지었고 이 가운데에 비구가 있어 반대했다면 마땅히 받아들여야 한다. 승가가 경계의 안에서 비법으로 갈마를 지은 것을 그 경계 안에 머무르는 비구가 반대했다면 마땅히 받아들여야 한다. 만약 반대하는 비구가 승가가 갈마를 짓는 승가의 처소에 이르렀고 애원하고 청하였으며 반대했다면 마땅히 받아들여야 하고, 만약 계율을 지키는 비구가 반대했다면 마땅히 받아들여야 한다. 이것을 마땅히 받아들이는 것이라고 이름한다.

여러 비구들이 있어 비법의 별중(別衆)이 내쫓은 비구를 비구 승가가 와서 풀어주었는데, 비법의 별중이거나, 비법의 화합중(和合衆)이거나, 법과 비슷한 별중이거나, 법과 비슷한 화합중이거나, 여법한 별중이거나, 여법한 화합중 등이 있을 것이다. 다시 여러 비구들이 있어 비법의 화합중이 내쫓은 비구를 비구 승가가 와서 풀어주었는데, 비법의 별중이거나, 비법의 화합중이거나, 법과 비슷한 별중이거나, 법과 비슷한 화합중이거나, 여법한 별중이거나, 여법한 화합중 등이 있을 것이다.

다시 여러 비구들이 있어 법과 비슷한 별중이 내쫓은 비구를 비구 승가가 와서 풀어주었는데, 비법의 별중이거나, 비법의 화합중이거나, 법과 비슷한 별중이거나, 법과 비슷한 화합중이거나, 여법한 별중이거나, 여법한 화합중 등이 있을 것이다. 다시 여러 비구들이 있어 법과 비슷한 화합중이 내쫓은 비구를 비구 승가가 와서 풀어주었는데, 비법의 별중이거나, 비법의 화합중이거나, 법과 비슷한 별중이거나, 법과 비슷한 화합중이거나, 여법한 별중이거나, 여법한 화합중 등이 있을 것이다.

다시 여러 비구들이 있어 여법한 별중이 내쫓은 비구를 비구 승가가 와서 풀어주었는데, 비법의 별중이거나, 비법의 화합중이거나, 법과 비슷한 별중이거나, 법과 비슷한 화합중이거나, 여법한 별중이거나, 여법한 화합중 등이 있을 것이다. 다시 여러 비구들이 있어 여법한 화합중이 내쫓은 비구를 비구 승가가 와서 풀어주었는데, 비법의 별중이거나, 비법의 화합중이거나, 법과 비슷한 별중이거나, 법과 비슷한 화합중이거나, 여법한 별중이거나, 여법한 화합중 등이 있을 것이다."

세존께서는 우바리에게 말씀하셨다.

"이 가운데에서 하나의 대중이 진실로 빈갈마를 지었다고 이름할 수 있는데 이를테면, 여법한 화합중이니라. 하나의 대중이 진실하게 빈갈마를 풀어주었다고 이름할 수 있는데 이를테면, 여법한 화합중이 풀어준 것이다."

[팔법 가운데 그 세 번째인 '첨파법'을 마친다.]

십송율 제31권

후진 북인도 삼장 불야다라 한역

석보운 번역

5. 오송 ③

9) 팔법 ③

(4) 반차로가법(般茶盧伽法)

[거란(契丹) 본에서는 팔법의 가운데의 넷째인 '고절갈마법(苦切羯磨法)'을 첫째로 말하였다.]

세존께서는 사위국(舍衛國)에 머무르셨다.

이때 사위국에 두 비구가 있었는데 첫째는 반차(般茶)라고 이름하였고, 둘째는 노가(盧伽)라고 이름하였다. 서로가 말로 다투는 것을 즐겼으므로 여러 비구와 함께 말로 다투었고, 이렇게 투쟁한 비구를 알았다면 곧 그의 처소에 이르러 말하였다.

"그대들은 결정적으로 이러한 일을 굳게 지니고 다른 사람들에게 공격당하지 마십시오. 그대들이 이기도록 우리들이 마땅히 서로를 돕겠습니다."

다시 다른 부류에게도 말하였다.

"그대들은 결정적으로 이러한 일을 굳게 지니고 다른 사람들에게 공격당하지 마십시오. 그대들이 이기도록 우리들이 마땅히 서로를 돕겠습니다."

이러한 인연을 까닭으로 아직 파괴되지 않았던 비구 승가는 곧 파괴되었으며, 이미 파괴된 승가는 화합하지 못하였고, 승가의 가운데에서 아직 일어나지 않았던 일은 곧 생겨났으며, 이미 일어난 일은 없어지지 않았다. 이 가운데에 비구가 있어 욕망이 적고 만족함을 알며 두타를 행하였는데, 이러한 일을 듣고서 즐겁지 않아서 꾸짖어 말하였다.

"어찌 비구라고 이름하면서 말로 다투는 것을 즐기면서 이렇게 다투는 비구를 알고서, 곧 그 처소로 이르러 '그대들은 결정적으로 이러한 일을 굳게 지니고 다른 사람들에게 공격당하지 마십시오. 그대들이 이기도록 우리들이 마땅히 서로를 돕겠습니다.'라고 말하고, 다시 다른 부류에게 '그대들은 결정적으로 이러한 일을 굳게 지니고 다른 사람들에게 공격당하지 마십시오. 그대들이 이기도록 우리들이 마땅히 서로를 돕겠습니다.'라고 말하는가? 이러한 인연을 까닭으로 아직 파괴되지 않았던 비구 승가는 곧 파괴되었으며, 이미 파괴된 승가는 화합하지 못하였고, 승가의 가운데에서 아직 일어나지 않았던 일은 곧 생겨났으며, 이미 일어난 일은 없어지지 않게 하는가?"

이와 같이 꾸짖고서 세존을 향하여 자세히 말하였다. 세존께서는 이 일로써 비구 승가를 모으셨으며, 아시면서도 일부러 반차 비구와 노가 비구에게 물으셨다.

"그대들이 진실로 이러한 일을 지었는가?"

대답하여 말하였다.

"진실로 지었습니다. 세존이시여."

세존께서는 여러 종류의 인연으로 꾸짖어 말씀하셨다.

"어찌 비구라고 이름하면서 말로 다투는 것을 즐기면서 이렇게 다투는 비구를 알고서, 곧 그 처소로 이르러 '그대들은 결정적으로 이러한 일을 굳게 지니고 다른 사람들에게 공격당하지 마십시오. 그대들이 이기도록 우리들이 마땅히 서로를 돕겠습니다.'라고 말하고, 다시 다른 부류에게 '그대들은 결정적으로 이러한 일을 굳게 지니고 다른 사람들에게 공격당하지 마십시오. 그대들이 이기도록 우리들이 마땅히 서로를 돕겠습니다.'라고 말하였는가? 이러한 인연을 까닭으로 아직 파괴되지 않았던 비구승가는 곧 파괴되었으며, 이미 파괴된 승가는 화합하지 못하였고, 승가의 가운데에서 아직 일어나지 않았던 일은 곧 생겨났으며, 이미 일어난 일은 없어지지 않게 하였는가?"

이와 같이 꾸짖으셨으며, 여러 비구들에게 말씀하셨다.

"그대들은 반차 비구와 노가 비구에게 고절갈마(苦切羯磨)를 지어주도록 하라. 만약 다시 이와 같은 사람이 있다면 역시 마땅히 고절갈마를 지어주도록 하라. 만약 비구가 세 가지의 가운데에서 범한 것이 있다면 마땅히 고절갈마를 지어주어야 하나니, 만약 파계(破戒)하였거나, 만약 정견을 깨뜨렸거나, 만약 위의(威儀)를 깨뜨린 것이다. 다시 세 가지의 일이 있다면 마땅히 고절갈마를 지어주어야 하나니, 다툼을 즐기거나, 쟁송을 즐기거나, 언쟁을 즐기는 것이다.

고절갈마를 지었더라도 비법이고 비니가 아니므로 갈마를 깨뜨릴 수 있는 세 종류가 있으니, 사람이 나타나지 않았는데 지었거나, 먼저 그 일을 설명하지 않고 지었거나, 억념(憶念)시키지 않고 지은 것이다. 여법하므로 깨뜨릴 수 없는 세 가지가 있으니, 사람이 나타나서 지었거나, 먼저 일을 설명하고서 지었거나, 억념시키고서 지은 것이다. 다시 깨뜨릴 수 있는 세 가지가 있으니, 비법으로 지었거나, 별중으로 지었거나, 나타나지 않았는데 지은 것이다. 다시 깨뜨릴 수 없는 세 가지가 있으니, 여법하게 지었거나, 화합한 승가가 지었거나, 사람이 나타나서 지어준 것이다.

다시 깨뜨릴 수 있는 세 가지가 있으니, 비법으로 지었거나, 별중으로 지었거나, 먼저 그 일을 설명하지 않고 지은 것이다. 다시 깨뜨릴 수 없는 세 가지가 있으니, 여법하게 지었거나, 화합한 승가가 지었거나, 먼저 그 일을 설명하고 지은 것이다. 다시 깨뜨릴 수 있는 세 가지가 있으니, 비법으로 지었거나, 별중으로 지었거나, 억념시키지 않고 지은 것이다. 다시 깨뜨릴 수 없는 세 가지가 있으니, 여법하게 지었거나, 화합한 승가가 지었거나, 억념시키고서 지은 것이다.

다시 비법이고 비니가 아니므로 깨뜨릴 수 있는 세 가지가 있으니, 죄를 범하지 않은 사람에게 지었거나, 참회할 수 없는 죄를 범하였는데 지었거나, 이미 그 허물을 참회하였는데 지은 것이다. 다시 여법하므로 깨뜨릴 수 없는 세 가지가 있으니, 죄를 범한 사람을 위하여 지었거나, 참회할 수 있는 죄를 범한 사람을 위하여 지었거나, 아직 그 허물을 참회하지 않았는데 지은 것이다. 다시 깨뜨릴 수 있는 세 가지가 있으니, 여법하게 짓지 않았거나, 별중으로 지었거나, 또 죄가 없는 사람에게 지은 것이다. 다시 깨뜨릴 수 없는 세 가지가 있나니, 여법하게 지은 것이고, 화합한 승가가 지은 것이며, 죄를 범한 사람을 위하여 지은 것이다.

다시 깨뜨릴 수 있는 세 가지가 있나니, 비법으로 지었거나, 별중으로 지었거나, 참회할 수 없는 죄를 지은 자를 위하여 지은 것이다. 다시 깨뜨릴 수 없는 세 가지가 있나니, 여법하게 지었거나, 화합한 승가가 지었거나, 또 참회할 수 있는 죄를 범한 사람에게 지은 것이다. 다시 깨뜨릴 수 있는 세 가지가 있나니, 비법으로 지었거나, 별중으로 지었거나, 또 이미 참회한 사람에게 지은 것이다. 다시 깨뜨릴 수 없는 세 가지가 있나니, 여법하게 지었거나, 화합한 승가가 지었거나, 아직 참회하지 않은 사람에게 지은 것이다.

'고절갈마법'은 일심으로 승가가 화합하였다면 한 비구가 승가의 가운데에서 창언하라.

'대덕 승가께서는 허락하십시오. 이 반차와 노가 비구는 서로가 말로 다투는 것을 즐겼습니다. 이러한 다투는 비구를 알았다면 곧 그 처소에 이르러 <그대들은 결정적으로 이러한 일을 굳게 지니고 다른 사람들에게 공격당하지 마십시오. 그대들이 이기도록 우리들이 마땅히 서로를 돕겠습니다.>라고 말하였고, 다시 다른 부류에게 <그대들은 결정적으로 이러한 일을 굳게 지니고 다른 사람들에게 공격당하지 마십시오. 그대들이 이기도록 우리들이 마땅히 서로를 돕겠습니다.>라고 말하였습니다. 이러한 인연을 까닭으로 아직 파괴되지 않았던 비구 승가는 곧 파괴되었으며, 이미 파괴된 승가는 화합하지 못하였고, 승가의 가운데에서 아직 일어나지 않았던 일은 곧 생겨났으며, 이미 일어난 일은 없어지지 않았습니다. 만약 승가께서 때에 이르렀다면 승가께서는 허락하십시오. 승가시여. 반차와 노가 비구에게 고절갈마를 지어주십시오. <곧 반차와 노가 비구인 그대들이 어느 때라도 청정하지 않은 행과 악구(惡口)를 멈추지 않는다면, 그러한 때를 따라서 승가는 그대들에게 고절갈마를 지어서 주겠다.> 이것을 '아뢴다.'고 이름한다.'

아뢰고서 백사갈마를 짓는다.

'승가시여. 반차와 노가 비구에게 고절갈마를 지어주었습니다. 승가께서 허락하신 것은 묵연하였던 까닭입니다. 이 일은 이와 같이 지니겠습니다.'

'고절갈마를 얻은 비구의 행법'은 이러한 비구는 마땅히 다른 사람에게 구족계를 줄 수 없고, 마땅히 다른 비구의 의지를 받을 수 없으며, 사미를 얻어 양육할 수 없고, 비구니를 교계(敎誡)하는 갈마를 허락할 수 없으며, 만약 먼저 허락받았더라도 교계할 수 없고, 마땅히 무거운 고절갈마죄를 범할 수 없으며, 마땅히 비슷한 죄를 범할 수 없고, 마땅히 이것을 지나치는 죄를 범할 수 없으며, 마땅히 여러 갈마를 꾸짖을 수 없고, 갈마를 지은 사람을 꾸짖을 수 없으며, 마땅히 청정한 비구의 허물이나 죄를 드러낼 수 없고, 마땅히 다른 사람을 쫓아서 애원할 수 없으며, 마땅히 내가 그대의 죄를 드러내겠다고 말할 수 없고, 마땅히 포살과 자자를 막을 수 없으며, 마땅히 청정한 비구를 거역할 수 없고, 마땅히 마음을 절복하여 여법하게 공경해야 하느니라. 만약 이와 같은 법을 행하지 않는다면 목숨이 마치도록 이러한 고절갈마에서 벗어날 수 없느니라."

곧 때에 여러 비구는 세존의 가르침을 받들어 잠시 한쪽으로 물러나서 반차와 노가 비구에게 고절갈마를 지어주었다. 반차와 노가 비구는 고절갈마를 얻었던 까닭으로 마음으로 참회하고 절복하였으며 공경하고 유연하여졌으며, 승가를 쫓아서 고절갈마를 풀어줄 것을 애원하였다. 여러 비구들이 이 일로써 세존께 아뢰었고, 세존께서는 여러 비구들에게 말씀하셨다.

"만약 반차와 노가 비구가 마음으로 참회하고 절복하였다면 승가는 마땅히 풀어주도록 하라. 만약 다시 이와 같은 사람이 있다면 역시 마땅히 풀어주도록 하라. 만약 그 비구가 여법하게 행하지 않았다면 승가는 마땅히 고절갈마를 풀어줄 수 없느니라. (만약 그 비구가 고절갈마를 받았으나) 만약 다른 사람에게 구족계를 주었거나, 만약 다른 비구의 의지를 받아들였거나, 사미를 양육하였거나, 만약 비구니를 교계하는 갈마를 허락하였거나, 만약 비구니를 교계하였거나, 만약 무거운 죄를 범하였거나, 만약 이와 비슷한 죄를 범하였거나, 만약 이것을 지나치는 죄를 범하였거나, 만약 갈마를 꾸짖었거나, 만약 갈마를 지은 사람을 꾸짖었거나, 만약 다른 사람을 쫓아서 애원하였거나, 청정한 비구의 허물과 죄를 드러내었거나, 만약 '내가 그대의 죄를 드러내겠다.'라고 말하거나, 만약 포살과 자자를 막았거나, 청정한 비구를 거역하였거나, 마음으로 참회하지 않고 절복하지 않으며 유연하지 않았다면 마땅히 풀어줄 수 없다.

만약 그 비구가 여법하게 행하였다면 승가는 마땅히 고절갈마를 풀어주도록 하라. (만약 그 비구가 고절갈마를 받았고) 만약 다른 사람에게 구족계를 주지 않았거나, 만약 다른 비구의 의지를 받아들이지 않았거나, 사미를 양육하지 않았거나, 만약 비구니를 교계하는 갈마를 허락하지 않았거나, 만약 비구니를 교계하지 않았거나, 만약 무거운 죄를 범하지 않았거나, 만약 이와 비슷한 죄를 범하지 않았거나, 만약 이것을 지나치는 죄를 범하지 않았거나, 만약 갈마를 꾸짖지 않았거나, 만약 갈마를 지은 사람을 꾸짖지 않았거나, 만약 다른 사람을 쫓아서 애원하지 않았거나, 청정한 비구의 허물과 죄를 드러내지 않았거나, 만약 '내가 그대의 죄를 드러내겠다.'라고 말하지 않았거나, 만약 포살과 자자를 막지 않았거나, 청정한 비구를 거역하지 않았거나, 마음으로 참회하고 절복하며 유연하였다면 마땅히 풀어주도록 하라.

'고절갈마를 풀어주는 법'은 일심으로 승가가 화합하였다면 반차와 노가 비구는 자리에서 일어나서 옷을 한쪽으로 드러내고 가죽신을 벗고서 호궤 합장하고서 이렇게 말을 짓도록 하라.

'대덕 승가께서는 억념하십시오. 우리들 반차와 노가 비구는 서로가 말로 다투는 것을 즐겼습니다. 이러한 다투는 비구를 알았다면 곧 그 처소에 이르러 <그대들은 결정적으로 이러한 일을 굳게 지니고 다른 사람들에게 공격당하지 마십시오. 그대들이 이기도록 우리들이 마땅히 서로를 돕겠습니다.>라고 말하였고, 다시 다른 부류에게 <그대들은 결정적으로 이러한 일을 굳게 지니고 다른 사람들에게 공격당하지 마십시오. 그대들이 이기도록 우리들이 마땅히 서로를 돕겠습니다.>라고 말하였습니다. 이러한 인연을 까닭으로 아직 파괴되지 않았던 비구 승가는 곧 파괴되었으며, 이미 파괴된 승가는 화합하지 못하였고, 승가의 가운데에서 아직 일어나지 않았던 일은 곧 생겨났으며, 이미 일어난 일은 없어지지 않았던 까닭으로 승가께서는 우리들에게 고절갈마를 지어주셨습니다. 우리들은 고절갈마를 얻고 마음으로 참회하고 절복하였으며 지금 승가를 쫓아서 고절갈마를 풀어주는 것을 애원합니다. 우리들 반차와 노가 비구는 지금 마음으로 참회하고 절복하였으므로 승가께서는 애민하게 생각하시는 까닭으로 우리들에게 풀어주십시오.'

두 번째·세 번째 역시 이와 같이 애원하라. 곧 때에 한 비구가 승가의 가운데에서 창언하라.

'대덕 승가께서는 허락하십시오. 이 반차와 노가 비구는 서로가 말로 다투는 것을 즐겼습니다. 이러한 다투는 비구를 알았다면 곧 그 처소에 이르러 <그대들은 결정적으로 이러한 일을 굳게 지니고 다른 사람들에게 공격당하지 마십시오. 그대들이 이기도록 우리들이 마땅히 서로를 돕겠습니다.>라고 말하였고, 다시 다른 부류에게 <그대들은 결정적으로 이러한 일을 굳게 지니고 다른 사람들에게 공격당하지 마십시오. 그대들이 이기도록 우리들이 마땅히 서로를 돕겠습니다.>라고 말하였습니다. 이러한 인연을 까닭으로 아직 파괴되지 않았던 비구 승가는 곧 파괴되었으며, 이미 파괴된 승가는 화합하지 못하였고, 승가의 가운데에서 아직 일어나지 않았던 일은 곧 생겨났으며, 이미 일어난 일은 없어지지 않는 까닭으로 승가께서는 우리들에게 고절갈마를 지어주었습니다. 우리들은 고절갈마를 얻고 마음으로 참회하고 절복하였으며 지금 승가를 쫓아서 고절갈마를 풀어주는 것을 애원하고 있습니다. 만약 승가께서 때에 이르렀다면 승가께서는 허락하십시오. 승가시여. 반차와 노가 비구에게 고절갈마를 풀어주십시오. 이와 같이 아룁니다.'

이와 같이 아뢰고 백사갈마를 짓는다.

'승가시여. 반차와 노가 비구에게 고절갈마를 풀어주었습니다. 승가께서 허락하신 것은 묵연하였던 까닭입니다. 이 일은 이와 같이 지니겠습니다.'"

세존께서는 사위국에 머무르셨다.

그때 시월(施越) 비구가 자주자주 죄를 범하였고 자주자주 허물을 참회하였으나 어느 제한(齊限)도 없었다. 여러 비구들이 이 일로써 세존께 아뢰었고, 세존께서는 여러 비구들에게 말씀하셨다.

"그대들은 시월 비구에게 의지갈마(依止羯磨)를 지어주도록 하라. 만약 다시 이와 같은 사람이 있다면 역시 마땅히 의지갈마를 지어주도록 하라."

세존께서는 말씀하셨다.

"만약 비구가 세 가지 일의 가운데에서 범하는 것이 있다면 의지갈마를 지어주어야 하나니, 만약 파계하였거나, 만약 정견을 깨뜨렸거나, 만약 위의를 깨뜨린 것이다. 다시 세 가지의 일이 있다면 마땅히 의지갈마를 지어주어야 하나니, 다툼을 즐기거나, 쟁송을 즐기거나, 언쟁을 즐기는 것이다. 의지갈마를 지었더라도 비법이고 비니가 아니므로 갈마를 깨뜨릴 수 있는 세 종류가 있으니, 사람이 나타나지 않았는데 지었거나, 먼저 그 일을 설명하지 않고 지었거나, 억념시키지 않고 지은 것이다. 다시 세 종류의 의지갈마가 있는데 여법하므로 깨뜨릴 수 없는 세 가지가 있으니, 사람이 나타나서 지었거나, 먼저 일을 설명하고서 지었거나, 억념시키고서 지은 것이다. 다시 깨뜨릴 수 있는 세 가지가 있으니, 비법으로 지었거나, 별중으로 지었거나, 나타나지 않았는데 지은 것이다. 다시 깨뜨릴 수 없는 세 가지가 있으니, 여법하게 지었거나, 화합한 승가가 지었거나, 사람이 나타나서 지은 것이다.

다시 깨뜨릴 수 있는 세 가지가 있으니, 비법으로 지었거나, 별중으로 지었거나, 먼저 그 일을 설명하지 않고 지은 것이다. 다시 깨뜨릴 수 없는 세 가지가 있으니, 여법하게 지었거나, 화합한 승가가 지었거나, 먼저 그 일을 설명하고 지은 것이다. 다시 깨뜨릴 수 있는 세 가지가 있으니, 비법으로 지었거나, 별중으로 지었거나, 억념시키지 않고 지은 것이다. 다시 깨뜨릴 수 없는 세 가지가 있으니, 여법하게 지었거나, 화합한 승가가 지었거나, 억념시키고서 지은 것이다.

다시 비법이고 비니가 아니므로 깨뜨릴 수 있는 세 가지가 있으니, 죄를 범하지 않은 사람에게 지었거나, 참회할 수 없는 죄를 범하였는데 지었거나, 이미 그 허물을 참회하였는데 지은 것이다. 다시 여법하므로 깨뜨릴 수 없는 세 가지가 있으니, 죄를 범한 사람을 위하여 지었거나, 참회할 수 있는 죄를 범한 사람을 위하여 지었거나, 아직 그 허물을 참회하지 않았으므로 지은 것이다. 다시 깨뜨릴 수 있는 세 가지가 있으니, 여법하게 짓지 않았거나, 별중으로 지었거나, 죄가 없는 사람에게 지은 것이다. 다시 취소할 수 없는 세 가지가 있나니, 여법하게 지은 것이고, 화합한 승가가 지은 것이며, 죄를 범하지 않았으나 지은 것이다.

다시 깨뜨릴 수 있는 세 가지가 있으니, 죄를 범하지 않은 사람에게 지었거나, 참회할 수 없는 죄를 범하였는데 지었거나, 이미 그 허물을 참회하였는데 지은 것이다. 다시 깨뜨릴 수 없는 세 가지가 있으니, 죄를 범한 사람을 위하여 지었거나, 참회할 수 있는 죄를 범한 사람을 위하여 지었거나, 아직 그 허물을 참회하지 않았는데 지은 것이다. 다시 깨뜨릴 수 있는 세 가지가 있나니, 여법하게 짓지 않았거나, 별중으로 지었거나, 죄가 없는 사람에게 지은 것이다. 다시 깨뜨릴 수 없는 세 가지가 있나니, 여법하게 지은 것이고, 화합한 승가가 지은 것이며, 죄를 범하여 지은 것이다.

다시 깨뜨릴 수 있는 세 가지가 있나니, 비법으로 지었거나, 별중으로 지었거나, 참회할 수 없는 죄를 지은 자를 위하여 지은 것이다. 다시 깨뜨릴 수 없는 세 가지가 있나니, 여법하게 지었거나, 화합한 승가가 지었거나, 또 참회할 수 있는 죄를 범한 사람에게 지은 것이다. 다시 깨뜨릴 수 있는 세 가지가 있나니, 비법으로 지었거나, 별중으로 지었거나, 이미 참회한 사람에게 지은 것이다. 다시 깨뜨릴 수 없는 세 가지가 있나니, 여법하게 지었거나, 화합한 승가가 지었거나, 아직 참회하지 않은 사람에게 지은 것이다.

의지갈마에 두 종류가 있나니, 첫째는 '그대는 마땅히 누구를 의지하여 머물러야 한다.'고 가르치는 것이고, 둘째는 마땅히 의지갈마의 작법을 설하는 것이다. '의지갈마의 작법'은 일심으로 승가가 화합하였다면 한 비구가 승가의 가운데에서 창언하라.

'대덕 승가께서는 허락하십시오. 이 시월 비구는 자주자주 죄를 범하였고 자주자주 허물을 참회하였으나 어느 제한도 없었습니다. 만약 승가께서 때에 이르렀다면 승가께서는 허락하십시오. 승가시여. 시월 비구에게 의지갈마를 지어주십시오. <곧 시월 비구인 그대가 어느 때라도 청정하지 않고 수순하지 않는 도(道)를 짓는다면, 그러한 때를 따라서 승가는 그대에게 의지갈마를 지어서 주겠다.>'

이것을 '아뢴다.'고 이름한다.이와 같이 아뢰고 백사갈마를 짓는다.

'승가시여. 시월 비구에게 의지갈마를 지어주었습니다. 승가께서 허락하신 것은 묵연하였던 까닭입니다. 이 일은 이와 같이 지니겠습니다.'

'의지갈마를 얻은 비구의 행법'은 이러한 비구는 마땅히 다른 사람에게 구족계를 줄 수 없고, 마땅히 다른 비구의 의지를 받을 수 없으며, 사미를 얻어 양육할 수 없고, 비구니를 교계하는 갈마를 허락할 수 없으며, 만약 먼저 허락받았더라도 교계할 수 없고, 마땅히 무거운 죄를 범할 수 없으며, 마땅히 비슷한 죄를 범할 수 없고, 마땅히 이것을 지나치는 죄를 범할 수 없으며, 마땅히 여러 갈마를 꾸짖을 수 없고, 갈마를 지은 사람을 꾸짖을 수 없으며, 마땅히 청정한 비구의 허물이나 죄를 드러낼 수 없고, 마땅히 다른 사람을 쫓아서 애원할 수 없으며, 마땅히 내가 그대의 죄를 드러내겠다고 말할 수 없고, 마땅히 포살과 자자를 막을 수 없으며, 마땅히 청정한 비구를 거역할 수 없느니라."

곧 때에 여러 비구는 세존의 가르침을 받들어 잠시 한쪽으로 물러나서 시월 비구에게 의지갈마를 지어주었다. 시월 비구는 의지갈마를 얻고서 마음으로 참회하고 절복하였으며 공경하고 유연하여졌으며, 승가를 쫓아서 의지갈마를 풀어줄 것을 애원하였다. 여러 비구들이 이 일로써 세존께 아뢰었고, 세존께서는 여러 비구들에게 말씀하셨다.

"만약 시월 비구가 마음으로 참회하고 절복하였다면 승가는 마땅히 풀어주도록 하라. 만약 다시 이와 같은 사람이 있다면 역시 마땅히 풀어주도록 하라. 만약 그 비구가 여법하게 행하지 않았다면 승가는 마땅히 의지갈마를 풀어줄 수 없다. (만약 그 비구가 의지갈마를 받았으나) 만약 다른 사람에게 구족계를 주었거나, 만약 다른 비구의 의지를 받아들였거나, 사미를 양육하였거나, 만약 비구니를 교계하는 갈마를 허락하였거나, 만약 비구니를 교계하였거나, 만약 무거운 죄를 범하였거나, 만약 이와 비슷한 죄를 범하였거나, 만약 이것을 지나치는 죄를 범하였거나, 만약 갈마를 꾸짖었거나, 만약 갈마를 지은 사람을 꾸짖었거나, 만약 다른 사람을 쫓아서 애원하였거나, 청정한 비구의 허물과 죄를 드러내었거나, 만약 '내가 그대의 죄를 드러내겠다.'라고 말하거나, 만약 포살과 자자를 반대하였거나, 청정한 비구를 거역하였거나, 마음으로 참회하지 않고 절복하지 않으며 유연하지 않았다면 마땅히 풀어줄 수 없다.

만약 그 비구가 여법하게 행하였다면 승가는 마땅히 의지갈마를 풀어주어서는 아니된다. (만약 그 비구가 의지갈마를 받았고) 만약 다른 사람에게 구족계를 주지 않았거나, 만약 다른 비구의 의지를 받아들이지 않았거나, 사미를 양육하지 않았거나, 만약 비구니를 교계하는 갈마를 허락하지 않았거나, 만약 비구니를 교계하지 않았거나, 만약 무거운 죄를 범하지 않았거나, 만약 이와 비슷한 죄를 범하지 않았거나, 만약 이것을 지나치는 죄를 범하지 않았거나, 만약 갈마를 꾸짖지 않았거나, 만약 갈마를 지은 사람을 꾸짖지 않았거나, 만약 다른 사람을 쫓아서 애원하지 않았거나,

청정한 비구의 허물과 죄를 드러내지 않았거나, 만약 '내가 그대의 죄를 드러내겠다.'라고 말하지 않았거나, 만약 포살과 자자를 반대하지 않았거나, 청정한 비구를 거역하지 않았거나, 마음으로 참회하고 절복하며 유연하였다면 마땅히 풀어주도록 하라.

'의지갈마를 풀어주는 법'은 일심으로 승가가 화합하였다면 시월 비구는 자리에서 일어나서 오른쪽 어깨를 드러내고 가죽신을 벗고서 호궤합장하고서 이렇게 말을 짓도록 하라.

'대덕 승가께서는 억념하십시오. 이 시월 비구는 자주자주 죄를 범하였고 자주자주 허물을 참회하였으나 무슨 제한도 없었던 까닭으로 승가께서는 나에게 의지갈마를 지어주셨습니다. 이 시월 비구는 의지갈마를 얻었던 까닭으로 마음으로 참회하고 절복하였으며 지금 승가를 쫓아서 의지갈마를 풀어주기를 애원합니다. 만약 승가께서 때에 이르렀다면 승가께서는 허락하십시오. 승가께서는 애민하게 생각하시는 까닭으로 나를 풀어주십시오.'

두 번째·세 번째 역시 이와 같이 애원하라. 곧 때에 한 비구가 승가의 가운데에서 창언하라.

'대덕 승가께서는 억념하십시오. 이 시월 비구는 자주자주 죄를 범하였고 자주자주 허물을 참회하였으나 무슨 제한도 없었던 까닭으로 승가께서는 나에게 의지갈마를 지어서 주었습니다. 이 시월 비구는 의지갈마를 얻었던 까닭으로 마음으로 참회하고 절복하였으며 지금 승가를 쫓아서 의지갈마를 풀어주는 것을 애원하고 있습니다. 만약 승가께서 때에 이르렀다면 승가께서는 허락하십시오. 승가시여. 시월 비구에게 의지갈마를 풀어주십시오.'

이것을 '아뢴다.'고 이름한다. 아뢰고서 백사갈마를 짓는다.

'승가시여. 시월 비구에게 의지갈마를 풀어주었습니다. 승가께서 허락하신 것은 묵연하였던 까닭입니다. 이 일은 이와 같이 지니겠습니다.'"

세존께서는 사위국에 머무르셨다.

그때 흑산국토(黑山國土)에 마숙(馬宿)과 만숙(滿宿)의 두 비구가 있었는데, 다른 집을 다니면서 악행으로 오염시켰다. 다른 집을 오염시키는 것을 모두가 보았고 모두가 들었으며 모두가 알았고, 악행을 행하는 것도 역시 보았고 들었으며 알게 되었다. 이 비구들은 여인과 함께 하나의 평상에 앉았고, 한 그릇으로 함께 밥을 먹었으며, 한 그릇으로 함께 술을 마셨고, 오후에도 음식을 먹었으며, 함께 숙식(宿食)하였고, 숙식을 탐내었으며, 받지 않았어도 먹었고, 잔식법(殘食法)을 받지 않았다. 북을 두드리거나, 피리를 불거나, 입술을 오므려 소리를 짓거나, 이빨로 기악을 짓거나, 구리그릇을 두드리거나, 다라수(多羅樹)잎을 두드리거나, 다른 여러 종류의 기악과 가무를 지었고, 꽃다발과 영락을 몸에 걸쳤고 향수를 몸에 발랐으며 향기있는 옷을 입었고, 물로써 서로에게 뿌려주었다.

스스로가 손으로 꽃을 꺾었고 역시 다른 사람에게 시켜서 꺾었으며, 스스로가 꽃다발을 엮었고 역시 다른 사람을 시켜서 엮었으며, 스스로가 머리에 꽃을 꽂았고 역시 다른 사람을 시켜서 머리에 꽂았으며, 스스로가 귀걸이를 달았고 역시 다른 사람을 시켜서 달았다. 스스로가 다른 사람의 부녀(婦女)들을 데리고 다녔고 만약 다른 사람을 시켜서 데리고 다녔으며, 만약 코끼리 싸움·말 싸움·마차 경주·달리기·양 싸움·물소 싸움·개 싸움·닭 싸움·남자 싸움·여자 싸움을 시켰고, 역시 스스로가 함께 싸우면서 손으로 때리고 발로 차며 사방으로 뛰어다니기도 하였다.

서로 옷을 바꿔 입고 달리면서 도약하였고, 물속에서 뜨고 가라앉았으며, 나무를 잘랐고, 팔을 치고 무릎을 두드리면서 큰 소리로 울부짖기도 하고, 혹은 틀린 소리로 외쳤으며, 여러 외국말을 하였으며, 펄쩍 뛰었다가 제자리로 되돌아왔고, 물고기처럼 유연하게 돌았으며, 물건을 공중에 던졌다가 돌아오는 것을 스스로가 집어서 취하였고, 여인과 함께 큰 배 위에서 춤추고 노래하였으며, 코끼리·말·마차·가마를 탔고, 여러 사람과 함께 고동(螺)을 불면서 사람들을 이끌고 원림(園林)의 가운데에 들어가기도 하였다.

이와 같은 여러 종류의 악하고 부정한 일을 지었으므로 여러 비구들이 이 일로써 세존께 아뢰었다. 세존께서는 여러 비구들에게 말씀하셨다.

"그대들은 마숙과 만숙 비구에게 구출갈마(驅出羯磨)를 지어주도록 하라. 만약 다시 이와 같은 사람이 있다면 역시 구출갈마를 지어주도록 하라."

세존께서는 말씀하셨다.

"만약 비구가 세 가지 일의 가운데에서 범하는 것이 있다면 구출갈마를 지어주어야 하나니, 만약 파계하였거나, 만약 정견을 깨뜨렸거나, 만약 위의를 깨뜨린 것이다. 다시 세 가지의 일이 있다면 마땅히 의지갈마를 지어주어야 하나니, 다툼을 즐기거나, 쟁송을 즐기거나, 언쟁을 즐기는 것이다. 구출갈마를 지었더라도 비법이고 비니가 아니므로 갈마를 깨뜨릴 수 있는 세 종류가 있으니, 사람이 나타나지 않았는데 지었거나, 먼저 그 일을 설명하지 않고 지었거나, 억념시키지 않고 지은 것이다. 다시 세 종류의 구출갈마가 있는데 여법하고 비니와 같으므로 깨뜨릴 수 없는 세 가지가 있나니, 사람이 나타나서 지었거나, 먼저 일을 설명하고서 지었거나, 억념시키고서 지은 것이다.

다시 깨뜨릴 수 있는 세 가지가 있나니, 비법으로 지었거나, 별중으로 지었거나, 나타나지 않았는데 지은 것이다. 다시 깨뜨릴 수 없는 세 가지가 있으니, 여법하게 지었거나, 화합한 승가가 지었거나, 사람이 나타나서 지은 것이다. 다시 깨뜨릴 수 있는 세 가지가 있으니, 비법으로 지었거나, 별중으로 지었거나, 먼저 그 일을 설명하지 않고 지은 것이다. 다시 깨뜨릴 수 없는 세 가지가 있나니, 여법하게 지었거나, 화합한 승가가 지었거나, 먼저 그 일을 설명하고 지은 것이다. 다시 깨뜨릴 수 있는 세 가지가 있으니, 비법으로 지었거나, 별중으로 지었거나, 억념시키지 않고 지은 것이다. 다시 깨뜨릴 수 없는 세 가지가 있으니, 여법하게 지었거나, 화합한 승가가 지었거나, 억념시키고서 지은 것이다.

다시 구출갈마를 지었더라도 깨뜨릴 수 있는 세 가지가 있나니, 죄를 범하지 않은 사람에게 지었거나, 참회할 수 없는 죄를 범하였는데 지었거나, 이미 그 허물을 참회하였는데 지은 것이다. 다시 여법하므로 깨뜨릴 수 없는 세 가지가 있으니, 죄를 범한 사람을 위하여 지었거나, 참회할 수 있는 죄를 범한 사람을 위하여 지었거나, 아직 그 허물을 참회하지 않았으므로 지은 것이다. 다시 깨뜨릴 수 있는 세 가지가 있으니, 여법하게 짓지 않았거나, 별중으로 지었거나, 또 죄가 없는 사람에게 작지한 갈마이다. 다시 깨뜨릴 수 없는 세 가지가 있나니, 여법하게 지은 것이고, 화합한 승가가 지은 것이며, 죄를 범하여 지은 것이다.

다시 깨뜨릴 수 있는 세 가지가 있나니, 비법으로 지었거나, 별중으로 지었거나, 참회할 수 없는 죄를 지은 자를 위하여 지은 것이다. 다시 깨뜨릴 수 없는 세 가지가 있나니, 여법하게 지었거나, 화합한 승가가 지었거나, 또 참회할 수 있는 죄를 범한 사람에게 지은 것이다. 다시 깨뜨릴 수 있는 세 가지가 있나니, 비법으로 지었거나, 별중으로 지었거나, 이미 참회한 사람에게 지은 것이다. 다시 깨뜨릴 수 없는 세 가지가 있나니, 여법하게 지었거나, 화합한 승가가 지었거나, 아직 참회하지 않은 사람에게 지은 것이다.

'구출갈마의 작법'은 일심으로 승가가 화합하였다면 한 비구가 승가의 가운데에서 창언하라.

'대덕 승가께서는 허락하십시오. 이 마숙과 만숙 비구는 악행을 행하여 다른 사람의 집을 오염시켰습니다. 다른 집을 오염시키는 것을 모두가 보았고 모두가 들었으며 모두가 알았고, 악행을 행하는 것도 역시 보았고 들었으며 알게 되었습니다. 승가께서는 지금 누구에 구출갈마를 지어주십시오. 만약 승가께서 때에 이르렀다면 승가께서는 허락하십시오. 승가시여. 마숙과 만숙 비구에게 구출갈마를 지어주십시오. <곧 마숙과 만숙의 그대들이 어느 때라도 이러한 청정하지 않은 행을 버리지 않는다면, 그러한 때를 따라서 승가는 그대에게 구출갈마를 지어서 주겠나.>'

이것을 '아뢴다.'고 이름한다. 아뢰고서 백사갈마를 짓는다.

'승가시여. 마숙과 만숙 비구에게 의지갈마를 지어주었습니다. 승가께서 허락하신 것은 묵연하였던 까닭입니다. 이 일은 이와 같이 지니겠습니다.'

'구출갈마를 얻은 비구의 행법'은 이러한 비구는 마땅히 다른 사람에게 구족계를 줄 수 없고, 마땅히 다른 비구의 의지를 받을 수 없으며, 사미를 얻어 양육할 수 없고, 비구니를 교계하는 갈마를 허락할 수 없으며, 만약 먼저 허락받았더라도 교계할 수 없고, 마땅히 무거운 죄를 범할 수 없으며, 마땅히 비슷한 죄를 범할 수 없고, 마땅히 이것을 지나치는 죄를 범할 수 없으며, 마땅히 여러 갈마를 꾸짖을 수 없고, 갈마를 지은 사람을 꾸짖을 수 없으며, 마땅히 청정한 비구의 허물이나 죄를 드러낼 수 없고, 마땅히 다른 사람을 쫓아서 애원할 수 없으며, 마땅히 내가 그대의 죄를 드러내겠다고 말할 수 없고, 마땅히 포살과 자자를 막을 수 없으며, 마땅히 청정한 비구를 거역할 수 없느니라. 만약 이와 같은 법을 행하지 않는다면 목숨이 마치도록 이러한 구출갈마에서 벗어날 수 없느니라."

곧 때에 여러 비구는 세존의 가르침을 받들어 잠시 한쪽으로 물러나서 마숙과 만숙 비구에게 구출갈마를 지어서 주었다. 마숙과 만숙 비구는 구출갈마를 얻었던 까닭으로 마음으로 참회하고 절복하였으며 공경하고 유연하여졌으며, 승가를 쫓아서 구출갈마를 풀어줄 것을 애원하였다. 여러 비구들이 이 일로써 세존께 아뢰었고, 세존께서는 여러 비구들에게 말씀하셨다.

"만약 마숙과 만숙 비구가 마음으로 참회하고 절복하였다면 승가는 마땅히 구출갈마를 풀어주도록 하라. 만약 다시 이와 같은 사람이 있다면 역시 마땅히 풀어주도록 하라. 만약 그 비구가 여법하게 행하지 않았다면 승가는 마땅히 의지갈마를 풀어줄 수 없다. (만약 그 비구가 구출갈마를 받았으나) 만약 다른 사람에게 구족계를 주었거나, 만약 다른 비구의 의지를 받아들였거나, 사미를 양육하였거나, 만약 비구니를 교계하는 갈마를 허락하였거나, 만약 비구니를 교계하였거나, 만약 무거운 죄를 범하였거나, 만약 이와 비슷한 죄를 범하였거나, 만약 이것을 지나치는 죄를 범하였거나, 만약 갈마를 꾸짖었거나, 만약 갈마를 지은 사람을 꾸짖었거나, 만약 다른 사람을 쫓아서 애원하였거나, 청정한 비구의 허물과 죄를 드러내었거나, 만약 '내가 그대의 죄를 드러내겠다.'라고 말하거나, 만약 포살과 자자를 반대하였거나, 청정한 비구를 거역하였거나, 마음으로 참회하지 않고 절복하지 않으며 유연하지 않았다면 마땅히 풀어줄 수 없다.

만약 그 비구가 여법하게 행하였다면 승가는 마땅히 구출갈마를 풀어주어서는 아니된다. (만약 그 비구가 구출갈마를 받았고) 만약 다른 사람에게 구족계를 주지 않았거나, 만약 다른 비구의 의지를 받아들이지 않았거나, 사미를 양육하지 않았거나, 만약 비구니를 교계하는 갈마를 허락하지 않았거나, 만약 비구니를 교계하지 않았거나, 만약 무거운 죄를 범하지 않았거나, 만약 이와 비슷한 죄를 범하지 않았거나, 만약 이것을 지나치는 죄를 범하지 않았거나, 만약 갈마를 꾸짖지 않았거나, 만약 갈마를 지은 사람을 꾸짖지 않았거나, 만약 다른 사람을 쫓아서 애원하지 않았거나, 청정한 비구의 허물과 죄를 드러내지 않았거나, 만약 '내가 그대의 죄를 드러내겠다.'라고 말하지 않았거나, 만약 포살과 자자를 반대하지 않았거나, 청정한 비구를 거역하지 않았거나, 마음으로 참회하고 절복하며 유연하였다면 마땅히 구출갈마를 풀어주도록 하라.

'구출갈마를 풀어주는 법'은 일심으로 승가가 화합하였다면 마숙과 만숙 비구는 자리에서 일어나서 옷을 한쪽으로 드러내고 가죽신을 벗고서 호궤 합장하고서 이렇게 말을 짓도록 하라.

'대덕 승가께서는 억념하십시오. 이 마숙과 만숙 비구는 악행을 행하여 다른 사람의 집을 오염시켰습니다. 다른 집을 오염시키는 것을 모두가 보았고 모두가 들었으며 모두가 알았고, 악행을 행하는 것도 역시 보았고 들었으며 알게 되었던 까닭으로 승가께서는 나에게 구출갈마를 지어서 주었습니다. 우리들은 구출갈마를 얻었던 까닭으로 마음으로 참회하고 절복하였으며 지금 승가를 쫓아서 구출갈마를 풀어주는 것을 애원합니다. 만약 승가께서 때에 이르렀다면 승가께서는 허락하십시오. 승가께서는 애민하게 생각하시는 까닭으로 우리들을 풀어주십시오.'

두 번째·세 번째 역시 이와 같이 애원하라. 곧 때에 한 비구가 승가의 가운데에서 창언하라.

'대덕 승가께서는 억념하십시오. 이 마숙과 만숙 비구는 악행을 행하여 다른 사람의 집을 오염시켰습니다. 다른 집을 오염시키는 것을 모두가 보았고 모두가 들었으며 모두가 알았고, 악행을 행하는 것도 역시 보았고 들었으며 알게 되었던 까닭으로 승가께서는 나에게 구출갈마를 지어서 주었습니다. 이 마숙과 만숙 비구는 구출갈마를 얻었던 까닭으로 마음으로 참회하고 절복하였으며 지금 승가를 쫓아서 구출갈마를 풀어주는 것을 애원하고 있습니다. 만약 승가께서 때에 이르렀다면 승가께서는 허락하십시오. 승가시여. 마숙과 만숙 비구에게 구출갈마를 풀어주십시오.'

이것을 '아뢴다.'고 이름한다. 아뢰고서 백사갈마를 짓는다.

'승가시여. 마숙과 만숙 비구에게 구출갈마를 풀어주었습니다. 승가께서 허락하신 것은 묵연하였던 까닭입니다. 이 일은 이와 같이 지니겠습니다.'"

세존께서는 사위국에 머무르셨다.

이때 가시국(迦尸國)에 취락이 있었고 마차지타(磨叉止陀)라고 이름하였다. 이 가운데에 호족으로 고귀한 거사가 있어 질다라(質多羅)라고 이름하였는데, 그는 재산이 풍부하고 보배·농토·저택·백성·노비·권속이 많았다. 이 사람은 불·법·승께 귀의하여 불·법·승에 대하여 의심하지 않았고, 고·집·멸·도의 사제를 의심하지 않았으며, 견제(見諦)하여 도를 얻었으므로 마차지타 취락의 암라(菴羅) 숲에 승방을 일으켜서 비구 승가를 청하였다.

"원하건대 여러 대덕이시여. 이 암라 숲의 승방 가운데에 머물러 주십시오. 제가 마땅히 옷·발우·열쇠·시약·야분약·칠일약·진형약 등을 공양하겠습니다. 역시 오직 비니를 제외하고 경법의 독송을 가르쳐 주겠으며, 그 의문이 있는 것을 대답해 주겠습니다."

이때 비구가 있어 울다라(鬱多羅)라고 이름하였고, 질다라 거사의 암라 숲에 지은 승방의 마마제제제타라(摩摩帝帝帝陀羅)를 지었다. 이때 우파사나화단제자(優波舍那和壇提子) 비구는 대비구 500명과 함께 아련아에서 납의(納衣)를 입고서 걸식하였다. 빈터에 머물기를 좋아하였고 또 오고 가고 앉고 서며 음식과 옷과 발우의 위의가 청정하였으므로 사람들이 공경하는 마음을 일으켰는데, 가시국을 유행하면서 마차지타의 취락에 이르렀다. 질다라 거사는 이 객비구가 오고 가며 앉고 서며 음식과 옷, 발우의 위의가 청정한 것을 보고 곧 공경하는 마음이 일어났고 청정해졌다. 이러한 객비구를 인연하였던 까닭으로 내일은 자기의 집에 이르러 공양하라고 승가를 청하였다. 이때 그 승방의 주지는 질다라 거사가 먼저 자신에게 먼저 말하지도 않고, 객비구를 인연하였던 까닭으로 승가를 집에 청하여 공양한다는 것을 들었다.

'나는 이 질다라 거사의 암라 숲속의 승방의 주인인 마마제제제타라이다. 질다라 거사는 나에게 물어보지도 않고 객비구를 인연하였던 까닭으로 승가를 청하여 집에서 공양하는구나. 이 밤이 지난다면 내가 마땅히 이 거사에게 말해야겠다.'

이 울다라 비구는 이와 같이 사유하고서 땅이 분명하였으므로 옷을 입고 발우를 지니고 이 거사의 집으로 이르렀다. 여러 종류의 많은 맛있는 음식을 준비되었고 여러 색깔의 좌구가 펼쳐있는 것을 보고서 물어 말하였다.

"무슨 까닭으로 참깨의 환희환(歡喜丸)[1]은 없습니까?"

거사가 대답하여 말하였다.

"제가 지금 기꺼이 하나의 비유를 말하겠습니다. 만약 듣는다면 마땅히 그것을 기뻐하실 것입니다. 대덕 울다라여. 북방에 상인의 무리가 있었는데, 닭을 메고 동방의 시장에 가서 바꾸려고 하였는데 까마귀가 있었고 날아와서 닭과 섞여 함께 새끼를 낳았습니다. 우는 때에 역시 닭의 소리도 짓지 못하였고 다시 까마귀의 소리도 짓지 못하였으며, 설사 울고자 하였던 때에도 닭의 소리와 까마귀의 소리를 지었습니다. 울다라여. 그대도 역시 이와 같아서 비록 여러 종류의 불법을 잘 말하지만, 또한 악한

1) 밀가루·과일·우유·꿀 등을 혼합하여 둥글게 만든 음식이며, 주로 의식 때 공물(供物)로 사용한다.

말도 합니다."

울다라 비구가 말하였다.

"그대는 나를 꾸짖고 욕하였습니다. 이곳은 그대의 암라 승방이므로 서로의 부촉으로서 돌려주겠습니다. 나는 마땅히 동방으로 갈 것이고 세존의 처소로 나아가서 공양하며 직접 모시겠습니다."

거사가 말하였다.

"대덕이시여. 나의 승방에 머물러 주십시오. 내가 마땅히 목숨이 마치도록 옷·발우·열쇠·시약·야분약·칠일약·진형약 등을 공급하겠습니다. 역시 오직 비니를 제외하고 경법의 독송을 가르쳐 주겠으며, 그 의문이 있는 것을 대답해 주겠습니다."

이 비구는 두 번·세 번을 거사에게 말하였다.

"그대는 나를 꾸짖고 욕하였습니다. 이곳은 그대의 암라 승방이므로 서로의 부촉으로서 돌려주겠습니다. 나는 마땅히 동방으로 갈 것이고 세존의 처소로 나아가서 공양하며 직접 모시겠습니다."

거사도 역시 두 번·세 번을 말하였다.

"대덕이시여. 나의 승방에 머물러 주십시오. 내가 마땅히 목숨이 마치도록 옷·발우·열쇠·시약·야분약·칠일약·진형약 등을 공급하겠습니다. 역시 오직 비니를 제외하고 경법의 독송을 가르쳐 주겠으며, 그 의문이 있는 것을 대답해 주겠습니다."

이때 울다라 비구는 동방으로 가서 세존의 처소로 나아가고자 하였다. 이때 거사가 말하였다.

"그대가 말한 일과 내가 말한 것을 함께 세존을 향하여 말하면서 더하거나, 빼지 마십시오. 그대가 지금은 나의 청을 받아들이지 않더라도 뒤에 반드시 돌아올 것입니다."

울다라 비구는 곧 옷과 발우를 지니고서 사위국을 향하여 유행하였고, 세존의 처소에 나아가서 세존의 발에 머리숙여 예경하고 한쪽으로 물러나서 서 있었다.

모든 제불의 상법은 객비구가 찾아왔다면 이와 같은 말로서 문신하는 것이다.

“견딜 수 있었는가? 만족하였는가? 안락하게 머물렀는가? 걸식은 어렵지 않았는가? 도로에 피로하지는 않았는가?”

세존께서는 곧 이와 같은 말로서 울다라 비구에게 문신하셨다.

“견딜 수 있었는가? 부족하지 않았는가? 안락하게 머물렀는가? 걸식은 어렵지 않았는가? 도로에 피로하지는 않았는가?”

울다라 비구가 대답하여 말하였다.

“세존이시여. 견딜 수 있었고, 만족하였으며, 안락하게 머물렀고, 걸식에 어려움도 없었으며, 도로에 피곤하지 않았습니다.”

이 일로써 세존을 향하여 자세히 말하였다. 세존께서는 들으시고서 여러 비구들에게 말씀하셨다.

“그대들은 울다라 비구에게 하의갈마(下意羯磨)를 지어서 주고 질다라 거사를 향하여 하의(下意)로 참회하게 하라. 만약 다시 이와 같은 사람이 있다면 승가는 역시 하의갈마를 지어주도록 하라. 만약 비구가 세 가지 일의 가운데에서 범하는 것이 있다면 하의갈마를 지어서 주어야 하나니, 만약 파계하였거나, 만약 정견을 깨뜨렸거나, 만약 위의를 깨뜨린 것이다. 다시 세 가지의 일이 있다면 마땅히 의지갈마를 지어주어야 하나니, 다툼을 즐기거나, 쟁송을 즐기거나, 언쟁을 즐기는 것이다. 또한 5법이 있다면 승가는 마땅히 하의갈마를 지어주어야 하나니, 만약 비구가 세존을 꾸짖는 것이거나, 만약 법을 꾸짖거나, 만약 승가를 꾸짖거나, 만약 파계하였거나, 만약 위의를 깨뜨리는 것이다. 또한 5법이 있다면 승가는 마땅히 하의갈마를 지어주어야 하나니, 만약 백의에게 악구를 향하였거나, 만약 백의를 욕하였거나, 만약 백의의 집안을 훼손(毁呰)하였거나, 만약 백의의 집안을 서로 헤어지게 하였거나, 만약 손해되고 고뇌하게 하고자 방편으로 백의를 쫓아내는 것을 구하는 것이다.

다시 5법이 있다면 승가는 마땅히 하의갈마를 지어주어야 하나니, 악구를 비구에게 향하게 하였거나, 비구를 욕하였거나, 비구를 훼손하였거나, 비구의 이양을 깨뜨리면서 손해되고 고뇌하게 하고자 방편으로 비구를 쫓아내는 것을 구하는 것이다. 다시 5법이 있다면 승가는 마땅히 하의갈마를 지어주어야 하나니, 백의를 백의와 싸우도록 가르쳤거나, 백의에게 비구와 싸우도록 가르쳤거나, 비구에게 비구와 싸우도록 가르쳤거나, 비구에게 백의와 싸우도록 가르쳤거나, 백의들이 즐거워하지 않는 일을 말한다면 승가는 하의갈마를 지어야 하느니라.

하의갈마를 지을 때에는 먼저 마땅히 세 가지 일을 사유해야 한다. 이 거사가 말한 것이 사실인가? 사실이 아닌가? 이 비구가 능히 이러한 일을 지을 수 있는가? 이 비구가 가령 하의할 수 있는가? 이와 같이 사유하고서, 그리고 뒤에 하의갈마를 짓도록 하라. '하의갈마의 작법'은 일심으로 승가가 화합하였다면 한 비구가 승가의 가운데에서 창언하라.

'대덕 승가께서는 허락하십시오. 질다 거사는 대가의 일과 같이 승가에게 공급하였으나, 이 울다라 비구는 그 앞에서 악구로 꾸짖고 욕하였습니다. 만약 승가께서 때에 이르렀다면 승가께서는 허락하십시오. 승가시여. 울다라 비구에게 하의갈마를 지어서 주고서 질다라 거사를 향하여 참회하게 하십시오.'

이것을 '아뢴다.'고 이름한다. 아뢰고서 백사갈마를 짓는다.

'승가시여. 이 울다라 비구에게 하의갈마를 지어주어 질다라 거사를 향하여 참회하게 하겠습니다. 승가께서 허락하신 것은 묵연하였던 까닭입니다. 이 일은 이와 같이 지니겠습니다.'

이때 승가는 마땅히 능히 감당할 수 있는 한 비구를 보내어 울다라 비구를 데리고 질다라 거사의 처소에 이르러 거사에게 말하도록 하라.

'이 비구가 눈앞에서 악구로 그대를 꾸짖고 욕하였으므로 승가가 이미 여법하게 다스렸습니다. 그대는 지금 이 비구가 참회하도록 허락하십시오.'

만약 참회를 받아들인다면, 곧 때에 이 거사가 말소리는 들리지 않으나 볼 수는 있는 곳으로 향하게 하고, 울다라 비구는 마땅히 이 비구를 향하여 돌길라죄의 참회를 짓게 하라. 만약 그 거사가 받아들이지 않는다면, 승가는 이때 마땅히 다시 능히 감당할 수 있는 두 비구를 보내어 거사에게 말하도록 하라.

'울다라 비구가 눈앞에서 악구로 그대를 꾸짖고 욕하였으므로 승가가 이미 여법하게 다스렸습니다. 그대는 마땅히 참회를 받아들이십시오.'

만약 참회를 받아들인다면, 곧 때에 이 거사가 말소리는 들리지 않으나 볼 수는 있는 곳으로 향하게 하고, 울다라 비구는 마땅히 이 두 비구를 향하여 돌길라죄의 참회를 짓게 하라. 만약 다시 받아들이지 않는다면, 승가는 이때 마땅히 다시 능히 감당할 수 있는 만약 세 명이거나, 만약 네 명을 보내어 거사에게 말하도록 하라.

'울다라 비구가 눈앞에서 악구로 그대를 꾸짖고 욕하였으므로 승가가 이미 여법하게 다스렸습니다. 그대는 마땅히 참회를 받아들이십시오.'

만약 참회를 받아들인다면, 곧 때에 이 거사가 말소리는 들리지 않으나 볼 수는 있는 곳으로 향하게 하고, 울다라 비구는 마땅히 이 여러 비구를 향하여 돌길라죄의 참회를 짓게 하라.

만약 다시 받아들이지 않았고, 만약 이 거사가 지식도 많으며 큰 세력이 있고 큰 관청의 힘과 도둑의 힘도 있으므로 스스로가 능히 악한 일을 지어서 대중 승가를 괴롭히거나, 만약 다른 사람을 시켜서 짓는다면 승가는 마땅히 이 비구에게 말하도록 하라.

'지식도 많으며 큰 세력이 있고 큰 관청의 힘과 도둑의 힘도 있으므로 스스로가 능히 악한 일을 지을 수 있고 역시 다른 사람을 시켜서 지을 수 있습니다. 그대는 마땅히 이 주처를 떠나십시오.'

만약 이 비구가 강제로 머문다면 대중 승가는 죄가 없느니라."

세존께서는 구사미국에 머무르셨다.

그때 차닉(車匿) 비구는 참회(悔過)할 죄를 범하였다. 여러 비구들이 연민하게 생각하여 이익되고 안락하게 하려는 까닭으로 그에게 죄를 가르쳐서 말하였다.

"여법하게 죄를 드러내어 참회하고 덮어서 감추지 마십시오."

차닉이 말하였다.

"나는 죄를 보지 못하였는데 어떻게 허물을 참회하겠습니까?"

여러 비구들이 이 일로써 세존을 향하여 자세히 말하였고, 세존께서는 여러 비구들에게 말씀하셨다.

"그대들은 차닉 비구에게 불견빈갈마(不見擯羯磨)를 지어서 주도록 하라. 만약 다시 이와 같은 사람이 있다면 승가는 역시 불견빈갈마를 지어서 주도록 하라. 만약 비구가 세 가지 일의 가운데에서 범하는 것이 있다면 하의갈마를 지어주어야 하나니, 만약 파계하였거나, 만약 정견을 깨뜨렸거나, 만약 위의를 깨뜨린 것이다. 다시 세 가지의 일이 있다면 마땅히 의지갈마를 지어주어야 하나니, 다툼을 즐기거나, 쟁송을 즐기거나, 언쟁을 즐기는 것이다. 승가가 불견빈을 짓고자 할 때에는 먼저 마땅히 다섯 가지의 일을 사유해야 한다.

'만약 우리들이 이 비구에게 불견빈갈마를 지어준다면 함께 포살·설계·자자를 하지 않을 것이고, 함께 여러 갈마를 짓지 않을 것이며, 함께 중식을 먹지 않을 것이고, 함께 대발나(帶鉢那)[2]를 먹지 않을 것이며, 상좌를 따라서 일어나고 예배하며 전송하지 않을 것이다. 이러한 인연을 까닭으로 다투는 일이 일어나서 서로가 말로 욕하거나, 승가가 깨어지거나, 승가가 다투거나, 승가가 나누어지거나, 승가가 달라질 것이다.'

이러한 5법을 사유하였다면 마땅히 빈갈마를 짓지 말라.

'만약 우리들이 이 비구에게 불견빈갈마를 지어주어 함께 포살·설계·자자를 하지 않고, 함께 여러 갈마를 짓지 않으며, 함께 중식을 먹지 않고, 함께 대발나를 먹지 않으며, 상좌를 따라서 일어나고 예배하며 전송하지 않더라도 이러한 인연을 까닭으로 다투는 일이 일어나서 서로가 말로 욕하지 않을 것이고, 승가가 깨어지지 않으며, 승가가 다투지 않고, 승가가 나누어지지 않으며, 승가가 변하지는 않을 것이다.'

이러한 5법을 사유하였다면 마땅히 불견빈갈마를 지어서 주도록 하라. 죄를 지은 비구도 마땅히 다섯 가지의 일을 사유해야 한다.

---

2) 달발나(怛鉢那)를 다르게 부르는 말이다.

'만약 여러 비구들이 나에게 불견빈갈마를 지어준다면, 나와 함께 포살과 설계와 자자와 여러 갈마를 나와 함께 짓지 않을 것이고, 함께 중식을 먹지 않고, 함께 대발나를 먹지 않으며, 상좌를 따라서 일어나고 예배하며 전송하지 않을 것이다. 왜 그러한가? 여러 비구는 계율 지키기를 즐거워하고 부끄러움이 있다. 능히 나를 위하여 애욕을 따르고, 성냄을 따르며, 두려움을 따르고, 어리석음을 따르게 할 수는 없다.'

이러한 법을 사유하고서 마땅히 불견빈을 받아들이도록 하라.

'불견빈갈마의 작법'은 일심으로 승가가 화합하였다면 한 비구가 승가의 가운데에서 창언하라.

'대덕 승가께서는 허락하십시오. 이 차닉 비구는 죄를 범하였으나 여법하게 인정하지 않습니다. 만약 승가께서 때에 이르렀다면 승가께서는 허락하십시오. 승가시여. 차닉 비구에게 불견빈갈마를 지어주십시오. <곧 차닉 그대가 어느 때라도 죄를 짓고 인정하지 않는다면, 그러한 때를 따라서 승가는 그대에게 불견빈갈마를 지어주겠다. 여러 비구들이 그대와 함께 갈마를 짓지 않을 것이고, 그대와 승사의 가운데인 백갈마·백이갈마·백사갈마·포살이·자자에서 함께 머무르지 않을 것이며, 14명의 숫자에 들어갈 수 없고, 그대와 함께 일을 짓지 않고 함께 머물지도 않으면서 그대를 전타라와 같이 혐오(猒惡)할 것이다.>'

이것을 '아뢰다.'고 이름한다. 아뢰고서 백사갈마를 짓는다.

'승가시여. 이 차닉 비구에게 불견빈갈마를 지어주었습니다. 승가께서 허락하신 것은 묵연하였던 까닭입니다. 이 일은 이와 같이 지니겠습니다.'

'불견빈갈마를 얻은 비구의 행법'은 이러한 비구는 마땅히 다른 사람에게 구족계를 줄 수 없고, 마땅히 다른 비구의 의지를 받을 수 없으며, 사미를 얻어 양육할 수 없고, 비구니를 교계하는 갈마를 허락할 수 없으며, 만약 먼저 허락받았더라도 교계할 수 없고, 마땅히 무거운 죄를 범할 수 없으며, 마땅히 비슷한 죄를 범할 수 없고, 마땅히 이것을 지나치는 죄를 범할 수 없으며, 마땅히 여러 갈마를 꾸짖을 수 없고, 갈마를 지은 사람을 꾸짖을 수 없으며, 마땅히 청정한 비구의 허물이나 죄를 드러낼 수 없고, 청정한 비구가 일어나서 예배하고 맞이하며 전송하는 것과 옷·발우·와구를 공양하는 것·발을 씻어주고 발을 닦아주며 발을 목궤(木机)에 받쳐주는 것을 받을 수 없으며, 만약 병이 없다면 다른 사람의 안마를 받을 수 없다. 마음으로 참회하고 절복하여 유연해야 한다."

세존께서는 말씀하셨다.

"만약 이와 같은 법을 행하지 않는 자는 목숨이 마치도록 이 불견빈갈마에서 벗어날 수 없느니라."

곧 때에 여러 비구는 세존의 가르침을 받들어 잠시 한쪽으로 물러나서 시월 비구에게 불견빈갈마를 지어주었다. 불견빈갈마를 지어서 마쳤으나 차닉 비구는 마음으로 절복하지 않고서 이와 같이 말하였다.

"내가 어찌 그대들의 일과 연관이 있겠습니까? 나는 그대들을 떠나겠습니다."

이렇게 말을 짓고서 옷과 발우를 지니고 앙가국(鴦伽國)·마갈국(摩竭國)·가시국(迦尸國)·교살라국(憍薩羅國)·구류국(鳩留國)·반사라국(般闍羅國)·아엽마가아반제국(阿葉摩伽阿般提國) 등으로 한 주처에서 다른 주처에 이르렀다. 여러 국토의 비구는 차닉 비구가 내쫓겼다는 것을 듣고서 그와 함께 만약 백갈마·백이갈마·백사갈마·포살이·자자 등의 갈마를 짓지 않았고, 14명의 숫자에도 받아들이지 않아서 함께 일을 지을 수 없었으며, 전타라와 같이 혐오하면서 모두가 함께 머물지 않고 함께 일을 짓지 않았다. 다시 구사미국으로 돌아와서 마음으로 참회하고 절복하며 승가를 좇아서 불견빈갈마를 풀어주는 것을 애원하였다. 여러 비구들이 이 일로써 세존께 아뢰었고, 세존께서는 여러 비구들에게 말씀하셨다.

"만약 차닉 비구가 마음으로 참회하고 절복하였다면 승가는 마땅히 불견빈갈마를 풀어주도록 하라. 만약 다시 이와 같은 사람이 있다면 역시 마땅히 풀어주도록 하라. 만약 그 비구가 여법하게 행하지 않았다면 승가는 마땅히 불견빈갈마를 풀어주어서는 아니된다. (만약 그 비구가 불견빈갈마를 받았으나) 만약 다른 사람에게 구족계를 주었거나, 만약 다른 비구의 의지를 받아들였거나, 사미를 양육하였거나, 만약 비구니를 교계하는 갈마를 허락하였거나, 만약 비구니를 교계하였거나, 만약 무거운 죄를 범하였거나, 만약 이와 비슷한 죄를 범하였거나, 만약 이것을 지나치는 죄를 범하였거나, 만약 갈마를 꾸짖었거나, 만약 갈마를 지은 사람을 꾸짖었거나, 청정한 비구가 일어나서 예배하고 맞이하며 전송하였거나, 옷·발우·와구를 공양하는 것·발을 씻어주고 발을 닦아주며 발을 목궤에 받쳐주는 것을 받았거나, 만약 병이 있어서 다른 사람의 안마를 받았거나, 만약 백의의 모습을 지었거나, 만약 외의 모습을 지었거나, 만약 외도와 함께 일을 지으면서 마땅히 짓지 않을 것을 지었거나, 비구계를 배우지 않았거나, 비구를 욕하였거나, 악구를 비구에게 향하였거나, 비구를 훼방하였거나, 방편을 지어서 승가에게 주처와 공양을 잃게 하였거나, 그 경계 안과 경계 밖의 비구들을 절복시키고자 하였거나, 서로가 말로 다투는 것을 즐겼거나, 마음으로 절복하지 않았고 공경하지 않으며 유연하지 않는 등의 만약 이와 같이 행하였다면 마땅히 불견빈을 풀어줄 수 없다.

만약 다른 사람에게 구족계를 주지 않았거나, 만약 다른 비구의 의지를 받아들이지 않았거나, 사미를 양육하지 않았거나, 만약 비구니를 교계하는 갈마를 허락하지 않았거나, 만약 비구니를 교계하지 않았거나, 만약 무거운 죄를 범하지 않았거나, 만약 이와 비슷한 죄를 범하지 않았거나, 만약 이것을 지나치는 죄를 범하지 않았거나, 만약 갈마를 꾸짖지 않았거나, 만약 갈마를 지은 사람을 꾸짖지 않았거나, 청정한 비구가 일어나서 예배하고 맞이하며 전송하지 않았거나, 옷·발우·와구를 공양하는 것·발을 씻어주고 발을 닦아주며 발을 목궤에 받혀주는 것을 받지 않았거나, 만약 병이 없으므로 다른 사람의 안마를 받지 않았거나, 만약 백의의 모습을 짓지 않았거나, 만약 외도의 모습을 짓지 않았거나, 만약 외도와 함께 일을 지으면서 마땅히 짓지 않을 것을 짓지 않았거나, 비구계를 배웠거나, 비구를 욕하지 않았거나, 악구를 비구에게 향하지 않았거나, 비구를 훼방하지 않았거나, 방편을 지어서 승가에게 주처와 공양을 잃게 하지 않았거나, 그 경계 안과 경계 밖의 비구들을 절복시키고자 하지 않았거나, 서로가 말로 다투는 것을 즐기지 않았거나, 마음으로 절복하고 공경하며 유연하는 등의 만약 이와 같이 행하였다면 마땅히 불견빈을 풀어주도록 하라.

'불견빈갈마를 풀어주는 법'은 일심으로 승가가 화합하였다면 차닉 비구는 자리에서 일어나서 오른쪽 어깨를 드러내고 가죽신을 벗고서 호궤 합장하고서 이렇게 말을 짓도록 하라.

'대덕 승가께서는 억념하십시오. 나 차닉은 회과죄를 범하고 여법하게 그 죄를 인정하지 않았던 까닭으로 승가께서는 나에게 불견빈갈마를 지어서 주었습니다. 여러 비구들이 나와 함께 갈마를 짓지 않았고, 백갈마·백이갈마·백사갈마·포살이·자자와 여러 갈마에서 함께 일을 짓지 않았고 머무르지 않았으며, 14명의 숫자에 들어갈 수 없게 하였고, 전타라와 같이 혐오하였습니다. 지금 나 차닉은 마음으로 참회하고 절복하였으며 유연하여졌으므로 승가를 쫓아서 불견빈갈마를 풀어주는 것을 애원합니다. 승가께서는 애민하게 생각하시는 까닭으로 나를 풀어주십시오.'

두 번째·세 번째 역시 이와 같이 애원하라. 곧 때에 한 비구가 승가의 가운데에서 창언하라.

'대덕 승가께서는 허락하십시오. 차닉은 회과죄를 범하고 여법하게 그 죄를 인정하지 않았던 까닭으로 승가께서는 그에게 불견빈갈마를 지어주셨습니다. 여러 비구들은 함께 갈마를 짓지 않았고, 백갈마·백이갈마·백사갈마·포살이·자자와 여러 갈마에서 함께 일을 짓지 않았고, 머무르지 않았으며, 14명의 숫자에 들어갈 수 없었고, 전타라와 같이 혐오하였습니다. 이 차닉 비구는 마음으로 참회하고 절복하였으며 유연하여졌으므로 승가를 쫓아서 불견빈갈마를 풀어주는 것을 애원하고 있습니다. 만약 승가께서 때에 이르렀다면 승가께서는 허락하십시오. 승가시여. 차닉 비구에게 불견빈갈마를 풀어주십시오.'

이것을 '아뢴다.'고 이름한다. 아뢰고서 백사갈마를 짓는다.

'승가시여. 차닉 비구에게 불견빈갈마를 풀어주었습니다. 승가께서 허락하신 것은 묵연하였던 까닭입니다. 이 일은 이와 같이 지니겠습니다.'"

세존께서는 구사미국에 머무르셨다.

그때 장로 차닉은 허물을 참회할 죄를 범하였다. 여러 비구들은 연민하게 생각하여 이익되고 안락하게 하려는 까닭으로 그의 죄를 가르쳐서 말하였다.

"여법하게 허물을 참회하십시오."

대답하여 말하였다.

"나는 죄를 인정하지만, 능히 여법하게 참회할 수 없습니다."

여러 비구들이 이 일로써 세존을 향하여 자세히 말하였고 세존께서는 여러 비구들에게 말씀하셨다.

"그대들은 차닉 비구에게 부작빈갈마(不作擯羯磨)를 지어서 주도록 하라. 만약 다시 이와 같은 사람이 있다면 승가는 역시 부작빈갈마를 지어서 주도록 하라. 만약 비구가 세 가지 일의 가운데에서 범하는 것이 있다면 부작빈갈마를 지어주어야 하나니, 만약 파계하였거나, 만약 정견을 깨뜨렸거나, 만약 위의를 깨뜨린 것이다. 다시 세 가지의 일이 있다면 마땅히 의지갈마를 지어주어야 하나니, 다툼을 즐기거나, 쟁송을 즐기거나, 언쟁을 즐기는 것이다. 승가가 불견빈을 짓고자 할 때에는 먼저 마땅히 다섯 가지의 일을 사유해야 한다.

'만약 우리들이 이 비구에게 부작빈갈마를 지어준다면 함께 포살과 여러 갈마를 짓지 않을 것이며, 함께 중식을 먹지 않을 것이고, 함께 대발나를 먹지 않을 것이며, 상좌를 따라서 일어나고 예배하며 전송하지 않을 것이다. 이러한 인연을 까닭으로 다투는 일이 일어나서 서로가 말로 욕하거나, 승가가 깨어지거나, 승가가 다투거나, 승가가 나누어지거나, 승가가 달라질 것이다.'

이러한 5법을 사유하였다면 마땅히 부작빈갈마를 짓지 말라.

'만약 우리들이 이 비구에게 부작빈갈마를 지어주어 함께 포살과 여러 갈마를 짓지 않으며, 함께 중식을 먹지 않고, 함께 대발나를 먹지 않으며, 상좌를 따라서 일어나고 예배하며 전송하지 않더라도 이러한 인연을 까닭으로 다투는 일이 일어나서 서로가 말로 욕하지 않을 것이고, 승가가

깨어지지 않으며, 승가가 다투지 않고, 승가가 나누어지지 않으며, 승가가 변하지는 않을 것이다.'

이러한 5법을 사유하였다면 마땅히 부작빈갈마를 지어서 주도록 하라. 죄를 지은 비구도 마땅히 다섯 가지의 일을 사유하도록 하라.

'만약 여러 비구들이 나에게 부작빈갈마를 지어준다면, 나와 함께 포살과 여러 갈마를 나와 함께 짓지 않을 것이고, 함께 중식을 먹지 않을 것이며, 함께 대발나를 먹지 않을 것이고, 상좌를 따라서 일어나고 예배하며 전송하지 않을 것이다. 왜 그러한가? 여러 비구는 계율 지키기를 즐거워하고 부끄러움이 있다. 능히 나를 위하여 애욕을 따르고, 성냄을 따르며, 두려움을 따르고, 어리석음을 따르게 할 수는 없다.'

이러한 법을 사유하고서 마땅히 불작빈을 받아들이도록 하라.

'불작빈갈마의 작법'은 일심으로 승가가 화합하였다면 한 비구가 승가의 가운데에서 창언하라.

'대덕 승가께서는 허락하십시오. 이 차닉 비구는 죄를 범하고 인정하였으나 여법하게 참회하지 않습니다. 만약 승가께서 때에 이르렀다면 승가께서는 허락하십시오. 승가시여. 차닉 비구에게 불작빈갈마를 지어주십시오. <곧 차닉 그대가 어느 때라도 죄를 짓고 인정하지 않는다면, 그러한 때를 따라서 승가는 그대에게 불작빈갈마를 지어주겠다. 여러 비구들이 그대와 함께 갈마를 짓지 않을 것이고, 그대와 승사의 가운데인 만약 백갈마·백이갈마·백사갈마·포살이·자자에서 함께 머무르지 않을 것이며, 14명의 숫자에 들어갈 수 없고, 그대와 함께 일을 짓지 않고 함께 머물지도 않으면서 그대를 전타라와 같이 혐오할 것이다.>'

이것을 '아뢴다.'고 이름한다. 아뢰고서 백사갈마를 짓는다.

'승가시여. 이 차닉 비구에게 부작빈갈마를 지어주었습니다. 승가께서 허락하신 것은 묵연하였던 까닭입니다. 이 일은 이와 같이 지니겠습니다.'

'부작빈갈마를 얻은 비구의 행법'은 이러한 비구는 마땅히 다른 사람에게 구족계를 줄 수 없고, 마땅히 다른 비구의 의지를 받을 수 없으며, 사미를 얻어 양육할 수 없고, 비구니를 교계하는 갈마를 허락할 수 없으며,

만약 먼저 허락받았더라도 교계할 수 없고, 마땅히 무거운 죄를 범할 수 없으며, 마땅히 비슷한 죄를 범할 수 없고, 마땅히 이것을 지나치는 죄를 범할 수 없으며, 마땅히 여러 갈마를 꾸짖을 수 없고, 갈마를 지은 사람을 꾸짖을 수 없으며, 마땅히 청정한 비구의 허물이나 죄를 드러낼 수 없고, 청정한 비구가 일어나서 예배하고 맞이하며 전송하는 것과 옷·발우·와구를 공양하는 것·발을 씻어주고 발을 닦아주며 발을 목궤에 받쳐주는 것을 받을 수 없으며, 만약 병이 없다면 다른 사람의 안마를 받을 수 없다. 마음으로 참회하고 절복하여 유연해야 한다."

세존께서는 말씀하셨다.

"만약 이와 같은 법을 행하지 않는 자는 목숨이 마치도록 이 불작빈갈마에서 벗어날 수 없느니라."

곧 때에 여러 비구는 세존의 가르침을 받들어 잠시 한쪽으로 물러나서 시월 비구에게 불작빈갈마를 지어주었다. 불작빈갈마를 지어 마쳤으나 차닉 비구는 마음으로 절복하지 않고서 이와 같이 말하였다.

"내가 어찌 그대들의 일과 연관을 짓겠습니까? 나는 그대들을 떠나겠습니다."

이렇게 말을 짓고서 옷과 발우를 지니고 앙가국·마갈국·가시국·교살라국·구류국·반사라국·아엽마가아반제국 등으로 한 주처에서 다른 주처에 이르렀다. 여러 국토의 비구는 차닉 비구가 내쫓겼다는 것을 듣고서 그와 함께 만약 백갈마·백이갈마·백사갈마·포살이·자자 등의 갈마를 짓지 않았고, 14명의 숫자에도 받아들이지 않아서 함께 일을 지을 수 없었으며, 전타라와 같이 혐오하면서 모두가 함께 머물지 않고 함께 일을 짓지 않았다. 다시 구사미국으로 돌아와서 마음으로 참회하고 절복하며 승가를 좇아서 불작빈갈마를 풀어주는 것을 애원하였다. 여러 비구들이 이 일로써 세존께 아뢰었고, 세존께서는 여러 비구들에게 말씀하셨다.

"만약 차닉 비구가 마음으로 참회하고 절복하였다면 승가는 마땅히 불작빈갈마를 풀어주도록 하라. 만약 다시 이와 같은 사람이 있다면 역시 마땅히 풀어주도록 하라. 만약 그 비구가 여법하게 행하지 않았다면 승가는 마땅히 불작빈갈마를 풀어줄 수 없다. (만약 그 비구가 불작빈갈마를 받았으나) 만약 다른 사람에게 구족계를 주었거나, 만약 다른 비구의 의지를 받아들였거나, 사미를 양육하였거나, 만약 비구니를 교계하는 갈마를 허락하였거나, 만약 비구니를 교계하였거나, 만약 무거운 죄를 범하였거나, 만약 이와 비슷한 죄를 범하였거나, 만약 이것을 지나치는 죄를 범하였거나, 만약 갈마를 꾸짖었거나, 만약 갈마를 지은 사람을 꾸짖었거나, 청정한 비구가 일어나서 예배하고 맞이하며 전송하였거나, 옷·발우·와구를 공양하는 것·발을 씻어주고 발을 닦아주며 발을 목궤에 받쳐주는 것을 받았거나, 만약 병이 있어서 다른 사람의 안마를 받았거나, 만약 백의의 모습을 지었거나, 만약 외도의 모습을 지었거나, 만약 외도와 함께 일을 지으면서 마땅히 짓지 않을 것을 지었거나, 비구계를 배우지 않았거나, 비구를 욕하였거나, 악구를 비구에게 향하였거나, 비구를 훼방하였거나, 방편을 지어서 승가에게 주처와 공양을 잃게 하였거나, 그 경계 안과 경계 밖의 비구들을 절복시키고자 하였거나, 서로가 말로 다투는 것을 즐겼거나, 마음으로 절복하지 않았고 공경하지 않으며 유연하지 않는 등의 만약 이와 같이 행하였다면 마땅히 불작빈을 풀어줄 수 없다.

만약 다른 사람에게 구족계를 주지 않았거나, 만약 다른 비구의 의지를 받아들이지 않았거나, 사미를 양육하지 않았거나, 만약 비구니를 교계하는 갈마를 허락하지 않았거나, 만약 비구니를 교계하지 않았거나, 만약 무거운 죄를 범하지 않았거나, 만약 이와 비슷한 죄를 범하지 않았거나, 만약 이것을 지나치는 죄를 범하지 않았거나, 만약 갈마를 꾸짖지 않았거나, 만약 갈마를 지은 사람을 꾸짖지 않았거나, 청정한 비구가 일어나서 예배하고 맞이하며 전송하지 않았거나, 옷·발우·와구를 공양하는 것·발을 씻어주고 발을 닦아주며 발을 목궤에 받쳐주는 것을 받지 않았거나, 만약 병이 없으므로 다른 사람의 안마를 받지 않았거나, 만약 백의의 모습을 짓지 않았거나, 만약 외도의 모습을 짓지 않았거나, 만약 외도와 함께 일을 지으면서 마땅히 짓지 않을 것을 짓지 않았거나, 비구계를 배웠거나, 비구를 욕하지 않았거나, 악구를 비구에게 향하지 않았거나, 비구를 훼방하지 않았거나, 방편을 지어서 승가에게 주처와 공양을 잃게 하지 않았거나, 그 경계 안과 경계 밖의 비구들을 절복시키고자 하지 않았거나, 서로가 말로 다투는 것을 즐기지 않았거나, 마음으로 절복하고 공경하며 유연하는 등의 만약 이와 같이 행하였다면 마땅히 불작빈을 풀어주도록 하라.

'불작빈갈마를 풀어주는 법'은 일심으로 승가가 화합하였다면 차닉 비구는 자리에서 일어나서 옷을 한쪽으로 드러내고 가죽신을 벗고서 호궤 합장하고서 이렇게 말을 짓도록 하라.

'대덕 승가께서는 억념하십시오. 나 차닉은 죄를 범하고 인정하였으나 여법하게 참회하지 않았던 까닭으로 승가께서는 나에게 불작빈갈마를 지어주셨습니다. 여러 비구들이 나와 함께 갈마를 짓지 않았고, 백갈마·백이갈마·백사갈마·포살이·자자와 여러 갈마에서 함께 일을 짓지 않았고 머무르지 않았으며, 14명의 숫자에 들어갈 수 없게 하였고, 전타라와 같이 혐오하였습니다. 지금 나 차닉은 마음으로 참회하고 절복하였으며 유연하여졌으므로 승가를 쫓아서 불작빈갈마를 풀어주는 것을 애원하고 있습니다. 승가께서는 애민하게 생각하시는 까닭으로 나를 풀어주십시오.'

두 번째·세 번째 역시 이와 같이 애원하라. 곧 때에 한 비구가 승가의 가운데에서 창언하라.

'대덕 승가께서는 허락하십시오. 이 차닉은 죄를 범하고 인정하였으나 여법하게 참회하지 않았던 까닭으로 승가께서는 그에게 불작빈갈마를 지어서 주었습니다. 여러 비구들은 함께 갈마를 짓지 않았고, 백갈마·백이갈마·백사갈마·포살이·자자와 여러 갈마에서 함께 일을 짓지 않았고 머무르지 않았으며, 14명의 숫자에 들어갈 수 없었고, 전타라와 같이 혐오하였습니다. 이 차닉 비구는 마음으로 참회하고 절복하였으며 유연하여졌으므로 승가를 쫓아서 불작빈갈마를 풀어주는 것을 애원하고 있습니다. 만약 승가께서 때에 이르렀다면 승가께서는 허락하십시오. 승가시여.

차닉 비구에게 불작빈갈마를 풀어주십시오.'

이것을 '아뢴다.'고 이름한다. 이와 같이 아뢰고 백사갈마를 짓는다.

'승가시여. 차닉 비구에게 불작빈갈마를 풀어서 주었습니다. 승가께서 허락하신 것은 묵연하였던 까닭입니다. 이 일은 이와 같이 지니겠습니다.'"

세존께서는 사위국에 머무르셨다.

그때 아리타(阿利吒) 비구는 악한 사견이 생겨나서 말하였다.

"나는 이와 같이 불법의 뜻을 알고 있다. 세존께서 '장법(障法)의 행'이라고 말씀하신 것의 이러한 장법은 능히 도를 장애하지 않는다."

여러 비구들이 이 일로써 세존을 향하여 자세히 말하였고, 세존께서는 여러 비구들에게 말씀하셨다.

"그대들은 아리타 비구에게 악사부제빈갈마(惡邪不除擯羯磨)를 지어서 주도록 하라. 만약 다시 이와 같은 사람이 있다면 승가는 역시 악사부제빈갈마를 지어서 주도록 하라. 만약 비구가 세 가지 일의 가운데에서 범하는 것이 있다면 악사부제빈갈마를 지어주어야 하나니, 만약 파계하였거나, 만약 정견을 깨뜨렸거나, 만약 위의를 깨뜨린 것이다. 다시 세 가지의 일이 있다면 마땅히 의지갈마를 지어주어야 하나니, 다툼을 즐기거나, 쟁송을 즐기거나, 언쟁을 즐기는 것이다. 승가가 불견빈을 짓고자 할 때에는 먼저 마땅히 다섯 가지의 일을 사유해야 한다.

'만약 우리들이 이 비구에게 악사부제빈갈마를 지어서 준다면 함께 포살과 자자를 짓지 않고, 여러 갈마를 짓지 않을 것이며, 함께 중식을 먹지 않을 것이고, 함께 대발나를 먹지 않을 것이며, 상좌를 따라서 일어나고 예배하며 전송하지 않을 것이다. 이러한 인연을 까닭으로 다투는 일이 일어나서 서로가 말로 욕하거나, 승가가 깨어지거나, 승가가 다투거나, 승가가 나누어지거나, 승가가 달라질 것이다.'

이러한 5법을 사유하였다면 마땅히 악사부제빈갈마를 짓지 말라.

'만약 우리들이 이 비구에게 악사부제빈갈마를 지어주어 함께 포살과 자자를 짓지 않고, 여러 갈마를 짓지 않으며, 함께 중식을 먹지 않고,

함께 대발나를 먹지 않으며, 상좌를 따라서 일어나고 예배하며 전송하지 않더라도 이러한 인연을 까닭으로 다투는 일이 일어나서 서로가 말로 욕하지 않을 것이고, 승가가 깨어지지 않으며, 승가가 다투지 않고, 승가가 나누어지지 않으며, 승가가 변하지는 않을 것이다.'

이러한 5법을 사유하였다면 마땅히 악사부제빈갈마를 지어주도록 하라. 죄를 지은 비구도 마땅히 다섯 가지의 일을 사유하도록 할라.

'만약 여러 비구들이 나에게 악사부제빈갈마를 지어준다면, 나와 함께 포살과 자자를 짓지 않을 것이고, 여러 갈마를 나와 함께 짓지 않을 것이며, 함께 중식을 먹지 않을 것이고, 함께 대발나를 먹지 않을 것이며, 상좌를 따라서 일어나고 예배하며 전송하지 않을 것이다. 왜 그러한가? 여러 비구는 계율 지키기를 즐거워하고 부끄러움이 있다. 능히 나를 위하여 애욕을 따르고, 성냄을 따르며, 두려움을 따르고, 어리석음을 따르게 할 수는 없다.'

이러한 법을 사유하고서 마땅히 악사부제빈갈마를 받아들이도록 하라.

'악사부제빈갈마의 작법'은 일심으로 승가가 화합하였다면 한 비구가 승가의 가운데에서 창언하라.

'대덕 승가께서는 허락하십시오. 이 아리타 비구는 악한 사견이 생겨나서 말하였습니다. <나는 이와 같이 불법의 뜻을 알고 있다. 세존께서 '장법의 행'이라고 말씀하신 것의 이러한 장법은 능히 도를 장애하지 않는다.> 만약 승가께서 때에 이르렀다면 승가께서는 허락하십시오. 승가시여. 아리타 비구에게 악사부제빈갈마를 지어주십시오. <곧 아리타 그대가 어느 때라도 죄를 짓고 인정하지 않는다면, 그러한 때를 따라서 승가는 그대에게 악사부제빈갈마를 지어주겠다. 여러 비구들이 그대와 함께 갈마를 짓지 않을 것이고, 그대와 승사의 가운데인 만약 백갈마·백이갈마·백사갈마·포살이·자자에서 함께 머무르지 않을 것이며, 14명의 숫자에 들어갈 수 없고, 그대와 함께 일을 짓지 않고 함께 머물지도 않으면서 그대를 전타라와 같이 혐오할 것이다.>'

이것을 '아뢴다.'고 이름한다. 아뢰고서 백사갈마를 짓는다.

'승가시여. 이 아리타 비구에게 악사부제빈갈마를 지어주었습니다. 승가께서 허락하신 것은 묵연하였던 까닭입니다. 이 일은 이와 같이 지니겠습니다.'

'악사부제빈갈마를 얻은 비구의 행법'은 이러한 비구는 마땅히 다른 사람에게 구족계를 줄 수 없고, 마땅히 다른 비구의 의지를 받을 수 없으며, 사미를 얻어 양육할 수 없고, 비구니를 교계하는 갈마를 허락할 수 없으며, 만약 먼저 허락받았더라도 교계할 수 없고, 마땅히 무거운 죄를 범할 수 없으며, 마땅히 비슷한 죄를 범할 수 없고, 마땅히 이것을 지나치는 죄를 범할 수 없으며, 마땅히 여러 갈마를 꾸짖을 수 없고, 갈마를 지은 사람을 꾸짖을 수 없으며, 마땅히 청정한 비구의 허물이나 죄를 드러낼 수 없고, 청정한 비구가 일어나서 예배하고 맞이하며 전송하는 것과 옷·발우·와구를 공양하는 것·발을 씻어주고 발을 닦아주며 발을 목궤에 받쳐주는 것을 받을 수 없으며, 만약 병이 없다면 다른 사람의 안마를 받을 수 없다. 마음으로 참회하고 절복하여 유연해야 한다."

세존께서는 말씀하셨다.

"만약 이와 같은 법을 행하지 않는 자는 목숨이 마치도록 이 악사부제빈갈마에서 벗어날 수 없느니라."

곧 때에 여러 비구는 세존의 가르침을 받들어 잠시 한쪽으로 물러나서 시월 비구에게 악사부제빈갈마를 지어주었다. 마음으로 참회하고 절복하며 승가를 쫓아서 악사부제빈갈마를 풀어주는 것을 애원하였다. 여러 비구들이 이 일로써 세존께 아뢰었고, 세존께서는 여러 비구들에게 말씀하셨다.

"그대들은 아리타 비구에게 악사부제빈갈마를 풀어주도록 하라. 만약 다시 이와 같은 사람이 있다면 역시 마땅히 풀어주도록 하라. 만약 그 비구가 여법하게 행하지 않았다면 승가는 마땅히 악사부제빈갈마를 풀어줄 수 없다. (만약 그 비구가 악사부제빈갈마를 받았으나) 만약 다른 사람에게 구족계를 주었거나, 만약 다른 비구의 의지를 받아들였거나, 사미를 양육하였거나, 만약 비구니를 교계하는 갈마를 허락하였거나,

만약 비구니를 교계하였거나, 만약 무거운 죄를 범하였거나, 만약 이와 비슷한 죄를 범하였거나, 만약 이것을 지나치는 죄를 범하였거나, 만약 갈마를 꾸짖었거나, 만약 갈마를 지은 사람을 꾸짖었거나, 청정한 비구가 일어나서 예배하고 맞이하며 전송하였거나, 옷·발우·와구를 공양하는 것·발을 씻어주고 발을 닦아주며 발을 목궤에 받쳐주는 것을 받았거나, 만약 병이 있어서 다른 사람의 안마를 받았거나, 만약 백의의 모습을 지었거나, 만약 외의 모습을 지었거나, 만약 외도와 함께 일을 지으면서 마땅히 짓지 않을 것을 지었거나, 비구계를 배우지 않았거나, 비구를 욕하였거나, 악구를 비구에게 향하였거나, 비구를 훼방하였거나, 방편을 지어 승가에게 주처와 공양을 잃게 하였거나, 그 경계 안과 경계 밖의 비구들을 절복시키고자 하였거나, 서로가 말로 다투는 것을 즐겼거나, 마음으로 절복하지 않았고 공경하지 않으며 유연하지 않는 등의 만약 이와 같이 행하였다면 마땅히 악사부제빈을 풀어줄 수 없다.

만약 다른 사람에게 구족계를 주지 않았거나, 만약 다른 비구의 의지를 받아들이지 않았거나, 사미를 양육하지 않았거나, 만약 비구니를 교계하는 갈마를 허락하지 않았거나, 만약 비구니를 교계하지 않았거나, 만약 무거운 죄를 범하지 않았거나, 만약 이와 비슷한 죄를 범하지 않았거나, 만약 이것을 지나치는 죄를 범하지 않았거나, 만약 갈마를 꾸짖지 않았거나, 마약 갈마를 지은 사람을 꾸짖지 않았거나, 청정한 비구가 일어나서 예배하고 맞이하며 전송하지 않았거나, 옷·발우·와구를 공양하는 것·발을 씻어주고 발을 닦아주며 발을 목궤에 받혀주는 것을 받지 않았거나, 만약 병이 없으므로 다른 사람의 안마를 받지 않았거나, 만약 백의의 모습을 짓지 않았거나, 만약 외도의 모습을 짓지 않았거나, 만약 외도와 함께 일을 지으면서 마땅히 짓지 않을 것을 짓지 않았거나, 비구계를 배웠거나, 비구를 욕하지 않았거나, 악구를 비구에게 향하지 않았거나, 비구를 훼방하지 않았거나, 방편을 지어서 승가에게 주처와 공양을 잃게 하지 않았거나, 그 경계 안과 경계 밖의 비구들을 절복시키고자 하지 않았거나, 서로가 말로 다투는 것을 즐기지 않았거나, 마음으로 절복하고 공경하며 유연하는 등 만약 이와 같이 행하였다면 마땅히 악사부제빈을 풀어주도록 하라.

'악사부제빈갈마를 풀어주는 법'은 일심으로 승가가 화합하였다면 아리타 비구는 자리에서 일어나서 옷을 한쪽으로 드러내고 가죽신을 벗고서 호궤 합장하고서 이렇게 말을 짓도록 하라.

'대덕 승가께서는 억념하십시오. 나 아리타는 악한 사견이 생겨나서 <나는 이와 같이 불법의 뜻을 알고 있다. 세존께서 '장법의 행'이라고 말씀하신 것의 이러한 장법은 능히 도를 장애하지 않는다.>라고 이와 같이 말하였던 까닭으로 승가께서는 나에게 악사부제빈갈마를 지어주셨습니다. 여러 비구들이 나와 함께 갈마를 짓지 않았고, 백갈마·백이갈마·백사갈마·포살이·자자와 여러 갈마에서 함께 일을 짓지 않았고 머무르지 않았으며, 14명의 숫자에 들어갈 수 없게 하였고, 전타라와 같이 혐오하였습니다. 나 아리타는 지금 마음으로 참회하고 절복하였으며 유연하여졌으므로 승가를 좇아서 악사부제빈갈마를 풀어주는 것을 애원합니다. 승가께서는 애민하게 생각하시는 까닭으로 나를 풀어주십시오.'

두 번째·세 번째 역시 이와 같이 애원하라. 곧 때에 한 비구가 승가의 가운데에서 창언하라.

'대덕 승가께서는 허락하십시오. 이 아리타는 악한 사견이 생겨나서 <나는 이와 같이 불법의 뜻을 알고 있다. 세존께서 '장법의 행'이라고 말씀하신 것의 이러한 장법은 능히 도를 장애하지 않는다.>라고 이와 같이 말하였던 까닭으로 승가께서는 나에게 악사부제빈갈마를 지어서 주었습니다. 여러 비구들은 함께 갈마를 짓지 않았고, 백갈마·백이갈마·백사갈마·포살이·자자와 여러 갈마에서 함께 일을 짓지 않았고 머무르지 않았으며, 14명의 숫자에 들어갈 수 없었고, 전타라와 같이 혐오하였습니다. 이 아리타 비구는 마음으로 참회하고 절복하였으며 유연하여졌으므로 승가를 좇아서 악사부제빈갈마를 풀어주는 것을 애원하고 있습니다. 만약 승가께서 때에 이르렀다면 승가께서는 허락하십시오. 승가시여. 아리타 비구에게 악사부제빈갈마를 풀어주십시오.'

이것을 '아뢴다.'고 이름한다. 이와 같이 아뢰고 백사갈마를 짓는다.
'승가시여. 아리타 비구에게 악사부제빈갈마를 풀어주었습니다. 승가께서 허락하신 것은 묵연하였던 까닭입니다. 이 일은 이와 같이 지니겠습니다.'" [팔법 가운데의 네 번째인 '반차노가법'을 마친다.]

십송율 제32권

후진 북인도 삼장 불야다라 한역
석보운 번역

5. 오송 ④

9) 팔법 ④

(5) 승잔회법(僧殘悔法) ①

[팔법 가운데의 네 번째인 고절갈마법의 나머지이다.]

세존께서는 사위국에 머무르셨다.

그때 가류타이(迦留陀夷) 비구가 고의로 출정(出精)하여 하나의 승가바시사죄(僧伽婆尸沙罪)를 범하였으나, 이를 숨겨두지 않고 여러 비구들에게 말하였다.

"대덕이여. 내가 고의로 출정하여 하나의 승가바시사죄를 범하였으나 숨겨두지 않겠습니다. 나는 마땅히 어떻게 해야 합니까?"

여러 비구들이 이러한 일로써 세존께 아뢰었고, 세존께서는 여러 비구들에게 말씀하셨다.

"가류타이 비구가 고의로 출정하여 하나의 승가바시사죄를 범하였으나 숨겨두지 않았으므로 마땅히 6일 밤의 마나타갈마(摩那埵羯磨)를 지어서 주도록 하라. 만약 다시 이와 같은 비구가 있다면 승가는 역시 마땅히 지어서 주도록 하라. '작법'은 일심으로 승가가 화합하였다면 가류타이 비구는 자리에서 일어나서 옷을 한쪽으로 드러내고 가죽신을 벗고서 호궤 합장하고서 이렇게 말을 짓도록 하라.

'대덕 승가께서는 억념하십시오. 나 가류타이 비구는 고의로 출정하여 승가바시사죄를 범하였으나 하나의 죄도 숨겨두지 않았습니다. 나 가류타이 비구는 고의로 출정하여 승가바시사죄를 범하였으나 하나의 죄도 숨겨두지 않았으며, 나는 지금 대중 승가를 쫓아서 6일 밤의 마나타를 애원합니다. 승가시여. 나 가류타이 비구는 고의로 출정하여 승가바시사죄를 범하였으나 하나의 죄도 숨겨두지 않았으므로, 애민하게 생각하시는 까닭으로 나에게 6일 밤의 마나타를 지어주십시오.'

두 번째로 다시 말하라.

'대덕 승가께서는 억념하십시오. 나 가류타이 비구는 고의로 출정하여 승가바시사죄를 범하였으나 하나의 죄도 숨겨두지 않았습니다. 나 가류타이 비구는 고의로 출정하여 승가바시사죄를 범하였으나 하나의 죄도 숨겨두지 않았으며, 나는 지금 대중 승가를 쫓아서 6일 밤의 마나타를 애원합니다. 승가시여. 나 가류타이 비구는 고의로 출정하여 승가바시사죄를 범하였으나 하나의 죄도 숨겨두지 않았으므로, 애민하게 생각하시는 까닭으로 나에게 6일 밤의 마나타를 지어주십시오.'

세 번째로 다시 말하라.

'대덕 승가께서는 억념하십시오. 나 가류타이 비구는 고의로 출정하여 승가바시사죄를 범하였으나 하나의 죄도 숨겨두지 않았습니다. 나 가류타이 비구는 고의로 출정하여 승가바시사죄를 범하였으나 하나의 죄도 숨겨두지 않았으며, 나는 지금 대중 승가를 쫓아서 6일 밤의 마나타를 애원합니다. 승가시여. 나 가류타이 비구는 고의로 출정하여 승가바시사죄를 범하였으나 하나의 죄도 숨겨두지 않았으므로, 애민하게 생각하시는 까닭으로 나에게 6일 밤의 마나타를 지어주십시오.'

곧 때에 한 비구가 승가의 가운데에서 창언하라.

'대덕 승가께서는 허락하십시오. 이 가류타이 비구는 고의로 출정하여 이 승가바시사죄를 범하였으나 하나의 죄도 숨겨두지 않았습니다. 이 가류타이 비구는 고의로 출정하여 이러한 승가바시사죄를 범하였으나 하나의 죄도 숨겨두지 않고 승가를 쫓아서 6일 밤의 마나타를 애원하고 있습니다. 만약 승가께서 때에 이르셨다면 승가께서는 허락하십시오. 이 가류타이 비구는 고의로 출정하여 이러한 승가바시사죄를 범하였으나 하나의 죄도 숨겨두지 않았으므로 6일 밤의 마나타를 지어서 주십시오.'

이것을 '아뢴다.'고 이름한다.

'첫 번째로 제가 말합니다. 대덕 승가께서는 허락하십시오. 이 가류타이 비구는 고의로 출정하여 이 승가바시사죄를 범하였으나 하나의 죄도 숨겨두지 않았습니다. 이 가류타이 비구는 고의로 출정하여 이러한 승가바시사죄를 범하였으나 하나의 죄도 숨겨두지 않고 승가를 쫓아서 6일 밤의 마나타를 애원하고 있습니다. 가류타이 비구는 고의로 출정하여 이러한 승가바시사죄를 범하였으나 하나의 죄도 숨겨두지 않았으므로 마땅히 6일 밤의 마나타를 주십시오. 가류타이 비구는 고의로 출정하여 이러한 승가바시사죄를 범하였으나 하나의 죄를 숨겨두지 않았으므로 6일 밤의 마나타를 지어서 주는 것을 여러 장로들께서 허락하신다면 묵연하시고, 허락하시지 않는다면 곧 말씀하십시오.'

이것이 첫 번째의 갈마이다.

'두 번째로 제가 다시 말합니다. 대덕 승가께서는 허락하십시오. 이 가류타이 비구는 고의로 출정하여 이 승가바시사죄를 범하였으나 하나의 죄도 숨겨두지 않았습니다. 이 가류타이 비구는 고의로 출정하여 이러한 승가바시사죄를 범하였으나 하나의 죄도 숨겨두지 않고 승가를 쫓아서 6일 밤의 마나타를 애원하고 있습니다. 가류타이 비구는 고의로 출정하여 이러한 승가바시사죄를 범하였으나 하나의 죄도 숨겨두지 않았으므로 마땅히 6일 밤의 마나타를 주십시오. 가류타이 비구는 고의로 출정하여 이러한 승가바시사죄를 범하였으나 하나의 죄도 숨겨두지 않았으므로 6일 밤의 마나타를 지어주는 것을 여러 장로들께서 허락하신다면 묵연하시고, 허락하시지 않는다면 곧 말씀하십시오.'

이것이 두 번째의 갈마이다.

‘세 번째로 제가 다시 말합니다. 대덕 승가께서는 허락하십시오. 이 가류타이 비구는 고의로 출정하여 이 승가바시사죄를 범하였으나 하나의 죄도 숨겨두지 않았습니다. 이 가류타이 비구는 고의로 출정하여 이러한 승가바시사죄를 범하였으나 하나의 죄도 숨겨두지 않고 승가를 쫓아서 6일 밤의 마나타를 애원하고 있습니다. 가류타이 비구는 고의로 출정하여 이러한 승가바시사죄를 범하였으나 하나의 죄도 숨겨두지 않았으므로 마땅히 6일 밤의 마나타를 주십시오. 가류타이 비구는 고의로 출정하여 이러한 승가바시사죄를 범하였으나 하나의 죄도 숨겨두지 않았으므로 6일 밤의 마나타를 지어주는 것을 여러 장로들께서 허락하신다면 묵연하시고, 허락하시지 않는다면 곧 말씀하십시오.’

이것이 세 번째 갈마이다.

‘승가시여. 가류타이 비구는 고의로 출정하여 이러한 승가바시사죄를 범하였으나 하나의 죄도 숨겨두지 않았으므로 6일 밤의 마나타를 지어주었습니다. 승가께서 허락하신 것은 묵연하였던 까닭입니다. 이 일은 이와 같이 지니겠습니다.’”

가류타이 비구는 승가의 가운데에서 6일 밤의 마나타를 행하고서 여러 비구들에게 말하였다.

“여러 대덕이여. 나는 마땅히 어떻게 해야 합니까?”

여러 비구들이 이러한 일로써 세존께 아뢰었고, 세존께서는 여러 비구들에게 말씀하셨다.

“그대들은 가류타이 비구에게 마땅히 이것을 범한 출죄(出罪)를 주도록 하라. 이러한 승가바시사죄를 범하여 고의로 출정하였으나 하나의 죄를 숨겨두지 않았고 승가의 가운데에서 6일 밤의 마나타를 행하였으므로 마땅히 출죄를 주도록 하라. 만약 다시 이와 같은 사람이 있다면 역시 출죄를 주도록 하라. ‘출죄’는 일심으로 승가가 화합하였다면 가류타이 비구는 자리에서 일어나서 오른쪽 어깨를 드러내고 가죽신을 벗고서 호궤 합장하고서 이렇게 말을 짓도록 하라.

‘대덕 승가께서는 억념하십시오. 나 가류타이 비구는 고의로 출정하여 승가바시사죄를 범하였으나 하나의 죄도 숨겨두지 않았습니다. 나는 먼저 승가의 가운데에서 6일 밤의 마나타를 애원하였고, 승가께서는 이미 나에게 6일 밤의 마나타를 주셨으며, 나는 승가의 가운데에서 6일 밤의 마나타를 행하였습니다. 나 가류타이 비구는 고의로 출정하여 이러한 승가바시사죄를 범하였으나 하나의 죄를 숨겨두지 않았고, 승가의 가운데에서 6일 밤의 마나타를 행하여 마치고서 지금 승가를 좇아서 출죄를 애원합니다. 나 가류타이 비구는 고의로 출정하여 이러한 승가바시사죄를 범하였으나 하나의 죄를 숨겨두지 않았고, 승가의 가운데에서 6일 밤의 마나타를 행하여 마쳤으므로 승가께서 애민하게 생각하는 까닭으로 마땅히 나에게 출죄를 주십시오.

두 번째로 나는 다시 말합니다. 나 가류타이 비구는 고의로 출정하여 승가바시사죄를 범하였으나 하나의 죄도 숨겨두지 않았습니다. 나는 먼저 승가의 가운데에서 6일 밤의 마나타를 애원하였고, 승가께서는 이미 나에게 6일 밤의 마나타를 주셨으며, 나는 승가의 가운데에서 6일 밤의 마나타를 행하였습니다. 나 가류타이 비구는 고의로 출정하여 이러한 승가바시사죄를 범하였으나 하나의 죄를 숨겨두지 않았고, 승가의 가운데에서 6일 밤의 마나타를 행하여 마치고서 지금 승가를 좇아서 출죄를 애원합니다. 나 가류타이 비구는 고의로 출정하여 이러한 승가바시사죄를 범하였으나 하나의 죄를 숨겨두지 않았고, 승가의 가운데에서 6일 밤의 마나타를 행하여 마쳤으므로 승가께서 애민하게 생각하는 까닭으로 마땅히 나에게 출죄를 주십시오.

세 번째로 내가 다시 말합니다. 나 가류타이 비구는 고의로 출정하여 승가바시사죄를 범하였으나 하나의 죄도 숨겨두지 않았습니다. 나는 먼저 승가의 가운데에서 6일 밤의 마나타를 애원하였고, 승가께서는 이미 나에게 6일 밤의 마나타를 주셨으며, 나는 승가의 가운데에서 6일 밤의 마나타를 행하였습니다. 나 가류타이 비구는 고의로 출정하여 이러한 승가바시사죄를 범하였으나 하나의 죄를 숨겨두지 않았고, 승가의 가운데에서 6일 밤의 마나타를 행하여 마치고서 지금 승가를 좇아서 출죄를 애원합니다. 나 가류타이 비구는 고의로 출정하여 이러한 승가바시사죄를 범하였으나 하나의 죄를 숨겨두지 않았고, 승가의 가운데에서 6일 밤의 마나타를 행하여 마쳤으므로 승가께서 애민하게 생각하는 까닭으로 마땅히 나에게 출죄를 주십시오.'

곧 때에 한 비구가 승가의 가운데에서 창언하라.

'대덕 승가께서는 허락하십시오. 이 가류타이 비구는 고의로 출정하여 이 승가바시사죄를 범하였으나 하나의 죄도 숨겨두지 않았습니다. 먼저 이미 승가를 좇아서 6일 밤의 마나타를 애원하였고 승가께서 6일 밤의 마나타를 주셨으며, 이미 승가의 가운데에서 6일 밤의 마나타를 행하여 마쳤습니다. 이 가류타이 비구는 고의로 출정하여 이 승가바시사죄를 범하였으나 하나의 죄도 숨겨두지 않았고, 이미 승가의 가운데에서 6일 밤의 마나타를 행하여 마쳤으며, 승가를 좇아서 출죄를 애원하고 있습니다. 만약 승가께서 때에 이르셨다면 승가께서는 허락하십시오. 승가시여. 이 가류타이 비구는 고의로 출정하여 이 승가바시사죄를 범하였으나 하나의 죄도 숨겨두지 않았고, 이미 승가의 가운데에서 6일 밤의 마나타를 행하여 마쳤으니, 승가께서는 지금 마땅히 출죄를 주십시오. 이와 같이 아룁니다.'

'첫 번째로 말하겠습니다. 대덕 승가께서는 허락하십시오. 이 가류타이 비구는 고의로 출정하여 이 승가바시사죄를 범하였으나 하나의 죄도 숨겨두지 않았습니다. 먼저 이미 승가를 좇아서 6일 밤의 마나타를 애원하였고 승가께서 6일 밤의 마나타를 주셨으며, 이미 승가의 가운데에서 6일 밤의 마나타를 행하여 마쳤습니다. 이 가류타이 비구는 고의로 출정하여 이 승가바시사죄를 범하였으나 하나의 죄도 숨겨두지 않았고, 이미 승가의 가운데에서 6일 빔의 마나타를 행하여 마쳤으며, 승가를 좇아서 출죄를 애원하고 있습니다. 승가시여. 가류타이 비구는 고의로 출정하여 이 승가바시사죄를 범하였으나 하나의 죄도 숨겨두지 않았고, 이미 승가의 가운데에서 6일 밤의 마나타를 행하여 마쳤으니, 승가께서는 지금 마땅히 출죄를 주십시오. 가류타이 비구는 고의로 출정하여 이러한 승가바시사죄를 범하였으나 하나의 죄도 숨겨두지 않았으므로 6일 밤의 마나타를 마쳤으므로 승가께서 지금 마땅히 출죄를 주는 것을 여러 장로들께서 허락하신다면 묵연하시고, 허락하시지 않는다면 곧 말씀하십시오.'

이것이 첫 번째의 갈마이다.

'두 번째로 제가 다시 말하겠습니다. 대덕 승가께서는 허락하십시오. 이 가류타이 비구는 고의로 출정하여 이 승가바시사죄를 범하였으나 하나의 죄도 숨겨두지 않았습니다. 먼저 이미 승가를 쫓아서 6일 밤의 마나타를 애원하였고 승가께서 6일 밤의 마나타를 주셨으며, 이미 승가의 가운데에서 6일 밤의 마나타를 행하여 마쳤습니다. 이 가류타이 비구는 고의로 출정하여 이 승가바시사죄를 범하였으나 하나의 죄도 숨겨두지 않았고, 이미 승가의 가운데에서 6일 밤의 마나타를 행하여 마쳤으며, 승가를 쫓아서 출죄를 애원하고 있습니다. 승가시여. 가류타이 비구는 고의로 출정하여 이 승가바시사죄를 범하였으나 하나의 죄도 숨겨두지 않았고, 이미 승가의 가운데에서 6일 밤의 마나타를 행하여 마쳤으니, 승가께서는 지금 마땅히 출죄를 주십시오. 가류타이 비구는 고의로 출정하여 이러한 승가바시사죄를 범하였으나 하나의 죄도 숨겨두지 않았으므로 6일 밤의 마나타를 마쳤으므로 승가께서 지금 마땅히 출죄를 주는 것을 여러 장로들께서 허락하신다면 묵연하시고, 허락하시지 않는다면 곧 말씀하십시오.'

이것이 두 번째의 갈마이다.

'세 번째로 제가 다시 말하겠습니다. 대덕 승가께서는 허락하십시오. 이 가류타이 비구는 고의로 출정하여 이 승가바시사죄를 범하였으나 하나의 죄도 숨겨두지 않았습니다. 먼저 이미 승가를 쫓아서 6일 밤의 마나타를 애원하였고 승가께서 6일 밤의 마나타를 주셨으며, 이미 승가의 가운데에서 6일 밤의 마나타를 행하여 마쳤습니다. 이 가류타이 비구는 고의로 출정하여 이 승가바시사죄를 범하였으나 하나의 죄도 숨겨두지 않았고, 이미 승가의 가운데에서 6일 밤의 마나타를 행하여 마쳤으며, 승가를 쫓아서 출죄를 애원하고 있습니다. 승가시여. 가류타이 비구는 고의로 출정하여 이 승가바시사죄를 범하였으나 하나의 죄도 숨겨두지 않았고, 이미 승가의 가운데에서 6일 밤의 마나타를 행하여 마쳤으니, 승가께서는 지금 마땅히 출죄를 주십시오. 가류타이 비구는 고의로 출정하여 이러한 승가바시사죄를 범하였으나 하나의 죄도 숨겨두지 않았으므로 6일 밤의 마나타를 마쳤으므로 승가께서 지금 마땅히 출죄를 주는 것을 여러 장로들께서 허락하신다면 묵연하시고, 허락하시지 않는다면 곧 말씀하십시오.'

이것이 세 번째 갈마이다.

'승가시여. 가류타이 비구는 고의로 출정하여 이러한 승가바시사죄를 범하였으나 하나의 죄도 숨겨두지 않았으며, 승가의 가운데에서 6일 밤의 마나타를 마쳤으므로 출죄를 주었습니다. 승가께서 허락하신 것은 묵연하였던 까닭입니다. 이 일은 이와 같이 지니겠습니다.'"

세존께서는 사위국에 머무르셨다.

그때 가류타이 비구가 고의로 출정하여 하나의 승가바시사죄를 범하였으나, 이것을 숨겨두지 않고 여러 비구들에게 말하였다.

"내가 고의로 출정하여 하나의 승가바시사죄를 범하였으나 숨겨두지 않겠습니다. 나는 마땅히 어떻게 해야 합니까?"

여러 비구들이 이러한 일로써 세존께 아뢰었고, 세존께서는 여러 비구들에게 말씀하셨다.

"가류타이 비구가 고의로 출정하여 하나의 승가바시사죄를 범하였으나 숨겨두지 않았으므로 마땅히 6일 밤의 마나타갈마를 지어서 주도록 하라. 만약 다시 이와 같은 비구가 있다면 승가는 역시 마땅히 지어서 주도록 하라. '작법'은 일심으로 승가가 화합하였다면 가류타이 비구는 사리에서 일어나서 옷을 오른쪽 어깨를 드러내고 가죽신을 벗고서 호궤 합장하고서 이렇게 말을 짓도록 하라.

'대덕 승가께서는 억념하십시오. 나 가류타이 비구는 고의로 출정하여 승가바시사죄를 범하였으나 하나의 죄도 숨겨두지 않았습니다. 나 가류타이 비구는 고의로 출정하여 승가바시사죄를 범하였으나 하나의 죄도 숨겨두지 않았으며, 나는 지금 대중 승가를 쫓아서 6일 밤의 마나타를 애원합니다. 승가시여. 나 가류타이 비구는 고의로 출정하여 승가바시사죄를 범하였으나 하나의 죄도 숨겨두지 않았으므로, 애민하게 생각하시는 까닭으로 나에게 6일 밤의 마나타를 지어주십시오.'

두 번째로 다시 말하라.

'대덕 승가께서는 억념하십시오. 나 가류타이 비구는 고의로 출정하여 승가바시사죄를 범하였으나 하나의 죄도 숨겨두지 않았습니다. 나 가류타이 비구는 고의로 출정하여 승가바시사죄를 범하였으나 하나의 죄도 숨겨두지 않았으며, 나는 지금 대중 승가를 쫓아서 6일 밤의 마나타를 애원합니다. 승가시여. 나 가류타이 비구는 고의로 출정하여 승가바시사죄를 범하였으나 하나의 죄도 숨겨두지 않았으므로, 애민하게 생각하시는 까닭으로 나에게 6일 밤의 마나타를 지어주십시오.'

세 번째로 다시 말하라.

'대덕 승가께서는 억념하십시오. 나 가류타이 비구는 고의로 출정하여 승가바시사죄를 범하였으나 하나의 죄도 숨겨두지 않았습니다. 나 가류타이 비구는 고의로 출정하여 승가바시사죄를 범하였으나 하나의 죄도 숨겨두지 않았으며, 나는 지금 대중 승가를 쫓아서 6일 밤의 마나타를 애원합니다. 승가시여. 나 가류타이 비구는 고의로 출정하여 승가바시사죄를 범하였으나 하나의 죄도 숨겨두지 않았으므로, 애민하게 생각하시는 까닭으로 나에게 6일 밤의 마나타를 지어주십시오.'

곧 때에 한 비구가 승가의 가운데에서 창언하라.

'대덕 승가께서는 허락하십시오. 이 가류타이 비구는 고의로 출정하여 이 승가바시사죄를 범하였으나 하나의 죄도 숨겨두지 않았고, 승가를 쫓아서 6일 밤의 마나타를 애원하고 있습니다. 만약 승가께서 때에 이르셨다면 승가께서는 허락하십시오. 이 가류타이 비구는 고의로 출정하여 이 승가바시사죄를 범하였으나 하나의 죄도 숨겨두지 않았으므로 마땅히 6일 밤의 마나타를 주십시오.'

이것을 '아뢴다.'고 이름한다.

'대덕 승가께서는 허락하십시오. 이 가류타이 비구는 고의로 출정하여 이 승가바시사죄를 범하였으나 하나의 죄도 숨겨두지 않았습니다. 이 가류타이 비구는 고의로 출정하여 이 승가바시사죄를 범하였으나 하나의 죄도 숨겨두지 않았고, 승가를 쫓아서 6일 밤의 마나타를 애원하고 있습니다. 승가시여. 이 가류타이 비구는 고의로 출정하여 이 승가바시사죄를 범하였으나 하나의 죄도 숨겨두지 않았으므로 마땅히 6일 밤의 마나타를 지어서 주겠습니다. 가류타이 비구는 고의로 출정하여 이러한 승가바시사죄를 범하였으나 하나의 죄도 숨겨두지 않았으므로 승가께서 지금 마땅히 6일 밤의 마나타를 주는 것을 여러 장로들께서 허락하신다면 묵연하시고, 허락하시지 않는다면 곧 말씀하십시오.'

이것이 첫 번째의 갈마이다.

'두 번째로 제가 다시 말하겠습니다. 대덕 승가께서는 허락하십시오. 이 가류타이 비구는 고의로 출정하여 이 승가바시사죄를 범하였으나 하나의 죄도 숨겨두지 않았습니다. 이 가류타이 비구는 고의로 출정하여 이 승가바시사죄를 범하였으나 하나의 죄도 숨겨두지 않았고, 승가를 쫓아서 6일 밤의 마나타를 애원하고 있습니다. 승가시여. 이 가류타이 비구는 고의로 출정하여 이 승가바시사죄를 범하였으나 하나의 죄도 숨겨두지 않았으므로 마땅히 6일 밤의 마나타를 지어서 주겠습니다. 가류타이 비구는 고의로 출정하여 이러한 승가바시사죄를 범하였으나 하나의 죄도 숨겨두지 않았으므로 승가께서 지금 마땅히 6일 밤의 마나타를 주는 것을 여러 장로들께서 허락하신다면 묵연하시고, 허락하시지 않는다면 곧 말씀하십시오.'

이것이 두 번째 갈마이다.

'세 번째로 제가 다시 말하겠습니다. 대덕 승가께서는 허락하십시오. 이 가류타이 비구는 고의로 출정하여 이 승가바시사죄를 범하였으나 하나의 죄도 숨겨두지 않았습니다. 이 가류타이 비구는 고의로 출정하여 이 승가바시사죄를 범하였으나 하나의 죄도 숨겨두지 않았고, 승가를 쫓아서 6일 밤의 마나타를 애원하고 있습니다. 승가시여. 이 가류타이 비구는 고의로 출정하여 이 승가바시사죄를 범하였으나 하나의 죄도 숨겨두지 않았으므로 마땅히 6일 밤의 마나타를 지어서 주겠습니다. 가류타이 비구는 고의로 출정하여 이러한 승가바시사죄를 범하였으나 하나의 죄도 숨겨두지 않았으므로 승가께서 지금 마땅히 6일 밤의 마나타를 주는 것을 여러 장로들께서 허락하신다면 묵연하시고, 허락하시지 않는다면 곧 말씀하십시오.'

이것이 세 번째 갈마이다.

'승가시여. 가류타이 비구는 고의로 출정하여 이러한 승가바시사죄를 범하였으나 하나의 죄도 숨겨두지 않았으므로 승가께서는 이미 허락하셨으므로 6일 밤의 마나타를 주는 것을 마쳤습니다. 승가께서 허락하신 것은 묵연하였던 까닭입니다. 이 일은 이와 같이 지니겠습니다.'"

이 가류타이 비구는 6일 밤의 마나타를 행하면서 며칠은 지나갔고 며칠은 지나가지 않았는데, 이 가운데에서 고의로 출정하여 다시 하나의 승가바시사죄를 범하였고, 숨겨두지 않았으며 가류타이는 여러 비구들에게 말하였다.

"대덕이여. 내가 고의로 출정하여 하나의 승가바시사죄를 범하였고 숨겨두지 않았던 까닭으로 승가를 쫓아서 6일 밤의 마나타를 애원하였고, 승가께서는 나에게 6일 밤의 마나타를 주셨습니다. 나는 6일 밤의 마나타를 행하면서 며칠은 지나갔고 며칠은 지나가지 않았는데, 이 가운데에서 고의로 출정하여 다시 하나의 승가바시사죄를 범하였고, 숨겨두지 않겠으니, 지금 마땅히 어떻게 해야 합니까?"

여러 비구들이 이 일로써 세존께 아뢰었고, 세존께서는 여러 비구들에게 말씀하셨다.

"가류타이 비구가 마나타를 행하면서 고의로 출정하여 하나의 승가바시사죄를 다시 범하였으나 숨겨두지 않았던 까닭으로 그대들은 본일치갈마(本日治羯磨)를 주도록 하라. 만약 다시 이와 같은 사람이 있다면 역시 마땅히 지어주도록 하라. '작법'은 일심으로 승가가 화합하였다면 가류타이 비구는 자리에서 일어나서 옷을 한쪽으로 드러내고 가죽신을 벗고서 호궤 합장하고서 이렇게 말을 짓도록 하라.

'대덕 승가께서는 억념하십시오. 나 가류타이 비구는 고의로 출정하여 이러한 승가바시사죄를 범하였으나 하나의 죄를 숨겨두지 않았고 승가를 쫓아서 6일 밤의 마나타를 애원하였습니다. 승가께서 나에게 6일 밤의 마나타를 주셨으나 내가 6일 밤의 마나타를 행하면서 며칠은 지나갔고 며칠은 지나가지 않았는데, 이 가운데에서 고의로 출정하여 다시 하나의 승가바시사죄를 범하였고, 숨겨두지 않고 지금 승가를 쫓아서 본일치갈마를 애원합니다. 나 가류타이 비구는 이러한 승가바시사죄를 범하여 고의로 출정하였으나 하나의 죄도 숨겨두지 않았으니, 승가께서는 애민하게 생각하시는 까닭으로 나에게 본일치갈마를 주십시오.'

'두 번째로 말합니다. 나 가류타이 비구는 고의로 출정하여 이러한 승가바시사죄를 범하였으나 하나의 죄를 숨겨두지 않았고 승가를 쫓아서 6일 밤의 마나타를 애원하였습니다. 승가께서 나에게 6일 밤의 마나타를 주셨으나 내가 6일 밤의 마나타를 행하면서 며칠은 지나갔고 며칠은 지나가지 않았는데, 이 가운데에서 고의로 출정하여 다시 하나의 승가바시사죄를 범하였고, 숨겨두지 않고 지금 승가를 쫓아서 본일치갈마를 애원합니다. 나 가류타이 비구는 이러한 승가바시사죄를 범하여 고의로 출정하였으나 하나의 죄도 숨겨두지 않았으니, 승가께서는 애민하게 생각하시는 까닭으로 나에게 본일치갈마를 주십시오.

세 번째로 다시 말합니다. 나 가류타이 비구는 고의로 출정하여 이러한 승가바시사죄를 범하였으나 하나의 죄를 숨겨두지 않았고 승가를 쫓아서 6일 밤의 마나타를 애원하였습니다. 승가께서 나에게 6일 밤의 마나타를 주셨으나 내가 6일 밤의 마나타를 행하면서 며칠은 지나갔고 며칠은 지나가지 않았는데, 이 가운데에서 고의로 출정하여 다시 하나의 승가바시사죄를 범하였고, 숨겨두지 않고 지금 승가를 쫓아서 본일치갈마를 애원합니다. 나 가류타이 비구는 이러한 승가바시사죄를 범하여 고의로 출정하였으나 하나의 죄도 숨겨두지 않았으니, 승가께서는 애민하게 생각하시는

까닭으로 나에게 본일치갈마를 주십시오.'

곧 때에 한 비구가 승가의 가운데에서 창언하라.

'대덕 승가께서는 허락하십시오. 이 가류타이 비구는 고의로 출정하여 승가바시사죄를 범하였으나 하나의 죄도 숨겨두지 않고서 먼저 이미 승가를 쫓아서 6일 밤의 마나타를 애원하였습니다. 승가께서는 6일 밤의 마나타를 주셨고, 6일 밤의 마나타를 행하면서 며칠은 지나갔고 며칠은 지나가지 않았는데, 이 가운데에서 고의로 출정하여 다시 하나의 승가바시사죄를 범하였으나 죄도 숨겨두지 않았습니다. 이 가류타이 비구는 고의로 출정하여 이러한 승가바시사죄를 범하였으나 하나의 죄도 숨겨두지 않고 승가를 쫓아서 본일치갈마를 애원하고 있습니다. 만약 승가께서 때에 이르셨다면 승가께서는 허락하십시오. 이 가류타이 비구는 고의로 출정하여 이러한 승가바시사죄를 범하였으나 하나의 죄도 숨겨두지 않았으므로 승가께서는 지금 마땅히 본일치갈마를 주십시오. 이와 같이 아뢰니다.'

'대덕 승가께서는 허락하십시오. 이 가류타이 비구는 고의로 출정하여 승가바시사죄를 범하였으나 하나의 죄도 숨겨두지 않고서 먼저 이미 승가를 쫓아서 6일 밤의 마나타를 애원하였습니다. 승가께서는 6일 밤의 마나타를 주셨고, 6일 밤의 마나타를 행하면서 며칠은 지나갔고 며칠은 지나가지 않았는데, 이 가운데에서 고의로 출정하여 다시 하나의 승가바시사죄를 범하였으나 죄도 숨겨두지 않았습니다. 승가시여. 이 가류타이 비구는 고의로 출정하여 이러한 승가바시사죄를 범하였으나 하나의 죄도 숨겨두지 않고 승가를 쫓아서 본일치갈마를 애원하고 있습니다. 승가시여. 가류타이 비구는 고의로 출정하여 이러한 승가바시사죄를 범하였으나 하나의 죄도 숨겨두지 않았으므로 승가께서는 지금 마땅히 본일치갈마를 주는 것을 허락하시는 장로들께서는 묵연하시고, 허락하시지 않는다면 곧 말씀하십시오.'

이것이 첫 번째 갈마이다. 두 번째로 다시 말하라.

'대덕 승가께서는 허락하십시오. 이 가류타이 비구는 고의로 출정하여 승가바시사죄를 범하였으나 하나의 죄도 숨겨두지 않고서 먼저 이미 승가를 쫓아서 6일 밤의 마나타를 애원하였습니다. 승가께서는 6일 밤의 마나타를 주셨고, 6일 밤의 마나타를 행하면서 며칠은 지나갔고 며칠은 지나가지 않았는데, 이 가운데에서 고의로 출정하여 다시 하나의 승가바시사죄를 범하였으나 죄도 숨겨두지 않았습니다. 승가시여. 이 가류타이 비구는 고의로 출정하여 이러한 승가바시사죄를 범하였으나 하나의 죄도 숨겨두지 않고 승가를 쫓아서 본일치갈마를 애원하고 있습니다. 승가시여. 가류타이 비구는 고의로 출정하여 이러한 승가바시사죄를 범하였으나 하나의 죄도 숨겨두지 않았으므로 승가께서는 지금 마땅히 본일치갈마를 주는 것을 허락하시는 장로들께서는 묵연하시고, 허락하시지 않는다면 곧 말씀하십시오.'

이것이 두 번째 갈마이다. 세 번째로 다시 말하라.

'대덕 승가께서는 허락하십시오. 이 가류타이 비구는 고의로 출정하여 승가바시사죄를 범하였으나 하나의 죄도 숨겨두지 않고서 먼저 이미 승가를 쫓아서 6일 밤의 마나타를 애원하였습니다. 승가께서는 6일 밤의 마나타를 주셨고, 6일 밤의 마나타를 행하면서 며칠은 지나갔고 며칠은 지나가지 않았는데, 이 가운데에서 고의로 출정하여 다시 하나의 승가바시사죄를 범하였으나 죄도 숨겨두지 않았습니다. 승가시여. 이 가류타이 비구는 고의로 출정하여 이러한 승가바시사죄를 범하였으나 하나의 죄도 숨겨두지 않고 승가를 쫓아서 본일치갈마를 애원하고 있습니다. 승가시여. 가류타이 비구는 고의로 출정하여 이러한 승가바시사죄를 범하였으나 하나의 죄도 숨겨두지 않았으므로 승가께서는 지금 마땅히 본일치갈마를 주는 것을 허락하시는 장로들께서는 묵연하시고, 허락하시지 않는다면 곧 말씀하십시오.'

이것이 세 번째 갈마이다.

'승가시여. 가류타이 비구는 고의로 출정하여 이러한 승가바시사죄를 범하였으나 하나의 죄도 숨겨두지 않았고, 승가께서는 이미 허락하셨으므로 본일치를 주는 것을 마쳤습니다. 승가께서 허락하신 것은 묵연하였던 까닭입니다. 이 일은 이와 같이 지니겠습니다.'"

가류타이 비구는 참회하는 중간에 다시 하나의 죄를 범하였으므로 본일치를 행하였고, 6일 밤의 마나타를 행하여 마쳤으며 여러 비구들에게 말했다.

"나는 마땅히 어떻게 해야 합니까?"

여러 비구들이 이 일로써 세존께 아뢰었고, 세존께서는 여러 비구들에게 말씀하셨다.

"그대들은 참회하는 중간에 다시 하나의 죄를 범하였으나 본일치를 행하였고 6일 밤의 마나타를 행하였으므로 마땅히 가류타이 비구에게 출죄를 주도록 하라. 만약 다시 이와 같은 사람이 있다면 역시 마땅히 출죄를 주도록 하라. '출죄법'은 일심으로 승가가 화합하였다면 가류타이 비구는 자리에서 일어나서 오른쪽 어깨를 드러내고 가죽신을 벗고서 호궤 합장하고서 이렇게 말을 짓도록 하라.

'대덕 승가께서는 억념하십시오. 나 가류타이 비구는 고의로 출정하여 승가바시사죄를 범하였으나 하나의 죄도 숨겨두지 않고서 먼저 이미 승가를 쫓아서 6일 밤의 마나타를 애원하였습니다. 승가께서는 6일 밤의 마나타를 주셨고, 6일 밤의 마나타를 행하면서 며칠은 지나갔고 며칠은 지나가지 않았는데, 이 가운데에서 고의로 출정하여 다시 하나의 승가바시사죄를 범하였습니다. 나는 먼저 승가를 쫓아서 본일치를 애원하였고 승가께서는 나에게 본일치를 주셨습니다. 가류타이 비구는 참회하는 중간에 다시 하나의 죄를 범하였으나 이미 본일치를 받았고 6일 밤의 마나타를 마쳤으며, 지금 승가를 쫓아서 출죄를 애원합니다. 승가시여. 나 가류타이 비구가 참회하는 중간에 하나의 죄를 범하였으나 본일치를 행하였고 6일 밤의 마나타를 마쳤으므로 승가께서는 애민하게 생각하시어 마땅히 출죄를 주십시오.

두 번째로 말합니다. 대덕 승가께서는 억념하십시오. 나 가류타이 비구는 고의로 출정하여 승가바시사죄를 범하였으나 하나의 죄도 숨겨두지 않고서 먼저 이미 승가를 쫓아서 6일 밤의 마나타를 애원하였습니다. 승가께서는 6일 밤의 마나타를 주셨고, 6일 밤의 마나타를 행하면서 며칠은 지나갔고 며칠은 지나가지 않았는데, 이 가운데에서 고의로 출정하여 다시 하나의 승가바시사죄를 범하였습니다. 나는 먼저 승가를 쫓아서 본일치를 애원하였고 승가께서는 나에게 본일치를 주셨습니다. 가류타이 비구는 참회하는 중간에 다시 하나의 죄를 범하였으나 이미 본일치를 받았고 6일 밤의 마나타를 마쳤으며, 지금 승가를 쫓아서 출죄를 애원합니다. 승가시여. 나 가류타이 비구가 참회하는 중간에 하나의 죄를 범하였으나 본일치를 행하였고 6일 밤의 마나타를 마쳤으므로 승가께서는 애민하게 생각하시어 마땅히 출죄를 주십시오.

세 번째로 말합니다. 대덕 승가께서는 억념하십시오. 나 가류타이 비구는 고의로 출정하여 승가바시사죄를 범하였으나 하나의 죄도 숨겨두지 않고서 먼저 이미 승가를 쫓아서 6일 밤의 마나타를 애원하였습니다. 승가께서는 6일 밤의 마나타를 주셨고, 6일 밤의 마나타를 행하면서 며칠은 지나갔고 며칠은 지나가지 않았는데, 이 가운데에서 고의로 출정하여 다시 하나의 승가바시사죄를 범하였습니다. 나는 먼저 승가를 쫓아서 본일치를 애원하였고 승가께서는 나에게 본일치를 주셨습니다. 가류타이 비구는 참회하는 중간에 다시 하나의 죄를 범하였으나 이미 본일치를 받았고 6일 밤의 마나타를 마쳤으며, 지금 승가를 쫓아서 출죄를 애원합니다. 승가시여. 나 가류타이 비구가 참회하는 중간에 하나의 죄를 범하였으나 본일치를 행하였고 6일 밤의 마나타를 마쳤으므로 승가께서는 애민하게 생각하시어 마땅히 출죄를 주십시오.'

곧 때에 한 비구가 승가의 가운데에서 창언하라.

'대덕 승가께서는 허락하십시오. 이 가류타이 비구는 고의로 출정하여 이러한 승가바시사죄를 범하였으나 숨겨두지 않았고 승가를 쫓아서 6일 밤의 마나타를 애원하였으며, 승가께서는 6일 밤의 마나타를 주셨습니다. 승가의 가운데에서 6일 밤의 마나타를 행하면서 며칠은 지나갔고 며칠은 지나가지 않았는데, 이 가운데에서 고의로 출정하여 다시 하나의 승가바시사죄를 범하였습니다. 이러한 승가바시사죄를 범하였으나 하나의 죄도 숨겨두지 않았고 승가를 쫓아서 본일치갈마를 애원하였으며, 승가께서는 이미 본일치갈마를 주셨습니다. 이 가류타이 비구는 참회하는 중간에 다시 하나의 죄를 범하였으나 이미 본일치를 행하였고, 승가의 가운데에서 6일 밤의 마나타를 마쳤으며, 지금 승가를 쫓아서 출죄를 애원하고 있습니다. 만약 승가께서 때에 이르셨다면 승가께서는 허락하십시오. 승가시여. 이 가류타이 비구가 참회하는 중간에 하나의 죄를 범하였으나 이미 본일치를 행하였고 승가의 가운데에서 6일 밤의 마나타를 마쳤으므로 승가께서는 마땅히 출죄를 주십시오. 이와 같이 아룁니다.'

'대덕 승가께서는 허락하십시오. 이 가류타이 비구는 고의로 출정하여 이러한 승가바시사죄를 범하였으나 숨겨두지 않았고 승가를 쫓아서 6일 밤의 마나타를 애원하였으며, 승가께서는 6일 밤의 마나타를 주었습니다. 승가의 가운데에서 6일 밤의 마나타를 행하면서 며칠은 지나갔고 며칠은 지나가지 않았는데, 이 가운데에서 고의로 출정하여 다시 하나의 승가바시사죄를 범하였고, 이미 승가를 쫓아서 본일치갈마를 애원하였으며, 승가께서는 이미 본일치갈마를 주었습니다. 이 가류타이 비구는 참회하는 중간에 다시 하나의 죄를 범하였으나 본일치를 행하였고, 승가의 가운데에서 6일 밤의 마나타를 마쳤으며, 지금 승가를 쫓아서 출죄를 애원하고 있습니다. 승가시여. 이 가류타이 비구가 참회하는 중간에 하나의 죄를 범하였으나 이미 본일치를 행하였고 승가의 가운데에서 6일 밤의 마나타를 마쳤으므로 마땅히 출죄를 주십시오. 승가시여. 가류타이 비구는 참회하는 중간에 하나의 죄를 범하였으나 본일치를 행하였고 6일 밤의 마나타를 마쳤으므로 마땅히 출죄를 주는 것을 허락하시는 장로들께서는 묵연하시고, 허락하시지 않는다면 곧 말씀하십시오.'

이것이 첫 번째의 갈마이다. 두 번째로 다시 말하라.

'대덕 승가께서는 허락하십시오. 이 가류타이 비구는 고의로 출정하여 이러한 승가바시사죄를 범하였으나 숨겨두지 않았고 승가를 쫓아서 6일 밤의 마나타를 애원하였으며, 승가께서는 6일 밤의 마나타를 주셨습니다. 승가의 가운데에서 6일 밤의 마나타를 행하면서 며칠은 지나갔고 며칠은 지나가지 않았는데, 이 가운데에서 고의로 출정하여 다시 하나의 승가바시사죄를 범하였고, 이미 승가를 좇아서 본일치갈마를 애원하였으며, 승가께서는 이미 본일치갈마를 주었습니다. 이 가류타이 비구는 참회하는 중간에 다시 하나의 죄를 범하였으나 본일치를 행하였고, 승가의 가운데에서 6일 밤의 마나타를 마쳤으며, 지금 승가를 좇아서 출죄를 애원하고 있습니다. 승가시여. 이 가류타이 비구가 참회하는 중간에 하나의 죄를 범하였으나 이미 본일치를 행하였고 승가의 가운데에서 6일 밤의 마나타를 마쳤으므로 마땅히 출죄를 주십시오. 승가시여. 가류타이 비구는 참회하는 중간에 하나의 죄를 범하였으나 본일치를 행하였고 6일 밤의 마나타를 마쳤으므로 마땅히 출죄를 주는 것을 허락하시는 장로들께서는 묵연하시고, 허락하시지 않는다면 곧 말씀하십시오.'

이것이 두 번째의 갈마이다. 세 번째로 다시 말하라.

'대덕 승가께서는 허락하십시오. 이 가류타이 비구는 고의로 출정하여 이러한 승가바시사죄를 범하였으나 숨겨두지 않았고 승가를 좇아서 6일 밤의 마나타를 애원하였으며, 승가께서는 6일 밤의 마나타를 주었습니다. 승가의 가운데에서 6일 밤의 마나타를 행하면서 며칠은 지나갔고 며칠은 지나가지 않았는데, 이 가운데에서 고의로 출정하여 다시 하나의 승가바시사죄를 범하였고, 이미 승가를 좇아서 본일치갈마를 애원하였으며, 승가께서는 이미 본일치갈마를 주었습니다. 이 가류타이 비구는 참회하는 중간에 다시 하나의 죄를 범하였으나 본일치를 행하였고, 승가의 가운데에서 6일 밤의 마나타를 마쳤으며, 지금 승가를 좇아서 출죄를 애원하고 있습니다. 승가시여. 이 가류타이 비구가 참회하는 중간에 하나의 죄를 범하였으나 이미 본일치를 행하였고 승가의 가운데에서 6일 밤의 마나타를 마쳤으므로 마땅히 출죄를 주십시오. 승가시여. 가류타이 비구는 참회하는 중간에 하나의 죄를 범하였으나 본일치를 행하였고 6일 밤의 마나타를 마쳤으므로 마땅히 출죄를 주는 것을 허락하시는 장로들께서는 묵연하시고, 허락하시지 않는다면 곧 말씀하십시오.'

이것이 세 번째 갈마이다.

'승가시여. 가류타이 비구는 고의로 참회하는 중간에 하나의 죄를 범하였으나 본일치를 행하였고 6일 밤의 마나타를 마쳤으므로 출죄를 주었습니다. 승가께서 허락하신 것은 묵연하였던 까닭입니다. 이 일은 이와 같이 지니겠습니다.'"

세존께서는 사위국에 머무르셨다.

그때 가류타이 비구가 고의로 출정하여 하나의 승가바시사죄를 범하였으나 숨겨두었고, 여러 비구들에게 말하였다.

"장로들이여. 나 가류타이 비구는 고의로 출정하여 하나의 승가바시사죄를 범하였으나 숨겨두었습니다. 지금 마땅히 어떻게 해야 합니까?"

여러 비구들이 이 일로써 세존께 아뢰었고, 세존께서는 말씀하셨다.

"그대들은 가류타이 비구가 고의로 출정하여 하나의 승가바시사죄를 범하였고 약간의 날짜를 숨겼으므로 마땅히 숨겼던 날짜를 따라서 별주갈마(別住羯磨)를 주도록 하라. 만약 다시 이와 같은 비구가 있다면 승가는 역시 서로 화합하여 별주갈마를 지어주어야 하며 이와 같이 짓도록 하라. 일심으로 승가가 화합하였다면 가류타이 비구는 자리에서 일어나서 옷을 한쪽으로 드러내고 가죽신을 벗고서 호궤 합장하고서 이렇게 말을 짓도록 하라.

'대덕 승가께서는 억념하십시오. 나 가류타이 비구는 고의로 출정하여 승가바시사죄를 범하였으나 숨겼습니다. 나 가류타이 비구는 고의로 출정하여 승가바시사죄를 범하였으나 약간의 날짜를 숨겼으므로 마땅히 숨겼던 날짜를 따르고 승가를 쫓아서 별주갈마를 애원합니다. 나 가류타이 비구는 고의로 출정하여 승가바시사죄를 범하였으나 숨겼으므로 승가께서는 애민하게 생각하시는 까닭으로 숨겼던 날짜를 따라서 나에게 별주갈마를 주십시오.'

두 번째로 다시 말하라.

'대덕 승가께서는 억념하십시오. 나 가류타이 비구는 고의로 출정하여 승가바시사죄를 범하였으나 숨겼습니다. 나 가류타이 비구는 고의로 출정하여 승가바시사죄를 범하였으나 약간의 날짜만큼 숨겼으므로 마땅히 숨겼던 날짜를 따르고 승가를 쫓아서 별주갈마를 애원합니다. 나 가류타이 비구는 고의로 출정하여 승가바시사죄를 범하였으나 숨겼으므로 승가께서는 애민하게 생각하시는 까닭으로 숨겼던 날짜를 따라서 나에게 별주갈마를 주십시오.'

세 번째로 다시 말하라.

'대덕 승가께서는 억념하십시오. 나 가류타이 비구는 고의로 출정하여 승가바시사죄를 범하였으나 숨겼습니다. 나 가류타이 비구는 고의로 출정하여 승가바시사죄를 범하였으나 약간의 날짜만큼 숨겼으므로 마땅히 숨겼던 날짜를 따르고 승가를 쫓아서 별주갈마를 애원합니다. 나 가류타이 비구는 고의로 출정하여 승가바시사죄를 범하였으나 숨겼으므로 승가께서는 애민하게 생각하시는 까닭으로 숨겼던 날짜를 따라서 나에게 별주갈마를 주십시오.'

곧 때에 한 비구가 승가의 가운데에서 창언하라.

'대덕 승가께서는 허락하십시오. 이 가류타이 비구가 고의로 출정하여 이러한 승가바시사죄를 범하였으나 하나의 죄를 숨겼습니다. 이 가류타이 비구는 고의로 출정하여 이러한 승가바시사죄를 범하였으나 하나의 죄를 약간의 날짜만큼 숨겼으므로 승가를 쫓아서 별주갈마를 애원하고 있습니다. 만약 승가께서 때에 이르셨다면 승가는 허락하십시오. 승가시여. 이 가류타이 비구는 고의로 출정하여 이러한 승가바시사죄를 범하였으나 하나의 죄를 약간의 날짜만큼 숨겼으므로 별주법을 주십시오. 이와 같이 아뢰니다.'

'대덕 승가께서는 허락하십시오. 이 가류타이 비구가 고의로 출정하여 이러한 승가바시사죄를 범하였으나 하나의 죄를 숨겼습니다. 이 가류타이 비구는 고의로 출정하여 이러한 승가바시사죄를 범하였으나 하나의 죄를 약간의 날짜만큼 숨겼으므로 승가를 쫓아서 별주갈마를 애원하고 있습니다. 승가께서는 가류타이 비구가 고의로 출정하여 이러한 승가바시사죄를 범하였으나 하나의 죄를 약간의 날짜만큼 숨겼으므로 마땅히 별주를 주십시오.'

이것이 첫 번째의 갈마이다. 두 번째로 다시 말하라.

'대덕 승가께서는 허락하십시오. 이 가류타이 비구가 고의로 출정하여 이러한 승가바시사죄를 범하였으나 하나의 죄를 숨겼습니다. 이 가류타이 비구는 고의로 출정하여 이러한 승가바시사죄를 범하였으나 하나의 죄를 약간의 날짜만큼 숨겼으므로 승가를 쫓아서 별주갈마를 애원하고 있습니다. 승가께서는 가류타이 비구가 고의로 출정하여 이러한 승가바시사죄를 범하였으나 하나의 죄를 약간의 날짜만큼 숨겼으므로 마땅히 별주를 주십시오.'

이것이 두 번째의 갈마이다. 세 번째로 다시 말하라.

'대덕 승가께서는 허락하십시오. 이 가류타이 비구가 고의로 출정하여 이러한 승가바시사죄를 범하였으나 하나의 죄를 숨겼습니다. 이 가류타이 비구는 고의로 출정하여 이러한 승가바시사죄를 범하였으나 하나의 죄를 약간의 날짜만큼 숨겼으므로 승가를 쫓아서 별주갈마를 애원하고 있습니다. 승가께서는 가류타이 비구가 고의로 출정하여 이러한 승가바시사죄를 범하였으나 하나의 죄를 약간의 날짜만큼 숨겼으므로 마땅히 별주를 주십시오.'

이것이 세 번째 갈마이다.

'승가시여. 가류타이 비구가 고의로 출정하여 이러한 승가바시사죄를 범하였으나 하나의 죄를 약간의 날짜만큼 숨겼으므로 별주갈마를 주었습니다. 승가께서 허락하신 것은 묵연하였던 까닭입니다. 이 일은 이와 같이 지니겠습니다.'"

이 가류타이 비구는 죄를 약간의 날짜만큼 숨긴 별주갈마를 행하여 마치고서 여러 비구들에게 말하였다.

"여러 장로여. 나는 마땅히 어떻게 해야 합니까?"

여러 비구들이 이 일로써 세존께 아뢰었고, 세존께서는 여러 비구들에게 말씀하셨다.

"그대들은 가류타이 비구에게 마땅히 6일 밤의 마나타를 주도록 하라. 고의로 출정하여 이러한 승가바시사죄를 범하였으나 하나의 죄를 약간의 날짜만큼 숨겼고, 이미 승가의 가운데에서 별주를 행하였으므로 마땅히 6일 밤의 마나타를 주도록 하라. 만약 다시 이와 같은 비구가 있다면 역시 6일 밤의 마나타를 주도록 하라.

'작법'은 일심으로 승가가 화합하였다면 가류타이 비구는 자리에서 일어나서 오른쪽 어깨를 드러내고 가죽신을 벗고서 호궤 합장하고서 이렇게 말을 짓도록 하라.

'대덕 승가께서는 억념하십시오. 나 가류타이 비구는 고의로 출정하여 승가바시사죄를 범하였고 하나의 죄를 약간의 날짜만큼 숨겼습니다. 나는 먼저 승가의 가운데에서 별주를 애원하였고 승가께서는 나에게 별주를 주셨으며, 나는 이미 승가의 가운데에서 별주를 행하였습니다. 나 가류타이 비구는 고의로 출정하여 승가바시사죄를 범하였고 약간의 날짜를 숨겼으나 승가의 가운데에서 별주를 행하여 마쳤으므로 지금 승가를 쫓아서 6일 밤의 마나타를 애원합니다. 나 가류타이 비구는 고의로 출정하여 승가바시사죄를 범하였고 약간의 날짜를 숨겼으나 이미 승가의 가운데에서 별주를 행하여 마쳤으므로 승가께서는 애민하게 생각하시는 까닭으로 숨겼던 마땅히 나에게 6일밤의 마나타를 주십시오.'

이와 같이 세 번을 말하라.

곧 때에 한 비구가 승가의 가운데에서 창언하라.

'대덕 승가께서는 허락하십시오. 이 가류타이 비구는 고의로 출정하여 승가바시사죄를 범하였고 하나의 죄를 약간의 날짜만큼 숨겼으나, 먼저 승가의 가운데에서 별주를 애원하였고 승가께서는 별주를 주셨습니다. 이미 승가의 가운데에서 별주를 행하였고, 승가를 쫓아서 6일 밤의 마나타를 애원하고 있습니다. 이 가류타이 비구는 고의로 출정하여 승가바시사죄를 범하였고 약간의 날짜를 숨겼으나 승가의 가운데에서 별주를 행하여 마쳤고 지금 승가를 쫓아서 6일 밤의 마나타를 애원하고 있습니다. 만약 승가께서 때에 이르셨다면 승가께서는 허락하십시오. 승가시여. 이 가류타이 비구는 고의로 출정하여 승가바시사죄를 범하였고 약간의 날짜를 숨겼으나 이미 승가의 가운데에서 별주를 행하여 마쳤으므로 승가께서는

지금 마땅히 6일밤의 마나타를 주십시오. 이와 같이 아룁니다.'

'대덕 승가께서는 허락하십시오. 이 가류타이 비구는 고의로 출정하여 승가바시사죄를 범하였고 하나의 죄를 약간의 날짜만큼 숨겼으나, 먼저 승가를 쫓아서 약간의 날짜만큼 별주를 애원하였고 승가께서는 약간의 날짜만큼 별주를 주셨으며, 이미 승가의 가운데에서 약간의 날짜만큼 별주를 행하여 마쳤습니다. 이 가류타이 비구는 고의로 출정하여 승가바시사죄를 범하였고 약간의 날짜를 숨겼으나 승가의 가운데에서 별주를 행하여 마쳤고 지금 승가를 쫓아서 6일 밤의 마나타를 애원하고 있습니다. 승가시여. 이 가류타이 비구는 고의로 출정하여 승가바시사죄를 범하였고 약간의 날짜를 숨겼으나, 이미 승가의 가운데에서 약간의 날짜만큼 별주를 행하여 마쳤으므로 승가께서는 마땅히 6일밤의 마나타를 주십시오. 만약 어느 장로라도 이 가류타이 비구는 고의로 출정하여 승가바시사죄를 범하였고 약간의 날짜를 숨겼으나, 이미 승가의 가운데에서 약간의 날짜만큼 별주를 행하여 마쳤으므로 승가께서는 마땅히 6일밤의 마나타를 주는 것을 허락하신다면 묵연하시고, 허락하시지 않는다면 곧 말씀하십시오.'

이것이 첫 번째 갈마이다. 이와 같이 세 번을 말하라.

'승가시여. 가류타이 비구는 고의로 출정하여 승가바시사죄를 범하였고 약간의 날짜를 숨겼으나, 이미 승가의 가운데에서 약간의 날짜만큼 별주를 행하여 마쳤으므로 승가께서는 마땅히 6일밤의 마나타를 주었습니다. 승가께서 허락하신 것은 묵연하였던 까닭입니다. 이 일은 이와 같이 지니겠습니다.'"

이 가류타이 비구는 승가의 가운데에서 죄를 감추었던 약간의 날짜만큼 별주를 행하였고, 6일 밤의 마나타를 마치고서 여러 비구들에게 말하였다.

"여러 장로들이여. 나는 마땅히 어떻게 해야 합니까?"

여러 비구들이 이 일로써 세존께 아뢰었고, 세존께서는 여러 비구들에게 말씀하셨다.

"그대들은 감추었던 약간의 날짜만큼 별주를 행하였고, 6일 밤의 마나타를 마쳤으므로 마땅히 가류타이 비구에게 출죄를 주도록 하라. 만약 다시 이와 같은 사람이 있다면 역시 마땅히 출죄를 주도록 하라. '출죄법'은 일심으로 승가가 화합하였다면 가류타이 비구는 자리에서 일어나서 옷을 한쪽으로 드러내고 가죽신을 벗고서 호궤 합장하고서 이렇게 말을 짓도록 하라.

'대덕 승가께서는 억념하십시오. 이 가류타이 비구는 고의로 출정하여 승가바시사죄를 범하였고 하나의 죄를 약간의 날짜만큼 숨겼으나, 먼저 승가를 쫓아서 약간의 날짜만큼 별주를 애원하였고 승가께서는 약간의 날짜만큼 별주를 주셨습니다. 나는 승가의 가운데에서 약간의 날짜만큼 별주를 행하여 마쳤고 승가를 쫓아서 6일 밤의 마나타를 애원하였습니다. 승가께서는 나에게 6일 밤의 마나타를 주셨고 나는 승가의 가운데에서 6일 밤의 마나타를 행하여 마쳤습니다. 나 가류타이 비구는 고의로 출정하여 승가바시사죄를 범하였고 약간의 날짜를 숨겼으나 승가의 가운데에서 별주를 행하여 마쳤고 승가의 가운데에서 6일 밤의 마나타를 행하여 마쳤으므로 지금 승가를 쫓아서 출죄를 애원하고 있습니다. 나 가류타이 비구는 고의로 출정하여 승가바시사죄를 범하였고 약간의 날짜를 숨겼으나 이미 약간의 날짜만큼 별주를 행하여 마쳤고 승가의 가운데에서 6일 밤의 마나타를 행하여 마쳤으므로 지금 승가를 쫓아서 출죄를 애원하고 있으므로 승가께서는 애민하게 생각하시어 마땅히 출죄를 주십시오.'

이와 같이 세 번을 말하라. 곧 때에 한 비구가 승가의 가운데에서 창언하라.

'대덕 승가께서는 허락하십시오. 이 가류타이 비구는 고의로 출정하여 승가바시사죄를 범하였고 하나의 죄를 약간의 날짜만큼 숨겼으나, 먼저 승가를 쫓아서 약간의 날짜만큼 별주를 애원하였고 승가께서는 약간의 날짜만큼 별주를 주셨으며, 승가의 가운데에서 약간의 날짜만큼 별주를 행하여 마쳤습니다. 승가를 쫓아서 6일 밤의 마나타를 애원하였고, 승가께서는 6일 밤의 마나타를 주셨으며, 승가의 가운데에서 6일 밤의 마나타를 행하여 마쳤습니다. 이 가류타이 비구는 고의로 출정하여 승가바시사죄를 범하였고 약간의 날짜를 숨겼으나, 이미 승가의 가운데에서 별주를 행하여 마쳤고 승가의 가운데에서 6일 밤의 마나타를 행하여 마쳤으므로 지금 승가를 쫓아서 출죄를 애원하고 있습니다. 만약 승가께서 때에 이르셨다면 승가께서는 허락하십시오. 이 가류타이 비구는 고의로 출정하여 승가바시사죄를 범하였고 약간의 날짜를 숨겼으나 이미 승가의 가운데에서 약간의 날짜만큼 별주를 행하여 마쳤고 승가의 가운데에서 6일 밤의 마나타를 행하여 마쳤으므로 승가께서는 지금 출죄를 주십시오. 이와 같이 아룁니다.'

'대덕 승가께서는 허락하십시오. 이 가류타이 비구는 고의로 출정하여 승가바시사죄를 범하였고 하나의 죄를 약간의 날짜만큼 숨겼으나, 먼저 승가를 쫓아서 약간의 날짜만큼 별주를 애원하였고 승가께서는 약간의 날짜만큼 별주를 주셨으며, 승가의 가운데에서 약간의 날짜만큼 별주를 행하여 마쳤습니다. 승가의 가운데에서 6일 밤의 마나타를 애원하였고, 승가께서는 6일 밤의 마나타를 주셨으며, 승가의 가운데에서 6일 밤의 마나타를 행하여 마쳤습니다. 이 가류타이 비구는 고의로 출정하여 승가바시사죄를 범하였고 약간의 날짜를 숨겼으나, 이미 승가의 가운데에서 별주를 행하여 마쳤고 승가의 가운데에서 6일 밤의 마나타를 행하여 마쳤으므로 지금 승가를 쫓아서 출죄를 애원하고 있습니다.

승가시여. 가류타이 비구는 고의로 출정하여 승가바시사죄를 범하였고 약간의 날짜를 숨겼으나, 이미 승가의 가운데에서 별주를 행하여 마쳤고 승가의 가운데에서 6일 밤의 마나타를 행하여 마쳤으므로 승가께서는 마땅히 출죄를 주십시오. 승가시여. 가류타이 비구는 고의로 출정하여 승가바시사죄를 범하였고 약간의 날짜를 숨겼으나, 이미 승가의 가운데에서 별주를 행하여 마쳤고 승가의 가운데에서 6일 밤의 마나타를 행하여 마쳤으므로 승가께서 마땅히 출죄를 주는 것을 허락하시는 장로들께서는 묵연하시고, 허락하시지 않는다면 곧 말씀하십시오.'

이것이 첫 번째의 갈마이다. 이와 같이 세 번을 말하라.

'승가시여. 가류타이 비구는 고의로 출정하여 승가바시사죄를 범하였고 약간의 날짜를 숨겼으나, 이미 승가의 가운데에서 약간의 날짜만큼 별주를 행하여 마쳤고 승가의 가운데에서 6일 밤의 마나타를 행하여 마쳤으므로 승가께서 마땅히 출죄를 주는 것을 마쳤습니다. 승가께서 허락하신 것은 묵연하였던 까닭입니다. 이 일은 이와 같이 지니겠습니다.'"

세존께서는 사위국에 머무르셨다.

그때 가류타이 비구가 고의로 출정하여 승가바시사죄를 범하였으나 하나의 죄를 숨겨두었으며, 여러 비구들에게 말하였다.

"나 가류타이 비구는 고의로 출정하여 승가바시사죄를 범하였으나 하나의 죄를 숨겨두었습니다. 지금 마땅히 어떻게 해야 합니까?"

여러 비구들이 이 일로써 세존께 아뢰었고, 세존께서는 여러 비구들에게 말씀하셨다.

"그대들은 가류타이 비구가 고의로 출정하여 승가바시사죄를 범하였고 하나의 죄를 숨겼으므로 숨겼던 날짜를 따라서 별주(別住)를 주도록 하라. 만약 다시 이와 같은 사람이 있다면 역시 서로 지어주어야 하며 지어서 주도록 하라. '작법'은 일심으로 승가가 화합하였다면 가류타이 비구는 자리에서 일어나서 옷을 한쪽으로 드러내고 가죽신을 벗고서 호궤 합장하고서 이렇게 말을 짓도록 하라.

'대덕 승가께서는 억념하십시오. 나 가류타이 비구는 고의로 출정하여 승가바시사죄를 범하였으나 하나의 죄를 숨겨두었고 숨겨두었던 날짜를 따르고 승가를 좇아서 별주를 애원합니다. 승가시여. 나 가류타이 비구는 고의로 출정하여 승가바시사죄를 범하였고 하나의 죄를 숨겨두었으므로, 애민하게 생각하시는 까닭으로 나에게 숨겨두었던 날짜를 따라서 별주를 주십시오.'

이와 같이 세 번을 애원하라.

곧 때에 한 비구가 승가의 가운데에서 창언하라.

'대덕 승가께서는 허락하십시오. 이 가류타이 비구는 고의로 출정하여 승가바시사죄를 범하였으나 하나의 죄를 숨겨두었습니다. 이 가류타이 비구는 고의로 출정하여 승가바시사죄를 범하였으나 하나의 죄를 숨겨두었으므로 숨겨두었던 날짜를 따르고 승가를 쫓아서 별주를 애원하고 있습니다. 만약 승가께서 때에 이르셨다면 승가께서는 허락하십시오. 승가시여. 이 가류타이 비구는 고의로 출정하여 승가바시사죄를 범하였고 하나의 죄를 숨겨두었으므로, 애민하게 생각하시는 까닭으로 나에게 숨겨두었던 날짜를 따라서 승가께서는 마땅히 별주를 주십시오. 이와 같이 아룁니다.'

'대덕 승가께서는 허락하십시오. 이 가류타이 비구는 고의로 출정하여 승가바시사죄를 범하였으나 하나의 죄를 숨겨두었습니다. 이 가류타이 비구는 고의로 출정하여 승가바시사죄를 범하였으나 하나의 죄를 숨겨두었으므로 숨겨두었던 날짜를 따르고 승가를 쫓아서 별주를 애원하고 있습니다. 승가시여. 이 가류타이 비구는 고의로 출정하여 승가바시사죄를 범하였으나 하나의 죄를 숨겨두었으므로 숨겨두었던 날짜를 따라서 마땅히 별주를 주십시오. 만약 누구 장로라도 이 가류타이 비구가 고의로 출정하여 승가바시사죄를 범하였으나 하나의 죄를 숨겨두었으므로 숨겨두었던 날짜를 따라서 마땅히 별주를 주는 것을 허락하신다면 묵연하시고, 허락하시지 않는다면 곧 말씀하십시오.'

이것이 첫 번째의 갈마이다. 이와 같이 세 번을 말하라.

'승가시여. 이 가류타이 비구가 고의로 출정하여 승가바시사죄를 범하였으나 하나의 죄를 숨겨두었으므로 숨겨두었던 날짜를 따라서 마땅히 별주를 주는 것을 마쳤습니다. 승가께서 허락하신 것은 묵연하였던 까닭입니다. 이 일은 이와 같이 지니겠습니다.'"

가류타이 비구는 숨겼던 날짜만큼의 별주를 행하고서 여러 비구들에게 말하였다.

"나는 마땅히 어떻게 해야 합니까?"

여러 비구들이 이 일로써 세존께 아뢰었고, 세존께서는 여러 비구들에게 말씀하셨다.

"가류타이 비구가 고의로 출정하여 승가바시사죄를 범하였고 하나의 죄를 숨겼으나 숨겨두었던 날짜만큼 별주를 마쳤으므로 6일 밤의 마나타를 지어 주도록 하라. 만약 다시 이와 같은 사람이 있다면 역시 6일밤의 마나타를 지어주도록 하라. '작법'은 일심으로 승가가 화합하였다면 가류타이 비구는 자리에서 일어나서 옷을 한쪽으로 드러내고 가죽신을 벗고서 호궤 합장하고서 이렇게 말을 짓도록 하라.

'대덕 승가께서는 억념하십시오. 나 가류타이 비구는 고의로 출정하여 이러한 승가바시사죄를 범하였고 하나의 죄를 숨겨두었으므로 숨겨두었던 날짜를 따라서 별주를 애원합니다. 승가는 숨겨두었던 날짜를 따라서 나에게 별주를 주었고, 나는 이미 승가의 가운데에서 숨겨두었던 날짜를 따라서 별주를 행하였습니다. 나 가류타이 비구는 고의로 출정하여 이러한 승가바시사죄를 범하였고 하나의 죄를 숨겨두었으므로 숨겨두었던 날짜를 따라서 별주를 마쳤으므로 지금 승가를 쫓아서 마나타를 애원합니다. 가류타이 비구는 고의로 출정하여 이러한 승가바시사죄를 범하였고 하나의 죄를 숨겨두었으므로 숨겨두었던 날짜를 따라서 별주를 마쳤으므로 승가께서는 애민하게 생각하시는 까닭으로 마땅히 6일밤의 마나타를 주십시오.'

이와 같이 세 번을 애원하도록 하라.

곧 때에 한 비구가 승가의 가운데에서 창언하라.

'대덕 승가께서는 억념하십시오. 이 가류타이 비구는 고의로 출정하여 이러한 승가바시사죄를 범하였고 하나의 죄를 숨겨두었으며 숨겨두었던 날짜를 따르고 승가를 쫓아서 별주를 애원하고 있습니다. 승가는 숨겨두었던 날짜를 따라서 별주를 주었고, 승가의 가운데에서 숨겨두었던 날짜를 따라서 별주를 행하였습니다. 이 가류타이 비구는 고의로 출정하여 이러한 승가바시사죄를 범하였고 하나의 죄를 숨겨두었으므로 숨겨두었던 날짜를 따라서 별주를 마쳤으므로 지금 승가를 쫓아서 6일밤의 마나타를 애원하고 있습니다. 만약 승가께서 때에 이르셨다면 승가께서는 허락하십시오. 승가시여. 이 가류타이 비구는 고의로 출정하여 이러한 승가바시사죄를 범하였고 하나의 죄를 숨겨두었으므로 숨겨두었던 날짜를 따라서 별주를 마쳤으므로 승가께서는 애민하게 생각하시는 까닭으로 마땅히

6일밤의 마나타를 주십시오. 이와 같이 아룁니다.'

'대덕 승가께서는 억념하십시오. 이 가류타이 비구는 고의로 출정하여 이러한 승가바시사죄를 범하였고 하나의 죄를 숨겨두었으며 숨겨두었던 날짜를 따르고 승가를 쫓아서 별주를 애원하고 있습니다. 승가는 숨겨두었던 날짜를 따라서 별주를 주었고, 승가의 가운데에서 숨겨두었던 날짜를 따라서 별주를 행하였습니다. 이 가류타이 비구는 고의로 출정하여 이러한 승가바시사죄를 범하였고 하나의 죄를 숨겨두었으므로 숨겨두었던 날짜를 따라서 별주를 마쳤으므로 지금 승가를 쫓아서 6일밤의 마나타를 애원하고 있습니다. 이 가류타이 비구는 고의로 출정하여 이러한 승가바시사죄를 범하였고 하나의 죄를 숨겨두었으므로 숨겨두었던 날짜를 따라서 별주를 마쳤으므로 승가께서는 마땅히 6일밤의 마나타를 주십시오.

만약 누구 장로라도 이 가류타이 비구는 고의로 출정하여 이러한 승가바시사죄를 범하였고 하나의 죄를 숨겨두었으므로 숨겨두었던 날짜를 따라서 별주를 마쳤으므로 지금 승가께서 마땅히 별주를 주는 것을 허락하신다면 묵연하시고, 허락하시지 않는다면 곧 말씀하십시오.'

이것이 첫 번째의 갈마이다. 이와 같이 세 번을 말하도록 하라.

'승가시여. 이 가류타이 비구는 고의로 출정하여 이러한 승가바시사죄를 범하였고 하나의 죄를 숨겨두었으므로 숨겨두었던 날짜를 따라서 별주를 마쳤으므로 지금 승가께서 마땅히 별주를 주는 것을 마쳤습니다. 승가께서 허락하신 것은 묵연하였던 까닭입니다. 이 일은 이와 같이 지니겠습니다.'"

가류타이 비구는 승가의 가운데에서 6일 밤의 마나타를 행하면서 며칠은 지나갔고 며칠은 지나가지 않았는데, 이 가운데에서 고의로 출정하여 다시 하나의 승가바시사죄를 범하였고, 숨겨두지 않았으며 가류타이는 여러 비구들에게 말하였다.

"여러 장로들이여. 나 가류타이는 고의로 출정하여 이러한 승가바시사죄를 범하였고 하나의 죄도 숨겨두지 않았습니다. 이때에 그 며칠은 지나갔고 며칠은 지나가지 않았는데, 고의로 출정하여 다시 하나의 승가바시사죄를 범하였으나, 하나의 죄도 숨겨두지 않았습니다. 지금 마땅히 어떻게 해야 합니까?"

여러 비구들이 이 일로써 세존께 아뢰었고, 세존께서는 여러 비구들에게 말씀하셨다.

"그대들은 가류타이 비구가 고의로 출정하여 이러한 승가바시사죄를 범하였고 하나도 숨겨두지 않았으므로 마땅히 본일치갈마를 주도록 하라. 만약 다시 이와 같은 사람이 있다면 역시 본일치갈마를 지어주도록 하라. '작법'은 일심으로 승가가 화합하였다면 가류타이 비구는 자리에서 일어나서 옷을 한쪽으로 드러내고 가죽신을 벗고서 호궤 합장하고서 이렇게 말을 짓도록 하라.

'대덕 승가께서는 억념하십시오. 나 가류타이 비구는 고의로 출정하여 이러한 승가바시사죄를 범하였고, 하나의 죄를 숨겼으나 숨겨두었던 날짜를 따르고 승가를 쫓아서 별주를 애원하였으며, 승가께서는 숨겨두었던 날짜를 따라서 별주를 주셨습니다. 나는 숨겨두었던 날짜를 따라서 승가의 가운데에서 별주를 행하였고, 숨겨두었던 날짜를 따라서 승가의 가운데에서 별주를 행하여 마쳤으며, 승가를 쫓아서 6일 밤의 마나타를 애원하였고, 승가께서는 6일 밤의 마나타를 주셨습니다. 나는 승가의 가운데에서 6일 밤의 마나타가 며칠은 지나갔고 며칠은 지나가지 않았는데, 다시 고의로 출정하여 이러한 승가바시사죄를 범하였으나, 하나의 죄도 숨겨두지 않았습니다. 승가시여. 나 가류타이 비구는 고의로 출정하여 이러한 승가바시사죄를 범하였으나, 하나의 죄도 숨겨두지 않았으므로 승가를 쫓아서 본일치갈마를 애원합니다. 나 가류타이 비구는 고의로 출정하여 이러한 승가바시사죄를 범하였으나, 하나의 죄도 숨겨두지 않았으므로 승가께서는 애민하게 생각하시는 까닭으로 마땅히 나에게 본일치갈마를 주십시오.'

이와 같이 세 번을 아뢰도록 하라. 곧 때에 한 비구가 승가의 가운데에서 창언하라.

'대덕 승가께서는 허락하십시오. 이 가류타이 비구는 고의로 출정하여 이러한 승가바시사죄를 범하였고, 하나의 죄를 숨겼으나 숨겨두었던 날짜를 따르고 승가를 쫓아서 별주를 애원하였으며, 승가께서는 숨겨두었던 날짜를 따라서 그에게 별주를 주셨습니다. 그는 숨겨두었던 날짜를 따라서 승가의 가운데에서 별주를 행하였고, 숨겨두었던 날짜를 따라서 승가의 가운데에서 별주를 행하여 마쳤으며, 승가를 쫓아서 6일 밤의 마나타를 애원하였고, 승가께서는 6일 밤의 마나타를 주셨습니다. 이때에 6일 밤의 마나타가 며칠은 지나갔고 며칠은 지나가지 않았는데, 다시 고의로 출정하여 이러한 승가바시사죄를 범하였으나, 하나의 죄도 숨겨두지 않았으며 승가를 쫓아서 본일치갈마를 애원하고 있습니다. 만약 승가께서 때에 이르셨다면 승가께서는 허락하십시오. 승가시여. 이 가류타이 비구는 고의로 출정하여 이러한 승가바시사죄를 범하였으므로 마땅히 본일치갈마를 주십시오. 이와 같이 아룁니다.'

'대덕 승가께서는 허락하십시오. 이 가류타이 비구는 고의로 출정하여 이러한 승가바시사죄를 범하였고, 하나의 죄를 숨겼으나 먼저 숨겨두었던 날짜를 따르고 승가를 쫓아서 별주를 애원하였으며, 승가께서는 숨겨두었던 날짜를 따라서 그에게 별주를 주셨습니다. 승가의 가운데에서 숨겨두었던 날짜를 따라서 별주를 행하였고, 승가의 가운데에서 숨겨두었던 날짜를 따라서 별주를 행하여 마쳤으며, 승가를 쫓아서 6일 밤의 마나타를 애원하였고, 승가께서는 6일 밤의 마나타를 주셨습니다. 승가의 가운데에서 6일 밤의 마나타를 행하였고, 승가의 가운데에서 6일 밤의 마나타를 행하면서 이때에 6일 밤의 마나타가 며칠은 지나갔고 며칠은 지나가지 않았는데, 다시 고의로 출정하여 이러한 승가바시사죄를 범하였으나, 하나의 죄도 숨겨두지 않았으며 승가를 쫓아서 본일치갈마를 애원하고 있습니다. 승가시여. 이 가류타이 비구가 고의로 출정하여 이러한 승가바시사죄를 범하였으나 하나의 죄를 숨겨두지 않았으므로 승가께서는 가류타이 비구가 고의로 출정하여 이러한 승가바시사죄를 범하였으나 하나의 죄를 숨겨두지 않았으므로 본일치갈마를 주십시오. 승가께서는 가류타이 비구가 고의로 출정하여 이러한 승가바시사죄를 범하였으나 하나의 죄를

숨겨두지 않았으므로 본일치갈마를 주는 것을 허락하신다면 묵연하시고, 허락하시지 않는다면 곧 말씀하십시오.'

이것이 첫 번째의 갈마이다. 이와 같이 세 번을 말하도록 하라.

'승가시여. 이 가류타이 비구는 고의로 출정하여 이러한 승가바시사죄를 범하였으나 하나의 죄를 숨겨두지 않았으므로 본일치갈마를 주는 것을 마쳤습니다. 승가께서 허락하신 것은 묵연하였던 까닭입니다. 이 일은 이와 같이 지니겠습니다.'"

이 가류타이 비구는 중간에 범하고서 본일치갈마를 받았으나, 이전의 죄로 별주갈마를 행하였고, 승가의 가운데에서 6일 밤의 마나타를 마쳤으며 여러 비구들에게 말하였다.

"여러 장로들이여. 나는 마땅히 어떻게 해야 합니까?"

여러 비구들이 이 일로써 세존께 아뢰었고, 세존께서는 여러 비구들에게 말씀하셨다.

"그대들은 중간에 범하고서 본일치갈마를 받았으나, 이전의 죄로 별주갈마를 행하였고, 승가의 가운데에서 6일 밤의 마나타를 마쳤으므로 마땅히 가류타이 비구에게 출죄를 주도록 하라. 만약 다시 이와 같은 사람이 있다면 역시 마땅히 출죄를 주도록 하라. '출죄법'은 일심으로 승가가 화합하였다면 가류타이 비구는 자리에서 일어나서 옷을 한쪽으로 드러내고 가죽신을 벗고서 호궤 합장하고서 이렇게 말을 짓도록 하라.

'대덕 승가께서는 억념하십시오. 나 가류타이 비구는 고의로 출정하여 이러한 승가바시사죄를 범하였고 하나의 죄를 숨겼으며, 숨겼던 날짜를 따르고 승가를 쫓아서 별주를 애원하였고, 승가께서는 숨겼던 날짜를 따라서 나에게 별주를 주셨으며, 나는 숨겼던 날짜를 따라서 승가의 가운데에서 별주를 행하여 마쳤습니다. 숨겼던 날짜를 따라서 승가의 가운데에서 별주를 행하여 마치고서 승가를 쫓아서 6일 밤의 마나타를 애원하였고 승가께서는 나에게 6일 밤의 마나타를 주셨으며, 나는 승가의 가운데에서 6일 밤의 마나타를 행하였으나, 이때에 6일 밤의 마나타가 며칠은 지나갔고 며칠은 지나가지 않았는데, 다시 고의로 출정하여 이러한 승가바시사죄를 범하였으나, 하나의 죄도 숨겨두지 않았고, 승가를 쫓아서 본일치갈마를 애원하였으며, 승가께서는 나에게 본일치갈마를 주었습니다. 나 가류타이 비구는 중간에 범하였던 죄로 본일치갈마를 행하였고, 이전의 죄로 별주를 행하여 마쳤으며, 6일 밤의 마나타를 마쳤으므로 지금 승가를 쫓아서 출죄를 애원합니다. 가류타이 비구는 중간에 범하였던 죄로 본일치갈마를 행하였고, 이전의 죄로 별주를 행하여 마쳤으며, 6일 밤의 마나타를 마쳤으므로 애민하게 생각하는 까닭으로 나에게 출죄갈마를 주십시오.'

이와 같이 세 번을 말하라. 곧 때에 한 비구가 승가의 가운데에서 창언하라.

'대덕 승가께서는 허락하십시오. 이 가류타이 비구는 고의로 출정하여 승가바시사죄를 범하였고 하나의 죄를 숨겼으며, 숨겼던 날짜를 따르고 승가를 쫓아서 별주를 애원하였고, 승가께서는 숨겼던 날짜를 따라서 별주를 주셨으며, 승가의 가운데에서 숨겼던 날짜를 따라서 별주를 행하였고 승가의 가운데에서 숨겼던 날짜를 따라서 별주를 행하여 마쳤으며, 승가를 쫓아서 6일 밤의 마나타를 애원하였고 승가께서는 6일 밤의 마나타를 주셨으며, 승가의 가운데에서 6일 밤의 마나타를 행하였으나, 이때에 6일 밤의 마나타가 며칠은 지나갔고 며칠은 지나가지 않았는데, 다시 고의로 출정하여 이러한 승가바시사죄를 범하였으나, 하나의 죄도 숨겨두지 않았고, 승가를 쫓아서 본일치갈마를 애원하였으며, 승가께서는 본일치갈마를 주었습니다. 가류타이 비구는 중간에 범하였던 죄로 본일치갈마를 행하였고, 이전의 죄로 별주를 행하여 마쳤으며, 6일 밤의 마나타를 마쳤으므로 승가를 쫓아서 출죄를 애원하고 있습니다. 만약 승가께서 때에 이르셨다면 승가께서는 허락하십시오. 가류타이 비구는 중간에 범하였던 죄로 본일치갈마를 행하였고, 이전의 죄로 별주를 행하여 마쳤으며, 승가께서는 마땅히 출죄갈마를 주십시오. 이와 같이 아룁니다.'

'대덕 승가께서는 허락하십시오. 이 가류타이 비구는 고의로 출정하여 승가바시사죄를 범하였고 하나의 죄를 숨겼으며, 숨겼던 날짜를 따르고 승가를 쫓아서 별주를 애원하였고, 승가께서는 숨겼던 날짜를 따라서 별주를 주셨으며, 승가의 가운데에서 숨겼던 날짜를 따라서 별주를 행하였고 승가의 가운데에서 숨겼던 날짜를 따라서 별주를 행하여 마쳤으며, 승가를 쫓아서 6일 밤의 마나타를 애원하였고 승가께서는 6일 밤의 마나타를 주셨으며, 승가의 가운데에서 6일 밤의 마나타를 행하였으나, 이때에 6일 밤의 마나타가 며칠은 지나갔고 며칠은 지나가지 않았는데, 다시 고의로 출정하여 이러한 승가바시사죄를 범하였으나, 하나의 죄도 숨겨두지 않았고, 승가를 쫓아서 본일치갈마를 애원하였으며, 승가께서는 본일치갈마를 주었습니다. 가류타이 비구는 중간에 범하였던 죄로 본일치갈마를 행하였고, 이전의 죄로 별주를 행하여 마쳤으며, 6일 밤의 마나타를 마쳤으므로 승가를 쫓아서 출죄를 애원하고 있습니다. 승가시여. 가류타이 비구는 중간에 범하였던 죄로 본일치갈마를 행하였고, 이전의 죄로 별주를 행하여 마쳤으며, 6일 밤의 마나타를 마쳤으므로 마땅히 출죄를 주십시오. 누구 여러 장로라도 가류타이 비구가 중간에 범하였던 죄로 본일치갈마를 행하였고, 이전의 죄로 별주를 행하여 마쳤으며, 6일 밤의 마나타를 마쳤으므로 마땅히 출죄를 주는 것을 허락하신다면 묵연하시고, 허락하시지 않는다면 곧 말씀하십시오.'

이것이 첫 번째의 갈마이다. 이와 같이 세 번을 말하여야 한다.

'승가시여. 이 가류타이 비구가 중간에 범하였던 죄로 본일치갈마를 행하였고, 이전의 죄로 별주를 행하여 마쳤으며, 6일 밤의 마나타를 마쳤으므로 마땅히 출죄를 주었습니다. 승가께서 허락하신 것은 묵연하였던 까닭입니다. 이 일은 이와 같이 지니겠습니다.'"

세존께서는 사위국에 머무르셨다.

이때 가류타이 비구가 여러 종류의 승가바시사죄를 범하였다. 첫 번째로 범한 것은 고의로 출정하고도 1일 밤을 숨겨둔 것이고, 두 번째로 범한 것은 여인의 신체를 접촉하고도 2일 밤을 숨겨둔 것이며, 세 번째로 범한 것은 여인과 추잡한 말을 나누고 3일 밤을 숨겨둔 것이고, 네 번째는 자신의 몸으로 공양함을 찬탄하고도 4일 밤을 숨겨둔 것이며, 다섯 번째는 중매하고서 5일 밤을 숨겨두었으나, 여러 비구들에게 말하였다.

"나는 마땅히 어떻게 해야 합니까?"

여러 비구들이 이 일로써 세존께 아뢰었고, 세존께서는 여러 비구들에게 말씀하셨다.

"이 사람에게는 5일 밤의 별주갈마를 주어야 하고, 별주를 행하여 마쳤다면 6일 밤의 마나타를 줄 것이며, 마나타를 마쳤다면 출죄갈마(出罪羯磨)를 주도록 하라."

세존께서는 사위국에 머무르셨다.

이때 한 비구가 여러 종류의 승가바시사죄를 범하였으나 숨겨두었다. 첫 번째로 범한 것은 고의로 출정하고도 1일 밤을 숨겨둔 것이고, 두 번째로 범한 것은 여인의 신체를 접촉하고도 2일 밤을 숨겨둔 것이며, 세 번째로 범한 것은 여인과 추잡한 말을 나누고 3일 밤을 숨겨둔 것이고, 네 번째는 자신의 몸으로 공양함을 찬탄하고도 4일 밤을 숨겨둔 것이며, 다섯 번째는 중매하고서 5일 밤을 숨겨둔 것이고, 여섯 번째로 범한 것은 시주가 없으나 자신을 위하여 방사를 짓고 6일을 숨겨둔 것이며, 일곱 번째로 범한 것은 시주가 있으나 자신을 위하여 커다란 방사를 짓고 7일을 숨겨둔 것이고, 여덟 번째로 근거없는 바라이법으로 다른 비구의 비방을 짓고 8일을 숨겨둔 것이며, 아홉 번째로 범한 것은 범한 것은 작고 사소한 일을 취하여 바라이법으로 다른 비구의 비방을 짓고 9일을 숨겨둔 것이고, 열 번째로 범한 것은 화합승을 깨뜨리기 위하여 방편을 부지런히 구하고 10일을 숨겨둔 것이며, 열한 번째로 범한 것은 화합승을 파괴하는 것을 돕고서 11일을 숨겨둔 것이고, 열두 번째로 범한 것은 다른 집에 악행을 행하여 오염시키고 12일을 숨겨둔 것이며, 열세 번째로 범한 것은 이간질하여 말하고 13일을 숨겨둔 것이었다. 앞의 일로써 여러 비구들에게 물었다.

"나는 마땅히 어떻게 해야 합니까?"

여러 비구들이 이 일로써 세존께 아뢰었고, 세존께서는 여러 비구들에게 말씀하셨다.

"그대들은 이 사람에게 마땅히 13일 밤의 별주갈마를 주어야 하고, 별주를 행하여 마쳤다면 6일 밤의 마나타를 줄 것이며, 마나타를 마쳤다면 출죄갈마를 주도록 하라." [팔법 가운데 '고절갈마법'을 마친다.]

십송율 제33권

후진 북인도 삼장 불야다라 한역

석보운 번역

5. 오송 ⑤

9) 팔법 ⑤

(5) 승잔회법 ②

[거란본에는 팔법의 가운데에서 그 다섯째인 '순행법(順行法)'으로 되어 있다.]

세존께서는 왕사성에 머무르셨다.

이때 육군비구들이 죄를 범하였으나 비슷한 죄를 저지른 자들과 함께 어울렸고, 청정하지 않은 자들과 함께 어울렸으며, 벗어나지 않은 자들과 함께 어울렸고, 없었던 일을 일으킨 자들과 함께 어울리고 경계의 밖에서 다른 비구들에게 별주갈마(別住羯磨)·마나타갈마(摩那埵羯磨)·본일치갈마(本日治羯磨)·출죄갈마(出罪羯磨)를 지었다. 비슷한 죄를 저지른 자들과 함께 어울렸고, 청정하지 않은 자들과 함께 어울렸으며, 벗어나지 않은 자들과 함께 어울렸고, 없었던 일을 일으킨 자들과 함께 어울리고 경계의 안으로 들어와서 청정한 비구들이 상좌를 따라서 일어나고 맞이하며 예배하고 합장하고 공양하는 것을 받았다. 이 가운데에 비구가 있어 욕망이 적고 만족함을 알며 두타를 행하는 이러한 일을 듣고 마음이 기쁘지 않아서 이렇게 말을 지었다.

"어찌 비구라고 이름하면서 비슷한 죄를 저지른 자들과 함께 어울렸고, 청정하지 않은 자들과 함께 어울렸으며, 벗어나지 않은 자들과 함께 어울렸고, 없었던 일을 일으킨 자들과 함께 어울리고 경계의 밖에서 다른 비구들에게 별주갈마·마나타갈마·본일치갈마·출죄갈마를 짓는가? 비슷한 죄를 저지른 자들과 함께 어울렸고, 청정하지 않은 자들과 함께 어울렸으며, 벗어나지 않은 자들과 함께 어울렸고, 없었던 일을 일으킨 자들과 함께 어울리고 경계의 안으로 들어와서 청정한 비구들이 상좌를 따라서 일어나고 맞이하며 예배하고 합장하고 공양하는 것을 받는가?"

이와 같이 꾸짖고서 세존을 향하여 자세히 말하였다. 세존께서 이 일로써 비구 승가를 모으셨으며, 아시면서도 일부러 육군비구들에게 물으셨다.

"그대들이 진실로 이러한 일을 지었는가?"

대답하여 말하였다.

"진실로 지었습니다. 세존이시여."

세존께서 여러 종류의 인연으로서 꾸짖으셨다.

"어찌 비구라고 이름하면서 비슷한 죄를 저지른 자들과 함께 어울렸고, 청정하지 않은 자들과 함께 어울렸으며, 벗어나지 않은 자들과 함께 어울렸고, 없었던 일을 일으킨 자들과 함께 어울리고 경계의 밖에서 다른 비구들에게 별주갈마·마나타갈마·본일치갈마·출죄갈마를 지었는가? 비슷한 죄를 저지른 자들과 함께 어울렸고, 청정하지 않은 자들과 함께 어울렸으며, 벗어나지 않은 자들과 함께 어울렸고, 없었던 일을 일으킨 자들과 함께 어울리고 경계의 안으로 들어와서 청정한 비구들이 상좌를 따라서 일어나고 맞이하며 예배하고 합장하고 공양하는 것을 받았는가?"

세존께서는 여러 종류의 인연으로 꾸짖으셨으며, 여러 비구들에게 말씀하셨다.

"지금부터 별주를 행하는 사람이라면 네 번째 사람으로 삼아서 마땅히 별주갈마를 지을 수 없고, 만약 별주를 행하여 마친 사람이라도 네 번째 사람으로 삼아서 역시 마땅히 별주갈마를 지을 수 없느니라. 만약 마나타를 행하는 사람이라면 네 번째 사람으로 삼아서 마땅히 별주갈마를 지을 수 없고, 마나타를 행하여 마친 사람이라도 네 번째 사람으로 삼아서 마땅히 별주갈마를 지을 수 없느니라. 함께 머물지 않는 사람이라면 네 번째 사람으로 삼아서 마땅히 별주갈마를 지을 수 없고, 매우 청정하며 그 견해를 같이하는 비구가 최소 네 사람 이상이라면 별주갈마를 지을 수 있느니라.

지금부터 별주를 행하는 사람이라면 네 번째 사람으로 삼아서 마땅히 마나타갈마를 지을 수 없고, 별주를 마친 사람이거나, 마나타를 행하는 사람이거나, 마나타를 마친 사람이거나, 함께 머물지 않는 사람을 네 번째 사람으로 삼았다면 모두 마땅히 마나타갈마를 지을 수 없고, 매우 청정하며 그 견해를 같이하는 비구가 최소 네 사람 이상이라면 마나타갈마를 지을 수 있느니라. 지금부터 별주를 행하는 사람이라면 네 번째 사람으로 삼아서 마땅히 본일치갈마를 지을 수 없고, 별주를 마친 사람이거나, 마나타를 행하는 사람이거나, 마나타를 마친 사람이거나, 함께 머물지 않는 사람을 네 번째 사람으로 삼았다면 모두 마땅히 본일치갈마를 지을 수 없고, 매우 청정하며 그 견해를 같이하는 비구가 최소 네 사람 이상이라면 본일치갈마를 지을 수 있느니라.

지금부터 별주를 행하는 사람이라면 스무 번째 사람으로 삼아서 마땅히 출죄갈마를 지을 수 없고, 별주를 마친 사람이거나, 마나타를 행하는 사람이거나, 마나타를 마친 사람이거나, 함께 머물지 않는 사람을 스무 번째 사람으로 삼았다면 모두 마땅히 출죄갈마를 지을 수 없고, 매우 청정하며 그 견해를 같이하는 비구가 최소 네 사람 이상이라면 출죄갈마를 지을 수 있느니라.

지금부터 별주인(別住人)의 행법을 말하겠노라. 별주인은 마땅히 별주인의 행법을 배워야 하느니라. 마땅히 계율에 머무르는 비구들에게 상좌를 따라서 일어나서 맞이하며 예배하고 합장하며 공경하는 것을 받을 수 없고, 옷·발우·와구를 공양하는 것을 받을 수 없으며, 손을 씻어주고 발을 씻어주며 손을 씻고 발을 씻고서 손과 발을 닦아주고 발을 목궤에 받쳐주는 것을 받을 수 없고, 만약 병이 없다면 다른 사람에게는 마땅히 안마나 공양을 받을 수 없다. 별주를 행하는 사람은 계율에 머무르는 비구와 함께 같은 평상에 앉을 수 없고, 또 좋은 평상 위에 앉을 수도 없으며, 계율에 머무르는 비구도 역시 별주를 행하는 사람과 함께 앉을 수 없다. 별주를 행하는 사람이라면 두 사람이 같은 평상에 앉아 있어도 아니되는데 하물며 여러 사람이겠는가?

계율에 머무르는 비구들이 경행하는 곳에서 경행할 수 없고, 계율에 머무르는 비구와 함께 같은 경행의 처소에서 경행할 수 없으며, 좋은 경행을 하는 곳에서 경행할 수 없고, 청정한 비구보다 앞에서 경행하여서도 아니된다. 별주를 행하는 사람이라면 두 사람이 같은 경행하는 곳에서 경행하여도 아니되는데 하물며 여러 사람이겠는가? 별주를 행하는 사람은 누구 객비구가 왔다면 마땅히 향하여 자신이 범한 것을 말해야 하고, 포살하는 때에도 마땅히 승가의 가운데에 들어가서 스스로 자신의 죄를 세 번을 말해야 하며, 만약 병이 있다면 마땅히 사자를 보내어 승가의 가운데에서 아뢰어 말하라.

'누구의 별주인이 병으로 오지 못하였으므로 승가께서는 마땅히 아십시오.'

별주인은 마땅히 다른 비구의 참회를 받을 수 없고, 다른 사람에게 마땅히 구족계를 줄 수 없으며, 마땅히 다른 사람의 의지사로 지을 수 없고, 마땅히 사미를 양육할 수 없으며, 마땅히 비구니의 갈마를 교계할 수 없고, 만약 이미 받았더라도 비구니를 교계할 수 없으며, 마땅히 다시 죄를 범해서도 아니되고, 마땅히 비슷한 죄를 범해서도 아니되며, 마땅히 이것을 지나친 죄를 범할 수 없고, 마땅히 갈마를 꾸짖을 수 없으며, 마땅히 갈마인을 꾸짖을 수 없고, 마땅히 청정한 비구에게 허락을 애원할 수 없으며, 마땅히 '내가 그대의 죄를 드러내겠다.'라고 말할 수 없고,

마땅히 청정한 비구를 거역할 수 없고, 포살과 자자 및 여러 갈마를 막을 수 없으며, 마땅히 청정한 비구의 죄를 드러낼 수 없고, 마땅히 다른 사람에게 죄를 억념시킬 수 없으며, 마땅히 서로 언쟁할 수 없다.

마땅히 마음으로 참회하고 절복하며 유연하고 공경하며, 마땅히 청정한 비구의 뒤에서 걸어야 하고 낮은 자리에 앉아야 한다. 만약 승가가 차례대로 모임에 뽑는다면 마땅히 상좌를 따라서 받아야 하고, 마땅히 상좌를 따라서 발우에 물을 채워야 하며, 마땅히 상좌를 따라서 우욕의(雨浴衣)를 받아야 하고, 마땅히 상좌를 따라서 앉고 스스로의 뜻을 따르며, 마땅히 내가 지은 죄가 두려운 까닭인 이러한 마음으로써 청정한 비구에게 '나의 몫의 우욕의를 받아주십시오.'라고 말할 수 없다.

여러 별주인과 함께 음식을 먹을 때에는 상좌를 따라서 앉고, 마땅히 별주인에게 최하의 방사와 최하의 와구와 가장 최하의 자리를 주어야 하고, 여러 별주인이 많다면 상좌의 순서를 따라 방사와 와구와 앉을 자리를 나누어주도록 하라. 별주인은 마땅히 비구보다 앞서 다른 사람의 집에 들어갈 수 없으나, 뒤에 들어가는 것은 자기 뜻에 따를 수 있다.

두 명의 별주인은 유비구유주처(有比丘有住處)일지라도 비구가 없다면 마땅히 머무를 수 없고, 무비구무주처(無比丘無住處)에도 머무를 수 없다. 만약 별주인이 별주를 마친 사람과 함께 행하였거나, 만약 별주를 행하는 사람이 마나타를 행하는 사람과 함께 행하였거나, 만약 별주를 행하는 사람이 마나타를 마친 사람과 함께 행하였거나, 만약 별주를 행하는 사람이 같은 처소에 함께 머무르지 않는 사람과 함께 행하였다면, 유비구유주처일지라도 다른 비구가 없다면 머무를 수 없고, 무비구무주처에도 역시 머무를 수 없다.

별주인은 마땅히 청정한 비구와 함께 복주처(覆住處)에 머무를 수 없고, 마땅히 함께 복비주처(覆非住處)에도 머무를 수 없다. 만약 별주인이 별주를 마친 사람과 함께 행하였거나, 만약 별주를 행하는 사람이 마나타를 행하는 사람과 함께 행하였거나, 만약 별주를 행하는 사람이 마나타를 마친 사람과 함께 행하였거나, 만약 별주를 행하는 사람이 같은 처소에 함께 머무르지 않는 사람과 함께 행하였다면, 복주처일지라도 다른 비구가 없다면 머무를 수 없고, 복비주처에도 역시 머무를 수 없다.

별주인은 별주를 행하고자 할 때에는 먼저 사유하라.

'내가 오늘 유행한다면 마땅히 오늘에 앞쪽 비구의 주처에 이를 수 있겠는가?'

만약 이를 수 있다고 알았다면 곧 떠나야 하고, 만약 떠나지 않는다면 곧 이 밤은 별주갈마를 받은 날짜에서 제외된다. 만약 이러한 법을 아직 행하지 못하였다면 마땅히 생각하라.

'내가 이러한 일을 아직 행하지 못하였구나.'

마땅히 이렇게 생각을 짓도록 하라.

'내가 마땅히 별주와 마나타법을 행해야 하겠으나, 잠시 멈추고 제가 아직 짓지 않겠습니다.'"

장로 우바리가 세존께 물었다.

"별주를 행하는 사람과 마나타를 행하는 사람이 만약 인연이 있어 이러한 일을 함께 행할 수 없었다면, 마땅히 며칠 밤까지 멈추도록 허락해야 합니까?"

세존께서는 말씀하셨다.

"마땅히 25일 밤까지 멈출 수 있도록 허락하도록 하라. 지금부터 별주를 행하는 사람이라면 네 번째의 사람으로 삼아서 마땅히 별주갈마를 지을 수 없다. 만약 별주를 행하는 사람이 두 명이고 청정한 비구가 두 명이더라도 역시 별주갈마를 지을 수 없다. 별주를 행하는 사람이 세 명이고 청정한 비구가 한 명이거나, 일체가 별주를 행하는 사람이라면 모두 마땅히 별주갈마를 지을 수 없느니라. 청정하고 함께 머물며 견해를 같이하는 비구가 최소한 네 명이라면 마땅히 별주갈마를 지을 수 있나. 지금부터 별주를 마친 사람을 네 번째의 사람으로 삼아서 마땅히 별주갈마를 지을 수 없다. 별주를 마친 사람이 두 명이고 청정한 비구가 두 명이거나, 별주를 마친 사람이 세 명이고 청정한 비구가 한 명이거나, 일체가 별주를 마친 사람이라면 모두 마땅히 별주갈마를 지을 수 없다. 청정하고 함께 머물며 견해를 같이하는 비구가 최소한 네 명이라면 마땅히 별주갈마를 지을 수 있다.

지금부터 마나타를 행하는 사람을 네 번째의 사람으로 삼아서 마땅히 별주갈마를 지을 수 없다. 마나타를 행하는 사람이 두 명이고 청정한 비구가 두 명이거나, 마나타를 행하는 사람이 세 명이고 청정한 비구가 한 명이거나, 일체가 마나타를 행하는 사람이라면 모두 마땅히 별주갈마를 지을 수 없다. 청정하고 함께 머물며 견해를 같이하는 비구가 최소한 네 명이라면 마땅히 별주갈마를 지을 수 있다. 지금부터 마나타를 마친 사람을 네 번째의 사람으로 삼아서 마땅히 별주갈마를 지을 수 없다. 마나타를 마친 사람이 두 명이고 청정한 비구가 두 명이거나, 마나타를 마친 사람이 세 명이고 청정한 비구가 한 명이거나, 일체가 마나타를 마친 사람이라면 별주갈마를 모두 마땅히 지을 수 없다. 청정하고 함께 머물며 견해를 같이하는 비구가 최소한 네 명이라면 마땅히 별주갈마를 지을 수 있다.

지금부터 함께 머물지 않는 사람을 네 번째의 사람으로 삼아서 마땅히 마나타갈마를 지을 수 없다. 함께 머물지 않는 사람이 두 명이고 청정한 비구가 두 명이거나, 함께 머물지 않는 사람이 세 명이고 청정한 비구가 한 명이거나, 일체가 함께 머물지 않는 사람이라면 마나타갈마를 모두 마땅히 지을 수 없다. 청정하고 함께 머물며 견해를 같이하는 비구가 최소한 네 명이라면 별주갈마를 지을 수 있다. 지금부터 별주를 행하는 사람을 네 번째의 사람으로 삼아서 마땅히 마나타갈마를 지을 수 없다. 별주를 행하는 사람이 두 명이고 청정한 비구가 두 명이거나, 별주를 행하는 사람이 세 명이고 청정한 비구가 한 명이거나, 일체가 별주를 행하는 사람이라면 마나타갈마를 모두 마땅히 지을 수 없다. 청정하고 함께 머물며 견해를 같이하는 비구가 최소한 네 명이라면 마땅히 마나타갈마를 지을 수 있다.

지금부터 별주를 마친 사람을 네 번째의 사람으로 삼아서 마땅히 마나타갈마를 지을 수 없다. 별주를 마친 사람이 두 명이고 청정한 비구가 두 명이거나, 별주를 마친 사람이 세 명이고 청정한 비구가 한 명이거나, 일체가 별주를 마친 사람이라면 모두 마땅히 마나타갈마를 지을 수 없다. 청정하고 함께 머물며 견해를 같이하는 비구가 최소한 네 명이라면 마나타갈마를 지을 수 있다. 지금부터 마나타를 행하는 사람을 네 번째의 사람으로 삼아서 마땅히 마나타갈마를 지을 수 없다. 마나타를 행하는 사람이 두 명이고 청정한 비구가 두 명이거나, 마나타를 행하는 사람이 세 명이고 청정한 비구가 한 명이거나, 일체가 마나타를 행하는 사람이라면 모두 마땅히 마나타갈마를 지을 수 없다. 청정하고 함께 머물며 견해를 같이하는 비구가 최소한 네 명이라면 마땅히 마나타갈마를 지을 수 있다.

지금부터 마나타를 마친 사람을 네 번째의 사람으로 삼아서 마땅히 마나타갈마를 지을 수 없다. 마나타를 마친 사람이 두 명이고 청정한 비구가 두 명이거나, 마나타를 마친 사람이 세 명이고 청정한 비구가 한 명이거나, 일체가 마나타를 마친 사람이라면 모두 마땅히 마나타갈마를 지을 수 없다. 청정하고 함께 머물며 견해를 같이하는 비구가 최소한 네 명이라면 마땅히 마나타갈마를 지을 수 있다. 지금부터 함께 머물지 않는 사람을 네 번째의 사람으로 삼아서 마나타갈마를 지을 수 없다. 함께 머물지 않는 사람이 두 명이고 청정한 비구가 두 명이거나, 함께 머물지 않는 사람이 세 명이고 청정한 비구가 한 명이거나, 일체가 함께 머물지 않는 사람이라면 마땅히 마나타갈마를 지을 수 없다. 청정하고 함께 머물며 견해를 같이하는 비구가 최소한 네 명이라면 마땅히 마나타갈마를 지을 수 있다.

지금부터 별주를 행하는 사람을 네 번째의 사람으로 삼아서 본일치갈마를 지을 수 없다. 별주를 행하는 사람이 두 명이고 청정한 비구가 두 명이거나, 별주를 행하는 사람이 세 명이고 청정한 비구가 한 명이거나, 일체가 별주를 행하는 사람이라면 모두 마땅히 본일치갈마를 지을 수 없다. [청정하고 함께 머물며 견해를 같이하는 비구가 최소한 네 명이라면 마땅히 본일치갈마를 지을 수 있다.][1] 지금부터 별주를 마친 사람을 네 번째의 사람으로 삼아서 본일치갈마를 지을 수 없다. 별주를 마친 사람이 두 명이고 청정한 비구가 두 명이거나, 별주를 마친 사람이 세 명이고 청정한 비구가 한 명이거나, 일체가 별주를 마친 사람이라면 모두 마땅히 본일치갈마를 지을 수 없다. [청정하고 함께 머물며 견해를 같이하는 비구가 최소한 네 명이라면 마땅히 본일치갈마를 지을 수 있다.]

지금부터 마나타를 행하는 사람을 네 번째의 사람으로 삼아서 본일치갈마를 지을 수 없다. 마나타를 행하는 사람이 두 명이고 청정한 비구가 두 명이거나, 마나타를 행하는 사람이 세 명이고 청정한 비구가 한 명이거나, 일체가 마나타를 행하는 사람이라면 모두 마땅히 본일치갈마를 지을 수 없다. 청정하고 함께 머물며 견해를 같이하는 비구가 최소한 네 명이라면 마땅히 본일치갈마를 지을 수 있다. 지금부터 마나타를 마친 사람을 네 번째의 사람으로 삼아서 본일치갈마를 지을 수 없다. 마나타를 마친 사람이 두 명이고 청정한 비구가 두 명이거나, 마나타를 마친 사람이 세 명이고 청정한 비구가 한 명이거나, 일체가 마나타를 마친 사람이라면 모두 마땅히 본일치갈마를 지을 수 없다. [청정하고 함께 머물며 견해를 같이하는 비구가 최소한 네 명이라면 본일치갈마를 지을 수 있다.]

지금부터 함께 머물지 않는 사람을 네 번째의 사람으로 삼아서 본일치갈마를 지을 수 없다. 함께 머물지 않는 사람이 두 명이고 청정한 비구가 두 명이거나, 함께 머물지 않는 사람이 세 명이고 청정한 비구가 한 명이거나, 일체가 함께 머물지 않는 사람이라면 모두 본일치갈마를 지을 수 없다. 청정하고 함께 머물며 견해를 같이하는 비구가 최소한 네 명이라면 마땅히 본일치갈마를 지을 수 있다. 지금부터 별주를 행하는 사람을 네 번째의 사람으로 삼았다면 이러한 대중 가운데에서 별주를 행할 수 없다. 별주를 행하는 사람이 두 명이고 청정한 비구가 두 명이거나, 별주를 행하는 사람이 세 명이고 청정한 비구가 한 명이거나, 일체가 별주를 행하는 사람이라면 이러한 대중 가운데에서 별주를 행할 수 없다. 청정하고 함께 머물며 견해를 같이하는 비구가 최소한 네 명이라면 별주를 행할

1) 원문에는 없으나 문장의 문맥을 고려하여 삽입하여 번역하였으며 뒤의 문장도 역시 같다.

수 있다.

지금부터 별주를 마친 사람을 네 번째의 사람으로 삼았다면 이러한 대중 가운데에서 별주를 행할 수 없다. 별주를 마친 사람이 두 명이고 청정한 비구가 두 명이거나, 별주를 마친 사람이 세 명이고 청정한 비구가 한 명이거나, 일체가 별주를 마친 사람이라면 이러한 대중 가운데에서 별주를 행할 수 없다. 청정하고 함께 머물며 견해를 같이하는 비구가 최소한 네 명이라면 마땅히 별주를 행할 수 있다. 지금부터 마나타를 행하는 사람을 네 번째의 사람으로 삼았다면 이러한 대중 가운데에서 별주를 행할 수 없다. 마나타를 행하는 사람이 두 명이고 청정한 비구가 두 명이거나, 마나타를 행하는 사람이 세 명이고 청정한 비구가 한 명이거나, 일체가 마나타를 행하는 사람이라면 이러한 대중 가운데에서 별주를 행할 수 없다. [청정하고 함께 머물며 견해를 같이하는 비구가 최소한 네 명이라면 마땅히 별주를 행할 수 있다.]

지금부터 마나타를 마친 사람을 네 번째의 사람으로 삼았다면 이러한 대중 가운데에서 별주를 행할 수 없다. 마나타를 마친 사람이 두 명이고 청정한 비구가 두 명이거나, 마나타를 마친 사람이 세 명이고 청정한 비구가 한 명이거나, 일체가 마나타를 마친 사람이라면 이러한 대중 가운데에서 별주를 행할 수 없다. 청정하고 함께 머물며 견해를 같이하는 비구가 최소한 네 명이라면 마땅히 별주를 행할 수 있다. 지금부터 함께 머물지 않는 사람을 네 번째 사람으로 삼았다면 이러한 대중 가운데에서 별주를 행할 수 없다. 함께 머물지 않는 사람이 두 명이고 청정한 비구가 두 명이거나, 함께 머물지 않는 사람이 세 명이고 청정한 비구가 한 명이거나, 일체가 함께 머물지 않는 사람이라면 이러한 대중 가운데에서 별주를 행할 수 없다. 청정하고 함께 머물며 견해를 같이하는 비구가 최소한 네 명이라면 별주를 행할 수 있다.

지금부터 별주를 행하는 사람을 네 번째의 사람으로 삼았다면 이러한 대중 가운데에서 마나타를 행하여서는 아니된다. 별주를 행하는 사람이 두 명이고 청정한 비구가 두 명이거나, 별주를 행하는 사람이 세 명이고 청정한 비구가 한 명이거나, 일체가 별주를 행하는 사람이라면 이러한 대중 가운데에서 마나타를 행할 수 없다. 청정하고 함께 머물며 견해를 같이하는 비구가 최소한 네 명이라면 마나타를 행할 수 있다. 지금부터 별주를 마친 사람을 네 번째의 사람으로 삼았다면 이러한 대중 가운데에서 마나타를 행할 수 없다. 별주를 마친 사람이 두 명이고 청정한 비구가 두 명이거나, 별주를 마친 사람이 세 명이고 청정한 비구가 한 명이거나, 일체가 별주를 마친 사람이라면 이러한 대중 가운데에서 마나타를 행할 수 없다. 청정하고 함께 머물며 견해를 같이하는 비구가 최소한 네 명이라면 마나타를 행할 수 있다.

지금부터 마나타를 행하는 사람을 네 번째의 사람으로 삼았다면 이러한 대중 가운데에서 마나타를 행할 수 없다. 마나타를 행하는 사람이 두 명이고 청정한 비구가 두 명이거나, 마나타를 행하는 사람이 세 명이고 청정한 비구가 한 명이거나, 일체가 마나타를 행하는 사람이라면 이러한 대중 가운데서는 마나타를 행할 수 없다. [청정하고 함께 머물며 견해를 같이하는 비구가 최소한 네 명이라면 마나타를 행할 수 있다.]

지금부터 마나타를 마친 사람을 네 번째 사람으로 삼았다면 그런 대중 가운데서는 마나타를 행할 수 없다. 마나타를 마친 사람이 두 명이고 청정한 비구가 두 명이거나, 마나타를 마친 사람이 세 명이고 청정한 비구가 한 명이거나, 모두 마나타를 마친 사람이더라도 그런 대중 가운데서는 마나타를 행할 수 없다. 청정하고 함께 머물며 견해를 같이하는 비구가 최소한 네 명이라면 마나타를 지을 수 있다. 지금부터 함께 머물지 않는 사람을 네 번째 사람으로 삼았다면 이러한 대중 가운데에서 마나타를 행할 수 없다. 함께 머물지 않는 사람이 두 명이고 청정한 비구가 두 명이거나, 함께 머물지 않는 사람이 세 명이고 청정한 비구가 한 명이거나, 일체가 함께 머물지 않는 사람이라면 이러한 대중 가운데에서 마나타를 행할 수 없다. 청정하고 함께 머물며 견해를 같이하는 비구가 최소한 네 명이라면 마나타를 행할 수 있다.

지금부터 별주를 행하는 사람을 네 번째의 사람으로 삼았다면 이러한 대중 가운데에서 본일치를 행할 수 없다. 별주를 행하는 사람이 두 명이고 청정한 비구가 두 명이거나, 별주를 행하는 사람이 세 명이고 청정한 비구가 한 명이거나, 일체가 별주를 행하는 사람이라면 이러한 대중 가운데에서 본일치를 행할 수 없다. [청정하고 함께 머물며 견해를 같이하는 비구가 최소한 네 명이라면 본일치갈마를 행할 수 있다.] 지금부터 별주를 마친 사람을 네 번째의 사람으로 삼았다면 이러한 대중 가운데에서 본일치를 행할 수 없다. 별주를 마친 사람이 두 명이고 청정한 비구가 두 명이거나, 별주를 마친 사람이 세 명이고 청정한 비구가 한 명이거나, 일체가 별주를 마친 사람이라면 이러한 대중 가운데에서 본일치를 행할 수 없다. 청정하고 함께 머물며 견해를 같이하는 비구가 최소한 네 명이라면 본일치갈마를 행할 수 있다.

지금부터 마나타를 행하는 사람을 네 번째의 사람으로 삼았다면 이러한 대중 가운데에서 본일치를 행할 수 없다. 마나타를 행하는 사람이 두 명이고 청정한 비구가 두 명이거나, 마나타를 행하는 사람이 세 명이고 청정한 비구가 한 명이거나, 모두 마나타를 행하는 사람이라면 이러한 대중 가운데에서 본일치를 행할 수 없다. [청정하고 함께 머물며 견해를 같이하는 비구가 최소한 네 명이라면 본일치갈마를 행할 수 있다.] 지금부터 마나타를 마친 사람을 네 번째의 사람으로 삼았다면 이러한 대중 가운데에서 본일치를 행할 수 없다. 마나타를 마친 사람이 두 명이고 청정한 비구가 두 명이거나, 마나타를 마친 사람이 세 명이고 청정한 비구가 한 명이거나, 일체가 마나타를 마친 사람이라면 이러한 대중 가운데에서 본일치를 행할 수 없다. 청정하고 함께 머물며 견해를 같이하는 비구가 최소한 네 명이라면 본일치갈마를 행할 수 있다.

지금부터 함께 머물지 않는 사람을 네 번째의 사람으로 삼았다면 이러한 가운데에서 본일치를 행할 수 없다. 함께 머물지 않는 사람이 두 명이고 청정한 비구가 두 명이거나, 함께 머물지 않는 사람이 세 명이고 청정한 비구가 한 명이거나, 일체가 함께 머물지 않는 사람이라면 이러한 대중 가운데에서 본일치를 행할 수 없다. 청정하고 함께 머물며 견해를 같이하는 비구가 최소한 네 명이라면 본일치갈마를 행할 수 있다. 지금부터 별주를 행하는 사람을 스무 번째의 사람으로 삼았다면 출죄갈마를 지을 수 없다. 별주를 행하는 사람이 두 명이고 청정한 비구가 18명이거나, 별주를 행하는 사람이 세 명이고 청정한 비구가 17명이거나, 별주를 행하는 사람이 네 명이고 청정한 비구가 16명이거나, 별주를 행하는 사람이 다섯 명이고 청정한 비구가 15명이거나, 별주를 행하는 사람이 여섯 명이고 청정한 비구가 14명이거나, 별주를 행하는 사람이 일곱 명이고 청정한 비구가 13명이거나, 별주를 행하는 사람이 여덟 명이고 청정한 비구가 12명이거나, 별주를 행하는 사람이 아홉 명이고 청정한 비구가 11명이거나, 별주를 행하는 사람이 열 명이고 청정한 비구가 10명이거나, 별주를 행하는 사람이 10명이고 청정한 비구가 아홉이거나, 별주를 행하는 사람이 12명이고 청정한 비구가 여덟이거나, 별주를 행하는 사람이 13명이고 청정한 비구가 일곱이거나, 별주를 행하는 사람이 14명이고 청정한 비구가 여섯이거나 별주를 행하는 사람이 15명이고 청정한 비구가 다섯이거나, 별주를 행하는 사람이 16명이고 청정한 비구가 네 명이거나, 별주를 행하는 사람이 17명이고 청정한 비구가 셋이거나, 별주를 행하는 사람이 18명이고 청정한 비구가 둘이거나, 별주를 행하는 사람이 19명이고 청정한 비구가 하나이거나, 일체가 별주를 행하는 사람이라면 출죄갈마를 지을 수 없다. 청정하고 함께 머물며 견해를 같이하는 비구가 최소한 202명이라면 출죄갈마를 지을 수 있다.

지금부터 별주를 마친 사람을 스무 번째 사람으로 삼았거나, 마나타를 행하는 사람을 스무 번째 사람으로 삼았거나, 마나타를 마친 사람을 스무 번째 사람으로 삼았거나, 함께 머물지 않는 사람을 스무 번째 사람으로 삼았다면 출죄갈마를 지을 수 없다. 지금부터는 별주를 행하는 사람이 두 명이고 청정한 비구가 18명이거나, 나아가 일체가 함께 머물지 않는 사람이라면 역시 이와 같다. 청정하고 함께 머물며 견해를 같이하는 비구가 최소한 20명이라면 출죄갈마를 지을 수 있다." [8법의 가운데에서 그 다섯 번째인 순행법을 마친다.]

(6) 차법(遮法)

세존께서는 첨파국(瞻波國)에 머무르셨다.

이때 세존께서는 15일의 포살하는 때에 대중 앞에 자리를 펴고 앉아서 여러 비구들의 마음을 관(觀)하셨다. 여러 비구의 마음을 관하시고 초야까지 묵연히 선정에 들어가셨다. 그때 한 비구가 있었고 자리에서 일어나 오른쪽 어깨를 드러내고 땅에 오른쪽의 무릎을 꿇었으며 합장하고서 세존께 아뢰어 말하였다.

"세존이시여. 초야(初夜)의 시분이 지났습니다. 세존과 승가께서는 오래 앉아 있었습니다. 원하옵건대 세존께서는 바라제목차(波羅提木叉)를 설하십시오."

세존께서는 이때에 묵연하셨다. 중야(中夜)의 시분에 이르렀고 이 비구가 두 번째로 자리에서 일어나 오른쪽 어깨를 드러내고 땅에 오른쪽의 무릎을 꿇었으며 합장하고서 세존께 아뢰어 말하였다.

"세존이시여. 초야는 이미 지나갔고 중야도 또한 지났습니다. 세존과 승가께서는 오래 앉아 있었습니다. 원하옵건대 세존께서는 바라제목차를 설하십시오."

세존께서는 묵연하셨고 후야(後夜)에 이르렀다. 이 비구가 세 번째로 자리에서 일어나 오른쪽 어깨를 드러내고 땅에 오른쪽 무릎을 꿇었으며 합장하고서 세존께 아뢰어 말하였다.

"세존이시여. 초야는 이미 지나갔고 중야도 역시 지났으며 후야의 시분도 많이 지났으므로 동방에서 해가 움직이고자 합니다. 세존과 승가께서는 오래 앉아 있었습니다. 원하옵건대 세존께서는 바라제목차를 설하십시오."

이때 세존께서는 이 비구에게 말씀하셨다.

"나의 대중이 청정하지가 않네."

이때 장로 목련이 대중 가운데 앉아 있으면서 곧 이렇게 생각을 지었다.

'세존께서는 누구를 위하여 일부러 이러한 말을 지으셨는가? <나의 대중이 청정하지가 않네.> 곧바로 선정에 들어가서 일체 대중의 마음을

관해야겠다.'

이와 같이 관하는 때에 세존께서 청정하지 못하다고 말씀하신 비구를 보았고, 곧 선정에서 일어나서 찾았으며 이 비구가 있는 곳으로 나아가서 그의 팔을 잡고서 끌어내면서 말하였다.

"어리석은 사람이여. 그대는 멀리 떠나가라. 영원히 떠나가서 사라져라. 비구법을 떠났으면서 그대는 지금 승가의 뒷자리에 함께 머무는가?"

이때 목련은 그 비구를 쫓아내고서 문을 닫고서 빗장을 걸었으며 세존의 처소로 나아가서 세존의 발에 머리숙여 예경하고 한쪽으로 물러나서 앉았으며 세존께 아뢰어 말하였다.

"세존이시여. 세존께서 대중 가운데 청정하지 않다고 말씀하신 비구를 제가 이미 쫓아내면서 말하였습니다.

'어리석은 사람이여. 그대는 멀리 떠나가라. 영원히 떠나가서 사라져라. 비구법을 떠났으면서 그대는 지금 승가의 뒷자리에 함께 머무는가?'

초야는 이미 지났고 중야도 역시 지났으며 후야도 많이 지나서 동쪽에서 해가 움직이고자 합니다. 세존과 승가께서는 오래 앉아 있었습니다. 원하옵건대 세존께서는 바라제목차를 설하십시오."

세존께서는 목련에게 말씀하셨다.

"이 어리석은 자는 커다란 중죄를 지었나니, 여래와 승가를 고뇌시킨 까닭이니라. 목련이여. 만약 여래가 청정하지 않은 대중의 가운데에서 바라제목차를 설한다면, 이 청정하지 않는 자의 머리는 일곱 조각으로 깨어질 것이다. 목련이여. 지금부터 여래는 그대들을 위하여 설하지 않겠으니, 지금부터는 마땅히 스스로가 바라제목차를 설하도록 하게. 목련이여. 비유한다면 큰 바다는 점차 깊고 넓어지는 것과 같이, 불법도 역시 이와 같아서 차례로 결집하고 차례로 세워 제정하며 차례로 배우도록 가르치는 것이네. 목련이여. 만약 내 법의 가운데에서 차례로 결집하고 차례로 세워 제정하며 차례로 배우도록 가르친다면, 이것은 내 법의 가운데에서도 희유(希有)한 것이니라. 목련이여. 비유한다면 큰 바다가 항상 한계를 넘지 않는 것과 같이, 나의 법도 역시 이와 같나니, 만약 비구·비구니·우바새·우바이라면, 나아가 목숨을 잃는 인연까지 계율을 지키고 위반하지 않아야 하느니라.

목련이여. 내 법의 가운데에서 제정된 계율을 나아가 목숨을 잃는 인연까지 계율을 지키면서 어긋나지 않는다면, 이것은 내 법의 가운데에서도 희유한 것이네. 목련이여. 비유한다면 큰 바다가 깊고 넓어서 깊고 넓음이 무량한 것과 같이, 불법도 역시 이와 같아서 깊은 뜻이 무량하느니라. 목련이여. 만약 불법의 뜻이 깊고 넓으며 깊고 넓음이 무량하므로 이것은 내 법의 가운데에서 희유한 것이니라. 목련이여. 비유한다면 큰 바다가 순수하게 하나의 짠맛인 것과 같아서, 나의 법도 역시 이와 같아서 순수하게 하나의 해탈의 맛(解脫味)이니라. 목련이여. 만약 불법이 순수하게 하나의 해탈의 맛이라면 이것은 내 법의 가운데에서 희유한 것이니라.

목련이여. 비유한다면 큰 바다는 여러 중생들이 살아가는 처소이므로 마갈어(摩竭魚)·큰자라·악어·바류기어(婆留耆魚)·제예어(提覽魚)·제예기라어(提覽耆羅魚) 이러한 것 등이 바다 가운데에 있더라도 신기하지 않고, 몸이 100·200·300유순, 나아가 700유순인 이러한 중생들이 바다 가운데에 있더라도 역시 신기하지 않느니라. 목련이여. 불법의 바다 가운데에는 대인(大人)의 주처이고 역시 이와 같은데, 대인은 만약 아라한이고 향아라한(向阿羅漢)이거나, 만약 아나함이고 향아나함(向阿那含)이거나, 만약 사다함이고 향사다함(向斯陀含)이거나, 만약 수다원이고 향수다원(向須陀洹)이니라. 목련이여. 불법의 큰 바다 가운데에는 만약 아라한이거나, 나아가 향수다원의 대인의 주처이니, 이것은 내 법의 가운데에서 희유한 것이니라.

목련이여. 비유한다면 큰 바다에 많은 보물과 무량한 보배가 여러 종류로 쌓여 있는 것과 같은데, 여러 보물은 금·은 진수·자거·마노·유리·마니주·조개·산호의 가지 등이니라. 목련이여. 불법의 바다도 역시 이와 같아서 많은 보물과 무량한 보배가 여러 종류로 쌓여 있는데 이를테면, 4사념처(念處)·4정근(正勤)·4여의족(如意足)·5근(根)·5력(力)·7각(覺)·8도(道)이네. 목련이여. 만약 불법의 가운데에 4사념처·4정근·4여의족·5근·5

력·7각·8도의 많은 보물과 무량한 보배가 여러 종류로 쌓여 있으니, 이것은 내 법의 가운데에서 희유한 것이니라.

목련이여. 비유한다면 큰 바다는 항상 청정하여 썩은 시체를 담아두지 않는 것과 같아서, 만약 썩은 시체가 있다면 바람이 불어와서 해안으로 밀어내는 것이니라. 목련이여. 여래의 법의 바다도 청정함이 역시 이와 같아서 썩은 송장을 담아두지 않느니라. 썩은 시체는 이를테면, 파계한 사람이네. 마음으로 악법을 즐거워하여 안에서 썩어서 밖으로 흐르는데, 범행이 아닌 것을 스스로 범행이라고 말하고, 사문이 아니면서 스스로 사문이라고 말한다면 이 자를 썩은 송장이라고 이름하느니라. 이와 같은 사람 등은 비록 항상 대중을 따르더라도 실제로는 대중을 멀리하는 것이므로, 불법은 청정하여 썩은 시체를 담아두지 않으니, 이것이 내 법의 가운데에서 희유한 것이니라.

목련이여. 비유한다면 큰 바다에 염부제의 네 개의 강이 흘러드는 것과 같은데 이를테면, 항하(恒河)·야마나하(夜摩那河)·바라하(婆羅河)·아혜라바제마타하(阿醯羅婆提摩馱河)가 큰 바다로 흘러 들어가고, 용이 힘이 있으면 물을 뿜고 또한 물레방아가 도는 것과 같아서 많은 비를 뿌리느니라. 이와 같이 많은 물을 받아들여도 바다는 늘어나지도 않고 줄어들지도 않는데, 불법의 가운데에도 이와 같아서 찰리 종족이 신심으로서 출가해서 머리카락과 수염을 깎고 세 가지의 옷을 입고서 무너지지 않는 마음의 해탈을 증득하였다면 (불법의 바다는)[2] 늘어나지도 않고 줄어들지도 않는 것이니라. 이와 같이 바라문 종족이거나, 위사(違舍)[3] 종족이거나, 수다라[4] 종족이 신심으로서 출가해서 머리카락과 수염을 깎고 세 가지의

2) 원문에는 없으나 문장의 문맥을 고려하여 삽입하여 번역하였으며 뒤의 문장도 역시 같다.

3) 산스크리트어 vaiśya의 음사로서 폐사(吠奢)·폐사(吠舍)·벽사(薜舍) 등으로 음역되고 고대 인도의 사성(四姓) 가운데 셋째 계급으로, 농·공·상업에 종사하는 종족으로 경전에서는 보통 장자라고 불린다.

4) 산스크리트어 Shudra의 음사로서 수타라(首陀羅)로 음역되고 인도의 카스트제도 중 4번째 계급으로 노예계급이다. 타 종교로부터 힌두교로 개종할 경우 수드라

옷을 입고서 무너지지 않는 마음의 해탈을 증득하였다면 (불법의 바다는) 늘어나지도 않고 줄어들지도 않는 것이니라. 목련이여. 만약 불법의 가운데에서 찰제리 종족, 나아가 수다라 종족이 신심으로서 출가해서 머리카락과 수염을 깎고 세 가지의 옷을 입고서 무너지지 않는 마음의 해탈을 증득하였다면 (불법의 바다는) 늘어나지도 않고 줄어들지도 않나니, 이것이 내 법의 가운데에서 희유한 것이니라."

세존께서는 이렇게 말씀하시고서 여러 비구들에게 말씀하셨다.

"여래가 다시는 그대들을 위하여 설하지 않겠으니, 지금부터는 그대들이 스스로 함께 계를 설하도록 하라."

이때 세존께서는 다시 계율을 설하지 않으신 까닭으로 여러 비구들이 계율을 설하였다. 이때에 오는 비구도 있었고, 오지 않는 비구도 있었으며, 앉아있는 가운데의 비구가 죄를 범한 자도 있었다. 여러 비구들이 이 일로써 세존께 아뢰었고, 세존께서는 말씀하셨다.

"포살과 바라제목차를 설하는 때에는 일체의 비구가 마땅히 와야 하느니라. 만약 인연이 있는 자는 마땅히 청정한 욕(欲)을 주어야 하고, 그 가운데에 계율을 범한 자가 있다면 마땅히 막아야 하느니라."

이때 여러 비구 가운데에서 숨기려는 자도 있었고 숨기지 않으려는 자도 있었다. 세존께서는 말씀하셨다.

"숨기려는 비구는 마땅히 막을 것이고, 숨기지 않으려는 자는 강제로 막지 말라."

여러 비구들이 '숨기려는 자는 마땅히 막을지니라.'고는 들었으나 어떻게 막는가를 알지 못하였다. 세존께서는 말씀하셨다.

"만약 눈으로 일을 보았다면 마땅히 막아야 한다."

이때 천안통(天眼通)을 얻은 비구가 있었는데 여러 비구들의 죄가 소나기가 내리는 것과 같은 것을 보았다. 보고서 곧 막았고, 이러한 인연을 까닭으로 투쟁의 일이 일어나서 포살과 바라제목차를 설할 수 없었다.

계급으로 되며, 육체노동을 직업으로 삼고 있다.

여러 비구들은 이 일로써 세존께 아뢰었고, 세존께서는 여러 비구들에게 말씀하셨다.

"천안을 사용하지 말라. 육안으로서 보았던 것을 따라서 마땅히 막아야 한다."

여러 비구들이 육안으로서 막았으나, 투쟁의 일이 일어났으므로 포살과 바라제목차를 설할 수 없었다. 세존께서는 말씀하셨다.

"들었던 일로써 마땅히 막아야 한다."

들었던 일을 이용하여 막고자 하는 때에 많은 들었던 것들이 있었다. 누구 비구는 바라이를 범하였다고 들었고, 누구 비구는 승가바시사를 범하였다고 들었으며, 누구 비구는 바야제를 범하였다고 들었고, 누구 비구는 바라제제사니를 범하였다고 들었으며, 누구 비구는 돌길라를 범하였다고 들었다고 말한다면 듣고서 모두를 막았다. 이러한 인연을 까닭으로 투쟁의 일이 일어났으므로 포살과 바라제목차를 설할 수 없었다. 세존께서는 말씀하셨다.

"마땅히 의심으로서 막을 수 있느니라."

여러 비구들이 많이 있다고 의심하였으니, 만약 몸으로 범하였거나, 입으로 범하였다고 의심하였고, 만약 유잔죄를 범하였거나 무잔죄를 범하였다고 의심하였으며, 만약 취락이거나, 아란야처에서 범하였다고 의심하였다. 이렇게 의심한 까닭으로 투쟁의 일이 일어나서 있었으므로 포살과 바라제목차를 설할 수 없었다. 세존께서는 말씀하셨다.

"마땅히 스스로가 말로서 말하여 막을 것이고, 청정한 자는 묵연하라. 비법으로 계목을 설하는 것을 막는 것이 하나가 있고, 여법하게 계목을 설하는 것이 하나가 있느니라. 만약 비구가 다섯 종류를 범한 가운데에서 근거가 없는데도 계목을 설하는 것을 막았다면, 이것을 비법이라고 이름한다. 여법한 것은 만약 비구가 다섯 종류를 범한 가운데에서 근거가 있으므로 계목을 설하는 것을 막았다면, 이것을 여법하다고 이름한다. 비법으로 계목을 설하는 것을 막는 것이 두 종류가 있고, 여법하게 계목을 설하는 것을 막는 두 종류가 있느니라. 비법의 두 종류는 다섯 종류를 범한 가운데에서 만약 지었다거나, 만약 짓지 않았다는 근거도 없는데 계목을 설하는 것을 막았다면, 이것을 비법의 두 종류라고 이름한다. 여법의 두 종류는 다섯 종류를 범한 가운데에서 만약 지었다거나, 만약 짓지 않았다는 근거도 있어서 계목을 설하는 것을 막았다면, 이것을 여법한 두 종류라고 이름한다.

다시 비법으로 계목을 설하는 것을 막는 것이 세 종류가 있고, 여법하게 계목을 설하는 것을 막는 세 종류가 있느니라. 비법의 세 종류는 만약 비구의 파계에 근거가 없거나, 정견을 깨뜨린 근거가 없거나, 위의를 깨뜨렸던 근거가 없다면, 이것은 계목을 설하는 것을 비법으로 막은 세 종류라고 이름한다. 여법한 세 종류는 파계하였거나, 정견을 깨뜨렸거나, 위의를 깨뜨렸다는 근거가 있다면 이것은 계목을 설하는 것을 여법하게 막은 세 종류라고 이름한다. 다시 비법으로 계목을 설하는 것을 막는 것이 네 종류가 있고, 여법하게 계목을 설하는 것을 막는 네 종류가 있느니라. 비법의 네 종류는 파계에 근거가 없거나, 정견을 깨뜨린 근거가 없거나, 정명(定命)을 깨뜨린 근거가 없거나, 위의를 깨뜨렸던 근거가 없다면, 이것은 계목을 설하는 것을 비법으로 막은 네 종류라고 이름한다. 여법한 네 종류는 파계하였거나, 정견을 깨뜨렸거나, 정명을 깨뜨렸거나, 위의를 깨뜨렸다는 근거가 있다면 이것은 계목을 설하는 것을 여법하게 막은 네 종류라고 이름한다.

다시 비법으로 계목을 설하는 것을 막는 것이 다섯 종류가 있고, 여법하게 계목을 설하는 것을 막는 다섯 종류가 있느니라. '다섯 종류의 비법으로 막는 것'은 근거도 없이 바라이죄를 범하였다고 말하고서 계목을 설하는 것을 막았다면, 이것은 비법으로 막는 것이라고 이름한다. 근거도 없이 승가바시사이거나, 바야제이거나, 바라제제사니이거나, 돌길라를 범하였다고 말하며 계목을 설하는 것을 막았다면, 이것은 비법으로 막는 것이라고 이름한다. '다섯 종류로 여법하게 막는 것'은 바라이죄를 범하였다는 증거가 있어서 계목을 설하는 것을 막았다면, 이것은 여법하게 막은 것이라고 이름한다. 승가바시사·바야제·바라제제사니·돌길라를 범하였다는 증거가 있다면, 이것은 여법하게 막은 다섯 종류라고 이름한다.

다시 비법으로 계목을 설하는 것을 막는 것이 여섯 종류가 있고, 여법하게 계목을 설하는 것을 막는 여섯 종류가 있느니라. 여섯 종류의 비법인 것은 근거도 없이 파계를 지었다거나, 파계를 짓지 않았다고 하는 것이고, 근거도 없이 정견을 깨뜨렸다고 지었다거나, 정견을 깨뜨리지 않았다고 하는 것이며, 근거도 없이 정명을 깨뜨렸다고 지었거나, 정명을 깨뜨리지 않았다고 지었다고 계목을 설하는 것을 막는 것이다. 이것은 비법으로 막는 여섯 종류라고 이름한다. 여섯 종류의 여법한 것은 근거가 있어 파계를 지었다거나, 파계를 짓지 않았다고 하는 것이고, 근거가 있어 정견을 깨뜨렸다고 지었다거나, 정견을 깨뜨리지 않았다고 하는 것이며, 근거가 있어 정명을 깨뜨렸다고 지었거나, 정명을 깨뜨리지 않았다고 지었다고 계목을 설하는 것을 막는 것이다.

다시 비법으로 계목을 설하는 것을 막는 것이 일곱 종류가 있고, 여법하게 계목을 설하는 것을 막는 일곱 종류가 있느니라. 일곱 종류의 비법인 것은 근거도 없이 바라이죄를 (범하였다고 말하고서) 계목을 설하는 것을 막는 것이고, 근거도 없이 승가바시사·바야제·바라제제사니·돌길라·악구를 따라서 일어나는 돌길라·투란차를 따라서 일어나는 돌길라죄를 (범하였다고 말하고서) 계목을 설하는 것을 막는 것이다. 이것은 비법으로 막는 일곱 종류라고 이름한다. 일곱 종류의 여법한 것은 근거가 있어 바라이·승가바시사·바야제·돌길라·악구를 따라서 일어나는 돌길라·투란차를 따라서 일어나는 돌길라죄를 (범하였다고 말하고서) 계목을 설하는 것을 막는 것이다. 이것은 여법하게 막는 일곱 종류라고 이름한다.

다시 비법으로 계목을 설하는 것을 막는 것이 여덟 종류가 있고, 여법하게 계목을 설하는 것을 막는 여덟 종류가 있느니라. 여덟 종류의 비법인 것은 근거도 없이 파계를 지었다거나, 파계를 짓지 않았다고 하는 것이고, 근거도 없이 정견을 깨뜨렸다고 지었다거나, 정견을 깨뜨리지 않았다고 하는 것이며, 근거도 없이 정명을 깨뜨렸다고 지었거나, 정명을 깨뜨리지 않았다고 지었다거나, 근거도 없이 위의를 깨뜨렸다고 지었거나, 위의를 깨뜨리지 않았다고 지으면서, 계목을 설하는 것을 막는 것이다. 이것은 비법으로 막는 여덟 종류라고 이름한다. 여덟 종류의 여법한 것은 근거가 있어 파계를 지었다거나, 파계를 짓지 않았다고 하는 것이고, 근거가 있어 정견을 깨뜨렸다고 지었다거나, 정견을 깨뜨리지 않았다고 하는 것이며, 근거가 있어 정명을 깨뜨렸다고 지었거나, 정명을 깨뜨리지 않았다고 지었다거나, 위의를 깨뜨렸다고 지었거나, 위의를 깨뜨리지 않았다고 지으면서, 계목을 설하는 것을 막는 것이다. 이것은 여법하게 막는 여덟 종류라고 이름한다.

다시 비법으로 계목을 설하는 것을 막는 것이 아홉 종류가 있고, 여법하게 계목을 설하는 것을 막는 아홉 종류가 있느니라. 아홉 종류의 비법인 것은 근거도 없이 유잔죄를 지었다고 계목을 설하는 것을 막았거나, 만약 근거도 없이 유잔죄를 짓지 않았으나 계목을 설하는 것을 막았거나, 만약 근거도 없이 유잔죄를 지었거나, 짓지 않았어도 계목을 설하는 것을 막았거나, 만약 근거도 없이 무잔죄를 지었다고 계목을 설하는 것을 막았거나, 만약 근거도 없이 무잔죄를 짓지 않았으나 계목을 설하는 것을 막았거나, 만약 무잔죄를 지었거나, 짓지 않았어도 계목을 설하는 것을 막았거나, 만약 근거도 없이 유잔·무잔죄를 지었다고 계목을 설하는 것을 막았거나, 만약 근거도 없이 유잔·무잔죄를 짓지 않았다고 계목을 설하는 것을 막았거나, 만약 근거도 없이 유잔·무잔죄를 지었거나, 짓지 않았어도 계목을 설하는 것을 막는 것이다. 이것은 비법으로 막는 아홉 종류라고 이름한다. 아홉 종류의 여법인 것은 근거가 있어서 유잔죄를 지었다고 막았거나, 근거가 있어 유잔죄를 짓지 않았어도 막았거나, 근거가 있어 유잔죄를 지었고 짓지 않았어도 막았거나, 근거가 있어 무잔죄를 지었다고 막았거나, 근거가 있어 무잔죄를 짓지 않았어도 막았거나, 근거가 있어 무잔죄를 지었고 짓지 않았어도 막았거나, 근거가 있어 유잔·무잔죄를 지었다고 막았거나, 근거가 있어 유잔·무잔죄를 짓지 않았다고 막았거나, 근거가 있어 유잔·무잔죄를 지었고 짓지 않았어도 계목을 설하는 것을 막는 것이다. 이것은 여법하게 막는 아홉 종류라고 이름한다.

다시 비법으로 계목을 설하는 것을 막는 것이 열 종류가 있고, 여법하게 계목을 설하는 것을 막는 아홉 종류가 있느니라. 열 종류의 비법인 것은 만약 비구가 바라이죄를 범하지 않았거나, 만약 비구가 바라이죄를 범하였어도 승가가 이러한 죄를 드러내지 않았거나, 만약 승가를 업신여기지 않았고 꾸짖지 않았거나, 만약 비구가 승가를 업신여기고 꾸짖었으나 승가가 이러한 죄를 드러내지 않았거나, 만약 구족계를 버리지 않았거나, 만약 승가가 구족계를 버린 일을 드러내지 않았거나, 만약 여법한 승사(僧事)를 수순하였거나, 만약 파계하고 정견을 깨뜨리며 위의를 깨뜨린 것을 보지도 못하였고 듣지도 못하였으며 의심하지도 못하였어도 계목을 설하는 것을 막는 것이다. 이것은 여법하게 막는 열 종류라고 이름한다.

열 종류의 여법한 것은 만약 비구가 바라이죄를 범하였거나, 만약 승가가 바라이의 일을 드러냈거나, 만약 승가를 업신여기고 꾸짖었거나, 만약 승가를 업신여기고 꾸짖은 승사를 드러내고자 하였거나, 만약 구족계를 버렸거나, 만약 승가가 구족계를 버린 일을 드러내었거나, 만약 비구가 여법한 승사를 수순하지 않았거나, 만약 파계하고 정견을 깨뜨리며 위의를 깨뜨린 것을 만약 보았고, 만약 들었으며, 만약 의심하였으므로 계목을 설하는 것을 막는 것이다. 이것은 여법하게 막는 열 종류라고 이름한다.

만약 비구가 바라이죄를 범하였다는 것은, 비구가 있었고 다른 비구가 바라이죄를 범하는 모습을 보았거나, 만약 다른 사람에게 '누구 비구가 바라이죄를 범하였다.'고 들었거나, 만약 그 비구가 스스로 '나는 바라이죄를 범하였다.'고 말하거나, 만약 비구들이 비록 눈앞에서 보지는 못하였으나 전전(展轉)하여 '누구 비구가 바라이죄를 범하였다.'고 믿을 수 있도록 들었고 의심하도록 들은 것이다. 여러 비구들이 만약 보았던 것을 이용하거나, 만약 들었던 것을 이용하거나, 만약 의심하는 것을 이용하여 이 주처이거나, 저 주처에서 이 비구가 계목을 설하는 것을 막고자 한다면 마땅히 이렇게 말을 짓도록 하라.

'누구 비구가 계목을 설하는 것을 막아주십시오. 누구 비구가 대중의 가운데에 있다면 승가는 포살과 계목을 설할 수 없습니다.'

이것을 '비구가 바라이를 범한 것'이라고 이름한다.

'승가가 바라이를 범한 일을 드러내다.'라는 것은 비구가 바라이죄를 범한 일과 같아서 승가가 이 비구의 일을 검교(撿挍)하고자 하는 때에 이러한 난리가 일어났거나, 또한 다른 난리가 일어났는데, 만약 8난(難) 가운데에서 하나하나의 난리가 일어나서 일을 결단(決斷)하지 못하고 승가가 자리에서 일어나서 떠나간다면, 곧 때에 한 비구가 승가의 가운데에서 창언하라.

'대덕 승가께서는 허락하십시오. 지금 승가는 누구 비구가 바라이를 범한 일을 검교하고자 하였으나 이러한 난리가 일어났고 또한 다른 난리가 일어났는데, 만약 8난 가운데에서 하나하나의 난리가 일어나서 일을 결단하지 못하고 승가가 자리에서 일어나서 떠나게 되었습니다. 만약 승가께서 때에 이르렀다면 승가께서는 허락하십시오. 승가께서는 뒤에 포살하는 때에 마땅히 먼저 누구 비구의 일을 결단해야 합니다. 이와 같이 아룁니다.'

만약 여러 비구들이 뒤에 포살하는 때에 이 비구의 일을 먼저 결단한다면 좋으나, 만약 능히 결단하지 못하였고 여러 비구들이 만약 이 주처나 저 주처에서 이 비구가 계목을 설하는 것을 막고자 한다면, 마땅히 이렇게 말을 짓도록 하라.

'누구 비구가 계목을 설하는 것을 막아주십시오. 누구 비구가 대중의 가운데에 있다면 승가는 포살과 계목을 설할 수 없습니다.'

이것을 '비구가 바라이를 범한 것'이라고 이름한다.

'승가를 업신여기고 꾸짖다.'는 만약 비구가 다른 비구가 승가의 모습을 업신여기고 꾸짖으면서 이러한 모습으로 승가를 업신여기고 꾸짖는 것을 보았거나, 만약 '누구 비구가 승가를 업신여기고 꾸짖었다.'고 다른 사람에게 들었거나, 만약 그 비구가 스스로 '나는 승가를 업신여기고 꾸짖었다.'고 말하거나, 만약 비구들이 비록 눈앞에서 보지는 못하였으나 전전하여 '누구 비구가 승가를 업신여기고 꾸짖었다.'고 믿을 수 있도록 들었고 의심하도록 들은 것이다. 여러 비구들이 만약 보았던 것을 이용하거나,

만약 들었던 것을 이용하거나, 만약 의심하는 것을 이용하여 이 주처나 저 주처에서 이 비구가 계목을 설하는 것을 막고자 한다면 마땅히 이렇게 말을 짓도록 하라.

'누구 비구가 계목을 설하는 것을 막아주십시오. 누구 비구가 대중의 가운데에 있다면 승가는 포살과 계목을 설할 수 없습니다.'

이것을 '승가를 업신여기고 꾸짖은 것'이라고 이름한다.

'승가를 업신여기고 꾸짖은 것을 드러내다.'는 비구가 승가를 업신여기고 꾸짖은 것과 같다. 승가가 이 비구의 일을 검교하고자 하였으나 이러한 난리가 일어났고 또한 다른 난리가 일어났는데, 만약 8난 가운데에서 하나하나의 난리가 일어나서 일을 결단하지 못하고 승가가 자리에서 일어나서 떠나간다면, 곧 때에 한 비구가 승가의 가운데에서 창언하라.

'대덕 승가께서는 허락하십시오. 지금 승가는 누구 비구가 승가를 업신여기고 꾸짖은 일을 검교하고자 하였으나 이러한 난리가 일어났고 또한 다른 난리가 일어났는데, 만약 8난 가운데에서 하나하나의 난리가 일어나서 일을 결단하지 못하고 승가가 자리에서 일어나서 떠나게 되었습니다. 만약 승가께서 때에 이르렀다면 승가께서는 허락하십시오. 승가께서는 뒤에 포살하는 때에 마땅히 먼저 누구 비구의 일을 결단해야 합니다. 이와 같이 아룁니다.'

만약 여러 비구들이 뒤에 포살하는 때에 이 비구의 일을 먼저 결단한다면 좋으나, 만약 능히 결단하지 못하였고 여러 비구들이 만약 이 주처나 저 주처에서 이 비구가 계목을 설하는 것을 막고자 한다면, 마땅히 이렇게 말을 짓도록 하라.

'누구 비구가 계목을 설하는 것을 막아주십시오. 누구 비구가 대중의 가운데에 있다면 승가는 포살과 계목을 설할 수 없습니다.'

이것을 '비구가 승가를 업신여기고 꾸짖은 일을 드러내는 것'이라고 이름한다.

'구족계를 버렸다.'는 만약 비구가 다른 비구가 이러한 모습으로서 구족계를 버렸고 구족계를 버리는 모습을 보았거나, 만약 '누구 비구가 구족계를 버렸다.'고 다른 사람에게 들었거나, 만약 그 비구가 스스로 '나는 구족계를 버렸다.'고 말하거나, 만약 비구들이 비록 눈앞에서 보지는 못하였으나 전전하여 '누구 비구가 구족계를 버렸다.'고 믿을 수 있도록 들었고 의심하도록 들은 것이다. 여러 비구들이 만약 보았던 것을 이용하거나, 만약 들었던 것을 이용하거나, 만약 의심하는 것을 이용하여 이 주처나 저 주처에서 이 비구가 계목을 설하는 것을 막고자 한다면 마땅히 이렇게 말을 짓도록 하라.

'누구 비구가 계목을 설하는 것을 막아주십시오. 누구 비구가 대중의 가운데에 있다면 승가는 포살과 계목을 설할 수 없습니다.'

이것을 '구족계를 버린 것'이라고 이름한다.

'구족계를 버린 일을 드러내다.'는 비구가 구족계를 버렸고 승가가 이 비구의 일을 검교하고자 하였으나 이러한 난리가 일어났고 또한 다른 난리가 일어났는데, 만약 8난 가운데에서 하나하나의 난리가 일어나서 [일을 결단하지 못하고] 승가가 자리에서 일어나서 떠나간다면, 곧 때에 한 비구가 승가의 가운데에서 창언하라.

'대덕 승가께서는 허락하십시오. 지금 승가는 누구 비구가 구족계를 버린 일을 검교하고자 하였으나 이러한 난리가 일어났고 또한 다른 난리가 일어났는데, 만약 8난 가운데에서 하나하나의 난리가 일어나서 일을 결단하지 못하고 승가가 자리에서 일어나서 떠나게 되었습니다. 만약 승가께서 때에 이르렀다면 승가께서는 허락하십시오. 승가께서는 뒤에 포살하는 때에 마땅히 먼저 누구 비구의 일을 결단해야 합니다. 이와 같이 아뢥니다.'

만약 여러 비구들이 뒤에 포살하는 때에 이 비구의 일을 먼저 결단한다면 좋으나, 만약 능히 결단하지 못하였고 여러 비구들이 만약 이 주처나 저 주처에서 이 비구가 계목을 설하는 것을 막고자 한다면, 마땅히 이렇게 말을 짓도록 하라.

'누구 비구가 계목을 설하는 것을 막아주십시오. 누구 비구가 대중의 가운데에 있다면 승가는 포살과 계목을 설할 수 없습니다.'

이것을 '구족계를 버린 일을 드러내는 것'이라고 이름한다.

'여법한 승사에 수순하지 않는다.'는 승사를 짓는 것에서 만약 백일갈마·백이갈마·백사갈마·포살·자자·14인의 갈마라면 수순해야 한다. [여법한 승사에 수순하지 않는다는 것은] 만약 비구가 다른 비구가 여법한 승사의 모습에 수순하지 않는 것을 보았거나, 만약 다른 사람을 따라서 '누구 비구가 여법한 승사의 모습에 수순하지 않는다.'고 들었거나, 만약 그 비구가 스스로 '나는 여법한 승사의 모습에 수순하지 않는다.'고 말하거나, 만약 비구들이 비록 눈앞에서 보지는 못하였으나 전전하여 '누구 비구가 여법한 승사의 모습에 수순하지 않는다.'고 믿을 수 있도록 들었고 의심하도록 들은 것이다. 여러 비구들이 만약 보았던 것을 이용하거나, 만약 들었던 것을 이용하거나, 만약 의심하는 것을 이용하여 이 주처나 저 주처에서 이 비구가 계목을 설하는 것을 막고자 한다면 마땅히 이렇게 말을 짓도록 하라.

'누구 비구가 계목을 설하는 것을 막아주십시오. 누구 비구가 대중의 가운데에 있다면 승가는 포살과 계목을 설할 수 없습니다.'

이것을 '여법한 승사에 수순하지 않는 것'이라고 이름한다.

'파계'는 비구가 있었고 바라이를 범하였거나, 승가바시사·바야제·바라제제사니·돌길라를 범한 것이다. 만약 여러 비구들이 비구가 범하는 모습을 보았거나, 만약 다른 사람을 따라서 '누구 비구가 파계하였다.'고 들었거나, 만약 그 비구가 스스로 '나는 파계하였다.'고 말하거나, 만약 비구들이 비록 눈앞에서 보지는 못하였으나 전전하여 '누구 비구가 파계하였다.'고 믿을 수 있도록 들었고 의심하도록 들은 것이다. 여러 비구들이 만약 보았던 것을 이용하거나, 만약 들었던 것을 이용하거나, 만약 의심하는 것을 이용하여 이 주처나 저 주처에서 이 비구가 계목을 설하는 것을 막고자 한다면 마땅히 이렇게 말을 짓도록 하라.

'누구 비구가 계목을 설하는 것을 막아주십시오. 누구 비구가 대중의 가운데에 있다면 승가는 포살과 계목을 설할 수 없습니다.'

이것을 '파계'라고 이름한다.

'정견을 깨뜨리다.'는 신견(身見)을 제외하고 62견을 근본으로 삼아서 만약 다른 견해를 일으켰는데 이를테면, '죄도 없고, 복도 없으며, 보시도 없고, 선도 없으며, 악도 없고, 선악의 과보도 없으며, 금생(今世)와 내생(後世)도 없고, 아버지도 없으며, 어머니도 없고, 세간에는 바른 행을 얻어서 금생이나 내생에서 <나의 생(生)을 이미 마쳤고 지을 일은 이미 끝냈으며 범행은 이미 섰고, 이 몸을 따라서 다시 후유(後有)를 받지 않는다.>고 자신이 지었던 아라한은 없다.'고 생각하는 것이다. 만약 여러 비구들이 비구가 바른 견해를 깨뜨리는 모습을 보았거나, 만약 다른 사람을 따라서 들었거나, 만약 그 비구가 스스로가 말하거나, 만약 비구들이 비록 눈앞에서 보지는 못하였으나 전전하여 믿을 수 있도록 들었고 의심하도록 들은 것이다. 여러 비구들이 만약 보았던 것을 이용하거나, 만약 들었던 것을 이용하거나, 만약 의심하는 것을 이용하여 이 주처나 저 주처에서 이 비구가 계목을 설하는 것을 막고자 한다면 마땅히 이렇게 말을 짓도록 하라.

'누구 비구가 계목을 설하는 것을 막아주십시오. 누구 비구가 대중의 가운데에 있다면 승가는 포살과 계목을 설할 수 없습니다.'

이것을 '정견을 깨뜨린 것'이라고 이름한다.

'위의를 훼손하다.'는 비구가 있어 화상과 아사리 등의 일체 상좌의 처소에서 사악(邪惡)함을 지어서 위의를 깨뜨린 것이다. 만약 여러 비구들이 비구가 위의를 깨뜨리는 모습을 보았거나, 만약 다른 사람을 따라서 '누구 비구가 위의를 깨뜨렸다.'고 들었거나, 만약 그 비구가 스스로가 말하거나, 만약 비구들이 비록 눈앞에서 보지는 못하였으나 전전하여 '누구 비구가 위의를 깨뜨렸다.'고 믿을 수 있도록 들었고 의심하도록 들은 것이다. 여러 비구들이 만약 보았던 것을 이용하거나, 만약 들었던 것을 이용하거나, 만약 의심하는 것을 이용하여 이 주처나 저 주처에서 이 비구가 계목을 설하는 것을 막고자 한다면 마땅히 이렇게 말을 짓도록 하라.

'누구 비구가 계목을 설하는 것을 막아주십시오. 누구 비구가 대중의

가운데에 있다면 승가는 포살과 계목을 설할 수 없습니다.'

이것을 '위의를 깨뜨린 것'이라고 이름한다." [팔법의 가운데에서 그 여섯 번째인 '차법(遮法)'을 마친다.]

십송율 제34권

후진 북인도 삼장 불야다라 한역

석보운 번역

5. 오송 ⑥

9) 팔법 ⑥

(7) 와구법(臥具法)

세존께서는 왕사성에 머무르셨다.

이때 여러 비구들이 서로를 업신여기면서 공경하지 않았다. 세존께서는 여러 비구들이 서로를 업신여기면서 공경하지 않는 것을 보셨고 이러한 인연을 까닭으로 비구 승가를 모으셨으며 여러 비구들에게 물으셨다.

"그대들의 뜻은 어떠한가? 누구 비구가 마땅히 상좌를 지어서 먼저 물을 받고 먼저 음식을 받아야 하겠는가?"

비구가 있어 대답하여 말하였다.

"세존이시여. 만약 비구가 찰리 종족이고 신심으로서 출가하여 머리카락과 수염을 깎고 법의를 입었다면, 이 사람이 마땅히 먼저 자리에 앉아서 먼저 물을 받고 먼저 음식을 받아야 합니다."

다시 비구가 있어 말하였다.

"세존이시여. 만약 비구가 바라문 종족이고 신심으로서 출가하여 머리카락과 수염을 깎고 법의를 입었다면, 이 사람이 마땅히 먼저 자리에 앉아서 먼저 물을 받고 먼저 음식을 받아야 합니다."

다시 비구가 있어 말하였다.

"세존이시여. 만약 비구가 비사 종족이고 신심으로서 출가하여 머리카락과 수염을 깎고 법의를 입었다면, 이 사람이 마땅히 먼저 자리에 앉아서 먼저 물을 받고 먼저 음식을 받아야 합니다."

다시 비구가 있어 말하였다.

"세존이시여. 만약 비구가 아라한의 누진을 얻어서 지을 것을 마쳤고 무거운 짐을 버리고 떠났으며, 여러 유결을 끝냈고 바른 지혜를 구족하여 마음이 해탈을 얻었다면, 이와 같은 비구가 마땅히 먼저 자리에 앉아서 먼저 물을 받고 먼저 음식을 받아야 합니다."

다시 비구가 있어 말하였다.

"세존이시여. 만약 비구가 아나함과를 얻어서 5하분결(下分結)을 끊고 이 세상에 다시 돌아오지 않는다면, 이와 같은 비구가 마땅히 먼저 자리에 앉아서 먼저 물을 받고 먼저 음식을 받아야 합니다."

다시 비구가 있어 말하였다.

"세존이시여. 만약 비구가 사다함과를 얻어 삼결(三結)인 삼독을 끊고 이 세간에 한 번을 태어나고 와서 고통을 모두 끊었다면, 이와 같은 비구가 마땅히 먼저 자리에 앉아서 먼저 물을 받고 먼저 음식을 받아야 합니다."

다시 비구가 있어 말하였다.

"세존이시여. 만약 비구가 수다원과를 얻어 삼결을 끊고 3악도에 떨어지지 않으며 반드시 청정한 지혜에 이르고 인산과 천상을 7번을 왕래하면서 고통을 모두 끊었다면, 이와 같은 비구가 마땅히 먼저 자리에 앉아서 먼저 물을 받고 먼저 음식을 받아야 합니다."

여러 비구들이 여러 종류로 말하였으나 세존의 뜻에는 합치되지 않았다. 세존께서는 여러 비구들에게 말씀하셨다.

"그대들은 누구 비구가 마땅히 먼저 앉고 먼저 물을 받으며 먼저 음식을 받아야 하는가를 마땅히 일심으로 들을지니라."

이때 세존께서는 본생(本生)의 인연을 말씀하시면서 여러 비구들에게 말씀하셨다.

"과거 세상의 때에 설산(雪山) 근처의 아래에 세 마리의 짐승이 함께 살았는데 첫째가 사막새였고 두 번째가 원숭이였으며 세 번째가 코끼리였느니라. 이 세 마리의 짐승은 서로를 업신여기면서 공경하는 행이 없었다. 이 세 마리의 짐승이 같이 이렇게 생각을 지었다.

'우리는 어찌 서로를 공경하지 않는가? 만약 먼저 태어났다면 마땅히 공양을 받고 존중받으며 우리를 교화해야 한다.'

이때 사막새와 원숭이가 코끼리에게 물어 말하였다.

"그대는 과거에 무슨 일을 기억하고 있는가?"

이곳에 큰 필발(畢茇) 나무가 있었는데 코끼리가 말하였다.

"내가 어렸을 때에 이곳을 다녔는데 이 나무가 내 배의 아래에 있었다."

코끼리와 사막새가 원숭이에게 물었다.

"그대는 과거에 무슨 일을 기억하고 있는가?"

원숭이가 말하였다.

"내가 어렸을 때를 기억해보면 앉아서 이 나무를 잡고서 머리로 누르면 나무가 땅에 닿게 하였네."

코끼리가 원숭이에게 말하였다.

"그대의 나이가 나보다 많으므로 내가 마땅히 그대를 공경하고 존중하겠소. 그대는 마땅히 나를 위하여 설법하시오."

원숭이가 사막새에게 물어 말하였다.

"그대는 과거에 무슨 일을 기억하고 있는가?"

대답하여 말하였다.

"그곳에 큰 필발나무가 있었는데 내가 때에 그 나무의 열매를 먹고서 이곳에 배설하였는데, 도리어 이러한 나무가 생겨나서 이와 같이 자라났네. 이것이 내가 기억하는 것이네."

원숭이가 사막새에게 말하였다.

'그대의 나이가 나보다 많으므로 내가 마땅히 그대를 공경하고 존중하

겠소. 그대는 마땅히 나를 위하여 설법하시오.'

이때 코끼리는 원숭이를 공경하였으며 법을 따라서 듣고서 다른 코끼리를 위하여 말하였고, 원숭이는 사막새를 공경하였으며 법을 따라서 듣고서 다른 코끼리를 위하여 말하였으며, 사막새는 다른 사막새에게도 설법하였느니라. 이러한 세 종류의 새와 짐승들은 이전에는 살생하고 다른 자의 물건을 훔쳤으며 삿되게 음행하고 망어를 즐겼으나, 이 여러 새와 짐승들은 함께 이렇게 생각을 지었다.

'우리들이 어찌 살생하고 훔치며 빼앗고 삿되게 음행하고 망어하는 것을 버리지 않겠는가?'

이렇게 생각을 짓고서 곧 살생하고 훔치며 삿되게 음행하고 망어하는 것을 버렸다. 축생의 가운데에는 오히려 술이 없었으므로 이러한 네 가지의 법을 구족하여 행하였고 목숨을 마치고서 모두 천상에 태어났느니라."

세존께서는 말씀하셨다.

"이때부터 사막새의 법이 널리 유포되어 여러 천상에 알려졌느니라. 세상 사람들은 '축생들이 무슨 까닭으로 선업을 행하면서 다시는 인간들의 곡식을 훔치지 않는가?'라고 생각하였고, 또한 '축생들도 오히려 능히 서로가 공경하는데 하물며 우리들이 못하겠는가?'라고 이렇게 생각하였느니라. 이때부터 세상 사람들은 모두 서로를 공경하였고 존중하였으며 널리 사막새의 법을 익혔고 5계(戒)를 받들어 행하였으므로 숨을 마치고서 모두 천상에 태어났느니라."

세존께서는 여러 비구들에게 말씀하셨다.

"그때 사막새가 어찌 다른 사람이겠는가? 곧 나의 몸이었고, 원숭이는 사리불이며 코끼리는 목련이니라."

세존께서는 말씀하셨다.

"무지한 축생들도 오히려 서로를 공경하고 존중하는 법을 행하여 스스로 큰 이익을 얻었고 역시 다른 자들도 이롭게 하였느니라. 하물며 그대들은 신심으로 출가하여 머리카락과 수염을 깎고 법복을 입지 않았는가?

마땅히 서로를 존경해야 하느니라. 같지 않은 세 부류의 사람이 있으니, 무엇이 그 세 부류인가? 일체의 대계(大戒)를 받지 못한 여러 사람은 대계를 받은 사람과 같지 않고, 일체의 하좌는 상좌와 같지 않으며, 일체의 일을 받고서 비법을 설한 사람이라면 비록 상좌일지라도 일체의 일을 여법하게 설하는 하좌와 같지 않다. 일체의 대계를 받은 사람은 대를 받지 않은 사람보다 수승하고, 일체의 상좌는 일체의 하좌보다 수승하며, 세존은 성중(聖衆)보다 수승하느니라."

이때 세존께서는 곧 게송으로 설하여 말씀하셨다.

만약 세존과 세존의 제자들을
공경하지 않는 사람이라면
현생의 사람들에게 꾸지람을 듣고
후세(後世)에는 악도에 떨어진다네.

만약 세존과 세존의 제자들을
공경하는 것을 아는 사람이라면
현생의 사람들에게 찬탄을 받고
후세에는 천상에 태어난다네.

세존께서는 여러 종류의 인연으로 공경법(恭敬法)를 찬탄하셨으며, 여러 비구들에게 말씀하셨다.

"지금부터 대계를 먼저 받았고, 나아가 잠깐의 시간이라도 먼저 받았다면, 이 사람이 마땅히 먼저 자리에 앉고 먼저 물을 받으며 먼저 음식을 받아야 하느니라."

세존께서는 사위국에 머무르셨다.

그때 한 거사가 있었고 세존과 승가께 다음날 공양을 청하였다. 세존께서는 묵연히 허락하셨고 거사는 세존께서 그 청을 받아들이신 것을 알고는 집으로 돌아가서 밤을 새워서 여러 종류의 맛있는 음식들을 많이 준비하였다. 일찍 일어나서 앉을 자리를 펼쳐놓고서 사람을 보내어 세존께 아뢰었다.

"때에 이르렀습니다. 오직 성자께서는 때를 아십시오."

이때 세존과 승가는 거사의 집으로 갔다. 발난타 석자는 항상 다른 사람의 집을 출입하였으므로 이때에도 발난타 석자는 일찍 일어나서 옷과 발우를 지니고 다른 집으로 가버렸다. 이때에 발난타 석자의 하좌인 비구가 발난타의 제자인 달마(達磨)에게 물어 말하였다.

"그대의 스승은 오셨는가?"

대답하여 말하였다.

"저의 화상께서는 일도 많고 인연도 많으며, 다른 사람의 집을 출입하는 것을 좋아합니다. 오늘도 일찍 일어나서 항상 출입하던 집으로 가셨으므로 혹은 오거나, 혹은 오지 않을 것입니다."

이 비구는 발난타가 앉을 자리를 남겨두지 않고서 곧 앉았다. 이때 거사는 세존과 승가가 자리에 앉은 것을 보았고 스스로가 물을 돌렸으며 음식을 나눠주었다. 발난타 석자는 와서 자리의 차례에 나아가고자 하좌의 비구를 일어나게 하였다. 이 비구는 또한 하좌의 비구를 일어나게 하였고, 이와 같이 셋째·넷째의 하좌인 여러 비구들이 일어나게 되었다. 이러한 인연으로서 승가의 자리는 산란하게 되었고, 여러 거사들이 발난타를 꾸짖어 말하였다.

"음식이 매우 많아서 모두에게 균등하게 드릴 수 있는데 어찌 자리의 차례가 필요합니까? 만약 그대가 차례대로 앉고자 하였다면 어찌 일찍 오지 않았습니까? 우리들은 지금 누구에게 음식을 주었고 주지 않았는가? 누구에게 많이 주었고 적게 주었는지를 알지 못합니다."

세존께서는 거사들이 꾸짖는 소리를 들으셨고, 여러 비구의 요란스러운 것을 보셨으나 묵연하셨다. 식후에 이러한 인연으로서 비구 승가를 모으셨으며, 여러 종류의 인연으로서 발난타 석자를 꾸짖으셨다.

"어찌 비구라고 이름하면서 음식을 나눠주고 있는 때에 상좌라는 까닭으로 하좌를 일어나게 하였는가?"

이와 같이 꾸짖으셨으며, 여러 비구들에게 말씀하셨다.

"지금부터 음식을 나눠주는 때이거나, 만약 음식을 이미 나눠주었다면 마땅히 하좌를 일어나게 하지 말라. 만약 하좌를 일으켰다면 돌길라죄를 얻느니라. 만약 비구가 서로 화상과 아사리의 인연이 있었고 공경하는 마음으로써 스스로 일어났다면 마땅히 다음 자리의 비구를 일어나게 하지 말라. 만약 하좌를 일으켰다면 돌길라죄를 얻느니라."

세존께서는 말씀하셨다.

"지금부터 비구가 그 법랍(法臘)이 세 살의 중간이라면 함께 한 평상에 앉는 것을 허락하겠노라. 또 세 사람의 비구가 함께 추폐평상(麤梐平床)에 앉는 것을 허락하겠고, 또 세폐평상(細梐平床)에 두 사람이 함께 앉는 것과 독상(獨床)에 혼자서 앉는 것을 허락하겠노라."

세존께서는 바라나국에 머무르셨다.

그때 5비구가 아뢰어 말하였다.

"세존이시여. 우리들은 마땅히 어느 처소에 머물러야 합니까?"

세존께서는 말씀하셨다.

"그대들은 마땅히 석굴(山巖)이나 대나무 숲 또는 나무 아래에 머물러야 하느니라."

여러 비구들이 석굴이나 대나무 숲 또는 나무 아래에서 머물렀고, 일찍 일어나서 화상과 아사리의 처소로 이르렀는데, 독경(讀經)과 송경(誦經)을 받아들이고 의심이 있는 것을 물으며 법을 받으려는 까닭이었다. 이때 발제(跋提) 거사가 일찍 일어나서 왕사성을 나왔고 죽원에 나아가서 세존에게 예경하고자 하였다. 이때 거사는 여러 비구들이 석굴이나 대나무 숲 또는 나무 아래에서 오는 것을 보고 물어 말하였다.

"대덕이시여. 어느 처소에서 오십니까?"

대답하여 말하였다.

"석굴이나 대나무 숲 또는 큰 나무 아래에서 왔습니다."

거사가 물었다.

"무슨 까닭으로 이러한 석굴·대나무 숲·큰 나무 아래에 있었습니까?"

여러 비구들이 말하였다.

"다시 머물 곳이 없습니다."

거사가 말하였다.

"제가 마땅히 그대들을 위하여 여러 방사를 짓겠습니다."

대답하여 말하였다.

"세존께서는 우리들이 방사에 머무는 것을 허락하시지 않았습니다."

여러 비구들이 이 일로써 세존께 아뢰었고, 세존께서는 말씀하셨다.

"지금부터 모든 비구가 방사 안에 머무르는 것을 허락하겠노라."

이때 거사가 곧 여러 비구들을 위해 방사를 지었다. 그 방사가 높고 넓으며 여러 색깔을 칠하여 장엄하였으나 누운 처소에서 덮을 물건이 없었다. 여러 비구들이 와구를 얻지 못하였고 이 일로써 세존께 아뢰었으며, 세존께서는 말씀하셨다.

"풀이나 나뭇잎을 깔고 눕는 것을 허락하겠노라. 별도로 몸을 덮는 옷을 짓고 별도로 땅을 덮는 물건을 지으라."

이 나라는 매우 더웠으므로 풀과 나뭇잎에서 벌레가 생겨났다. 세존께서는 말씀하셨다.

"옮기는 돗자리와 대나무 돗자리를 짓는 것을 허락하겠노라."

비록 가르침을 받아들였으나 오히려 이전처럼 벌레가 생겨났다. 세존께서는 말씀하셨다.

"평상과 의자를 만드는 것을 허락하겠노라."

여러 비구는 부드러운 나무를 가져다가 평상 다리를 만들고 평상의 살을 지었던 까닭으로 앉음 몸이 불편하였다. 이 일로써 세존께 아뢰었고, 세존께서는 말씀하셨다.

"요를 짓는 것을 허락하겠노라."

장로 우바리가 세존께 물었다.

"무엇으로서 요를 지어야 합니까?"

세존께서는 말씀하셨다.

“사탕수수의 찌꺼기·박 덩굴·오이 덩굴·털·추마(芻摩)[1]·겁패(劫貝)·문사초(文闍草)[2]·파파사초(婆婆闍草)·삼베, 나아가 수초(水草)로 요의 안을 채울지니라.”

이때 여러 비구들이 누웠으나 베개가 없어서 그 머리가 구부려졌다. 이 일로써 세존께 아뢰었고, 세존께서는 말씀하셨다.

“풀로 베개를 짓는 것을 허락하겠노라.”

여러 비구들이 부드러운 풀로 베개를 지었으나 그 가시가 머리를 찔렀으므로 세존께서는 말씀하셨다.

“베개 안에 털 등으로 채우는 것을 허락하겠노라.”

여러 방사에 문이 없었으므로 개·소·말·사슴·원숭이 등이 들어왔다. 이 일로써 세존께 아뢰었고, 세존께서는 말씀하셨다.

“문을 만드는 것을 허락하겠노라.”

문에 자물쇠를 짓지 않은 까닭으로 도둑이 들어와서 옷과 발우를 훔쳐갔다. 이 일로써 세존께 아뢰었고, 세존께서는 말씀하셨다.

“끈으로 묶어두는 것을 허락하겠노라.”

여러 비구들이 어떻게 묶는가를 알지 못하였으므로 세존께서는 말씀하셨다.

“빗장을 잠그도록 허락하겠노라.”

여러 비구들이 어떻게 짓는가를 알지 못하였으므로 세존께서는 말씀하셨다.

“마땅히 구멍을 짓고 끈을 사용하여 구멍으로 당겨서 닫을지니라.”

닫고서 능히 열지 못하였으므로, 세존께서는 말씀하셨다.

“마땅히 열쇠를 지어서 열도록 하라.”

장로 우바리가 세존께 물었다.

“무엇을 사용하여 지어야 합니까?”

---

1) 삼베의 한 종류를 가리킨다.

2) 산스크리트어 muñja의 음사로서 벼와 비슷한 풀이고, 앉거나 눕는 자리를 만드는 것에 사용한다.

세존께서는 말씀하셨다.

"마땅히 철을 사용하거나, 만약 구리이거나, 만약 나무 등을 사용하여 지어야 하느니라."

지었으나 어떻게 여는가를 알지 못하였으므로, 세존께서는 말씀하셨다.

"문의 가운데에 구멍을 짓고 안쪽 자물쇠의 빗장을 풀어라."

여러 비구들이 문을 닫는 때에 붙잡을 것이 없었으므로, 세존께서는 말씀하셨다.

"마땅히 문 위에 구멍을 짓고 문고리를 달아야 하느니라."

장로 우바리가 세존께 물었다.

"무슨 물건으로서 문고리를 지어야 합니까?"

세존께서는 말씀하셨다.

"마땅히 철을 사용하거나, 만약 구리이거나, 만약 나무·털·추마·겁패·문사초·삼베 껍질 등을 사용하여 지어야 하느니라."

이때 여러 방사에 창문이 없었던 까닭으로 어두웠다. 세존께서는 말씀하셨다.

"창문을 짓는 것을 허락하겠노라."

창문을 지었는데 고니·기러기·공작·앵무·사리조(舍利鳥)·구기라조(鳩耆羅鳥)·명명조(命命鳥)·제비·참새가 창문으로 들어와서 소리를 지었던 까닭으로 여러 비구의 좌선과 독경에 방해가 되었다. 이 일로써 세존께 아뢰었고, 세존께서는 말씀하셨다.

"마땅히 창살을 설치해야 하느니라."

창살을 설치하였어도 새가 들어왔던 까닭으로 세존께서는 말씀하셨다.

"망을 설치해야 하느니라."

장로 우바리가 세존께 물었다.

"무슨 물건으로 망을 지어야 합니까?"

세존께서는 말씀하셨다.

"털·추마·겁패·문사초·삼베 껍질 등을 사용하여 짓도록 하라."

설치하였으나 곧 썩어서 찢어졌으므로 세존께서는 말씀하셨다.

"마땅히 막도록 하라."

장로 우바리가 세존께 물었다.

"무슨 물건으로 막아야 합니까?"

세존께서는 말씀하셨다.

"마땅히 녹로(轆轤)[3]를 사용하여 막아야 하느니라."

이미 지었으나 방 안이 어두웠으므로, 세존께서는 말씀하셨다.

"마땅히 구멍을 짓도록 하라."

마땅히 적게 뚫었고 지어 마쳤으나 역시 어두웠다. 세존께서는 말씀하셨다.

"마땅히 채광창을 설치하라."

이때 더위가 지나가고 추위가 찾아왔는데 그 채광창에 문이 없어 추위가 들어왔다. 세존께서는 말씀하셨다.

"채광창에 창문을 만들도록 하라."

마땅히 창문을 지었으나 조금을 움직여도 바로 벗어났으므로 세존께서는 말씀하셨다.

"마땅히 문의 위아래를 고정하라."

지었으나 문의 사이가 알맞지 않았으므로 세존께서는 말씀하셨다.

"마땅히 크게 지어 고정하라."

지었으나 문짝이 흔들렸으므로, 세존께서는 말씀하셨다.

"높은 쪽으로 빗장을 설치하라."

여러 비구들이 어떻게 닫아야 하는가를 알지 못하였으므로, 세존께서는 말씀하셨다.

"마땅히 노끈으로서 잡아당겨 닫도록 하라."

닫고서 능히 열지 못하였으므로 세존께서는 말씀하셨다.

"마땅히 구멍을 뚫고 양쪽으로 노끈을 설치하여 한쪽 끈을 잡아당기면

---

3) 가공재료를 선반기 또는 회전축에 부착시키고 회전을 이용해서 성형하거나 또는 표면 가공에 쓰이는 장치를 말하고 물레라고도 불리며, 도자기, 목공품, 금공품 따위의 제작에 쓰인다.

닫히고 한쪽 끈을 잡아당기면 열리도록 지어라."

이때 여러 방사를 메우지 않았던 까닭으로 벽돌에 틈새가 있어 뱀·지네·독충들이 생겨나서 여러 비구를 깨물었다. 세존께서는 말씀하셨다.

"진흙으로 벽을 바르도록 하라."

진흙으로 벽을 발랐으나 그 벽면이 거칠어서 옷이 쉽게 찢어졌다. 세존께서는 말씀하셨다.

"마땅히 고운 진흙으로 바르도록 하라."

이때 여러 방사가 진흙을 사용하여 지붕을 덮어놓은 까닭으로 오랜 비에 곧 새었다. 세존께서는 말씀하셨다.

"마땅히 풀을 사용하여 덮도록 하라."

풀로 덮었으나 용마루 위로 비가 새었으므로 세존께서는 말씀하셨다.

"용마루 위는 두껍게 덮도록 하라."

덮었으나 바람에 날렸으므로 세존께서는 말씀하셨다.

"마땅히 양끝을 잡아매도록 하라."

양끝을 잡아매었으나 이전처럼 비가 새었으므로 세존께서는 말씀하셨다.

"마땅히 풀을 섞은 진흙을 많이 발라서 그 위에 말뚝처럼 박아라."

비가 오는 때에 진흙도 뭉쳐져서 떨어졌으므로 세존께서는 말씀하셨다.

"마땅히 기와를 사용하여 덮도록 하라."

기와가 또한 땅으로 떨어져 깨어졌으므로 세존께서는 말씀하셨다.

"마땅히 기와에 구멍을 뚫어 쐐기를 박아라."

비가 구멍을 따라서 흘렀으므로 세존께서는 말씀하셨다.

"마땅히 숫기와로 그 구멍을 덮도록 하라."

세존께서는 왕사성에 머무르셨다.

이 사위국의 급고독씨(給孤獨氏)가 작은 인연이 있어 왕사성에 이르렀고 한 거사의 집에서 머물렀다. 이 거사는 세존과 승가를 다음날의 공양에 청한 까닭으로 늦은 밤에 일어나서 자식과 노비, 안팎의 일꾼들을 불렀다.

“그대들은 빠르게 일어나서 장작을 쪼개고 물을 길어 오고 가마솥을 걸어서 밥을 짓고 국을 끓이도록 하게.”

이 거사는 장엄한 집과 방에 스스로가 대중이 앉을 자리를 펼쳤다. 이때 급고독씨는 이렇게 생각을 지었다.

‘이 거사가 신부를 맞이하려는 것인가? 국왕과 대신들을 청한 것인가? 대시회(大施會)를 짓는 것인가?’

이렇게 생각을 짓고서 거사에게 물어 말하였다.

“그대는 신부를 맞아들이는 것입니까? 국왕과 대신을 청하려는 것입니까? 대시회를 짓는 것입니까?”

거사가 대답하여 말하였다.

“나는 신부를 맞이하려는 것도 아니고, 역시 국왕과 대신을 초대하려는 것도 아닙니다. 세존과 승가께 내일의 공양을 청한 까닭으로 대시회를 짓는 것입니다.”

이 급고독씨는 ‘불(佛)’이란 명호를 처음 들었으나, 마음으로 환희하여 머리카락이 곤두섰으므로 물어 말하였다.

“무슨 사람이 세존입니까?”

거사가 대답하여 말하였다.

“석가족의 태자가 있었는데 신심으로서 출가하여 무상도(無上道)를 얻은 까닭으로 ‘불’이라고 명호합니다.”

다시 물었다.

“무슨 사람을 승가라고 이름합니까?”

대답하여 말하였다.

“여러 종류의 인종이 있고 여러 종류의 잡다한 종성이 있으며 여러 종류의 다른 사람들이 출가합니다. 머리카락과 수염을 깎고서 법복을 입고 세존을 따라서 출가하였으므로 이들을 승가라고 이름합니다.”

다시 물었다.

“세존께서는 지금 어디에 계십니까?”

대답하여 말하였다.

"가까운 한림(寒林)에 계시니 보고 싶으면 뜻을 따르십시오."

급고독씨는 지극한 마음으로 보고자 하였으므로 밤에 밝은 모습이 나타나자 곧 그 집을 나왔다. 대세신(大勢神)의 성문에 이르렀는데 성문은 자연히 열렸다. 이 문의 상법(常法)은 초야에 여행객을 들어오게 하려는 까닭으로 나팔을 부는 것이고, 후야에 여행객을 나가게 하려는 까닭으로 나팔을 부는 것이다. 이때 급고독씨는 성문이 열려 있는 것을 보고는 반드시 밤이 지났다고 생각하고서 그 성문을 지나갔다. 문을 나와서 멀지 않았는데 밝은 모습은 보이지 않았고 어두워서 아무것도 보이지 않았고 곧 때에 놀라고 두려워서 머리카락이 곤두섰다.

'장차 비인(非人)이 진실로 나를 홀린 것은 아닐까?'

곧 되돌아오고자 하였는데 이때 대세문(大勢門)의 신(神)이 광명을 나타내어 한림을 뚜렷하게 비추면서 말하였다.

"그대는 다시 두려워하지 말고 떠나가게. 나는 전생의 때에 그대의 선지식(善知識)이었던 밀견(密肩) 바라문이었고, 같은 마음으로 거사와 서로를 공경하였네. 나는 옛날에 인연으로 왕사성에 이르렀고 사리불과 목련을 보았으며 나는 머리숙여 예경하고 앞에 앉았는데, 곧 나에게 설법하여 보여주셨고 가르쳤으며 이익되고 기쁘게 하였다네. 보여주셨고 가르쳤으며 이익되고 기쁘게 하였으므로 나는 삼귀의(三歸依)와 5계를 받았고, 이러한 인연의 까닭으로써 4천왕(天王)의 천상에 태어났다네. 잠시 이 문에 머무르고 있는데, 이러한 까닭으로 그대에게 말하는 것이네. 찾아간다면 커다란 이익을 얻을 것이니 의심하지 말고 곧 나아가게."

이때 이 천신(天神)이 게송을 설하여 말하였다.

만약 백 마리의 말(馬)을 얻고
백 가지의 영락의 장엄구와
백 대의 마차를 얻더라도
한 걸음을 나아가는 것만 못하다네.

만약 백 마리의 설산 코끼리의
큰 몸집과 긴 상아를 가다듬고
또한 순금으로 장엄하며
몸을 장엄하여 최고로 수승하여도
한 걸음 나아가는 것의
16분의 1에도 미치지 못한다네.

북방 백 명의 미녀가
영락의 팔찌와 금반지의
이러한 장엄구로서 장엄하며
젊고 단정하며 묘할지라도
그대의 한 걸음과 비교한다면
16분의 1에도 미치지 못한다네.

나아가 전륜성왕의
제일일 옥녀보(玉女寶)도
그대의 한 걸음과 비교한다면
16분의 1에도 미치지 못하니
이러한 까닭으로 그대는 곧장 나아가고
다시는 의심하며 돌아서지 말라.

이때 급고독씨는 불·법·승의 삼보에 명료한 큰 것이 있어, 오히려 천신이 은근하게 가르침을 주었다고 생각하고서, 곧 빛의 가운데를 따라서 나아갔으며 한림(寒林)에 이르렀는데, 이때는 땅이 명료한 때이었다. 세존께서는 노지에서 경행하셨고 멈추어 거사를 맞이하셨다. 이때 거사는 백의의 법으로서 세존께 문신하였다.

"세존이시여. 누웠던 곳은 안은하셨습니까?"

세존께서는 게송으로 설하여 말씀하셨다.

나는 여러 욕망의 번민을 없앴고
해탈하여 이 세간을 벗어났으며
이미 일체의 번민을 끊었으므로
마음에 여러 열뇌(熱惱)를 없앴고
적멸의 자리를 얻은 까닭으로
나는 누워도 항상 안은하다네.

이때 세존께서는 곧 경행하시던 곳에 앉으셨고, 이 거사는 세존의 발에 머리숙여 예경하고 한쪽으로 물러나서 앉았다. 세존께서는 설법하시어 보여주셨고 가르치셨으며 이익되고 기쁘게 하셨다. 처음의 법인 보시와 지계(持戒)가 천상에 태어나는 과보라는 것을 말씀하셨고, 다섯 가지 욕망의 허물이 세간의 고뇌이고 출가하면 안락하므로 부정과 청정을 분별하라고 말씀하셨다. 세존께서는 이 사람의 마음이 안정되고 유연하여 상법(上法)을 받아들여 감당할 수 있는 것을 아시고서, 고·집·멸·도의 4제법(諦法)을 설하셨으므로 희고 깨끗한 옷이 쉽게 물드는 것과 같이 이 사람도 역시 이와 같아서 법을 듣고 곧 개오(開悟)하였다.

곧 앉은 자리에서 법을 보았고, 법을 얻었으며, 법을 알았고, 법을 통달하여 의심을 끊고 다른 인연을 따르지 않았으며, 세존의 법 가운데에서 무소외(無所畏)를 얻었다. 자리에서 일어나서 세존의 발에 머리숙여 예경하고 이와 같이 말하였다.

"세존이시여. 저는 마음으로 불법을 즐기므로 제가 목숨을 마치도록 우바새가 된 것을 아십시오. 원하옵건대 세존과 승가께서는 제가 사위국에서 하안거를 청하는 것을 받아주십시오."

세존께서는 아시면서도 일부러 거사에게 물으셨다.

"그대의 이름은 무엇인가?"

대답하여 말하였다.

"저의 이름은 수달(須達)입니다. 고독한 사람들에게 공급하는 까닭으로 나라의 사람들은 저를 급고독씨(給孤獨氏)라고 부릅니다."

세존께서는 수달에게 물으셨다.

"사위국에도 승방이 있는가?"

대답하여 말하였다.

"아직 없습니다. 세존이시여."

세존께서는 말씀하셨다.

"승방의 주처가 있다면 여러 비구들이 오고 갈 수 있겠으나, 만약 없다면 여러 비구들이 오고 가면서 잠시 머무를 수 없네."

또한 말하였다.

"원하건대 세존께서 다만 저의 청을 받아주신다면 제가 능히 승방을 준비하여 여러 비구들이 왕래하며 잠시 머물게 하겠습니다. 원하건대 세존께서는 사리불을 보내주시어 제가 승방을 짓는 스승으로 삼게 하십시오."

세존께서는 사리불에게 칙명하셨다.

"그대가 거사와 함께 승방을 짓는 것의 스승이 되게."

이 거사는 곧 죽원정사로 나아가서 강당(講堂)·온실(溫室)·부엌·목욕탕·문간(門間)·좌선처(坐禪處)·측간(厠處) 등을 둘러보았고 그 모습을 취하였다. 이 거사는 왕사성에서 인연의 일을 마치고 사위국으로 되돌아오면서 다니는 길에서 세존께서 마땅히 묵을 곳을 알아보았고, 여러 친족과 서로 아는 사람들과 여러 채무자들에게 말하였다.

"그대들은 아십니까? 지금 세존께서 세상에 출현하셨습니다. 나는 마땅히 세존을 위하여 이곳에 이와 같은 강당·온실·부엌·목욕탕·문간·좌선처·측간 등을 세울 것입니다."

이때 급고독씨는 반 유순(由旬)의 거리에 승방을 일으켰고, 필요한 물건을 주위의 사람들이 공급하도록 칙명하여 준비하였으며, 이와 같이 차례로 칙명하여 준비하고서 사위국에 이르렀다. 이르렀으나 성안으로 들어가지도 않았고 스스로의 집으로 돌아가지도 않았으며, 성 주위를 돌아다니면서 승방을 세울 처소를 추구하면서 구하였고, 다니면서 사유하였다.

'누가 오고 가는 것이 좋고 안은하고 편리한 좋은 원림(園林)이 있을까?

수풀도 무성하고 흐르는 물도 맑고 깨끗해야 하며, 여러 독충인 독사나 모기 등도 없고, 큰 바람과 더위도 없으며 밤낮으로 조용해야 한다. 나는 이러한 곳에 승방을 일으키고 세존과 승가께 보시해야겠다.'

이와 같이 걷는 때에 기타(祇陀) 왕자가 소유한 원림을 보았는데, 오고 가는 것이 안은하고 편리하였으며, 수풀도 무성하였고, 흐르는 물도 맑고 깨끗하였으며, 여러 독충인 독사나 모기 등도 없었고, 큰 바람과 더위도 없으며 밤낮으로 적정하고 여러 소리도 적었으므로 곧 생각이 일으켰다.

'내가 이곳에 승방을 일으켜 세존과 승가께 받들어야겠다.'

이때 급고독씨는 사위성으로 돌아와서 집에 돌아가지 않고 곧 기타 왕자의 처소로 나아가서 아뢰어 말하였다.

"당신의 원림을 사겠습니다. 원하건대 저에게 주십시오."

그러자 왕자가 대답하여 말하였다.

"나의 이 원림은 살 수 없습니다. 나아가 금전을 옆까지 가득 덮을지라도 역시 팔지 않겠습니다."

거사가 말하였다.

"원림의 가격은 이미 결정되었습니다."

왕자가 대답하여 말하였다.

"나는 가격을 결정하지 않았습니다."

이러한 인연으로서 결국 서로 논쟁하여 곧 재판의 일에 나아갔다. 대신들과 부귀한 사람들이 있는 곳에서 이 일을 갖추어 말하였다. 이때 대신이 이 일을 재판하면서 왕자에게 말하였다.

"그대의 원림은 이미 팔렸으니 마땅히 시가(時價)를 받으십시오. 그대는 무슨 까닭으로 금전을 덮으라고 말하였습니까?"

급고독씨는 곧바로 돌아가서 코끼리 수레와 말의 수레에 금전을 실고서 기타 태자의 원림에 이르렀고 그 땅을 덮었으나 조금 부족하였다. 거사는 사유하였다.

'어느 창고의 금전으로 이 땅을 채운다면 남지도 모자라지도 않을 것인가?'

기타 왕자는 그가 조용히 생각하는 모습을 지켜보면서 거사에게 말하였다.

"후회한다면 뜻을 따라서 금전으로서 부촉하고 원림의 땅을 나에게 돌려주시오."

알려 말하였다.

"왕자여. 저는 마음으로 후회하지 않습니다. 다만 스스로가 사유하였습니다. '어느 창고를 열어야 금전이 남지도 않고 모자라지도 않게 채울 수 있을 것인가?'"

왕자는 듣고서 곧 이렇게 생각을 지었다.

'능히 거사에게 그와 같은 보물도 버리게 하므로 불·법·승의 삼보는 작은 것이 아니라 반드시 큰 것이다.'

이와 같이 생각하고 거사에게 말하였다.

"다시 금전을 덮지 마시오. 내가 마땅히 이 자리에 문간을 일으켜 세존과 승가께 보시하겠소."

이때 거사는 곧 들었고 애민한 까닭으로써 왕자가 그 자리에 문간을 일으켜 세존 대중 승가께 보시하게 하였다. 이때 거사는 사리불로서 스승을 삼아 원림의 가운데에 16의 큰 중각(重閣)[4]과 60의 굴옥(窟屋)[5]을 지었다.

세존께서는 사위국에 승방이 준비된 것을 아셨고, 비구 승가를 모으셨으며 알려 말씀하셨다.

"나는 유행하여 사위국으로 이를 것이니라. 그대들도 함께 떠나도록 하라."

비구들은 가르침을 받아들여 모두가 따라가는 것을 원하였다. 이때 세존께서는 대비구 500명과 함께 사위국으로 향하셨다. 그때 육군비구는 세존과 승가가 저녁에 머무는 곳을 알고서 그 제자들에게 알려 말하였다.

"그대들은 가서 세존의 좋은 방은 남겨두고 나머지 좋은 방들은 우리를

---

4) 2층으로 지은 집을 가리킨다.

5) 굴과 같은 모양의 방사를 가리킨다.

위하여 차지하여 취하도록 하게."

제자들은 가르침을 받아들여 먼저 가서 세존께서 묵을 좋은 방을 남겨두고 차례로 좋은 방이 있다면 스승을 위해 차지하여 취하였다. 이때 사리불과 목련이 세존을 따라서 뒤에 이르러 세존의 방사를 제외하고 차례로 방사를 취하고자 하였는데 비구가 있어 말하였다.

'다른 사람이 이미 먼저 취하였습니다.'

이와 같이 두 번째·세 번째·네 번째도 모두 먼저 취하였다고 말하였고, 사리불과 목련은 끝자락의 방을 취하여 머물렀다. 세존께서는 아시면서도 일부러 아난에게 물으셨다.

"사리불과 목련은 지금 어느 곳에 머무는가?"

대답하여 말하였다.

"세존이시여. 끝자락의 방의 가운데에 머물고 있습니다."

세존께서는 말씀하셨다.

"불러오게."

곧 때에 와서 이르렀고 사리불에게 물으셨다.

"그대들은 무슨 까닭으로 끝자락의 방의 가운데에 머물고 있는가?"

대답하여 말하였다.

"세존이시여. 육군비구들이 세존께서 저녁에 머무는 곳을 알고서 먼저 제자들을 보냈습니다. '그대들은 가서 세존의 좋은 방은 남겨두고 나머지 좋은 방들은 우리를 위하여 차지하여 취하게.' 제자들은 가르침을 받아들여 이곳에 먼저 이르렀고 세존의 좋은 방을 남겨두고서 차례로 좋은 방을 차지하여 취하였습니다. 저희들은 세존을 따라서 이곳에 이르렀고 세존의 방사를 제외하고 차례로 방을 취하고자 하였으나 비구가 있어 말하였습니다. '이미 사람이 이미 취하였습니다.' 이와 같이 두 번째·세 번째·네 번째도 모두 먼저 취하였다고 말하였고, 이러한 까닭으로 저희들은 끝자락의 방에 머물게 되었습니다."

세존께서는 말씀하셨다.

"지금부터는 그 상좌의 차례를 따라서 방사를 취하여 머무는 것을 허락하겠노라."

곧 때에 육군비구들은 병든 비구를 방에서 쫓아내었고, 이때에 간병하는 비구는 병든 비구의 대소변의 그릇·침과 가래의 그릇·돗자리를 들고 이 방에서 저 방으로 옮기면서 여러 피로와 고통을 받았고, 병자는 더욱 나빠졌다. 이 일로써 세존께 아뢰었고, 세존께서는 말씀하셨다.

"지금부터 마땅히 상좌를 따라서 병든 비구를 방에서 쫓아낼 수 없느니라. 쫓아낸다면 돌길라이니라."

육군비구들은 세존께서 상좌를 따라서 병든 비구를 방에서 쫓아내는 것을 허락하지 않으셨다는 소식을 듣고 곧 때에 병을 흉내내었다. 어느 때에 객비구가 해가 지는데 와서 방문을 두드리며 머물 곳을 찾았다. 육군비구가 방 안에서 소리로 대답하였으므로 객비구가 물었다.

"그대는 법랍이 몇 살입니까?"

육군비구가 말하였다.

"나는 환자입니다. 어찌 법랍을 묻습니까?"

객비구가 물었다.

"그대는 무슨 병입니까?"

대답하여 말하였다.

"나의 병은 입안에 부스럼이 있고 발가락 사이가 갈라졌습니다."

여러 비구들이 이 일로써 세존께 아뢰었고, 세존께서는 말씀하셨다.

"이 사람이 만약 병을 흉내내었다면 마땅히 차례대로 쫓아내고 승가의 가운데에서 사람을 지어 일체의 일을 마땅히 지을지니라."

여러 병든 비구들이 세존의 말씀을 듣고서 모두가 좋은 방에 머물렀다. 이 일로써 세존께 아뢰었고, 세존께서는 말씀하셨다.

"비록 진실로 병을 앓더라도 마땅히 좋은 상좌 방의 가운데에 머무를 수 없다. 와구를 아는 사람은 마땅히 방사와 환자들을 잘 헤아려서 여러 병든 사람에게 알맞은 방사를 주도록 하라. '알맞은 방(中房舍)'은 환자와 간병인 및 그 와구를 넉넉하게 수용할 수 있고, 앉거나 누울 수 있는 방이니라."

이때 세존께서는 차례로 사위국에 이르셨고, 여러 비구는 안거하고자 먼저 본래의 일(本事)을 지었다. 벽에 구멍이 있거나 허물어진 곳에 진흙을 발랐고, 평상과 의자의 노끈을 단단히 묶고 이불과 베개를 깨끗이 털었다. 육군비구들은 성품이 게을렀으므로 서 있으면서 바라보고서 이렇게 생각을 지었다.

'그들이 일을 마치고 평상과 의자를 받았다면 우리들은 마땅히 가서 상좌의 차례를 따라서 쫓아내야겠다.'

여러 비구들이 본래의 일을 마치고 평상과 의자와 와구를 펼쳐놓았다. 육군비구들이 방문을 두드렸고 방 안의 비구가 마땅히 육군비구에게 소리로 말하였다.

"그대들은 몇 살입니까?"

대답하여 말하였다.

"대략 몇 살입니다."

육군비구들이 말하였다.

"그대들은 일어나 나가시오. 우리가 상좌입니다."

여러 비구들이 말하였다.

"그대들은 우리와 함께 왔습니까?"

대답하여 말하였다.

"함께 왔소."

"본래의 일은 하셨습니까?"

대답하여 말하였다.

"하지 않았소."

여러 비구들이 말하였다.

"그대들은 우리와 함께 왔으면서 본래의 일을 하지 않았으므로 우리는 능히 떠날 수 없습니다."

육군비구들이 말하였다.

"세존께서 본래의 일을 하지 않았다고 차례로 머물지 말라고 하지 않았소. 다만 상좌의 차례를 따라서 방사와 와구를 받으라고 말씀하셨소.

우리들이 상좌인데 그대들은 어찌 떠나지 않는가?"

육군비구들은 날렵하고 건장하며 힘이 세고 계율을 지키려고 생각하지 않았으므로 곧바로 방으로 들어가서 억지로 끌어냈다. 여러 비구들은 몸이 유연하여 머리가 깨졌고, 옷이 찢어졌으며 발우가 부서지게 되었다. 이 일로써 세존께 아뢰었고, 세존께서는 말씀하셨다.

"지금부터 마땅히 와구의 나눠주는 지사인을 세우도록 하라. 와구의 나누는 지사인을 세우는 것은 한마음으로 화합하여 승가는 마땅히 이와 같이 말하라.

'누가 능히 승가를 위하여 와구를 분배하는 지사인을 지을 수 있습니까?'

이 가운데에 비구가 있다면 '내가 할 수 있습니다.'라고 말하라."

세존께서는 말씀하셨다.

"만약 5법이 있다면 와구를 나눠주는 지사인으로 세워서는 아니된다. 무엇이 그 다섯 가지인가? 애욕을 따르고, 성냄을 따르며, 두려움을 따르고, 어리석음에 따르며, 나누어 줄 것인가? 나누어 주지 않을 것인가를 알지 못하는 것이다. 만약 5법을 성취하였다면 와구를 나누어주는 지사인으로 세워야 한다. 무엇이 그 다섯 가지인가? 애욕을 따르지 않고, 성냄을 따르지 않으며, 두려움을 따르지 않고, 어리석음에 따르지 않으며, 나누어 줄 것인가? 나누어 주지 않을 것인가를 아는 것이다. 곧 때에 한 비구가 승가의 가운데에서 창언하라.

'대덕 승가께서는 허락하십시오. 이 비구 누구는 능히 대중 승가를 위하여 와구를 나눠주는 지사인으로 지을 수 있습니다. 만약 승가께서 때에 이르셨다면 승가께서는 인정하고 허락하십시오. 승가시여. 비구 누구를 와구를 나눠주는 지사승으로 세워 주십시오. 이와 같이 아룁니다.'

아뢰고서 백이갈마를 짓는다.

'승가시여. 비구 누구를 와구를 나눠주는 지사인으로 지어 마쳤습니다. 승가께서 인정하신 것은 묵연하였던 까닭입니다. 이 일은 이와 같이 지니겠습니다.'

와구를 나눠주는 지사인을 지었다면 마땅히 구주비구(舊住比丘)의 가운데에서 선하고 좋으며 거짓말을 하지 않고 능히 와구를 분별할 수 있는 자에게 묻도록 하라.

'이 별도의 방(別房)에는 무슨 공양물이 있고, 저 별도와 방과 이 중각의 위에는 모두 무슨 공양물이 있으며, 그 중각 위에는 모두 무슨 공양물이 있습니까?'

구주비구는 마땅히 사실로서 대답해야 하고 와구를 나눠주는 지사인은 마땅히 와구의 많고 적은 양을 헤아려야 하며, 또한 여러 비구의 많고 적음을 헤아려야 한다. 이와 같이 와구의 양과 비구의 숫자를 잘 헤아리고서, 만약 한 비구가 마땅히 하나의 방을 얻을 수 있다면 곧 별도의 방을 주도록 하라. 마땅히 먼저 상좌를 따라서 마음대로 취하게 하고 이렇게 말을 짓도록 하라.

'대덕이신 상좌여. 어느 별도의 방에는 이와 같은 공양물이 있고 어느 별도의 방에는 다시 이와 같은 공양물이 있습니다. 상좌께서 어느 방을 취하고자 하신다면 뜻을 따라서 취하십시오.'

이미 취하였다면 마땅히 두 번째의 상좌에게 말하도록 하라.

'뜻을 따라서 취하십시오.'

또한 세 번째의 상좌에게도 이와 같이 말하도록 하라. 만약 첫 번째의 상좌가 '내가 세 번째 상좌의 방을 취하고자 합니다.'라고 말하였다면, 세존께서는 말씀하셨다.

"마땅히 주어서는 아니되고, 마땅히 가르쳐서 돌길라죄로서 참회시켜야 한다. 이와 같이 차례대로 일체의 방을 주도록 하라. 만약 비구의 방사가 넉넉하다면 이와 같이 차례로 주어야 하고, 만약 두 개를 충족한다면 이와 같은 차례로 주도록 하라. 만약 평상과 와구가 충족한다면 평상과 와구를 주도록 하라. 분배하는 법은 지사인은 와구를 마땅히 먼저 상좌에게 '상좌여. 스스로의 뜻을 따라서 취하십시오.'라고 말하라. '어느 평상에는 이와 같은 공양물이 있고 어느 평상에는 이와 같은 공양물이 있습니다. 상좌께서는 어느 것을 취하겠습니까?'라고 마땅히 말하라.

첫 번째의 상좌가 뜻에 따라서 취하였다면 차례대로 두 번째 상좌에게 말해야 하고, 두 번째 상좌가 취하였다면 다음으로 세 번째의 상좌에게 말해야 한다. 세 번째의 상좌가 이미 취하였는데 만약 첫 번째의 상좌가 '나는 세 번째 상좌의 평상과 와구를 취하겠습니다.'"라고 말하였더라도, 세존께서 말씀하셨다.

"마땅히 주어서는 아니되고, 마땅히 가르쳐서 돌길라죄로서 참회시켜야 한다."

한때에 있어 발난타 석자가 기원정사에서 자기 몫의 와구를 얻고서 다른 처소에서 다시 취하였으므로 여러 비구들이 말하였다.

"그대는 이곳에서 몫을 취하였습니다. 무슨 까닭으로 다시 다른 곳에서 취합니까?"

대답하여 말하였다.

"나는 다시 취하지 않았소."

여러 비구들이 어떻게 해야 하는가를 알지 못하였으므로, 이 일을 세존께 아뢰었고, 세존께서는 말씀하셨다.

"만약 비구가 다시 그곳의 처소에서 와구를 취하였다면 이곳의 것은 이미 버렸다고 이름하느니라. 만약 '나는 다시 취하지 않았다.'라고 말하였다면 역시 그곳의 와구를 버렸다고 이름하느니라." [『수목바라문부본생경(守牧婆羅門婦本生經)』에서 자세히 설명한 것과 같다.]

세존께서는 말씀하셨다.

"옛날에 수목 바라문의 부인이 있었는데 도둑을 시켜서 남편을 죽였고 재물을 가지고 도망쳤는데, 길의 중간에 물을 만나서 도둑이 그 아내에게 말하였다.

'그대는 이 언덕에서 있으시오. 내가 물선을 번서 건네 놓고 돌아와서 그대를 건네주겠소.'

도둑은 곧 옷과 물건을 들고 저쪽 언덕으로 건너갔고 아내는 다시 소리쳐 말하였다.

'그대는 건너와서 나를 건네주세요.'

도둑이 말하였다.

'이 미련한 노비야! 그대가 스스로 남편을 사랑하지 않았는데 어찌 능히 나를 사랑하겠는가?'

곧 버리고 떠나갔고 아내는 벌거벗고서 머물렀는데 발난타도 역시 이와 같으니라. 이곳의 와구를 버렸고 다시 저곳의 와구를 취하였으므로 이곳에서 이미 잃은 것이고, 다시 '나는 다시 취하지 않았다.'고 말했으므로 저곳에서 다시 잃었느니라.

다시 옛날에 야간이 있어 고기를 물고 가서 물가에 다다랐는데 물속에서 물고기가 배를 뒤집고 있는 것을 보았고 곧바로 고기를 버리고 가서 물고기를 잡고자 하였다. 이때 날아온 새가 있어 이 물고기를 가지고 떠나갔는데, 발난타 석자는 역시 이와 같으니라."

세존께서는 이와 같이 꾸짖으셨으며, 여러 비구들에게 말씀하셨다.

"지금부터 만약 비구가 한 몫의 와구를 얻었다면, 마땅히 다시 취하지 말라. 만약 취한다면 돌길라이니라."

세존께서는 교살라국에 머무르셨다.

대비구들과 함께 한 처소에서 안거하셨는데, 이때 기원정사의 가운데에 안거하는 비구는 적었고 와구는 많았으므로 여러 비구들이 각각 몫을 나누었으나 남아서 사용할 수 없었다. 그 방사를 지었던 거사가 와서 물어 말하였다.

"제가 지었던 와구에 누구 비구가 머물고 있습니까?"

대답하여 말하였다.

"머무는 비구가 없습니다. 왜 그러한가? 지금 기원정사에는 비구는 적고 와구는 많습니다. 세존께서는 하나의 와구를 받도록 허락하셨고 많은 와구를 받는 것을 허락하시지 않았던 까닭으로 머무는 사람이 없습니다."

여러 거사들이 말하였다.

"우리들의 방 안에는 먼저 부구(敷具)·이불·베개·전식(前食)·시식(時食)

등이 있었습니다. 우리들이 마땅히 방사의(房舍衣)를 주겠으니 방에 머물면서 음식을 먹으면서 사용한다면 좋을 것입니다."

여러 비구들이 어떻게 해야 하는가를 알지 못하였으므로, 이 일을 세존께 아뢰었다. 세존께서는 말씀하셨다.

"마땅히 먼저 사람에게 한 몫을 주도록 하라. 만약 연장자가 있다면 또한 마땅히 다시 주는데, 보관된 물건을 사용하려는 까닭이니라. 만약 다시 남았다면 마땅히 세 번째로 다시 나눠주어야 하는데 경행을 위하는 까닭이니라. 만약 다시 남았다면 마땅히 세 번째로 다시 나눠주어야 하는데 보호하고 다스리려는 까닭이니라."

이때 교살라국의 환난(荒亂)이 두려운 까닭으로써 여러 비구들이 한곳에 모여 안거를 맺었다. 이미 결재하였으나 객비구들이 와서 발을 씻는 곳·강당·문간·경행하는 곳·경행하는 입구와 등에 지녔던 옷과 발우를 내려놓고 이 여러 처소에 머물면서 와구를 기다렸다. 세존께서는 여러 비구들이 발을 씻는 곳·강당·문간·경행하는 곳·경행하는 입구와 등에 지녔던 옷과 발우를 내려놓고 이 여러 처소에 머물면서 와구를 기다리는 것을 보셨다. 세존께서는 아시면서 일부러 아난에게 물으셨다.

"여러 비구들이 무슨 까닭으로 강당·문간·경행하는 곳·경행하는 입구와 등에 지녔던 옷과 발우를 내려놓고 있는가? 무엇을 기다리는 것인가?"

대답하여 말하였다.

"이 교살라국이 환난이므로 여러 비구들이 두려운 까닭으로 많이 한 처소에 모여 안거하고자 객비구들이 왔고 발을 씻는 곳·강당·문간·경행하는 곳·경행하는 입구와 등에 지녔던 옷과 발우를 내려놓고 이 여러 처소에 머물면서 와구를 기다리고 있습니다."

세존께서는 말씀하셨다.

"지금부터 두 종류의 안거를 허락하겠노라. 첫째는 전안거(前安居)이고, 둘째는 후안거(後安居)이니라. 마땅히 후안거의 비구에게도 방사와 와구를 나누어주도록 하라."

객비구들은 세존께서 후안거의 비구에게도 방사와 와구를 나눠주도록 허락하셨다는 것을 듣고 곧 전안거의 상좌 비구의 방사와 와구를 취하고자 하였다. 이러한 인연을 까닭으로 투쟁이 일어났으므로 세존께서는 말씀하셨다.

"후안거의 상좌 비구는 전안거의 상좌 비구의 방사와 와구를 취하할 수 없다. 만약 전안거의 상좌에게 두 몫의 와구가 있다면 마땅히 후안거의 상좌에게 한 몫의 와구를 나눠주도록 하라."

교살라국이 또한 다시 환난이었으므로 여러 비구들이 한곳에 많이 모여 안거하였다. 방사와 와구를 이미 나누었는데, 다른 처소의 여러 비구들이 와서 발을 씻는 곳·강당·문간·경행하는 곳·경행하는 입구와 등에 지녔던 옷과 발우를 내려놓고 이 여러 처소에 머물면서 와구를 기다렸다. 세존께서는 여러 비구들이 옷과 발우를 내려놓고 이 여러 처소에 머물면서 와구를 나누어주는 것을 기다리는 것을 보셨다. 세존께서는 아시면서도 일부러 아난에게 물으셨다.

"여러 비구들이 무슨 까닭으로 강당·문간·경행하는 곳·경행하는 입구와 등에 지녔던 옷과 발우를 내려놓고 있는가? 무엇을 기다리는 것인가?"

대답하여 말하였다.

"세존이시여. 이 교살라국이 환난이므로 여러 비구들이 두려운 까닭으로 많이 한 처소에 모여 안거하였고 와구를 나누어 주었으나, 이 여러 비구들이 다른 처소에서 왔고 발을 씻는 곳·강당·문간·경행하는 곳·경행하는 입구와 등에 지녔던 옷과 발우를 내려놓고 이 여러 처소에 머물면서 와구를 기다리고 있습니다."

세존께서는 말씀하셨다.

"만약 나누어주지 않은 와구가 있다면 마땅히 나눠주고, 이미 나누어주었다면 마땅히 함께 머물도록 하라."

또한 이때 다시 교살라국이 환난이었으므로 신하들이 여러 곳에서 전쟁하였다. 여러 비구들이 이미 후안거를 맺었으나 여러 객비구들이 있어 오게 되었고, 발을 씻는 곳·강당·문간·경행하는 곳·경행하는 입구와 등에 지녔던 옷과 발우를 내려놓고 이 여러 처소에 머물면서 와구를 기다리고 있었다. 세존께서는 여러 비구들이 옷과 발우를 내려놓고 이 여러 처소에 머물면서 와구를 나누어주는 것을 기다리는 것을 보셨다. 세존께서는 아시면서도 일부러 아난에게 물으셨다.

"여러 비구들이 무슨 까닭으로 강당·문간·경행하는 곳·경행하는 입구와 등에 지녔던 옷과 발우를 내려놓고 있는가? 무엇을 기다리는 것인가?"

대답하여 말하였다.

"세존이시여. 교살라국이 환난이었으므로 신하들이 여러 곳에서 전쟁하고 있습니다. 여러 비구들이 두려운 까닭으로 많이 한 처소에 모여 안거하였고 와구를 나누어 주었으나, 이 여러 비구들이 다른 처소에서 왔고 발을 씻는 곳·강당·문간·경행하는 곳·경행하는 입구와 등에 지녔던 옷과 발우를 내려놓고 이 여러 처소에 머물면서 와구를 기다리고 있습니다."

세존께서는 말씀하셨다.

"만약 빈 방이 있다면 마땅히 나눠주고, 만약 없으면 마땅히 함께 머물도록 하라. 온실을 주어 그 옷과 발우를 놓아두게 하고, 마땅히 승가를 따라서 걸식하게 하라. 만약 이 가운데에 선량하고 좋으며 복덕을 즐기는 구주 비구가 있다면 마땅히 객비구를 위해 옷과 물건을 구해주도록 하라. 이 비구가 얻은 것이 없이 떠나지 않게 하라."

이때 아련아(阿練兒)의 비구가 구주 비구를 쫓아서 옷과 발우를 놓아둘 방을 구하였다. 여러 비구들이 말하였다.

"세존께서는 우리들이 아련아의 비구가 옷과 발우를 놓아두는 방을 주는 것을 허락하시지 않았습니다."

이 일을 세존께 아뢰었고, 세존께서는 말씀하셨다.

"지금부터는 아련아 비구가 옷과 발우를 놓아두는 방을 주는 것을 허락하겠노라."

이때 여러 객비구가 있어 잠깐 왔으나 머물 곳이 없어서 피로하고 매우 고뇌하였다. 이 일을 세존께 아뢰었고, 세존께서는 말씀하셨다.

"마땅히 잠시 방사와 와구를 주도록 하라."

어느 때에 한 비구가 와서 묵고서는 일찍 일어나서 떠났는데 이 방 안에서는 전식(前食)·시식(時食)·방사의(房舍衣) 등의 공양물을 소유하고 있었다. 구주 비구들은 의심이 생겨났다.

'객비구가 와서 이 방에 하룻밤을 묵었으나 일찍 일어나서 떠났구나. 이러한 공양물이 있는데 어떻게 해야 하는가를 알지 못하겠다.'

이 일을 세존께 아뢰었고, 세존께서는 말씀하셨다.

"객비구가 비록 방 안에서 머물렀더라도 그 방사에 계속 머무를 자가 마땅히 받을지니라."

세존께서는 사위국에 머무르셨다.

그때 여러 비구들이 비니를 배운 것을 그만두었고, 수다라와 아비담을 독송하면서 비니법을 멀리하였다. 세존께서는 여러 비구들이 비니법은 배우지 않고 수다라와 아비담만 독송하면서 비니를 멀리하는 것을 보셨던 까닭으로 비니를 통달한 비구를 찬탄하시고, 눈앞에서 장로 우바리를 '비니를 지니는 가운데에서 최고로 수승하고 제일이다.'고 찬탄하셨다. 여러 비구들이 이렇게 생각을 지었다.

'세존께서는 비니를 통달한 비구를 찬탄하시고, 눈앞에서 <장로 우바리가 여러 비니를 지니는 가운데에서 최고로 수승하고 제일이다.>고 찬탄하셨다. 우리들이 어찌 비니를 독송하지 않겠는가?'

여러 상좌인 장로 비구가 장로 우바리를 쫓아서 비니를 받아서 독송하고자 하였다. 장로 우바리는 높은 자리에 앉아서 가르치고자 하지 않았는데, 상좌를 공경하는 까닭이었고, 역시 낮은 자리에 앉아서 가르치려고도 하지 않았는데, 법을 존중하는 까닭이었다. 만약 경행하는 때이거나, 만약 서 있는 때라면 가르치게 되었다. 이때 장로 우바리는 오랫동안 경행하고 서 있었던 까닭으로 다리의 병을 앓았고 무릎·허리·갈비·등뼈에도 통증을 느꼈으므로 이 일을 세존께 아뢰었다. 세존께서는 이 일로써 비구 승가를 모으셨으며, 아시면서 일부러 장로 우바리에게 물으셨다.

"우바리여. 진실로 상좌 비구가 있어서 그대를 쫓아서 비니를 배우고자 하였으므로 그대는 높은 자리에 앉아서 가르치고자 하지 않았는데, 상좌를 공경하는 까닭이었고, 역시 낮은 자리에 앉아서 가르치려고도 하지 않았는데, 법을 존중하는 까닭이었으며, 그대는 경행하는 때이거나, 만약 서 있는 때라면 가르치게 되었는데, 오랫동안 경행하고 서 있었던 까닭으로 다리의 병을 앓았고 무릎·허리·갈비·등뼈에도 통증을 느꼈는가? 그대는 진실로 이러하였는가?"

대답하여 말하였다.

"진실로 그러하였습니다. 세존이시여."

세존께서는 여러 종류의 인연으로 계율을 찬탄하고 지계를 찬탄하셨다. 계율을 찬탄하고 지계를 찬탄하시고서 여러 비구들에게 말씀하셨다.

"지금부터 하좌 비구가 상좌 비구에게 법을 가르치고자 한다면 마땅히 높은 자리에 앉아서 가르치는 것을 허락하겠나니, 법을 존중하는 까닭이니라. 만약 상좌 비구가 하좌 비구를 쫓아서 법을 배우고자 한다면 마땅히 낮은 자리에 앉아서 법을 배워야 하나니, 법을 존중하는 까닭이니라. 지금부터 하좌 비구가 상좌 비구에게 법을 가르치고자 한다면 함께 같은 자리에 앉는 것을 허락하겠나니, 상좌 비구를 존중하는 까닭이니라."

세존께서는 대비구들과 함께 교살라국으로 유행하셨다.

여러 장로인 사리불·목련·아나율·난제·금비라 등도 모두 세존을 따라갔다. 이 여러 장로의 말은 진실하여 능히 고절(苦切)[6]하는 말로 대중을 절복시킬 수 있고, 여러 비구들을 위하여 여러 종류의 갈마를 짓는데, 고절갈마·의지갈마·하의갈마·구출갈마 등이었다. 이때 교살라국의 한 주처에 여러 비구들이 머물고 있었다. 이 여러 비구들은 세존께서 사리불·목련·아나율·난제·금비라 등의 대비구 승가와 함께 교살라국으로 유행한다는 것을 들었다.

'이 여러 장로들은 말하는 것이 진실하여 능히 고절하는 말로 대중을

6) 고절(苦切)은 절복(折伏) 또는 가책(呵責)이라고 번역된다.

절복시킬 수 있고, 여러 비구들을 위하여 여러 종류의 갈마를 짓는데, 고절갈마·의지갈마·하의갈마·구출갈마 등이었다. 지금 이곳에 이른다면 반드시 우리에게도 여러 갈마를 지을 것이다. 우리들은 어찌 이 주처의 한 비구에게 부촉하는 갈마를 짓지 않겠는가?'

이렇게 생각을 짓고 곧 갈마를 수용하여 한 비구에게 모두 부촉하였다. 세존께서는 오시어 이곳에 이르셨고, 이 비구는 세존을 위하여 좋은 좌구를 펼쳐서 좋은 방에 놓아두었다. 그리고 뒤에 조금 피하여 숨으면서 이렇게 생각을 지었다.

'만약 내가 머문다면 세존께서는 반드시 나에게 여러 객비구들에게 좌구와 와구를 펼치게 하실 것이다.'

세존께서는 이러한 방을 받으셨고, 다른 객비구들은 발을 씻는 곳·강당·문간·경행하는 곳·경행하는 입구와 등에 지녔던 옷과 발우를 내려놓고 그곳에 머물면서 와구를 나누어주기를 기다리고 있었다. 세존께서는 여러 비구들이 옷과 발우를 내려놓고 이곳에 머물면서 와구를 나누어주는 것을 기다리는 것을 보셨다. 세존께서는 아시면서도 일부러 아난에게 물으셨다.

"여러 비구들이 무슨 까닭으로 강당·문간·경행하는 곳·경행하는 입구와 등에 지녔던 옷과 발우를 내려놓고 있는가? 무엇을 기다리는 것인가?"

대답하여 말하였다.

"세존이시여. 구주 비구들이 와구를 나누어주기를 기다리고 있습니다."

세존께서는 아난에게 알리셨다.

"그대가 가서 구주 비구들에게 말하게. '방사를 개방하고 객비구에게 와구를 주십시오.'"

아난이 가르침을 받들어 구주 비구들에게 말하였다.

"방사를 개방하여 객비구에게 와구를 나눠주십시오."

구주 비구들이 말하였다.

"그대는 알지 못합니까? 이곳은 이미 승방이 아닙니다. 우리는 갈마로서 한 비구에게 부촉하였습니다."

이 가운데에 비구가 있어 욕망이 적고 만족함을 알며 두타를 행하였는데, 이러한 일을 듣고서 즐겁지 않아서 꾸짖어 말하였다.

"어찌 비구라고 이름하면서 갈마를 지어 승방을 한 비구에게 주었는가?"

꾸짖고서 세존을 향하여 자세히 말하였다. 세존께서는 이 일로써 비구 승가를 모으셨으며, 여러 종류의 인연으로 구주 비구들을 꾸짖으셨다.

"어찌 비구라고 이름하면서 갈마를 지어 승방을 한 비구에게 주었는가?"

꾸짖고서 여러 비구들에게 말씀하셨다.

"지금부터 갈마를 지어 승방을 한 비구에게 주는 것을 허락하지 않겠노라. 만약 주었다면 돌길라를 얻고, 이 승방을 주었다 하더라도 주는 것이 성립되지 않는다."

세존께서는 다시 대비구 승가와 함께 여러 나라로 유행하셨다.

혹은 승방이 없는 처소라면 숲속에서 묵으셨다. 이때 육군비구들이 그 제자들에게 알렸다.

"그대들이 먼저 묵을 곳으로 가서 제일 좋은 나무를 세존을 위해 남겨두고 다음으로 좋은 나무부터 우리를 위하여 맡아서 취하도록 하게."

제자들은 미리 떠나가서 제일 좋은 나무는 세존을 위하여 남겨두었고 다음 좋은 나무들을 미리 맡았다. 사리불과 목련이 세존을 따라서 이르렀고 차례로 나무를 취하고자 비구가 있으면서 말하였다.

"다른 사람이 먼저 취하였습니다."

이와 같이 두 번째·세 번째·네 번째도 모두 취하였다고 말하였고, 나아가 바깥쪽 나무 아래에 머무르게 되었다. 세존께서는 아시면서도 일부러 아난에게 물으셨다.

"사리불과 목련은 지금 어디에 있는가?"

대답하여 말하였다.

"바깥 나무의 아래에 있습니다."

세존께서는 말씀하셨다.

"불러오게."

아난이 가르침을 받들어 곧 가서 불러왔다. 세존께서도 아시면서도 일부러 사리불과 목련에게 물으셨다.

"그대들은 무슨 까닭으로 바깥 나무의 아래에 머무는가?"

대답하여 말하였다.

"세존이시여. 육군비구들이 세존께서 머무실 곳을 알고서 그 제자에게 알렸습니다.

'그대들이 먼저 머무실 곳으로 가서 제일 좋은 나무를 세존을 위해 남겨두고 다음으로 좋은 나무부터 우리를 위하여 점유하여 취하게.'

저희들이 세존을 따라서 이곳에 이르렀고 차례로 나무를 취하고자 하였으나 비구가 있어 말하였습니다.

'다른 사람이 점유하였습니다.'

이와 같이 두 번째·세 번째·네 번째도 모두 취하였다고 말하였고, 나아가 바깥쪽 나무 아래에 머무르게 되었습니다."

세존께서는 말씀하셨다.

"지금부터 모든 비구는 그 상좌의 차례를 따라서 나무 아래에 머무는 것을 허락하겠노라."

여러 하좌 비구들이 듣고서 좋은 나무 아래에 소유하였던 풀과 잎들을 모두 취하여 가져갔고 하좌 비구들은 구하여도 주지 않았다. 이것을 까닭으로써 투쟁의 일이 일어났으므로, 세존께서는 말씀하셨다.

"마땅히 가져갈 수 없느니라."

여러 상좌 비구들은 가져가는 것을 허락하시지 않으셨다는 것을 듣고서 나무 아래에 이전의 풀과 나뭇잎과 하좌 비구가 스스로 소유하였던 것까지 모두 가져가지 못하게 하였다. 세존께서는 말씀하셨다.

"이전의 것은 마땅히 남겨두고 나머지는 가져가는 것을 허락하겠노라."

세존께서는 대비구들과 함께 가시국(迦尸國)으로 유행하셨다.

여러 장로인 사리불·목련·아나율·난제·금비라 등도 모두 세존을 따라 갔다. 이 여러 장로의 말은 진실하여 능히 고절(苦切)하는 말로 대중을 절복시시킬 수 있고, 여러 비구들을 위하여 여러 종류의 갈마를 짓는데, 고절갈마·의지갈마·하의갈마·구출갈마 등이었다. 이때 가라산(迦羅山) 위에 여러 비구들이 있었으나 계를 보호하는 생각이 없었으므로 세존께서 대비구인 사리불·목련·아나율·난제·금비라 등과 함께 가시국을 유행한다는 것을 들었다.

'이 여러 장로들은 말하는 것이 진실하여 능히 고절하는 말로 대중을 절복시킬 수 있고, 여러 비구들을 위하여 여러 종류의 갈마를 짓는데, 고절갈마·의지갈마·하의갈마·구출갈마 등이었다. 이들이 지금 이곳에 온다면 장차 우리에게도 여러 갈마를 짓지 않겠는가? 세존께서는 비니의 가운데에서 승방은 갈마로서 한 비구에게 주더라도 얻지 못한다고 설하셨으므로 우리들은 지금 이 승방을 네 부분으로 나누고 따라서 승원의 땅·방사·원림·뿌리·줄기·잎·꽃·열매 등도 모두 네 부분으로 나눕시다.'

이와 같이 생각하고서 곧 승방을 나누었고 승원의 땅·방사·원림·뿌리·줄기·잎·꽃·열매 등도 모두 네 부분으로 나누는 갈마를 지어 네 비구에게 주었다. 세존과 여러 비구들이 유행하면서 차례로 이곳에 이르렀고 이 가운데에서 한 구주 비구가 세존을 위해 하나의 좋은 방을 드렸으며 잠시 자리를 피하여 숨으면서 이렇게 생각하였다.

'세존께서 칙명하시어 여러 비구들을 위하여 방사를 개방하고 와구를 놓아두라고 하는 것이 두렵구나.'

여러 객비구들은 와서 발을 씻는 곳·강당·문간·경행하는 곳·경행하는 입구와 등에 지녔던 옷과 발우를 내려놓고 그곳에 머물면서 와구를 나누어주기를 기다리고 있었다. 세존께서는 여러 비구들이 옷과 발우를 내려놓고 이곳에 머물면서 와구를 나누어주는 것을 기다리는 것을 보셨다. 세존께서 아시면서도 일부러 아난에게 물으셨다.

"여러 비구들이 무슨 까닭으로 강당·문간·경행하는 곳·경행하는 입구와 등에 지녔던 옷과 발우를 내려놓고 있는가? 무엇을 기다리는 것인가?"

대답하여 말하였다.

"세존이시여. 구주 비구들이 와구를 나누어주기를 기다리고 있습니다."

세존께서는 아난에게 알리셨다.

"그대는 가서 구주 비구들에게 방사를 개방하고 객비구들에게 와구를 주도록 칙명하여 말하도록 하게"

아난이 가르침을 받들었고 곧 가서 구주 비구들에게 말하였다.

"방사를 개방하고 객비구들에게 와구를 나눠주십시오."

구주 비구들이 말하였다.

"이곳의 승방·방사·원림·뿌리·줄기·잎·꽃·열매 등을 모두 네 부분으로 갈마를 지어 네 비구에게 주었으므로 이것은 승가의 물건이 아닙니다."

이 가운데에 비구가 있어 욕망이 적고 만족함을 알며 두타를 행하였는데, 이러한 일을 듣고서 즐겁지 않아서 꾸짖어 말하였다.

"어찌 비구라고 이름하면서 갈마를 지어 승방을 네 비구에게 주었는가?"

꾸짖고서 세존을 향하여 자세히 말하였다. 세존께서는 말씀하셨다.

"지금부터 승가의 방사를 네 명으로 나누는 것을 허락하지 않는다. 만약 나누었다면 돌길라이고, 이 나누었던 것도 성립되지 않는다."

세존께서는 아라비국(阿羅毘國)에 머무르셨다.

이때 아라비국의 승방이 무너졌으므로 세존께서는 아시면서 일부러 아난에게 물으셨다.

"이곳의 승방과 중각당이 무슨 까닭으로 무너졌는가?"

대답하여 말하였다.

"세존이시여. 이 승방을 보수하던 사람의 가운데에는 죽은 자도 있고, 병든 자도 있으며, 구족계를 반납한 자도 있고, 다른 나라로 떠난 자도 있습니다."

세존께서는 말씀하셨다.

"죽은 자이거나, 구족계를 반납한 자가 마땅히 짓던 일은 승가는 다시 마땅히 갈마로 이러한 지사인을 세우도록 하라. 병든 자가 있다면 마땅히 묻도록 하라.

'그대는 예전처럼 능히 이 무너진 방사를 수리할 수 있습니까?'

만약 '내가 할 수 있습니다.'라고 말한다면 마땅히 기다리고, 만약 '할 수 없습니다.'라고 말한다면 마땅히 다른 사람을 세우도록 하라. 다른 나라로 떠나갔는데 만약 마땅히 돌아오는 것이 의심스럽다면 마땅히 기다려야 하고, 만약 돌아오지 않는다고 알았다면 마땅히 다시 다른 사람을 세우도록 하라."

세존께서는 이렇게 말씀을 지으셨고 여러 비구는 곧 지사인을 세웠다. 이 지사인에는 흙바닥을 쓸던 자도 있었고, 작은 구멍을 메우거나 혹은 풀로 지붕을 덮던 자도 있었다. 세존께서는 말씀하셨다.

"이와 같이 소소한 일을 지었던 자를 마땅히 지사인으로 지을 수 없다. 만약 능히 큰일을 준비할 수 있다면 마땅히 갈마로 지사인으로 세우도록 하라."

여러 비구들이 있었고 능히 많은 재물을 준비하였으며 능히 이 일을 이룰 수 있는 자를 여러 비구들이 곧 목숨을 마치도록 지사승으로 세웠다. 세존께서는 말씀하셨다.

마땅하지 않느니라. 만약 방사가 오래되어 낡았다면 마땅히 6년을 지어서 세워야 하고, 만약 새로 지은 방사라면 마땅히 12년을 지어서 세우도록 하라."

세존께서는 말씀하셨다.

"지금부터 방사의 지사인은 세 가지 일을 스스로가 처리할 수 있는데, 겨울의 방·봄의 방·여름의 방이며, 승가에게 묻도록 하라.

'그대들은 겨울의 방·봄의 방·여름의 방에서 어느 방이 보수가 필요합니까?'

만약 '나는 겨울의 방에 보수가 필요합니다.'라고 말하면, 봄의 방과 여름의 방을 상좌의 차례에 따라서 주고, '나는 여름의 방에 보수가 필요합니다.'라고 말하면, 겨울의 방과 봄의 방을 상좌의 차례에 따라서 주어야 하느니라.”

세존께서는 왕사성에 머무르셨다.

이때 발제(跋提) 거사가 승방과 중각을 높고 크고 장엄하여 일으켰으므로 여러 남녀가 구경하러 왔고 여러 사람들은 생각하였다.

‘이것은 반드시 불탑이거나, 아라한의 탑일 것이다.’

이 승방 안에서 많은 사람들이 예배하고 그 주위를 돌았으므로 코끼리 소리·말 소리·남녀의 소리가 좌선과 독경을 방해하여 이때 장로인 상좌들은 이 중각을 버려두고서 작은 방에서 머물렀다. 이때 객비구들이 있어서 왔고 모두 이렇게 생각을 지었다.

‘중각 안에는 반드시 상좌들이 있을 것이다. 우리들이 어찌 변두리의 작은 방사에 머물지 않겠는가?’

곧 가서 문을 두드렸고 방 안에서 대답하는 소리가 있었으므로 객비구가 물었다.

“그대는 법랍이 얼마나 되십니까?”

대답하여 말하였다.

“나의 나이가 이렇습니다.”

객비구는 생각하였다.

‘만약 작은 방사의 비구도 법랍이 이와 같은데 하물며 큰 방이겠는가!’

발을 씻는 우물가이거나, 강당 안이거나 문간방 아래에 나아가서 묵었고, 일찍 일어나서 중각 앞에 이르러 서서 상좌께 예경하고자 하였다. 젊은 비구와 사미들이 중각에서 내려와 객비구들에게 물었다.

“그대들은 무엇을 하십니까?”

대답하여 말하였다.

“상좌께 예배하고자 합니다.”

말하였다.

“이곳에는 상좌는 없습니다.”

물어 말하였다.

"이곳에는 누구가 머무르고 있습니까?"

대답하여 말하였다.

"우리들입니다."

객비구가 말하였다.

"우리들이 알았다면 마땅히 여기에 머물렀을 것이오."

객비구에게 물었다.

"그대들은 어디서 머물렀습니까?"

발을 씻는 우물가에서 머물렀던 자는 발을 씻는 우물가에서 머물렀다고 대답하였고, 강당 안에서 머물렀던 자는 강당 안에서 머물렀다고 대답하였으며, 나아가 문간의 아래에서 머물렀던 자는 문간의 아래에서 머물렀다고 대답하였다. 여러 비구들이 이 일로써 세존께 아뢰었고, 세존께서는 말씀하셨다.

"마땅히 부구와 와구의 지사인을 세우도록 하라. 부구와 와구의 지사인은 마땅히 상좌의 차례를 따라서 와구를 제공하면서 마땅히 이와 같이 말하라.

'이곳이 상좌들의 방사와 와구이므로 차례대로 머무십시오.'"

세존께서는 가시국(迦尸國)에서 대비구들과 함께 한 주처에 안거하셨다.

여러 거사가 세존과 승가 대중들을 친견하였던 까닭으로 오늘은 그대가 여러 종류의 음식을 준비하고 내일은 누가 준비하자고 함께 서로가 약속하였다. 이와 같이 전전하며 여러 종류의 음식을 서로가 공양한 까닭으로 음식을 준비하는 것이 15일이거나 30일에 공양하였다. 이와 같이 규칙을 세웠으므로 일찍 준비하는 집도 있었고, 늦게 준비하는 집도 있었으며, 가까운 집도 있었고, 멀리 떨어진 집도 있었으며, 맛있는 집도 있었고, 맛없는 집도 있었으나 이 가운데 어느 집으로 가라고 약속을 칙명하는 음식의 지사인 비구가 없었다. 일찍 준비하는 집이 있었고, 가까운 곳에 있으며, 맛있는 집이 있으면 이때 육군비구들이 자주 이 처소를 따라서 음식을 취하였으므로 거사가 물어 말하였다.

"그대들은 무슨 까닭으로 자주 오는데, 여러 대덕인 장로들께서는 무슨 까닭으로 오시지 않습니까?"

대답하여 말하였다.

"우리에게 음식의 약속을 칙명할 지사인이 없습니다. 그대의 집은 가깝고 일찍 준비하며 음식도 맛있습니다. 이러한 까닭으로 우리가 자주 오는 것입니다."

거사가 말하였다.

"우리들이 음식을 보시하는 것은 여러 장로들을 위한 것이고, 다만 그대들을 위하는 것이 아닙니다. 무슨 까닭으로 자주 오십니까?"

여러 비구들은 어떻게 해야 하는가를 알지 못하였으므로, 이 일을 세존께 아뢰었고, 세존께서는 말씀하셨다.

"마땅히 음식의 지사인을 세우도록 하라. 음식의 지사인을 세우는 법은 일심으로 승가가 화합하였다면 마땅히 물어 말하라.

'누가 능히 승가를 위하여 음식의 지사인으로 짓겠습니까?'

이 가운데에서 만약 한 비구가 있어 '내가 할 수 있습니다.'라고 말하더라도 만약 5법이 있다면 음식의 지사인으로 세울 수 없다. 무엇이 그 다섯 가지인가? 애욕을 따르고, 성냄을 따르며, 두려움을 따르고, 어리석음에 따르며, 얻을 것과 얻지 않을 것을 알지 못하는 것이다. 만약 5법을 성취하였다면 음식의 지사인으로 세워야 한다. 무엇이 그 다섯 가지인가? 애욕을 따르지 않고, 성냄을 따르지 않으며, 두려움을 따르지 않고, 어리석음에 따르지 않으며, 얻을 것과 얻지 않을 것을 아는 것이다. 곧 때에 한 비구가 승가의 가운데에서 창언하라.

'대덕 승가께서는 허락하십시오. 비구 누구는 능히 대중 승가를 위하여 음식의 지사인으로 뽑아서 지을 수 있습니다. 만약 승가께서 때에 이르셨다면 승가께서는 인정하고 허락하십시오. 비구 누구를 음식 지사승으로 뽑아서 지어주십시오. 이와 같이 아뢥니다.'

아뢰고서 백이갈마를 짓는다.

'비구 누구를 음식의 지사인으로 뽑아서 지어 마쳤습니다. 승가께서

인정하신 것은 묵연하였던 까닭입니다. 이 일은 이와 같이 지니겠습니다.'

음식을 얻는 집을 뽑는 사람의 법은 마땅히 차례대로 뽑아서 '그대 누구는 어느 집에 이르십시오.'라고 하는 것이다."

뽑혔던 비구들의 가운데에는 일찍 얻는 자도 있었고, 늦게 얻은 자도 있었으며, 가까운 곳에서 얻는 자도 있었고, 먼 곳에서 얻는 자도 있었으며, 맛있는 자도 있었고, 맛이 없는 자도 있었다. 늦게 음식을 얻은 자는 이렇게 말하였다.

"고의로 나를 이곳에 뽑아주었다."

먼 곳에서 얻은 자도 역시 말하였다.

"고의로 나를 먼 곳에 뽑아주었다."

맛없는 음식을 얻은 자도 말하였다.

"고의로 나를 이와 같은 중간에 뽑아주었다."

다시 다른 말도 하였으므로 세존께서 말씀하셨다.

"마땅히 이름을 표시하라."

비구가 악한 곳을 얻은 것이 있다면 곧 이름을 지우고서 좋은 곳으로 바꾸었다. 세존께서 말씀하셨다.

"마땅히 나무판자에 글씨를 써서 한곳에 모아두고 화합하였다면 상좌의 차례를 따라서 취하도록 하라."

늦게 얻는 자나 먼 곳에서 얻는 자는 일찍 주인의 문밖에 서 있었다. 골목에서 음식을 기다리며 오래 서 있었으므로 가슴이 답답하고 구토가 나서 유쾌하지 않았다. 여러 거사가 나와서 보고는 말하였다.

"우리들 집안에 마음대로 들어와서 그대들이 앉아 있으십시오."

비구들이 말하였다.

"세존께서는 우리들이 백의의 집에 들어가고 앉아서 음식을 기다리는 것을 허락하시지 않았습니다."

이 일로써 세존께 아뢰었고, 세존께서는 말씀하셨다.

"이러한 비구는 백의의 집안에 들어가고 앉아서 음식을 기다리는 것을 허락하겠노라."

이때에 코끼리 소리·말 소리·남녀가 소리가 독경과 좌선을 방해하였으므로 세존께서는 말씀하셨다.

"만약 방해된다면 문밖에서 기다려라."

문 바깥에서 기다리는 때에 여러 사람이 몰려와서 사방으로 둘러싸고 쳐다보기도 하고 보고서 모두가 웃기도 하였다. 이 일로써 세존께 아뢰었고, 세존께서는 말씀하셨다.

"마땅히 흙으로 기초를 짓도록 하라."

비와 바람에 고뇌하였으므로 세존께서는 말씀하셨다.

"도소(屠蘇)[7]를 지어서 덮는 것을 허락하겠노라."

얇았던 까닭으로 비가 샜으므로 세존께서는 말씀하셨다.

"마땅히 두껍게 덮어라."

도소를 두껍게 덮었으나 그 등줄기로 비가 샜으므로 세존께서는 말씀하셨다.

"다시 덮도록 하라."

또한 앉을 곳이 없었으므로 세존께서는 말씀하셨다.

"마땅히 나무판자를 구하여 위에 앉아라."

어느 사람이 이 나무판자를 훔쳐갔으므로, 세존께서는 말씀하셨다.

"마땅히 땅을 파서 묻어 두어라."

또한 다시 잃어버렸으므로 세존께서는 말씀하셨다.

"흙으로 앉을 자리를 지을지라."

진흙이 아니었던 까닭으로 흙 속에 독사와 지네가 있어 여러 비구들을 깨물었으므로 세존께서는 말씀하셨다.

"마땅히 진흙으로 하라."

찰흙이었으나 너무 거칠어 옷에 찢어졌으므로 세존께서는 말씀하셨다.

"마땅히 고운 진흙으로서 하라."

여러 비구들이 물이 필요하였으므로 세존께서는 말씀하셨다.

---

7) 초암(草菴)을 가리키는데 초가로 된 암자라는 뜻이다.

"마땅히 우물을 만들라."

우물을 지었으나 발우나 건자(鍵鎡)로 물을 취하는 것이 매우 어려웠다. 세존께서는 말씀하셨다.

"마땅히 물병을 만들어 물을 길어라."

물병으로 물을 취하였으나 닿지 않았으므로 세존께서는 말씀하셨다.

"마땅히 끈으로서 매어라."

여러 비구들이 손이 연약하여 끌어당기는 때에 손이 몹시 아팠다. 세존께서는 말씀하셨다.

"마땅히 도르래를 만들라."

어떤 사람이 우물에 떨어졌으므로 세존께서는 말씀하셨다.

"마땅히 난간을 지어라."

장로 우바리가 세존께 물었다.

"무슨 물건으로 우물의 난간을 짓습니까?"

세존께서는 말씀하셨다.

"마땅히 나무·돌·흙벽돌로 짓도록 하라."

짓고서 늙고 젊은 부녀자들이 우물에 나아가서 물을 취하면서 이때 양손이 서로 맞닿았다. 세존께서는 말씀하셨다.

"우물 위에다 칸막이를 설치하고 마땅히 각자 한쪽에서 물을 긷도록 하라."

거사가 있었는데 집안에서 나와서 비구에게 말하였다.

"내가 어느 승방에 음식을 준비하였습니다. 그대와 같은 사람들은 그 승방으로 가서 공양하십시오."

떠나가는 도중의 때에 사자·호랑이·곰 등의 여러 난리가 있었으므로, 이 일을 세존께 아뢰었다. 세존께서는 말씀하셨다.

"마땅히 단월에게 말하라. '이 가운데에 이와 같은 두려움이 있으니 이곳에서 나에게 음식을 주십시오.'"

세존께서는 왕사성에 머무르셨다.

그때 여러 거사가 여러 종류의 죽을 지었으니, 소(酥) 죽·참깨 죽·기름 죽·우유 죽·콩 죽·팥 죽·들깨 죽·묽은 죽 등이었다. 이러한 죽을 준비하고서 가지고 죽원(竹園)에 나아갔다. 이때 육군비구들이 승방의 문간 곁에서 있으면서 멀리서 이를 보고 물어 말하였다.

"무엇을 가져오십니까?"

대답하며 말하였다.

"이것은 죽입니다."

또한 물었다.

"무슨 죽입니까?"

대답하며 말하였다.

"소 죽·참깨 죽·기름 죽·우유 죽·콩 죽·팥 죽·들깨 죽·묽은 죽 등입니다."

이때 육군비구들이 말하였다.

"우리는 떠나고자 합니다. 먼저 우리에게 소 죽·참깨 죽·기름 죽·우유 죽·콩 죽·팥 죽·들깨 죽 등을 주고, 그대들은 묽은 죽을 가지고 승방에 들어가 상좌들에게 주십시오."

여러 비구들이 듣고 어떻게 해야 하는가를 알지 못하였으므로, 이 일을 세존께 아뢰었다. 세존께서는 말씀하셨다.

"지금부터 갈마로 죽의 지사인을 세워야 하느니라."

죽을 담았던 그릇으로 곧 이 그릇을 사용하여 죽을 나누었는데. 소 죽·참깨 죽·기름 죽·우유 죽·콩 죽·팥 죽·들깨 죽 등은 상좌들은 위쪽의 기름진 부분을 얻었고 하좌들은 바닥의 앙금을 얻었다. 만약 묽은 죽을 나눌 때에는 상좌들은 그 국물을 받았고 하좌들은 그 앙금을 얻었다. 이 일을 세존께 아뢰었고, 세존께서는 말씀하셨다.

"지금부터 큰 옹기와 큰 발우를 저축하는 것을 허락하겠노라. 죽을 이 그릇의 가운데에 부어서 모으고 화합하여 큰 발우나 큰 건자(鍵鎡)로 나눠주도록 하라."

나누어주는 때에 불편하였으므로 세존께서는 말씀하셨다.

"마땅히 국자를 지어 나누어주는 것에 사용하라."

마땅히 국자를 지어 나누어주는 것에 사용하였으나, 남았거나 부족한 것이 있었다. 세존께서는 말씀하셨다.

"마땅히 다시 작은 국자를 지어 나누어주는 것에 사용하라."

세존께서는 왕사성의 죽원정사에 머무르셨다.

여러 거사가 여러 종류의 대발나(帶鉢那)를 준비하였으니, 바로 호마환희환(胡麻歡喜丸)·석밀환희환(石蜜歡喜丸)·밀환희환(蜜歡喜丸)·사구리병(舍俱梨餅)·파파라병(波波羅餅)·만제라병(曼提羅餅)·상이병(象耳餅)·혼돈병(餛飩餅)·염부리병(閻浮梨餅) 등이었다. 이러한 전병을 가지고서 승방으로 향하였는데, 육군비구들이 일찍 일어나서 승방의 문간 곁에 서 있다가 보고 물어 말하였다.

"무엇을 가져오십니까?"

대답하였다.

"여러 종류의 대발나인데 이를테면, 호마환희환·석밀환희환·밀환희환·사구리병·파파라병·만제라병·상이병·혼돈병·염부리병 등입니다."

육군비구들이 말하였다.

"우리는 떠나고자 합니다. 먼저 우리에게 호마환희환·석밀환희환·밀환희환·사구리병·파파라병·만제라병 등을 주고, 그대들은 상이병·혼돈병·염부리병 등을 가지고 승방에 들어가서 상좌들께 주십시오."

여러 비구들이 듣고 어떻게 해야 하는가를 알지 못하였으므로, 이 일을 세존께 아뢰었다. 세존께서는 말씀하셨다.

"마땅히 갈마로 대발나의 지사인을 세워야 하느니라. 대발나를 나누어주는 지사인은 마땅히 화합하여 균등하게 나누도록 하라. 만약 다시 좋은 것이 왔다면 역시 마땅히 차례로 줄 것이고, 만약 오늘 두루 나눠주지 못하였고, 다음날 있었다면 마땅히 이어서 순서대로 나누어주도록 하라."

세존께서는 왕사성에 머무르셨다.

이때 여러 거사가 여러 종류의 약을 준비하였으니 이를테면, 소·기름·석밀·생강·후추·필발·흑소금·하리륵(訶梨勒)·비혜륵(鞞醯勒)·아마륵(阿摩勒)·파로로비주만타다(波盧路毘呪曼陀多)·야마나(耶摩那)·가두로혜(伽頭盧醯) 등이었으며, 가지고 승방에 나아갔는데, 이때 육군비구들이 일찍 일어나 문간 곁에 서 있다가 보고 물어 말하였다.

"무엇을 가져오십니까?"

대답하여 말하였다.

"여러 종류의 약 이를테면, 소·기름·석밀·생강·후추·필발·흑소금·하리륵·비혜륵·아마륵·파로로비주만타다·야마나·가두로혜 등입니다."

육군비구들이 말하였다.

"우리는 떠나고자 합니다. 먼저 우리에게 소·기름·석밀·생강·후추·필발·흑소금 등을 주고, 그대들은 하리륵·비혜륵·아마륵·파로로비주만타다·야마나·가두로혜 등을 가지고 승방에 들어가서 상좌들께 주십시오."

여러 비구들이 듣고 어떻게 해야 하는가를 알지 못하였으므로, 이 일을 세존께 아뢰었다. 세존께서는 말씀하셨다.

"마땅히 갈마로 약의 지사인을 세워야 하느니라. 약을 나누어주는 지사인은 화합하여 평등하게 나눠주도록 하라. 만약 귀한 값의 약재가 왔다면 마땅히 별도로 보관하였다가 만약 병든 비구가 찾았다면 두 냥의 절반 값을 나눠주고, 만약 많이 찾는다면 마땅히 찾는 값을 따르도록 하라."

세존께서는 아라비국에 머무르셨다.

이때 아라비국의 여러 비구들이 항상 거사를 쫓아서 공구(作器)를 짓는 것을 구하였다. 여러 거사들이 말하였다.

"우리들이 어찌 항상 그대들에게 공급할 수 있겠습니까? 그대들은 어찌 스스로 공구를 지어 저축하지 않습니까?"

대답하여 말하였다.

"세존께서는 우리들이 공구를 저축하는 것을 허락하시지 않았습니다."

이 일로써 세존께 아뢰었고, 세존께서는 말씀하셨다.

"지금부터 기구를 저축하는 것을 허락하겠노라."

아라비국의 승방에는 고용된 목수들이 있었는데, 15일을 고용된 자도 있었고, 한 달이거나 일 년을 고용된 자도 있었다. 이 목수들이 낮에 일하고 저녁에 집으로 돌아가면 남겨두었던 공구들이 곧 없어졌다. 세존께서는 말씀하셨다.

"마땅히 기구의 지사인을 세우도록 하라."

공구의 지사인으로 세운 비구가 작업이 끝나고 공구들을 한곳에 모아두었으나, 또다시 없어졌다. 이 일을 세존께 아뢰었고, 세존께서는 말씀하셨다.

"마땅히 갈마로 한 방사에 공구를 보관하라. 공구를 보관할 방사를 정하는 법은 일심으로 승가가 화합하였다면 한 비구가 승가의 가운데에서 창언하라.

'대덕 승가께서는 허락하십시오. 어느 방사를 승가의 공구를 보관하는 방으로 정하고자 합니다. 만약 승가께서 때에 이르셨다면 승가께서는 인정하고 허락하십시오. 어느 방사를 공구를 보관하는 곳으로 정하도록 짓겠습니다. 이와 같이 아뢥니다.'

아뢰고서 백이갈마를 짓는다.

'승가시여. 어느 방사를 공구를 보관하는 방사로 지어 마쳤습니다. 승가께서 허락하신 것은 묵연하였던 까닭입니다. 이 일은 이와 같이 지니겠습니다."

이러한 방사가 정해졌으므로 기구의 지사인이 곧 공구를 가져다가 위의 방과 아래 방의 두 방사에 놓아두었다. 세존께서는 말씀하셨다.

"마땅히 두 곳에 놓아두지 말라. 만약 윗방에 두었다면 아랫방은 승가에게 주어야 하고, 만약 아랫방에 두었다면 마땅히 승가에게 윗방을 주어야 하느니라."

또한 한때에 여러 비구들이 교살라국에서 사위국으로 향하면서 도중에 한 비어있는 승방을 지나면서 승방의 가운데에서 머물렀다. 여러 비구들이 다음 날에 취락에 들어가서 걸식하였는데 여러 거사들이 물었다.

"그대들은 어느 곳에서 머물렀습니까?"

대답하여 말하였다.

"승방(僧坊)의 가운데에서 머물렀습니다."

"어느 방사의 가운데에서 머물렀습니까?"

대답하여 말하였다.

"어느 방사의 가운데입니다."

거사들이 말하였다.

"이곳은 우리들의 방사입니다. 어찌 사람을 보내어 우리에게 알리지 않았습니까? 마땅히 탕약·유등(油燈)·등촉(燈燭)·와구 등의 여러 종류의 필요한 물품을 공양하였을 것입니다."

여러 거사는 방사의 가운데에 머물렀던 자들을 각자 모시고 갔으며 자리를 주어서 앉게 하였으며 스스로가 물을 돌렸고 스스로가 맛있는 음식들을 많이 주었으며, 스스로가 마음대로 배부르게 먹고서 물로 양치를 마쳤으므로 거사는 작은 평상을 취하여 앉아서 설법을 들으면서 여러 비구들에게 말하였다.

"우리들의 승방에는 와구·전식·후식이 있는데 어찌 이곳에 머무르지 않습니까? 다시 마땅히 옷과 이부자리도 공양하겠으니, 원하건대 이 승방에 계십시오."

여러 비구들이 듣고 어떻게 해야 하는가를 알지 못하였으므로, 이 일을 세존께 아뢰었다. 세존께서는 말씀하셨다.

"지금부터 만약 이전부터 비어있던 승방의 가운데에서 여러 비구들이 떠나고자 한다면 마땅히 갈마로 한 비구를 상주하게 하는 것을 허락하겠노라. 승방의 지사인을 세우는 법은 일심으로 승가가 화합하였다면 묻도록 하라.

'누가 능히 어느 비어있는 승방의 상주비구로 짓겠습니까?'

이 가운데에서 만약 한 비구가 있어 '내가 할 수 있습니다.'라고 말하더라도 만약 5법이 있다면 상주하는 비구로 지을 수 없다. 무엇이 그 다섯 가지인가? 애욕을 따르고, 성냄을 따르며, 두려움을 따르고, 어리석음에 따르며, 마땅히 지을 것과 짓지 않을 것을 분별하여 알지 못하는 것이다. 만약 5법을 성취하였다면 상주하는 비구로 짓도록 하라. 무엇이 그 다섯 가지인가? 애욕을 따르지 않고, 성냄을 따르지 않으며, 두려움을 따르지 않고, 어리석음에 따르지 않으며, 마땅히 지을 것과 짓지 않을 것을 분별하여 아는 것이다. 곧 때에 한 비구가 승가의 가운데에서 창언하라.

'대덕 승가께서는 허락하십시오. 누구 비구는 능히 대중 승가를 위하여 비어있는 승방의 상주하는 지사인으로 지을 수 있습니다. 만약 승가께서 때에 이르셨다면 승가께서는 인정하고 허락하십시오. 누구 비구를 어느 비어있는 승방의 상주하는 지사인으로 세워 주십시오. 이와 같이 아룁니다.'

아뢰고서 백이갈마를 짓는다.

'누구 비구를 어느 비어있는 승방의 상주하는 지사인으로 지어 마쳤습니다. 승가께서 인정하신 것은 묵연하였던 까닭입니다. 이 일은 이와 같이 지니겠습니다.'

비어있는 승방에 상주하는 비구는 마땅히 승방을 둘러보아야 하며, 먼저 탑을 수리(修治)하고, 다음으로 사방승사(四方僧事)를 지어야 하며, 다음으로 승가의 음식을 요리하는 일을 알아야 하고, 다음으로 마땅히 승가에게 나누어주는 물건들을 알아야 하며, 다음으로 상좌(上座)·중좌(中座)·하좌(下座) 비구들의 일을 알아서 대덕인 고명(高明)의 비구를 따라야 하고, 마땅히 억지로 짓지 않아야 하며, 승방의 지사인 비구는 마땅히 이렇게 원을 짓도록 하라.

'여러 비구들이 아직 오지 않았으나 마땅히 왔거나, 이미 왔다면 옷·음식·와구·탕약을 공급하여 부족하지 않게 해야겠다.'

능히 이러한 원력을 행하는 자는 승가에게 그들의 뜻에 따라서 나눠주도록 하라. 만약 음식이 필요하다면 마땅히 스스로가 마음대로 좋은 음식을 주어야 하고, 만약 방사와 와구가 필요하다면 모두를 스스로가 마음대로 주도록 하라."

많은 국왕이나 대신들이 있어 자주자주 죽원에 나아가서 방사를 둘러보았는데 만약 오는 때에 음식·신화(薪火)[8]·등촉 등을 구하였다. 만약 주었다면 계율을 범하는 것이 두려웠고, 주지 않으려니 후환을 짓는 것이 걱정이었다. 여러 비구들이 어떻게 해야 하는가를 알지 못하였으므로, 이 일을 세존께 아뢰었다. 세존께서는 말씀하셨다.

"마땅히 분처인(分處人)을 세워야 한다. 분처인으로 세웠다면 대중에게 아뢰지 않고도 19전(錢)까지 사용하여 손님에게 공급할 수 있느니라. 만약 다시 필요하다면 마땅히 승가께 아뢰고서 주어야 하느니라."

교살라국에 아련아의 주처가 있었다.

그때 도둑이 있어 아련아의 주처에 이르러 걸식하였으므로 공양주(作食人)가 말하였다.

"음식은 나를 까닭으로 그대들이 얻을 수 없습니다. 그대들은 사미를 따라서 구하십시오."

여러 도둑들이 곧 사미를 따라서 구하였으나 사미가 말하였다.

"나는 그대들에게 줄 수가 없습니다. 그대들은 음식의 지사인 비구에게 구하십시오."

곧 음식의 지사인 비구에게 구하였으나 음식의 지사인 비구가 말하였다.

"승가를 위한 까닭으로 이 음식을 준비하였습니다. 그대들을 위한 것이 아닙니다."

도둑들이 서로 의논하여 말하였다.

"이 비구들이 어찌하면 기꺼이 곧 우리에게 음식을 주겠는가?"

하고는 곧 한 비구를 붙잡고서 손발을 잘랐으며 허리를 끊었다. 여러 비구들이 어떻게 해야 하는가를 알지 못하였으므로, 이 일을 세존께 아뢰었다. 세존께서는 말씀하셨다.

---

8) 불을 밝히는 횃불 또는 관솔불을 말한다.

"만약 이와 같은 두려움이 있는 처소라면 만약 조금 구걸하면 조금 줄 것이고, 만약 절반을 구걸하면 절반을 줄 것이며, 만약 모두 구한다면 모두 주어라. 이러한 인연으로서 일부러 4대(大)가 쇠퇴하는 고통을 얻지 말라."

세존께서는 왕사성에 머무르셨다.

그때 대중 승가가 옷을 얻었는데 수호하는 사람이 없었으므로, 세존께서는 말씀하셨다.

"마땅히 옷을 수호하는 사람을 세우도록 하라. '옷을 수호하는 사람을 세우는 법'은 일심으로 승가가 화합하였다면 묻도록 하라.

'누가 능히 승가의 옷을 수호할 수 있습니까?'

이 가운데에서 만약 한 비구가 있어 '내가 할 수 있습니다.'라고 말하더라도 만약 5법이 있다면 수호하는 비구로 세울 수 없다. 무엇이 그 다섯 가지인가? 이 옷을 어디에서 얻었는가를 알지 못하는 것이고, 옷의 가치를 알지 못하는 것이며, 만약 옷을 얻더라도 어떻게 받는가를 알지 못하는 것이고, 옷의 숫자를 알지 못하는 것이며, 또 옷을 놓아두었던 곳을 잊어버리는 것이다. 만약 5법을 성취하였다면 마땅히 세워야 한다. 무엇이 다섯 가지인가? 이 옷을 어디에서 얻었는가를 아는 것이고, 옷의 가치를 아는 것이며, 만약 옷을 얻더라도 어떻게 받는가를 아는 것이고, 옷의 숫자를 아는 것이며, 또 옷을 놓아두었던 곳을 잊지 않는 것이다. 이 옷이 어디에서 생겼는가를 잘 아는 것이고, 옷의 가격이 얼마나 되는지를 잘 아는 것이고, 옷을 받아야 하는지를 잘 아는 것이고, 옷의 숫자를 잘 아는 것이고, 옷을 놓아둔 장소를 잊지 않는 것이다. 곧 때에 한 비구가 승가의 가운데에서 창언하라.

'대덕 승가께서는 허락하십시오. 이 누구는 능히 승가를 위하여 옷을 수호하는 사람으로 지을 수 있습니다. 만약 승가께서 때에 이르셨다면 승가께서는 인정하고 허락하십시오. 승가시여. 누구 비구를 옷을 지키는 사람으로 세워서 지어주십시오. 이와 같이 아뢰니다.'

아뢰고서 백이갈마를 짓는다.

'승가시여. 누구 비구를 옷을 수호하는 사람으로 지어 마쳤습니다. 승가께서 인정하신 것은 묵연하였던 까닭입니다. 이 일은 이와 같이 지니겠습니다.'

옷을 지키는 사람을 세웠으나, 나눠주는 사람이 없었으므로 세존께서는 말씀하셨다.

"마땅히 옷 나눠주는 사람을 세우도록 하라. 세우는 법은 일심으로 승가가 화합하였다면 묻도록 하라.

'누가 능히 승가의 옷을 나눠줄 수 있습니까?'

이 가운데에서 만약 한 비구가 있어 '내가 할 수 있습니다.'라고 말하더라도 만약 5법이 있다면 나눠주는 비구로 세울 수 없다. 무엇이 그 다섯 가지인가? 옷의 재질을 알지 못하고, 옷의 색깔을 알지 못하며, 옷의 가치를 알지 못하고, 옷의 숫자를 알지 못하며, 그 옷을 주어야 할 것과 주지 않을 것을 알지 못하는 것이다. 다시 5법이 있다면 나눠주는 사람으로 세우지 않아야 한다. 무엇이 다섯 가지인가? 애욕을 따르고, 성냄을 따르며, 두려움을 따르고, 어리석음을 따르며, 마땅히 줄 것과 주지 않을 것을 알지 못하는 것이다. 만약 5법을 성취하였다면 나눠주는 비구로 세워야 한다. 무엇이 그 다섯 가지인가? 옷의 재질을 아는 것이고, 옷의 색깔을 아는 것이며, 옷의 가치를 아는 것이고, 옷의 숫자를 아는 것이며, 그 옷을 주어야 할 것과 주지 않을 것을 아는 것이다. 다시 5법이 있다면 나눠주는 사람으로 세워야 한다. 무엇이 다섯 가지인가? 애욕을 따르지 않고, 성냄을 따르지 않으며, 두려움을 따르지 않고, 어리석음을 따르지 않으며, 마땅히 줄 것과 주지 않을 것을 아는 것이다. 곧 때에 한 비구가 승가의 가운데에서 창언하라.

'대덕 승가께서는 허락하십시오. 누구 비구는 능히 승가를 위하여 옷을 나눠주는 사람으로 지을 수 있습니다. 만약 승가께서 때에 이르셨다면 승가께서는 인정하고 허락하십시오. 승가시여. 누구 비구를 옷을 나눠수는 사람으로 세워서 지어 주십시오. 이와 같이 아룁니다.'

아뢰고서 백이갈마를 짓는다.

'승가시여. 누구 비구를 옷을 나눠주는 사람으로 지어 마쳤습니다. 승가께서 인정하신 것은 묵연하였던 까닭입니다. 이 일은 이와 같이 지니겠습니다.'"

세존께서는 사위국에 머무르셨다.

욕의(浴衣)를 나눠주는 사람이 없어서 이 일을 세존께 아뢰었다. 세존께서는 말씀하셨다.

"마땅히 욕의를 나눠주는 사람을 세우도록 하라. 이 욕의를 나눠주는 지사인은 마땅히 상좌의 차례에 따라 나누어주도록 하라."

세존께서는 사위국에 머무르셨다.

그때 기타림(祇陀林) 가운데의 승방에는 시간을 제한하며 창언하는 비구도 없었고, 건치를 두드리는 사람도 없었으며, 강당과 식당을 청소하고 보수하는 사람도 없었고, 차례로 이어가면서 평상이나 의자를 펼쳐놓는 자도 없었으며, 과일이나 채소를 씻는 사람도 없었고, 식초의 벌레를 살피는 사람도 없었고, 공양할 때에 물을 돌리는 사람도 없었고, 대중이 산란(散亂)스럽게 말하는 때에 손가락을 튕기는 사람도 없었다. 이 일로써 세존께 아뢰었고, 세존께서는 말씀하셨다.

"마땅히 유나(維那)를 세워야 하느니라. 세우는 법은 일심으로 승가가 화합하였다면 묻도록 하라.

'누가 능히 승가를 위하여 유나를 지을 수 있습니까?'

이 가운데에서 만약 한 비구가 있어 '내가 할 수 있습니다.'라고 말하더라도 만약 5법이 있다면 나눠주는 비구로 세울 수 없다. 5법이 있다면 마땅히 유나로 세우지 않아야 한다. 무엇이 다섯 가지인가? 애욕을 따르고, 성냄을 따르며, 두려움을 따르고, 어리석음을 따르며, 청정한 것과 부정한 것을 알지 못하는 것이다. 만약 5법을 성취했다면 마땅히 유나로 세워야 한다. 무엇이 다섯 가지인가? 애욕을 따르지 않고, 성냄을 따르지 않으며,

두려움을 따르지 않고, 어리석음을 따르지 않으며, 청정한 것과 부정한 것을 아는 것이다. 곧 때에 한 비구가 승가의 가운데에서 창언하라.

'대덕 승가께서는 허락하십시오. 이 누구 비구는 능히 승가를 위하여 유나로 지을 수 있습니다. 만약 승가께서 때에 이르셨다면 승가께서는 인정하고 허락하십시오. 승가시여. 누구 비구를 유나로 세워서 지어 주십시오. 이와 같이 아룁니다.'

아뢰고서 백이갈마를 짓는다.

'승가시여. 누구 비구를 유나로 세워서 지어 마쳤습니다. 승가께서 인정하신 것은 묵연하였던 까닭입니다. 이 일은 이와 같이 지니겠습니다.'"

유나 비구로 지어졌다면 마땅히 시간의 제한을 알아야 하고, 창언하는 때를 알아야 하며, 건치를 치는 것을 알아야 하고, 강당과 식당을 청소하고 보수하는 일을 알아야 하며, 차례로 이어가면서 평상이나 의자를 펼쳐놓는 일을 알아야 하고, 과일이나 채소를 씻는 일을 알아야 하며, 식초의 벌레를 살피는 일을 알아야 하고, 공양할 때에 물을 돌리는 일을 알아야 하며, 대중이 요란스럽게 말하는 때에 손가락을 튕겨야 하느니라."

이때 여러 사미들이 화상과 아사리를 따라서 지었고, 화상과 아사리와 같은 자를 따랐으며, 서로 아는 사람과 함께 말하고 함께 일하였으며, 같은 국토·같은 성읍·같은 취락을 따랐다. 여러 비구들은 사미가 없었으므로 여러 번민이 있었다. 이 일로써 세존께 아뢰었고, 세존께서는 말씀하셨다.

"마땅히 한 사람을 세워서 사미가 일을 짓도록 주관하게 하라. 먼저 탑을 수리하는 일을 시키고, 다음으로 사방승가의 일을 지으며, 다음으로 음식 일을 짓고, 다음으로 물건을 나누게 하며, 다음으로 상좌·중좌·하좌에게 주도록 가르치면서 이와 같이 두루 일체인 승사를 짓게 하라.

마땅히 사미를 처소에 나누는 사람을 세워야 한다. 사미를 나누는 사람을 세워 마쳤다면 먼저 탑을 수리하는 일을 시키고, 다음으로 사방승가의 일을 지으며, 다음으로 음식 일을 짓고, 다음으로 물건을 나누게 하며, 다음으로 상좌·중좌·하좌에게 주도록 가르치면서 이와 같이 두루 일체인 승사를 짓게 하라."

세존께서는 왕사성에 머무르셨다.

그때 병사왕(甁沙王)이 죽원정사를 와서 둘러보면서 왕이 물었다.

"장로 마하가섭께서는 지금 어디에 있습니까?"

비구가 대답하여 말하였다.

"대왕이시여. 장로 대가섭께서는 지금 기사굴산(耆闍崛山) 위에서 진흙을 반죽하고 있습니다."

왕이 곧 가서 보고 물어 말하였다.

"대덕이시여. 무슨 까닭으로 스스로가 지으십니까?"

대답하여 말하였다.

"대왕이여. 누가 마땅히 나를 위해 짓겠습니까?"

왕이 말하였다.

"내가 일할 사람을 보내겠습니다."

이렇게 말하고서 곧 돌아갔다. 두 번째로 병사왕이 또한 때에 죽원정사에 이르러 둘러보면서 왕이 물었다.

"장로 대가섭께서는 지금 어디에 있습니까?"

비구가 대답하여 말하였다.

"대왕이시여. 장로 대가섭께서는 지금 기사굴산 위에서 진흙을 반죽하고 있습니다."

왕이 곧 가서 보고 물어 말하였다.

"대덕이시여. 무슨 까닭으로 스스로가 지으십니까?"

대답하여 말하였다.

"대왕이여. 누가 마땅히 나를 위해 짓겠습니까?"

왕이 말하였다.

"내가 일할 사람을 보내겠습니다."

대가섭이 대답하여 말하였다.

"대왕이여. 자주자주 말하였으나 보내주지 않았습니다."

이때 왕이 부끄러워 한쪽으로 잠시 물러나서 여러 대신에게 물었다.

"내가 이전에도 이런 말이 있었소?"

대신이 대답하여 말하였다.

"대왕께서 이전에도 이러한 말이 있었습니다."

왕이 물었다.

"어느 때이오?"

대답하여 말하였다.

"어느 때 몇 월, 몇 일입니다."

곧 계산하였는데 이전에 말한 뒤에 500일이 지났다. 왕은 곧 산을 내려왔는데, 그때 사람들이 500명의 도둑을 붙잡아 왕에게로 데려왔다. 왕이 물었다.

"이들은 누구인가?"

대답하여 말하였다.

"도둑들입니다."

왕이 물었다.

"마땅히 무슨 죄를 주어야겠소?"

대신이 대답하여 말하였다.

"죄는 마땅히 사형에 이르렀습니다."

왕이 도둑들에게 물어 말하였다.

"그대들은 나의 뜻에 따라 행동할 수 있겠는가?"

도둑이 말하였다.

"대왕이시여. 무슨 일을 시키고자 하십니까?"

왕이 말하였다.

"그대들은 선하신 사람들께 공급하려는 까닭이니라."

도둑이 말하였다.

"만약 저희들이 대왕의 큰 은혜를 입고도 이것을 따르지 않는다면 마땅히 누구를 따르겠습니까?"

대신이 말하였다.

"이 도둑들은 분명 비구들의 물건도 훔칠 것입니다."

왕이 말하였다.

"내가 능히 방편을 지어 훔치지 못하게 하겠소."

이때 왕은 밭·집·백성을 주었고 그 곡식을 두 배로 주었으며 죽원정사에서 멀지 않은 곳에 정인(淨人)들의 취락을 세웠다. 이때 여러 정인들은 서로 아는 사람과 말하였고 함께 일하였다. 또한 같은 나라·같은 성읍·두려운 사람·인연이 있는 사람을 따랐고 다른 사람에겐 공급하지 않았다. 이 일로써 세존께 아뢰었고, 세존께서는 말씀하셨다.

"마땅히 정인을 감독하는 사람을 세워서 통솔하도록 하라. 먼저 탑을 수리하는 일을 시키고, 다음으로 사방승가의 일을 지으며, 다음으로 음식 일을 짓고, 다음으로 물건을 나누게 하며, 다음으로 상좌·중좌·하좌에게 주도록 가르치면서 이와 같이 두루 일체인 승사를 짓게 하라. 정인을 감독할 사람은 오히려 백의의 가운데에서 근면하고 수리를 감당할 수 있는 자를 세우는 것을 허락하겠노라." [팔법 가운데에서 일곱 번째인 '와구법'을 마친다.]

십송율 제35권

후진 북인도 삼장 불야다라 한역

석보운 번역

5. 오송 ⑦

9) 팔법 ⑦

(8) 쟁사법(諍事法)

세존께서는 왕사성에 머무르셨다.

그때 여러 비구들이 비구들끼리 다투었고 나쁜 말로 서로에게 말하였다. 여러 비구니들도 비구니들끼리 다투었고, 여러 식차마니(式叉摩尼)들도 식차마니들끼리 다투었으며, 여러 사미들도 사미들끼리 다투었고, 여러 사미니들도 사미니들끼리 다투었으며 서로 나쁜 말들을 하였다.

가류타이 비구는 여러 비구와 함께 다투면서 나쁜 말로써 서로에게 말하였고, 여러 비구니를 수순하면서 도와주었다. 이 가운데에 비구가 있어 욕망이 적고 만족함을 알며 두타를 행하였는데 이러한 일을 듣고서 즐겁지 않아서 꾸짖어 말하였다.

"어찌 비구라고 이름하면서 비구끼리 다투고, 강제로 비구니를 도와주는가?"

이와 같이 꾸짖고서 세존을 향하여 자세히 말하였다. 세존께서는 이 일로써 비구 승가를 모으셨으며, 아시면서도 일부러 가류타이 비구에게 물으셨다.

"그대가 진실로 이러한 일을 지었는가?"

대답하여 말하였다.

"진실로 지었습니다. 세존이시여."

세존께서는 여러 종류의 인연으로 가류타이 비구를 꾸짖으셨다.

"어찌 비구라고 이름하면서 비구끼리 다투고, 강제로 비구니를 도와주었는가?"

이와 같이 꾸짖으셨으며, 여러 비구들에게 말씀하셨다.

"지금부터 네 종류의 다툼의 일이 일어날 것이다. 첫째는 투쟁(鬪諍)하는 일이고, 둘째는 근거가 없는 일이며, 셋째는 죄를 범하는 일이고, 넷째는 항상 행할 일이다. 투쟁하는 일은 여러 비구들이 비구들끼리 다투면서 '이것은 법이다. 이것은 비법이다. 이것은 선(善)하다, 이것은 선하지 않다.'라고 악한 말을 서로에게 고발하는 것과 같은데, 이러한 가운데에서 함께 다투는 까닭으로 서로가 별도로 도울 것이니, 이것을 투쟁하는 일이라고 이름한다.

근거가 없는 일은 여러 비구들이 다른 비구들이 범한 죄를 드러내면서 '만약 유잔죄(有殘罪)를 지었거나, 만약 유잔죄를 짓지 않았거나, 만약 유잔죄를 지었고 짓지 않았거나, 만약 무잔죄(無殘罪)를 지었거나, 무잔죄를 짓지 않았거나, 무잔죄를 지었고 짓지 않았거나, 유잔무잔죄(有殘無殘罪)를 지었거나, 유잔무잔죄를 짓지 않았거나, 유잔무잔죄를 지었고 짓지 않았다.'라고 고발하는 것과 같은데, 이러한 가운데에서 범한 죄를 드러내었어도 근거가 없는 까닭으로 함께 서로 뒤엉킬 것이니, 이것을 근거가 없는 일이라고 이름한다.

'죄를 범하는 일'은 다섯 종류가 있으니 바라이·승가바시사·바일제·바라제제사니·돌길라를 범하는 것이다. 만약 범하였거나, 만약 염오되었거나, 참회하지 않는다면, 이것을 죄를 범한 일이라고 이름한다.

'항상 행하는 일'은 대중 승가가 짓는 일이니, 만약 백일갈마·백이갈마·백사갈마·포살·자자와 14명을 세우는 갈마이다. 이것을 항상 행하는 일이라고 이름한다.

'투쟁하는 일'은 무엇으로서 근본을 삼는가? 승가를 깨뜨리는 열네 가지의 인연과 여섯 가지의 투쟁하는 근본이 있나니, 이것을 투쟁하는 일의 근본이라고 이름한다.

'근거가 없는 일'은 무엇으로서 근본을 삼는가? 세 가지 근본이 있으니, 보았던 근거와 들었던 근거와 의심이 있는 근거이다. 만약 비구들이 다른 비구들과 투쟁하면서 서로가 자신의 몸으로 지은 죄를 다른 사람에게 말하게 시키는 것이니, 유잔죄를 지었다고 말하거나, 유잔죄를 짓지 않았다고 말하거나, 유잔죄를 지었고 짓지 않았다고 말하거나, 무잔죄를 지었다고 말하거나, 무잔죄를 짓지 않았다고 말하거나, 무잔죄를 지었고 짓지 않았다고 말하거나, 유잔무잔죄를 지었다고 말하거나, 유잔무잔죄를 짓지 않았다고 말하거나, 유잔무잔죄를 지었고 짓지 않았다고 말하는 것이다.

만약 입(口)이나 뜻(意)으로 죄를 짓고서 다른 사람에게 말하게 시키는 것이니, 유잔죄를 지었다고 말하거나, 유잔죄를 짓지 않았다고 말하거나, 유잔죄를 지었고 짓지 않았다고 말하거나, 무잔죄를 지었다고 말하거나, 무잔죄를 짓지 않았다고 말하거나, 무잔죄를 지었고 짓지 않았다고 말하거나, 유잔무잔죄를 지었다고 말하거나, 유잔무잔죄를 짓지 않았다고 말하거나, 유잔무잔죄를 지었고 짓지 않았다고 말하는 것이다. 이러한 가운데에서 다른 사람의 죄를 다르게 드러내는 것을 근거가 없는 일의 근본이라고 이름한다.

'죄를 범한 투쟁'은 무엇으로서 근본을 삼고 무슨 일을 따라서 일어나는가? 다섯 종류의 범한 것을 따라서 일어나는 것이니, 이 다섯 종류의 범한 것으로써 근본을 삼는다. 몸으로 지은 범한 것이 있다면 입(口)이 아니고 마음이 아닌 것으로 지은 것이며, 입으로 지은 범한 것이 있다면 몸이 아니고 마음도 아닌 것으로 지은 것이며, 몸으로 지은 범한 것이 있다면 마음으로 짓고 입으로 지은 것이 아니고, 입으로 지은 범한 것이 있다면 마음으로 짓고 몸으로 지은 것이 아니며, 몸으로 지은 범한 것이 있다면 입으로 짓고 마음으로 지은 것이다. 다만 마음으로 범한 것은 없나니, 이것을 따라서 범한 것이 일어난다. 이것을 범하는 죄의 근본이라고 이름한다.

'항상 행하는 일'은 무엇으로서 근본을 삼고 무슨 일을 따라서 일어나는가? 지었던 일은 승가를 따라서 일어나고 승가를 근본으로 삼나니, 이것을 항상 행하는 일의 근본이라고 이름한다.

투쟁의 일이 있다면 모두 투쟁의 일이라고 이름하는가? 투쟁의 일이 있다면 역시 투쟁이라고 이름하는가? 투쟁이 있더라도 투쟁하는 일이 아닌 것이 있고, 투쟁하는 일이 있더라도 투쟁이 아닌 것이 있으며, 투쟁이 있으면서 역시 투쟁하는 일이 있고, 투쟁이 아니면서 투쟁이 일이 아닌 것이 있다. 투쟁이 있으나 투쟁하는 일이 아닌 것은 만약 비구가 다만 서로에게 말하였고 아직 투쟁은 이루어지지 않은 것이다. 투쟁의 일은 있으나 투쟁이 아닌 것에는 세 종류의 투쟁하는 일이 있다. 투쟁이 있으면서 역시 투쟁하는 일이라는 것은 만약 비구가 서로 말하였고 역시 투쟁의 일이 이루어진 것이다. 투쟁이 아닌 것이 있고 투쟁하는 일이 아닌 것은 앞의 세 구(句)를 제외한 것이다.

일이 없는 투쟁을 소유하였더라도 모두 투쟁하는 일이라고 이름하는가? 투쟁의 일이 있으면 역시 일이 없는 투쟁이라고 이름하는가? 일이 없는 투쟁이 있더라도 투쟁의 일이 아닌 것이 있고, 투쟁하는 일이 있더라도 일이 없이 투쟁함이 아닌 것이 있으며, 일이 없이 투쟁하더라도 역시 투쟁하는 일이 있고, 일이 없는 투쟁이 아닌 것이 있더라도 투쟁의 일이 아닌 것이 있다. 일이 없는 투쟁이 있더라도 투쟁의 일이 아닌 것은 다만 다른 사람의 죄를 말하고 투쟁의 일을 일으키지 않은 것이다. 투쟁하는 일이 있으나 일이 없는 투쟁이 아닌 것은 바로 세 종류의 투쟁하는 일이니라. 일이 없는 투쟁이 있고 역시 투쟁하는 일인 것은 비구가 있어 일이 없이 투쟁하고 역시 투쟁의 일을 일으키는 것이다. 일이 없는 투쟁이 아니고 투쟁의 일이 아닌 것은 앞의 세 구를 제외한 것이다.

범한 죄를 소유하였더라도 투쟁의 일이라고 이름하는가? 투쟁의 일이 있다면 역시 죄를 범하였다고 이름하는가? 죄를 범하였으나 투쟁의 일이 아닌 것이 있고, 죄를 범하였고 역시 투쟁의 일이 있으며, 죄를 범하지 않고 투쟁의 일이 아닌 것도 있으며, 죄를 범하였으나 투쟁의 일이 아닌 것이 있다. 죄를 범한 것이 있으나 투쟁의 일이 아닌 것은 이를테면, 죄를 범한 것이다. 투쟁은 있으나 죄를 범함이 아닌 것은 곧 세 종류의 투쟁하는 일이다. 죄를 범하면서 역시 투쟁하는 일은 이를테면, 죄를 범하고 또 분쟁하는 것이라고 이름한다. 죄를 범한 것도 아니고 투쟁하는 일도 아닌 것은 앞의 세 구를 제외한 것이다.

항상 행할 일을 소유하였더라도 모두 투쟁하는 일이라고 이름하는가? 투쟁하는 일이 있다면 역시 항상 행할 일이라고 이름하는가? 항상 행할 일이 있어도 투쟁의 일이 아닌 것이 있고, 투쟁하는 일이 있어도 항상 행할 일이 아닌 것이 있으며, 항상 행할 일이 있어도 역시 투쟁하는 일도 있고, 항상 행할 일이 아니면서도 투쟁하는 일도 아닌 것이 있다. 항상 행할 일이라도 투쟁하는 일이 아닌 것은 작법(作法)이라고 이름한다. 투쟁하는 일이 있고 항상 행할 일이 아닌 것은 곧 세 종류의 투쟁하는 일이다. 항상 행할 일이 있고 역시 투쟁하는 일은 항상 행하는 것에서 역시 투쟁하는 것이다. 항상 행할 일이 아니고 투쟁하는 일도 아닌 것은 앞의 세 구를 제외한다.

투쟁하는 일은 선(善)한 것인가? 선하지 않은 것인가? 무기(無記)인가? 혹은 선하고, 혹은 선하지 않으며, 혹은 무기이다. 무엇을 선하다고 이름하는가? 누구 비구들이 선량한 마음으로 이를테면, '이것은 법이다. 이것은 비법이다. 이것은 율이다. 이것은 율이 아니다.'고 서로가 투쟁하는 것이다. 이것을 선하다고 이름한다. 무엇을 선하지 않다고 이름하는가? 누구 비구들이 선하지 않은 마음으로 '이것은 법이다. 이것은 비법이다. 이것은 율이다. 이것은 율이 아니다.'고 서로가 투쟁하는 것이다. 이것을 선하지 않다고 이름한다. 무엇을 무기라고 이름하는가? 누구 비구들이 선한 마음이 아니거나, 선하지 않은 마음이 아니면서 '이것은 법이다. 이것은 비법이다. 이것은 율이다. 이것은 율이 아니다.'고 서로가 투쟁하는 것이다. 이것을 무기라고 이름한다.

근거가 없는 일로 투쟁한다면 선한 것인가? 선하지 않은 것인가? 무기인가? 혹은 선하고, 혹은 선하지 않으며, 혹은 무기이다. 선한 것은 만약 여러 비구들이 선한 마음으로 서로 투쟁하면서 '유잔죄를 지었다. 유잔죄를 짓지 않았다. 유잔죄를 지었고 짓지 않았다. 무잔죄를 지었다 무잔죄를 짓지 않았다. 무잔죄를 지었고 짓지 않았다. 유잔무잔죄를 지었다 유잔무잔죄를 짓지 않았다. 유잔무잔죄를 지었고 짓지 않았다'라고 다른 비구의 죄를 드러내는 것이다. 이것을 선하다고 이름한다. 선하지 않은 것은 만약 여러 비구들이 선량하지 않은 마음으로 서로 투쟁하면서 '유잔죄를 지었다. 유잔죄를 짓지 않았다. 유잔죄를 지었고 짓지 않았다. 무잔죄를 지었다. 무잔죄를 짓지 않았다. 무잔죄를 지었고 짓지 않았다. 유잔무잔죄를 지었다. 유잔무잔죄를 짓지 않았다. 유잔무잔죄를 지었고 짓지 않았다'라고 다른 비구의 죄를 드러내는 것이다. 이것을 선하지 않다고 이름한다. 무기는 만약 여러 비구들이 선한 마음으로써가 아니거나, 선하지 않은 마음으로써도 아니면서 서로 투쟁하면서 '유잔죄를 지었다. 유잔죄를 짓지 않았다. 유잔죄를 지었고 짓지 않았다. 무잔죄를 지었다. 무잔죄를 짓지 않았다. 무잔죄를 지었고 짓지 않았다. 유잔무잔죄를 지었다. 유잔무잔죄를 짓지 않았다. 유잔무잔죄를 지었고 짓지 않았다'라고 다른 비구의 죄를 드러내는 것이다. 이것을 무기라고 이름한다.

죄를 범한 일은 선한 것인가? 선하지 않은 것인가? 무기인가? 죄를 범한 일은 혹은 선하지 않으며, 혹은 무기이다. 선하지 않은 것은 만약 여러 비구들이 세존께서 결계하신 것을 알면서도 고의로 범하는 것이니, 이것을 선하지 않다고 이름한다. 무기는 세존께서 결계하신 것을 고의로 범한 것이 아닌 것이다. 이것을 무기라고 이름한다.

항상 행할 일은 선한 것인가? 선하지 않은 것인가? 무기인가? 혹은 선하고, 혹은 선하지 않으며, 혹은 무기이다. 선한 것은 만약 여러 비구들이 선한 마음으로 백갈마·백이갈마·백사갈마·포살·자자·14명의 갈마를 짓는 것이다. 이것을 선하다고 이름한다. 선하지 않은 것은 만약 여러 비구들이 선하지 않은 마음으로 백갈마·백이갈마·백사갈마·포살·자자·14명의 갈마를 짓는 것이다. 이것을 선하지 않다고 이름한다. 무기는 만약 여러 비구들이 선한 마음도 아니고 선하지 않은 마음도 아니면서 백갈마·백이갈마·백사갈마·포살·자자·14명의 갈마를 짓는 것이다. 이것을 무기라고 이름한다."

장로 우바리가 세존께 물었다.

"투쟁의 일은 무슨 멸쟁사(滅諍事)로서 없애야 합니까?"

세존께서 말씀하셨다.

"두 가지의 멸쟁사로서 소멸시켜야 하느니라. 무엇이 두 가지인가? 현전비니(現前比尼)로서 그 승사를 소멸시키거나, 또한 다멱비니(多覓比尼)로서 소멸시켜야 한다."

또한 물었다.

"세존이시여. 근거가 없는 일은 어떠한 멸쟁사로서 소멸시켜야 합니까?"

세존께서는 말씀하셨다.

"네 가지의 멸쟁사로서 소멸시켜야 한다. 현전비니와 억념비니(憶念比尼)로써 소멸시키거나, 현전비니와 불치비니(不癡比尼)로서 소멸시키거나, 현전비니와 실멱비니(實覓比尼)로서 소멸시켜야 한다."

또한 물었다.

"세존이시여. 죄를 범한 일은 어떠한 멸쟁사로서 소멸시켜야 합니까?"

세존께서는 말씀하셨다.

"세 가지의 멸쟁사로서 소멸시켜야 한다. 현전비니와 자언비니(自言比尼)로써 없애거나, 현전비니와 포초비니(布草比尼)로서 소멸시켜야 한다."

또한 물었다.

"세존이시여. 항상 행할 일은 무슨 멸쟁사를 사용하여 소멸시켜야 합니까?"

세존께서는 말씀하셨다.

"한 가지의 멸쟁사로서 소멸시켜야 하나니, 곧 현전비니로서 소멸시켜야 한다. 투쟁하는 일은 어느 두 가지의 멸쟁사로서 없애는가? 어느 주처로서 따르거나, 서로 투쟁하여 고발하는 비구가 있다면 이러한 일은 달뢰타(闥賴吒) 비구에게 판결하도록 부촉해야 하고, 달뢰타 비구는 마땅히 이러한 일을 받아서 여법하고 비니와 같으며 세존의 가르침과 같이 없애야 한다. 만약 달뢰타 비구가 능히 여법하고 비니와 같으며 세존의 가르침과 같이 없앴다면, 이러한 일을 한 가지의 멸쟁사로써 없앤 것이라 이름하나니 이를테면, 현전비니이니라.

현전은 인현전(人現前)과 비니현전(比尼現前)이다. 인현전은 이 가운데에서 거사인(擧事人)[1]과 유사인(有事人)[2]을 따르며 돕는 자들은 모두 한곳에 모으는 것이다. 이것을 인현전이라 이름한다. 비니현전은 여법하고 비니와 같으며 세존의 가르침과 같이 이러한 일을 없애는 것이다. 이것을 비니현전이라고 이름한다.

만약 이 달뢰타 비구가 능히 여법하고 비니와 같으며 세존의 가르침과 같이 이러한 일을 판결할 수 없다면 마땅히 버리고 승가에게 부촉해야 하며, 승가는 이러한 일을 받아서 마땅히 여법하고 비니와 같으며 세존의 가르침과 같이 판결해야 한다. 만약 승가가 여법하고 비니와 같으며 세존의 가르침과 같이 이러한 일을 판결하였다면, 이 판결은 하나의 비니를 사용하여 판결하였다고 이름하는데 이를테면, 현전비니이다. 현전비니는 승현전(僧現前)·인현·비니현전이다. 승현전은 이 가운데에서 중립적이고 함께 갈마를 지을 비구를 소유하였다면 모두가 같은 마음으로 한 처소에 화합하고, 욕(欲)을 받은 자는 욕을 가지고 왔으며, 현재의 비구가 능히 막을 수 있는 자가 막지 않는다면, 이것을 승현전이라 이름한다.

인현전은 거사인과 유사인을 따르며 돕는 자들은 모두 한곳에 모으는 것이다. 이것을 인현전이라 이름한다. 비니현전은 여법하고 비니와 같으며 세존의 가르침과 같이 이러한 일을 판결하는 것이다. 이것을 판결한다고 이름한다.

---

1) 현재 재가의 법에서 말하는 원고(原告)에 해당한다.

2) 현재 재가의 법에서 말하는 피고(被告)에 해당한다.

만약 승가가 여법하고 비니와 같으며 세존의 가르침과 같이 이러한 일을 판결할 수 없다면, 이때에 마땅히 승가의 가운데에서 마땅히 두 명의 오회구라(烏廻鳩羅)를 세우고, 마땅히 갈마하여 이 사람이 이러한 일을 판결하도록 하라. 갈마법은 일심으로 승가가 화합하였다면 한 비구가 승가의 가운데에서 물어 말하라.

'누가 능히 오회구라를 지어 여법하고 비니와 같으며 세존의 가르침과 같이 이러한 일을 판결할 수 있습니까?'

이 가운데에서 만약 한 비구가 있어 '내가 할 수 있습니다.'라고 말하더라도 만약 5법이 있다면 마땅히 세울 수 없다. 5법이 있다면 마땅히 오회구라로 세우지 않아야 한다. 무엇이 다섯 가지인가? 애욕을 따르고, 성냄을 따르며, 두려움을 따르고, 어리석음을 따르며, 판결할 것과 판결하지 않을 것을 알지 못하는 것이다. 만약 5법을 성취했다면 마땅히 오회구라로 세워야 한다. 무엇이 다섯 가지인가? 애욕을 따르지 않고, 성냄을 따르지 않으며, 두려움을 따르지 않고, 어리석음을 따르지 않으며, 판결할 것과 판결하지 않을 것을 아는 것이다. 곧 때에 한 비구가 마땅히 승가의 가운데에서 창언하라.

'대덕 승가께서는 허락하십시오. 누구 비구와 누구 비구는 능히 승가를 위하여 오회구라로 지어 여법하고 비니와 같으며 세존의 가르침과 같이 승가 가운데의 일을 따라서 판결할 수 있습니다. 만약 승가께서 때에 이르셨다면 승가께서는 인정하고 허락하십시오. 누구 비구와 누구 비구를 오회구라로 세워서 능히 여법하고 비니와 같으며 세존의 가르침과 같이 승가 가운데의 일을 따라서 판결하게 하십시오. 이와 같이 아룁니다.'

아뢰고서 백이갈마를 짓는다.

'승가시여. 누구 비구와 누구 비구를 오회구라로 세워서 승가 가운데의 일을 따라서 판결하도록 지어 마쳤습니다. 승가께서 인정하신 것은 묵연하였던 까닭입니다. 이 일은 이와 같이 지니겠습니다.'"

이 두 명의 오회구라 비구가 만약 상좌라면 여러 하좌 비구들은 마땅히 이 두 사람에게 그 욕(欲)을 주고서 멀리 떨어져야 한다. 만약 이 두 명의 오회구라가 하좌라면 마땅히 여러 상좌들로부터 그 욕을 취하고서 잠시 멀리 떨어져서 마땅히 여법하고 비니와 같으며 세존의 가르침과 같이 이러한 일을 판결해야 한다. 만약 이 두 명의 오회구라가 능히 여법하고 비니와 같으며 세존의 가르침과 같이 이러한 일을 판결한다면, 이것을 하나의 비니를 사용하여 판결하였다고 이름하는데 이를테면, 현전비니이다. 현전비니는 승현전·인현전·비니현전이고, 승현전은 앞에서 설명한 것과 같으며, 인현전과 비니현전도 역시 앞의 설명과 같다.

만약 이 두 명의 오회구라가 능히 여법하고 비니와 같으며 세존의 가르침과 같이 이러한 일을 판결하지 못하였다면, 이 두 명의 오회구라는 마땅히 다시 두 명의 오회구라를 세워야 한다. 세우는 법은 일심으로 승가가 화합하였다면 한 비구가 승가의 가운데에서 물어 말하라.

'누가 능히 오회구라를 지어 여법하고 승가 가운데의 일을 따라서 판결할 수 있습니까?'

이 가운데에서 만약 한 비구가 있어 '내가 할 수 있습니다.'라고 말하였다면, 한 비구가 승가의 가운데에서 창언하라.

'대덕 승가께서는 허락하십시오. 누구 비구와 누구 비구는 능히 승가를 위하여 오회구라로 지어 여법하고 비니와 같으며 세존의 가르침과 같이 승가 가운데의 일을 따라서 판결할 수 있습니다. 만약 승가께서 때에 이르셨다면 승가께서는 인정하고 허락하십시오. 승가시여. 누구 비구와 누구 비구를 오회구라로 세워서 능히 여법하고 비니와 같으며 세존의 가르침과 같이 승가 가운데의 일을 따라서 판결하게 하십시오. 이와 같이 아룁니다.'

아뢰고서 백이갈마를 짓는다.

'승가시여. 누구 비구와 누구 비구를 오회구라로 세워서 승가 가운데의 일을 따라서 판결하도록 지어 마쳤습니다. 승가께서 인정하신 것은 묵연하였던 까닭입니다. 이 일은 이와 같이 지니겠습니다.'"

이 두 명의 오회구라 비구가 만약 상좌라면 여러 하좌 비구들은 마땅히 이 두 사람에게 그 욕을 주고서 멀리 떨어져야 한다. 만약 이 두 명의 오회구라가 하좌라면 마땅히 여러 상좌들로부터 그 욕을 취하고서 잠시 멀리 떨어져서 마땅히 여법하고 비니와 같으며 세존의 가르침과 같이 이러한 일을 판결해야 한다. 만약 이 두 명의 오회구라가 능히 여법하고 비니와 같으며 세존의 가르침과 같이 이러한 일을 판결한다면, 이것을 하나의 비니를 사용하여 판결하였다고 이름하는데 이를테면, 현전비니이다. 현전비니는 승현전·인현전·비니현전이고, 승현전은 앞에서 설명한 것과 같으며, 인현전과 비니현전도 역시 앞의 설명과 같다.

만약 이 두 명의 오회구라가 능히 여법하게 판결하지 못하였다면 되돌려서 이전의 두 명인 오회구라에게 부촉해야 하고, 이전의 두 명인 오회구라는 마땅히 여법하고 비니와 같으며 세존의 가르침과 같이 이러한 일을 판결해야 한다. 만약 능히 여법하게 이러한 일을 판결한다면, 이것을 하나의 비니를 사용하여 판결하였다고 이름하는데 이를테면, 현전비니이다. 현전비니는 승현전·인현전·비니현전이고, 승현전은 앞에서 설명한 것과 같으며, 인현전과 비니현전도 역시 앞의 설명과 같다.

만약 이전의 오회구라가 다시 능히 여법하고 비니와 같으며 세존의 가르침과 같이 이러한 일을 판결하지 못한다면, 마땅히 버리고서 승가에게 부촉해야 하고, 승가는 이러한 일을 받아서 마땅히 여법하고 비니와 같으며 세존의 가르침과 같이 판결해야 한다. 만약 승가가 여법하고 비니와 같으며 세존의 가르침과 같이 이러한 일을 판결하였다면, 이 판결은 하나의 비니를 사용하여 판결하였다고 이름하는데 이를테면, 현전비니이다. 현전비니는 승현전·인현전·비니현전이고, 승현전은 앞에서 설명한 것과 같으며, 인현전과 비니현전도 역시 앞의 설명과 같다.

승가가 여법하고 비니와 같으며 세존의 가르침과 같이 이러한 일을 판결하지 못하였다면, 승가는 마땅히 가까운 주처에 사람을 보내어 승가의 처소에서 이렇게 말을 짓도록 하라.

'이러한 일은 이와 같고 이와 같은 연기로 일어났는데 달뢰타 비구가 능히 판결하지 못하였고, 대중 승가도 능히 판결하지 못하였으며, 이전의 두 명인 오회구라도 능히 판결하지 못하였고, 뒤의 두 명인 오회구라도 다시 능히 판결하지 못하였으므로 되돌려서 이전의 두 명인 오회구라에게 부촉하였으며, 다시 능히 판결하지 못하여 대중 승가께 되돌렸으나 다시 능히 판결하지 못하였습니다. 그대들 대덕께서는 이러한 일을 까닭으로 판결하기 위하여 화합하여 주십시오.'

곧 때에 그 대중들은 마땅히 화합하여야 한다. 만약 승가가 이전에 안거하였어도 마땅히 7일을 받아서 떠나가야 하고, 만약 7일에 판결하지 못하였다면 마땅히 39일을 받아서 떠나야 하며, 만약 39일에 판결하지 못하였다면 마땅히 안거를 깨뜨리고 와서 한 처소로 모여서 이러한 일을 받아서 마땅히 판결해야 한다. 가까운 주처의 승가는 이러한 일을 받아서 마땅히 여법하고 비니와 같으며 세존의 가르침과 같이 판결해야 한다. 만약 승가가 여법하고 비니와 같으며 세존의 가르침과 같이 이러한 일을 판결하였다면, 이 판결은 하나의 비니를 사용하여 판결하였다고 이름하는데 이를테면, 현전비니이다. 현전비니는 승현전·인현전·비니현전이고, 승현전은 앞에서 설명한 것과 같으며, 인현전과 비니현전도 역시 앞의 설명과 같다.

만약 가까운 주처의 승가가 여법하고 비니와 같으며 세존의 가르침과 같이 판결하지 못한다면, 이때에는 마땅히 승가의 가운데에서 두 명의 오회구라를 세워서 판결하도록 해야 한다. 두 명의 오회구라를 세우는 갈마법은 일심으로 승가가 화합하였다면 한 비구가 승가의 가운데에서 물어 말하라.

'누가 능히 오회구라를 지어 여법하고 승가 가운데의 일을 따라서 판결할 수 있습니까?'

이 가운데에서 만약 한 비구가 있어 '내가 할 수 있습니다.'라고 말하더라도 민약 5법이 있다면 마땅히 세울 수 없다. 5법이 있다면 마땅히 오회구라로 세우지 않아야 한다. 무엇이 다섯 가지인가? 애욕을 따르고, 성냄을 따르며, 두려움을 따르고, 어리석음을 따르며, 판결할 것과 판결하지 않을 것을 알지 못하는 것이다. 만약 5법을 성취했다면 마땅히 오회구라로 세워야 한다. 무엇이 다섯 가지인가? 애욕을 따르지 않고, 성냄을 따르지 않으며, 두려움을 따르지 않고, 어리석음을 따르지 않으며, 판결할 것과 판결하지 않을 것을 아는 것이다. 곧 때에 한 비구가 마땅히 승가의 가운데에서 창언하라.

'대덕 승가께서는 허락하십시오. 누구 비구와 누구 비구는 능히 승가를 위하여 오회구라로 지어 여법하고 비니와 같으며 세존의 가르침과 같이 승가 가운데의 일을 따라서 판결할 수 있습니다. 만약 승가께서 때에 이르셨다면 승가께서는 인정하고 허락하십시오. 누구 비구와 누구 비구를 오회구라로 지어서 여법하게 승가 가운데의 일을 따라서 판결하게 하십시오. 이와 같이 아룁니다.'

아뢰고서 백이갈마를 짓는다.

'승가시여. 누구 비구와 누구 비구를 오회구라로 세워서 승가 가운데의 일을 따라서 판결하도록 지어 마쳤습니다. 승가께서 인정하신 것은 묵연하였던 까닭입니다. 이 일은 이와 같이 지니겠습니다.'"

이 두 명의 오회구라 비구가 만약 상좌라면 여러 하좌 비구들은 마땅히 이 두 사람에게 그 욕을 주고서 멀리 떨어져야 한다. 만약 이 두 명의 오회구라가 하좌라면 마땅히 여러 상좌들로부터 그 욕을 취하고서 잠시 멀리 떨어져서 마땅히 여법하고 비니와 같으며 세존의 가르침과 같이 이러한 일을 판결해야 한다. 만약 이 두 명의 오회구라가 능히 여법하고 비니와 같으며 세존의 가르침과 같이 이러한 일을 판결한다면, 이것을 하나의 비니를 사용하여 판결하였다고 이름하는데 이를테면 현전비니이다. 현전비니는 승현전·인현전·비니현전이고, 승현전은 앞에서 설명한 것과 같으며, 인현전과 비니현전도 역시 앞의 설명과 같다.

만약 이 두 명의 오회구라가 능히 여법하고 비니와 같으며 세존의 가르침과 같이 이러한 일을 판결하지 못하였다면, 이 두 명의 오회구라는 마땅히 다시 두 명의 오회구라를 세워야 한다. 세우는 법은 일심으로 승가가 화합하였다면 한 비구가 승가의 가운데에서 물어 말하라.

'누가 능히 오회구라를 지어 여법하고 승가 가운데의 일을 따라서 판결할 수 있습니까?'

이 가운데에서 만약 한 비구가 있어 '내가 할 수 있습니다.'라고 말하였다면, 한 비구가 승가의 가운데에서 창언하라.

'대덕 승가께서는 허락하십시오. 누구 비구와 누구 비구는 능히 승가를 위하여 오회구라로 지어 여법하고 비니와 같으며 세존의 가르침과 같이 승가 가운데의 일을 따라서 판결할 수 있습니다. 만약 승가께서 때에 이르셨다면 승가께서는 인정하고 허락하십시오. 승가시여. 누구 비구와 누구 비구를 오회구라로 세워서 능히 여법하고 비니와 같으며 세존의 가르침과 같이 승가 가운데의 일을 따라서 판결하게 하십시오. 이와 같이 아룁니다.'

아뢰고서 백이갈마를 짓는다.

'승가시여. 누구 비구와 누구 비구를 오회구라로 세워서 승가 가운데의 일을 따라서 판결하도록 지어 마쳤습니다. 승가께서 인정하신 것은 묵연하였던 까닭입니다. 이 일은 이와 같이 지니겠습니다.'"

이 두 명의 오회구라 비구가 만약 상좌라면 여러 하좌 비구들은 마땅히 이 두 사람에게 그 욕을 주고서 멀리 떨어져야 한다. 만약 이 두 명의 오회구라가 하좌라면 마땅히 여러 상좌들로부터 그 욕을 취하고서 잠시 멀리 떨어져서 마땅히 여법하고 비니와 같으며 세존의 가르침과 같이 이러한 일을 판결해야 한다. 만약 이 두 명의 오회구라가 능히 여법하고 비니와 같으며 세존의 가르침과 같이 이러한 일을 판결한다면, 이것을 하나의 비니를 사용하여 판결하였다고 이름하는데 이를테면, 현전비니이다. 현전비니는 승현전·인현전·비니현전이고, 승현전은 앞에서 설명한 것과 같으며, 인현전과 비니현전도 역시 앞의 설명과 같다.

만약 이 두 명의 오회구라가 능히 여법하게 판결하지 못하였다면 되돌려서 이전의 두 명인 오회구라에게 부촉해야 하고, 이전의 두 명인 오회구라는 마땅히 여법하고 비니와 같으며 세존의 가르침과 같이 이러한 일을 판결해야 한다. 만약 능히 여법하게 이러한 일을 판결한다면, 이것을 하나의 비니를 사용하여 판결하였다고 이름하는데 이를테면, 현전비니이다. 현전비니는 승현전·인현전·비니현전이고, 승현전은 앞에서 설명한 것과 같으며, 인현전과 비니현전도 역시 앞의 설명과 같다.

만약 이전의 오회구라가 다시 능히 여법하고 비니와 같으며 세존의 가르침과 같이 이러한 일을 판결하지 못한다면, 마땅히 버리고서 승가에게 부촉해야 하고, 승가는 이러한 일을 받아서 마땅히 여법하고 비니와 같으며 세존의 가르침과 같이 판결해야 한다. 만약 승가가 여법하고 비니와 같으며 세존의 가르침과 같이 이러한 일을 판결하였다면, 이 판결은 하나의 비니를 사용하여 판결하였다고 이름하는데 이를테면, 현전비니이다. 현전비니는 승현전·인현전·비니현전이고, 승현전은 앞에서 설명한 것과 같으며, 인현전과 비니현전도 역시 앞의 설명과 같다.

만약 가까운 주처의 승가가 능히 여법하고 비니와 같으며 세존의 가르침과 같이 이러한 일을 판결하지 못하였고, 가까운 주처의 승가가 만약 '어느 주처에 대중 승가와 바라제목차를 알고 설하는 좋은 상좌가 있고, 이곳의 승가에는 수다라(修多羅)를 지닌 비구들이 있으며, 비니(比尼)를 지녔고, 마다라가(摩多羅伽)를 지닌 비구들이 있다.'는 것을 들었다면, 이 가까운 주처의 승가는 마땅히 이러한 일로써 어느 주처의 대중 승가에게 사자를 보내도록 하라.

마땅히 먼저 일을 전할 사람을 세워야 하는데, 만약 경계의 바깥이라면 대중 승가의 숫자를 모두 채워야 한다. 세우는 법은 일심으로 승가가 화합하였다면 한 비구가 승가의 가운데에서 물어 말하라.

'누가 능히 이러한 일을 전하는 사람으로 지어 이 처소에서 이러한 일을 지니고 어느 처소에 이를 것이고, 만약 도중에서 이러한 일을 능히 판결할 수 있습니까?'

이 가운데에서 만약 한 비구가 있어 '내가 할 수 있습니다.'라고 말하더라도 만약 5법이 있다면 마땅히 일을 전하는 사람으로 지어서 세울 수 없다. 5법이 있다면 마땅히 오회구라로 세우지 않아야 한다. 무엇이 다섯 가지인가? 애욕을 따르고, 성냄을 따르며, 두려움을 따르고, 어리석음을 따르며, 없애는 것과 없애지 않을 것을 알지 못하는 것이다. 만약 5법을 성취했다면 마땅히 오회구라로 세워야 한다. 무엇이 다섯 가지인가?

애욕을 따르지 않고, 성냄을 따르지 않으며, 두려움을 따르지 않고, 어리석음을 따르지 않으며, 없애는 것과 없애지 않을 것을 아는 것이다.

이때 일을 전하는 사람은 마땅히 이러한 일을 지니고 떠나야 한다. 만약 도중에 여법하고 비니와 같으며 세존의 가르침과 같이 이러한 일을 판결하였다면, 이 판결은 하나의 비니를 사용하여 판결하였다고 이름하는데 이를테면, 현전비니이다. 현전비니는 승현전·인현전·비니현전이고, 승현전은 앞에서 설명한 것과 같으며, 인현전과 비니현전도 역시 앞의 설명과 같다.

만약 일을 전하는 사람이 능히 도중에 여법하고 비니와 같으며 세존의 가르침과 같이 이러한 일을 판결하지 못하였다면, 마땅히 지니고 그 주처에 이르러야 한다. 그 주처에 이르러 이 가운데에 만약 상좌나 지식이 많은 장로 비구가 있다면 마땅히 이 사람에게 말해야 한다.

'이러한 일은 이와 같고 이와 같은 연기로 일어났는데 달뢰타 비구가 능히 판결하지 못하였고, 대중 승가도 능히 판결하지 못하였으며, 이전의 두 명인 오회구라도 능히 판결하지 못하였고, 뒤의 두 명인 오회구라도 다시 능히 판결하지 못하였으므로 되돌려서 이전의 두 명인 오회구라에게 부촉하였으며, 다시 능히 판결하지 못하여 대중 승가께 되돌렸으나 다시 능히 판결하지 못하였고, 가까운 주처의 승가도 역시 능히 판결하지 못하였으며, 가까운 주처의 두 명의 오회구라도 능히 판결하지 못하였고, 뒤의 두 명인 오회구라 역시 능히 판결하지 못하여 다시 이전의 두 명인 오회구라에게 되돌려서 부촉하였으며, 다시 능히 판결하지 못하여 가까운 주처의 승가에게 되돌려서 부촉하였으나 다시 판결하지 못하였고, 일을 전하는 사람도 이러한 일을 도중에 판결하지 못하여 와서 이곳에 이르렀습니다. 그대 장로께서는 능히 이러한 일을 받아서 판결하실 수 있겠습니까?'

만약 판결할 수 있다고 말하였다면 기한을 지어서 주어야 한다. 기한을 지어주지 않는다면 '그대에게 맡길 수 없습니다.'라고 말해야 한다. 기한은 나아가 9개월이다. 일에는 다섯 종류의 판결하기 어려운 것이 있다. 첫째는 완고한 것(堅)이고, 둘째는 강한 것(强)이며, 셋째는 간려(佷戾)한[3] 것이고,

넷째는 오고 가는 것(往來)이고, 다섯째는 의심스럽고 두려운 것(疑畏)이다. 완고한 것은 이러한 일에 집착하는 것이고, 강한 것은 거사인과 유사인이 날쌔고 건장하여 강력한 것이며, 간려한 것은 거사인과 유사인이 악한 성품으로 성품이 거칠고 괴팍한 악한 성품인 것이고, 오고 가는 것은 이러한 일이 한 주처에서 다른 주처에 이르는 것이며, 의심스럽고 두려운 것은 여러 비구들이 판결하는 때에 일심으로 화합한 승가가 두 부류로 짓는 것을 두려워하는 까닭인 것이다.

먼저 마땅히 행주인(行籌人)[4]을 세운다면 이와 같이 세워야 한다. 일심으로 승가가 화합하였다면 한 비구가 승가의 가운데에서 물어 말하라.

'누가 능히 행주인을 짓겠습니까?'

이 가운데에서 만약 한 비구가 있어 '내가 할 수 있습니다.'라고 말하더라도 만약 5법이 있다면 마땅히 행주인으로 세울 수 없다. 무엇이 다섯 가지인가? 애욕을 따르고, 성냄을 따르며, 두려움을 따르고, 어리석음을 따르며, 주를 행할 것과 행하지 않을 것을 알지 못하는 것이다. 만약 5법을 성취했다면 마땅히 행주인으로 세워야 한다. 무엇이 다섯 가지인가? 애욕을 따르지 않고, 성냄을 따르지 않으며, 두려움을 따르지 않고, 어리석음을 따르지 않으며, 주를 행할 것과 행하지 않을 것을 아는 것이다.

이 가운데에서 한 비구가 창언하라.

'대덕 승가께서는 허락하십시오. 누구 비구는 능히 승가를 위하여 주를 행하는 사람으로 지을 수 있습니다. 만약 승가께서 때에 이르셨다면 승가께서는 인정하고 허락하십시오. 승가시여. 누구 비구를 주를 행하는 사람으로 짓겠습니다. 이와 같이 아뢰니다.'

아뢰고서 백이갈마를 짓는다.

'승가시여. 누구 비구를 누구 비구를 주를 행하는 사람으로 지어 마쳤습니다. 승가께서 인정하신 것은 묵연하였던 까닭입니다. 이 일은 이와 같이 지니겠습니다.'"

3) 성품이 거칠고 괴팍한 것을 가리킨다.

4) 승가에서 산가지를 행할 때에 주관하는 비구를 가리킨다.

만약 비구들이 행주인을 지었다면 승가의 많고 적음을 따라서 두 종류의 산가지(籌)를 짓도록 하라. 한 부분은 길고 한 부분은 짧으며, 한 부분은 하얗고 한 부분은 검게 지어 여법하다고 말하는 자들에게는 길은 산가지를 지어서 주고, 비법이라고 말하는 자에게는 짧은 산가지를 지어서 주어야 하며, 여법하다고 말하는 자에게는 흰 산가지를 지어서 주고, 비법이라고 말하는 자들에게는 검은 산가지를 지어서 주어야 한다. 여법하다고 말한다면 산가지를 오른손으로 잡아야 하고, 비법이라고 말한다면 산가지를 왼손으로 잡아야 하며, 여법하다고 말한다면 산가지를 천천히 잡고, 비법이라고 말한다면 산가지를 빠르게 잡아야 하며, 먼저 여법하다고 말하는 산가지를 헤아리고 비법이라고 말하는 산가지를 뒤에 헤아려야 한다. 행주인은 이렇게 말을 짓도록 하라.

'이것은 여법하다고 말하는 자들의 산가지이고, 이것은 비법이라고 말하는 자들의 산가지입니다.'

만약 행주를 마치고서 여법하다고 말하는 자들의 산가지가 나아가 하나라도 많다면, 이것을 두 가지의 비니를 사용하여 판결한 것이라고 이름하는데 이를테면, 현전비니와 다멱비니이다. 현전비니는 이 가운데에서 만약 거사인과 유사인을 따라서 돕는 것이 있다면 모두가 화합하고 한 처소에 현전하여 여법하고 비니와 같으며 세존의 가르침과 같이 현전하여 판결하여 없앤 것이니, 이것을 현전비니라고 이름한다. 이 가운데에서 다멱비니는 이 가운데에서 마땅히 구하고 찾으며 왕래하면서 묻고 여법하게 판결하여 없앤 것이다.

만약 비법이라고 말하는 자들의 주가 나아가 하나라도 많다면, 이 일도 역시 두 가지의 비니를 사용하여 판결한 것이라고 이름하는데 이를테면, 현선비니와 다멱비니이다. 현선비니는 이 가운데에서 만약 거사인과 유사인을 따라서 돕는 것이 있다면 모두가 화합하고 한 처소에 현전하여 여법하고 비니와 같으며 세존의 가르침과 같이 현전하여 판결하여 없앤 것이니, 이것을 현전비니라고 이름한다. 이 가운데에서 다멱비니는 이 가운데에서 마땅히 구하고 찾으며 왕래하면서 묻고 여법하게 판결하여 없앤 것이다.

행주인에는 네 종류가 있으니, 첫 번째는 장행주(藏行籌)이고, 두 번째는 전도행주(顚倒行籌)이며, 세 번째는 기행주(期行籌)이고, 네 번째는 일체행주(一切行壽)이다. 장행주는 만약 사람이 어두운 가운데에서 행주가 있었거나, 만약 벽으로 가려진 곳에서 행주가 있었다면 이것을 복장행주(覆藏行籌)라고 이름한다. 전도행주는 만약 전도되게 행주하여 여법하다고 말하는 사람의 주로서 비법이라고 말하는 사람에게 주었고, 비법이라고 말하는 사람의 주로서 여법하다고 말하는 사람에게 주었다면, 이것을 전도행주라고 이름한다.

기행주는 만약 여러 비구들이 자신의 화상과 아사리를 따라서 짓는 것을 약속하였거나, 같은 화상이나 같은 아사리를 따르거나, 서로의 지식을 따라서 함께 말하거나, 선지식을 따르거나, 같은 마음을 따르거나, 나라를 따르거나, 위락을 따르거나, 주처를 따라서 '우리들은 이와 같고 이와 같은 주를 취할 것입니다. 그대들은 나의 곁에서 멀리 떨어지지도 말고, 별도로 짓지 말고, 다르게 짓지 말고, 모두 말하지도 말고, 모두 같이 하나로 일합시다.'라고 약속하는 것이다. 이것을 기행주라고 이름한다. 일체승취주(一切僧取籌)는 이때에 일체의 승가는 마땅히 한 처소에서 화합하여야 하고, 그 욕을 취해서는 아니된다. 왜 그러한가? 혹은 많은 비구들이 비법이라고 말할 수 있는 까닭이다. 이것을 일체승취주라고 이름한다.

만약 이 대중 승가와 대상좌인 대장로가 능히 여법하고 비니와 같으며 세존의 가르침과 같이 판결하였다면, 곧 하나의 비니를 사용하여 판결하였다고 이름하는데 이를테면, 현전비니이다. 현전비니는 승현전·인현전·비니현전이고, 승현전은 앞에서 설명한 것과 같으며, 인현전과 비니현전도 역시 앞의 설명과 같다.

만약 이 대중 승가와 상좌가 바라제목차를 설하였으나 능히 이러한 일을 판결하지 못하였다면 마땅히 전사인에게 되돌려서 부촉해야 한다. 전사인은 마땅히 이러한 일을 취하여 도중에서 여법하고 비니와 같으며 세존의 가르침과 같이 판결해야 한다. 만약 전사인이 도중에서 여법하고 비니와 같으며 세존의 가르침과 같이 이러한 일을 판결하였다면, 이것을 하나의 비니를 사용하여 판결하였다고 이름하는데 이를테면, 현전비니이다. 현전비니는 앞의 설명과 같다.

만약 전사인이 여법하고 비니와 같으며 세존의 가르침과 같이 이러한 일을 판결하지 못하였고, 이 비구가 도중에 만약 '그 처소의 승방에는 만약 세 비구가 있는데 만약 두 비구이거나, 만약 한 비구가 능히 수다라를 지녔고 비니를 지녔으며 마다라가를 지녀서 사부대중에게 공경받고 존경받는다.'라고 들었다면, 이 전사인은 마땅히 그 주처에 이르러 마땅히 한 사람의 비구에게 말해야 한다.

'대덕이시여. 이러한 일은 이와 같고 이와 같은 연기로 일어났는데 달뢰타 비구가 능히 판결하지 못하였고, 대중 승가도 능히 판결하지 못하였으며, 이전의 두 명인 오회구라도 능히 판결하지 못하였고, 뒤의 두 명인 오회구라도 다시 능히 판결하지 못하였으므로 되돌려서 이전의 두 명인 오회구라에게 부촉하였으며, 다시 능히 판결하지 못하여 대중 승가께 되돌렸으나 다시 능히 판결하지 못하였고, 가까운 주처의 승가도 역시 능히 판결하지 못하였으며, 이전의 두 명인 오회구라도 능히 판결하지 못하였고, 뒤의 두 명인 오회구라 역시 능히 판결하지 못하여 다시 이전의 두 명인 오회구라에게 되돌려서 부촉하였으며, 다시 능히 판결하지 못하여 가까운 주처의 승가에게 되돌려서 부촉하였으나 다시 판결하지 못하였고, 일을 전하는 사람도 이러한 일을 도중에 판결하지 못하였으며, 대중 승가와 상좌가 바라제목차를 알고서 설하였으나 판결하지 못하였고, 다시 전사인이 도중에 판결하지 못하였으며, 세 비구와 두 비구가 수다라를 지녔고 비니를 지녔으며 마다라가를 지녀서 사부대중에게 공경을 받았어도 모두 능히 판결하지 못하였습니다. 대덕께서 이러한 일을 취하여 여법하고 비니와 같으며 세존의 가르침과 같이 판결하여 주십시오.'

이 한 비구가 사부대중의 처소에서 공경받고 존중받는 자이라면 마땅히 이렇게 말을 짓도록 하라.

'두 사람이 서로 소송하였다면 함께 이길 수는 없습니다. 이 가운데에서 반드시 한쪽은 이긴 것이고 한쪽은 진 것입니다.'

만약 이와 같이 말하였다면 이것을 여법하게 말하였다고 이름하고, 만약 이와 같이 말하지 않았다면 이를 비법으로 말하였다고 이름한다. 만약 여법하게 일을 없앴는데 되돌려서 다시 일으키는 자는 바일제이고, 만약 다만 꾸짖는다면 돌길라이다.

열 종류의 여법한 산가지를 행하는 것이 있고, 열 종류의 비법의 산가지를 행하는 것이 있다. 열 종류의 비법의 산가지를 행하는 것이 작은 일이 아닌 것으로서 산가지를 행하는 것이고, 이미 지나간 일을 산가지를 행하는 것이며, 장로에게 묻지 않고 행하는 것이고, 비법으로 산가지를 행하는 것이며, 별중으로 산가지를 행하는 것이고, 비법의 별중으로 산가지를 행하는 것이며, 이러한 산가지를 행하는 것을 이용하여 비법을 많게 하려는 것이고, 이러한 산가지를 행하는 것을 이용하여 비법을 마땅히 많아지게 하는 것이고, 이러한 산가지를 행하는 것을 이용하여 승가의 화합을 마땅히 깨뜨리려는 것이고, 이러한 산가지를 행하는 것을 이용하여 마땅히 승가의 화합을 깨뜨리는 것이다."

물어 말하였다.

"무엇을 사소한 일이 아닌데도 산가지를 행한다고 이름합니까?"

대답하셨다.

"참회가 불가한 일을 산가지를 행하는 것이다. 이미 지나간 일을 산가지를 행는 것은 이러한 일이 이 주처에서 저 주처로 이른 것이다. 장로에게 묻지 않고 산가지를 행하는 것은 비구가 수다라·비니·마다라가를 지니고 있는데 자주 가서 '무엇이 선한가? 무엇이 선하지 않은가? 누가 유죄인가? 누가 무죄인가? 누가 흰가? 누가 검은가? 무엇이 금생에 이익인가? 무엇이 내생에 이익인가? 무엇이 사람을 인도하는 행위이고 이것은 좋은가? 나쁜 것인가?'를 자세하게 묻지 않는 것이다. 비법으로 산가지를 행하는 것은 여법하지 않게 행주하는 것이다. 별중으로 산가지를 행는 것은 동일한 경계 안의 별도의 처소에서 산가지를 행하는 것이다. 비법의 별중으로 산가지를 행하는 것은 비법으로 동일한 경계의 별도의 처소에서 산가지를 행하는 것이다.

이러한 산가지를 행하는 것을 이용하여 비법의 일을 많게 하려는 것은 이 비구가 '이러한 산가지를 행하는 것을 이용하여 비법이라는 것을 말하는 비구가 많아지게 해야겠다.'라고 먼저 뜻을 짓는 것이다. 이러한 산가지를 행하는 것을 이용하여 마땅히 비구의 비법을 많아지게 하는 것은 이 비구가 '이러한 산가지를 행하는 것을 이용하면 비법을 말하는 자가 마땅히 많아진다.'라고 먼저 뜻을 세우는 것이다. 이러한 산가지를 행하는 것을 이용하여 승가의 화합을 깨뜨리려는 것은 그 비구가 '이러한 산가지를 행하는 것을 이용하여 마땅히 승가의 화합을 깨뜨리겠다.'라고 먼저 뜻을 짓는 것이다. 이러한 산가지를 행하는 것을 이용하여 승가의 화합을 깨뜨리는 것은 이 비구가 '내가 이러한 산가지를 행하는 것을 마땅히 승가의 화합을 깨뜨리겠다.'라고 먼저 뜻을 짓는 것이다. 이것을 열 종류의 비법의 이러한 산가지를 행하는 것이라고 이름한다.

열 종류의 여법한 이러한 산가지를 행하는 것은 사소한 일로써 산가지를 행하는 것이고, 아직 지나가지 않은 일로써 산가지를 행하는 것이며, 장로에게 묻고 산가지를 행하는 것이고, 여법하게 산가지를 행하는 것이며, 화합한 대중이 산가지를 행하는 것이고, 여법하게 화합한 대중이 산가지를 행하는 것이며, 이러한 산가지를 행하는 것을 이용하여 여법한 자들을 많게 하려는 것이고, 이러한 산가지를 행하는 것을 이용하여 여법한 자들을 많아지게 하는 것이고, 이러한 산가지를 행하는 것을 이용하여 승가를 화합시키려는 것이고, 이러한 산가지를 행하는 것을 이용하여 승가를 화합시키는 것이다."

물어 말하였다.

"무엇을 사소한 일로써 산가지를 행한다고 이름합니까?"

대답하셨다.

"참회가 가능한 일을 산가지를 행하는 것이다. 이미 지나가지 않은 일을 산가지를 행하는 것은 이러한 일이 이 주처에서 저 주처로 이르지 않은 것이다. 장로에게 묻고 산가지를 행하는 것은 비구가 수다라·비니·마다라가를 지니고 있는데 자주 가서 '무엇이 선한가? 무엇이 선하지 않은가? 누가 유죄인가? 누가 무죄인가? 누가 흰가? 누가 검은가? 무엇이 금생에 이익인가? 무엇이 내생에 이익인가? 무엇이 사람을 인도하는 행위이고 이것은 좋은가? 나쁜 것인가?'를 자세하게 묻는 것이다. 여법하게 산가지를 행하는 것은 법에 어긋나지 않게 산가지를 행하는 것이다. 화합중으로 산가지를 행하는 것은 동일한 경계 안에서 화합하여 한 처소에서 행주하는 것이다. 여법하게 화합중으로 산가지를 행하는 것은 여법하게 동일한 경계의 한 처소에 모여서 산가지를 행하는 것이다.

이러한 산가지를 행하는 것을 이용하여 여법의 일을 많게 하려는 것은 이 비구가 '이러한 산가지를 행하는 것을 이용하여 여법이라는 것을 말하는 비구가 많아지게 해야겠다.'라고 먼저 뜻을 짓는 것이다. 이러한 산가지를 행하는 것을 이용하여 마땅히 비구의 여법을 많아지게 하는 것은 이 비구가 '이러한 산가지를 행하는 것을 이용하면 여법을 말하는 자가 마땅히 많아진다.'라고 먼저 뜻을 짓는 것이다. 이러한 산가지를 행하는 것을 이용하여 승가를 화합시키려는 것은 그 비구가 '이러한 산가지를 행하는 것을 이용하여 마땅히 승가를 화합시키겠다.'라고 먼저 뜻을 짓는 것이다. 이러한 산가지를 행하는 것을 이용하여 승가를 화합시키겠다는 것은 이 비구가 '내가 이러한 산가지를 행하는 것으로 마땅히 승가를 화합할 것이다.'라고 먼저 뜻을 짓는 것이다. 이것을 열 종류의 여법의 행주라고 이름한다.

만약 승사(僧事)라면 승가에게 부촉할 수 있고, 세 사람의 비구·두 사람의 비구·한 사람의 비구에게 부촉할 수 있느니라. 승사(僧事)는 승가는 마땅히 승사를 받아들여야 하고, 세 사람·두 사람·한 사람의 비구도 마땅히 그 승사를 받아들여야 한다. 승가는 마땅히 승사를 없애야 하고, 세 사람·두 사람·한 사람의 비구도 마땅히 없애야 한다. 이것을 두 가지의 비니를 이용하여 일의 투쟁을 없애는 것이라고 이름한다."

"무엇이 근거가 없는 일로 네 가지의 비니를 사용하여 투쟁을 없애는가?

이를테면, 현전비니와 억념비니이다. 만약 현전비니와 불치비니로 없애는 것이고, 만약 현전비니와 실멱비니로 없애는 것이다. 무엇이 현전비니와 억념비니로서 없애는 것인가? 타표(陀驃) 역사의 아들인 비구를 미다라(彌多羅) 비구니가 근거가 없는 바라이법으로서 비방하였고, 이러한 일을 까닭으로써 혹은 승가이거나, 혹은 세 사람·두 사람·한 사람의 비구가 자주자주 이러한 일을 말하고 억념(憶念)하게 하였으므로 이 타표 비구는 승가를 쫓아서 억념비니를 애원하였고, 승가는 여법하고 비니와 같으며 세존의 가르침과 같이 억념비니를 주었던 것이다. 현전비니는 억념비니를 주는 사람과 억념비니를 받는 사람이 한 처소에 화합하였으므로 여법하고 비니와 같으며 세존의 가르침과 같은 것이다. 이것을 현전비니와 억념비니로써 없앤 것이라고 이름한다.

무엇이 현전비니와 불치비니로써 소멸시키는 것인가? 시월사(施越沙) 비구가 광심(狂心)으로 전도되어 여러 종류의 청정하지 않은 악행을 지어 도에 수순하지 않고 출가인이 마땅히 짓지 않아야 할 것을 짓는 것과 같다. 이 사람이 본래의 마음으로 돌아왔고 이러한 일을 까닭으로 혹은 승가이거나, 혹은 세 사람·두 사람·한 사람의 비구가 자주자주 이러한 일을 말하고 억념하게 하였으므로 이 시월사 비구는 승가를 쫓아서 불치비니를 애원하였고, 승가는 여법하고 비니와 같으며 세존의 가르침과 같이 불치비니를 주었던 것이다. 이 가운데에서 무엇 등이 현전비니인가? 불치비니를 주는 사람과 불치비니를 받는 사람이 한 처소에 화합하였으므로 여법하고 비니와 같으며 세존의 가르침과 같은 것이다. 이것을 현전비니와 불치비니로써 소멸시키는 것이라고 이름한다.

무엇이 현전비니와 실멱비니로서 소멸시키는 것인가? 상수(象首) 비구인 석자(釋子)가 범하는 것을 보였고, 들렸으며, 의심받았으나 참회가 없고, 먼저 스스로가 범하였다고 말하였으나 뒤에 짓지 않았다고 말한 것과 같다. 승가는 이 사람에게 여법하고 비니와 같으며 세존의 가르침과 같이 실멱비니를 주었던 것이다. 이 가운데에서 무엇 등이 현전비니인가? 실멱비니를 주는 사람과 실멱비니를 받는 사람이 한 처소에 화합하였으므로 여법하고 비니와 같으며 세존의 가르침과 같은 것이다. 이것을 현전비니와 실멱비니로서 소멸시키는 것이라고 이름한다.

이것을 근거가 없는 일로 네 가지의 비니를 사용하여 없애는 것이니, 이를테면 현전비니와 억념비니이고, 현전비니와 불치비니이며, 현전비니와 실멱비니이니라."

물었다.

"죄를 범하는 일은 무엇을 승사를 세 가지 멸쟁사(滅諍事)로서 소멸시킨다고 말합니까?"

대답하셨다.

"이를테면, 현전비니와 자언비니이고, 현전비니와 포초비니이다. 무엇을 현전비니와 자언비니라고 말하는가? 비구가 만약 다른 비구의 죄를 말하였거나, 말하지 않았거나, 만약 억념시켰거나, 만약 억념시키지 않은 것과 같으나, 스스로가 '나는 승가바시사를 범하였다.'고 말하였고, 이 비구가 승가를 쫓아서 별주를 애원하였으므로 승가는 여법하고 비니와 같으며 세존의 가르침과 같이 별주갈마를 주는 것과 같다. 이 가운데에서 무엇 등이 현전비니인가? 별주갈마를 주는 사람과 별주갈마를 받는 사람이 한 처소에 화합하였으므로 여법하고 비니와 같으며 세존의 가르침과 같이 짓는 것이다. 짓는다는 것은 그 사람에게 별주를 짓는 것이다.

이 가운데에서 무엇을 다시 여법한 자언비니라고 이름하는가? 비구가 만약 다른 비구의 죄를 말하였거나, 말하지 않았거나, 만약 억념시켰거나, 만약 억념시키지 않은 것과 같으나, 스스로가 '나는 승가바시사를 범하였다.'고 말하였고, 이것은 마나타·본일치를 주어야 마땅한 것이고, 출죄갈마를 주어야 마땅한 것이며, 이 비구가 승가를 쫓아서 마나타·본일치·출죄갈마를 애원하였으므로 승가는 여법하고 비니와 같으며 세존의 가르침과 같이 별주갈마를 주는 것과 같다. 이 가운데에서 무엇 등이 현전비니인가? 출죄갈마를 주는 사람과 출죄갈마를 받는 사람이 한 처소에 화합하였으므로 여법하고 비니와 같으며 세존의 가르침과 같이 짓는 것이다. 짓는다는 것은 그 사람에게 출죄갈마를 짓는 것이다.

이 가운데에서 무엇을 다시 여법한 자언비니라고 이름하는가? 비구가 만약 다른 비구의 죄를 말하였거나, 말하지 않았거나, 만약 억념시켰거나, 만약 억념시키지 않은 것과 같으나, 스스로가 '나는 회과죄(悔過罪)[5]를 범하였다.'고 말하는 것이다. 이 가운데에서 현전비니는 회과(悔過)를 주는 사람과 회과를 지은 사람이 한 처소에 화합하였으므로 여법하고 비니와 같으며 세존의 가르침과 같이 짓는 것이다. 짓는다는 것은 회과법을 지어서 주는 것이다. 이것을 현전비니와 자언비니로써 소멸시키는 것이라고 이름한다."

또한 물었다.

"무엇을 현전비니와 포초비니라고 말합니까?"

"만약 한 주처의 여러 비구들이 악한 말로서 서로가 고발하면서 투쟁하는 것을 즐겼으나, 이러한 여러 비구들이 한 처소에 화합하여 이렇게 생각을 짓고 말하였다.

'우리는 크게 쇠퇴하고 이익을 잃었습니다. 우리들은 불법의 법 가운데에서 신심으로서 출가하였으나 지금은 악한 말로 서로를 고발하고 있습니다. 우리들이 만약 이러한 일의 근본을 구한다면 아직 일어나지 않은 일이 곧 일어나고 이미 일어난 일은 없어지지 않을 것입니다.'

이 가운데에서 한 비구가 마땅히 창언하라.

'대덕 승가께서는 허락하십시오. 만약 승가께서 때에 이르셨다면 승가께서는 인정하고 허락하십시오. 이러한 일은 포초비니로써 없애겠습니다.'

이것을 아뢴다(白)고 이름한다. 곧 때에 이 여러 비구는 마땅히 두 부류로 나뉘어야 한다. 이 가운데에서 만약 상좌나 다음의 상좌가 있었거나, 만약 바라제목자의 뜻을 통달하였거나, 만약 바라제목자를 설하는 자는 이러한 한 부류에게 말하라.

'우리는 크게 잃어버렸고 얻은 것이 아니며, 크게 손해되었고 이익되지

5) 허물을 참회할 죄를 지은 것이다.

않았으며, 매우 악하고 선하지 못합니다. 우리들은 신심을 까닭으로 불법의 가운데에 출가하여 도를 구하였으나 지금은 서로를 고발하며 투쟁하는 것을 즐기고 있습니다. 우리들이 만약 이러한 일의 근본을 구한다면 아직 일어나지 않은 일이 곧 일어나고 이미 일어난 일은 없어지지 않을 것입니다. 지금 그대들은 마땅히 스스로가 뜻을 꺾어야 합니다. 우리들이 지은 죄에서 투란차죄이거나, 백의에 상응하는 죄를 제외한 것이 있다면 이러한 일은 그대들은 현전(現前)에서 드러내어 허물을 참회하고 숨겨두지 마십시오.'

이 가운데에서 만약 한 비구도 말이 없다면 마땅히 제2의 대중의 처소에 이르러야 한다. 이 가운데에 장로나 상좌가 있다면 마땅히 말하라.

'우리는 크게 잃어버렸고 얻은 것이 아니며, 크게 손해되었고 이익되지 않았으며, 매우 악하고 선하지 못합니다. 우리들은 신심을 까닭으로 불법의 가운데에 출가하여 도를 구하였으나 지금은 서로를 고발하며 투쟁하는 것을 즐기고 있습니다. 우리들이 만약 이러한 일의 근본을 구한다면 아직 일어나지 않은 일이 곧 일어나고 이미 일어난 일은 없어지지 않을 것입니다. 지금 그대들은 마땅히 스스로가 뜻을 꺾어야 합니다. 우리들이 지은 죄에서 투란차죄이거나, 백의에 상응하는 죄를 제외한 것이 있다면 이러한 일은 그대들은 현전에서 드러내어 허물을 참회하고 숨겨두지 마십시오.'

여러 비구들은 말하라.

'그대들은 스스로가 죄를 인정합니까?'

대답하여 말하라.

'죄를 인정합니다.'

여법하게 참회하였으니 다시 거듭하여 일으키지 마십시오. 제2의 대중도 역시 마땅히 이와 같이 말하도록 하라. 이것을 포초비니라고 이름한다. 이 가운데에서 무엇 등이 현전비니인가? 포초비니를 주는 사람과 포초비니를 받는 사람이 한 처소에 화합하였으므로 여법하고 비니와 같으며 세존의 가르침과 같이 짓는 것이다. 짓는다는 것은 그 사람에게 포초비니를 짓는 것이다. 이것을 현전비니와 포초비니로써 없애는 것이라고 이름한다. 이것을 죄를 범한 일을 세 가지의 비니를 사용하여 없애는 것이니 이를테면, 현전비니와 자언비니와 포초비니이니라."

물었다.

"항상 행할 일은 무엇인 하나의 현전비니로써 소멸시킨다는 것입니까?"

"백(白)을 지어서 주는 사람과 지은 백을 얻는 사람이 한 처소에 화합하여 여법하고 비니와 같으며 세존의 가르침과 같이 백갈마·백이갈마·백사갈마·포살·설계·자자·수세(受歲)[6]·14인 갈마 등을 짓는 것이다. 갈마를 주는 사람과 갈마를 받는 사람이 한 처소에 화합하였으므로 여법하고 비니와 같으며 세존의 가르침과 같이 짓는 것이다. 이것을 항상 행할 일을 하나의 비니를 사용하여 없애는 것이니, 이를테면, 현전비니이다." [팔법 가운데에서 여덟 번째인 '쟁사법'을 마친다.]

6) 비구가 3개월의 하안거를 마치고 1년의 법랍을 더하는 것을 가리킨다.

십송율 제36권

후진 북인도 삼장 불야다라 한역

석보운 번역

6. 육송(六誦) ①

10) 잡송(雜誦) ①

(1) 조달사(調達事) ①

세존께서는 왕사성에 머무르셨다.

그때 조달[1]은 불법의 가운데에서 신심과 공경하는 마음이 청정하였으므로 30만 금전(金錢)의 가치인 장엄구(莊嚴具)를 착용하고서 출가하였는데, 타고 있던 잘 조련된 코끼리의 가치가 10만 금전이었고, 이 코끼리를 금망(金網) 등으로 장엄하였는데 역시 가치가 10만 금전이었으며, 조달이 입고 있는 의복도 다시 가치가 10만 금전이었다. 이 조달이 출가하여 비구가 되어 12년 동안 선한 마음으로 수행하면서 독경하고 송경(誦經)하며 의심나면 묻고 법을 받고 좌선하였다. 그때에는 세존께서 말씀하신 법을 모두 독송하였다.

이때 여러 비구들이 큰 신통의 세력이 있었다. 염부수(閻浮樹)를 까닭으로써 염부제(閻浮提)라고 이름하였는데, 이곳에 여러 비구들은 이 염부수

---

1) 제바달다(提婆達多)를 가리키는 말이다.

에서 과일을 취하였고 돌아와서 먹었으며, 염부수에서 멀지 않은 곳에 있는 하리륵 숲·아마륵 숲·비혜륵 숲의 이러한 여러 과일도 취하였고 머무는 주처로 돌아와서 먹었으며, 울단월에서 자생하는 찹쌀을 취하여 먹었고, 도리천에서 수타(須陀)라는 하늘의 음식을 취하여 먹었으며, 동서남북으로 여러 종류의 신력(神力)을 나타내었다. 조달이 보고는 곧 탐심이 생겨나서 이렇게 생각을 지었다.

'나는 어느 때에 마땅히 능히 큰 신통의 세력이 있을까? 염부수의 까닭으로써 염부제라고 이름하는 이 염부수에서 과일을 취하여 돌아와서 먹고, 염부수에서 멀지 않은 곳에 있는 하리륵 숲·아마륵 숲·비혜륵 숲의 이러한 여러 과일도 취하여 머무는 주처로 돌아와서 먹으며, 울단월에서 자생하는 찹쌀을 취하여 먹고, 도리천에서 수타라는 하늘의 음식을 취하여 먹으며, 동서남북으로 여러 종류의 신력을 나타낼 수 있을까? 내가 지금 어찌 세존의 처소로 나아가서 그 신통의 도(道)를 묻지 않겠는가?'

이렇게 생각을 짓고서 곧 세존의 처소로 나아가서 머리숙여 예경하고 신통의 도를 물었다. 세존께서는 이 사람은 이러한 법 가운데에서 마땅히 악한 일을 지을 것을 미리 아셨다. 이러한 까닭으로 설하시지 않고서 말씀하셨다.

"조달이여. 그대는 그만두게. 이러한 신통의 도를 어디에 사용하겠는가? 마땅히 무상(無常)·고(苦)·공(空)·무아(無我)를 관(觀)하도록 하게."

조달은 이 말씀을 듣고서도 인정하지도 않았고 즐거워하지도 않았으며 다만 일심으로 신통력을 향하였으므로 이렇게 생각을 지었다.

'사리불은 세존께서 제일의경(第一義經)의 가운데에서 <여러 지혜로운 제자들 가운데에서 최고로 제일이다.>고 말씀하셨다. 나는 마땅히 사리불의 처소로 나아가서 신통의 도를 물어야겠다. 마땅히 나를 위하여 말할 것이다.'

생각하고서 곧 가서 신통의 도를 물었으나, 사리불도 역시 이 사람은 이러한 법 가운데에서 마땅히 악한 일을 지을 것을 미리 알았다. 이러한 까닭으로 설하지 않고서 말하였다.

"조달이여. 그대는 그만두게. 이러한 신통의 도를 어디에 사용하겠는가? 마땅히 무상·고·공·무아를 관하도록 하시오."

조달은 이 말씀을 듣고서도 인정하지도 않았고 즐거워하지도 않았으며 다만 일심으로 신통력을 향하였으므로 이렇게 생각을 지었다.

'목련은 세존께서 제일의경의 가운데에서 <여러 신통도(神通道)의 제자들 가운데에서 최고로 제일이다.>고 말씀하셨다. 나는 마땅히 목련의 처소로 나아가서 신통의 도를 물어야겠다. 마땅히 나를 위하여 말할 것이다.'

생각하고서 곧 가서 신통의 도를 물었으나, 목련도 역시 이 사람은 이러한 법 가운데에서 마땅히 악한 일을 지을 것을 미리 알았다. 이러한 까닭으로 설하지 않고서 말하였다.

"조달이여. 그대는 그만두게. 이러한 신통의 도를 어디에 사용하겠는가? 마땅히 무상·고·공·무아를 관하도록 하시오."

조달은 이 말씀을 듣고서도 인정하지도 않았고 즐거워하지도 않았으며 다만 일심으로 신통력을 향하였으므로 이렇게 생각을 지었다. 이와 같이 전전하여 한 사람이 부족한 500명의 대제자의 처소에서 모두가 말하지 않았다. 이때에 조달이 이렇게 생각을 지었다.

'아난은 내 동생이고 세존께서 제일의경의 가운데에서 <여러 다문제자(多聞弟子) 가운데에서 아난이 최고로 제일이다.>고 말씀하셨다. 내가 어찌 그의 처소에 나아가서 신통의 도를 묻지 않겠는가? 마땅히 나를 위하여 말할 것이다.'

생각하고서 곧 가서 신통의 도를 물었고, 아난은 아직 욕망을 벗어나지 못하였던 까닭으로 과거와 미래의 일을 알지 못하였으므로, 곧 다문지혜(多聞智慧)로서 신통도를 설하였다. 조달은 이 신통법을 받아 지니고서 산림·광야·계곡의 가운데에서 부지런히 수습(修習)하였다. 부지런히 수습하였던 까닭으로 세속의 사선(四禪)을 얻었고, 이러한 사선을 인연하여 신통력이 일어났다. 신통력이 일어났으므로 염부수의 까닭으로써 염부제라고 이름하는 이 염부수에서 과일을 취하여 돌아와서 먹었고, 염부수에서 멀지 않은 곳에 있는 하리륵 숲·아마륵 숲·비혜륵 숲의 이러한 여러 과일도 취하여 머무는 주처로 돌아와서 먹었으며, 울단월에서 자생하는 찹쌀을 취하여 먹었고, 도리천에서 수타라는 하늘의 음식을 취하여 먹었으며, 동서남북으로 여러 가지 신력을 나타내었다. 이 조달은 이전부터 악한 마음이 있었으므로 세존께 이렇게 생각을 지었다.

'이 사문 구담(瞿曇)은 종성에서 나보다 수승하지 않다. 그가 구담의 성씨이고 석씨 가문에서 태어났다면, 나도 역시 구담의 성씨이고 석씨 가문에서 태어났다. 여러 사람들이 청정한 마음으로 많이 공양하는 것도 모두 신통력의 까닭이다. 나는 어느 가문을 신통력으로서 끌어들여 취하고서 많은 사람들이 나를 따르게 해야 하는가?'

이렇게 생각을 지었다.

'병사왕은 나라의 가운데에서 최고로 크고 세존의 불퇴전(不退轉)의 제자이므로 내가 곧 신통력을 부리더라도 결국 끌어들여 얻지 못한다.'

조달은 본래부터 여러 종류의 외도의 문서·성수(星宿)·사람의 관상·길흉(吉凶)·천지(天地)의 괴상(怪相)을 알았다. 그는 병사왕의 태자인 아사세왕(阿闍世王)의 관상을 명료하게 보고서 '내가 마땅히 신통력으로서 끌어들여 취한다면 결정적으로 나의 단월일 것이고, 이러한 인연으로서 많은 사람들이 따를 것이다.'라고 이렇게 생각을 지었다.

몸을 변화시켜 상보(象寶)를 지었고, 아사세 태자의 집에서 문을 통하여 들어가지 않고 문의 가운데로 나왔으며, 혹은 문을 통하여 들어가서 문을 통하지 않고 나왔는데, 이와 같은 모습을 나타내면서 이것으로 조달은 알리고자 하였다. 다시 몸을 변화시켜 마보(馬寶)를 지었고, 문을 통하여 들어가지 않고 문의 가운데로 나왔으며, 혹은 문을 통하여 들어가서 문을 통하지 않고 나왔는데, 이와 같은 모습을 나타내면서 이것으로 조달은 알리고자 하였다. 다시 보만(寶鬘)[2]을 지어서 나타났고 태자의 무릎에서 나타났는데, 이때 태자는 보만을 잡아서 이마 위에 묶었는데,

2) 보배를 실로 꿰매거나, 묶어서 목이나 몸을 장엄하는 장엄구를 가리킨다.

이와 같은 모습을 나타내면서 이것으로 조달은 알리고자 하였다. 다시 금·은·보배·영락(瓔珞)을 입은 단정한 동자를 지어서 나타났고 태자의 무릎 위에서 동서로 돌아다녔으므로 태자는 감탄하며 끌어안고 함께 희롱하면서 입을 맞추곤 하였는데, 이와 같은 모습을 나타내면서 이것으로 조달은 알리고자 하였다. 이러한 신통력으로서 아사세 태자의 마음을 끌어당겨서 악한 사견이 생겨나게 하였는데 이를테면, 조달의 신통력이 세존보다 수승하다는 것이었다.

사랑하고 공경하는 마음이 생겨나서 의복·와구·탕약을 공양하였고, 나아가 날마다 500솥의 음식을 500대의 수레에 둘러싸여 조달의 처소에 와서 이르렀으며 스스로가 손으로 음식을 나누어 주었다. 이때 여러 비구들은 오전에 옷과 발우를 지니고 왕사성에 들어가서 걸식하면서 '아사세 태자는 조달에게 이와 같이 의복·와구·탕약을 공양하였고, 날마다 500솥의 음식을 500대의 수레에 둘러싸여 조달의 처소에 와서 이르렀으며 스스로가 손으로 음식을 나누어주었고, 조달과 500명의 제자들은 이렇게 공양을 받았다.'는 것을 듣고서 세존의 처소로 나아가서 세존의 발에 머리숙여 예경하고 한쪽에 앉아서 세존께 아뢰어 말하였다.

"세존이시여. 저희들은 오늘 옷과 발우를 지니고 왕사성에 들어가 걸식하면서 '아사세 태자는 조달에게 이와 같이 의복·와구·탕약을 공양하였고, 날마다 500솥의 음식을 500대의 수레에 둘러싸여 조달의 처소에 와서 이르렀으며 스스로가 손으로 음식을 나누어주었고, 조달과 500명의 제자들은 이렇게 공양을 받았다.'고 들었습니다."

세존께서는 여러 비구들에게 말씀하셨다.

"그대들은 조달의 공양을 탐하지 말라. 왜 그러한가? 조달이 이러한 공양을 얻는 것은 스스로가 손감(損減)하는 까닭이다. 마치 대나무가 열매로서 죽는 것과 같고, 파초가 열매로 역시 그러하며, 나귀가 임신하면 죽는 것과도 같으니라. 조달이 얻은 공양도 역시 이와 같아서 스스로를 손감하는 까닭이다. 비유하면 대나무와 갈대가 열매로서 죽는 것과 같으니라."

이러한 일을 명료하게 하시고자 게송을 설하여 말씀하셨다.

파초는 열매로서 죽는데
대나무와 갈대의 열매도 역시 그러하며
나귀가 회임하는 까닭으로 죽나니
소인배가 얻는 이익은 무너진다네.

이것도 역시 다시 이와 같으니라. 조달은 어리석은 사람이고, 이와 같은 이양을 얻는 시간만큼을 따라서 그와 같은 시간을 장야(長夜)에 여러 고뇌가 따르고 악한 곳에 태어나는 까닭이다."

여러 비구들에게 말씀하셨다.

"비유한다면 건장한 장부가 사나운 개의 코를 때리는 것과 같으니라. 그대들의 뜻은 어떠한가? 그 개가 오히려 다시 사납지 않겠는가?"

대답하여 말하였다.

"진실로 사나울 것입니다. 세존이시여."

세존께서는 말씀하셨다.

"조달은 어리석은 사람이고 역시 이와 같다. 이러한 공양을 얻는 시간의 한계를 따라서 그와 같은 시간에 장야에 고뇌를 받고 악한 곳에 태어나는 까닭이다."

그때 조달은 공양이 점차 늘어났으므로 공양에 탐착하여 마음이 덮여졌고, 이와 같이 악한 마음이 생겨났다.

'세존께서 지금 승가를 버린다면 내가 마땅히 장차 대중 승가를 이끌겠다.'

이러한 마음이 생겨난 때에 신통력이 사라졌다. 그때 목련은 지제국(支提國)의 가릉가로(迦陵伽盧) 계곡의 가운데에 머무르고 있었다. 이때 구라(俱羅)의 아들 가부타(迦扶陀) 비구가 있었는데, 이 자는 장로 목련의 제자였다. 이 비구는 다섯 가지의 욕망을 버리고 네 가지의 범행을 닦았으므로 목숨을 마치고 범천에 태어났다. 가부타 범천은 조달이 신통력을 잃은 것을 보고서 힘센 장사(壯士)가 팔을 굽혔다가 펴는 것과 같은 순간에 범천에서 사라져서 목련 앞에 그 몸을 나타냈고, 선정에서 일어나서 목련에게 말하였다.

"그대는 조달이 신통력을 잃어버린 것을 아십니까? 그대는 세존의 처소로 향하여 이러한 일을 세존께 아뢰어 말하신다면 좋겠습니다."

목련은 이렇게 생각을 지었다.

'내가 어찌 선정에 들어가서 조달의 마음을 관하지 않겠는가?'

곧 때에 선정에 들어가서 조달의 마음을 관찰하여 이미 신통력을 잃어버린 것을 보았고, 곧 선정에서 일어나서 묵연히 가부타 범천의 말을 받아들였다. 이때 범천은 목련이 묵연히 받아들인 것을 알고서 발에 머리숙여 예배하고 오른쪽으로 돌면서 곧 사라졌다. 목련은 범천의 청을 받아들여 곧 선정에 들어갔고 지제국의 가릉가로 계곡에서 사라져서 왕사성에 나타났는데 세존과 멀리 떨어지지 않았다. 그때 목련은 선정에서 일어나서 세존의 처소로 나아가서 세존의 발에 머리숙여 예경하고 물러나서 한쪽에 앉았으며 세존께 아뢰어 말하였다.

"세존이시여. 가부타 범천이 말한 것과 같이 조달은 진실로 신통력을 잃어버렸습니다."

세존께서는 말씀하셨다.

"그대는 이전에 조달의 마음이 가부타 범천의 말과 같다는 것을 알지 못하였는가?"

세존께서 목련과 함께 이와 같이 말하고 있는 때에 조달은 곧 때에 네 명의 제자와 함께 왔다. 세존께서는 멀리서 조달이 오는 것을 보시고 목련에게 말씀하셨다.

"그대는 말하지 말게. 이 어리석은 사람이 온다면 스스로가 그 일을 드러낼 것이네."

목련이 이렇게 생각을 지었다.

'내가 어찌 선정에 들어가지 않겠으며, 이 자리에서 조달의 눈에 보이지 않게 하겠는가?'

곧 선정에 들어갔고 이 자리에서 조달이 보지 못하게 하였다. 조달은 앞으로 나아갔고, 세존의 처소에서 세존의 발에 머리숙여 예경하였으며, 네 명의 제자와 함께 물러나서 한쪽에 앉아서 세존께 아뢰어 말하였다.

"세존이시여. 나이가 이미 노모(老耄)[3)]하시므로 대중 승가를 저에게 부촉하시고 세존께서는 다만 혼자서 현재의 법락(法樂)을 받으십시오. 승가를 저에게 부촉하신다면 제가 마땅히 장차 이끌겠습니다."

세존께서는 말씀하셨다.

"사리불이나 목련은 큰 지혜와 신통을 지녔어도 세존은 오히려 대중 승가로서 그들에게 부촉하지 않았느니라. 하물며 그대는 (다른 사람의) 가래침을 먹는 어리석은 사람이고, 죽은 사람인데 마땅히 부촉하겠는가?"

이때 조달은 세존께서 '(다른 사람의) 가래침을 먹는 어리석은 사람이고, 죽은 사람'이라는 이와 같은 말을 듣고 곧 크게 성내면서 세존을 해치고자 하였으나, 양미간을 찌푸리고 슬프게 머리를 떨어뜨리고 묵연하였다. 이렇게 사유를 짓고서 곧바로 일어나 떠나갔으며 이렇게 생각을 지으며 말하였다.

"세존께서는 다만 사리불과 목련은 크게 찬탄하시고 우리는 훼손(毁呰)하여 비참(卑小)하게 하는구나."

그때 조달은 처음으로 세존을 향하여 진한(瞋恨)이 생겨났고, 아울러 사리불과 목련 등과 같은 여러 대제자에게 진한이 생겨났다. 그때 아난이 세존의 뒤에 서있으면서 부채로서 세존을 부쳐드리고 있었는데, 세존께서는 돌아보시며 아난에게 말씀하셨다.

"왕사성에 의지해 머무르고 있는 여러 비구를 강당으로 모이게 하고, 모두 모였다면 나에게 알리도록 하게."

아난은 가르침을 받들어 곧 왕사성에 의지하여 머물렀던 여러 비구들을 모두 강당으로 모이게 하였고, 모두 모였으므로 가서 세존께 아뢰어 말하였다.

---

3) 일반적으로 연로한 자를 뜻하는데, 중국에서는 노(老)는 80세, 모(耄)는 90세를 의미한다.

"세존이시여. 왕사성에 의지하여 머무는 여러 비구들이 모두 강당에 모였습니다. 세존께서는 스스로가 때인 것을 아십시오."

세존께서는 곧 시자(侍者)인 아난을 데리고 강당으로 나아가서 대중 승가의 가운데에 자리를 펼치고 앉아서 여러 비구들을 교화하셨다.

"세상에는 다섯 종류의 스승이 있느니라. 무엇을 다섯이라고 말하는가? 첫 번째의 스승은 청정하게 계율을 지키지 않으면서 스스로가 청정하게 계율을 지킨다고 말하는 것이다. 이 제자는 함께 머무르는 까닭으로 스승이 청정하게 계율을 지키지 않으면서 청정하게 계율을 지킨다고 스스로 말하는 것을 알면서도 '만약 우리들이 스승에게 진실을 말한다면 혹은 마땅히 기뻐하지 않을 것이다. 만약 스승이 기뻐하지 않는데 마땅히 어찌하여 말하겠는가? 우리들은 스승의 은혜를 까닭으로 옷·와구·탕약·음식을 얻게 되었으므로 스승이 우리들을 좋게 보았다면 스스로가 마땅히 깨달아서 알아야 한다.'고 생각하는 것이다. 이와 같이 스승을 위하여 제자는 계율을 지킨다고 감추고 보호하며, 이 스승도 역시 제자가 계율을 지킨다고 감추고 보호하는 것을 구한다면, 이것은 세간의 첫 번째의 스승이라고 이름하느니라.

두 번째의 스승은 부정하게 생활하면서 스스로가 청정하게 생활한다고 말하는 것이다. 제자는 함께 머무는 까닭으로 스승이 부정하게 생활하며 스스로가 청정하게 생활한다고 말하는 것을 알면서도 '만약 우리들이 스승에게 진실을 말한다면 혹은 마땅히 기뻐하지 않을 것이다. 만약 스승이 기뻐하지 않는데 마땅히 어찌하여 말하겠는가? 우리들은 스승의 은혜를 까닭으로 옷·와구·탕약·음식을 얻게 되었으므로 스승이 우리들을 좋게 보았다면 스스로가 마땅히 깨달아서 알아야 한다.'고 생각하는 것이다. 이와 같이 스승을 위하여 제자는 청정하게 생활한다고 감추고 보호하며, 이 스승도 역시 제자가 청정하게 생활한다고 감추고 보호하는 것을 구한다면, 이것은 세간의 두 번째의 스승이라고 이름하느니라.

세 번째의 스승은 그 지견(知見)이 청정하지 않으나 스스로가 지견이 청정하다고 말하는 것이다. 제자는 함께 머무는 까닭으로 스승이 지견이 청정하지 않으면서 스스로가 지견이 청정하다고 말하는 것을 알면서도 '만약 우리들이 스승에게 진실을 말한다면 혹은 마땅히 기뻐하지 않을 것이다. 만약 스승이 기뻐하지 않는데 마땅히 어찌하여 말하겠는가? 우리들은 스승의 은혜를 까닭으로 옷·와구·탕약·음식을 얻게 되었으므로 스승이 우리들을 좋게 보았다면 스스로가 마땅히 깨달아서 알아야 한다.'고 생각하는 것이다. 이와 같이 스승을 위하여 제자는 지견이 청정하다고 감추고 보호하며, 이 스승도 역시 제자가 지견이 청정하다고 감추고 보호하는 것을 구한다면, 이것은 세간의 세 번째의 스승이라고 이름하느니라.

네 번째의 스승은 일을 잘 기억하지 못하면서도 잘 기억한다고 스스로가 말하는 것이다. 제자는 함께 머무는 까닭으로 스승이 일을 잘 기억하지 못하면서도 잘 기억한다고 스스로가 말하는 것을 알면서도 '만약 우리들이 스승에게 진실을 말한다면 혹은 마땅히 기뻐하지 않을 것이다. 만약 스승이 기뻐하지 않는데 마땅히 어찌하여 말하겠는가? 우리들은 스승의 은혜를 까닭으로 옷·와구·탕약·음식을 얻게 되었으므로 스승이 우리들을 좋게 보았다면 스스로가 마땅히 깨달아서 알아야 한다.'고 생각하는 것이다. 이와 같이 스승을 위하여 제자는 일을 잘 기억한다고 감추고 보호하며, 이 스승도 역시 제자가 일을 잘 기억한다고 감추고 보호하는 것을 구한다면, 이것은 세간의 네 번째의 스승이라고 이름하느니라.

다섯 번째의 스승은 청정한 법을 설하지 않으면서도 스스로가 청정한 법을 설한다고 말하는 것이다. 제자는 함께 머무는 까닭으로 스승이 청정한 법을 설하지도 못하면서 스스로가 청정한 법을 설한다고 말하는 것을 잘 알면서도 '만약 우리들이 스승에게 진실을 말한다면 혹은 마땅히 기뻐하지 않을 것이다. 만약 스승이 기뻐하지 않는데 마땅히 어찌하여 말하겠는가? 우리들은 스승의 은혜를 까닭으로 옷·와구·탕약·음식을 얻게 되었으므로 스승이 우리들을 좋게 보았다면 스스로가 마땅히 깨달아서 알아야 한다.'고 생각하는 것이다. 이와 같이 스승을 위하여 제자는 청정한 법을 설한다고 감추고 보호하며, 이 스승도 역시 제자가 청정한 법을 설한다고 감추고 보호하는 것을 구한다면, 이것은 세간의 다섯 번째의 스승이라고 이름하느니라."

세존께서는 말씀하셨다.

"여래는 청정하게 계율을 지키고, 역시 스스로가 '나는 청정하게 계율을 지킨다.'고 말하며, 여러 제자들은 여래가 청정하게 계율을 지킨다고 여래를 감추어서 보호하지 않고, 여래도 역시 제자들이 청정하게 계율을 지킨다고 감추어서 보호하는 것을 구하지 않는다. 여래는 생활이 청정하고, 스스로가 '나는 생활이 청정하다.'고 말하며, 여러 제자들은 여래가 생활이 청정하다고 감추어서 말하지 않으며, 여래도 역시 제자들이 생활이 청정하다고 감추어서 보호하는 것을 구하지 않는다. 여래는 지견이 청정하고, 스스로가 '나는 지견이 청정하다.'고 말하며, 여러 제자들은 여래가 지견이 청정하다고 감추어서 말하지 않으며, 여래도 역시 제자들이 지견이 청정하다고 감추어서 보호하는 것을 구하지 않는다. 여래는 일을 잘 기억하고, 스스로가 '나는 일을 잘 기억한다.'고 말하며 여러 제자들은 여래가 법사를 잘 기억한다고 감추어서 말하지 않으며, 여래도 역시 제자들이 법사를 잘 기억한다고 감추어서 보호하는 것을 구하지 않는다. 여래는 청정한 법을 설하고, 스스로가 '나는 청정한 법을 설한다.'고 말하며, 여러 제자들은 여래가 청정한 법을 설한다고 감추어서 말하지 않으며, 여래도 역시 제자들이 청정한 법을 설한다고 감추어서 보호하는 것을 구하지 않는다."

세존께서는 말씀하셨다.

"여래에게는 진실로 이러한 법이 있는데 어찌 진실이 아닌 것을 말하겠는가? 세존은 다른 사람을 수순하는 사람이 아니고, 또한 다른 사람에게 나약하게 말하는 사람이 아니니라. 비유한다면 도공이 그릇이나 병을 지니는 때에 감히 빠르게 붙잡지 않는 것과 같다. 여래는 이렇게 진실하게 말하고, 명료(了了)하게 말하며, 절복시키며 말하므로 만약 (신심이) 견고한 자들은 머물고 견고하지 못한 자들은 떠나느니라. 그대들은 여래의 이와 같은 법어(法語)의 가운데에서 마땅히 인정하고 받아들여야 하느니라."

세존께서는 왕사성에 머무르셨다.

그때 조달은 화합승가를 파괴하고자 하였고 파승사(破僧事)를 수지(受持)하였으며 질투심의 방편을 까닭으로 이렇게 생각을 지었다.

'나 혼자서는 능히 사문 구담의 화합승가를 파괴하고 법륜(法輪)을 굴리는 것을 막을 수가 없구나.'

이 조달에게는 네 명의 같은 붕당(同黨)의 제자가 있었으니, 첫째는 구가리(俱伽梨)라고 이름하였고, 둘째는 건타표(乾陀驃)라고 이름하였으며, 셋째는 가유라제사(迦留羅提舍)라고 이름하였고, 넷째는 삼문달다(三聞達多)라고 이름하였다. 조달은 네 사람의 처소에 이르러 이렇게 말을 지었다.

"나는 그대들과 함께 마땅히 사문 구담의 화합승가를 파괴하고 법륜을 굴리는 것을 막고자 하오. 우리들은 마땅히 사문 구담의 화합승가를 파괴하고 법륜을 굴리는 것을 막았다는 이와 같은 명성을 얻을 것이오. 우리들은 파괴할 수 있소."

그 네 사람이 조달에게 말하였다.

"사문 구담의 여러 제자는 큰 지혜와 대신통력이 있고 또한 천안(天眼)과 타심지(他心知)를 얻었으므로 이 사람들은 우리들이 사문 구담의 화합승가를 파괴하고 법륜을 굴리는 것을 막고자 하려는 것을 알 것이오. 우리들이 어떻게 능히 파괴할 수 있겠습니까?"

조달이 네 사람에게 말하였다.

"사문 구담에게는 젊은 제자들이 있는데, 새롭게 그 법에 들어왔고 출가도 오래되지 않았소. 우리들은 이들의 주변에 이르러 5법으로 유인하여 취하면서 여러 비구들에게 말합시다.

'그대들은 목숨을 마치도록 납의(衲衣)를 입어야 하고, 목숨을 마치도록 걸식법(乞食法)을 받아야 하며, 목숨을 마치도록 일식법(一食法)을 받아야 하고, 목숨을 마치도록 노지(露地)의 좌선법을 받아야 하며, 목숨을 마치도록 단육법(斷肉法)을 끊어야 하오. 만약 비구가 이 5법을 받는다면 빠르게 니원(泥洹)을 얻을 것입니다.'

만약 장로 상좌 비구가 있다면 지식이 많고 범행이 오래되어 불법의 맛을 얻었다면 마땅히 이렇게 말합시다.

'세존께서는 이미 노모의 연세이시고 노쇠한 끝에 있으시므로 스스로가 한정(閑靜)을 즐기시고 현재의 법락(法樂)을 받으셔야 합니다. 그대들의 필요한 일은 제가 마땅히 서로를 돕겠습니다.'

우리들은 이와 같은 방편으로서 능히 사문 구담의 화합승가를 파괴하고 법륜을 굴리는 것을 막을 수 있을 것이오."

네 비구가 말하였다.

"그와 같습니다. 조달이여."

조달은 뒤의 때에 여러 젊은 비구의 처소에 이르러 5법으로서 그들을 유인하며 여러 비구들에게 말하였다.

"그대들은 목숨을 마치도록 납의를 입어야 하고, 목숨을 마치도록 걸식법을 받아야 하며, 목숨을 마치도록 일식법을 받아야 하고, 목숨을 마치도록 노지의 좌선법을 받아야 하며, 목숨을 마치도록 단육법을 끊어야 하오. 만약 비구가 이 5법을 받았다면 빠르게 니원을 얻을 것입니다."

다시 여러 장로 상좌 비구들에게 말하였다.

"세존께서는 이미 노모의 연세이시고 노쇠한 끝에 있으시므로 스스로가 한정을 즐기시고 현재의 법락을 받으셔야 합니다. 그대들의 필요한 일은 제가 마땅히 서로를 돕겠습니다."

이때 조달은 비법을 법이라고 말하였고, 법을 비법이라고 말하였으며, 계율이 아닌 것을 계율이라고 말하였고, 계율을 계율이 아니라고 말하였으며, 범하지 않았으나 범하였다고 말하였고, 범한 것을 범하지 않았다고 말하였으며, 가벼운 것을 무겁다고 말하였고, 무거운 것을 가볍다고 말하였으며, 유잔죄를 무잔죄라고 말하였고, 무잔죄를 유잔죄라고 말하였으며, 항상 행할 법을 항상 행할 법이 아니라고 말하였고, 항상 행할 법이 아닌 것을 항상 행할 법이라고 말하였으며, 세존의 가르침이 아닌 것을 세존의 가르침이라고 말하였고, 세존의 가르침을 세존의 가르침이 아니라고 말하였다.

이때 조달이 화합승가를 파괴하여 법륜을 굴리는 것을 막으려고 하는 것을 여러 비구들이 보았으므로, 세존의 처소로 나아가서 세존의 발에 머리숙여 예경하고 한쪽으로 물러나서 앉았으며 세존께 아뢰어 말하였다.

"세존이시여. 이 조달은 지금 화합승가를 파괴하고자 파승가의 인연사(因緣事)를 수지하고 있습니다. 이 사람은 비법을 법이라고 말하였고, 법을 비법이라고 말하였으며, 계율이 아닌 것을 계율이라고 말하였고, 계율을 계율이 아니라고 말하였으며, 범하지 않았으나 범하였다고 말하였고, 범한 것을 범하지 않았다고 말하였으며, 가벼운 것을 무겁다고 말하였고, 무거운 것을 가볍다고 말하였으며, 유잔죄를 무잔죄라고 말하였고, 무잔죄를 유잔죄라고 말하였으며, 항상 행할 법을 항상 행할 법이 아니라고 말하였고, 항상 행할 법이 아닌 것을 항상 행할 법이라고 말하였으며, 세존의 가르침이 아닌 것을 세존의 가르침이라고 말하였고, 세존의 가르침을 세존의 가르침이 아니라고 말하고 있습니다."

세존께서는 여러 비구들에게 말씀하셨다.

"그대들은 마땅히 조달을 꾸짖어서 파승가의 인연사를 버리게 하라."

이 여러 비구들은 세존의 가르침을 받들었고 조달의 처소로 이르러 말하였다.

"그대는 화합승가를 파괴하는 것을 구하지 않을 것이고, 파승사를 수지하지 않을 것이며, 마땅히 승가와 함께 화합하십시오. 승가와 화합한다면 서로 환희하여 다툼이 없고, 일심으로 하나로 배운다면 물과 우유가 화합하는 것과 같이 안락하게 머물 수 있습니다. 그대는 마땅히 이러한 파승가의 인연사를 버리십시오."

이때 조달은 이러한 일을 버리지 않았다. 이때 조달과 네 반당(伴黨)[4]은 여러 비구를 꾸짖어 말하였다.

"그대들은 조달의 이러한 일을 말하지 마시오. 왜 그러한가? 이 사람은 법을 말하고 계율을 말한 것이니, 이 사람이 하는 말은 곧 우리의 뜻이오.

4) 같이 어울려 다니는 동류(同類)를 가리킨다.

이는 알고서 하는 말이고 알지 못하고서 하는 말이 아니므로 이 사람이 말하는 것은 모두 우리들이 기꺼이 인정하는 것이오."

이와 같이 여러 비구들은 두·세 번을 조달에게 간략하게 충고하였으나 능히 사악함을 버리게 하지 못하였다. 곧 자리에서 일어나서 세존의 처소로 나아가서 세존의 발에 머리숙여 예경하고 한쪽에 앉았으며 세존께 아뢰어 말하였다.

"세존이시여, 저희들이 조달을 간략하게 충고하였으나 사악함을 버리게 할 수 없었고, 네 명의 반당이 다시 이렇게 말을 지었습니다. '그대들은 조달의 이러한 일을 말하지 마시오. 왜 그러한가? 이 사람은 법을 말하고 계율을 말한 것이니, 이 사람이 하는 말은 곧 우리의 뜻이오. 이는 알고서 하는 말이고 알지 못하고서 하는 말이 아니므로 이 사람이 말하는 것은 모두 우리들이 기꺼이 인정하는 것이오.' 여러 비구들이 두·세 번을 조달에게 간략하게 충고하였으나 이러한 일을 버리지 않았습니다."

이때 세존께서는 이렇게 생각을 지으셨다.

'마땅히 조달같은 어리석은 사람과 네 명의 반당이라면 혹은 능히 나의 화합승가를 파괴하고 법륜을 굴리는 것을 막을 수도 있겠구나. 내가 마땅히 스스로 조달에게 이러한 일을 버리도록 충고해야겠다.'

세존께서는 이렇게 생각을 지으셨고 곧 스스로가 조달에게 충고하셨다.

"그대는 화합승가를 파괴하는 것을 구하지 않을 것이고, 파승사를 수지하지 않을 것이며, 마땅히 승가와 함께 화합하도록 하게. 승가와 화합한다면 서로 환희하여 다툼이 없고, 일심으로 하나를 배운다면 물과 우유가 화합하는 것과 같이 안락하게 머물 수 있네. 그대는 마땅히 이러한 파승가의 인연사를 버리도록 하게. 그대는 비법을 법이라고 말하거나, 법을 비법이라고 말하거나, 계율이 아닌 것을 계율이라고 말하거나, 계율을 계율이 아니라고 말하거나, 범하지 않았으나 범하였다고 말하거나, 범한 것을 범하지 않았다고 말하거나, 가벼운 것을 무겁다고 말하거나, 무거운 것을 가볍다고 말하거나, 유잔죄를 무잔죄라고 말하거나, 무잔죄를 유잔죄라고 말하거나, 항상 행할 법을 항상 행할 법이 아니라고 말하거나, 항상 행할 법이 아닌 것을 항상 행할 법이라고 말하거나, 세존의 가르침이 아닌 것을 세존의 가르침이라고 말하거나, 세존의 가르침을 세존의 가르침이 아니라고 말하지 말게. 그대는 마땅히 이러한 파승가의 인연사를 버리도록 하게."

이때 조달은 세존께서 입으로 가르치시는 말씀을 듣고서 잠시 이러한 일을 버렸다.

세존께서는 왕사성에 머무르셨다.

그때 아사세 태자가 거느린 대신(大臣)과 장수(將帥)들이 조달을 믿고 공경하였다. 여러 백성들은 조달 비구를 돕기 위하여 전식·후식·달발나를 지어서 공양하였고, 조달은 큰 발우·작은 발우·대건자·소건자·옷걸이·선진(禪鎭)·허리 띠(縄帶)·수저·발우 받침·부채·일산·가죽신 등으로서 비구에게 필요한 물건들을 따라서 모두 속이고 유혹하는데 사용하였다. 조달은 스스로가 100비구, 혹은 200·300·400·500명의 비구에게 공경받고 둘러싸여서 왕사성에 들어갔으며 전식·후식·달발나의 좋은 공양을 별도로 받았다. 세존의 법미를 얻었고 오래 범행을 닦은 여러 상좌와 장로 비구들이 있었고, 이러한 여러 비구들은 성안에 들어가서 걸식하여도 오래된 찬밥을 얻거나, 혹은 얻지 못하였고, 혹은 상한 미숫가루를 얻거나, 혹은 얻지 못하였으며, 이와 같은 거친 음식도 혹은 배부르거나 배부르지 못하였다. 이 가운데에 비구가 있어 욕망이 적고 만족함을 알며 두타를 행하였는데 이러한 일을 듣고서 즐겁지 않아서 여러 종류의 인연으로 꾸짖어 말하였다.

"어찌 비구라고 이름하면서 스스로가 100·200·300·400·500명의 비구와 함께 공경받고 둘러싸여서 전식·후식·달발나와 좋은 공양을 별도로 받는가? 세존의 법미를 얻었고 오래 범행을 닦은 여러 상좌와 장로 비구들은 성안에 들어가서 걸식하여도 오래된 찬밥을 얻거나, 혹은 얻지 못하였고, 혹은 상한 미숫가루를 얻거나, 혹은 얻지 못하였으며, 이와 같은 거친 음식도 혹은 배부르거나 배부르지 못하게 하는가?"

여러 종류의 인연으로 꾸짖고서 세존을 향하여 자세히 말하였다. 세존께

서는 이 일로써 비구 승가를 모으셨으며, 아시면서도 일부러 조달에게 물으셨다.

"그대가 진실로 이러한 일을 지었는가?"

대답하여 말하였다.

"진실로 지었습니다. 세존이시여."

세존께서는 여러 종류의 인연으로 꾸짖으셨다.

"어찌 비구라고 이름하면서 스스로가 100·200·300·400·500명의 비구와 함께 공경받고 둘러싸여서 전식·후식·달발나와 좋은 공양을 별도로 받았는가? 세존의 법미를 얻었고 오래 범행을 닦은 여러 상좌와 장로 비구들은 성안에 들어가서 걸식하여도 오래된 찬밥을 얻거나, 혹은 얻지 못하였고, 혹은 상한 미숫가루 얻거나, 혹은 얻지 못하였으며, 이와 같은 거친 음식도 혹은 배부르거나, 배부르지 못하게 하였는가?"

여러 종류의 인연으로 꾸짖으셨으며, 여러 비구들에게 말씀하셨다.

"지금부터 두 가지의 이익되는 인연을 까닭으로 별중식(別衆食)을 막겠으며, 세 사람이 함께 먹는 것을 허락하겠노라. 첫째는 단월을 수호하여 애민하게 생각하는 까닭이고, 둘째는 여러 악하고 욕망있는 비구들의 세력을 깨뜨려는 까닭이니, 악하고 욕망있는 사람들이 별도로 대중을 짓고 별도의 법을 지어서 승가와 함께 투쟁하지 못하도록 하는 것이다."

세존께서는 왕사성 기사굴산(耆闍崛山) 위에 있는 흠바라(欽婆羅) 야차의 석굴(石窟)에 머무르셨다.

일찍 일어나서 옷과 발우를 지니고 왕사성에 들어가서 걸식하셨고, 걸식을 마치시고 다시 기사굴산 흠바라 야차의 석굴의 가운데에 들어가서 좌선하셨다. 그때 조달은 부지런히 방편을 지어서 세존을 해치고자 하였으므로, 곧 네 명의 악하고 건장한 사람들을 고용하여 기사굴산의 위로 올라가서 함께 큰 돌을 가지고 흠바라 야차의 석굴 위에 이르러 세존께서 경행하시는 때를 기다리게 하였다. 세존께서는 포시에 석굴을 따라서 나오셨고 석굴 앞의 그늘 가운데에서 경행하셨다. 이때 네 사람의 악인은 조달과 함께 큰 돌을 세존의 위로 밀어서 떨어뜨리고자 하였다. 그때 흠바라 야차는 세존을 깊이 공경하고 생각하였으므로 보고서 두 손으로 그 돌을 잡아서 다른 곳으로 던졌으나, 부서진 돌조각들이 있었으므로 세존을 향하여 쏟아졌다.

세존께서는 중생들에게 염외심(厭畏心)이 생겨나게 하시고자 하셨고, 아울러 여러 업은 과보를 잃지 않는다는 것을 보여주시려는 이러한 인연의 까닭으로써 선정에 들어가서 경행하던 곳의 입구에서 사라져서 동방(東方)에서 나타나셨는데 돌조각들도 따라갔고, 남방·북방·서방으로 사라졌으나 다시 이와 같았다. 세존께서는 이때에 큰 바닷물의 가운데로 사라졌으나 돌조각들은 역시 따라왔고, 세존께서는 다시 수미산의 가운데로 사라졌으나 돌조각들은 역시 계속 따라왔으며, 사천왕(四天王)의 위에 이르러도 돌조각들은 역시 따라왔다. 세존께서는 다시 사천왕의 위에서 도리천(忉利天)·염마천(炎摩天)·도솔타천(兜率陀天)·화락천(化樂天)·타화자재천(他化自在天)에 이르셨고, 다시 범중천(梵衆天)·범보천(梵輔天)·대범천(大梵天)·소광천(少光天)·무량광천(無量光天)·광요천(光曜天)·소정천(少淨天)·무량정천(無量淨天)·변정천(遍淨天)·아나바하천(阿那婆訶天)·복덕천(福德天)·광과천(廣果天)·불열천(不熱天)·희견천(喜見天)·낙견천(樂見天)·아가니타천(阿迦尼吒天)에 이르셨으나 돌조각들은 역시 계속 따라왔다.

이때 세존께서는 신족력(神足力)을 거두시고 다시 그 경행하던 곳의 입구에 서 있으셨다. 돌조각은 세존의 발등에 떨어졌고 발등은 상처가 나서 피가 흘렀으며, 극심한 고뇌가 생겨났으나, 세존께서는 정진하는 힘으로써 이러한 고통을 막고서 게송을 설하여 말씀하셨다.

허공도 아니고 바다 속도 아니며
산속의 바위틈을 들어가도 아니고
하늘 위도 아니고 땅속도 아니며
업보를 막을 수가 없다네.

허공도 아니고 바다 속도 아니며
산속의 바위틈을 들어가도 아니고
하늘 위도 아니고 땅속도 아니며
전생 악업의 재앙은 벗어나지 못한다네.

이때 조달과 네 사람의 악하고 건강한 사람들이 처음으로 역죄(逆罪)를 지었다. 세존께서는 곧 올려보셨고 네 사람들은 사람이 잡으려는 것과 같아 두려웠으므로 달아났으나, 세존께서 네 사람을 부르셨다.

"이리 오게. 그대들을 위하여 설법하겠네."

곧 세존의 처소로 돌아와서 발에 머리숙여 예경하고 한쪽에 앉았다. 세존께서는 여러 종류로 설법하시어 보여주셨고 가르치셨으며 이익되고 기쁘게 하셨다. 보여주셨고 가르치셨으며 이익되고 기쁘게 하시고서 말씀하셨다.

"그대들은 떠나면서 왔던 길로 떠나가지 말게."

조달은 성내면서 다시 여덟 사람을 고용하여 가서 이 네 사람을 죽이라고 시켰다. 세존께서 그 여덟 사람을 보시고서 말씀하셨다.

"이리 오게. 그대들을 위하여 설법하겠네."

곧 세존의 처소로 돌아와서 발에 머리숙여 예경하고 한쪽에 앉았다. 세존께서는 여러 종류로 설법하시어 보여주셨고 가르치셨으며 이익되고 기쁘게 하셨다. 보여주셨고 가르치셨으며 이익되고 기쁘게 하시고서 말씀하셨다.

"동자들이여. 그대들은 떠나면서 왔던 길로 떠나가지 말게."

이때 조달이 다시 열여섯 사람을 보내어 그 여덟 사람을 죽이고자 하면서 말하였다.

"그대들은 가서 그 여덟 사람을 죽이게. 입을 막으려는 까닭이네."

세존께서는 멀리서 열여섯 사람을 보시고서 말씀하셨다.

"젊은이들이여. 이리 오게. 그대들을 위하여 설법하겠네."

곧 세존의 처소로 돌아와서 발에 머리숙여 예경하고 한쪽에 앉았다.

세존께서는 여러 종류로 설법하시어 보여주셨고 가르치셨으며 이익되고 기쁘게 하셨다. 보여주셨고 가르치셨으며 이익되고 기쁘게 하시고서 말씀하셨다.

"그대들은 떠나면서 왔던 길로 떠나가지 말게."

조달이 다시 서른두 사람을 보내면서 말하였다.

"그대들은 가서 그 열여섯 사람을 죽이게. 전하는 입을 없애려는 까닭이네."

세존께서는 멀리서 서른두 사람을 보시고서 말씀하셨다.

"젊은이들이여. 이리 오게. 그대들을 위하여 설법하겠네."

곧 세존의 처소로 돌아와서 발에 머리숙여 예경하고 한쪽에 앉았다. 세존께서는 여러 종류로 설법하시어 보여주셨고 가르치셨으며 이익되고 기쁘게 하셨다. 보여주셨고 가르치셨으며 이익되고 기쁘게 하시고서 말씀하셨다.

"그대들은 뜻을 따라서 떠나가게."

이때 여러 비구들이 석굴의 사방을 둘러쌌는데 서 있는 자도 있었고 앉아 있는 자도 있었으니, 조달이 세존을 해치려는 것을 두려워하였다. 세존께서는 비구들을 보시고 아시면서도 일부러 아난에게 물으셨다.

"여러 비구들이 무슨 까닭으로 석굴의 사방에 서 있고 앉아 있으면서 무엇을 기다리는가?"

대답하여 말하였다.

"세존이시여. 조달이 세존을 해치고자 합니다. 이러한 까닭으로 여러 비구들이 석굴의 사방을 둘러싸고서 서 있거나 앉아서 기다리고 있습니다. 원하옵건대 조달이 와서 세존을 해치지 못하게 하십시오."

세존께서는 아난에게 말씀하셨다.

"만약 조달이 능히 세존의 목숨을 해치고자 하더라도 이러한 곳은 없느니라. 만약 세존이 다른 인연으로 죽더라도 역시 이러한 곳은 없느니라."

이때 세존께서는 아난에게 말씀하셨다.

"그대는 따르는 비구들을 데리고 왕사성에 들어가서 항맥(巷陌)[5]이나, 시장 등 사람이 많이 모이는 곳에서 창언하라.

'조달이 지었던 일이 만약 몸으로 지었고, 입으로 지었더라도, <이것은 불사(佛事)이고, 법사(法事)이며, 승사(僧事)이다.>라고 말하지 마십시오. 이것은 바로 조달과 제자들이 지었던 일입니다.'"

아난은 가르침을 받들어 곧 따르는 비구들을 데리고 왕사성에 들어가서 항맥이나 시장 등 사람이 많이 모이는 곳에서 창언하였다.

"조달이 지었던 일이 만약 몸으로 지었고, 입으로 지었더라도, <이것은 불사이고, 법사이며, 승사이다.>라고 말하지 마십시오. 이것은 바로 조달과 제자들이 지었던 일입니다."

이와 같이 창언하였는데, 아사세 태자의 내궁(內宮)에 있던 대관(大官)들이 이러한 말을 듣고서 이렇게 생각을 지었다.

'사문 구담이 조달을 질투하는 까닭으로 이렇게 창언을 짓게 하는구나. 이러한 상인(上人)인 조달이 몸과 입으로 사악함을 짓겠는가?'

조달도 역시 사문 구담이 사람을 보내었고 왕사성에 들어가서 항맥이나 시장 등 사람이 많이 모이는 곳에서 "조달이 지었던 일이 만약 몸으로 지었고, 입으로 지었더라도, <이것은 불사이고, 법사이며, 승사이다.>라고 말하지 마십시오. 이것은 바로 조달과 제자들이 지었던 일입니다."라고 창언하였다는 것을 들었다. 듣고서 세존에 대한 성냄과 원한이 두 배로 증가하여 곧 아사세 태자의 처소로 나아가서 말하였다.

"그대가 부왕을 죽이시오. 나는 세존을 죽이겠소. 그대는 마갈국의 왕이 되고 나는 마땅히 부처가 된다면 이 마갈국에는 곧 새로운 왕과 새로운 부처가 있을 것이니, 역시 통쾌하지 않겠소?"

아사세 태자가 이러한 말을 듣고 그 마음에서 매우 기뻐하면서 조달의 말을 받아들였다. 어느 때에 병사왕이 마차를 몰고 원림의 가운데에 들어가서 유희하였고, 이때 태자는 예리한 검을 지니고 그 길목에서

---

5) 길거리와 골목을 합쳐서 부르는 말이다.

기다렸다. 그때 왕이 낮에 원림의 가운데에서 기악(伎樂)을 스스로가 즐겼고 저녁때에 궁전으로 돌아가고자 하였다. 왕이 가까이 왔으므로 곧 빈지라검(頻遲羅劍)을 사용하여 멀리서 왕에게 던졌으나 마차의 속도가 빨랐던 까닭으로 이러한 환란을 벗어날 수 있었다. 태자는 왕을 해치지 못한 까닭으로 곧바로 도주하였으나 많은 관리들이 찾았던 때였으므로 에워싸고 붙잡아서 데리고 왕의 처소로 나아갔다. 왕이 태자에게 말하였다.

"그대는 무엇을 짓고자 하였는가?"

대답하여 말하였다.

"왕의 목숨을 빼앗고자 하였습니다."

물어 말하였다.

"누구의 말을 수용하였는가?"

대답하여 말하였다.

"상인인 조달의 말을 수용하였습니다."

이때 여러 대신의 누구는 말하였다.

"일체의 사문 석자를 모두 때려죽여야 합니다."

누구는 말하였다.

"일체의 사문 석자가 무슨 죄가 있겠습니까? 마땅히 조달과 그 제자들을 죽여야 합니다."

누구는 말하였다.

"조달의 제자들이 무슨 죄가 있겠습니까? 조달만 죽여야 합니다."

누구는 말하였다.

"어찌하여 여러 사문 석자를 죽이고자 하고, 어찌하여 조달의 그 제자들을 죽이고자 하며, 어찌하여 조달을 죽이고자 하십니까? 대왕은 선량하고 어질며 부드러우시므로 마땅히 죽일 사람도 풀어주시는데, 어찌하여 여러 사문의 출가인들을 죽이고자 하십니까? 우리들은 어찌 이러한 일로써 대왕께 아뢰고서 왕의 가르침을 따라서 일을 다스리고 재판하지 않습니까? 어찌 우리들이 번민스럽게 스스로가 힘을 사용하겠습니까?"

왕은 궁전으로 돌아왔고, 이러한 일의 까닭으로 다스리는 자리에 앉았으며, 대신과 관속들도 모두 조정에 왔으며 조근(朝覲)[6]하고자 한쪽에 서 있었다. 왕이 말하였다.

"어제 일어난 일을 마땅히 어떻게 판결하여야 하오?"

대답하여 말하였다.

"누구 대신은 '일체의 사문 석자를 모두 마땅히 때려죽여야 합니다.'고 말하였고, 누구는 '일체의 사문 석자가 무슨 죄가 있겠습니까? 마땅히 조달과 그 제자들을 죽여야 합니다.'고 말하였으며, 누구는 '조달의 제자들이 무슨 죄가 있겠습니까? 조달만 죽여야 합니다.'라고 말하였고, 누구는 '어찌하여 여러 사문 석자를 죽이고자 하고, 어찌하여 조달의 그 제자들을 죽이고자 하며, 어찌하여 조달을 죽이고자 하십니까? 대왕은 선량하고 어질며 부드러우시므로 마땅히 죽일 사람도 풀어주시는데, 어찌하여 여러 사문의 출가인들을 죽이고자 하십니까? 우리들은 어찌 이러한 일로써 대왕께 아뢰고서 왕의 가르침을 따라서 일을 다스고 재판하지 않습니까? 어찌 우리들이 번민스럽게 스스로가 힘을 사용하겠습니까?'라고 말하였습니다."

왕이 말하였다.

"여러 사문 석자는 이전의 때에 사람을 보내어 창언하였소. '조달이 지었던 일이 만약 몸으로 지었고, 입으로 지었더라도, <이것은 불사이고, 법사이며, 승사이다.>라고 말하지 마십시오. 이것은 바로 조달과 제자들이 지었던 일입니다.' 이러한 일의 이전에 이미 창언하여 말하였소."

왕은 대신인 누구는 "일체의 사문 석자를 모두 마땅히 때려죽여야 한다."는 말을 들었으나 왕은 옳다고 말하지 않았고, 누구는 "여러 사문 석자가 무슨 죄가 있겠는가? 조달과 그 제자들을 죽여야 한다."는 말한 것을 들었으나 역시 왕은 옳다고 말하지 않았으며, 누구는 "조달의 제자들이 무슨 죄가 있겠는가? 조달만 죽이면 된다."고 말한 것도 역시 왕은

---

6) 신하가 왕을 보는 것을 가리킨다.

옳다고 말하지 않았다. 누구는 "어찌하여 여러 사문 석자를 죽이고자 하고, 어찌하여 조달의 그 제자들을 죽이고자 하며, 어찌하여 조달을 죽이고자 하십니까? 대왕은 선량하고 어질며 부드러우시므로 마땅히 죽일 사람도 풀어주시는데, 어찌하여 여러 사문의 출가인들을 죽이고자 하십니까? 우리들은 어찌 이러한 일로써 대왕께 아뢰고서 왕의 가르침을 따라서 일을 다스리고 재판하지 않습니까? 어찌 우리들이 번민스럽게 스스로가 힘을 사용하겠습니까?"라고 말한 것을 왕은 옳다고 말하였고 취락·밭·집·재물을 상으로 하사하였다. 이때 왕이 스스로가 태자에게 물었다.

"그대는 무엇을 짓고자 하였는가? 곧 부끄러움을 없애주겠노라."

태자가 대답하였다.

"저는 왕의 목숨을 빼앗고자 하였습니다. 왜 그러한가? 왕에게는 행차를 알리는 왕의 북이 있고, 왕의 기악(伎樂)이 있으며, 왕의 일산이 있고, 앞에서 인도하면서 물을 뿌리는 금병(金甁)이 있으나, 저에게는 왕의 북도 왕의 기악도 왕의 일산도 앞에서 인도하면서 물을 뿌리는 금병도 없습니다."

왕은 곧 태자에게 왕의 북·왕의 기악·왕의 일산·왕이 행차할 때에 물을 뿌리는 금병을 주었다. 이때에 두 명의 왕이 왕의 북을 쳤고, 두 명의 왕이 길을 외쳤으며, 두 명의 왕이 일산을 썼고, 두 명의 왕이 앞에서 물을 뿌리는 금병을 지니게 되었다. 나라를 다스리는 법은 일체 사람의 뜻을 따를 수 없는 것이다. 병사왕이 이전에 도를 얻지 않았을 때에는 악하게 지으면서 백성들의 뜻을 따르지 않았으므로 이러한 여러 백성들은 마음속으로 원한을 품었으며 이렇게 생각을 지었다.

'마땅히 갚을 때에 이르렀다.'

이러한 악인들이 아사세왕에게 친근하며 아뢰어 말하였다.

"어찌 나라의 가운데에 두 명의 주인이 있습니까?"

아사세왕이 말하였다.

"어찌하여 두 명의 주인이라고 말하시오?"

대답하여 말하였다.

“두 명의 왕이 북을 치고, 두 명의 왕이 기악을 울리며, 두 명의 왕이 일산을 지녔고, 두 명의 왕이 행차하는 때에 물을 뿌리는 금병을 지녔으며, 두 명의 왕이 도로의 앞에서 외치고 있습니다. 그대의 부왕이 뒤에 만약 나라를 다시 다스리고자 하는 때에는 마땅히 그대의 목숨을 빼앗고 혼자 스스로가 왕을 지을 것이니, 그대는 마땅히 방편으로 부왕을 다스리십시오.”

아사세왕은 듣고서 마음으로 기뻐하며 받아들였다. 그는 곧 대신과 관인에게 칙명하여 부왕을 잡아서 감옥에 가두게 하였고, 대신은 가르침을 받들어 곧바로 잡아서 견고한 감옥에 가두었다. 대왕은 선량하고 어질며 부드러웠으므로 백천만의 사람들이 여러 음식을 가지고 가서 대왕을 문신하였고, 대왕은 이것을 먹으면서 스스로가 살아갔다. 며칠이 지나서 아사세왕이 물었다.

“대왕은 아직도 살아 있는가?”

대답하여 말하였다.

“살아 있습니다.”

“어떻게 살아 있는가?”

대답하여 말하였다.

“문신하는 사람들이 음식을 주어서 살아 있습니다.”

아사세왕은 곧 감옥의 관리에게 칙명하였다.

“지금부터는 사람이 들어가는 것을 허락하지 말라.”

뒤에 병사왕의 부인들이 몰래 음식을 가지고 들어갔고 왕은 그것을 먹으면서 살았다. 며칠이 지나서 아사세왕은 다시 물어 말하였다.

“대왕이 살아 있는가?”

대답하여 말하였다.

“살아 있습니다.”

“어떻게 살아 있는가?”

대답하여 말하였다.

"병사왕의 부인들이 있었고 와서 음식을 주었던 까닭입니다."

곧 감옥의 관리에게 칙명하여 부인들이 들어가는 것을 허락하지 않았다. 대부인(大夫人)이 있어 대왕을 깊이 공경하였으므로 음식으로서 몸에 바르고 그 위에다 다시 옷을 입고, 감옥의 가운데에 들어갔으며 옷을 벗고서 병사왕에게 음식을 주어 살아가게 하였다. 며칠이 지나서 아사세왕이 다시 물었다.

"부왕이 살아 있는가?"

대답하여 말하였다.

"살아 있습니다."

"어떻게 살아 있는가?"

대답하여 말하였다.

"대부인께서 찾아오시는 인연으로 음식을 얻었고 살아 있습니다."

아사세왕이 말하였다.

"대부인도 들어가도록 허락하지 말라."

병사왕은 감옥의 가운데에 멀리 기사굴산을 바라보았다. 대왕은 세존과 승가인 사리불·목련·아나율·금비라·난제가 산을 오르내리는 것을 보았다. 대왕은 멀리서 세존과 승가를 볼 수 있었고 환희하였던 까닭으로 살아갈 수 있었다. 며칠이 지나서 아사세왕은 다시 물어 말하였다.

"대왕이 살아 있는가?"

대답하여 말하였다.

"살아 있습니다."

"어떻게 살아 있는가?"

대답하여 말하였다.

한 대신이 실부하는 마음에서 대답하여 말하였다.

"멀리서 세존과 승가를 바라볼 수 있었던 까닭으로 살아있습니다."

왕은 곧 칙명하여 막았고 볼 수 없게 하였다. 제불의 상법은 인연이 있어 성으로 들어가는 때라면 이와 같은 신통력이 나타나는 것이다. 코끼리들이 길게 울고, 말들이 슬프게 울며, 여러 소가 울부짖고, 고니·공작

·앵무·사리조(舍利鳥)·구기라조(俱耆羅鳥)·성성(猩猩) 등의 온갖 새들이 아름다운 소리로 노래하였으며, 큰북·작은북·공후(箜篌)·아쟁(箏)·피리·비파·퉁소(簫)·거문고(瑟)·필율(篳篥)[7]·뇨발(鐃鈸)[8] 등이 연주하지 않아도 저절로 소리를 내었고, 여러 귀인의 집에서 소유한 금은·보배의 그릇이나 안팎의 장엄구 등이 만약 상자 속에 있더라도 자연스럽게 소리를 내었으며, 장님이 앞을 보게 되었고, 귀머거리가 듣게 되었으며, 벙어리가 말을 하였고, 앉은뱅이는 등이 펴졌으며, 절름발이는 손발이 펴졌고, 사팔뜨기가 바로 보았으며, 병든 자는 고통이 없어지고 안락함을 얻었고, 악독한 자는 독함이 사라졌으며, 미친 자는 멈추었고, 살인하려는 자는 살인을 벗어났으며, 훔치려는 자는 도둑질을 벗어났고, 사음하는 자는 사음하지 않았으며, 망어(妄語)하는 자는 망어하지 않았고, 양설(兩舌)하고 악구(惡口)하며 기어(綺語)하는 자는 기어하지 않았으며, 탐욕스럽던 자는 탐하지 않았고, 성내던 자는 성내지 않았으며, 사견(邪見)자는 사견을 버렸고, 뇌옥에 갇혀 가쇄(枷鎖)[9]와 뉴계(杻械)[10]에 묶인 자는 모두 풀어졌으며, 무척 소란스럽던 곳은 모두 조용해졌고, 선근을 심지 못한 자는 심었으며, 이미 심은 자는 더욱 증장되었고, 이미 증장된 자는 해탈을 얻었으며, 여러 감추어진 보물들이 모두 자연히 드러나는 것이다. 이와 같이 희유한 일들이 여러 중생들에게 이익을 생겨나게 한다.

이때 세존께서는 왕사성에 들어가시면서 오른쪽 발로서 문지방을 밟으셨는데, 이와 같은 여러 종류의 상서로운 감응이 모두 나타났다. 병사왕은 일찍이 이러한 모습을 보았으므로 세존께서 마땅히 성안에 들어오신 것을 알았다. 병사왕은 누각의 틈으로 향하였고 서서 구멍으로 세존께서

---

7) 관악기의 하나로 관(管)이 굵은 큰 피리를 가리킨다.

8) 무율타악기(無律打樂器)의 하나로 동발(銅鈸) 또는 향발(響鈸)이라 부른다. 일반적으로 자바라(啫哱囉)·바라(哱囉)·제금(提金)으로 알려졌으며, 법회(法會) 때 쓰이는 바라의 다른 이름이다. 본래 요(鐃)와 발(鈸)의 두 악기였으나, 현재는 합쳐서 한 악기로 되었다.

9) 목에 칼을 씌우는 것을 가리킨다.

10) 발에 쇠고랑을 채우는 것을 가리킨다.

성안에 들어오시는 것을 보았다. 왕은 성도(聖道)를 얻었으므로 세존과 승가를 보고 환희하였던 까닭으로 살아 있었다. 며칠이 지나서 아사세왕은 다시 물어 말하였다.

"대왕이 살아 있는가?"

대답하여 말하였다.

"살아 있습니다."

"어떻게 살아 있는가?"

대답하여 말하였다.

여러 대신이 질투하는 마음에서 대답하여 말하였다.

"세존께서 성안으로 들어오시면서 신통력으로 기적을 나타내셨는데, 부왕께서 틈새의 구멍으로 세존을 보았던 까닭으로 살아 있습니다."

아사세왕이 말하였다.

"날카로운 칼로써 대왕의 발바닥을 자르고 가죽으로 단단히 묶어서 움직이지 못하게 하시오."

대신은 가르침을 받들어 대왕의 발바닥을 자르고 단단하게 묶어서 움직이지 못하게 하였다. 왕은 이러한 까닭으로 하루를 누워있었고 야위고 병이 심하였다. 또한 한때에 아사세왕이 모친과 함께 음식을 먹었는데, 왕에게 한 아들이 있었으며, 우타야발타(優陀耶跋陀)라고 이름하였다. 그는 길모퉁이에서 강아지와 함께 놀고 있었으므로 왕이 물었다.

"우타야발타는 지금 어느 곳에 있는가?"

대답하여 말하였다.

"길에서 강아지와 함께 놀고 있습니다."

"불러오게. 내가 함께 음식을 먹고자 하네."

곧 강아지를 끌어안고 함께 들어왔다. 왕자가 먹지 않았으므로 왕이 말하였다.

"무슨 까닭인가?"

왕자가 말하였다.

"왕께서 제가 강아지에게 음식을 주는 것을 허락하시고 그와 같다면 음식을 먹겠습니다."

왕이 말하였다.

"뜻대로 하라."

왕자는 스스로가 음식을 가지고 개에게 주었다. 왕이 모친에게 말하였다.

"내가 난처한 일을 지었습니다. 왜 그러한가? 나는 관정찰리대왕(澆頂刹利王)인데 자식을 사랑하는 까닭으로 개와 함께 음식을 먹습니다."

모친이 말하였다.

"이것은 난처한 일을 지은 것이 아니오. 왜 그러한가? 개고기를 먹는 사람도 있는데 음식을 준다고 무엇이 이상하겠소? 그대의 아버지가 아주 난처한 일을 하였던 것을 알고 있으시오?"

왕이 말하였다.

"무슨 난처한 일을 지었습니까?"

모친이 말하였다.

"그대의 나이가 어렸던 때에 손가락에 종기가 생겨났고 심하게 고통을 받아 밤낮으로 잠을 자지 못하였네. 그대의 아버지는 그대를 안아다가 무릎 위에 앉혀놓고 손가락을 입에 물고 계셨었네. 대왕은 몸이 부드러웠으므로 그대는 편안하게 잠을 잤고 입안이 따뜻하였던 까닭으로 종기가 익어서 고름이 흘러나왔네. 대왕께서는 마음속으로 손가락을 빼내어 고름을 뱉는다면 다시 자식의 고통이 심해진다고 생각하여 곧 따라서 고름을 삼켰었네. 그대의 아버지는 이러한 난처한 일도 지었으니, 원하건대 그대가 이때에 풀어주시게."

왕은 듣고서 묵연하였고, 모친은 석방하라고 말하였다. 궁중에서 대왕이 석방되었다는 소리가 들렸고, 항맥의 여러 곳에서 대왕이 풀려났다고 들렸다. 대왕이 어질고 현명하였던 까닭에 백천의 종족의 사람들이 모두 선량하다고 찬탄하면서 함께 감옥에 이르러 각자 이렇게 말하였다.

"대왕께서 나오게 되셨습니다."

대왕은 듣고서 이렇게 생각을 지었다.

'내 아들은 악하고 거스르며 자비심이 없다. 마땅히 다시 무슨 일로 나를 다스릴지 모르겠구나.'

이렇게 생각을 짓고서 스스로가 평상 아래로 몸을 던졌고 곧 목숨이 끊어졌다. 이때 아사세왕은 부왕의 목숨을 빼앗았고 대역죄를 얻었다.

세존께서는 왕사성 기사굴산의 가운데에서 대비구 500명과 함께 머무르셨다.

그때 세존께서는 오전에 옷과 발우를 지니고 왕사성에 들어가서 걸식하셨고, 걸식을 마치시고 다시 기사굴산으로 돌아오시어 7일의 가운데에서 가부좌를 맺으시고 선정의 즐거움을 받으셨다. 7일이 지나가면 오전에 옷과 발우를 지니고 성으로 들어가셨는데 걸식하려는 까닭이었다. 이때 조달은 '구담 사문이 왕사성 기사굴산의 가운데에서 대비구 500명과 함께 머물고 있고, 구담은 오전에 옷과 발우를 지니고 왕사성에 들어가서 걸식하며, 걸식을 마치면 기사굴산으로 돌아가서 7일의 가운데에서 가부좌를 맺으시고 선정의 즐거움을 받으며, 7일이 지나가면 오전에 옷과 발우를 지니고 성으로 들어가는데 걸식하려는 까닭이다.'는 것을 들었다.

이때 아사세왕에게 코끼리가 있었고 수재(守財)라고 이름하였는데, 흉악하고 힘이 많아서 사방에 상대가 없었다. 이때 조달이 500금전을 가져다가 코끼리 조련사에게 주면서 말하였다.

"그대는 왕이 나를 공경스럽게 대하는 것을 아는가? 나는 지금 사람에게 능히 손해를 줄 수도 있고 이익을 줄 수도 있네. 이 500금전을 지금 그대에게 모두 주겠네. 만약 일의 결과가 성취된다면 크게 농토와 주택과 사람들을 공급하도록 돕겠네."

물어 말하였다.

"무슨 일입니까?"

대답하여 말하였다.

"사문 구담이 대비구 500명과 함께 기사굴산에 머물고 있네. 사문 구담은 오전에 옷과 발우를 지니고 왕사성에 들어가서 걸식하고, 걸식을 마치면 다시 기사굴산으로 돌아가서 7일의 가운데에서 가부좌를 맺으시고 선정의 즐거움을 받네. 7일이 지나가면 오전에 옷과 발우를 지니고 성으로 들어가는데 걸식하려는 까닭이네. 그대는 능히 술로서 코끼리에게 주어 취하게 하고서 족쇄를 풀고 고삐를 끊어서 사문 구담의 목숨을 끊을 수 있겠는가?"

코끼리 조련사가 대답하여 말하였다.

"할 수 있습니다. 이것은 작은 일입니다. 이 코끼리는 나에게 귀속되어 생각으로 은혜를 잊지 않습니다."

조달이 말하였다.

"내가 듣기에는 사문 구담은 곧 7일 뒤에 마땅히 성으로 들어올 것이네."

곧 손가락을 구부려 헤아렸다. 7일의 때에 이르러 코끼리에게 술을 주어 취하게 하였고 묶어두고 머무르면서 세존을 기다렸다.

제불의 상법은 큰 인연이 있어 성으로 들어가는 때라면 이와 같은 신통력이 나타나는 것이다. 코끼리들이 길게 울고, 말들이 슬프게 울며, 여러 소가 울부짖고, 고니·공작·앵무·사리조·구기라조·성성 등의 온갖 새들이 아름다운 소리로 노래하였으며, 큰북·작은북·공후·아쟁·피리·비파·퉁소·거문고·필율·뇨발 등이 연주하지 않아도 저절로 소리를 내었고, 여러 귀인의 집에서 소유한 금은·보배의 그릇이나 안팎의 장엄구 등이 만약 상자 속에 있더라도 자연스럽게 소리를 내었으며, 장님이 앞을 보게 되었고, 귀머거리가 듣게 되었으며, 벙어리가 말을 하였고, 앉은뱅이는 등이 펴졌으며, 절름발이는 손발이 펴졌고, 사팔뜨기가 바로 보았으며, 병든 자는 고통이 없어지고 안락함을 얻었고, 악독한 자는 독함이 사라졌으며, 미친 자는 멈추었고, 살인하려는 자는 살인을 벗어났으며, 훔치려는 자는 도둑질을 벗어났고, 사음하는 자는 사음하지 않았으며, 망어하는 자는 망어하지 않았고, 양설하고 악구하며 기어하는 자는 기어하지 않았으며, 탐욕하던 자는 탐하지 않았고, 성내던 자는 성내지 않았으며, 사견자는 사견을 버렸고, 뇌옥에 갇혀 가쇄와 뉴계에 묶인 자는 모두 풀어졌으며, 무척 소란스럽던 곳은 모두 조용해졌고, 선근을 심지 못한 자는 심었으며,

이미 심은 자는 더욱 증장되었고, 이미 증장된 자는 해탈을 얻었으며, 여러 감추어진 보물들이 모두 자연히 드러나는 것이다. 이와 같이 희유한 일들이 여러 중생들에게 이익을 생겨나게 한다.

코끼리 조련사는 일찍이 이러한 모습을 보았으므로 세존께서 성에 들어오신 것을 알았고 세존을 해치고자 코끼리의 족쇄를 풀어서 떠나가게 하였으므로 능히 막을 수가 없었다. 이 코끼리는 얼굴에 세 개의 종기가 있었고 취하였으므로 미쳐서 날뛰면서 짓밟았다. 백천만의 대중들이 모두 크게 두려워하면서 집안으로 들어가는 자도 있었고, 가려진 곳에 있었으므로 항맥에는 세존과 제자들을 제외하고는 모두가 비워졌다. 누구 현자(賢者)는 수재 코끼리가 세존께서 계신 곳으로 다가오는 것을 멀리서 보고 세존께 아뢰어 말하였다.

"세존이시여. 이 코끼리는 술을 마셔서 취했습니다. 코끼리는 이미 묶어놓은 족쇄를 벗어나서 세존을 해치고자 달려오고 있으나 능히 막을 수 없습니다. 원하건대 세존께서는 집 안으로 들어가시거나, 만약 성 밖으로 돌아가십시오. 이 코끼리가 불·세존의 목숨을 해치지 못하게 하십시오."

세존께서는 말씀하셨다.

"만약 수재 코끼리가 세존의 목숨을 빼앗는 것의 이러한 것은 없습니다. 만약 세존이 다른 인연으로 죽는 이러한 것도 역시 없습니다."

이 현자는 마음으로 크게 환희하면서 말하였다.

"만약 수재 코끼리가 능히 세존의 목숨을 빼앗는 이러한 것은 없습니다. 만약 세존께서 다른 인연으로 죽는 이러한 것도 역시 없습니다."

이때 여러 사람들은 옥상이나 누각 위에 가운데를 향하여 서 있으면서 큰소리를 지었나. 이때 누구 불신하는 사는 말하였다.

"이 수재 코끼리가 혹은 세존을 능히 해칠 것이다."

누구 믿는 자는 말하였다.

"이 수재 코끼리가 능히 세존을 능히 해치는 이러한 것은 없다."

코끼리는 멀리서 세존을 보고 곧바로 이빨을 세우고 코를 치켜들었으며 꼬리를 곧게 세웠고 귀를 활짝 펼치고서 세존께서 계신 곳을 향해 힘차게 달려들었다. 여러 비구들은 코끼리가 오는 것을 멀리서 보고 모두 크게 놀랐으며 세존을 버리고 달아났으나, 오직 아난 한 사람만 예외였다. 코끼리가 달려와서 세존을 핍박하였으나, 세존께서는 곧 자비삼매(慈悲三昧)의 힘으로서 이 코끼리가 취한 것에서 곧 깨어나게 하셨으므로, 코끼리는 세존께 머리숙여 예경하고 코로서 세존의 발을 닦아드렸다. 세존께서는 오른손으로 그 머리를 어루만지면서 곧 게송을 설하여 말씀하셨다.

세존께서 기다란 팔과
유연한 바퀴모양의 손으로서
코끼리 머리를 쓰다듬어 교화하시니
아버지가 그 자식을 가르치는 것과 같다네.

세존께서는 큰 코끼리에게
악업을 일으키지 않을 것이니
악업을 일으키는 자는
좋은 곳에 태어나지 못한다고 말씀하셨네.

이라원(伊羅轅) 코끼리와
발타화(跋陀和) 코끼리와
제라차(提羅遮) 코끼리와
혜마화(醯摩和) 코끼리와
사나움(兇行) 있는 코끼리와
우왕(牛王) 코끼리와
천상의 코끼리 등도 세존께 예경하였네.

방일하게 희롱하지 않을 것이니
방일하게 희롱한다면

좋은 곳에 태어나지 못하고
만약 그대가 방일하지 않는다면
마땅히 천상에 태어나리라.

세존께서는 게송을 말씀하시고서, 수재 코끼리를 위하여 설법하시어 보여주셨고 가르치셨으며 이익되고 기쁘게 하셨다. 보여주셨고 가르치셨으며 이익되고 기쁘게 하시고서 묵연하셨다. 이때 수재 코끼리는 세존을 좇아서 법을 들었던 까닭으로 마음으로 참회하고 눈물을 흘리면서 세존의 발에 머리숙여 예경하고 오른쪽으로 돌면서 떠나갔다. 이때 여러 사람들은 세존께서 악한 코끼리를 절복시킨 희유한 일을 들었던 까닭으로 무량한 대중이 모였다. 세존께서는 무량한 대중이 모인 것을 보시고 아난에게 알려 말씀하셨다.

"그대는 나를 위하여 자리를 펼치고 물을 준비하게."

아난은 가르침을 받들어 곧 이곳에 자리를 펼치고 물을 준비하였으며, 합장하고 세존께 아뢰어 말하였다.

"세존이시여. 이미 자리를 펼치고 물을 준비하였습니다. 세존께서는 스스로가 때인 것을 아십시오."

세존께서는 곧 발을 씻으시고 나아가서 펼쳐진 자리에 앉으셨다. 곧 선정에 들어가서 이 처소에서 사라져서 동방의 허공에 나타나시어 앉고 서며 가고 눕는 네 가지 위의를 나타내셨다. 화광삼매(火光三昧)에 들어가시어 여러 종류의 색깔인 광명을 나타내셨으니, 푸른색·노란색·빨간색·흰색·주홍색·자주색·비취색 등이었다. 아래쪽으로 불을 뿜었고 위쪽으로는 물을 뿜으셨으며, 다시 몸의 위쪽으로 불을 뿜었고 아래쪽으로 물을 뿜으셨으며, 남방·서방·북방에서도 역시 이와 같으셨다. 이와 같은 여러 종류의 신통력을 나타내시고서 돌아와서 본래 자리에 앉으셨다.

앉으시는 때에 많은 사람들은 이전에는 싫어함과 두려운 마음을 품었더라도, 세존의 신통한 변화와 술에 취한 코끼리를 조복시키는 것을 보고 곧 세존에게 깊은 신심과 공경이 생겨났다. 세존께서는 이 중생들이 깊은 신심을 내어 그 마음이 유순해진 것을 아시고 그 근기에 맞추어 도제법(道諦法)을 말씀하셨다. 이 가운데에서 난법(暖法)을 얻은 자도 있었고, 정법(頂法)을 얻은 자도 있었으며, 순도인법(順道忍法)을 얻은 자도 있었고, 탐·진·치의 3독(毒)이 엷어진 자도 있었으며, 욕망을 벗어난 자도 있었고, 세제일법(世第一法)을 얻은 자도 있었으며, 수다원과를 얻은 자도 있었고, 사다함과를 얻은 자도 있었으며, 아나함과를 얻은 자도 있었고, 성문승(聲聞乘)의 인연을 심은 자도 있었으며, 벽지불승(辟支佛乘)의 인연을 심은 자도 있었고, 불승(佛乘)의 인연을 심은 자들도 있었다. 이와 같이 무량한 중생을 이롭게 하셨고 세존께서는 이날에 음식을 드시지 않고 아난의 팔을 잡고서 곧 허공을 날아 기사굴산으로 돌아왔다. 여러 비구들은 세존께서 돌아오셨으므로 모두 세존의 처소로 나아가서 세존의 발에 머리숙여 예경하고 물러나서 한쪽에 앉았으며 세존께 아뢰어 말하였다.

"희유합니다. 세존이시여. 이와 같이 급하고 두려운 때에도 아난은 세존을 버리지 않았습니다."

세존께서는 여러 비구들에게 말씀하셨다.

"아난은 다만 금생에 위급하고 두려운 때에 세존을 버리지 않은 것이 아니고, 나아가 과거의 세상에서 위급하고 두려운 때에 세존을 버리지 않았느니라. 지금 마땅히 그것을 설하겠노라.

과거의 세상에서 설산 근처의 아래에 사슴왕이 있었고 위덕(威德)이라고 이름하였는데, 500마리 사슴의 왕이었느니라. 이때 사냥꾼이 있었고 곡식을 놓아두고 그물을 쳐놓았는데, 사슴왕이 앞에 가면서 오른쪽 다리가 거친 그물에 걸렸고, 사슴왕은 마음으로 생각하였다.

'만약 내가 이러한 모습을 드러내 보인다면 곧 여러 사슴들은 감히 곡식을 먹지 못할 것이다. 반드시 곡식을 모두 먹었다면 나아가 모습을 보여주겠다.'

다리의 모습을 보여주는 때에 여러 사슴은 모두 떠나갔으나, 오직 한 마리 암사슴이 머무르면서 게송으로 말하였다.

대왕은 마땅히 아십시오.
이 사냥꾼이 오고 있으니
원하건대 부지런히 방편으로
이러한 그물을 벗어나십시오.

이때 사슴왕은 게송으로서 대답하여 말하였다.

나는 부지런한 방편으로
기력은 이미 없어졌고
거친 그물은 더욱 조여오니
능히 벗어날 수가 없다네.

이때 암사슴은 사냥꾼이 가까이 다가오는 것을 보고 거듭 게송으로 설하여 말하였다.

대왕은 마땅히 아십시오.
이 사냥꾼이 오고 있으니
원하건대 부지런히 방편으로
이러한 그물을 벗어나십시오.

사슴왕은 대답하여 말하였다.

나는 부지런한 방편으로
기력은 이미 없어졌고
거친 그물은 더욱 조여오니
능히 벗어날 수가 없다네.

암사슴은 사냥꾼이 이르렀으므로 향하여 게송으로 설하여 말하였다.

그대는 예리한 칼로써
먼저 나부터 죽이고
다음에는 원하건대 사슴왕을
놓아주어 떠나가게 하십시오.

사냥꾼은 그것에 애민하고 희유한 생각이 생겨났고, '축생도 다른 동물을 깊이 사랑하는 까닭으로 능히 그 목숨을 내놓는구나.'라고 생각하였으며, 게송으로서 대답하여 말하였다.

나는 결국 그대를 죽이지 않고
역시 사슴왕도 죽이지 않겠으며
그대와 사슴왕을 놓아주겠으니
뜻을 따라서 기꺼이 떠나가라.

사냥꾼은 곧 때에 사슴왕을 풀어주었느니라."

세존께서는 여러 비구들에게 말씀하셨다.

"옛날의 사슴왕이 어찌 다른 사람이겠는가? 다르게 바라보지 말라. 곧 나의 몸이었고, 500마리의 사슴은 곧 그대들 500비구들이니라. 그대들은 과거의 세상에서 위급하고 두려운 때에 나를 버리고 떠나갔고, 금생에도 역시 위급하고 두려웠던 때에도 나를 버리고서 떠나갔다. 그때의 사냥꾼은 곧 수재 코끼리이니, 과거의 세상에서도 나를 해치지 않았고 지금의 세상에서도 역시 나를 해치지 않았다. 그때의 암사슴은 아난이니, 과거의 세상에서 급하고 두려웠던 때에도 나를 버리고 떠나가지 않았고 지금의 세상에서 급하고 두려웠던 때에도 나를 버리고 떠나가지 않았느니라."

세존께서는 곧 이 인연으로서 두 번째의 본생담(本生譚)을 말씀하셨다. 세존께서는 말씀하셨다.

"과거의 세상의 때에 바라내성(波羅奈城)이 있었고 성의 주변에 한 연못이 있었느니라. 연못은 우성(雨成)이라고 이름하였는데, 이 연못의 가운데에는 물이 많고 물고기도 많았으며 거북도 많았고 거위·기러기·오리도 많았다. 이 가운데 기러기왕이 있어 치국(治國)이라고 이름하였고, 500마리 기러기의 주인이 되었다. 이때 사냥꾼이 있었고 곡식을 놓아두고 그물을 쳐놓았는데, 기러기왕이 앞에 가면서 오른쪽 다리가 쳐놓은 그물에 걸렸다. 기러기왕은 마음으로 생각하였다.

'만약 내가 이러한 다리를 보여준다면 곧 여러 기러기들은 감히 곡식을 먹지 못할 것이다. 반드시 곡식을 모두 먹는다면 뒤에 마땅히 모습을 보여주겠다.'

곧바로 다리의 모습을 보여주는 때에 여러 기러기는 왕을 버려두고 날아서 떠났으나, 오직 한 대신이 있어 소마(蘇摩)라고 이름하였는데, 왕을 버리고 떠나가지 않았다. 치국 기러기왕이 대신에게 말하였다.

"내가 그대에게 왕위를 물려주겠소. 여러 기러기들을 앞에서 행하시오."

대답하여 말하였다.

"할 수 없습니다."

물어 말하였다.

'무슨 까닭인가?'

그때 대신이 게송으로서 대답하여 말하였다.

나의 소원은 왕을 따르는 것이고
죽거나 살아도 변하지 않을 것이며
오히려 왕과 함께 죽는 것이
차라리 떠나가서 사는 것보다 수승하다네.

대왕은 마땅히 아십시오.
이 사냥꾼이 오고 있으니
원하건대 부지런히 방편으로
이러한 그물을 벗어나십시오.

이때 기러기왕이 게송으로 대답하였다.

나는 부지런한 방편으로
기력은 이미 없어졌고
거친 그물은 더욱 조여오니
능히 벗어날 수가 없다네.

이때 기러기 대신은 사냥꾼이 가까이 다가오는 것을 보고 거듭 게송으로 설하여 말하였다.

대왕은 마땅히 아십시오.
이 사냥꾼이 오고 있으니
원하건대 부지런히 방편으로
이러한 그물을 벗어나십시오.

이때 기러기왕이 게송으로서 대답하여 말하였다.

나는 부지런한 방편으로
기력은 이미 없어졌고
거친 그물은 더욱 조여오니
능히 벗어날 수가 없다네.

소마 대신은 사냥꾼이 이르렀으므로 향하여 게송으로 설하여 말하였다.

대왕의 털과 기름과 고기는
나의 것과 다르지 않으므로
그대는 칼로써 나를 죽이고
왕을 놓아주어도 손해가 없다네.

이때 이 사냥꾼은 이렇게 생각을 지었다.

'축생도 다른 동물을 깊이 사랑하는 까닭으로 능히 그 목숨을 내놓는구나.'

이렇게 생각을 짓고서 기러기 대신에게 말하였다.

'나는 그대들 모두를 죽이지 않을 것이다. 그대와 왕을 놓아주겠으니 뜻을 따라서 기꺼이 떠나가라.'

이 두 기러기는 조금 떨어진 곳에서 함께 서로가 의논하여 말하였다.

"우리의 목숨을 살려주었는데, 이 사냥꾼은 희유한 일을 지었소. 만약 먼저 하나를 죽이고 나중에 또 하나를 죽이더라도 누가 능히 막을 수 있겠는가? 우리가 생활용품으로 마땅히 많이 보답해야 하오."

사냥꾼이 듣고서 물어 말하였다.

"그대들이 능히 떠날 수 없다고 말하는가?"

두 마리의 기러기가 대답하여 말하였다.

"우리는 능히 떠날 수 있습니다. 다만 그대가 우리의 목숨을 살려주었던 희유한 일을 함께 말하고 있었습니다. 만약 그대가 먼저 하나를 죽이고 나중에 하나를 죽였더라도 누가 막을 수 있었겠습니까? 우리가 생활용품으로 마땅히 많이 보답하겠습니다."

사냥꾼이 기러기에게 물었다.

"그대들은 축생인데 무슨 생활용품을 이용하여 나에게 보답하겠는가?"

두 마리의 기러기가 대답하여 말하였다.

"바라내국의 왕은 범덕(梵德)이라고 이름합니다. 그대는 우리를 가지고 바치십시오."

이때 사냥꾼이 말하였다.

"그가 혹은 그대를 해칠 수 있는데 어찌 바치셌는가?"

기러기가 말하였다.

"그대는 우리를 묶지 말고 다만 풀어서 데리고 가십시오."

이때 사냥꾼은 두 마리 기러기를 두 어깨의 위에 얹고서 성안의 항맥을 지나갔다. 이 기러기는 단정하여 많은 사람들이 보고서 즐겼고, 많은 사람들이 애념(愛念)하였다. 대중 가운데에서 누가 말하였다.

"나는 그대에게 5금전을 주겠소."

누가 말하였다.

"10금전을 주겠소. 20금전을 주겠소."

모두가 말하였다.

"잠시 죽이지 말고 기다리시오."

이 사람이 왕궁에 이를 무렵에는 많은 재물을 얻었다. 사냥꾼이 왕궁의 문에 이르러 기러기를 땅에 내려놓았다. 기러기왕이 수문자(守門者)에게 말하였다.

"그대는 범덕왕께 치국 기러기왕이 지금 문 밖에 있다고 전하시오."

곧 가서 왕에게 아뢰었고 왕은 곧 들어오도록 허락하였으며 금평상을 펼쳐놓았고, 소마 대신에게는 마땅히 신분에 따랐다. 함께 서로가 문신하고서 뒤에 자리에 앉았으며 게송으로서 범덕왕에게 문신하여 말하였다.

옥체(玉體)는 안은하시고
나라는 풍족하시며
여법하게 백성을 교화하시고
평등한 마음으로 나라를 다스리십니까?

이때 범덕왕이 게송으로서 대답하여 말하였다.

나는 항상 스스로가 안은하고
나라는 항상 풍요(豐寧)로우며
법으로서 백성을 교화하고
평등한 마음으로 치우치지 않습니다.

이와 같이 마주하고 500의 게송을 주고받았다. 범덕왕은 그가 말하는 것을 듣고 이렇게 생각을 지었다.

'기러기왕이 나아가 그렇게 밝게 통달하였는가?'

소마 대신은 때에 묵연히 머물렀으므로 범덕왕이 말하였다.

"그대는 무슨 까닭으로 묵연한가?"

대신이 대답하여 말하였다.

"그대는 인간의 국왕이시고, 이 기러기왕은 피택국(陂澤國)의 주인이십니다. 두 군주께서 함께 말씀하시는데 어찌 감히 끼어들겠습니까?"

왕은 이렇게 생각을 지었다.

'이 기러기는 현명한 신하구나.'

말하였다.

"소마여. 나에게는 좋은 원림이 있네. 그대가 능히 가운데에 머물겠는가? 마땅히 다시 여러 기러기들을 모으고서 그대들을 위해 연못을 만들며, 그대들이 좋아하는 음식을 주겠노라."

대답하여 말하였다.

"그럴 수 없습니다."

왕이 물었다.

"무슨 까닭인가?"

기러기왕이 말하였다.

"왕께서 혹은 잠에서 깨어나서 나를 제외하는 것을 잊어버리고서 기러기 고기의 음식을 지으라고 칙명하시거나, 만약 신하(宰臣)가 능히 다른 기러기를 얻지 못한다면 혹은 우리를 죽여서 왕의 주방을 채울 것입니다."

치국 기러기왕이 왕궁 안에 들어가자 여러 기러기들이 비가 내리듯이 연못에 나타났고 왕궁 위를 배회하면서 슬프게 울었으므로, 날개에 있던 물이 떨어져서 궁전이 더럽혀졌다. 범덕왕은 물로 궁전이 더럽혀지는 것을 쳐다보고 이것이 괴이하여 물어 말하였다.

"이들은 무엇이오?"

기러기왕이 대답하여 말하였다.

"이들은 나의 권속입니다."

왕이 물었다.

"그대는 떠나고자 하오?"

대답하여 말하였다.

"떠나고자 합니다."

왕이 말하였다.

"그대에게 필요한 것이 무엇이오?"

대답하여 말하였다.

"나는 사냥꾼에게 잡혔었는데 우리들에게 우리의 목숨을 살려주는 희유한 일을 지었습니다. 만약 먼저 하나를 죽이고 뒤에 하나를 죽였더라도 누가 능히 막을 수 있었겠습니까?"

왕이 말하였다.

"마땅히 무엇으로 보답해야 하오?"

두 마리의 기러기가 대답하여 말하였다.

"금·은·자거·마노·의복·음식을 주십시오."

이렇게 말을 짓고서 허공으로 날아서 올랐느니라."

세존께서는 여러 비구들에게 말씀하셨다.

"그때의 치국 기러기왕이 어찌 다른 사람이겠는가? 곧 나의 몸이었고, 500의 기러기는 곧 500비구였느니라. 그대들은 과거의 세상에서 위급하고 두려웠던 때에도 나를 버리고 떠나갔고, 금생에도 역시 위급하고 두려웠던 때에도 나를 버리고서 떠나갔다. 그때의 사냥꾼은 곧 수재 코끼리이니, 과거의 세상에서도 나를 해치지 않았고 지금의 세상에서도 역시 나를 해치지 않았다. 그때의 범덕왕은 곧 정반왕(淨飯王)이고, 소마 대신은 아난이니, 과거의 세상에서 위급하고 두려웠던 때에도 나를 버리고 떠나가지 않았고 지금의 세상에서 급하고 두려웠던 때에도 나를 버리고 떠나가지 않았느니라."

세존께서는 곧 때에 인연을 까닭으로 세 번째의 본생담을 말씀하셨다. 세존께서는 말씀하셨다.

"과거의 세상에서 설산 근처의 아래에 짐승의 왕인 사자가 머물렀는데, 500마리 사자의 왕이었느니라. 이 사자왕은 뒤의 때에 늙고 병들었으며 수척하였고 눈까지 침침해졌다. 여러 사자의 앞에 있었고 다니다가 빈 우물 속에 빠졌는데 500의 사자는 모두 버려두고서 떠나갔다. 그때 빈 우물에서 멀지 않은 곳에 한 마리의 야간이 있었는데, 이 사자왕을 보고서 이렇게 생각을 지었다.

'내가 이 숲에서 안락하게 머물고 고기를 배불리 먹었던 것은 이 사자왕의 까닭이다. 사자왕이 지금 위급한 곳에 떨어졌으니, 어떻게 마땅히 은혜를 갚을 것인가?'

그때 이 우물 근처의 도랑에 흐르는 물이 있었다. 야간은 곧 입과 발톱으로 물을 우물에 흘렸다. 물이 우물에 가득 찼고 사자는 떠오르게 되었다. 이때 숲의 신(神)이 게송으로 설하여 말하였다.

몸이 비록 스스로가 굳세고 강해도
마땅히 약한 자를 친구로 삼았으므로
사자왕의 우물의 재난을
작은 야간이 능히 구하였다네.

세존께서는 여러 비구들에게 말씀하셨다.

"그때 사자왕이 어찌 다른 사람이겠는가? 곧 나의 몸이고, 500의 사자는 여러 비구들이니라. 그대들은 과거의 세상에서 급하고 두려웠던 때에도 나를 버리고 떠나갔고, 금생에도 역시 위급하고 두려운 때에 나를 버리고서 떠나갔다. 야간은 바로 지금의 아난이니, 과거의 세상의 때에도 나를 애념하였고 지금의 세상에서도 역시 나를 애념하느니라."

세존께서는 곧 이 인연으로서 이와 같이 500의 본생담을 자세히 말씀하셨다.

십송율 제37권

후진 북인도 삼장 불야다라 한역

석보운 번역

6. 육송 ②

10) 잡송 ②

(1) 조달사 ②

세존께서는 왕사성 지방의 흑석성산(黑石聖山)에서 대비구 700명과 함께 머무르셨다.

이때 세존께서는 오전에 옷과 발우를 지니셨고, 아난은 뒤를 따랐으며 왕사성에 들어가서 걸식하셨다. 걸식을 마치시고 강당(講堂)으로 나아가서 대중 승가의 앞에 자리를 펴고서 앉으셨다. 조달도 역시 이와 같이 오전에 옷과 발우를 지녔고, 가류라제사(迦留羅提舍)가 뒤를 따랐으며, 왕사성에 들어가서 걸식하였다. 걸식을 마치고 강당으로 나아가서 차례에 따라 앉았다. 앉고서 조달은 승가의 가운데에서 창언하였다.

"비구는 마땅히 목숨을 마치도록 납의(衲衣)를 받아야 하고, 마땅히 목숨을 마치도록 걸식을 받아야 하며, 마땅히 목숨을 마치도록 일식(一食)을 받아야 하고, 마땅히 목숨을 마치도록 노지에서 머물러야 하며, 마땅히 목숨을 마치도록 고기와 생선을 끊어야 합니다. 이 5법은 욕심을 줄이고 만족을 아는 것에 수순하는 것이며, 공양이 쉽고 만족이 쉬운 것이며,

때를 알고 양을 아는 것이며, 정진하는 것이고, 지계가 청정한 것이며, 일심으로 멀리 벗어나는 것이고 니원(泥洹)의 문으로 향하는 것입니다. 만약 비구가 이 5법을 행한다면 빠르게 니원을 얻을 것입니다."

조달은 그때에 비법을 법이라고 말하였고, 법을 비법이라고 말하였으며, 선한 말씀을 선하지 않다고 말하였고, 선하지 않은 것을 선하다고 말하였으며, 범한 것을 범하지 않았다고 말하였고, 범하지 않았으나 범하였다고 말하였으며, 가벼운 것을 무겁다고 말하였고, 무거운 것을 가볍다고 말하였으며, 유잔죄를 무잔죄라고 말하였고, 무잔죄를 유잔죄라고 말하였으며, 항상 행할 법을 항상 행할 법이 아니라고 말하였고, 항상 행할 법이 아닌 것을 항상 행할 법이라고 말하였으며, 설한 것을 아니라고 말하였고, 아닌 것을 설하였다고 말하였다. 세존께서는 이때에 스스로가 조달에게 충고하셨다.

"그대는 방편을 지어서 화합승가를 파괴하지 말라. 파승가의 인연사를 수지하지 말라. 그대는 승가와 함께 화합하라. 화합하는 자는 환희하여 다툼이 없을 것이고, 일심으로 하나로 배운다면 물과 우유가 합쳐진 것과 같아서 안락하게 행할 것이다. 그대는 비법을 법이라고 말하거나, 법을 비법이라고 말하거나, 선한 것을 선하지 않다고 말하거나, 선하지 않은 것을 선하다고 말하거나, 범한 것을 범하지 않았다고 말하거나, 범하지 않았으나 범하였다고 말하거나, 가벼운 것을 무겁다고 말하거나, 무거운 것을 가볍다고 말하거나, 유잔죄를 무잔죄라고 말하거나, 무잔죄를 유잔죄라고 말하거나, 항상 행할 법을 항상 행할 법이 아니라고 말하거나, 항상 행할 법이 아닌 것을 항상 행할 법이라고 말하거나, 설한 것을 아니라고 말하거나, 아닌 것을 설하였다고 말하지 말라."

조달은 세존께서 이와 같이 충고하였으나 파승가의 인연사를 버리지 않았다. 마땅히 세존께서 조달이 이러한 일을 버리지 않는 것을 충고하시던 그때에 가류라제사 비구는 조달의 뒤에 있으면서 부채로 조달을 부쳐주고 있었다. 가류라제사 비구가 곧 때에 오른쪽 어깨를 드러내고 합장하고서 세존께 아뢰어 말하였다.

"세존께서 두타(頭陀)의 공덕을 찬탄하시는 것과 같이 상인(上人) 조달 역시 두타의 공덕을 찬탄하였는데, 세존께서는 무슨 까닭으로 질투하는 마음이 생겨났습니까?"

세존께서는 말씀하셨다.

"어리석은 사람이여. 내가 무슨 질투하는 마음이 있겠는가? 과거의 제불께서는 납의를 찬탄하셨고 납의를 입는 것을 허락하셨네. 나도 지금 역시 납의를 입는 것을 찬탄하였고 납의를 입는 것을 허락하였으며, 역시 거사의 옷을 입는 것도 허락하였네. 어리석은 사람이여. 과거의 제불께서는 걸식을 찬탄하셨고 그 걸식을 허락하셨네. 나도 지금 걸식을 찬탄하였고 그 걸식을 허락하였으며, 역시 청하는 음식도 허락하였네. 어리석은 사람이여. 과거의 제불께서는 일식을 찬탄하셨고 일식을 허락하셨네. 나도 지금 일식을 찬탄하였고 일식을 허락하였으며, 역시 다시 먹는 것도 허락하였네. 어리석은 사람이여. 과거의 제불께서는 노지에서 머무는 것을 찬탄하셨고 노지에서 머무는 것을 허락하셨네. 나도 지금 노지에서 머무는 것을 찬탄하였고 노지에서 머무는 것을 허락하였으며, 아울러 방사에서 머무는 것도 허락하였네.

어리석은 사람이여. 나는 세 종류의 부정한 고기를 먹는 것을 허락하지 않았으니, 만약 보았거나 만약 들었거나, 만약 의심스러운 것이네. 보았던 것은 스스로가 눈으로 이러한 축생이 나를 까닭으로 죽는 것을 보았던 것이네. 들었던 것은 '그대를 위한 까닭으로 이 축생을 고의로 죽인 것이다.'라고 믿을 수 있는 사람에게 들은 것이네. 의심스러운 것은 '이 가운데에는 죽여서 파는 집도 없고 또한 스스로가 죽은 것도 없으며, 이 사람은 흉악해 능히 고의로 축생의 목숨을 빼앗을 수 있다.'는 것이네. 어리석은 사람이여. 이와 같은 세 종류의 고기는 먹는 것을 내가 허락하지 않았네.

어리석은 사람이여. 나는 세 종류의 청정한 고기는 먹는 것을 허락하였네. 무엇이 세 가지인가? 보지 못하였거나, 듣지 못하였거나, 의심스럽지 않은 것이네. 보지 못한 것은 자기를 위해 고의로 축생을 죽이는 것을 자기 눈으로 보지 못한 것이네. 듣지 못한 것은 '그대를 위하여 이 축생을 고의로 죽인 것이다.'라는 것을 믿을 수 있는 사람에게 듣지 못한 것이네. 의심스럽지 않은 것은 '이 가운데에는 죽여서 파는 집도 있고, 이 사람은 마음이 자비스러워서 축생의 목숨을 빼앗지 않을 것이다.'는 것이네. 나는 이와 같은 세 종류의 고기는 먹는 것을 허락하였네.

어리석은 사람이여. 만약 큰 제사라면 이를테면, 코끼리의 제사·말의 제사·사람의 제사·화사비야(和闍毘耶)의 제사·삼야파타(三若波陀)의 제사·수의(隨意)의 제사이거나, 만약 여러 세상의 대회와 살생처(殺生處)의 제사이네. 이와 같은 큰 제사나 세상의 대회의 가운데에서는 사문 석자가 고기를 먹는 것을 허락하지 않네. 왜 그러한가? 이러한 큰 제사와 세상의 대회에서는 모두 손님을 위한 까닭이네."

세존께서는 이렇게 말씀하시고서 곧 자리에서 일어나 방으로 들어가서 좌선하셨다. 이때 조달이 이렇게 말을 지었다.

"나 조달은 승가의 가운데에서 창언합니다. 비구는 마땅히 목숨을 마치도록 납의를 입어야 하고, 마땅히 목숨을 마치도록 걸식하여야 하며, 마땅히 목숨을 마치도록 일식하여야 하고, 마땅히 목숨을 마치도록 노지에서 머물러야 하며, 마땅히 목숨을 마치도록 고기와 생선을 끊어야 합니다. 이 5법을 기뻐하고 즐거워하는 자는 곧 일어나서 산가지(籌)를 잡으십시오."

창언하고서 조달과 네 명의 반려는 곧 일어나서 산가지를 잡았다. 조달이 두 번째로 다시 이렇게 말을 지었다.

"나 조달은 승가의 가운데에서 창언합니다. 비구는 마땅히 목숨을 마치도록 납의를 입어야 하고, 마땅히 목숨을 마치도록 걸식하여야 하며, 마땅히 목숨을 마치도록 일식하여야 하고, 마땅히 목숨을 마치도록 노지에서 머물러야 하며, 마땅히 목숨을 마치도록 고기와 생선을 끊어야 합니다. 이 5법을 기뻐하고 즐거워하는 자는 곧 일어나서 산가지를 잡으십시오."

두 번째의 창언을 마치자 250명의 비구가 따라서 자리에서 일어났고 산가지를 잡았다. 조달이 다시 세 번째로 다시 이렇게 말을 지었다.

"나 조달은 승가의 가운데에서 창언합니다. 비구는 마땅히 목숨을 마치도록 납의를 입어야 하고, 마땅히 목숨을 마치도록 걸식하여야 하며, 마땅히 목숨을 마치도록 일식하여야 하고, 마땅히 목숨을 마치도록 노지에서 머물러야 하며, 마땅히 목숨을 마치도록 고기와 생선을 끊어야 합니다. 이 5법을 기뻐하고 즐거워하는 자는 곧 일어나서 산가지를 잡으십시오."

세 번째의 창언을 마치자 다시 250명의 비구가 따라서 자리에서 일어났고 산가지를 잡았다. 이때 조달은 곧 이 대중을 데리고 스스로의 주처로 돌아가서 다시 법제(法制)를 세웠다. 조달은 이렇게 말을 지었다.

"마땅히 목숨을 마치도록 납의를 입어야 하고, 마땅히 목숨을 마치도록 걸식하여야 하며, 마땅히 목숨을 마치도록 일식하여야 하고, 마땅히 목숨을 마치도록 노지에서 머물러야 하며, 마땅히 목숨을 마치도록 고기와 생선을 끊어야 합니다. 이러한 5법을 기뻐하고 즐거워하지 않으며 인정하고 받아들이지 않는 누구의 비구가 있다면, 이러한 사람은 우리에게서 멀리 떠나라. 우리와는 별도로 다른 자들이니 함께 말하지 말라."

세존께서는 포시에 선실(禪室)에서 일어나셨고 승가의 가운데에 앉아 여러 비구들에게 알리셨다.

"조달이 여덟 삿된 법으로서 마음이 덮여서 승가를 파괴한 것을 깨닫지 못하고 있다. 무엇이 여덟 가지인가? 이익·손해·훼방·명예·찬탄·비난·괴로움·즐거움이니라."

악지식인 악한 반당(伴黨)과 조달은 세존께서 "그가 승가를 파괴하고 법륜을 굴리는 것을 막았다."고 말씀하신 것을 듣고 기뻐하면서 이렇게 생각을 지었다.

'구담 사문은 대신통과 세력이 있다. 내가 능히 화합승가를 파괴하였으니, <구담 사문은 대신통과 세력이 있으나, 조달이 그의 화합승을 파괴하였다.>라고 나의 좋은 명성이 사방에 유포되리라.'

곧 세존께서 승가의 가운데에 앉으실 때에 오른쪽에 사리불이 있고 왼쪽에 목련이 있던 것과 같이, 조달도 역시 이와 같이 오른쪽에 구가리를 앉혔고 왼쪽에 가류라제사를 앉혔다. 이때 사리불과 목련이 세존께 아뢰어 말하였다.

"세존이시여. 저희들이 지금 조달의 대중에게 가서 교화할 자가 있다면 열어서 인도하여 돌아오게 하겠습니다."

세존께서 말씀하셨다.

"뜻을 따르도록 하게."

사리불과 목련이 곧 조달의 강당으로 나아갔다. 이때 한 비구가 있어 사리불과 목련이 조달의 대중이 있는 곳으로 가는 것을 보고 나무토막이 구르는 것과 같이 완전히 뒹굴고 슬프게 울면서 이렇게 생각을 지었다.

'이와 같은 악세(惡世)이구나. 사리불과 목련도 세존을 버리고 떠나가서 반대로 조달에게 나아가는구나.'

세존께서는 이 비구를 보고 아시면서도 일부러 물으셨다.

"그대는 지금 무슨 까닭으로 나무토막이 구르는 것과 같이 완전히 뒹굴면서 슬프게 우는가?"

대답하여 말씀하였다.

"세존이시여. 이와 같은 악세입니다. 사리불과 목련조차도 여래를 버리고 반대로 조달에게 나아갔습니다."

세존께서는 말씀하셨다.

"만약 사리불과 목련이 나를 버리고 떠나가서 다시 지혜로운 자를 구하더라도 이러한 것은 없는 것이네."

비구는 세존의 말씀을 듣고 마음에서 크게 환희하며 찬탄하여 말하였다.

"사리불과 목련이 여래를 버리고 떠나가서 다시 지혜로운 자를 구하더라도 이러한 것은 없는 것입니다."

이때 조달은 사리불과 목련이 오는 것을 멀리서 보고 마음에서 크게 환희하며 이렇게 생각을 지었다.

'구담 사문의 가장 좋은 대제자인 두 사람이 지금 나에게 귀속되는구나.'

세존께서는 사리불과 목련이 오는 것을 보시는 때에 오른손을 들어 말씀하셨다.

"잘 왔구려. 사리불과 목련이여."

조달 역시 그와 같이 사리불과 목련이 오는 것을 보고 곧 오른손을 듣고서 말하였다.

"잘 오셨습니다. 사리불과 목련이여."

곧 오른쪽에 앉았던 구가리를 보내고서 사리불을 앉혔고, 다시 왼쪽에 앉았던 가류라제사를 보내고서 목련을 앉혔다. 세존께서는 대중의 가운데에 머무시면서 사리불과 목련에게 "그대들이 대중을 위해 설법하게. 나는 등이 아파서 잠시 쉬어야겠네."라고 말씀하시던 것과 같이 조달 역시 그와 같이 대중 가운데에서 사리불과 목련에게 말하였다.

"그대들이 여러 비구를 위해 설법하시오. 나는 등이 아파서 잠시 쉬어야겠소."

세존께서는 울다라승을 네 겹으로 접어서 깔고 승가리로서 베개를 지어서 오른쪽 옆구리로 누우셨던 것과 같이, 조달도 역시 그와 같이 울다라승을 네 겹으로 접어서 깔고 승가리로서 베개를 지어서 오른쪽 옆구리로 누웠다. 이때 천신은 세존의 법을 매우 존경하였으므로 조달을 깊이 잠들게 하였는데, 몸을 뒤척이면서 왼쪽 옆구리로 돌아누웠고, 코를 골면서 잠꼬대를 하였으며, 그 몸을 움츠리거나 뒤척이면서 이빨을 가는 소리를 지었다.

이때 사리불은 여러 비구를 위하여 설법하였다. 여러 종류의 인연으로 불·법·승과 계율을 찬탄하였고, 여러 종류의 인연으로 조달의 허물과 죄를 꾸짖으면서 "악도분(惡道分)은 마땅히 아비지옥(阿鼻地獄)에 떨어지며 1겁의 수명에도 구제될 수 없다."고 말하였다. 목련은 곧 이와 같은 선정(禪定)에 들어갔고 이 선정의 힘으로서 이곳에서 사라져서 동방의 허공에 나타나서 앉고 서며 가고 눕는 네 가지 위의를 나타내었고, 화광삼매에 들어가서 여러 종류의 색깔인 광명을 나타내었는데, 푸른색·노란색·빨간색·흰색·주홍색·자주색·비취색 등이었다. 몸의 위쪽으로 불을 뿜었고 아래쪽으로 물을 뿜었으며, 아래쪽으로 불을 뿜었고 위쪽으로는 물을 뿜었으며, 남방·서방·북방에서도 역시 이와 같으셨다. 이와 같은 여러 종류의 신통력을 나타내고서 돌아와서 본래 자리에 앉았다. 이때 대중 가운데에서 500명의 비구는 그 신통을 보았고 설법을 듣고서 이렇게 생각을 지었다.

'우리들이 혹은 어긋나서 삿된 도의 가운데에 떨어진 것인가?'

두 번째로 사리불이 다시 여러 비구를 위해 설법하였다. 여러 종류의 인연으로 불·법·승과 계율을 찬탄하였고, 여러 종류의 인연으로 조달의 허물과 죄를 꾸짖으면서 "악도분은 마땅히 아비지옥에 떨어지며 1겁의 수명에도 구제될 수 없다."고 말하였다. 사리불은 곧 이와 같은 선정에 들어갔고 이 선정의 힘으로서 이곳에서 사라져서 동방의 허공에 나타나시어 앉고 서며 가고 눕는 네 가지 위의를 나타내었고, 화광삼매에 들어가서 여러 종류의 색깔인 광명을 나타내었는데, 푸른색·노란색·빨간색·흰색·주홍색·자주색·비취색 등이었다. 몸의 위쪽으로 불을 뿜었고 아래쪽으로 물을 뿜었으며, 아래쪽으로 불을 뿜었고 위쪽으로는 물을 뿜었으며, 남방·서방·북방에서도 역시 이와 같으셨다. 이와 같은 여러 종류의 신통력을 나타내고서 돌아와서 본래 자리에 앉았다. 두 번째로 여러 비구들은 의심이 생겨나서 이렇게 생각을 지었다.

'우리들이 삿된 도에 있는 것은 아닌가?'

세 번째로 사리불이 다시 여러 비구를 위하여 설법하였다. 여러 종류의 인연으로 불·법·승과 계율을 찬탄하였고, 여러 종류의 인연으로 조달의 허물과 죄를 꾸짖으면서 "악도분은 마땅히 아비지옥에 떨어지며 1겁의 수명에도 구제될 수 없다."고 말하였다. 사리불은 곧 이와 같은 선정에 들어갔고 이 선정의 힘으로서 이곳에서 사라져서 동방의 허공에 나타나시어 앉고 서며 가고 눕는 네 가지 위의를 나타내었고, 화광삼매에 들어가서 여러 종류의 색깔인 광명을 나타내었는데, 푸른색·노란색·빨간색·하얀색·주홍색·자주색·비취색 등이었다. 몸의 위쪽으로 불을 뿜었고 아래쪽으로 물을 뿜었으며, 아래쪽으로 불을 뿜었고 위쪽으로는 물을 뿜었으며, 남방·서방·북방에서도 역시 이와 같으셨다. 이와 같은 여러 종류의 신통력을 나타내고서 돌아와서 본래 자리에 앉았다. 세 번째로 여러 비구들은 이렇게 생각을 지었다.

'우리는 진실로 어긋났고 분명히 삿된 도에 떨어졌다.'

사리불과 목련은 곧 자리에서 일어나서 떠나갔고 500명의 비구도 역시 자리에서 일어나서 떠나갔다. 이때 사리불과 목련은 500의 비구와 함께 세존의 처소로 나아가서 세존의 발에 머리숙여 예경하고 물러나서 한쪽에 앉았다. 이때 조달의 강당은 비었고 대중이 없었으며, 오직 네 명의 반당이 있었다. 가류라제사는 이전에 조달의 왼쪽에 앉았으나, 조달은 목련이 오는 것을 보고 가류라제사를 쫓아내고 목련을 앉혔었다. 이때 가류라제사는 이러한 인연을 까닭으로써 오른쪽 다리로 조달을 걷어찼고 깨우면서 말하였다.

"대중이 즐겁겠구려. 조달이여. 사리불과 목련이 그대의 대중을 빼앗아 떠나갔소."

조달은 깨어나서 강당이 텅빈 것을 보고 정신이 미혹되어 평상에서 떨어졌다. 이때 그 네 명의 반당이 찬물로써 뿌렸고 다시 깨어났으므로 이렇게 생각을 지었다.

'나는 석씨 종성(種性)의 구담 대인(大人)이다. 굴복하고 다른 사람을 따를 수 없다.'

여러 비구들에게 말하였다.

"이전부터 있었던 외도의 법이 지금은 은몰(隱沒)하여 명료하지 않다. 나는 지금 드러내고 일으켜서 분명하게 밝혀 이 법의 가운데 머물 것이니, 그대들은 마땅히 아시오. 나는 지금부터 다시는 사문 구담의 권속이 아니오."

이렇게 말을 짓는 때에는 곧 '계율을 버렸다.(捨戒)'고 이름한다. 여러 비구들이 세존께 아뢰어 말하였다.

"희유합니다. 세존이시여. 사리불과 목련은 조달에게 구하면서 곧 빠르게 그 방편을 얻었습니다."

세존께서는 말씀하셨다.

"다만 금생에 조달에게 방편을 얻은 것이 아니고, 과거 세상의 때에도 역시 그 방편을 얻었나니, 그대들은 지금 잘 들을지니라."

세존께서는 곧 본생의 인연을 여러 비구들에게 자세히 말씀하셨다.

“과거 세상의 때에 한 궁사(射師)가 있었고 제자가 많았느니라. 궁사는 이렇게 생각을 지었다.

‘여러 제자의 가운데에서 활의 제일인 사람에게 딸로서 아내를 삼게 하고, 아울러 네 마리 말의 수레·시위를 붙인 일천 개의 화살·일천 금전을 주어야겠다.’

그는 뒤에 한 제자가 가장 활을 잘 쏘는 것을 알았고, 곧 딸을 시집보냈으며, 아울러 네 마리 말의 수레·시위를 붙인 일천 개의 화살·일천 금전을 주었다. 제자는 아내와 함께 하나의 수레에 타고서 주처로 돌아갔는데 도중에 천 명의 도둑이 있었다. 다른 사람들이 도둑들을 보고서 제자에게 말하였다.

‘이 가운데에 천 명의 도둑들이 있습니다. 이 도로를 지나가면서 도둑들에게 고뇌하지 마십시오.’

이 제자는 교만한 마음을 일으켰고 스스로의 기능(技能)을 믿었으며 이 도로를 따라서 떠나갔다. 이때 천 명의 도둑들이 내려와서 음식을 먹고 있었다. 이 제자는 길의 가운데에 수레를 세우고서 도둑의 두목에게 부인을 보내어 말하였다.

“우리에게도 음식을 나누어 주시오.”

부인은 곧 그들에게 나아가서 그 도둑의 두목에게 말하였다.

‘누구 궁사의 제자가 일부러 저를 보내서 음식을 나누어 달라고 합니다.’

도둑의 두목은 이렇게 생각을 지었다.

‘이와 같은 도중에서 이와 같은 사람을 보냈으니 반드시 두려움이 없는 것이다. 마땅히 음식을 나누어 주어야겠다.’

여러 도둑들은 걱정하면서 이렇게 생각을 지었다.

‘우리들은 이렇게 살아서 무엇 하겠는가? 어찌 낭장에 이 사람을 죽이고 이 여자를 취하여 아내로 삼으며, 네 마리 말의 수레·시위를 붙인 일천 개의 화살·일천 금전을 취하여 사용하지 않겠는가?’

여인에게 말하였다.

“돌아가라. 나눠줄 음식이 없다.”

이 여인은 돌아가서 말하였다.

"우리에게 기꺼이 음식을 나눠주지 않습니다."

다시 보내었고 가서 말하였다.

"만약 그대들이 기꺼이 우리에게 음식을 나눠주지 않는다면 각자 일어나서 장엄하고 와서 함께 싸워보자."

곧 다시 가서 말하였다. 이때 그 도둑 가운데에서 100명이 장엄하고 와서 함께 싸웠으나 제자가 백 개의 화살로서 100명을 죽였으며, 이와 같이 200·300 나아가 999명을 죽였다. 오직 하나의 화살을 남겨서 도둑의 두목을 겨냥하였다. 도둑의 두목은 이렇게 생각을 지었다.

'한 사람이 천 명을 죽이는데 내가 이렇게 살아서 무엇을 하겠는가?'

곧 일어났고 무기를 잡고서 활에 화살을 끼웠다. 이 두 사람은 모두 활을 잘 쏘았고 함께 서로 상대가 되었다. 곧 제자는 이렇게 생각을 지었다.

'나는 어찌 그에게 방편을 얻어야 하는가?'

곧 부인에게 말하였다.

'그대는 그에게서 조금 떨어져서 춤을 추며 몸을 움직이시오. 장엄구로 소리를 짓고서 옷을 걷어서 몸을 보이시오.'

이 부인은 곧 한쪽에서 춤을 추며 몸을 움직였고 장엄구로서 소리를 지으면서 옷을 걷어서 몸을 보였다. 도둑의 두목은 몸을 보고서 마음이 움직였고 제자는 방편을 얻어 하나의 화살을 쏘아서 그를 죽였느니라."

세존께서는 말씀하셨다.

"그때의 궁사가 어찌 다른 사람이겠는가? 곧 나의 몸이고, 제자는 사리불이며, 여인은 목련이고, 그때의 도둑의 두목은 조달이니라. 그때에도 두 사람은 방편을 구하여 방편을 얻었고 금생에도 역시 방편을 구하여 방편을 얻었느니라."

이때 세존께서는 이와 같이 본생의 일을 자세히 말씀하셨다.

세존께서는 사위국에 머무르셨다.

그때 장로 우바리가 세존께 물어 말하였다.

“세존이시여. ‘승가를 파괴한다.(破僧)’고 말씀하셨는데 무엇을 승가를 파괴한다고 이름합니까? ‘승가를 파괴한다.’고 이름하는 것은 몇 가지입니까?”

세존께서는 우바리에게 말씀하셨다.

“14종류로 파승사(破僧事)를 이용하거나, 만약 이 가운데에서 이용하는 일을 따르는 것이다. 14종류는 비법을 법이라고 말하거나, 법을 비법이라고 말하거나, 선법이 아닌 것을 선법이라고 말하거나, 선법을 선법이 아니라고 말하거나, 범한 것을 범하지 않았다고 말하거나, 범하지 않았으나 범하였다고 말하거나, 가벼운 것을 무겁다고 말하거나, 무거운 것을 가볍다고 말하거나, 유잔죄를 무잔죄라 말하거나, 무잔죄를 유잔죄라고 말하거나, 항상 행할 법을 항상 행할 법이 아니라고 말하거나, 항상 행할 법이 아닌 것을 항상 행할 법이라고 말하거나, 설하지 않은 것을 설하였다고 말하거나, 설한 것을 설하지 않았다고 말하는 것이다.

이 가운데에서 비법을 법이라고 말한다면 투란차죄를 범하고, 법을 비법이라고 말한다면 투란차죄를 범하며, 선법이 아닌 것을 선법이라고 말한다면 투란차죄를 범하고, 선법을 선법이 아니라고 말한다면 투란차죄를 범하며, 범하지 않은 것을 범했다고 말한다면 투란차죄를 범하고, 범한 것을 범하지 않았다고 말한다면 투란차죄를 범하며, 가벼운 것을 무겁다고 말한다면 투란차죄를 범하고, 무거운 것을 가볍다고 말한다면 투란차죄를 범하며, 유잔죄를 무잔죄라고 말한다면 투란차죄를 범하고, 무잔죄를 유잔죄라고 말한다면 투란차죄를 범하며, 항상 행할 법을 항상 행할 법이 아니라고 말한다면 투란차죄를 범하고, 항상 행할 법이 아닌 것을 항상 행할 법이라고 말한다면 투란차죄를 범하며, 설하지 않은 것을 설하였다고 말한다면 투란차죄를 범하고, 설한 것을 설하지 않았다고 말한다면 투란차죄를 범하느니라. 만약 비구가 이러한 비법을 법이라고 말하거나, 이러한 비법으로서 대중을 가르치고 그 대중을 절복시킨다면 승가의 화합을 파괴하는 것이고, 승가의 화합을 파괴한다면 이미 큰 죄를 얻게 되며, 큰 죄를 얻는다면 1겁의 수명을 아비지옥 속에 떨어지느니라.

만약 비구가 비법을 법이라고 말하고, 법을 비법이라고 말하며, 선법이 아닌 것을 선법이라고 말하고, 선법을 선법이 아니라고 말하며, 범한 것을 범하지 않았다고 말하고, 범하지 않았으나 범하였다고 말하며, 가벼운 것을 무겁다고 말하고, 무거운 것을 가볍다고 말하며, 유잔죄를 무잔죄라고 말하고, 무잔죄를 유잔죄라고 말하며, 항상 행할 법을 항상 행할 법이 아니라고 말하고, 항상 행할 법이 아닌 것을 항상 행할 법이라고 말하며, 설하지 않은 것을 설하였다고 말하고, 설한 것을 설하지 않았다고 말하면서, 만약 비구가 이러한 14가지의 비법으로서 대중을 가르치고 그 대중을 절복시킨다면 승가의 화합을 파괴하는 것이고, 승가의 화합을 파괴한다면 이미 큰 죄를 얻게 되며, 큰 죄를 얻는다면 1겁의 수명을 아비지옥 속에 떨어지느니라.

우바리여. 이러한 14종류의 일을 '파승사'라고 이름한다. 만약 이러한 14종류의 일의 가운데에서 무슨 일이라도 사용한다면 역시 '파승사'라고 이름한다.

만약 비구가 비법의 가운데에서 비법이라는 생각이 생겨났고, 승가를 파괴하는 가운데에서 비법이라는 생각이 생겨났으며, 승가를 파괴하는 이것은 비법이라는 것을 알면서도 이러한 마음으로 승가를 파괴하였다면 대역죄(大逆罪)를 얻게 된다. 만약 비구가 비법의 가운데에서 비법이라는 생각이 생겨났고, 승가를 파괴하는 가운데에서 의심이 생겨났으나, 이러한 마음으로써 승가를 파괴하였다면 대역죄를 얻게 된다. 만약 비구가 비법의 가운데에서 비법이라는 생각이 생겨났고, 승가를 파괴하는 가운데에서 법이라는 견해가 생겨났다면, 이 사람은 대역죄를 얻지 않는다.

만약 비구가 비법의 가운데에서 법이라는 생각이 생겨났고, 승가를 파괴하는 가운데에서 법이라는 견해가 생겨났다면, 이 사람은 대역죄를 얻지 않는다. 만약 비구가 비법의 가운데에서 법이라는 생각이 생겨났고, 승가를 파괴하는 인연의 가운데에서 의심이 생겨났다면, 이 사람은 대역죄를 얻지 않는다."

우바리가 또한 세존께 물어 말하였다.

"세존이시여. 무엇을 '승가를 화합시킨다.'라고 이름합니까?"

세존께서는 우바리에게 말씀하셨다.

"14종류의 일이 있다면 승가를 파괴한다고 이름한다. 만약 이러한 일을 없앤다면 승가를 화합시킨다고 이름한다. 14종류의 일은 비법을 비법이라고 말하고, 법을 법이라고 말하며, 선법이 아닌 것을 선법이 아니라고 말하고, 선법을 선법이라고 말하며, 범한 것을 범하였다고 말하고, 범하지 않은 것을 범하지 않았다고 말하며, 가벼운 것을 가볍다고 말하고, 무거운 것을 무겁다고 말하며, 유잔죄를 유잔죄라고 말하고, 무잔죄를 무잔죄라고 말하며, 항상 행할 법을 항상 행할 법이라고 말하고, 항상 행할 법이 아닌 것을 항상 행할 법이 아니라고 말하며, 설한 것을 설하였다고 말하고, 설하지 않은 것을 설하지 않았다고 말하는 것이다.

만약 비구가 비법을 비법이라고 대중을 가르치고 그 대중을 절복시켜 파괴된 승가를 화합시킨다면, 영원히 천상의 즐거움을 받을 것이다. 만약 비구가 법을 법이라고 대중을 가르치고 그 대중을 절복시켜 파괴된 승가를 화합시킨다면, 영원히 천상의 즐거움을 받을 것이다. 만약 비구가 선법을 선법이라고 말하며, 범한 것을 범하였다고 말하고, 범하지 않은 것을 범하지 않았다고 말하며, 가벼운 것을 가볍다고 말하고, 무거운 것을 무겁다고 말하며, 유잔죄를 유잔죄라고 말하고, 무잔죄를 무잔죄라고 말하며, 항상 행할 법을 항상 행할 법이라고 말하고, 항상 행할 법이 아닌 것을 항상 행할 법이 아니라고 말하며, 설한 것을 설하였다고 말하고, 설하지 않은 것을 설하지 않았다고 말하면서 이러한 14종류의 법 등으로서 대중을 가르치고 그 대중을 절복시켜 파괴된 승가를 화합시킨다면, 영원히 천상의 즐거움을 받을 것이다. 이것을 승가를 화합시키는 14종류의 일이라고 이름한다. 만약 비구가 이러한 14종류 일의 가운데에서 필요한 것을 따라서 어떠한 일로써 승가를 화합시킨다면, 영원히 천상의 즐거움을 받을 것이다."

세존께서는 우바리에게 말씀하셨다.

"한 명의 비구가 화합승가를 파괴할 수 없고, 만약 두 명이거나, 만약 세 명·네 명·다섯 명·여섯 명·일곱 명·여덟 명이라도 승가를 파괴할 수 없느니라. 비구들이 최소로 나아가 아홉 명이고 청정하며 같은 견해의 비구라면 능히 화합승가를 파괴할 수 없느니라. 우바리여. 한 명의 비구니가 화합승가를 파괴할 수 없고, 만약 두 명이거나, 만약 세 명·네 명·다섯 명·여섯 명·일곱 명·여덟 명·아홉 명이 청정하며 같은 견해이더라도 능히 화합승가를 파괴할 수 없느니라. 우바리여. 한 명의 식차마니가 화합승가를 파괴할 수 없고, 한 명의 사미 또는 사미니가 화합승가를 파괴할 수 없으며, 한 사람의 출가인(出家人) 또는 출가니(出家尼)가 가 화합승가를 파괴할 수 없느니라. 만약 두 명·세 명·네 명·다섯 명·여섯 명·일곱 명·여덟 명·아홉 명이 청정하며 같은 견해이더라도 능히 화합승가를 파괴할 수 없느니라.

우바리여. 두 가지의 인연이 있다면 승가를 파괴한다고 이름하나니, 첫째는 창언하여 말하는 것이고, 둘째는 산가지를 취하는 것이다. 창언하는 것은 조달이 승가의 가운데에서 두·세 번을 '나 조달은 이렇게 말을 지었다.'고 말한 것과 같고, 주를 취하는 것은 조달이 처음으로 창언을 마치고서 그 네 명의 반당과 함께 산가지를 취한 것이다."

장로 우바리가 세존께 물어 말하였다.

"세존이시여. 쫓겨난 비구도 능히 승가를 파괴할 수 있고, 더불어 쫓겨난 비구를 수순하는 비구이거나, 쫓겨난 비구를 수순하고 돕는 비구이거나, 만약 빈갈마(擯羯磨)를 지은 비구이거나, 더불어 빈갈마를 지은 비구를 수순하는 비구이거나, 빈갈마를 지은 비구를 수순하고 돕는 비구이거나, 만약 대장로(大長老)이거나, 대장로를 수순하는 비구이거나, 대장로에게 수순하고 돕는 비구들도 모두 승가를 파괴할 수 있습니까?"

세존께서는 말씀하셨다.

"일체가 비구가 능히 승가를 깨뜨릴 수 있으나, 오직 쫓겨난 사람은 제외되며, 능히 승가를 파괴할 수 없느니라."

세존께서는 왕사성에 머무르셨다.

그때 육군비구들이 나무 봉(棒)으로서 스스로가 두드리며 안마하였으므로, 여러 거사들이 꾸짖어 말하였다.

"여러 사문 석자는 선량하고 덕이 있다고 스스로가 말하면서, 왕이나 대신들과 같이 나무 봉으로서 스스로가 두드리며 안마하는구나."

이 일로써 세존께 아뢰었고, 세존께서는 말씀하셨다.

"지금부터 마땅히 나무 봉으로서 몸을 안마할 수 없느니라. 안마하는 자는 돌길라죄이니라."

여러 비구들이 나무공(木丸)으로서 스스로가 안마하였으므로, 세존께서는 말씀하셨다.

지금부터 마땅히 나무공으로서 몸을 안마하는 것을 허락하지 않겠노라. 안마하는 자는 돌길라죄이니라."

세존께서는 사위국에 머무르셨다.

육군비구들이 목욕하면서 면도칼로 몸의 털을 깎았으므로 여러 거사가 이를 꾸짖어 말하였다.

"여러 사문 석자는 선량하고 덕이 있다고 스스로가 말하면서, 왕이나 대신들과 같이 면도칼로써 몸의 털을 깎는구나."

이 일로 세존께 아뢰었고 세존께서는 말씀하셨다.

"지금부터 목욕하면서 면도칼로써 몸의 털을 깎는 것을 허락하지 않겠노라. 깎는 자는 돌길라이니라."

이때 비구가 있어 강기라(强耆羅)라고 이름하였는데 털이 많았다. 목욕을 마쳤어도 털의 가운데의 물기로 옷이 썩어서 찢어지고 몸에서 악취가 있었다. 이 일을 세존께 아뢰었다.

"원하건대 목욕할 때에 면도하여 물기를 없애는 것을 허락하여 주십시오."

세존께서는 말씀하셨다.

"허락하겠노라."

이때 육군비구들이 향으로써 몸에 발랐으므로 여러 거사가 이를 꾸짖어 말하였다.

“여러 사문 석자는 선량하고 덕이 있다고 스스로가 말하면서, 왕과 같이 대신들과 같이 향으로써 몸에 바르는구나.”

이 일을 세존께 아뢰었고 세존께서는 말씀하셨다.

“지금부터 향으로써 몸에 바르는 것을 허락하지 않는다. 바르는 자는 돌길라이니라.”

육군비구들이 손바닥으로서 몸을 안마하였으므로, 여러 거사들이 꾸짖어 말하였다.

“여러 사문 석자는 선량하고 덕이 있다고 스스로가 말하면서, 왕이나 대신들과 같이 손바닥으로서 몸을 안마하는구나.”

이 일을 세존께 아뢰었고, 세존께서는 말씀하셨다.

“지금부터 손바닥으로 몸을 안마하는 것을 허락하지 않겠노라. 몸을 안마하는 자는 돌길라이니라. 손바닥에는 두 종류가 있으니, 손바닥과 발바닥이니라. 곧 손바닥으로 안마해도 돌길라죄이고, 발바닥으로 안마하여도 돌길라이니라. 손바닥과 발바닥을 제외하고 몸의 다른 부분으로서 안마하여도 역시 돌길라이니라.”

이때 육군비구들이 기둥에 기대어서 몸을 안마하였다. 이 일을 세존께 아뢰었고, 세존께서는 말씀하셨다.

“지금부터 기둥에 그 몸을 안마하는 것을 허락하지 않겠노라. 기둥에 그 몸을 안마하면 돌길라죄가 된다.”

육군비구들이 벽이나 돌에 기대어서 안마하였다. 이 일을 세존께 아뢰었고, 세존께서는 말씀하셨다.

“지금부터 마땅히 벽이나 돌에 의지하여 몸을 안마할 수 없느니라. 안마하는 자는 돌길라이니라.”

세존께서는 가유라위국(迦維羅衛國)에 머무르셨다.

이때 석마남(釋摩男)이 세존과 승가께 내일에 공양을 청하였고, 세존께서는 묵연히 받아들이셨다. 석마남은 세존께서 묵연히 받아들이신 것을 알고 세존의 발에 머리숙여 예경하고 오른쪽으로 돌면서 떠나갔다. 집에 돌아와서는 밤새워 여러 종류의 맛있는 음식을 준비하였고, 일찍 일어나서 앉을 곳에 자리를 펼쳐놓고 사자를 보내어 세존께 때에 이르렀음을 아뢰었다.

"오직 성자께서는 때인 것을 아십시오."

이때 여러 비구들이 기름으로서 발에 발랐는데, 이 나라는 흙먼지가 많아서 비구들의 발에 묻었다. 여러 거사의 부인들은 두 손으로 비구의 발을 잡고 예배하였고, 뒤에 손을 씻고서 발우를 손으로 잡고 음식을 나누어주었다. 어느 비구가 거사의 부인에게 말하였다.

"먼저 손을 씻고서 발우를 잡으십시오."

대답하여 말하였다.

"이미 씻었습니다. 만약 그대가 발에 기름을 바르고 오지 않았다면 마땅히 무슨 허물이 있었겠습니까?"

거사의 부인이 비구를 꾸짖는 이와 같은 일을 세존께서 보셨다. 세존께서는 식후에 승방으로 돌아오셨으며, 이 일로써 비구 승가를 모으셨고, 여러 비구들에게 말씀하셨다.

"지금부터 마땅히 발에 기름을 바르고 백의의 집에 들어갈 수 없느니라. 발에 기름을 바르고 백의의 집에 들어간다면 돌길라이니라. 만약 진흙탕이거나 또는 종기가 있어 기름을 바르고 백의의 집에 들어갔다면 범한 것은 없느니라."

육군비구들이 머리에 기름을 발랐으므로 여러 거사들이 꾸짖어 말하였다.

"여러 사문 석자는 선량하고 덕이 있다고 스스로가 말하면서, 백의와 같이 기름으로서 머리에 바르는구나."

이 일을 세존께 아뢰었고 세존께서는 말씀하셨다.

"지금부터 기름으로서 머리에 바르는 것을 허락하지 않겠노라. 바르는 자는 돌길라이니라. 만약 새롭게 머리를 깎았거나, 만약 두통이 있거나,

만약 방사 안에서 발랐다면 범한 것은 없느니라."

육군비구들이 얼굴과 눈썹을 장엄하였으므로, 여러 거사들이 꾸짖어 말하였다.

"여러 사문 석자는 선량하고 덕이 있다고 스스로가 말하면서, 왕이나 대신들과 같이 얼굴과 눈썹을 장엄하는구나."

이 일을 세존께 아뢰었고 세존께서는 말씀하셨다.

"지금부터 얼굴과 눈썹을 장엄하는 것을 허락하지 않겠노라. 장엄하는 자는 돌길라이니라."

육군비구들이 장엄하려는 까닭으로써 눈썹을 그렸으므로 여러 거사들이 꾸짖어 말하였다.

"여러 사문 석자는 선량하고 덕이 있다고 스스로가 말하면서, 왕이나 대신들과 같이 눈썹을 그리는구나."

이 일을 세존께 아뢰었고 세존께서는 말씀하셨다.

"지금부터 얼굴과 눈썹을 그리는 것을 허락하지 않겠노라. 그리는 자는 돌길라이니라. 눈썹을 그리는 것에 다섯 종류가 있나니, 첫째가 먹으로 그리는 것이고, 둘째가 허공의 푸른색으로 그리는 것이며, 셋째가 섞어서 그리는 것이고, 넷째가 꽃으로 그리는 것이고, 다섯째가 나무의 수액으로 그리는 것이다. 만약 병의 치료를 위하여 눈썹을 그렸다면 범한 것은 없느니라."

육군비구들이 팔에 실을 묶고서 다녔으므로, 여러 거사들이 꾸짖어 말하였다.

"여러 사문 석자는 선량하고 덕이 있다고 스스로가 말하면서, 왕이나 대신들과 같이 여러 색깔의 실을 묶고 다니는구나."

이 일을 세존께 아뢰었고 세존께서는 말씀하셨다.

"지금부터 여러 색깔의 실을 묶고 다니는 것을 허락하지 않겠노라. 만약 묶는다면 돌길라죄이니라."

육군비구들이 실을 겨드랑이에 묶고서 다녔으므로 여러 거사들이 꾸짖어 말하였다.

"여러 사문 석자는 선량하고 덕이 있다고 스스로가 말하면서, 왕이나 대신들과 같이 겨드랑이에 실을 묶고 다니는구나."

이 일을 세존께 아뢰었고 세존께서는 말씀하셨다.

"지금부터 겨드랑이에 실을 묶고 다니는 것을 허락하지 않겠노라. 만약 묶는다면 돌길라죄이니라."

육군비구들이 몸에 장신구를 갖추고 다녔으므로 여러 거사들이 꾸짖어 말하였다.

"여러 사문 석자는 선량하고 덕이 있다고 스스로가 말하면서, 왕이나 대신들과 같이 몸에 장신구를 갖추고 다니는구나."

이 일을 세존께 아뢰었고 세존께서는 말씀하셨다.

"지금부터 비구가 몸에 장신구를 갖추고 다니는 것을 허락하지 않겠노라. 갖추는 자는 돌길라죄이니라."

육군비구들이 팔찌를 치장하고 다녔으므로 여러 거사들이 꾸짖어 말하였다.

"여러 사문 석자는 선량하고 덕이 있다고 스스로가 말하면서, 왕이나 대신들과 같이 팔찌를 치장하고 다니는구나."

세존께서는 말씀하셨다.

"마땅히 팔찌로 치장할 수 없느니라. 팔찌를 치장한다면 돌길라이니라."

육군비구들이 왕이나 대신들과 같이 반지를 끼고 다녔으므로, 세존께서는 말씀하셨다.

"마땅히 반지를 끼고 다닐 수 없느니라. 반지를 끼고 다닌다면 돌길라이니라."

육군비구가 영락(瓔珞)을 치장하였으므로, 세존께서는 말씀하셨다.

"비구는 마땅히 영락을 치장할 수 없느니라. 치장한다면 돌길라죄이니라."

육군비구들이 비단실로 만든 팔찌를 치장하였으므로, 세존께서는 말씀하셨다.

"비구는 마땅히 비단실의 팔찌를 치장할 수 없다. 치장한다면 돌길라죄이니라."

육군비구들이 금·은의 귀걸이를 치장하였으므로, 세존께서는 말씀하셨다.

"귀걸이로서 치장할 수 없느니라. 귀걸이를 치장하는 자는 돌길라이니라."

장로 발제(跋提)는 본래 백의이었을 때에 포도 잎의 머리핀을 치장하고 다녔다. 비구가 되었어도 본래의 습기(習氣)를 까닭으로 오히려 그것으로 치장하였으므로 여러 거사들이 꾸짖어 말하였다.

"이 비구는 왕이나 대신과 같이 포도 잎의 팔찌를 하였구나."

이 일을 세존께 아뢰었고 세존께서는 말씀하셨다.

"지금부터 마땅히 착용하지 말라. 착용하는 자는 돌길라죄이니라."

세존께서 일체 장엄구를 막았던 까닭으로 육군비구들은 곧 삼베·비단 끈·나뭇잎·나무껍질·나무 조각·백납(白鑞)[1]·연석(鉛錫) 등으로 귀걸이를 지어서 착용하였다. 여러 거사들이 말하였다.

"그대들은 금·은·나뭇잎 등의 장신구를 지녀서는 아니되는데, 어찌하여 귀걸이를 사용합니까?"

세존께서는 말씀하셨다.

"지금부터 비구가 삼베·비단 끈·나뭇잎·나무껍질·나무 조각·백납·연석 등으로 귀걸이를 지어서 착용하는 것을 허락하지 않겠노라. 착용한다면 돌길라죄이니라. 나아가 풀의 비녀로 귀를 뚫는 것도 돌길라이니라."

그때에도 육군비구들이 귀걸이를 착용하였으므로, 세존께서는 말씀하셨다.

"마땅히 귀걸이를 착용하지 말라. 착용하는 자는 돌길라이니라."

또한 육군비구들이 머리를 묶는 보물을 저축하였으므로, 여러 거사들이 꾸짖어 말하였다.

"여러 사문 석자는 선량하고 덕이 있다고 스스로가 말하면서, 왕이나

---

1) 주석과 납의 합금으로 주석을 80~90% 함유하는 것을 말한다.

대신들과 같이 머리를 묶는 보물을 저축하는구나."

이 일을 세존께 아뢰었고 세존께서는 말씀하셨다.

"지금부터 마땅히 머리를 묶는 보물을 저축하지 말라. 저축하는 자는 돌길라이니라."

다시 육군비구들이 금목걸이(金鬘)를 착용하였으므로, 여러 거사들이 꾸짖어 말하였다.

"여러 사문 석자는 선량하고 덕이 있다고 스스로가 말하면서, 왕이나 대신들과 같이 금목걸이(金鬘)를 착용하는구나."

세존께서는 말씀하셨다.

"비구는 마땅히 금목걸이를 착용하지 말라. 착용하는 자는 돌길라이니라."

또한 육군비구들이 백의에게 손톱을 다듬게 시켰으므로, 세존께서는 말씀하셨다.

"마땅히 백의에게 손톱을 다듬게 시키지 말라. 다듬는 자는 돌길라이니라."

세존께서는 왕사성에 머무르셨다.

이때 여러 비구들이 왕사성에 들어가 걸식하면서 암라 과일과 암라의 국을 얻었는데, 여러 비구들이 말하였다.

"세존께서는 우리들에게 암라 과일과 암라의 국을 받도록 허락하시지 않았습니다."

이 일을 세존께 아뢰었고 세존께서는 말씀하셨다.

"지금부터 비구들에게 암라 과일과 암라의 국을 받도록 허락하겠노라."

세존께서는 왕사성에 머무르셨다.

그때 병사왕에게는 암라수가 있었고 항상 과일이 생겨났다. 왕은 세존의 법을 믿고 공경하였던 까닭으로 여러 비구들에게 물었다.

"암라 과일도 먹습니까?"

대답하여 말하였다.

"먹습니다."

왕이 말했다.

"나의 이러한 암라나수의 과일을 드십시오."

이 나무를 관리하던 자는 세존의 법을 믿지 않았던 까닭으로 노랗게 익은 과일이 있다면 왕·왕의 부인·왕자·대신·대관의 몫으로 남겨두었고, 이 과일의 가운데에서 설익은 것·푸른 것·상한 것·벌레나 새가 먹은 것·떨어진 것들을 가져다 비구들에게 주었다. 육군비구들은 이곳에 이르러 노랗게 익은 과일을 취하고서 과일을 지키던 자에게 말하였다.

"우리에게 와서 주시오."

대답하여 말하였다.

"그대들이 이미 취하였는데 다시 받을 필요가 있습니까?"

이 가운데에 비구가 있어 욕망이 적고 만족함을 알며 두타를 행하였는데, 이러한 일을 듣고 마음이 즐겁지 않아서 이 일로써 세존을 향하여 자세히 말하였다. 세존께서는 이 인연으로서 대중 승가를 모으셨고, 비구 승가는 모였으며, 육군비구들에게 물으셨다.

"그대들이 진실로 이러한 일을 지었는가?"

대답하여 말하였다.

"진실로 지었습니다. 세존이시여."

세존께서는 여러 종류의 인연으로서 육군비구들을 꾸짖으셨다.

"어찌 비구라고 이름하면서 먼저 스스로가 암라 열매를 접촉하고, 뒤에 정인(淨人)으로부터 받아서 먹었는가? 지금부터 비구가 만약 스스로가 손으로 암라 과일을 접촉하고 뒤에 정인에게서 받았다면, 마땅히 먹지 말라. 만약 먹는다면 돌길라이니라. 암라 열매와 같이 나머지의 일체의 과일도 역시 이와 같다."

세존께서는 사위국에 머무르셨다.

이때 교살라국(憍薩羅國)의 파사닉왕(波斯匿王)이 병사왕의 처소에 사자를 보냈는데, 파사닉왕을 찬탄하여 말하였다.

“저희 왕은 선하고 복덕이 있어 네 개의 병에는 자연히 우유가 가득하여 왕의 음식으로 공양하고, 자연히 날마다 여덟 말의 그릇에 가득하여 이로써 왕의 음식으로 공양합니다.”

병사왕도 역시 스스로가 자기의 나라를 찬탄하였다.

“나의 이 국토에는 암라 과일이 항상 생겨나고 또 수제(樹提) 거사에게는 묘한 옷이 열리는 나무가 있소.”

병사왕은 곧 서신을 보내어 원림을 관리하는 자에게 칙명하였다.

“암라 과일을 보내시오.”

원림을 지키던 자는 이렇게 생각하였다.

‘이 사문들이 과일을 취한 인연을 까닭으로 세존께서는 반드시 비구들이 암라 과일을 먹는 것을 막으실 것이다.’

원림을 지키던 자가 왕의 사신에게 말하였다.

“이 과수원에는 암라 열매가 없습니다. 소유하였던 과일은 사문 석자들이 이미 먹어서 없앴습니다.”

사자가 돌아와서 왕에게 말하였다.

“원림을 지키던 자가 말하였습니다. ‘소유하였던 과일은 사문 석자들이 이미 먹어 없앴습니다.’”

왕이 말하였다.

“나도 역시 이것을 알고 있소. 과일이 때는 아니지만 약간이라도 있다면 그 사신에게 생김새를 보여줄 수 있을 것이오.”

원림을 지키던 자는 몇 개의 열매를 얻어서 보내었고 왕에게 받들었다. 비구가 있어 욕망이 적고 만족함을 알며 두타를 행하였는데, 이러한 일을 듣고 마음이 즐겁지 않아서 꾸짖어 말하였다.

“어찌 비구라고 이름하면서 항상 생겨나는 암라 과일을 먹어치웠고 관정한 왕이 스스로가 사자를 보내어 구하여도 얻지 못하게 하는가?”

꾸짖고서 이 일로써 세존께 아뢰었다. 세존께서는 이 인연으로서 대중 승가를 모으셨고, 비구 승가는 모였으며, 세존께서는 여러 종류의 인연으로서 꾸짖으셨다.

"어찌 비구라고 이름하면서 항상 생겨나는 암라 과일을 먹어치웠고 관정한 왕이 스스로가 사자를 보내어 구하여도 얻지 못하게 하였는가?"

여러 종류의 인연으로서 꾸짖으셨으며, 여러 비구들에게 말씀하셨다.

"지금부터 항상 생겨나는 암라 과일을 마땅히 먹지 말라. 먹는 자는 돌길라죄이니라."

세존께서는 사위국에 머무르셨다.

이때 여러 비구들이 사위성에 들어가서 걸식하면서 암라 과일의 국을 얻었으나, 여러 비구들이 의심스러워 받지 않으면서 이렇게 생각을 지었다.

'우리가 좋은 음식을 걸식하는 것에 떨어지지는 않았는가?'

이 일을 세존께 아뢰었고, 세존께서는 말씀하셨다.

"만약 다른 사람에게 구하지 않았으나, 스스로가 주었다면 취하여 얻으라."

교살라국의 한 주처의 승가가 과일 보시를 얻었다. 여러 비구들이 어떻게 해야 하는가를 알지 못하였으므로, 이 일을 세존께 아뢰었다. 세존께서는 말씀하셨다.

"마땅히 다섯 종류로 작정(作淨)하고 먹어야 하느니라. 무엇이 다섯 종류인가? 화정(火淨)·도정(刀淨)·조정(爪淨)·앵무정(鸚鵡淨)·자불생정(子不生淨)이다."

세존께서는 추마국(芻摩國)에 머무르셨다.

그때 아나율과 함께 다니던 제자가 입이 마르는 질병에 걸렸다. 의사는 아마륵을 물고 있으면 입의 질병이 낫는다고 말하였으므로, 제자가 대답하여 말하였다.

"세존께서는 우리들에게 아마륵을 입에 물어도 된다고 허락하시지 않았습니다."

이 일을 세존께 아뢰었고, 세존께서는 말씀하셨다.

"비구가 입의 병이 있다면 아마륵을 물고 있도록 허락하겠노라. 왜 그러한가? 입이 마르는 병에는 서로가 마땅한 까닭이다."

교살라국 한 주처의 승가가 과일 보시를 얻었는데, 정인들에게 아직 작정하지 않은 것을 받았다. 여러 비구들이 어떻게 해야 하는가를 알지 못하였으므로, 이 일을 세존께 아뢰었다. 세존께서는 말씀하셨다.

"그 과일의 껍질과 살은 먹고 씨앗은 먹지 말라."

세존께서는 왕사성에 머무르셨다.

그때 수제(樹提) 거사가 물건을 받았는데, 손님이 바다에서 돌아오면서 가지고 왔던 하나의 전단(旃丹)의 토막이었고 수제 거사에게 선물한 것이었다. 거사는 크게 부유하여 금·은과 진귀한 보배가 많았고, 자거(硨磲)·마노(馬瑙)·산호(珊瑚) 등도 무량하여 이러한 전단향을 얻었어도 뜻이 있지 않았다. 곧 이 전단으로 발우를 지었고 주머니 속에 넣었으며 상아의 벽걸이 위에 높이 매달고서 이렇게 말을 지었다.

"만약 사문이거나, 바라문이거나, 사다리와 장대가 아닌데 능히 얻을 수 있다면 곧 취하십시오."

이때 부루나가섭(富樓那迦葉)은 수제 거사가 자기를 위한 까닭으로 전단 발우를 지었다고 들었으므로 곧 가서 물어 말하였다.

"그대가 나를 위하여 발우를 지었습니까?"

거사가 대답하여 말하였다.

"제가 전단나무로 발우를 지어서 상아로 벽걸이 위에 높이 매달아 놓았습니다. 만약 사문이거나, 바라문이거나, 사다리와 장대가 아닌데 능히 얻을 수 있다면 주겠습니다."

부루나가섭은 이렇게 생각을 지었다.

'거사가 신통력을 보고자 하는 것이다.'

곧 머리를 세우고서 떠나갔다. 마가리구사자(摩伽梨俱賒子)·산사야비라차자(珊闍耶毘羅茶子)·니건타야제자(尼揵陀若提子)·가구타가전연(迦求

陀迦旃延)·아기타시사흠바라(阿耆陀翅舍欽婆羅)도 자기를 위한 까닭으로 전단발우를 지었다고 들었으므로 그의 처소에 나아가서 물어 말하였다.

"그대가 나를 위하여 발우를 지었습니까?"

거사가 대답하여 말하였다.

"제가 전단나무로 발우를 지어서 상아로 벽걸이 위에 높이 매달아 놓았습니다. 만약 사문이거나, 바라문이거나, 사다리와 장대가 아닌데 능히 얻을 수 있다면 주겠습니다. 아니라면 주지 않겠습니다."

부루나가섭은 이렇게 생각을 지었다.

'거사가 신통력을 보려는 까닭이다.'

곧 머리를 세우고서 떠나갔다.

이때 장로 빈두로파라타(賓頭盧頗羅墮)가 "수제 거사가 전단나무로 발우를 지어서 상아로 벽걸이 위에 높이 매달아 놓았고, 사문이거나, 바라문이거나, 사다리와 장대가 아닌데 능히 얻을 수 있다면 주겠으며, 아니라면 주지 않겠다."는 것을 들었다. 듣고서 목련의 처소로 나아가서 말하였다.

"장로 목련이여. 그대는 아십니까? '수제 거사가 전단나무로 발우를 지어서 상아로 벽걸이 위에 높이 매달아 놓았고, 여러 사문이거나, 바라문이거나, 사다리와 장대가 아닌데 능히 얻을 수 있다면 주겠으며, 아니라면 주지 않겠습니다.'고 이렇게 말을 지었습니다.

목련이 말하였다.

"그대는 사자후(師子吼)의 가운데에서 제일이므로 곧 가서 취하십시오."

이때 장로 빈두로파라타는 밤이 지나고 오전에 옷과 발우를 지니고서 행주좌립(行住坐立)의 좋은 위의로서 수제 거사의 집으로 나아갔다. 수제 거사는 멀리서 빈두로가 행주좌립의 위의가 청정하게 옷과 발우를 지닌 것을 보고서 이렇게 생각을 지었다.

'이와 같이 비구가 행주좌립의 위의가 청정하게 옷과 발우를 지녔으므로, 반드시 능히 발우를 취할 것이다.'

거사는 곧 자리에서 일어나 옷깃을 한쪽으로 여미고 합장하고서 빈두로에게 말했다.

"잘 오셨습니다. 파라타이시여. 이곳에 오랫동안 오지 않았습니다."

곧 앉을 자리를 가져왔고 수제 거사는 파라타의 발에 머리숙여 예배하였다. 빈두로가 앉고서 거사에게 물었다.

"그대는 진실로 전단나무로 발우를 짓고서 주머니의 가운데에 넣고서 상아의 벽걸이 위에 높이 매달았으며, '여러 사문이거나, 바라문이거나, 사다리와 장대가 아닌데 능히 얻을 수 있다면 주겠으며, 아니라면 주지 않겠습니다.'고 이렇게 말을 지었습니까?"

대답하여 말하였다.

"진실로 지었습니다."

빈두로는 곧 이와 같이 선정에 들어갔고 그 자리 위에서 손을 뻗어 발우를 취하고서 거사에게 보여주었다. 거사가 말하였다.

"제가 이전에 말한 것과 같이 곧바로 그대에게 귀속되었습니다."

거사가 또한 말하였다.

"잠시 저에게 주십시오."

곧 발우를 취하여 찰밥을 가득 담아서 빈두로에게 주었다. 빈두로는 음식을 먹고서 곧 이 발우를 가지고 와서 여러 비구들에게 보여주면서 말하였다.

"그대들은 이 발우를 보십시오. 향기가 좋고 사랑스럽습니다."

여러 비구들이 말하였다.

"진실로 그렇습니다. 어느 곳에서 얻었습니까?"

빈두로는 앞의 일을 자세히 말하였다. 이 가운데에 비구가 있어 욕망이 적고 만족함을 알며 두타를 행하였는데 이러한 일을 듣고 마음이 즐겁지 않아서 여러 종류의 인연으로 꾸짖어 말하였다

"어찌 비구라고 이름하면서 적나외도(赤裸外道)의 물건을 위한 까닭으로 대계(大戒)를 받지 않은 사람들 앞에서 인간을 넘어서는 성스러운 법을 나타내는가?"

꾸짖고서 세존을 향하여 자세히 말하였다. 세존께서는 이 인연으로서 비구 승가를 모으셨으며, 아시면서도 일부러 빈두로파라타에게 물으셨다.

"그대가 진실로 이러한 일을 지었는가?"

대답하여 말하였다.

"진실로 지었습니다. 세존이시여."

세존께서는 여러 종류의 인연으로서 빈두로파라타를 꾸짖으셨다.

"어찌 비구라고 이름하면서 적나외도의 물건을 위한 까닭으로 구족계를 받지 않은 사람들 앞에서 인간을 넘어서는 성스러운 법을 나타내었는가?"

꾸짖고서 파라타에게 말씀하셨다.

"목숨을 마치도록 그대를 쫓아내겠으니, 마땅히 이 염부제에 머무를 수 없느니라."

빈두로는 세존의 가르침을 받고서 세존의 발에 머리숙여 예경하고 오른쪽으로 돌면서 자기 방으로 돌아갔다. 승가에서 받았던 와구와 평상 등을 모두 승가에 돌려주었고, 옷과 발우를 지니고서 이와 같이 염부제에서 선정에 들어갔고 사라져서 구야니(瞿耶尼)에 나타났다. 이르러서 우바새와 우바이를 교화하였고 많은 제자를 양육하였으며, 승방과 방사를 일으키고 공행제자(共行弟子)와 근행제자(近行弟子)를 양육하면서 널리 불법을 널리 펼쳤다. 세존께서는 그때에 빈두로를 보내고 오래지 않아서 비구 승가를 모으셨고, 비구 승가가 모였으므로 여러 비구들에게 말씀하셨다.

"지금부터 여덟 종류의 발우를 저축하는 것을 허락하지 않겠노라. 무엇이 여덟 종류인가? 금 발우·은 발우·유리 발우·마니주 발우·구리 발우·백납 발우·나무 발우·돌 발우이니, 저축하는 자는 돌길라죄이니라. 그대들에게 두 종류를 발우를 저축하도록 허락하겠으니, 철 발우(鐵鉢)와 질그릇 발우(瓦鉢)이니라."

질그릇 발우가 잘 부서졌으므로, 세존께서는 말씀하셨다.

"꿰매서 사용하라."

우바리가 세존께 물었다.

"무슨 물건으로서 꿰매야 합니까?"

세존께서는 말씀하셨다.

"털·추마(芻摩)[2]·겁패·삼베·문사초(文闍草)·파파초(婆婆草)를 사용하라."

그 나라는 매우 더웠던 까닭으로 발우를 꿰맨 가운데에서 벌레가 생겨났다. 세존께서는 말씀하셨다.

"마땅히 꿰맨 것을 풀어서 말리고서 다시 꿰매도록 하라."

여러 비구들은 날마다 풀어서 말렸고 다시 꿰매면서 몹시 피로하였다. 한 비구가 있어 능히 구리를 제련하였으므로, 이 비구가 세존께 아뢰었다.

"원하옵건대 만약 철이거나, 만약 구리라면 두 종류의 물건으로 발우를 꿰매는 것을 허락하십시오."

세존께서는 말씀하셨다.

"만약 철이거나, 만약 구리라면 사용하는 것을 허락하겠노라."

세존께서는 사위국에 머무르셨다.

이때 비구가 있었는데 음욕이 일어났으므로 스스로가 남근을 끊었다가 그 고통으로 거의 죽음에 이르렀다. 여러 비구들이 이 일로써 세존께 아뢰었고, 세존께서는 말씀하셨다.

"그대들은 이 어리석은 자를 보라. 마땅히 끊어야 할 것과 다른 것을 끊었구나. 마땅히 끊어야 할 것은 탐욕과 진애와 우치이니라."

이와 같이 꾸짖고서 여러 비구들에게 말씀하셨다.

"지금부터 남근을 끊는 것을 허락하지 않는다. 끊는 자는 투란차죄이니라."

다시 비구가 목욕하기 위하여 장작을 쪼갰던 까닭으로 독사가 썩은 나무에서 나와서 이 비구의 손가락을 깨물었다. 이 비구는 이렇게 생각을 지었다.

'이 독이 분명 몸속으로 흘러 들어갈 것이다.'

곧 스스로가 손가락을 잘랐던 이러한 까닭으로 손가락이 없었다. 여러

2) 삼베의 한 종류이다.

거사가 사찰에 들어와서 이 비구가 손가락이 없는 것을 보고 이렇게 말을 지었다.

"사문 석자도 역시 손가락이 없구나."

이 가운데에 비구가 있어 욕망이 적고 만족함을 알며 두타를 행하였는데, 이러한 일을 듣고 마음이 즐겁지 않아서 이 일을 세존께 아뢰었다. 세존께서는 여러 종류의 인연으로서 꾸짖으셨다.

"어찌 비구라고 이름하면서 스스로가 손가락을 잘랐는가?"

이와 같이 꾸짖으셨으며, 여러 비구들에게 말씀하셨다.

"지금부터 마땅히 스스로 손가락을 자르지 말라. 스스로 손가락을 자른다면 돌길라이니라."

세존께서는 말씀하셨다.

"지금부터 이와 같은 인연이 있다면 끈으로 손가락을 묶고 칼로 찔러서 독을 빼내는 것을 허락하겠노라."

육군비구들이 춤추고 노래하는 것을 구경하였다. 여러 거사들이 꾸짖어 말하였다.

"여러 사문 석자는 선량하고 덕이 있다고 스스로가 말하면서, 왕이나 대신들과 같이 춤과 노래를 구경하러 다니는구나."

이 가운데에 비구가 있어 욕망이 적고 만족함을 알며 두타를 행하였는데, 이러한 일을 듣고 마음이 즐겁지 않아서 이 일을 세존께 아뢰었다. 세존께서는 아시면서도 일부러 육군비구에게 물으셨다.

"그대들이 진실로 이러한 일을 지었는가?"

대답하여 말하였다.

"진실로 지었습니다. 세존이시여."

세존께서는 여러 종류의 인연으로서 육군비구를 꾸짖으셨다.

"어찌 비구라고 이름하면서 스스로 노래와 춤을 구경하러 갔었는가?"

이와 같이 꾸짖으셨으며, 여러 비구들에게 말씀하셨다.

"지금부터 비구는 마땅히 노래와 춤을 구경하러 가는 것을 허락하지 않겠노라. 가서 구경하는 자는 돌길라이니라."

또한 육군비구들이 스스로가 노래를 불렀으므로, 여러 거사들이 꾸짖어 말하였다.

"여러 사문 석자는 선량하고 덕이 있다고 스스로가 말하면서, 백의와 같이 춤추고 노래하는구나."

이 가운데에 비구가 있어 욕망이 적고 만족함을 알며 두타를 행하였는데, 이러한 일을 듣고 마음이 즐겁지 않아서 이 일을 세존께 아뢰었다. 세존께서는 여러 비구들에게 말씀하셨다.

"지금부터 마땅히 노래를 부를 수 없느니라. 부르는 자는 돌길라이니라. 노래에는 다섯 가지의 허물이 있나니, 스스로가 마음에서 탐착하고, 다른 사람을 탐착하게 하며, 혼자의 처소에서 각(覺)과 관(觀)이 많이 일어나고, 항상 탐욕에 마음이 덮이게 되며, 여러 거사가 듣는다면 이렇게 말을 짓는다. '여러 사문 석자들도 역시 노래하므로 우리들과 다르지 않다.' 다시 다섯 가지의 허물이 있나니, 스스로가 마음에서 탐착하고, 다른 사람을 탐착하게 하며, 혼자의 처소에서 각과 관이 많이 일어나고, 여러 젊은 비구들이 듣고 따라서 배우게 되며, 따라서 배운다면 항상 탐욕스러운 마음을 일으켜서 곧 계율에 어긋나느니라."

비구가 있어 발제(跋提)라고 이름하였는데, 범패(梵唄)의 가운데에서 제일이었고 이 비구의 목소리는 좋았다. 세존께 아뢰어 말하였다.

"세존이시여. 원하옵건대 제가 소리로 범패를 짓는 것을 허락하여 주십시오."

세존께서는 말씀하셨다.

"그대가 소리로 범패를 짓는 것을 허락하겠노라. 범패에는 다섯 가지의 이익이 있나니, 신체가 피곤하지 않고, 기억한 것을 잊지 않으며, 마음에 피로하지 않고, 목소리가 나빠지지 않으며, 말이 쉽게 이해되는 것이다. 다시 다섯 가지의 이익이 있나니, 신체가 피곤하지 않고, 기억한 것을 잊지 않으며, 마음이 해태(懈怠)하지 않고, 목소리가 나빠지지 않으며, 여러 천신들이 범패 소리를 듣고 마음으로 곧 환희하는 것이다."

세존께서는 사위국에 머무르셨다.

이때 여러 비구들이 철발우의 가운데에 음식을 먹고서 발우를 땅에 놓아두었는데 습기로 부식이 생겨났다. 세존께서는 말씀하셨다.

"지금부터 사용하던 헝겊을 발우 아래에 놓아두도록 허락하겠노라."

이 나라의 가운데에는 열이 많아서 납의(衲衣)의 가운데에서 벌레가 생겨났다. 세존께서는 말씀하셨다.

"마땅히 발우를 놓을 물건을 지어야 하느니라."

장로 우바리가 세존께 물었다.

"무슨 물건으로서 발우를 놓을 물건을 지어야 합니까?"

세존께서는 말씀하셨다.

"마땅히 백납이나 주석으로 지어야 하느니라."

지었던 까닭으로 벌레가 생겨났다. 세존께서는 말씀하셨다.

"마땅히 발우를 안치할 판자를 지어야 하느니라."

질그릇 발우를 판자 위에서 놓아두었는데 땅으로 떨어져 부서졌다. 세존께서는 말씀하셨다.

"마땅히 상자 속에 넣어두어야 하느니라."

드러난 발우를 상자 속에 넣었으므로 서로 부딪쳐 소리가 들렸다. 세존께서는 말씀하셨다.

"낡은 헝겊으로 감싸서 상자에 넣는 것을 허락하겠노라."

장로 의리월(疑離越) 비구가 질그릇 발우를 씻고서 햇볕에 두었고 발우가 달구어져서 국물이 흘러나왔으므로 여러 비구들에게 말하였다.

"질그릇 발우는 기름이 있어 부정하므로 비구들의 공양에 마땅하지 않습니다."

여러 비구들이 어떻게 해야 하는가를 알지 못하였으므로, 이 일을 세존께 아뢰었다. 세존께서는 아시면서도 일부러 의리월에게 물으셨다.

"그대가 진실로 질그릇 발우를 씻고서 햇볕에 놓아두었고 햇볕에 뜨거워져 국물이 흘러나왔으므로 여러 비구들에게 '질그릇 발우는 기름이 있어 부정하므로 비구들의 공양에 마땅하지 않습니다.'라고 말하였는가?"

대답하여 말하였다.

"진실로 그렇습니다. 세존이시여."

세존께서는 말씀하셨다.

"지금부터 발우를 씻고서 햇볕에 놓아두어 뜨겁게 하지 말라. 햇볕에 놓는 자는 돌길라이니라."

이때 비구에게 귀하고 값비싼 옷감이 있었다. 물속에 깨끗하게 씻고서 재단하여 옷을 짓고자 가장자리를 이빨로 물어뜯어 양쪽에서 잡아당기자 이 옷감이 여러 곳에서 가로와 세로로 찢어졌다. 세존께서는 말씀하셨다.

"지금부터 옷을 재단할 때 사용하는 월두도자(月頭刀子)를 저축하는 것을 허락하겠노라."

이때 닭털과 새털로 옷을 꿰매었는데 쉽게 찢어져서 바지가 흘러내렸다. 세존께서는 말씀하셨다.

"두 종류의 바늘인 쇠바늘이나 구리바늘은 바늘귀가 뾰족하거나, 둥글거나, 네모난 것이더라도 사용하도록 허락하겠노라."

이때 여러 비구들이 옷을 무릎 위에 놓고 꿰매었는데 꿰매는 때에 주름졌다. 세존께서는 말씀하셨다.

"땅 위에다 펼쳐놓고 꿰매어라."

여러 비구들이 땅에 펼쳐놓고 꿰매는 때에 흙이 묻었다. 세존께서는 말씀하셨다.

"마땅히 쇠똥으로서 땅에 발라야 하느니라."

때에 바르지 않은 것이 있었다. 세존께서는 말씀하셨다.

"끈으로 네 귀퉁이를 묶어서 꿰매는 것을 허락하겠노라."

꿰맸으나 혹은 바르게 않은 것이 있었다. 세존께서는 말씀하셨다.

"여러 곳을 맞붙여야 하느니라."

이때에 혹은 옷의 균등하지 않은 것이 있었다. 세존께서는 말씀하셨다.

"나무를 깎아서 잣대(準)를 만들어야 하느니라."

꿰매는 때에 바늘이 들어가지 않아서 손가락 끝에 상처가 났다, 세존께서는 말씀하셨다.

"골무를 끼는 것을 허락하겠노라."

이때 바늘·칼·골무·나무 잣대가 각기 다른 곳에 있어 찾는 것이 어려웠다. 세존께서는 말씀하셨다.

"물건을 담아서 한곳에 놓아두는 것을 허락하겠노라."

옷을 꿰매는 때에 가장자리가 쉽게 풀어졌다. 세존께서는 말씀하셨다.

"가장자리에 테를 만드는 것을 허락하겠노라."

이 옷이 밖에 있으면서 펼치면 가장자리가 쉽게 풀어졌다. 세존께서는 말씀하셨다.

"말아서 묶는 것을 허락하겠노라."

말았던 때에도 쉽게 풀어졌다. 세존께서는 말씀하셨다.

"끈으로써 묶어야 하느니라."

혹은 비바람의 때에 옷이 더러워졌다. 세존께서는 말씀하셨다.

"덮인 곳에 놓아두는 것을 허락하겠노라."

덮인 곳이 있어 놓아두었는데 땅에 벌레들이 있어 옷을 갉았다. 세존께서는 말씀하셨다.

"막대를 세우고서 벽에 걸어두는 것을 허락하겠노라."

때에 막대의 끝이 미끄러워 옷이 땅에 떨어졌다. 세존께서는 말씀하셨다.

"끝이 구부러진 막대를 짓는 것을 허락하겠노라."

여러 비구의 몸이 크거나 작았다. 작은 비구가 있다면 옷을 바느질하는 평상을 잘라서 몸에 맞추었으므로, 큰 비구가 있다면 다시 여러 곳으로 긴 평상을 찾아다녔다. 세존께서는 말씀하셨다.

"구멍을 뚫어서 짓고 양쪽을 이어놓고 함께 사용하는 것을 허락하겠노라."

세존께서는 왕사성에 머무르셨다.

이때 육군비구들은 거울로서 얼굴을 비추어 보았다. 세존께서는 말씀하셨다.

"거울을 비추어 보는 것을 허락하지 않겠노라. 거울로 비추어 본다면 돌길라죄이니라."

이때 육군비구들은 혹은 발우의 가운데로서 비추어 보았고, 혹은 물의 가운데에서 비추어 보았다. 세존께서는 말씀하셨다.

"만약 발우의 가운데이거나 물의 가운데에서 비추어 본다면 돌길라죄이니라. 만약 얼굴의 종기를 비추어 본다면 범한 것이 없느니라."

세존께서는 왕사성에 머무르셨다.

이때 육군비구들은 빗으로 머리를 빗었다. 세존께서는 말씀하셨다.

"비구는 빗으로 머리를 빗지 말라. 머리를 빗는다면 돌길라이니라."

이때 육군비구들은 또한 솔로서 머리를 문질렀다. 세존께서는 말씀하셨다.

"만약 솔로 문지르는 자는 돌길라이니라."

세존께서는 왕사성에 머무르셨다.

이때 육군비구들이 정수리의 위에 머리카락을 조금 남겨두었다. 세존께서는 말씀하셨다.

"머리카락을 남겨두는 것을 허락하지 않겠노라. 만약 남겨두는 자는 돌길라이니라."

이때 육군비구들이 머리카락을 남겨두고서 말아두었다. 세존께서는 말씀하셨다.

"마땅히 머리카락을 남겨서 말아두지 말라. 만약 남겨두는 자는 돌길라이니라."

이때 육군비구들이 머리카락을 남겨두고서 길렀나. 세존께서는 말씀하셨다.

"마땅히 머리카락을 남겨두어 자라게 하지 말라. 만약 남겨두는 자는 돌길라이니라. 만약 아란야의 비구라면 그 머리카락 길이가 두 치(寸)[3]에 이르러도 죄는 없다."

세존께서는 사위국에 머무르셨다.

이때 비구에게 나병과 옴병이 있어서 약사인 기바(耆婆)에게 말하였다.

"병을 치료하여 주십시오."

기역(耆域)이 말하였다.

"욕실(浴室)에 들어가서 씻으면 낫습니다."

비구가 말하였다.

"세존께서는 욕실에 들어가서 씻는 것을 허락하시지 않았습니다."

여러 비구들은 이 일로써 세존께 아뢰었고, 세존께서는 말씀하셨다.

"욕실에 들어가서 씻는 것을 허락하겠노라. 목욕에는 다섯 가지 공덕이 있나니, 첫째는 때를 없애는 것이고, 둘째는 몸을 깨끗하게 하는 것이며, 셋째는 몸속의 한냉병(寒冷病)을 없애는 것이고, 넷째가 풍병을 없애는 것이며, 다섯째는 안은함을 얻는 것이다."

이때 욕실 안에는 앉을 물건이 없었으므로 여러 비구들이 앉아서 씻을 곳이 없었다. 세존께서는 말씀하셨다.

"욕실 안에 앉는 물건을 놓아두는 것을 허락하겠노라."

장로 우바리가 세존께 물었다.

"무슨 물건으로 지어야 합니까?"

세존께서는 말씀하셨다.

"나무나 돌이나 벽돌을 사용하여 짓도록 하라."

이때 욕실 바닥에서 흙탕물이 나왔고 여러 비구들은 흙탕물로써 씻게 되었다. 세존께서는 말씀하셨다.

"욕실에 걸상(橙)을 놓아두는 것을 허락하겠노라."

우바리가 세존께 물었다.

"무슨 물건으로 걸상을 지어야 합니까?"

세존께서는 말씀하셨다.

"나무나 돌이나 벽돌로 벽돌을 사용하여 짓도록 하라."

---

3) 치(寸)는 1척(尺)의 1/10에 해당되므로 대략 3㎝의 길이이다.

이때 마땅히 욕실 안에 화로를 놓아두었으므로 여러 비구들은 씻으면서 안은하지 않았다. 세존께서는 말씀하셨다.

"마땅히 벽에다 설치하도록 하라."

이때 아궁이를 짓지 않았으므로 불길이 곧 지붕까지 솟구쳤다. 세존께서는 말씀하셨다.

"아궁이를 설치하는 것을 허락하겠노라."

아궁이에 한때에 장작을 집어넣었으므로 뒤에 비구가 와서 씻는 때에는 불길이 이미 꺼졌다. 세존께서는 말씀하셨다.

"헤아려서 넣도록 하라."

이때 큰 장작을 넣었으므로 잘 넘어졌는데 만약 손으로서 집으면서 곧 손을 데었다. 세존께서는 말씀하셨다.

"갈퀴로서 집어야 하느니라."

마땅히 갈퀴로 집을 때에도 비구는 머리카락이 없었으므로 불에 고통스러웠다. 세존께서는 말씀하셨다.

"젖은 수건으로서 머리를 덮어야 하느니라."

이때 몸에 바르는 흙이 필요하였으므로, 세존께서는 말씀하셨다.

"마땅히 흙을 담아두는 물건을 저축하라."

이때 물이 필요하였으므로, 세존께서는 말씀하셨다.

"마땅히 물을 담아두는 물건을 저축하라."

이때 그 물그릇이 작았다.

"옹기를 저축하는 것을 허락하겠으니, 옹기 속에 물을 가득 채워두어라."

이때 옹기를 아궁이 위에 놓아두었는데, 장작이 위에 떨어지는 것이 있어서 옹기가 깨어졌다. 세존께서는 말씀하셨다.

"벽에다 나무 선반을 설치하고 물그릇을 놓아야 하느니라."

이때 옹기가 높아서 물을 취하지 못하는 비구가 있었다. 세존께서는 말씀하셨다.

"마땅히 높게 설치하지 말라."

이때 아래쪽에 놓아두었는데 비구가 선반에 부딪혔다. 세존께서는 말씀하셨다.

"너무 낮아도 너무 높아서도 아니된다. 어깨나 머리와 가지런하게 설치하라."

이때 그 욕실에 문이 없어 바람이 들어왔다. 세존께서는 말씀하셨다.

"마땅히 문을 설치하라."

이때 비구가 욕실에 들어갔는데 문을 닫을 수가 없었다. 세존께서는 말씀하셨다.

"한 사람의 비구에게 문을 살피게 하라."

이때 욕실에 창문이 없는 까닭으로 어두웠다. 세존께서는 말씀하셨다.

"창문을 설치하라."

이때 욕실에서 연기가 나가는 곳이 없었던 까닭으로 연기에 그을렸다. 세존께서는 말씀하셨다.

"연기가 나가는 곳을 설치하라."

이때 비구들이 혹은 비누를 사용하였고 혹은 흙을 사용하였으므로 습기와 열기를 까닭으로 욕실에 벌레가 생겨났다. 세존께서는 말씀하셨다.

"마땅히 뜨거운 물로 깨끗이 없애라."

이때 욕실 안에 많은 물이 있었으므로, 세존께서는 말씀하셨다.

"마땅히 물을 퍼내도록 하라."

물을 퍼내는 때 여러 비구들이 토하고 답답하였으며 병을 얻었다. 세존께서는 말씀하셨다.

"마땅히 하수구를 설치하라."

하수구의 가운데에 뱀·전갈·지네 등이 있었고 들어와서 여러 비구를 깨물었다. 세존께서는 말씀하셨다.

"마땅히 헝겊으로 하수구 구멍을 막아라."

이때 씻고서 욕실을 버려두고 떠났으므로 뒤에 욕실을 태웠다.

"마지막의 비구는 마땅히 여러 물건과 일을 거두어야 한다. 옹기를 옮기고, 항아리를 옮기며, 불을 끄고, 문을 닫으며, 빗장을 걸고서 떠나야 한다."

세존께서는 유야리국(維耶離國)에 머무르셨다.

한 장자가 있었고, 대명리창(大名梨昌)이라고 이름하였다. 그는 아주 부유해서 보물도 많았고, 큰 전답과 저택이 많이 있었으므로 세력이 컸다. 한 비구가 있었고, 가류라제사라고 이름하였는데, 이 장자와 함께 서로 지식이었으므로 옛날부터 출입하면서 왕래하였다. 이때 가류라제사는 음식의 때에 옷을 입고 발우와 좌구를 지니고서 대명리창의 처소로 갔다. 이 이창은 멀리서 이 비구가 오는 것을 보고서 찬탄하여 말하였다.

"잘 오셨습니다. 이곳에 앉으십시오."

곧 좌구를 펼쳐놓았고 이때 대명리창은 발에 머리숙여 예배하고 한쪽에 앉았다. 비구가 대명리창에게 말하였다.

"지금 세존의 처소로 가서 세존을 향하여 이와 같이 말하십시오. '어찌하여 비구가 범행이 아닌 것을 짓습니까? 이 타표역사(陀驃力士)의 아들이 나의 아내와 범행이 아닌 것을 지었습니다.'"

대명리창이 가류라제사에게 말하였다.

"어찌 근거가 없이 청정한 비구를 비방하겠습니까?"

가류라제사 비구가 대명리창에게 말하였다.

"만약 세존을 향하여 이렇게 말하지 않는다면 다시는 그대와 서로 말하지도 않겠고 왕래하지 않겠으며 그대의 집에 들어오지도 않겠습니다."

대명리창은 이 비구와 서로가 깊이 사랑하고 공경하였던 까닭으로 곧 이렇게 생각을 지었다.

'만약 내가 이렇게 말을 짓지 않는다면 가류라제사 비구는 반드시 나와 함께 말하지 않을 것이고 나의 집에 들어오지도 않을 것이다.'

곧 그 비구에게 말하였다.

"내가 마땅히 세존을 향하여 이렇게 말을 짓겠습니다."

이때 대명리창이 세존의 처소로 나아가서 세존께 아뢰어 말하였다.

"세존이시여. '어찌하여 비구가 범행이 아닌 것을 짓습니까? 이 타표 역사의 아들이 나의 아내와 범행이 아닌 것을 지었습니다.'"

세존께서는 이때 여러 비구들에게 말씀하셨다.

"그대들은 모두 복발(覆鉢)하여 절대로 이 대명리창의 집에는 이르지 말라. 여러 비구·비구니·식차마니·사미·사미니는 이 대명리창의 집에 가서 스스로가 공양을 받을 수 없다. 다음에도 이와 같은 사람이 있다면 역시 마땅히 복발을 짓도록 하라. 복발을 짓는 법은 일심으로 승가가 화합하였다면 한 비구가 창언하라.

'대덕 승가께서는 허락하십시오. 이 대명리창이 역사의 아들인 타표가 범행이 청정하였으나, 근거가 없는 바라이죄로서 비구를 비방하였습니다. 만약 승가께서 때에 이르셨다면 승가께서는 인정하고 허락하십시오. 승가께서 화합하여 이 대명리창에게 복발을 지어서 주십시오. 여러 비구·비구니·식차마니·사미·사미니는 이 집에 이르러 스스로가 공양을 받을 수 없습니다. 이와 같이 아룁니다.'

아뢰고서 백이갈마를 짓는다.

'승가시여. 복발을 지어서 마쳤습니다. 승가께서 인정하신 것은 묵연하였던 까닭입니다. 이 일은 이와 같이 지니겠습니다."

그때 여러 비구들은 이와 같이 생각을 지었다.

'승가가 이미 이 대명리창에게 복발을 하였으므로, 여러 비구·비구니·식차마니·사미·사미니는 그대의 집에 이르러 스스로가 음식을 받을 수 없구나.'

다시 여러 비구들이 이와 같이 생각을 지었다.

'누가 그 장자의 집으로 가서 이와 같이 말을 지을 것인가? <승가가 이미 복발을 지었으므로, 여러 비구·비구니·식차마니·사미·사미니는 그대의 집에 이르러 스스로가 음식을 받을 수 없습니다.>'

다시 여러 비구들이 이와 같이 생각을 지었다.

'장로 아난은 세존의 시자이고, 여러 비구 가운데에서도 범행이 청정하다고 찬탄을 받는다. 아난이라면 능히 이 대명리창에게 이와 같은 말을 지을 수 있다. <승가가 이미 복발을 지었으므로, 여러 비구·비구니·식차마니·사미·사미니는 그대의 집에 이르러 스스로가 음식을 받을 수 없습니다.>'

여러 비구들이 함께 서로에게 의논하며 말하였다.

"우리들이 아난의 처소로 가서 아난에게 이와 같이 말해야 합니다. '승가는 이미 대명리창에게 복발을 지었으므로, 일체의 비구·비구니·식차마니·사미·사미니는 대명리창의 집에 이르러 손으로 음식을 받을 수 없습니다.'"

여러 비구는 이와 같이 말을 짓고서 아난의 처소로 갔으며 아난의 발에 머리숙여 예배하고 한쪽에 앉아서 아난에게 알려 말하였다.

"장로 아난이여. 승가가 이미 복발을 지었으므로, 일체의 오중(五衆)은 대명리창의 집에 이르러 손으로 음식을 받을 수 없습니다. 우리들은 마음으로 생각하였습니다. 누가 능히 장자의 집에 가서 이렇게 말할 것인가?

'대중 승가는 그대에게 복발을 지었으므로, 일체의 오중은 그대의 집에 이르러 손으로 음식을 받을 수 없습니다.'

여러 비구들이 이와 같이 생각을 지었습니다.

'장로 아난은 세존의 시자이고, 여러 비구 가운데에서도 범행이 청정하다고 찬탄을 받는다. 아난이라면 능히 이 대명리창에게 이와 같은 말을 지을 수 있다. <승가가 지금 장자에게 복발을 지었으므로, 일체의 오중은 그대의 집에 이르러 손으로 음식을 받을 수 없습니다.>'

장로 아난이여. 지금 대명리창의 집으로 가서 이렇게 말을 지으십시오.

'승가가 이미 그대에게 복발을 지었으므로, 일체의 오중은 다시 그대의 집에 이르러 손으로 음식을 받을 수 없습니다.'"

그때 아난이 묵연히 받아들였다. 여러 비구들은 아난이 묵연히 받아들인 것을 알고서 자리에서 일어나서 예배하고 오른쪽으로 돌면서 떠나갔다. 이때 아난은 밤이 지나자 오전에 옷과 발우를 지니고 대명리창의 집에 이르렀다. 대명리창은 멀리서 아난이 오는 것을 보고서 곧 자리에서 일어나 옷을 받아서 한 곳에 내려놓고서, 차수(叉手)하고서 말하였다.

"잘 오셨습니다. 아난이여. 이 자리에 앉으십시오."

아난이 대답하여 말하였다.

"나는 앉을 수 없습니다."

대명리창이 물었다.

"무슨 까닭으로 앉을 수 없습니까?"

아난이 말하였다.

"승가가 대명리창에게 복발을 지었으므로, 일체의 오중은 그대의 집에 이르러 손으로 음식을 받을 수 없습니다."

대명리창이 아난에게 말하였다.

"나는 지금 곧 스스로가 손해가 되고 공덕이 생겨나지 않겠습니다."

아난이 대답하여 말하였다.

"그대는 진실로 스스로가 손해되고 공덕이 생겨나지 않을 것입니다."

아난에게 물어 말하였다.

"제가 지금 세존의 처소로 찾아간다면 앙발(仰鉢)을 얻을 수 있습니까?"

아난이 말하였다.

"얻지 못할 것입니다."

대명리창은 이 말을 듣고서 마음에서 걱정하고 번민하면서 땅에 쓰러졌다. 대명리창의 부인이 그 머리를 받쳐들고 물로써 얼굴에 뿌렸으므로 오래 뒤에 깨어났다. 아내가 대명리창에게 말하였다.

"이러한 고통이 있다면 다스리세요."

"다시 이러한 고통을 넘어가는 것이 있겠소?"

스스로가 말하였다.

"나는 허물과 죄가 없으니, 세존의 처소에 나아가고 청정한 비구 대중의 가운데에서 내가 범행이 아니라고 지어서 비방하였던 나의 허물을 말해야겠다."

이때 대명리창은 세존의 처소로 나아가서 세존께 아뢰어 말하였다.

"세존이시여. 원하건대 저에게 앙발(仰鉢)을 주십시오."

세존께서는 여러 비구들에게 말씀하셨다.

"이 대명리창에게 앙발을 짓도록 하라. 앙발법(仰鉢法)은 일심으로 승가가 화합하였다면 이 대명리창은 옷을 오른쪽으로 드러내고 합장하고 호궤하고서 말하라.

'대덕 승가께서는 억념하십시오. 나 대명리창은 타표 역사의 아들이고 청정한 범행의 사람인 비구를 욕하고 꾸짖어 말하였습니다. 저는 근거가 없이 범행이 아니라고 비방하였던 까닭으로 승가는 복발을 지었고, 일체의 5중이 저의 집에 이르러 손으로 음식을 받을 수 없었습니다. 저는 지금 대중 승가께 앙발로 돌려놓을 것을 애원합니다. 일체의 5중은 애민한 까닭으로 본래와 같이 나의 집에 왕래하면서 손으로 음식을 받으십시오.'

이와 같이 세 번을 애원하라. 한 비구가 마땅히 승가의 가운데에서 창언하라.

'대덕 승가께서는 허락하십시오. 이 대명리창은 타표 역사의 아들이고 청정한 범행의 사람인 비구를 근거가 없는 바라이죄로써 비방하였던 까닭으로 승가는 복발을 지었고, 일체의 5중이 저의 집에 이르러 손으로 음식을 받을 수 없었습니다. 만약 승가께서 때에 이르셨다면 승가께서는 인정하고 허락하십시오. 대명리창을 위하여 앙발하고 본래와 같이 왕래하면서 손으로 음식을 받으십시오. 이와 같이 아뢥니다.'

아뢰고서 백이갈마를 짓는다.

'승가시여. 앙발을 지어서 마쳤습니다. 승가께서 인정하신 것은 묵연하였던 까닭입니다. 이 일은 이와 같이 지니겠습니다."

십송율 제38권

후진 북인도 삼장 불야다라 한역
석보운 번역

6. 육송 ③

10) 잡송 ③

(2) 명잡법(明雜法) ①

세존께서는 파가국(波伽國)을 유행하시면서 인간세상을 교화하셨다.

이때 한 처소가 있어 실수라(失守羅)라고 이름하였는데, 비사람밀(毘師藍蜜)의 가람(伽藍)이었다. 이 실수라의 처소는 보가(菩伽) 왕자의 저택(家)이었고, 새롭게 건물(堂)을 짓고서 구마라(鳩摩羅)라고 이름하였으나, 아직 사문이나 바라문이 이 가운데에 들어가서 앉은 자는 없었다. 이때 왕자는 세존께서는 파가국을 유행하시면서 인간세상을 교화하셨고, 실수라 처소의 비사람밀 가람에 머무시면서 교화하신다는 것을 듣고서, (이렇게 생각을 지었다.)[1]

'내가 지금 새로운 건물이 있어 구마라라고 이름하였으나, 완성되고 오래되지 않았고 역시 내부를 꾸미고 단청을 하였으나 오래되지 않아서 사문이나 바라문이 이 가운데에 들어가서 앉은 자는 없었다. 만약 세존과

---

1) 원문에는 없으나 문장을 보충하여 번역하였다.

대중 승가가 먼저 나의 집에 들어간다면, 나는 그 이익을 얻을 것이다. 왜 그러한가? 세존께서 나의 집에 들어오시는 까닭이다. 세존께서 들어가신다면 내가 마땅히 따라서 들어가야겠다.'

보가 왕자는 곧 살야구투로마뇌(薩若瞿妬路摩牢)를 불렀고 이렇게 말을 지었다.

"나는 세존께서는 파가국을 유행하시면서 인간세상을 교화하셨고, 실수라 처소의 비사람밀 가람에 머무시면서 교화하신다고 들었네. 나에게 지금 새로운 건물이 있어 구마라라고 이름하였으나, 새로 지어서 사문이나 바라문이 이 가운데에 들어가서 앉은 자는 없었네. 만약 세존께서 먼저 들어간다면, 나는 그 이익을 얻을 것이네. 세존께서 들어가신다면 내가 마땅히 따라서 들어가겠네. 살야구투로마뇌여. 그대가 세존의 처소로 가서 나의 말을 세존께 아뢰어 말하게.

'세존이시여. 보가 왕자께서 세존의 발에 머리숙여 예경합니다.'

세존께 문신하고서 이렇게 말을 짓도록 하게.

'보가 왕자가 새롭게 지은 건물이 있어 구마라라고 이름하였으나, 아직 사문이나 바라문이 이 가운데에 들어가지 않았습니다. 보가 왕자는 세존과 승가를 청합니다.'"

이때 살야구투로마뇌는 왕자의 말을 받아들였고 세존의 처소로 가서 이와 같이 말을 지었다.

"세존이시여. 보가 왕자께서 세존의 발에 머리숙여 문신하셨습니다. '병이 적으시고 번민도 적으시며 안락하게 머무십니까? 저에게 새롭게 지은 건물이 있어 구마라라고 이름하였는데, 내부를 꾸미고 단청을 마친 것이 오래되지 않았으나, 세존과 승가에게 내일 공양을 청합니다.'"

세존께서는 발씀하셨다.

"이 왕자가 항상 안락을 얻게 하겠네."

세존께서는 살야구투로마뇌에게 말씀하셨다.

"천인들도 항상 안락을 구할 것이고, 여러 용·야차(夜叉)·건달바(乾闥婆)·아수라(阿修羅)·가류라(迦留羅)·긴나라(緊那羅)·마후라가(摩睺羅伽)와 나머지의 중생들도 역시 모두 안락을 구할 것이네."

세존께서는 말씀하시고 묵연하셨다. 이때 살야구투로마뇌는 세존께서 묵연하신 것을 보고서 오른쪽으로 돌면서 떠나갔다. 보가 왕자의 처소에 이르러 이와 같이 말을 지었다.

"구담 사문께서 왕자의 청을 받아들였고, 왕자의 뜻에 따르셨습니다."

이때 보가 왕자는 밤새워 여러 종류의 맛있는 음식을 준비하였고, 준비를 마치고 이른 아침에 앉을 곳에 자리를 펼치고서 하얀 옷감을 땅에다 깔아서 구마라당과 계단을 장엄하였다. 모두 장엄을 마치고서 곧 살야구투로마뇌에게 말하였다.

"세존의 처소로 가서 때에 이르렀다고 아뢰어 말하게."

살야구투로마뇌는 말을 받아들였고 곧 세존의 처소로 가서 아뢰어 말하였다.

"때에 이르렀습니다."

그때 세존께서는 오전에 옷과 발우를 지니고 대중에게 위요되어 보가 왕자의 집에 이르셨다. 이때 왕자는 집안사람들에게 칙명하여 일체의 어른과 아이들은 모두 문밖으로 내보냈다. 이때 왕자는 멀리서 세존께서 오시는 것을 보고 곧 자리에서 일어나 차수하고 한쪽에 서 있으면서 이와 같이 말을 지었다.

"잘 오셨습니다. 세존이시여."

왕자는 세존께 앞으로 나아가서 발에 머리숙여 예경하고 맞이하였다. 세존께서는 구마라당에 이르셨으나 왕자가 계단 옆에 서 있었고, 세존과 승가도 그 계단의 입구에 이르셨으나 서서 머물렀다. 이때 보가 왕자가 차수하고 세존께 아뢰어 말하였다.

"세존이시여. 원하건대 깔아놓은 옷감을 밟고 구마라당 위로 오르시어 저희들을 장야에 안은하게 하십시오."

이때 장로 아난이 세존의 뒤에 서서 부채로서 세존을 부쳐드리고 있었는데, 세존께서는 아난에게 말씀하셨다.

"법을 따라서 왕자에게 간략하게 칙명하게."

이때 아난이 보가 왕자에게 말하였다.

"땅에 깔아놓은 옷감과 평상 위의 것들을 거두십시오."

왕자가 즐거워하지 않았으므로 아난이 왕자에게 말하였다.

"세존께서는 뒤에 오는 중생들을 애민하게 생각하시는 까닭으로 또한 거두는 것입니다."

이때 보가 왕자는 땅에 깔아놓은 옷감을 거두었다. 이때 왕자가 차수하고 세존께 아뢰어 말하였다.

"땅에 깔아놓은 옷감들을 모두 거두었습니다. 원하건대 세존께서는 당에 오르시어 저희들이 항상 안락하게 하십시오."

세존께서는 곧 구마라당에 올라갔고 좌구를 펼치고 여러 비구들의 앞에 앉으셨다. 이때 왕자는 스스로가 물을 돌렸고 여러 종류의 음식을 나누어주어서 승가가 마음대로 배부르게 먹게 하였다. 음식을 먹고서 발우를 거두고 물을 돌렸다. 물을 돌리는 때에 왕자는 대야에 물을 담아서 올렸고, 세존께 설법을 들었다. 세존께서는 여러 종류로서 설법하시어 보여주셨고 가르치셨으며 이익되고 기쁘게 하셨고, 보여주셨고 가르치셨으며 이익되고 기쁘게 하시고서 자리에서 일어나 떠나가셨다. 이때 세존께서는 식후에 비구 승가를 모으셨으며, 여러 비구들에게 말씀하셨다.

"만약 땅바닥에 옷감을 펼쳐놓았다면 마땅히 위를 걸어다니지 말라. 걸어다닌다면 돌길라죄이니라."

세존께서는 사위국에 머무르셨다.

한 바라문이 있었는데, 크게 부유하여 재보(財寶)가 풍족하였고 농토·주택·소·양 등이 많았으나 오직 한 종류가 부족하였으니, 아들이 없는 것이었다. 일체의 천신에게 구하였으니 이를테면, 수신(水神)과 목신(木神) 등이었고, 아들을 구하는 까닭이었으나, 궁극(窮極)에 능히 얻을 수 없었다. 한 비구니가 있어 항상 그 집을 출입하였다. 뒤의 날에 왔던 때에 바라문의 아내에게 부정한 모습이 나타났다. 이때 비구니가 부인에게 말하였다.

"그대는 청정하지 않습니다. 나는 일찍이 들었습니다. '아라한께서 다니시면서 밟았던 곳의 물건을 취하여 씻고 물로 목욕한다면 곧 아들을 얻을 것이다.' 이곳에는 세존과 제자들을 제외하고는 다른 곳에는 다시 없습니다. 세존께서 만약 그대 집으로 들어오신다면 아들을 얻을 것입니다."

이때 바라문의 아내는 듣고 생각하였다.

'무슨 방편으로 세존을 집에 들어오게 할 것인가?'

곧 방편으로서 바라문에게 말하였다.

"나는 일찍이 들었습니다. '아라한께서 다니시면서 밟았던 곳의 물건을 취하여 씻고 물로 목욕한다면 곧 아들을 얻을 것이다.' 세존과 제자들을 제외하고는 다른 곳에는 다시 없습니다. 세존께서 만약 집에 들어오신다면 아들을 얻을 것입니다."

이때 이 바라문은 이러한 말을 믿지 않았으나 아들을 구하려는 까닭으로써 대답하여 말하였다.

"뜻을 따르겠소."

아내가 말하였다.

"그대가 가서 세존을 청하십시오."

이때 바라문은 세존의 처소로 나아가서 한쪽에 앉았으며, 세존께 문신하였다. 세존께서는 여러 종류로서 설법하시어 보여주셨고 가르치셨으며 이익되고 기쁘게 하시고서 묵연하였다. 바라문이 말하였다.

"원하건대 세존과 승가께서는 내일 저의 공양을 받아주십시오."

세존께서는 묵연히 받아들이셨고, 바라문은 세존께서 받아들이신 것을 알고서 자리에서 일어나 오른쪽으로 돌면서 떠나갔다. 자기 집에 이르러 밤새워 여러 종류의 맛있는 음식을 준비하였다. 준비를 마치고 이른 아침부터 앉을 자리를 펼쳐놓고 여러 종류의 물건을 땅과 나아가 대문 밖까지 펼쳐놓았으며, 세존께 아뢰어 말하였다.

"음식이 이미 준비되었습니다. 세존께서는 스스로가 때인 것을 아십시오."

여러 비구들은 이 바라문의 집으로 나아갔고 세존께서는 스스로가 방에 머무시면서 (스스로의) 몫의 음식을 맞이하셨다. 이때 여러 비구들은 스스로가 그 집에 들어가기 전에 땅에 펼쳐놓은 것들을 치웠다. 이 바라문은 마음으로 생각하였다.

'들어올 때는 땅 위에 펼쳐놓은 물건 위로 다니지 않는구나. 나갈 때는 마땅히 그 위로 지나갈 것이다.'

여러 비구들은 자리에 앉았고 스스로가 물을 돌렸고 음식을 나눠주었다. 승가는 마음대로 배부르게 음식을 먹고서 발우를 거두고 손을 씻었으며 축원하였다. 축원을 마치고는 상좌부터 차례로 나왔는데 이번에도 땅바닥에 펼쳐놓은 물건들을 치우고서 밖으로 나왔다. 이 바라문이 마음에서 즐거워하지 않았다.

'이 사문들은 종족을 버린 사람이므로 우리 바라문의 행도 깨뜨리는구나. 내가 이러한 공양을 지었으나, 항상 결과가 없구나.'

여러 비구들은 공양하고서 세존의 처소에 이르러 발에 머리숙여 예경하고 한쪽으로 물러나 앉았다. 제불의 상법은 공양 후에 비구가 돌아오면 이러한 말로 수고를 묻는 것이다.

"음식은 많았고 맛있었는가? 승가는 배부르고 만족하였는가?"

세존께서도 곧 이러한 말로서 여러 비구들을 위문하셨다.

"음식은 많았고 맛있었는가? 승가는 배부르고 만족하였는가?"

여러 비구들이 말하였다.

"음식이 많고 맛있었으므로 대중 승가는 배부르게 먹었습니다."

앞의 인연으로서 세존을 향하여 자세히 말하였다. 세존께서는 이 일로써 비구 승가를 모으셨고, 승가가 모였으므로 여러 종류의 인연으로 계율을 찬탄하셨고 지계를 찬탄하셨다. 계율을 찬탄하고 지계를 찬탄하시고서 여러 비구들에게 말씀하셨다.

"지금부터는 중생을 애민하게 생각하는 까닭으로 그대들이 땅에 펼쳐놓은 물건 위로 걸어가는 것을 허락하겠노라."

이때 여러 비구니들은 이전의 바라문의 집에 갔었고, 바라문의 인연을 까닭으로써 세존께서 땅 위에 펼쳐놓은 물건 위로 걸어가는 것을 허락하셨다는 것을 들었다. 비구니는 곧 가서 바라문의 아내에게 말하였다.

"세존께서는 이전에 계율을 제정하시어 비구가 땅 위에 펼쳐놓은 물건 위로 걸어 다니는 것을 허락하시지 않았으나, 이러한 인연의 까닭으로써 허락하셨습니다. 그대는 다시 청하여 밟고 지나가게 하십시오."

이때 바라문의 아내가 방편으로서 곧 남편에게 말하였다.

"세존께서는 이전에 계율을 제정하시어 비구가 땅 위에 펼쳐놓은 물건 위로 걸어 다니는 것을 허락하시지 않았으나, 이러한 인연의 까닭으로써 허락하셨습니다. 지금 가서 다시 청하십시오."

바라문은 마음에서 역시 즐겁지 않았으나 아들을 얻으려는 까닭으로 대답하여 말하였다.

"뜻을 따르겠소."

아내가 남편에게 말하였다.

"가시어 세존을 청하십시오."

이때 바라문은 세존의 처소로 나아가서 한쪽에 앉았으며, 세존께 문신하였다. 세존께서는 여러 종류로서 설법하시어 보여주셨고 가르치셨으며 이익되고 기쁘게 하셨으며, 보여주셨고 가르치셨으며 이익되고 기쁘게 하시고서 묵연하였다. 바라문이 말하였다.

"원하건대 세존과 승가께서는 내일 저의 공양을 받아주십시오."

세존께서는 묵연히 받아들이셨고, 바라문은 세존께서 받아들이신 것을 알고서 자리에서 일어나 오른쪽으로 돌면서 떠나갔다. 자기 집에 이르러 밤새워 여러 종류의 맛있는 음식을 준비하였다. 준비를 마치고 이른 아침부터 앉을 자리를 펼쳐놓고 여러 종류의 물건을 땅과 나아가 대문 밖까지 펼쳐놓았으며, 가서 세존께 아뢰어 말하였다.

"때에 이르렀으며, 음식은 이미 준비되었습니다."

그때 세존께서는 옷을 입고 발우를 지니고서 여러 비구 승가에게 앞뒤로 위요되어 집에 이르렀으며 자리에 나아가서 앉으셨다. (바라문은) 스스로가 물을 돌렸고 음식을 나눠주었으며, 음식을 먹고서 발우를 거두자 다시 물을 돌렸다. 바라문은 세존의 앞에서 설법을 들었고, 설법을 듣고서 세존께 아뢰어 말하였다.

"세존이시여. 저의 집안에 마땅히 아들이 태어나겠습니까?"

세존께서는 말씀하셨다.

"태어납니다. 태어났더라도 마땅히 출가할 것이고, 두 번째에 낳는 아들도 역시 출가할 것이며, 세 번째 낳는 아들도 역시 출가할 것입니다. 다음으로 뒤에 태어나는 아들이 마땅히 집에 있을 것입니다."

세존께서는 자자를 마치고 유행하시면서 교화하셨는데, 한 비구가 있어 발우·약초·가죽신을 손에 들고서 유행하였다. 세존께서는 이 비구를 보시고 아시면서 일부러 물으셨다.

"그대는 어찌 발우·약초·가죽신을 손에 들고서 유행하는가?"

대답하여 말하였다.

"제가 다시 놓아둘 곳이 없습니다."

세존께서는 말씀하셨다.

"지금부터는 세 가지 주머니를 저축하는 것을 허락하겠나니, 바로 발우 주머니·약초 주머니·신발주머니이니라."

세존께서는 왕사성에 머무르셨다.

그때 육군비구들이 수지(受持)하였던 좌구를 한곳에 놓아두고 다른 곳에서 묵었다. 세존께서는 말씀하셨다.

"오늘부터 좌구를 수지하였다면 마땅히 떠나서 묵지 말라. 범하는 자는 돌길라죄이니라."

세존께서는 사위국에 머무르셨다.

교살라국에 아련아의 처소가 있었고 두 사람의 비구가 있어 그곳에서 머물렀는데, 한 사람은 계율을 범하였고 한 사람은 지계가 청정하였다. 이 두 비구는 일찍이 세존을 뵙지 못하였으므로 함께 가서 세존을 보고자 하였다. 도중에 벌레가 있는 물을 만났는데, 계율을 범한 비구가 지계의 비구에게 말하였다.

"함께 이 물이라도 마십시다."

지계의 비구가 말하였다.

"물속에 벌레가 있네. 어찌 마실 수 있겠는가?"

계율을 범한 비구가 말하였다.

"내가 만약 마시지 않는다면 곧 죽을 것이고, 세존을 뵙지도 못할 것이며, 법을 듣지도 못할 것이고, 승가를 보지도 못할 것이네."

지계의 비구가 말하였다.

"죽을지라도 마시지 않겠네."

이때 계율을 범한 비구는 이 물을 마셨으나, 지계의 비구는 마시지 않았고, 곧 죽었다. 곧 삼십삼천에 태어나서 천신의 몸을 구족하였으며, 먼저 세존의 처소에 이르러 세존의 발에 머리숙여 예경하고 한쪽에 서 있었다. 한쪽에 서 있었으므로 세존께서는 여러 종류로 설법하셨고, 법안(法眼)이 청정을 얻었으므로 곧 세존의 발에 예경하고서 말하였다.

"세존께 귀의하고 법에 귀의하며 승가께 귀의합니다. 저는 목숨을 마치도록 세존의 우바새가 되겠습니다."

세존께서는 다시 설법하시고서 묵연하셨으므로, 이때 천신은 세존께 예경하고서 홀연히 사라졌다. 이때 물을 마셨던 비구가 뒤에 세존의 처소에 이르렀다. 세존께서는 무량한 대중에게 위요되어 설법하시면서 이 비구가 세존의 처소에 이른 것을 보셨다. 세존께서는 이때 울다라승을 벗어서 금색의 몸을 보이셨다.

"그대 어리석은 사람이여. 나의 육신을 보고자 하였는가? 지계의 비구가 먼저 나의 법신(法身)을 보았던 것보다 못하구나."

세존께서는 게송을 설하여 말씀하셨다.

마음으로 잘 관찰하지 않고
보아도 곧 자세히 살피지 않으면서
불에 뛰어드는 나방과 같이 어리석게

나의 육신을 보는 것을 탐하였구나.

색신(色身)은 단지 부정한 것인데
그대는 보아서 무엇을 하겠는가?
육신에는 기름과 피와 살덩이가
얇은 가죽으로 밖을 덮은 것이네.

그 사람은 불타는 갈증에도
오히려 계율을 공경하였고
죽음에 이르러 나의 가르침을 지켰으므로
그대가 아닌 그 사람이 나를 보았노라.

세존께서는 이 게송을 설하시고서 여러 비구들에게 알리셨다.

"지금부터는 녹수낭(漉水囊)을 지니지 않았다면 유행을 허락하지 않겠노라. 만약 녹수낭을 지니지 않고 유행하는 자는 돌길라죄이니라. 범함이 없는 것은 맑게 흘러가는 물이 있거나, 혹은 큰 강물이 있거나, 혹은 샘물이 있거나, 이 사찰에서 저 사찰까지 거리가 20리(里) 이내라면 범한 것이 아니니라."

그때 비구들은 취락의 가운데에 인연의 일이 있었으나 녹수낭이 없었던 까닭으로 떠나갈 수 없었다. 만약 떠나가지 못한다면 이러한 일을 이루어지지 않았으므로 이 일로써 세존께 아뢰었다. 세존께서는 말씀하셨다.

"만약 한 사람의 비구라도 녹수낭이 있다면 곧 함께 떠날 수 있느니라."

이때 육군비구가 취락의 가운데에 인연의 일이 있어 지식인 비구에게 가서 말하였다.

"내가 인연의 일이 있는데 함께 취락에 가겠는가?"

이 비구가 말하였다.

"나는 녹수낭이 없습니다."

육군비구가 말하였다.

"나에게 있으니 함께 가도록 하세."

대답하여 말하였다.

"그러겠습니다."

다니던 때에 도중에 서로 다투었고 벌레가 있는 물을 만났다. 육군비구는 녹수낭으로 스스로가 걸러서 물을 마셨고, 그 비구가 구하였어도 주지 않았다. 이 비구는 극심한 갈증으로 거의 죽음에 이르렀고, 이 인연으로서 세존께 아뢰었다. 세존께서는 말씀하셨다.

"만약 이전에 함께 다툼이 없었고 서로 싫어하는 마음이 없는 자는 마땅히 함께 유행하도록 하라. 싫어하는 마음이 있다면 마땅히 함께 떠나서는 아니된다."

세존께서는 왕사성에 머무르셨다.

그때 육군비구들이 나무 위에서 음식을 먹었으므로, 세존께서는 말씀하셨다.

"지금부터 나무 위에 올라가 먹는 것을 허락하지 않겠노라. 만약 나무를 이용하여 먹는다면 돌길라이니라."

이때 육군비구들은 스스로가 나무 걸상을 저축하여 음식을 먹었고, 혹은 평상을 저축하여 음식을 먹었으며, 혹은 쟁반을 저축하여 음식을 먹었다. 세존께서는 말씀하셨다.

"나무 걸상·나무 평상·나무 쟁반을 저축하고서 음식을 먹는 것을 허락하지 않겠노라. 만약 이용하여 음식을 먹는다면 돌길라이니라."

세존께서는 왕사성에 머무르셨다.

그때 육군비구들은 두 사람이 하나의 발우로 음식을 먹었다. 세존께서는 말씀하셨다.

"발우에 함께 먹지 말라. 만약 발우에 함께 먹는다면 돌길라이니라. 범함이 없는 것은 음식을 먹고서 건네주었다면 범한 것이 아니니라."

세존께서는 왕사성에 머무르셨다.

육군비구들이 가사를 입지 않고 음식을 먹었다. 세존께서는 말씀하셨다.

"가사를 입지 않고 음식을 먹는 것을 허락하지 않겠노라. 가사를 입지 않고 먹는다면 돌길라이니라."

세존께서는 왕사성에 머무르셨다.

그때 육군비구들이 옷을 벗고 나체로 몸을 긁었다. 세존께서는 말씀하셨다.

"옷을 벗고서 몸을 긁지 말라. 범한다면 돌길라이니라."

다시 육군비구들이 나체인 자를 긁어주었다. 세존께서는 말씀하셨다.

"나체인 자를 긁어주는 것을 허락하지 않겠노라. 범한다면 돌길라이니라."

두 비구가 있었고 나체로 서로를 긁어주었다. 세존께서는 말씀하셨다.

"만약 나체로 서로를 긁어준다면 함께 돌길라이니라."

세존께서는 사위국에 머무르셨다.

한 비구가 있어 의리월(疑離越)이라고 이름하였는데, 콩국의 가운데에서 익지 않은 콩을 얻고서 곧 땅에다 내려놓았다. 그 콩은 싹을 틔웠고 잎이 자라서 꽃을 피우고 열매를 맺었다. 이 비구가 여러 비구들에게 말하였다.

"이 국은 부정하므로 마땅히 먹지 마십시오."

여러 비구들이 이 일로써 세존께 아뢰었고, 세존께서는 아시면서도 일부러 의리월에게 물어보셨다.

"그대가 신실로 콩국에서 익지 않은 콩을 얻었고 땅에다 내려놓았는데 그 콩이 싹을 틔우고 잎이 자라서 꽃을 피우고 열매를 맺었으므로 여러 비구들에게 '이 국은 부정하므로 먹지 마십시오.'라고 말하였는가?"

대답하여 말하였다.

"진실로 말하였습니다. 세존이시여."

세존께서는 여러 종류의 인연으로 계율을 찬탄하셨고 지계를 찬탄하셨다. 계율을 찬탄하시고 지계를 찬탄하시고서 여러 비구들에게 말씀하셨다.

"이 국이 만약 익지 않았다면 마땅히 다시 끓이도록 하고, 만약 익지 않은 것이 있다면 마땅히 작정하고서 다시 끓여야 한다."

세존께서는 사위국에 머무르셨다.

여러 비구들이 정지갈마(淨地羯磨)를 지었으므로, 세존께서는 말씀하셨다.

"지금부터 정지갈마를 짓는 것을 허락하지 않겠노라. 만약 짓는 자는 돌길라이니라."

세존께서는 사위국에 머무르셨다.

비구가 있어 우치(牛齝)라고 이름하였는데, 음식을 먹고서 다시 되새김하였다. 여러 비구들은 때가 아닌 때에 음식을 씹는 모습을 각자 서로에게 알려 말하였다.

'이 비구는 정오가 지나서도 음식을 먹는구나.'

듣고서 마음으로 근심하고 즐겁지 않아서 이 일을 세존께 아뢰었다. 세존께서는 이 인연으로서 비구 승가를 모으셨으며, 여러 비구들에게 말씀하셨다.

"이 비구가 정오가 지나서 음식을 먹는다고 말하지 말라. 왜 그러한가? 이 비구는 이전의 500생의 때에 항상 소의 가운데에서 태어났다. 이 비구가 비록 사람의 몸을 받았더라도 남은 습관이 있는 까닭이니라."

세존께서는 말씀하셨다.

"만약 다시 이와 같이 음식 새김질하는 자가 있다면 마땅히 사방이 가려지고 지붕이 있는 곳에서 하라. 마땅히 여러 사람 앞에서 되새김질하지 말라."

세존께서는 파가국에 머무르셨다.

그때 보가 왕자가 세존과 승가께 다음 날의 음식을 청하였다. 세존께서 묵연히 받아들이셨고, 왕자는 세존께서 받아들이신 것을 알고서 자리에서 일어나서 떠나갔다. 자기 집에 이르러 밤새워 여러 종류의 맛있는 음식을 준비하였고, 이른 아침에 앉을 자리를 펼쳐놓고 가서 세존께 아뢰어 말하였다.

"때에 이르렀고 음식은 이미 준비되었습니다. 오직 성자께서는 때인 것을 아십시오."

이때 세존께서는 여러 비구들에게 앞뒤로 위요되어 보가 왕자의 집에 이르렀으며 자리에 나아가서 앉으셨다. 그 집의 어른이나 아이는 많이 세존을 믿지 않았고, 혹은 바라문이었으며, 혹은 변두리 지역의 사람들이었다. 음식을 나누어주는 것이 여법하지 않았으므로 음식이 반은 발우에 담기고 나머지 반은 땅에 떨어졌다. 여러 비구들이 어떻게 음식을 먹어야 하는가를 알지 못하였으므로, 이 일을 세존께 아뢰었다. 세존께서는 말씀하셨다.

"풀이나 나뭇잎 위에 떨어진 것은 마땅히 먹어야 하고, 만약 흙에 떨어졌다면 그 흙을 불고서 먹도록 하라. 혹은 흙이 너무 많다면 물로 씻어서 먹도록 하라."

세존께서는 왕사성에 머무르셨다.

그때 육군비구들이 구리잔으로 음식을 먹었으므로 여러 거사들이 꾸짖어 말하였다.

"여러 사문 석자는 선량하고 덕망이 있다고 스스로가 말하면서, 구리잔으로 음식을 먹으니 바라문을 넘어서는구나."

세존께서는 말씀하셨다.

"구리잔으로 음식을 먹는 것을 허락하지 않겠노라. 범한다면 돌길라이니라."

세존께서는 왕사성에 머무르셨다.

그때 육군비구들이 발을 씻는 곳에서 발을 씻었다. 발을 씻는 때에 옆 사람과 말하였으므로 다른 비구가 보고서 구역질하였다. 세존께서는 말씀하셨다.

"지금부터 발을 씻는 때에는 다른 사람과 말하지 말라. 범한다면 돌길라이니라."

세존께서는 자자를 마치고서 유행하시면서 교화하셨다. 비구가 있어 가죽신을 손에 들고서 다녔으므로 세존께서는 이 비구를 보시고 아시면서도 일부러 물으셨다.

"그대는 어찌하여 손으로서 가죽신을 잡고 다니는가?"

대답하여 말하였다.

"가죽신이 발에 마찰하여 발의 가운데가 근질거리고 가려워도 발을 긁을 물건이 없습니다."

세존께서는 말씀하셨다.

"발을 긁는 나무를 저축하는 것을 허락하겠노라. 발의 가려움을 없애려는 까닭이니라."

세존께서는 왕사성에 머무르셨다.

그때 단월이 있어 승가에게 부채를 보시하였으나, 여러 비구들이 받지 않았다.

"세존께서는 우리들이 부채를 저축하는 것을 허락하시지 않았습니다."

이 일로써 세존께 아뢰었고, 세존께서는 말씀하셨다.

"승가가 얻었다면 저축하는 것을 허락하겠으며, 역시 한 사람의 비구가 얻었더라도 저축하는 것을 허락하겠노라."

다시 사람이 있어 승가에게 불자(拂子)를 보시하였으나, 여러 비구들이 받지 않았다.

"세존께서는 우리들이 불자를 저축하는 것을 허락하시지 않았습니다."

이 일로써 세존께 아뢰었고, 세존께서는 말씀하셨다.

"승가가 얻었다면 저축하는 것을 허락하겠으며, 역시 한 사람의 비구가 얻었더라도 저축하는 것을 허락하겠노라.”

이때 사람이 있어 검은 소의 꼬리로 만든 불자를 보시하였는데, 여러 비구들이 받지 않았고, 어느 곳에 사용하여야 하는가를 알지 못하였다. 이 일로써 세존께 아뢰었고, 세존께서는 말씀하셨다.

“받아서 사용하도록 허락하겠노라. 세존의 탑이나 여러 아라한의 탑을 털도록 하라.”

이때 사람이 있어 마니주로 불자의 손잡이를 만들어 비구에게 보시하였으나, 여러 비구들이 받지 않았고, 어느 곳에 사용하여야 하는가를 알지 못하였다. 이 일로써 세존께 아뢰었고, 세존께서는 말씀하셨다.

“받아서 사용하도록 허락하겠노라. 세존의 탑이나 여러 아라한의 탑을 털도록 하라.”

이때 단월이 있어 승가에게 다라수(多羅樹) 잎을 보시하였는데, 여러 비구들이 말하였다.

“세존께서는 우리들이 다라수 잎을 저축하는 것을 허락하시지 않았습니다.”

이 일로써 세존께 아뢰었고, 세존께서는 말씀하셨다.

“승가가 얻었다면 받을 수 있고, 역시 한 사람의 비구가 얻었어도 받을 수 있느니라.”

세존께서는 왕사성에 머무르셨다.

그때 육군비구들이 스스로가 일산을 지니고 다른 사람의 집에 들어갔으므로, 여러 거사들이 꾸짖어 말하였다.

“어찌 비구라고 이름하면서 왕이나 대신들과 같이 일산을 지니고 다른 사람의 집에 들어가는가?”

이 일로써 세존께 아뢰었고, 세존께서는 말씀하셨다.

“일산을 지니고 다른 사람의 집에 들어가는 것을 허락하지 않겠노라. 범하는 자는 돌길라이니라. 범함이 없는 것은 만약 일산을 접었거나, 만약 문밖에 놓아두는 것이다.”

세존께서는 사위국에 머무르셨다.

두 사람의 바라문이 있었는데, 첫째는 구파(瞿婆)라고 이름하였고, 둘째는 야파(夜婆)라고 이름하였다. 그들은 불법의 가운데에 깊은 신심으로 출가하였으나, 본래 외도의 사위타(四圍陀)를[2] 암송하였던 까닭으로 출가하였어도 이러한 음성으로서 불경을 독송하였다. 이때 한 사람이 죽었고 한 사람이 혼자 남았다. 독송하던 경전을 잊어버렸고 통달하지 못하였으며, 다시 도반을 구하지 못하였으므로 근심하며 즐거워하지 않았다. 이 일로써 세존께 아뢰었고, 세존께서는 말씀하셨다.

"지금부터 외서(外書)의 음성으로서 불경을 독송하는 자는 돌길라이니라."

세존께서는 사위국에 머무르셨다.

비구가 있어 수다라와 아비담을 버렸고, 비니도 버렸으며, 외도의 문서·문장·병법 등을 암송하면서 불경을 멀리하였다. 세존께서는 말씀하셨다.

"지금부터 여러 비구들이 만약 외도의 문서·문장·병법 등을 배우고 독송하는 자가 있다면 돌길라이니라."

세존께서 이러한 계율을 제정하시지 않았을 때에 장로 사리불과 목련이 높은 자리에 앉아서 여러 새로운 비구와 사미들에게 설법하면서 외도의 문서를 가르치고 암송시켰는데, 바로 외도의 논리를 깨뜨리기 위한 까닭이었다. 이러한 계율이 제정되었으므로 장로 사리불과 목련은 높은 자리에 앉아 새로운 비구와 사미들에게 설법하면서 외도의 문서를 가르치는 것이 없었다. 이때 여러 외도들은 '사문 구담은 제자들이 외도의 문서를 배우고 암송하는 것을 허락하지 않는다.'라고 들었다. 이 바라문은 곧

---

2) 산스크리트어 veda의 음사로서, 기원전 수십세기 전부터 구전되어 오던 내용을 기원전 1500년~기원전 1200년 경 문자로 편찬한 것으로 추정하고 있다. 본래는 『리그베다(Rig-Veda)』, 『사마베다(Sama-Veda)』, 『야주르베다(Yajur-Veda)』가 베다문헌의 전통적인 3베다의 성전이었으나, 뒤에 『아타르바베다(Atharva-Veda)』까지 포함하여 4베다로 부르고 있다.

세존을 믿는 여러 우바새(優婆塞)들을 찾아가서 말하였다.

"함께 여러 비구들의 처소로 찾아가겠습니까?"

대답하여 말하였다.

"뜻을 따르겠습니다."

외도들은 이르렀고 새로운 비구나 사미들과 함께 논의(論議)하였다. 여러 새로운 비구나 사미들은 모두 능히 대답하지 못하였는데, 두 가지 일의 까닭이었다. 첫째는 도(道)에 새롭게 들어왔던 것이고, 둘째는 세존께서 계율을 제정하여 외도의 문서를 배우는 것을 허락하시지 않았던 까닭이었다. 이때 여러 외도들이 여러 우바새를 경멸하고 희롱하면서 말하였다.

"그대들의 큰 스승은 그대들의 공양을 받고, 그대들의 존경을 받으면서 높은 자리에 앉아 먼저 음식을 먹는데, 분명히 이와 같구려."

여러 우바새들은 이러한 일을 듣고 마음에 근심스럽고 즐겁지 않아서 이 일로써 세존께 아뢰었다. 세존께서는 말씀하셨다.

"지금부터 외도를 깨뜨리기 위한 까닭으로 외도의 문서를 독송하는 것을 허락하겠노라."

세존께서는 사위국에 머무르셨다.

그때 장로 가류타이가 여러 풀과 나무를 불태웠고 불태웠던 까닭으로써 벌레가 많이 죽었다. 세존께서는 말씀하셨다.

"지금부터 비구는 불을 피워서 태울 수 없느니라. 만약 불을 피워서 태우는 자는 살생한 것을 따라서 죄를 얻느니라."

세존께서는 사위국에 머무르셨다.

한 간병인이 있었고, 법랍이 5년이 되지 않았다. 병자를 위해 길을 떠났고, 의지사(依止師)와 떨어져서 취락으로 들어갔으나 얻지 못하였다. 이때 마음속으로 세존께서 제정하신 계율을 생각하였다.

'의지사와 떨어져서 하룻밤이라도 묵을 수 없다.'

그곳에서 의지사를 구하였으나 의지사도 역시 병이 있었으므로, 이 사람은 이렇게 생각하였다.

'저곳의 의지사도 병이 있고 이곳의 의지사도 역시 병이 있다. 나는 지금 마땅히 무엇을 지어야 하는가?'

이 일을 세존께 아뢰었고, 세존께서는 말씀하셨다.

"지금부터 만약 5일이거나, 만약 6일까지는 의지사가 없더라도 범하지 않는 것을 허락하겠노라."

이렇게 계율을 제정하셨다. 육군비구들은 세존께서 허락하신 것을 들었던 까닭으로 곧 5일을 의지사를 구하지 않았다. 왜 그러한가? 만약 의지사를 얻는다면 반드시 내가 공급해야 한다. 여러 비구들이 이 일로 세존께 아뢰었고, 세존께서는 말씀하셨다.

"지금부터 좋은 의지사가 있었는데, 나아가 하룻밤이라도 의지하지 않는다면 돌길라이니라. 만약 비구는 의지사가 없다면 나아가 승가에게 발 씻는 물도 취할 수 없느니라."

세존께서는 사위국에 머무르셨다.

그때 장로 가류타이 비구가 구집(俱執)을 거꾸로 입고 다녔으므로, 여러 비구들이 보고서 두려워하였다. 이 일을 세존께 아뢰었고, 세존께서는 말씀하셨다.

"지금부터는 구집을 거꾸로 입을 수 없느니라. 범한다면 돌길라이니라. 자기 방 안에서 몸을 가리는 것은 범한 것은 아니다."

세존께서는 사위국에 머무르셨다.

그때 어떤 사람이 겉과 안이 털인 구집을 장로 수보리에게 보시하였으므로, 수보리는 말하였다.

"세존께서 겉과 안이 털인 구집을 받는 것을 허락하시지 않았습니다."

이 일을 세존께 아뢰었고, 세존께서는 말씀하셨다.

"지금부터 겉과 안이 털인 구집을 저축하는 것을 허락하겠노라. 대중이 얻었다면 저축할 수 있고, 한 사람이 얻었어도 역시 저축할 수 있느니라."

세존께서는 사위국에 머무르셨다.

어떤 사람이 구집을 장로 수보리에게 보시하였는데, 절반은 색깔이 있었고 절반은 색깔이 없었다. 이때 수보리는 받지 않았고 이렇게 말을 지었다.

"세존께서는 우리들이 절반은 색깔이 있고 절반은 색깔이 없는 구집을 받는 것을 허락하시지 않았습니다."

이 일을 세존께 아뢰었고, 세존께서는 말씀하셨다.

"지금부터 절반은 색깔이 있고 절반은 색깔이 없는 구집을 받는 것을 허락하겠노라. 대중이 얻었다면 받을 수 있고, 한 사람이 얻었어도 역시 받을 수 있느니라."

세존께서는 사위국에 머무르셨다.

다섯 비구가 있어 길이가 5주(肘)이고 너비가 3주인 옷을 얻었다. 이 옷을 입고서 취락에 들어가서 걸식하였는데, 옷이 길어서 땅에 끌렸고 더러워졌으며, 또 옷자락이 땅에 떨어지고 발에 밟혀서 옷차림이 단정하지 못하였다. 이 일을 세존께 아뢰었고, 세존께서는 말씀하셨다.

"긴 옷을 입을 때에는 현뉴(鞙紐)[3]를 만드는 것을 허락하겠노라."

인연에 가깝게 만들었어도 옛날의 옷은 땅에 끌려서 더러워졌고, 또 옷자락이 땅에 떨어졌으며 발에 밟혀서 옷차림이 단정하지 못하였다. 세존께서는 말씀하셨다.

"지금부터 반대로 위로 접어서 입는 것을 허락하겠노라."

이때 세존께서 스스로가 현뉴를 만드셨으니, 앞쪽의 가장자리에 네 손가락의 현을 만드셨고, 뒤쪽으로는 여덟 손가락의 뉴를 만드셨으며, 여러 비구들에게 말씀하셨다.

"마땅히 이와 같이 짓도록 하라."

---

3) '현(鞙)'은 허리띠에 차는 옥인 패옥(佩玉)의 모양을 가리키는 것이고, '뉴(紐)'는 매듭처럼 얽어서 묶는 것을 가리킨다.

세존께서는 사위국에 머무르셨다.

비구가 있어 니원승(泥洹僧)을[4] 묶지 않고서 취락에 들어갔는데, 취락의 가운데에서 땅에 흘러내려서 이 비구가 크게 부끄러워하였다. 이 일을 세존께 아뢰었고, 세존께서는 말씀하셨다.

"지금부터 니원승을 묶지 않고서 취락에 들어간다면 돌길라이니라."

비구가 있어 니원승을 한 번을 묶고서 취락에 들어갔는데 빠르게 걸었던 까닭으로 끈이 끊어져서 땅에 떨어졌다. 이 일로써 세존께 아뢰었고, 세존께서는 말씀하셨다.

"지금부터 니원승을 한 번을 묶고서 취락에 들어가는 것을 허락하지 않겠노라. 범하는 자는 돌길라이니라."

이때 사람이 있어 장로 수보리에게 가느다란 끈으로 엮은 허리띠를 보시하였으나, 수보리는 받지 않고서 이렇게 말을 지었다.

"세존께서는 우리들이 가느다란 끈으로 만든 허리띠를 받아들이는 것을 허락하시지 않았습니다."

이 일을 세존께 아뢰었고, 세존께서는 말씀하셨다.

"세 종류의 허리띠를 저축하도록 허락하겠나니, 첫째가 가느다란 실의 허리띠이고, 둘째가 굵은 실의 허리띠이며, 셋째가 엮은 허리띠이니라."

허리띠를 묶는 때에 니원승이 잘 찢어졌다. 세존께서는 말씀하셨다.

"마땅히 고리를 만들어야 한다."

육군비구들은 양쪽의 귀와 같이 니원승을 입었고, 가늘게 주름잡아 니원승을 입었으며, 도끼의 머리와 같이 니원승을 입었고, 들쑥날쑥하게 니원승을 입었으며, 서투르게 니원승을 입었다. 세존께서는 말씀하셨다.

"니원승을 양쪽의 귀와 같이 입거나, 가늘게 주름잡아 입거나, 도끼의 머리와 같이 입거나, 들쑥날쑥하게 입거나, 서투르게 입어서는 아니된다. 입는다면 돌길라이니라."

---

4) 산스크리트어 nivāsana의 음사로서 군(裙衣) 또는 하의(下衣)라고 번역된다. 수행자가 허리에 둘러 입는 치마 같은 옷을 가리킨다.

세존께서는 왕사성에 머무르셨다.

그때 육군비구들은 소가 혓바닥으로 핥은 것과 같이 손으로 수염과 머리카락을 손질하였다. 이 일을 세존께 아뢰었고, 세존께서는 말씀하셨다.

"지금부터 손으로 수염이나 머리카락을 손질하는 것을 허락하지 않겠노라. 범한다면 돌길라이니라."

세존께서는 왕사성에 머무르셨다.

그때 육군비구의 두 사람이 함께 평상에 누웠다. 이 일을 세존께 아뢰었고, 세존께서는 말씀하셨다.

"지금부터 두 사람이 하나의 평상에 눕는 것을 허락하지 않겠노라. 범하는 자는 돌길라이니라. 만약 한 사람이 평상에 앉거나, 한 사람이 평상에 눕는다면 범한 것이 아니다."

이때 육군비구의 두 사람이 함께 땅의 부구(敷具)에 누웠다. 세존께서는 말씀하셨다.

"지금부터 두 사람이 함께 하나의 부구에 눕는 것을 허락하지 않겠노라. 범하는 자는 돌길라이니라. 각자 별도의 부구가 있었다면 범한 것이 아니다."

이때 육군비구의 두 사람이 함께 하나의 옷을 덮고 누웠다. 세존께서는 말씀하셨다.

"지금부터 두 사람이 함께 하나의 옷을 덮고 누울 수 없느니라. 범하는 자는 돌길라이니라. 범하지 않는 각자가 별도로 옷으로 몸을 덮는 것이다."

세존께서는 왕사성에 머무르셨다.

그때 육군비구들이 속인(俗人)의 옷을 입었으므로, 여러 거사들이 꾸짖어 말하였다.

"사문 석자는 스스로가 선하고 좋으며 덕이 있다고 말하면서, 속인의 옷을 입으니 백의(白衣)와 무엇이 다른가?"

이 일을 세존께 아뢰었고, 세존께서는 말씀하셨다.

"지금부터 백의의 옷을 입을 수 없느니라. 범하는 자는 돌길라이니라."

세존께서는 왕사성에 머무르셨다.

그때 육군비구들이 씨름꾼과 같았으므로 일꾼들과 비슷하게 니원승을 접어 올렸다. 이 일을 세존께 아뢰었고, 세존께서는 말씀하셨다.

"지금부터 옷을 접어 올려서 입을 수 없느니라. 범하는 자는 돌길라이니라. 범함이 없는 것은 사다리에 올라서 올라가 집의 지붕을 덮거나, 진흙을 바르는 것이다."

세존께서는 왕사성에 머무르셨다.

그때 육군비구들은 나귀나 소와 짐을 짊어진 것과 같이 짐을 짊어지고 다녔다. 이 일을 세존께 아뢰었고, 세존께서는 말씀하셨다.

"지금부터 짐을 짊어지고 다니는 것을 허락하지 않겠노라. 범하는 자는 돌길라이니라."

세존께서는 사위국에 머무르셨다.

그때 교살라국에 끝에 취락이 있었고, 이 가운데에는 항상 도둑의 두려움이 있었다. 취락의 백성들은 도둑이 두려웠던 까닭으로 이곳을 버리고 떠나갔다. 그때 비구가 있어 교살라국에서 사위국으로 유행하였는데 이 비구는 질그릇 발우를 들었고 석장(錫丈)을 짚고 있었다. 지나가는 곳인 취락의 가운데에서 사람들이 멀리서 오는 것을 보고 이렇게 생각을 지었다.

'이곳에 도둑이 오는구나. 삭(槊)을 잡고 방패를 잡았구나.'

보고서 두려워하면서 누각으로 돌아서 들어갔다. 비구가 점차 가까이 왔고 사문인 것을 알고서 물어 말하였다.

"그대는 무슨 사문입니까?"

대답하여 말하였다.

"석자 사문입니다."

말하였다.

"우리들을 두렵게 하였으므로 그대는 사문의 법을 잃었고, 사문의 법을 무너트렸소."

이 비구가 어떻게 해야 하는가를 알지 못하였으므로, 이 일로써 세존께 아뢰었다. 세존께서는 말씀하셨다.

"지금부터 유행하는 때에는 석장을 잡거나, 바랑을 손에 잡는 것을 허락하지 않겠노라. 범하는 자는 돌길라이니라."

세존께서는 자자하신 뒤에 인간세상을 유행하셨다.

여위고 수척한 한 비구가 있었는데 손으로 발우를 잡고 유행하였다. 세존께서는 아시면서도 일부러 물으셨다.

"그대는 무슨 까닭으로 손에 발우를 들고 유행하는가?"

대답하여 말하였다.

"담을 물건이 없습니다."

세존께서는 말씀하셨다.

"지금부터 여위고 수척하며 늙고 병든 비구에게는 승가가 갈마로 석장을 짚으며, 발랑에 발우를 담아 지니고서 유행하는 것을 허락하겠노라. 마땅히 이와 같이 짓도록 하라. 일심으로 승가가 화합하였다면 이 늙고 병든 비구는 자리에서 일어나서 오른쪽 어깨를 드러내고 가죽신을 벗고서 호궤합장하고서 이렇게 말을 짓도록 하라.

'대덕 승가께서는 허락하십시오. 나 누구 비구는 늙고 병들었으므로 승가를 좇아서 석장을 짚으며, 발랑에 발우를 담아 지니고서 유행하는 것을 애원합니다. 승가께서는 애민한 까닭으로 내가 늙고 병들었으므로 석장을 짚으며, 발랑에 발우를 담아 지니고서 유행하는 것을 허락하여 주십시오.'

이와 같이 세 번을 애원하면 승가는 마땅히 허락하도록 하라. 진실로 이 비구가 만약 늙고 병들었다고 말하였으나, 만약 진실로 늙지도 않았고 병들지 않았다면 허락하여서는 아니된다. 만약 늙고 병들었다고 말하였고 진실로 늙고 병들었다면 마땅히 허락하도록 하라. 한 비구가 승가의 가운데에서 창언하라.

'대덕 승가께서는 허락하십시오. 누구 비구가 늙고 병들었으므로 승가를 좇아서 석장과 발랑에 발우를 담고서 유행하는 것을 애원합니다. 승가들께서 때에 이르셨다면 승가께서는 인정하고 허락하십시오. 이 늙고 병든 비구에게 석장과 발랑에 발우를 담고서 유행하는 것을 허락하십시오. 이와 같이 아룁니다.'

아뢰고서 백이갈마를 짓는다.

'승가시여. 이 늙고 병든 비구에게 석장과 발랑에 발우를 담고서 유행하는 것을 주어서 마쳤습니다. 승가께서 인정하신 것은 묵연한 까닭입니다. 이 일은 이와 같이 지니겠습니다."

세존께서는 사위국에 머무르셨다.

세존께서는 대중에게 앞뒤로 위요되어 설법하셨고, 그때 교살라국의 파사닉왕이 법회의 가운데에 앉아 있었다. 비구가 있어 마늘을 먹었으므로 대중들과 멀리 떨어졌으며 이 비구는 이렇게 생각을 지었다.

'세존과 파사닉왕이 냄새를 맡게 하지 않겠다.'

세존께서는 멀리서 이 비구를 보셨다. 세존께서는 왕을 위하여 여러 종류로 설법하시어 보여주셨고 가르치셨으며 이익되고 기쁘게 하셨고, 왕은 설법을 듣고서 마음에서 크게 환희하였다. 세존께서는 설법하시고서 묵연하셨으며 왕은 세존을 오른쪽으로 돌면서 떠나갔다. 이때 장로 아난은 세존의 뒤에서 부채로 세존을 부쳐드리고 있었다. 왕이 떠나고 오래지 않아서 세존께서는 아시면서도 일부러 아난에게 물으셨다.

"이 비구는 어찌 대중과 멀리 떨어져 있는가?"

대답하여 말하였다.

"이 비구가 마늘을 먹었고, 세존과 파사닉왕에게 냄새를 풍기는 것이 두려운 까닭으로 감히 세존께 가까이 오지 못하였습니다."

세존께서는 아시면서도 일부러 아난에게 물으셨다.

"비구들이 이와 같은 특이한 음식들을 먹는가?"

대답하여 말하였다.

"먹습니다."

"이와 같은 특이한 음식을 먹으면 법의 이익을 잃게 되느니라."

세존께서는 말씀하셨다.

"이 비구가 만약 대중 가운데에 있었다면 나의 법을 듣고 마땅히 정견(正見)을 얻었을 것이다. 여러 비구들에게 말하겠나니, 이러한 일은 마땅히 짓지 말라."

세존께서는 여러 비구들에게 말씀하셨다.

"비구는 마늘을 먹을 수 없느니라. 만약 먹는 자는 돌길라이니라."

세존께서는 사위국에 머무르셨다.

그때 장로 사리불이 풍병을 얻었으므로, 약사가 처방하여 말하였다.

"우유 속에서 끓인 마늘을 드십시오."

사리불이 말하였다.

"세존께서는 우유 속에서 끓인 마늘을 먹는 것을 허락하시지 않았습니다."

이 일로써 세존께 아뢰었고, 세존께서는 말씀하셨다.

"우유로 끓인 마늘을 먹는 것을 허락하겠노라. 마늘을 먹었다면 법행(法行)을 따라야 하느니라. 무엇이 법행을 따르는 것인가? 마늘을 먹은 자는 마땅히 세존과 나아가 화상·아사리·일체의 상좌·세존의 탑·성문의 탑·온실·강당·승가의 후원에 접근할 수 없다. 승방에 접근하거나, 바깥의 문에서 있을 수 없고, 승가의 측간에 들어가 대·소변을 볼 수 없으며, 승가의 욕실에 들어갈 수 없고, 대중이 앉아 있는 자리에 들어갈 수 없으며, 마땅히 가려진 방안에 머물러야 한다. 만약 대·소변이 급하다면 마땅히 사람을 시켜 땅을 파고 그곳에서 일을 보아야 하고, 만약 정인이 없다면 멀리 나아가서 가려진 곳에서 대·소변을 보아야 한다. 그 병이 나았다면 마땅히 머물렀던 곳을 물을 뿌려서 쓸고 바닥을 바를 것이며, 와구와 평상과 자리를 다시 마땅히 털어내야 한다. 그리고 냄새가 남았다면 마땅히 씻어내야 한다. 이러한 비구는 방에서 나오는 때에도 문을 닫고 빗장을 채울 것이고, 빗장을 채우고서 떠나가도록 하라."

세존께서는 왕사성에 머무르셨다.

그때 육군비구들이 스스로가 하리륵 열매를 취하여 정인에게 주었고, 다시 받아서 먹었다. 이 일을 세존께 아뢰었고, 세존께서는 말씀하셨다.

"스스로가 하리륵 열매를 취하여 정인에게 주고서 다시 받아서 먹는다면 아니된다. 범하는 자는 돌길라이니라. 나머지의 일체의 과일도 역시 이와 같다."

세존께서는 사위국에 머무르셨다.

비구가 있어 난제(難提)라고 이름하였다. 이 비구도 역시 배우는 사미에게 작정하라고 주었는데, 앞에서 이미 말한 것과 같다.

세존께서는 사위국에 머무르셨다.

장로 필릉가바차(畢陵伽婆蹉)가 눈병이 있었다. 이때 약사가 처방하여 말하였다.

"약을 섞어서 환으로 짓고 불에 태워서 연기를 쪼이십시오."

우바리가 세존께 물었다.

"무엇으로 약을 지어야 합니까?"

세존께서는 말씀하셨다.

"다만 청목향(靑木香)을 약과 섞는 것은 제외하느니라. 나머지의 일체의 향에 불을 피우고 가운데에서 손으로 잡고 취하여 쪼이도록 하라."

이때 손으로서 그 연기를 잡을 수 없었다. 세존께서는 말씀하셨다.

"대롱을 짓도록 하라."

이때 대롱이 너무 길어서 연기가 나오지 않았다. 세존께서는 말씀하셨다.

"너무 길게 짓지 말라."

또한 다시 짧게 지었으나 곧 손을 태웠다. 세존께서는 말씀하셨다.

"너무 짧게 짓지 말라."

또한 때에 환약은 한곳에 있었고, 대롱은 다른 한곳에 있었으므로 취하는 때에 어려움이 있었다. 세존께서는 말씀하셨다.

"마땅히 자루에 담아서 저축하라."

담는 때에 환약이 대롱에 깨어졌다. 세존께서는 말씀하셨다.

"가운데에 칸막이를 만들라."

칸막이를 만들었으나 주둥이를 묶어두지 않았으므로 대롱이 땅바닥에 떨어졌다. 세존께서는 말씀하셨다.

"주둥이를 묶도록 하라."

세존께서는 사위국에 머무르셨다.

병든 비구가 있었고, 소유(蘇油)를 몸에 바르고서 씻지 않았으므로 가려워서 번민하였다. 이 일을 세존께 아뢰었고, 세존께서는 말씀하셨다.

"마땅히 조두(澡豆)를 사용하여 씻도록 하라."

우바리가 세존께 물었다.

"무슨 물건을 사용하여 조두를 지어야 합니까?"

세존께서는 말씀하셨다.

"큰 콩·작은 콩·마사두(摩沙豆)[5]·완두콩·가제바라초(迦提婆羅草)·이빈타(梨頻陀) 등의 씨앗으로 짓도록 하라."

세존께서는 사위국에 머무르셨다.

장로 사리불이 열혈병(熱血病)을 앓았다. 이때 약사가 처방하여 말하였다.

5) 산스크리트어 māṣa의 음사로서 팥을 가리킨다.

"사마니(娑摩尼)의 물로 씻으십시오."

우바리가 세존께 물었다.

"무슨 물건을 사용하여 사마니를 지어야 합니까?"

세존께서는 말씀하셨다.

"독이 있는 나무를 제외하고 나머지 일체인 나무의 꽃과 잎을 취하여 짓도록 하라."

세존께서는 사위국에 머무르셨다.

장로 필릉가바차가 눈병을 앓았다. 이때 약사가 처방하여 말하였다.

"마땅히 기름으로 콧속을 씻으십시오."

이때 비구가 손가락으로서 콧속에 씻거나, 혹은 솜으로서 콧속을 씻었다. 씻을 때에 잘못하여 곧 흘러 들어갔고 눈에 다시 통증이 심하였다. 이 일을 세존께 아뢰었고, 세존께서는 말씀하셨다.

"코를 씻는 대롱을 짓도록 하라."

대롱을 크게 지었으므로 콧속에 넣을 수가 없었고, 다시 작게 지었으므로 넘쳐서 콧속을 씻을 수 없었다. 이 일로써 세존께 아뢰었고, 세존께서는 말씀하셨다.

"너무 크게 짓지 말고 너무 작게 짓지도 말라. 1파라(波羅)로 짓거나, 만약 1파라 절반으로 짓도록 하라."

침을 뱉고자 하였다면 손으로 받아서 취하였으나, 손으로서 받아서 취하였던 까닭으로 곧 구역질하였다. 세존께서는 말씀하셨다.

"낡은 헝겊으로 받아서 취하는 것을 허락하겠노라."

세존께서는 사위국에 머무르셨다.

장로 필릉가바차가 눈병을 앓았다. 이때 친족이 수레를 보내어 불러오게 하였으므로 대답하여 말하였다.

"세존께서는 수레를 타는 것을 허락하시지 않았습니다."

이 일을 세존께 아뢰었고, 세존께서는 말씀하셨다.

"병자는 수레를 타는 것을 허락하겠노라."

그때 세존께서는 가마를 타는 것을 허락하시지 않았다. 이 일로써 세존께 아뢰었고, 세존께서는 말씀하셨다.

"가마를 타는 것을 허락하겠노라."

이 비구가 가마를 타는 때에 다리를 늘어뜨렸다. 세존께서는 말씀하셨다.

"마땅히 다리를 판자 위에 모아야 하느니라."

발을 모았으나 몸이 불안하였다. 세존께서는 말씀하셨다.

"나무 난간을 잡는 것을 허락하겠노라."

이때 불편한 비구가 있었는데 나무 난간을 붙잡았으므로 손이 아팠다. 세존께서는 말씀하셨다.

"물건으로서 나무를 감싸도록 하라."

앉았던 때에 햇살이 얼굴에 비추었다. 세존께서는 말씀하셨다.

"마땅히 가리개를 만들도록 하라. 만약 일체의 수레에 장엄물이 필요하다면 짓는 것을 모두 허락하겠노라."

세존께서는 사위국에 머무르셨다.

그때 여러 비구들이 기원정사의 가운데에서 여러 곳에 대변을 보았다. 밀적집금강신(密迹執金剛神)과 여러 비인(非人)들이 모두 성내면서 꾸짖어 말하였다.

"이 가운데에서 마땅히 부정(不淨)을 짓는가?"

세존께서는 여러 비구들에게 말씀하셨다.

"마땅히 여러 곳에 대변을 보지 말라. 마땅히 한 곳에서 보아야 하느니라."

한 곳에서 보았으나 분뇨가 크게 쌓였다. 세존께서는 말씀하셨다.

"치우도록 하라."

치우는 때에 여러 비구들이 구역질하였다. 세존께서는 말씀하셨다.

"땅을 파서 구덩이를 만들도록 하라."

구덩이를 만들었으나, 주변에 대변이 있어 비구들의 발을 더럽혔다. 세존께서는 말씀하셨다.

"마땅히 발의 디딤대를 설치하라."

우바리가 세존께 물었다.

"무슨 물건 등을 사용하여 발의 디딤대를 설치합니까?"

세존께서는 말씀하셨다.

"나무·돌·벽돌로 설치하도록 하라."

대변하는 때에 노지였고 가림막이 없었으므로 사람들이 보게 되었다. 세존께서는 말씀하셨다.

"마땅히 가림막을 설치하라."

이때에 서로가 보았으므로 세존께서는 말씀하셨다.

"마땅히 칸막이를 설치하라."

칸막이를 설치하였으나, 출입하는 때에 서로가 바라보았던 까닭으로 세존께서는 말씀하셨다.

"마땅히 별도로 문을 달도록 하라."

이때 늙은 비구가 있어 측간에 올라가는 때에 자주 넘어졌는데 일어나고자 하는 때에 곧 뒤로 넘어졌다. 세존께서는 말씀하셨다.

"마땅히 난간을 설치하여 잡고서 일어나게 하라."

일어나는 때에 대변의 자리에서 씻을 물이 필요하였다. 세존께서는 말씀하셨다.

"마땅히 물그릇을 저축하라."

또한 손을 닦을 흙이 없었다. 세존께서는 말씀하셨다.

"마땅히 흙을 놓아두어라."

혹은 흙이 부족하였다. 세존께서는 말씀하셨다.

"큰 그릇에 채워두어라."

이때 평지에다 그릇을 놓아두었는데, 혹은 축생들인 소·말·노루·사슴·원숭이·개가 와서 밟아서 넘어트렸다. 세존께서는 말씀하셨다.

"마땅히 땅을 파고 그릇을 놓아두어라."

또한 그릇을 덮어두지 않았으므로 독사·지렁이·지네·백족(百足) 등이 안에 들어갔고 비구를 깨물었다. 세존께서는 말씀하셨다.

"마땅히 위를 덮도록 하라."

또한 손을 씻는 때에 땅이 진흙이 되어 발을 더럽혔다. 세존께서는 말씀하셨다.

"마땅히 발의 디딤대를 설치하라."

우바리가 세존께 물었다.

"무슨 물건 등을 사용하여 발의 디딤대를 설치합니까?"

세존께서는 말씀하셨다.

"나무·돌·벽돌로 짓도록 하라."

여러 비구들이 씻는 때에 드러나서 보였다. 세존께서는 말씀하셨다.

"마땅히 가림막을 설치하라."

혹은 두·세 사람이 함께 씻는 때에 서로를 바라보았다. 세존께서는 말씀하셨다.

"마땅히 가림막을 설치하라."

또한 출입하는 때에 서로를 바라보았다. 세존께서는 말씀하셨다.

"마땅히 별도의 문을 달도록 하라."

세존께서는 사위국 기원의 가운데에 머무르셨다.

여러 비구들이 여러 곳에 소변을 보았으므로 금강신과 여러 비인들이 모두 성내면서 꾸짖어 말하였다.

"이 가운데에서 마땅히 부정을 짓는가?"

이 일을 세존께 아뢰었고, 세존께서는 말씀하셨다.

"여러 곳에서 소변을 보지 말라. 마땅히 한 곳에서 보아야 하느니라."

한 곳으로 정하였는데 도랑이 흐르는 것과 같았다. 세존께서는 말씀하셨다.

"마땅히 옹기를 설치하라."

옹기가 가득하였으므로 세존께서는 말씀하셨다.

"마땅히 버리도록 하라."

버리는 때에 비구들이 구역질하였다. 세존께서는 말씀하셨다.

"옹기 아래에 작은 구멍을 지어서 소변을 배출시켜라."

옹기가 오래되어 곧 냄새났다. 세존께서는 말씀하셨다.

"마땅히 위를 덮도록 하라."

비구들이 뚜껑을 여는 때에 소변 냄새가 매우 심하였다. 세존께서는 말씀하셨다.

"뚜껑에 작은 구멍을 뚫어 냄새를 배출시켜라."

이때에 옹기의 사방으로 소변이 흘러서 발을 더럽혔다. 세존께서는 말씀하셨다.

"마땅히 발의 디딤대를 설치하라."

우바리가 세존께 물었다.

"무슨 물건 등을 사용하여 발의 디딤대를 설치합니까?"

세존께서는 말씀하셨다.

"나무·돌·벽돌로 설치하도록 하라."

여러 비구들이 소변을 보는 때에 드러나서 보였다. 세존께서는 말씀하셨다.

"마땅히 가림막을 설치하라."

소변을 보는 때에 서로를 바라보았다. 세존께서는 말씀하셨다.

"마땅히 가림막을 설치하라."

막았으나 출입하는 때에 서로를 바라보았다. 세존께서는 말씀하셨다.

"마땅히 별도의 문을 달도록 하라."

세존께서는 사위국에 머무르셨다.

이때 어떤 사람이 승가께 질그릇 항아리를 보시하였는데, 여러 비구들은 어떻게 사용해야 하는가를 알지 못하여 받지 않았다. 이 일을 세존께 아뢰었고, 세존께서는 말씀하셨다.

"마땅히 받아서 사용하라. 물을 담아두거나, 물을 길어오거나, 또는 욕실에 비치해 두고 사용하라.”

세존께서는 추마국(芻摩國)에 머무르셨다.

대비구 승가와 함께 오음법(五陰法)을 설하셨는데 이를테면, 색·수·상·행·식이었다. 이때 세존께서 말이 느려졌으므로 500명의 비구가 일시에 함께 말하였다.

“늙으셨구나.”

세존께서는 여러 비구들에게 말씀하셨다.

“그대들이 말로서 늙었다고 말하는 까닭으로 곧 늙게 되었구나.”

“아닙니다. 세존이시여.”

세존께서는 말씀하셨다.

“지금부터 늙었다고 말해서는 아니된다. 너무 늙었다고 말하는 자는 돌길라이니라.”

세존께서는 사위국에 머무르셨다.

여러 비구들이 사위성에 들어가서 걸식하였다. 이때에 단월이 여러 종류의 좋은 음식인 우유·락(酪)·생소(生酥)·숙소(熟酥)·기름·꿀·생선·육포(肉脯) 등을 보시하였다. 여러 비구들이 받지 않았다.

“이러한 좋은 음식을 얻으려는 것이 아닙니다.”

이 일을 세존께 아뢰었고, 세존께서는 말씀하셨다.

“애원하지 않았는데 얻었다면 마땅히 받도록 하라.” [첫 번째의 20법을 마친다.]

두 번째의 20법 상(上)

세존께서는 왕사성에 머무르셨다.

이때 발제 장자가 커다란 승방을 지었고 여러 종류로 장엄하였으나 방사(房舍) 위를 덮지 않아서 비가 샜다. 이 일로써 세존께 아뢰었고, 세존께서는 말씀하셨다.

"마땅히 덮도록 하라."

덮었는데 용마루 위에서 비가 샜다. 세존께서는 말씀하셨다.

"다시 두껍게 덮도록 하라."

두껍게 덮었는데 바람에 날아갔다. 세존께서는 말씀하셨다.

"마땅히 말뚝을 박도록 하라."

말뚝을 박았는데 말뚝의 구멍에서 비가 샜다. 세존께서는 말씀하셨다.

"마땅히 질그릇으로 덮도록 하라."

다시 질그릇이 자주 땅에 떨어졌다. 세존께서는 말씀하셨다.

"마땅히 질그릇에 구멍을 뚫어 쐐기를 박도록 하라."

쐐기를 박았으나 물이 들어왔다. 세존께서는 말씀하셨다.

"그 쐐기 위에 솥을 덮도록 하라."

솥을 덮어놓았는데 바람이 불면 그 쐐기가 흔들리면서 소리를 지었다. 세존께서는 말씀하셨다.

"마땅히 풀·나뭇잎·나무껍질로 뚜껑을 감아두도록 하라."

그 뚜껑을 감아두었으므로 덮어놓은 솥이 안정되었다.

세존께서는 사위국에 머무르셨다.

그때 비구들이 값비싼 화완의(火浣衣)를 저축하였다. 이때 비구들은 두·세 사람씩 함께 털었는데, 털어내는 때에 옷이 쭈그러져서 올바르지 않았다. 세존께서는 말씀하셨다.

"마땅히 가느다란 막대로 먼지를 털도록 하라."

먼지를 털어내는 때에 흙이 장조(長條) 가운데에 들어갔다. 세존께서는 말씀하셨다.

"다시 작은 막대로서 털도록 하라."

털어내는 때에 흙이 단조(短條) 가운데에 들어갔다. 세존께서는 말씀하셨다.

"다시 작은 막대로서 털도록 하라."

세존께서는 사위국에 머무르셨다.

그때 비구들이 새롭게 옷을 물들이고서 빗자루로서 물감의 찌꺼기를 쓸어냈다. 이 옷의 색깔이 바랬고 옷 위에 자국이 남았다. 이 일을 세존께 아뢰었고, 세존께서는 말씀하셨다.

"마땅히 새로운 수건으로 물감 찌꺼기를 제거하라."

세존께서는 왕사성에 머무르셨다.

그때 발제 장자가 승방을 지었는데 매우 넓고 컸으며 여러 종류로 장엄하였다. 여러 사람들이 와서 보았고 바닥을 덮지 않았던 까닭으로 많은 흙먼지가 일어나서 승방 안에 쌓였다. 여러 비구들이 마음속으로 생각하였다.

'만약 세존께서 땅을 덮는 것을 허락하신다면 좋겠구나.'

이 일을 세존께 아뢰었고, 세존께서는 말씀하셨다.

"마땅히 땅을 덮도록 하라."

세존께서는 사위국에 머무르셨다.

여러 비구들이 약초를 찧을 물건이 없었다. 이 일을 세존께 아뢰었고, 세존께서는 말씀하셨다.

"마땅히 돌 위에서 약초를 찧도록 하라."

세존께서는 왕사성에 머무르셨다.

그때 병사왕(甁沙王)이 죽원(竹園)에 500의 승방을 짓고자 하였으나, 완성된 것도 있었고, 완성되지 않은 것도 있었던 때에 병사왕이 목숨을 마쳤다. 아사세왕이 죽원에 이르러 안을 둘러보면서 이 방사들을 보고 곧 물었다.

"이것을 누가 지었습니까?"

비구가 대답하여 말하였다.

"대왕이여. 이것은 부왕께서 짓던 것입니다. 완성된 것도 있고 아직 완성되지 않았으나, 부왕께서 곧 목숨을 마쳤습니다."

왕이 비구에게 물었다.

"어찌 완성되지 않았습니까?"

대답하여 말하였다.

"금전이 없습니다."

왕이 말하였다.

"내가 마땅히 금전을 주겠습니다."

이때 방사가 완성되었으나 올라가는 계단이 없었던 까닭으로 위에 머무는 사람이 없었다. 아사세왕이 여러 비구들에게 물었다.

"이 방사 안에 사람이 있습니까?"

대답하여 말하였다.

"없습니다."

"무슨 까닭입니까?"

대답하여 말하였다.

"올라갈 계단이 없는 까닭입니다."

왕이 말하였다.

"내가 마땅히 짓겠습니다."

비구가 대답하여 말하였다.

"세존께서는 짓는 것을 허락하시지 않았습니다."

이 일로써 세존께 아뢰었고, 세존께서는 말씀하셨다.

"허락하겠노라."

짓는 때에 장로 우바리가 세존께 물었다.

"무슨 물건을 사용하여 계단을 지어야 합니까?"

세존께서는 말씀하셨다.

"나무·돌·벽돌로 짓도록 하라."

세존께서는 왕사성에 머무르셨다.

그때 승방이 매우 컸으므로 일체의 때에 여러 객비구들이 찾아왔다.

초야와 중야 및 후야에 오는 자는 큰 평상을 가지고 가는 자도 있었고, 노끈의 평상을 가지고 가는 자도 있었으며, 큰 요를 가지고 가는 자도 있었고, 좌구를 가지고 가는 자도 있었으나, 밤에 그곳에서 묵고서 날이 밝으면 버려두고 떠나갔다. 이때 타표마라자(陀驃摩羅子)는 승가의 와구를 관리하는 지사인이었는데, 다음날에 여러 곳에서 평상과 이불을 다시 가져오는 때에 몹시 힘들었으므로 이렇게 생각을 지었다.

'세존께서 바늘로 평상과 요를 꿰매놓도록 허락하신다면 좋겠구나.'

이 일을 세존께 아뢰었고, 세존께서는 말씀하셨다.

"꿰매는 것을 허락하겠노라. 꿰매는 때에 평상과 요의 가운데는 꿰매지 말라."

평상을 가지로 이리저리 움직일 때에 솜털이 아울러 한곳으로 뭉쳤으므로 곧 이와 같이 생각하였다.

'내가 요의 가운데를 꿰매도록 허락하신다면 좋겠구나.'

이 일을 세존께 아뢰었고, 세존께서는 말씀하셨다.

"바늘로서 꿰매는 것을 허락하겠노라."

장로 우바리가 세존께 물었다.

"무슨 물건으로 바늘을 지어야 합니까?"

세존께서는 말씀하셨다.

"철로 짓거나, 구리로 짓거나, 나무로 짓도록 하라."

세존께서는 사위국에 머무르셨다.

그때 장로 사리불이 열혈병(熱血病)이었으므로, 약사가 처방하여 말하였다.

"소석(燒石)[6]을 우유 속에 넣어서 마셔야 합니다."

대답하여 말하였다.

"세존께서는 소석을 우유에 넣어서 마시는 것을 허락하시지 않았습니

---

6) 불에 달군 돌덩이를 가리킨다.

다."

이 일을 세존께 아뢰었고, 세존께서는 말씀하셨다.

소석을 우유에 넣어서 마시는 것을 허락하겠노라."

돌을 달구는 때 여러 비구들이 혹은 풀이나 나뭇잎 또는 깨진 기왓장 등으로 집어서 우유에 넣었는데 재와 흙이 우유를 더럽혔다. 이 일로써 세존께 아뢰었고, 세존께서는 말씀하셨다.

"지금부터 구리나 철로서 지탱하는 지렛대를 짓도록 허락하겠노라. 돌로서 가운데에 올려놓고 달구도록 하고, 지렛대를 들고 재를 털어내고서 우유에 타서 마시도록 하라."

세존께서는 사위국에 머무르셨다.

어떤 사람이 화로(火爐)를 가지고 장로 수보리에게 보시하였다. 수보리가 말했다.

"세존께서는 화로를 받는 것을 허락하시지 않았습니다."

이 일을 세존께 아뢰었고, 세존께서는 말씀하셨다.

"받을 수 있느니라."

이때에 불타는 장작이 땅에 떨어졌다. 비구들이 손으로 집었으므로 손을 데었다. 세존께서는 말씀하셨다.

"불을 집어내는 물건을 짓는 것을 허락하겠노라."

세존께서는 사위국에 머무르셨다.

장로 사리불에게 풍병이 있었으므로, 약사가 처방하여 말하였다.

"더운 물로 목욕하십시오."

대답하여 말하였다.

"세존께서는 더운 물로 목욕하는 것을 허락하시지 않았습니다."

이 일을 세존께 아뢰었고, 세존께서는 말씀하셨다.

"더운 물로 목욕하는 것을 허락하겠노라."

목욕할 때에 혹은 발우나 건자(揵鎡)를 이용하여 물을 데웠으므로 물이 부족하였다. 이 일을 세존께 아뢰었고, 세존께서는 말씀하셨다.

"가마솥에 데우는 것을 허락하겠노라."

여러 비구들이 가마솥에 물을 가득 채우고서 노지에서 네 모서리에서 장작을 태우는 때에 가마솥이 터졌다. 이 일로써 세존께 아뢰었고, 세존께서는 말씀하셨다.

"마땅히 세 모서리에 돌을 세우고 태우도록 하라."

이때 돌 위에 가마솥을 놓아두고 아래에서 장작을 태웠으나 타지 않았다. 이 일을 세존께 아뢰었고, 세존께서는 말씀하셨다.

"마땅히 도끼로 장작을 쪼개어 태우도록 하라."

세존께서는 아라비국(阿羅毘國)에 머무르셨다.

그때 사찰의 문미(門楣)[7]가 부서졌다. 세존께서 보시고 아시면서도 일부러 아난에게 물으셨다.

"사찰의 문미가 무슨 까닭으로 부서져 있는가?"

대답하여 말하였다.

"목수가 바빠서 고치지 못하였습니다."

세존께서는 아난에게 말씀하셨다.

"나무와 공구를 구해 오게."

아난은 세존의 가르침을 받들어 나무를 구하고 공구를 취하여 왔고 세존께 드렸다. 세존께서는 스스로가 손으로 탑(塔)의 문미를 수리하셨다. 수리하시고서 여러 비구들에게 말씀하셨다.

"지금부터 일체의 나무들과 공구를 저축하고서 능히 수리할 수 있는 비구를 따라서 수리하도록 하라."

세존께서는 아라비국에 머무르셨다.

승방을 덮는 때에 비구들이 땅에 있으면서 풀더미를 주웠으나 닿지

---

7) 출입구나 창 위에 벽체를 지지하기 위해 수평으로 부착된 가로의 부재를 가리킨다.

않았다. 세존께서는 말씀하셨다.

"마땅히 받침대를 설치하라."

받침대를 설치하였어도 예전처럼 손이 닿지 않았다. 세존께서는 말씀하셨다.

"사다리를 설치하라."

사다리를 설치하였으나 불편하였다. 세존께서는 말씀하셨다.

"마땅히 붕잔(棚棧)[8]을 설치하라."

붕잔을 설치하고자 하였으나 어떻게 설치해야 하는가를 알지 못하였다. 세존께서는 말씀하셨다.

"대들보 위에 못을 박고 말뚝에 밧줄을 매단다면 말뚝을 따라서 뜻대로 붕잔을 이동할 수 있느니라."

세존께서는 사위국에 머무르셨다.

비구가 있었는데 남근에 종기가 있어서 피고름이 옷을 더럽혔다. 이 일을 세존께 아뢰었고, 세존께서는 말씀하셨다.

"마땅히 물건으로서 안을 감싸고 묶도록 하라."

세존께서는 사위국에 머무르셨다.

비구가 병이 있었고 간병하는 사람이 나이가 적었다. 병든 비구를 끌어안고 오래 서 있으면서 어지러워서 땅에 쓰러졌는데 거의 죽음에 이르렀다. 이 일을 세존께 아뢰었고, 세존께서는 말씀하셨다.

"젊은 간병하는 비구는 병자와 함께 앉아 있게 하라. 병든 비구를 애민하게 생각하는 까닭이니라."

세존께서는 사위국에 머무르셨다.

여러 비구들이 새롭게 물들인 옷을 입고 사위성에 들어가 걸식하면서

---

8) 공사하면서 물건을 올리기 위하여 나무로 엮어놓는 발판을 가리킨다.

비를 만났다. 이때 비구들이 옷을 접어서 한 곳에 놓아두었는데 습기를 까닭으로 색깔이 변하였다. 이 일을 세존께 아뢰었고, 세존께서는 말씀하셨다.

"마땅히 햇볕에 말려라."

햇볕에 말리는 때에 땅에 펼쳐서 말렸으나, 마르고서 흙이 달라붙었다. 세존께서는 말씀하셨다.

"마땅히 쇠똥으로서 땅에 바르고 말려야 하느니라."

마땅히 하였으나 옷이 때에 마르지 않았다. 세존께서는 말씀하셨다.

"끈의 위에서 말리도록 하라."

예전처럼 때에 마르지 않았다. 세존께서는 말씀하셨다.

"마땅히 구부러진 말뚝을 설치하라."

구부러진 말뚝을 설치하였으나, 예전처럼 때에 마르지 않았다. 세존께서는 말씀하셨다.

"마땅히 평상 위에서 말려라."

말렸으나 예전처럼 때에 마르지 않았다. 세존께서는 말씀하셨다.

"시렁을 설치하라."

시렁을 다니는 곳에 흩어서 설치하였다. 세존께서는 말씀하셨다.

"마땅히 한 곳에 가지런히 설치하라."

한 곳에 가지런히 설치하였으나 벽에 가까워서 흙이 묻었다. 세존께서는 말씀하셨다.

"벽과 떨어져 설치해야 하느니라."

벽과 떨어지게 설치하였으나 예전처럼 때에 마르지 않았다. 세존께서는 말씀하셨다.

"마땅히 높이 매달아서 말려야 하느니라."

세존께서는 아라비국에 머무르셨다.

그때 여러 비구들이 목욕하는 도구를 준비하였다. 비구가 있어 목욕하는 때에 옷을 공터에 벗어두고서 욕실에 들어가 목욕하였는데, 독사나 구더기나 여러 다리를 지닌 벌레가 옷의 가운데에 들어갔으며, 비구가 옷을 입는 때에 깨물었다. 세존께서는 말씀하셨다.

"옷의 시렁을 설치하여 옷을 벗어놓고서 욕실에 들어가서 목욕하도록 하라."

세존께서는 사위국에 머무르셨다.

그때 말리 부인(末利夫人)이 기환(祇桓)에 들어와서 법을 들었다. 여러 비구들이 어둠 속에서 설법하였으므로 말리 부인이 여러 비구들에게 말하였다.

"어찌 등불을 켜지 않습니까?"

대답하여 말하였다.

"등불이 없습니다."

부인이 말하였다.

"내가 등불을 주겠습니다."

대답하여 말하였다.

"세존께서는 우리들이 등불을 켜는 것을 허락하시지 않았습니다."

이 일을 세존께 아뢰었고, 세존께서는 말씀하셨다.

"등불을 켜는 것을 허락하겠노라."

세존께서는 사위국에 머무르셨다.

그때 말리 부인이 승가에게 높은 평상을 보시하였으므로 여러 비구들이 말하였다.

"세존께서는 우리들이 받는 것을 허락하시지 않았습니다."

이 일을 세존께 아뢰었고, 세존께서는 말씀하셨다.

"받는 것을 허락하겠노라."

말리 부인이 마음으로 생각하였다.

'세존께서는 내가 이 높은 평상에 그림을 그리도록 허락하신다면 좋겠구나.'

세존께서는 말씀하셨다.

"남녀가 교회(交會)하는 모습을 제외하고 다른 그림은 허락하겠노라."

세존께서는 사위국에 머무르셨다.

그때 육군비구들이 긴 양지(楊枝[9])를 씹었다. 이때 여러 거사가 보고서 꾸짖어 말하였다.

"여러 사문 석자는 선량하고 덕이 있다고 스스로가 말하면서, 어찌 큰 양지를 씹는가?"

여러 비구들이 있어 욕망이 적고 만족함을 알며 두타를 행하였는데, 이러한 일을 듣고 마음이 즐겁지 않아서 이 일을 세존께 아뢰었다. 세존께서는 이 일로써 비구 승가를 모으셨으며, 아시면서도 일부러 육군비구에게 물으셨다.

"그대들이 진실로 이러한 일을 지었는가?"

대답하여 말하였다.

"진실로 지었습니다. 세존이시여."

세존께서는 여러 종류로 육군비구를 꾸짖으셨다.

"어찌 비구라고 이름하면서 큰 양지를 씹었는가?"

세존께서는 말씀하셨다.

"지금부터 큰 양지를 씹어서는 아니된다. 범하는 자는 돌길라이니라."

이때 여러 비구들이 짧은 양지를 씹고 있었는데, 세존께서 이곳으로 경행을 하셨다. 여러 비구들은 멀리서 세존께서 오시는 것을 보았고 공경하였던 까닭으로 곧 이 양지를 삼켰으나, 목에 걸려 내려가지 않아서 거의 죽음에 이르렀다. 이 일을 세존께 아뢰었고, 세존께서는 이 일로써 비구 승가를 모으셨으며, 여러 비구들에게 말씀하셨다.

"지금부터 상·중·하 세 종류의 양지를 사용하는 것을 허락하겠노라. 상은 길이가 열두 손가락이고, 하는 길이가 여섯 손가락이며, 이 두 종류의

9) 이쑤시개를 가리킨다. 작은 버들가지의 머리를 씹어서 가늘게 만들어서 세지(細枝)로 만든 다음 이빨을 닦는 것이다.

가운데를 중이라고 한다."

세존께서는 사위국에 머무르셨다.

이때 비구가 있었는데 아들을 제도하여 공행제자(共行弟子)로 삼았다. 이 제자가 여법하지 않았으므로 다른 비구들이 말하였다.

"이 제자는 여법하지 않는데 어찌 내쫓지 않는가?"

대답하여 말하였다.

"이 제자는 나의 아들인데 어찌하여 내쫓겠습니까?"

여러 비구들이 어떻게 해야 하는가를 알지 못하였으므로, 이 일을 세존께 아뢰었다. 세존께서는 말씀하셨다.

"만약 아들을 제자로 삼았더라도 여법하지 않는다면 마땅히 내쫓아야 하느니라."

세존께서는 사위국에 머무르셨다.

그때 사미인 라후라(羅睺羅)가 스승인 가류타이를 거역하였다. 이때 가류타이는 사찰 밖으로 쫓아내었다. 이때 사미 라후라는 기환(祇桓)의 문밖에서 울고 있었다. 세존께서는 밖에서 기환으로 돌아오시면서 이때 라후라가 울고 있는 것을 보았으며 아시면서도 일부러 물으셨다.

"무슨 까닭으로 우는가?"

라후라가 세존을 향하여 이 일을 자세히 말하였다. 세존께서는 여러 비구들에게 말씀하셨다.

"지금부터 사미를 승가람(僧伽藍)의 바깥으로 내쫓을 수 없느니라. 마땅히 방사의 바깥으로 내쫓도록 하라."

세존께서는 사위국에 머무르셨다.

그때 여러 비구들이 깨끗한 땅에 침을 뱉어서 곰팡이가 일어났다. 이 일로써 세존께 아뢰었고, 세존께서는 말씀하셨다.

"지금부터 깨끗한 땅에 침을 뱉을 수 없느니라. 범하는 자는 돌길라이니라.”

이때 여러 비구들이 어느 곳에 침을 뱉어야 하는가를 알지 못하였다. 이 일을 세존께 아뢰었고, 세존께서는 말씀하셨다.

“마땅히 손으로서 침을 받아야 한다.”

침을 받아내는 때 마음속에 구역질이 있었다. 세존께서는 말씀하셨다.

“마땅히 침을 뱉는 그릇을 저축하라.”

이때 가래침 뱉는 그릇이 가득하였다. 세존께서는 말씀하셨다.

“마땅히 버리도록 하라.”

버리는 때에도 다시 구역질하였다. 세존께서는 말씀하셨다.

“침 뱉는 그릇 속에 재를 뿌리거나, 모래를 뿌리거나, 태우는 물건을 넣어서 침을 없애도록 하라.”

세존께서는 왕사성에 머무르셨다.

이때 장로 가섭이 기사굴산에서 외출하였는데, 오르고 내려가는 때에 햇볕에 그을렸고 땀이 눈으로 들어가서 눈이 아팠다. 이 일을 세존께 아뢰었고, 세존께서는 말씀하셨다.

“수건을 저축하여 땀을 닦는 것을 허락하겠노라.”

세존께서는 사위국에 머무르셨다.

장로 발제가 두타를 행하였는데, 욕실에 들어가서 목욕할 때에 다른 사람이 문질러주는 것을 허락하시지 않았으므로 이렇게 생각을 지었다.

‘만약 세존께서 내가 끈을 엮어서 스스로가 몸을 문지르는 것을 허락하신다면 좋겠구나.’

이 일을 세존께 아뢰었고, 세존께서는 말씀하셨다.

“끈을 엮어서 문지르는 것을 허락하겠노라.”

장로 우바리가 세존께 물었다.

“무슨 물건으로 지어야 합니까?”

세존께서는 말씀하셨다.

"털·추마·겁패·문사초·삼베·파사초로 지어야 하느니라."

사리불이 척추의 통증을 앓았으므로 이렇게 생각을 지었다.

'세존께서는 내가 선대(禪帶)를 착용하고 좌선하는 것을 허락하신다면 좋겠구나.'

이 일로써 세존께 아뢰었고, 세존께서는 말씀하셨다.

"선대를 착용하고 좌선하는 것을 허락하겠노라."

우바리가 세존께 물었다.

"무슨 물건으로 선대를 지어야 합니까?"

세존께서는 말씀하셨다.

"털·추마·겁패·문사초·삼베·파사초의 껍질로 지어야 하느니라."

세존께서는 사위국에 머무르셨다.

이때 세존께서는 풍병으로 척추에 통증을 앓으셨다. 이때 약사가 처방하여 말하였다.

"소유(酥油)를 몸에 바르실 것이고, 바르셨다면 따뜻한 물을 채운 욕조에 들어가서 누우십시오."

세존께서는 아난에게 말씀하셨다.

"따뜻한 물을 욕조에 담아서 가져오게."

아난이 가르침을 받들어 따뜻한 물을 담은 욕조를 가져왔다. 이때 세존께서는 소유를 몸에 바르고 그 속에 들어가 누우셨으며, 눕고서 병이 나으셨다. 세존께서는 이 일로써 비구 승가를 모으셨으며, 여러 비구들에게 말씀하셨다.

"지금부터 만약 풍병이 있다면 소유를 몸에 바르고 따뜻한 물속에 눕는 것을 허락하겠노라."

세존께서는 아라비국에 머무르셨다.

여러 비구들이 와구를 준비하는 때의 저녁에 여러 객비구가 왔고 승가의 와구가 부족하였다. 여러 비구들이 어떻게 해야 하는가를 알지 못하였으므로, 이 일을 세존께 아뢰었다. 세존께서는 말씀하셨다.

"지금부터 마땅히 상좌의 차례에 따라서 나눠주도록 하라. 얻지 못한 자에게는 풀이나 나뭇잎을 나누어주어서 각자 스스로가 와구로 펼치고 눕게 하라."

세존께서는 사위국에 머무르셨다.

교살라국 아련아의 처소에서 한 비구가 머물고 있었는데, 이 비구는 파리(頗梨) 구슬로 불을 피웠다. 이때 도둑들이 그곳에 머물렀으며 이 비구의 구슬 가운데에서 불이 일어나는 것을 보고서 이렇게 생각을 지었다.

'분명히 비유리(毘琉璃) 구슬일 것이다.'

도둑들은 곧 비구에게 말하였다.

"우리에게 이 유리구슬을 내놓으시오."

비구가 대답하여 말하였다.

"선인(善人)이여. 나에게는 유리구슬이 없습니다."

이때 도둑은 마음에서 생각하였다.

'이 비구가 기꺼이 곧 그것을 우리에게 주지 않는구나. 우리들이 마땅히 이 비구를 죽여야겠다.'

곧 비구를 죽이고서 구슬을 찾았으며, 바늘주머니 속에서 나아가 파리 구슬을 얻었다. 이 도둑들은 서로에게 말하였다.

"겨우 이 파리 구슬을 까닭으로 이 비구를 죽였구나."

이때 도둑들은 죽인 비구를 눕혀놓고 파리 구슬을 가져다가 그의 배꼽에 올려놓고서 곧 떠나갔다. 이때 여러 비구들이 식후에 경행하면서 이 죽은 비구를 보고 각자 서로에게 말하였다.

"이러한 구슬의 까닭으로써 사람에게 피해를 입었구나."

여러 비구들이 어떻게 해야 하는가를 알지 못하였으므로, 이 일을 세존께 아뢰었다. 세존께서는 이 일로써 비구 승가를 모으셨으며, 여러 비구들에게 말씀하셨다.

"지금부터 월주(月珠)이거나, 일주(日珠)를 저축하지 말라. 저축하는 자는 돌길라이니라."

세존께서는 왕사성에 머무르셨다.

이때 여러 비구들이 값비싼 화완의(火浣衣)를 돌 위에서 세탁하였는데 찢어졌으므로 세존께서 말씀하셨다.

"마땅히 빨래판 위에 놓고서 손으로 주물러서 세탁해야 하느니라."

세존께서는 사위국에 머무르셨다.

이때 말리 부인이 하나의 강당을 짓고 여러 종류로 장엄하여 승가에게 보시하였는데, 여러 비구들이 말하였다.

"세존께서는 우리들이 여러 종류로 장엄한 강당을 보시를 받아서 가운데에 머무르거나 출입하는 것을 허락하시지 않았습니다."

여러 비구들이 어떻게 해야 하는가를 알지 못하였으므로, 이 일을 세존께 아뢰었다. 세존께서는 말씀하셨다.

"이 강당은 청정하다. 보시를 받아서 가운데에 머무르고 출입하라."

이때 고니·원앙·공작·구사라조(俱舍羅鳥)·까마귀·기라(耆羅)·명명(命命)·날제비 등의 여러 새들이 출입하여 소리를 지어서 여러 비구들이 좌선과 독경을 방해하였다. 이 일을 세존께 아뢰었고, 세존께서는 말씀하셨다.

"마땅히 난순(欄楯)[10]을 설치하라."

난순을 설치하였으나 예전처럼 날아들었다. 세존께서는 말씀하셨다.

"마땅히 망을 설치하라."

이때 우바리가 세존께 물었다.

"무슨 물건으로 망을 지어야 합니까?"

세존께서는 말씀하셨다.

---

10) 난(欄)은 세로로 막는 것이고, 순(楯)은 가로로 박는 것을 뜻한다. 산스크리트어 vedikā를 번역한 것으로 스투파나 기타 성역을 둘러싼 울타리를 가리키므로 여기에서는 창살로 이해할 수 있다.

"털·추마·겁패·문사초·삼베·용수(龍鬚)[11]의 껍질 등으로 지어야 하느니라."

설치하였으나 잘 삭아서 찢어졌다. 세존께서는 말씀하셨다.

"마땅히 창살(雀目)을 만들어라."

여러 새들이 예전처럼 날아들었다. 세존께서는 말씀하셨다.

"발(簾)을 걸도록 하라."

발을 걸은 때에 어두워졌다. 세존께서는 말씀하셨다.

"마땅히 끈을 달아서 위로 묶어라."

세존께서는 아라비국에 머무르셨다.

새롭게 승가람을 지었는데 땅을 쓰는 물건이 없었다. 여러 비구들이 어떻게 해야 하는가를 알지 못하였으므로, 이 일을 세존께 아뢰었다. 세존께서는 말씀하셨다.

"마땅히 빗자루를 만들라."

세존께서는 사위국에 머무르셨다.

이때 장로 필릉가바차가 눈이 아팠으므로 마음으로 생각하였다.

'만약 내가 평상을 높여서 앉는 것을 허락하신다면 좋겠구나.'

이 일을 세존께 아뢰었고, 세존께서는 말씀하셨다.

"높이 앉는 것을 허락하겠노라."

높은 곳에 있는 때에 땅으로 떨어지는 것이 두려워서 이렇게 생각을 지었다.

'만약 세존께서 내가 이 높은 곳에 난순을 짓는 것을 허락하신다면 좋겠구나.'

이 일을 세존께 아뢰었고, 세존께서는 말씀하셨다.

"높은 곳에 난순을 짓는 것을 허락하겠노라."

---

11) 포도덩굴의 새롭게 자라난 수염 모양의 줄기를 가리킨다.

세존께서는 사위국에 머무르셨다.

이때 승방에 문이 없어서 소·말·원숭이·개 등이 들어왔다. 이 일을 세존께 아뢰었고, 세존께서는 말씀하셨다.

"마땅히 문을 짓도록 하라."

세존께서는 사위국에 머무르셨다.

여러 비구들이 어느 곳에 바늘을 놓아두어야 하는가를 알지 못하였다. 세존께서 말씀하셨다.

"마땅히 바늘통을 짓도록 하라."

세존께서는 사위국에 머무르셨다.

여러 비구들이 약초를 어느 곳에 놓아두어야 하는가를 알지 못하였다. 이 일을 세존께 아뢰었고, 세존께서는 말씀하셨다.

"마땅히 약을 담아두는 물건을 저축하라."

여러 비구들이 약초를 햇볕에 말리지 않았다. 이 일을 세존께 아뢰었고, 세존께서는 말씀하셨다.

"마땅히 약초를 햇볕에 말려라."

세존께서는 사위국에 머무르셨다.

급고독거사가 승가에게 요를 보시하였으나 여러 비구들이 말하였다.

"세존께서는 요를 받는 것을 허락하시지 않았습니다."

이 일을 세존께 아뢰었고, 세존께서는 말씀하셨다.

"승가가 요를 저축하는 것을 허락하겠으며, 개인 역시 저축할 수 있느니라."

이때 여러 비구들이 승가의 떨어진 와구 위에 개인이 소지한 요를 덮지 않고서 나체로 위에 앉았으므로 일어나는 때는 털이 몸에 묻었다. 이 일을 세존께 아뢰었고, 세존께서는 말씀하셨다.

"마땅히 개인이 저축한 요를 승가의 요의 위에 덮어서 사용하라. 만약 스스로가 펼치지 않는 자는 돌길라이니라."

세존께서는 아라비국에 머무르셨다.

비구가 노지에서 발꿈치를 세우고 한 발로 서서 씻으면서 곧 땅에 넘어졌고 거의 죽음에 이르렀다. 이 일을 세존께 아뢰었고, 세존께서는 말씀하셨다.

"마땅히 발을 씻는 물건을 저축하라."

장로 우바리가 세존께 물었다.

"무슨 물건을 사용하여 발을 씻는 곳을 짓습니까?"

세존께서는 말씀하셨다.

"나무·돌·벽돌로 짓도록 하라."

세존께서는 아라비국에 머무르셨다.

새롭게 승가람을 지었다. 이때 하늘이 오랫동안 메말라서 땅이 매우 건조하였으나, 뒤에 곧 큰 비가 내렸고 땅이 모두 엉망이 되었다. 여러 비구들이 출입하는 때에 발로 밟아서 땅이 엉망이었다. 세존께서는 말씀하셨다.

"마땅히 발을 밟을 곳을 설치하라."

장로 우바리가 세존께 물었다.

"무슨 물건을 사용하여 발을 씻는 곳을 짓습니까?"

세존께서는 말씀하셨다.

"나무·돌·벽돌로 짓도록 하라."

그 승가람에는 방사가 많았다. 이때 여러 비구들은 각자 자기 방 앞에 발을 밟는 곳을 지었다. 세존께서는 말씀하셨다.

"마땅히 다니는 곳에 두루 발을 밟는 곳을 짓는다면 좋으니라."

세존께서는 사위국에 머무르셨다.

여러 비구들이 교살라국에서 사위국으로 향하였는데, 도중에 물이 흐르는 개천이 있었다. 여러 비구들은 개천의 둑에 이르러 머물렀으며, 가죽신을 벗어들고 두 신발을 서로 두드렸다. 서로를 두드리는 때에다 먼지가 일어났으므로, 여러 천신이 모두 성내면서 비구들을 꾸짖어 말하였다.

"이 가운데에서 마땅히 이것을 짓지 마십시오."

여러 비구들이 어떻게 해야 하는가를 알지 못하였으므로, 이 일을 세존께 아뢰었다. 세존께서는 말씀하셨다.

"지금부터 도중에 가죽신을 두드려서는 아니된다. 범하는 자는 돌길라이니라. 만약 도중에 가죽신에 흙이 있는 때라면 마땅히 부드러운 양가죽을 사용하여 닦도록 하라."

세존께서는 사위국에 머무르셨다.

그때 새끼용이 불법을 믿고 즐거워하였으므로 법을 들으려는 까닭으로 기환에 들어왔는데 어느 비구가 밧줄로 목을 묶어서 사람이 없는 곳에 버렸다. 이때 새끼용이 어미용에게 돌아가서 울었다. 어미용이 물었다.

"그대는 무슨 까닭으로 슬피 우는가?"

대답하여 말하였다.

"제가 법을 듣고자 기환에 들어갔는데 한 비구가 있었고 제 목을 밧줄로서 묶었으며 사람이 없는 곳에 버렸습니다."

어미용이 크게 성내면서 세존의 처소로 나아가서 세존을 향하여 말하고자 하였다. 이때 세존께서는 대중에게 위요되어 설법하셨는데, 세존께서는 멀리서 용이 오는 것을 보셨으며, 자비삼매의 힘으로서 그의 독심을 없애셨다. 어미용은 세존의 처소에 이르렀고 한쪽에 서서 세존께 아뢰어 말하였다.

"이 비구들은 폐악(弊惡)하고 선하지 않습니다. 제 자식이 신심을 까닭으로 법을 듣고자 기환에 들어왔는데 여러 비구들이 목을 밧줄로서 묶었고 멀리 사람이 없는 곳에 내다버렸습니다. 용의 자식이 그들에게 밧줄로 묶였으므로 이것은 크게 좋지 않으며, 내쫓겼던 것과 같습니다."

이때 세존께서는 여러 종류의 인연으로 어미용에게 설법하시어 보여주셨고 가르치셨으며 이익되고 기쁘게 하시고서 묵연하셨다. 이때 어미용은 설법을 듣고서 세존께 예경하고 오른쪽으로 돌면서 떠나갔다. 어미용이 떠나고 오래지 않아서 세존께서는 이 일로써 비구 승가를 모으셨으며, 여러 비구들에게 말씀하셨다.

"지금부터 뱀이라도 묶어서 버리지 말라. 범하는 자는 돌길라이니라. 그릇에 담거나, 머리를 덮어서 사람이 없는 먼 곳에 놓아두는 것은 허락하겠노라. 뱀을 묶는 끈도 저축하지 말라. 범하는 자는 돌길라이니라."

세존께서는 사위국에 머무르셨다.

그때 말을 방목하는 사람들이 일의 인연이 있어서 사위성에 와서 이르렀고, 승가를 위하여 여러 종류의 보리빵을 만들어 그릇에 가득 채워서 승가에게 보시하였다. 여러 비구들이 말하였다.

"세존께서는 우리들이 달발나(怛鉢那)를 받는 것을 허락하시지 않았습니다."

이 일을 세존께 아뢰었고, 세존께서는 말씀하셨다.

"이것은 청정한 음식이니 마땅히 받을지니라."

세존께서는 사위국에 머무르셨다.

여러 비구들이 옷을 물에 담그는 물건이 없었다. 이 일을 세존께 아뢰었고, 세존께서는 말씀하셨다.

"마땅히 옷을 물에 담그는 큰 통이거나, 대야이거나, 물동이를 저축하라."

세존께서는 사위국에 머무르셨다.

여러 비구들이 옷을 세탁할 물건이 없었다. 이 일을 세존께 아뢰었고, 세존께서는 말씀하셨다.

"마땅히 옷을 세탁하는 큰 통이거나, 대야이거나, 물동이를 저축하라."

세존께서는 사위국에 머무르셨다.

그때 발제 장자가 커다란 승방을 짓고서 청·적·백·흑 등의 여러 색으로 장엄하고서 승가에게 보시하면서 이렇게 생각을 지었다.

'만약 세존께서 나에게 청·적·백·흑 등의 색깔로 방사를 장엄하여 승가께 보시하도록 허락하신다면 좋겠구나.'

이 일을 세존께 아뢰었고, 세존께서는 말씀하셨다.

"그대가 청·적·백·흑 등의 색깔로 방사를 장엄하여 승가께 보시하는 것을 허락하겠노라."

세존께서는 사위국에 머무르셨다.

우가(憂伽) 장자가 10만 냥(兩) 금전의 가치인 우두전단의 그릇과 염부나무의 부구를 가지고 세존의 처소에 이르러 세존께 아뢰어 말하였다.

"세존이시여. 이것은 10만 냥 금전의 가치인 우두전단의 그릇과 염부나무의 부구입니다. 원하건대 세존께서는 그것을 받아주십시오. 만약 세존께서 풍병을 얻는다면 이 전단나무 그릇으로서 기름을 담아서 몸에 바르십시오."

세존께서는 묵연히 받아들이셨다. 이때 장자는 세존께서 묵연히 받아들이신 것을 보고서 곧 우두전단의 그릇을 세존께 드렸고, 머리숙여 예경하고 오른쪽으로 돌면서 떠나갔다. 이 장자가 떠나고 오래지 않아서 세존께서는 비구 승가를 모으셨으며, 여러 비구들에게 말씀하셨다.

"지금 우가 장자가 10만 냥 금전의 가치인 우두전단의 그릇과 염부나무의 부구를 보시하였느니라. 지금부터 만약 이와 같이 병든 비구가 있고, 스스로가 구하지 않았으나 주었다면 마땅히 수용(受用)하라."

세존께서는 사위국에 머무르셨다.

사람이 있어 승가에게 여러 종류의 화합한 향을 보시하였으나 어디에 사용해야 하는가를 알지 못하였으므로, 여러 비구들이 이것을 받지 않았다. 이 일을 세존께 아뢰었고, 세존께서는 말씀하셨다.

"마땅히 받아서 방사의 벽을 칠하는데 사용하라."

이때 여러 비구들이 향을 방사의 바깥에도 발랐다. 여러 사람이 탑과 사찰을 구경하고자 왔다가 여러 사람들은 이렇게 향을 방사의 바깥에 칠하는 것을 보고서 말하였다.

"이곳은 불탑이거나, 성문탑일 것이다."

이때 많은 사람들과 코끼리·말·소가 끄는 수레나, 여러 남녀들의 말소리가 있었으므로 여러 비구들의 좌선과 독경을 방해하였다. 여러 비구들이 마음이 즐겁지 않아서 이 일을 세존께 아뢰었고, 세존께서는 말씀하셨다.

"지금부터 만약 화합한 향을 얻었다면 마땅히 방사 안에만 칠해야 하나니, 평상·평상의 받침·평상의 다리·평상 판자·평상의 틀·옷걸이·옷의 시렁에 칠해야 하고, 흙인 사방의 벽도 칠하라. 이와 같이 칠한다면 방사는 향기를 얻고 보시한 자는 복을 얻으리라."

십송율 제39권

후진 북인도 삼장 불야다라 한역
석보운 번역

6. 육송 ④

10) 잡송 ④

(2) 명잡법 ②

세존께서 추마국(芻摩國)에서 500명의 대중들과 함께 법회를 하셨다.

이때 세존께서는 500명의 비구들에게 오음법(五陰法)을 설하셨으니 이를테면, 색(色)·수(受)·상(想)·행(行)·식(識)이었다. 그때 여러 비구들이 지니고 있던 발우를 땅에 내려놓았는데 천마(天魔)가 큰 소의 몸을 지었고 발우를 향하여 왔다. 한 비구가 있어 멀리서 소가 발우를 향해 오는 것을 보고 이 자리의 비구들에게 말하였다.

"이 큰 소가 우리들의 발우를 향하여 오니 우리들의 발우가 깨지지 않겠습니까?"

세존께서는 여러 비구들에게 말씀하셨다.

"이것은 소가 아니고, 천마가 그대들의 마음을 무너트리고자 지었던 것이니라."

세존께서는 말씀하셨다.

"지금부터 방사 안에 마땅히 발우를 놓아두는 곳을 짓도록 하라."

세존께서는 사위국에 머무르셨다.

비구들이 있었고 교살라국에서 상인들과 함께 유행하여 사위국으로 향하였다. 이때 상인들이 수레에 기름을 가득 싣고 험난한 곳의 도로에 있었는데, 한 상인의 수레가 부서지고 소의 발도 다쳤다. 이 사람이 여러 동료에게 말하였다.

"힘을 따라서 나의 기름을 취하여 조금이라도 실어 주십시오. 이곳에 버릴 수 없습니다."

여러 동료들이 말하였다.

"우리의 수레도 각자 스스로가 가득하여 무겁습니다. 만약 그대와 함께 취한다면 부서질 것입니다."

여러 동료들은 버려두고 떠나갔고, 이 한 상인은 혼자서 그 기름을 지키면서 근심하였고 즐겁지 않았다. 여러 비구는 뒤에 뒤따라왔는데, 여러 비구는 두 가지의 일의 까닭으로 뒤에 있었다. 첫째는 흙먼지를 꺼렸던 것이고, 둘째는 시끄러운 수레의 소리였다. 기름을 지키고 있던 상인이 비구들이 오는 것을 보고는 크게 기뻐하면서 이렇게 생각을 지었다.

'이 기름은 나의 소유가 아니다. 지금 마땅히 승가에게 보시해야겠다.'

여러 비구들이 왔으므로 곧 여러 비구들에게 말하였다.

"한곳에 모이십시오. 제가 승가께 기름을 보시하겠습니다."

이때 여러 비구들은 각자 기름을 취하여 발우에도 담았고 반발우에도 담았으며 건자에도 담았다. 담고서 가지고 떠나갔고 도중에 시장을 지나갔다. 앞서 갔던 상인들이 여러 비구들이 기름을 가지고 오는 것을 보고는 곧 질투하는 마음이 생겨나서 여러 비구들에게 말하였다.

"그대들은 이 기름을 어느 곳에서 사서 오셨고, 어느 곳에 팔러 갑니까? 어느 곳에서 풀어놓고 어느 곳에서 이익을 취합니까?"

여러 비구들이 이 말을 듣고 마음이 즐겁지 않았다. 이 일을 세존께 아뢰었고, 세존께서는 말씀하셨다.

"지금부터 길을 가는 도중에 기름을 짊어지고 유행하지 말라. 범하는 자는 돌길라이니라."

세존께서는 자자를 마치고 유행하며 교화하셨다.

누구 비구가 손에 가죽신을 들고 유행하였다. 세존께서는 보시고 아시면서도 일부러 물으셨다.

"무슨 까닭으로 손에 가죽신을 들고 유행하는가?"

대답하여 말씀하였다.

"저의 발가락 사이가 갈라졌으나 바를 물건이 없습니다."

세존께서는 말씀하셨다.

"지금부터 소유(蘇油)를 담는 주머니를 저축하도록 허락하겠나니, 한 되이거나, 만약 반 되라면 받아야 하느니라. 또한 다시 마땅히 주머니를 덮는 덮개도 저축하도록 하라."

세존께서는 가라위국(迦羅衛國)에서 여러 비구와 함께 사위국으로 향하셨다.

여러 천신(天神)들이 비구들을 따라 유행하면서 이렇게 생각을 지었다.

'만약 여러 비구들이 혹시 설법한다면 우리들이 마땅히 듣고 커다란 이익을 얻을 것이다.'

여러 비구들이 유행하는 때에 희롱하는 말을 지었으므로, 여러 천신들이 모두 성내면서 비구들을 꾸짖어 말하였다.

"사문 석자는 도로를 유행하면서 어찌 여러 천신들이 환희하고 이익을 얻을 설법과 축원을 하지 않는가?"

여러 비구들이 어떻게 해야 하는가를 알지 못하였으므로, 이 일을 세존께 아뢰었다. 세존께서는 말씀하셨다.

"지금부터 여러 비구들이 도로를 유행할 때에는 설법하고 축원하여 천신들을 환희하고 이익되게 하라."

만약 비구들이 원림에 머물거나, 나무 아래에 머물거나, 혹은 물의 주변에 머물거나, 혹은 샘의 주변에 머물거나, 혹은 여러 사람이 모이는 곳에 머무는 때에도 여러 천신들이 많이 와서 모였고 모두 이렇게 생각을 지었다.

'만약 여러 비구들이 혹시 설법한다면 우리들이 마땅히 듣고 커다란 이익을 얻을 것이다. 여러 비구들이 원림에 머물거나, 나무 아래에 머물거나, 혹은 물의 주변에 머물거나, 혹은 샘의 주변에 머물거나, 혹은 여러 사람이 모이는 곳에 머무는 때에도 설법하고 축원한다면 여러 천신들이 환희하고 이익을 얻을 것이다.'

여러 비구들이 어떻게 해야 하는가를 알지 못하였으므로, 이 일을 세존께 아뢰었다. 세존께서는 말씀하셨다.

"지금부터 원림에 머물거나, 나무 밑에 머물거나, 물가에 머물거나, 샘가에 머물거나, 여러 사람이 모이는 곳에 머물 때에도 마땅히 설법하고 축원하여 여러 천신들이 환희하고 이익되게 하라."

세존께서는 사위국에 머무르셨다.

비구가 저녁 무렵에 도둑이 있는 곳을 지나가면서 도둑을 보았고 이 비구는 도둑이 두려운 까닭으로 옷을 잃어버렸다. 여러 비구들이 어떻게 해야 하는가를 알지 못하였으므로, 이 일을 세존께 아뢰었다. 세존께서는 말씀하셨다.

"지금부터 비구는 저녁 무렵에 도둑이 있는 곳을 지나가서는 아니된다. 만약 일의 인연이 있어 저녁 무렵에 지나가는 때에는 옷으로써 두 어깨 위에 나누어 올리고 끈으로 허리를 묶을 것이며 도둑이 있는 길을 빠르게 지나가도록 하라."

세존께서는 아라비국에 머무르셨다.

이때 아라비국에 물이 없었다. 여러 비구들이 이 일을 세존께 아뢰었고, 세존께서는 말씀하셨다.

"우물을 파도록 하라."

세존께서는 아라비국에 머무르셨다.

이 나라에 새로 지은 승방이 있었으나 비구들이 땅을 청소하고서 오물을 버리는 물건이 없었다. 이 일을 세존께 아뢰었고, 세존께서는 말씀하셨다.

"마땅히 오물을 담을 쓰레받기를 저축하라."

세존께서는 사위국에 머무르셨다.

비구가 설사병을 앓아서 자주 일어났던 까닭으로 크게 피곤하였다. 이 일을 세존께 아뢰었고, 세존께서는 말씀하셨다.

"마땅히 평상 위에 구멍을 뚫고 평상 아래에 변기통을 놓도록 하라."

세존께서는 사위국에 머무르셨다.

장로 우바리가 세존께 물었다.

"세존이시여 불가라사(弗迦羅沙)왕은 바라문과 같이 세존을 따라서 세 종류의 예경을 애원하였습니다.

'만약 사문 구담께서 제가 코끼리에 타고 있는 때이거나, 만약 손에 고삐를 쥐었거나, 만약 가죽신을 신었거나, 만약 다리를 오므렸거나, 만약 머리 두건을 벗는 것 등을 사문 구담께서 보셨다면, 이것을 보고서 제가 이미 사문 구담께 예경한 것으로 마땅히 아십시오. 제가 길을 다니는 때에 다리를 똑바로 세우거나, 혹은 왕관을 벗거나, 혹은 일산을 치웠다면, 이것을 보고서 제가 이미 사문 구담께 예경한 것으로 마땅히 아십시오. 만약 사문 구담께서 제가 대중의 가운데에 있으면서 큰소리로 말하는 때이거나, 즐겁게 웃거나, 만약 옷자락을 펼치는 때라면, 이것을 보고서 제가 이미 사문 구담께 예경한 것으로 마땅히 아십시오.'

비구들도 이러한 세 종류의 예경을 지을 수 있습니까?"

세존께서는 말씀하셨다.

"없느니라."

세존께서는 우바리에게 말씀하셨다.

"'화남(和南)'[1]이라고 말한다면 입으로 말하는 것이다. 만약 몸을 구부

---

1) 산스크리트어 vandana의 음사로서 경례(敬禮) 또는 공경(恭敬)이라고 번역된다. 합장하고 머리숙여 안부를 묻는 것을 가리킨다.

린다면 이것을 마음이 청정하다고 이름하느니라. 우바리여. 만약 비구라면 예배할 때 자리에서 일어나서 오른쪽 어깨를 드러내고 가죽신을 벗으며 오른쪽 무릎을 꿇고서 두 손으로 상좌의 발을 잡아야 하느니라.”

세존께서는 사위국에 머무르셨다.

여러 비구들이 기환 가운데의 여러 곳에서 삭발하였다. 이때 여러 천신과 금강신들이 모두 성내면서 꾸짖었다.

“이곳에서 마땅히 이것을 짓지 마십시오.”

여러 비구들이 어떻게 해야 하는가를 알지 못하였으므로, 이 일을 세존께 아뢰었다. 세존께서는 말씀하셨다.

“지금부터 마땅히 여러 곳에서 삭발하지 말라.”

이때 그 머리카락이 많이 쌓였다. 세존께서는 말씀하셨다.

“마땅히 치우도록 하라.”

치우는 때에 비구들이 구역질하였다. 세존께서는 말씀하셨다.

“마땅히 한곳에 웅덩이를 파도록 하라.”

세존께서는 사위국에 머무르셨다.

어느 사람이 꽃다발을 승가에게 보시하였으나 여러 비구들이 꽃다발을 이용하여 무슨 물건을 짓는가를 알지 못하여 받지 않았다. 이 일을 세존께 아뢰었고, 세존께서는 말씀하셨다.

“받는 것을 허락하겠노라. 마땅히 못으로서 박고서 벽 위에 걸어둔다면 방사는 향기를 얻고 보시한 자는 복을 얻을 것이다.”

세존께서는 사위국에 머무르셨다.

이때 대중 승가는 머리가 길었으나, 이발사를 매우 부끄럽게 생각하였다. 이때 한 이발사가 있어 비구가 되었는데, 이 비구는 이렇게 생각을 지었다.

‘만약 세존께서 내가 머리를 깎는 칼을 저축하고서 승가의 머리를

깎아주도록 허락하신다면 좋겠구나.'

이 일을 세존께 아뢰었고, 세존께서는 말씀하셨다.

"머리를 깎는 칼을 저축하고서 승가의 머리를 깎아주는 것을 허락하겠노라."

세존께서는 사위국에 머무르셨다.

그때 승가의 손톱이 길었으나 이발사를 부끄럽게 생각하였다. 이때 이발사가 있어 비구가 되었는데, 이 비구는 이렇게 생각을 지었다.

'만약 세존께서 내가 손톱을 깎는 칼을 저축하고서 승가의 손톱을 깎아주도록 허락하신다면 좋겠구나.'

이 일을 세존께 아뢰었고, 세존께서는 말씀하셨다.

"손톱을 깎는 칼을 저축하고서 승가의 손톱을 깎아주는 것을 허락하겠노라."

세존께서는 사위국에 머무르셨다.

그때 승가는 코털이 길었으나 이발사를 부끄럽게 생각하였다. 이때 이발사가 있어 비구가 되었는데, 이 비구는 이렇게 생각을 지었다.

'만약 세존께서 내가 코털을 자르는 칼을 저축하고서 승가의 코털을 잘라주도록 허락하신다면 좋겠구나.'

이 일을 세존께 아뢰었고, 세존께서는 말씀하셨다.

"코털을 자르는 칼을 저축하고서 승가의 코털을 잘라주는 것을 허락하겠노라."

세존께서는 사위국에 머무르셨다.

여러 비구들이 노지에 노끈 평상을 펼치고 가부좌하고서 좌선하였는데 더위로 졸리는 때에 머리가 움직였다. 독사 한 마리가 있어 노끈 평상 앞으로 지나가다가 비구의 머리가 흔들리는 것을 보았고 독사는 이렇게 생각을 지었다.

'혹시 나를 괴롭히고자 하는가?'

곧 뛰어올라 그 비구의 머리를 물었으나 이 비구는 잠에서 깨어나지 않았다. 두 번째로 머리를 물었으나 역시 다시 깨어나지 않았고, 세 번째로 머리를 물었으므로 곧 죽었다. 여러 비구들이 공양 뒤에 그곳을 경행하면서 이 비구가 죽은 것을 보았고 어떻게 해야 하는가를 알지 못하였으므로, 이 일을 세존께 아뢰었다. 세존께서는 이 일로써 비구 승가를 모으셨으며, 비구 승가가 모였으므로 여러 비구들에게 말씀하셨다.

"지금부터 노끈 평상 아래에 다리를 설치하고, 그 다리는 여덟 손가락으로 하라."

세존께서는 사위국에 머무르셨다.

그때 장로 필릉가바차는 눈병을 앓았는데 욕실에 들어가 목욕할 때에 땀이 눈속으로 들어가서 곧 통증이 심해졌다. 세존께서는 말씀하셨다.

"마땅히 진흙으로써 이마 위에 바르도록 하라."

이때 진흙 기운이 눈에 들어가서 다시 눈이 더욱 아팠으므로 이 일을 세존께 아뢰었고, 세존께서는 말씀하셨다.

"마땅히 향으로써 진흙에 섞어서 이마 위에 바르도록 하라."

세존께서는 사위국에 머무르셨다.

장로 우바리가 세존께 물었다.

"세존께서는 '그대 목련이여. 지금부터는 승가 스스로 계(戒)를 설하도록 하라. 나는 승가의 가운데에 들어가지 않겠다.'라고 말씀하셨는데, 여러 비구들은 누가 마땅히 계를 설해야 하는가를 알지 못합니다."

세존께서는 말씀하셨다.

"마땅히 상좌가 설하도록 하라. 만약 상좌가 정확하지 않다면 다음의 제2 상좌가 설하라. 이와 같이 차례로 능히 설할 수 있는 자가 설하라."

이때 계를 설하던 사람이 있었으나 여러 곳에서 잊어버렸고, 잊어버린 때에 묵연히 머물렀다. 세존께서는 말씀하셨다.

"마땅히 넘겨야 하느니라."

여러 비구들이 곧 차례대로 넘겼다. 세존께서는 말씀하셨다.

"마땅히 차례로 넘기지 말라. 다만 잊어버린 곳을 넘겨야 하느니라."

세존께서는 사위국에 머무르셨다.

장로 우바리가 세존께 물었다.

"아기달 바라문이 세존께 여덟 종류의 장(漿)을 보시하였으니, 주라장(周羅漿)·모라장(牟羅漿)·구라장(俱羅漿)·누가장(樓伽漿)·설반제장(說盤提漿)·파리사리장(頗梨沙梨漿)·복숭아장·포도장 등입니다. 오늘에 받아서 내일에 마셔도 됩니까?"

세존께서는 말씀하셨다.

"덩어리가 없거나, 병자라면 마실 수 있느니라. 덩어리가 있다면 마시는 것을 허락하지 않겠노라."

세존께서는 왕사성에 머무르셨다.

커다란 승방이 있었고 이 가운데에 객비구가 있어 초야·중야·후야의 한때에 와서 하좌 비구를 보면 옷을 벗고 앉으면서 일어나서 나가게 하였다. 하좌가 대답하여 말하였다.

"상좌가 머물면서 시간도 모르십니까?"

여러 비구들이 어떻게 해야 하는가를 알지 못하였으므로, 이 일을 세존께 아뢰었다. 세존께서는 말씀하셨다.

"지금부터 만약 창언할 때이거나, 건치를 두드리는 때이거나, 와구를 나누어 취하고서 뒤에 개인의 와구를 열고 등잔을 켰을 때이거나, 별이 떴을 때이거나, 선진(禪鎭)으로 머리를 부딪쳤다면 스스로가 이후에 마땅히 하좌를 일으키고 내보내서는 아니된다. 내보내는 자는 돌길라이니라."

세존께서는 아라비국에 머무르셨다.

아라비의 상좌가 초야에 좌선하고서 중야에 자기 방으로 돌아왔다.

방으로 돌아오는 도중에 사자·호랑이·늑대·곰 등이 두려웠다. 이 일을 세존께 아뢰었고, 세존께서는 말씀하셨다.

"방사의 사방으로 마땅히 담장을 쌓도록 하라. 만약 사방으로 울타리를 지었다면 사방으로 목책(木柵)을 세우도록 하라."

세존께서는 아라비국에 머무르셨다.

그때에 새로운 방사가 있었는데, 오랫동안 가뭄이 들어 비가 내리지 않았으나 뒤에 갑자기 큰 비가 쏟아져서 담장이 무너졌다. 이 일을 세존께 아뢰었고, 세존께서는 말씀하셨다.

"마땅히 주위에 하수구를 짓고 사방에 마땅히 도랑을 만들도록 하라."

세존께서는 사위국에 머무르셨다.

이때 비구니 승가는 머리가 길었으나, 그때 미용사를 매우 부끄럽게 생각하였다. 한 비구니가 있어 제사(提舍)라고 이름하였는데, 이전에 미용사이었고 이렇게 생각을 지었다.

'만약 세존께서 내가 머리를 깎는 칼을 저축하고서 비구니의 머리를 깎아주도록 허락하신다면 좋겠구나.'

이 일을 세존께 아뢰었고, 세존께서는 말씀하셨다.

"머리를 깎는 칼을 저축하고서 비구니의 머리를 깎아주는 것을 허락하겠노라."

세존께서는 사위국에 머무르셨다.

이때 비구니 승가는 손톱이 길었으나, 이때 미용사를 매우 부끄럽게 생각하였다. 비구니가 있어 제사라고 이름하였는데, 이선에 비용사이있으며 이렇게 생각을 지었다.

'만약 세존께서 내가 손톱 깎는 칼을 저축하고서 비구니의 손톱 깎아주도록 허락하신다면 좋겠구나.'

이 일을 세존께 아뢰었고, 세존께서는 말씀하셨다.

"손톱 깎는 칼을 저축하고서 비구니의 머리를 깎아주는 것을 허락하겠노라."

세존께서는 사위국에 머무르셨다.

이때 비구니 승가는 콧속의 털이 길었으나, 이때 미용사를 매우 부끄럽게 생각하였다. 비구니가 있어 제사라고 이름하였는데, 이전에 미용사이었으며 이렇게 생각을 지었다.

'만약 세존께서 내가 족집게를 저축하고서 비구니의 콧속의 털을 다듬어주도록 허락하신다면 좋겠구나.'

이 일을 세존께 아뢰었고, 세존께서는 말씀하셨다.

"족집게를 저축하고서 비구니의 콧속의 털을 다듬어주는 것을 허락하겠노라."

세존께서는 왕사성에 머무르셨다.

그때 육군비구들이 진주로서 수놓은 바지를 입었으므로 여러 거사들이 꾸짖어 말하였다.

"여러 사문 석자는 선량하고 덕이 있다고 스스로가 말하면서, 왕이거나 대신들과 같이 진주로서 수놓은 바지를 입고 다니는구나."

이 가운데 비구가 있어 욕망이 적고 만족함을 알며 두타를 행하였는데, 이러한 일을 듣고 마음이 기쁘지 않아서 세존을 향하여 자세히 말하였다. 세존께서는 이 인연으로서 비구 승가를 모으셨으며, 아시면서도 일부러 육군비구들에게 물으셨다.

"그대들이 진실로 이러한 일을 지었는가?"

대답하여 말하였다.

"진실로 지었습니다. 세존이시여."

세존께서는 여러 종류의 인연으로 꾸짖어 말씀하셨다.

"어찌 비구라고 이름하면서 진주로서 수놓은 바지를 입었는가?"

여러 종류의 인연으로 꾸짖으셨으며, 여러 비구들에게 말씀하셨다.

"지금부터 진주로 수놓은 바지를 입지 말라. 입는 자는 돌길라이니라."

세존께서는 사위국에 머무르셨다.

아기달 바라문이 옷을 가지고 와서 세존께 보시하였다. 세존께서는 아기달에게 말씀하셨다.

"이 옷을 승가에게 나눠주십시오."

이때 승가에게 나누어주었으나 여러 비구들이 이것을 받지 않고 이렇게 말을 지었다.

"우리는 세 가지의 옷을 구족하였습니다. 이 옷을 어디에 사용하겠습니까?"

이 바라문이 세존의 처소로 돌아와서 이렇게 말을 지었다.

"세존이시여. 여러 비구들이 저의 옷을 받지 않습니다."

이때 세존께서는 지니고 있던 칼을 아기달에게 주시면서 가르쳐 말씀하셨다.

"이 칼로써 한 장의 큰 천을 잘라서 가장자리를 덧대도록 한 사람에게 한 조각씩 주십시오."

세존께서는 사위국에 머무르셨다.

이때 장로 발제가 납의를 입었는데 여기저기 찢어졌다. 세존께서는 이 발제 비구를 보시고 아시면서도 일부러 물으셨다.

"그대의 납의는 무슨 까닭으로 찢어졌는가?"

대답하여 말하였다.

"제가 분소의(糞掃衣)를 입는 까닭입니다. 세존이시여. 이러한 까닭으로 찢어졌습니다."

세존께서는 발제에게 말씀하셨다.

"만약 분소의이거나, 만약 거사의 옷이더라도 좋게 할절하고 꿰매서 단정하게 하고서 별도로 덧대도록 하라."

세존께서는 자자를 마치시고 뒤에 인간세상을 유행하시며 교화하셨다.

한 비구가 있어 가죽신을 손에 들고 유행하였다. 세존께서는 이 비구를 보시고는 아시면서도 일부러 물으셨다.

"무슨 까닭으로 가죽신을 손에 들고 다니는가?"

대답하여 말하였다.

"가죽신이 썩어서 찢어졌습니다."

이때 가죽 장인을 부끄럽게 생각하여서 수선할 수 없었다. 세존께서는 말씀하셨다.

"지금부터 송곳과 칼을 저축하고 가죽을 저축하도록 허락하겠노라. 만약 꿰맬 수 있는 자는 뜻을 따라서 수선하도록 하라."

세존께서는 사위국에 머무르셨다.

그때 비구니 승가가 계를 암송하면서 정확하지 않았다. 구담미(瞿曇彌) 비구니가 세존의 처소로 갔고 이르렀으며, 머리숙여 예경하고 한쪽에 서서 세존께 아뢰어 말하였다.

"비구니 승가가 계를 암송하면서 정확하지 못합니다. 원하건대 세존께서 정확하게 암송하도록 가르쳐 주십시오."

세존께서는 말씀하셨다.

"그렇지 않습니다. 왜 그러한가? 만약 비구니가 내 말을 한 번을 듣고 능히 수지할 수 있는 자를 데려오십시오."

구담미가 주처로 돌아왔고, 여러 비구니들이 구담미에게 물었다.

"계목의 암송하는 가르침을 얻었습니까?"

대답하여 말하였다.

"아닙니다."

"무슨 까닭으로 얻지 못하셨습니까?"

"세존께서는 말씀하셨습니다. '만약 비구니가 내 말을 한 번을 듣고 능히 수지할 수 있는 자를 데려오십시오.'"

이때 수목거(修目佉) 비구니는 바라문 종족에서 출가하였고 많이 기억하는 힘이 있었으므로, 구담미에게 알려 말하였다.

"제가 능히 수지할 수 있습니다."

이때 구담미가 이 수목거 비구니를 데리고 세존의 처소로 가서 이르렀다. 이때 세존께서 2개월을 유행하시면서 중생을 교화하시고자 하셨다. 이때에 여러 천인·용·야차·건달바·아수라·가루라·긴나라·마후라가·인비인(人非人) 등이 모두 세존의 처소를 나아갔다. 이때 두 비구니가 계를 듣지 못하고 곧 주처로 되돌아갔으므로 여러 비구니들이 물었다.

"계의 암송을 배우셨습니까?"

대답하여 말하였다.

"아닙니다."

"무슨 까닭으로 얻지 못하셨습니까?"

대답하여 말하였다.

"세존께서는 2개월을 유행하시면서 중생을 교화하고자 하셨습니다. 여러 천인·용·야차·건달바·아수라·가루라·긴나라·마후라가·인비인 등이 모두 세존의 처소를 나아갔으므로 계를 듣지 못하였습니다."

이때 세존께서는 2개월의 유행을 마치시고 사위국으로 돌아오셨다. 곧 때에 구담미는 수목거 비구니를 데리고 세존의 처소에 가서 이르렀고 머리숙여 예경하고 한쪽에 서서 세존께 아뢰어 말하였다.

"세존이시여, 여러 비구니들이 계를 암송하면서 정확하지 못합니다. 원하건대 세존께서 정확하게 암송하도록 가르쳐 주십시오."

세존께서는 말씀하셨다.

"그렇지 않습니다. 왜 그러한가? 만약 비구니가 내 말을 한 번을 듣고 능히 수지할 수 있는 자를 데려오십시오."

구담미가 말하였다.

"원하건대 세존께서는 설하여 주십시오. 이 수목거 비구니가 능히 수지할 수 있습니다."

이때 세존께서는 곧 설하셨고, 수목거 비구니는 곧 때에 수지하였다. 이때 세존께서는 다시 구담미와 수목거 비구니를 위하여 여러 종류의 인연으로서 보여주셨고 가르치셨으며 이익되고 기쁘게 하셨다. 이때 세존께서는 보여주셨고 가르치셨으며 이익되고 기쁘게 하시고서 묵연하셨으며, 곧 자리에서 일어나 머리숙여 예경하고 오른쪽으로 돌면서 떠나갔다. 이때 세존께서는 구담미와 수목거 비구니가 오른쪽으로 돌면서 떠나가는 것을 보셨고 오래지 않아 이 일로써 비구 승가를 모으셨다. 승가가 모였으므로 여러 비구들에게 말씀하셨다.

"지금부터 비구가 마땅히 비구니에게 계를 암송시켜 잊어버리지 않게 하라. 왜 그러한가? 여러 여인들은 잘 잊어버리고 지혜가 산란하느니라. 내가 반니원(般泥洹)한 뒤에는 여러 비구니들은 마땅히 대비구 승가를 좇아서 계법(戒法)을 물어야 하느니라."

세존께서는 사위국에 머무르셨다.

그때 장로 아난이 대중에게 둘러싸여 설법하였다. 이때 상좌 비구가 있었는데 뒤에 왔으나, 제2의 하좌를 일어나게 하였고, 제2의 하좌는 다시 제3의 하좌를 일어나게 하였다. 이와 같이 상좌가 오는 때에 차례로 일어났던 까닭으로 대중이 산란하여 설법을 듣는 것에 방해되었고, 여러 장자가 이렇게 생각을 지으며 말하였다.

"이 가운데에는 역시 전식도 없고 후식도 없는데 어찌 차례를 이용하는가? 설법을 듣는 것이 방해되는구나."

이때 세존께서는 여러 장자들이 비구들을 꾸짖는 것을 보셨다. 세존께서는 이 일로써 비구 승가를 모으셨으며, 여러 비구들에게 말씀하셨다.

"지금부터는 설법을 들을 때에는 상좌가 오더라도 마땅히 하좌를 앉은 자리에서 일으키고 내보내지 말라. 일으키는 자는 돌길라이니라. 만약 화상이나 아사리가 왔다면 공경하는 까닭으로 스스로 일어날 수 있으나, 다른 사람은 일으킬 수 없다. 만약 다른 사람을 일으키는 자는 돌길라이니라."

세존께서는 말씀하셨다.

"지금부터 세 사람의 비구가 그 법랍이 3년의 중간이라면 함께 큰 평상에 앉을 수 있다. 또한 두 사람이 하나의 노끈 평상에 함께 앉을 수는 있으나, 세 사람은 앉을 수 없다. 독좌상에는 반드시 한 사람만 앉을 것이고, 마땅히 두 사람이 앉을 수 없느니라."

세존께서는 사위국에 머무르셨다.

한 장자가 있어 세존과 승가에게 다음날 음식을 청하였고, 세존께서는 묵연히 받아들이셨다. 세존께서 받아들이신 것을 알고서 자리에서 일어나 머리숙여 예경하고 오른쪽으로 돌면서 떠나갔으며, 집으로 돌아와서 밤새워 여러 종류의 맛있는 음식들을 준비하였다. 이때 육군비구들과 17군(十七群) 비구들은 이전부터 함께 다투었다. 이때 17군비구들이 마땅히 승방을 지키는 차례이었고, 육군비구들은 음식을 가져다가 주는 차례이었다. 때에 돌아오지 않았으며, 나무에 올라간 인연은 앞에서와 같다.

세존께서는 사위국에 머무르셨다.

두 비구가 있어 첫째는 전타(旃陀)이었고, 둘째는 소타(蘇陀)이었다. 이 두 비구는 함께 지식을 지었고, 이 두 비구가 시험삼아 다른 사람의 옷을 바꿔 입었던 것은 선송(善誦)의 가운데에서 말한 것과 같다.

세존께서는 사위국에 머무르셨다.

한 명의 돼지를 방목하는 사람이 돼지를 잃어버렸는데, 폐악(弊惡)한 사람들이 기원(祇洹) 도랑의 주변에서 돼지를 죽이고 고기를 나누어서 각자 가지고 떠나갔다. 이때 여러 비구들이 오전에 옷을 입고 발우를 지니고서 사위성에 들어가 걸식하면서 땅의 돼지 내장을 보고서 각자 서로에게 의논하여 말하였다.

"그대는 이것을 취하여 삶으십시오. 나는 성에 들어가서 걸식하겠습니다."

삶는 자도 있었고, 걸식하는 자도 있었다. 이때 돼지를 잃어버린 사람들이 기환에 들어와서 돼지를 구하면서 연기가 일어나는 것을 보고서 비구 곁에서 물어 말하였다.

"대덕이시여. 이곳에서 무엇을 짓습니까?"

대답하여 말하였다.

"돼지의 내장을 삶고 있습니다."

이 사람들이 말하였다.

"우리들은 지금 돼지를 잃어버렸습니다. 그대들이 그 내장을 삶고 있는 것을 보니 반드시 나의 돼지를 죽였습니다."

대답하여 말하였다.

"죽이지 않았습니다."

물어 말하였다.

"어느 곳에서 얻었습니까?"

대답하여 말하였다.

"도랑의 주변에서 주웠습니다."

함께 서로가 의논하여 말하였다.

"이 비구가 기꺼이 사실을 말하지 않습니다. 관청으로 데려가서 재판합시다."

곧 재판관에게 데려갔다. 이때 재판관이 말하였다.

"대덕들께서 돼지를 죽였습니까?"

대답하여 말하였다.

"죽이지 않았습니다. 우리는 기원의 도랑의 주변에서 이 내장을 주웠습니다."

이때 재판관은 불법의 신심이 많았고, 능히 바르게 판결할 수 있었으므로 이렇게 말을 지었다.

"비구들께서는 분명히 돼지를 죽이지 않았습니다. 여러 비구들께서는 가시고, 지금부터는 노지에서 돼지의 내장을 취하지 마십시오."

이 비구가 여러 비구들을 향하여 말하였고, 여러 비구들은 이 일로써 세존께 자세히 말하였다. 세존께서는 말씀하셨다.

"지금부터는 노지에서 돼지의 내장을 취하지 말라. 취하는 자는 돌길라이니라. 아울러 원림의 가운데의 사탕수수나 다라나무의 열매도 역시 같다."

그때 한 사람이 있었고 친족이 죽었다. 이 사람은 곧 백첩(白㲲)으로 죽은 사람을 감싸서 버렸다. 아난이 길을 따라 다니면서 이 죽은 사람의 위에 백첩이 있는 것을 보고는 줍고자 하였다. 이때 죽은 사람이 어깨를 움직이며 말하였다.

"나의 모직을 취하지 마십시오."

아난은 곧 그 모직을 버려두고 떠나갔고, 기환의 가운데에 이르러 여러 비구들에게 말하였다.

"내가 오는 도중에 다니면서 죽은 사람 위에 하얀 모직이 있는 것을 보았습니다."

이때 한 비구가 있어 흑아난(黑阿難)이라고 이름하였고, 신체가 건장하였는데, 물었다.

"죽은 사람이 어느 곳에 있습니까?"

아난이 말하였다.

"어느 곳에 있습니다."

이 비구가 곧 이르러 죽은 사람 위에 있는 백첩을 취하고자 하였다. 죽은 사람이 어깨를 들썩이며 말하였다.

"장로 흑아난이여. 나의 백첩을 취하지 마십시오."

이때 흑아난이 이 죽은 사람에게 침을 뱉으며 이렇게 말을 지었다.

"아귀(餓鬼)여. 그대는 어느 곳에서 왔고 이 옷을 탐착(貪着)하는가? 그대가 전생에도 간탐하였던 까닭으로 아귀의 가운데에 떨어졌느니라."

흑아난은 곧 옷을 짊어지고 떠나갔다. 귀신은 뒤에 울면서 따라왔으나 흑아난은 백첩을 가지고 기원으로 들어갔다. 이때 기원정사의 문을 지키는 대력(大力)의 선신(善神)이 이곳에 귀신이 들어오는 것을 허락하지 않고 곧 도랑으로 밀어서 떨어트렸다. 이때 흑아난은 백첩으로서 여러 비구들에게 보여주면서 이와 같이 말하였다.

"내가 그 죽은 사람 곁에서 이 백첩을 취하여 왔습니다."

여러 비구들이 물었다.

"죽은 사람은 지금 어느 곳에 있습니까?"

대답하여 말하였다.

"지금 기원의 도랑에 떨어졌습니다."

여러 비구들이 어떻게 해야 하는가를 알지 못하였으므로, 이 일을 세존께 아뢰었다. 세존께서는 말씀하셨다.

"지금부터는 시체가 썩지 않았다면 그 물건을 취하지 말라. 취하는 자는 투란차이니라."

그때 육군비구들이 바늘로 시신을 찔러서 썩게 하고서 옷을 취하였다.

사람이 있어 보았으므로 꾸짖어 말하였다.

"사문 석자는 선량하고 덕이 있다고 스스로가 말하면서, 어찌하여 전타라(旃陀羅)와 같이 바늘로서 시신을 훼손하고 옷을 취하는가?"

이 가운데에서 비구가 있어 욕망이 적고 만족함을 알며 두타를 행하였는데, 이러한 일을 듣고 마음이 기쁘지 않아서 이 일로써 세존께 아뢰었다. 세존께서는 말씀하셨다.

"지금부터 바늘로서 시신을 훼손하지 말라. 훼손하는 자는 돌길라이니라."

그때 세존께서는 흑아난에게 말씀하셨다.

"시신을 본래의 자리로 돌려보내도록 하고, 백첩으로서 다시 덮어주도록 하라. 마땅히 아귀의 뒤에서 갈 것이고, 앞에서 걸어서는 아니되며, 마땅히 왼쪽의 옆에 있을 것이고, 오른쪽의 옆에 있으면 아니되며, 마땅히 머리로 다가가고 발로 다가가지 말라. 그 아귀에게 붙잡히지 않도록 하라."

세존께서는 사위국에 머무르셨다.

사람이 있어 비구니 승가에게 나무통을 보시하였으나 여러 비구니들이 어느 곳에 사용하는가를 알지 못하여 받지 않았다. 이 일을 세존께 아뢰었고, 세존께서는 말씀하셨다.

"마땅히 취하여 조두(澡豆)를 담는 것에 사용하라."

세존께서는 사위국에 머무르셨다.

비구니가 있어 주나난제(周那難提)라고 이름하였는데, 얼굴과 모습이 단정하고 안색이 깨끗하였다. 굵은 허리띠로 묶었고 아울러 양쪽을 접고서 니원승을 입어서 사타구니를 크게 하였고 허리는 가늘게 하였다. 상인이 있었는데 보고서 여러 동료에게 말하였다.

"이 비구니의 사타구니를 보십시오."

이 비구니가 듣고서 마음이 기쁘지 않아서 이 일로써 세존께 아뢰었다.

세존께서는 여러 비구들에게 말씀하셨다.

"지금부터 비구니는 아울러 양쪽의 사타구니를 접어 올리고 위에 니원승을 입지 말라. 범하는 자는 돌길라이니라."

세존께서는 사위국에 머무르셨다.

한 비구가 있어 속옷을 입지 않고서 새롭게 그린 벽화에 기대었으므로 채색이 벗겨졌다. 이 일을 세존께 아뢰었고, 세존께서는 말씀하셨다.

"지금부터 비구가 속옷을 입지 않고서 그림 그려진 벽에 기댄다면 돌길라이니라."

세존께서는 사위국에 머무르셨다.

여러 비구들이 기원(祇洹)의 여러 곳에 불을 피워서 대장간과 같았다. 여러 금강신이 모두 성내면서 꾸짖어 말하였다.

"어찌 비구라고 이름하면서 땅을 더럽히는가?"

여러 비구들이 어떻게 해야 하는가를 알지 못하였으므로, 이 일을 세존께 아뢰었다. 세존께서는 말씀하셨다.

"지금부터 여러 곳에 불을 피우지 말라. 범하는 자는 돌길라이니라. 마땅히 한 곳에서 불을 피워야 하느니라."

세존께서는 사위국에 머무르셨다.

여러 비구들이 기원의 가운데에서 여러 곳에서 목욕하면서 조두를 하였고 진흙을 사용하였으므로 습기와 열기를 까닭으로 벌레가 생겨났다. 여러 금강신이 모두 성내면서 꾸짖어 말하였다.

"어찌 비구라고 이름하면서 땅을 더럽히는가?"

여러 비구들이 어떻게 해야 하는가를 알지 못하였으므로, 이 일을 세존께 아뢰었다. 세존께서는 말씀하셨다.

"지금부터 여러 곳에서 목욕하여서는 아니된다. 마땅히 한 곳에 물길을 만들고서 목욕해야 하느니라."

세존께서는 석가국(釋迦國)에 머무르셨다.

석마하남(釋摩訶男)이 세존과 승가에게 내일에 공양을 청하였다. 세존께서는 묵연히 받아들이셨고, 세존께서 받아들이신 것을 알고 머리숙여 예경하고 오른쪽으로 돌면서 떠나갔다. 집에 이르러 밤새워 여러 종류의 맛있는 음식을 준비하였고, 이른 아침에 앉을 자리를 펼쳐놓고서 세존의 처소에 이르러 아뢰어 말하였다.

"때에 이르렀습니다. 세존께서는 스스로가 때인 것을 아십시오."

세존과 여러 비구 승가는 그의 집에 들어가셨는데 이 공양에는 고기가 있었다. 세존과 승가는 차례로 앉았고 석마하남이 스스로가 밥을 돌렸고 고기를 주었다. 이때 육군비구들은 개를 길렀는데, 빠르게 먹고서 뼈를 발우에 가득하게 담아서 앞에 놓고서 눈을 치켜뜨고 멀리 바라보았다. 이때 석마하남이 승가에서 누가 공양을 받았고 누가 받지 못하였으며 누가 거듭 받았는가 싶어 돌아다니면서 살펴보았다. 발우 속에 뼈가 가득하게 담겨있는 것을 보고서 여러 비구들에게 말하였다.

"대덕이시여. 이 발우는 항하사 제불들의 표치(標幟)[2]입니다. 무슨 까닭으로 발우를 이렇게 가볍게 생각하십니까? 그대들이 스스로가 발우를 가볍게 생각하는 것을 나도 역시 걱정하지는 않습니다. 다만 그대들이 뒤에 이러한 부정한 발우를 가지고 나의 공양을 받는 것이 두렵습니다."

---

2) 표지로 세우는 깃발을 가리킨다.

이때 세존께서는 석마하남이 꾸짖는 것을 보셨다. 이때 세존께서는 육군비구들을 꾸짖으셨다.

"어찌 발우로서 부정한 물건을 담는가? 지금부터 발우에 부정한 물건을 담지 말라. 담는 자는 돌길라이니라."

세존께서는 왕사성에 머무르셨다.

그때 육군비구들이 발로 발우를 받치고 음식을 받았다. 이 일을 세존께 아뢰었고, 세존께서는 말씀하셨다.

"지금부터 발로 발우를 받치고 음식을 받지 말라. 범하는 자는 돌길라이니라."

그때 육군비구들이 가죽신의 신발코로서 발우를 받치고 음식을 받았다. 이 일을 세존께 아뢰었고, 세존께서는 말씀하셨다.

"지금부터 가죽신의 신발코로서 발우를 받치고 음식을 받지 말라. 범하는 자는 돌길라이니라."

세존께서는 왕사성에 머무르셨다.

육군비구들이 발우가 없는 사람에게 구족계를 주었다. 이때 육군비구들은 십칠군비구들과 함께 잘 다투었다. 그때 육군비구들이 승방을 지키는 차례이었고 십칠군비구들이 음식을 가져다가 주는 차례이었다. 이때 십칠군비구들이 승방을 지키는 비구에게 발우를 찾고자 왔으므로 물었다.

"무엇을 짓고자 합니까?"

대답하여 말하였다.

"그대의 음식을 청하여 주고자 합니다."

그 비구가 말하였다.

"발우가 없습니다."

물어 말하였다.

"그대는 발우도 없이 출가하였습니까?"

대답하여 말하였다.

"그렇습니다."

이때 십칠군비구들이 이렇게 말을 지었다.

"그대는 발우도 없으나 곧 구족계를 받았으므로 큰 지혜의 대덕인 사람이구려."

이 비구가 이러한 말을 듣고 마음이 즐겁지 않아서 이 일로써 세존께 말하였다. 세존께서는 말씀하셨다.

"지금부터 발우가 없는 사람을 출가시켜 구족계를 주지 말라. 만약 주었다면 돌길라이니라."

세존께서는 왕사성에 머무르셨다.

그때 발난타 석자가 한 도둑의 두목을 제도하여 출가시켜서 비구로 지었다. 뒤에 왕사성에 들어가서 걸식하였는데, 이르렀던 집의 여러 부녀자들이 이 비구가 오는 것을 보고 곧 옷과 물건들을 감추면서 이렇게 말을 지었다.

"이 사람은 거짓으로 걸식하는 것이다. 우리의 옷과 물건을 본다면 반드시 와서 취하고자 할 것이다."

이 비구는 이러한 말을 듣고서 즐겁지 않아서 여러 비구를 향하여 말하였고, 여러 비구들은 이 일로써 세존을 향하여 자세히 말하였다. 세존께서는 이 일로써 비구 승가를 모으셨으며, 아시면서도 일부러 발난타에게 물으셨다.

"그대들이 진실로 이러한 일을 지었는가?"

대답하여 말하였다.

"진실로 지었습니다. 세존이시여."

세존께서는 여러 종류의 인연으로 꾸짖어 말씀하셨다.

"어찌 비구라고 이름하면서 도둑의 두목을 제도하여 출가시켰는가?"

여러 종류의 인연으로 꾸짖으셨으며, 여러 비구들에게 말씀하셨다.

"지금부터 도둑의 두목을 제도하여 출가시키지 말라. 만약 제도하였다면 돌길라이니라. 만약 인연이 있어 제도하고자 하였다면 제도하고서 마땅히 본래 있던 곳에서 5·6유순이 떨어진 곳으로 보내야 한다. 만약 선하고 덕이 있다고 알려졌다면 다시 데려오도록 하라."

세존께서는 사위국에 머무르셨다.

그때 세상은 기아(飢餓)여서 음식이 부족하였다. 한 비구가 있었는데 법랍이 5년이 되지 않아서 마땅히 의지를 받아야 하였으나, 친족의 집으로 갔고 4·5일을 머물고서 떠나고자 하였으므로 친족이 물어 말하였다.

"무슨 까닭으로 떠나십니까?"

대답하여 말하였다.

"나는 반드시 의지가 필요한 까닭입니다."

친족이 말하였다.

"대덕이여. 지금은 기아의 세상이므로 혹은 마땅히 굶어죽을 수도 있습니다. 의지가 무슨 소용이 있습니까?"

여러 비구들이 어떻게 해야 하는가를 알지 못하였으므로, 이 일을 세존께 아뢰었다. 세존께서는 말씀하셨다.

"지금부터 기아의 때에는 매일같이 그 화상을 볼 수 있다면 처소에 머무르는 것을 허락하겠노라. 매일같이 오는 것이 옳으나, 만약 매일 돌아오지 못한다면 5일에 돌아와야 하고, 만약 5일에 돌아오지 못한다면 포살하는 때에 마땅히 돌아와야 하느니라. 만약 포살하는 때에도 돌아오지 못한다면, 나아가 2유순 절반까지는 자자하는 때에 이르면 마땅히 돌아와서 화상을 보아야 하느니라."

세존께서는 사위국에 머무르셨다.

교살라국 변두리에 취락이 있었다. 그때 파사닉왕이 이 변두리의 취락에도 세금을 거두었으므로 그 변두리의 취락에 살던 사람들이 모두 버리고 떠나갔고, 그곳의 주처에 머물던 비구들도 옷과 음식을 얻을 수 없었던 까닭으로 방사를 버리고 떠나갔다. 왕이 뒤에 교지가 있었고 다시 세금을 강제로 걷지 않았으므로, 여러 사람들이 듣고서 다시 본래 살던 곳으로 돌아왔으나 여러 비구들은 돌아오지 않았다. 이때 여러 외도들이 교살라국에서 사위국으로 향하면서 이 승방을 지나가면서 들어왔다. 이 승방이 청정하게 장엄되었고 가마솥·옹기·대야 물건·좌구·와구가 승방 안에 가득한 것을 보고 여러 거사에게 말하였다.

"그대들의 이 승방이 비었으니, 우리가 이곳에 머물도록 허락한다면 좋겠습니다."

대답하여 말하였다.

"뜻을 따르십시오."

여러 외도들은 곧 머물렀다. 여러 비구들이 있었고 교살라국에서 사위국으로 향하여 유행하면서 이 승방에 이르렀으며, 나아가 이 방사의 안이 청정하게 장엄되었고 가마솥·옹기·대야 물건·좌구·와구가 승방 안에 가득한 것을 보았다. 여러 비구들은 함께 서로가 의논하여 말하였다.

"이 나형외도(倮形外道)는 본래 논밭·집·민가(民戶)가 없다. 무슨 이유로 이와 같은 공양물을 능히 준비할 수 있겠는가? 반드시 이곳은 이전에 비구들의 주처이었다."

여러 비구들이 말하였다.

"그대들은 떠나시오."

대답하여 말하였다.

"무슨 까닭으로 떠나야 하오?"

말하였다.

"이곳은 이전에 우리들의 주처이오."

외도들이 대답하여 말하였다.

"대덕이여. 이곳을 그대들에게 얻지 않았고, 그대들이 역시 우리를 이곳에 머물게 한 것도 아니오. 우리는 이곳을 거사들의 곁에게 얻었으므로, 거사들이 우리를 보내겠다면 마땅히 떠나겠소."

여러 비구들이 거사에게 말하였다.

"이곳은 본래 우리 사문들의 주처입니다. 우리가 이곳에 머물도록 돌려주시면 좋겠습니다."

여러 거사들이 비구들에게 물었다.

"이 승방에서 버린 것이 몇 년입니까?"

대답하여 말하였다.

"10년입니다."

여러 거사들이 외도들에게 물었다.

"그대들이 이곳에 머무른 것이 몇 년입니까?"

대답하여 말하였다.

"10년이 되었습니다."

여러 거사들이 이렇게 말을 지었다.

"이것을 얻을 수 없습니다. 왜 그러한가? 비구들이 이곳을 버리고 떠나간 것이 10년이 지났고, 외도들이 와서 머문 것도 10년이 지났습니다. 떠나보낼 수 없습니다."

여러 비구들이 묵연하였으나, 이 일로써 왕에게 아뢰었다. 왕이 말하였다.

"누가 10년을 버리고 떠나갔고, 10년을 머물렀다고 보낼 수 없다고 말을 하는가?"

이때 왕은 곧 사람들을 보내었고 주먹으로 외도들을 때려서 이빨을 부러트리고 쫓아버렸다. 여러 비구들이 어떻게 해야 하는가를 알지 못하였으므로, 이 일을 세존께 아뢰었다. 세존께서는 말씀하셨다.

"지금부터 두 사찰이 가까이 있다면 마땅히 함께 한 곳에서 보시를 받으며 두 처소에서 포살하는 갈마를 짓도록 하고, 이와 같이 짓도록 하라. 짓는 법은 일심으로 승가가 화합하였다면 한 비구가 창언하라.

'대덕 승가께서는 허락하십시오. 이 어느 주처와 어느 주처에서는 마땅히 한 곳에서 보시를 받고 두 처소에서 포살하겠습니다. 만약 승가께서 때에 이르셨다면 승가께서는 인정하고 허락하십시오. 어느 주처와 어느 주처에서는 마땅히 한 곳에서 보시를 받고 두 처소에서 포살하겠습니다. 이와 같이 아룁니다.'

'대덕 승가께서는 허락하십시오. 누구 여러 장로께서 어느 주처와 어느 주처에서는 마땅히 한 곳에서 보시를 받고 두 처소에서 포살하는 것을 인정하신다면 묵연하시고, 허락하시지 않는다면 말씀하십시오. 승가시여. 어느 주처와 어느 주처는 마땅히 한 곳에서 보시를 받고 두 처소에서 포살하는 것을 지어서 마쳤습니다. 승가께서 인정하셨던 것은 묵연하였던 까닭입니다. 이 일은 이와 같이 지니겠습니다.'

이 두 주처 가운데 혹 한곳이 비었다면, 그곳에서 소유하였던 의복·요·와구 등의 여러 물건들을 마땅히 한곳으로 모아놓고서 뒤에 승가가 왔다면 곧 다시 나누어 취하도록 하라."

세존께서는 왕사성에 머무르셨다.

그때 육군비구들이 머리에 물건을 얹거나, 혹은 허리에 물건을 차고 다녔다. 여러 비구들이 이 일을 세존께 아뢰었고, 세존께서는 말씀하셨다.

"지금부터 머리에 물건을 얹거나, 허리에 물건을 차고 다니지 말라. 범하는 자는 돌길라이니라."

세존께서는 왕사성에 머무르셨다.

그때 발난타 석자가 왕의 군대를 거느리던 장수를 제도하여 출가시켰다. 그때 주변 나라에서 반란이 일어났다. 이때 왕이 그 장수를 검교(撿挍)하고자 하였으나, 누구 사람이 대답하여 말하였다.

"출가하였습니다."

"어느 곳으로 출가하였는가?"

대답하여 말하였다.

"석자 사문입니다."

왕이 성내면서 말하였다.

"이 비구가 반드시 나의 여러 장수를 출가시키겠구나."

이 가운데에 비구가 있어 욕망이 적고 만족함을 알며 두타를 행하였는데, 이러한 일을 듣고 즐겁지 않아서 이 일을 세존께 아뢰었다. 세존께서는 이 일로써 비구 승가를 모으셨으며, 아시면서도 일부러 발난타에게 물으셨다.

"그대가 진실로 이러한 일을 지었는가?"

대답하여 말하였다.

"진실로 지었습니다. 세존이시여."

세존께서는 여러 종류의 인연으로 꾸짖어 말씀하셨다.

"어찌 비구라고 이름하면서 갑자기 왕이 아끼는 장수를 제도하였는가?"

세존께서는 말씀하셨다.

"지금부터 왕이 아끼는 장수를 제도하지 말라. 범하는 자는 돌길라이니라."

세존께서는 사위국에 머무르셨다.

발난타 석자가 한 상인의 아이와 함께 다투었는데 상인의 아이가 성내면서 그만 주먹으로서 발난타를 때렸다. 이때 발난타는 재판관에게 가서 말하였다.

"이 상인의 아이가 나를 때렸습니다."

물었다.

"무슨 까닭으로써 다투셨습니까?"

곧 앞의 일을 대답하였다. 이때 재판관은 상인의 아이를 불렀고, 왔으므로 물었다.

"이 비구를 때렸는가?"

대답하여 말하였다.

"진실로 때렸습니다."

이때 재판관이 곧 법의 제도를 물었다.

"비구를 때리면 무슨 죄를 얻습니까?"

대답하여 말하였다.

"법의 제도에 의지합니다. 어떤 몸으로 때렸는가에 따라서 그 부위를 잘라야 합니다."

곧 상인의 아이에게 물었다.

"몸의 어떤 부위로 때렸는가?"

대답하여 말하였다.

"오른손입니다."

이때 재판관은 그 사람의 오른손을 잘랐다. 이때 성 안의 사람들이 사문 석자가 손을 자르라고 말한 것을 듣고서 한 사람이 두 사람에게 말하였고, 두 사람이 세 사람에게 말하였으며, 이와 같은 악한 소문이 사위성 안에 두루 유포되었다. 이 가운데에 비구가 있어 욕망이 적고 만족함을 알며 두타를 행하였는데, 이러한 일을 듣고 즐겁지 않아서 이 일을 세존을 향하여 자세히 말하였다. 세존께서는 이 일로써 비구 승가를 모으셨으며, 아시면서도 일부러 발난타에게 물으셨다.

"그대가 진실로 이러한 일을 지었는가?"

대답하여 말하였다.

"진실로 지었습니다. 세존이시여."

세존께서는 여러 종류의 인연으로 꾸짖어 말씀하셨다.

"어찌 비구라고 이름하면서 사람의 손을 자르라고 말하였는가?"

세존께서는 말씀하셨다.

"지금부터 사람의 손을 자르라고 말하지 말라. 범하는 자는 투란차이니라."

세존께서는 사위국에 머무르셨다.

한 외도가 있었고 신심이 있어 즐거운 마음으로 출가하고자 하였으므로 여러 비구들에게 가서 말하였다.

"나는 출가하고자 합니다. 출가의 법 가운데에는 무슨 힘든 일이 있습니까?"

비구들이 대답하여 말하였다.

"네 가지의 의지할 법(四依法)이 있습니다. 그 첫째는 분소의를 의지해야 출가하여 구족계를 받을 수 있습니다."

대답하여 말하였다.

“나는 죽은 사람의 피폐한 옷은 입지 못하겠습니다.”

물어 말하였다.

“이것을 제외하고 무슨 힘든 일이 있습니까?”

비구가 말하였다.

“항상 걸식에 의지해야 출가하여 구족계를 받을 수 있습니다.”

대답하여 말하였다.

“나는 걸식을 법도로 삼겠습니다. 다시 무슨 힘든 일이 있습니까?”

대답하여 말하였다.

“나무 아래에 머물면서 의지해야 출가하여 구족계를 받을 수 있습니다.”

대답하여 말하였다.

“나는 나무 아래를 의지하여 머무르는 것을 법도로 삼겠습니다. 다시 무슨 힘든 일이 있습니까?”

대답하여 말하였다.

“진기약(塵棄藥)을 의지해야 출가하여 구족계를 받을 수가 있습니다.”

대답하여 말하였다.

“나는 능히 이러한 약을 복용하지 못하겠습니다.”

이러한 일들을 듣고서 출가하여 구족계를 받는 것을 즐거워하지 않았다. 여러 비구들이 어떻게 해야 하는가를 알지 못하였으므로, 이 일을 세존께 아뢰었다. 세존께서는 말씀하셨다.

“마땅히 먼저 네 가지의 의지법을 말하지 말라. 마땅히 먼저 구족계를 주어 마치고서 나아가 네 가지의 의지법을 말해야 하느니라.”

세존께서는 사위국에 머무르셨다.

비구가 있어 옷과 발우를 잃어버렸다. 한 지식인 비구가 있었고 다른 곳에서 그 옷과 발우를 발견하였고, 곧 이 옷을 잡고서 말하였다.

“이것은 누구의 옷과 발우입니다. 지금 그대의 손 가운데에서 얻었구려.”

그가 말하였다.

"내가 사서 얻었습니다."

물어 말하였다.

"사는 때에 누가 보았습니까?"

여러 비구들이 어떻게 해야 하는가를 알지 못하였으므로, 이 일을 세존께 아뢰었다. 세존께서는 말씀하셨다.

"사서 가졌다면 훔친 것은 아니다. 만약 훔쳐서 취하였다면 도둑이니라."

세존께서는 여러 비구들에게 말씀하셨다.

"이 옷을 기회를 이용하여 샀고 실제로 사서 얻었다면, 마땅히 본래의 값을 돌려주고서 취하라."

세존께서는 사위국에 머무르셨다.

이때 여러 비구들이 2개월을 유행하였다. 이때 육군비구에 지식인 비구가 있었고 옷으로써 육군비구에게 맡기고서 떠나갔던 것은 앞에서 설명한 것과 같다.

세존께서는 왕사성에 머무르셨다.

그때 5비구가 있어 세존께 물었다.

"무슨 물건을 이용하여 옷을 물들여야 합니까?"

세존께서는 말씀하셨다.

"마땅히 뿌리로서 물들이거나, 줄기로서 물들이거나, 잎으로서 물들이거나, 꽃으로서 물들이거나, 열매로서 물들이거나, 새로 태어난 송아지의 똥으로서 물들여야 하느니라."

세존께서는 아라비국에 머무르셨다.

새롭게 승가람을 지었는데, 여러 비구들이 경행할 곳이 없었다. 이 일을 세존께 아뢰었고, 세존께서는 말씀하셨다.

"마땅히 경행하는 곳을 짓도록 하라."

그곳의 땅이 뜨거워서 경행할 때에 땀이 흘렀다. 세존께서는 말씀하셨다.

"마땅히 경행하는 곳에 나무를 심도록 하라." [20법의 가운데에서 상편을 마친다.]

두 번째의 20법 중(中)

세존께서 처음으로 아뇩다라삼먁삼보리를 이루셨던 때이었다.

상인이 소유죽(酥乳糜)을 보시하였고, 세존께서는 드시고서 배탈이 일어났다. 이때 석제환인(釋提桓因)이 세존께서 배탈을 앓으시는 것을 보았다. 염부수(閻浮樹)를 인연한 까닭으로 염부제라고 이름하였는데, 이 나무에서 멀지 않은 곳에 하리륵(訶梨勒) 숲이 있었다. 이때 석제환인이 좋은 하리륵을 취하여 가져왔고 세존께 받들어 올리며 이렇게 말을 지었다.

"세존이시여. 염부나무에서 멀지 않은 곳으로 가시면 하리륵 숲이 있고, 제가 색깔이 좋은 하리륵 열매를 취하여 가져왔으니, 원하건대 세존께서는 받아서 드십시오. 배탈이 없어져서 걸으시면서 나아가실 수 있습니다."

세존께서는 묵연히 받아들이셨고 이때 석제환인은 세존께서 받아들이신 것을 알고서 머리숙여 예배하고 오른쪽으로 돌면서 떠나갔다. 제석천이 떠나고 오래지 않아서 세존께서는 곧 이 하리륵 열매를 드셨고 배탈은 곧 나았다. 씨로서 땅에 던졌는데 곧 하리륵 나무가 생겨났고 자라서 하리륵이 생겨났으며, 노랗게 익어서 땅에 가득 떨어졌다. 세존께서는 이것을 보시고 아시면서도 일부러 아난에게 물으셨다.

"여러 비구들은 무슨 까닭으로 이 하리륵 열매를 먹지 않는가?"

아난이 말하였다.

"세존께서 제정하시어 묵은 음식을 받아서 먹지 못하게 하신 까닭입니다."

세존께서는 말씀하셨다.

"먼저 받은 하리륵이 이미 없어졌다면 지금 이것을 먹더라도 죄가 없느니라."

세존께서는 사위국에 머무르셨다.

여러 비구들이 옷과 물건을 담는 물건이 없었다. 세존께서는 말씀하셨다.

"마땅히 상자를 짓도록 하라."

그 나라가 더웠던 까닭으로 벌레가 생겨났다. 세존께서는 말씀하셨다.

"마땅히 청목향(靑木香)이거나, 나비라초(那毘羅草)의 뿌리를 옷상자 속에 넣어두도록 하라. 향기를 까닭으로 벌레가 생겨나지 않으리라."

세존께서는 사위국에 머무르셨다.

급고독 거사가 대중 승가에게 요를 보시하였는데 여러 비구들이 받지 않았다.

"세존께서는 우리들이 요를 받는 것을 허락하시지 않았습니다."

이 일을 세존께 아뢰었고, 세존께서는 말씀하셨다.

"승가가 얻었다면 받을 수도 있고, 한 사람이 얻었어도 역시 받을 수 있느니라."

세존께서는 왕사성에 머무르셨다.

그때 육군비구들이 유루두(留縷頭) 옷·결루두(結縷頭) 옷·교결루두(交結縷頭) 옷·쇄루두(刷縷頭) 옷을 입었는데, 작정하지 않은 옷이었다. 이 일을 세존께 아뢰었고, 세존께서는 말씀하셨다.

"유루두 옷·결루두 옷·교결루두 옷·쇄루두 옷을 입지 말라. 입는 자는 돌길라이니라. 만약 작정하지 않은 옷을 입는다면 바일제이니라."

세존께서는 사위국에 머무르셨다.

그때 여러 비구들이 작정하지 않아서 승가와 거사들의 유루두 옷·결루두 옷·교결루두 옷·쇄루두 옷을 입지 않았다. 이 일을 세존께 아뢰었고, 세존께서는 말씀하셨다.

"만약 승가와 거사들의 유루두 옷·결루두 옷·교결루두 옷·쇄루두 옷을 작정하지 않은 것이 있더라도 옷을 얻었다면 입도록 하라."

세존께서는 사위국에 머무르셨다.

아라한이 있어 반열반하였는데, 여러 비구들이 마음에서 생각하였다.

'마땅히 세존께서 말씀하신 것과 같이 몸속에 8만의 벌레가 있다. 만약 몸을 태운다면 마땅히 이 벌레를 죽이는 것이다.'

여러 비구들이 어떻게 해야 하는가를 알지 못하였으므로, 이 일을 세존께 아뢰었다. 세존께서는 말씀하셨다.

"사람이 죽을 때에 여러 벌레도 죽느니라."

여러 비구들이 마음에서 생각하였다.

'세존께서 우리들이 아라한의 몸을 태우도록 허락하신다면 좋겠구나.'

이 일을 세존께 아뢰었고, 세존께서는 말씀하셨다.

"아라한의 몸을 태우도록 허락하겠노라."

여러 비구들이 마음에서 생각하였다.

'세존께서 우리들이 아라한의 탑을 세워주도록 허락하신다면 좋겠구나.'

이 일을 세존께 아뢰었고, 세존께서는 말씀하셨다.

"아라한의 탑을 세우는 것을 허락하겠노라."

여러 비구들이 마음에서 생각하였다.

'세존께서 우리들이 탑에 공양하도록 허락하신다면 좋겠구나.'

이 일을 세존께 아뢰었고, 세존께서는 말씀하셨다.

"아라한의 탑에 공양하는 것을 허락하겠노라."

세존께서는 사위국에 머무르셨다.

장로 가전연(迦旃延)에게 한 상인인 제자가 있었고, 바다에 있다가 돌아와 조개로 지은 음식을 가전연에게 보시하였다. 가전연은 받지 않았다.

"세존께서는 내가 조개로 지은 음식을 받는 것을 허락하시지 않으셨네."

이 일을 세존께 아뢰었고, 세존께서는 말씀하셨다.

"받도록 하게."

세존께서는 사위국에 머무르셨다.

한 병든 비구가 있었고 간병인에게 말하였다.

"그대가 나를 능히 잘 보살피고 나를 애념(愛念)하였으니 내가 만약 목숨을 마친다면 소유한 물건을 모두 마땅히 그대에게 주겠네."

말을 마치고 목숨을 마쳤으므로, 건치를 두드려서 승가를 모았다. 승가가 간병인에게 말하였다.

"죽은 비구가 소유했던 물건을 모두 가지고 오십시오. 현전승가가 마땅히 나누겠습니다."

간병인이 말하였다.

"승가의 물건이 아닙니다. 왜 그러한가? 내가 그 병자를 돌보았는데, 병자가 나에게 말하였습니다. '그대가 나를 능히 잘 보살피고 나를 애념(愛念)하였으니 내가 만약 목숨을 마친다면 소유한 물건을 모두 마땅히 그대에게 주겠네.' 이러한 일의 까닭으로 승가의 물건이 아닙니다."

여러 비구들이 어떻게 해야 하는가를 알지 못하였으므로, 이 일을 세존께 아뢰었다. 세존께서는 말씀하셨다.

"이와 같이 죽는 일은 없었으니, 마땅히 법답게 주도록 하라. 만약 비구가 목숨을 마쳤다면 남겨진 물건들은 현전승가가 나누어야 하느니라."

세존께서는 사위국에 머무르셨다.

비구가 있어 한 비구에게 청정하게 보시하고서 물건의 주인이 목숨을 마쳤다. 곧 건치를 두드려서 승가를 모았으며, 승가는 사람을 보내어 죽은 비구의 옷과 물건을 취하고자 왔던 때에 청정하게 보시를 받은 비구가 대답하여 말하였다.

"이것은 승가의 물건이 아닙니다. 왜 그러한가? 죽은 비구가 먼저 나에게 청정하게 보시하였습니다."

여러 비구들이 어떻게 해야 하는가를 알지 못하였으므로, 이 일을 세존께 아뢰었다. 세존께서는 말씀하셨다.

"이것은 청정을 위한 까닭으로 보시하는 것이다. 그가 목숨을 마쳤다면 현전승가가 마땅히 나누어야 하느니라."

세존께서는 사위국에 머무르셨다.

비구가 있어 한 비구에게 청정하게 보시하였는데 보시를 받은 비구가 죽었다. 이때 건치를 두드려서 승가를 모았으며, 그 비구가 스스로 옷을 가지고 와서 승가에게 주면서 이렇게 말을 지었다.

"이것은 승가의 물건입니다."

승가가 물었다.

"무슨 까닭입니까?"

대답하여 말하였다.

"내가 이전에 죽은 비구에게 청정하게 보시하였습니다."

여러 비구들이 어떻게 해야 하는가를 알지 못하였으므로, 이 일을 세존께 아뢰었다. 세존께서는 말씀하셨다.

"만약 그 청정하게 보시를 받은 비구가 죽었다면 다시 마땅히 다른 사람에게 청정하게 보시해야 하느니라."

세존께서는 사위국에 머무르셨다.

비구가 있어 한 비구에게 청정하게 보시하였는데 보시를 받은 비구가 계율을 범하였다. 여러 비구들이 어떻게 해야 하는가를 알지 못하였으므로, 이 일을 세존께 아뢰었다. 세존께서는 말씀하셨다.

"만약 계율을 어겼다면 다시 다른 사람에게 청정하게 보시해야 하느니라."

세존께서는 사위국에 머무르셨다.

비구가 있어 함께 공행제자에게 청정하게 보시하였는데, 제자가 여법하지 않은 일을 하였으므로 스승이 꾸짖어 말하였다.

“나의 곁에 머물지 말라.”

이 제자는 육군비구들의 곁에 이르러 머물렀다. 제자는 이전에는 참회하고자 하였으나, 육군비구와 가까웠던 까닭으로 참회하는 마음이 없었다. 스승이 가서 제자에게 말하였다.

“그대는 어찌 나에게 그 허물을 참회하지 않는가?”

제자가 말하였다.

“할 수 없습니다.”

스승이 말하였다.

“나는 이전에 그대에게 청정하게 옷을 보시하였다.”

제자가 말하였다.

“지금 마땅히 세존께 드리겠습니다.”

여러 비구들이 어떻게 해야 하는가를 알지 못하였으므로, 이 일을 세존께 아뢰었다. 세존께서는 말씀하셨다.

“만약 제자를 스승이 꾸짖었으나 집착하여 듣지 않는다면 마땅히 다시 다른 사람에게 청정하게 보시해야 하느니라.”

세존께서는 비사리국(毘舍離國)에 머무르셨다.

그때 국토가 습하여 여러 비구들이 옷으로 장막을 지어서 머물렀다. 여러 비구는 이렇게 생각을 지었다.

‘이 가운데에서 장의(長衣)를 지니고 열흘이 지났으니 계율을 범하지 않았는가?’

여러 비구들이 어떻게 해야 하는가를 알지 못하였으므로, 이 일을 세존께 아뢰었다. 세존께서는 말씀하셨다.

“이러한 옷을 방사로 지어서 사용하였다면 범한 것은 아니다.”

세존께서는 아라비국에 머무르셨다.

그때 우물에 벌레가 있었다. 여러 비구들이 어떻게 해야 하는가를 알지 못하였으므로, 이 일을 세존께 아뢰었다. 세존께서는 말씀하셨다.

"마땅히 거르도록 하라."

거르는 때에 두·세 사람이 함께 벌레를 잡았는데, 잡는 때에 올바르지 못하였다. 세존께서는 말씀하셨다.

"마땅히 나무 그릇을 지어서 물을 거르고서 벌레는 우물에 놓아주도록 하라."

우물 속에 벌레가 점차 많아졌다. 세존께서는 말씀하셨다.

"한 그릇에 물을 채우고, 물을 거르고서 벌레를 놓아주도록 하라. 놓아주고서 가져다가 흐르는 물에 풀어주도록 하라."

장로 우바리가 세존께 물었다.

"여러 비구에 있어 승가의 가운데에 있었어도 공덕의(功德衣)[3]를 받는 때에 얻지 못하는 자도 있습니까?"

대답하여 말씀하셨다.

"있느니라. 만약 비구가 다른 곳에서 안거하고 이곳에서 공덕의를 받았다면 이것을 얻지 못한 것이라고 이름하느니라."

장로 우바리가 세존께 물었다.

"여러 비구에 있어 승가의 가운데에 있었어도 공덕의를 받지 못하였어도 받아서 얻었다고 이름할 수 있습니까?"

대답하여 말씀하셨다.

"있느니라. 만약 비구가 그 주처에서 안거하고 스스로가 자자를 마치고서 경계를 벗어나서 유행하였으나, 돌아와서 경계에 들어와서 승가가 오늘 공덕의를 받았다는 것을 듣고서 따라서 기뻐한다면 받았다고 이름하느니라."

장로 우바리가 세존께 물었다.

---

3) 가치나의(迦絺那衣)를 가리킨다.

"여러 비구에 있어 공덕의를 버리는 때에 버리지 않는 것도 있습니까?"

대답하여 말씀하셨다.

"있느니라. 만약 비구가 다른 곳에서 공덕의를 받았다면, 이 주처의 승가가 공덕의를 버리는 때에 그 비구가 비록 그 가운데에 있었더라도 버렸다고 이름하지 않느니라."

장로 우바리가 세존께 물었다.

"여러 비구에 있어 승가가 공덕의를 버리는 때에 그 비구가 없었더라도 버렸다고 이름할 수 있습니까?"

대답하여 말씀하셨다.

"있느니라. 만약 비구가 공덕의를 받고 경계를 벗어나서 유행하였으나, 공덕의를 버렸다는 것을 듣고 따라서 기뻐한다면 이것을 버렸다고 이름하느니라."

세존께서는 사위국에 머무르셨다.

교살라국의 주처에 사람이 있어 승가에게 물건을 보시하였다. 건치를 두드려서 승가를 모았고 화합하여 물건을 나누고서 일어났다. 이때 육군비구가 경계의 바깥에서 와서 여러 비구들에게 말하였다.

"이것은 대중 승가의 소유물입니다. 우리들과 마땅히 함께 나누어야 합니다. 여러 비구들은 돌아와서 다시 함께 나누어야 합니다."

여러 비구들이 어떻게 해야 하는가를 알지 못하였으므로, 이 일을 세존께 아뢰었다. 세존께서는 말씀하셨다.

"만약 건치를 두드려서 승가가 화합하였으며, 물건을 나누고서 일어났는데, 경계의 바깥에서 비구가 있어서 왔다면, 주고 싶은 사람은 나누어줄 수 있으나 강제로 나누지 말라."

세존께서는 사위국에 머무르셨다.

교살라국에 사람이 있어 승가에게 옷을 보시하였다. 이때 육군비구들은 있었으나 승방의 가운데에 이르러 두 명씩 함께 말하면서 여러 비구들이 옷을 나누는 때를 보고자 가려진 곳에 있었다.

'그들이 물건을 나누었다면 우리들이 마땅히 나가고 주변에 이르러 다시 함께 나누게 하세.'

이때 육군비구들은 그 비구들을 살피고서 가려진 곳에 있었다. 이때 건치를 두드려서 승가를 모았고 여러 비구들은 함께 서로가 의논하여 말하였다.

"이 육군비구들도 불러오십시오."

있을 곳을 찾았으나 찾지 못하였으므로 어떤 사람이 말하였다.

"이 비구들은 인연의 일이 많습니다. 반드시 경계 밖으로 나갔을 것입니다."

곧 화합하여 물건을 나누고서 일어났는데, 육군비구들이 곧 경계 안에서 나오면서 말하였다.

"이것은 마땅히 우리들과 나누어야 합니다. 만약 우리가 경계 안에 있었다는 것을 믿지 못한다면, 이 가운데에 누구 비구가 있었는가를 보았다고 육군비구는 이렇게 말을 짓겠습니다. 여러 비구들은 다시 함께 나누어야 합니다."

여러 비구들이 어떻게 해야 하는가를 알지 못하였으므로, 이 일을 세존께 아뢰었다. 세존께서는 말씀하셨다.

"만약 건치를 두드려서 승가가 화합하였으며, 물건을 나누고서 일어났는데, 경계의 안에서 비구가 있어서 왔다면, 주고 싶은 사람은 나누어줄 수 있으나 강제로 나누지 말라."

세존께서는 사위국에 머무르셨다.

그때 비구들이 값비싼 화완의(火浣衣)와 심마근의(深摩根衣)를 평상 위에 펼치고 앉았으나 일어나는 때에 찢어지려고 하였다. 여러 비구들이 어떻게 해야 하는가를 알지 못하였으므로, 이 일을 세존께 아뢰었다. 세존께서는 말씀하셨다.

"마땅히 펼친 것은 펼치고 마땅히 입는 것은 입어야 하느니라. 그것을 따라서 마땅히 지을지니라."

세존께서는 사위국에 머무르셨다.

여러 비구들이 포살하기 위한 까닭으로 건치를 두드렸고 계를 설하는 자가 말하였다.

"만약 오지 않았거나, 부촉을 주었던 자를 말씀하십시오."

한 비구가 있어 이렇게 말을 지었다.

"누구 비구가 청정(淸淨)하게 욕(欲)을 주었습니다."

물어 말하였다.

"이 비구는 어느 곳에 있습니까?"

대답하여 말하였다.

"경계 밖에 있습니다."

여러 비구들이 어떻게 해야 하는가를 알지 못하였으므로, 이 일을 세존께 아뢰었다. 세존께서는 말씀하셨다.

"지금부터 욕을 받은 사람은 경계를 벗어나지 말라. 범한 자는 돌길라이니라."

세존께서는 사위국에 머무르셨다.

여러 비구들이 포살하기 위한 까닭으로 건치를 두드렸고, 계를 설하는 자가 말하였다.

"욕을 주었던 자를 말씀하십시오."

한 비구가 있어 이렇게 말을 지었다.

"누구 비구가 청정하게 욕을 주었습니다."

"이 비구는 어느 곳에 있습니까?"

대답하여 말하였다.

"경계 밖에 있습니다."

여러 비구들이 어떻게 해야 하는가를 알지 못하였으므로, 이 일을 세존께 아뢰었다. 세존께서는 말씀하셨다.

"지금부터 경계 밖의 사람에게 욕을 받지 말라. 범한 자는 돌길라이니라."

세존께서는 사위국에 머무르셨다.

포살하기 위한 까닭으로 건치를 두드렸고, 계를 설하는 자가 말하였다.

"누가 비구니들을 교계합니까?"

대답하여 말하였다.

"가류타이입니다."

물어 말하였다.

"어느 곳에 있습니까?"

대답하여 말하였다.

"경계의 밖을 유행합니다."

여러 비구들이 어떻게 해야 하는가를 알지 못하였으므로, 이 일을 세존께 아뢰었다. 세존께서는 말씀하셨다.

"지금부터 비구니를 교계를 받은 자는 경계의 밖을 유행할 수 없느니라. 범한 자는 돌길라이니라."

세존께서는 왕사성에 머무르셨다.

그때 육군비구들이 전전(展轉)하여 청정을 주었고, 욕을 주었으며, 자자를 주었고, 죄를 없애 주었다. 여러 비구들이 어떻게 해야 하는가를 알지 못하였으므로, 이 일을 세존께 아뢰었다. 세존께서는 말씀하셨다.

"지금부터 전전하여 청정을 주거나, 욕을 주거나, 자자를 주거나, 죄를 없애 주어서는 아니된다. 범한 자는 돌길라이니라."

세존께서는 사위국에 머무르셨다.

교살라국의 승방에서 멀지 않은 곳에 아련야(阿練若)의 처소가 있었다. 포살하는 때에 하늘에서 비가 내렸으므로 승방의 가운데에서 승가는 마음으로 생각하였다.

'아련야의 비구들이 마땅히 와야 한다.'

아련야 처소의 승가도 다시 이렇게 생각을 지었다.

'승방의 가운데에서 비구들이 마땅히 와야 한다.'

이때 양측이 서로가 나아가지 않았으므로 포살할 수 없었다. 여러 비구들이 어떻게 해야 하는가를 알지 못하였으므로, 이 일을 세존께 아뢰었다. 세존께서는 말씀하셨다.

"마땅히 갈마로 한 처소에서 포살해야 하느니라. 마땅히 이와 같이 지어야 하느니라. 짓는 법은 일심으로 승가가 화합하였다면 한 비구가 승가의 가운데에서 창언하라.

'대덕 승가께서는 허락하십시오. 이 어느 당사(堂舍)를 마땅히 포살하는 처소로 짓겠습니다. 만약 승가께서 때에 이르셨다면 승가께서는 인정하고 허락하십시오. 어느 당사를 포살하는 처소로 지어서 주십시오. 이와 같이 아룁니다.'

아뢰고서 백이갈마를 짓는다.

'승가시여. 어느 당사를 마땅히 포살하는 처소로 지어서 마쳤습니다. 승가께서 허락하신 것은 묵연하였던 까닭입니다. 이 일은 이와 같이 지니겠습니다.'"

세존께서는 사위국에 머무르셨다.

그때 말리 부인이 법을 들으려는 까닭으로 기원에 이르러 여러 비구들에게 물었다.

"이곳의 승가는 몇 명이 있습니까?"

대답하여 말하였다.

"알지 못합니다."

여러 비구들이 어떻게 해야 하는가를 알지 못하였으므로, 이 일을 세존께 아뢰었다. 세존께서는 말씀하셨다.

"마땅히 세도록 하라."

이때 여러 비구들이 법명(名字)을 불러서 숫자를 세었다. 법명을 불러

숫자를 세는 때에 서로가 착오로 숫자를 잃어버렸다. 세존께서는 말씀하셨다.

"마땅히 산가지를 행하라."

부인이 또한 물었다.

"사미는 몇 명입니까?"

대답하여 말하였다.

"알지 못합니다."

여러 비구들이 어떻게 해야 하는가를 알지 못하였으므로, 이 일을 세존께 아뢰었다. 세존께서는 말씀하셨다.

"사미도 역시 마땅히 산가지를 행하라."

세존께서는 사위국에 머무르셨다.

승가가 포살하는 때에 말리 부인이 승가에게 금전을 보시하였는데, 여러 비구들이 받지 않았다.

"세존께서는 포살하는 때에 금전을 받는 것을 허락하시지 않았습니다."

여러 비구들이 어떻게 해야 하는가를 알지 못하였으므로, 이 일을 세존께 아뢰었다. 세존께서는 말씀하셨다.

"받도록 허락하겠노라."

이때 여러 비구들이 포살에 이르지 않았는데 2·3일 전에 곧 계를 설하고 포살하였다. 비구들이 포살을 위하여 왔던 까닭으로 포살의 보시를 얻지 못하였다. 여러 비구들이 어떻게 해야 하는가를 알지 못하였으므로, 이 일을 세존께 아뢰었다. 세존께서는 말씀하셨다.

"먼저 2·3일 전에 계를 설해서는 아니된다. 범하는 자는 돌길라이니라."

세존께서는 말씀하셨다.

"포살의 때에는 마땅히 포살해야 하나니, 포살을 위해 오는 비구들에게 보시를 얻게 하려는 까닭이다."

이때 여러 사미들이 묷을 찾았으므로 대답하여 말하였다.

"그대들은 포살하지 않았고, 갈마도 짓지 않았으며, 계를 설하지 않았네.

포살에 들어오지 않았던 까닭으로 몫을 나눠줄 수 없네."

여러 비구들이 어떻게 해야 하는가를 알지 못하였으므로, 이 일을 세존께 아뢰었다. 세존께서는 말씀하셨다.

"사미도 산가지를 받았던 까닭으로 마땅히 나누어주어야 하느니라."

세존께서 나누어주도록 허락하셨으나 얼마를 주어야 하는가를 알지 못하였다. 세존께서는 말씀하셨다.

"만약 사미가 좌차를 행하고 있었거나, 단월이 스스로의 손으로 주었다면 마땅히 주어야 하느니라. 만약 다면 승가에 보시하였다면 대비구는 세 몫을 얻고 사미는 한 몫을 얻느니라."

세존께서는 왕사성에 머무르셨다.

그때 육군비구들이 백의와 함께 하나의 평상에 앉았다. 여러 비구들이 어떻게 해야 하는가를 알지 못하였으므로, 이 일을 세존께 아뢰었다. 세존께서 말씀하셨다.

"지금부터 백의와 함께 하나의 평상에 앉지 말라. 범하는 자는 돌길라이니라."

이때 육군비구들이 사미와 함께 하나의 평상에 앉았다. 여러 비구들이 어떻게 해야 하는가를 알지 못하였으므로, 이 일을 세존께 아뢰었다. 세존께서는 말씀하셨다.

"지금부터 사미와 함께 하나의 평상에 앉지 말라. 범하는 자는 돌길라이니라."

세존께서는 사위국에 머무르셨다.

그때 비구들이 사미들과 함께 이틀 밤을 묵고서 사흘째 밤에 밖으로 내보냈다. 내보내는 때에 사미가 이전에 발에 기름을 발랐던 까닭으로 마루 위를 밟으면 기름으로 마루가 더럽혀졌다. 여러 비구들이 어떻게 해야 하는가를 알지 못하였으므로, 이 일을 세존께 아뢰었다. 세존께서는 말씀하셨다.

"지금부터 발에 기름을 바르고서 마루를 걷지 말라. 범하는 자는 돌길라이니라."

세존께서는 사위국에 머무르셨다.

그때 육군비구들이 서로의 제자를 유혹하였다. 이때 상좌가 꾸짖어 말하였다.

"여러 비구들이 '이와 같이 육군비구들이 우리의 제자들을 유혹하므로 어떻게 제자를 양육하고 여법하게 교화해야 하는가를 알지 못하겠다.'고 말하지 않는가?"

여러 비구들이 어떻게 해야 하는가를 알지 못하였으므로, 이 일을 세존께 아뢰었다. 세존께서는 말씀하셨다.

"지금부터 다른 사람의 제자를 유혹하지 말라. 범하는 자는 돌길라이니라."

이때 육군비구들이 각자 주문으로 맹세하며 말하였다.

"내가 만약 그대의 제자를 유혹한다면 세존께서 저주할 것이고 법이 저주할 것이며 승가가 저주할 것이다."

여러 비구들이 어떻게 해야 하는가를 알지 못하였으므로, 이 일을 세존께 아뢰었다. 세존께서는 말씀하셨다.

"지금부터 비구는 스스로를 저주해서는 아니되고, 다른 사람을 저주할 수 없느니라. 만약 스스로를 저주하거나, 다른 사람을 저주하면 돌길라이니라."

그때 육군비구들이 물건으로서 맹세를 지었다.

"내가 만약 그대의 제자를 유혹한다면 곧 이 물건이 없어질 것이다."

여러 비구들이 어떻게 해야 하는가를 알지 못하였으므로, 이 일을 세존께 아뢰었다. 세존께서는 말씀하셨다.

"지금부터 물건으로서 스스로가 맹세하거나, 다른 사람을 맹세시키지 말라. 물건으로서 스스로가 맹세하거나, 다른 사람을 맹세하게 시킨다면 돌길라이니라."

세존께서는 왕사성에 머무르셨다.

그때 육군비구들이 옷과 발우를 잃어버리고 여러 비구들에게 말하였다.

"우리들이 옷과 발우를 잃어버렸으니 마땅히 함께 투찬(投竄)[4]을 지어야 합니다."

이때 여러 비구들이 각자 사유하였으나 어떻게 해야 하는가를 알지 못하였으므로, 이 일을 세존께 아뢰었다. 세존께서는 말씀하셨다.

"지금부터 비구는 스스로가 투찬해서도 아니되고, 역시 다른 사람에게 투찬을 시키지 말라. 스스로가 투찬하거나, 다른 사람에게 투찬을 시킨다면 돌길라이니라. 왜 그러한가? 주문과 투찬은 한 종류인 까닭이다."

세존께서는 왕사성에 머무르셨다.

그때 육군비구들이 백의에게 물건을 빌려주면서 물건을 취하는 자에게 말하였다.

"때에 이르러 얻지 못한다면 마땅히 그대는 두 배로 갚으시오."

물건을 취하는 자들이 매우 두려워하였다. 여러 비구들이 어떻게 해야 하는가를 알지 못하였으므로, 이 일을 세존께 아뢰었다. 세존께서는 말씀하셨다.

"지금부터 다른 사람에게 두 배로 요구해서는 아니된다. 범하는 자는 돌길라이니라."

세존께서는 사위국에 머무르셨다.

그때 호랑이가 사슴을 죽여서 좋은 고기만 골라서 먹었다. 비구들이 있었고 이 길을 지나가는 중간에 이 죽은 사슴을 보았고 각자가 서로 의논하며 말하였다.

"마땅히 가지고 돌아가서 내일 먹읍시다."

곧 남은 사슴을 가지고 돌아왔다. 이때 호랑이가 다시 배고픔이 일어나

4) 투(投)는 '가담하다' 또는 '편이 되다'는 뜻이고, 찬(竄)은 '약 기운을 쐬어 병을 치료하다'는 뜻이다. 따라서 투찬은 '약기운으로 다스린다.'는 의미이다.

서 남아있던 사슴을 찾으며 기원의 주위를 맴돌면서 울부짖었다. 세존께서는 호랑이가 울부짖는 것을 보셨고 아시면서도 일부러 아난에게 물으셨다.

"저 호랑이는 무슨 까닭으로 울부짖는 것인가?"

대답하여 말하였다.

"세존이시여. 비구들이 호랑이가 남긴 고기를 가지고 왔던 까닭입니다."

세존께서는 말씀하셨다.

"지금부터 호랑이가 남긴 것을 취하여서는 아니된다. 범하는 자는 돌길라이니라. 왜 그러한가? 호랑이는 단념하지 않는 까닭이다. 만약 사자가 남긴 것을 취하였다면 범한 것이 없느니라. 왜 그러한가? 사자는 단념하는 까닭이니라."

세존께서는 사위국에 머무르셨다.

비구가 있었고 먼저 비구가 죄를 드러내는 것을 허락하지도 않았으나, 곧 다른 사람의 죄를 드러내었다. 이 비구가 이러한 일을 듣고서 마음이 즐겁지 않아서 이 일을 세존께 아뢰었고, 세존께서는 말씀하셨다.

"지금부터 다른 사람이 허락하지 않았다면 다른 사람의 죄를 말해서는 아니되고, 다른 사람에게 죄를 억념시켜도 아니되며, 다른 사람이 계를 설하고 자자하는 것을 막아서도 아니되고, 다른 사람이 비구니를 교계하는 것을 막아서도 아니된다. 막는 자는 돌길라이니라."

세존께서는 사위국에 머무르셨다.

그때 하좌 비구가 있었고 상좌를 부르면서 공경스럽지 않았으므로 상좌가 듣고서 마음이 즐겁지 않았다. 여러 비구들이 어떻게 해야 하는가를 알지 못하였으므로, 이 일을 세존께 아뢰었다. 세존께서는 말씀하셨다.

"지금부터 상좌를 공경스럽지 않게 부르지 말라. 공경스럽지 않게 상좌를 부른다면 돌길라이니라."

그때 여러 비구들이 상좌를 어떻게 불러야 하는가를 알지 못하였으므로, 이 일을 세존께 아뢰었다. 세존께서는 말씀하셨다.

"지금부터 하좌 비구가 상좌를 부른다면 '장로'라고 말해야 하느니라."

이때 다만 '장로'라고 불러서 불편하였다. 세존께서는 말씀하셨다.

"지금부터 '장로 누구시여.'라고 부르도록 하라. 마땅히 '장로 사리불이여. 장로 목건련이여. 장로 아난이여. 장로 난제여. 장로 금비라여.'라고 부를지니라."

세존께서는 사위국에 머무르셨다.

나라(那羅) 비구가 있었고 시라(施羅) 비구니가 있었는데, 이 두 사람은 함께 희롱하고 웃으면서 말하였으므로 여러 비구들을 혼란(惱亂)시켰다. 이 일을 세존께 아뢰었고, 세존께서는 말씀하셨다.

"이 나라 비구와 시라 비구니는 지은 것이 선하지 않으므로 음식을 먹은 것이 훔친 것과 같으니라."

세존께서는 이 일로써 비구 승가를 모으셨으며, 여러 비구들에게 말씀하셨다.

"마땅히 이 두 사람에게 불청정갈마(不淸淨羯磨)를 지어서 주도록 하라. 일심으로 승가가 화합하였다면 한 비구가 창언하라.

'대덕 승가께서는 허락하십시오. 이 나라 비구와 시라 비구니는 함께 희롱하고 웃으면서 말하였으므로 여러 비구들을 혼란시켰습니다. 만약 승가께서 때에 이르셨다면 승가께서는 인정하고 허락하십시오. 이 나라 비구와 시라 비구니가 함께 희롱하고 웃으면서 말하였으므로 여러 비구들을 혼란시켰으므로 음식을 먹은 것이 훔친 것과 같습니다. 이와 같이 아룁니다.'

아뢰고서 백이갈마를 짓는다.

'승가시여. 나라 비구와 시라 비구니에게 불청정갈마를 지어서 마쳤습니다. 승가께서 허락하신 것은 묵연하였던 까닭입니다. 이 일은 이와 같이 지니겠습니다.'"

승가가 이 두 사람에게 불청정갈마를 지어서 마쳤으므로 이 두 사람은 마음에서 후회가 생겨나서 스스로가 허물과 죄를 보았고 네 번을 참회하면서 이렇게 말을 지었다.

"우리들이 이전에 대중 승가를 혼란시켰으나 지금 청정한 마음이 생겨났습니다. 불청정갈마를 버려주시기를 애원합니다."

여러 비구들이 어떻게 해야 하는가를 알지 못하였으므로, 이 일을 세존께 아뢰었다. 세존께서는 말씀하셨다.

"이 나라 비구와 시라 비구니가 잘못을 참회하고 청정한 마음이 생겨났다면 마땅히 불청정갈마를 버려주도록 하라. 이와 같이 짓도록 하라. 일심으로 승가가 화합하였다면 이 나라 비구와 시라 비구니는 자리에서 일어나서 오른쪽 어깨를 드러내고 가죽신을 벗으며 오른쪽 무릎을 꿇고서 합장하고 이렇게 말을 짓게 하라.

'대덕 승가께서는 허락하십시오. 우리들은 함께 희롱하고 웃으면서 말하였으므로 여러 비구들을 혼란시켰던 까닭으로, 승가께서는 우리에게 음식을 먹은 것이 훔친 것과 같다고 불청정갈마를 지어서 주었습니다. 우리는 지금 잘못을 참회하였고 청정한 마음이 생겨나서 불청정갈마를 버려주는 것을 애원합니다. 나라 비구와 시라 비구니를 애민하게 생각하시는 까닭으로 음식을 받는 것이 도둑과 같지 않게 하십시오.'

두 번째, 세 번째 역시 이와 같이 애원하라. 승가의 가운데에서 한 비구가 창언하라.

'대덕 승가께서는 허락하십시오. 이 나라 비구와 시라 비구니가 함께 희롱하고 웃으면서 말하였으므로 여러 비구들을 혼란시켰던 까닭으로, 승가께서는 음식을 먹은 것이 훔친 것과 같다고 불청정갈마를 주었습니다. 이 두 사람은 지금 스스로가 허물을 참회하였고 청정한 마음이 생겨났으므로 승가를 좇아서 음식을 먹은 것이 훔친 것과 같다는 불청정갈마를 버려주는 것을 애원하고 있습니다. 만약 승가께서 때에 이르셨다면 승가께서는 인정하고 허락하십시오. 승가시여. 이 나라 비구와 시라 비구니에게 불청정갈마를 버려주시어 음식을 먹은 것이 훔친 것과 같지 않게 하십시오. 이와 같이 아룁니다.'

아뢰고서 백사갈마를 짓는다.

'승가시여. 나라 비구와 시라 비구니에게 불청정갈마를 버리는 것을 주어서 마쳤습니다. 승가께서 허락하신 것은 묵연하였던 까닭입니다. 이 일은 이와 같이 지니겠습니다.'"

이때 비구가 세존께 물었다.

"무슨 가죽 등을 사용하여 신발을 지어야 합니까?"

세존께서는 말씀하셨다.

"다섯 가지의 가죽을 제외하나니, 사자 가죽·호랑이 가죽·표범 가죽·수달가죽·고양이 가죽이니라. 다시 다섯 가지의 가죽을 제외하나니, 코끼리 가죽·말 가죽·개 가죽·여우 가죽·흑사슴 가죽이니라. 나머지의 것으로 짓는 것을 허락하겠노라."

세존께서는 사위국에 머무르셨다.

그때 사람이 있었고 승가에게 전어(鱣魚) 가죽으로 만든 신발을 보시하였으나, 여러 비구들이 받지 않았다.

"세존께서는 우리들이 전어 가죽으로 만든 신발을 신는 것을 허락하시지 않았습니다."

이 일을 세존께 아뢰었고, 세존께서는 말씀하셨다.

"마땅히 전어 가죽의 신발을 받도록 하고, 두텁게 하려는 까닭으로 소가죽을 위에 덮도록 하라."

세존께서는 사위국에 머무르셨다.

그때 사람이 있었고 승가에게 착어(錯魚) 가죽으로 만든 신발을 보시하였으나, 여러 비구들이 받지 않았다.

"세존께서는 우리들이 착어 가죽으로 만든 신발을 신는 것을 허락하시지 않았습니다."

이 일을 세존께 아뢰었고, 세존께서는 말씀하셨다.

"마땅히 착어 가죽의 신발을 받도록 하고, 눈의 통증을 까닭으로 소가죽을 위에 덮도록 하라.”

세존께서는 사위국에 머무르셨다.

사람이 있어 승가에게 힘줄을 보시하였으나, 어느 곳에 사용하는가를 알지 못하였으므로, 여러 비구들이 받지 않았다. 이 일을 세존께 아뢰었고, 세존께서는 말씀하셨다.

“수용(受用)하도록 허락하겠노라. 문을 닫을 때 잡아매는 끈이나 창문을 여는 때의 끈으로 짓도록 하라.”

세존께서는 사위국에 머무르셨다.

사람이 있어 승가에게 곰가죽을 보시하였으나, 어느 곳에 사용하는가를 알지 못하였으므로, 여러 비구들이 받지 않았다. 이 일을 세존께 아뢰었고, 세존께서는 말씀하셨다.

“마땅히 받도록 하라. 승방의 문 앞에 깔아놓고 방에 들어가면서 발을 닦도록 하라.”

세존께서는 자자를 마치시고 유행하면서 교화하셨다.

한 비구가 있어 손에 가죽신을 들고 유행하였다. 세존께서는 보시고 아시면서도 일부러 물으셨다.

“무슨 까닭으로 가죽신을 손에 들고 다니는가?”

세존께 아뢰어 말하였다.

“세존이시여. 가죽신이 발에 상처가 있는 까닭입니다.”

세존께서는 말씀하셨다.

“마땅히 부드러운 가죽으로서 감싸도록 하라.”

감싸고서 걸을 때에 먼지가 일어났다. 세존께서는 말씀하셨다.

“마땅히 뒤에 망(網)을 만들도록 하라.”

세존께서는 아라비국에 머무르셨다.

경영하는 비구가 있었고 날마다 목재를 위하여, 대나무를 구하기 위하여

산에 들어갔다. 산에 들어갈 때 도중에 사자·호랑이·곰·다라차(多羅叉)를 두려워하였으므로 길을 의지하지 않고 다녔다. 다니는 때에 가시나무나 쥐엄나무의 가시에 발을 찔렸으므로 이 비구는 용수초(龍鬚草)로 신발을 지었는데 길을 가던 도중에 진흙물이 많이 스며들어서 발이 손상되었다. 세존께서는 말씀하셨다.

"마땅히 신발을 통하여 흙탕물이 흘러나가게 짓도록 하라."

세존께서는 사위국 기리원(祇梨園)에 머무르셨다.

세존의 친족이 있었는데, 동족의 성씨 가운데에 출가하여 성불하였다는 것을 듣고서 곧 부모에게 말하였다.

"저는 세존을 보고자 합니다."

부모는 이렇게 생각을 지었다.

'만약 세존의 처소로 간다면 혹은 마땅히 출가할 것이다.'

이때 부모는 여러 어려움을 말해 주었다.

"도중에 사자가 있고 호랑이·늑대·곰 등이 두렵구나."

다시 부모에게 말하였다.

"저는 반드시 떠나겠습니다."

부모는 반드시 떠나고자 하는 것을 알고서 이렇게 말을 지었다.

"우리가 지금 그대와 이별하고 만약 출가하더라도 마땅히 이곳으로 오도록 하라."

대답하여 말하였다.

"그렇게 하겠습니다."

곧 세존의 처소로 갔고, 이르러 머리숙여 예경하고 한쪽에 서 있었다. 세존께서는 출가시켜 구족계를 주셨다. 뒤에 세존께 이별을 아뢰면서 말하였다.

"세존이시여. 저는 돌아가서 부모님과 친족들을 보고자 합니다."

세존께서는 말씀하셨다.

"가더라도 오래 머물지는 말라."

곧 집으로 돌아갔으나 여러 친족들이 많았고, 사람마다 하루를 묵게 하였으므로 이와 같이 오랫동안 머물렀다. 이때는 새롭게 비와 눈이 내렸다. 이때 이 비구는 친족들과 이별하고 세존의 처소로 돌아가고자 하였으므로 대답하여 말하였다.

"새롭게 비와 눈이 내리는데 어떻게 떠날 수 있겠는가? 그대는 백의의 장화를 신겠는가?"

대답하여 말하였다.

"세존께서는 제가 백의의 장화를 신는 것을 허락하시지 않았습니다."

곧 돌아오는 때의 도중에 손과 발이 얼었고 눈의 통증으로 아팠다. 세존의 처소로 돌아와서 세존께 머리숙여 예경하고 한쪽에 섰다. 제불의 상법은 객비구가 오면 이와 같은 말로서 위문하는 것이다.

"견딜 수 있었는가? 만족하였는가? 안락하게 머물렀는가? 걸식은 부족하지 않았는가? 도로에 피곤하지 않았는가?"

세존께서도 곧 이러한 말로서 이 비구를 위문하며 물으셨다.

"견딜 수 있었는가? 만족하였는가? 안락하게 머물렀는가? 걸식은 부족하지 않았는가? 도로에 피곤하지 않았는가?"

비구가 말하였다.

"견딜 수 있었고, 만족하였으며, 안락하게 머물렀고, 걸식은 부족하지 않았으며, 도로에 피곤하지 않았습니다."

곧 이와 같은 일로써 세존을 향하여 자세히 말하였다. 세존께서는 아시면서도 일부러 물으셨다.

"그 나라는 어떠한가?"

대답하여 말하였다.

"눈이 많습니다."

세존께서는 말씀하셨다.

"지금부터 눈이 많은 나라에서는 눈을 막기 위한 까닭으로 백의의 장화를 신 것을 허락하겠노라."

세존께서는 사위국에 머무르셨다.

그때 급고독거사가 붉게 칠한 500개의 노끈 평상의 받침대를 기원의 승가에게 보시하였으나, 여러 비구들이 받지 않고서 말하였다.

"세존께서는 우리들이 붉게 칠한 노끈 평상의 받침대 받는 것을 허락하시지 않았습니다."

이 일을 세존께 아뢰었고, 세존께서는 말씀하셨다.

"이 평상은 청정하므로 마땅히 받도록 하라."

세존께서는 왕사성에 머무르셨다.

그때 발제 장자가 여러 종류로 장엄한 승방을 승가에게 보시하였으나, 여러 비구들이 받지 않고서 말하였다.

"세존께서는 우리들이 여러 종류로 장엄한 승방을 받는 것을 허락하지 않았습니다."

이 일을 세존께 아뢰었고, 세존께서는 말씀하셨다.

"이 승방은 청정하므로 마땅히 받도록 하라."

세존께서는 사위국에 머무르셨다.

욱가소발나(郁伽蘇跋那) 장자가 세존의 처소로 와서 머리숙여 예경하고 한쪽으로 물러나 앉았다. 세존께서는 여러 종류의 설법으로서 보여주셨고 가르치셨으며 이익되고 기쁘게 하시고서 묵연하셨다. 이때 욱가 장자는 세존께서는 여러 종류의 설법하시고 묵연한 것을 보고서 세존께 아뢰어 말하였다.

"세존이시여. 세존과 승가에게 내일 공양을 청합니다."

세존께서는 묵연히 받아들이셨고, 장자는 세존께서 묵연히 받아들이신 것을 알고서 집으로 돌아가서 밤새워 여러 종류의 맛있는 음식을 준비하였다. 또 장엄한 500개의 금 평상·은 평상·유리 평상·파리(頗梨) 평상을 준비하고서 이렇게 생각을 지었다.

'하나를 받지 않더라도 마땅히 하나는 받을 것이다.'

다시 500개의 금 쟁반·은 쟁반·유리 쟁반·파리 쟁반을 준비하고서 이렇게 생각을 지었다.

'하나를 받지 않더라도 마땅히 하나는 받을 것이다.'

다시 500개의 금 발우·은 발우·유리 발우·파리 발우를 준비하고서 이렇게 생각을 지었다.

'하나를 받지 않더라도 마땅히 하나는 받을 것이다.'

다음날 아침에 가서 세존께 때에 이르렀다고 아뢰어 말하였다. 세존께서는 옷과 발우를 지니고서 비구 승가와 함께 그의 집으로 들어가셨다. 500개의 금 평상으로서 세존께 받들었으나, 세존께서는 이것을 받지 않으셨다. 또한 은 평상, 유리 평상, 파리 평상을 바쳤으나 역시 받지 않으셨다. 이때 장자는 이러한 보배의 평상을 치우고 다시 다른 평상을 펼치고 요를 위에 두텁게 덮었으므로, 세존께서는 곧 나아가서 앉으셨다. 이때 장자는 500개의 금 쟁반을 세존께 받들었으나 세존께서는 역시 받지 않으셨고, 다시 은 쟁반·유리 쟁반·파리 쟁반을 세존께 받들었으나 역시 받지 않으셨다. 이때 장자가 500개의 금 발우를 세존께 받들었으나 세존께서는 역시 받지 않으셨고, 다시 은 발우·유리 발우·파리 발우를 받들었으나 세존께서는 역시 받지 않으셨다. 세존께서 말씀하셨다.

"나는 이미 두 가지의 발우를 허락하였나니, 철 발우와 질그릇 발우이니라. 여덟 종류의 발우는 마땅히 저축해서는 아니된다."

장자가 곧 물을 돌렸고 음식을 나누어주었는데 종류도 많았고 맛있었다. 세존과 승가는 만족하였고 발우를 거두었으므로, 작은 평상을 가지고 세존의 앞에 앉아서 법을 듣고자 하였다. 세존께서는 여러 종류로 설법하여 보여주셨고 가르치셨으며 이익되고 기쁘게 하시고서 자리에서 일어나서 떠나가셨다.

십송율 제40권

후진 북인도 삼장 불야다라 한역

석보운 번역

6. 육송 ⑤

10) 잡송 ⑤

(2) 명잡법 ③

세존께서는 사위국에 머무르셨다.

한 바라문이 있어 딸을 낳았는데 얼굴과 모습이 단정하고 안색이 청정하였다. 안색이 청정하였던 까닭으로 묘광(妙光)이라고 이름하였다. 이 여인이 태어나는 때에 관상가가 말하였다.

"이 여인은 뒤에 500명의 남자와 함께 사통할 것이다."

여러 사람들이 들었으므로 이 여인이 12살이 되었으나 구하는 자가 없었다. 이때 바라문의 이웃은 상인이었는데, 항상 바다에 들어가서 보배를 캐왔다. 이 상인이 누각의 위에서 이 여인을 멀리서 보고서 곧 욕심이 생겨나서 다른 사람에게 물었다.

"누구의 딸입니까?"

대답하여 말하였다.

"누구 바라문의 딸입니다."

"장가든 자가 있습니까?"

대답하여 말하였다.

"없습니다."

"구하였던 자가 있습니까?"

대답하여 말하였다.

"없습니다."

또한 물었다.

"무슨 까닭으로 구한 사람이 없습니까?"

대답하여 말하였다.

"이 여인에게 하나의 허물이 있습니다."

"무슨 허물이 있습니까?"

대답하여 말하였다.

"이 여인이 태어나는 때에 관상가가 점쳐서 말하였습니다. '이 여인은 뒤에 500명의 남자와 함께 사통할 것이다.' 여러 사람들이 들었으므로 이 여인이 12살이 되었으나 구하는 자가 없습니다."

이때 상인은 이렇게 생각을 지었다.

'사문 석자를 제외하고는 능히 내 집에 강제로 들어올 자는 없다. 사문 석자들은 역시 이러한 허물이 없으므로, 내가 마땅히 그녀에게 장가들어야 겠다.'

곧 갔고 여인을 구하여 장가들었다. 집에 이르고 오래지 않아서 여러 상인들이 반려를 맺고 바다에 들어가고자 하였다. 그 나라에서는 바다에 들어가는 법은 일찍이 바다에 들어갔던 사람이 필요하였으므로 만약 스스로가 기꺼이 떠나지 않아도 강제로 데리고 가는 것이 중요하였다. 이때 상인이 수문자를 불렀고 이렇게 말을 지었다.

"내가 바다에 들어가고자 하니, 사문 석자를 제외하고는 남자라면 내 집에 강제로 들어오는 것을 허락하지 말게. 사문 석자라면 역시 이러한 허물이 없네."

대답하여 말하였다.

"그렇게 하겠습니다."

이렇게 말을 짓고서 곧 떠났다. 뒤에 사문과 바라문이 그 집에서 걸식하였는데, 이 여인이 보고서 말하였다.

"저와 함께 음욕을 행하시죠."

여러 비구들이 어떻게 해야 하는가를 알지 못하였으므로, 이 일을 세존께 아뢰었다. 세존께서 말씀하셨다.

"오늘부터 그와 같은 집에 일찍이 가지 않은 자는 마땅히 가지 말라. 만약 가더라도 마땅히 앉지 말라. 왜 그러한가? 이러한 집에서는 반드시 범행이 아닌 과실이 있는 까닭이다."

이 여인은 뒤에 병을 얻었고 저녁에 목숨을 마쳤으므로, 그 집안사람들이 장엄구를 갖추어 묘지에 버렸다. 이때 500명의 도둑이 있었고 이곳을 지나면서 이 죽은 여인을 보았는데 곧 욕심이 생겨나서 곧 나아가 음욕을 행하였으며, 행하고서 500명은 떠나갔다. 이 여인은 이전에 사문과 바라문에게 "저와 함께 음욕을 행하시죠."라고 말하였던 인연을 까닭으로 악도에 떨어졌으며, 그 나라의 북쪽에서 음욕을 짓는 용으로 태어났는데, 비달다(毘達多)라고 이름하였다.

세존께서는 왕사성에 머무르셨다.

비구는 종기가 있었으므로 기바(耆婆)에게 가서 말하였다.

"나의 이러한 병을 치료해 주십시오."

기바가 대답하여 말하였다.

"종기에 오래된 기름을 발라서 익게 해야 합니다."

비구가 말하였다.

"세존께서는 오래된 기름을 발라서 익게 하는 것을 허락하시지 않았습니다."

여러 비구들이 이 일을 세존께 아뢰었고, 세존께서는 말씀하셨다.

"오래된 기름을 발라서 익게 하는 것을 허락하겠노라."

기바가 또한 말하였다.

"마땅히 수술해야 합니다."

대답하여 말하였다.

"세존께서 종기를 수술하는 것을 허락하시지 않았습니다."

이 일을 세존께 아뢰었고, 세존께서는 말씀하셨다.

"종기를 수술하는 것을 허락하겠노라."

기바가 또한 말하였다.

"마땅히 종기를 짜서 없애야 합니다."

비구가 말하였다.

"세존께서는 짜내는 것을 허락하시지 않았습니다."

이 일을 세존께 아뢰었고, 세존께서는 말씀하셨다.

"고름을 짜는 것을 허락하겠노라."

기바가 또한 말하였다.

"마땅히 종기를 없애는 약을 드십시오."

비구가 말하였다.

"세존께서는 허락하시지 않았습니다."

이 일을 세존께 아뢰었고, 세존께서는 말씀하셨다.

"여러 종류의 종기를 다스리는 약들을 복용하는 것을 허락하겠노라."

세존께서는 왕사성에 머무르셨다.

이때 왕사성에는 1월에 기리용(耆梨龍)의 큰 제사가 있었다. 이때에 여러 사람들은 왕의 창고 안에서 물건을 꺼내어 여러 종류의 음식을 준비하여 일체의 사람에게 주었다. 이때 여러 곳에서 많은 사람들이 와서 모였는데, 혹은 가슴이 들어간 사람이 있었고, 혹은 가슴이 솟았던 사람도 있었으며, 혹은 발이 코끼리와 비슷한 사람도 있었고, 혹은 말발굽과 같은 사람도 있었으며, 또한 귀가 코끼리 귀나 말의 귀와 비슷한 사람도 있었고, 혹은 귀가 키(箕)와 같은 사람도 있었으며, 이와 같이 코끼리나 말과 비슷한 사람들인 남자·여자·어른·아이 등이 많았는데, 모두 그 가운데에서 가득하였으며, 매우 크게 환락하였다.

그때 손님들이 구경하는 가운데에 많았으므로 사방에서 여러 상인들이 왔다. 왕이 제사를 지내는 때에는 세금을 걷지 않았던 까닭이었고, 역시 건너오는 것에도 제한(禁限)이 없었으며, 통행에도 세금을 거두지 않았고, 선물도 필요하지 않았다. 이 제사가 며칠이 되었으므로 여러 상인은 각자 이렇게 생각을 지었다.

'이 왕은 한때에 우리 등에게 세금을 거두지 않는 것이다. 제사가 끝나기 전에 곧 떠나야겠다.'

제사를 마친 뒤에 여러 사람들은 각자 본래 살던 곳으로 되돌아갔다. 이때 가슴이 들어간 사람·가슴이 튀어나온 사람·발이 코끼리와 비슷한 사람·말발굽과 같은 사람·귀가 코끼리 귀나 말의 귀와 비슷한 사람·귀가 키와 같은 사람들은 모두 머물렀다. 뒤의 날에 사람들이 많이 모이는 곳이나 하늘에 제사를 지내는 곳이나 사문 바라문의 처소를 가서 떠돌았다. 이때 육군비구들이 폐악하였던 까닭으로 좋은 사미나 제자는 주변에 머물고자 하지 않았는데, 두 가지 일의 까닭이었다. 첫째는 계율을 범한 것이었고, 둘째는 우리들에게 계율을 범하게 할 것이라고 두려워하였다. 이때 육군비구들은 이와 같은 사람들을 보고 이렇게 생각을 지었다.

'우리들이 만약 나머지의 사람들을 제도한다면 반드시 우리를 버리고서 떠날 것이다. 지금 이 사람들을 제도한다면 떠나라고 가르치는 사람이 없을 것이다.'

육군비구들이 그들에게 가서 말하였다.

"그대들은 어찌 출가하지 않는가?"

대답하여 말하였다.

"우리들은 이와 같은데 마땅히 누가 우리를 제도하겠습니까? 능히 제도하는 사람이 있다면 곧 출가하겠습니다."

이때 육군비구들이 말하였다.

"그대들이 우리를 위하여 집을 지키고, 우리에게 음식을 받아주며, 능히 발우를 짊어지겠다면 우리들이 그대들을 마땅히 제도하겠네."

육군비구들이 곧 이 사람들을 제도하였다. 만약 세존과 승가를 처소에서 청하였다면 먼저 발우를 지니고 떠나도록 보냈는데, 두 가지 일의 까닭이었다. 첫째는 걸음이 느렸고, 둘째는 이들과 함께 다니는 것이 부끄러웠던 것이었다. 여러 외도들이 보고서 여러 단월들에게 꾸짖어 말하였다.

"그대들이 공양하는 자들이구려. 이 자들은 그대들이 탑을 세우는 자들이고, 그대들이 제일이라고 생각하는 자들이며, 그대들이 먼저 공양하는 자들이고, 그대들이 길을 다니면서 앞세우는 자들이며, 그대들이 공양하는 자들인데, 곧 이와 같은 것이오?"

여러 우바새가 이러한 말을 듣고 마음이 즐겁지 않아서 이 일로써 세존을 향하여 자세히 말하였다. 세존께서는 이 인연으로서 대중 승가를 모으셨으며, 아시면서도 일부러 육군비구들에게 물으셨다.

"그대들이 진실로 이러한 일을 지었는가?"

대답하여 말하였다.

"진실로 지었습니다. 세존이시여."

세존께서 여러 종류의 인연으로서 육군비구들을 꾸짖으셨다.

"어찌 비구라고 이름하면서 가슴이 들어간 사람·가슴이 솟았던 사람·발이 코끼리와 비슷한 사람·말발굽과 같은 사람·귀가 코끼리 귀나 말의 귀와 비슷한 사람·귀가 키와 같은 사람들을 제도하였는가?"

여러 종류의 인연으로 꾸짖으셨으며, 여러 비구들에게 말씀하셨다.

"지금부터 가슴이 들어간 사람·가슴이 솟았던 사람·발이 코끼리와 비슷한 사람·말발굽과 같은 사람·귀가 코끼리 귀나 말의 귀와 비슷한 사람·귀가 키와 같은 사람들을 제도하지 말라. 만약 제도시키는 자는 돌길라이니라."

세존께서는 사위국에 머무르셨다.

장로 우바리에게 두 사미가 있었는데, 첫째는 타살(陀薩)이라고 이름하였고, 둘째는 파라(波羅)라고 이름하였다. 마땅히 구족계를 받을 때에 사미 타살이 파라에게 말하였다.

"그대가 먼저 구족계를 받으십시오. 나는 그대가 필요한 것을 공급하겠습니다."

파라가 타살에게 말하였다.

"그대가 먼저 구족계를 받으십시오. 나는 그대가 필요한 것을 공급하겠습니다."

이때 장로 우바리가 세존께 물었다.

"두 사미가 한 때에 갈마로 구족계를 받을 수 있습니까?"

세존께서는 말씀하셨다.

"받을 수 있느니라. 마땅히 이와 같이 짓도록 하라. 일심으로 승가가 화합하였다면 이 가운데에서 한 비구가 창언하라.

'대덕 승가께서는 허락하십시오. 이 타살과 파라에게 우바리가 구족계를 주고자 승가를 쫓아서 구족계를 주는 것을 애원하고 있고, 장로 우바리를 화상으로 지었습니다. 만약 승가께서 때에 이르셨다면 승가께서는 인정하고 허락하십시오. 승가시여. 타살과 파라에게 구족계를 주십시오. 장로 우바리가 화상을 지었습니다. 이와 같이 아룁니다.'

아뢰고서 백사갈마를 짓도록 하라.

'승가시여. 타살과 파라에게 구족계를 주어서 마쳤고, 장로 우바리를 화상으로 지었습니다. 승가께서 허락하신 것은 묵연하였던 까닭입니다. 이 일은 이와 같이 지니겠습니다.'"

세존께서는 사위국에 머무르셨다.

장로 우바리가 세존께 물었다.

"세존이시여. 저희들은 세존께서 어느 곳에서 수다라·비니·아비담을 말씀하셨는가를 알지 못합니다. 저희들은 어떻게 해야 하는가를 알지 못합니다."

세존께서는 말씀하셨다.

"여섯의 큰 성에서 있었으니, 첨파국(瞻波國)·사위국(舍衛國)·비사리국(毘舍離國)·왕사성(王舍城)·바라내(波羅奈)·가유라위성(迦維羅衛城)이니라. 왜 그러한가? 내가 그곳에 많이 머물렀고, 여러 종류의 변화도 모두 이곳에 있었느니라."

세존께서는 사위국에 머무르셨다.

그때 장로 야사(耶舍)는 500의 비구와 함께 교살라국에서 사위국으로 떠나와서 안거하고자 하였다. 이때 구주 비구와 객비구가 서로 문신하고 구주 비구들이 객비구들을 대신하여 옷과 발우를 받아주었는데, 그 옷과 발우를 받아주는 때에 큰 소리가 있었고 여러 사람들이 떠들었다. 세존께서는 그 큰 소리와 여러 사람들의 소리를 들으시고 아시면서도 일부러 아난에게 물어보셨다.

"이 승방 안에서 무슨 까닭으로 이러한 큰 소리가 있고 사람들의 소리가 있는가?"

세존께 아뢰어 말하였다.

"세존이시여. 장로 야사가 500명의 비구와 함께 교살라국에서 사위국으로 와서 안거하고자 합니다. 이때 구주 비구와 객비구가 서로 문신하고 구주 비구들이 객비구들을 대신하여 옷과 발우를 받아주었는데, 그 옷과 발우를 받아주는 때에 큰 소리가 있었고 여러 사람들이 떠들었습니다."

세존께서는 아난에게 말씀하셨다.

"그대가 가서 야사 등의 500비구들에게 말하게. '그대들이 큰소리를 지었던 까닭으로 그대들을 쫓아내겠노라. 그대들은 사위성에서 안거할 수 없느니라.'"

아난이 가르침을 받들어 야사에게 가서 말하였다.

"그대들이 큰소리를 지었던 까닭으로 세존께서는 그대들을 쫓아내셨습니다. 그대들은 사위성에서 안거할 수 없습니다."

이때 야사 등의 500비구는 곧 바구마(婆求摩) 강변의 취락으로 가서 안거하였다. 이때 여러 비구들이 이렇게 생각을 지었다.

'세존께서 우리를 떠나보내신 것은 크게 소리를 지었던 까닭이다. 우리는 묵연하는 것이 좋겠구나.'

이 일을 세존께 아뢰었고, 세존께서는 말씀하셨다.

"묵연한 것을 허락하겠노라."

이때 여러 비구들이 졸았으므로, 졸고서 서로에게 의논하여 말하였다.

"세존께서 우리들에게 독방에 머무는 것을 허락하신다면 좋겠구나."

이 일을 세존께 아뢰었고, 세존께서는 말씀하셨다.

"독방에 머무는 것을 허락하겠노라."

독방 안에 머물렀으나 역시 졸았으므로 다시 서로에게 의논하여 말하였다.

"세존께서 우리들에게 함께 머무는 것을 허락하신다면 좋겠구나."

이 일을 세존께 아뢰었고, 세존께서는 말씀하셨다.

"대중이 함께 머무는 것을 허락하겠노라."

대중이 머물렀으나 역시 졸았으므로 다시 서로에게 의논하여 말하였다.

"세존께서 우리들에게 머리에 물을 뿌리는 것을 허락하신다면 좋겠구나."

이 일을 세존께 아뢰었고, 세존께서는 말씀하셨다.

"물을 머리에 뿌리는 것을 허락하겠노라."

이때 여러 비구들이 손으로 물을 취하였으므로 뿌리는 때에 불편하였다. 세존께서 말씀하셨다.

"마땅히 그릇을 짓도록 하라."

그릇이 너무 커서 물이 넘치고 옷이 젖었으므로 곧바로 작게 지었다. 작게 지었으나 물을 담을 수 없었다. 이 일을 세존께 아뢰었고, 세존께서는 말씀하셨다.

"크게 만들어도 아니되고 작게 만들어도 아니된다. 1발라(鉢羅)를 담거나 만약 1발라의 반 정도로 짓도록 하라."

이때 그릇을 지었으나 손잡이가 없었으므로 물을 뿌리면서 다른 사람의 머리로 떨어뜨렸으므로 고통과 번민으로 죽음에 이르렀다. 이 일을 세존께 아뢰었고, 세존께서는 말씀하셨다.

"마땅히 손잡이를 설치하도록 하라."

비구가 앉아서 졸고 있었으므로 다른 비구가 물을 머리에 뿌렸는데 곧 말하였다.

"내가 졸지 않았는데 무슨 까닭으로써 나에게 물을 뿌리는가?"

이 일을 세존께 아뢰었고, 세존께서는 말씀하셨다.

"졸았던 사람은 믿을 수 없으나, 물을 뿌렸던 사람은 믿을 수 있느니라. 다른 사람에게 물을 뿌리는 것에도 5법이 있나니, 첫째는 애민하게 생각하는 것이고, 둘째는 괴롭히지 않는 것이며, 셋째는 잠자는 것이고, 넷째는 머리를 벽에 기대는 것이며, 다섯째는 발을 뻗는 것이다."

여러 비구들이 졸았으므로 함께 서로에게 의논하여 말하였다.

"손으로 두드려주는 것을 허락하신다면 좋겠구나."

이 일을 세존께 아뢰었고, 세존께서는 말씀하셨다.

"손으로 두드려주는 것을 허락하겠노라."

비구가 앉아서 졸고 있었으므로 다른 비구가 두드렸는데 곧 말하였다.

"내가 졸지 않았는데 무슨 까닭으로써 나를 두드리는가?"

이 일을 세존께 아뢰었고, 세존께서는 말씀하셨다.

"졸았던 사람은 믿을 수 없으나, 두드렸던 사람은 믿을 수 있느니라. 다른 사람에게 두드리는 것에도 5법이 있나니, 첫째는 애민하게 생각하는 것이고, 둘째는 괴롭히지 않는 것이며, 셋째는 잠자는 것이고, 넷째는 머리를 벽에 기대는 것이며, 다섯째는 발을 뻗는 것이다."

여러 비구들이 졸았으므로 함께 서로에게 의논하여 말하였다.

"세존께서 우리들에게 가죽 공을 던지는 것을 허락하신다면 좋겠구나."

이 일을 세존께 아뢰었고, 세존께서는 말씀하셨다.

"가죽 공으로서 던지는 것을 허락하겠노라."

가죽 공을 던지고서 다음 날에 돌려주었는데, 다음 날에 여러 비구들은 누구에게 주어야 하는가를 알지 못하였다. 세존께서 말씀하셨다.

"던졌던 본래 주인에게 돌려주도록 하라. 만약 던졌던 주인이 부재중이라면 등불을 밝히는 비구에게 주도록 하고, 등불을 밝히는 비구가 부재중이면 집작(執作)하는 비구에게 줄 것이며, 집작하는 비구가 부재중이라면 마땅히 방 가운데의 바닥 위에 올려놓도록 하라."

방 가운데의 바닥 위에 가죽 공을 놓아두고서 돌아와서 좌선하게 되었다. 좌선하면서 다른 비구가 졸았으므로 이것을 취하여 던졌다. 그가 말하였다.

"내가 졸지 않았는데 무슨 까닭으로써 나에게 던졌는가?"

이 일을 세존께 아뢰었고, 세존께서는 말씀하셨다.

"졸았던 사람은 믿을 수 없으나, 두드렸던 사람은 믿을 수 있느니라. 다른 사람에게 던지는 것에도 5법이 있나니, 첫째는 애민하게 생각하는 것이고, 둘째는 괴롭히지 않는 것이며, 셋째는 잠자는 것이고, 넷째는 머리를 벽에 기대는 것이며, 다섯째는 발을 뻗는 것이다."

여러 비구들이 졸았으므로 함께 서로에게 의논하여 말하였다.

"세존께서 우리들에게 선장(禪杖)[1]을 사용하는 것을 허락하신다면 좋겠구나."

이 일을 세존께 아뢰었고, 세존께서는 말씀하셨다.

"선장을 사용하는 것을 허락하겠노라."

이때 선장의 끝부분이 뾰족하여 두드리는 때에 안타회가 상하였으므로 서로가 의논하여 말하였다.

"세존께서 우리들에게 선장의 끝을 감싸는 것을 허락하신다면 좋겠구나."

이 일을 세존께 아뢰었고, 세존께서는 말씀하셨다.

"헝겊으로 선장의 끝을 감싸도록 하라."

이때 선장을 땅에 내려놓는 때에 소리를 지었다. 세존께서 말씀하셨다.

"선장의 아래쪽도 역시 감싸도록 하라."

여러 비구들은 선장을 어떻게 잡아야 하는가를 알지 못하였으므로, 이 일을 세존께 아뢰었고, 세존께서는 말씀하셨다.

"선장을 취하는 때에 마땅히 공경하는 마음이 생겨나야 한다."

여러 비구들은 선장을 어떻게 잡아야 하는가를 알지 못하였으므로, 이 일을 세존께 아뢰었다. 세존께서는 말씀하셨다.

"마땅히 두 손으로 선장을 잡고 머리 위까지 받들도록 하라."

---

1) 좌선을 할 때 졸음을 쫓는 것에 사용하는 대나무 막대기로서, 현재에는 죽비라고 알려져 있다.

비구가 앉아서 졸고 있었으므로, 한 비구가 선장을 잡고서 졸았던 사람을 두드렸다. 졸던 사람이 깜짝 놀랐고 일어나서 사방을 쳐다보다가 여러 비구들이 묵연히 말없이 있는 것을 보고서 곧 땅에 미혹되어 쓰러졌다. 이 일을 세존께 아뢰었고, 세존께서는 말씀하셨다.

"만약 비구가 좌선하다가 졸린다면 마땅히 일어나야 하고, 다른 사람이 졸았던 것을 보았다면 마땅히 선장으로 두드려야 하며, 두드리고서 자리로 돌아와야 한다. 만약 졸음이 없다면 밖에 나가서 돌아다니고 들어와서 다시 살펴보아야 하고, 만약 졸고 있는 자를 보았다면 선장으로 두드리고서 자리로 돌아와야 한다. 만약 졸고 있는 자가 없다면 선장을 내려놓고 본래 자리로 돌아와야 하느니라."

비구가 앉아서 졸고 있었고 다른 비구가 선장으로서 두드렸으므로 곧 말하였다.

"내가 졸지 않았는데 무슨 까닭으로써 나를 두드렸는가?"

이 일을 세존께 아뢰었고, 세존께서는 말씀하셨다.

"졸았던 사람은 믿을 수 없으나, 두드렸던 사람은 믿을 수 있느니라. 다른 사람에게 두드리는 것에도 5법이 있나니, 첫째는 애민하게 생각하는 것이고, 둘째는 괴롭히지 않는 것이며, 셋째는 잠자는 것이고, 넷째는 머리를 벽에 기대는 것이며, 다섯째는 발을 뻗는 것이다."

여러 비구들이 졸았으므로 함께 서로에게 의논하여 말하였다.

"세존께서 우리들에게 선진(禪鎭)[2]을 얹는 것을 허락하신다면 좋겠구나."

이 일을 세존께 아뢰었고, 세존께서는 말씀하셨다.

"선진을 얹는 것을 허락하겠노라."

이때 선진에 구멍이 없어서 얹는 때에 땅에 떨어졌으므로 함께 서로가 의논하여 말하였다.

---

2) 좌선(坐禪)할 때 졸음을 깨우는 도구이다. 나뭇조각을 발전 홀(笏) 모양으로 만들어 가운데에 구멍을 뚫고 가는 끈으로 꿰어 귀에 걸고 머리에 얹는데, 머리가 숙여지면 이것이 떨어져 잠을 깨우게 되어있다.

"세존께서 우리들에게 선진에 구멍을 뚫는 것을 허락하신다면 좋겠구나."

이 일을 세존께 아뢰었고, 세존께서는 말씀하셨다.

"구멍을 뚫는 것을 허락하겠노라. 구멍을 뚫고서 끈으로서 구멍을 관통시키고 끈의 끝에 매듭을 지어서 귀의 위쪽에서 이마의 앞의 네 손가락 크기에 선진을 얹도록 하라."

여러 비구들이 선진의 끈을 묶어 머리 뒤쪽에 얹었다. 이 일을 세존께 아뢰었고, 세존께서는 말씀하셨다.

"지금부터 선진의 끈을 묶어서 머리 뒤쪽에 얹지 말라. 묶는 자는 돌길라이니라."

이때 선진이 떨어졌어도 졸았다. 이 일을 세존께 아뢰었고, 세존께서는 말씀하셨다.

"선진이 첫 번째로 떨어지면 한 번을 다리를 펼 것이고, 두 번이 떨어지면 다시 두 번째로 다리를 펴는 것을 허락하겠노라. 세 번이 떨어졌다면 마땅히 일어나서 경행하도록 하라."

경행할 때에 왕래하였던 까닭으로 서로가 혼란스러웠다. 이 일을 세존께 아뢰었고, 세존께서는 말씀하셨다.

"마땅히 기러기가 날아가는 것과 차례로 경행하도록 하라."

경행할 때 하좌가 상좌와 어깨를 부딪쳤다. 이 일을 세존께 아뢰었고, 세존께서는 말씀하셨다.

"경행하는 때에 하좌는 상좌와 어깨를 부딪쳐서는 아니된다. 하좌는 마땅히 상좌의 뒤를 따라 경행하면서 상좌의 가까이에 다가가서는 아니된다."

여러 비구들이 졸았으므로 함께 서로에게 의논하여 말하였다.

"세존께서는 우리들이 시절(時節)을 정하는 것을 허락하신다면 좋겠구나."

이 일을 세존께 아뢰었고, 세존께서는 말씀하셨다.

"시절을 짓는 것을 허락하겠노라."

여러 비구들이 서로에게 의논하여 말하였다.

"세존께서는 두 때로 짓는 것을 허락하신다면 좋겠구나."

이 일을 세존께 아뢰었고, 세존께서는 말씀하셨다.

"두 때로 짓는 것을 허락하겠노라."

다시 서로에게 의논하여 말하였다.

"밤에 시절을 짓는 것을 허락하신다면 좋겠구나."

이 일을 세존께 아뢰었고, 세존께서는 말씀하셨다.

"밤에 시절을 짓는 것을 허락하겠노라."

다시 서로에게 의논하여 말하였다.

"우리에게 낮에도 시절을 짓는 것을 허락하신다면 좋겠구나."

이 일을 세존께 아뢰었고, 세존께서는 말씀하셨다.

"낮에도 시절을 짓는 것을 허락하겠노라."

다시 서로에게 의논하여 말하였다.

"세존께서는 우리들에게 7일 등을 좌선하는 것을 허락하신다면 좋겠구나."

이 일을 세존께 아뢰었고, 세존께서는 말씀하셨다.

"7일 등을 좌선하는 것을 허락하겠노라."

다시 서로에게 의논하여 말하였다.

"세존께서는 우리들에게 항상 좌선하는 것을 허락하신다면 좋겠구나."

이 일을 세존께 아뢰었고, 세존께서는 말씀하셨다.

"항상 좌선하는 것을 허락하겠노라."

이때 세존께서는 시절을 짓는 것을 허락하셨으므로 두 때인 밤의 때와 낮의 때에 좌선하였고, 7일의 때에 좌선하였으며, 항상 좌선할 때에 양지(楊枝)를 씹지 않아서 입안에 냄새가 있었다. 함께 서로가 의논하여 말하였다.

"세존께서는 우리들에게 양지를 씹는 것을 허락하신다면 좋겠구나."

이 일을 세존께 아뢰었고, 세존께서는 말씀하셨다.

"양지를 씹는 것을 허락하겠나니, 다섯 가지의 이익이 있느니라. 첫째는 입이 쓰지 않은 것이고, 둘째는 입에서 냄새가 없는 것이며, 셋째는 풍치를 없애고, 넷째는 열병(熱病)을 없애며, 다섯째는 충치를 없애는 것이다. 다시 다섯 가지의 이익이 있나니, 첫째는 풍치를 없애는 것이고, 둘째는 열을 없애는 것이며, 셋째는 입이 자미(滋味)[3]하는 것이고, 넷째는 능히 먹을 수 있으며, 다섯째는 눈이 밝아지는 것이다."

이때 곧 시절을 짓는 것을 허락하셨으므로 두 때인 밤의 때와 낮의 때에 좌선하였고, 7일의 때에 좌선하였으며, 항상 좌선할 때에 목욕하지 않아서 때가 끼었고 냄새가 있었다. 함께 서로가 의논하여 말하였다.

"세존께서는 목욕하는 것을 허락하신다면 좋겠구나."

이 일을 세존께 아뢰었고, 세존께서는 말씀하셨다.

"목욕하는 것을 허락하겠노라."

그때 물의 흐름이 빨랐던 도랑에 들어갔던 자가 물에 떠내려갔다. 이 일을 세존께 아뢰었고, 세존께서는 말씀하셨다.

"물속에 마땅히 기둥을 설치하고 장애물을 지을 것이며 잡고서 목욕하라."

이때 곧 시절을 짓는 것을 허락하셨으므로 두 때인 밤의 때와 낮의 때에 좌선하였고, 7일의 때에 좌선하였으며, 항상 좌선하는 때에 여러 비구들이 무량한 지견을 얻어서 수다원·사다함·아나함·아라한과를 증득하였다. 세존께서는 여러 비구들이 증득한 것을 아셨고, 이 인연으로서 승가를 모으셨으며, 여러 비구들에게 말씀하셨다.

"그곳에 광명이 있느니라."

제불께서 세상에 머무시는 법에는 1년에 두 번의 대회가 있나니, 봄의 마지막 달과 여름의 마지막 달이다. 봄의 마지막 달에는 여러 지방과 나라의 여러 처소에 있던 비구들이 와서 이렇게 생각을 짓는 것이다.

'세존께서 설하신 법을 우리들이 마땅히 안거하면서 수습한다면 안락하게 머물 수 있을 것이다.'

이것을 첫 번째의 대회라고 이름한다. 여름의 마지막 달에는 여러

3) 자양분(滋養分)이 많고 좋은 맛으로 '감칠맛'을 뜻한다.

비구들이 여름 3개월의 안거를 마치고 옷을 지어서 마치고 옷과 발우를 지니고 세존의 처소로 나아가서 이렇게 생각을 짓는 것이다.

'우리들은 오랫동안 불을 보지 못하였다. 오랫동안 세존을 보지 못하였다.'

이것을 두 번째의 대회라고 이름한다. 이때 바구마 강변의 여러 비구들이 3개월 동안 하안거가 지나자 옷을 지어서 마치고 옷과 발우를 지니고 세존의 처소에 이르렀고, 세존께서는 바구마 강변의 비구들이 오는 것을 멀리서 보셨다. 세존께서 초선(初禪)에 들어가셨고 바구마 강변의 비구들 역시 초선에 들어갔으며, 세존께서 초선에서 나와서 제2선·제3선·제4선·공(空)·무상(無想)·무작(無作)에 들어가셨으므로, 바구마 강변의 비구들도 역시 초선에서 나와서 제2선·제3선·제4선·공·무상·무작에 들어갔다. 이때 장로 아난이 바구마 강변의 비구들이 오는 것을 멀리서 보고 곧 합장하고서 세존께 아뢰었다.

"세존이시여. 원하옵건대 세존께서는 바구마 강변의 비구들과 함께 말씀하시어 바구마 강변의 비구들이 장야도 안락하게 하십시오."

세존께서 아난에게 말씀하셨다.

"이러한 말을 짓지 말게. 아난이여. 내가 아는 것과 같이 그대는 능히 알겠는가? 아난이여. 내가 바구마 강변의 비구들이 오는 것을 멀리서 보았던 때에 나는 초선에 들어갔고, 바구마 강변의 비구들도 역시 초선에 들어갔으며, 내가 초선에서 나와서 제2선·제3선·제4선·공·무상·무작에 들어갔으므로, 바구마 강변의 비구들도 역시 초선에서 나와서 제2선·제3선·제4선·공·무상·무작에 들어갔느니라."

세존께서는 사위국에 머무르셨다.

그때 흑산국(黑山國)의 토지에 비구가 있어 마숙(馬宿)과 만숙(滿宿)이라고 이름하였고, 이곳에 머물면서 다른 사람들의 집을 오염시켰는데, 모두가 보았고, 모두가 들었으며, 모두가 알게 되었다. 이 비구들은 여인과 함께 하나의 평상에 앉아서 함께 한 그릇에 먹었고, 함께 그릇에 술을 마셨으며, 오후에도 먹었다. 함께 먹고 잤으며 숙식(宿食)을 먹었고 받지 않았어도 먹었으며 잔식법(殘食法)을 받지 않았어도 먹었고, 거문고를 연주하고 북을 두드렸으며 피리를 불었고, 입술을 비틀어 음악소리를 지었고, 이빨로 기악(伎樂)을 지었으며, 구리그릇을 두드렸고, 다라수(多羅樹) 잎을 두드리면서 나머지의 여러 종류의 기악과 가무를 지었다.

꽃다발과 영락을 몸에 걸쳤고, 향으로써 몸에 발랐으며, 향기의 옷(香薰衣)을 입었고, 물로써 서로에게 뿌려주기도 하였다. 스스로가 손으로 꽃을 꺾었고, 역시 다른 사람을 시켜서 꺾었으며, 스스로 꽃다발을 묶기도 하였고 역시 다른 사람을 시켜서 묶기도 하였으며, 머리에 꽃을 꽂았고, 다른 사람을 시켜서 꽂았으며, 스스로가 귀걸이를 걸쳤고, 역시 다른 사람을 시켜서 걸쳤으며, 스스로가 다른 사람의 부녀(婦女)를 데리고 떠났고, 다른 사람을 시켜서 데리고 떠나게 하였다. 코끼리 싸움·말 싸움·마차 경주·달리기·양 싸움·물소 싸움·개 싸움·닭 싸움·남자 싸움·여자 싸움 등을 시키거나, 역시 스스로가 함께 싸우면서 손으로 때리고 발로 차며 사방으로 뛰어다녔고, 쉽게 옷을 바꾸어 입고 달리거나 물속에서 물장구를 치거나, 나무를 쪼개고 잘랐으며, 팔을 두드리고 무릎을 두드리면서 큰 소리로 울부짖었고, 혹은 어긋나게 읊조렸으며, 여러 다른 말을 하였다.

펄쩍 뛰었다가 되돌아왔고, 물고기와 같이 유연하게 맴돌았으며, 물건을 공중에 던져서 돌아오면 스스로가 잡아서 취하였고, 여인과 함께 큰 배의 위에서 기악을 짓게 하였으며, 혹은 코끼리·말·마차·가마를 타기도 하였고, 여러 사람과 함께 고동(唄)을 불면서 길을 인도하여 원림(園林)의 가운데에 들어가기도 하였다. 이와 같은 여러 종류의 악한 부정한 일을 지었다.

이때 아난이 가시국(迦尸國)을 따라서 사위성을 향하여 왔으며 흑산읍에 이르러 묵게 되었다. 이른 아침의 때에 이르자 옷을 입고 발우를 지니고 성에 들어가 걸식하였다. 아난은 빈 발우를 가지고 성에 들어갔으나, 오히려 빈 발우로 나왔다. 성에서 멀리 않은 곳에 여러 사람들이 모여 있었는데, 적은 인연이 있어 아난은 그곳에 이르렀고 사람들에게 물어 말하였다.

“그대들의 이 토지는 풍요롭고 즐거우며 여러 사람도 많이 있는데, 지금 나는 걸식하면서 빈 발우를 가지고 성에 들어갔고 도리어 빈 발우로 나왔습니다. 사문 석자가 이곳에 있어 많고 적은 악한 일을 지은 것은 없습니까?”

이때 현자가 있어 우루가(憂樓伽)라고 이름하였고, 그는 사람들 가운데에 있었으나, 자리에서 일어나 오른쪽 어깨를 드러내고 합장하고서 아난에게 말하였다.

“대덕께서는 알지 못합니까? 이곳에 마숙과 만숙이라는 비구가 있어 여러 악행을 지었으며, [자세한 설명은 앞에서와 같다.] 대덕 아난이여. 이 두 비구가 이곳에 머물면서 악행을 지어서 여러 집을 모두 더럽힌 것을 모두가 보았고 들었으며 알고 있습니다.”

이때 우루가 현자는 곧 두 손으로 아난을 잡고서 데리고 자기 집으로 들어가서 자리를 펼쳐서 앉게 하였으며, 스스로가 손으로 물과 여러 종류의 좋은 음식을 주었다. 스스로가 배부르게 먹고서 손을 씻고 발우를 거두자, 법을 들으려는 까닭으로 현자는 작은 자리를 취하여 앉았다. 아난은 여러 종류의 인연으로서 법을 설하여 보여주었고 가르쳤으며 이익되고 기쁘게 하고서 자리에서 일어나서 자기의 방사로 향하였다. 와구를 수용하였던 곳을 따라서 돌아왔으며, 옛날의 비구에게 맡기고서 옷과 발우를 지니고 유행하여 사위국으로 향하여 점차 세존의 처소에 이르렀으며, 머리숙여 발에 예경하고서 한쪽에 서 있었다. 모든 제불의 상법은 객비구가 찾아왔다면 이와 같은 말로서 위문하는 것이다.

“견딜 수 있었는가? 부족하지 않았는가? 안락하게 머물렀는가? 도로에 피로하지는 않았는가? 걸식은 부족하지 않았는가?”

세존께서는 이와 같은 말로서 아난에게 위문하셨다.

“견디는 것은 부족하지 않았는가? 안락하게 머물렀는가? 도로에 피로하지는 않았는가? 걸식은 부족하지 않았는가?”

아난이 대답하여 말하였다.

“세존이시여. 견딜 수 있었고, 만족하였으며, 안락하게 머물렀고, 도로에 피곤하지 않았으며, 걸식에 어려움도 없었습니다."

이러한 인연으로서 세존께 자세히 말하였다. 세존께서는 이 일로써 비구 승가를 모으셨으며, 여러 종류의 인연으로서 마숙과 만숙 두 비구를 꾸짖으셨다.

"어찌 비구라고 이름하면서 여인과 같은 평상에 앉고, 나아가 어긋나게 말하였는가?"

여러 종류의 인연으로서 마숙과 만숙을 꾸짖으셨으며, 여러 비구들에게 말씀하셨다.

"지금부터는 여인과 같은 평상에 앉지 말라. 여인과 함께 앉는 자는 돌길라이니라. 여인과 함께 음식을 먹지 말라. 여인과 함께 음식을 먹는 자는 돌길라이니라. 여인과 함께 그릇 하나로 술을 마시지 말라. 여인과 함께 마시는 자는 돌길라이니라. 때가 아닌 때에 음식을 먹지 말라. 먹는 자는 바일제이니라. 잔숙식(殘宿食)을 먹지 말라. 먹는 자는 바일제이니라. 악하게 음식을 먹지 말라. 먹는 자는 돌길라이니라. 받지 않을 음식을 먹지 말라. 먹는 자는 바일제이니라. 잔식법(殘食法)을 지키지 않고 먹는 자는 바일제이고, 내숙식(內宿食)을 먹는 자는 돌길라이니라.

또 가야금을 튕기거나, 피리를 불어서도 아니되고, 치아를 서로 부딪쳐서 장단을 맞춰서도 아니되며, 입으로 물건을 불어서 음절을 지어서도 아니되고, 구리잔을 두드려서 음절을 지어서도 아니되며, 다라수 잎을 두드려서 음절을 지어도 아니되고, 노래를 불러도 아니되며, 박수로 음절을 지어도 아니되고, 춤을 추어서도 아니된다. 범하는 자는 모두 돌길라이니라. 꽃다발과 영락을 걸쳐도 아니되고, 향과 영락을 걸쳐도 아니되며, 향유를 발라서도 아니되고, 향기있는 옷을 입어서도 아니된다. 범하는 자는 모두 돌길라이니라.

물로써 서로에게 뿌려주면 아니되나니, 범하는 자는 따라서 죄를 얻느니라. 스스로가 꽃을 꺾거나 다른 사람을 시켜서 꺾어서도 아니되나니, 스스로가 꽃을 꺾거나 다른 사람을 시켜서 꺾는다면 바일제죄이니라. 자기 스스로 화만(華鬘)을 엮거나, 다른 사람을 시켜서 화만을 엮어서도 아니되나니, 만약 스스로가 묶거나 다른 사람을 시켜서 묶는다면 돌길라죄이니라. 스스로가 화만을 지으면 아니되고 다른 사람을 가르쳐서 지어도 아니되나니, 만약 스스로가 짓거나 다른 사람을 시켜서 짓는다면 돌길라이니라. 스스로가 여러 꽃을 묶거나 다른 사람을 시켜서 묶어서도 아니되나니, 스스로가 묶거나 다른 사람을 시켜서 묶는다면 돌길라이니라.

스스로가 사자를 지어서 동남·동녀의 집에 이르러서도 아니되고, 다른 사람을 사자로 시켜서 동남동녀의 집에 이르게 하여서도 아니되나니, 만약 스스로가 이르거나 다른 사람을 시켜서 이르게 하였다면 횟수를 따라서 돌길라를 얻느니라. 코끼리 싸움·말 싸움·마차 경주를 시켜서도 아니되고, 사람과 어울려서 희롱하여도 아니되며, 양 싸움을 시켜서도 아니되고, 물소 싸움을 시켜서도 아니되며, 닭싸움을 시켜서도 아니되고, 개싸움을 시켜서도 아니되고, 여인들의 싸움을 시켜서도 아니되며, 남자들의 싸움을 시켜서도 아니되고, 소년과 소녀들의 싸움을 시켜서도 아니되며, 스스로가 싸워도 아니되고, 다른 사람을 시켜서 싸워서도 아니되나니, 범하는 자는 돌길라이니라.

팔을 흔들어도 아니되고, 장단에 맞추어 걸어서도 아니되며, 공중으로 물건을 던져서도 아니되고, 얼굴을 가려서도 아니되며, 달려서도 아니되고, 깡충깡충 뛰어서도 아니되나니, 범하는 자는 돌길라이니라. 풀과 나무를 베어서도 아니되나니, 범하는 자는 바일제이니라. 비틀거리며 걸어서도 아니되나니, 범하는 자는 돌길라이니라. 소리내어 울어서도 아니되고, 크게 소리쳐도 아니되며, 휘파람을 불어서도 아니되나니, 범하는 자는 돌길라이니라. 물구나무를 서더라도 아니되고, 펄쩍 뛰었다가 되돌아와서도 안 되고, 물고기처럼 유연하게 맴을 돌아서도 아니되나니, 범하는 자는 모두 돌길라이니라. 방울을 흔들어서도 아니되나니, 범하는 자는 횟수를 따라서 죄를 얻느니라.

여인과 함께 배에 타고 노래하며 즐겨서도 아니되나니, 범하는 자는 돌길라이니라. 코끼리와 말의 수레를 타서도 아니되고, 다른 사람에게 업혀서도 아니되며, 경박하게 원림으로 구경하여서도 아니되나니, 범하는 자는 모두 돌길라이니라. 불을 피워 제사를 지내서도 아니되고, 그릇되게 말하여도 아니되나니, 범하는 자는 횟수를 따라서 죄를 얻느니라."

세존께서는 사위국에 머무르셨다.

가라리(迦羅梨) 비구가 코끼리 싸움·말 싸움·마차 경주·격투기·양 싸움·물소 싸움·닭싸움·개싸움·남자와 여자들의 싸움·소년과 소녀들의 싸움을 가서 구경하였다. 여러 비구들이 이 일로써 세존께 아뢰었고, 세존께서는 말씀하셨다.

"지금부터 코끼리 싸움·말 싸움, 나아가 소년과 소녀들의 싸움을 가서 구경할 수 없느니라. 범하는 자는 돌길라이니라." [20법의 가운데에서 마친다.]

다음으로 비구니 법을 밝히겠노라.

세존께서는 사위국에 머무르셨다.

그때 장로 우바리가 세존께 물어 말하였다.

"세존이시여. 마하파사파제구담미(摩訶波闍波提瞿曇彌)는 8중법(重法)을 받았던 까닭으로 곧 이것은 출가하여 구족계를 받은 것이고, 비구니법을 성취하였습니다. 나머지의 비구니들은 마땅히 어떻게 해야 합니까?"

세존께서 말씀하셨다.

"마땅히 현전하여 백사갈마를 지어야 하느니라."

세존께서는 왕사성에 머무르셨다.

그때 여러 비구들이 비구니에게 갈마를 지어서 주었다. 여러 비구니들이 마음이 기쁘지 않아서 이 일을 세존께 아뢰었다. 세존께서는 말씀하셨다.

"지금부터 여러 비구는 마땅히 비구니에게 갈마를 지어서 주지 말라. 수구족계갈마(受具足戒羯磨)·마나타갈마(摩那陀羯磨)·출죄갈마(出罪羯磨) 등을 제외하고는 비구니가 비구니에게 갈마를 지어서 주어야 하느니라."

세존께서는 사위국에 머무르셨다.

그때 여러 비구니들이 비구에게 갈마를 지어서 주었다. 여러 비구들이 마음이 기쁘지 않아서 이 일을 세존께 아뢰었다. 세존께서는 말씀하셨다.

"여러 비구니는 마땅히 비구에게 갈마를 지어서 주지 말라. 예배하지 않거나, 함께 말하지 않거나, 공양하지 않는 갈마를 제외하고는 비구들이 비구에게 갈마를 지어서 주어야 하느니라."

세존께서는 왕사성에 머무르셨다.

그때 여러 부인들이 남편이나 시어머니에게 고뇌하였던 까닭으로 출가하여 비구니가 되었다. 이때 화상인 비구니와 아사리인 비구니가 함께 머물면서 비구니들을 고뇌시켰던 까닭으로 다시 백의가 되었다. 여러 거사들이 꾸짖어 말하였다.

"여러 불길하고 폐악(弊惡)한 여자들이구나. 우리들은 이전에 그들의 주인이었는데, 중간에 비구니가 되어서 오히려 우리에게 존중을 받았고, 지금 우리에게 돌아와서 그러한 존중을 받으려는데 어느 것도 결정(決定)할 수 없구나."

이 일을 세존께 아뢰었고, 세존께서는 말씀하셨다.

"만약 비구니가 계를 한 번이라도 반납했다면 다시 출가하여 구족계를 받는 것을 허락하지 않겠노라."

세존께서는 왕사성에 머무르셨다.

그때 장로 마하가섭이 오전에 옷과 발우를 지니고서 기사굴산에서 내려왔고 왕사성에 들어가서 걸식하였다. 이때 투란난타(偸蘭難陀) 비구니가 대가섭 앞에서 느리게 걸어갔다. 대가섭이 말하였다.

"자매여. 만약 빠르게 걷거나, 나에게 길을 비켜주시오."

곧 욕하여 말하였다.

"그대는 본래 외도였는데, 무슨 급한 일이 있다고 천천히 다니지 않습니까?"

대가섭이 말하였다.

"악한 여인이구나. 내가 그대를 꾸짖지는 않겠으나, 나는 아난을 꾸짖어야겠구나."

이 일을 세존께 아뢰었고, 세존께서는 말씀하셨다.

"지금부터 비구니가 비구 앞에서 걷는 것을 허락하지 않겠노라. 앞에서 걷는다면 돌길라이니라."

세존께서는 사위국에 머무르셨다.

그때 투란난타 비구니가 오전에 옷과 발우를 지니고 걸식하였고, 걸식을 마치고서 니사단을 왼쪽 어깨에 걸치고 안타 숲에 들어갔고 한 나무의 아래에서 다리를 벌리고 앉았다. 이때 뱀이 있었는데 그의 여근(女根)의 안으로 들어갔다. 이 일을 세존께 아뢰었고, 세존께서는 말씀하셨다.

"지금부터 비구니가 다리를 벌리고 앉는 것을 허락하지 않겠노라. 다리를 벌리고 앉으면 돌길라이니라. 만약 한쪽 다리를 펼치고 앉는다면 범한 것은 없다."

세존께서는 사위국에 머무르셨다.

그때 우바리가 세존께 물어 말하였다.

"세존께서는 비구니가 보았거나, 들었거나, 의심스러운 비구의 죄를 드러내는 것을 허락하시지 않았습니다. 혹은 인연이 있어서 보았거나, 들었거나, 의심스러운 비구의 죄를 드러내었어도 죄를 범하지 않습니까?"

세존께서는 말씀하셨다.

"아니니라. 악지식(惡知識)이나 악한 반당(伴黨)을 가까이하지 말라고 말하는 것은 제외하느니라."

세존께서는 사위국에 머무르셨다.

그때 비구가 있었는데 한 비구를 가르쳐서 계를 반환시켰고, 따라서 죄를 얻었다. (세존께서 말씀하셨다.)

"만약 (비구가) 비구니·식차마니·사미·사미니를 가르쳐서 계를 반환시켰다면 돌길라이니라. 만약 비구니가 비구니를 가르쳐서 계를 반환시켰다면 돌길라이고, 만약 비구니가 식차마니·사미·사미니·비구를 가르쳐서 반환시켰다면 돌길라이니라. 만약 식차마니가 식차마니를 가르쳐서 계를 반환시켰다면 돌길라이고, 만약 사미·사미니·비구·비구니를 가르쳐서 계를 반환시켰다면 돌길라이니라. 만약 사미가 사미를 가르쳐서 계를 반환시켰다면 돌길라이고, 만약 사미니·비구·비구니·식차마니를 가르쳐서 계를 반환시켰다면 돌길라이니라. 만약 사미니가 사미니를 가르쳐서 계를 반환시켰다면 돌길라이고, 만약 비구·비구니·식차마니·사미를 가르쳐서 계를 반환시켰다면 돌길라이니라.

만약 비구가 여러 종류의 물건으로서 다른 비구를 유혹하면 죄를 얻고, 비구니·식차마니·사미·사미니를 유혹한다면 돌길라이니라. 만약 비구니가 여러 종류의 물건으로서 비구니를 유혹하면 죄를 얻고, 식차마니·사미·사미니·비구를 유혹하면 돌길라이니라. 만약 식차마니가 여러 종류의 물건으로서 식차마니를 유혹하면 돌길라이고, 사미·사미니·비구·비구니를 유혹하여도 돌길라이니라. 만약 사미가 여러 종류의 물건으로서 사미를 유혹하면 돌길라이고, 사미니·비구·비구니·식차마니를 유혹하여도 돌길라이니라. 만약 사미니가 여러 종류의 물건으로서 사미니를 유혹하면 돌길라이고, 만약 비구·비구니·식차마니·사미를 유혹하여도 돌길라이니라.

만약 비구가 다른 비구에게 아첨한다면 돌길라이고, 만약 비구니·식차마니·사미·사미니에게 아첨하여도 돌길라이니라. 만약 비구니가 다른 비구니에게 아첨한다면 돌길라이고, 만약 식차마니·사미·사미니에게 아첨하여도 돌길라이며, 만약 비구니가 비구에게 아첨한다면 바일제이니라. 만약 식차마니가 식차마니에게 아첨한다면 돌길라이고, 만약 비구·비구니·사미·사미니에게 아첨하여도 돌길라이니라. 만약 사미가 사미에게 아첨한다면 돌길라이고, 만약 비구·비구니·식차마니·사미니에게 아첨하여도 돌길라이니라. 만약 사미니가 사미니에게 아첨한다면 돌길라이고,

만약 비구·비구니·식차마니·사미에게 아첨하여도 돌길라이니라.

만약 비구가 다른 비구를 업신여긴다면 돌길라죄이고, 만약 비구가 비구니·식차마니·사미·사미니를 업신여겨도 돌길라이니라. 만약 비구니가 비구니를 업신여긴다면 돌길라이고, 만약 비구니가 식차마니·사미·사미니를 업신여겨도 돌길라이니라. 만약 식차마니가 식차마니를 업신여긴다면 돌길라이고, 만약 사미·사미니·비구·비구니를 업신여겨도 돌길라이니라. 만약 사미가 사미를 업신여긴다면 돌길라이고, 만약 사미니·비구·비구니·식차마니를 업신여겨도 모두 돌길라이니라. 만약 사미니가 사미니를 업신여긴다면 돌길라이고, 만약 비구·비구니·식차마니·사미·사미니를 업신여겨도 모두 돌길라이니라.

만약 비구가 다른 비구를 향하여 욕한다면 죄를 범한 것이고, 만약 비구니·식차마니·사미·사미니에게 욕하여도 돌길라이니라. 만약 비구니가 비구니를 향하여 욕한다면 죄를 범한 것이고, 만약 식차마니·사미·사미니·비구를 향하여 욕하여도 돌길라이니라. 만약 식차마니가 식차마니를 향하여 욕한다면 돌길라이고, 만약 사미·사미니·비구·비구니를 향하여 욕하여도 모두 돌길라이니라. 만약 사미가 사미를 향하여 욕한다면 돌길라이고, 만약 사미니·비구·비구니·식차마니를 향하여 욕하여도 돌길라이니라. 만약 사미니가 사미니를 향하여 욕한다면 돌길라이고, 만약 비구·비구니·식차마니·사미를 향하여 욕하여도 돌길라이니라."

세존께서는 사위국에 머무르셨다.

그때 여러 비구니들이 기원에 이르러 법을 들었다. 여러 비구들이 부구(敷具)를 펼쳐놓았으나 많이 남아있었다. 여러 비구니들이 부구를 구하지 못하였던 까닭으로 고뇌하였으며 비구들에게 말하였다.

"대덕들께서 부구를 이미 모두 펼쳐놓았고 남는 것이 있다면 우리들이 앉도록 빌려주십시오."

여러 비구들이 말하였다.

"세존께서는 우리들이 부구를 펼쳐놓고서 남는 것을 비구니에게 주는 것을 허락하시지 않았습니다."

여러 비구들이 어떻게 해야 하는가를 알지 못하였으므로, 이 일을 세존께 아뢰었다. 세존께서는 말씀하셨다.

"지금부터 여러 비구들이 부구를 펼쳐놓고서 남는 것이 있다면 비구니가 앉도록 빌려주는 것을 허락하겠노라."

세존께서는 왕사성에 머무르셨다.

그때 장로 대가섭이 오전에 옷과 발우를 지니고서 기사굴산에서 내려왔고 왕사성에 들어가서 걸식하였다. 투란난타 비구니가 뒤를 따라서 왔고 이르러 팔꿈치로 몰래 마하가섭의 등을 떠밀었다. 대가섭이 말하였다.

"악한 여인이구나. 내가 그대를 꾸짖지는 않겠으나, 나는 아난을 꾸짖어야겠구나."

이 일을 세존께 아뢰었고, 세존께서는 말씀하셨다.

"지금부터 비구니가 비구의 등 뒤에 몰래 숨는 것을 허락하지 않겠노라. 숨는다면 돌길라이니라."

세존께서는 사위국에 머무르셨다.

그때 제바달다(提婆達多)를 돕는 비구니가 화려한 비단의 양당(裲襠)을[4] 입었다. 여러 거사들이 꾸짖어 말하였다.

"여러 비구니는 선하고 덕이 있다고 스스로가 말하면서, 왕의 부인이나 대신의 아내와 같이 화려한 비단의 양당을 입는구나."

이 일을 세존께 아뢰었고, 세존께서는 말씀하셨다.

"지금부터 비구니는 마땅히 화려한 비단의 양당을 입지 말라. 만약 입는다면 돌길라이니라."

세존께서는 왕사성에 머무르셨다.

---

4) 옛날의 조끼를 가리키는 것으로 저고리 위에 덧입는 소매가 없는 옷이다.

그때 여러 비구니들이 화려한 색깔의 허리 띠·돼지 내장의 허리띠·여러 비단의 실로 몸을 묶었다. 이 일을 세존께 아뢰었고, 세존께서는 말씀하셨다.

"지금부터 비구니가 화려한 색깔의 허리 띠·돼지 내장의 허리띠·여러 비단의 실로 몸을 묶는 것을 허락하지 않겠노라. 만약 묶는 자는 돌길라이니라."

세존께서는 왕사성에 머무르셨다.

그때 제바달다를 돕는 비구니가 가늘게 주름잡은 옷을 입거나, 새털의 옷을 입거나, 생기의(生起衣)를 입거나, 얇은 망사인 옷을 입었다. 이 일을 세존께 아뢰었고, 세존께서는 말씀하셨다.

"지금부터 비구니가 네 종류의 옷을 입는 것을 허락하지 않겠노라. 입는다면 돌길라이니라."

세존께서는 사위국에 머무르셨다.

그때 투란난타 비구니가 고의로 얼굴을 찌푸리고 신음하였다. 여러 비구니가 물어 말하였다.

"그대는 무엇을 짓습니까?"

대답하여 말하였다.

"감촉의 즐거움을 받고 있습니다."

이 일을 세존께 아뢰었고, 세존께서는 말씀하셨다.

"비구니는 얼굴을 찌푸리고 신음하지 말라. 만약 고의로 얼굴을 찌푸리고 신음한다면 돌길라이니라."

세존께서는 사위국에 머무르셨다.

이견비구(異見比丘)[5]가 있어 걸식하였다. 한 때에 두 사람의 몫을 걸식하

5) 세존의 지견과 다른 비구라는 뜻이다. 행이 계율에 의지하지 않고 자의적으로 행동하는 비구를 가리킨다.

여 먼저 걸식한 것은 스스로가 먹었고 뒤에 걸식한 것은 방사로 돌아가 비구니에게 주었다. 이 비구가 두 사람 몫의 음식을 걸식하였는데 이때 비가 내렸던 까닭으로 비구니가 오지 않았다. 그 음식을 먹을 사람이 없었으므로 승방 안에 버렸고 온갖 새들이 와서 모였으며 시끄럽게 소리를 지었다. 세존께서는 공양을 마치고 아난을 데리고서 그곳에 이르렀다. 세존께서는 보시고 아시면서도 일부러 아난에게 물으셨다.

"이곳에 무슨 까닭으로 새들이 모여들어 시끄럽게 소리를 짓는가?"

아난이 세존께 아뢰어 말하였다.

"세존이시여. 이견비구가 있었고 두 사람 몫의 음식을 먼저 걸식한 것은 스스로가 먹었고 뒤에 걸식한 것은 비구니에게 주고 있습니다. 두 사람 몫의 음식을 걸식하였는데, 비가 내렸던 까닭으로 비구니가 오지 않았습니다. 이 음식을 먹을 사람이 없어서 승방 안에 버렸고, 이러한 인연의 까닭으로써 새들이 모여들어 시끄럽게 소리를 짓고 있습니다."

세존께서는 아시면서도 일부러 아난에게 물으셨다.

"여러 비구들이 친족이 아닌 비구니에게도 음식을 주었는가?"

아난이 대답하여 말하였다.

"세존이시여. 주었습니다."

세존께서는 이 인연으로서 비구 승가를 모으셨다. 승가가 모였으므로 여러 종류의 인연으로 여러 비구들을 꾸짖으셨다.

"어찌 비구라고 이름하면서 친족이 아닌 비구니에게 음식을 주었는가?"

세존께서는 여러 비구들에게 알리셨다.

"지금부터 비구는 친족이 아닌 비구니에게 음식을 주지 말라. 주는 자는 돌길라이니라."

세존께서는 사위국에 머무르셨다.

이때 세상은 기근이었고 걸식하여 얻는 것은 어려웠다. 여러 비구들은 절일(節日)에 음식을 얻어서 남는 음식이 많았으나, 여러 비구니들은 음식을 구하여도 얻을 수 없었다. 고뇌가 생겨나서 여러 비구들에게 말하였다.

"그대들은 남은 음식을 우리에게 주십시오."

여러 비구들이 말하였다.

"세존께서는 우리들이 남은 음식을 주는 것을 허락하시지 않았습니다."

이 일을 세존께 아뢰었고, 세존께서는 말씀하셨다.

"이와 같은 기근의 때에는 비구니에게 남은 음식을 주는 것을 허락하겠노라."

기근의 세상이 지나가고 풍요롭고 즐거운 때에 이르렀으나, 여러 비구들이 기근의 때와 같이 비구니에게 남은 음식을 주고자 하였다. 여러 비구니들이 받지 않고서 이렇게 말을 지었다.

"그대들에게 잔숙(殘宿)이라면 우리에게도 역시 잔숙입니다. 그대에게 부정하다면 우리에게도 역시 부정합니다."

여러 비구들이 어떻게 해야 하는가를 알지 못하였으므로, 이 일을 세존께 아뢰었다. 세존께서는 말씀하셨다.

"지금부터 비구에게는 잔숙이라도 비구니에게는 청정한 것이고, 비구니에게는 잔숙이라도 비구에게는 청정한 것이니라."

세존께서는 사위국에 머무르셨다.

여러 비구들이 비구니들에게 차도법(遮道法)[6]을 물었다. 여러 비구니들이 부끄럽고 즐겁지 않았으므로 이 일을 세존께 아뢰었다. 세존께서는 말씀하셨다.

"지금부터 비구가 비구니에게 차도법을 묻는 것을 허락하지 않겠노라. 비구니가 마땅히 비구니에게 차도법을 물어야 하느니라."

세존께서는 사위국에 머무르셨다.

여러 비구니가 비구들에게 차도법을 물었다. 여러 비구들이 부끄럽고

---

6) 승가에 들어오는 것을 허락할 수 없는 자격을 규정한 것을 말한다.

즐겁지 않았으므로 이 일을 세존께 아뢰었다. 세존께서는 말씀하셨다.

"지금부터 비구니가 비구에게 차도법을 묻는 것을 허락하지 않겠노라. 비구니가 마땅히 비구니에게 차도법을 물어야 하느니라."

세존께서는 사위국에 머무르셨다.

그때 여러 비구니들이 능히 정확하게 말하지 못하는 식차마니에게 구족계를 주었다. 이 식차마니가 세존께 "저를 제도하여 주십시오."라고 말하여 아뢰었으나, 말이 정확하지 않은 까닭으로 곧 "저를 제적하여 주십시오."라고 말하였다. 젊은 여러 비구니들이 그것을 웃었으므로, 이 식차마니는 부끄러웠던 까닭으로 일어나서 떠나갔고, 이러한 일을 까닭으로 마침내 다시 구족계를 받지 못하였다. 이 일을 세존께 아뢰었고, 세존께서는 말씀하셨다.

"지금부터 말이 정확하지 못한 식차마니가 있다면 다른 비구니가 대신하여 애원하라. 대신 애원하는 법은 일심으로 비구니 승가가 화합하였다면 대신에 애원하는 비구니는 마땅히 자리에서 일어나서 오른쪽 어깨를 드러내고 호궤 합장하고서 이렇게 말을 짓도록 하라.

'대덕 승가께서는 허락하십시오. 이 누구 식차마니는 말이 정확하지 않으나, 승가를 쫓아서 구족계를 주는 것을 애원하고 있으며, 화상인 비구니는 누구입니다. 승가께서는 애민한 까닭으로 마땅히 누구 식차마니를 제도하시어 구족계를 주십시오.'

두 번째에도 역시 마땅히 말하라.

'대덕 승가께서는 허락하십시오. 이 누구 식차마니는 말이 정확하지 않으나, 승가를 쫓아서 구족계를 주는 것을 애원하고 있으며, 화상인 비구니는 누구입니다. 승가께서는 애민한 까닭으로 마땅히 누구 식차마니를 제도하시어 구족계를 주십시오.'

세 번째에도 역시 마땅히 말하라.

'대덕 승가께서는 허락하십시오. 이 누구 식차마니는 말이 정확하지 않으나, 승가를 쫓아서 구족계를 주는 것을 애원하고 있으며, 화상인 비구니는 누구입니다. 승가께서는 애민한 까닭으로 마땅히 누구 식차마니를 제도하시어 구족계를 주십시오.'"

세존께서는 왕사성에 머무르셨다.

그때 장로 마하가섭이 비가 오는 오전에 옷과 발우를 지니고 왕사성에 들어가서 걸식하였다. 투란난타 비구니가 그 뒤에 따라와서 대가섭에게 입김을 불어댔다. 대가섭이 말하였다.

"자매여. 만약 앞에 지나가거나, 나에게 입김을 불어대지 말라."

비구니가 말하였다.

"대덕께서 먼저 가십시오."

다시 입김을 불었으며 멈추지 않았다. 대가섭이 말하였다.

"악한 여인이구나. 내가 그대를 꾸짖지는 않겠으나, 나는 아난을 꾸짖어야겠구나."

이 일을 세존께 아뢰었고, 세존께서는 말씀하셨다.

"지금부터 비구니가 비구에게 입김을 부는 것을 허락하지 않겠노라. 불었다면 돌길라이니라."

세존께서는 사위국에 머무르셨다.

그때 성안에 한 상인의 아내가 있었고, 남편이 외출하여 머물지 않았으므로 다른 남자와 함께 사통하여 배가 점점 커졌다. 이 아내는 남편이 아는 것이 두려웠던 까닭으로 곧 스스로 낙태하고서 이렇게 생각을 지었다.

'이 죽은 아이를 가지고 떠날 같은 마음의 사람이 없구나.'

근심하며 이 아이를 지켰다. 한 비구니가 있어 항상 이 집을 출입하였는데, 오전에 옷과 발우를 지니고 이 집에 이르러 아내가 근심하는 것을 보고 물어 말하였다.

"무슨 까닭입니까?"

대답하여 말하였다.

"제가 남편이 없었으므로 다른 남자와 사통하여 임신하였습니다. 남편이 성내는 것이 무서웠던 까닭으로 곧 스스로 낙태하였으나, 나와 함께 이 아이를 버릴 같은 마음의 사람이 없습니다. 그대가 능히 나를 위해 지니고 떠나갈 수 있겠습니까?"

대답하여 말하였다.

"나는 할 수 있습니다. 만약 내가 가지고 떠난다면 누가 알 수 있겠습니까?"

곧 죽은 아기를 한 단지 속에 담고 뚜껑을 닫았으며 가지고 떠나가서 가려진 곳에 버렸다. 이때 나이가 어린 장난꾸러기들이 이 비구니가 단지를 버리는 것을 보고 함께 서로에게 의논하여 말하였다.

"이렇게 버렸던 단지 속에 무슨 물건이 있을까?"

곧바로 가서 죽은 갓난아기가 있는 것을 보고서는 이렇게 말을 지었다.

"여러 사문 석자가 음욕을 지었고, 비구니에게 아이를 낳게 하였으며, 죽여서 버렸구나."

한 사람이 두 사람에게 말하였고, 두 사람이 세 사람에게 말하였으며, 이와 같이 전전하여 나쁜 소문이 유포되어 사위성에 가득하였다. 여러 비구들이 있어 욕망이 적고 만족함을 알며 두타를 행하였는데, 이러한 일을 듣고 즐겁지 않아서 이 일을 세존께 아뢰었다. 세존께서는 말씀하셨다.

"지금부터 비구니는 마땅히 다른 사람을 위해 죽은 태아를 버리지 말라. 만약 버린다면 죄를 범하느니라."

세존께서는 사위국에 머무르셨다.

그때 굴다(崛多)가 사내아이를 낳고서 이렇게 생각을 지었다.

'세존께서 계율을 제정하시어 남자와 접촉하는 것을 허락하시지 않았다. 내가 아들을 낳았는데 어떻게 해야 하는가를 알지 못하겠다.'

이 일을 세존께 아뢰었고, 세존께서는 말씀하셨다.

"지금부터 어머니가 스스로의 아이를 접촉하는 것은 허락하겠으며, 나아가 그 어머니와 떨어질 수 없을 때까지이다. 다른 비구니들은 마땅히 접촉할 수 없나니, 만약 접촉하는 자는 죄를 범하느니라. 만약 그 어머니와 떨어질 수 있으나, 어머니가 접촉하는 자는 돌길라이니라."

세존께서는 사위국에 머무르셨다.

그때 굴다가 사내아이를 낳고서 이렇게 생각을 지었다.

'세존께서 계율을 제정하시어 나아가 하룻밤이라도 남자와 함께 묵지 못하게 하셨다. 내가 아들을 낳았으므로 지금 마땅히 어떻게 해야 하는가?'

이 일을 세존께 아뢰었고, 세존께서는 말씀하셨다.

"지금부터 나아가 젖을 떼는 때까지는 함께 자는 것을 허락하겠노라. 만약 젖을 뗄 수 있는데도 함께 잠잔다면 어머니는 돌길라를 얻느니라. 다른 비구니들이 함께 잠잔다면 바일제이니라."

세존께서는 사위국에 머무르셨다.

그때 굴다가 사내아이를 낳고서 이렇게 생각을 지었다.

'세존께서는 <비구니는 하룻밤이라도 독방에서 잘 수 없고, 반드시 다른 비구니와 같은 방에서 잠을 자라.>고 말씀하셨다. 나는 지금 어떻게 해야 하는가?'

이 일을 세존께 아뢰었고, 세존께서는 이 일로써 승가를 모으셨으며, 여러 비구니들에게 말씀하셨다.

"그대들은 굴다 비구니에게 독방갈마(獨房羯磨)를 지어서 주도록 하라. 만약 다시 이와 같은 비구니가 있다면 역시 독방갈마를 지어서 주도록 하라. 독방갈마의 법은 일심으로 승가가 화합하였다면 굴다 비구니는 자리에서 일어나서 신발을 벗고 오른쪽 어깨를 드러내고 오른쪽 무릎을 꿇고 이렇게 말을 짓도록 하라.

'대덕 비구니 승가께서는 억념하십시오. 나 굴다는 아들을 낳았으므로 승가를 쫓아서 독방갈마를 애원합니다. 승가께서는 애민한 까닭으로 나에게 독방갈마를 지어서 주십시오.'

두 번째와 세 번째에도 역시 이와 같이 애원할 것이며, 이 가운데 한 비구니가 마땅히 승가의 가운데에서 창언하라.

'대덕 승가께서는 허락하십시오. 이 굴다가 아들을 낳았으므로 승가를 쫓아서 독방갈마를 애원합니다. 만약 승가께서 때에 이르셨다면 승가께서는 인정하고 허락하십시오. 승가께서는 굴다 비구니에게 독방갈마를 지어서 주십시오. 이와 같이 아룁니다.'

아뢰고서 백이갈마를 짓는다.

'승가시여. 굴다 비구니에게 독방갈마를 지어서 주었습니다. 승가께서 인정하신 것은 묵연하였던 까닭입니다. 이 일은 이와 같이 지니겠습니다.'"

세존께서는 사위국에 머무르셨다.

그때 여러 비구들이 다른 사람의 집에 출입하면서 함께 지식이 되었다. 여러 거사의 부인들이 비구들에게 말하였다.

"그대들이 우리의 딸을 제도하여 우바이로 지어서 주십시오."

비구들이 대답하여 말하였다.

"우리들은 손으로 여인과 접촉할 수 없습니다. 어떻게 제도하겠습니까?"

여러 비구들이 어떻게 해야 하는가를 알지 못하였으므로, 이 일을 세존께 아뢰었다. 세존께서는 말씀하셨다.

"자비롭고 애민한 마음을 까닭으로 마땅히 제도하여 우바이를 지어서 주도록 하라."

세존께서는 사위국에 머무르셨다.

그때 여러 비구니들이 다른 사람의 집에 출입하면서 함께 지식이 되었다. 여러 거사들이 비구니들에게 말하였다.

"그대들이 우리의 아들을 제도하여 우바새로 지어서 주십시오."

비구니들이 대답하여 말하였다.

"우리들은 손으로 남자와 접촉할 수 없습니다. 어떻게 제도하겠습니까?"

여러 비구니들이 어떻게 해야 하는가를 알지 못하였으므로, 이 일을 세존께 아뢰었다. 세존께서는 말씀하셨다.

"자비롭고 애민한 마음을 까닭으로 마땅히 제도하여 우바새를 지어서 주도록 하라."

세존께서는 사위국에 머무르셨다.

그때 여러 비구니들이 다른 사람의 집에 출입하면서 함께 지식이 되었다. 여러 거사의 아내들이 비구니들에게 말하였다.

"우리 아이들을 수호하려는 까닭이니 그대들의 낡고 찢어진 옷을 우리에게 조금만 허락하십시오."

비구니들이 말하였다.

"그대들은 거꾸로 말하네요. 그대들 백의가 우리들에게 공양하는 것인데, 어떻게 반대로 구합니까?"

여러 비구니들이 어떻게 해야 하는가를 알지 못하였으므로, 이 일을 세존께 아뢰었다. 세존께서는 말씀하셨다.

"마땅히 자비롭고 애민한 마음을 까닭으로 마땅히 주도록 하라."

세존께서는 사위국에 머무르셨다.

그때 석가족의 여러 귀족 여인들이 출가하여 비구니가 되었다. 가슴을 드러내고서 걸식하였으므로 여러 거사들이 꾸짖어 말하였다.

"여러 비구니들은 선하고 덕이 있다고 스스로가 말하면서, 왕의 부인이나 대신의 아내와 같이 가슴을 드러내고서 걸식하는구나."

여러 비구니들이 어떻게 해야 하는가를 알지 못하였으므로, 이 일을 세존께 아뢰었다. 세존께서는 말씀하셨다.

"지금부터 여러 비구니들은 부협의(覆脇衣)를 이용하여 가슴을 덮고서 걸식하는 것을 허락하겠노라."

세존께서는 사위국에 머무르셨다.

그때 비구니가 있었는데, 혼자서 낙선원(樂善園)의 가운데에 들어갔다가 도둑을 만나서 옷을 빼앗기고 알몸이 되었다. 여러 비구니들이 어떻게 해야 하는가를 알지 못하였으므로, 이 일을 세존께 아뢰었다. 세존께서는 말씀하셨다.

"지금부터 모든 비구니는 낙선원에 들어가는 것을 허락하지 않겠노라. 나머지의 일체의 원림도 역시 출입해서는 아니된다. 범하는 자는 돌길라이니라."

세존께서는 왕사성에 머무르셨다.

제바달다를 돕는 비구니가 남자들 앞에서 연못에 들어가서 목욕하였으므로 여러 거사들이 꾸짖어 말하였다.

"여러 비구니들이 선하고 덕이 있다고 스스로가 말하면서, 남자들이 있는 앞에서 목욕하므로 음녀(婬女)와 같아서 다른 것이 없구나."

비구니가 있어 욕망이 적고 만족함을 알며 두타를 행하였는데, 이러한 일을 듣고 즐겁지 않아서 이 일을 세존께 아뢰었다. 세존께서는 이 일로써 승가를 모으셨고, 승가는 모였으므로 여러 종류의 인연으로 꾸짖어 말씀하셨다.

"어찌 비구니라고 이름하면서 남자들 앞에서 목욕하였는가? 지금부터 비구니는 마땅히 남자들 앞에서 목욕하지 말라. 목욕하는 자는 바일제이니라."

세존께서는 사위국에 머무르셨다.

그때 마하파사파제구담미 비구니는 불법을 깊이 수호하고 절복시키는 말로서 여러 비구니를 위해 갈마를 지었는데 이를테면, 고절갈마·의지갈마·구출갈마·하의갈마이었다. 여러 비구니들이 업신여기면서 말하였다.

"누구가 우리의 화상 비구니이고, 누구가 우리의 아사리 비구니이며, 우리들은 어느 승가의 가운데에서 구족계를 받았다. 이 늙고 피폐한 비구니는 누가 그녀의 화상 비구니이고, 누가 아사리 비구니이며 어느 승가를 쫓아서 구족계를 받았는지 알지 못한다."

구담미가 이러한 일을 듣고 마음이 기쁘지 않아서 이 일을 세존께 아뢰었다. 세존께서는 이 일로써 승가를 모으셨으며, 비구니들에게 말씀하셨다.

"그대들은 마하파사파제구담미 비구니를 괴롭히지 말라. 구담미는 8중법(重法)을 받았을 때에 곧 출가하여 구족계를 얻었으며 비구니를 이루었느니라."

세존께서는 사위국에 머무르셨다.

그때 화색(華色) 비구니가 오전에 옷과 발우를 지니고서 성에 들어가 걸식하였다. 걸식을 마치고서 니사단을 어깨에 얹고 안타림(安陀林)의 가운데에 들어갔으며 니사단을 펼치고 한 나무의 아래에서 반가부좌를 하였다. 그때 바라문의 아들이 있어서 비구니에게 탐착심이 생겨나서 비구니가 있는 곳에 이르러 말하였다.

"함께 부정한 일을 행하자고 왔소."

화색 비구니는 생각하며 말하였다.

"내가 만약 거역하면 혹은 강제로 나를 잡아갈 것이다."

말하였다.

"잠깐만 기다리세요."

물어 말하였다.

"무슨 까닭이오?"

"다만 마땅히 잠깐만 기다리세요."

이 비구니는 곧 신통력으로서 안의 몸을 밖의 몸으로 변화시켰다. 바라문의 아들이 성내면서 말하였다.

"내가 염오(厭惡)하게 하는구나."

곧 주먹으로 머리를 때렸고, 두 눈알이 빠져나왔다. 다른 비구니들이 곧 물그릇에다 그 두 개의 눈알을 담아서 세존의 처소로 나아갔다. 세존께서는 여러 비구니에게 말씀하셨다.

"마땅히 정성스럽게 진실한 말을 짓도록 하라. '화색 비구니는 불법의 가운데에서 마음으로 불법승에서 깊이 믿고 즐거워하며, 불법승에 보시하지 않은 어느 정물(淨物)도 없습니다. 이러한 진실을 까닭으로 그녀의 두 눈이 예전과 같이 다시 돌아오게 하십시오.'"

여러 비구니들이 이렇게 진실한 말을 지어서 마쳤으므로 눈이 예전과 같아졌다.

세존께서는 여러 비구들에게 말씀하셨다.

"지금부터 비구니는 아련아 처소에 머무르지 말라. 머무는 자는 돌길라이니라."

세존께서는 사위국에 머무르셨다.

그때 여러 비구니들이 방목하는 사람들을 의지하면서 머물렀는데, 코끼리 소리·말 소리·남녀의 소리·어린아이들의 소리를 까닭으로 좌선하고 독경에 방해되었다. 이 여러 비구니들이 아침 일찍 일어나서 옷과 발우를 지니고 친족과 지식인 단월의 집에 이르렀다. 여러 거사들이 물어 말하였다.

"그대들은 안은하십니까?"

대답하여 말하였다.

"안은하지 못합니다."

"무슨 까닭입니까?"

"우리들은 방목하는 사람들의 근처에 머무르고 있습니다. 코끼리 소리·말 소리·남녀의 소리·어린아이들의 소리를 까닭으로 좌선하고 독경하며 경행하는 것에 방해되고 있습니다."

여러 거사들이 말하였다.

"우리들이 그대들을 위하여 방사를 짓겠습니다."

비구니들이 말하였다.

"세존께서는 우리들이 방사에서 머무는 것을 허락하시지 않았습니다."

이 일을 세존께 아뢰었고, 세존께서는 말씀하셨다.

"지금부터 여러 비구니들이 승방을 일으키는 것을 허락하겠노라."

세존께서는 왕사성에 머무르셨다.

그때 제바달다를 돕는 비구니가 여러 선량한 비구니들과 함께 머물면서 여러 선한 비구니들을 괴롭혔다. 여러 선한 비구니들이 아침 일찍 일어나서 옷과 발우를 지니고 친족과 지식인 단월의 집에 이르렀다. 여러 거사들이 물어 말하였다.

"그대들은 안은하십니까?"

대답하여 말하였다.

"안은하지 못합니다."

"무슨 까닭입니까?"

"제바달다를 돕는 비구니가 함께 머물면서 저희를 괴롭히고 있습니다."

여러 거사들이 말하였다.

"우리들이 그대들을 위하여 별도의 방사를 짓겠습니다."

비구니들이 말하였다.

"세존께서는 우리들이 별도의 방사에서 머무는 것을 허락하시지 않았습니다."

이 일을 세존께 아뢰었고, 세존께서는 말씀하셨다.

"지금부터 여러 비구니들이 별도의 방사를 짓는 것을 허락하겠노라."

세존께서는 왕사성에 머무르셨다.

그때 제바달다를 돕는 비구니가 문밖의 높은 곳에 서서 바라보는 것을 즐거워하였다. 여러 거사들이 꾸짖어 말하였다.

"여러 비구니들은 선량하고 덕이 있다고 스스로가 말하면서, 음녀와 같이 문밖의 높은 곳에 서서 바라보는구나."

이 일을 세존께 아뢰었고, 세존께서는 말씀하셨다.

"지금부터 여러 비구니들이 문밖의 높은 곳에 서서 바라보는 것을 허락하지 않겠노라. 만약 서서 바라본다면 바야제(波夜提)이니라."

세존께서 이미 문밖의 높은 곳에 서서 바라보는 것을 허락하시지 않았던 까닭으로, 곧 창문의 가운데에서 바라보았다. 여러 거사들이 꾸짖어 말하였다.

"여러 비구니들은 선량하고 덕이 있다고 스스로가 말하면서, 왕의 부인이나 대신의 아내와 같이 창문의 가운데에 있으면서 바라보는구나."

비구니가 있어 욕망이 적고 만족함을 알며 두타를 행하였는데 이러한 일을 듣고 즐겁지 않아서 이 일을 세존께 아뢰었다. 세존께서는 여러 종류의 인연으로서 비구니를 꾸짖으셨다.

"어찌 비구니라고 이름하면서 창문의 가운데에서 바라보았는가? 지금부터 창문의 가운데에서 바라보지 말라. 바라보는 자는 돌길라이니라."

세존께서는 사위국에 머무르셨다.

그때 여러 비구니들이 식차마니에게 구족계를 주면서 물어 말하였다.

"그대는 여인인가?"

대답하여 말하였다.

"나는 이근(二根)이 있습니다."

여러 비구니들이 어떻게 해야 하는가를 알지 못하였으므로, 이 일을 세존께 아뢰었다. 세존께서는 말씀하셨다.

"이러한 이근인(二根人)은 능히 여인이 아니니라. 능히 여인이 아닌 까닭으로 출가시켜 구족계를 받는 것을 허락하지 않겠노라. 만약 이미 출가하여 구족계를 받았다면 마땅히 멸빈(滅擯)을 지어라. 왜 그러한가? 이근인은 능히 여인이 아니고, 나의 법의 가운데에서 선한 비니법이 생겨나지 않는 까닭이다."

세존께서는 사위국에 머무르셨다.

그때 여러 비구니들이 식차마니에게 구족계를 주면서 물어 말하였다.

"그대는 여인인가?"

대답하여 말하였다.

"저는 소변을 보는 때에 대변이 나오고, 대변을 보는 때에 소변이 나옵니다."

여러 비구니들이 어떻게 해야 하는가를 알지 못하였으므로, 이 일을 세존께 아뢰었다. 세존께서는 말씀하셨다.

"두 길(道)이 합쳐졌다면 능히 여인이 아니므로, 마땅히 출가시켜 구족계를 주지 말라. 만약 이미 출가하여 구족계를 받았다면 마땅히 멸빈을 지어라. 왜 그러한가? 두 길이 합쳐졌다면 능히 여인이 아니고, 나의 법의 가운데에서 선한 비니법이 생겨나지 않는 까닭이다."

세존께서는 사위국에 머무르셨다.

그때 여러 비구니들이 식차마니에게 구족계를 주면서 물어 말하였다.

"그대는 월기(月忌)가[7] 있는가?"

대답하여 말하였다.

"항상 있습니다."

여러 비구니들이 어떻게 해야 하는가를 알지 못하였으므로, 이 일을 세존께 아뢰었다. 세존께서는 말씀하셨다.

"항상 월기가 있다면 능히 여인이 아니므로, 마땅히 출가시켜 구족계를 주지 말라. 만약 이미 출가하여 구족계를 받았다면 마땅히 멸빈을 지어라. 왜 그러한가? 항상 월기가 있다면 능히 여인이 아니고, 나의 법의 가운데에서 선한 비니법이 생겨나지 않는 까닭이다."

세존께서는 사위국에 머무르셨다.

그때 여러 비구니들이 식차마니에게 구족계를 주면서 물어 말하였다.

"그대는 월기가 있는 것이 멈추었는가?"

대답하여 말하였다.

"저는 항상 없습니다."

여러 비구니들이 어떻게 해야 하는가를 알지 못하였으므로, 이 일을 세존께 아뢰었다. 세존께서는 말씀하셨다.

---

7) 여인의 한 달에 있는 생리를 가리키는 말이다.

“항상 월기가 없다면 능히 여인이 아니므로, 마땅히 출가시켜 구족계 주는 것을 허락하지 않겠노라. 만약 이미 출가하여 구족계를 받았다면 마땅히 멸빈을 시켜라. 왜 그러한가? 항상 월기가 없다면 능히 여인이 아니고, 나의 법의 가운데에서 선한 비니법이 생겨나지 않는 까닭이다.”

세존께서는 사위국에 머무르셨다.

그때 여러 비구니들이 식차마니에게 구족계를 주면서 물어 말하였다.

“그대는 여인인가?”

대답하여 말하였다.

“저는 적지만 여인의 모습이 있습니다.”

여러 비구니들이 어떻게 해야 하는가를 알지 못하였으므로, 이 일을 세존께 아뢰었다. 세존께서는 말씀하셨다.

“적게 연인의 모습이 있다면 능히 여인이 아니므로, 마땅히 출가시켜 구족계 주는 것을 허락하지 않겠노라. 만약 이미 출가하여 구족계를 받았다면 마땅히 멸빈을 지어라. 왜 그러한가? 적게 연인의 모습이 있다면 능히 여인이 아니고, 나의 법의 가운데에서 선한 비니법이 생겨나지 않는 까닭이다.”

세존께서는 사위국에 머무르셨다.

그때 투란난타 비구니가 월기가 아직 멈추지 않았으나, 거리를 다녔으므로 피가 떨어져서 땅을 더럽혔다. 여러 거사들이 꾸짖어 말하였다.

“불길하고 피폐한 여인이구나. 만약 이러한 월기의 병이 있다면, 무슨 까닭으로 거리의 가운데에 나와서 다니는가?”

여러 비구니들이 어떻게 해야 하는가를 알지 못하였으므로, 이 일을 세존께 아뢰었다. 세존께서는 말씀하셨다.

“지금부터 비구니가 월기가 멈추지 않았는데 밖으로 나가서 다닌다면 돌길라이니라.”

여러 비구니들이 빈궁함이 있어도 월기가 멈추지 않았다면 다른 사람에게 밥·국·나물·장작·등촉(燈燭) 등을 구걸하면서 여러 고뇌를 받았다. 이 일을 세존께 아뢰었고, 세존께서는 말씀하셨다.

"마땅히 옷으로써 감싸고 밖으로 나가서 걸식하라."

세존께서는 왕사성에 머무르셨다.

그때 장로 대가섭이 오전에 옷과 발우를 지니고 기사굴산에서 왕사성으로 향하여 걸식하였다. 이때 투란난타 비구니가 아침 일찍부터 성문의 가운데에 서서 출입하는 남자들을 바라보면서 누구는 잘 생겼고 누구는 못생겼다고 말하면서 이 대가섭이 들어오자 곧 침을 뱉으면서 말하였다.

"불길하구나. 나는 일찍 일어나서 외도를 보았구나."

대가섭이 말하였다.

"악한 여인이구나. 내가 그대를 꾸짖지는 않겠으나, 나는 아난을 꾸짖어야겠구나."

이 일을 세존께 아뢰었고, 세존께서는 말씀하셨다.

"여러 비구니는 마땅히 비구에게 침을 뱉지 말라. 만약 침을 뱉는다면 돌길라이니라."

세존께서는 사위국에 머무르셨다.

그때 여러 비구니들이 비구들의 앞에 있으면서 참회하였고 추죄(麤罪)를 드러내었다. 여러 비구니들이 부끄러웠으나, 어떻게 해야 하는가를 알지 못하였으므로, 이 일을 세존께 아뢰었다. 세존께서는 말씀하셨다.

"지금부터 비구니는 추죄를 마땅히 비구 앞에서 드러내지 말라. 마땅히 비구니 앞에서 드러내야 한다."

여러 비구니가 죄를 드러내는 때에 이것이 무슨 죄이고 어느 처소에 섭수되는 것인가를 알지 못하였으므로, 이 일을 세존께 아뢰었다. 세존께서는 말씀하셨다.

"마땅히 비구에게 이렇게 말을 짓도록 하라. '대덕이시여. 이러한 일을 지었다면 무슨 죄를 범한 것이고, 이 죄를 무엇이라고 이름합니까?' 비구는 마땅히 대답하도록 하라. '이러한 일을 짓는다면 이와 같은 죄를 얻고, 어느 처소에서 섭수되며, 이 죄는 무엇이라고 이름합니다.'"

세존께서는 사위국에 머무르셨다.

그때 여러 비구니들이 월기가 멈추지 않았는데, 기원에 이르러 법을 들었으며, 비구들의 부구 위에 앉았으므로 피로 그것을 오염시켰다. 역사의 아들인 타표가 대중 승가에서 부구의 지사인이었는데, 다른 날에 세탁하면서 싫어하며 말하였다.

"여러 비구니들이 이와 같은 병이 있었는데, 무슨 까닭으로 승가의 부구 위에 앉았는가?"

이 일을 세존께 아뢰었고, 세존께서는 말씀하셨다.

"지금부터 비구니가 월기가 멈추지 않았다면 비구 승가의 부구 위에 앉지 말라. 앉는 자는 돌길라이니라."

세존께서는 왕사성에 머무르셨다.

그때 제바달다를 돕는 비구니가 술집을 열었는데 돈을 받을 때에 여러 고뇌를 받았다. 여러 거사들이 꾸짖어 말하였다.

"그대는 출가인인데 어찌 술집을 열었는가?"

여러 비구니들이 어떻게 해야 하는가를 알지 못하였으므로, 이 일을 세존께 아뢰었다. 세존께서는 말씀하셨다.

"지금부터 비구니는 마땅히 술집을 열지 말라. 만약 짓는다면 돌길라이니라."

세존께서는 사위국에 머무르셨다.

그때 투란난타 비구니가 하녀를 저축하여 권속으로 삼았다. 여러 거사들이 꾸짖어 말하였다.

"여러 비구니들은 선량하고 덕이 있다고 스스로가 말하면서, 왕의 부인이나 대신의 아내와 같이 하녀를 저축하여 권속으로 삼는구나."

여러 비구니들이 어떻게 해야 하는가를 알지 못하였으므로, 이 일을 세존께 아뢰었다. 세존께서는 말씀하셨다.

"지금부터 하녀를 저축하여 권속으로 삼는 것을 허락하지 않겠노라. 만약 저축하여 권속으로 삼는다면 돌길라이니라."

세존께서는 사위국에 머무르셨다.

투란난타 비구니가 음녀를 제도하여 제자로 삼았다. 이른 아침의 때에 이르렀으므로 옷과 발우를 지니고 사위성에 들어가 걸식하였다. 이전에 함께 부정을 짓고 행하였던 여러 거사들이 다른 여러 거사들에게 말하였다.

"나는 이전에 이 비구니와 함께 부정을 지었다."

그 비구니는 근심하고 고뇌하였고 이 일을 세존께 아뢰었다. 세존께서는 말씀하셨다.

"지금부터 음녀를 제도하는 것을 허락하지 않겠노라. 만약 제도하는 자는 돌길라이니라."

세존께서는 사위국에 머무르셨다.

그때 장로 가류타이가 오전에 옷과 발우를 지니고 성에 들어가서 걸식하였다. 투란난타 비구니가 뒤를 따라서 왔고 이르러 손으로서 가류타이를 건드렸다. 가류타이는 곧 손으로서 때리고 발로 찼으며 땅에 넘어뜨리고서 말하였다.

"폐악한 여인이구나. 그대가 마하가섭에게 침을 뱉었는데 나에게도 역시 그렇게 하겠다고 생각하였는가?"

여러 비구니들이 어떻게 해야 하는가를 알지 못하였으므로, 이 일을 세존께 아뢰었다. 세존께서는 말씀하셨다.

"지금부터 비구니는 비구의 몸을 만지거나 접촉하지 말라. 만지거나 접촉하는 자는 죄를 범하느니라."

세존께서는 구사미국에 머무르셨다.

그때 가유라제사(迦留羅提舍) 비구가 목숨을 마쳤는데, 이 사람에게는 자매인 비구니가 일곱 사람이 있었다. 투란난타·주나난타(周那難陀)·제사(提舍)·우바제사(優婆提舍)·역다제사(域多提舍)·화리제사(和梨提舍)·늑차다(勒叉多)이었다. 큰 세력이 있었으므로 제사를 지내고 그 시신을 화장하였다. 여러 거사들이 꾸짖어 말하였다.

"그대들은 출가하여 도에 들어왔는데, 무슨 까닭으로 죽은 사람에게 음식을 주는가?"

여러 비구니들이 어떻게 해야 하는가를 알지 못하였으므로, 이 일을 세존께 아뢰었다. 세존께서는 말씀하셨다.

"지금부터 여러 비구니들은 죽은 사람에게 제사를 지내지 말라. 만약 제사를 지내는 자는 돌길라이니라."

세존께서는 사위국에 머무르셨다.

그때 비구가 있었는데, 남근이 없어지고 여근이 생겨났다. 여러 비구들이 어떻게 해야 하는가를 알지 못하였으므로, 이 일을 세존께 아뢰었다. 세존께서는 말씀하셨다.

"곧 이전에 출가하여 구족계를 받았던 연도의 숫자로서 비구니 대중의 가운데에 보내어 들어가도록 하라."

세존께서는 사위국에 머무르셨다.

그때 비구니가 있었는데, 여근이 없어지고 남근이 생겨났다. 여러 비구니들이 어떻게 해야 하는가를 알지 못하였으므로, 이 일을 세존께 아뢰었다. 세존께서는 말씀하셨다.

"곧 이전에 출가하여 구족계를 받았던 연도의 숫자로서 비구 대중의 가운데에 보내어 들어가도록 하라."

십송율 제41권

후진 북인도 삼장 불야다라·구마라집 한역

석보운 번역

6. 육송 ⑥

10) 잡송 ⑥

(2) 명잡법 ④

세존께서는 사위국에 머무르셨다.

그때 비구가 있었고 남근(男根)이 없어지지 않았으나, 여근(女根)이 생겨났다. 여러 비구들이 어떻게 해야 하는가를 알지 못하였으므로, 이 일을 세존께 아뢰었다. 세존께서는 말씀하셨다.

"멸빈(滅擯)시켜라."

세존께서는 사위국에 머무르셨다.

그때 비구니가 있었는데, 여근이 없어지지 않았으나, 남근이 생겨났다. 여러 비구들이 어떻게 해야 하는가를 알지 못하였으므로, 이 일을 세존께 아뢰었다. 세존께서는 말씀하셨다.

"멸빈시켜라."

세존께서는 사위국에 머무르셨다.

그때 가시국(迦尸國)에 바라문이 있었고 한 명의 딸을 낳았는데 단정하고 매우 아름다워 가치가 가시국의 절반이 되었다. 이 여인은 바라문의 집안으로 시집갔으나 오래지 않아 남편이 죽었다. 여러 사람들이 이 여인을 구하고자 왔는데 이를테면, 대신·대관·거사·살박주(薩薄主) 등이었다. 이 여인은 마음으로 출가하는 것을 즐거워하였으므로 이렇게 말을 지었다.

"저는 출가하여 비구니가 되고자 합니다. 세속의 처소는 즐겁지 않습니다."

곧 왕원정사(王園精舍)로 나아가서 비구니가 되었다. 여러 폐악한 자들이 반가시(半迦尸)의[1] 여인이 출가했다는 것을 듣고서 '우리들이 지금 마땅히 겁탈하여 그녀를 취하자.'고 하였다. 다시 이렇게 생각을 지었다.

'여러 비구니들은 왕의 처소에서 수호하고 있다. 만약 강제로 겁탈한다면 혹은 관청의 죄를 얻을 것이다. 만약 출가하여 구족계를 받는 때에 우리들이 도로에서 겁탈하여 취해야겠다.'

여러 비구니들이 이 일을 듣고서 어떻게 해야 하는가를 알지 못하였으므로, 이 일을 세존께 아뢰었다. 세존께서는 말씀하셨다.

"지금부터 반가시 식차마니가 사자를 보내어 구족계를 받는 것을 허락하겠노라. 만약 이와 같이 단정한 여인이 있다면, 역시 사자를 보내어 구족계를 받는 것을 허락하겠노라. 사자가 구족계를 받는 법은 일심으로 승가가 화합하였다면 이 사자는 자리에서 일어나서 오른쪽 어깨를 드러내고, 가죽신을 벗으며 호궤 합장하고서 이렇게 말을 짓도록 하라.

'대덕 승가께서는 허락하십시오. 누구 반가시 식차마니의 화상 비구니는 누구입니다. 이 반가시 식차마니가 저를 보내어 승가를 쫓아서 구족계를 애원하오니, 승가께서는 마땅히 제도하여 구족계를 주십시오. 화상 비구니는 누구이고 승가께서는 애민하게 생각하시는 까닭입니다.'

두 번째에도 역시 말하라.

---

1) 용모가 매우 수려한 여인들을 가리키는 말이다.

'대덕 승가께서는 허락하십시오. 누구 반가시 식차마니의 화상 비구니는 누구입니다. 이 반가시 식차마니가 저를 보내어 승가를 쫓아서 구족계를 애원하오니, 승가께서는 마땅히 제도하여 구족계를 주십시오. 화상 비구니는 누구이고 승가께서는 애민하게 생각하시는 까닭입니다.'

세 번째에도 역시 말하라.

'대덕 승가께서는 허락하십시오. 누구 반가시 식차마니의 화상 비구니는 누구입니다. 이 반가시 식차마니가 저를 보내어 승가를 쫓아서 구족계를 애원하오니, 승가께서는 마땅히 제도하여 구족계를 주십시오. 화상 비구니는 누구이고 승가께서는 애민하게 생각하시는 까닭입니다.'

그때 한 비구가 승가의 가운데에서 창언하라.

'대덕 승가께서는 허락하십시오. 누구 반가시 식차마니의 화상 비구니는 누구입니다. 이 반가시 식차마니가 사자를 보내어 승가를 쫓아서 구족계를 애원하고 있고 화상 비구니는 누구입니다. 만약 승가께서 때에 이르셨다면 인정하고 허락하십시오. 제가 승가의 가운데에서 반가시 식차마니의 사자에게 6법(六法)의 일을 묻겠습니다.'

이것을 백이라고 이름한다. 마땅히 이렇게 말을 짓도록 하라.

'그대 반가시 식차마니의 사자는 들을지니라. 지금은 진실하게 말하는 때이니라. 지금 승가의 가운데에서 그대에게 묻겠나니, 진실이면 마땅히 진실이라고 말하고 진실이 아니라면 마땅히 진실이 아니라고 대답하라.'

사자에게 물어 말하라.

'반가시 식차마니는 이전에 와서 청정하였는가? 2년 동안을 6법을 배웠는가? 비구니들이 본사(本事)를[2] 지었는가? 비구니 승가가 일심으로 화합하여 그 화상 비구니를 부촉하는 갈마를 지었는가? 5의(五衣)와[3] 발우는 구족하였는가? 반가시 식차마니의 이름은 무엇인가? 화상 비구니

---

2) 비구니 승가에서 수계갈마를 지은 것을 말한다.

3) 비구니에게 입도록 규정한 다섯 가지 옷으로 승가리(僧伽梨), 울다라승(鬱多羅僧), 안타회(安陀會)의 3의(三衣)와 3의 안에 입는 승기지(僧祇支)와 통치마인 구소락가(俱蘇洛迦)를 가리킨다.

의 이름은 무엇인가?'

(대답하여 말하라.)

'화상 비구니의 이름은 누구이고, 반가시 식차마니의 이름은 누구입니다.'

만약 묻지 못한 일이 있다면 마땅히 묻도록 하고, 묻는 것을 마쳤다면 말하라.

'그대는 묵연하라.'

'대덕 승가께서는 허락하십시오. 반가시 식차마니는 누구이고, 화상 비구니는 누구이며, 사자를 보내어 승가를 쫓아서 구족계를 애원하고 있고, 화상 비구니는 누구입니다. 사자는 말하였습니다. <반가시 식차마니는 이전에 와서 청정하였고, 2년 동안을 6법을 배웠으며, 여러 비구니들이 이미 본사를 지었고, 일심으로 비구니 승가가 화합하여 화상 비구니를 부촉하는 갈마를 지었으며, 5의와 발우를 갖추었습니다. 반가시 식차마니의 이름은 누구이고, 그 화상 비구니의 이름은 누구입니다. 만약 승가께서 때에 이르셨다면 인정하고 허락하십시오. 승가시여. 사자를 이용하여 이 반가시 식차마니에게 구족계를 주십시오. 화상 비구니는 누구입니다.'

이것을 백이라고 이름한다.

'대덕 승가께서는 허락하십시오. 반가시 식차마니는 누구이고, 화상 비구니는 누구이며, 사자를 보내어 승가를 쫓아서 구족계를 애원하고 있고, 화상 비구니는 누구입니다. 사자는 말하였습니다. <반가시 식차마니는 이전에 와서 청정하였고, 2년 동안을 6법을 배웠으며, 여러 비구니들이 이미 본사를 지었고, 일심으로 비구니 승가가 화합하여 화상 비구니를 부촉하는 갈마를 지었으며, 5의와 발우를 갖추었습니다. 반가시 식차마니의 이름은 누구이고, 그 화상 비구니의 이름은 누구입니다.> 여러 장로들께서 반가시 식차마니에게 구족계 주는 것을 허락하신다면 묵연하시고, 허락하지 않는다면 말씀하십시오.'

이것을 첫 번째의 갈마를 마쳤다고 이름한다. 두 번째도 다시 마땅히 말하라.

'대덕 승가께서는 허락하십시오. 반가시 식차마니는 누구이고, 화상 비구니는 누구이며, 사자를 보내어 승가를 쫓아서 구족계를 애원하고 있고, 화상 비구니는 누구입니다. 사자는 말하였습니다. <반가시 식차마니는 이전에 와서 청정하였고, 2년 동안을 6법을 배웠으며, 여러 비구니들이 이미 본사를 지었고, 일심으로 비구니 승가가 화합하여 화상 비구니를 부촉하는 갈마를 지었으며, 5의와 발우를 갖추었습니다. 반가시 식차마니의 이름은 누구이고, 그 화상 비구니의 이름은 누구입니다.> 여러 장로들께서 반가시 식차마니에게 구족계 주는 것을 허락하신다면 묵연하시고, 허락하지 않는다면 말씀하십시오.'

이것을 두 번째의 갈마를 마쳤다고 이름한다. 세 번째도 다시 마땅히 말하라.

'대덕 승가께서는 허락하십시오. 반가시 식차마니는 누구이고, 화상 비구니는 누구이며, 사자를 보내어 승가를 쫓아서 구족계를 애원하고 있고, 화상 비구니는 누구입니다. 사자는 말하였습니다. <반가시 식차마니는 이전에 와서 청정하였고, 2년 동안을 6법을 배웠으며, 여러 비구니들이 이미 본사를 지었고, 일심으로 비구니 승가가 화합하여 화상 비구니를 부촉하는 갈마를 지었으며, 5의와 발우를 갖추었습니다. 반가시 식차마니의 이름은 누구이고, 그 화상 비구니의 이름은 누구입니다.> 여러 장로들께서 반가시 식차마니에게 구족계 주는 것을 허락하신다면 묵연하시고, 허락하지 않는다면 말씀하십시오. 승가시여. 반가시 식차마니의 이름은 누구이고, 그 화상 비구니의 이름은 누구인데 구족계를 주는 것을 마쳤습니다. 승가께서 허락하신 것은 묵연하였던 까닭입니다. 이 일은 이와 같이 지니겠습니다.'

이 사자는 곧 마땅히 비구니 승방으로 돌아가서 반가시 식차마니를 향하여 갈마를 설하는데, 마땅히 늘려서도 아니되고 줄여서도 아니된다. 역시 마땅히 3의지법(依止法)과 8타법(墮法)을[4] 설명해야 하고, '나머지의

---

4) '바라이'를 가리키는 말이다.

계법(戒法)은 화상과 아사리가 마땅히 점차 그대를 위하여 자세히 설명할 것이다.'라고 말하라."

세존께서는 사위국에 머무르셨다.

그때 한 비구니가 있었는데, 가류타이 비구의 처소에서 과실의 일을 지었고, 가류타이는 이 비구니가 사찰 안으로 들어오는 것을 허락하지 않았다. 여러 비구니들이 이 비구니에게 말하였다.

"그대는 어찌 가류타이를 향하여 과실을 참회하지 않는가?"

대답하여 말하였다.

"내가 사찰 안으로 들어오는 것을 막았는데 어떻게 과실을 참회하겠습니까?"

여러 비구니들이 어떻게 해야 하는가를 알지 못하였으므로, 이 일을 세존께 아뢰었다. 세존께서는 말씀하셨다.

"비구는 마땅히 비구니가 사찰에 들어오는 것을 막을 수 없느니라. 마땅히 자신의 방사에 들어오는 것을 막을 수 있으나, 마땅히 (사찰에) 들어오는 것을 막을 수 없느니라."

세존께서는 사위국에 머무르셨다.

그때 여러 비구니들이 비구의 처소에서 과실을 지었다. 여러 비구들이 마음이 즐겁지 않아서 이 일을 세존께 아뢰었고, 세존께서는 말씀하셨다.

"만약 비구니가 비구의 처소에서 과실을 지었다면 이 비구는 이 비구니들에게 계율을 설하고 자자하며 교계법(敎誡法)을 받는 것을 막아야 하느니라."

세존께서 이와 같이 간략하게 칙명하셨다. 이 비구는 비구니에게 계율을 설하고 자자하며 교계법을 받는 것을 막았으나 다른 비구들이 곧 허락하였다. 이러한 일을 까닭으로 투쟁이 일어났고, 비구들이 어떻게 해야 하는가를 알지 못하였으므로, 이 일을 세존께 아뢰었다. 세존께서는 말씀하셨다.

"이것을 막은 비구가 마땅히 허락할 수 있느니라. 다른 사람은 마땅히 허락할 수 없느니라."

세존께서는 사위국에 머무르셨다.

그때 여러 비구들이 비구니의 처소에서 과실을 지었다. 여러 비구니들이 마음이 즐겁지 않아서 이렇게 말을 지었다.

"우리들이 비구의 처소에서 과실을 짓는다면 비구가 우리들에게 계율을 설하고 자자하며 교계법을 받는 것을 막으면서, 비구들이 우리의 처소에서 과실을 짓는다면 누구에게 능히 함께 말해야 하는가?"

이 일을 세존께 아뢰었고, 세존께서는 말씀하셨다.

"만약 비구가 비구니 처소에서 과실을 지었다면 그 비구는 마땅히 이 비구니를 향하여 과실을 참회해야 하느니라."

세존께서 이와 같이 간략하게 칙명하셨다. 비구가 비구니를 향하여 과실을 참회하였으나 비구니가 받아들이지 않았다. 이 일을 세존께 아뢰었고, 세존께서는 말씀하셨다.

"비구가 비구니를 향하여 과실을 참회한다면 비구니는 마땅히 받아들여야 하느니라."

세존께서는 사위국에 머무르셨다.

그때 비구니가 있었는데, 가류타이의 처소에서 과실을 지었다. 가류타이는 교계법을 받는 것을 막고서 마침내 경계를 벗어나 떠나갔다. 마침내 여러 비구니가 물어 말하였다.

"그대는 어찌 가류타이에게 과실을 참회하지 않는가?"

이 비구니가 말하였다.

"내가 교계법을 받는 것을 막고서 경계를 벗어나서 떠났습니다. 누구를 향하여 과실을 참회해야 합니까?"

여러 비구니들이 어떻게 해야 하는가를 알지 못하였으므로, 이 일을 세존께 아뢰었다. 세존께서는 말씀하셨다.

"지금부터 비구니에게 교계법을 받는 것을 막고서 마땅히 경계를 벗어나서 떠나가지 말라. 만약 그 처소의 경계를 벗어났다면 돌길라를 얻느니라."

세존께서는 사위국에 머무르셨다.

그때 왕원(王園)의 비구니 정사에서 이발사가 있어서 비구니들을 삭발하면서 한 식차마니를 유혹하여 출가하려는 마음을 무너트렸다. 이와 같이 두·세 명을 유혹하였고 이러한 일을 까닭으로 비구니 승가는 감소하였다. 여러 비구니들이 어떻게 해야 하는가를 알지 못하였으므로, 이 일을 세존께 아뢰었다. 세존께서는 말씀하셨다.

"삭발하는 때에 마땅히 한 명의 선한 비구니가 곁에 서서 지켜보게 하라."

세존께서는 왕사성에 머무르셨다.

그때 제바달다를 돕는 비구니가 방사를 임대하였으나, 뒤에 임대료를 받는 때 고뇌를 얻었다. 여러 거사들이 꾸짖어 말하였다.

"그대들은 출가했는데 무슨 까닭으로 방사를 임대하였는가?"

이 일을 세존께 아뢰었고, 세존께서는 말씀하셨다.

"지금부터 여러 비구니는 방사를 임대하지 말라. 만약 임대하였다면 돌길라를 얻느니라."

세존께서는 왕사성에 머무르셨다.

그때 제바달다를 돕던 비구니가 장신구로서 몸을 치장하였다. 여러 거사들이 꾸짖어 말하였다.

"여러 비구니는 선량하고 덕이 있다고 스스로가 말하면서, 왕의 부인이나 대신의 아내와 같이 장신구로 몸을 치장하는구나."

이 일을 세존께 아뢰었고, 세존께서는 말씀하셨다.

"모든 비구니는 마땅히 장신구로서 몸을 치장하지 말라. 만약 치장한다면 돌길라죄가 된다."

비구니가 있었는데 기와 조각이나, 돌 등을 손으로 다듬어서 몸을 치장했다. 이 일을 세존께 아뢰었고, 세존께서는 말씀하셨다.

"기와 조각이나, 돌 등을 손으로 다듬어서 몸을 치장하지 말라. 만약 이러한 물건으로서 몸을 치장한다면 돌길라를 얻느니라."

세존께서는 말씀하셨다.

"간략하게 말한다면 비구니는 마땅히 일체의 물건으로서 몸을 치장하지 말라. 만약 치장한다면 돌길라이니라."

세존께서는 사위국에 머무르셨다.

그때 자자의 때에 비구와 비구니의 2부(部) 승가는 화합하였다. 이때 식차마니와 사미 및 사미니를 내보냈으므로 스스로가 서로 의논하면서 말하였다.

"무슨 까닭으로 우리를 내보냈는가를 그대들은 아십니까? 오늘밤에 이들은 한 처소에 함께 모여서 각자가 좋아하는 사람을 따라서 함께 화합하려는 까닭입니다."

여러 비구들이 이러한 일을 듣고 마음이 즐겁지 않아서 이 일을 세존께 아뢰었고, 세존께서는 말씀하셨다.

"지금부터 비구니는 마땅히 밤에 와서 자자하지 말라. 여러 비구니는 마땅히 일찍 일어나고 와서 비구와 자자를 지어야 하느니라."

그때 여러 비구니들은 숫자가 많았고, 5백여 명이 한 사람·한 사람이 자자를 하였으므로, 공양의 때가 지나갔다. 이 일을 세존께 아뢰었고, 세존께서는 말씀하셨다.

"지금부터 모든 비구니는 마땅히 한 사람·한 사람이 비구 승가에게 자자하지 말고, 마땅히 한 사람의 비구니가 일체의 비구니 승가를 대신하여 비구 승가를 따라서 자자해야 하느니라.

대신하여 자자하는 법은, 대신하여 자자하는 사람이 자리에서 일어나서 가죽신을 벗고 호궤 합장하고서 이렇게 말을 짓도록 하라.

'비구니 승가는 화합하였으므로 대덕 승가의 발에 예배합니다. 병이

적고 번뇌도 적으시며 기거는 편안하신가를 문신합니다.'

문신하고서 이렇게 말을 짓도록 하라.

'대덕 승가께서는 억념하십시오. 우리들은 3개월의 안거를 마쳤습니다. 애민한 까닭으로 우리들에게 지금 대덕 승가께서 보았거나, 들었거나, 의심스러운 죄를 말씀해주시는 것을 구합니다. 대덕의 승가께서는 우리를 위해 죄를 말씀해주신다면 선법이 증장할 것입니다.'

두 번째에도 역시 마땅히 말하라.

'대덕 승가께서는 억념하십시오. 비구니 승가는 화합하였으므로 대덕 승가의 발에 예배합니다. 병이 적고 번뇌도 적으시며 기거는 편안하신가를 문신합니다.'

문신하고서 이렇게 말을 짓도록 하라.

'우리들은 3개월의 안거를 마쳤습니다. 애민한 까닭으로 우리들에게 지금 대덕 승가께서 보았거나, 들었거나, 의심스러운 죄를 말씀해주시는 것을 구합니다. 대덕의 승가께서는 우리를 위해 죄를 말씀해주신다면 선법이 증장할 것입니다.'

세 번째에도 역시 마땅히 말하라.

'대덕 승가께서는 억념하소서. 화합한 비구니 승가가 머리를 조아려 대덕 승가의 발에 예배드립니다. 병도 적고 걱정거리도 없이 편안하게 지내셨는지 안부를 여쭙니다.'

'대덕 승가께서는 억념하십시오. 비구니 승가는 화합하였으므로 대덕 승가의 발에 예배합니다. 병이 적고 번뇌도 적으시며 기거는 편안하신가를 문신합니다.'

문신하고서 이렇게 말을 짓도록 하라.

'우리들은 3개월의 안거를 마쳤습니다. 애민한 까닭으로 우리들에게 지금 대덕 승가께서 보았거나, 들었거나, 의심스러운 죄를 말씀해주시는 것을 구합니다. 대덕의 승가께서는 우리를 위해 죄를 말씀해주신다면 선법이 증장할 것입니다.'"

세존께서는 사위국에 머무르셨다.

그때 한 거사가 있었고 세존과 2부승가에게 내일의 공양을 청하였다. 세존께서는 묵연히 받아들이셨고, 거사는 세존께서 받아들이신 것을 알고서 머리숙여 세존의 발에 예경하고 오른쪽으로 돌면서 떠나갔다. 그는 자기 집으로 돌아와서 밤새워 여러 종류의 맛있는 음식을 준비하였고, 일찍 일어나서 자리를 펼쳐놓고 사람을 보내어 세존께 때에 이르렀음을 아뢰었다.

"음식이 준비되었습니다. 오직 성자께서는 때인 것을 아십시오."

세존과 2부승가는 그의 집에 들어갔고, 여러 비구니는 지혜가 많은 자가 먼저 자리에 앉았다. 이 거사는 세존과 2부승가가 모두 자리에 앉으신 것을 보고 스스로가 물을 돌렸고 음식을 나눠주고자 하였다. 제바달다를 돕던 비구니가 거사에게 말하였다.

"이 비구니가 제1의 상좌이고, 이 비구니가 제2의 상좌입니다. 이 비구니는 율을 수지하였고, 이 비구니는 아비담을 수지하였습니다."

거사가 말하였다.

"우리들은 누가 제1의 상좌이고, 누가 제2의 상좌이며, 누가 율을 수지하였고, 누가 아비담을 수지하였는가를 알지 못하더라도 음식이 있으며 일체가 충분하게 배부를 것이니, 소란스럽게 말하지 마십시오. 만약 그대가 멈추지 않겠다면 그대들이 일어나서 음식을 주십시오. 우리들은 마땅히 앉겠습니다."

세존께서는 비구니가 이렇게 말을 지어서 거사가 꾸짖는 것을 멀리서 보셨다. 공양을 마치시고 이 일로써 비구 승가를 모으셨으며, 여러 비구들에게 말씀하셨다.

"지금부터 여러 비구니는 상좌의 차례를 따라서 앉는 것을 허락하겠노라."

세존께서는 사위국에 머무르셨다.

그때 거사가 있었고 세존과 2부승가에게 내일의 공양을 청하였다.

세존께서는 묵연히 받아들이셨고, 거사는 세존께서 받아들이신 것을 알고서 머리숙여 세존의 발에 예경하고 오른쪽으로 돌면서 떠나갔다. 자기 집으로 돌아와서 밤새워 여러 종류의 맛있는 음식을 준비하였고, 일찍이 일어나서 자리를 펼쳐놓고 사람을 보내어 세존께 때에 이르렀음을 아뢰었다.

"음식이 준비되었습니다. 오직 성자께서는 때인 것을 아십시오."

세존과 2부승가는 그의 집에 들어갔는데 비구니가 있어 한 비구니에게 물었다.

"그대는 법랍(法臘)이 얼마입니까?"

대답하여 말하였다.

"잠깐만 기다리세요. 화상 비구니와 아사리 비구니와 함께 생활하는 비구니(共活尼)들에게 물어보겠습니다."

곧 가서 화상 비구니·아사리 비구니·함께 생활하는 비구니에게 물었다.

"저는 법랍이 얼마입니까?"

화상 비구니 등이 대답하여 말하였다.

"우리도 의심스럽고 잊어버렸네."

여러 비구니들이 어떻게 해야 하는가를 알지 못하였으므로, 이 일을 세존께 아뢰었다. 세존께서는 말씀하셨다.

"상좌인 두·세 사람은 마땅히 묻고서 차례로 앉고, 나머지의 기억하지 못하는 사람들은 다만 앉도록 하라."

세존께서는 사위국에 머무르셨다.

그때 비구니가 있었고, 아련야의 처소에 이르러 교계법을 받고자 하였던 까닭으로 산을 올랐으나, 노둑을 만나서 옷을 빼앗기고 나형이 되었다. 여러 비구니들이 어떻게 해야 하는가를 알지 못하였으므로 이 일을 세존께 아뢰었다. 세존께서는 말씀하셨다.

"여러 비구니는 취락의 가운데에 머물면서 비구를 기다리도록 하라."

비구니들이 취락의 가운데에서 기다렸다. 비구가 있어 취락에 들어와서 걸식하고는 다른 길을 따라서 산의 아련야 처소로 되돌아갔다. 해가 이미 중천을 향하였으므로 여러 비구니들은 마땅히 굶게 되었다. 이 일을 세존께 아뢰었고, 세존께서는 말씀하셨다.

"마땅히 두 사람이 함께 가도록 하라."

곧 두 사람이 함께 갔으나, 두 사람은 법을 몰랐으므로 처소에 이르러 단정한 방사를 구경하였다. 비구가 물어 말하였다.

"그대들은 교계법을 받으려고 왔는가?"

대답하여 말하였다.

"그렇습니다."

이 일을 세존께 아뢰었고, 세존께서는 말씀하셨다.

"마땅히 법에 명료(了了)한 두 명의 비구니를 보내어 교계법을 받아오도록 하라."

곧 법에 명료한 두 명의 비구니를 보내었다. 이 두 비구니가 일체의 비구 승가를 화합시키고 우리들이 마땅히 교계법을 받겠다고 하였다. 이 일을 세존께 아뢰었고, 세존께서는 말씀하셨다.

"반드시 일체의 비구 승가가 화합하지 않아도 되느니라. 보았던 비구를 따라서 마땅히 교계법을 받도록 하라."

다른 때에 다시 비구의 처소에 이르렀는데 교계하려는 비구도 있었고, 교계하지 않으려는 비구도 있었다. 교계하지 않으려는 자는 곧 버리고 떠나갔고, 여러 비구니들도 곧 따라서 떠나갔다. 여러 거사들이 승방에 있었고 이렇게 말을 지었다.

"비구니들이 음욕(婬欲)을 행하고자 하였으나 비구들이 행하지 않고 곧 버리고 떠났구나."

여러 비구들이 어떻게 해야 하는가를 알지 못하였으므로, 이 일을 세존께 아뢰었다. 세존께서는 말씀하셨다.

"비구는 마땅히 일어나서 떠나지 말라. 만약 교계하지 않으려는 자는 마땅히 말하라. '나는 비구니를 교계할 수 없습니다.'"

세존께서는 사위국에 머무르셨다.

여러 비구니들이 교계법을 받고 돌아와서 계(戒)의 설을 마쳤으나, 다음날 승방을 나아가서 누구에게 알려야 하는가를 알지 못하였다. 이 일을 세존께 아뢰었고, 세존께서는 말씀하셨다.

"교계를 받은 비구를 따라서 마땅히 이 사람에게 알려야 한다."

이때 이 비구니가 승방의 문 아래에 서서 물어 말하였다.

"이 가운데에 이러한 사람이 있습니까?"

대답하여 말하였다.

"누구인가?"

비구니들이 말하였다.

"이와 같습니다."

이러한 일이 마땅하지 않았다. 여러 비구니들이 어떻게 해야 하는가를 알지 못하였으므로, 이 일을 세존께 아뢰었다. 세존께서는 말씀하셨다.

"비구니는 마땅히 교계한 비구의 명자(名字)와 종성(種姓)을 물어야 하고, 잘 기억하여 지니고서 마땅히 물어 말하라. '누구 비구 화상이고, 누구 비구 아사리이며, 누구 비구의 제자입니다.'"

세존께서는 사위국에 머무르셨다.

그때 비구니 승가는 모자(帽)의 보시를 얻었다. 여러 비구니들이 받지 않고 이렇게 말을 지었다.

"세존께서는 우리들이 모자를 저축하는 것을 허락하시지 않았습니다."

이 일을 세존께 아뢰었고, 세존께서는 말씀하셨다.

"지금부터 비구니 승가가 모자의 보시를 받는 것을 허락하겠노라. 개인도 역시 받을 수 있느니라."

세존께서는 사위국에 머무르셨다.

그때 비구니가 있어 걸식하는 때에 발우를 손으로 받쳐들고서 골목을 지나갔다. 옥상에 독사가 있었는데 오줌이 음식 속으로 떨어졌고, 비구니는 이 음식을 먹고 독이 퍼져서 거의 죽음에 이르렀다. 이 일을 세존께 아뢰었고, 세존께서는 말씀하셨다.

"마땅히 뚜껑을 지어서 발우 위를 덮도록 하라."

세존께서는 왕사성에 머무르셨다.

그때 제바달다를 돕던 비구니가 축생이 물건을 짊어지고서 달리듯이 등에 물건을 짊어졌다. 이 일을 세존께 아뢰었고, 세존께서는 말씀하셨다.

"지금부터 모든 비구니는 마땅히 등에 물건을 짊어지지 말라. 만약 짊어지는 자는 돌길라이니라."

세존께서는 왕사성에 머무르셨다.

그때 제바달다를 돕던 비구니가 일꾼으로 화만(花鬘)을 지었고 품삯을 받는 때에 고뇌를 얻었다. 여러 거사들이 꾸짖어 말하였다.

"그대들은 이미 출가하였는데 어찌 화만을 짓는가?"

이 일을 세존께 아뢰었고, 세존께서는 말씀하셨다.

"지금부터 비구니가 일꾼으로 화만을 짓는 것을 허락하지 않겠노라. 일꾼으로 짓는 자는 돌길라이니라."

세존께서는 왕사성에 머무르셨다.

그때 제바달다를 돕던 비구니가 커다란 변기(便器)·구리 쟁반·세숫대야·구리 국자를 저축하였다. 여러 거사들이 꾸짖어 말하였다.

"여러 비구니는 선량하고 덕이 있다고 스스로가 말하면서, 왕의 부인과 대신의 아내와 같이 이와 같은 그릇들을 저축하는구나."

이 일을 세존께 아뢰었고, 세존께서는 말씀하셨다.

"지금부터 비구니가 구리 그릇·큰 변기·변기·구리 쟁반·세숫대야·구리 국자를 저축하는 것을 허락하지 않겠노라. 만약 저축한다면 돌길라이니라. 범하지 않는 것은 구리 물병·구리 주전자·구리 뚜껑을 저축하는 것이다."

세존께서는 사위국에 머무르셨다.

비구니가 있었는데, 술을 담갔으므로 거사가 말하였다.

"그대는 출가한 사람인데 무슨 까닭으로 술을 담갔습니까?"

비구니가 있어 욕망이 적고 만족함을 알았는데, 이러한 일을 듣고 마음이 즐겁지 않아서 이 일로써 세존께 아뢰었다. 세존께서는 이 일로써 승가를 모으셨고, 승가는 모였으므로, 여러 비구들에게 말씀하셨다.

"지금부터 비구니는 술을 담그지 말라. 술을 담그는 자는 돌길라이니라."

세존께서는 사위국에 머무르셨다.

그때 여러 부인들이 새롭게 시집을 왔고 오래지 않아서 그 남편들이 떠났거나 죽었다. 이 여러 부인들은 집과 시장의 가게를 버리고서 출가하여 비구니가 되었다. 비구니가 되고서 집을 다른 사람이 살도록 빌려주었는데, 뒤에 월세를 받는 때에 여러 고뇌를 받았다. 여러 거사들이 꾸짖어 말하였다.

"그대들은 이미 출가하였는데 어찌 집을 임대하며 사용하는가?"

이 일을 세존께 아뢰었고, 세존께서는 말씀하셨다.

"지금부터 비구니가 집이나, 시장의 가게를 임대하는 것을 허락하지 않겠노라. 만약 다른 사람에게 임대한다면 돌길라이니라."

세존께서는 사위국에 머무르셨다.

그때 투란난타 비구니가 망사옷(新疎衣)을 입고서 시장의 여러 사람 가운데를 다녔으므로, 몸 안이 환하게 드러났다. 여러 거사들이 말하였다.

"선한 여인이여. 이 옷은 무엇이라고 이름합니까?"

대답하여 말하였다.

"이것은 신소의라고 이름합니다."

여러 거사들이 꾸짖어 말하였다.

"여러 비구니들은 선량하고 덕이 있다고 스스로가 말하면서, 어찌하여 왕의 부인이나 대신의 아내와 같이 신소의를 입는가?"

이 일을 세존께 아뢰었고, 세존께서는 말씀하셨다.

"지금부터 비구니가 얇은 망사 옷을 입는 것을 허락하지 않겠노라. 입는다면 돌길라이니라."

세존께서는 왕사성에 머무르셨다.

그때 제바달다를 돕던 비구니가 여성의 목욕탕에서 목욕하였다. 여러 거사들이 꾸짖어 말하였다.

"여러 비구니들은 선량하고 덕이 있다고 스스로가 말하면서, 어찌하여 왕의 부인이나 대신의 아내와 같이 여성의 목욕탕에서 목욕하는가?"

이 일을 세존께 아뢰었고, 세존께서는 말씀하셨다.

"지금부터 여러 비구니들이 여성의 목욕탕에서 목욕하는 것을 허락하지 않겠노라. 만약 목욕한다면 돌길라이니라."

세존께서는 사위국에 머무르셨다.

그때 투란난타 비구니가 몸을 씻으면서 비누를 사용하였는데, 여근의 가운데에 들어갔다. 이 일을 세존께 아뢰었고, 세존께서는 말씀하셨다.

"지금부터 비구니가 목욕하면서 비누를 사용하는 것을 허락하지 않겠노라. 사용하는 자는 돌길라이니라."

세존께서는 사위국에 머무르셨다.

그때 투란난타 비구니가 물속에서 거스르며 다녔으므로 여러 비구니가 물어 말하였다.

"그대는 무슨 까닭으로 물길을 거슬러서 다니는가?"

대답하여 말하였다.

"감촉의 즐거움을 받고자 한다."

이 일을 세존께 아뢰었고, 세존께서는 말씀하셨다.

"지금부터 비구니가 물속에서 거슬러서 다니는 것을 허락하지 않겠노

라. 만약 물길을 거슬러서 다닌다면 돌길라이니라."

세존께서는 왕사성에 머무르셨다.

그때 제바달다를 돕던 비구니가 여러 색깔로 장엄한 발우 받침대(鉢支)를 저축하였다. 여러 거사들이 꾸짖어 말하였다.

"여러 비구니들은 선량하고 덕이 있다고 스스로가 말하면서, 어찌하여 왕의 부인이나 대신의 아내와 같이 여러 색깔로 장엄한 발우 받침대를 저축하는가?"

이 일을 세존께 아뢰었고, 세존께서는 말씀하셨다.

"지금부터 비구니가 여러 색깔로 장엄한 발우 받침대를 저축하는 것을 허락하지 않겠노라. 만약 저축한다면 돌길라이니라."

세존께서는 사위국에 머무르셨다.

그때 비구니 승가는 수정 그릇을 보시받았다. 여러 비구니가 받지 않았다.

"우리가 이것을 어디에 사용하겠습니까?"

이 일을 세존께 아뢰었고, 세존께서는 말씀하셨다.

"지금부터 비구니가 수정 그릇을 받는 것을 허락하겠노라. 승가의 물그릇으로 사용하도록 하라."

두 번째의 20법 하(下)

세존께서는 사위국에 머무르셨다.

걸식하는 비구가 있었는데, 오전에 법의와 발우를 지니고서 사위성에 들어가서 걸식하였다. 걸식하려는 집에 이르러 외문(外門)으로 들어갔으나 중문(中門)을 알 수 없었고, 안의 문(內門)도 역시 알 수 없었다. 돌아서 나오는 때에 착각하여 다른 문으로 들어가면서 이것이 나가는 문이라고 생각하였다. 들어가면서 한 여인이 누워있는 것을 보았는데, 이 여인은 꿈속에서 부정을 실정(失精)하였다. 비구가 보고서 부끄러워하였고 돌아서 나왔다. 나오고서 이 여인의 남편이 돌아왔는데, 아내가 벌거벗은 몸으로 누워서 부정을 흘리고 있는 것을 보고는 곧 이렇게 생각을 지었다.

'이 비구가 반드시 내 아내와 범행이 아닌 것을 지었구나.'

곧 뛰쳐나가 비구를 붙잡고 말하였다.

"비구인 그대가 내 아내와 부정행을 지었는데 선량한가?"

비구가 대답하여 말하였다.

"짓지 않았습니다."

남편이 말하였다.

"무슨 까닭으로 우리 집으로 들어왔는가?"

대답하여 말하였다.

"나는 이것이 나가는 문이라고 생각했습니다."

곧 비구를 욕하였다.

"어찌하여 내 방안에 들어왔으면서 이것을 나가는 문으로 말하는가?"

이 사람은 곧 손과 발로 이 비구를 심하게 때렸다. 이 비구를 곧 때렸던 소리가 일어났던 까닭으로 여인은 곧 깨어나서 남편에게 말하였다.

"무슨 일을 짓습니까?"

대답하여 말하였다.

"비구를 때리고 있다."

"무슨 까닭으로 때립니까?"

"그대를 까닭으로 때리고 있다."

아내가 남편에게 말하였다.

"이 비구는 나에게 허물이 없습니다. 내가 스스로 꿈속에서 부정을 실정하였습니다."

남편이 곧 아내에게 욕하였다.

"그대가 함께 부정한 일을 짓고도 어찌하여 인정하지 않는가?"

손과 발로서 이 비구를 때렸고 지쳤으므로 버리고 떠나갔다. 이 비구는 크게 고통을 받고서 다시 떠나갔으며 이 일로써 여러 비구를 향하여 말하였다. 여러 비구들이 이 일로써 세존께 자세히 말하였고, 세존께서는 이 일로써 비구 승가를 모으셨으며, 여러 비구들에게 말씀하셨다.

"걸식에 두 종류가 있나니, 첫째는 청하여 받은 것이고, 둘째는 청하지 않았어도 받는 것이다. 만약 청을 이미 받고서 승물(僧物)을 나누어 받고자 한다면 마땅히 걸식법(乞食法)을 버리고서 승물을 나누도록 하라. 만약 걸식법을 버리지 않고서 승물을 나누어 받는다면 돌길라이니라. 만약 승물을 받았고, 승물을 나누었는데, 고의로 '내가 걸식하였다.'고 말한다면, 망어(妄語)를 범하여 바야제(波夜提)이니라.

청을 받지 않은 사람이 만약 청을 받고자 하거나, 승물을 나누어 받고자 한다면 마땅히 걸식법을 버리고서 승물을 나누도록 하라. 만약 걸식법을 버리지 않고서 승물을 나누어 받는다면 돌길라이니라. 만약 승물을 받았고, 승물을 나누었는데, 고의로 '내가 걸식하였다.'고 말한다면, 망어를 범하여 바야제이니라."

세존께서 말씀하셨다.

"지금부터 그대들에게 걸식법을 가르치겠노라. 만약 비구가 걸식하는 때라면 마땅히 법을 배우고 행해야 하느니라. 만약 평상에서 내려오고자 하는 때에는 마땅히 한쪽 발부터 천천히 내려오고 다음으로 두 번째 발을 내려와서 천천히 일어나라. 천천히 선반 위에 나아가서 안타위(安陀衛)를 취하면서 바닥에 끌리지 않게 하고, 조심스럽게 옷을 입도록 하라. 입고서 마땅히 좌우를 살펴보고, 만약 단정(齋正)하지 않다면 다시 입도록 하고, 만약 단정하다면 마쳐라. 천천히 선반 위로 나아가서 니원승(泥洹僧)을 취하면서 바닥에 끌리지 않게 하고, 조심스럽게 옷을 입도록 하라. 입고서 마땅히 좌우를 살펴보고, 만약 단정하지 않다면 다시 입도록 하고, 만약 단정하다면 마쳐라.

전전히 선반 위에 나아가서 울다라승(鬱多羅僧)을 취하면서 바닥에 끌리지 않게 하라. 조심스럽게 왼쪽 어깨 위로 옷을 두르고는 천천히 발우를 집어 취하면서 바닥에 내려놓아서는 아니된다. 천천히 석장(錫杖)을 취하면서 마땅히 바닥에 끌리지 않게 하라. 방문을 향하는 때에도 조심스럽게 빗장을 밀어 문을 열고서 천천히 나와야 한다. 나오는 때에 옷으로써 문의 양쪽 끝에 닿아서는 아니된다. 나왔다면 마땅히 왼손으로 문짝을 당기고 오른손으로 빗장을 걸어라. 만약 문짝이 오른쪽에 있고 빗장이 왼쪽에 있다면 오른손으로 문짝을 당기고 왼손으로 빗장을 걸어라. 빗장을 걸었다면 마땅히 견고하게 잠겼는지 주위를 둘러보고 만약 견고하게 잠기지 않다면 다시 걸고 견고하게 잠겼으면 마쳐라.

만약 세존과 함께 길을 간다면 마땅히 세존의 뒤에 다녀야 하느니라. 마땅히 화상에게 아뢰고, 마땅히 불탑이나 성문의 탑은 오른쪽으로 돌도록 하라. 천천히 발우 안에 물을 붓는다면 물병과 발우가 서로 부딪치지 않게 하고, 조심스럽게 발우를 씻어서 소리가 없게 하며, 물이 튀어 발우 바닥에 묻지 않게 하라. 만약 승방의 문이 닫혔다면 마땅히 천천히 빗장을 풀고 문을 열고서 조심스럽게 문을 나가라. 문을 나가는 때에도 옷으로써 문 끝에 닿아서는 아니된다.

발우와 석장을 천천히 한쪽에 내려놓고서 천천히 한 겹의 가죽신을 신어야 하고, 마땅히 천천히 발우와 석장을 취하여야 한다. 마땅히 조심스럽게 도로를 다녀야 하고, 다니는 때에도 가죽신을 끌어서는 아니된다. 취락에 가까워졌다면 천천히 발우와 석장을 한곳에 내려놓고 마땅히 천천히 승가리를 취하여 입도록 하라. 입었다면 마땅히 가지런하고 단정한가를 살펴보아야 하고, 만약 단정하지 않다면 마땅히 다시 입도록 하라. 만약 단정하다면 입는 것을 끝내고 마땅히 천천히 발우와 석장을 들어라.

골목길을 들어간 때에는 위·아래로 바라보지 말고 마땅히 똑바로 앞만 보라. 만약 미친 코끼리·미친 말·미친 소·미친 개·미친 나형외도(裸形外道) 등을 멀리서 보았다면 마땅히 길을 피하도록 하라. 만약 걸식하려는 집에 이르렀다면 마땅히 외문(外門)·중문(中門)·내문(內門)의 모양을 잘 살피고 중정(中庭)에[5] 들어가 머무르며 손가락을 튕겨라. 만약 얻은 것이 없다면 마땅히 두 번째로 손가락을 튕겨라. 만약 다시 얻지 못하였다면 마땅히 세 번째로 손가락을 튕겨라. 세 번을 손가락을 튕겨서 만약 얻었다

5) 안채와 바깥채 사이에 마련된 작은 마당을 가리킨다.

면 두 손으로 발우를 잡고 몸을 굽혀 음식을 받아야 하고, 만약 다시 다른 곳에서 걸식하는 때는 마땅히 낮의 시절을 살펴야 한다.

만약 해가 빠른 까닭이라면 다시 걸식하고, 만약 해가 때에 이르렀으면 곧 멈추어야 하며, 마땅히 위·아래로 바라보지 말고 곧 앞을 보고 다녀야 한다. 만약 미친 코끼리·미친 말·미친 소·미친 개·미친 나형외도(裸形外道) 등을 멀리서 보았다면 마땅히 길을 피하도록 하라. 취락을 나오는 때에는 발우와 석장을 천천히 한쪽에 내려놓고, 천천히 승가리를 취하여 가운데를 접어서 먼지를 털어낼 것이며, 오른쪽의 어깨 위에 걸치고 발우와 석장을 천천히 집어 들어라.

만약 공양하는 처소에 먼저 이르렀다면 마땅히 자리와 평상을 펼쳐야 하고, 신발을 닦는 물건과 발을 닦는 물건을 놓아두며, 항아리와 물병에 물을 채워두고, 마땅히 공양할 곳을 물을 뿌려서 쓸고 땅을 고르게 하라. 만약 화상이나 아사리와 함께 공양하면서 만약 좋은 음식을 얻었다면 먼저 화상이나 아사리에게 주어야 하는데, 손가락이 그릇 안에 들어가지 않게 하라.

만약 뒤에 왔다면 마땅히 평상과 자리를 거두고, 신발을 닦는 물건과 발을 닦는 물건을 거두며, 항아리와 물병에 물을 채워두고서, 물을 뿌려서 찌꺼기를 쓸어내고 돌아가서 방안에 들어가도록 하라. 방에 들어가는 때에도 마땅히 빗장을 걸어 잠그고서 평상에 앉는데, 천천히 한쪽 발을 오므리고 다음에 한쪽 발을 오므려서 가부좌를 맺고 사유법(思惟法)을 행하라."

세존께서는 사위국에 머무르셨다.

그때 한 장자에게 좋은 무우(蘆菖)가 있었다. 이 장자가 이 무우를 까닭으로 세존과 승가에게 달발나(怛鉢那)를 청하였다. 세존께서는 묵연히 받아들이셨고, 세존께서 받아들이신 것을 알고 집으로 돌아가서 밤새워 여러 종류의 맛있는 음식을 준비하였다. 이른 아침 자리를 펼쳐놓고 가서 때에 이르렀음을 아뢰었다.

"세존께서는 스스로가 때인 것을 아십시오."

세존과 비구 승가는 그의 집으로 들어가서 앉으셨다. 장자는 스스로가 물을 돌렸고 스스로가 무우의 뿌리를 주었다. 여러 비구들이 무우 뿌리를 씹으면서 소리를 지었는데, 이전에 광대였던 한 비구가 씹는 소리를 듣고서 곧 일어나서 춤을 추었다. 이때 여러 비구들이 웃었는데, 무우 뿌리가 입과 코로 튀어나왔다. 여러 거사들이 꾸짖어 말하였다.

"여러 사문 석자들은 선량하고 덕이 있다고 스스로가 말하면서, 어찌하여 광대와 같이 다른 사람을 웃기는가?"

세존께서는 이 비구가 이와 같은 일을 지어서 여러 거사들에게 꾸짖는 것을 보셨다. 공양을 마치고 돌아왔고, 세존께서는 이 일로써 비구 승가를 모으셨으며, 아시면서도 일부러 이 비구에게 물으셨다.

"그대는 무슨 생각으로써 지었는가?"

대답하여 말하였다.

"두 가지 일의 까닭입니다. 첫째는 다른 사람에게 보여주려는 것이었고, 둘째는 웃기려는 것이었습니다."

세존께서 말씀하셨다.

"다른 사람에게 보여주려는 까닭이라면 죄가 없으나, 다른 사람을 웃기고자 하였다면 돌길라이니라."

세존께서 여러 비구들에게 말씀하셨다.

"지금부터 만약 먼저 익었는가를 맛보지 않았다면 채소와 과일을 먹지 말라. 만약 먼저 맛보지 않고 먹는 자는 돌길라이니라."

세존께서는 사위국에 머무르셨다.

기원정사를 새로 짓고서 여러 거사들이 공양을 준비하였으므로, 여러 비구들이 왔는데 1,250명이었다. 그 여러 비구들이 소란스럽게 들어오고, 소란스럽게 앉으며, 소란스럽게 공양하고, 소란스럽게 일어나며, 소란스럽게 떠나갔다. 여러 거사들이 꾸짖어 말하였다.

"다른 사문과 바라문들은 차례대로 들어오고, 차례대로 앉으며, 차례대로 공양하고, 차례대로 일어나며, 차례대로 떠나가는데, 이 사문 석자는 선하고 덕이 있다고 말하면서 소란스럽게 들어오고, 소란스럽게 앉으며, 소란스럽게 공양하고, 소란스럽게 일어나며, 소란스럽게 떠나가는구나. 누가 공양을 얻었고 누가 공양을 얻지 못하였으며, 누가 거듭하여 얻었는가를 알지 못하겠구나."

여러 비구들이 어떻게 해야 하는가를 알지 못하였으므로, 이 일을 세존께 아뢰었다. 세존께서는 말씀하셨다.

"지금부터 낮에 마땅히 차례대로 들어가고, 차례대로 앉으며, 차례대로 공양하고, 차례대로 일어나며, 차례대로 떠나가도록 하라."

이때 여러 비구들은 순서대로 차례대로 들어가고, 차례대로 앉으며, 차례대로 식사하고, 차례대로 일어나며, 차례대로 떠나갔다. 이때 묵연히 들어가고, 묵연히 앉으며, 묵연히 공양하고, 묵연히 일어나며, 묵연히 떠나갔다. 여러 거사들이 꾸짖어 말하였다.

"다른 사문과 바라문들은 범패를 외워서 축원하고 찬탄하는데, 사문 석자는 선량하고 덕이 있다고 스스로가 말하면서, 묵연히 들어오고, 묵연히 앉으며, 묵연히 공양하고, 묵연히 일어나며, 묵연히 떠나가는구나. 우리들은 음식이 좋았는가? 좋지 않았는가를 알지 못하겠다."

여러 비구들이 어떻게 해야 하는가를 알지 못하였으므로, 이 일을 세존께 아뢰었다. 세존께서는 말씀하셨다.

"지금부터 공양할 때에는 마땅히 범패를 외워서 축원하고 찬탄해야 하느니라."

여러 비구들은 누가 마땅히 지어야 하는가를 알지 못하였다. 세존께서는 말씀하셨다.

"상좌가 짓도록 하라."

그때 투란난타 비구니는 배웠던 것도 적고 들은 것도 적었으나, 이때 상좌가 되었다. 세존께서는 말씀하셨다.

"만약 상좌가 능히 짓지 못한다면 마땅히 두 번째의 상좌가 짓도록 하고, 두 번째의 상좌도 짓지 못한다면 세 번째의 상좌가 지을 것이며,

이와 같이 순서대로 능히 지을 수 있는 자가 마땅히 지을지니라."

세존께서는 사위국에 머무르셨다.

이때 여러 여인들이 세존과 승가를 차례로 공양을 청하여 여러 종류의 음식을 준비하였다. 여러 비구들이 공양을 마치고 범패를 외우지도 않고 축원하지도 않고 떠났으므로 여러 여인들이 이렇게 말을 지었다.

"우리 여인들은 박복하구나. 누가 마땅히 우리를 위해 범패를 외워서 축원하고 찬탄할까?"

여러 비구들이 어떻게 해야 하는가를 알지 못하였으므로, 이 일을 세존께 아뢰었다. 세존께서는 말씀하셨다.

"지금부터는 역시 마땅히 여인에게도 범패를 외워서 축원하고 찬탄하도록 하라. 만약 정인이 없다면 상좌가 남아서 머무르며 축원하도록 하라."

머무르는 때에 여러 상좌들이 토하면서 기절하였으므로 세존께 물었다. 세존께서는 말씀하셨다.

"마땅히 여러 여인들을 말하고서 떠나가라."

세존께서는 사위국에 머무르셨다.

한 비구가 있었고 만두라(曼頭羅)라고 이름하였다. 바라문 종족이었고 출가하여 비구가 되었으나 항문에 병이 있어 이렇게 생각을 지었다.

'어떻게 자주자주 물을 사용하여 씻을 수 있을까?'

세존께서는 말씀하셨다.

"마땅히 물건으로서 닦도록 하라."

닦는 때에 하나의 나뭇잎을 사용하여 닦았으나, 닦았어도 깨끗하지가 못하였다. 세존께서는 말씀하셨다.

"마땅히 두 장을 겹쳐서 사용하라."

두 장을 겹쳐서 사용하여 닦는 때에 한 장이 미끄러져서 손을 더럽혔다. 세존께서는 말씀하셨다.

"마땅히 굴곡진 부분을 자르도록 하라."

이때 잘라낸 부분이 항문에 상처를 내었다. 세존께서는 말씀하셨다.

"마땅히 자르지 말라. 마땅히 한 장을 사용하여 깨끗이 닦도록 하라."

닦는 때에 그 나뭇잎을 측간의 안에 버렸으므로 쌓여서 측간에 가득하였다. 세존께서는 말씀하셨다.

"마땅히 한곳에 모아두도록 하라."

이때 깨끗한 나뭇잎이거나, 더러워진 나뭇잎이거나 함께 한곳에 모아두었으므로 취하는 때에 손이 더러워졌다. 세존께서는 말씀하셨다.

"오른쪽에는 깨끗한 나뭇잎을 놓아두고, 왼쪽에는 더러워진 나뭇잎을 버리도록 하라."

한곳에 모아두는 때에 크게 쌓였다. 세존께서는 말씀하셨다.

"치우도록 하라."

치우는 때에 구역질하였다. 세존께서는 말씀하셨다.

"마땅히 그릇을 놓아두고 만약 가득하다면 멀리 다른 곳에 버리도록 하라."

세존께서는 왕사성에 머무르셨다.

그때 육군비구들이 발을 씻는 곳에서 양치하였다. 뒤에 다른 비구가 와서 부정한 것을 보고서 구역질하였다. 여러 비구들이 어떻게 해야 하는가를 알지 못하였으므로, 이 일을 세존께 아뢰었다. 세존께서는 이 일로써 비구 승가를 모으셨으며 아시면서도 일부러 육군비구들에게 물으셨다.

"그대들이 진실로 이러한 일을 지었는가?"

대답하여 말하였다.

"진실로 지었습니다. 세존이시여."

세존께서는 여러 종류의 인연으로 육군비구들을 꾸짖으셨다.

"어찌 비구라고 이름하면서 승가가 발을 씻는 곳에서 양치하였는가?"

꾸짖으셨으며 여러 비구들에게 말씀하셨다.

"지금부터 세존의 앞에서 양치하지 말라. 화상이나 아사리 앞에서, 여러 상좌 승가의 앞에서, 불탑 앞에서, 성문의 탑 앞에서, 온실·강당·주방·대문 앞에서, 측간 옆·물을 담아 두는 곳·대소변을 보는 곳·욕실 안·여러 사람이 다니는 곳에서 양치하지 말라. 양치하면 돌길라이니라. 범하지 않는 것은 법랍이 같은 비구 앞이라면 범한 것은 아니다."

세존께서는 왕사성에 머무르셨다.

어떤 나형외도가 개소(疥瘙)[6] 병이 있었으므로 기바(耆婆)에게 가서 말하였다.

"나의 이러한 병을 치료해 주십시오."

대답하여 말하였다.

"욕실의 가운데에서 씻는다면 곧 나을 것입니다."

외도가 이렇게 말하였다.

"나는 외도이고 나형으로 입는 것도 없습니다. 무슨 까닭으로 욕실이 있어 씻을 수 있겠습니까?"

기바가 말하였다.

"혹시 친족이나, 서로가 지식인 비구라도 있습니까?"

대답하여 말하였다.

"없습니다."

기바가 말하였다.

"오직 욕실에서 씻어야 나을 수 있습니다."

이 외도는 곧장 죽원(竹園)으로 가서 새롭게 배우는 비구(新學比丘)와 사미에게 물었다.

"그대들은 어느 때에 욕실에서 목욕하는가?"

대답하여 말하였다.

"어느 날입니다."

---

6) 옴벌레로 인한 피부가 가려운 병을 가리킨다.

이때 외도는 지나간 날짜는 몇 일과 같고 남은 날짜는 몇 일과 같은가를 손가락을 구부려서 날짜를 세었고, 혹은 돌을 던지면서 날짜를 세었으며, 혹은 산가지를 지어서 날짜를 세었다. 목욕하는 날에 이르러 그는 죽원에 들어와서 한쪽에 서서 여러 비구들이 어떻게 욕실에 들어가서 목욕하는가를 살펴보았다. 혹은 비구가 옷을 입고 들어갔고, 혹은 비구가 진흙을 몸에 바르고 들어갔다. 이 외도는 곧 진흙을 몸에 바르고 들어갔으므로 늙은 상좌와 같았다. 여러 비구들은 이렇게 생각을 지었다.

'상좌 비구가 어디에서 왔는가?'

함께 서로가 의논하여 말하였다.

"상좌께서 오셨으니 상좌께 평상을 주십시오."

곧바로 평상을 주었고 그릇에 물을 가득 채워서 앞에 놓아두었다. 땀이 흘렀으므로 여러 비구들이 함께 발·종아리·엉덩이·가슴·등을 씻어주고 문질러주었으므로 옴이 곧 제거되고 몸이 깨끗해졌다. 몸이 깨끗해졌으므로 소임자를 부르며 말하였다.

"옷을 가져와서 상좌께 드리십시오."

이 외도가 말하였다.

"그대들은 좋지 않구려. 옷은 입어서 무엇을 하겠는가?"

여러 비구들은 말하였다.

"좋지 않구나. 장차 외도와 함께 목욕하지 않으리라!"

여러 비구들이 어떻게 해야 하는가를 알지 못하였으므로, 이 일을 세존께 아뢰었다. 세존께서는 말씀하셨다.

"지금부터 낮에 발가벗고 다른 사람을 씻어주면 아니되고, 역시 벌거벗은 자를 씻어주어서도 아니되며, 두 사람이 벌거벗고서 서로를 씻어주어서도 안 된다. 비구는 어둠 속에서는 예배를 지어서는 아니되고, 얼굴을 덮은 사람에게 예배해서도 아니되며, 잠자는 사람에게 예배해서도 아니되고, 삼매에 들어간 사람에게 예배해서도 아니되며, 양치하는 사람에게 예배해서도 아니되고, 자신이 양치할 때에도 역시 예배해서는 아니된다. 자신이 세수할 때에도 예배해서는 아니되고, 세수하고 있는 다른 사람에게 예배해서도 아니되며, 자신이 음식을 먹는 때에도 예배해서도 아니되고, 공양하고 있는 다른 사람에게 예배해서도 아니된다. 자신이 옷을 꿰매는 때에도 예배해서는 아니되고, 옷을 꿰매고 있는 다른 사람에게 예배해서도 아니된다.

자신이 삭발할 때에도 예배해서는 아니되고, 삭발하고 있는 사람에게 예배해서도 아니된다. 또 자기가 높은 곳에 있으면 낮은 곳에 있는 사람에게 예배해서는 아니되고, 낮은 곳에 있으면 높은 곳에 있는 사람에게 예배해서는 아니된다. 세존의 앞에서 다른 사람에게 예배해서는 아니되고, 불탑의 앞이거나, 성문탑의 앞에서도 다른 사람에게 예배해서는 아니된다. 대소변의 처소·물을 취하는 곳·욕실·위험한 곳에서는 모두 예배해서는 아니되고, 길을 가는 때에도 예배해서는 아니된다. 만약 지극한 마음에서 예배하고 한다면 말하라. '상좌여. 잠시 멈추십시오. 내가 예배하고자 합니다.' 만약 상좌가 멈추었다면 마땅히 예배하고 멈추지 않았다면 예배해서는 아니된다."

세존께서는 사위국에 머무르셨다.

객비구가 있었는데 저녁 무렵에 왔고 차례로 비어있는 방사를 얻었다. 이때 평상 위에 있었는데 독사가 똬리를 틀고서 잠잤다. 그 비구는 살펴보지 않고 곧 뱀 위에 앉았으므로 뱀에 물렸고 뱀과 함께 죽었다. 5·6일이 지났으므로 파리가 나왔고, 여러 비구들은 파리가 출입하는 것을 보고 함께 서로가 의논하여 말하였다.

"이 방안에서 파리가 나오고 있습니다. 마땅히 들어가서 살펴봅시다."

들어가서 곧 보았고 이렇게 말을 지었다.

"이 비구는 반드시 이 뱀 위에 앉았고 뱀에게 물려서 둘이 함께 죽었구나."

여러 비구들이 어떻게 해야 하는가를 알지 못하였으므로, 이 일을 세존께 아뢰었다. 세존께서는 이 일로써 비구 승가를 모으셨으며, 세존께서는 말씀하셨다.

"지금부터 객비구의 위의법(威儀法)을 가르쳐서 보여주겠노라. 만약 객비구가 승방에 이르렀다면 마땅히 어깨를 드러내고 옷을 정리하고 니원승을 입으면서 높아서 마땅히 아래로 내려서 늘어트리도록 하라. 옷의 걸망을 오른쪽 어깨에 메고 있으면 옮겨서 왼쪽 어깨로 메도록 하고, 석장·기름 주머니·가죽신·침통 등이 오른손에 있다면 마땅히 왼손으로 옮기도록 하라. 만약 대소변을 보고 싶다면 마땅히 먼저 승방 밖에서 일을 보고서 승방에 들어가도록 하라. 만약 물을 얻을 수 있다면 씻고서 들어가고, 만약 물을 구하지 못했다면 풀이나 나뭇잎으로 발을 닦고서 들어가도록 하라.

만약 문이 잠겨 있다면 마땅히 열어주는 것을 구하고, 만약 열어주었다면 들어가고 만약 열어주지 않는다면 승방 바깥의 담장이거나, 도랑이거나, 가시 울타리 등이 있으면 마땅히 보이는 곳에 서서 일심으로 청정한 위의를 지키고 대인(大人)의 상(相)을 지어서 다른 사람들이 선한 마음을 일으키게 하라. 만약 구주 비구를 보았다면 마땅히 묻도록 하라. '이 승방 안에 약간의 법랍인 비구의 방이 있습니까?' 만약 있다고 말한다면 곧 열어달라고 말하고서 들어가라. 또한 묻도록 하라. '이 방 안에 사람이 있습니까?' 만약 비었다고 말한다면 마땅히 묻도록 하라. '무슨 물을 사용합니까?' 만약 우물이 있다고 말한다면 마땅히 대야·두레박줄·쓰레받기·빗자루를 구하도록 하라.

마땅히 방문을 열고 손가락을 튕겨야 하고, 만약 독사가 있다면 손가락을 튕겨서 쫓아내라. 마땅히 천천히 가서 베개·이불·평상·바닥에 펼치는 물건을 꺼내고, 꺼냈다면 물을 뿌려서 땅을 쓸고 평탄하게 하라. 평상·자리·이불·베개·바닥에 펼치는 물건을 털어내어 벌레를 쫓아내고서 본래와 같이 별져누어라. 발 씻는 그릇과 항상 사용하는 물병에 모두 물을 담아두고, 가죽신을 가지고 우물가에 이르러 씻어야 하고, 가죽신을 닦을 물건을 짜서 말리도록 하라. 가죽신을 잡고 먼저 앞부분을 닦고, 차례로 뒤와 중간을 닦고 신발 끈을 닦아야 하는데, 만약 물그릇이 왼쪽에 있다면 왼손으로 물을 취하여 오른손으로 발을 닦고, 만약 오른쪽에 있다면 오른손으로 물을 취하여 왼손으로 발을 닦도록 하라.

발을 닦았다면 가죽신을 신고 방에 들어가서 문을 닫고 빗장을 걸고서 곧 노끈 평상에 앉아야 한다. 먼저 한쪽 발을 오므리고 다음으로 한쪽 발을 오므리며, 오므렸다면 크게 앉았다면 제법(諸法)을 바르게 관(觀)하도록 하라. 땅이 명료한 때에 이르렀다면 구주 비구에게 묻도록 하라. '이 승방에 전식(前食)이 있는가? 전식이 없는가? 시식(時食)이 있는가? 시식이 없는가? 어느 곳에 사나운 개·사나운 소·나이 많은 처녀·과부의 집이 있는가? 어느 곳이 승가의 학가갈마(學家羯磨)나 복발갈마(覆鉢羯磨)의 집인가? 어느 곳을 갈 수 있는가? 어느 곳을 가지 않아야 하는가?' 이러한 일들을 묻고서 걸식하도록 하라. 객비구가 떠나고자 하는 때에는 물로써 노끈 평상을 청소하고서 본래 주인에게 돌려주고 와구를 정리하여 치워두고서 문을 닫고 빗장을 걸고서 떠나가야 하느니라."

세존께서는 아비라국(阿毘羅國)에 머무르셨다.

이때 새롭게 승가람을 지었다. 비구가 있었는데 울력하면서 승가리를 입고서 돌을 옮겼고 벽돌을 옮겼으며 풀을 옮겼고 진흙을 옮겼으며 손으로서 진흙을 벽에 발랐다. 검은 진흙과 쌀겨를 섞은 진흙을 섞어서 벽에 발랐고, 붉은색 진흙과 하얀색 진흙을 벽에 발랐으며, 승방을 물을 뿌려서 쓸었으며, 땅을 다지면서 옷이 더러워졌다. 이렇게 더럽혀진 옷을 입고 취락에 들어가 걸식하였으므로 여러 거사들이 꾸짖었다.

"다른 사문과 바라문들은 깨끗한 옷을 입고 취락에 들어와 걸식하는데, 이 사문 석자들은 선량하고 덕이 있다고 스스로가 말하면서, 기름을 짜는 사람과 같이 더러운 옷을 입고 취락에 들어와서 걸식하는구나."

이 가운데에 비구가 있어 욕망이 적고 만족함을 알았는데 이러한 일을 듣고 마음이 즐겁지 않아서 이 일로써 세존께 아뢰었다. 세존께서는 이 일로써 비구 승가를 모으셨으며, 여러 비구들에게 말씀하셨다.

"지금부터 승가리를 입고서 돌을 옮기거나, 진흙을 옮기거나, 풀을 옮기거나, 진흙을 벽에 발라서는 아니되고, 손으로서 벽을 덧칠하거나 쌀겨를 섞은 진흙을 섞어 벽에 덧칠하거나, 검은색·붉은색·하얀색 진흙을 벽에 덧칠하거나, 물을 뿌려 승방을 쓸고 땅을 다져서도 아니된다. 발로 승가리를 밟아서도 아니되고, 승가리를 펼쳐서 앉아서도 아니되며, 승가리 위에 누워서도 아니되고, 속옷으로 승가리를 입어서도 아니된다. 승가리를 입을 때는 승가리를 입는 법과 같아야 하고, 울다라승을 입을 때는 울다라승을 입는 법과 같아야 하며, 안타위를 입을 때는 안타위를 입는 법과 같아야 하느니라.

세 종류로서 색을 무너트려서 작정해야 하고 다섯 종류의 순수한 색깔의 옷을 입어서는 아니되지만 납의(納衣)는 제외하느니라. 만약 비구가 가난하고 옷이 부족하여 할절의(割截衣)를 얻을 수 없다면 옷의 위에 조각을 덧대면서, 다섯 조각이거나, 일곱 조각이거나, 아홉 조각이거나, 열한 조각이거나, 열세 조각이거나, 열다섯 조각이거나, 열다섯 조각을 넘게 하라. 만약 능히 얻을 수 있다면, 마땅히 할절하여 승가리·울다라승·안타위를 지어야 하나니, 이것이 의법(衣法)이니라."

세존께서는 왕사성에 머무르셨다.

큰 승방이 있었는데 초야·중야·후야에 여러 객비구가 있었고 일체의 때에 와서 머물렀으며, 이른 아침에 곧 떠나갔다. 상좌가 하좌에게 물어 말하였다.

"무슨 까닭으로 객비구가 없는가?"

대답하여 말하였다.

"있었습니다."

"무슨 까닭으로 상좌에게 와서 보지 않았는가?"

"우리들도 그들이 오고 갔던 것을 알지 못합니다."

여러 비구들이 어떻게 해야 하는가를 알지 못하였으므로, 이 일을 세존께 아뢰었다. 세존께서는 말씀하셨다.

"만약 객비구가 왔다면 마땅히 먼저 예배하도록 하라."

이때 그 승방에는 1,250명의 비구가 있었으므로 객비구가 한 명·한 명에게 예배하면서 초야가 지나갔고, 도로를 다니면서 매우 피곤하였으므로 능히 두루 예배하지 못하였다. 여러 비구들이 어떻게 해야 하는가를 알지 못하였으므로, 이 일을 세존께 아뢰었다. 세존께서는 말씀하셨다.

"마땅히 네 명의 상좌에게 문신하도록 하라."

객비구가 있었고 저녁 무렵에 와서 물었다.

"제1의 상좌께서는 어느 처소에 있습니까?"

대답하여 말하였다.

"기사굴방(耆闍崛坊)에 있습니다."

또한 물었다.

"제2의 상좌께서는 어느 처소에 있습니까?"

대답하여 말하였다.

"비가라방(毘伽羅坊)에 있습니다."

또한 물었다.

"제3의 상좌께서는 어느 처소에 있습니까?"

대답하여 말하였다.

"귀수다라방(貴守陀羅坊)에 있습니다."

또한 물었다.

"네 번째 상좌는 어느 처소에 있습니까?"

대답하여 말하였다.

"살다가구방(薩多訶求坊)에 있습니다."

문신하고자 가는 때에 도중에 사자·호랑이·늑대의 두려움이 있었고, 표범·곰·나찰 등의 두려움이 있었다. 여러 비구들이 어떻게 해야 하는가를 알지 못하였으므로, 이 일을 세존께 아뢰었다. 세존께서는 말씀하셨다.

"들어갔던 방사 안을 따라서 곧 그곳의 네 상좌에게 예배하라."

예배하는 때에도 대방사(大坊舍)의 문밖에 오래 서 있었으므로 혼미해졌고 구역질하였으므로 즐겁지가 않았다. 여러 비구들이 어떻게 해야 하는가를 알지 못하였으므로, 이 일을 세존께 아뢰었다. 세존께서는 말씀하셨다.

"만약 때에 상좌를 보았다면 예배하고, 때에 보지 못하였다면 그만두어라."

세존께서는 사위국에 머무르셨다.

교살라국 아련야의 처소에 한 비구가 머물고 있었다. 이때 도둑들이 승방에 왔는데, 이 비구가 누각 위에 있는 것을 보고 곧 사람을 보내어 내려오게 하였다. 이때 그 도적의 두목이 불법을 믿고 받들었으므로 이렇게 말을 지었다.

"비구를 끌어내리지 말고 마땅히 살펴보게. 불이 있는가?"

말하였다.

"없습니다."

"음식이 있는가?"

말하였다.

"없습니다."

"물이 있는가?"

말하였다.

"없습니다."

함께 서로가 의논하여 말하였다.

"이 사문 석자는 청정하구나."

"발을 씻는 곳을 살펴보라. 물이 있는가?"

말하였다.

"없습니다."

"깨끗한 물병과 항상 사용하는 물병을 살펴보라. 물이 있는가?"

말하였다.

"없습니다."

이렇게 말을 지었다.

"이 비구를 데려오게."

곧 데려왔으므로 물어 말하였다.

"대덕이여. 불이 있습니까?"

말하였다.

“없습니다.”

“불을 켜는 도구가 있습니까? 불을 피우고 싶습니다.”

대답하여 말하였다.

“없습니다.”

“대덕이시여, 우리들은 굶주렸습니다. 먹을 것이 있습니까?”

대답하여 말하였다.

“없습니다.”

물었다.

“그릇은 있습니까? 우리들이 음식을 짓고자 합니다.”

대답하여 말하였다.

“없습니다.”

“대덕이여. 우리들은 목이 마릅니다. 물이 있습니까?”

대답하여 말하였다.

“없습니다.”

“물을 취하는 도구는 있습니까?”

대답하여 말하였다.

“없습니다.”

“대덕이여. 사문 석자는 청정합니다. 발 씻을 물은 있습니까? 깨끗한 물병이나 항상 사용하는 물병은 있습니까?”

대답하여 말하였다.

“없습니다.”

또한 물었다.

“대덕이여. 우리들이 그 취락으로 가고자 하는데, 우리들에게 길을 가르쳐 주십시오.”

대답하여 말하였다.

“알지 못합니다.”

또한 물었다.

"지금 계절이 빠릅니까? 늦습니까?"

대답하여 말하였다.

"알지 못합니다."

"오늘은 며칠입니까?"

대답하여 말하였다.

"알지 못합니다."

"범패는 지으십니까?"

대답하여 말하였다.

"할 수 없습니다."

"축원은 하십니까?"

대답하여 말하였다.

"할 수 없습니다."

"법을 찬탄하십니까?"

대답하여 말하였다.

"할 수 없습니다."

이 도둑들은 서로가 의논하여 말하였다.

"이 아련야의 비구는 하나의 아련야법(阿練若法)도 없구나. 이 비구는 마땅히 능히 스스로가 생활할 수 없어서 출가하였으므로 마땅히 충분하게 때려야 한다."

곧 손과 발로서 이 비구를 때렸으며 버리고 떠나갔다. 이 비구는 큰 고뇌를 받고서는 이 일로써 여러 비구들에게 말하였다. 여러 비구는 이 일로써 세존께 아뢰었다. 세존께서는 이 일로써 비구 승가를 모으셨으며, 여러 비구들에게 말씀하셨다.

"지금부터 마땅히 아련야 비구의 위의법을 가르치겠으니, 마땅히 이 법을 배워야 하느니라. 지금부터 아련야의 비구는 사람이 왔다면 먼저 마땅히 함께 좋은 말로 억념시키고, 온화하게 안색을 지어야 하며, 마땅히 머리를 숙이지 않을 것이나, 마땅히 말하라. '잘 오셨습니다.' 마땅히 불과 불 피우는 도구를 저축해야 하고, 마땅히 음식과 그릇을 저축해야 하며, 마땅히 물과 물그릇을 저축해야 하고, 마땅히 발 씻을 물과 물그릇을 저축해야 하고, 깨끗한 물병이나 항상 사용하는 물병을 가득 채워두도록 하라. 마땅히 길을 잘 알아야 하고, 날짜를 알아야 하며, 시절을 알아야 하고, 밤을 알아야 하며, 야분(夜分)을 알아야 하고, 마땅히 별자리를 알아야 하며, 성수법(星宿法)을 배우도록 하라.

마땅히 수다라·비니·아비담을 암송해야 하고, 마땅히 수다라·비니·아비담을 배우고 이해해야 하며, 마땅히 초선·2선·3선·4선·수다원·사다함·아나함·아라한의 과(果)를 알도록 하고, 만약 익히지 못하였다면 마땅히 독송법이라도 알도록 하라. 마땅히 일주(日珠)이거나, 월주(月珠)를 저축할 수 없으나, 이와 같은 법을 자세히 알도록 하고, 마땅히 선장(禪杖)을 저축할 것이니, 구니사수다라(瞿尼沙修多羅) 가운데에서 자세히 설명한 것과 같이 마땅히 수행하도록 하라."

세존께서는 사위국에 머무르셨다.

아기달(阿耆達) 바라문이 석구리병(釋俱梨餠)을 짊어지고 세존의 처소로 가서 이르렀고 세존께 공양하였다. 세존께서는 말씀하셨다.

"승가에게 나누어 주십시오."

곧 승가에게 나누어 주었고, 세존의 앞에서 축원(呪願)을 들었으며, 세존께서는 여러 종류로 설법하셨다. 여러 비구들이 떡을 씹으며 소리를 지었으므로 아기달이 차수하고 세존께 아뢰어 말하였다.

"세존이시여. 사문 구담께서 교화하신다면 일체의 제자가 모두 능히 받아들입니까?"

세존께서는 말씀하셨다.

"받아들이는 자도 있고, 받아들이지 않는 자도 있습니다."

바라문이 말했다.

"진실로 그렇습니다. 구담이시여, 법을 위하는 자도 있고 음식을 위하는 자도 있습니다."

세존께서는 아기달에게 여러 종류로 설법하시어 보여주셨고 가르치셨으며 이익되고 기쁘게 하시고서 묵연하셨다. 이때 아기달은 세존께서 설법하시어 보여주셨고 가르치셨으며 이익되고 기쁘게 하였으므로, 자리에서 일어나서 세존의 발에 예경하고 오른쪽으로 돌면서 떠나갔다. 떠나고 오래지 않아서 세존께서는 이 일로써 비구 승가를 모으셨으며, 여러 비구들에게 말씀하셨다.

"지금부터 설법할 때이거나, 축원하는 때이거나, 법을 찬탄할 때에는 음식을 먹지 말라. 먹는 자는 돌길라이니라."

세존께서는 바라나국에 머무르셨다.

세존께서는 오전에 옷을 입고 발우를 지니고서 바라나성(波羅奈城)에 들어가 걸식하고자 하셨다. 한 명의 새로운 비구가 오전에 옷을 입고 발우를 지니고 먼저 성에 들어가서 걸식하였다. 세존께서는 이 비구가 단월의 문앞에 서있는 것을 멀리서 보셨고, 이 비구도 역시 세존을 보았다. 세존을 보고서 참괴(慚愧)하며 저두(低頭)하였다. 세존께서는 걸식에서 돌아와서 옷과 발우를 거두시고서 이 일로써 비구 승가를 모으셨으며, 여러 비구들에게 말씀하셨다.

"내가 오늘 오전에 옷을 입고 발우를 지니고서 성에 들어가서 걸식하면서 한 새로운 비구가 옷을 입고 발우를 지니고 성에 들어가서 걸식하는 것을 보았느니라. 내가 이 비구를 보았는데, 비구도 나를 보았던 까닭으로 참괴하며 저두하였느니라."

여러 비구들에게 말씀하셨다.

"오전에 옷을 입고 발우를 지니고 성에 들어가 걸식한 자는 누구인가?"

그 비구가 참괴하며 장궤(長跪) 합장하고 세존께 아뢰어 말하였다.

"저입니다."

세존께서는 말씀하셨다.

"옳도다. 옳도다. 나를 보았던 까닭으로 참괴로 마음을 거두었구나. 만약 비구·비구니·우바새·우바이 및 여러 외도의 사문과 바라문들이 보았어도 역시 참괴로 마음을 거두었다면 장야에 안락함을 얻으리라."

세존께서는 사위국에 머무르셨다.

장로 울제(鬱提)에게 공행(共行) 제자가 있었는데, 그는 공경심이 없었고 승방에 들어가서도 역시 공경심이 없었다. 이때 장로 울제가 세존의 처소에 이르러 세존의 발에 머리숙여 예경하고 한쪽에 앉아서 세존께 아뢰었다.

"세존이시여. 저의 공행 제자는 공경심이 없고, 승방에 들어가서도 공경심이 없습니다. 세존이시여. 어떻게 해야 제자가 화상에게 공경심이 있겠습니까?"

세존께서는 말씀하셨다.

"울제여. 잠시 멈추게. 내가 그대에게 물을 때 말하도록 하게."

세존께서는 이 일로써 비구 승가를 모으셨으며, 울제에게 말씀하셨다.

"그대가 말하려던 것을 말하게."

울제가 말하였다.

"세존이시여. 저의 공행 제자는 공경심이 없고, 승방에 들어가서도 공경심이 없습니다. 세존이시여. 어떻게 해야 제자가 화상에게 공경심이 있겠습니까?"

세존께서는 울제에게 말씀하셨다.

"공행 제자는 화상에게 마땅히 공경심이 생겨나야 하고, 승방에 들어가서도 공경심이 생겨나야 하느니라. 마땅히 화상에게 발우·옷·열쇠·시약(時藥)·시분약(時分藥)·칠일약·진형수약(盡形壽藥)을 주어야 하느니라. 화상이 옷을 짓는 때에는 마땅히 대신하여 지어야 하고, 옷을 세탁하는 때이거나, 옷을 물들이는 때이거나, 옷을 할절할 때이거나, 옷을 누비는 때이거나, 옷을 꿰맬 때이거나, 옷을 펼치는 때에도 모두 대신하여 지어야 하며, 만약 스스로가 능히 하지 못한다면 마땅히 다른 사람에게 부탁하여 지어야 하느니라. 만약 능히 스스로가 모두를 지을 수 없는 자는 다른 사람의 힘을 빌려서라도 지어야 하고, 만약 모두를 능히 지을 수 있다면 마땅히 지어야 하며, 한가롭게 머물러서는 아니된다."

세존께서는 울제에게 말씀하셨다.

“화상이 욕실의 가운데에서 씻고자 하는 때라면 제자는 마땅히 먼저 목욕 도구를 준비하고 불을 피우며 등잔을 밝히고 비누를 준비하라. 화상이 욕실에 들어가는 때에는 제자가 욕의(浴衣)를 주어야 하고, 입었던 옷을 취하여 평상에 놓아두어야 하며, 마땅히 물병을 주어야 하고, 선장(禪杖)을 받도록 하며, 만약 화상이 힘이 부족하다면 제자는 마땅히 손으로 부축하도록 하라. 만약 많이 여위고 나약하다면 마땅히 업고 욕실에 들어가서 마땅히 옥을 거두어 한쪽에 놓아두고 평상에 앉히고서 물그릇을 앞에 놓아주도록 하라. 만약 제자도 씻고자 하는 때에는 마땅히 화상에게 알리고 벽을 향하여 씻으면서, 마땅히 병(病)이라는 생각이 생겨나야 하고, 약(藥)이라는 생각이 생겨나야 하느니라.”

세존께서는 말씀하셨다.

“화상이 마침내 땀나는 때라면 제자가 먼저 발을 닦아주고, 차례대로 허벅지·엉덩이·허리·가슴·등을 씻어주어야 하고, 화상이 씨는 것을 마쳤다면 마땅히 옷을 주고 평상을 취하며 물그릇을 취하고 선장을 취해야 하며, 마땅히 땔감으로서 아궁이를 놓아두도록 하라. 만약 화상이 힘이 부족하다면 마땅히 손으로 부축해야 하고, 만약 많이 여위고 나약하다면 마땅히 업고 방으로 돌아가서 평상에 앉히도록 하며, 마땅히 욕의를 취하여 널어야 하고, 마땅히 와의(臥衣)를 주어야 하고, 마땅히 대소변의 그릇을 놓아두며, 마땅히 침을 뱉는 그릇을 놓아두도록 하라.

만약 제자가 다시 씻고자 한다면 마땅히 화상에게 말하고서 씻어야 하고, 만약 욕실의 가운데에서 마지막으로 씻었던 자는 마땅히 노끈 평상을 한 곳에 놓아두고 물병과 물그릇을 들어서 한곳에 놓아두도록 하며, 마땅히 재(灰)로서 불씨를 덮도록 하고, 욕실을 나와서 문을 잠그고 빗장을 걸고서 떠나가도록 하라. 만약 독송하고자 하는 때에는 세 번을 묻고서 외울 수 있다면 마땅히 힘을 따라서 화상을 쫓아서 받아야 하고, 받았다면 한 곳에서 이것을 억념하고 사유하라. 만약 받았다면 송경하고, 수지하지 못하였다면 다시 묻도록 하라.

다음 날에는 마땅히 대소변의 그릇과 침을 뱉는 그릇을 버리고서 마땅히 화상에게 죽이 필요한가? 밥이 필요한가를 묻도록 하고, 만약 죽이 필요하다고 말한다면 마땅히 가마솥을 설치하고 국자와 주걱을 준비해야 하며, 만약 밥이 필요하다고 말한다면 음식과 그릇을 준비하도록 하라. 화상이 병이 들었다면 제자는 마땅히 살았거나, 만약 죽었어도 보살펴야 하고, 마땅히 병에 따른 음식과 병에 따른 약을 구하여야 하며, 화상의 물건을 취하여 공양을 지어야 하고, 만약 화상이 물건이 없다면 스스로 준비해야 하며, 스스로가 없다면 다른 사람에게 구하도록 하라. 만약 지식이 없어 능히 얻을 수 없는데, 걸식하는 때에 좋은 음식을 얻었다면 마땅히 화상에게 주어야 한다.

울제여. 만약 승가가 화상에게 억념갈마(憶念羯磨)를 주었거나, 불치갈마(不癡羯磨)를 주는 때라면 마땅히 화상을 대신하여 가서 이렇게 말을 짓도록 하라. '승가께서 저의 화상에게 억념갈마와 불치갈마를 주십시오.' 승가가 화상에게 고절갈마(苦切羯磨)·의지갈마(依止羯磨)·구출갈마(驅出羯磨)·하의갈마(下意羯磨)를 주는 때에도 제자는 법으로서 화상을 도와주면서 말하도록 하라. '승가께서는 저의 화상에게 고절갈마·의지갈마·구출갈마·하의갈마를 주지 마십시오.' 만약 승가가 화상에게 고절갈마·의지갈마·구출갈마·하의갈마를 주었다면 제자는 마땅히 말하라. '승가께서는 저의 화상에게 가볍게 갈마를 지으시고, 무겁게 짓지 마십시오.'

울제여. 만약 승가가 화상에게 멱죄상갈마(覓罪相羯磨)를 주고자 한다면 제자는 마땅히 가서 말하라. '승가께서는 여법하게 저의 화상에게 멱죄상갈마를 주지 마십시오.' 만약 승가가 화상에게 멱죄갈마를 주었다면 제자는 마땅히 말하라. '승가께서는 저의 화상에게 가볍게 갈마를 지으시고, 무겁게 짓지 마십시오.' 만약 승가가 화상에게 불견빈갈마(不見擯羯磨)·부작빈갈마(不作擯羯磨)·악사부제빈갈마(惡邪不除擯羯磨)를 주었다면 제자는 마땅히 가서 승가에게 아뢰어 말하라. '인정하지 않는다면 가르쳐서 인정하게 하시고, 받아들이지 않는다면 가르쳐서 받아들이게 하시며, 버리지 않는다면 가르쳐서 버리게 하십시오.'

울제여. 만약 그 화상이 승잔죄(僧殘罪)를 범하여 마땅히 별주갈마(別住

羯磨)·마나타갈마(摩那埵羯磨)·본일치갈마(本日治羯磨)·출죄갈마(出罪羯磨)를 주었다면, 제자는 마땅히 가서 말하라. '승가께서는 여법하게 저의 화상에게 별주갈마·마나타갈마·본일치갈마·출죄갈마를 주십시오.'

울제여. 이 제자는 화상에게 알리지 않고 독경을 다른 사람에게 가르쳐서는 아니되고, 독경을 다른 사람에게 억념시켜서도 아니되며, 함께 독송해서도 아니된다. 화상에게 알리지 않고 다른 사람을 쫓아서 법을 받아서도 아니되고, 다른 사람에게 법을 주어서도 아니되며, 다른 사람을 쫓아서 받아서 억념해서도 아니되고, 함께 독송해서도 아니된다. 다른 사람에게 옷·발우·열쇠·시약·시분약·칠일약·진형수약을 주어서도 아니되고, 다른 사람에게 옷을 지어서 주어서도 아니되며, 다른 사람을 시켜 옷을 짓게 하여서도 아니되고, 다른 사람을 삭발해 주어서도 아니되며, 다른 사람에게 삭발을 시켜서도 아니된다. 그 화상에게 알리지 않고 대소변과 양치질 및 예불하는 것을 제외하고 일체를 지을 수 없느니라.

울제여. 만약 화상이 취락에 들어가고자 한다면 제자는 마땅히 취락에 들어가는 옷을 주어야 하고, 마땅히 와의(臥衣)를 접어서 걸어두도록 하고, 제자가 만약 화상을 따라서 취락에 들어간다면 마땅히 발우·석장·승가리를 취해야 하며, 마땅히 앞서 걸어가면 아니되고, 마땅히 너무 가까워도 아니되며, 나란히 걸어서도 아니된다. 만약 스승이 비법을 설한다면 마땅히 멈추도록 간언해야 하고, 만약 법을 설한다면 마땅히 따라서 즐거워해야 하며, 만약 법을 설하여 보시를 얻었다면 제자가 마땅히 취하도록 하라. 만약 취락에 이르렀다면 마땅히 발우·석장·승가리를 주어야 하고, 제자가 만약 취락의 밖에 있었다면 마땅히 멀지 않은 곳에서 머무르면서 마땅히 화상의 마땅히 발우·석장·승가리를 취하며, 만약 화상과 함께 길을 걸어간다면 제자는 마땅히 석장을 취하고, 기름 주머니·가죽신·반짇고리를 취하도록 하라.

울제여. 제자는 마땅히 날마다 세 때에 화상의 곁으로 이르러야 하나니, 아침에 일어날 때이고 공양을 마친 때이며 해가 저무는 때이니라. 아침에 일어난 때에는 대·소변의 그릇과 침을 뱉는 그릇을 비워야 하고, 공양을 마친 때에는 물을 뿌려서 쓸고 바닥을 고르도록 하며, 해가 저무는 때에는 대·소변의 그릇과 침을 뱉는 그릇을 곁에 놓아두어야 하느니라."

울제가 세존께 아뢰었다.

"세존이시여. 제자가 화상에게 이와 같은 법을 행한다면, 화상은 제자에게 마땅히 어떻게 해야 합니까?"

세존께서는 울제에게 말씀하셨다.

"제자가 이와 같이 행한다면 화상은 마땅히 수다라·비니·아비담의 독송법을 가르쳐야 하고, 옷·발우·석장과 열쇠를 주어야 하며, 시약·시분약·칠일약·진형약을 주어야 하느니라. 만약 제자가 옷을 짓는 때라면 화상은 마땅히 곁에서 도와주어야 하고, 만약 옷을 세탁하거나, 옷을 물들이거나, 옷을 할절하거나, 누비거나, 꿰매거나, 펼치는 때에도 모두 마땅히 도와주어야 하느니라. 만약 스스로 능히 도와줄 수 없다면 다른 사람에게 부탁해야 하고, 만약 스스로가 모두를 능히 지을 수 없다면 역시 다른 사람에게 부탁해야 하며, 만약 능히 따라서 할 수 있다면 모두 도와야 하고 한가롭게 머물러서는 아니된다.

만약 제자가 병이 들었다면 화상은 마땅히 살았거나, 만약 죽었어도 보살펴야 하고, 마땅히 병에 따른 음식과 병에 따른 약을 구하여야 하며, 제자의 물건을 취하여 지어야 하고, 만약 제자의 물건이 없다면 스스로 준비해야 하며, 스스로가 없다면 다른 사람에게 구하도록 하라. 만약 지식이 없어 능히 얻을 수 없는데, 걸식하는 때에 좋은 음식을 얻었다면 마땅히 제자에게 주도록 하라.

만약 승가가 제자에게 억념갈마를 주었거나, 불치갈마를 주었다면 이렇게 말을 짓도록 하라. '승가께서 저의 제자에게 억념갈마와 불치갈마를 주십시오.' 승가가 제자에게 고절갈마·의지갈마·구출갈마·하의갈마를 주었다면 화상은 마땅히 여법하게 도와주면서 말하라. '승가께서는 저의 제자에게 고절갈마·의지갈마·구출갈마·하의갈마를 주지 마십시오.' 만약 승가가 제자에게 고절갈마·의지갈마·구출갈마·하의갈마를 주었다면 마땅히 말하라. '승가께서는 저의 제자에게 가볍게 갈마를 지으시고, 무겁게 짓지 마십시오.' 만약 승가가 제자에게 멱죄갈마를 주었다면 화상은 여법하게 도와주면서 말하라. '승가께서는 저의 화상에게 가볍게 가마를 지으시고, 무겁게 짓지 마십시오.'

울제여. 만약 승가가 제자에게 불견빈갈마·부작빈갈마·악사부제빈갈마를 주었다면 화상은 마땅히 말하라. '인정하지 않는다면 가르쳐서 인정하게 하시고, 받아들이지 않는다면 가르쳐서 받아들이게 하시며, 버리지 않는다면 가르쳐서 버리게 하십시오.' 만약 그 화상이 승잔죄를 범하여 마땅히 별주갈마·마나타갈마·본일치갈마·출죄갈마를 주었다면, 화상은 이렇게 말을 짓도록 하라. '승가께서는 여법하게 저의 제자에게 별주갈마·마나타갈마·본일치갈마·출죄갈마를 주십시오.'

울제여. 마땅히 매일 세 때에 제자를 가르쳐야 하나니, 아침에 일어날 때이고 공양을 마친 때이며 해가 저무는 때이니라. 아침에 일어난 때에는 악지식·악한 도반·폐악한 사람을 가까이하지 말라고 가르치고, 공양을 마친 때에도 악지식·악한 도반·폐악한 사람을 가까이하지 말라고 가르치며, 해 저무는 때에도 악지식·악한 도반·폐악한 사람을 가까이하지 말라고 가르쳐라. 만약 법답지 않은 일을 저지르면 즉시 꾸짖어 중지시키도록 하라.

울제여. 세 종류로 꾸짖어서 멈추게 할 것이니, 첫째는 불러서 짓지 않는 것이고, 둘째는 함께 말하지 않는 것이며, 셋째는 짓고자 하는 일을 허락하지 않는 것이니라."

십송율 제42권

후진 북인도 삼장 불야다라·구마라집 한역

석보운 번역

7. 칠송(七誦) ①

11) 비구니율[尼律] ①

(1) 8바라이법(波羅夷法)

세존께서는 사위국에 머무르셨다.

그때 사위국의 왕원정사(王園精舍)에 비구니가 있었고, 주나난타(周那難陀)라고 이름하였으며, 나이가 적었고 단정하였다. 녹자(鹿子) 거사에게 아들이 있었는데 역시 나이가 적었고 단정하였다. 이 남자는 주나난타 비구니에게 깊은 유루심(有漏心)이 생겨났고, 이 비구니도 이 남자에게 역시 유루심이 생겨났다. 이 녹자 거사의 아들은 이와 같이 사유하였다.

'만약 내가 이 비구니에게 이러한 일을 짓자고 말한다면 자신이 스스로가 죄를 얻으므로 국왕이 마땅히 나를 다스릴 것이고, 악명이 사방에 유포되며, 몸이 무너지고 목숨을 마친다면 마땅히 지옥에 떨어질 것이다.'

비구니 역시 이와 같이 사유하였다.

'만약 내가 이 남자에게 이러한 일을 짓자고 말한다면 자신이 스스로가 죄를 얻고 다른 사람에게 죄를 얻게 하며 악명이 사방에 유포될 것이고, 여러 비구와 비구니들이 법으로써 나를 다스릴 것이다. 여러 천상의 선신(善神)도 나를 다시 수호하지 않을 것이고, 몸이 무너지고 목숨을 마친다면 마땅히 지옥에 떨어질 것이다.'

이 비구니는 항상 이 남자를 억념(憶念)하였으나, 뜻을 좇아서 얻을 수가 없었던 까닭으로 병이 생겨나서 여위고 수척하게 방안에 누워있었으며, 위의가 무너져서 능히 돌아다닐 수가 없었다. 그 남자는 이 비구니가 병을 얻어 고뇌를 받고 방안에 누워있으면서 외출하지 못한다는 것을 들었다. 듣고서 이렇게 생각을 지었다.

'이 비구니에게는 다시 병은 없다. 다만 나를 생각하는 까닭으로써 여위고 수척하며 여러 고뇌를 받는 것이다. 내가 이 비구니의 처소로 가지 않고, 이러한 일을 말하지 않는다면 역시 병을 없앨 수 있겠는가?'

이렇게 생각을 짓고서 곧 왕원의 비구니 정사로 갔다. 이르러 여러 비구니에게 물어 말하였다.

"주나난타 비구니는 어느 처소에 있습니까?"

대답하여 말하였다.

"어느 방 안에 있으나 병으로 누워서 고통받고 있습니다. 위의도 무너져서 능히 돌아다니지도 못합니다."

이 남자가 곧 비구니의 방에 이르러 어루만지고 품에 안으면서 이렇게 말을 지었다.

"그대의 병은 조금이라도 나았습니까? 견딜 수 있습니까? 고뇌는 증장되지 않았습니까?"

대답하여 말하였다.

"병이 낫지 않고 견딜 수도 없으며 고뇌가 증장됩니다."

이때 비구니는 악하고 부정한 말을 입으로 뱉으면서 이렇게 말을 지었다.

"이 사람은 나의 일부이다. 그가 비록 애념(愛念)하지 않더라도 나는 곧 그를 애념하겠다."

이 가운데에 비구니가 있어 욕망이 적고 만족함을 알았으며 두타를 행하였는데, 이러한 일을 듣고 마음이 즐겁지 않아서 꾸짖어 말하였다.

"어찌 비구니라고 이름하면서 유루심이 있어 유루심의 남자가 어루만지고 끌어안는 것을 허락하는가?"

여러 종류의 인연으로 꾸짖고서 세존을 향하여 자세히 말하였다. 세존께서는 이 일로써 2부(部)의 승가를 모으셨으며, 세존께서는 아시면서도 일부러 주나난타 비구니에게 물으셨다.

"그대가 진실로 이러한 일을 지었는가?"

대답하여 말하였다.

"진실로 지었습니다. 세존이시여."

세존께서는 여러 종류의 인연으로 꾸짖으셨다.

"어찌 비구니라고 이름하면서 유루심이 있어 유루심의 남자가 어루만지고 끌어안는 것을 허락하였는가?"

세존께서는 여러 종류의 인연으로 꾸짖으셨으며, 여러 비구들에게 말씀하셨다.

"열 가지의 이익을 까닭으로써 비구니에게 계율을 제정하겠나니, 승가를 섭수하려는 까닭이고, 승가를 매우 좋게 섭수하려는 까닭이며, 승가를 안락하게 머물게 하려는 까닭이고, 마음이 교만한 자를 절복시키려는 까닭이며, 참괴심이 있는 자가 안락함을 얻게 하려는 까닭이고, 신심이 없는 자에게 청정한 신심을 얻게 하려는 까닭이며, 신심이 있는 자에게 신심을 증장시키려는 까닭이고, 지금의 세상에서 유루의 고통을 막으려는 까닭이며, 다음의 세상에서 악취(惡趣)를 끊으려는 까닭이고, 범행을 오랫동안 머물게 하려는 까닭이니라.

지금부터 이 계는 마땅히 이와 같이 설할지니라. 만약 비구니가 유루심이 있어서 유루심의 남자가 머리카락 아래에서 팔꿈치나 무릎의 위까지의 옷을 벗기거나, 아래로 만지고 위로 어루만지거나, 밀고 당기거나, 누르고 움켜잡거나, 위로 끌어안고 아래로 끌어안는 것을 허락한다면, 이러한 비구니는 바라이를 얻었으므로 함께 머물 수 없느니라.

'유루심'은 이 사람 곁에서 애결(愛結)이 깊고 두텁게 생겨나는 것이니, 남자의 유루심도 역시 이와 같다.

'남자'는 인간의 남자로서 능히 음행을 지을 수 있는 자를 말한다.

'바라이(波羅夷)'는 이러한 죄는 폐악(弊惡)되고 깊으며 무거워서 물러나고 타락함이 같은 것이 없느니라. 이러한 까닭으로 바라이라고 이름한다.

'함께 머물 수 없다.'는 여러 비구니들은 이 비구니와 이를테면, 백갈마(白羯磨)·백이갈마(白二羯磨)·백사갈마(白四羯磨)·설계(說戒)·자자(自恣)·13비구니갈마와 같은 법사(法事)를 함께 짓지 않는 것이다.

이 가운데에서 범하는 것은 여덟 종류가 있다. 만약 비구니가 유루심이 생겨나서 유루심의 남자가 옷을 벗기고 얼굴을 어루만지도록 따르면서 허락한다면 바라이를 범한다. 만약 목을 만지거나, 만약 가슴·옆구리·허리·배·배꼽·대소변을 보는 곳·엉덩이, 나아가 무릎까지를 위로 어루만지거나 아래로 어루만지거나, 끌어당기고 밀치거나, 누르고 움켜잡는 것과 같더라도 역시 이와 같다. 머리카락 위이거나, 팔꿈치 앞쪽이거나, 무릎 아래의 옷을 벗기고 어루만지게 하였다면 투란차이니라.

만약 비구니가 유루심이 있었는데 유루심의 남자가 옷을 벗기고 바닥에서 끌어안아 의자에 앉히는 것을 허락한다면 바라이이고, 의자에서 독좌상으로 앉히거나, 독좌상에서 큰 평상으로 앉히거나, 큰 평상에서 가마로 앉히거나, 가마에서 수레로 앉히거나, 수레에서 말 위로 앉히거나, 말 위에서 코끼리 위로 앉히거나, 코끼리 위에서 집안으로 앉히는 것을 허락해도 모두 바라이이니라.

또한 비구니가 유루심이 있었는데 유루심의 남자가 옷을 벗기고 집안에서 안아서 코끼리 위로 앉히거나, 코끼리 위에서 말 위로 앉히거나, 말 위에서 수레로 앉히거나, 수레에서 가마로 앉히거나, 가마에서 큰 평상으로 앉히거나, 큰 평상에서 독좌상으로 앉히거나, 독좌상에서 의자로 앉히거나, 의자에서 바닥으로 내려놓는 것을 허락하여도 모두 바라이이고, 능히 머리카락 위이거나, 팔꿈치 앞쪽이거나, 무릎 아래의 옷을 벗기도록 허락하거나, 안고서 위·아래로 앉히게 허락하였다면 투란차이니라.

만약 비구니가 유루심이 있었는데 유루심의 남자가 합의(合衣)[1]를 수순

1) 승가리(僧伽梨)를 다르게 부르는 말이다.

하여 어루만지는 것을 허락한다면 투란차이고, 만약 목이거나, 만약 가슴·옆구리·허리·배·배꼽·대·소변을 보는 곳·엉덩이·무릎을 어루만지도록 허락해도 투란차죄이며, 위로 어루만지고 아래로 어루만지거나, 끌어당기고 밀치며 누르고 움켜잡는 것과 같더라도 역시 이와 같다. 합의의 위에로 머리카락 위쪽이거나, 팔꿈치 앞쪽이거나, 무릎 아래쪽을 어루만지게 하였다면 돌길라이니라.

또한 비구니가 유루심이 있었는데 유루심의 남자가 합의의 위로 안고서 바닥에서 의자로 옮겨 앉히는 것을 허락한다면 투란차이고, 의자에서 독좌상으로 앉히거나, 독좌상에서 큰 평상으로 앉히거나, 큰 평상에서 가마로 앉히거나, 가마에서 수레로 앉히거나, 수레에서 말 위로 앉히거나, 말 위에서 코끼리 위로 앉히거나, 코끼리 위에서 집안으로 앉히는 것을 허락하여도 모두 투란차이니라.

또한 비구니가 유루심이 있었는데 유루심의 남자가 합의의 위로 안고서 집안에서 코끼리 위로 앉히거나, 코끼리 위에서 말 위로 앉히거나, 말 위에서 수레로 앉히거나, 수레에서 가마로 앉히거나, 가마에서 큰 평상으로 앉히거나, 큰 평상에서 독좌상으로 앉히거나, 독좌상에서 의자로 앉히거나, 의자에서 바닥에 내려놓는 것을 허락하여도 모두 투란차이니라. 만약 머리카락 위쪽이거나, 팔꿈치 앞쪽이거나, 무릎 아래쪽을 합의의 위에로 안고서 위로 앉히고 아래로 앉히게 허락했다면 돌길라이니라.

범하지 않는 것은 만약 아버지라고 생각하였거나, 형제라고 생각하였거나, 자식이라고 생각한 것이다. 만약 물에 빠졌거나 만약 불에 탔거나, 만약 칼(刀)·삭(槊)·활(弓)·몽둥이 등이거나, 만약 구덩이로 떨어지려고 하였거나, 만약 악한 짐승을 만났거나, 악귀의 난리라면 범한 것은 아니다. 일체의 염착이 없다면 범한 것은 없다." [다섯 번째 일을 마친다.]

세존께서는 왕사성에 머무르셨다.

그때 조달(調達)을 돕던 비구니는 육군비구들이 손을 잡거나, 옷자락을 손으로 잡는 것을 허락하였고, 함께 서 있으며, 함께 말하고, 함께 약속하며,

가려지고 덮여진 곳으로 들어가고, 남자가 오는 것을 기다렸으므로 몸가짐이 백의와 같았다. 이때에 비구니가 있어 욕망이 적고 만족함을 알았으며 두타를 행하였는데, 이러한 일을 듣고 마음이 즐겁지 않아서 여러 종류의 인연으로 꾸짖어 말하였다.

"어찌 비구니라고 이름하면서 유루심이 있어서 유루심의 남자가 손을 잡거나, 옷자락을 손으로 잡는 것을 허락하고, 함께 서 있으며, 함께 말하고, 함께 약속하며, 가려지고 덮여진 곳으로 들어가고, 남자가 오는 것을 기다리는가?"

여러 종류의 인연으로 꾸짖고서 세존을 향하여 자세히 말하였다. 세존께서는 이 일로써 2부의 승가를 모으셨으며, 아시면서도 일부러 조달을 돕던 비구니에게 물으셨다.

"그대가 진실로 이러한 일을 지었는가?"

대답하여 말하였다.

"진실로 지었습니다. 세존이시여."

세존께서는 여러 종류의 인연으로 꾸짖으셨다.

"어찌 비구니라고 이름하면서 유루심이 있어서 유루심의 남자가 손을 잡거나, 옷자락을 손으로 잡는 것을 허락하고, 함께 서 있으며, 함께 말하고, 함께 약속하며, 가려지고 덮여진 곳으로 들어가고, 남자가 오는 것을 기다렸는가?"

세존께서는 여러 종류의 인연으로 꾸짖으셨으며, 여러 비구들에게 말씀하셨다.

"열 가지의 이익을 까닭으로써 비구니에게 계율을 제정하여 주겠나니, 지금부터 이 계율을 마땅히 이와 같이 설할지니라. 만약 비구니가 유루심이 있어서, 유루심의 남자가 손을 잡거나, 옷자락을 손으로 잡는 것을 허락하였고, 함께 서 있으며, 함께 말하고, 함께 약속하며, 가려지고 덮어진 곳으로 들어가고, 남자가 오는 것을 기다리며, 몸가짐이 백의의 여인과 같고 이러한 여덟 가지의 일로써 탐착(貪着)하는 모습을 드러낸다면 이 비구니는 바라이를 범하였으므로 마땅히 함께 머무를 수 없느니라.

'유루심'은 그 사람의 곁에서 애결(愛結)이 깊고 두텁게 생겨난 것이고, 남자의 유루심도 역시 이와 같다.

'남자'는 인간의 남자로서 능히 음행을 지을 수 있는 자를 말한다.

'손을 잡다.'는 팔꿈치의 앞쪽을 잡는 것을 손이라고 이름한다.

'옷을 잡다.'는 몸의 옷을 잡는 것이다.

'함께 서 있다.'는 부정하게 말하는 곳에서 서 있는 것이다.

'함께 말하다.'는 부정하게 말하는 곳에서 말하는 것이다.

'서로 약속하다.'는 악한 처소를 짓는 것이다.

'가려지고 덮여진 곳으로 들어가다.'는 만약 벽으로 덮이고 가려졌거나, 돗자리로 덮이고 가려졌거나, 옷과 장막으로 덮이고 가려진 곳으로 들어가는 것이다.

'남자가 오는 것을 기다리다.'는 악한 처소를 짓는 것이다.

'몸가짐이 백의의 여인과 같다.'는 만약 잡거나, 만약 껴안았는데 남자의 뜻을 거스르지 않는 것이 백의의 여인과 같은 것이다. 이러한 여덟 일을 이용하여 탐착하는 모습을 보여준다면 바라이를 범한 것이다.

'바라이'는 이 죄는 폐악되고 깊으며 무거워서 물러나고 타락함이 같은 것이 없느니라. 만약 비구니가 이러한 죄를 범한다면 사문니(沙門尼)라고 이름할 수 없고 석녀(釋女)도 아니므로 비구니법을 잃느니라.

'함께 머무를 수 없다.'는 여러 비구니들은 이 비구니와 이를테면, 백갈마·백이갈마·백사갈마·설계·자자·13비구니갈마와 같은 법사를 함께 짓지 않는 것이다.

이 가운데에서 범하는 것은 만약 비구니가 유루심이 있어서 유루심의 남자가 손을 잡는 것을 허락한다면 투란차이고, 옷자락을 잡도록 허락하여도 투란차이며, 함께 서 있어도 투란차이고, 만약 서로 말하여도 투란차이며, 서로 약속해도 투란차이고, 가려지고 덮여진 곳으로 들어가도 투란차이며, 남자가 오는 것을 기다려도 투란차이고, 백의의 여인과 같이 몸을 남자에게 맡겨도 투란차이니라. 만약 여덟의 일을 모두 짓는다면 바라이를 범하느니라." [여섯 번째 일을 마친다.]

세존께서는 왕사성에 머무르셨다.

그때 두 비구니가 있었고 자매이었다. 언니의 미다라(彌多羅)라고 이름하였고, 동생은 미제예(彌帝隷)라고 이름하였다. 미다라 비구니는 부정행을 지어서 음욕을 범하였으나 미제예 비구니는 선하고 좋았으므로 음욕을 짓지 않았다. 미다라 비구니가 뒤의 때에 계율을 반환하고 백의가 되었다. 여러 비구니들이 가서 미제예 비구니에게 말하였다.

"그대의 언니가 계율을 반환하고 백의가 되었는데 좋은가?"

대답하여 말하였다.

"나도 역시 먼저 이 비구니가 이와 같고 이와 같은 부정행을 범한 것을 알고 있었습니다. 나는 다만 스스로가 거론하고 싶지 않았고 승가를 향하여 말하고 싶지 않았습니다. 혹은 사람이 있어 말할 것입니다. '어찌 비구니라고 이름하면서 스스로가 언니를 더럽히는가?'"

이 가운데에 비구니가 있어 욕망이 적고 만족함을 알았으며 두타를 행하였는데, 이러한 일을 듣고 마음이 즐겁지 않아서 여러 종류의 인연으로 꾸짖어 말하였다.

"어찌 비구니라고 이름하면서 다른 비구니에게 추죄(麤罪)가 있는 것을 알고서도 덮어두는가?"

여러 종류의 인연으로 꾸짖고서 세존을 향하여 자세히 말하였다. 세존께서는 이 일로써 2부의 승가를 모으셨으며, 아시면서도 일부러 미제예 비구니에게 물으셨다.

"그대가 진실로 이러한 일을 지었는가?"

대답하여 말하였다.

"진실로 지었습니다. 세존이시여."

세존께서는 여러 종류의 인연으로 꾸짖으셨다.

"어찌 비구니라고 이름하면서 다른 비구니에게 추죄가 있는 것을 알고서도 덮어두었는가?"

세존께서는 여러 종류의 인연으로 꾸짖으셨으며, 여러 비구들에게 말씀하셨다.

"열 가지의 이익을 까닭으로써 비구니에게 계율을 제정하여 주겠나니, 지금부터 이 계율을 마땅히 이와 같이 설할지니라. 만약 비구니가 다른 비구니가 추죄를 범한 것을 알고서도 덮어두었는데, 나아가 하룻밤을 지내고서 그 비구니가 만약 물러났거나, 만약 머물렀거나, 만약 쫓겨났거나, 만약 떠나간 것을 알고서 뒤에 '나도 역시 이 비구니가 이와 같고 이와 같은 부정행을 범한 것을 알고 있었으나, 나는 다만 스스로가 거론하고 싶지 않았고 승가를 향하여 말하고 싶지 않았으며, 혹은 사람이 있어 <어찌 비구니라고 이름하면서 스스로가 언니를 더럽히는가?>라고 말하였다.'라고 이렇게 말을 짓는다면 이 비구니는 바라이를 범하였으므로 마땅히 함께 머무를 수 없느니라.

'알다.'는 만약 스스로가 알았거나, 만약 다른 사람에게 들었거나, 만약 죄를 비구니가 스스로 말하는 것이다.

'추죄(麤罪)'는 바라이와 같거나, 승가바시사와 같은 것이다. 다시 다음으로 일체의 죄를 모두 추죄라고 이름할지라도 다만 다섯 종류의 죄로 분별하려는 까닭으로 두 종류를 추죄라고도 이름하느니라.

'하룻밤'은 해가 떨어지는 것부터 땅이 명료하지 않은 것을 밤이라고 이름한다.

'그 비구니가 물러나다.'는 비구니법에서 물러나고 잃은 것이다.

'머무르다.'는 백의의 법의 가운데에 머무는 것이다.

'쫓겨났다.'는 여법하고 비니와 같으며 세존의 가르침과 같이 멸빈갈마를 주었던 것이다.

'떠나다.'는 외도에 들어간 것이다. 떠나고서 '나도 역시 이 비구니가 이와 같고 이와 같은 부정행을 범한 것을 알고 있었으나, 나는 다만 스스로가 거론하고 싶지 않았고 승가를 향하여 말하고 싶지 않았으며, 혹은 사람이 있어 <어찌 비구니라고 이름하면서 스스로가 언니를 더럽히는가?>라고 말하였다.'라고 이러한 말을 짓는다면 이 비구니는 바라이를 범하였으므로 마땅히 함께 머무를 수 없느니라.

'바라이'는 이 죄는 폐악되고 깊으며 무거워서 물러나고 타락함이 같은 것이 없느니라. 만약 비구니가 이러한 죄를 범한다면 사문니라고 이름할 수 없고 석녀도 아니므로 비구니법을 잃느니라.

'함께 머무를 수 없다.'는 여러 비구니들은 이 비구니와 이를테면, 백갈마·백이갈마·백사갈마·설계·자자·13비구니갈마와 같은 법사를 함께 짓지 않는 것이다.

이 가운데에서 범한 것은 만약 비구니가 다른 비구니가 땅이 명료한 때에 바라이죄를 범한 것을 보았는데, 이 비구니가 바라이의 가운데에서 바라이라는 생각이 생겨났는데, 하루를 마치도록 덮어두고서 땅이 명료한 때에 이르렀다면 바라이를 범하느니라. 만약 승가가 이 비구니에게 불견빈(不見擯)·부작빈(不作擯)·악사부제빈(惡邪不除擯)을 지어서 주었거나, 광심(狂心)·난심(亂心)·병괴심(病壞心)이 있어서 이때에 덮어두었다면 범한 것은 아니다. 만약 빈갈마를 풀어주었거나, 만약 고통이 멈추었고 본래의 마음으로 돌아왔는데, 이때에 다른 사람의 죄를 덮어두고서 땅이 명료한 때에 이르렀다면 바라이를 범하느니라.

만약 비구니가 다른 비구니가 땅이 명료하였거나, 해가 솟는 때이거나, 해가 솟았거나, 오전(中前)·정오(日中)·오후(日昳)·포시(晡時)이거나, 해가 떨어지는 때이거나, 해가 떨어졌거나, 초야(初夜)의 초분(初分)·초야의 중분(中分)·초야의 후분(後分)·중야(中夜)의 초분·중야의 중분·중야의 후분·후야(後夜)의 초분·후야의 중분·후야의 후분에 바라이죄를 범하는 것을 보았으나, 덮어두고서 땅이 명료한 때에 이르렀다면 바라이를 범하느니라. 이 바라이의 가운데에서 바라이라는 생각이 생겨났는데, 덮어두고서 땅이 명료한 때에 이르렀다면 바라이를 범하느니라.

만약 승가가 이 비구니에게 불견빈·부작빈·악사부제빈을 지어서 주었거나, 광심·난심·병괴심이 있어서 이때에 덮어두었다면 범한 것은 아니다. 만약 빈갈마를 풀어주었거나, 만약 고통이 멈추었고 본래의 마음으로 돌아왔는데, 이때에 다른 사람의 죄를 덮어두고서 땅이 명료한 때에 이르렀다면 바라이를 범하느니라. 만약 비구니가 다른 비구니가 땅이 명료한 때에 바라이를 범한 것을 보고서 바라이의 가운데에서 바라이라고 말하거나, 승가바시사라고 말하거나, 바일제라고 말하거나, 바라제제사니라고 말하거나, 돌길라라고 말하거나, 이 비구니가 바라이의 가운데에서 승가바시사라는 생각이 생겨났는데, 덮어두고서 땅이 명료한 때에 이르렀다면 바라이를 범한 것이다.

또한 비구니가 해가 솟는 때이거나, 해가 솟았거나, 오전·정오·오후·포시이거나, 해가 떨어지는 때이거나, 해가 떨어졌거나, 초야의 초분·초야의 중분·초야의 후분·중야의 초분·중야의 중분·중야의 후분·후야의 초분·후야의 중분·후야의 후분에 다른 비구니가 바라이죄를 범하는 것을 보았으나, 이 바라이의 가운데에서 승가바시사라고 말하거나, 바일제라고 말하거나, 바라제제사니라고 말하거나, 돌길라라고 말하거나, 이 비구니가 바라이의 가운데에서 승가바시사라는 생각이 생겨났으나, 덮어두고서 땅이 명료한 때에 이르렀다면 바라이를 범한 것이다. 바일제라는 생각이 생겨났거나, 바라제제사니라는 생각이 생겨났거나, 돌길라라는 생각이 생겨났다면 역시 이와 같다.

만약 승가가 이 비구니에게 불견빈·부작빈·악사부제빈을 지어서 주었거나, 광심·난심·병괴심이 있어서 이때에 덮어두었다면 범한 것은 아니다. 만약 빈갈마를 풀어주었거나, 만약 고통이 멈추었고 본래의 마음으로 돌아왔는데, 이때에 다른 사람의 죄를 덮어두고서 땅이 명료한 때에 이르렀다면 바라이를 범하느니라. 만약 비구니가 다른 비구니가 땅이 명료한 때에 바라이를 범한 것을 보고서 바라이의 가운데에서 바라이인가? 바라이가 아닌가를 의심하면서 바라이의 가운데에서 바라이라는 생각이 생겨났으나, 덮어두고서 땅이 명료한 때에 이르렀다면 바라이를 범한 것이다.

또한 비구니가 해가 솟는 때이거나, 해가 솟았거나, 오전·정오·오후·포시이거나, 해가 떨어지는 때이거나, 해가 떨어졌거나, 초야의 초분·초야의 중분·초야의 후분·중야의 초분·중야의 중분·중야의 후분·후야의 초분·후야의 중분·후야의 후분에 다른 비구니가 바라이를 범한 것을 보고서 바라이의 가운데에서 바라이인가? 바라이가 아닌가를 의심하였고, 뒤에 의심을 끊었으나 바라이의 가운데에서 바라이라는 생각이 생겨났는데, 덮어두고서 땅이 명료한 때에 이르렀다면 바라이를 범한 것이다. 만약 승가가 이 비구니에게 불견빈·부작빈·악사부제빈을 지어서 주었거나, 광심·난심·병괴심이 있어서 이때에 덮어두었다면 범한 것은 아니다. 만약 빈갈마를 풀어주었거나, 만약 고통이 멈추었고 본래의 마음으로 돌아왔는데, 이때에 다른 사람의 죄를 덮어두고서 땅이 명료한 때에 이르렀다면 바라이를 범하느니라.

만약 비구니가 다른 비구니가 땅이 명료한 때에 바라이를 범한 것을 보고서 바라이의 가운데에서 '바라이인가? 승가바시사인가?', '바라이인가? 바일제인가?', '바라이인가? 바라제제사니인가?', '바라이인가? 돌길라인가?'라고 의심하였고, 뒤의 때에 의심을 끊었으나 바라이의 가운데에서 바라이라는 생각이 생겨났는데, 덮어두고서 땅이 명료한 때에 이르렀다면 바라이를 범한 것이다. 또한 비구니가 해가 솟는 때이거나, 해가 솟았거나, 오전·정오·오후·포시이거나, 해가 떨어지는 때이거나, 해가 떨어졌거나, 초야의 초분·초야의 중분·초야의 후분·중야의 초분·중야의 중분·중야의 후분·후야의 초분·후야의 중분·후야의 후분에 다른 비구니가 바라이를 범한 것을 보고서 바라이의 가운데에서 '바라이인가? 승가바시사인가?', '바라이인가? 바일제죄인가?', '바라이인가? 바라제제사니인가?', '바라이인가? 돌길라인가?'라고 의심하였고, 뒤의 때에 의심을 끊었으나 바라이의 가운데에서 바라이라는 생각이 생겨났는데, 덮어두고서 땅이 명료한 때에 이르렀다면 바라이를 범한 것이다.

만약 승가가 이 비구니에게 불견빈·부작빈·악사부제빈을 지어서 주었거나, 광심·난심·병괴심이 있어서 이때에 덮어두었다면 범한 것은 아니다. 만약 빈갈마를 풀어주었거나, 만약 고통이 멈추었고 본래의 마음으로 돌아왔는데, 이때에 다른 사람의 죄를 덮어두고서 땅이 명료한 때에 이르렀다면 바라이를 범하느니라. 만약 비구니가 다른 비구니가 땅이 명료한 때에 바라이를 범한 것을 보고서 바라이의 가운데에서 '바라이인가? 승가바시사인가? 바일제인가? 바라제제사니인가? 돌길라인가?'라고 의심하였고, 뒤의 때에 의심을 끊었으나 바라이의 가운데에서 승가바시사라는 생각이 생겨났는데, 덮어두고서 땅이 명료한 때에 이르렀다면 바라이를 범한 것이다.

또한 비구니가 해가 솟는 때이거나, 해가 솟았거나, 오전·정오·오후·포시이거나, 해가 떨어지는 때이거나, 해가 떨어졌거나, 초야의 초분·초야의 중분·초야의 후분·중야의 초분·중야의 중분·중야의 후분·후야의 초분·후야의 중분·후야의 후분에 다른 비구니가 바라이를 범한 것을 보고서 바라이의 가운데에서 '바라이인가? 승가바시사인가?', '바라이인가? 바일제죄인가?', '바라이인가? 바라제제사니인가?', '바라이인가? 돌길라인가?'라고 의심하였고, 뒤의 때에 의심을 끊었으나 바라이의 가운데에서 승가바시사라는 생각이 생겨났는데, 덮어두고서 땅이 명료한 때에 이르렀다면 바라이를 범한 것이다. 만약 승가가 이 비구니에게 불견빈·부작빈·악사부제빈을 지어서 주었거나, 광심·난심·병괴심이 있어서 이때에 덮어두었다면 범한 것은 아니다. 만약 빈갈마를 풀어주었거나, 만약 고통이 멈추었고 본래의 마음으로 돌아왔는데, 이때에 다른 사람의 죄를 덮어두고서 땅이 명료한 때에 이르렀다면 바라이를 범하느니라.

만약 비구니가 다른 비구니가 땅이 명료한 때에 바라이를 범한 것을 보고서 바라이의 가운데에서 '바라이인가? 승가바시사인가? 바일제인가? 바라제제사니인가? 돌길라인가?'라고 의심하였고, 뒤의 때에 의심을 끊었으나 바라이의 가운데에서 바일제라는 생각이 생겨났는데, 덮어두고서 땅이 명료한 때에 이르렀다면 바라이를 범한 것이다. 또한 비구니가 해가 솟는 때이거나, 해가 솟았거나, 오전·정오·오후·포시이거나, 해가 떨어지는 때이거나, 해가 떨어졌거나, 초야의 초분·초야의 중분·초야의 후분·중야의 초분·중야의 중분·중야의 후분·후야의 초분·후야의 중분·후야의 후분에 다른 비구니가 바라이를 범한 것을 보고서 바라이의 가운데에서 '바라이인가? 승가바시사인가?', '바라이인가? 바일제죄인가?', '바라이인가? 바라제제사니인가?', '바라이인가? 돌길라인가?'라고 의심하였고, 뒤의 때에 의심을 끊었으나 바라이의 가운데에서 바일제라는 생각이 생겨났는데, 덮어두고서 땅이 명료한 때에 이르렀다면 바라이를 범한 것이다.

만약 승가가 이 비구니에게 불견빈·부작빈·악사부제빈을 지어서 주었거나, 광심·난심·병괴심이 있어서 이때에 덮어두었다면 범한 것은 아니다. 만약 빈갈마를 풀어주었거나, 만약 고통이 멈추었고 본래의 마음으로 돌아왔는데, 이때에 다른 사람의 죄를 덮어두고서 땅이 명료한 때에 이르렀다면 바라이를 범하느니라. 만약 비구니가 다른 비구니가 땅이 명료한 때에 바라이를 범한 것을 보고서 바라이의 가운데에서 '바라이인가? 승가바시사인가? 바일제인가? 바라제제사니인가? 돌길라인가?'라고 의심하였고, 뒤의 때에 의심을 끊었으나 바라이의 가운데에서 바라제제사니라는 생각이 생겨났는데, 덮어두고서 땅이 명료한 때에 이르렀다면 바라이를 범한 것이다.

또한 비구니가 해가 솟는 때이거나, 해가 솟았거나, 오전·정오·오후·포시이거나, 해가 떨어지는 때이거나, 해가 떨어졌거나, 초야의 초분·초야의 중분·초야의 후분·중야의 초분·중야의 중분·중야의 후분·후야의 초분·후야의 중분·후야의 후분에 다른 비구니가 바라이를 범한 것을 보고서 바라이의 가운데에서 '바라이인가? 승가바시사인가?', '바라이인가? 바일제죄인가?', '바라이인가? 바라제제사니인가?', '바라이인가? 돌길라인가?'라고 의심하였고, 뒤의 때에 의심을 끊었으나 바라이의 가운데에서 바라제제사니라는 생각이 생겨났는데, 덮어두고서 땅이 명료한 때에 이르렀다면 바라이를 범한 것이다.

만약 승가가 이 비구니에게 불견빈·부작빈·악사부제빈을 지어서 주었거나, 광심·난심·병괴심이 있어서 이때에 덮어두었다면 범한 것은 아니다. 만약 빈갈마를 풀어주었거나, 만약 고통이 멈추었고 본래의 마음으로 돌아왔는데, 이때에 다른 사람의 죄를 덮어두고서 땅이 명료한 때에 이르렀다면 바라이를 범하느니라. 만약 비구니가 다른 비구니가 땅이 명료한 때에 바라이를 범한 것을 보고서 바라이의 가운데에서 '바라이인가? 승가바시사인가? 바일제인가? 바라제제사니인가? 돌길라인가?'라고 의심하였고, 뒤의 때에 의심을 끊었으나 바라이의 가운데에서 돌길라라는 생각이 생겨났는데, 덮어두고서 땅이 명료한 때에 이르렀다면 바라이를 범한 것이다.

또한 비구니가 해가 솟는 때이거나, 해가 솟았거나, 오전·정오·오후·포시이거나, 해가 떨어지는 때이거나, 해가 떨어졌거나, 초야의 초분·초야의 중분·초야의 후분·중야의 초분·중야의 중분·중야의 후분·후야의 초분·후야의 중분·후야의 후분에 다른 비구니가 바라이를 범한 것을 보고서 바라이의 가운데에서 '바라이인가? 승가바시사인가?', '바라이인가? 바일제죄인가?', '바라이인가? 바라제제사니인가?', '바라이인가? 돌길라인가?'라고 의심하였고, 뒤의 때에 의심을 끊었으나 바라이의 가운데에서 돌길라라는 생각이 생겨났는데, 덮어두고서 땅이 명료한 때에 이르렀다면 바라이를 범한 것이다.

만약 승가가 이 비구니에게 불견빈·부작빈·악사부제빈을 지어서 주었거나, 광심·난심·병괴심이 있어서 이때에 덮어두었다면 범한 것은 아니다. 만약 빈갈마를 풀어주었거나, 만약 고통이 멈추었고 본래의 마음으로 돌아왔는데, 이때에 다른 사람의 죄를 덮어두고서 땅이 명료한 때에 이르렀다면 바라이를 범하느니라." [일곱 번째 일을 마친다.]

세존께서는 구사미국(俱舍彌國)에 머무르셨다.

그때 대중 승가는 일심으로 화합하여 가류라제사(迦留羅提舍) 비구에게 불견빈을 지어서 주었다. 이 가류라제사 비구에게는 일곱 명의 자매인 비구니가 있었는데, 첫째가 투라난타(偸羅難陀) 비구니였고, 둘째가 주나난타(周那難陀) 비구니였으며, 셋째가 제사(提舍) 비구니였고, 넷째가 우바제사(優波提舍) 비구니였으며, 다섯째가 제사역다(提舍域多) 비구니였고, 여섯째가 제사바라나(提舍波羅那) 비구니였으며, 일곱째가 제사라차다(提舍羅叉多) 비구니였다. 이 여러 비구니는 가류라제사에게 승가가 불견빈을 지어서 주었다는 것을 듣고 가류라제사에게 가서 물어 말하였다.

"승가가 진실로 그대에게 불견빈을 지어서 주었습니까?"

대답하여 말하였다.

"진실로 이렇게 지었습니다."

여러 비구니들이 말하였다.

"그대는 뜻을 굽히고 부드러운 말로 절복(折伏)하지 마세요. 우리들이 마땅히 그대에게 재물·옷·발우·자물쇠·시약(時藥)·야분약(夜分藥)·칠일약·진형약 등을 공양하겠어요. 만약 독경하거나, 송경하거나, 의문이 있다면 우리가 그대에게 가르칠 것인데, 그대가 무슨 까닭으로 절복하겠는가?"

이 가운데에 비구니가 있어 욕망이 적고 만족함을 알았으며 두타를 행하였는데, 이러한 일을 듣고 꾸짖어 말하였다.

"어찌 비구니라고 이름하면서 비구에게 일심으로 화합한 승가가 불견빈을 지었으므로 혼자이고 한 사람도 없으며 두 사람도 없고 도반도 없으며 반려도 없으나, 멈추지 못하고 쉬지 못하는 것을 알면서도 수순(隨順)하면서 행하는가?"

여러 종류의 인연으로 꾸짖고서 세존을 향하여 자세히 말하였다. 세존께서는 이 일로써 2부의 승가를 모으셨으며, 아시면서도 일부러 이 여러 비구니들에게 물으셨다.

"그대들이 진실로 이러한 일을 지었는가?"

대답하여 말하였다.

"진실로 지었습니다. 세존이시여."

세존께서는 여러 종류의 인연으로 꾸짖으셨다.

"어찌 비구니라고 이름하면서 비구에게 일심으로 화합한 승가가 불견빈을 지었으므로 혼자이고 한 사람도 없으며 두 사람도 없고 도반도 없으며 반려도 없으나, 멈추지 못하고 쉬지 못하는 것을 알면서도 수순하면서 행하였는가?"

세존께서는 여러 종류의 인연으로 꾸짖으셨으며, 여러 비구들에게 말씀하셨다.

"열 가지의 이익을 까닭으로써 비구니에게 계율을 제정하여 주겠나니,

지금부터 이 계율을 마땅히 이와 같이 설할지니라. 만약 비구니가 비구에게 일심으로 화합한 승가가 불견빈을 지었으므로 혼자서 한 사람도 없고 두 사람도 없으며 도반도 없고 반려도 없으나, 멈추지 못하고 쉬지 못하는 것을 알면서도 수순하면서 행하였다면, 여러 비구니들은 마땅히 이와 같이 이 비구니에게 충고하라.

'이 비구는 일심으로 화합한 승가가 불견빈을 지었으므로 혼자이고 한 사람도 없으며 두 사람도 없고 도반도 없으며 반려도 없으나, 멈추지 못하고 쉬지 못하고 있습니다. 그대는 수순하여 행하지 마십시오.'

이 비구니가 여러 비구니들이 이와 같이 충고하는 때에 이러한 일을 굳게 지니고 버리지 않는다면 여러 비구니들은 마땅히 두·세 번을 충고하여 이러한 일을 버리게 하라. 두·세 번을 충고하는 때에 만약 이러한 일을 버린다면 좋으나, 만약 버리지 않는다면 이러한 비구니는 바라이를 범하였으므로 함께 머무를 수 없느니라.

'알다.'는 만약 스스로가 알았거나, 만약 다른 사람에게 들었거나, 만약 죄를 비구가 스스로 말하는 것이다.

'여법하다.'는 법과 같고 비니와 같으며 세존의 가르침과 같이 내쫓은 것이다.

'혼자이고 한 사람도 없으며 두 사람도 없고 도반도 없으며 반려도 없다.'는 일체의 쫓겨난 비구는 혼자이고 한 사람도 없으며 두 사람도 없고 도반도 없으며 반려도 없는 것이다.

'멈추지 못하다.'는 뜻을 굽히지 않고 절복하지 않는 것이다.

'쉬지 못하다.'는 삿된 견해를 버리지 않는 것이다.

'수순하다.'는 두 종류가 있나니, 재물을 주거나, 법을 주는 것이다.

여러 비구니들은 쫓겨난 그 비구에게 마땅히 이렇게 말하도록 하라.

'그대는 마땅히 절복하고 대중 승가를 향하여 뜻을 굽혀야 합니다. 그대가 만약 절복하지 않고 뜻을 굽히지 않는다면, 여러 비구니 승가는 마땅히 예배하지 않을 것이고, 함께 말하지 않으며, 공양하지 않도록 갈마를 지을 것입니다.'

만약 이 비구가 절복하고 뜻을 굽힌다면 좋으나, 만약 절복하지 않고 허물을 참회하지 않는다면 여러 비구니들은 마땅히 일심으로 화합하여 이 비구에게 예배하지 않고, 함께 말하지 않으며, 공양하지 않는 갈마를 지어야 하느니라. 갈마법은 일심으로 비구니 승가가 화합하였다면 한 비구니가 창언하라.

'대덕 비구니 승가께서는 허락하십시오. 누구 비구는 일심으로 승가가 화합하여 불견빈을 지었으므로 혼자이고 한 사람도 없으며 두 사람도 없고 도반도 없으며 반려도 없으나, 멈추지 못하고 쉬지도 못하고 있습니다. 만약 승가께서 때에 이르셨다면 승가께서는 인정하고 허락하십시오. 이 누구 비구에게 예배하지 않고, 함께 말하지 않으며, 공양하지 않는 갈마를 지어서 주십시오.'

이것을 백이라고 이름한다. 이와 같이 아뢰고서 백사갈마를 짓는다.

'승가시여. 이 누구 비구에게 예배하지 않고, 함께 말하지 않으며, 공양하지 않는 갈마를 지어서 마쳤습니다. 승가께서 인정하신 것은 묵연하였던 까닭입니다. 이 일은 이와 같이 지니겠습니다.'

비구니 승가는 역시 마땅히 따르며 이 자를 도왔던 비구니에게도 이와 같이 말하도록 하라.

'이 비구는 일심으로 승가가 화합하여 불견빈을 지었으므로 혼자이고 한 사람도 없으며 두 사람도 없고 도반도 없으며 반려도 없으나, 멈추지 못하고 쉬지도 못하고 있습니다. 그대들은 수순하며 돕는 것을 행하지 마십시오.'

여러 비구니들이 이와 같이 충고하는 때에 이러한 일을 굳게 지니고 버리지 않는다면 여러 비구니들은 마땅히 두·세 번을 충고하여 이러한 일을 버리게 하라. 두·세 번을 충고하는 때에 만약 이러한 일을 버린다면 좋으나, 만약 버리지 않는다면 이러한 비구니는 바라이를 범하였으므로 함께 머무를 수 없느니라.

'바라이'는 이 죄는 폐악되고 깊으며 무거워서 물러나고 타락함이 같은 것이 없느니라. 만약 비구니가 이러한 죄를 범한다면 사문니라고 이름할 수 없고 석녀도 아니므로 비구니법을 잃느니라.

'함께 머물 수 없다.'는 여러 비구니들은 이 비구니와 이를테면, 백갈마·백이갈마·백사갈마·설계·자자·13비구니갈마와 같은 법사를 함께 짓지 않는 것이다.

이 가운데에서 범한 것은 만약 비구니 승가가 예배하지 않고, 함께 말하지 않으며, 공양하지 않는 갈마를 지어서 마치지 않았는데, 그때 비구니가 이 비구에게 경전을 가르쳤고, 만약 이러한 게송을 말하였다면 게송·게송이 돌길라이고, 만약 이러한 문장(章)을 가르쳤다면 문장·문장이 돌길라이며, 만약 별도의 구절(別句)을 받아들여 말하였다면 구절·구절이 돌길라이니라. 만약 쫓겨난 비구가 비구니에게 경전의 독송을 가르쳤고, 만약 비구니가 게송을 받아들여 말하였다면 게송·게송이 돌길라이고, 만약 문장을 받아들여 말하였다면 문장·문장이 돌길라이며, 만약 별도의 구절을 받아들여 말하였다면 구절·구절이 돌길라이니라.

만약 비구니가 재물을 주었고 공양하며 발우를 주었다면 돌길라이고, 옷을 주었어도 돌길라이며, 자물쇠·시약·야분약·칠일약·진형약을 주었더라도 모두 돌길라이니라. 만약 쫓겨난 비구가 비구니에게 재물을 주었고 공양하였거나, 만약 옷과 발우를 주었는데 비구니가 받아들였다면 모두 돌길라이고, 만약 자물쇠·시약·야분약·칠일약·진형약을 주었더라도 모두 돌길라이니라.

만약 비구니 승가가 예배하지 않고, 함께 말하지 않으며, 공양하지 않는 갈마를 지어서 마쳤는데, 그때 비구니가 이 비구에게 경전의 독송을 가르치면서 만약 이러한 게송을 말하였다면 게송·게송이 투란차이고, 만약 이러한 문장을 가르쳤다면 문장·문장이 투란차이며, 만약 별도의 구절을 받아들여 말하였다면 구절·구절이 투란차이니라. 만약 쫓겨난 비구가 비구니에게 경전의 독송을 가르쳤고, 만약 이 게송을 말하였다면 게송·게송이 투란차이고, 만약 문장을 말하였다면 문장·문장이 투란차이며, 만약 별도의 구절(別句)을 받아들여 말하였다면 구절·구절이 투란차이니라. 만약 비구니가 쫓겨난 비구에게 재물을 주었고 공양하며, 만약 발우를 주었다면 투란차이고, 만약 옷을 주었어도 투란차이며, 만약 자물쇠와 시약을 주어도 투란차이고, 야분약·칠일약·진형약을 주었더라도 모두 투란차이니라. 만약 쫓겨난 비구가 비구니에게 재물을 주고 공양하였거나, 만약 발우를 주었는데 비구니가 받아들였다면 모두 투란차이고, 만약 자물쇠·시약·야분약·칠일약·진형약을 주었더라도 모두 투란차이니라.

여러 비구니들은 먼저 마땅히 부드러운 말로 쫓겨난 비구를 따르며 돕는 비구니를 이렇게 가르치도록 하라.

'그대는 쫓겨난 비구를 돕지 말고 수순하여 행하지 말라.'

만약 부드럽게 말하는 때에 버린다면 마땅히 여러 돌길라 등과 여러 투란차 등을 짓는 것을 가르치고 허물을 참회시켜서 죄를 벗어나게 하라. 만약 부드럽게 말하는 때에 버리지 않는다면 마땅히 백사갈마를 주어 간략하게 충고하라. 간략하게 충고하는 법은 일심으로 비구니 승가가 화합하였다면 한 비구니가 창언하라.

'대덕 비구니 승가께서는 허락하십시오. 누구 비구는 일심으로 승가가 화합하여 불견빈을 지었으므로 혼자이고 한 사람도 없으며 두 사람도 없고 도반도 없으며 반려도 없으나, 멈추지 못하고 쉬지도 못하고 있습니다. 누구 비구니가 그 비구를 따르며 도왔으므로 이미 부드러운 말로 간략하게 충고하였으나 버리지 않았습니다. 만약 승가께서 때에 이르셨다면 승가께서는 인정하고 허락하십시오. 지금 승가께서 누구 비구니에게 <누구 비구는 일심으로 승가가 화합하여 불견빈을 지었으므로 혼자이고 한 사람도 없으며 두 사람도 없고 도반도 없으며 반려도 없으나, 멈추지 못하고 쉬지도 못하고 있으므로, 그대들 비구니들은 수순하여 행하지 말라.>고 간략하게 충고하여 주십시오.'

이것을 백이라고 이름한다. 이와 같이 백사갈마를 지어라.

'승가시여. 이 누구 비구니에게 간략하게 충고하여 마쳤습니다. 승가께서 인정하신 것은 묵연하였던 까닭입니다. 이 일은 이와 같이 지니겠습니다.'

세존이 먼저 말한 것과 같이 이러한 비구니들은 마땅히 간략하게 충고해야 하고 나아가 세 번을 가르쳐서 이러한 일을 버리게 하라. 이것을 간략하게 충고한다고 이름하고, 이것을 가르친다고 이름하며, 이것을 간략하게 충고하여 가르친다고 이름하느니라.

만약 부드러운 말로 간략하게 충고하였을 때에 버리지 않은 자는 아직 범한 것은 아니고, 첫 번째의 말이 끝나지 않았거나, 끝났거나, 두 번째의 말이 끝나지 않았거나, 끝났거나, 세 번째의 말이 끝나지 않았거나, 끝났거나, 만약 비법(非法)의 별중(別衆)이거나, 비법의 화합중(和合衆)이거나, 법과 비슷한 별중이거나, 법과 비슷한 화합중이거나, 여법한 별중이거나, 법과 다르고 율과 다르며 세존의 가르침과 다르게 만약 간략하게 충고하였어도 버리지 않은 자는 범한 것은 아니다.

만약 여법하고 율과 같으며 세존의 가르침과 같이 세 번을 간략하게 충고를 마쳤으나 버리지 않는다면, 이 비구니는 바라이죄를 범하느니라."
[8바라이법을 마친다.]

(2) 17승잔법(僧殘法) 가운데 불공계(不共戒) ①

[이 첫 번째의 일은 17승잔법 가운데에서 네 번째이다.]

세존께서는 사위국에 머무르셨다.

그때 비구니가 있어 시월(施越)이라고 이름하였는데, 나이가 젊었고 단정하였다. 한 상인이 있었고 보고서 유루심이 생겨나서 이렇게 생각을 지었다.

'여러 비구니들은 왕의 처소에서 수호하고 있다. 강제로 부정한 일을 얻을 수는 없으니, 나는 마땅히 필요한 것들을 공양하겠다고 청해야겠구나.'

이렇게 생각을 짓고서 곧 이 비구니의 처소에 이르러 말하였다.

"그대가 필요한 물건인 음식·의복·와구·탕약 등의 물품을 내가 마땅히 서로에게 공급하겠습니다."

비구니가 말하였다.

"마땅히 그대의 청을 받아들이겠습니다."

이 비구니는 뒤의 때에 필요한 음식·의복·와구·탕약·땔감·등촉 등의 모두를 찾아서 취하였다. 그 상인은 비구니의 마음이 부드럽게 변한 것을 알고서 곧 비구니에게 말하였다.

"와서 음사(婬事)를 지읍시다."

비구니가 말하였다.

"이러한 말은 짓지 마십시오. 나는 계를 지키고 음욕을 끊은 사람입니다."

상인이 성내며 말하였다.

"천한 계집아! 그대가 만약 계를 지키고 음욕을 끊은 자라면 무슨 까닭으로 나에게 옷과 음식을 공양을 받았는가?"

곧바로 강하게 비구니를 붙잡았고, 비구니가 큰소리로 외쳤으므로 곧 때에 여러 사람이 왔고 모였으며 물어 말하였다.

"무슨 까닭으로 크게 외쳤습니까?"

상인이 말했다.

"이 비구니가 나에게서 옷과 음식을 받고도 내 뜻에 따르지 않았소."

여러 거사가 이 비구니에게 말했다.

"그대는 다른 사람의 물건을 받고서 무슨 까닭으로 다른 사람의 뜻에 따르지 않습니까?"

비구니가 말하였다.

"나는 음욕을 위하였던 까닭으로 저 사람의 재물을 받은 것이 아닙니다. 이 상인이 스스로 와서 나에게 청하여 말하였습니다. '그대가 필요한 물건인 음식·의복·와구·탕약·땔감·등촉 등을 스스로가 서로에게 공급하겠습니다.' 나는 무슨 마음으로써 나에게 주는가를 알지 못하였습니다."

여러 거사들이 말하였다.

"이 상인이 그대의 아버지의 친족이거나 어머니의 친족입니까?"

비구니가 말하였다.

"아닙니다."

여러 거사들이 말하였다.

"만약 그대 부모의 친족도 아니고 또한 현자도 아니며, 복덕을 구하지 않는다면, 무슨 까닭으로 그대에게 재물과 옷을 주는 때라면 반드시 음욕의 일을 위한다는 것을 알지 못하였습니까?"

여러 거사들이 꾸짖어 말하였다.

"어찌하여 여러 비구니는 선량하고 공덕이 있다고 스스로가 말하면서, 음녀와 같이 다른 사람의 재물을 취하는가?"

이 가운데에 비구니가 있어 욕망이 적고 만족함을 알았으며 두타를 행하였는데, 이러한 일을 듣고 마음이 즐겁지 않아서 이 일을 세존을 향하여 자세히 말하였다. 세존께서는 이 일로써 2부의 승가를 모으셨으며, 아시면서도 일부러 시월 비구니에게 물으셨다.

"그대가 진실로 이러한 일을 지었는가?"

대답하여 말하였다.

"진실로 지었습니다. 세존이시여."

세존께서는 여러 종류의 인연으로 꾸짖으셨다.

"어찌 비구니라고 이름하면서 유루심이 있어서 유루심의 남자를 따라서 스스로의 손으로 음식을 취하였는가?"

세존께서는 여러 종류의 인연으로 꾸짖으셨으며, 여러 비구들에게 말씀하셨다.

"열 가지의 이익을 까닭으로써 비구니에게 계율을 제정하여 주겠나니, 지금부터 이 계율을 마땅히 이와 같이 설할지니라. 만약 비구니가 유루심이 있어서 유루심의 남자를 따라서 스스로가 손으로 음식을 취하였으며, 이러한 법을 처음으로 범하였다면 승가바시사이고 허물을 참회할 수 있느니라.

'유루심'은 이 사람의 곁에서 애결(愛結)을 깊고 두터운 것이고, 남자의 유루심도 역시 이와 같다.

'남자'는 인간의 남자로 능히 음행을 짓는 자를 말한다.

'음식'은 다섯의 가다니(佉陀尼)·다섯의 포사니(蒲闍尼)·다섯의 사식(似食)이다. 다섯의 가다니는 뿌리·줄기·잎·꽃·열매의 음식이고, 다섯의 포사니는 밥(飯)·미숫가루(麨)·말린 밥(糒)·생선(魚)·고기(肉)이며, 다섯의 사식은 싸라기(糜)·조(粟)·광맥(穬麥)·유자(莠子)·가사(加師)의 음식이다.

'승가바시사'는 이 죄를 범하였어도 승가에 귀속되므로 승가 가운데에 남을 수 있다. 승가를 앞에서 인연하여 허물을 참회한다면 없애고 소멸할 수 있는 까닭으로 승가바시사라고 이름하느니라.

이 가운데에서 범하는 것은 만약 비구니가 유루심이 있어서 스스로가 손으로 유루심의 남자를 좇아서 손으로 뿌리 음식을 취하였다면 승가바시사를 얻느니라. 만약 줄기·잎·꽃·열매로 만든 음식이거나, 밥·곡물가루·말린 밥·생선·고기이거나, 싸라기·조·광맥·유자·가사의 음식을 취하였다면 모두 승가바시사이니라. 만약 거사가 있어 이러한 비구니를 인연하였던 까닭으로 비구니 승가에게 공양하면서 좋아하는 비구니에게 치우쳐서 음식을 많이 주었는데, 비구니가 받았다면 투란차이니라." [네 번째 일을 마친다.]

세존께서는 왕사성에 머무르셨다.

그때 비구니가 있었고 시월 비구니에게 가서 말하였다.

"만약 그대에게 유루심이 없었다면, 남자가 유루심이 있더라도 다만 스스로가 손으로 음식을 취하여 먹고, 만약 뜻을 따라서 사용하더라도 그대에게 무엇을 하겠는가?"

이 가운데에 비구니가 있어 욕망이 적고 만족함을 알았으며 두타를 행하였는데, 이러한 일을 듣고 마음이 즐겁지 않아서 여러 종류의 인연으로 꾸짖어 말하였다.

"어찌 비구니라고 이름하면서 다른 비구니에게 '만약 그대에게 유루심이 없었다면, 남자가 유루심이 있더라도 다만 스스로가 손으로 음식을 취하여 먹고, 만약 뜻을 따라서 사용하더라도 그대에게 무엇을 하겠는가?'라고 말하는가."

여러 종류의 인연으로 꾸짖었으며, 세존을 향하여 자세히 말하였다. 세존께서는 이 일로써 2부의 승가를 모으셨으며, 아시면서도 일부러 이 비구니에게 물으셨다.

"그대가 진실로 이러한 일을 지었는가?"

대답하여 말하였다.

"진실로 지었습니다. 세존이시여."

세존께서는 여러 종류의 인연으로 꾸짖으셨다.

"어찌 비구니라고 이름하면서 다른 비구니에게 '만약 그대에게 유루심이 없었다면, 남자가 유루심이 있더라도 다만 스스로가 손으로 음식을 취하여 먹고, 만약 뜻을 따라서 사용하더라도 그대에게 무엇을 하겠는가?'라고 권유하여 말하였는가?"

세존께서는 여러 종류의 인연으로 꾸짖으셨으며, 여러 비구들에게 말씀하셨다.

"열 가지의 이익을 까닭으로써 비구니에게 계율을 제정하여 주겠나니, 지금부터 이 계율을 마땅히 이와 같이 설할지니라. 만약 비구니가 '만약 그대에게 유루심이 없었다면, 남자가 유루심이 있더라도 다만 스스로가 손으로 음식을 취하여 먹고, 만약 뜻을 따라서 사용하더라도 그대를 어떻게 하겠는가?'라고 말하였다면 이러한 법을 처음으로 범하였다면 승가바시사이고 허물을 참회할 수 있느니라.

'승가바시사'는 이 죄를 범하였어도 승가에 귀속되므로 승가의 가운데에 남을 수 있다. 승가를 앞에서 인연하여 허물을 참회한다면 없애고 소멸할 수 있는 까닭으로 승가바시사라고 이름하느니라.

이 가운데에서 범하는 것은 만약 비구니가 비구니에게 '만약 그대에게 유루심이 없었다면, 남자가 유루심이 있더라도 다만 스스로가 손으로 음식을 취하여 먹고, 만약 뜻을 따라서 사용하더라도 그대에게 무엇을 하겠는가?'라고 말하였다면 승가바시사이니라. 만약 비구니가 비구니에게 '만약 그대에게 유루심이 없었다면, 유루심의 남자가 그대에게 음식을 주었고, 다만 취하여 먹었으며 뜻을 따라서 사용하더라도 그대에게 무엇을 하겠는가?'라고 말하였다면 승가바시사이니라. 만약 비구니가 비구니에게 '그대에게 유루심이 있더라도 유루심의 남자가 그대에게 무엇을 하겠는가? 그대가 그를 좇아서 스스로가 손으로 음식을 취하지 않을 것이고, 뜻을 따라서 사용하지 말라.'라고 말하였다면 투란차이니라. 만약 비구니가 비구니에게 '만약 그대에게 유루심이 없었다면 남자가 유루심이 있더라도 그대에게 무엇을 하겠는가? 다만 스스로가 손으로 음식을 취하지 않을 것이고, 뜻을 따라서 사용하지 말라.'라고 말하였다면 투란차이니라." [다섯 번째의 일을 마친다.]

세존께서는 사위국에 머무르셨다.

그때 한 비구니가 있었는데 발타(跋陀)라고 이름하였고, 가비라(加毘羅) 바라문의 딸이었다. 발타 비구니의 언니가 죽었으므로 가서 형부(姊夫)를 문신하고 설법하였다. 마침내 날이 저물었으므로 비구니는 이렇게 생각을 지었다.

'내가 만약 정사로 돌아간다면 도중에 도둑이 있는 것이 두렵구나.'

곧 거사의 집에 머물렀고, 이 거사는 사유하였다.

'이 비구니가 정사로 돌아가지 않는 것은 반드시 구족계를 반환하려는 것이다. 내가 마땅히 그 언니의 처소를 대신하여 구해야겠다.'

이렇게 생각을 짓고서 이 비구니에게 말했다

"우리 집에는 재물이 많고 진귀한 보배가 많소. 그대의 언니가 소유하였던 손과 발, 얼굴의 장엄구도 모두 남아 있소. 내가 만약 다른 사람을 취하여 아내로 삼는다면 곧 나의 아이를 잘 돌보지 않을 것이고 아이들도 역시 사랑하고 즐거워하지 않을 것이오. 그대가 만약 계율을 반환하고자 한다면 내 아이의 어머니가 되어주시오. 그대는 내 아이를 자식처럼 돌볼 것이고, 나의 아이들도 그대를 엄마와 같이 바라볼 것이오."

비구니는 이렇게 생각을 지었다.

'만약 내가 이 말을 거절한다면 혹은 강제로 나를 핍박할 것이다. 어찌 묵연하지 않겠는가?'

곧 묵연히 앉아 있었고, 거사는 마음속으로 생각하며 말하였다.

'이 비구니가 구족계를 반환하고자 하였어도 다만 언니가 죽고 오래지 않은 까닭으로 묵연하구나.'

중야에 다시 이렇게 말을 지었고, 후야에 다시 이렇게 말을 지었다. 땅이 명료한 때에 이 비구니는 매우 번민하였던 처소에서 벗어나서 정사로 돌아왔으며 여러 비구니들을 향하여 이 일을 자세히 말하였다. 이 가운데에 비구니가 있어 욕망이 적고 만족함을 알았으며 두타를 행하였는데, 이러한 일을 듣고 마음이 즐겁지 않아서 여러 종류의 인연으로 꾸짖어 말하였다.

"어찌 비구니라고 이름하면서 혼자의 몸으로 홀로 묵었는가?"

여러 종류의 인연으로 꾸짖었으며, 세존을 향하여 자세히 말하였다. 세존께서는 이 일로써 2부의 승가를 모으셨으며, 아시면서도 일부러 발타 비구니에게 물으셨다.

"그대가 진실로 이러한 일을 지었는가?"

대답하여 말하였다.

"진실로 지었습니다. 세존이시여."

세존께서는 여러 종류의 인연으로 꾸짖으셨다.

"어찌 비구니라고 이름하면서 혼자의 몸으로 홀로 묵었는가?"

세존께서는 여러 종류의 인연으로 꾸짖으셨으며, 여러 비구들에게 말씀하셨다.

"열 가지의 이익을 까닭으로써 비구니에게 계율을 제정하여 주겠나니, 지금부터 이 계율을 마땅히 이와 같이 설할지니라. 만약 비구니가 혼자의 몸으로 홀로 묵었고 나아가 하룻밤에 이르렀으며, 이러한 법을 처음으로 범하였다면 승가바시사이고 허물을 참회할 수 있느니라.

'밤'은 해가 지고서 땅이 명료하기 전까지이며, 이 중간을 밤이라고 이름한다.

'승가바시사'는 이 죄를 범하였어도 승가에 귀속되므로 승가의 가운데에 남을 수 있다. 승가를 앞에서 인연하여 허물을 참회한다면 없애고 소멸할 수 있는 까닭으로 승가바시사라고 이름하느니라.

이 가운데에서 범하는 것은 만약 비구니가 해가 지는 때 혼자 몸으로 홀로 묵고서 땅이 명료한 때에 이르렀다면 승가바시사이니라. 해가 졌거나, 초야의 초분·초야의 중분·초야의 후분·중야의 초분·중야의 중분·중야의 후분·후야의 초분·후야의 중분·후야의 후분 등도 역시 같다. 또한 비구니가 땅이 명료한 때에 혼자 몸으로 홀로 묵고서 나아가 다음날 땅이 명료한 때라면 승가바시사죄를 범한다. 만약 다른 비구니와 함께 갔거나, 만약 구족계를 반환하였거나, 만약 죽었거나, 만약 외도로 들어갔거나, 만약 8난의 가운데에 하나하나의 난리가 일어나서 따른 것이 있다면 범한 것은 아니다." [제6계율의 네 가지의 일 가운데에서 첫째의 일을 마친다.]

세존께서는 사위국에 머무르셨다.

그때 한 비구니가 있었고 투란난타(偸蘭難陀)라고 이름하였는데, 지식이 많았으므로 여러 집을 출입하는 것을 즐거워하였다. 이 비구니는 일찍 일어나서 옷을 입고 한 집을 들어갔다가 한 집에서 나왔으며, 한 집에서 나와서 다시 한 집으로 들어갔고 포시(晡時)에 와서 돌아왔으므로 크게 피로하였다. 승방 안에 누워서 스스로가 말하였다.

"발이 아프고 다리가 아프며 옆구리가 아프고 등이 아픕니다. 여러 비구니들께서 나를 안마해주세요."

여러 비구니들이 말하였다.

"선여인이여. 어느 곳을 다녔습니까?"

대답하여 말하였다.

"누구 집에 들어갔다가 누구 집으로 나왔고, 누구 집에서 나와서 다시 누구 집에 들어갔습니다."

물어 말하였다.

"그대는 불사(佛事)나 승사(僧事)를 위하여 다녔습니까?"

대답하여 말하였다.

"아닙니다."

여러 비구니들이 말하였다.

"만약 불사나 승사를 위하여 다니지 않았다면 무슨 까닭으로 이렇게 돌아다녀서 큰 피로를 얻었습니까?"

이 가운데에 비구니가 있어 욕망이 적고 만족함을 알았으며 두타를 행하였는데, 이러한 일을 듣고 마음이 즐겁지 않아서 여러 종류의 인연으로 꾸짖어 말하였다.

"어찌 비구니라고 이름하면서 낮에 혼자 몸으로 홀로 다니는가?"

여러 종류의 인연으로 꾸짖었으며, 세존을 향하여 자세히 말하였다. 세존께서는 이 일로써 2부의 승가를 모으셨으며, 아시면서도 일부러 투란난타 비구니에게 물으셨다.

"그대가 진실로 이러한 일을 지었는가?"

대답하여 말하였다.

"진실로 지었습니다. 세존이시여."

세존께서는 여러 종류의 인연으로 꾸짖으셨다.

"어찌 비구니라고 이름하면서 낮에 혼자 몸으로 홀로 다녔는가?"

세존께서는 여러 종류의 인연으로 꾸짖으셨으며, 여러 비구들에게 말씀하셨다.

"열 가지의 이익을 까닭으로써 비구니에게 계율을 제정하여 주겠나니, 지금부터 이 계율을 마땅히 이와 같이 설할지니라. 만약 비구니가 만약 밤이거나, 만약 낮에 혼자서 하루를 백의의 집에 이르렀으며, 이러한 법을 처음으로 범하였다면 승가바시사이고 허물을 참회할 수 있느니라.

'낮'은 땅이 명료한 때부터 해가 지기 전까지이며, 이 중간을 낮이라고 이름한다.

'승가바시사'는 이 죄를 범하였어도 승가에 귀속되므로 승가의 가운데에 남을 수 있다. 승가를 앞에서 인연하여 허물을 참회한다면 없애서 소멸시킬 수 있는 까닭으로 승가바시사라고 이름하느니라.

이 가운데에서 범하는 것은 만약 비구니가 혼자 몸으로 홀로 돌아다니며 땅이 명료한 때에 떠나가서 해가 지는 때가 와서 이르렀다면 승가바시사이니라. 해가 뜨고 있거나, 해가 떴거나·오전·정오·오후·포시·해가 지는 때에 떠나가서 해가 졌는데 와서 돌아왔다면 모두 승가바시사이니라. 만약 다른 비구니와 함께 갔거나, 만약 구족계를 반환하였거나, 만약 죽었거나, 만약 외도로 들어갔거나, 만약 8난의 가운데에 하나하나의 난리가 일어나서 따른 것이 있다면 범한 것은 아니다." [제6계율의 네 가지의 일 가운데에서 둘째의 일을 마친다.]

세존께서는 사위국에 머무르셨다.

투란난타 비구니는 남자를 바라보는 것을 즐겼던 까닭으로 이른 아침에 성문 아래에 이르러 서 있으면서 남자들이 출입하면 누가 잘생겼고 누가 못생겼는지 바라보았다. 한 남자가 나오는 것을 보았고 단정하였으므로 염착심이 생겨나서 물어 말하였다.

"그대는 어디로 가고자 합니까?"

대답하여 말하였다.

"어느 취락으로 갑니다."

투란난타가 말하였다.

"나도 그대와 함께 가겠습니다."

대답하여 말하였다.

"뜻대로 하십시오."

이 비구니는 도중에 거사와 함께 희롱하면서 웃었고 큰 소리로 떠들었다. 거사가 인연이 있었던 까닭으로 취락에 들어갔으므로 이 비구니는 일이 없었으나 취락의 바깥에 서서 거사를 기다렸다. 거사는 또한 두 번째의 취락으로 들어갔고 이 비구니는 역시 취락의 바깥에 서서 기다렸다. 거사는 또한 세 번째의 취락으로 들어갔으며 이 비구니는 포시에 왔고 승방 안에 돌아와서 누웠으며, 여러 비구니에게 말했다.

"나는 매우 피곤합니다. 발도 아프고 다리도 아프며 무릎도 아프고 옆구리도 아프며 등도 아프니, 나에게 안마해 주십시오."

여러 비구니들이 말하였다.

"그대는 어느 곳을 다녔습니까?"

대답하여 말하였다.

"나는 취락에서 한 취락에 이르러서 돌아왔습니다."

물었다.

"그대는 불사나 승사를 위하여 갔습니까?"

대답하여 말하였다.

"아니오."

여러 비구니들이 말하였다.

"만약 불사나 승사를 위하여 다니지 않았다면 무슨 까닭으로 이렇게 돌아다녀서 큰 피로를 얻었습니까?"

이 가운데에 비구니가 있어 욕망이 적고 만족함을 알았는데 이러한 일을 듣고 마음이 즐겁지 않아서 여러 종류의 인연으로 꾸짖어 말하였다.

"어찌 비구니라고 이름하면서 혼자 몸으로 홀로 다른 취락에 이르렀는가?"

여러 종류의 인연으로 꾸짖었으며, 세존을 향하여 자세히 말하였다. 세존께서는 이 일로써 2부의 승가를 모으셨으며, 아시면서도 일부러 투란난타 비구니에게 물으셨다.

"그대가 진실로 이러한 일을 지었는가?"

대답하여 말하였다.

"진실로 지었습니다. 세존이시여."

세존께서는 여러 종류의 인연으로 꾸짖으셨다.

"어찌 비구니라고 이름하면서 혼자 몸으로 홀로 다른 취락에 이르렀는가?"

세존께서는 여러 종류의 인연으로 꾸짖으셨으며, 여러 비구들에게 말씀하셨다.

"열 가지의 이익을 까닭으로써 비구니에게 계율을 제정하여 주겠나니, 지금부터 이 계율을 마땅히 이와 같이 설할지니라. 만약 비구니가 만약 밤이거나, 만약 낮에 한 사람이 혼자서 다른 취락을 돌아다녔으며, 이러한 법을 처음으로 범하였다면 승가바시사이고 허물을 참회할 수 있느니라.

'간다.'는 것에는 두 종류가 있으니, 수로(水路)로 다니는 것과 육로(陸路)로 다니는 것이다.

이 가운데에서 범하는 것은 만약 비구니가 육로로 한 사람이 혼자서 다니면서 다른 취락까지 갔다면 승가바시사이고, 도로의 중간에서 돌아왔다면 투란차이니라. 만약 취락이 없는 공지(空地)이고, 나아가 1구로사(拘盧舍)라면 승가바시사이고, 도로의 중간에서 돌아왔다면 투란차이며, 수로도 역시 이와 같다. 만약 다른 비구니와 함께 갔거나, 만약 구족계를 반환하였거나, 만약 죽었거나, 만약 외도로 들어갔거나, 만약 8난의 가운데에 하나하나의 난리가 일어나서 따른 것이 있다면 범한 것은 아니다." [다섯 번째 일을 마친다.]

세존께서는 사위국에 머무르셨다.

그때 여러 비구니들이 교살라국에서 유행하여 사위국으로 향하였는데, 도중에 강의 언덕에 이르러 머무르며 말하였다.

"누가 먼저 물속에 들어가서 깊고 얕은지 살펴보겠는가?"

이 가운데에 비구니가 있었고 수목거(修目佉)라고 이름하였다. 건장하고 힘이 세었으며 바라문 가문의 출신이었는데, 이렇게 말을 지었다.

"내가 능히 먼저 들어가 보겠습니다."

곧바로 물로 들어가서 저 언덕에 이르렀으나, 물의 깊이가 불어나서 능히 돌아오지 못하고 혼자서 그 언덕에 머물렀다. 밤에 어느 도둑이 와서 옷을 빼앗았으므로 나형이 되었다.

이 가운데에 비구니가 있어 욕망이 적고 만족함을 알았으며 두타를 행하였는데, 이러한 일을 듣고 마음이 즐겁지 않아서 여러 종류의 인연으로 꾸짖어 말하였다.

"어찌 비구니라고 이름하면서 혼자서 저 언덕에서 머물렀는가?"

여러 종류의 인연으로 꾸짖었으며, 세존을 향하여 자세히 말하였다. 세존께서는 이 일로써 2부의 승가를 모으셨으며, 아시면서도 일부러 수목거 비구니에게 물으셨다.

"그대가 진실로 이러한 일을 지었는가?"

대답하여 말하였다.

"진실로 지었습니다. 세존이시여."

세존께서는 여러 종류의 인연으로 꾸짖으셨다.

"어찌 비구니라고 이름하면서 혼자서 저 언덕에서 머물렀는가?"

세존께서는 여러 종류의 인연으로 꾸짖으셨으며, 여러 비구들에게 말씀하셨다.

"열 가지의 이익을 까닭으로써 비구니에게 계율을 제정하여 주겠나니, 지금부터 이 계율을 마땅히 이와 같이 설할지니라. 만약 비구니가 밤이거나, 만약 낮이거나, 만약 다른 취락이거나, 만약 다른 경계이거나, 만약 하천을 건너서 저 언덕에서 혼자의 몸으로 하루를 묵었으며, 이러한 법을 처음으로 범하였다면 승가바시사이고 허물을 참회할 수 있느니라.

'하천'은 두 종류가 있나니, 첫째는 옷을 벗고서 건너는 곳이고, 둘째는 옷을 벗지 않고서 건너는 곳이다. 두 언덕의 가운데에 물이 있고 오고 가는 처소가 있으며 언덕을 따라서 가운데에 흘러갔다면 이것을 하천이라고 이름한다.

이 가운데에서 범하는 것은 만약 비구니가 혼자의 몸으로 홀로 옷을 벗고서 하천을 건넜다면 승가바시사이고, 도중에 돌아왔다면 투란차이니라. 만약 두 비구니가 하천을 건너가면서 한 사람은 건너갔고 한 사람은 돌아왔다면, 건너간 자는 승가바시사이고 돌아온 자는 투란차이니라. 만약 비구니가 옷을 벗고서 연못을 건너갔다면 건너간 자는 투란차이고, 도중에 돌아온 자는 돌길라이니라. 만약 두 비구니가 함께 호수를 건너면서 한 사람은 건너갔고 한 사람은 돌아왔다면, 건너간 자는 투란차이고 돌아온 자는 돌길라이니라.

만약 비구니가 옷을 걷어붙이고 하천을 건넜다면 투란차이고, 도중에 돌아왔다면 돌길라이니라. 만약 두 비구니가 옷을 걷어붙이고 하천을 건너면서 한 사람은 건너갔고 한 사람은 돌아왔다면, 건너간 자는 투란차이고 돌아온 자는 돌길라이니라. 만약 비구니가 옷을 걷어붙이고 혼자서 연못을 건넜다면 돌길라이고, 도중에 돌아왔어도 역시 돌길라이니라.

만약 두 비구니가 옷을 걷어붙이고 연못을 건너면서 한 사람은 건너갔고 한 사람은 돌아왔다면, 건너간 자는 돌길라이고 돌아온 자는 돌길라이니라. 만약 다리나, 배를 타고 건넜다면 죄를 범한 것은 아니다. 만약 다른 비구니와 함께 건넜거나, 만약 구족계를 반환하였거나, 만약 죽었거나, 만약 외도로 들어갔거나, 만약 8난의 가운데에 하나하나의 난리가 일어나서 따른 것이 있다면 범한 것은 아니다." [여섯 번째 일을 마친다.]

세존께서는 사위국에 머무르셨다.

그때 여러 비구들은 바기다성(婆祇多城) 근처에 승방을 일으켰다. 이 가운데가 점점 커져서 거사들의 집으로 둘러싸였으므로, 코끼리의 소리·말의 소리·젊고 늙은 남녀의 말소리를 까닭으로 여러 비구들의 독경·좌선·행도(行道)를 방해하였다. 이 가운데에 거사가 있었고 안사나(安闍那)라고 이름하였는데, 위엄과 덕이 있었으며, 재물과 보배도 많고 풍요로워서 백성(人民)·전택(田宅)·자거(硨磲)·마노(馬瑙)와 여러 종류의 부귀한 모습(相貌)을 성취하였다.

여러 비구들이 다른 곳에 승방을 일으키라고 시켰고, 거사는 곧 안사나림(安闍那林) 가운데에 승방을 일으켰다. 여러 비구들은 성 근처의 승방을 버리고 안사나림의 승방에 들어가서 머물렀다. 여러 비구니들이 교살라국에서 사위국을 향하여 유행하면서 차례로 바기다성에 이르렀고 이전의 승방 가운데에서 묵고자 하였다. 승방 안에는 평상·의자·와구·항아리·가마솥 등의 여러 종류의 도구가 준비되어 있었고 청정하여 머물 수 있는 것을 보았으므로 여러 비구니들이 가서 비구들에게 말하였다.

"여러 대덕께서 이 승방을 이미 버리셨다면 저희들이 마땅히 여기에 머물겠습니다."

여러 비구들이 말하였다.

"뜻을 따르시오."

이 승방의 주인이 죽고 뒤에 여러 아들이 재물을 나누었는데, 이 승방도 역시 나누었던 가운데에 있었다. 한 아들이 이 승방을 얻었으므로 가서 비구니에게 말하였다.

"그대들은 떠나십시오."

여러 비구니들이 말하였다.

"무슨 까닭으로 우리들을 내쫓고자 합니까?"

대답하여 말하였다.

"내가 이 승방을 나누어 받았습니다."

비구니들이 말하였다.

"우리는 그대에게서 얻은 것이 아니고 여러 비구들에게 얻었습니다. 만약 여러 비구들이 우리를 나가도록 한다면 우리가 마땅히 나가겠으나 그대의 말을 따르지 않겠습니다."

이 가운데 비구니가 있어 수목거라고 이름하였는데, 그녀는 바라문 종족의 가운데에서 출가하였고 건장하였으며 힘도 많았다. 강한 말로 함께 싸웠으므로 거사의 아들이 성냄을 참지 못하고 곧 비구니를 때렸다. 이 비구니가 곧 관리(衆官)에게 나아가서 말하였다.

"누구의 아들이 나를 때렸습니다."

관리가 물어 말하였다.

"무슨 까닭으로 그대를 때렸습니까?"

비구니가 곧 앞의 일을 자세히 말하였으므로 관리가 말하였다.

"여러 사문 석자는 마땅히 이 승방을 잃지 않습니다. 왜 그러한가? 공적(公的)으로 주었는데 아들이 빼앗거나, 아들이 주었는데 공적으로 빼앗는 일은 있을 수 없습니다."

관리가 사람을 보내어 아들을 불러서 오게 하였다. 물어 말하였다.

"그대가 비구니를 때렸는가?"

대답하여 말하였다.

"진실로 때렸습니다."

관리가 출가인을 때렸다면 마땅히 어떤 죄가 얻는가의 법률을 검교(撿

校)하였는데, 법률에서는 사용한 몸의 부위를 따라서 마땅히 그것을 자르게 하였다. 관리가 물어 말하였다.

"그대는 무슨 물건으로서 때렸는가?"

대답하여 말하였다.

"손으로 때렸습니다."

또한 물었다.

"어느 손인가?"

대답하여 말하였다.

"오른손입니다."

곧 그 오른손을 잘랐다. 그때 여러 사문인 석녀(釋女)가 사람에게 고발하여 다른 사람의 손을 잘랐다는 악한 소문이 유포되었다. 한 사람이 두 사람에게 말하였고, 두 사람이 세 사람에게 말하였으며, 이와 같이 전전하여 바기다성에 가득하였다. 이 가운데에 비구니가 있어 욕망이 적고 만족함을 알았으며 두타를 행하였는데, 이러한 일을 듣고 마음이 즐겁지 않아서 여러 종류의 인연으로 꾸짖었다.

"어찌 비구니라고 이름하면서 관청에 고발하여 다른 사람의 손을 자르는가?"

여러 종류의 인연으로 꾸짖었으며, 세존을 향하여 자세히 말하였다. 세존께서는 이 일로써 2부의 승가를 모으셨으며, 아시면서도 일부러 수목거 비구니에게 물으셨다.

"그대가 진실로 이러한 일을 지었는가?"

대답하여 말하였다.

"진실로 지었습니다. 세존이시여."

세존께서는 여러 종류의 인연으로 꾸짖으셨다.

"어찌 비구니라고 이름하면서 관청에 고발하여 다른 사람의 손을 잘랐는가?"

세존께서는 여러 종류의 인연으로 꾸짖으셨으며, 여러 비구들에게 말씀하셨다.

"열 가지의 이익을 까닭으로써 비구니에게 계율을 제정하여 주겠나니, 지금부터 이 계율을 마땅히 이와 같이 설할지니라. 만약 비구니가 국왕에게 나아가거나, 만약 관리에게 나아가거나, 만약 바라문에게 나아가거나, 만약 거사의 처소에 나아가서 세력을 믿고 사람을 고발하였으며, 이러한 법을 처음으로 범하였다면 승가바시사이고 허물을 참회할 수 있느니라.

'국왕'은 찰리 종족으로서 물의 관정으로 왕위를 받았으므로, 이 자를 왕찰리수요정(王剎利水澆頂)이라고 이름한다. 만약 바라문이거나, 만약 거사이거나, 만약 여인이 왕의 직위를 받았더라도 역시 왕수요정(王水澆頂)이라고 이름한다.

'관리'는 관름(官廩)[2]·전답·가택 등을 받는 자이다.

'바라문'은 바라문 종족의 가운데에서 태어난 자이다.

'거사'는 왕을 제외하고 관리를 제외하며 바라문을 제외한 나머지의 출가하지 않은 사람을 거사라고 이름한다.

'세력을 믿고서 사람을 고발하다.'는 다른 사람의 세력에 의지하여 투쟁하며 서로 고발하는 것을 즐기는 것이다.

'승가바시사'는 이 죄를 범하였어도 승가에 귀속되므로 승가의 가운데에 남을 수 있다. 승가를 앞에 인연하여 허물을 참회한다면 없앨 수 있는 까닭으로 승가바시사라고 이름하느니라.

이 가운데에서 범하는 것은 만약 비구니가 국왕에게 나아가고, 만약 관리·바라문·거사에게 나아가서 세력을 믿고 사람을 고발한다면 승가바시사이니라. 만약 재판할 때에 재판관 앞에 있으면서 본래 때렸던 사람을 성내고 욕한다면 승가바시사이니라. 만약 다른 사람을 향하여 본래 때렸던 사람을 성내고 욕한다면 투란차이니라. 만약 가려진 장소에서 성내고 욕하면서 고발하지는 않는 자는 범한 것은 아니다." [일곱 번째 일을 마친다.]

---

2) 관리들에게 주던 녹봉(祿俸)을 가리킨다.

십송율 제43권

후진 북인도 삼장 불야다라·구마라집 한역

석보운 번역

7. 칠송 ②

11) 비구니율 ②

(2) 17승잔법의 가운데 불공계 ②

세존께서는 사위국에 머무르셨다.

그때 파사닉왕(波斯匿王)에게는 천 명의 투장(鬥將)이 있었다. 그 절반은 찰리(刹利) 종족이고 절반은 바라문 종족이었는데, 그 일부는 이사라(伊舍羅)라고 이름하였고, 다른 일부는 달다마나(達多摩那)라고 이름하였다. 파사닉왕은 지방 소국(小國)에서 반란이 있었으므로 천 명의 투장에게 간략하게 칙명하여 가서 그들을 토벌하게 하였다. 곧 갔고 토벌하고 돌아와서 왕에게 아뢰어 말하였다.

"저희들이 승리하였습니다. 원하건대 대왕께서는 항상 승리하십시오."

왕이 듣고 마음에서 환희하고 기뻐하였다.

"그대들은 무슨 소원이 있는가? 내가 마땅히 그대들에게 들어주겠소."

투장이 아뢰어 말하였다.

"저의 아내가 저의 뜻을 따르지 않는 죄가 있습니다. 6일을 죽일 사람에게 주는 음료를 주고 7일에 아르면 우설도(牛舌刀)로서 그녀의 몸을 잘라서 죽이도록 허락하십시오.”

왕이 말하였다.

“그대의 원을 들어주겠소.”

그때 한 찰리 투장은 남편의 뜻을 따르지 않은 아내에게 6일을 죽을 사람에게 주는 음료를 주면서 7일에 우설도로 그녀의 몸을 잘라서 죽이고자 하였다. 이 아내에게 세력이 있는 친족들이 많았으므로 와서 가로막았으며 죽일 사람에게 주는 음료를 허락하지 않았다. 여러 장수의 법에는 한 사람에게 일이 있다면 나머지의 사람들이 모두 돕는 것이었다. 찰리 대중이 모여서 강제로 죽을 사람에게 주는 음료를 먹이면서 7일에 이르면 우설도로서 그녀의 몸을 두 부분으로 자르고자 기다리고 있었다.

이때 비구니가 있어 사나(斯那)라고 이름하였는데, 그녀는 마나(摩那) 거사의 딸이었다. 항상 이 집에 출입하였으므로, 일찍 일어나서 옷을 입고 이 집에 들어갔다. 여러 찰리족 부인들은 목욕하고 좋은 옷을 입고 영락을 붙이고 장엄하였는데, 이 찰리 부인은 혼자 더러운 옷을 입고 몸을 장엄하지도 않고 근심스럽게 앉아 있는 것을 보았다. 비구니가 물어 말하였다.

“다른 부인들은 모두 좋은 옷을 입고 장엄하였는데, 그대는 무슨 까닭으로 혼자 더러운 옷을 입었고, 또한 장엄하지 않고서 근심스럽게 앉아 있습니까?”

대답하여 말하였다.

“그대는 듣지도 못하였습니까?”

물어 말하였다.

“무슨 일입니까?”

대답하여 말하였다.

“제가 남편의 뜻을 따르지 않았으므로 지금에 6일을 죽을 사람이 먹는 음료를 받았습니다. 7일에 이르면 우설도로 제 몸을 두 부분으로 자르겠다고 합니다. 그대가 능히 저를 데리고 떠날 수는 없습니까? 내가 떠난다면 누군가에게 마땅히 알아차릴 것입니다.”

대답하여 말하였다.

"할 수 있습니다."

비구니는 곧 가사(袈裟)로 이 부인을 덮고서 데리고 달아나서 비구니 승방에 나아가서 출가시켰다. 뒤의 날에 여러 찰리 대중이 모였고, 우설도로 죽이고자 여러 사람에게 말하였다.

"이 부인을 불러오시오."

곧 집에 들어가서 찾았으나 보이지 않았다. 구하여도 찾을 수 없었으므로 찰리 대중이 말하였다.

"누가 항상 이 집에 출입하는가?"

대답하여 말하였다.

"사나 비구니가 있는데 항상 내 집에 출입합니다. 혹은 능히 데려갔을 수도 있습니다."

찰리 대중은 곧 왕원의 비구니 승방으로 가서 에워쌌다. 이 찰리 부인은 출가하고 오래되지 않았으나, 여러 비구니들이 찰리 대중을 제지하였다. 이 가운데에 나이가 어린 찰리가 있어 죄와 복을 알지 못하였으므로 이렇게 말을 지었다.

"일체의 비구니를 모두 마땅히 우설도로 두 부분으로 잘라야 합니다."

이 가운데에 장로 찰리가 있어 말하였다.

"비구니는 왕의 처소에서 수호하고 있네. 우리들은 마땅히 함부로 악한 일을 지어서는 아니되네. 혹은 능히 불가할 것이니, 그대들은 잠시 기다리게. 내가 먼저 대왕께 아뢰고서 대왕의 칙명이 있다면 마땅히 왕의 가르침을 따르세."

여러 비구니들은 말리(末利) 부인에게 나아가서 앞의 일을 자세히 말하였고 부인은 곧 왕을 향하여 말하였다. 왕은 이미 알았던 까닭으로 대전 위에 앉아 있었다. 여러 찰리들이 왕의 처소로 나아가서 예배하고서 말하였다.

"대왕께서 항상 승리하십시오."

왕이 말하였다.

"내가 이전에 그대들의 소원을 들어주었으니, 그대들도 지금 내 소원을 들어주시오."

찰리 대중이 말하였다.

"대왕께서 원하시는 것이라면 마땅히 따르겠습니다."

왕이 말하였다.

"이 찰리 부인은 지금 이미 출가하였고, 곧 다시 태어난 것이니, 찰리 부인이 아니오."

찰리 대중이 말하였다.

"지금 대왕의 뜻을 따라서 마땅히 놓아주겠습니다."

왕은 사자를 보내 비구니들에게 말하였다.

"여러 선여인들이여. 이러한 일은 옳지 않습니다. 그대들도 이 적녀(賊女)가 마땅히 죽음을 당해야 한다는 것은 알 것이고, 국왕도 허락하지 않거나, 찰리가 허락하지 않는 것도 알 것입니다. 이와 같은 여인은 출가시키지 않아야 하고, 만약 여러 찰리들이 만약 그대들을 두 토막으로 잘랐더라도 내가 마땅히 어찌하겠습니까? 세존께서도 이러한 일을 들으신다면 반드시 그대들에게 계율을 제정하여 주실 것입니다. 만약 이 적녀에게 죽음이 판결되어 죽음을 당한다는 것을 비구니들이 알았고, 여러 사람이 모두 알았으므로, 국왕과 찰리가 허락하지 않는다면 그를 제도하여 제자로 지을 수 없을 것입니다."

이 가운데에 비구니가 있어 욕망이 적고 만족함을 알았으며 두타를 행하였는데, 이러한 일을 듣고 마음이 즐겁지 않아서 세존을 향하여 자세히 말하였다. 세존께서는 이 일로써 2부의 승가를 모으셨으며, 아시면서도 일부러 사나 비구니에게 물으셨다.

"그대가 진실로 이러한 일을 지었는가?"

대답하여 말하였다.

"진실로 지었습니다. 세존이시여."

세존께서는 여러 종류의 인연으로 꾸짖으셨다.

"어찌 비구니라고 이름하면서 이 적녀가 판결을 받아서 죽음을 당한다는 것을 알면서도 제도하여 제자로 지었는가?"

세존께서는 여러 종류의 인연으로 꾸짖으셨으며, 여러 비구들에게 말씀하셨다.

"열 가지의 이익을 까닭으로써 비구니에게 계율을 제정하여 주겠나니, 지금부터 이 계율을 마땅히 이와 같이 설할지니라. 만약 비구니가 이 적녀가 판결을 받아서 죽음을 당한다는 것을 알았고, 여러 사람들이 모두 알았으며, 국왕과 찰리가 허락하지 않았으나, 이러한 법을 처음으로 범하였다면 승가바시사이고 허물을 참회할 수 있느니라.

'알다.'는 스스로 알았거나, 다른 사람에게 들었거나, 만약 적녀가 스스로 말하는 것이다.

'도둑'은 두 종류가 있나니, 첫째는 재물을 훔치거나 빼앗는 것이고, 둘째는 몸을 빼앗는 것이다.

'죽음을 당하다.'는 마땅히 죽는 죄를 지은 것이다.

'여러 사람들이 알다.'는 많은 사람들이 보고 들어서 알았던 것이다.

'허락하지 않다.'는 왕이 살려주도록 허락하지 않은 것이다.

'찰리 대중이 허락하지 않다.'는 찰리의 2부중이 살려주도록 허락하지 않은 것이다.

'승가바시사'는 이 죄를 범하였어도 승가에 귀속되므로 승가의 가운데에 남을 수 있다. 승가의 앞에서 인연하여 허물을 참회한다면 없애고 소멸시킬 수 있는 까닭으로 승가바시사라고 이름하느니라.

이 가운데에서 범하는 것은 만약 화상 비구니가 알았고, 아사리 비구니가 알았으며, 비구니 승가가 알았다면, 화상 비구니는 승가바시사죄를 범한 것이고, 아사리 비구니는 투란차를 범한 것이며, 대중 승가는 돌길라를 범한 것이다. 만약 화상 비구니가 알았고, 아사리 비구니도 알았으나, 비구니 승가가 알지 못하였다면, 화상 비구니는 승가바시사죄를 범한 것이고, 아사리 비구니는 투란차를 범한 것이지만, 대중 승가는 범한 것은 아니다. 만약 화상 비구니가 알았으나, 아사리 비구니도 알지 못하였고, 비구니 승가도 알지 못하였다면, 범한 것은 아니다. 만약 모두가

알지 못하였다면 모두 범한 것은 아니다.” [여덟 번째의 일을 마친다.]

세존께서는 구사미국에 머무르셨다.

그때 장로 차닉(車匿)의 어머니가 비구니가 되었고, 우바화(憂婆和)라고 이름하였다. 누이도 비구니가 되었으며 천제(闡提)라고 이름하였다. 천제는 악한 성품의 사람이었으므로 선하지 않은 행을 많이 지어서 항상 여러 비구니들을 번민시켰다. 여러 비구니들이 천제에게 빈갈마(擯羯磨)를 짓고자 하였으나, 대중의 단사인(斷事人)이었던 우바화가 승가의 가운데에서 막았으므로 갈마를 지을 수 없었다. 어느 때에 우바화가 다른 곳으로 떠나가서 없었으므로 여러 비구니들이 말하였다.

“우리들이 지금 천제 비구니에게 빈갈마를 지어서 줍시다.”

누구 비구니가 말하였다.

“우바화가 혹은 능히 중간에 막을 것입니다.”

다시 누구 비구니가 말하였다.

“우바화는 이미 다른 곳으로 떠났습니다. 지식이 많으므로 갑자기 돌아오지는 않을 것입니다.”

여러 비구니들은 곧 건치(揵槌)를 두드려서 비구니 승가를 모았으며 천제에게 빈갈마를 지어서 주었다. 다음 날에 여러 사람들은 천제 비구니가 쫓겨났다는 것을 들었다. 우바화 비구니가 돌아와서 그 누이의 처소에 이르렀다. 함께 서로에게 문신하였다. 천제가 말하였다.

“나와 함께 말하지 마십시오.”

물어 말하였다.

“무슨 까닭인가?”

대답하여 말하였다.

“여러 비구니가 갈마로 나를 내쫓았습니다.”

우바화가 생각하며 말하였다.

“이러한 일은 옳지 않다. 내가 승가의 단사인을 지었는데, 사람이 없었는데 다시 강제로 갈마를 지어서 내쫓는가? 지금 나는 여러 비구니들에게

욕(欲)을 취하지 않겠는가를 묻지 않고 경계의 밖으로 나가서 마땅히 빈갈마를 풀어주어야겠다.'

이때 우바화는 비구니 승가에게 욕(欲)을 취하지 않겠는가를 묻지도 않고 곧 경계의 밖으로 나가서 빈갈마를 풀어주었다. 이 가운데에 비구니가 있어 욕망이 적고 만족함을 알았으며 두타를 행하였는데, 이러한 일을 듣고 마음이 즐겁지 않아서 여러 종류의 인연으로 꾸짖었다.

"어찌 비구니라고 이름하면서 비구니 승가가 여법하게 화합하여 갈마를 짓고서 비구니를 내쫓았는데, 비구니 승가에게 묻지도 않고, 여러 비구니에게 욕을 취하지도 않고서 경계의 밖으로 나가서 다른 사람의 빈갈마를 풀어주는가?"

여러 종류의 인연으로 꾸짖었으며, 세존을 향하여 자세히 말하였다. 세존께서는 이 일로써 2부의 승가를 모으셨으며, 아시면서도 일부러 우바화 비구니에게 물으셨다.

"그대가 진실로 이러한 일을 지었는가?"

대답하여 말하였다.

"진실로 지었습니다. 세존이시여."

세존께서는 여러 종류의 인연으로 꾸짖으셨다.

"어찌 비구니라고 이름하면서 비구니 승가가 여법하게 화합하여 갈마를 짓고서 비구니를 내쫓았는데, 비구니 승가에게 묻지도 않고, 역시 욕을 취하지도 않고서 경계의 밖으로 나가서 다른 사람의 빈갈마를 풀어주었는가?"

세존께서는 여러 종류의 인연으로 꾸짖으셨으며, 여러 비구들에게 말씀하셨다.

"열 가지의 이익을 까닭으로써 비구니에게 계율을 제정하여 주겠나니, 지금부터 이 계율을 마땅히 이와 같이 설할지니라. 만약 비구니가 비구니 승가가 여법하게 일심으로 화합하여 갈마를 짓고서 비구니를 내쫓았는데, 비구니 승가에게 묻지도 않고, 역시 욕을 취하지도 않고서 경계의 밖으로 나가서 다른 사람의 빈갈마를 풀어주었으며, 이러한 법을 처음으로 범하였다면 승가바시사이고 허물을 참회할 수 있느니라.

'알다.'는 스스로 알았거나, 다른 사람에게 들었거나, 만약 그녀가 스스로 말하는 것이다.

'여법하다.'는 법(法)과 같고 비니(毘尼)와 같으며 세존의 가르침과 같이 내쫓은 것이다.

'비구니 승가에게 묻지 않다.'는 이러한 일로써 비구니 승가에게 아뢰지 않았다는 것이다.

'그 욕을 취하지 않다.'는 나아가 네 사람의 욕을 취하지 않은 것이다.

'경계의 바깥으로 나가다.'는 대중 승가의 울타리 바깥이거나, 벽의 바깥이거나, 가린 것의 바깥 등이다.

'빈갈마를 풀어주다.'는 만약 스스로 풀어주었거나, 만약 다른 사람에게 풀어주도록 시키는 것이다.

'승가바시사'는 이 죄를 범하였어도 승가에 귀속되므로 승가의 가운데에 남을 수 있다. 승가의 앞에서 인연하여 허물을 참회한다면 없애고 소멸시킬 수 있는 까닭으로 승가바시사라고 이름하느니라.

이 가운데에서 범하는 것은 만약 화상 비구니가 알았고 갈마를 짓는 사람이 알았으며 비구니 승가가 알았다면, 화상 비구니는 승가바시사를 범한 것이고, 갈마를 지은 사람은 투란차를 범한 것이며, 승가는 돌길라죄를 범한 것이다. 만약 화상 비구니가 알았고 갈마를 짓는 사람이 알았으며 비구니 승가가 알지 못하였다면, 화상 비구니는 승가바시사를 범한 것이고, 갈마를 지은 사람은 투란차를 범한 것이지만, 승가는 범한 것은 아니다. 만약 화상 비구니가 알았으나, 갈마를 짓는 사람이 알지 못하였고, 비구니 승가가 알지 못하였다면, 화상 비구니는 승가바시사를 범한 것이고, 갈마를 지은 사람과 승가는 범한 것은 아니다. 만약 일체가 알지 못하였다면 모두 범한 것은 아니다." [아홉 번째의 일을 마친다.]

세존께서는 사위국에 머무르셨다.

그때 비구니가 있어 가라(迦羅)라고 이름하였는데, 본래는 외도였고 서로 말로 다투는 것을 즐거워하였다. 이 비구니가 다른 비구니들과 서로 투쟁하는 때에 이렇게 말을 지었다.

"나는 세존을 버리고 법을 버리며 승가를 버리고 계율을 버리겠다. 다만 사문 석자가 도를 아는 것은 아니고, 다시 부끄러움이 있고 선하고 기꺼이 계율을 지니는 다른 사문과 바라문들도 있다. 나는 마땅히 그들을 따라 범행을 닦겠다."

이 가운데에 비구니가 있어 욕망이 적고 만족함을 알았으며 두타를 행하였는데, 이러한 일을 듣고 마음이 즐겁지 않아서 여러 종류의 인연으로 꾸짖었다.

"어찌 비구니라고 이름하면서 투쟁하는 때에 '나는 세존을 버리고 법을 버리며 승가를 버리고 계율을 버리겠다. 다만 사문 석자가 도를 아는 것은 아니고, 다시 부끄러움이 있고 선하고 기꺼이 계율을 지니는 다른 사문과 바라문들도 있다. 나는 마땅히 그들을 따라서 범행을 닦겠다.'라고 이렇게 말을 짓는가?"

여러 종류의 인연으로 꾸짖었으며, 세존을 향하여 자세히 말하였다. 세존께서는 이 일로써 2부의 승가를 모으셨으며, 아시면서도 일부러 가라 비구니에게 물으셨다.

"그대가 진실로 이러한 일을 지었는가?"

대답하여 말하였다.

"진실로 지었습니다. 세존이시여."

세존께서는 여러 종류의 인연으로 꾸짖으셨다.

"어찌 비구니라고 이름하면서 투쟁하는 때에 '나는 세존을 버리고 법을 버리며 승가를 버리고 계율을 버리겠다. 다만 사문 석자가 도를 아는 것은 아니고, 다시 부끄러움이 있고 선하고 기꺼이 계율을 지니는 다른 사문과 바라문들도 있다. 나는 마땅히 그들을 따라서 범행을 닦겠다.'라고 이렇게 말을 지었는가?"

세존께서는 여러 종류의 인연으로 꾸짖으셨으며, 여러 비구들에게 말씀하셨다.

“열 가지의 이익을 까닭으로써 비구니에게 계율을 제정하여 주겠나니, 지금부터 이 계율을 마땅히 이와 같이 설할지니라. 만약 비구니가 다른 비구니와 투쟁하는 때에 ‘나는 세존을 버리고 법을 버리며 승가를 버리고 계율을 버리겠다. 다만 사문 석자가 도를 아는 것은 아니고, 다시 부끄러움이 있고 선하고 기꺼이 계율을 지니는 다른 사문과 바라문들도 있다. 나는 마땅히 그들을 따라서 범행을 닦겠다.’라고 이렇게 말한다면, 여러 비구니는 마땅히 이 비구니에게 충고하여 말하라.

‘그대는 여러 비구니들과 투쟁하는 때에 ‘나는 세존을 버리고 법을 버리며 승가를 버리고 계율을 버리겠다. 다만 사문 석자가 도를 아는 것은 아니고, 다시 부끄러움이 있고 선하고 기꺼이 계율을 지니는 다른 사문과 바라문들도 있다. 나는 마땅히 그들을 따라서 범행을 닦겠다.’라고 이렇게 말하지 말라. 그대는 마땅히 세존의 법 가운데에서 기꺼이 범행을 닦아야 하고, 마땅히 스스로가 즐거워하지 않는 마음을 버리고 떠나도록 하라.’

여러 비구니들이 이와 같이 충고하는 때에도 굳게 지니고서 이러한 일을 버리지 않는다면, 여러 비구니들은 마땅히 두·세 번을 충고하여 이러한 일을 버리게 하라. 만약 이 비구니가 두 번·세 번을 충고하는 때에 버린다면 좋으나, 만약 버리지 않고 이와 같은 법으로 나아가 세 번 충고를 받았다면, 승가바시사이고 허물을 참회할 수 있느니라.

‘승가바시사’는 이 죄를 범하였어도 승가에 귀속되므로 승가의 가운데에 남을 수 있다. 승가의 앞에서 인연하여 허물을 참회한다면 없애고 소멸할 수 있는 까닭으로 승가바시사라고 이름하느니라.

이 가운데에서 범하는 것은 만약 비구니가 ‘나는 세존을 버리겠다.’라고 말한다면 투란차이고, ‘법을 버리겠다.’라고 말하여도 투란차이며, ‘승가를 버리겠다.’라고 말하여도 투란차이고, ‘계율을 버리겠다.’라고 말하여도 모두 투란차이니라. 만약 ‘다만 사문 석자가 도를 아는 것은 아니고, 다시 부끄러움이 있고 선하고 기꺼이 계율을 지니는 다른 사문과 바라문들도 있다. 나는 마땅히 그들을 따라서 범행을 닦겠다.’라고 말한다면, 대중 승가를 비방한 까닭으로 바일제를 얻는다.

여러 비구니는 먼저 마땅히 부드러운 말로 간략하게 충고하라. 그때에 버린다면 마땅히 네 가지의 투란차와 하나의 바일제를 가르쳐서 허물을 참회시키고 죄를 벗어나게 하라. 만약 부드러운 말에도 버리지 않는다면 마땅히 백사갈마로 간략하게 충고하라. 간략하게 충고하는 법은 승가가 일심으로 화합하였다면 한 비구니가 마땅히 창언하라.

'대덕 비구니 승가께서는 허락하십시오. 이 가라 비구니는 이전에 외도였으며 지금 여러 비구니와 투쟁하는 때에 이와 같이 말을 지었습니다. <나는 세존을 버리고 법을 버리며 승가를 버리고 계율을 버리겠다. 다만 사문 석자가 도를 아는 것은 아니고, 다시 부끄러움이 있고 선하고 기꺼이 계율을 지니는 다른 사문과 바라문들도 있다. 나는 마땅히 그들을 따라서 범행을 닦겠다.> 이미 부드러운 말로 개략적으로 충고하였으나 악하고 삿된 것을 버리지 않았습니다. 만약 승가께서 때에 이르셨다면 승가께서는 인정하고 허락하십시오. 지금 승가께서는 가라 비구니에게 간략하게 충고하십시오. <그대는 여러 비구니들과 투쟁하는 때에 나는 세존을 버리고 법을 버리며 승가를 버리고 계율을 버리겠다. 다만 사문 석자가 도를 아는 것은 아니고, 다시 부끄러움이 있고 선하고 기꺼이 계율을 지니는 다른 사문과 바라문들도 있다. 나는 마땅히 그들을 따라서 범행을 닦겠다고 말하지 말라.>'

이것을 백이라고 이름한다. 이와 같이 백사갈마를 짓는다.

'승가시여. 가라 비구니에게 간략하게 충고하여 마쳤습니다. 승가께서 인정하고 허락하신 것은 묵연하였던 까닭입니다. 이 일은 이와 같이 지니겠습니다.'

세존께서 앞에서 말한 것과 같이 이 비구니를 여러 비구니들은 마땅히 간략하게 충고해야 하고, 나아가 세 번을 충고하여 이러한 일을 버리게 하는 이것을 간략하게 충고한다고 이름하며, 이것을 가르친다고 이름하고, 이것을 간략하게 충고하여 가르친다고 이름하느니라.

만약 부드러운 말로 간략하게 충고하여 버리지 않았어도 범한 것은 아니다. 첫 번째의 말을 마치지 않았거나, 말을 마쳤거나, 두 번째의 말에서 말을 마치지 않았거나, 말을 마쳤거나, 세 번째의 말에서 말을 마치지 않았거나, 말을 마쳤거나, 비법의 별중이거나, 비법의 화합중이거나, 법과 비슷한 별중이거나, 법과 비슷한 화합중이거나, 여법한 별중이거나, 법과 다르고 율과 다르며 세존의 가르침과 다르게 만약 간략하게 충고하여 버리지 않았어도 범한 것은 아니다. 만약 여법하고 율에 같으며 세존의 가르침과 같이 세 번을 간략하게 충고하였는데, 버리지 않는다면 이 비구니는 승가바시사를 범하느니라." [열네 번째의 일을 마친다.]

세존께서는 사위국에 머무르셨다.

그때 가라 비구니가 서로 말로 다투는 것을 즐거워하는 때에 이렇게 말을 지었다.

"여러 비구니 승가는 애착을 따라서 행하고, 성냄을 따라서 행하며, 두려움을 따라서 행하고, 어리석음을 따라서 행하는구나."

이 가운데에 비구니가 있어 욕망이 적고 만족함을 알았으며 두타를 행하였는데, 이러한 일을 듣고 마음이 즐겁지 않아서 여러 종류의 인연으로 꾸짖었다.

"어찌 비구니라고 이름하면서 말로 다투는 때에 '여러 비구니 승가는 애착을 따라서 행하고, 성냄을 따라서 행하며, 두려움을 따라서 행하고, 어리석음을 따라서 행한다.'라고 이렇게 말을 짓는가?"

여러 종류의 인연으로 꾸짖었으며, 세존을 향하여 자세히 말하였다. 세존께서는 이 일로써 2부의 승가를 모으셨으며, 아시면서도 일부러 가라 비구니에게 물으셨다.

"그대가 진실로 이러한 일을 지었는가?"

대답하여 말하였다.

"진실로 지었습니다. 세존이시여."

세존께서는 여러 종류의 인연으로 꾸짖으셨다.

"어찌 비구니라고 이름하면서 말로 다투는 때에 '여러 비구니 승가는 애착을 따라서 행하고, 성냄을 따라서 행하며, 두려움을 따라서 행하고,

어리석음을 따라서 행한다.'라고 이렇게 말을 지었는가?"

세존께서는 여러 종류의 인연으로 꾸짖으셨으며, 여러 비구들에게 말씀하셨다.

"열 가지의 이익을 까닭으로써 비구니에게 계율을 제정하여 주겠나니, 지금부터 이 계율을 마땅히 이와 같이 설할지니라. 만약 비구니가 다른 비구니와 말로 다투는 때에 '여러 비구니 승가는 애착을 따라서 행하고, 성냄을 따라서 행하며, 두려움을 따라서 행하고, 어리석음을 따라서 행한다.'라고 이렇게 말한다면, 이 비구니에게 여러 비구니는 마땅히 이와 같이 간략하게 충고하라.

'그대는 여러 비구니들과 다투는 때에 <여러 비구니 승가는 애착을 따라서 행하고, 성냄을 따라서 행하며, 두려움을 따라서 행하고, 어리석음을 따라서 행한다.>라고 이렇게 말을 짓지 말라. 왜 그러한가? 비구니 승가는 애착을 따라서 행하지 않고, 노여움을 따라서 행하지 않으며, 두려움을 따라서 행하지 않고, 어리석음을 따라서 행하지 않는다. 그대 비구니는 이러한 애착을 따른다는 말, 노여움을 따른다는 말, 두려움을 따른다는 말, 어리석음을 따른다는 말을 버리도록 하라.'

이 비구니가 여러 비구니들이 이와 같이 충고하는 때에도 굳게 지니고서 이러한 일을 버리지 않는다면, 여러 비구니들은 마땅히 두·세 번을 간략하게 충고하여 이러한 일을 버리게 하라. 만약 이 비구니가 두 번·세 번을 충고하는 때에 버린다면 좋으나, 만약 버리지 않고 이와 같은 법으로 나아가 세 번을 간략하게 충고를 받았다면, 승가바시사이고 허물을 참회할 수 있느니라.

'승가바시사'는 이 죄를 범하였어도 승가에 귀속되므로 승가의 가운데에 남을 수 있다. 승가의 앞에서 인연하여 허물을 참회한다면 없애고 소멸시킬 수 있는 까닭으로 승가바시사라고 이름하느니라.

이 가운데에서 범하는 것은 만약 비구니가 '여러 비구니 승가가 애착을 따라서 행한다.'는 이렇게 말을 지었다면 투란차이고, '노여움을 따라서 행한다.'고 말하여도 투란차이며, '두려움을 따라서 행한다.'고 말하여도 투란차이고, '어리석음을 따라서 행한다.'고 말하여도 투란차이니라.

여러 비구니들은 먼저 마땅히 부드러운 말로 간략하게 충고하라. 그때에 버린다면 마땅히 네 가지의 투란차와 하나의 바일제를 가르쳐서 허물을 참회시키고 죄를 벗어나게 하라. 만약 부드러운 말에도 버리지 않는다면 마땅히 백사갈마로 간략하게 충고하라. 간략하게 충고하는 법은 승가가 일심으로 화합하였다면 한 비구니가 마땅히 승가의 가운데에서 창언하라.

'대덕 비구니 승가께서는 허락하십시오. 이 가라 비구니는 이전에 외도였으며 지금 여러 비구니와 다투는 때에 <여러 비구니 승가는 애착을 따라서 행하고, 성냄을 따라서 행하며, 두려움을 따라서 행하고, 어리석음을 따라서 행한다.>라고 이렇게 말을 지었습니다. 이미 부드러운 말로 간략하게 충고하였으나 버리지 않았습니다. 만약 승가께서 때에 이르셨다면 승가께서는 인정하고 허락하십시오. 지금 승가께서는 가라 비구니에게 <그대는 여러 비구니들과 다투는 때에 비구니 승가는 애착을 따라서 행하고, 성냄을 따라서 행하며, 두려움을 따라서 행하고, 어리석음을 따라서 행한다고 말하지 말라.>라고 간략하게 충고하십시오.'

이것을 백이라고 이름한다. 이와 같이 백사갈마를 짓는다.

'승가시여. 가라 비구니에게 간략하게 충고하여 마쳤습니다. 승가께서 인정하고 허락하신 것은 묵연하였던 까닭입니다. 이 일은 이와 같이 지니겠습니다.'

세존께서 앞에서 말한 것과 같이 이 비구니를 여러 비구니들은 마땅히 간략하게 충고해야 하고, 나아가 세 번을 간략하게 충고하여 이러한 일을 버리게 하는 이것을 간략하게 충고한다고 이름하며, 이것을 가르친다고 이름하고, 이것을 간략하게 충고하여 가르친다고 이름하느니라.

만약 부드러운 말로 약칙하여 버리지 않았어도 범한 것은 아니다. 첫 번째의 말을 마치지 않았거나, 말을 마쳤거나, 두 번째의 말에서 말을 마치지 않았거나, 말을 마쳤거나, 세 번째의 말에서 말을 마치지 않았거나, 말을 마쳤거나, 비법의 별중이거나, 비법의 화합중이거나, 법과 비슷한 별중이거나, 법과 비슷한 화합중이거나, 여법한 별중이거나, 법과 다르고 율과 다르며 세존의 가르침과 다르게 만약 간략하게 충고하여 버리지 않았어도 범한 것은 아니다. 만약 여법하고 율에 같으며 세존의 가르침과 같이 세 번을 간략하게 충고하였는데, 버리지 않는다면 이 비구니는 승가바시사를 범하느니라." [열다섯 번째의 일을 마친다.]

세존께서는 사위국에 머무르셨다.

그때 두 비구니가 있었는데, 첫째는 달마(達摩)라고 이름하였고, 둘째는 담미(曇彌)라고 이름하였다. 같은 마음으로 함께 악업을 지었고 악명의 소문이 있었으므로 항상 비구니 승가를 번민시켰으나 서로의 죄를 덮어주었다. 이 가운데에 비구니가 있어 욕망이 적고 만족함을 알았으며 두타를 행하였는데, 이러한 일을 듣고 마음이 즐겁지 않아서 여러 종류의 인연으로 꾸짖었다.

"어찌 비구니라고 이름하면서 같은 마음으로 함께 악업을 지었고 악명의 소문이 있어서 항상 비구니 승가를 번민시키면서도 서로의 죄를 덮어주는가?"

여러 종류의 인연으로 꾸짖었으며, 세존을 향하여 자세히 말하였다. 세존께서는 이 일로써 2부의 승가를 모으셨으며, 아시면서도 일부러 달마와 담미 비구니에게 물으셨다.

"그대들이 진실로 이러한 일을 지었는가?"

대답하여 말하였다.

"진실로 지었습니다. 세존이시여."

세존께서는 여러 종류의 인연으로 꾸짖으셨다.

"어찌 비구니라고 이름하면서 같은 마음으로 함께 악업을 지었고 악명의 소문이 있어서 항상 비구니 승가를 번민시키면서 서로의 죄를 덮어주었는가?"

세존께서는 여러 종류의 인연으로 꾸짖으셨으며, 여러 비구들에게 말씀하셨다.

"열 가지의 이익을 까닭으로써 비구니에게 계율을 제정하여 주겠나니,

지금부터 이 계율을 마땅히 이와 같이 설할지니라. 만약 두 비구니가 같은 마음으로 함께 악업을 지었고 악명의 소문이 있었으므로 항상 비구니 승가를 번민시켰으나 서로의 죄를 덮어주었다면, 이 두 비구니에게 여러 비구니는 마땅히 이와 같이 충고하라.

'그대들은 같은 마음으로 함께 함께 악업을 지었고 악명의 소문이 있었으므로 항상 비구니 승가를 번민시켰으므로 서로의 죄를 덮어주지 말라. 그대들은 각자 멀리 떨어져서 행하라. 만약 그대들이 각자 떨어져서 행한다면 세존의 법 가운데에서 증장을 얻을 것이다. 그대들은 이렇게 악행을 따라서 행하는 이것을 버리도록 하라.'

여러 비구니들이 이와 같이 충고하는 때에 이 두 비구니가 굳게 지니고서 이러한 일을 버리지 않는다면, 여러 비구니들은 마땅히 두·세 번을 충고하여 이러한 일을 버리게 하라. 두·세 번을 충고하는 때에 버린다면 좋으나, 만약 버리지 않고 이와 같은 법으로 나아가 세 번을 간략하게 충고를 받았다면, 승가바시사이고 허물을 참회할 수 있느니라.

'이 두 비구니가 악업을 짓다.'는 사악한 일을 지은 것과 몸과 입의 악업을 지은 것이다.

'악명의 소문이 있다.'는 사방이 들어서 아는 것이다.

'비구니 승가를 번민시킨다.'는 나아가 네 명 이상의 비구니를 번민시키는 것이다.

'서로의 죄를 덮어주다.'는 함께 청정하지 않은 일을 짓고서 서로 덮어주어 사람들이 알지 못하게 하는 것이다.

'승가바시사'는 이 죄를 범하였어도 승가에 귀속되므로 승가의 가운데에 남을 수 있다. 승가의 앞에서 인연하여 허물을 참회한다면 없애고 소멸시킬 수 있는 까닭으로 승가바시사라고 이름하느니라.

이 가운데에서 범하는 것은 만약 두 비구니가 같은 마음으로 함께 선하지 않은 인연을 지었다면 투란차이고, 악명의 소문이 있어도 투란차이며, 비구니 승가를 번민시켜도 투란차이고, 서로의 죄를 덮어주어도 투란차이니라. 여러 비구니는 먼저 마땅히 부드러운 말로 간략하게 충고하라.

그때에 버린다면 마땅히 네 가지의 투란차와 하나의 바일제를 가르쳐서 허물을 참회시키고 죄를 벗어나게 하라. 만약 부드러운 말에도 버리지 않는다면 마땅히 백사갈마로 간략하게 충고하라. 간략하게 충고하는 법은 승가가 일심으로 화합하였다면 한 비구니가 마땅히 승가의 가운데에서 창언하라.

'대덕 비구니 승가께서는 허락하십시오. 이 두 비구니는 같은 마음으로 함께 함께 악업을 지었고 악명의 소문이 있었으므로 항상 비구니 승가를 번민시켰으나 서로의 죄를 덮어주었습니다. 이미 부드러운 말로 간략하게 충고하였으나 버리지 않았습니다. 만약 승가께서 때에 이르셨다면 승가께서는 인정하고 허락하십시오. 지금 승가께서는 두 비구니에게 <그대들은 같은 마음으로 함께 함께 악업을 지었고 악명의 소문이 있었으므로 항상 비구니 승가를 번민시켰으나 서로의 죄를 덮어주지 말라.>라고 간략하게 충고하십시오.'

이것을 백이라고 이름한다. 이와 같이 백사갈마를 짓는다.

'승가시여. 두 비구니에게 간략하게 충고하여 마쳤습니다. 승가께서 인정하고 허락하신 것은 묵연하였던 까닭입니다. 이 일은 이와 같이 지니겠습니다.'

세존께서 앞에서 말한 것과 같이 이 비구니를 여러 비구니들은 마땅히 간략하게 충고해야 하고, 나아가 세 번을 충고하여 이러한 일을 버리게 하는 이것을 간략하게 충고한다고 이름하며, 이것을 가르친다고 이름하고, 이것을 간략하게 충고하여 가르친다고 이름하느니라. 만약 부드러운 말로 간략하게 충고하여 버리지 않았어도 범한 것은 아니다. 첫 번째의 말을 마치지 않았거나, 말을 마쳤거나, 두 번째의 말에서 말을 마치지 않았거나, 말을 마쳤거나, 세 번째의 말에서 말을 마치지 않았거나, 말을 마쳤거나, 비법의 별중이거나, 비법의 화합중이거나, 법과 비슷한 별중이거나, 법과 비슷한 화합중이거나, 여법한 별중이거나, 법과 다르고 율과 다르며 세존의 가르침과 다르게 만약 약칙하여 버리지 않았어도 범한 것은 아니다. 만약 여법하고 율에 같으며 세존의 가르침과 같이 세 번을 간략하게 충고하였는데, 버리지 않는다면 이 비구니는 승가바시사를 범하느니라." [열여섯 번째의 일을 마친다.]

세존께서는 왕사성에 머무르셨다.

그때 조달을 돕던 여러 비구니들이 달마 비구니와 담미 두 비구니에 가서 이렇게 말을 지었다.

"그대들은 별도로 떨어져 행하지 말고 마땅히 같은 마음으로 행하도록 하라. 만약 그대들이 별도로 떨어져 행한다면 증장을 얻을 수 없고, 같은 마음으로 행한다면 곧 증장을 얻을 것이다. 비구니 승가의 가운데에도 역시 그대들과 같은 사람들은 있다. 승가가 성내는 까닭으로써 그대들을 별도로 떨어져 행하도록 가르치는 것이다."

이 가운데에 비구니가 있어 욕망이 적고 만족함을 알았으며 두타를 행하였는데, 이러한 일을 듣고 마음이 즐겁지 않아서 여러 종류의 인연으로 꾸짖었다.

"어찌 비구니라고 이름하면서 달마 비구니와 담미 비구니에게 나아가서 '그대들은 별도로 떨어져 행하지 말고 마땅히 같은 마음으로 행하도록 하라. 만약 그대들이 별도로 떨어져 행한다면 증장을 얻을 수 없고, 같은 마음으로 행한다면 곧 증장을 얻을 것이다. 비구니 승가의 가운데에도 역시 그대들과 같은 사람들은 있다. 승가가 성내는 까닭으로써 그대들을 별도로 떨어져 행하도록 가르치는 것이다.'라고 말하는가?"

여러 종류의 인연으로 꾸짖었으며, 세존을 향하여 자세히 말하였다. 세존께서는 이 일로써 2부의 승가를 모으셨으며, 아시면서도 일부러 조달을 돕던 비구니에게 물으셨다.

"그대들이 진실로 이러한 일을 지었는가?"

대답하여 말하였다.

"진실로 지었습니다. 세존이시여."

세존께서는 여러 종류의 인연으로 꾸짖으셨다.

"어찌 비구니라고 이름하면서 달마 비구니와 담미 비구니에게 나아가서 '그대들은 별도로 떨어져 행하지 말고 마땅히 같은 마음으로 행하도록 하라. 만약 그대들이 별도로 떨어져 행한다면 증장을 얻을 수 없고, 같은 마음으로 행한다면 곧 증장을 얻을 것이다. 비구니 승가의 가운데에도 역시 그대들과 같은 사람들은 있다. 승가가 성내는 까닭으로써 그대들을 별도로 떨어져 행하도록 가르치는 것이다.'라고 말하였는가?"

세존께서는 여러 종류의 인연으로 꾸짖으셨으며, 여러 비구들에게 말씀하셨다.

"열 가지의 이익을 까닭으로써 비구니에게 계율을 제정하여 주겠나니, 지금부터 이 계율을 마땅히 이와 같이 설할지니라. 만약 비구니가 두 비구니에게 '그대들은 별도로 떨어져 행하지 말고 마땅히 같은 마음으로 행하도록 하라. 만약 그대들이 별도로 떨어져 행한다면 증장을 얻을 수 없고, 같은 마음으로 행한다면 곧 증장을 얻을 것이다. 비구니 승가의 가운데에도 역시 그대들과 같은 사람들은 있다. 승가가 성내는 까닭으로써 그대들을 별도로 떨어져 행하도록 가르치는 것이다.'라고 말하였다면, 여러 비구니들은 마땅히 이와 같이 이 비구니에게 충고하라.

'그대는 이 두 비구니에게 <그대들은 별도로 떨어져 행하지 말고 마땅히 같은 마음으로 행하도록 하라. 만약 그대들이 별도로 떨어져 행한다면 증장을 얻을 수 없고, 같은 마음으로 행한다면 곧 증장을 얻을 것이다. 비구니 승가의 가운데에도 역시 그대들과 같은 사람들은 있다. 승가가 성내는 까닭으로써 그대들을 별도로 떨어져 행하도록 가르치는 것이다.>라고 말하지 말라. 그대는 마땅히 이렇게 삿되게 행하는 일을 권유하는 것을 버려라.'

여러 비구니들이 이와 같이 충고하는 때에 이 두 비구니가 굳게 지니고서 이러한 일을 버리지 않는다면, 여러 비구니들은 마땅히 두·세 번을 충고하여 이러한 일을 버리게 하라. 두 번·세 번을 충고하는 때에 버린다면 좋으나, 만약 버리지 않고 이와 같은 법으로 나아가 세 번을 충고 받았다면, 승가바시사이고 허물을 참회할 수 있느니라.

'승가바시사'는 이 죄를 범하였어도 승가에 귀속되므로 승가의 가운데에 남을 수 있다. 승가의 앞에서 인연하여 허물을 참회한다면 없애고 소멸시킬 수 있는 까닭으로 승가바시사라고 이름하느니라.

이 가운데에서 범하는 것은 만약 비구니가 두 비구니에게 '그대들은 별도로 떨어져서 행하지 말라.'고 권유했다면 투란차이고, '마땅히 같은 마음으로 행해야 한다.'고 말하여도 투란차이며, '별도로 떨어져 행한다면 증장을 얻을 수 없다.'고 말하여도 투란차이고, '같은 마음으로 행한다면 증장을 얻는다.'고 말하여도 투란차이니라. 만약 '비구니 승가의 가운데에도 역시 그대들과 같은 사람들은 있다. 승가가 성내는 까닭으로써 그대들을 별도로 떨어져 행하도록 가르치는 것이다.'라고 말한다면, 비구니 승가를 꾸짖은 까닭으로 바일제이니라.

여러 비구니들은 먼저 마땅히 부드러운 말로 간략하게 충고하라. 그때에 버린다면 마땅히 네 가지의 투란차와 하나의 바일제를 가르쳐서 허물을 참회시키고 죄를 벗어나게 하라. 만약 부드러운 말에도 버리지 않는다면 마땅히 백사갈마로 간략하게 충고하라. 간략하게 충고하는 법은 승가가 일심으로 화합하였다면 한 비구니가 마땅히 승가의 가운데에서 창언하라.

'대덕 비구니 승가께서는 허락하십시오. 이 누구 비구니는 누구와 누구의 두 비구니에게 가르쳐서 <그대들은 별도로 떨어져 행하지 말고 마땅히 같은 마음으로 행해야 한다. 만약 그대들이 별도로 떨어져 행한다면 증장을 얻을 수 없고, 같은 마음으로 행한다면 곧 증장을 얻을 것이다. 비구니 승가의 가운데에도 역시 그대들과 같은 사람들은 있다. 승가가 성내는 까닭으로써 그대들을 별도로 떨어져 행하도록 가르치는 것이다.> 라고 이렇게 말을 지었습니다. 이미 부드러운 말로 간략하게 충고하였으나 버리지 않았습니다. 만약 승가께서 때에 이르셨다면 승가께서는 인정하고 허락하십시오. 지금 승가께서는 두 비구니에게 <그대들은 별도로 떨어져 행하지 말고 마땅히 같은 마음으로 행해야 한다. 만약 그대들이 별도로 떨어져 행한다면 증장을 얻을 수 없고, 같은 마음으로 행한다면 곧 증장을 얻을 것이다. 비구니 승가의 가운데에도 역시 그대들과 같은 사람들은 있다. 승가가 성내는 까닭으로써 그대들을 별도로 떨어져 행하도록 가르친

다고 말하지 말라. 그대는 마땅히 이렇게 삿되게 행하는 일을 권유하는 것을 버려라.>라고 간략하게 충고하십시오.'

이것을 백이라고 이름한다. 이와 같이 백사갈마를 짓는다.

'승가시여. 두 비구니에게 약칙을 마쳤습니다. 승가께서 인정하고 허락하신 것은 묵연하였던 까닭입니다. 이 일은 이와 같이 지니겠습니다.'

세존께서 앞에서 말한 것과 같이 이 비구니를 여러 비구니들은 마땅히 간략하게 충고해야 하고, 나아가 세 번을 충고하여 이러한 일을 버리게 하는 이것을 간략하게 충고한다고 이름하며, 이것을 가르친다고 이름하고, 이것을 간략하게 충고하여 가르친다고 이름하느니라.

만약 부드러운 말로 간략하게 충고하여 버리지 않았어도 범한 것은 아니다. 첫 번째의 말을 마치지 않았거나, 말을 마쳤거나, 두 번째의 말에서 말을 마치지 않았거나, 말을 마쳤거나, 세 번째의 말에서 말을 마치지 않았거나, 말을 마쳤거나, 비법의 별중이거나, 비법의 화합중이거나, 법과 비슷한 별중이거나, 법과 비슷한 화합중이거나, 여법한 별중이거나, 법과 다르고 율과 다르며 세존의 가르침과 다르게 만약 약칙하여 버리지 않았어도 범한 것은 아니다. 만약 여법하고 율에 같으며 세존의 가르침과 같이 세 번을 간략하게 충고하였는데, 버리지 않는다면 이 비구니는 승가바시사를 범하느니라." [열일곱 번째의 일을 마친다.]

(3) 비구니의 30사타법(捨墮法) ①

[이 가운데에서 19계목은 비구와 같으므로 역출(譯出)하지 않고 같지 않은 나머지의 계목들의 그것을 갖추어 역출한다.]

세존께서는 왕사성에 머무르셨다.

그때 조달을 돕던 비구니가 있었는데, 여러 발우를 저축하였고 부서지더라도 사용하지도 않았다. 이 가운데에 비구니가 있어 욕망이 적고 만족함을 알았으며 두타를 행하였는데, 이러한 일을 듣고 마음이 즐겁지 않아서 여러 종류의 인연으로 꾸짖었다.

"어찌 비구니라고 이름하면서 여러 발우를 저축하고서 부서지더라도 사용하지 않는가?"

여러 종류의 인연으로 꾸짖었으며, 세존을 향하여 자세히 말하였다. 세존께서는 이 일로써 2부의 승가를 모으셨으며, 아시면서도 일부러 조달을 돕던 비구니에게 물으셨다.

"그대들이 진실로 이러한 일을 지었는가?"

대답하여 말하였다.

"진실로 지었습니다. 세존이시여."

세존께서는 여러 종류의 인연으로 꾸짖으셨다.

"어찌 비구니라고 이름하면서 여러 발우를 저축하고서 부서지더라도 사용하지 않았는가?"

세존께서는 여러 종류의 인연으로 꾸짖으셨으며, 여러 비구들에게 말씀하셨다.

"열 가지의 이익을 까닭으로써 비구니에게 계율을 제정하여 주겠나니, 지금부터 이 계율을 마땅히 이와 같이 설할지니라. 만약 비구니가 다른 발우를 저축하였다면 나아가 하룻밤이다. 이것을 넘겨서 저축한다면 니살기바일제(尼薩耆波逸提)이니라.

'하룻밤'은 해가 저문 때부터 땅이 명료하지 않은 이 가운데를 하룻밤이라고 이름한다.

'발우'는 세 종류가 있으니, 상·중·하이니라. 상발우는 다른 사람에게 세 발우의 밥과 다른 사람에게 한 발우의 국, 나머지의 음식과 반 발우의 국을 받을 수 있으므로, 이것을 상발우라고 이름한다. 하발우는 다른 사람에게 한 발우의 밥과 다른 사람에게 반 발우의 국, 나머지의 음식과 반 발우의 국을 받을 수 있으므로, 이것을 하발우라고 이름한다. 상발우와 하발우의 가운데를 중발우라고 이름한다. 만약 상발우보다 크거나, 하발우보다 작다면 발우라고 이름하지 않느니라.

니살기바일제인 자는 이 발우를 마땅히 버려야 하고, 바일제죄인 허물을 마땅히 참회해야 하느니라. 이 가운데에서 범하는 것은 만약 비구니가 또한 다른 발우를 저축하고 하룻밤이 지나갔다면 니살기바일제이니라."

[열아홉 번째의 일을 마친다. 앞의 주(注)에서 이미 같다고 말하였던 까닭으로 역출하지 않았다. 이것은 비구와 같은데 어찌 하나를 거듭 역출하였는가? 이것은 다만 하룻밤이나, 비구율에서는 10일이 지나야 하느니라.]

세존께서는 사위국에 머무르셨다.

그때 누구의 선한 비구니가 구주 비구니이었고, 조달을 돕던 비구니가 객비구니이었다. 이 주처에서 보시하는 옷을 얻었고, 안거한 승가가 마땅히 나누는 것이었다. 구주 비구니가 말하였다.

"지금은 여름의 마지막 달이므로 이 주처에서는 가치나의(迦絺那衣)를 받습니다. 이 옷은 시의(時衣)이니 안거한 승가가 나누어야 합니다."

조달을 돕던 비구니가 말하였다.

"그대들은 잘 알지 못하네요. 비록 여름의 마지막달이고 가치나의를 받았더라도, 이것은 비시의(非時衣)이므로 현전승가가 마땅히 나누어야 합니다."

그때 조달을 돕던 비구니는 시의를 비시의라고 지으면서 옷을 나누었다. 이 가운데에 비구니가 있어 욕망이 적고 만족함을 알았는데 이러한 일을 듣고 마음이 즐겁지 않아서 여러 종류의 인연으로 꾸짖었다.

"어찌 비구니라고 이름하면서 시의를 비시의라고 지으면서 옷을 나누는가?"

여러 종류의 인연으로 꾸짖었으며, 세존을 향하여 자세히 말하였다. 세존께서는 이 일로써 2부의 승가를 모으셨으며, 아시면서도 일부러 조달을 돕던 비구니에게 물으셨다.

"그대가 진실로 이러한 일을 지었는가?"

대답하여 말하였다.

"진실로 지었습니다. 세존이시여."

세존께서는 여러 종류의 인연으로 꾸짖으셨다.

"어찌 비구니라고 이름하면서 시의를 비시의라고 지으면서 옷을 나누었는가?"

세존께서는 여러 종류의 인연으로 꾸짖으셨으며, 여러 비구들에게 말씀하셨다.

"열 가지의 이익을 까닭으로써 비구니에게 계율을 제정하여 주겠나니, 지금부터 이 계율을 마땅히 이와 같이 설할지니라. 만약 비구니가 시의를 비시의라고 지으면서 못을 나눈다면 니살기바일제이니라. 니살기바일제인 자는 이 옷을 마땅히 버려야 하고, 바일제죄인 허물을 마땅히 참회해야 하느니라. 이 가운데에서 범하는 것은 만약 비구니가 시의를 비시의라고 지으면서 옷을 나누었다면, 나누는 때를 따라서 그것과 같게 니살기바야제를 얻느니라." [스무 번째의 일을 마친다.]

세존께서는 왕사성에 머무르셨다.

그때 조달을 돕던 비구니가 구주 비구니이었고, 누구의 선한 비구니가 객비구니이었다. 이 가운데의 승가가 옷의 보시를 얻었으므로 현전승가가 마땅히 나눌 것이었다. 객비구니가 말하였다.

"지금은 여름의 마지막 달이 아니므로 이 주처에서는 가치나의를 받지 않습니다. 이 옷은 마땅히 현전승가가 나누어야 합니다."

조달을 돕던 비구니가 말하였다.

"비록 여름의 마지막 달이 아니고 가치나의를 받지 않았더라도, 이 옷은 시의이므로 이곳에서 안거한 승가가 마땅히 나누어야 합니다."

이때 조달을 돕던 비구니는 비시의를 시의라고 지으면서 옷을 나누었다. 이 가운데에 비구니가 있어 욕망이 적고 만족함을 알았으며 두타를 행하였는데, 이러한 일을 듣고 마음이 즐겁지 않아서 여러 종류의 인연으로 꾸짖었다.

"어찌 비구니라고 이름하면서 비시의를 시의라고 지으면서 옷을 나누는가?"

여러 종류의 인연으로 꾸짖었으며, 세존을 향하여 자세히 말하였다.

세존께서는 이 일로써 2부의 승가를 모으셨으며, 아시면서도 일부러 조달을 돕던 비구니에게 물으셨다.

"그대가 진실로 이러한 일을 지었는가?"

대답하여 말하였다.

"진실로 지었습니다. 세존이시여."

세존께서는 여러 종류의 인연으로 꾸짖으셨다.

"어찌 비구니라고 이름하면서 비시의를 시의라고 지으면서 옷을 나누었는가?"

세존께서는 여러 종류의 인연으로 꾸짖으셨으며, 여러 비구들에게 말씀하셨다.

"열 가지의 이익을 까닭으로써 비구니에게 계율을 제정하여 주겠나니, 지금부터 이 계율을 마땅히 이와 같이 설할지니라. 만약 비구니가 비시의를 시의라고 지으면서 옷을 나눈다면 니살기바일제이니라. 니살기바일제인 자는 이 옷을 마땅히 버려야 하고, 바일제죄인 허물을 마땅히 참회해야 하느니라. 이 가운데에서 범하는 것은 만약 비구니가 비시의를 시의라고 지으면서 옷을 나누었다면, 나누는 때를 따라서 그것과 같게 니살기바야제를 얻느니라." [스물한 번째의 일을 마친다.]

세존께서는 사위국에 머무르셨다.

그때 투란난타 비구니에게 제자가 있어 시월사(施越沙)라고 이름하였는데, 선량(善好)하고 공덕이 있었다. 투란난타는 그 제자에게 한 벌의 할절의(割截衣)를 주었으므로 입고서 기원에 나아갔다. 이 비구니는 발난타(跋難陀)와 오랫동안 서로가 지식이었다. 발난타는 이 비구니가 오는 것을 보고 이 옷에 탐심이 생겨났다. 이 비구니가 머리숙여 예배하고 한쪽에 앉았는데, 발난타가 말하였다.

"선여인이여. 그대의 옷이 좋구려."

비구니가 말하였다.

"진실로 좋습니다."

발난타가 말하였다.

“옷으로써 나에게 보시하겠는가?”

“저는 이 옷을 드릴 수 없습니다.”

발난타가 말하였다.

“내가 마땅히 옷으로써 그대에게 바꾸어 주겠네.”

비구니가 말하였다.

“할 수 없습니다.”

발난타는 대법사였고 변재로 설법에 매우 능하였다. 곧 여러 종류의 미묘한 법을 설하여 비구니에게 환희심이 생겨나게 하였으므로 할절의를 가지고 발난타에게 주었고, 발난타는 곧 입을 수 있는 한 벌의 옷을 주었다. 비구니가 이 옷을 입고서 비구니 정사로 들어갔고, 화상 비구니가 물어 말하였다.

“그대의 옷은 어디 있는가?”

대답하여 말하였다.

“다른 사람과 바꾸었습니다.”

“누구와 바꾸었는가?”

대답하여 말하였다.

“발난타 비구와 바꾸었습니다.”

화상 비구니가 말하였다.

“발난타가 그대를 속이고 유혹하였구나.”

제자가 말하였다.

“만약 속였거나, 만약 유혹하였어도 이미 바꾸었습니다.”

화상 비구니가 말하였다.

“이 옷은 값비싼 옷이고, 그대가 지금 입고 있는 옷은 싼 값이다.”

그 제자가 말하였다.

“값이 비싸거나, 싸더라도 저는 이미 바꾸었습니다.”

그 화상 비구니가 말하였다.

“돌아가서 찾아오도록 하라. 만약 찾아오지 않는다면 목숨을 마치도록 그대를 쫓아내겠다."

이 제자는 목숨을 마치도록 쫓겨나는 것이 두려웠던 까닭으로 곧 가서 옷을 찾으며 말하였다.

"본래의 옷을 저에게 돌려주십시오. 저도 당신 옷을 돌려주겠습니다."

발난타가 말하였다.

"나는 이미 바꾸었으니 그대에게 옷을 돌려줄 수 없네."

시월사 비구니가 말하였다.

"그대는 저를 속였고 저를 유혹하였습니다."

대답하여 말하였다.

"만약 속였거나, 만약 유혹하였어도 나는 이미 옷을 바꾸었으므로 결국 서로에게 돌려주지 않겠네."

시월사 비구니가 말하였다.

"만약 저의 할절의를 돌려주지 않는다면 화상 비구니께서 목숨을 마치도록 저를 내쫓을 것입니다."

대답하여 말하였다.

"만약 내쫓거나, 만약 내쫓지 않더라도 나는 이미 옷을 바꾸었네."

이 가운데에 비구니가 있어 욕망이 적고 만족함을 알았으며 두타를 행하였는데, 이러한 일을 듣고 마음이 즐겁지 않아서 시월사 비구니를 꾸짖었다.

"어찌 비구니라고 이름하면서 비구와 옷을 바꾸고서 다시 후회하여 '제가 그대의 옷을 돌려주겠으니 그대도 저의 옷을 돌려주십시오.'라고 말하는가?"

여러 종류의 인연으로 꾸짖었으며, 세존을 향하여 자세히 말하였다. 세존께서는 이 일로써 2부의 승가를 모으셨으며, 아시면서도 일부러 시월사 비구니에게 물으셨다.

"그대가 진실로 이러한 일을 지었는가?"

대답하여 말하였다.

"진실로 지었습니다. 세존이시여."

세존께서는 여러 종류의 인연으로 꾸짖으셨다.

"어찌 비구니라고 이름하면서 비구와 옷을 바꾸고서 다시 후회하여 '제가 그대의 옷을 돌려주겠으니 그대도 저의 옷을 돌려주십시오.'라고 말하였는가?"

세존께서는 여러 종류의 인연으로 꾸짖으셨으며, 여러 비구들에게 말씀하셨다.

"열 가지의 이익을 까닭으로써 비구니에게 계율을 제정하여 주겠나니, 지금부터 이 계율을 마땅히 이와 같이 설할지니라. 만약 비구니가 비구와 옷을 바꾸고서 뒤에 다시 그 비구의 처소로 이르러 '제가 그대의 옷을 돌려주겠으니 그대도 저의 옷을 돌려주십시오.'라고 말한다면 니살기바일제이니라. 니살기바일제인 자는 이 옷을 마땅히 버려야 하고, 바일제죄인 허물을 마땅히 참회해야 하느니라.

이 가운데에서 범하는 것은 만약 비구니가 비구와 옷을 바꾸고서 뒤에 비구의 처소로 이르러 '제가 그대의 옷을 돌려주겠으니 그대도 저의 옷을 돌려주십시오.'라고 말한다면 니살기바일제이니라. 만약 비구니가 뒤에 비구의 처소로 이르러 '그대의 옷을 그대에게 돌려주겠습니다. 저의 옷을 비록 저의 것이라고 할 수 없으나, 다만 저에게 돌려주십시오.'라고 말한다면 돌길라이니라." [스물두 번째 일을 마친다.]

세존께서는 사위국에 머무르셨다.

그때 여러 거사와 거사의 부인들이 투란난타 비구니를 위하였던 까닭으로 각자 옷값을 준비하면서 이렇게 말을 지었다.

"우리들이 이 옷값으로서 이와 같은 옷을 사서 투란난타 비구니에게 주겠습니다."

투란난타가 듣고서 여러 거사들에게 물었다.

"그것이 진실입니까?"

대답하여 말하였다.

"진실입니다."

물어 말하였다.

"이 옷은 어떻습니까?"

대답하여 말하였다.

"이와 같고 이와 같습니다."

투란난타 비구니가 말하였다.

"매우 좋습니다. 우리들 비구니는 가난합니다. 그대들은 능히 항상 보시할 수 있는 마음이 없습니다. 만약 능히 각자가 준비할 수 없다면 함께 이와 같고 이와 같은 한 벌의 옷을 나에게 주십시오."

여러 거사들이 말하였다.

"그러겠습니다."

여러 거사들은 이전에 준비하였던 옷값에 다시 두·세 배의 옷값을 지출하였다. 비구니에게 옷을 주고서 성내면서 꾸짖어 말하였다.

"여러 석자 비구니들은 때도 알지 못하고 양도 알지 못하는구나. 만약 보시하는 자가 양도 알지 못한다면 받는 자라도 양을 알아야 한다. 우리들이 이전에 준비하였던 물건에 다시 두·세 배의 옷값을 지출하였다. 우리들은 옳지 않고 공양에 이익을 잃었다. 이들을 만족시키는 것은 어렵고, 공양하는 것도 어려우며, 염치와 만족도 없는 사람들이다."

이 가운데에 비구니가 있어 욕망이 적고 만족함을 알았으며 두타를 행하였는데, 이러한 일을 듣고 마음이 즐겁지 않아서 세존을 향하여 자세히 말하였다. 세존께서는 이 일로써 2부의 승가를 모으셨으며, 아시면서도 일부러 투란난타 비구니에게 물으셨다.

"그대가 진실로 이러한 일을 지었는가?"

대답하여 말하였다.

"진실로 지었습니다. 세존이시여."

세존께서는 여러 종류의 인연으로 꾸짖으셨다.

"어찌 비구니라고 이름하면서 친족도 아닌 여러 대중의 거사와 거사의 부인이 같은 뜻이라고 생각하였는가?"

세존께서는 여러 종류의 인연으로 꾸짖으셨으며, 여러 비구들에게

말씀하셨다.

"열 가지의 이익을 까닭으로써 비구니에게 계율을 제정하여 주겠나니, 지금부터 이 계율을 마땅히 이와 같이 설할지니라. 만약 비구니를 위하였던 까닭으로 친족이 아닌 여러 거사들과 거사의 부인들이 각자 옷값을 준비하여 '우리들은 이러한 옷값으로 각자 이와 같고 이와 같은 옷을 사서 누구 비구니에게 주겠다.'라고 말하였고, 이 비구니를 먼저 청하지도 않았는데 뒤에 여러 거사와 거사의 부인들이 있는 곳으로 가서 '그대들은 이러한 옷값으로서 이 옷이 좋은 까닭으로 이와 같고 이와 같은 한 벌의 옷을 사서 나에게 주십시오.'라고 이렇게 말을 지었으며, 이 비구니가 옷을 얻었다면, 니살기바야제(尼薩耆波夜提)이니라.

'비구니를 위하다.'는 투란난타를 위하는 것이다.

'친족이 아니다.'는 것에서 친족이란 부모와 형제, 나아가 7세(世)까지의 인연이다. 이들을 제외한다면 친족이 아니라고 이름한다.

'거사와 거사의 부인들'은 백의의 남자를 거사라고 이름하고, 백의의 여인을 거사의 부인이라고 이름한다.

'옷'은 하얀 삼베옷(白麻衣)·붉은 삼베옷(赤麻衣)·거친 삼베옷(芻摩衣)·시이라의(翅夷羅衣)·흠바라의(欽婆羅衣)·겁패의(劫貝衣)·교시야의(憍施耶衣) 등이다.

'옷값'은 금·은·자거·마노, 나아가 곡식 등이다.

'이와 같고 이와 같은 옷'은 이와 같은 값이고, 이와 같은 색깔이며, 이와 같은 크기이다.

'누구 비구니에게 주다.'는 투란난타에게 주었던 것이다.

'먼저 청하지 않았다.'는 여러 거사와 거사의 부인들이 먼저 '그대가 필요한 것이 있다면 우리 집에 와서 가져가십시오.'라고 말하지 않은 것이다.

'같은 마음이다.'는 이 거사는 내가 구하는 것을 따라서 성내지 않는다고 믿었던 것이다.

'여러 거사가 함께 이와 같고 이와 같은 한 벌의 옷을 사서 나에게 준다면 좋겠다.'는 만족시키기 어렵고 공양하기 어려우며 염치와 만족이 없는 까닭이다. 만약 이러한 옷을 얻었다면 니살기바야제죄이니라. 니살기바야제인 자는 이 옷을 마땅히 버려야 하고, 바일제죄인 허물을 마땅히 참회해야 하느니라.

이 가운데에서 범하는 것은 세 종류가 있나니, 가격·색깔·크기 등이다.

'옷값'은 만약 비구니가 여러 거사들이 있는 곳에 이르러 '그대들이 함께 1전(錢) 값의 옷을 사서 나에게 주십시오.'라고 말하였고, 만약 이 옷을 얻었으며, 세 종류라면 니살기바야제이니라. 세 종류는 만약 '나에게 1전 값의 옷을 주십시오.'라고 말하거나, 만약 '대중들이 함께 값을 모으십시오.'라고 말하거나, 만약 '옷값을 모아서 한 벌의 옷을 사십시오.'라고 말하는 것이다. 만약 그 옷을 얻지 못하였다면 돌길라이니라. 만약 2전·3전, 나아가 100전 값의 옷을 사서 주라고 말하여 옷을 얻었으며, 세 종류라면 니살기바야제이니라. 세 종류는 만약 '100전 값의 옷'이라고 말하거나, 만약 '대중들이 함께 값을 모으십시오.'라고 말하거나, 만약 '옷값을 모아서 한 벌의 옷을 사십시오.'라고 말하는 것이다. 만약 그 옷을 얻지 못하였다면 돌길라이니라. 이것을 값이라고 이름한다.

'옷의 색깔'은 만약 비구니가 거사에게 '나에게 푸른색 옷을 주십시오.'라고 말하였고, 만약 이 옷을 얻었으며, 세 종류라면 니살기바야제이니라. 세 종류는 만약 '파란색의 옷'이라고 말하거나, 만약 '대중들이 함께 값을 모으십시오.'라고 말하거나, 만약 '옷값을 모아서 한 벌의 옷을 사십시오.'라고 말하는 것이다. 만약 그 옷을 얻지 못하였다면 돌길라이니라. 노란색의 옷·붉은색의 옷·하얀색의 옷·검은색의 옷, 붉은 삼베옷·하얀 삼베옷·거친 삼베옷·시이라의·교시야의·흠바라의·겁패의를 사서 주라고 말하여 옷을 얻었으며, 세 종류라면 니살기바야제이니라. 세 종류는 만약 '겁패의'라고 말하거나, 만약 '대중들이 함께 값을 모으십시오.'라고 말하거나, 만약 '옷값을 모아서 한 벌의 옷을 사십시오.'라고 말하는 것이다. 만약 그 옷을 얻지 못하였다면 돌길라이니라. 이것을 색깔이라고 이름한다.

'옷의 크기'는 만약 비구니가 '나에게 4주(肘)의 옷을 주십시오.'라고 말하였고, 만약 이 옷을 얻었으며, 세 종류라면 니살기바야제이니라. 세 종류는 만약 '나에게 4주의 옷을 주십시오.'이라고 말하거나, 만약 '대중들이 함께 값을 모으십시오.'라고 말하거나, 만약 '옷값을 모아서 한 벌의 옷을 사십시오.'라고 말하는 것이다. 만약 그 옷을 얻지 못하였다면 돌길라이니라.

만약 5주·6주, 나아가 18주의 옷을 사서 주라고 말하여 옷을 얻었으며, 세 종류라면 니살기바야제이니라. 세 종류는 만약 '18주의 옷'이라고 말하거나, 만약 '대중들이 함께 값을 모으십시오.'라고 말하거나, 만약 '옷값을 모아서 한 벌의 옷을 사십시오.'라고 말하는 것이다. 만약 그 옷을 얻지 못하였다면 돌길라이니라. 이것을 크기라고 이름한다.

만약 비구니가 구걸하여 다른 색깔의 옷을 얻었거나, 만약 푸른색의 옷을 구걸하여 노란색의 옷을 얻었다면 돌길라죄가 된다. 만약 푸른색 옷을 구걸하여 붉은색의 옷·하얀색의 옷·검은색의 옷·흰 삼베옷·붉은 삼베옷·거친 삼베옷·시이라의·교시야의·흠바라의·겁패의를 얻었다면 모두 돌길라이니라. 이와 같이 특이한 옷을 요구하였으나 그와 다른 옷을 얻었다면 돌길라이니라. 만약 친족을 따라서 구하였거나, 만약 자자를 청하였거나, 만약 구하지 않았는데 스스로가 주었다면 범한 것은 아니다." [스물세 번째 일을 마친다.]

세존께서는 왕사성에 머무르셨다.

그때 조달을 돕던 비구니가 스스로의 몸을 위하였던 까닭으로 금과 은을 구걸하였다. 여러 거사들이 물어 말하였다.

"그대는 출가인인데 금과 은을 사용하고자 합니까? 그대들 비구니의 법에는 마땅히 국과 밥 등의 음식·등촉(燈燭)·땔감 등을 구걸해야 알맞습니다."

비구니가 말하였다.

"그대들 거사들은 아는 것이 없군요. 만약 음식·등촉·땔감 등을 구걸하면 비록 많은 것을 얻었다고 이름할지라도 이익은 적습니다. 만약 금과 은을 구걸한다면 구걸하여 얻는다는 이름은 적어도 이익은 많습니다."

여러 거사들이 성내면서 꾸짖어 말하였다.

"여러 비구니는 선량하고 덕이 있다고 스스로가 말하면서, 왕비나 대신의 부인들과 같이 스스로를 위하여 금과 은을 구걸하는구나."

이 가운데에 비구니가 있어 욕망이 적고 만족함을 알았으며 두타를 행하였는데, 이러한 일을 듣고 마음이 즐겁지 않아서 여러 종류의 인연으로 꾸짖어 말하였다.

"어찌 비구니라고 이름하면서 거사들에게 자신을 위하여 금과 은을 구걸하는가?"

여러 종류의 인연으로 꾸짖고서 세존을 향하여 자세히 말하였다. 세존께서는 이 일로써 2부의 승가를 모으셨으며, 아시면서도 일부러 조달을 돕던 비구니에게 물으셨다.

"그대가 진실로 이러한 일을 지었는가?"

대답하여 말하였다.

"진실로 지었습니다. 세존이시여."

세존께서는 여러 종류의 인연으로 꾸짖으셨다.

"어찌 비구니라고 이름하면서 거사들에게 자신을 위하여 금과 은을 구걸하였는가?"

세존께서는 여러 종류의 인연으로 꾸짖으셨으며, 여러 비구들에게 말씀하셨다.

"열 가지의 이익을 까닭으로써 비구니에게 계율을 제정하여 주겠나니, 지금부터 이 계율을 마땅히 이와 같이 설할지니라. 만약 비구니가 스스로를 위하여 금이나 은을 구걸하였다면 니살기바야제이니라. 니살기바야제인 자는 이 금과 은을 마땅히 버려야 하고, 바야제죄인 허물을 마땅히 참회해야 하느니라.

이 가운데에서 범하는 것은 만약 비구니가 자신을 위하여 금이나 은을 구걸한다면 니살기바야제를 얻고, 구걸하는 것을 따라서 그것과 같게 니살기바야제를 얻느니라. 만약 불도(佛圖)[1]를 위하여 구걸하거나, 승가를 위하여 구걸하거나, 만약 구하지 않았는데 스스로가 주었다면 범한 것은 아니다." [스물네 번째 일을 마친다.]

세존께서는 사위국에 머무르셨다.

그때 비구니가 있어 시월(施越)이라고 이름하였는데, 지식이 많았으므로 능히 소(酥)·기름·꿀·석밀을 많이 얻을 수 있었다. 한 상인이 있어 이 비구니를 보고서 곧 청하여 말하였다.

"만약 그대가 소(酥)·기름·꿀·석밀이 필요하다면 우리 집에 오시어 취하십시오."

비구니는 곧 청을 받아들였다. 어느 한 때에 시월 비구니가 상인의 집으로 이렇게 말을 지었다.

"나는 소가 필요합니다."

곧 소를 주었는데, 곧 말하였다.

"나는 소는 필요하지 않습니다. 나에게 기름을 주십시오."

다시 기름을 주었는데, 또한 말하였다.

"나는 꿀이 필요합니다."

다시 꿀을 주었는데, 또한 말하였다.

"나는 석밀이 필요합니다."

다시 석밀을 주었는데, 또한 말하였다.

"나에게 석밀은 필요하지 않습니다. 다시 나에게 소를 주십시오."

상인이 말하였다.

"선여인이여. 그대는 나에게 무슨 허물을 찾고자 합니까? 이것을 알맞게

---

1) 본래는 세존을 뜻하는 말이다. 산스크리트어인 붓다(buddha)를 음사한 말로서, 불도(佛圖), 또는 휴도(休屠)라 음사하기도 하였으며, 불교가 중국에 처음 전래되었을 때에 불교를 부도교(浮屠敎), 세존을 부도씨(浮屠氏)라고 불렀다는 기록이 전한다. 이후에 사문의 사리를 안치한 곳으로 묘탑(墓塔)·부두(浮頭)·포도(砲圖) 등으로도 불리고 있다.

주었는데, 곧 필요가 없다고 말하고, 다시 다른 것을 주어도 또한 필요가 없다고 말하십니다. 그대는 내가 그대에게 혼자만 준다고 생각합니까? 사람들이 나를 기다리고 있습니다. 그대를 까닭으로 그러한 사람들을 방해받고 있습니다."

여러 거사들이 이러한 일을 듣고서 꾸짖어 말하였다.

"여러 비구니는 선량하고 덕이 있다고 스스로가 말하면서, 왕비나 대신의 부인들과 같이 이것을 구걸하여 알맞게 주었는데 곧 필요가 없다고 말하는구나."

이 가운데에 비구니가 있어 욕망이 적고 만족함을 알았으며 두타를 행하였는데, 이러한 일을 듣고 마음이 즐겁지 않아서 여러 종류의 인연으로 꾸짖어 말하였다.

"어찌 비구니라고 이름하면서 이것을 구걸하여 알맞게 주었는데 곧 필요가 없다고 말하는가?"

여러 종류의 인연으로 꾸짖고서 세존을 향하여 자세히 말하였다. 세존께서는 이 일로써 2부의 승가를 모으셨으며, 아시면서도 일부러 시월 비구니에게 물으셨다.

"그대가 진실로 이러한 일을 지었는가?"

대답하여 말하였다.

"진실로 지었습니다. 세존이시여."

세존께서는 여러 종류의 인연으로 꾸짖으셨다.

"어찌 비구니라고 이름하면서 이것을 구걸하여 알맞게 주었는데 곧 필요가 없다고 말하였는가?"

세존께서는 여러 종류의 인연으로 꾸짖으셨으며, 여러 비구들에게 말씀하셨다.

"열 가지의 이익을 까닭으로써 비구니에게 계율을 제정하여 주겠나니, 지금부터 이 계율을 마땅히 이와 같이 설할지니라. 만약 비구니가 이것을 구걸하고서 다시 다른 것을 구한다면 니살기바야제이니라. 니살기바야제인 자는 이 물건을 마땅히 버려야 하고, 바일제죄인 허물을 마땅히 참회해야 하느니라.

이 가운데에서 범하는 것은 만약 소(酥)를 구걸하여 소를 주었는데, 곧 나는 소가 필요가 없으니 나에게 기름·꿀·석밀을 달라고 말한다면 니살기바야제이니라. 만약 기름을 구걸하여 기름을 주었는데, 곧 나는 기름이 필요가 없으니 나에게 꿀·석밀·소를 달라고 말한다면 니살기바야제이고, 만약 비구니가 꿀을 구걸하여 꿀을 주었는데, 곧 나는 꿀이 필요가 없으니 나에게 석밀·소 ·기름을 달라고 말한다면 니살기바야제이며, 만약 비구니가 석밀을 구걸하여 석밀을 주었는데, 곧 나는 석밀이 필요가 없으니 나에게 소·기름·꿀을 달라고 말한다면 니살기바야제이고, 걸식한 것을 받지 않고서 다시 다른 것을 취하고자 한다면 니살기바야제이니라." [스물다섯 번째의 일을 마친다.]

세존께서는 사위국에 머무르셨다.

이때 여러 비구니들이 재물을 구걸하여 비구니의 승방(僧坊)을 짓고자 하였다. 여러 거사들이 물었다.

"그대들은 무엇 등을 짓는데 사용하고자 합니까?"

대답하여 말하였다.

"비구니의 승방을 짓고자 합니다."

신심이 있는 바라문과 거사들이 재물을 주었고, 이 비구니들은 재물을 얻었다. 세상이 기근을 만났으므로 비구니들은 이렇게 사유를 지었다.

'지금의 때는 세상이 기근이니, 마땅히 스스로가 목숨을 살려야 한다. 만약 우리가 살아남는다면 뒤에 마땅히 비구니 승방을 짓겠다.'

곧 기근의 세상에 이 재물을 모두 없앴다. 기근의 세상이 지나가고 풍년의 때에 이르자, 여러 비구니들이 다시 재물을 구걸하면서 승방을 짓고자 하였다. 여러 거사가 물어 말하였다.

"무엇 등을 짓는데 사용하고자 합니까?"

대답하여 말하였다.

"비구니의 승방을 짓고자 합니다."

여러 거사들이 말하였다.

"우리들이 이전에 보시한 재물은 지금 어디에 있습니까?"

대답하여 말하였다.

"우리가 앞서 재물을 구걸하였으나, 세상에서 기근을 만났습니다. 우리는 이렇게 사유를 지었습니다. '지금의 때는 세상이 기근이니, 마땅히 스스로가 목숨을 살려야 한다. 만약 우리가 살아남는다면 뒤에 마땅히 비구니 승방을 짓겠다.' 우리들은 기근의 때에 재물을 모두 없앴습니다."

여러 거사들이 꾸짖어 말하였다.

"여러 비구니들은 선량하고 덕이 있다고 스스로가 말하면서, 왕의 부인이나 대신의 부인들과 같이 다른 일을 위하여 구걸한 것을 다른 일을 지으며 사용하는구나."

이 가운데에 비구니가 있어 욕망이 적고 만족함을 알았으며 두타를 행하였는데, 이러한 일을 듣고 마음이 즐겁지 않아서 여러 종류의 인연으로 꾸짖어 말하였다.

"어찌 비구니라고 이름하면서 다르게 구걸하여 다르게 사용하는가?"

여러 종류의 인연으로 꾸짖고서 세존을 향하여 자세히 말하였다. 세존께서는 이 일로써 2부의 승가를 모으셨으며, 아시면서도 일부러 이 비구니들에게 물으셨다.

"그대들이 진실로 이러한 일을 지었는가?"

대답하여 말하였다.

"진실로 지었습니다. 세존이시여."

세존께서는 여러 종류의 인연으로 꾸짖으셨다.

"어찌 비구니라고 이름하면서 다르게 구걸하여 다르게 사용하였는가?"

세존께서는 여러 종류의 인연으로 꾸짖으셨으며, 여러 비구들에게 말씀하셨다.

"열 가지의 이익을 까닭으로써 비구니에게 계율을 제정하여 주겠나니, 지금부터 이 계율을 마땅히 이와 같이 설할지니라. 만약 비구니가 승사의 일을 위하여 구걸하고서 다시 다른 일을 지으면서 사용한다면 니살기바야제이니라. 니살기바야제인 자는 이 재물을 마땅히 버려야 하고, 바야제죄인 허물을 마땅히 참회해야 하느니라.

이 가운데에서 범하는 것은 만약 비구니가 승사(僧事)를 위하여 구걸하고서 다시 다른 일을 지으면서 사용하였다면, 사용한 것을 따라서 그것과 같게 니살기바야제를 얻느니라." [스물여섯 번째의 일을 마친다.]

세존께서는 사위국에 머무르셨다.

이때 여러 비구니들이 재물을 구걸하여 스스로의 방사(房)를 짓고자 하였다. 여러 거사들이 물었다.

"그대들은 무엇 등을 짓는데 사용하고자 합니까?"

대답하여 말하였다.

"스스로의 방사를 짓고자 합니다."

신심이 있는 바라문과 거사들이 재물을 주었고, 이 비구니들은 재물을 얻었다. 세상이 기근을 만났으므로 비구니들은 이렇게 사유를 지었다.

'지금의 때는 세상이 기근이니, 마땅히 스스로가 목숨을 살려야 한다. 만약 우리가 살아남는다면 뒤에 마땅히 비구니 승방을 짓겠다.'

곧 기근의 세상에 이 재물을 모두 없앴다. 기근의 세상이 지나가고 풍년의 때에 이르자, 여러 비구니들이 다시 재물을 구걸하면서 스스로의 방사를 짓고자 하였다. 여러 거사들이 물어 말하였다.

"무엇 등을 짓는데 사용하고자 합니까?"

대답하여 말하였다.

"비구니의 방사를 짓고자 합니다."

여러 가사들이 말하였다.

"우리들이 이전에 보시한 재물은 지금 어디에 있습니까?"

대답하여 말하였다.

"우리가 앞서 재물을 구걸하였으나, 세상에서 기근을 만났습니다. 우리는 이렇게 사유를 지었습니다. '지금의 때는 세상이 기근이니, 마땅히 스스로가 목숨을 살려야 한다. 만약 우리가 살아남는다면 뒤에 마땅히 비구니의 방사를 짓겠다.' 우리들은 기근의 때에 재물을 모두 없앴습니다."

여러 거사들이 꾸짖어 말하였다.

"여러 비구니들은 선량하고 덕이 있다고 스스로가 말하면서, 왕의 부인이나 대신의 부인들과 같이 스스로가 이러한 일을 위하여 구걸하고서 다른 일을 지으며 사용하는구나."

이 가운데에 비구니가 있어 욕망이 적고 만족함을 알았으며 두타를 행하였는데, 이러한 일을 듣고 마음이 즐겁지 않아서 여러 종류의 인연으로 꾸짖어 말하였다.

"어찌 비구니라고 이름하면서 왕의 부인이나 대신의 부인들과 같이 다르게 구걸하여 다르게 사용하는가?"

여러 종류의 인연으로 꾸짖고서 세존을 향하여 자세히 말하였다. 세존께서는 이 일로써 2부의 승가를 모으셨으며, 아시면서도 일부러 이 비구니들에게 물으셨다.

"그대들이 진실로 이러한 일을 지었는가?"

대답하여 말하였다.

"진실로 지었습니다. 세존이시여."

세존께서는 여러 종류의 인연으로 꾸짖으셨다.

"어찌 비구니라고 이름하면서 다르게 구걸하여 다르게 사용하였는가?"

세존께서는 여러 종류의 인연으로 꾸짖으셨으며, 여러 비구들에게 말씀하셨다.

"열 가지의 이익을 까닭으로써 비구니에게 계율을 제정하여 주겠나니, 지금부터 이 계율을 마땅히 이와 같이 설할지니라. 만약 비구니가 스스로 이러한 일을 위하여 구걸하고서 다시 다른 일을 지으면서 사용한다면 니살기바야제이니라. 니살기바야제인 자는 이 재물을 마땅히 버려야 하고, 바야제죄인 허물을 마땅히 참회해야 하느니라.

이 가운데에서 범하는 것은 만약 비구니가 스스로가 이러한 일을 위하여 구걸하고서 다시 다른 일을 지으면서 사용하였다면, 사용한 것을 따라서 그것과 같게 니살기바야제를 얻느니라." [스물일곱 번째의 일을 마친다.]

십송율 제44권

후진 북인도 삼장 불야다라·구마라집 한역

석보운 번역

7. 칠송 ③

11) 비구니율 ③

(3) 비구니의 30사타법 ②

세존께서는 사위국에 머무르셨다.

이때 여러 비구니들이 재물을 구걸하여 여러 사람들의 방사(房舍)를 짓고자 하였다. 여러 거사들이 물었다.

"그대들은 무엇 등을 짓는데 사용하고자 합니까?"

대답하여 말하였다.

"여러 사람들의 방사를 짓고자 합니다."

신심이 있는 바라문과 거사들이 재물을 주었고, 이 비구니들은 재물을 얻었다. 세상이 기근을 만났으므로 비구니들은 이렇게 사유를 지었다.

'지금의 때는 세상이 기근이니, 마땅히 스스로가 목숨을 살려야 한다. 만약 우리가 살아남는다면 뒤에 마땅히 여러 사람들의 방사를 짓겠다.'

곧 기근의 세상에 이 재물을 모두 없앴다. 기근의 세상이 지나가고 풍년의 때에 이르자, 여러 비구니들이 다시 재물을 구걸하면서 여러 사람들의 방사를 짓고자 하였다. 여러 거사가 물어 말하였다.

"무엇 등을 짓는데 사용하고자 합니까?"

대답하여 말하였다.

"여러 사람들의 방사를 짓고자 합니다."

여러 거사들이 말하였다.

"우리들이 이전에 보시한 재물은 지금 어디에 있습니까?"

대답하여 말하였다.

"우리가 앞서 재물을 구걸하였으나, 세상에서 기근을 만났습니다. 우리는 이렇게 사유를 지었습니다. '지금의 때는 세상이 기근이니, 마땅히 스스로가 목숨을 살려야 한다. 만약 우리가 살아남는다면 뒤에 마땅히 여러 사람들의 방사를 짓겠다.' 우리들은 기근의 때에 재물을 모두 없앴습니다."

여러 거사들이 꾸짖어 말하였다.

"여러 비구니들은 선량하고 덕이 있다고 스스로가 말하면서, 왕의 부인이나 대신의 부인들과 같이 다르게 구걸하고서 다른 일을 지으며 사용하는구나."

이 가운데에 비구니가 있어 욕망이 적고 만족함을 알았으며 두타를 행하였는데, 이러한 일을 듣고 마음이 즐겁지 않아서 여러 종류의 인연으로 꾸짖어 말하였다.

"어찌 비구니라고 이름하면서 왕의 부인이나 대신의 부인들과 같이 다르게 구걸하여 다르게 사용하는가?"

여러 종류의 인연으로 꾸짖고서 세존을 향하여 자세히 말하였다. 세존께서는 이 일로써 2부의 승가를 모으셨으며, 아시면서도 일부러 이 비구니들에게 물으셨다.

"그대들이 신실로 이러한 일을 지었는가?"

대답하여 말하였다.

"진실로 지었습니다. 세존이시여."

세존께서는 여러 종류의 인연으로 꾸짖으셨다.

"어찌 비구니라고 이름하면서 다르게 구걸하여 다르게 사용하였는가?"

세존께서는 여러 종류의 인연으로 꾸짖으셨으며, 여러 비구들에게 말씀하셨다.

"열 가지의 이익을 까닭으로써 비구니에게 계율을 제정하여 주겠나니, 지금부터 이 계율을 마땅히 이와 같이 설할지니라. 만약 비구니가 여러 사람의 이러한 일을 위하여 구걸하고서 다시 다른 일을 지으면서 사용한다면 니살기바야제이니라. 니살기바야제인 자는 이 재물을 마땅히 버려야 하고, 바야제죄인 허물을 마땅히 참회해야 하느니라.

이 가운데에서 범하는 것은 만약 비구니가 여러 사람의 이러한 일을 위하여 구걸하고서 다시 다른 일을 지으면서 사용하였다면, 사용한 것을 따라서 그것과 같게 니살기바야제를 얻느니라." [스물여덟 번째 일을 마친다.]

세존께서는 사위국에 머무르셨다.

그때 비구니가 있어 달마제나(達摩提那)라고 이름하였는데, 8일의 밤에 찬바람이 대나무를 부러트리는 겨울의 때에도 한 겹의 얇은 옷을 입고서 걸식하였다. 상인이 있었고 이 비구니를 보고서 여러 투장(鬥將)들에게 가서 말하였다.

"그대들이 부귀를 얻은 것은 모두 달마제나 비구니를 인연한 까닭입니다. 그대들이 능히 각자 비구니에게 두꺼운 옷을 지어서 주겠습니까? 이 비구니는 8일의 밤에 찬바람이 대나무를 부러트리는 겨울의 때에도 한 겹의 얇은 옷을 입고서 걸식하고 있습니다. 그대들이 각자 한 벌의 옷을 지어서 주지 못한다면 마땅히 함께 모아서 한 벌의 옷을 지어서 주십시오."

이 상인이 여러 투장들에게 교만심을 일으켰던 까닭으로 모두가 말하였다.

"마땅히 함께 지어서 주겠습니다."

곧 비구니를 불러 말하였다.

"그대는 무슨 옷이 필요합니까? 그대의 뜻에 따라서 주겠습니다."

이 비구니가 말하였다.

"나는 500전(錢) 값의 옷이 필요합니다."

이때 여러 투장들은 뜻을 따라서 옷을 사주었다. 이 비구니가 값비싼 옷을 입고 걸식하였으므로 여러 거사들이 꾸짖어 말하였다.

"여러 비구니들은 선량하고 덕이 있다고 스스로가 말하면서, 왕의 부인이나 대신의 부인들과 같이 값비싼 옷을 입고 걸식하는구나."

이 가운데에 비구니가 있어 욕망이 적고 만족함을 알았으며 두타를 행하였는데, 이러한 일을 듣고 마음이 즐겁지 않아서 여러 종류의 인연으로 꾸짖어 말하였다.

"어찌 비구니라고 이름하면서 값비싼 옷을 입고 걸식하는가?"

여러 종류의 인연으로 꾸짖고서 세존을 향하여 자세히 말하였다. 세존께서는 이 일로 2부의 승가를 모으셨으며, 아시면서도 일부러 달마제나 비구니에게 물으셨다.

"그대가 진실로 이러한 일을 지었는가?"

대답하여 말하였다.

"진실로 지었습니다. 세존이시여."

세존께서는 여러 종류의 인연으로 꾸짖으셨다.

"어찌 비구니라고 이름하면서 값비싼 옷을 입고 걸식하였는가?"

세존께서는 여러 종류의 인연으로 꾸짖으셨으며, 여러 비구들에게 말씀하셨다.

"열 가지의 이익을 까닭으로써 비구니에게 계율을 제정하여 주겠나니, 지금부터 이 계율을 마땅히 이와 같이 설할지니라. 만약 비구니가 두 겹의 옷을 구걸하고자 한다면 나아가 4전(錢)의 값까지 마땅히 구걸하도록 하라. 만약 이것을 지나쳐서 구걸한다면 니살기바야제죄가 된다.

'선(錢)'은 대전(大錢)을 말하고, 나아가 16소전(小錢)의 값까지를 말한다.

니살기바야제인 자는 이 옷을 마땅히 버려야 하고, 바야제죄인 허물을 마땅히 참회해야 하느니라. 이 가운데에서 범하는 것은 만약 비구니가 4전이 넘는 두 겹의 옷을 구걸한다면 니살기바야제이고 구걸하는 것을 따라서 그것과 같게 니살기바야제를 얻느니라." [스물아홉 번째의 일을

마친다.]

세존께서는 사위국에 머무르셨다.

그때 추운 겨울이 지나가고 더운 때에 이르렀으나, 달마제나 비구니는 두꺼운 옷을 입고서 걸식하여 얼굴이 땀이 흘렀고 눈이 보이지 않았어도 걸식하였다. 한 상인이 있어 이 비구니를 보고서 곧 여러 투장들에게 가서 말하였다.

"취락의 주인들이여. 그대들이 부귀를 얻은 것은 모두 달마제나 비구니를 인연한 까닭입니다. 그대들이 능히 각자 비구니에게 얇은 옷을 지어서 주겠습니까? 이 비구니는 지금 이 더운 때에 두꺼운 옷을 입고서 얼굴에 땀을 흘리며 눈도 보이지 않으나 걸식하고 있습니다. 그대들이 각자 한 벌의 옷을 지어서 주지 못한다면 마땅히 함께 모아서 한 벌의 옷을 지어서 주십시오."

이 상인이 여러 투장들에게 교만심을 일으켰던 까닭으로 모두가 말하였다.

"마땅히 함께 지어서 주겠습니다."

곧 비구니를 불러 말하였다.

"그대는 무슨 옷이 필요합니까? 그대의 뜻에 따라서 주겠습니다."

이 비구니가 말하였다.

"나는 250전(錢) 값의 옷이 필요합니다."

이때 여러 투장들은 뜻을 따라서 옷을 사주었다. 이 비구니가 값비싼 옷을 입고 걸식하였으므로 여러 거사들이 꾸짖어 말하였다.

"여러 비구니들은 선량하고 덕이 있다고 스스로가 말하면서, 왕의 부인이나 대신의 부인들과 같이 값비싼 옷을 입고 걸식하는구나."

이 가운데에 비구니가 있어 욕망이 적고 만족함을 알았으며 두타를 행하였는데, 이러한 일을 듣고 마음이 즐겁지 않아서 여러 종류의 인연으로 꾸짖어 말하였다.

"어찌 비구니라고 이름하면서 값비싼 가벼운 옷을 입고 걸식하는가?"

여러 종류의 인연으로 꾸짖고서 세존을 향하여 자세히 말하였다. 세존께

서는 이 일로써 2부의 승가를 모으셨으며, 아시면서도 일부러 달마제나 비구니에게 물으셨다.

"그대가 진실로 이러한 일을 지었는가?"

대답하여 말하였다.

"진실로 지었습니다. 세존이시여."

세존께서는 여러 종류의 인연으로 꾸짖으셨다.

"어찌 비구니라고 이름하면서 값비싼 가벼운 옷을 입고 걸식하였는가?"

세존께서는 여러 종류의 인연으로 꾸짖으셨으며, 여러 비구들에게 말씀하셨다.

"열 가지의 이익을 까닭으로써 비구니에게 계율을 제정하여 주겠나니, 지금부터 이 계율을 마땅히 이와 같이 설할지니라. 만약 비구니가 가벼운 옷을 구걸하고자 한다면 나아가 2전 반(半)의 값까지 마땅히 구걸하도록 하라. 만약 이것을 지나쳐서 구걸한다면 니살기바야제죄가 된다.

'전(錢)'은 대전을 말하고, 나아가 16소전의 값까지를 말한다.

니살기바야제인 자는 이 옷을 마땅히 버려야 하고, 바야제죄인 허물을 마땅히 참회해야 하느니라. 이 가운데에서 범하는 것은 만약 비구니가 2전 반이 넘는 가벼운 옷을 구걸한다면 니살기바야제이고, 구걸하는 것을 따라서 그것과 같게 니살기바야제를 얻느니라." [서른 번째 일을 마친다.]

(4) 178단바야제법(單波夜提法) ①

[앞의 71조까지는 대승가와 같은 까닭으로 역출하지 않는다. 제72조 이하의 107조항의 계율은 비구와 다르므로 별도로 밝힌다.]

① 식산계(食蒜戒)

세존께서는 사위국에 머무르셨다.

그때 마늘밭을 지키는 사람이 있었고 아기달다(阿耆達多)라고 이름하였다. 이 사람은 마늘이 무성하였으므로 여러 비구니들을 청하며 말하였다.

"마늘이 필요하시다면 와서 취하십시오."

이때 식차마니와 사미니들이 1년간 와서 마늘을 뽑아갔고, 2·3년이 지나서 마늘밭은 황폐해졌으므로, 곧 버려두고서 떠나갔으며, 능히 다시 심지 않았다. 다시 거사가 있어 이전의 밭에 마늘을 심었는데, 여러 식차마니와 사미니들이 본래의 뜻을 까닭으로 다시 와서 마늘을 뽑아갔다. 이 밭의 주인은 이렇게 생각하였다.

'누가 나의 마늘을 훔치는가? 내가 마땅히 찾아서 잡아야겠다.'

이 거사는 곧 가려진 곳에서 지켜보다가 여러 식차마니와 사미니들이 마늘을 뽑는 것을 보았다. 거사가 말하였다.

"나의 마늘을 취하지 마시오."

대답하여 말하였다.

"사위성의 아기달다 거사가 우리에게 마늘을 취하라고 청하였습니다. 그대와 일과 무슨 관련이 있습니까?"

거사가 말하였다.

"본래의 밭주인이 그대들의 인연을 까닭으로 밭을 버리고 떠나갔소. 지금 내가 밭의 가운데에 마늘을 심었으니 그대들은 취하지 마시오."

여러 식차마니와 사미니들이 부끄러워하면서 이렇게 말을 지었다.

"우리들은 알지 못하였습니다. 지금부터는 감히 다시는 뽑아가지 않겠습니다."

여러 거사들이 성내며 꾸짖어 말하였다.

"여러 비구니들은 선량하고 덕이 있다고 스스로가 말하면서, 백의의 여인들과 같이 마늘을 먹는구나."

이 가운데에 비구니가 있어 욕망이 적고 만족함을 알았으며 두타를 행하였는데, 이러한 일을 듣고 마음이 즐겁지 않아서 여러 종류의 인연으로 꾸짖어 말하였다.

"어찌 비구니라고 이름하면서 백의의 여인들과 같이 마늘을 먹는가?"

여러 종류의 인연으로 꾸짖고서 세존을 향하여 자세히 말하였다. 세존께

서는 이 일로써 2부의 승가를 모으셨으며, 아시면서도 일부러 비구니들에게 물으셨다.

"그대들이 진실로 이러한 일을 지었는가?"

대답하여 말하였다.

"진실로 지었습니다. 세존이시여."

세존께서는 여러 종류의 인연으로 꾸짖으셨다.

"어찌 비구니라고 이름하면서 백의의 여인들과 같이 마늘을 먹었는가?"

세존께서는 여러 종류의 인연으로 꾸짖으셨으며, 여러 비구들에게 말씀하셨다.

"열 가지의 이익을 까닭으로써 비구니에게 계율을 제정하여 주겠나니, 지금부터 이 계율을 마땅히 이와 같이 설할지니라. 만약 비구니가 생마늘이나 익힌 마늘을 먹는다면 바야제이니라.

'바야제'는 소자(燒煮)와 복장(覆障)이니, 만약 허물을 참회하지 않는다면 능히 도를 장애한다.

이 가운데에서 범하는 것은 만약 비구니가 생마늘을 먹는다면 바야제이고, 익힌 마늘을 먹더라도 바야제이며, 만약 마늘의 씨앗을 먹더라도 바야제이고, 마늘의 줄기나 잎을 먹더라도 바야제이다. 만약 마늘의 껍질이나 마늘의 수염을 먹는다면 돌길라이다. 만약 병을 치료하기 위해 먹었거나, 만약 종기에 발랐다면 범한 것은 아니다." [일흔두 번째의 일을 마친다.]

세존께서는 사위국에 머무르셨다.

그때 누란난타 비구니가 사람을 시켜서 대·소변을 보는 곳의 털을 깎았다. 여러 비구니들이 물어 말하였다.

"그대는 무엇을 짓습니까?"

대답하여 말하였다.

"좋게 하려는 까닭으로 대·소변을 보는 곳의 털을 깎고 있습니다."

이 가운데에 비구니가 있어 욕망이 적고 만족함을 알았으며 두타를 행하였는데, 이러한 일을 듣고 마음이 즐겁지 않아서 여러 종류의 인연으로 꾸짖어 말하였다.

"어찌 비구니라고 이름하면서 사람을 시켜서 대·소변을 보는 곳의 털을 깎는가?"

여러 종류의 인연으로 꾸짖고서 세존을 향하여 자세히 말하였다. 세존께서는 이 일로써 2부의 승가를 모으셨으며, 아시면서도 일부러 투란난타 비구니에게 물으셨다.

"그대가 진실로 이러한 일을 지었는가?"

대답하여 말하였다.

"진실로 지었습니다. 세존이시여."

세존께서는 여러 종류의 인연으로 꾸짖으셨다.

"어찌 비구니라고 이름하면서 사람을 시켜서 대소변을 보는 곳의 털을 깎았는가?"

세존께서는 여러 종류의 인연으로 꾸짖으셨으며, 여러 비구들에게 말씀하셨다.

"열 가지의 이익을 까닭으로써 비구니에게 계율을 제정하여 주겠나니, 지금부터 이 계율을 마땅히 이와 같이 설할지니라. 만약 비구니가 대·소변을 보는 곳의 털을 깎는다면 바야제이니라.

'바야제'는 소자와 복장이니, 만약 허물을 참회하지 않는다면 능히 도를 장애한다.

이 가운데에서 범하는 것은 만약 비구니가 대변을 보는 곳의 털을 깎는다면 바야제이고, 소변을 보는 곳의 털을 깎아도 바야제이다. 두 곳을 제외하고 다른 곳의 털을 깎으면 돌길라이니라." [일흔세 번째의 일을 마친다.]

세존께서는 사위국에 머무르셨다.

그때 투란난타 비구니가 손가락을 여근의 가운데에 집어넣었다. 여러 비구니들이 물어 말하였다.

"그대는 무엇을 짓습니까?"

대답하여 말하였다.

"매끄러운 촉감을 즐기려는 까닭입니다."

이 가운데에 비구니가 있어 욕망이 적고 만족함을 알았으며 두타를 행하였는데, 이러한 일을 듣고 마음이 즐겁지 않아서 꾸짖어 말하였다.

"어찌 비구니라고 이름하면서 매끄러운 촉감을 즐기고자 손가락으로서 여근의 가운데에 집어넣는가?"

여러 종류의 인연으로 꾸짖고서 세존을 향하여 자세히 말하였다. 세존께서는 이 일로써 2부의 승가를 모으셨으며, 아시면서도 일부러 투란난타 비구니에게 물으셨다.

"그대가 진실로 이러한 일을 지었는가?"

대답하여 말하였다.

"진실로 지었습니다. 세존이시여."

세존께서는 여러 종류의 인연으로 꾸짖으셨다.

"어찌 비구니라고 이름하면서 매끄러운 촉감을 즐기고자 손가락으로서 여근의 가운데에 집어넣었는가?"

세존께서는 여러 종류의 인연으로 꾸짖으셨으며, 여러 비구들에게 말씀하셨다.

"열 가지의 이익을 까닭으로써 비구니에게 계율을 제정하여 주겠나니, 지금부터 이 계율을 마땅히 이와 같이 설할지니라. 만약 비구니가 손가락을 여근의 가운데에 집어넣었다면 바야제이니라.

'바야제'는 소자와 복장이니, 만약 허물을 참회하지 않는다면 능히 도를 장애한다.

이 가운데에서 범한 것은 만약 비구니가 손가락을 여근의 가운데에 집어넣는다면 바야제이고, 집어넣는 것을 따라서 그것과 같게 바야제를 얻느니라."

한때에 비구니가 있었는데 오랫동안 여근을 씻지 않았던 까닭으로 냄새가 났다. 여러 비구니들이 이 일로써 세존께 아뢰었고, 세존께서 이 일로써 2부의 승가를 모으셨으며, 계율을 찬탄하고 지계를 찬탄하셨다. 계율을 찬탄하고 지계를 찬탄하시고서 여러 비구들에게 말씀하셨다.

"지금부터 이 계는 마땅히 이와 같이 설하라. 만약 비구니가 손가락으로서 여근의 가운데에 집어넣는다면, 씻을 때를 제하고는 바야제이니라.

이 가운데에서 범하는 것은 만약 비구니가 씻지 않으면서 손가락으로서 여근의 가운데에 집어넣는다면 바야제이고, 집어넣는 것을 따라서 그것과 같게 바야제를 얻느니라."

또한 비구니들이 씻는 것을 인연하였던 까닭으로 손가락으로서 여근의 가운데에 깊이 집어넣었다. 여러 비구니들이 이 일로써 세존께 아뢰었고, 세존께서는 이 일로써 2부의 승가를 모으셨으며, 여러 비구들에게 말씀하셨다.

"지금부터 이 계는 마땅히 이와 같이 설하라. 만약 비구니가 씻는 때에 손가락으로서 여근의 가운데에 손가락 두 마디 이상을 집어넣는다면 바야제이니라. 이 가운데에서 범하는 것은 만약 비구니가 씻는 때에 손가락으로서 여근의 가운데에 손가락 두 마디 이상을 집어넣는다면 바야제이고, 집어넣는 것을 따라서 그것과 같게 바야제를 얻느니라."
[일흔네 번째의 일을 마친다.]

세존께서는 사위국에 머무르셨다.

그때 투란난타 비구니가 손바닥으로 여근을 두드렸다. 여러 비구니들이 물어 말하였다.

"그대는 무엇을 짓습니까?"

대답하여 말하였다.

"풍만하게 하고자 합니다."

이 가운데에 비구니가 있어 욕망이 적고 만족함을 알았으며 두타를 행하였는데, 이러한 일을 듣고 마음이 즐겁지 않아서 여러 종류로 꾸짖어 말하였다.

"어찌 비구니라고 이름하면서 손바닥으로 여근을 두드려서 풍만하게 하고자 하는가?"

여러 종류의 인연으로 꾸짖고서 세존을 향하여 자세히 말하였다. 세존께서는 이 일로써 2부의 승가를 모으셨으며, 아시면서도 일부러 투란난타 비구니에게 물으셨다.

"그대가 진실로 이러한 일을 지었는가?"

대답하여 말하였다.

"진실로 지었습니다. 세존이시여."

세존께서는 여러 종류의 인연으로 꾸짖으셨다.

"어찌 비구니라고 이름하면서 손바닥으로 여근을 두드려서 풍만하게 하고자 하였는가?"

세존께서는 여러 종류의 인연으로 꾸짖으셨으며, 여러 비구들에게 말씀하셨다.

"열 가지의 이익을 까닭으로써 비구니에게 계율을 제정하여 주겠나니, 지금부터 이 계율을 마땅히 이와 같이 설할지니라. 만약 비구니가 바닥(掌)으로 여근을 두드린다면 바야제이니라.

'바닥'은 두 종류가 있나니, 손바닥과 발바닥이다.

'바야제'는 소자와 복장이니, 만약 허물을 참회하지 않는다면 능히 도를 장애한다.

이 가운데에서 범한 것은 만약 비구니가 손바닥으로 여근을 두드린다면 바야제이고, 발바닥으로 두드려도 바야제이니라. 손바닥과 발바닥을 제외하고 다른 것으로 두드린다면 돌길라이니라." [일흔다섯 번째의 일을 마친다.]

세존께서는 사위국에 머무르셨다.

그때 두 비구니가 있었는데, 첫째는 나타(羅吒)라고 이름하였고, 둘째는 바라타(波羅吒)라고 이름하였으며, 본래 귀족 가문의 출신이었다. 이 두 비구니는 아침에 일찍 여러 친족이나 지식인 단월의 집으로 갔고, 좋은 음식을 먹으면서 모두 맛이 없다고 말하였다. 물어 말하였다.

"누가 이 음식을 지었습니까?"

주인이 대답하여 말하였다.

"요리사가 그것을 지었습니다."

비구니가 말하였다.

"무슨 까닭으로 향기와 맛이 없는 음식을 지었는가?"

주인이 물어 말하였다.

"그대가 능히 지을 수 있습니까?"

비구니가 말하였다.

"할 수 있습니다. 만약 좋은 날에 절회(節會)를 짓거나, 만약 물놀이를 가고자 한다면 곧 와서 나에게 말하세요. 내가 마땅히 그대를 위하여 음식을 짓겠습니다."

뒤의 때에 주인이 좋은 날에 이르렀으므로, 동산의 가운데에 들어가고자 곧 비구니를 불렀고, 이 비구니는 와서 음식을 지었다. 이 집안에는 외부의 요리사가 있었는데, 부엌의 문에 이르렀으며, 문 아래에 서서 익힌 음식이 있는 것을 보았으므로, 밖으로 나와서 물어 말하였다.

"누가 이러한 음식을 익혔습니까?"

주인이 대답하여 말하였다.

"두 비구니가 있어 첫째는 나타라고 이름하고 둘째는 바라타라고 이름하는데, 이러한 음식을 요리하였소."

요리사가 성내면서 말하였다.

"이것은 비구니법을 잃었고, 비구니법을 태웠으며, 나의 생업을 빼앗은 것이다."

이 가운데에 비구니가 있어 욕망이 적고 만족함을 알았으며 두타를 행하였는데, 이러한 일을 듣고 마음이 즐겁지 않아서 세존을 향하여 자세히 말하였다. 세존께서는 이 일로써 2부의 승가를 모으셨으며, 아시면서도 일부러 이 두 명의 비구니에게 물으셨다.

"그대들이 진실로 이러한 일을 지었는가?"

대답하여 말하였다.

"진실로 지었습니다. 세존이시여."

세존께서는 여러 종류의 인연으로 꾸짖으셨다.

"어찌 비구니라고 이름하면서 생물(生物)을 익혀서 음식을 지었는가?"

세존께서는 여러 종류의 인연으로 꾸짖으셨으며, 여러 비구들에게 말씀하셨다.

"열 가지의 이익을 까닭으로써 비구니에게 계율을 제정하여 주겠나니, 지금부터 이 계율을 마땅히 이와 같이 설할지니라. 만약 비구니가 생물을 익혀서 음식을 짓는다면 바야제이니라.

'바야제'는 소자와 복장이니, 만약 허물을 참회하지 않는다면 능히 도를 장애한다.

이 가운데에서 범한 것은 만약 비구니가 생물을 익혀서 음식을 짓는다면 바야제이고, 익히는 것을 따라서 그것과 같게 바야제를 얻느니라. 범하지 않는 것은 만약 다시 익히거나, 만약 급한 인연이 있어 불로써 작정하고서 익힌다면 범하는 것은 아니다." [일흔여섯 번째의 일을 마친다.]

세존께서는 사위국에 머무르셨다.

그때 한 거사가 있었는데 무상(無常)한 인연의 까닭으로써 재물과 전답, 집을 잃었고 집안사람도 모두 죽었으며 오직 부부의 두 사람이 남았다. 거사는 이렇게 생각을 지었다.

'여러 복덕에 즐거운 사람이고 쇠퇴와 번민이 없는 자는 사문인 석자를 넘어갈 수 없다. 내가 어찌 나아가서 그들에게 출가를 구하지 않겠는가?'

남편은 곧 기원으로 나아가서 비구가 되었고, 아내는 왕원정사(王園精舍)에서 비구니가 되었다. 이 비구는 공양을 얻은 때에 음식을 지니고 비구니의 정사로 나아갔고, 이 비구니는 먼저 쟁반·간장·채소·과일을 준비하고서 비구가 오는 것을 기다렸다. 어느 때에 이 비구가 음식을 지니고 비구니의 정사로 나아갔다. 앉아서 음식을 먹었는데, 이 비구니가 일어나서 간장과 채소를 주면서 아울러 본래 거주하던 집안 때의 일들을 말하였다. 이 비구는 성내면서 참지 못하였던 까닭으로 곧 손안의 밥을 비구니 얼굴에 던졌다. 비구니도 성냈던 까닭으로 뜨거운 국물로써 비구의 머리에 부었으므로, 부정하였고 부끄러웠다.

이 가운데에 비구니가 있어 욕망이 적고 만족함을 알았으며 두타를 행하였는데, 이러한 일을 듣고 마음이 즐겁지 않아서 여러 종류로 꾸짖어 말하였다.

"어찌 비구니라고 이름하면서 비구가 음식을 먹는 때에 앞에 서 있으면서 모시는가?"

여러 종류의 인연으로 꾸짖고서 세존을 향하여 자세히 말하였다. 세존께서는 이 일로써 2부의 승가를 모으셨으며, 아시면서도 일부러 이 비구니에게 물으셨다.

"그대가 진실로 이러한 일을 지었는가?"

대답하여 말하였다.

"진실로 지었습니다. 세존이시여."

세존께서는 여러 종류의 인연으로 꾸짖으셨다.

"어찌 비구니라고 이름하면서 비구가 음식을 먹는 때에 앞에 서 있으면서 모셨는가?"

세존께서는 여러 종류의 인연으로 꾸짖으셨으며, 여러 비구들에게 말씀하셨다.

"열 가지의 이익을 까닭으로써 비구니에게 계율을 제정하여 주겠나니, 지금부터 이 계율을 마땅히 이와 같이 설할지니라. 만약 비구니가 비구가 음식을 먹는 때에 앞에 서 있으면서 모신다면 바야제이니라.

'바야제'는 소자와 복장이니, 만약 허물을 참회하지 않는다면 능히 도를 장애한다.

이 가운데에서 범한 것은 만약 비구니가 비구가 음식을 먹는 때에 앞에 서 있으면서 모신다면 바야제이고, 모시는 것을 따라서 그것과 같게 바야제를 얻느니라. 만약 비구와 함께 음식을 먹고서 자리로 돌아가거나, 만약 다른 곳으로 떠났다면 범한 것은 아니다." [일흔일곱 번째의

일을 마친다.]

세존께서는 사위국에 머무르셨다.

그때 투란난타 비구니가 대·소변을 담장 밖으로 던졌는데, 이 승방 옆에 큰 거리가 있었다. 이때 파사닉왕의 대신은 마니(摩尼)라고 이름하였는데, 깨끗한 옷을 입고서 이 거리를 지나가면서 머리에 오줌을 뒤집어썼다. 이 대신은 그때에 왕의 처소에서 질책을 당하였는데, 관상을 아는 바라문이 있었고 대신의 뒤를 따라오고 있었다. 바라문이 말하였다.

"그대는 빠르게 머리를 씻고서 다시 대왕의 처소로 돌아가십시오. 이것은 길상이니, 반드시 큰 이익이 있을 것입니다."

대신이 즉시 머리를 씻고 곧 왕의 처소로 나아갔고, 왕은 환희하며 다시 그 원래의 관직을 회복시켜 주었다. 여러 비구니들은 투란난타 비구니가 대·소변을 담장 바깥으로 던졌고, 파사닉왕의 대신의 머리 위에 떨어져서 대신의 머리를 더럽혔던 까닭으로 왕이 원래의 관직을 회복시켜 주었다는 것을 들었다.

'이 마니 대신은 흉악하고 자비심이 없다. 마땅히 우리들에게 무슨 고뇌의 일을 지어서 주더라도 알 수 있겠는가?'

이러한 사유로서 두려움을 까닭으로 늙고 병든 비구니를 제외하고 모두 도망쳐서 떠나갔다. 그때 마니 대신은 이렇게 생각을 지었다.

'내가 원래의 관직을 되찾은 것은 모두 비구니 승방의 인연인 까닭이다. 내가 마땅히 찾아가서 여러 비구니를 안심(安慰)시켜야겠다.'

이 마니 대신은 곧 비구니 승방으로 갔으나 여러 비구니들이 적은 것을 보고는 여러 늙고 병든 비구니들에게 물었다.

"이곳에는 비구니 승가가 무슨 까닭으로 적습니까?"

비구니들이 말하였다.

"그대는 알지 못합니까?"

대답하여 말하였다.

"알지 못합니다."

비구니들이 말하였다.

"투란난타 비구니가 대·소변을 담장의 바깥으로 던졌는데, 파사닉왕의 대신인 마니가 이 거리를 지나가면서 그것을 머리에 뒤집어썼습니다. 왕이 원래의 관직을 회복시켜 주었으나, 이 사람이 본래 흉악하고 자비가 없으므로 여러 비구니들이 이렇게 사유하였습니다. '마땅히 우리들에게 무슨 고뇌의 일을 지어서 주더라도 알 수 있겠는가?' 이와 같이 사유하였고 두려웠던 까닭으로 여러 비구니들이 도망쳐서 떠났습니다. 우리들은 늙고 병들어 힘이 없는 까닭으로 능히 떠나지 못하였습니다."

이 대신이 말하였다.

"파사닉왕의 대신인 마니가 곧 나의 몸입니다. 그대들은 두려워하지 마십시오. 내가 그대들에게 음식과 장작과 등촉과 옷을 주고 또한 두려움이 없게 하겠습니다."

이 가운데에 비구니가 있어 욕망이 적고 만족함을 알았으며 두타를 행하였는데, 이러한 일을 듣고 마음이 즐겁지 않아서 여러 종류로 꾸짖어 말하였다.

"어찌 비구니라고 이름하면서 대·소변을 담장의 바깥으로 던지는가?"

여러 종류의 인연으로 꾸짖고서 세존을 향하여 자세히 말하였다. 세존께서는 이 일로써 2부의 승가를 모으셨으며, 아시면서도 일부러 투란난타 비구니에게 물으셨다.

"그대가 진실로 이러한 일을 지었는가?"

대답하여 말하였다.

"진실로 지었습니다. 세존이시여."

세존께서는 여러 종류의 인연으로 꾸짖으셨다.

"어찌 비구니라고 이름하면서 대·소변을 담장의 바깥으로 던졌는가?"

세존께서는 여러 종류의 인연으로 꾸짖으셨으며, 여러 비구들에게 말씀하셨다.

"열 가지의 이익을 까닭으로써 비구니에게 계율을 제정하여 주겠나니, 지금부터 이 계율을 마땅히 이와 같이 설할지니라. 만약 비구니가 대·소변을 담장의 바깥으로 던진다면 바야제이니라.

'바야제'는 소자와 복장이니, 만약 허물을 참회하지 않는다면 능히 도를 장애한다.

이 가운데에서 범한 것은 만약 비구니가 대·소변을 담장의 바깥으로 던진다면 바야제이고, 던진 것을 따라서 그것과 같게 바야제를 얻느니라. 만약 두 비구니가 한 항아리에 함께 대·소변을 보고서 한 사람이 들어서 올리고 한 사람이 받아서 담장 바깥으로 던진다면, 들어서 올린 사람은 돌길라죄이고 집어던진 사람은 바야제이니라. 만약 비구니가 만약 손으로서 던진다면 바야제죄이고, 만약 풀이나 흙으로서 싸서 담장 밖으로 던진다면 돌길라이니라." [일흔여덟 번째의 일을 마친다.]

세존께서는 사위국에 머무르셨다.

그때 왕원정사의 비구니 승방의 문 앞에 좋은 풀들이 생겨났다. 여러 사람들이 있어 이곳에 모여 앉았고, 여러 비구니가 출입하는 때의 형상을 보았으며, 비웃으면서 말하였다.

"그대는 보시오. 이 비구니는 사팔뜨기이고, 이 비구니는 눈이 풀렸으며, 이 비구니는 코가 낮고, 이 비구니는 절름발이이며, 이 비구니는 피부가 하얗고, 이 비구니는 검으며, 이 비구니는 예쁘고, 이 비구니는 못생겼소."

여러 비구니들이 이러한 말을 듣고서 마음이 기쁘지 않아서 이렇게 생각을 지었다.

'여러 사람들이 이 가운데에 모이는 것은 모두 풀이 무성하고 좋게 자라났던 까닭이다. 만약 풀이 없다면 이 가운데에 머물지 않을 것이다.'

여러 비구니들이 대·소변을 모두 모아서 이 풀 위에 버렸으므로 풀이 곧 썩고 말라 죽었다. 여러 거사들이 꾸짖어 말하였다.

"여러 비구니들은 불길하고 폐악한 여인들이구나. 이렇게 깨끗한 풀이 무성한 곳에 대·소변을 버렸는데, 나머지의 가려진 측간은 없었는가?"

이 가운데에 비구니가 있어 욕망이 적고 만족함을 알았으며 두타를 행하였는데, 이러한 일을 듣고 마음이 즐겁지 않아서 세존을 향하여 자세히 말하였다. 세존께서는 이 일로써 2부의 승가를 모으셨으며, 아시면서도 일부러 이 비구니들에게 물으셨다.

"그대들이 진실로 이러한 일을 지었는가?"

대답하여 말하였다.

"진실로 지었습니다. 세존이시여."

세존께서는 여러 종류의 인연으로 꾸짖으셨다.

"어찌 비구니라고 이름하면서 살아있는 풀 위에 대·소변을 버렸는가?"

세존께서는 여러 종류의 인연으로 꾸짖으셨으며, 여러 비구들에게 말씀하셨다.

"열 가지의 이익을 까닭으로써 비구니에게 계율을 제정하여 주겠나니, 지금부터 이 계율을 마땅히 이와 같이 설할지니라. 만약 비구니가 살아있는 풀 위에 대·소변을 버린다면 바야제이니라.

'바야제'는 소자와 복장이니, 만약 허물을 참회하지 않는다면 능히 도를 장애한다.

이 가운데에서 범한 것은 만약 비구니가 살아있는 풀 위에 대·소변을 버린다면 바야제이고, 버리는 것을 따라서 그것과 같게 바야제를 얻느니라." [일흔아홉 번째의 일을 마친다.]

세존께서는 사위국에 머무르셨다.

그때 조달을 돕던 비구니가 혼자서 육군비구와 함께 가려진 곳에서 함께 서서 함께 말하였다. 이 가운데에 비구니가 있어 욕망이 적고 만족함을 알았으며 두타를 행하였는데, 이러한 일을 듣고 마음이 즐겁지 않아서 여러 종류로 꾸짖어 말하였다.

"어찌 비구니라고 이름하면서 혼자서 한 비구와 가려진 곳에 함께 있으면서 함께 말을 하는가?"

여러 종류의 인연으로 꾸짖고서 세존을 향하여 자세히 말하였다. 세존께서는 이 일로써 2부의 승가를 모으셨으며, 아시면서도 일부러 조달을 돕던 비구니에게 물으셨다.

"그대가 진실로 이러한 일을 지었는가?"

대답하여 말하였다.

"진실로 지었습니다. 세존이시여."

세존께서는 여러 종류의 인연으로 꾸짖으셨다.

"어찌 비구니라고 이름하면서 혼자서 한 비구와 가려진 곳에 함께 있으면서 함께 말을 하였는가?"

세존께서는 여러 종류의 인연으로 꾸짖으셨으며, 여러 비구들에게 말씀하셨다.

"열 가지의 이익을 까닭으로써 비구니에게 계율을 제정하여 주겠나니, 지금부터 이 계율을 마땅히 이와 같이 설할지니라. 만약 비구니가 혼자서 한 비구와 가려진 곳에 함께 있으면서 함께 말을 하였다면 바야제이니라.

'혼자'는 한 사람의 비구니와 한 사람의 비구 외에 다시 제3자가 없는 것이다.

'가려진 곳'은 만약 벽으로 가려졌거나, 만약 옷으로 가려졌거나, 울타리로 가려진 곳이다.

'함께 서 있다.'는 의심할 수 있는 곳이다.

'함께 말하다.'는 의심할 수 있는 곳이다.

'바야제'는 소자와 복장이니, 만약 허물을 참회하지 않는다면 능히 도를 장애한다.

이 가운데에서 범한 것은 만약 비구니가 혼자서 한 사람의 비구와 가려진 곳에 함께 있으면서 함께 말한다면 바야제이고, 함께 서 있으면서 함께 말하는 것을 따라서 그것과 같게 바야제를 얻느니라." [여든 번째의 일을 마친다.]

세존께서는 왕사성에 머무르셨다.

그때 조달을 돕던 비구니가 혼자서 육군비구와 함께 노지에서 함께 서 있으면서 함께 말하였다. 이 가운데에 비구니가 있어 욕망이 적고 만족함을 알았으며 두타를 행하였는데, 이러한 일을 듣고 마음이 즐겁지 않아서 여러 종류로 꾸짖어 말하였다.

"어찌 비구니라고 이름하면서 혼자서 한 비구와 노지에 함께 서 있으면서 함께 말을 하는가?"

여러 종류의 인연으로 꾸짖고서 세존을 향하여 자세히 말하였다. 세존께서는 이 일로써 2부의 승가를 모으셨으며, 아시면서도 일부러 조달을 돕던 비구니에게 물으셨다.

"그대가 진실로 이러한 일을 지었는가?"

대답하여 말하였다.

"진실로 지었습니다. 세존이시여."

세존께서는 여러 종류의 인연으로 꾸짖으셨다.

"어찌 비구니라고 이름하면서 혼자서 한 비구와 노지에 함께 서 있으면서 함께 말을 하였는가?"

세존께서는 여러 종류의 인연으로 꾸짖으셨으며, 여러 비구들에게 말씀하셨다.

"열 가지의 이익을 까닭으로써 비구니에게 계율을 제정하여 주겠나니, 지금부터 이 계율을 마땅히 이와 같이 설할지니라. 만약 비구니가 혼자서 한 비구와 노지에 함께 서 있으면서 함께 말을 한다면 바야제이니라.

'혼자'는 한 사람의 비구니와 한 사람의 비구 외에 다시 제3자가 없는 것이다.

'노지'는 벽으로 가려지지 않았거나, 옷으로 가려지지 않았거나, 울타리로 가려지지 않은 곳이다.

'함께 서 있다.'는 의심할 수 있는 곳이다.

'함께 말하다.'는 의심할 수 있는 곳이다.

'바야제'는 소자와 복장이니, 만약 허물을 참회하지 않는다면 능히 도를 장애한다.

이 가운데에서 범한 것은 만약 비구니가 혼자서 한 사람의 비구와 노지에 함께 있으면서 함께 말한다면 바야제이고, 함께 있으면서 함께 말하는 것을 따라서 그것과 같게 바야제를 얻느니라." [여든한 번째의

일을 마친다.]

세존께서는 왕사성에 머무르셨다.

그때 조달을 돕던 비구니가 혼자서 한 백의의 남자와 함께 가려진 곳에서 함께 서 있으면서 함께 말하였다. 이 가운데에 비구니가 있어 욕망이 적고 만족함을 알았으며 두타를 행하였는데, 이러한 일을 듣고 마음이 즐겁지 않아서 여러 종류로 꾸짖어 말하였다.

"어찌 비구니라고 이름하면서 혼자서 한 백의의 남자와 가려진 곳에 함께 서 있으면서 함께 말을 하는가?"

여러 종류의 인연으로 꾸짖고서 세존을 향하여 자세히 말하였다. 세존께서는 이 일로써 2부의 승가를 모으셨으며, 아시면서도 일부러 조달을 돕던 비구니에게 물으셨다.

"그대가 진실로 이러한 일을 지었는가?"

대답하여 말하였다.

"진실로 지었습니다. 세존이시여."

세존께서는 여러 종류의 인연으로 꾸짖으셨다.

"어찌 비구니라고 이름하면서 혼자서 한 백의의 남자와 가려진 곳에 함께 서 있으면서 함께 말을 하였는가?"

세존께서는 여러 종류의 인연으로 꾸짖으셨으며, 여러 비구들에게 말씀하셨다.

"열 가지의 이익을 까닭으로써 비구니에게 계율을 제정하여 주겠나니, 지금부터 이 계율을 마땅히 이와 같이 설할지니라. 만약 비구니가 혼자서 한 백의의 남자와 가려진 곳에 함께 있으면서 함께 말을 한다면 바야제이니라.

'혼자'는 한 사람의 비구니와 한 사람의 비구 외에 다시 제3자가 없는 것이다.

'가려진 곳'은 만약 벽으로 가려졌거나, 만약 옷으로 가려졌거나, 울타리로 가려진 곳이다.

'함께 서 있다.'는 의심할 수 있는 곳이다.

'함께 말하다.'는 의심할 수 있는 곳이다.

'바야제'는 소자와 복장이니, 만약 허물을 참회하지 않는다면 능히 도를 장애한다.

이 가운데에서 범한 것은 만약 비구니가 혼자서 한 백의의 남자와 가려진 곳에 함께 있으면서 함께 말한다면 바야제이고, 함께 서 있으면서 함께 말하는 것을 따라서 그것과 같게 바야제를 얻느니라." [여든두 번째의 일을 마친다.]

세존께서는 왕사성에 머무르셨다.

이때 조달을 돕던 비구니가 혼자서 한 백의의 남자와 함께 노지에서 함께 서 있으면서 함께 말하였다. 여러 거사들이 꾸짖어 말하였다.

"이것 등을 보건대 이렇게 아내로 삼았고, 이렇게 사통(私通)하는구나."

이 가운데에 비구니가 있어 욕망이 적고 만족함을 알았으며 두타를 행하였는데, 이러한 일을 듣고 마음이 즐겁지 않아서 여러 종류로 꾸짖어 말하였다.

"어찌 비구니라고 이름하면서 혼자서 한 백의의 남자와 노지에 함께 서 있으면서 함께 말을 하는가?"

여러 종류의 인연으로 꾸짖고서 세존을 향하여 자세히 말하였다. 세존께서는 이 일로써 2부의 승가를 모으셨으며, 아시면서도 일부러 조달을 돕던 비구니에게 물으셨다.

"그대가 진실로 이러한 일을 지었는가?"

대답하여 말하였다.

"진실로 지었습니다. 세존이시여."

세존께서는 여러 종류의 인연으로 꾸짖으셨다.

"어찌 비구니라고 이름하면서 혼자서 한 비구와 노지에 함께 서 있으면서 함께 말을 하였는가?"

세존께서는 여러 종류의 인연으로 꾸짖으셨으며, 여러 비구들에게

말씀하셨다.

"열 가지의 이익을 까닭으로써 비구니에게 계율을 제정하여 주겠나니, 지금부터 이 계율을 마땅히 이와 같이 설할지니라. 만약 비구니가 혼자서 한 비구와 노지에 함께 있으면서 함께 말을 한다면 바야제이니라.

'혼자'는 한 사람의 비구니와 한 사람의 비구 외에 다시 제3자가 없는 것이다.

'노지'는 벽으로 가려지지 않았거나, 옷으로 가려지지 않았거나, 울타리로 가려지지 않은 곳이다.

'함께 서 있다.'는 의심할 수 있는 곳이다.

'함께 말하다.'는 의심할 수 있는 곳이다.

'바야제'는 소자와 복장이니, 만약 허물을 참회하지 않는다면 능히 도를 장애한다.

이 가운데에서 범한 것은 만약 비구니가 혼자서 한 사람의 백의의 남자와 노지에 함께 서 있으면서 함께 말한다면 바야제이고, 함께 있으면서 함께 말하는 것을 따라서 그것과 같게 바야제를 얻느니라." [여든세 번째 일을 마친다.]

세존께서는 사위국에 머무르셨다.

그때 왕원(王園)의 비구니 승방에 외부의 일꾼이 있었는데, 날이 저물고 비가 내렸던 까닭으로 조달을 돕던 비구니의 방으로 들어갔다. 이때 조달을 돕던 비구니에게 큰 식차마니가 있었는데, 이 일꾼이 먼저 기별도 주지 않고 밤중에 그 식차마니를 어루만지고 주물렀다. 식차마니가 크게 소리쳤으므로 여러 비구니들이 모였고 물어 말하였다.

"무슨 까닭인가?"

식차마니가 말하였다.

"불을 밝히십시오."

물어 말하였다.

"무슨 까닭인가?"

"다만 와서 불을 밝히십시오."

곧 와서 불을 밝혔고 비구니가 어둠 속에서 남자와 함께 앉아 있는 것을 보았다. 이 가운데에 비구니가 있어 욕망이 적고 만족함을 알았으며 두타를 행하였는데, 이러한 일을 듣고 마음이 즐겁지 않아서 여러 종류로 꾸짖어 말하였다.

"어찌 비구니라고 이름하면서 어둠 속에서 등불도 없이 남자와 함께 앉아 있는가?"

여러 종류의 인연으로 꾸짖고서 세존을 향하여 자세히 말하였다. 세존께서는 이 일로써 2부의 승가를 모으셨으며, 아시면서도 일부러 조달을 돕던 비구니에게 물으셨다.

"그대가 진실로 이러한 일을 지었는가?"

대답하여 말하였다.

"진실로 지었습니다. 세존이시여."

세존께서는 여러 종류의 인연으로 꾸짖으셨다.

"어찌 비구니라고 이름하면서 어둠 속에서 등불도 없이 남자와 함께 앉아 있었는가?"

세존께서는 여러 종류의 인연으로 꾸짖으셨으며, 여러 비구들에게 말씀하셨다.

"열 가지의 이익을 까닭으로써 비구니에게 계율을 제정하여 주겠나니, 지금부터 이 계율을 마땅히 이와 같이 설할지니라. 만약 비구니가 어둠 속에서 등불도 없이 남자와 함께 앉아 있다면 바야제이니라.

'바야제'는 소자와 복장이니, 만약 허물을 참회하지 않는다면 능히 도를 장애한다.

이 가운데에서 범한 것은 만약 비구니가 어둠 속에서 등불도 없이 남자와 함께 서 있거나, 함께 앉아 있다면 바야제이고, 함께 서 있거나, 함께 앉아 있는 것을 따라서 그것과 같게 바야제를 얻느니라." [여든네 번째의 일을 마친다.]

세존께서는 사위국에 머무르셨다.

그때 투란난타 비구니가 수교(樹膠)로[1] 남근을 지었고 발뒤꿈치에 매달고는 뒤쪽을 여근의 가운데에 집어넣었다. 그때 불이 일어나서 비구니들의 방사를 태웠으므로 투란난타 비구니는 잊어버리고 남근을 풀지 않고서 곧 방사 바깥으로 달려가서 여러 거사들에게 말하였다.

"이곳에 불이 일어났으니 물로써 꺼주세요."

한 상인이 있어 투란난타 비구니에게 이와 같은 일이 있는 것을 보았으므로 다른 사람들에게 말하였다.

"그대들은 이 비구니를 보십시오. 이와 같은 좋은 장엄구가 있습니다."

이 가운데에 비구니가 있어 욕망이 적고 만족함을 알았으며 두타를 행하였는데, 이러한 일을 듣고 마음이 즐겁지 않아서 여러 종류의 인연으로 꾸짖고서 세존을 향하여 자세히 말하였다. 세존께서는 이 일로써 2부의 승가를 모으셨으며, 아시면서도 일부러 물으셨다.

"그대가 진실로 이러한 일을 지었는가?"

대답하여 말하였다.

"진실로 지었습니다. 세존이시여."

세존께서는 여러 종류의 인연으로 꾸짖으셨다.

"어찌 비구니라고 이름하면서 남근을 지어서 여근의 가운데에 집어넣었는가?"

세존께서는 여러 종류의 인연으로 꾸짖으셨으며, 여러 비구들에게 말씀하셨다.

"열 가지의 이익을 까닭으로써 비구니에게 계율을 제정하여 주겠나니, 지금부터 이 계율을 마땅히 이와 같이 설할지니라. 만약 비구니가 남근을 지어서 여근의 가운데에 집어넣는다면 바야제이니라.

'바야제'는 소자와 복장이니, 만약 허물을 참회하지 않는다면 능히 도를 장애한다.

---

1) 나무의 끊은 자리나 껍질에서 나오는 아교(阿膠) 같은 진액을 가리킨다.

이 가운데에서 범한 것은 만약 비구니가 수교로 남근을 지어서 여근의 가운데에 집어넣는다면 바야제이다. 만약 가죽 주머니이거나, 만약 발가락이거나, 만약 고기 덩어리이거나, 만약 연근(藕根)이거나, 무우(藕)의 뿌리이거나, 무청(蕪菁)[2]의 뿌리이거나, 만약 오이(瓜)이거나, 만약 박(瓠)이거나, 배(梨)를 여근의 가운데에 집어넣어도 모두 바야제이니라. 짓는 때에는 돌길라이고, 만약 다른 비구니 여근의 가운데에 집어넣었다면 돌길라이니라." [여든다섯 번째의 일을 마친다.]

세존께서는 사위국에 머무르셨다.

그때 투란난타 비구니가 악한 성품으로 여러 선한 비구니들에게 성내는 것을 즐겼으므로, 여러 선한 비구니들이 함께 머무는 것을 좋아하지 않았다. 한 명의 지혜가 없는 비구니를 속여서 말하였다.

"그대는 와서 나와 함께 머무르십시오. 여러 필요한 물건들을 내가 마땅히 그대에게 주겠습니다."

이 비구니가 대답하여 말하였다.

"그렇게 하겠습니다."

투란난타 비구니는 다른 사람의 집을 출입하는 것을 즐겼으므로 지식이 많았다. 하늘에서 비가 쏟아지는 때에도 아침 일찍부터 다른 집에 이르렀고, 이 집에서 다시 저 집에 이르렀으며, 해지는 때에 이르면 옷이 모두 젖었으므로 아리라조(阿羅羅鳥)와 같이 방사로 들어와서 이렇게 말을 지었다.

"나는 발도 아프고 다리도 아프며 옆구리도 아프고 등도 아픕니다."

지혜가 없는 비구니가 말하였다.

"그대는 어디를 다녀왔습니까?"

대답하여 말하였다.

"나는 누구 집에서 나왔고 다시 누구 집에 이르렀습니다."

---

2) 십자화과의 한해살이 또는 두해살이 채소로 순무우를 가리킨다.

말하였다.

"그대는 불사를 위하였습니까? 승사를 위하였습니까?"

대답하여 말하였다.

"그렇지는 않습니다."

"만약 불사나 승사를 위한 것이 아니라면 무슨 까닭으로 빗속에 돌아다닙니까? 여러 백의들이 일이 많더라도 오히려 빗속에는 밖으로 나가지 않습니다. 빗속에 돌아다녔으므로 그대는 선하지 않습니다."

투란난타 비구니가 말하였다.

"그대가 나의 화상이나 아사리인가? 무슨 까닭으로 나를 가르치는가? 내가 이전에 그대를 불렀던 때에 그대에게 나를 가르치라고 시켰는가? 그대는 멀리 떠나가라."

이 비구니는 늙고 병들어 힘이 없었고, 투란난타 비구니가 강제로 끌어냈으므로 거의 죽음에 이르렀다.

이 가운데에 비구니가 있어 욕망이 적고 만족함을 알았으며 두타를 행하였는데, 이러한 일을 듣고 마음이 즐겁지 않아서 여러 종류로 꾸짖어 말하였다.

"어찌 비구니라고 이름하면서 스스로가 다른 비구니를 불러서 '선여인이여. 그대가 와서 나와 함께 머문다면 여러 필요한 물건들을 내가 마땅히 그대에게 주겠습니다.'라고 말하고서 뒤에 성내면서 끌어내어 내쫓는가?"

여러 종류의 인연으로 꾸짖고서 세존을 향하여 자세히 말하였다. 세존께서는 이 일로써 2부의 승가를 모으셨으며, 아시면서도 일부러 투란난타 비구니에게 물으셨다.

"그대가 진실로 이러한 일을 지었는가?"

대답하여 말하였다.

"진실로 지었습니다. 세존이시여."

세존께서는 여러 종류의 인연으로 꾸짖으셨다.

"어찌 비구니라고 이름하면서 스스로가 다른 비구니를 불러서 '선여인이여. 그대가 와서 나와 함께 머문다면 여러 필요한 물건들을 내가 마땅히 그대에게 주겠습니다.'라고 말하고서 뒤에 성내면서 끌어내어 내쫓았는가?"

세존께서는 여러 종류의 인연으로 꾸짖으셨으며, 여러 비구들에게 말씀하셨다.

"열 가지의 이익을 까닭으로써 비구니에게 계율을 제정하여 주겠나니, 지금부터 이 계율을 마땅히 이와 같이 설할지니라. 만약 비구니가 다른 비구에게 '선여인이여. 와서 나의 방안에 함께 머무십시오.'라고 말하고서 뒤에 성내고 싫어하면서 만약 스스로가 끌어내어 내쫓거나, 만약 사람을 시켜 끌어내어 내쫓으면서 '그대는 멀리 떠나갈 것이고, 이곳에 머물지 말라.'고 말했거나, 이러한 인연과 차이가 없다면 바야제죄이니라.

'바야제'는 소자와 복장이니, 만약 허물을 참회하지 않는다면 능히 도를 장애한다.

이 가운데에서 범한 것은 만약 비구니가 성내고 싫어하면서 만약 스스로 끌어내거나, 만약 사람을 시켜서 끌어낸다면 모두 바일제이고, 능히 끌어내어 내쫓지 못하였다면 돌길라이니라. 만약 스스로 끌어내어 내쫓았거나 사람을 시켜 끌어내어 내쫓은 것을 따라서 그것과 같게 바야제를 얻느니라. 능히 내쫓지 못하였다면 돌길라이니라." [여든여섯 번째의 일을 마친다.]

세존께서는 왕사성에 머무르셨다.

그때 조달을 돕던 두 비구니가 함께 하나의 평상에 누워서 여러 종류의 청정하지 않은 일을 지었다. 이 가운데에 비구니가 있어 욕망이 적고 만족함을 알았으며 두타를 행하였는데, 이러한 일을 듣고 마음이 즐겁지 않아서 여러 종류로 꾸짖어 말하였다.

"어찌 비구니라고 이름하면서 두 사람이 함께 하나의 평상에 누워서 여러 종류의 청정하지 않은 일을 짓는가?"

여러 종류의 인연으로 꾸짖고서 세존을 향하여 자세히 말하였다. 세존께서는 이 일로써 2부의 승가를 모으셨으며, 아시면서도 일부러 조달을 돕던 비구니에게 물으셨다.

"그대들이 진실로 이러한 일을 지었는가?"

대답하여 말하였다.

"진실로 지었습니다. 세존이시여."

세존께서는 여러 종류의 인연으로 꾸짖으셨다.

"어찌 비구니라고 이름하면서 두 사람이 함께 하나의 평상에 누워서 여러 종류의 청정하지 않은 일을 지었는가?"

세존께서는 여러 종류의 인연으로 꾸짖으셨으며, 여러 비구들에게 말씀하셨다.

"열 가지의 이익을 까닭으로써 비구니에게 계율을 제정하여 주겠나니, 지금부터 이 계율을 마땅히 이와 같이 설할지니라. 만약 두 비구니가 함께 하나의 평상에 눕는다면 바야제죄이니라.

'바야제'는 소자와 복장이니, 만약 허물을 참회하지 않는다면 능히 도를 장애한다.

이 가운데에서 범한 것은 만약 두 비구니가 함께 하나의 평상에 눕는다면 바일제이고, 함께 눕는 것을 따라서 그것과 같게 바야제를 얻느니라. 범하지 않는 것은 만약 한 사람은 눕고 한 사람은 앉았다면 범한 것은 아니다." [여든일곱 번째의 일을 마친다.]

세존께서는 왕사성에 머무르셨다.

그때 조달을 돕던 두 비구니가 함께 하나의 부구에 누워서 여러 종류의 청정하지 않은 일을 지었다. 이 가운데에 비구니가 있어 욕망이 적고 만족함을 알았으며 두타를 행하였는데, 이러한 일을 듣고 마음이 즐겁지 않아서 여러 종류로 꾸짖어 말하였다.

"어찌 비구니라고 이름하면서 함께 하나의 부구에 눕는가?"

여러 종류의 인연으로 꾸짖고서 세존을 향하여 자세히 말하였다. 세존께서는 이 일로써 2부의 승가를 모으셨으며, 아시면서도 일부러 조달을 돕던 비구니에게 물으셨다.

"그대들이 진실로 이러한 일을 지었는가?"

대답하여 말하였다.

"진실로 지었습니다. 세존이시여."

세존께서는 여러 종류의 인연으로 꾸짖으셨다.

"어찌 비구니라고 이름하면서 함께 하나의 부구에 누웠는가?"

세존께서는 여러 종류의 인연으로 꾸짖으셨으며, 여러 비구들에게 말씀하셨다.

"열 가지의 이익을 까닭으로써 비구니에게 계율을 제정하여 주겠나니, 지금부터 이 계율을 마땅히 이와 같이 설할지니라. 만약 두 비구니가 함께 하나의 부구에 눕는다면 바야제죄이니라.

'바야제'는 소자와 복장이니, 만약 허물을 참회하지 않는다면 능히 도를 장애한다.

이 가운데에서 범한 것은 만약 두 비구니가 함께 하나의 부구에 눕는다면 바일제이고, 함께 눕는 것을 따라서 그것과 같게 바야제를 얻느니라. 범하지 않는 것은 만약 별도의 요(褥)가 있었다면 범한 것은 아니다."

[여든여덟 번째의 일을 마친다.]

세존께서는 왕사성에 머무르셨다.

그때 조달을 돕던 두 비구니가 함께 하나의 옷을 덮고 누워서 여러 종류의 청정하지 않은 일을 지었다. 이 가운데에 비구니가 있어 욕망이 적고 만족함을 알았으며 두타를 행하였는데, 이러한 일을 듣고 마음이 즐겁지 않아서 여러 종류로 꾸짖어 말하였다.

"어찌 비구니라고 이름하면서 두 사람이 함께 하나의 옷을 덮고 눕는가?"

여러 종류의 인연으로 꾸짖고서 세존을 향하여 자세히 말하였다. 세존께서는 이 일로써 2부의 승가를 모으셨으며, 아시면서도 일부러 조달을 돕던 비구니에게 물으셨다.

"그대들이 진실로 이러한 일을 지었는가?"

대답하여 말하였다.

"진실로 지었습니다. 세존이시여."

세존께서는 여러 종류의 인연으로 꾸짖으셨다.

"어찌 비구니라고 이름하면서 함께 하나의 옷을 덮고 누웠는가?"

세존께서는 여러 종류의 인연으로 꾸짖으셨으며, 여러 비구들에게 말씀하셨다.

"열 가지의 이익을 까닭으로써 비구니에게 계율을 제정하여 주겠나니, 지금부터 이 계율을 마땅히 이와 같이 설할지니라. 만약 두 비구니가 함께 하나의 옷을 덮고서 눕는다면 바야제죄이니라.

'바야제'는 소자와 복장이니, 만약 허물을 참회하지 않는다면 능히 도를 장애한다.

이 가운데에서 범한 것은 만약 두 비구니가 함께 하나의 옷을 덮고서 눕는다면 바일제이고, 함께 눕는 것을 따라서 그것과 같게 바야제를 얻느니라. 범하지 않는 것은 만약 별도로 몸에 속옷을 입었다면 범한 것은 아니다." [여든아홉 번째 일을 마친다.]

세존께서는 왕사성에 머무르셨다.

그때 조달을 돕던 비구니가 단월의 집에 들어가서 혼자 육군비구와 함께 서 있으며 함께 비밀스러운 말을 하였으며, 함께 다니던 비구니를 떠나보냈다. 이 가운데에 비구니가 있어 욕망이 적고 만족함을 알았으며 두타를 행하였는데, 이러한 일을 듣고 마음이 즐겁지 않아서 여러 종류로 꾸짖어 말하였다.

"어찌 비구니라고 이름하면서 단월의 집에 들어가서 혼자 한 비구와 함께 서 있고, 함께 비밀스러운 말을 하면서 함께 다니던 비구니를 떠나보내는가?"

여러 종류의 인연으로 꾸짖고서 세존을 향하여 자세히 말하였다. 세존께서는 이 일로써 2부의 승가를 모으셨으며, 아시면서도 일부러 조달을 돕던 비구니에게 물으셨다.

"그대가 진실로 이러한 일을 지었는가?"

대답하여 말하였다.

"진실로 지었습니다. 세존이시여."

세존께서는 여러 종류의 인연으로 꾸짖으셨다.

"어찌 비구니라고 이름하면서 단월의 집에 들어가고, 혼자서 한 비구와 함께 서 있고, 함께 비밀스러운 말을 하면서 함께 다니던 비구니를 떠나보냈는가?"

세존께서는 여러 종류의 인연으로 꾸짖으셨으며, 여러 비구들에게 말씀하셨다.

"열 가지의 이익을 까닭으로써 비구니에게 계율을 제정하여 주겠나니, 지금부터 이 계율을 마땅히 이와 같이 설할지니라. 만약 비구니가 백의의 집에 들어가서 혼자서 한 비구와 함께 서 있으며 함께 비밀스러운 말을 하면서 함께 다니던 비구니를 떠나보냈다면, 은밀(閑便)함을 구하였던 까닭으로 바야제이니라.

'바야제'는 소자와 복장이니, 만약 허물을 참회하지 않는다면 능히 도를 장애한다.

이 가운데에서 범한 것은 만약 비구니가 백의의 집에 들어가서 혼자 한 비구와 함께 서 있다면 돌길라이고, 함께 말하여도 돌길라이며, 함께 은밀하게 말하여도 돌길라이니라. 은밀함을 구하였던 까닭으로 함께 다니던 비구니를 말이 들리지 않는 곳으로 떠나보냈다면 바일제이니라. 말이 들리는 곳이라면 돌길라이니라." [아흔 번째의 일을 마친다.]

세존께서는 왕사성에 머무르셨다.

그때 조달을 돕던 비구니가 백의의 집에 들어가서 혼자 한 백의의 남자와 함께 서 있으며 함께 비밀스러운 말을 하였고, 함께 다니던 비구니를 떠나보냈다. 이 가운데에 비구니가 있어 욕망이 적고 만족함을 알았으며 두타를 행하였는데, 이러한 일을 듣고 마음이 즐겁지 않아서 여러 종류로 꾸짖어 말하였다.

"어찌 비구니라고 이름하면서 백의의 집에 들어가서 혼자 한 백의의 남자와 함께 서 있고, 함께 비밀스러운 말을 하면서 함께 다니던 비구니를 떠나보내는가?"

여러 종류의 인연으로 꾸짖고서 세존을 향하여 자세히 말하였다. 세존께서는 이 일로써 2부의 승가를 모으셨으며, 아시면서도 일부러 조달을 돕던 비구니에게 물으셨다.

"그대가 진실로 이러한 일을 지었는가?"

대답하여 말하였다.

"진실로 지었습니다. 세존이시여."

세존께서는 여러 종류의 인연으로 꾸짖으셨다.

"어찌 비구니라고 이름하면서 백의의 집에 들어가서 혼자 한 백의의 남자와 함께 서 있고, 함께 비밀스러운 말을 하면서 함께 다니던 비구니를 떠나보냈는가?"

세존께서는 여러 종류의 인연으로 꾸짖으셨으며, 여러 비구들에게 말씀하셨다.

"열 가지의 이익을 까닭으로써 비구니에게 계율을 제정하여 주겠나니, 지금부터 이 계율을 마땅히 이와 같이 설할지니라. 만약 비구니가 백의의 집에 들어가서 혼자 한 백의의 남자와 함께 서 있고, 함께 비밀스러운 말을 하면서 함께 다니던 비구니를 떠나보냈다면, 은밀함을 구하였던 까닭으로 바야제이니라.

'바야제'는 소자와 복장이니, 만약 허물을 참회하지 않는다면 능히 도를 장애한다.

이 가운데에서 범한 것은 만약 비구니가 백의의 집에 들어가서 혼자 한 백의의 남자와 함께 서 있다면 돌길라이고, 함께 말하여도 돌길라이며, 함께 은밀하게 말하여도 돌길라이니라. 은밀함을 구하였던 까닭으로 함께 다니던 비구니를 말이 들리지 않는 곳으로 떠나보냈다면 바일제이니라. 말이 들리는 곳이라면 돌길라이니라." [아흔한 번째의 일을 마친다.]

세존께서는 사위국에 머무르셨다.

그때 가라(迦羅) 비구니는 본래 외도였으며, 여러 비구니와 함께 다투면서 서로가 성내었는데, 스스로 몸을 때리면서 울부짖었다. 이 가운데에 비구니가 있어 욕망이 적고 만족함을 알았으며 두타를 행하였는데, 이러한 일을 듣고 마음이 즐겁지 않아서 여러 종류로 꾸짖어 말하였다.

"어찌 비구니라고 이름하면서 비구니와 함께 다투면서 서로가 성내었다고 스스로 몸을 때리면서 울부짖는가?"

여러 종류의 인연으로 꾸짖고서 세존을 향하여 자세히 말하였다. 세존께서는 이 일로써 2부의 승가를 모으셨으며, 아시면서도 일부러 가라 비구니에게 물으셨다.

"그대가 진실로 이러한 일을 지었는가?"

대답하여 말하였다.

"진실로 지었습니다. 세존이시여."

세존께서는 여러 종류의 인연으로 꾸짖으셨다.

"어찌 비구니라고 이름하면서 비구니와 함께 다투면서 서로가 성내었다고 스스로 몸을 때리면서 울부짖는가?"

세존께서는 여러 종류의 인연으로 꾸짖으셨으며, 여러 비구들에게 말씀하셨다.

"열 가지의 이익을 까닭으로써 비구니에게 계율을 제정하여 주겠나니, 지금부터 이 계율을 마땅히 이와 같이 설할지니라. 만약 비구니가 다른 비구니와 투쟁하면서 서로가 성내었다고 스스로가 몸을 때리면서 울부짖는다면 바야제이니라.

'바야제'는 소자와 복장이니, 만약 허물을 참회하지 않는다면 능히 도를 장애한다.

이 가운데에서 범한 것은 만약 비구니가 다른 비구니와 다투면서 서로가 성내었다고 스스로 몸을 때리면서 울부짖는다면 바야제이니라. 만약 스스로 몸을 때렸으나 울부짖지 않았다면 돌길라를 얻고, 몸을 때리면서 울부짖을 것을 따라서 그것과 같게 바야제를 얻느니라." [아흔두 번째의 일을 마친다.]

세존께서는 사위국에 머무르셨다.

그때 가라(迦羅) 비구니는 본래 외도였으며, 여러 비구니와 함께 다투는 때에 스스로가 법주(法呪)를 짓거나, 니리주(泥犂呪)를 지었다.

"만약 그대들이 나의 이러한 일을 비방한다면 그대들이 4념처(念處)·4정근(正勤)·4여의족(如意足)·5근(根)·5력(力)·7각지(覺支)·8정도(正道)를 얻지 못하게 할 것이고, 그대들을 세세(世世)에 지옥·축생·아귀의 3악도에 떨어지게 하겠다. 만약 내가 이러한 일이 있다면 내가 4염처·4정근·4여의족·5근·5력·7각지·8정도를 얻지 못할 것이고, 마땅히 세세에 지옥·축생·아귀의 3악도에 떨어질 것이다."

이 가운데에 비구니가 있어 욕망이 적고 만족함을 알았으며 두타를 행하였는데, 이러한 일을 듣고 마음이 즐겁지 않아서 여러 종류로 꾸짖어 말하였다.

"어찌 비구니라고 이름하면서 비구니와 함께 투쟁하는 때에 법주이거나, 니리주를 짓는가?"

여러 종류의 인연으로 꾸짖고서 세존을 향하여 자세히 말하였다. 세존께서는 이 일로써 2부의 승가를 모으셨으며, 아시면서도 일부러 가라 비구니에게 물으셨다.

"그대가 진실로 이러한 일을 지었는가?"

대답하여 말하였다.

"진실로 지었습니다. 세존이시여."

세존께서는 여러 종류의 인연으로 꾸짖으셨다.

"어찌 비구니라고 이름하면서 비구니와 함께 투쟁하는 때에 법주이거나, 니리주를 지었는가?"

세존께서는 여러 종류의 인연으로 꾸짖으셨으며, 여러 비구들에게 말씀하셨다.

"열 가지의 이익을 까닭으로써 비구니에게 계율을 제정하여 주겠나니, 지금부터 이 계율을 마땅히 이와 같이 설할지니라. 만약 비구니가 다른 비구니와 함께 투쟁하는 때에 법주이거나, 니리주를 짓는다면 바야제이니라.

'바야제'는 소자와 복장이니, 만약 허물을 참회하지 않는다면 능히 도를 장애한다.

이 가운데에서 범한 것은 만약 비구니가 다른 비구니와 투쟁하는 때에 법주이거나, 니리주를 지어서 '그대가 이러한 일로 나를 비방한다면 그대에게 4염처를 얻지 못하게 하겠다.'라고 말한다면 바야제이니라. '4정근·4여의족·5근·5력·7각지·8정도를 성취하지 못하게 하겠다.'라고 말하여도 모두 바야제이니라. 만약 '그대를 세세에 지옥으로 떨어트리겠다.'라고 말하여도 모두 바야제이고, '축생이나 아귀에 로 떨어트리겠다.'라고 말하여도 모두 바야제이니라. 만약 '내가 이러한 일이 있다면 나는 4염처·4정근·4여의족·5근·5력·7각지·8정도를 성취하지 못할 것이다.'라고 말하여도 바야제이고, 만약 '나는 세세에 지옥·축생·아귀의 3악도에 떨어질 것이다.'라고 말하여도 바야제이며, 이렇게 말하는 것을 따라서 그것과 같게 바야제를 얻느니라." [아흔세 번째의 일을 마친다.]

세존께서는 사위국에 머무르셨다.

그때 투란난타 비구니에게 공행 제자가 있었고, 시월사(施越沙)라고 이름하였으며, 선하고 기꺼이 지계를 즐겼으나 스승의 가르침을 잘 잊어버렸다. 물건을 놓아두라고 시키는 때에 다른 곳에 놓아두고 다른 곳에서 찾았으므로 이 물건이 필요할 때에 찾아도 능히 얻을 수 없었다. 또한 때에 투란난타 비구니가 취락에서 돌아왔으므로 제자인 시월사가 나아가 맞이하였고 옷과 발우를 대신 받고자 하였으나, 곧 몸을 뿌리치고 건네주지 않았다. 시월사 비구니는 곧 성내면서 여러 비구니에게 말하였다.

"제가 훔치는 것도 아닌데 화상 비구니가 저를 믿지 않습니다."

여러 비구니가 말하였다.

"어찌 믿지 않는다고 말하는가?"

"스승께서 외출하셨다가 돌아왔으므로 제가 길까지 맞이하여 대신 발우를 받고자 하였으나 몸을 뿌리치고 건네주지 않았고, 제가 옷을 받고자 하였어도 역시 몸을 뿌리치며 건네주지 않았습니다."

여러 비구니들이 투란난타 비구에게 가서 말하였다.

"그대의 제자는 선하고 지계를 좋아하는데, 무슨 까닭으로 믿지 않습니까?"

대답하여 말하였다.

"내가 무엇을 믿지 않았습니까?"

여러 비구니들이 말하였다.

"그대의 제자가 그대를 대신하여 발우를 들어주고자 하였는데, 그대는 몸을 뿌리치고 주지 않았고, 대를 대신하여 옷을 받아주고자 하였어도 몸을 뿌리치고 주지 않았습니다."

투란난타 비구니가 말하였다.

"내가 믿지 못하는 것이 아닙니다. 이 사람이 잘 잊어버려서 물건을 다른 곳에 놓아두고 나머지의 곳에서 찾습니다. 만약 물건이 필요할 때에 찾아도 능히 얻을 수 없습니다. 이러한 까닭으로 주지 않았습니다."

이 가운데에 비구니가 있어 욕망이 적고 만족함을 알았으며 두타를 행하였는데, 이러한 일을 듣고 마음이 즐겁지 않아서 여러 종류로 꾸짖어 말하였다.

"어찌 비구니라고 이름하면서 물건을 자세히 살펴서 찾지도 않고 곧 다른 사람을 원망하는가?"

여러 종류의 인연으로 꾸짖고서 세존을 향하여 자세히 말하였다. 세존께서는 이 일로써 2부의 승가를 모으셨으며, 아시면서도 일부러 시월사 비구니에게 물으셨다.

"그대가 진실로 이러한 일을 지었는가?"

대답하여 말하였다.

"진실로 지었습니다. 세존이시여."

세존께서는 여러 종류의 인연으로 꾸짖으셨다.

"어찌 비구니라고 이름하면서 물건을 자세히 살펴서 찾지도 않고 곧 다른 사람을 원망하는가?"

세존께서는 여러 종류의 인연으로 꾸짖으셨으며, 여러 비구들에게 말씀하셨다.

"열 가지의 이익을 까닭으로써 비구니에게 계율을 제정하여 주겠나니, 지금부터 이 계율을 마땅히 이와 같이 설할지니라. 만약 비구니가 물건을 자세히 살펴서 찾지도 않고서 곧 다른 사람을 원망한다면 바야제이니라.

'바야제'는 소자와 복장이니, 만약 허물을 참회하지 않는다면 능히 도를 장애한다.

이 가운데에서 범한 것은 만약 비구니가 물건을 자세히 살펴서 찾지도 않고서 곧 다른 사람을 원망한다면 바야제이고, 원망하는 것을 따라서 그것과 같게 바야제를 얻느니라." [아흔네 번째 일을 마친다.]

세존께서는 왕사성에 머무르셨다.

여러 비구 승가와 왕사성에서 안거하셨는데, 사리불(舍利弗)·목련(目蓮)·아나율(阿那律)·난제(難提)·금비라(金毘羅) 등이었다. 이 여러 대제자들도 모두 세존과 함께 안거하였다. 이때 여러 비구니들이 여름의 중간에 유행하였는데 다른 나라에 이르렀고, 다니는 때에 여러 살아있는 풀과 작은 벌레들을 밟아 죽였다. 여러 거사들이 성내면서 꾸짖어 말하였다.

"세존께서도 대중인 사리불·목련·아나율·난제·금비라 등과 함께 왕사성에서 안거하시는데, 이 여러 비구니들은 선량하고 공덕이 있다고 스스로가 말하면서 여름의 중간에 여러 나라를 유행하여 여러 살아있는 풀과 작은 벌레들을 밟아 죽이는구나."

이 가운데에 비구니가 있어 욕망이 적고 만족함을 알았으며 두타를 행하였는데, 이러한 일을 듣고 마음이 즐겁지 않아서 여러 종류로 꾸짖어 말하였다.

"어찌 비구니라고 이름하면서 여름의 중간에 여러 나라를 유행하면서 여러 살아있는 풀과 작은 벌레들을 밟아 죽이는가?"

여러 종류의 인연으로 꾸짖고서 세존을 향하여 자세히 말하였다. 세존께서는 이 일로써 2부의 승가를 모으셨으며, 아시면서도 일부러 여러 비구니에게 물으셨다.

"그대들이 진실로 이러한 일을 지었는가?"

대답하여 말하였다.

"진실로 지었습니다. 세존이시여."

세존께서는 여러 종류의 인연으로 꾸짖으셨다.

"어찌 비구니라고 이름하면서 여름의 중간에 여러 나라를 유행하면서 여러 살아있는 풀과 작은 벌레들을 밟아 죽였는가?"

세존께서는 여러 종류의 인연으로 꾸짖으셨으며, 여러 비구들에게 말씀하셨다.

"열 가지의 이익을 까닭으로써 비구니에게 계율을 제정하여 주겠나니, 지금부터 이 계율을 마땅히 이와 같이 설할지니라. 만약 비구니가 여름의 중간에 인연이 없는데, 여러 나라를 유행한다면 바야제이니라.

'바야제'는 소자와 복장이니, 만약 허물을 참회하지 않는다면 능히 도를 장애한다.

이 가운데에서 범한 것은 만약 비구니가 여름의 중간에 인연이 없이 다른 나라를 유행한다면 바야제이고, 유행하는 것을 따라서 그것과 같게 바야제를 얻느니라." [아흔다섯 번째의 일을 마친다.]

세존께서는 왕사성에 머무르셨다.

세존께서는 자자를 마치시고 다른 나라로 2개월을 유행하셨고, 사리불·목련·아나율·난제·금비라 등의 여러 대제자도 모두 세존을 따라서 다른 나라로 유행하였다. 이때 여러 비구니들이 머무르면서 떠나지 않았으므로, 여러 거사들이 성내면서 꾸짖어 말하였다.

"세존께서는 왕사성에서 머무르셨고 자자를 마치고서 다른 나라로 2개월을 유행하시고, 사리불·목련·아나율·난제·금비라 등도 함께 유행하는데, 이 여러 비구니들은 떠나지 않는구나. 선하지 않은 어리석은 소녀들이므로 이 방사를 떠나고자 하지 않는구나."

이 가운데에 비구니가 있어 욕망이 적고 만족함을 알았으며 두타를 행하였는데, 이러한 일을 듣고 마음이 즐겁지 않아서 세존을 향하여 자세히 말하였다. 세존께서는 이 일로써 2부의 승가를 모으셨으며, 아시면서도 일부러 여러 비구니에게 물으셨다.

"그대들이 진실로 이러한 일을 지었는가?"

대답하여 말하였다.

"진실로 지었습니다. 세존이시여."

세존께서는 여러 종류의 인연으로 꾸짖으셨다.

"어찌 비구니라고 이름하면서 자자를 마치고 다른 곳으로 유행하여 하룻밤 이상을 머물지 않았는가?"

세존께서는 여러 종류의 인연으로 꾸짖으셨으며, 여러 비구들에게 말씀하셨다.

"열 가지의 이익을 까닭으로써 비구니에게 계율을 제정하여 주겠나니, 지금부터 이 계율을 마땅히 이와 같이 설할지니라. 만약 비구니가 자자를 마치고 다른 곳으로 유행하여 하룻밤 이상을 머물지 않는다면 바야제이니라.

'바야제'는 소자와 복장이니, 만약 허물을 참회하지 않는다면 능히 도를 장애한다.

이 가운데에서 범한 것은 만약 비구니가 자자를 마치고 다른 곳으로 유행하여 하룻밤 이상 머물지 않는다면 바야제이고 떠나지 않은 것을 따라서 그것과 같게 바야제를 얻느니라." [아흔여섯 번째의 일을 마친다.]

십송율 제45권

후진 북인도 삼장 불야다라·구마라집 한역
석보운 번역

7. 칠송 ④

11) 비구니율 ④

(4) 백칠십팔단바야제법 ②

세존께서는 사위국에 머무르셨다.

그때 교살라국(憍薩羅國)의 국왕(國主)인 파사닉왕(波斯匿王)의 소국(小國)에서 반란이 있었다. 왕은 사병(四兵)인 상병(象兵)·마병(馬兵)·거병(車兵)·보병(步兵) 등을 모았으며, 사병이 모였으므로 왕이 스스로가 토벌하러 갔다. 여러 비구니들은 교살라국에서 사위국을 향하여 유행하면서 도중에 이러한 병사들을 보았다. 이 비구니 대중의 가운데에서 장로가 있어 법을 알았으므로 비구니들에게 말하였다.

"우리가 잠시 피해야겠소."

여러 젊은 비구니들이 말하였다.

"무슨 까닭으로 피해서 갑니까? 파사닉왕은 불법을 믿고 기타(祇陀)왕자·급고독(給孤獨)·니사달다(尼師達多)·부라나(富羅那) 등도 모두 불법을 믿는데 누가 능히 우리를 막겠습니까? 다만 마땅히 곧바로 떠나갑시다."

말하고서 곧바로 떠났는데 앞선 군사들에게 입었던 옷을 빼앗겨서 나형이 되었다. 여러 비구니들이 왕에게 아뢰어 말하였다.

"앞에서 행군하던 군사들이 저희들의 옷을 벗기고 빼앗았습니다."

왕이 말하였다.

"이 병사들은 내가 취락의 금·은·창고 등을 모두 상(賞)으로 공급합니다. 그러므로 나아가 싸우는 것이니, 지금 그대들의 옷을 빼앗았어도 돌려줄 수 없습니다. 지금 나라에 병사들이 있는데, 그대들은 무슨 까닭으로 유행합니까? 만약 세존께서 들으신다면, 반드시 마땅히 그대들에게 계를 제정하시어 주실 것이고, 나라 안에 의심스러운 곳이거나, 위험한 곳은 마땅히 유행하지 못하게 하실 것입니다."

이 가운데에 비구니가 있어 욕망이 적고 만족함을 알았으며 두타를 행하였는데, 이러한 일을 듣고 마음이 즐겁지 않아서 세존을 향하여 자세히 말하였다. 세존께서는 이러한 일로써 2부의 승가를 모으셨으며, 아시면서도 일부러 여러 비구니들에게 물으셨다.

"그대들이 진실로 이러한 일을 지었는가?"

대답하여 말하였다.

"진실로 지었습니다. 세존이시여."

세존께서는 여러 종류의 인연으로 꾸짖어 말씀하셨다.

"어찌 비구니라고 이름하면서 나라 안의 의심스러운 곳이거나, 위험한 곳을 유행하였는가?"

세존께서는 여러 종류의 인연으로 꾸짖으셨으며, 여러 비구들에게 말씀하셨다.

"열 가지의 이익을 까닭으로써 비구니에게 계율을 제정하여 주겠나니, 지금부터 이 계율을 마땅히 이와 같이 설할지니라. 만약 비구니가 나라 안의 의심스러운 곳이거나, 위험한 곳을 유행한다면 바일제이니라.

'바일제'는 소자와 복장이니, 만약 허물을 참회하지 않는다면 능히 도를 장애한다.

이 가운데에서 범한 것은 만약 비구니가 나라 안의 의심스러운 곳이거나, 위험한 곳을 유행한다면 바일제이고, 유행하는 것을 따라서 그것과 같게

바일제를 얻느니라." [아흔일곱 번째의 일을 마친다.]

세존께서는 왕사성에 머무르셨다.

그때 아사세왕(阿闍世王)의 국경의 근처인 소국에서 반란이 있었으므로 사병인 상병·마병·거병·보병 등을 모았다. 사병이 모였으므로 왕 스스로가 토벌하러 갔다. 여러 비구니들이 발기국에서 왕사성을 향하여 유행하면서 도중에 왕의 병사들을 보았다. 이 가운데에 장로 비구니가 있어 법을 알았으므로 멀리서 군사들이 오는 것을 보고 말하였다.

"우리가 피해서 가야겠소."

여러 젊고 법을 모르는 비구니들이 말하였다.

"어찌 고통스럽게 이러합니까? 아사세왕은 불법을 믿고 아바발다(阿婆跋陀) 동자·기바(耆婆) 동자·아로야(阿盧耶) 등도 모두 불법을 믿고 공경하는데, 누가 능히 우리를 막겠습니까? 다만 마땅히 곧바로 떠나갑시다."

말하고서 곧바로 떠났는데 앞선 군사들에게 입었던 옷을 빼앗겨서 나형이 되었다. 여러 비구니들이 왕에게 아뢰어 말하였다.

"앞에서 행군하던 군사들이 저희들의 옷을 벗기고 빼앗았습니다."

왕이 말하였다.

"이 병사들은 내가 취락의 금·은·창고 등을 모두 상으로 공급합니다. 그러므로 나아가 싸우는 것이니, 지금 그대들의 옷을 빼앗았어도 돌려줄 수 없습니다. 지금 나라에 병사들이 있는데, 그대들은 무슨 까닭으로 유행합니까? 만약 세존께서 들으신다면, 반드시 마땅히 그대들에게 계를 제정하시어 주실 것이고, 나라 안에 의심스러운 곳이거나, 위험한 곳은 마땅히 유행하지 못하게 하실 것입니다."

이 가운데에 비구니가 있어 욕망이 적고 만족함을 알았으며 두타를 행하였는데, 이러한 일을 듣고 마음이 즐겁지 않아서 세존을 향하여 자세히 말하였다. 세존께서는 이러한 일로써 2부의 승가를 모으셨으며, 아시면서도 일부러 여러 비구니에게 물으셨다.

"그대들이 진실로 이러한 일을 지었는가?"

대답하여 말하였다.

"진실로 지었습니다. 세존이시여."

세존께서는 여러 종류의 인연으로 꾸짖어 말씀하셨다.

"어찌 비구니라고 이름하면서 나라 바깥의 의심스러운 곳이거나, 위험한 곳을 유행하였는가?"

세존께서는 여러 종류의 인연으로 꾸짖으셨으며, 여러 비구들에게 말씀하셨다.

"열 가지의 이익을 까닭으로써 비구니에게 계율을 제정하여 주겠나니, 지금부터 이 계율을 마땅히 이와 같이 설할지니라. 만약 비구니가 나라 바깥의 의심스러운 곳이거나, 위험한 곳을 유행한다면 바일제이니라.

'바일제'는 소자와 복장이니, 만약 허물을 참회하지 않는다면 능히 도를 장애한다.

이 가운데에서 범한 것은 만약 비구니가 나라 바깥의 의심스러운 곳이거나, 위험한 곳을 유행한다면 바일제이고, 유행하는 것을 따라서 그것과 같게 바일제를 얻느니라." [아흔여덟 번째의 일을 마친다.]

세존께서는 사위국에 머무르셨다.

그때 가라 비구니가 있었는데, 본래는 외도였으며, 돌아다니면서 유람(遊觀)하는 것을 좋아하였다. 이 비구니는 아침에 일찍 일어났고, 천사(天祠) 가운데에 이르러 기악사(伎樂舍)·논법사(論法舍)·출가사(出家舍) 등의 채색된 집들을 구경하였다. 여러 거사들이 꾸짖어 말하였다.

"여러 비구니들은 선량하고 공덕이 있다고 스스로가 말하면서, 외도의 출가녀와 같이 고의로 다니면서 채색된 방사를 구경하는구나."

이 가운데에 비구니가 있어 욕망이 적고 만족함을 알았으며 두타를 행하였는데, 이러한 일을 듣고 마음이 즐겁지 않아서 세존을 향하여 자세히 말하였다. 세존께서는 이러한 일로써 2부의 승가를 모으셨으며, 아시면서도 일부러 가라 비구니에게 물으셨다.

"그대가 진실로 이러한 일을 지었는가?"

대답하여 말하였다.

"진실로 지었습니다. 세존이시여."

세존께서는 여러 종류의 인연으로 꾸짖어 말씀하셨다.

"어찌 비구니라고 이름하면서 고의로 가서 채색된 방사를 구경하였는가?"

세존께서는 여러 종류의 인연으로 꾸짖으셨으며, 여러 비구들에게 말씀하셨다.

"열 가지의 이익을 까닭으로써 비구니에게 계율을 제정하여 주겠나니, 지금부터 이 계율을 마땅히 이와 같이 설할지니라. 만약 비구니가 고의로 가서 채색된 방사를 구경하였다면 바일제이니라.

'바일제'는 소자와 복장이니, 만약 허물을 참회하지 않는다면 능히 도를 장애한다.

이 가운데에서 범한 것은 만약 비구니가 고의로 가서 채색된 방사를 보았다면 바일제이고, 보지 못하였다면 돌길라이니라. 만약 낮은 곳에서 높은 곳을 능히 보았다면 바일제이고, 보지 못하였다면 돌길라이니라. 만약 높은 곳에서 낮은 곳을 능히 보았다면 바일제이고, 보지 못하였다면 돌길라이니라. 만약 고의로 가지 않았고 도중에 지나친 이유라면 범한 것은 아니다." [아흔아홉 번째의 일을 마친다.]

세존께서는 왕사성에 머무르셨다.

그때 조달을 돕던 비구니가 구주로 있었고 선한 비구니들이 객이었다. 이때 구주 비구니들이 나와서 맞이하였고 옷과 발우를 받아주면서 함께 서로가 문신하였으며 발을 씻을 뜨거운 물을 주었고 발에 바르는 기름을 주었으며 좋은 평상과 의자를 주었다. 객비구니가 말하였다.

"불을 켜주십시오."

구주 비구니가 말하였다.

"무엇을 짓고자 합니까?"

객비구니가 말하였다.

"초야에 마땅히 좌선하고 경전을 외우며 축원합니다."

구주 비구니가 말하였다.

"여러분은 오는 길에 매우 피곤할 것이니, 다만 마땅히 누우십시오."

이렇게 말을 짓고서 곧바로 스스로가 누웠다. 객비구니는 생각하였다.

'우리들이 어찌 초야에 좌선하지도 않고 경전과 범패를 외우지도 않으며 축원하지 않고서 곧 눕겠는가?'

곧 불을 켜고서 좌선하고 경과 범패를 외웠으며 축원하고서 눕고자 하였다. 조달을 돕던 비구니가 그 소리를 듣고 깨어나서 물어 말하였다.

"선여인이여. 그대는 무엇을 지었습니까?"

대답하여 말하였다.

"우리들은 좌선하고 경전과 범패를 외웠으며 축원하고서 눕고자 합니다."

구주 비구니가 말하였다.

"선여인들이여. 잠자는 것에는 과보가 없습니다. 세존께서는 잠을 자지 않는 것을 찬탄하셨고 잠자는 것을 꾸짖으셨습니다. 지금 우리도 깨었으니 눕지 않고 잠자지 않겠습니다."

곧 한쪽 다리를 펴고서 앉았다. 선한 비구니들은 사유하였다.

'우리들은 어떻게 불이 밝은 가운데에서 눕겠는가?'

구주 비구니는 중야분(中夜分)에 좌선하고 경전과 범패를 외웠으며 축원하고서 후야분에 이르러 곧 누웠다. 객비구니들은 이렇게 사유하였다.

'우리들은 어찌 후야분에 눕겠는가?'

객비구니들은 도로에서 매우 피곤하였고 밤새워 눕지 못한 까닭으로 신체(身體)가 불안(不安)하였다. 이 가운데에 비구니가 있어 욕망이 적고 만족함을 알았으며 두타를 행하였는데, 이러한 일을 듣고 마음이 즐겁지 않아서 꾸짖어 말하였다.

"어찌 비구니라고 이름하면서 먼저 머물렀던 자가 뒤에 머무는 자를 괴롭히는가?"

여러 종류의 인연으로 꾸짖고서 세존을 향하여 자세히 말하였다. 세존께

서는 이러한 일로써 2부의 승가를 모으셨으며, 아시면서도 일부러 이 비구니에게 물으셨다.

"그대가 진실로 이러한 일을 지었는가?"

대답하여 말하였다.

"진실로 지었습니다. 세존이시여."

세존께서는 여러 종류의 인연으로 꾸짖어 말씀하셨다.

"어찌 비구니라고 이름하면서 먼저 머물렀던 자가 뒤에 머무는 자를 괴롭혔는가?"

세존께서는 여러 종류의 인연으로 꾸짖으셨으며, 여러 비구들에게 말씀하셨다.

"열 가지의 이익을 까닭으로써 비구니에게 계율을 제정하여 주겠나니, 지금부터 이 계율을 마땅히 이와 같이 설할지니라. 만약 비구니가 먼저 머무르면서 뒤에 머무는 자를 괴롭힌다면 바일제이니라.

'바일제'는 소자와 복장이니, 만약 허물을 참회하지 않는다면 능히 도를 장애한다.

이 가운데에서 범한 것은 만약 먼저 머물렀던 비구니가 뒤에 머무는 자를 괴롭힌다면 바일제이고, 괴롭힌 것을 따라서 그것과 같게 바일제를 얻느니라." [일백 번째 일을 마친다.]

세존께서는 사위국에 머무르셨다.

그때 선한 비구니가 구주로 있었고 조달을 돕던 비구니들이 객이었다. 이때 구주 비구니들이 나와서 맞이하였고 옷과 발우를 받아주면서 함께 서로가 문신하였으며 발을 씻을 뜨거운 물을 주었고 발에 바르는 기름을 주었으며 좋은 평상과 의자를 주었다. 구주 비구니가 말하였다.

"선여인이여. 불을 켜겠습니다."

객비구니가 말하였다.

"불을 켜지 마십시오. 나는 도로에서 매우 피곤하므로 좌선하고 경전과 범패를 외우며 축원하지 못합니다. 우리들은 눕고자 합니다."

구주 비구니는 생각하였다.

'우리들은 어찌 초야에 좌선하지 않고 경전과 범패를 외우지도 않으며 축원하지 않고서 곧 눕겠는가?'

곧 일어나서 불을 켰고 좌선하고 경전과 범패를 외웠으며 축원하고서 눕고자 하였다.

객비구니가 이러한 소리를 듣고서 이렇게 말을 지었다.

"선여인이여. 그대는 무엇을 지었습니까?"

대답하여 말하였다.

"우리들은 좌선하고 경전과 범패를 외웠으며 축원하고서 눕고자 합니다."

객비구니가 말하였다.

"선여인들이여. 잠자는 것에는 과보가 없습니다. 세존께서는 잠을 자지 않는 것을 찬탄하셨고 잠자는 것을 꾸짖으셨습니다. 우리도 깨었으니 지금 잠자지 않겠습니다."

곧 불을 켜고서 좌선하였다. 구주 비구니는 사유하였다.

'내가 어떻게 불이 밝은 가운데에서 눕겠는가?'

객비구니는 중야분에 좌선을 마치고 후야분에 이르러 곧 누웠다. 구주 비구니들은 이렇게 사유하였다.

'내가 어찌 후야분에 눕겠는가?'

이러한 까닭으로써 밤새워 눕지 못하였으므로 몸이 안은하지 않았다. 이 가운데에 비구니가 있어 욕망이 적고 만족함을 알았으며 두타를 행하였는데, 이러한 일을 듣고 마음이 즐겁지 않아서 여러 종류의 인연으로 꾸짖어 말하였다.

"어찌 비구니라고 이름하면서 뒤에 머무르면서 앞에 머물렀던 자를 괴롭히는가?"

여러 종류의 인연으로 꾸짖고서 세존을 향하여 자세히 말하였다. 세존께서는 이러한 일로써 2부의 승가를 모으셨으며, 아시면서도 일부러 조달을 돕던 비구니에게 물으셨다.

"그대가 진실로 이러한 일을 지었는가?"

대답하여 말하였다.

"진실로 지었습니다. 세존이시여."

세존께서는 여러 종류의 인연으로 꾸짖어 말씀하셨다.

"어찌 비구니라고 이름하면서 뒤에 머무르면서 앞에 머물렀던 자를 괴롭히는가?"

세존께서는 여러 종류의 인연으로 꾸짖으셨으며, 여러 비구들에게 말씀하셨다.

"열 가지의 이익을 까닭으로써 비구니에게 계율을 제정하여 주겠나니, 지금부터 이 계율을 마땅히 이와 같이 설할지니라. 만약 비구니가 뒤에 머무르면서 앞에 머물렀던 자를 괴롭힌다면 바일제이니라.

'바일제'는 소자와 복장이니, 만약 허물을 참회하지 않는다면 능히 도를 장애한다.

이 가운데에서 범한 것은 만약 비구니가 뒤에 머무르면서 앞에 머물렀던 자를 괴롭힌다면 바야제이고, 괴롭힌 것을 따라서 그것과 같게 바일제를 얻느니라." [백한 번째 일을 마친다.]

세존께서는 사위국에 머무르셨다.

그때 투란난타 비구니와 함께 생활하는 비구니가 병으로 고통을 받았다. 투란난타는 비구니를 버려두고서 다른 취락에 이르렀느데, 간병하는 사람에게 필요한 것을 공급하는 것이 두려웠던 까닭이었다. 여러 비구니들이 병든 비구니에게 갔고 처소에 이르러 말하였다.

"투란난타가 그대가 함께 지어야 하는 많은 것을 지었던 일들이 있습니까? 그대는 지금 병으로 고통을 받고 있는데 어떻게 그대를 보살피고 있습니까?"

비구니가 말하였다.

"투란난타 비구니가 마땅히 나에게 능히 공급하겠습니까? 나를 간병하는 것이 두려운 까닭으로 나를 버리고 떠나갔습니다."

이 가운데에 비구니가 있어 욕망이 적고 만족함을 알았으며 두타를 행하였는데, 이러한 일을 듣고 마음이 즐겁지 않아서 여러 종류의 인연으로 꾸짖어 말하였다.

"어찌 비구니라고 이름하면서 함께 생활하던 비구니가 병으로 고통을 받는데 버려두고서 다른 취락에 이르는가?"

여러 종류의 인연으로 꾸짖고서 세존을 향하여 자세히 말하였다. 세존께서는 이러한 일로써 2부의 승가를 모으셨으며, 아시면서도 일부러 투란난타 비구니에게 물으셨다.

"그대가 진실로 이러한 일을 지었는가?"

대답하여 말하였다.

"진실로 지었습니다. 세존이시여."

세존께서는 여러 종류의 인연으로 꾸짖어 말씀하셨다.

"어찌 비구니라고 이름하면서 함께 생활하던 비구니가 병으로 고통을 받는데 버려두고서 다른 취락에 이르렀는가?"

세존께서는 여러 종류의 인연으로 꾸짖으셨으며, 여러 비구들에게 말씀하셨다.

"열 가지의 이익을 까닭으로써 비구니에게 계율을 제정하여 주겠나니, 지금부터 이 계율을 마땅히 이와 같이 설할지니라. 만약 비구니가 함께 생활하던 비구니가 병으로 고통을 받는데 공급하지 않는다면 바일제이니라.

'바일제'는 소자와 복장이니, 만약 허물을 참회하지 않는다면 능히 도를 장애한다.

이 가운데에서 범한 것은 만약 비구니가 함께 생활하던 비구니가 병으로 고통을 받는데 공급하지 않는다면 바일제이고, 공급하지 않는 것을 따라서 그것과 같게 바일제를 얻느니라." [백두 번째 일을 마친다.]

세존께서는 사위국에 머무르셨다.

그때 장로 대가섭(大迦葉)이 오전에 옷과 발우를 지니고 걸식하려는 까닭으로 한 거사의 집으로 들어갔다. 이때 서 있는 곳에 거사의 부인이 있었는데 멀리서 대가섭을 보고서 곧 일어났고 맞이하러 나왔다. 투란난타 비구니는 먼저 그 집에 있었으나 멀리서 대가섭을 보았어도 일어나서 맞이하러 나오지 않았다. 이 거사의 부인은 손으로서 대가섭의 발을 만지면서 머리숙여 장로 마하가섭에게 예배하고서 손을 씻고 발우를 취하여 밥을 가득 담고 국으로서 위를 덮었다. 대가섭은 떠나갔고 거사의 부인은 투란난타가 있는 곳에 이르러 말하였다.

"그대는 이 장로 대가섭이 세존의 대제자이고, 천상과 사람들이 공경하는 뛰어난 복전(福田)이신 것을 알고 있는데, 그대가 만약 일어나서 맞이하더라도 무슨 악한 일이 있겠습니까?"

투란난타가 말하였다.

"대가섭은 원래 외도인 바라문입니다. 그대에게 귀중하고 존중받아도 나에게 존중받는 것은 아닙니다."

거사의 부인이 성내면서 꾸짖어 말하였다.

"여러 비구니가 선량하고 공덕이 있다고 스스로가 말하면서, 외도의 출가녀와 같이 비구 승가가 오는 것을 보고서도 일어나지 않는구나."

이 가운데에 비구니가 있어 욕망이 적고 만족함을 알았으며 두타를 행하였는데, 이러한 일을 듣고 마음이 즐겁지 않아서 세존을 향하여 자세히 말하였다. 세존께서는 이러한 일로써 2부의 승가를 모으셨으며, 아시면서도 일부러 투란난타 비구니에게 물으셨다.

"그대가 진실로 이러한 일을 지었는가?"

대답하여 말하였다.

"진실로 지었습니다. 세존이시여."

세존께서는 여러 종류의 인연으로 꾸짖어 말씀하셨다.

"어찌 비구니라고 이름하면서 비구가 오는 것을 보고서도 일어나지 않았는가?"

세존께서는 여러 종류의 인연으로 꾸짖으셨으며, 여러 비구들에게 말씀하셨다.

"열 가지의 이익을 까닭으로써 비구니에게 계율을 제정하여 주겠나니,

지금부터 이 계율을 마땅히 이와 같이 설할지니라. 만약 비구니가 비구가 오는 것을 보고서도 일어나지 않는다면 바일제이니라.

'바일제'는 소자와 복장이니, 만약 허물을 참회하지 않는다면 능히 도를 장애한다.

이 가운데에서 범한 것은 만약 비구니가 비구가 오는 것을 보고서도 일어나지 않는다면 바일제이고, 일어나지 않는 것을 따라서 그것과 같게 바일제를 얻느니라." [백세 번째 일을 마친다.]

세존께서는 사위국에 머무르셨다.

그때 장로 가류타이는 항상 한 집에 출입하였는데, 오전에 옷과 발우를 지니고 그 집에 이르렀다. 비구니가 있어 수구담미(痩瞿曇彌)라고 이름하였는데, 먼저 이 집에 와 있었으며, 멀리서 가류타이가 오는 것을 보고서 곧 일어나서 맞이하였고, 들어가서 앉을 자리를 권하였으며, 함께 서로 문신하고 머리숙여 발에 예배하고서 앞에 차수하고 서 있었다. 가류타이가 오랫동안 설법하였으므로 이 비구니가 어지럽고 눈앞이 캄캄해져서 땅에 쓰러졌다. 거사의 부인이 곧 물로써 얼굴에 뿌렸고 본래의 마음으로 돌아왔다. 거사의 부인이 말하였다.

"사문께서는 무슨 병을 앓고 있습니까? 무슨 걱정이 있습니까?"

대답하여 말하였다.

"나는 질병도 없고 걱정도 없습니다. 다만 오래 서 있었던 까닭으로 어지러워 땅에 쓰러졌습니다."

여러 비구니들이 이 일로써 세존께 아뢰었고 세존께서는 이 일로써 2부의 승가를 모으셨으며, 여러 종류의 인연으로 계율을 찬탄하고 지계를 찬탄하셨다. 계율을 찬탄하고 지계를 찬탄하시고서 여러 비구들에게 말씀하셨다.

세존께서는 여러 종류의 인연으로 꾸짖으셨으며, 여러 비구들에게 말씀하셨다.

"열 가지의 이익을 까닭으로써 비구니에게 계율을 제정하여 주겠나니,

지금부터 이 계율을 마땅히 이와 같이 설할지니라. 만약 비구니가 비구에게 묻지 않고 앉는다면 바일제이니라.

'바일제'는 소자와 복장이니, 만약 허물을 참회하지 않는다면 능히 도를 장애한다.

이 가운데에서 범한 것은 만약 비구니가 비구에게 묻지 않고 앉는다면 바일제이고, 묻지 않는 것을 따라서 그것과 같게 바일제를 얻느니라."
[백네 번째의 일을 마친다.]

세존께서는 사위국에 머무르셨다.

그때 여러 비구니들이 다른 나라로 유행하고자 왕에게 알려 말하였다.

"우리들이 다른 나라로 유행하고자 합니다. 대왕께서는 우리들을 위해 여러 백성들이 길을 가로막고 우리를 괴롭히지 못하도록 여러 나라에 간략하게 칙명하여 주십시오."

왕은 곧 사자를 보내어 사방에 간략하게 칙명하여 비구니들을 괴롭히지 못하게 하고, 필요한 음식과 등촉을 공급하도록 하였다. 여러 비구니들이 유행하면서 다음으로 승방이 없는 취락에 이르렀고, 한 거사의 집에 이르러 묵고자 하였다. 거사에게 말하였다.

"그대는 이 집에서 나가십시오. 우리가 이곳에서 묵겠습니다."

거사가 말하였다.

"선여인이여. 내가 나의 집에 있는데 어디로 떠나라고 합니까?"

비구니들이 거듭하여 말하였다.

"그대는 다만 나가십시오. 그대가 우리를 괴롭히고 우리를 업신여기는 것입니까? 그대가 떠나지 않겠다면 우리에겐 관가의 힘이 있으므로, 그대를 고통스럽게 하겠습니다."

거사는 이렇게 사유를 지었다.

'여러 비구니들은 국왕의 보호하고 관청의 힘이 있으니, 혹은 마땅히 나를 괴롭힐 것이다.'

이렇게 생각을 짓고서 두려워서 곧 떠나갔다. 이 거사는 늙고 쇠약하였으며 힘도 없었으므로 겨울의 추웠던 때에 집에서 쫓겨났고 거의 죽음에 이르렀다. 여러 거사들이 꾸짖어 말하였다.

"어찌하여 여러 비구니들은 선량하고 공덕이 있다고 스스로가 말하면서, 왕의 부인이나 대신의 부인들과 같이 주인에게 묻지도 않고 마음대로 곧 집에 와구를 펼치는가?"

이 가운데에 비구니가 있어 욕망이 적고 만족함을 알았으며 두타를 행하였는데, 이러한 일을 듣고 마음이 즐겁지 않아서 세존을 향하여 자세히 말하였다. 세존께서는 이러한 일로써 2부의 승가를 모으셨으며, 아시면서도 일부러 물으셨다.

"그대들이 진실로 이러한 일을 지었는가?"

대답하여 말하였다.

"진실로 지었습니다. 세존이시여."

세존께서는 여러 종류의 인연으로 꾸짖어 말씀하셨다.

"어찌 비구니라고 이름하면서 주인에게 묻지도 않고 마음대로 곧 집에 와구를 펼쳤는가?"

세존께서는 여러 종류의 인연으로 꾸짖으셨으며, 여러 비구들에게 말씀하셨다.

"열 가지의 이익을 까닭으로써 비구니에게 계율을 제정하여 주겠나니, 지금부터 이 계율을 마땅히 이와 같이 설할지니라. 만약 비구니가 주인에게 묻지도 않고 마음대로 곧 집에 와구를 펼치거나, 만약 사람을 시켜서 펼친다면 바일제이니라.

'바일제'는 소자와 복장이니, 만약 허물을 참회하지 않는다면 능히 도를 장애한다.

이 가운데에서 범한 것은 만약 비구니가 주인에게 묻지도 않고 만약 스스로가 와구를 펼친다면 바일제이고, 만약 사람을 시켜서 펼쳤어도 바일제이며, 만약 묻지 않고 스스로가 와구를 펼치거나, 사람을 시켜서 펼치는 것을 따라서 그것과 같게 바일제를 얻느니라." [백다섯 번째의 일을 마친다.]

세존께서는 사위국에 머무르셨다.

그때 여러 비구니들이 여러 비구들과 함께 평등하고자 이렇게 말을 지었다.

"그대들은 5살이면 다른 사람에게 의지하지 않고, 우리들도 역시 같습니다. 그대들이 10살이면 제자를 양육할 수 있고, 우리들도 역시 같으니, 무슨 차별이 있겠습니까?"

이 가운데에 비구니가 있어 욕망이 적고 만족함을 알았으며 두타를 행하였는데, 이러한 일을 듣고 마음이 즐겁지 않아서 여러 종류의 인연으로 꾸짖고서 세존을 향하여 자세히 말하였다. 세존께서는 이러한 일로써 2부의 승가를 모으셨으며, 아시면서도 일부러 여러 비구니들에게 물으셨다.

"그대들이 진실로 이러한 일을 지었는가?"

대답하여 말하였다.

"진실로 지었습니다. 세존이시여."

세존께서는 여러 종류의 인연으로 꾸짖어 말씀하셨다.

"어찌 비구니라고 이름하면서 대중을 업신여겼는가?"

세존께서는 여러 종류의 인연으로 꾸짖으셨으며, 여러 비구들에게 말씀하셨다.

"지금부터 모든 비구니는 대계(大戒)를 받고 만 6살이라면 다른 사람을 의지하지 않는 것을 허락하겠노라. 만 6살이 지나지 않았다면 다른 사람을 의지해야 하고, 12살이 되어야 대중을 양육하도록 허락하겠노라. 열 가지의 이익을 까닭으로써 비구니에게 계율을 제정하여 주겠나니, 지금부터 이 계율을 마땅히 이와 같이 설할지니라. 만약 비구니가 만 12살이 지나지 않았는데, 대중을 양육한다면 바일제이니라.

'바일제'는 소자와 복장이니, 만약 허물을 참회하지 않는다면 능히 도를 장애한다.

이 가운데에서 범한 것은 만약 비구니가 만 12살이 지나지 않았는데, 대중을 양육한다면 바일제이고, 대중을 양육하는 것을 따라서 그것과

같게 바일제를 얻느니라." [백여섯 번째의 일을 마친다.]

세존께서는 사위국에 머무르셨다.

그때 투란난타 비구니가 만 12살이 되어 대중을 양육하고자 여러 비구니들에게 말하였다.

"제가 대계를 받고서 만 12년이 되었습니다. 지금 제자를 양육하고자 하는데, 마땅히 무엇을 지어야 합니까?"

여러 비구니들이 이 일로써 세존께 아뢰었고, 세존께서는 말씀하셨다.

"그대들은 투란난타 비구니가 대중을 양육하는 갈마를 짓도록 하라. 만약 다시 이와 같은 비구니가 있다면 역시 마땅히 대중을 양육하는 갈마를 지어서 주도록 하라. 갈마하는 법은 일심으로 비구니 승가가 화합하였다면 투란난타 비구니는 마땅히 자리에서 일어나서 오른쪽 어깨를 드러내고 가죽신을 벗고서 호궤 합장하고서 이와 같은 말을 짓도록 하라.

'대덕 비구니 승가께서는 허락하십시오. 나 투란난타 비구니는 대계를 받고서 만 12년이 되었으므로 대중을 양육하고자 나는 지금 승가를 쫓아서 대중을 저축하는 갈마를 애원합니다. 승가시여. 나 투란난타 비구니를 위하여 승가께서는 애민한 까닭으로 대중을 양육하는 갈마를 지어서 주십시오.'

두·세 번째에도 역시 이와 같이 애원하라. 그때 한 비구니가 마땅히 승가의 가운데에서 창언하라.

'대덕 비구니 승가께서는 허락하십시오. 이 투란난타 비구니는 대계를 받고서 만 12년이 되었으므로 대중을 양육하고자 합니다. 이 투란난타 비구니가 승가를 쫓아서 대중을 양육하는 갈마를 애원하고 있습니다. 만약 승가께서 때에 이르셨다면 승가께서는 인정하고 허락하십시오. 승가시여. 지금 투란난타 비구니가 대중을 양육하는 갈마를 지어서 주십시오.'

이것을 백이라고 이름한다. 이와 같이 아뢰고 백사갈마를 지어라.

'승가시여. 투란난타 비구니가 대중을 양육하는 갈마를 지어서 마쳤습니다. 승가께서 인정하고 허락하신 것은 묵연하였던 까닭입니다. 이 일은 이와 같이 지니겠습니다.'

열 가지의 이익을 까닭으로써 비구니에게 계율을 제정하여 주겠나니, 지금부터 이 계율을 마땅히 이와 같이 설할지니라. 만약 비구니가 만 12살이 지났더라도 대중을 양육하는 갈마를 짓지 않고서 대중을 양육하는 자는 바일제이니라.

'바일제'는 소자와 복장이니, 만약 허물을 참회하지 않는다면 능히 도를 장애한다.

이 가운데에서 범한 것은 만약 비구니가 만 12세가 지났더라도 대중을 양육하는 갈마를 짓지 않고서 대중을 양육한다면 바일제이고, 대중을 양육하는 것을 따라서 그것과 같게 바일제를 얻느니라." [백일곱 번째의 일을 마친다.]

세존께서는 사위국에 머무르셨다.

그때 투란난타 비구니는 만 12살이 지나지 않은 이미 시집간 여인을 대중으로 지어서 양육하였다. 이 가운데에 비구니가 있어 욕망이 적고 만족함을 알았으며 두타를 행하였는데, 이러한 일을 듣고 마음이 즐겁지 않아서 여러 종류의 인연으로 꾸짖어 말하였다.

"어찌 비구니라고 이름하면서 아직 만 12살이 지나지 않은 이미 시집간 여인을 대중으로 지어서 양육하는가?"

여러 종류의 인연으로 꾸짖고서 세존을 향하여 자세히 말하였다. 세존께서는 이러한 일로써 2부의 승가를 모으셨으며, 아시면서도 일부러 투란난타 비구니에게 물으셨다.

"그대가 진실로 이러한 일을 지었는가?"

대답하여 말하였다.

"진실로 지었습니다. 세존이시여."

세존께서는 여러 종류의 인연으로 꾸짖어 말씀하셨다.

"어찌 비구니라고 이름하면서 아직 만 12살이 지나지 않은 이미 시집간 여인을 대중으로 지어서 양육하였는가?"

세존께서는 여러 종류의 인연으로 꾸짖으셨으며, 여러 비구들에게 말씀하셨다.

"열 가지의 이익을 까닭으로써 비구니에게 계율을 제정하여 주겠나니, 지금부터 이 계율을 마땅히 이와 같이 설할지니라. 만약 비구니가 아직 만 12살이 지나지 않은 이미 시집간 여인을 대중으로 지어서 양육한다면 바일제이니라.

'바일제'는 소자와 복장이니, 만약 허물을 참회하지 않는다면 능히 도를 장애한다.

이 가운데에서 범한 것은 만약 비구니가 아직 만 12살이 지나지 않은 이미 시집간 여인을 대중으로 지어서 양육한다면 바일제이고, 양육하는 것을 따라서 그것과 같게 바일제를 얻느니라." [백여덟 번째의 일을 마친다.]

세존께서는 사위국에 머무르셨다.

그때 투란난타 비구니가 아직 만 12살이 지나지 않은 이미 시집간 여인에게 화상 비구니를 부촉하는 갈마를 짓지 않고, 곧 대중으로 지어서 양육하였다. 이 가운데에 비구니가 있어 욕망이 적고 만족함을 알았으며 두타를 행하였는데, 이러한 일을 듣고 마음이 즐겁지 않아서 여러 종류의 인연으로 꾸짖어 말하였다.

"어찌 비구니라고 이름하면서 아직 만 12살이 지나지 않은 이미 시집간 여인에게 화상 비구니를 부촉하는 갈마를 짓지 않고, 곧 대중으로 지어서 양육하는가?"

여러 종류의 인연으로 꾸짖고서 세존을 향하여 자세히 말하였다. 세존께서는 이러한 일로써 2부의 승가를 모으셨으며, 아시면서도 일부러 투란난타 비구니에게 물으셨다.

"그대들이 진실로 이러한 일을 지었는가?"

대답하여 말하였다.

"진실로 지었습니다. 세존이시여."

세존께서는 여러 종류의 인연으로 꾸짖어 말씀하셨다.

"어찌 비구니라고 이름하면서 아직 만 12살이 지나지 않은 이미 시집간 여인에게 화상 비구니를 부촉하는 갈마를 짓지 않고, 곧 대중으로 지어서 양육하였는가?"

세존께서는 여러 종류의 인연으로 꾸짖으셨으며, 여러 비구들에게 말씀하셨다.

열 가지의 이익을 까닭으로써 비구니에게 계율을 제정하여 주겠나니, 지금부터 이 계율을 마땅히 이와 같이 설할지니라. 만약 비구니가 아직 만 12살이 지나지 않은 이미 시집간 여인에게 화상 비구니를 부촉하는 갈마를 짓지 않고, 곧 대중으로 지어서 양육한다면 바일제이니라.

'바일제'는 소자와 복장이니, 만약 허물을 참회하지 않는다면 능히 도를 장애한다.

이 가운데에서 범한 것은 만약 비구니가 아직 만 12살이 지나지 않은 이미 시집간 여인에게 화상 비구니를 부촉하는 갈마를 짓지 않고, 곧 대중으로 지어서 양육한다면 바일제이고, 양육하는 것을 따라서 그것과 같게 바일제를 얻느니라." [백아홉 번째의 일을 마친다.]

세존께서는 사위국에 머무르셨다.

그때 투란난타 비구니가 대중을 양육하면서 교계(敎誡)하지 않았고 설법도 하지 않았다. 제자가 알려 말하였다.

"화상 비구니께서는 무슨 까닭으로 저를 교화하지 않고, 저에게 설법도 하지 않습니까?"

대답하여 말하였다.

"나는 그대를 교화하지 않을 것이고, 그대에게 설법도 하지 않을 것이다."

제자가 이러한 일로써 여러 비구니들을 향하여 말하였고, 여러 비구니들이 이러한 일로써 세존을 향하여 자세히 말하였다. 세존께서는 이러한 일로써 2부의 승가를 모으셨으며, 아시면서도 일부러 투란난타 비구니에게 물으셨다.

"그대가 진실로 이러한 일을 지었는가?"

대답하여 말하였다.

"진실로 지었습니다. 세존이시여."

세존께서는 여러 종류의 인연으로서 꾸짖어 말씀하셨다.

"어찌 비구니라고 이름하면서 대중을 양육하면서도 교화하지 않고 설법하지도 않았는가?"

세존께서는 여러 종류의 인연으로 꾸짖으셨으며, 여러 비구니들에게 말씀하셨다.

"그대들은 투란난타 비구니에게 금지하는 갈마를 짓도록 할 것이고, 만약 다시 이와 같은 자가 있다면 역시 금지하는 갈마를 지어서 주도록 하라. 금지하는 갈마를 짓는 법은 일심으로 비구니 승가가 화합하였다면 한 비구니가 승가의 가운데에서 창언하라.

'대덕 비구니 승가께서는 허락하십시오. 투란난타 비구니는 제자를 양육하면서 교화하지 않고 설법하지도 않았습니다. 만약 승가께서 때에 이르셨다면 승가께서는 인정하고 허락하십시오. 승가시여. 투란난타 비구니에게 금지하는 갈마를 지어서 주시고, <그대 투란난타는 다시 대중을 양육하지 말라.>고 말씀하십시오.'

이것을 백이라고 이름한다. 이와 같이 아뢰고 백이갈마를 지어라.

'승가시여. 투란난타 비구니에게 대중을 양육하는 것을 금지하는 갈마를 지어서 마쳤습니다. 승가께서 인정하고 허락하신 것은 묵연하였던 까닭입니다. 이 일은 이와 같이 지니겠습니다.'

열 가지의 이익을 까닭으로써 비구니에게 계율을 제정하여 주겠나니, 지금부터 이 계율을 마땅히 이와 같이 설할지니라. 만약 비구니에게 승가가 금지하는 갈마를 지어서 주었는데, 대중을 양육하는 자는 바일제이니라.

'바일제'는 소자와 복장이니, 만약 허물을 참회하지 않는다면 능히 도를 장애한다.

이 가운데에서 범한 것은 만약 비구니에게 승가가 금지하는 갈마를 지어서 주었는데, 대중을 양육하는 자는 바일제이고, 대중을 양육하는 것을 따라서 그것과 같게 바일제를 얻느니라." [백열 번째의 일을 마친다.]

② 육법단문(六法壇文)

세존께서는 사위국에 머무르셨다.

그때 사위성에 거사의 부인이 있어 화라하(和羅訶)라고 이름하였으며, 크게 부유하여 재물과 전답도 많았고 여러 종류의 부귀한 상(相)을 성취하였다. 하지만 이 거사의 부인은 무상(無常)한 인연의 까닭으로 재물을 모두 잃었고 집안사람들은 흩어져서 오직 혼자만 남았다. 이 거사의 부인은 임신하였으나 친족과 재산과 남편을 모두 잃었던 슬픔의 까닭으로써 스스로의 몸도 말랐고 태아도 수척하여 곧 축소되었으므로 곧 이렇게 생각을 지었다.

'나의 뱃속의 아이는 죽었거나 만약 문드러졌을 것이다.'

또한 이렇게 생각을 지었다.

'여러 복과 덕을 갖춘 즐거운 사람들은 사문 석자를 넘어갈 수 없다. 나는 이 가운데에 출가하여 비구니가 되겠다.'

곧 왕원정사로 나아가서 비구니가 되었다. 이 사람이 출가하여 기쁘고 즐거워서 살쪘던 까닭으로 배가 점차 커졌으므로, 여러 비구니들이 승방에서 쫓아내었다.

"그대는 음행을 범한 사람이므로 이곳에 머물 수 없다."

대답하여 말하였다.

"저는 출가한 이래로 음욕을 짓지 않았습니다. 이전에 재가(在家)의 때에 임신하였습니다."

여러 비구니들이 이러한 일로써 세존을 향하여 자세히 말하였다. 세존께서는 여러 비구니들에게 말씀하셨다.

“그대들은 이 비구니의 이러한 일을 비난하지 말라. 이 비구니는 범행을 깨뜨린 것이 아니고, 이전에 백의이었던 때에 임신하였느니라. 지금부터 사미니는 임신하였는가? 임신하지 않았는가를 알도록 2년의 6법(法)을 배우는 것을 허락하겠노라. 6법을 수지하는 법은 만약 사미니가 처음으로 왔다면 마땅히 차례로 머리숙여 승가의 발에 한 명·한 명에게 예배하도록 가르쳐라. 예배를 마쳤다면 다음으로 마땅히 화상 비구니를 애원하게 하고, 계사(戒師)는 마땅히 가르쳐서 말하라.

‘저 사미니 누구는 존자께 저의 화상 비구니가 되는 것을 구합니다. 존자께서는 저의 화상 비구니로 짓는 까닭으로 승가께서 저에게 2세학계(二歲學戒)를 주십시오.’

두 번째에도 역시 마땅히 말하라.

‘저 사미니 누구는 존자께 저의 화상 비구니로 짓는 것을 구합니다. 존자께서는 저의 화상 비구니로 짓는 까닭으로 승가께서 저에게 2세학계를 주십시오.’

세 번째에도 역시 마땅히 말하라.

‘저 사미니 누구는 존자께 저의 화상 비구니로 짓는 것을 구합니다. 존자께서는 저의 화상 비구니로 짓는 까닭으로 승가께서 저에게 2세학계를 주십시오.’

한 비구니가 마땅히 화상 비구니에게 묻도록 하라.

‘능히 누구를 위하여 화상 비구니가 되겠습니까?’

만약 할 수 있다고 말하면 곧 마땅히 계장(界場)에서 보이고 소리는 들리지 않는 곳으로 데려갈 것이고, 그때 마땅히 묻도록 하라.

‘승가께서는 화합하였습니까? 승가께서 일심으로 화합하였다면 마땅히 승사(僧事)를 지어야 합니다. 화상 비구니는 누구이고, 사미니는 누구이니, 승가께서는 마땅히 2세학계를 주십시오.’

두 번째에도 역시 마땅히 말하라.

‘승가께서는 화합하였습니까? 승가께서 일심으로 화합하였다면 마땅히 승사를 지어야 합니다. 화상 비구니는 누구이고, 사미니는 누구이니,

승가께서는 마땅히 2세학계를 주십시오.'

세 번째에도 역시 마땅히 말하라.

'승가께서는 화합하였습니까? 승가께서 일심으로 화합하였다면 마땅히 승사를 지어야 합니다. 화상 비구니는 누구이고, 사미니는 누구이니, 승가께서는 마땅히 2세학계를 주십시오.'

만약 승가가 일심으로 화합하였다면 마땅히 사미니를 불러서 오게 하고서 승가의 발에 한 명·한 명에게 예배하도록 가르쳐라. 머리숙여 승가의 발에 예배하였다면 다음으로 마땅히 승가를 따라서 2세학계를 애원하면서 이렇게 말을 짓도록 가르쳐라.

'저 사미니 누구는 화상 비구니 누구를 인연하여 승가를 쫓아서 2세학계를 애원합니다. 화상 비구니 누구를 인연하여 승가께서는 마땅히 저에게 2세학계를 주십시오. 화상 비구니는 누구이고, 애민하게 생각하는 까닭입니다.'

두 번째에도 역시 마땅히 말하라.

'저 사미니 누구는 화상 비구니 누구를 인연하여 승가를 쫓아서 2세학계를 애원합니다. 화상 비구니 누구를 인연하여 승가께서는 마땅히 저에게 2세학계를 주십시오. 화상 비구니는 누구이고, 애민하게 생각하는 까닭입니다.'

세 번째에도 역시 마땅히 말하라.

'저 사미니 누구는 화상 비구니 누구를 인연하여 승가를 쫓아서 2세학계를 애원합니다. 화상 비구니 누구를 인연하여 승가께서는 마땅히 저에게 2세학계를 주십시오. 화상 비구니는 누구이고, 애민하게 생각하는 까닭입니다.'

곧 때에 계사는 마땅히 승가의 가운데에서 창언하라.

'대덕 비구니 승가께서는 허락하십시오. 이 사미니 누구는 화상 비구니 누구를 인연하여 승가를 쫓아서 2세학계를 애원합니다. 화상 비구니의 이름은 누구입니다. 만약 승가께서 때에 이르셨다면 승가께서는 인정하고 허락하십시오. 승가시여. 사미니 누구에게 2세학계를 주십시오. 화상

비구니는 누구입니다. 이와 같이 아룁니다.'

'대덕 비구니 승가께서는 허락하십시오. 이 사미니 누구는 승가를 쫓아서 2세학계를 애원하고 있으며, 화상 비구니는 누구입니다. 승가시여. 지금 이 사미니 누구에게 2세학계를 주십시오. 화상 비구니는 누구입니다. 여러 비구니 승가께서 누구라도 사미니 누구에게 2세학계를 주겠는데, 화상 비구니가 누구인 것을 인정하신다면 묵연하시고, 만약 인정하지 않는다면 말씀하십시오.'

이것을 첫 번째의 갈마라고 이름한다. 두 번째로 다시 말하라.

'대덕 비구니 승가께서는 허락하십시오. 이 사미니 누구는 승가를 쫓아서 2세학계를 애원하고 있으며, 화상 비구니는 누구입니다. 승가시여. 지금 이 사미니 누구에게 2세학계를 주십시오. 화상 비구니는 누구입니다. 여러 비구니 승가께서 누구라도 사미니 누구에게 2세학계를 주겠는데, 화상 비구니가 누구인 것을 인정하신다면 묵연하시고, 만약 인정하지 않는다면 말씀하십시오.'

이것을 두 번째의 갈마라고 이름한다. 세 번째로 다시 말하라.

'대덕 비구니 승가께서는 허락하십시오. 이 사미니 누구는 승가를 쫓아서 2세학계를 애원하고 있으며, 화상 비구니는 누구입니다. 승가시여. 지금 이 사미니 누구에게 2세학계를 주십시오. 화상 비구니는 누구입니다. 여러 비구니 승가께서 누구라도 사미니 누구에게 2세학계를 주겠는데, 화상 비구니가 누구인 것을 인정하신다면 묵연하시고, 만약 인정하지 않는다면 말씀하십시오.'

이것을 세 번째의 갈마라고 이름한다.

'승가께서 이미 인정하셨으므로 사미니 누구에게 2세학계를 주겠는데, 화상 비구니가 누구인 것을 주어서 마쳤습니다. 승가께서 인정하신 것은 묵연하였던 까닭입니다. 이 일을 이와 같이 지니겠습니다.'

곧 때에 식차마니의 6법을 설하도록 하라.

'그대 식차마니는 들을지니라. 불(佛)·세존(世尊)·다타아갈도(多陀阿竭度)·아라하(阿羅訶)·삼야삼불타(三耶三佛陀)께서는 지자(知者)이시고 견자

(見者)이시므로 식차마니의 6법을 말씀하셨느니라. 그대 식차마니는 목숨을 마치도록 받아서 행하여야 하느니라. 불·세존께서는 여러 종류의 인연으로 애욕(欲)·애욕의 생각(欲想)·애욕의 욕망(欲欲)·애욕의 느낌(欲覺)·애욕의 열기(欲熱)를 꾸짖으셨으며, 세존께서는 애욕을 끊고 애욕을 없애며 애욕의 열기를 소멸하라고 말씀하셨느니라. 만약 식차마니가 식차마니법(式叉摩尼法)에 들어갔는데, 계를 버리지 않고서 계를 깨뜨리며 드러내지 않거나, 심상(心想)을 서로가 따라서 음욕을 받아들이고, 나아가 축생과 함께 음욕을 받아들인다면, 이 자는 식차마니도 아니고, 사미니도 아니며, 석녀(釋女)도 아니므로 식차마니법을 잃느니라. 이러한 일은 목숨을 마치도록 마땅히 짓지 않아야 하느니라. 만약 능히 지킬 수 있다면 마땅히 지키겠다고 말하라.

불·세존께서는 여러 종류의 인연으로 훔치고 빼앗는 것을 꾸짖으셨고 훔치고 빼앗지 않는 것을 찬탄하셨느니라. 나아가 한 오라기의 실·한 조각의 헝겊·한 방울의 기름까지도 주지 않았다면 마땅히 취할 수 없나니, 이 가운데에서 세존께서는 최소 5전에 이르렀거나, 만약 5전 값까지를 계율로 제정하셨느니라. 만약 식차마니가 훔쳤던 일을 따라서 만약 왕에게 잡혔거나, 만약 두들겨 맞았거나, 만약 포박을 당하였거나, 만약 쫓겨났거나, 만약 <그대는 도둑이다. 그대는 어린애이다. 그대는 어리석다, 그대는 죄로 관가에 갇힐 것이다.>라고 말을 지었으며, 만약 식차마니가 이와 같이 훔치고 빼앗은 자는 식차마니도 아니고, 사미니도 아니며, 석녀도 아니므로 식차마니법을 잃느니라. 이러한 일은 목숨을 마치도록 마땅히 짓지 않아야 하느니라. 만약 능히 지킬 수 있다면 마땅히 지키겠다고 말하라.

불·세존께서는 여러 종류의 인연으로 살생을 꾸짖으셨고 살생을 벗어나는 것을 찬탄하셨느니라. 나아가 개미를 향하여도 마땅히 고의로 목숨을 빼앗아서는 아니되는데, 하물며 사람의 목숨이겠는가? 만약 식차마니가 고의로 스스로가 사람의 목숨을 빼앗거나, 만약 칼을 주었거나, 만약 시켜서 죽였거나, 만약 죽이는 것을 찬탄하면서 '쯧쯧. 악하게 살아서 무엇을 하겠는가? 죽는 것이 사는 것보다 수승하다.'라고 이렇게 말을 짓거나, 이러한 사람의 뜻을 따라서 여러 종류의 인연으로 가르쳐서 죽게 하거나, 죽음을 찬탄하거나, 만약 우다(憂多)[1]를 지어서 죽이거나, 두다(頭多)[2]를 지어서 죽이거나, 그물(網)을 지어서 죽이거나, 창애(弶)를 지어서 죽이거나, 활(撥)을 지어서 죽이거나, 만약 비다라(毘陀羅)[3]를 지어서 죽이거나, 만약 사비다라(似毘陀羅)[4]를 지어서 죽이거나, 만약 숨을 막아서 죽이거나, 만약 낙태(墮胎)시켜 죽이거나, 만약 배를 주물러서 죽이거나, 만약 불속으로 밀어서 넣거나, 물속으로 밀어서 넣거나, 만약 높은 곳에서 아래로 떠밀거나, 만약 사자를 보내에 길에서 죽이거나, 만약 어머니 뱃속에서 처음으로 신근(身根)과 명근(命根)의 2근(根)을 받은 가라라(迦羅羅)[5]의 가운데에 악한 마음이 생겨나서 방편으로 그 목숨을 빼앗거나, 만약 이러한 인연으로서 죽였다면, 이 자는 식차마니도 아니고, 사미니도 아니며, 석녀(釋女)도 아니므로 식차마니법을 잃느니라. 이러한 일은 목숨을 마치도록 마땅히 짓지 않아야 하느니라. 만약 능히 지킬 수 있다면 마땅히 지키겠다고 말하라.

불·세존께서는 여러 종류의 인연으로 망어(妄語)를 꾸짖으셨고 망어가 아닌 것을 찬탄하셨느니라. 나아가 장난이더라도 오히려 마땅히 망어를 한다면 아니되는데, 어찌하여 고의로 망어를 하겠는가? 만약 식차마니가 과인법(過人法)을 알지도 못하고 보지도 못하였으면서 스스로가 '내가 이와 같이 알고 이와 같이 보았다.'고 말하거나, '내가 아라한이고 향아라한

---

1) 함정을 말한다.
2) 신체의 일부를 땅이나 나무에 고정시키고 짐승과 벌레 등을 이용해 죽이는 것이다.
3) 산스크리트어 vetāla의 음사로서 귀(鬼)·기시귀(起屍鬼)라 번역된다. 시체를 일으켜 원한이 있는 사람을 죽이게 한다는 귀신이다.
4) 『십송율』 제2권에서는 반비다라(半毘陀羅)라고 하였다. 시체 대신에 쇠로 수레와 사람을 만들어 주문을 걸고 마음대로 부리는 것이다.
5) 산스크리트어 kalala의 음사로서 응활(凝滑)·화합(和合)이라 번역된다. 태내오위(胎內五位)의 하나로 수태(受胎)부터 7일간을 가리킨다.

(向阿羅漢)이다.'라고 말하거나, '내가 아나함이고 향아나함(向阿那含)이다.'라고 말하거나, '만약 내가 사다함이고 향사다함(向斯陀含)이다'라고 말하거나 '만약 내가 수다원이고 향수다원(向須陀洹)이다.'라고 말하거나, 만약 초선(初禪)·제2선·제3선·제4선을 증득하였다고 말하거나, 자(慈)·비(悲)·희(喜)·사(捨)의 4무량심(無量心)을 증득하였다고 말하거나, 무색계의 공처정(空處定)·식처정(識處定)·무소유처정(無所有處定)·비상비비상처정(非想非非想處定)을 증득하였다고 말하거나, 만약 부정관(不淨觀)·아나반나념(阿那般那念)을 증득하여 여러 천신이 나의 처소에 와서 이르렀고, 여러 용(龍)·야차(夜叉)·벽려가(薜荔伽)[6]·비사사(毘舍闍)[7]·구반다(鳩槃茶)[8]·나찰(羅刹)[9] 등이 나의 처소에 와서 이르렀으며, 그들이 나에게 물으면 내가 그들에게 대답하고 내가 그들에게 물으면 그들이 나에게 대답한다고 말하였고, 만약 식차마니가 이와 같은 망어하는 자는 식차마니도 아니고, 사미니도 아니며, 석녀도 아니므로 식차마니법을 잃느니라. 이러한 일은 목숨을 마치도록 마땅히 짓지 않아야 하느니라. 만약 능히 지킬 수 있다면 마땅히 지키겠다고 말하라.

세존께서는 애욕·애욕의 생각·애욕의 욕망·애욕의 느낌·애욕의 열기를 꾸짖으셨으며, 세존께서는 애욕을 끊고 애욕을 없애며 애욕의 열기를 소멸하라고 말씀하셨느니라. 만약 식차마니가 유루심(有漏心)이 있어 유루심의 남자가 곁에서 머리카락부터 팔꿈치와 무릎 위까지의 벗은 몸에서

6) 산스크리트어 pret의 음사로서 폐려다(薜荔多)·폐려다(閉戾多) 등으로 음역되고 아귀(餓鬼) 또는 죽은 조상의 혼령을 가리킨다.

7) 산스크리트어 piśāca의 음사로서 식혈육귀(食血肉鬼)·전광귀(癲狂鬼)라고 번역된다. 사천왕 가운데에서 동쪽을 지키는 지국천왕(持國天王)의 권속으로, 사람의 정기나 피를 먹는다는 귀신이다.

8) 말의 머리에 사람의 몸을 한 귀신으로 옹형귀(甕形鬼), 음낭(陰囊), 등으로 부른다. 원래는 사람의 정기를 빼앗는 악신이었으나 불법에 귀의하였고 사천왕 가운데 남방을 수호하는 증장천왕의 부하가 되어 불법을 수호하게 되었다고 한다.

9) 산스크리트어 rakashasa의 음사로 남성은 나찰사(羅刹娑)·나차사(羅叉娑)로 여성은 나찰사(羅刹斯)·나차사(羅叉私)라고도 음사되며, 식인귀(食人鬼)·속질귀(速疾鬼)·가외(可畏)·호자(護者) 등으로 번역된다.

매끄러운 감촉을 받거나, 만약 위에서 아래로 만지거나, 만약 아래에서 위로 만지거나, 만약 밀거나, 만약 당기거나, 만약 아래쪽에서 껴안고서 위쪽에 올려놓거나, 위쪽에서 껴안고서 아래쪽에 내려놓거나, 만약 창(瘡)[10]을 문지르는 것을 허락한다면, 이 자는 식차마니도 아니고, 사미니도 아니며, 석녀도 아니므로 식차마니법을 잃느니라. 만약 범하는 자는 다시 계를 받아야 하느니라. 이러한 일은 목숨을 마치도록 마땅히 짓지 않아야 하느니라. 만약 능히 지킬 수 있다면 마땅히 지키겠다고 말하라.

세존께서는 애욕·애욕의 생각·애욕의 욕망·애욕의 느낌·애욕의 열기를 꾸짖으셨으며, 세존께서는 애욕을 끊고 애욕을 없애며 애욕의 열기를 소멸하라고 말씀하셨느니라. 만약 식차마니가 유루심이 있어 유루심의 남자가 곁에서 만약 손을 잡는 것을 받아들이거나, 만약 옷을 잡는 받아들이거나, 만약 함께 서있거나, 만약 함께 말하거나, 만약 함께 약속하거나, 만약 가려진 곳으로 들어가거나, 만약 남자를 기다리거나, 만약 재가 여인의 법과 같이 자신의 몸을 주었거나, 이와 같은 여덟 가지의 일로써 자신의 몸을 주었다면, 이 자는 식차마니도 아니고, 사미니도 아니며, 석녀도 아니므로 식차마니법을 잃느니라. 만약 범하는 자는 다시 계를 받아야 하느니라. 이러한 일은 목숨을 마치도록 마땅히 짓지 않아야 하느니라. 만약 능히 지킬 수 있다면 마땅히 지키겠다고 말하라.

그대 누구는 들을지니라. 승가께서 이미 그대에게 학계법(學戒法)을 주었으니, 식차마니의 6법을 수지한다면 그를 식차마니라고 이름하느니라. 그대는 원만한 화상 비구니를 얻어 구족하였고, 원만한 아사리 비구니를 구족하였으며, 원만한 비구니 승가를 구족하였고, 원만한 행처(行處)를 구족하였으며, 원만한 국토를 구족하였고, 전륜왕의 원(願)을 얻었느니라. 그대는 지금 원만하므로 마땅히 삼보(三寶)인 불보·법보·승보와 화상 비구니·아사리 비구니를 공경할 것이고, 상좌·중좌·하좌 등을 공경할 것이며, 마땅히 삼학인 선한 계학(戒學)·선한 정학(定學)·선한 혜학(慧學)에

10) 항문이나 외음부를 가리킨다.

부지런히 배울 것이고, 마땅히 3탈문(脫門)[11]인 공(空)·무상(無相)·무작(無作)을 닦을 것이며, 마땅히 3업(業)인 좌선·송경·권화작복행(勸化作福行)을 닦을지니라. 이러한 여러 법은 열반의 문을 열어서 수다원과·사다함과·아나함과·아라한과를 증득하게 하나니, 연꽃이 물속에서 날마다 자라나서 꽃을 피우는 것과 같이 그대도 역시 이와 같이 도법을 증장시킨다면 뒤에 마땅히 구족계를 받을 것이다.'

석가 사자(師子)의 법 가운데에서
계를 얻기 어려운데 이미 얻었으나
어려움이 없는 때에도 얻기 어려운데
이미 얻었으니 헛되지 않게 할 것이며
머리숙여 승가의 발에 예배하고서
오른쪽으로 돌면서 환희하며 떠나갈지니라.

열 가지의 이익을 까닭으로써 비구니에게 계율을 제정하여 주겠나니, 지금부터 이 계율을 마땅히 이와 같이 설할지니라. 만약 비구니가 제자를 2년 동안에 6법을 가르치지 않고 양육하여 대중으로 삼는다면 바일제이니라.

'바일제'는 소자와 복장이니, 만약 허물을 참회하지 않는다면 능히 도를 장애한다.

이 가운데에서 범한 것은 만약 비구니가 제자를 2년 동안에 6법을 가르치지 않고 곧 양육하여 대중으로 삼는다면 바일제이고, 양육하는 것을 따라서 그것과 같게 바일제를 얻느니라." [백열한 번째 일을 마친다.]

세존께서는 사위국에 머무르셨다.

그때 투란난타 비구니는 제자에게 2년 동안에 6법을 가르쳤으나, 화상

---

11) 3해탈문(解脫門)을 가리킨다.

비구니를 부촉하는 갈마를 짓지 않고서 곧 양육하여 대중으로 삼았다. 이 가운데에 비구니가 있어 욕망이 적고 만족함을 알았으며 두타를 행하였는데, 이러한 일을 듣고 마음이 즐겁지 않아서 여러 종류의 인연으로 꾸짖어 말하였다.

"어찌 비구니라고 이름하면서 제자에게 2년 동안에 6법을 가르쳤으나, 화상 비구니를 부촉하는 갈마를 짓지 않았는데 곧 양육하여 대중으로 삼는가?"

여러 종류의 인연으로 꾸짖고서 세존을 향하여 자세히 말하였다. 세존께서는 이러한 일로써 2부의 승가를 모으셨으며, 아시면서도 일부러 투란난타 비구니에게 물으셨다.

"그대가 진실로 이러한 일을 지었는가?"

대답하여 말하였다.

"진실로 지었습니다. 세존이시여."

세존께서는 여러 종류의 인연으로 꾸짖어 말씀하셨다.

"어찌 비구니라고 이름하면서 제자에게 2년 동안에 6법을 가르쳤으나, 화상 비구니를 부촉하는 갈마를 짓지 않았는데 곧 양육하여 대중으로 삼았는가?"

세존께서는 여러 종류의 인연으로 꾸짖으셨으며, 여러 비구들에게 말씀하셨다.

"열 가지의 이익을 까닭으로써 비구니에게 계율을 제정하여 주겠나니, 지금부터 이 계율을 마땅히 이와 같이 설할지니라. 만약 비구니가 제자에게 2년 동안에 6법을 가르쳤으나, 화상 비구니를 부촉하는 갈마를 짓지 않았는데 곧 양육하여 대중으로 삼았다면 바일제이니라.

'바일제'는 소자와 복장이니, 만약 허물을 참회하지 않는다면 능히 도를 장애한다.

이 가운데에서 범한 것은 만약 비구니가 제자에게 2년 동안에 6법을 가르쳤으나, 화상 비구니를 부촉하는 갈마를 짓지 않았는데 곧 양육하여 대중으로 삼았다면 바일제이고, 양육하는 것을 따라서 그것과 같게 바일제

를 얻느니라." [백열두 번째의 일을 마친다.]

세존께서는 사위국에 머무르셨다.

그때 여러 비구니들이 대중을 양육하였던 까닭으로 고통을 받았는데, 옷을 세탁하였고 옷을 물들였으며 할절하고 옷을 꿰매는 것이었다. 제자들이 대계를 받고서 화상 비구니를 버리고 떠나갔다. 여러 비구니들이 이러한 일을 듣고서 꾸짖어 말하였다.

"이 여자는 불길하고 피폐한 여인이구나. 우리들이 그대를 위하여 옷을 지었고 옷을 세탁하고 옷을 물들였으며 할절하고 꿰매면서 큰 고통을 받았는데 대계를 받고서 곧 우리를 버리고 떠나는가?"

여러 종류의 인연으로 꾸짖고서 세존을 향하여 자세히 말하였다. 세존께서는 이러한 일로써 2부의 승가를 모으셨으며, 여러 비구들에게 말씀하셨다.

"지금부터 비구니는 2년을 화상 비구니를 따르도록 허락하겠노라. 열 가지의 이익을 까닭으로써 비구니에게 계율을 제정하여 주겠나니, 지금부터 이 계율을 마땅히 이와 같이 설할지니라. 만약 비구니가 2년을 화상 비구니를 따르지 않는다면 바일제이니라.

'바일제'는 소자와 복장이니, 만약 허물을 참회하지 않는다면 능히 도를 장애한다.

이 가운데에서 범한 것은 만약 비구니가 대계를 받고서 2년을 화상 비구니를 따르지 않는다면 바일제이고, 화상 비구니를 따르지 않는 것을 따라서 그것과 같게 바일제를 얻느니라." [백열세 번째의 일을 마친다.]

세존께서는 사위국에 머무르셨다.

그때 투란난타 비구니가 대중을 양육하면서 재물을 나눠주는 법을 행하지 않았다. 여러 제자들이 말하였다.

"화상 비구니께서는 어찌 우리에게 재물을 나눠주는 법을 행하지 않습니까?"

투란난타 비구니가 말하였다.

"나는 그대들에게 재물을 나눠주는 법을 행하지 않겠다."

여러 제자들이 말하였다.

"만약 재물을 나눠주는 법을 우리에게 행하지 않는다면 마땅히 다른 곳으로 떠나겠습니다."

투란난타 비구니가 말하였다.

"세존께서 계율을 제정하셨으므로 그대들은 마땅히 2년을 나를 따라야 한다. 만약 다른 곳으로 떠난다면 바일제를 얻는다."

이 가운데에 비구니가 있어 욕망이 적고 만족함을 알았으며 두타를 행하였는데, 이러한 일을 듣고 마음이 즐겁지 않아서 여러 종류의 인연으로 꾸짖어 말하였다.

"어찌 비구니라고 이름하면서 제자를 양육하면서 재물을 나눠주는 법을 행하지 않는가?"

여러 종류의 인연으로 꾸짖고서 세존을 향하여 자세히 말하였다. 세존께서는 이러한 일로써 2부의 승가를 모으셨으며, 아시면서도 일부러 투란난타 비구니에게 물으셨다.

"그대가 진실로 이러한 일을 지었는가?"

대답하여 말하였다.

"진실로 지었습니다. 세존이시여."

세존께서는 여러 종류의 인연으로 꾸짖어 말씀하셨다.

"어찌 비구니라고 이름하면서 제자를 양육하면서 재물을 나눠주는 법을 행하지 않았는가?"

세존께서는 여러 종류의 인연으로 꾸짖으셨으며, 여러 비구들에게 말씀하셨다.

"열 가지의 이익을 까닭으로써 비구니에게 계율을 제정하여 주겠나니, 지금부터 이 계율을 마땅히 이와 같이 설할지니라. 만약 비구니가 제자를 양육하면서 재물을 나눠주는 법을 행하지 않는다면 바일제이니라.

'바일제'는 소자와 복장이니, 만약 허물을 참회하지 않는다면 능히 도를 장애한다.

이 가운데에서 범한 것은 만약 비구니가 제자를 양육하면서 재물을 나누어주는 법을 행하지 않는다면 바일제이고, 재물을 나눠주지 않는 것을 따라서 그것과 같게 바일제를 얻느니라." [백열네 번째의 일을 마친다.]

세존께서는 사위국에 머무르셨다.

그때 투란난타 비구니가 음녀를 대중으로 양육하였다. 이 음녀였던 비구니가 오전에 옷을 입고 발우를 지니고 사위성에 들어가서 걸식하였다. 이 가운데에 거사가 있었고 이렇게 말을 지었다.

"내가 일찍이 이 비구니와 이와 같고 이와 같은 일을 지었소."

이 비구니가 이 일을 듣고 마음이 즐겁지 않아서 여러 비구니들을 향하여 말하였고, 여러 비구니들은 이 일로써 세존을 향하여 자세히 말하였다. 세존께서는 이러한 일로써 2부의 승가를 모으셨으며, 아시면서도 일부러 투란난타 비구니에게 물으셨다.

"그대가 진실로 이러한 일을 지었는가?"

대답하여 말하였다.

"진실로 지었습니다. 세존이시여."

세존께서는 여러 종류의 인연으로 꾸짖어 말씀하셨다.

"어찌 비구니라고 이름하면서 음녀를 양육하여 대중으로 삼았는가?"

세존께서는 여러 종류의 인연으로 꾸짖으셨으며, 여러 비구들에게 말씀하셨다.

"지금부터 음녀를 양육하여 대중으로 삼지 말라. 양육하는 자는 돌길라이니라. 만약 인연이 있어 양육하는 자는 마땅히 본래의 처소에서 5유연(由延)이거나, 만약 6유연인 곳으로 데리고 가도록 하라. 열 가지의 이익을 까닭으로써 비구니에게 계율을 제정하여 주겠나니, 지금부터 이 계율을 마땅히 이와 같이 설할지니라. 만약 비구니가 음녀를 양육하여 대중으로 삼으면서 본래의 처소에서 5·6유연인 곳으로 데리고 가지 않는다면 바일제이니라.

'바일제'는 소자와 복장이니, 만약 허물을 참회하지 않는다면 능히 도를 장애한다.

이 가운데에서 범한 것은 만약 비구니가 음녀를 양육하여 대중으로 삼으면서 본래의 처소에서 5·6유연인 곳으로 데리고 가지 않는다면 바일제이고, 멀리 떠나지 않는 것을 따라서 그것과 같게 바일제를 얻느니라."
[백열다섯 번째의 일을 마친다.]

세존께서는 사위국에 머무르셨다.

그때 투란난타 비구니가 만 20살이 되지 않은 동녀(童女)를 양육하여 대중으로 삼았다. 이 가운데에 비구니가 있어 욕망이 적고 만족함을 알았으며 두타를 행하였는데, 이러한 일을 듣고 마음이 즐겁지 않아서 여러 종류의 인연으로 꾸짖어 말하였다.

"어찌 비구니라고 이름하면서 만 20살이 되지 않은 동녀를 양육하여 대중으로 삼는가?"

여러 종류의 인연으로 꾸짖고서 세존을 향하여 자세히 말하였다. 세존께서는 이러한 일로써 2부의 승가를 모으셨으며, 아시면서도 일부러 투란난타 비구니에게 물으셨다.

"그대가 진실로 이러한 일을 지었는가?"

대답하여 말하였다.

"진실로 지었습니다. 세존이시여."

세존께서는 여러 종류의 인연으로 꾸짖어 말씀하셨다.

"어찌 비구니라고 이름하면서 만 20살이 되지 않은 동녀를 양육하여 대중으로 삼았는가?"

세존께서는 여러 종류의 인연으로 꾸짖으셨으며, 여러 비구들에게 말씀하셨다.

"열 가지의 이익을 까닭으로써 비구니에게 계율을 제정하여 주겠나니, 지금부터 이 계율을 마땅히 이와 같이 설할지니라. 만약 비구니가 만

20살이 되지 않은 동녀를 양육하여 대중으로 삼는다면 바일제이니라.

'바일제'는 소자와 복장이니, 만약 허물을 참회하지 않는다면 능히 도를 장애한다.

이 가운데에서 범한 것은 만약 비구니가 만 20살이 되지 않은 동녀를 양육하여 대중으로 삼는다면 바일제이고, 양육하는 것을 따라서 그것과 같게 바일제를 얻느니라." [백열여섯 번째 일을 마친다.]

세존께서는 사위국에 머무르셨다.

그때 투란난타 비구니가 화상 비구니를 부촉하는 갈마를 짓지 않고 만 20살이 되었던 동녀를 양육하여 대중으로 삼았다. 이 가운데에 비구니가 있어 욕망이 적고 만족함을 알았으며 두타를 행하였는데, 이러한 일을 듣고 마음이 즐겁지 않아서 여러 종류의 인연으로 꾸짖어 말하였다.

"어찌 비구니라고 이름하면서 화상 비구니를 부촉하는 갈마를 짓지 않고 만 20살이 되었던 동녀를 양육하여 대중으로 삼는가?"

여러 종류의 인연으로 꾸짖고서 세존을 향하여 자세히 말하였다. 세존께서는 이러한 일로써 2부의 승가를 모으셨으며, 아시면서도 일부러 투란난타 비구니에게 물으셨다.

"그대가 진실로 이러한 일을 지었는가?"

대답하여 말하였다.

"진실로 지었습니다. 세존이시여."

세존께서는 여러 종류의 인연으로 꾸짖어 말씀하셨다.

"어찌 비구니라고 이름하면서 화상 비구니를 부촉하는 갈마를 짓지 않고 만 20살이 되었던 동녀를 양육하여 대중으로 삼았는가?"

세존께서는 여러 종류의 인연으로 꾸짖으셨으며, 여러 비구들에게 말씀하셨다.

"열 가지의 이익을 까닭으로써 비구니에게 계율을 제정하여 주겠나니, 지금부터 이 계율을 마땅히 이와 같이 설할지니라. 만약 비구니가 화상 비구니를 부촉하는 갈마를 짓지 않고 만 20살이 되었던 동녀를 양육하여 대중으로 삼는다면 바일제이니라.

'바일제'는 소자와 복장이니, 만약 허물을 참회하지 않는다면 능히 도를 장애한다.

이 가운데에서 범한 것은 만약 비구니가 화상 비구니를 부촉하는 갈마를 짓지 않고 만 20살이 되었던 동녀를 양육하여 대중으로 삼는다면 바일제이고, 양육하는 것을 따라서 그것과 같게 바일제를 얻느니라." [백열일곱 번째의 일을 마친다.]

세존께서는 사위국에 머무르셨다.

그때 투란난타 비구니가 효녀(孝女)를 양육하여 대중으로 삼았다. 이 효녀인 비구니는 경을 독송하지도 않았고 묻고 대답하지도 않았으며 좌선도 하지 않았다. 여러 비구니들이 물어 말하였다.

"그대는 어찌 경을 독송하지도 않고 묻고 대답하지도 않으며 좌선도 하지 않는가?"

대답하여 말하였다.

"여러 선여인이여. 나는 아버지가 돌아가셔서, 어머니가 돌아가셔서, 형제가 죽어서, 자매나 자식이 죽어서, 남편이 죽었던 까닭으로 슬픕니다. 어찌하여 능히 경을 독송하고 묻고 대답하며 좌선할 수 있겠습니까?"

이 가운데에 비구니가 있어 욕망이 적고 만족함을 알았으며 두타를 행하였는데, 이러한 일을 듣고 마음이 즐겁지 않아서 여러 종류의 인연으로 꾸짖어 말하였다.

"어찌 비구니라고 이름하면서 효녀를 양육하여 대중으로 삼는가?"

여러 종류의 인연으로 꾸짖고서 세존을 향하여 자세히 말하였다. 세존께서는 이러한 일로써 2부의 승가를 모으셨으며, 아시면서도 일부러 투란난타 비구니에게 물으셨다.

"그대가 진심로 이러한 일을 지었는가?"

대답하여 말하였다.

"진실로 지었습니다. 세존이시여."

세존께서는 여러 종류의 인연으로 꾸짖어 말씀하셨다.

"어찌 비구니라고 이름하면서 효녀를 양육하여 대중으로 삼았는가?"

세존께서는 여러 종류의 인연으로 꾸짖으셨으며, 여러 비구들에게 말씀하셨다.

"열 가지의 이익을 까닭으로써 비구니에게 계율을 제정하여 주겠나니, 지금부터 이 계율을 마땅히 이와 같이 설할지니라. 만약 비구니가 효녀를 양육하여 대중으로 삼는다면 바일제이니라.

'바일제'는 소자와 복장이니, 만약 허물을 참회하지 않는다면 능히 도를 장애한다.

이 가운데에서 범한 것은 만약 비구니가 효녀를 양육하여 대중으로 삼는다면 바일제이고, 양육하는 것을 따라서 그것과 같게 바일제를 얻느니라." [백열여덟 번째의 일을 마친다.]

세존께서는 사위국에 머무르셨다.

그때 투란난타 비구니가 아들과 딸이 있는 여인을 양육하여 대중으로 삼았다. 이 비구니가 오전에 옷을 입고 발우를 지니고 아들과 딸에게 앞뒤로 둘러싸여 함께 다니면서 걸식하였다. 여러 거사들이 함께 서로에게 의논하여 말하였다.

"그대들은 아는가? 여러 사문 석자는 음욕을 짓는 사람들이다. 비구니와 함께 승방 가운데에서 아들과 딸을 낳았구려."

이 가운데에 비구니가 있어 욕망이 적고 만족함을 알았으며 두타를 행하였는데, 이러한 일을 듣고 마음이 즐겁지 않아서 여러 종류의 인연으로 꾸짖어 말하였다.

"어찌 비구니라고 이름하면서 아들과 딸이 있는 여인을 양육하여 대중으로 삼는가?"

여러 종류의 인연으로 꾸짖고서 세존을 향하여 자세히 말하였다. 세존께서는 이러한 일로써 2부의 승가를 모으셨으며, 아시면서도 일부러 투란난타 비구니에게 물으셨다.

"그대가 진실로 이러한 일을 지었는가?"

대답하여 말하였다.

"진실로 지었습니다. 세존이시여."

세존께서는 여러 종류의 인연으로 꾸짖어 말씀하셨다.

"어찌 비구니라고 이름하면서 아들과 딸이 있는 여인을 양육하여 대중으로 삼았는가?"

세존께서는 여러 종류의 인연으로 꾸짖으셨으며, 여러 비구들에게 말씀하셨다.

"열 가지의 이익을 까닭으로써 비구니에게 계율을 제정하여 주겠나니, 지금부터 이 계율을 마땅히 이와 같이 설할지니라. 만약 비구니가 아들과 딸이 있는 여인을 양육하여 대중으로 삼는다면 바일제이니라.

'바일제'는 소자와 복장이니, 만약 허물을 참회하지 않는다면 능히 도를 장애한다.

이 가운데에서 범한 것은 만약 비구니가 아들과 딸이 있는 여인을 양육하여 대중으로 삼는다면 바일제이고, 양육하는 것을 따라서 그것과 같게 바일제를 얻느니라." [백열아홉 번째의 일을 마친다.]

세존께서는 사위국에 머무르셨다.

그때 투란난타 비구니가 악한 성품의 여인을 양육하여 대중으로 삼았다. 이 가운데에 비구니가 있어 욕망이 적고 만족함을 알았으며 두타를 행하였는데, 이러한 일을 듣고 마음이 즐겁지 않아서 여러 종류의 인연으로 꾸짖어 말하였다.

"어찌 비구니라고 이름하면서 악한 성품의 여인을 양육하여 대중으로 삼는가?"

여러 종류의 인연으로 꾸짖고서 세존을 향하여 자세히 말하였다. 세존께서는 이러한 일로써 2부의 승가를 모으셨으며, 아시면서도 일부러 투란난타 비구니에게 물으셨다.

"그대가 진실로 이러한 일을 지었는가?"

대답하여 말하였다.

"진실로 지었습니다. 세존이시여."

세존께서는 여러 종류의 인연으로 꾸짖어 말씀하셨다.

"어찌 비구니라고 이름하면서 악한 성품의 여인을 양육하여 대중으로 삼았는가?"

세존께서는 여러 종류의 인연으로 꾸짖으셨으며, 여러 비구들에게 말씀하셨다.

"열 가지의 이익을 까닭으로써 비구니에게 계율을 제정하여 주겠나니, 지금부터 이 계율을 마땅히 이와 같이 설할지니라. 만약 비구니가 악한 성품의 여인을 양육하여 대중으로 삼는다면 바일제이니라.

'바일제'는 소자와 복장이니, 만약 허물을 참회하지 않는다면 능히 도를 장애한다.

이 가운데에서 범한 것은 만약 비구니가 악한 성품의 여인을 양육하여 대중으로 삼는다면 바일제이고, 양육하는 것을 따라서 그것과 같게 바일제를 얻느니라." [백스무 번째의 일을 마친다.]

세존께서는 사위국에 머무르셨다.

그때 투란난타 비구니가 만 20살이 되었던 동녀에게 2년 동안에 6법을 가르치지 않고 양육하여 대중으로 삼았다. 이 가운데에 비구니가 있어 욕망이 적고 만족함을 알았으며 두타를 행하였는데, 이러한 일을 듣고 마음이 즐겁지 않아서 여러 종류의 인연으로 꾸짖어 말하였다.

"어찌 비구니라고 이름하면서 만 20살이 되었던 동녀에게 2년 동안에 6법을 가르치지 않고 양육하여 대중으로 삼는가?"

여러 종류의 인연으로 꾸짖고서 세존을 향하여 자세히 말하였다. 세존께서는 이러한 일로써 2부의 승가를 모으셨으며, 아시면서도 일부러 투란난타 비구니에게 물으셨다.

"그대가 진실로 이러한 일을 지었는가?"

대답하여 말하였다.

"진실로 지었습니다. 세존이시여."

세존께서는 여러 종류의 인연으로 꾸짖어 말씀하셨다.

"어찌 비구니라고 이름하면서 만 20살이 되었던 동녀에게 2년 동안에 6법을 가르치지 않고 양육하여 대중으로 삼았는가?"

세존께서는 여러 종류의 인연으로 꾸짖으셨으며, 여러 비구들에게 말씀하셨다.

"열 가지의 이익을 까닭으로써 비구니에게 계율을 제정하여 주겠나니, 지금부터 이 계율을 마땅히 이와 같이 설할지니라. 만약 비구니가 만 20살이 되었던 동녀에게 2년 동안에 6법을 가르치지 않고 양육하여 대중으로 삼는다면 바일제이니라.

'바일제'는 소자와 복장이니, 만약 허물을 참회하지 않는다면 능히 도를 장애한다.

이 가운데에서 범한 것은 만약 비구니가 만 20살이 되었던 동녀에게 2년에 6법을 가르치지 않고 양육하여 대중으로 삼는다면 바일제이고, 양육하는 것을 따라서 그것과 같게 바일제를 얻느니라."

이때 여러 비구니들이 무엇을 6법이라고 말하는가를 알지 못하였다. 세존께서는 말씀하셨다.

"4바라이(波羅夷)와 함께 머리카락 끝에서 팔꿈치와 무릎 이상의 몸을 접촉하는 것을 허락하는 것, 여덟 가지의 일(八事)을 받아들이며 탐착하는 모습을 보이는 것, 이것을 6법이라고 이름하느니라." [백스물한 번째의 일을 마친다.]

세존께서는 사위국에 머무르셨다.

그때 투란난타 비구니가 만 20살이 되었던 동녀에게 2년 동안에 6법을 가르쳤으나, 화상을 부촉하는 갈마를 짓지 않고서 양육하여 대중으로 삼았다. 이 가운데에 비구니가 있어 욕망이 적고 만족함을 알았으며 두타를 행하였는데, 이러한 일을 듣고 마음이 즐겁지 않아서 여러 종류의 인연으로 꾸짖어 말하였다.

"어찌 비구니라고 이름하면서 만 20살이 되었던 동녀에게 2년 동안에 6법을 가르쳤으나, 화상을 부촉하는 갈마를 짓지 않고서 양육하여 대중으로 삼는가?"

여러 종류의 인연으로 꾸짖고서 세존을 향하여 자세히 말하였다. 세존께서는 이러한 일로써 2부의 승가를 모으셨으며, 아시면서도 일부러 투란난타 비구니에게 물으셨다.

"그대가 진실로 이러한 일을 지었는가?"

대답하여 말하였다.

"진실로 지었습니다. 세존이시여."

세존께서는 여러 종류의 인연으로 꾸짖어 말씀하셨다.

"어찌 비구니라고 이름하면서 만 20살이 되었던 동녀에게 2년 동안에 6법을 가르쳤으나, 화상을 부촉하는 갈마를 짓지 않고서 양육하여 대중으로 삼았는가?"

세존께서는 여러 종류의 인연으로 꾸짖으셨으며, 여러 비구들에게 말씀하셨다.

"열 가지의 이익을 까닭으로써 비구니에게 계율을 제정하여 주겠나니, 지금부터 이 계율을 마땅히 이와 같이 설할지니라. 만약 비구니가 만 20살이 되었던 동녀에게 2년 동안에 6법을 가르쳤으나, 화상을 부촉하는 갈마를 짓지 않고서 양육하여 대중으로 삼는다면 바일제이니라

'바일제'는 소자와 복장이니, 만약 허물을 참회하지 않는다면 능히 도를 장애한다.

이 가운데에서 범한 것은 만약 비구니가 만 20살이 되었던 동녀에게 2년 동안에 6법을 가르쳤으나, 화상을 부촉하는 갈마를 짓지 않고서 양육하여 대중으로 삼는다면 바일제이고, 양육하는 것을 따라서 그것과 같게 바일제를 얻느니라." [백스물두 번째의 일을 마친다.]

漢譯 | 弗若多羅·鳩摩羅什

불야다라(弗若多羅)는 중국에서는 공덕화(功德華)라고 번역되며 계빈국(罽賓國) 사람이다. 어려서 출가하여 삼장(三藏)에 통달하였으며, 특히『십송율(十誦律)』에 정통하였다. 위진(僞秦)의 홍시(弘始) 연간(399~416)에 관중(關中)에 들어왔고,『십송율』의 번역은 홍시 6년(404) 10월 17일에 장안(長安)의 중사(中寺)에서 불야다라가 범본을 외웠고, 구마라집은 이것을 한문으로 번역하였다. 3분의 2를 마쳤을 때에 병으로 입적하였으나, 남은 부분은 이후에 구마라집이 담마류지(曇摩流支)와 함께 번역하여 마쳤다.

國譯 | 釋 普雲(宋法燁)

대한불교조계종 제2교구 본사 용주사에서 출가하였고, 문학박사이다. 현재 대한불교조계종 교육아사리(계율)이며, 중앙승가대학교 등에도 출강하고 있다.

논저 | 논문으로「율장을 통해 본 주불전의 장엄과 기능에 대한 재해석」등 다수. 번역서로『보살계본소』,『근본설일체유부비나야약사』,『근본설일체유부비나야파승사』,『근본설일체유부비나야잡사』(상·하),『근본설일체유부비나야』,『근본설일체유부필추니비나야』,『근본설일체유부백일갈마 외』,『안락집』(상·하) 등이 있다.

십송율 중 十誦律 中

弗若多羅·鳩摩羅什 漢譯 | 釋 普雲 國譯

2020년 12월 28일 초판 1쇄 발행

펴낸이 · 오일주
펴낸곳 · 도서출판 혜안
등록번호 · 제22-471호
등록일자 · 1993년 7월 30일

주 소 · ㊃04052 서울시 마포구 와우산로 35길3(서교동) 102호
전 화 · 3141-3711~2 / 팩시밀리 · 3141-3710
E-Mail · hyeanpub@hanmail.net

ISBN 978-89-8494-653-8 93220

값 48,000 원